Kölner Zeitschrift für Soziologie und Sozialpsychologie

Sonderheft 56/2017

Sonderhefte

Begründet durch René König (†), Deutschland

Andreß · Grunow · Schwinn (Hrsg.)

Soziologiegeschichte im Spiegel der *Kölner Zeitschrift für Soziologie und Sozialpsychologie*

Springer VS

Kölner Zeitschrift für Soziologie und Sozialpsychologie

Begründet als „Kölner Zeitschrift für Soziologie" durch *Leopold von Wiese* (1948–1954)
Fortgeführt als „Kölner Zeitschrift für Soziologie und Sozialpsychologie" durch René König (1955–1985)
Herausgeber: Prof. Dr. *Hans-Jürgen Andreß*, Universität zu Köln, Prof. Dr. *Daniela Grunow*, Goethe-Universität Frankfurt am Main, Prof. Dr. *Thomas Schwinn*, Universität Heidelberg

Redaktion: PD Dr. *Volker Dreier*, Institut für Soziologie und Sozialpsychologie der Universität zu Köln
Zuschriften werden erbeten an: Redaktion der Kölner Zeitschrift für Soziologie und Sozialpsychologie, Institut für Soziologie und Sozialpsychologie, Lindenburger Allee 15, 50931 Köln. Telefon: (02 21) 4 70-2518; Fax: (02 21) 4 70-2974; E-Mail: kzfss@uni-koeln.de; Internet: kzfss.uni-koeln.de/
Die KZfSS wird u. a. in den folgenden Informationsdiensten erfasst: *Social Science Citation Index und Current Contents* des Institute for Scientific Information; *sociological abstracts; psychological abstracts; Bulletin signalétique; prd,* Publizistikwissenschaftlicher Referatedienst; *SRM,* social research methodology abstracts; *SOLIS*, Sozialwissenschaftliches Literaturinformationssystem; Literaturdatenbank *PSYNDEX*; *Juris*-Literaturdatenbank; *KrimLit* u. a. m.
Springer VS | Springer Fachmedien Wiesbaden GmbH
Abraham-Lincoln-Straße 46 | 65189 Wiesbaden
Amtsgericht Wiesbaden, HRB 9754, USt-IdNr. DE811148419
www.springer-vs.de
Geschäftsführer: Stefanie Burgmaier | Joachim Krieger | Juliane Ritt
Editorial Director Social Sciences & Humanities: Dr. Andreas Beierwaltes
Gesamtleitung Anzeigen und Märkte: Volker Hesedenz
Gesamtleitung Marketing: Rolf-Günther Hobbeling
Kundenservice: Springer Customer Service Center GmbH; Springer VS-Service; Tiergartenstr. 17, 69121 Heidelberg; Telefon: +49 (0)6221/345-4303; Telefax: +49 (0)6221/345-4229; Montag bis Freitag 8.00 Uhr bis 18.00 Uhr; E-Mail: springervs-service@springer.com
Marketing: Ronald Schmidt-Serrière M.A., Telefon (06 11) 78 78-280; Telefax (06 11) 78 78-440;
E-Mail: Ronald.Schmidt-Serriere@springer.com
Anzeigenleitung: Yvonne Guderjahn, Telefon (06 11) 78 78-155; Telefax (06 11) 78 78-296;
E-Mail: Yvonne.Guderjahn@springer.com
Anzeigendisposition: Nicole Frohnweiler, Telefon (06 11) 78 78-147; Telefax (06 11) 78 78-443;
E-.Mail: nicole.frohnweiler@springer.com
Anzeigenpreise: Es gelten die Mediadaten vom 1.11.2016.
Produktion: Marina Litterer, Telefon (06221) 48 78-755;
E-Mail: Marina.Litterer@springer.com
Bezugsmöglichkeiten 2017: Auskünfte zum Bezug der Zeitschrift erteilt der Kundenservice Zeitschriften:
E-Mail: customerservice@springer.com
Jährlich können Sonderhefte erscheinen, die nach Umfang berechnet und den Abonnenten des laufenden Jahrgangs mit einem Nachlass von 25 % des jeweiligen Ladenpreises geliefert werden. Bei Nichtgefallen können die Sonderhefte innerhalb einer Frist von 3 Wochen zurückgegeben werden.

Gedruckt auf säurefreiem und chlorfrei gebleichtem Papier.
ISSN 0023-2653 Kölner Zeitschrift für Soziologie und Sozialpsychologie (Internet) ISSN 1861-891X

Kölner Zeitschrift für Soziologie und Sozialpsychologie

Sonderheft 56/2017

Inhaltsübersicht

Editorial

Aufsätze

Köln Z Soziol (2017) (Suppl 1) 69:1–2
DOI 10.1007/s11577-017-0470-1

Kölner Zeitschrift für Soziologie und Sozialpsychologie

EDITORIAL

Editorial

In der *Kölner Zeitschrift für Soziologie und Sozialpsychologie* (*KZfSS*) erschienen vom Zeitpunkt ihrer Gründung 1921 (damals unter dem Namen *Kölner Vierteljahrshefte für Sozialwissenschaften Reihe A: Soziologische Hefte*) bis einschließlich 2015 in den regulären Heften insgesamt 2350 Beiträge (ohne Rezensionen) aus allen Bereichen der Soziologie. Als erste deutsche Fachzeitschrift für Soziologie in Deutschland spiegelt die *KZfSS* in ihren Beiträgen zu einem erheblichen Maße somit nicht nur die an wechselnden thematischen Schwerpunkten orientierte Entwicklung der Soziologie in Deutschland wider, sondern ist auch selbst bereits zu einem Bestandteil der deutschen Soziologiegeschichte geworden.

Vom Springer-Verlag, in dem die Zeitschrift gegenwärtig erscheint, wurde 2012 an die damaligen Herausgeber Jürgen Friedrichs, Thomas Schwinn und Heike Solga der Wunsch herangetragen, ein Buch mit den besten Aufsätzen aus der Zeit von 1921–2012 im Sinne eines „Best-of-*KZfSS*" zu veröffentlichen. Die Herausgeber waren diesem Verlagswunsch gegenüber sehr positiv eingestellt.

Um die für einen solchen Band in Frage kommenden Aufsätze auszuwählen, standen 2012 zwei Strategien zur Verfügung: Zu einen konnte man sich an der Auswahl orientieren, die 1997 für einen Jubiläumsband des Westdeutschen Verlags, in dem die Zeitschrift seit ihrer Wiedergründung 1948 erschien, vorgenommen wurde. Die Auswahl 1997 durch die damals amtierenden Herausgeber Jürgen Friedrichs, Karl Ulrich Mayer und Wolfgang Schluchter bezog sich jedoch nur auf die 50 Jahrgänge der *KZfSS* seit 1948 und bezog die davorliegende Zeit seit 1921 nicht mit ein. Doch auch unter dem so gewählten Zeitfenster waren die Herausgeber mit der Frage einer geeigneten Auswahl konfrontiert: Wie bestimmt man aus einem Pool von vorliegenden Aufsätzen eine limitierte Anzahl von *besten* Aufsätzen? Im Jubiläumsband für den Westdeutschen Verlag einigten sich die Herausgeber auf eine Auswahl von Aufsätzen, die ihrer Ansicht nach in folgenden Kategorien für die Nachkriegssoziologie bedeutend waren: Grundlagen des Fachs, Klassiker-Interpretation, historische

Untersuchungen, theoretisch empirische Analysen und Stellung der Soziologie in der Gesellschaft.

Einer zweiten Strategie folgend kann zum anderen eine Auswahl unter dem Gesichtspunkt erfolgen, wie *typisch* und/oder *bedeutsam* ein Aufsatz zu einem bestimmten historischen Zeitpunkt für die soziologische Fachgemeinschaft war oder als solcher angesehen wurde. Als *typisch* ist ein Aufsatz anzusehen, wenn er zu einer bestimmten historischen Zeit den soziologischen Zeitgeist widerspiegelt und als *bedeutsam*, wenn er theoretische Diskussionen oder empirische Untersuchungen anregt.

Die Herausgeber dieses Sonderheftes haben sich für die zweite Strategie entschieden. Es wurde eine Auswahl von Aufsätzen getroffen, die primär eine Geschichte der Soziologie im Kontext der Veröffentlichungen der *KZfSS* nachzeichnen. Damit ist natürlich keineswegs der Anspruch verbunden, *Die* Geschichte der Soziologie widerzuspiegeln, sondern nur, dem Leser aufzuzeigen, wie sich auch in einer Zeitschrift, wie der *KZfSS, Eine* Geschichte der Soziologie niederschlägt.

Die Auswahl der vorliegenden Aufsätze entsprang einem mehrstufigen und zeitintensiven Auswahlprozess durch die jeweils amtierenden Herausgeber und Mitglieder des wissenschaftlichen Beirats der Zeitschrift im Zeitraum von 2012–2015. Während einige Aufsätze ohne große Diskussionen in die Auswahl aufgenommen wurden, wurde die Auswahl anderer Aufsätze teilweise kontrovers diskutiert. In letzterem Fall zeigt sich somit auch sehr eindrucksvoll, dass der Kanon von Aufsätzen, der eine Geschichte der Soziologie repräsentieren kann, nie definitiv und allgemeingültig sein kann, sondern immer auch von subjektiven Einschätzungen und Vorlieben geleitet ist.

Der vorliegende Band lädt den Leser dazu ein, sich mit dieser teilweise subjektiv bestimmten Geschichte der Soziologie, wie sie in der *KZfSS* und ihren Vorläufern unter anderem Namen ihren Niederschlag fand, bekannt zu machen. Darüber hinaus werden als „klassisch" bezeichnete Aufsätze der Soziologie wieder leichter zugänglich gemacht.

Hans-Jürgen Andreß
Daniela Grunow
Thomas Schwinn
Volker Dreier (Redaktion)

Köln Z Soziol (2017) (Suppl 1) 69:3–44
DOI 10.1007/s11577-017-0433-6

Kölner Zeitschrift für Soziologie und Sozialpsychologie

ABHANDLUNGEN

Die Geschichte der Soziologie im Spiegel der *Kölner Zeitschrift für Soziologie und Sozialpsychologie* (*KZfSS*)

Stephan Moebius

Zusammenfassung Die *Kölner Zeitschrift für Soziologie und Sozialpsychologie* (*KZfSS*) gehört seit ihrer Gründung im deutschsprachigen Raum zu den zentralen Fachzeitschriften der Soziologie. Zahlreiche Beiträge der *KZfSS* prägten die Debatten, Kontroversen und Verlaufsprozesse der Soziologie in Deutschland oder spiegelten zentrale Fachdiskussionen und gesellschaftliche Entwicklungen wider. Ausgehend von ausgewählten Aufsätzen aus der *KZfSS* werden zentrale Stationen der Geschichte der Soziologie in Deutschland belichtet und nach dem Wandel soziologischer Kritik gefragt.

Schlüsselwörter Kölner Zeitschrift für Soziologie und Sozialpsychologie · Soziologiegeschichte · Geschichte der Soziologie Deutschlands · Bundesrepublikanische Soziologie · Intellektuelle · Gesellschaftskritik

The History of Sociology in the light of the *Kölner Zeitschrift für Soziologie und Sozialpsychologie* (*KZfSS*, Cologne Journal for Sociology and Social Psychology)

Abstract Ever since its foundation the *Kölner Zeitschrift für Soziologie und Sozialpsychologie* (*KZfSS*) has belonged to the seminal sociological journals in the German speaking countries. Numerous contributions to the *KZfSS* had a significant impact on debates, controversies, and the course of German sociology or reflected fundamental disciplinary debates and social developments. Based on selected arti-

Seitenzahlen in kursiv beziehen sich, abweichend von den Originalseitenzahlen, auf die in diesem Sonderheft wieder abgedruckten Beiträge.

S. Moebius (✉)
Institut für Soziologie, Karl-Franzens-Universität Graz
Universitätsstraße 15/G4, 8010 Graz, Österreich
E-Mail: stephan.moebius@uni-graz.at

cles from the *KZfSS* the crucial points of the sociology in Germany will be discussed and looks will be given into the changes of social criticism.

Keywords Kölner Zeitschrift für Soziologie und Sozialpsychologie · History of sociology · History of sociology in Germany · Sociology in the Federal Republic of Germany · Intellectuals · Social criticism

1 Einleitung

Die *Kölner Zeitschrift für Soziologie und Sozialpsychologie* gehört unbestritten zu den führenden Zeitschriften der deutschsprachigen Soziologie (vgl. den Beitrag Rauhut und Winter in diesem Sonderheft). Sie war zunächst unter dem Titel *Kölner Vierteljahrshefte für Sozialwissenschaften. Reihe A: Soziologische Hefte* nicht nur die erste, explizit unter dem Banner der Soziologie firmierende Fachzeitschrift in Deutschland (Stölting 1986, S. 168), auch erhielten Beiträge in der *KZfSS* bis dato die meisten Auszeichnungen des Fritz Thyssen-Preises für sozialwissenschaftliche Aufsätze (vgl. Dreier 2016, S. 2).[1] Wie die Zitationsanalysen von Heiko Rauhut und Fabian Winter in diesem Sonderheft zeigen, erfährt die *KZfSS* international und national eine breite Wahrnehmung. Im Rahmen der Soziologie im deutschsprachigen Raum gehört sie zu den meist rezipierten Soziologiezeitschriften.

Angesichts der Bedeutung der *KZfSS* für die deutschsprachige Soziologie scheint ein Rückblick auf die vergangenen, nahezu hundert Jahre ihres Bestehens naheliegend. Deshalb widmet sich das vorliegende Sonderheft einer soziologiehistorischen Reflexion zentraler, ausgewählter Aufsätze. Die Auswahl der Aufsätze entspringt einem Diskussionsprozess zwischen Herausgeber- und Beiratsteam. Diese sind sich bewusst darüber, dass bei der Fülle in Frage kommender Beiträge nicht alle, die es verdient hätten, in das Sonderheft aufgenommen werden konnten, dass dieses also nicht die gesamte Geschichte der bundesrepublikanischen Soziologie repräsentieren kann.

Das vorliegende Sonderheft fügt sich in eine Reihe soziologiehistorischer Aktivitäten ein, wie sie seit einigen Jahren im deutschsprachigen Raum vermehrt zu beobachten sind. Für das zunehmende Interesse an soziologiegeschichtlicher Forschung und Reflexion sprechen beispielsweise auf institutioneller und publizistischer Ebene nicht nur Neugründungen von disziplingeschichtlich ausgerichteten Publikationsorganen wie etwa *Zyklos. Jahrbuch für Theorie und Geschichte der Soziologie*

[1] Zur Vertiefung der Geschichte der *KZfSS* sei auf Volker Dreiers Aufsatz im vorliegenden Sonderheft verwiesen. Wie Leopold von Wiese im ersten Beitrag dieses Sonderhefts anführt, gab es im deutschsprachigen Raum eine Vorläuferin in der von dem Schweizer Soziologen Abroteles Eleutheropulos und Baron Alexis von Engelhardt 1909 herausgegebenen *Monatsschrift für Soziologie*, die aber bereits nach ihrem ersten Jahrgang eingestellt wurde. Zu deren Autoren zählten aber immerhin prominente Fachvertreter wie Ludwig Gumplowicz, Robert Michels, Franz Oppenheimer, Ferdinand Tönnies, René Worms, Alfred Vierkandt, Lester F. Ward und Achille Loria (vgl. Stölting 1986, S. 166; Zürcher 2016, S. 9). Ebenfalls zu erwähnen ist Paul Barths *Vierteljahresschrift für wissenschaftliche Philosophie und Soziologie* (so deren Titel seit 1902, vgl. Stölting 1986, S. 165).

oder die Zeitschrift *serendipities*[2], das zweibändige Handbuch zur Geschichte der deutschsprachigen Soziologie (Moebius und Ploder 2017), das seit 2016 online zugänglich ist und 2017 in Buchform erscheinen wird oder *Soziologiegeschichte. Wege und Ziele* (Dayé und Moebius 2015), in dem unterschiedliche Methodologien und Begründungen für soziologiehistorische Forschung behandelt werden. Darüber hinaus finden sich auch seit geraumer Zeit generations- und nationenübergreifend Sozialwissenschaftlerinnen und Sozialwissenschaftler zu einem regelmäßigen Austausch zusammen.[3] Es wird mit Lothar Peter (2001a, S. 11; vgl. dazu Moebius 2004, 2016a) begrifflich zwischen „Soziologiegeschichte" und „Geschichte der Soziologie" differenziert. „Soziologiegeschichte" meint eine eigenständige soziologische Forschungsrichtung, die sich mit der Geschichte der Soziologie, verstanden als dem „historischen Realverlauf soziologischer Theoriebildung, Forschung und Institutionalisierung sowie aller anderen Aktivitäten und Erscheinungen, die sich auf das Verhältnis von Soziologie und Gesellschaft beziehen", beschäftigt (Peter 2001a, S. 11). „Geschichte der Soziologie" ist also der Untersuchungsgegenstand der Forschungsrichtung Soziologiegeschichte (vgl. Moebius 2004, S. 15 f.), die „den geschichtlichen Prozeß der Soziologie, ihrer Akteure, Praxisformen, wissenschaftlichen Ergebnisse, Institutionen und gesellschaftlichen Funktionen" untersucht (Peter 2001a, S. 11).

Bedeutsam ist soziologiehistorische Forschung aus mehreren Gründen (vgl. Dayé und Moebius 2015), von denen die Frage nach der Festigung einer fachdisziplinären Identität, wie sie Wolf Lepenies (1981) in seiner Einleitung zur mehrbändigen *Geschichte der Soziologie* dargelegt hat, nur einer ist. Andere Gründe, die für die Soziologiegeschichte als elementaren Bestandteil der Soziologie sprechen, liegen in der Vermittlung von Geschichtsbewusstsein und historischen Sichtweisen auf das Soziale sowie im Aufweis der historischen Situiertheit sozialer Phänomene, der aufgrund zunehmender Prominenz ahistorischer Ansätze, man denke an manche Spielarten der RC-Theorien oder postmoderne Verkündigungen des Endes der Geschichte, immer mehr erforderlich erscheint (vgl. Peter 2001a, S. 10). Insbesondere sind es aber zwei weitere Gründe, die meines Erachtens eine soziologiehistorische Perspektive notwendig machen. Erstens ist es ein strukturell in den Gegenständen der Soziologie angelegter Bezug auf die Geschichte:

> „Insofern Sinnsetzungen stets durch vergangene Sinnsetzungen und Sinnentwürfe vorkonstituiert sind, sie mit diesen aber prinzipiell aufgrund der zeitlichen Differenz zwischen Konstruktion und Rekonstruktion nicht identisch sein können, ist Soziologie immer auf eine Differenz von Sinnsetzungen – ihres Entwurfs *ex ante* und ihrer Erhebung *ex post* – verwiesen. Diese Differenz reflexiv zu thematisieren, macht das disziplinäre Profil der Soziologie

[2] http://serendipities.uni-graz.at/index.php/serendipities.

[3] Man denke etwa an die in Graz ausgerichteten jährlichen Spring Schools des Doktoratsprogramms *Soziologie und Geschichte der Sozial- und Kulturwissenschaften* (http://doktoratsprogramm-geschichte-soziologie-sozialwissenschaften.uni-graz.at/de/spring-schools) sowie die seit 2014 stattfindenden Workshops zur Geschichte der deutschsprachigen Soziologie (2014 in Graz, 2015 in Frankfurt a.M., 2016 in Konstanz).

aus. Soziologie ist aufgrund ihres konstitutiven Bezogen seins auf Vergangenes strukturell auf Selbstthematisierung hin angelegt [...]" (Endreß 2001, S. 65).

Zweitens ist Soziologiegeschichte als Reflexionsgeschichte der Beobachtung von Gesellschaft notwendig, das heißt als „Beobachtung zweiter Ordnung", wie insbesondere Paul Nolte (2000, S. 19 ff. und S. 244 ff.) in seiner Geschichte der deutschen Soziologie festgehalten hat. Von welchen Deutungs-, Wahrnehmungs- und Ordnungsmustern ließen sich die professionellen Beobachter der Gesellschaft, die Soziologinnen und Soziologen, leiten? Was beeinflusste, förderte oder behinderte ihr Verständnis von gesellschaftlichen Prozessen? Welche „Gesellschaft" konstruierten sie dadurch (Nolte 2000, S. 244)? Wie bekämpften sie sich gegenseitig? Welche Sichtweisen wurden hierbei hegemonial, welche gerieten in Vergessenheit oder kamen gar nicht erst in den Blick wissenschaftlicher Aufmerksamkeit? Wenn Wissenschaft immer auch ein sozialer Prozess ist, wie die Wissenschafts-, Wissens- und Kultursoziologie gezeigt haben, dann gilt dies nicht zuletzt auch für die Soziologie selbst.

2 Die Institutionalisierung der *Kölner Vierteljahrshefte* für Soziologie

Das Sonderheft beginnt mit Leopold von Wieses Gründungsartikel der Vorläuferzeitschrift der *KZfSS*, den *Kölner Vierteljahrsheften für Sozialwissenschaften* von 1921. Die *Kölner Vierteljahrshefte* stehen in unmittelbaren Zusammenhang mit der von Konrad Adenauer noch vor Kriegsende initiierten Einrichtung des ersten Forschungsinstituts im Bereich der Soziologie, dem 1919 gegründeten „Forschungsinstitut für Sozialwissenschaften" in Köln (vgl. von Alemann 1981, S. 349; Gorges 1986, S. 97 ff.; Kaesler 1997, S. 235; Schad 1972, S. 49 ff.). Die Aufgabe des Instituts, das von der Stadt Köln finanziert wurde, bestand laut dessen Verwaltungsdirektor Christian Eckert in der Analyse sozialrechtlicher, -wirtschaftlicher und -politischer Probleme (von Alemann 1981, S. 352). Wie von Wiese in seinen Erinnerungen berichtet, sollte unter dem Eindruck der für das Bürgertum schockierenden Novemberrevolution 1918 (vgl. von Wiese 1957, S. 57; Gorges 1986, S. 99) und angesichts einer weiteren „drohenden sozialen Revolution" (von Wiese 1957, S. 52) das politische Ziel der Forschungen die „soziale Frage" sein.[4] Entsprechend der damaligen Aufteilung der rheinländischen Parteien in Zentrum, Sozialdemokratie und Liberale wurde das Institut auf Betreiben Adenauers untergliedert in eine soziologi-

[4] Der erste Soziologentag nach dem Ersten Weltkrieg 1922 in Jena hatte „Das Wesen der Revolution" zum Thema, ohne jedoch, in Angst vor allzu viel Werturteil, konkret auf die aktuelle Relevanz einzugehen (vgl. Gorges 1986, S. 87; van Dyk und Lessenich 2008). Die Reaktivierung der DGS war vor allem Ferdinand Tönnies und Werner Sombart zu verdanken (vgl. Stölting 1986, S. 198; Dörk 2016); von Wiese versuchte innerhalb der DGS seine Beziehungslehre prominent zu propagieren. In Tönnies' Eröffnungsrede des Soziologentages 1922 weist dieser in Kenntnis von von Wieses Aufsätzen in den *Vierteljahrsheften* der Beziehungslehre eine zentrale Rolle für die Soziologie zu (vgl. Kaesler 2008, S. 85). Von Wiese hält dann auch das Hauptreferat des Soziologentages 1922, sein Thema: „Die Problematik einer Soziologie der Revolution". Scharfe Kritik daran gibt es lediglich von Carl Grünberg und insbesondere von dem Austromarxisten Alfred Adler, dem „eigentlichen Opponent zur Kölner Beziehungslehre" (Kaesler 2008, S. 86).

sche, eine sozialpolitische und eine sozialrechtliche Abteilung (vgl. von Wiese 1957, S. 52; von Alemann 1981, S. 349 f.; Gorges 1986, S. 100 ff.), wobei letztere erst 1928 eingerichtet wurde. Wie Adenauer im März 1918 vor der Stadtverordnetenversammlung festhielt, sollten damit unterschiedliche Forschungsrichtungen repräsentiert sein, „nämlich ‚eine auf christlichem, eine auf sozialistischen Boden stehende und eine, die sich dem verfeinerten kapitalistischen und Unternehmerstandpunkte nähert'" (zitiert nach von Alemann 1981, S. 351). Leopold von Wiese und Max Scheler standen der soziologischen Abteilung vor (ohne dass es jedoch zu irgendeiner inhaltlichen Zusammenarbeit kam), Hugo Lindemann der sozialpolitischen, Theodor Brauer dann einige Jahre später der sozialrechtlichen.[5] Erste soziologische Assistenten waren Paul Honigsheim, Anny Ohrnberger und Maria Scheu (vgl. Gorges 1986, S. 101). Die *Kölner Vierteljahrshefte für Sozialwissenschaften* wurden ebenfalls unterteilt in eine *Reihe A: Soziologische Hefte* (1921) und *Reihe B: Sozialpolitische Hefte* (1922), aber bereits 1923 von Leopold von Wiese als zwei eigenständige Zeitschriften bis zu ihrer Einstellung 1934 geschäftsführend herausgegeben: die *Kölner Vierteljahrshefte für Soziologie*, die 1922 ab Heft 4. des 2. Jahrgangs dann auch Mitteilungsorgan der *Deutschen Gesellschaft für Soziologie* (DGS) wurden, und die *Kölner sozialpolitische Vierteljahresschrift*.

Wie Dirk Kaesler (1997, S. 235) hervorgehoben hat, ist das Gründungsjahr des Forschungsinstituts insofern bedeutsam, als 1919 mit der Berufung von drei Professoren mit der *venia legendi* in Soziologie erste Institutionalisierungsschritte des Faches an neu gegründeten Universitäten eingeläutet wurden. Franz Oppenheimer begann in Frankfurt am Main auf dem ersten Soziologie-Lehrstuhl (vgl. Caspari und Lichtblau 2014), in Köln wurden Leopold von Wiese auf den Lehrstuhl für wirtschaftliche Staatswissenschaften und Soziologie sowie Max Scheler auf den Lehrstuhl für Philosophie und Soziologie berufen. Weitere Zentren der Soziologie zu Beginn bis Mitte der 1920er-Jahre (vgl. Lepsius 1981a, S. 11; Stölting 1986, S. 105 ff.) waren Heidelberg (Alfred Weber, Emil Lederer), Kiel (Ferdinand Tönnies), Göttingen (Andreas Walther), Münster (Johann Plenge), Marburg (Max Graf zu Solms), Leipzig (Hans Freyer) und Berlin (Werner Sombart, Alfred Vierkandt, Kurt Breysig, Richard Thurnwald, Karl Dunkmann).

Die Gründung der Zeitschrift ist ein wichtiger Baustein der Bemühungen Leopold von Wieses, die Soziologie im wissenschaftlichen Feld der Weimarer Republik zu institutionalisieren, abzusichern und ihr zu Respektabilität zu verhelfen (vgl. Kaesler 1997, S. 240 und S. 242). Wie man anhand des vorliegenden Einführungstext „Die gegenwärtigen Aufgaben einer deutschen Zeitschrift für Soziologie" lesen kann, bedarf es dafür in von Wieses Augen angesichts der vergangenen Kontroversen und Methodendebatten, insbesondere des Werturteilsstreits (vgl. Albert 2010), einer Herstellung einer tragfähigen Eintracht aller Soziologen (vgl. Kaelser 1984, S. 464; Gorges 1986, S. 106; Stölting 1986, S. 169). Anhand der Zeitschrift, so von Wiese (1921, S. 5/75, s. Tab. 1), „soll in Aussprache und Kritik ein Weg gefunden werden, der aus dem schon so lange andauernden Methodenstreite zu aufbauender Arbeit

[5] Wie von Alemann (1981, S. 367, 373) berichtet, hat es jedoch in der soziologischen Abteilung keine größere empirische Forschung gegeben, die Abteilung war mit Blick auf von Wiese insofern zuvorderst Redaktionsbüro der Zeitschrift und Verwaltungsbüro der DGS.

führt". Die in der frühen deutschen Soziologie üblichen (und bis heute andauernden) Klagen über die Vielzahl an Perspektiven, chaotischen Zuständen und politischen Färbungen der Soziologie begegnet von Wiese, in der selbsternannten Rolle des „Friedensstifters" (vgl. Kaesler 1997, S. 240), mit der Verordnung „strengste[r] Objektivität" (von Wiese 1921, S. 6/*76*, s. Tab. 1) und politischer Neutralität.

Insbesondere die Verkündung politischer Neutralität, die ja nie wirklich eine ist, stellt eine der zentralen professionspolitischen Strategien von Wieses dar, die Soziologie im wissenschaftlichen Feld der ideologisch aufgeheizten Situation der frühen Weimarer Republik institutionell zu verankern. Darum will er sie auch explizit von der Sozialpolitik getrennt wissen: „Wir werden uns nur auf *theoretische* Fragen beschränken und alle Probleme der angewandten Soziallehren, alle Kunstlehren, alle Politik, besonders Sozialpolitik (der ja auch die andere selbstständige Reihe der *Kölner Vierteljahrshefte* gewidmet ist) und alle Fragen der Kultur- und Wohlfahrtspflege ausschließen" (von Wiese 1921, S. 7/*77*, s. Tab. 1; Herv.i.O.)[6].

Die „boundary work" (Gieryn), das heißt, die Abgrenzung der Soziologie von der als halbwissenschaftlich gebrandmarkten Sozialpolitik wäre nicht nötig gewesen, wie Paul Nolte in seiner Darstellung der deutschen Soziologie zu Recht hervorhebt, „denn nach den grundsätzlichen Klärungen Max Webers schon im Jahre 1904 [Objektivitätsaufsatz, S.M.] konnte die Sozialpolitik, Werturteilsstreit hin oder her, einen seriösen Platz innerhalb der Sozialwissenschaften beanspruchen" (Nolte 2000, S. 137). Notwendig war die Distinktion aber vor allem, wenn man von Wieses Institutionalisierungskalkül auch als Strategie betrachtet, die nicht nur nach allgemeiner Respektabilität der Soziologie trachtet, sondern eine *ganz bestimmte Art* von Soziologie zur Dominanz verhelfen will. Hatte Carl Heinrich Becker, Unterstaatssekretär im preußischen Kultusministerium, in seinen viel beachteten und debattierten „Gedanken zur Hochschulreform" 1919 der Soziologie eine zentrale politische Rolle als Universal- und Reeducation-Wissenschaft der Deutschen zugesprochen (vgl. Nolte 2000, S. 134; Stölting 2006, S. 22), so propagiert von Wiese eine Soziologie als „klar umrissene Einzelwissenschaft" mit einem einheitlichen Begriffssystem, besser mit *seinem* Verständnis von Soziologie als Beziehungslehre (1957, S. 53). „Es war sein Grenzziehungsvorschlag der neuen Disziplin und ihm wurde ein besonderer Teil reserviert" (Stölting 1986, S. 169). So heißt es in der Einleitung, es wird in der Zeitschrift ein spezieller Teil jedes Heftes als „Archiv der Beziehungslehre" der Soziologie die Richtung eröffnen, „von der sich die Redaktion die eigentliche Förderung unserer soziologischen Erkenntnis verspricht" (von Wiese 1921, S. 9/*78*, s. Tab. 1; vgl. auch von Wiese 1957, S. 61). Die erfolgreiche Institutionalisierung und Professionalisierung könne sich also nur mit seiner Art von Soziologie als Beziehungslehre und in Abgrenzung zu marxistischen, historischen und kulturphilosophischen Soziologievarianten vollziehen. Gestärkt wurde von Wieses „gate-keeper"-Position dadurch, dass er nicht nur über ein Institut mit eigener

[6] Diese scheinbare politische Neutralität der *Kölner* hatte jedoch auch den Nebeneffekt des Reputationsgewinns für andere Akteure im Feld, auf den Erhard Stölting (2006, S. 21) hingewiesen hat: „Die zentralen Debatten der Weimarer Zeit zur ‚Sozialisierung', zum neuen Mittelstand bis hin zum Faschismus und der ‚organischen Gesellschaft' wurden in dem von Weber mitbegründeten Archiv für Sozialwissenschaft und Sozialpolitik geführt, das auf diese Weise nach heutigen Maßstäben zum wichtigsten deutschsprachigen Organ jener Zeit überhaupt wurde.".

Zeitschrift, sondern als Erster Schriftführer, Organisator der Soziologentage und als Redakteur der Zeitschrift, die als Mitteilungsorgan der DGS fungierte, auch über außerordentlichen Einfluss auf die *Deutsche Gesellschaft für Soziologie* verfügte (vgl. Gorges 1986, S. 97). „Nimmt man hinzu, daß der Besprechungsteil ebenfalls vor allem von von Wiese und solchen, die ihm nahestanden, gestaltet wurde, wird die strategische Platzierung der Position Wieses deutlich. Im Besprechungsteil wurden die Neuerscheinungen, die für die Soziologie als Fach wichtig erachtet wurden, mit einem beziehungswissenschaftlichen Auge gemustert, und das Resultat erschien als halboffizielle Meinung der DGS" (Stölting 1986, S. 170).

Institut, Zeitschrift, Einfluss auf die DGS, geschicktes Lavieren durch die politischen Lager – von Wiese erscheint uns heute rückblickend als Prototyp eines erfolgreichen *homo academicus*:

> „Karriereorientiert und institutionenbewußt tritt er uns im Rückblick entgegen: sämtliche institutionellen Instrumente der Reputations- und Einflußerlangung standen ihm nicht zur Verfügung, er hatte sie sich größtenteils selbst geschaffen. [...] [Er verfügte] buchstäblich über alles, was in den Rezeptbüchern der Wissenschaftssoziologie steht, um zu innerwissenschaftlicher Reputation und andauernder Klassizität zu gelangen" (Kaesler 1997, S. 236 f.).

Bei allen feldspezifischen Abgrenzungen und Versuchen der Reputationsgewinnung war von Wieses (und auch Alfred Vierkandts) formale Soziologie aber zu Beginn der Weimarer Republik auch dazu geeignet, eine „integrative Wirkung" zu entfalten, „gerade weil sie sich vordergründig nicht auf bestimmte ideologische Glaubensbekenntnisse festlegte" (Nolte 2000, S. 140).[7] Sie war zudem auch Reibungspunkt, an dem man als Kritiker nicht vorbeikam, was letztlich, versteht man Debatten und Kontroversen mit Georg Simmel ebenfalls als Integrationsfaktoren (vgl. Kneer und Moebius 2010), zu einer gewissen Kohäsion der Soziologie beitrug. Insofern sind Leopold von Wieses Einsätze ambivalent zu bewerten, denn sie führten nicht nur zur institutionellen und organisatorischen Stärkung *seiner* Soziologie, sondern *der* Soziologie insgesamt (vgl. Kaesler 1997, S. 242). Die Soziologie begann seitdem ihre fachdisziplinäre Professionalisierung und Ausdifferenzierung (vgl. Stölting 1986), von Wiese hatte daran auf institutioneller (und weniger auf inhaltlicher) Ebene entscheidenden Anteil. Und seine Beziehungslehre? Diese wurde zwar aufgrund der erfolgreichen Institutionalisierungsbemühungen von Wieses durchaus wahrgenommen und galt zu Beginn der 1920er-Jahre als eine der bedeutendsten Soziologieströmungen (vgl. Kaesler 2008, S. 85), bei späteren Generationen blieb sie jedoch, sieht man etwa von der zeitweisen Schülerschaft Howard Beckers ab, nahezu wirkungslos (vgl. Shils 1975, S. 78; von Alemann 1981, S. 359 ff.).

In der Gründungsausgabe der *Vierteljahrshefte* publizierten neben von Wiese (der hier abgedruckte Text sowie ein Aufsatz über die Methodologie der Beziehungslehre) auch Max Scheler mit einem wissenssoziologischen Aufsatz über die Aufgaben einer Soziologie der Erkenntnis, Ferdinand Tönnies über die DGS, Christian Eckert

---

[7] Diese Neutralität sollte sich jedoch, wie Nolte (2000, S. 141 f.) betont, um 1930 zunehmend als „Illusion" entpuppen, als die Nähe der formalen Soziologie und ihrer Bezugsgröße der „Gruppe" zu rechten Gesellschaftslehren zunahm.

über die Aufgaben des Forschungsinstituts, und Alfred Vierkandt zum Programm einer formalen Gesellschaftslehre.[8] In den Folgejahren kamen unter anderem neben den Genannten als Autoren auch Rudolf Goldscheid, Hans Kelsen, Wilhelm Jerusalem, Robert Michels, Richard Thurnwald, Werner Sombart, Andreas Walther, Max Graf zu Solm, Paul Ludwig Landsberg, Friedrich Hertz, Franz Oppenheimer, Carl Brinkmann, Karl Dunkmann, Rudolf Heberle, Theodor Geiger, Othmar Spann, Max Rumpf, Robert E. Park, Pitrim A. Sorokin, Sebald Rudolf Steinmetz, Charles Bouglé, Helmuth Plessner, Howard Becker, Johann Plenge und Karl Mannheim. Auch einige Frauen finden sich unter den Autoren wieder, etwa Käthe Bauer-Mengelberg, Maria Steinhoff, Hanna Meuter, Gertrud Faßhauer oder Charlotte von Reichenau.

3 Das Feld der soziologischen Zeitschriften in der Weimarer Republik

Wenige Jahre nach Erscheinen der *Vierteljahrshefte* wurden, als sich die ökonomische Grundlage für derartige Projekte verbesserte, weitere soziologische Zeitschriften ins Leben gerufen.[9] Zu nennen sind hier das 1925 von Gottfried Salomon gegründete *Jahrbuch für Soziologie*, von dem allerdings nur drei Bände erschienen. Es sollte sowohl empirischer als auch internationaler ausgerichtet sein als die *Vierteljahrshefte*. Zu Autoren des Jahrbuchs zählten beispielsweise Celestin Bouglé, Maurice Halbwachs, Robert H. Lowie, René Maunier, Robert Michels, Gaetano Mosca, Pitrim A. Sorokin, Yasama Takata, Tönnies, Vierkandt, aber auch von Wiese. Auf größere Internationalität gerichtet war die ebenfalls von Salomon 1926 herausgegebene soziologische Abteilung des von Ludwig Stein gegründeten *Archivs für systematische Philosophie* (vgl. Stölting 1986, S. 175). Von 1925 bis 1927 existierte außerdem die Zeitschrift *Ethos. Vierteljahresschrift für Soziologie, Geschichts- und Kulturphilosophie*, herausgegeben von dem aus Kiew nach Berlin geflohenen David Koigen. Soziologische Autoren der Zeitschrift waren unter anderem Tönnies, Vierkandt, Dunkmann, Geiger, Michels oder Walther. International sichtbarer und profilierter als Salomons *Jahrbuch* oder Koigens *Ethos* war jedoch Richard Thurnwalds und Bronislaw Malinowskis ebenfalls seit 1925 herausgegebene *Zeitschrift für Völkerpsychologie und Soziologie* (ab 1932 hieß sie *Sociologus*). Anders als die *Kölner Viertelsjahrshefte für Soziologie* öffnete sich Thurnwalds Zeitschrift ausdrücklich sowohl der praktisch-politischen Verwendung soziologischen Wissens (vgl. Stölting 1986, S. 180) als auch der empirischen Forschung und rezipierte schon vor 1945 die amerikanische Sozialforschung. Darum spielte hier auch die Internationalität eine weitaus größere Rolle. Die Zeitschrift enthielt im Vergleich zu den *Vierteljahrsheften*, Salomons *Jahrbuch* oder dem *Archiv für Sozialwissenschaften und Sozialpolitik* den „höchsten Anteil expliziter internationaler Beiträge" (Sieg 2002, S. 144; vgl. Stölting 1986, S. 184). So waren nicht nur etwa William F. Ogburn, Edward Sapir, Sorokin oder Steinmetz im Laufe der Jahre Mitherausgeber, sondern die Zeitschrift erschien ab 1932 auch zweisprachig unter dem erweiterten

[8] Vgl. Gorges (1986, S. 108 f., S. 289–292 und S. 495–498), dort ist auch ein detaillierter Überblick über weitere Autoren und Themengebiete zu finden; vgl. auch Stölting (1986, S. 170 f., FN. 74).

[9] Zum Folgenden greife ich insbesondere auf die Angaben in Stölting (1986, S. 172 ff.) zurück.

Untertitel *A Journal of Sociocology and Social Psychology*, ein Titel, der, vermittelt über den Thurnwald-Schüler René König, nicht zufällig an den Titel der *KZfSS* seit 1955 erinnert.[10] Clemens Albrecht (2013, S. 402) hat die Stoßrichtung der Zeitschrift Thurnwalds folgendermaßen umschrieben: „Es ist ein massives Plädoyer für eine Soziologie als Gegenwartswissenschaft, die mit Hilfe von quantitativen empirischen Methoden ein Wissen erhebt, das mit der strukturfunktionalistischen Theorie gedeutet und für die praktisch-politische Anwendung dienstbar gemacht werden kann." Allerdings korrespondiert die Internationalität negativ mit der Beteiligung deutscher Soziologen. Die Zeitschrift wirkte nicht so sehr wie die *Vierteljahrshefte,* in die sich institutionalisierende deutsche Soziologie, was eventuell mit der Breite des unter anderem auch ethnologisch angereicherten Ansatzes oder vielleicht auch gerade mit der internationalen Öffnung zusammenhängen mag (vgl. Stölting 1986, S. 180).

Von 1928 bis 1933 erschien als Nachfolge der 1924 publizierten Zeitschrift *Nordland* des Berliner Instituts für angewandte Soziologie das *Archiv für angewandte Soziologie* von Karl Dunkmann. Das *Archiv* griff ein viel diskutiertes Thema auf (vgl. Plessner 2002) und propagierte eine neue Volksgemeinschaft; Soziologie war aus dieser Sicht eine „Wissenschaft im Dienste einer Volksreform" (Stölting 1986, S. 186 f.).

Das war das Feld der soziologischen Zeitschriften, in die die *Vierteljahrshefte* eingeordnet werden können.[11] Natürlich spiegeln die Publikationsorgane nicht die gesamten Konstellationen des soziologischen Feldes der 1920er-Jahre wider (vgl. König 1961; Stölting 1986; Gorges 1986; Nolte 2000), aber sie geben Aufschluss über einige Positionen und Diskurse, die für die Genese des Feldes wesentlich waren. Denn die durchaus unterschiedlichen Aussagen darüber, was Soziologie sei, hemmten deren Institutionalisierung nicht, sondern begünstigten vielmehr die Konstituierung eines soziologischen Diskursfeldes:

> „Diese Vielfalt aber, so sehr sie offenbar die Grenzen der Disziplin verschwimmen ließ, förderte in anderer Hinsicht den Institutionalisierungsprozeß doch. Denn indem die Soziologen darum stritten, was ‚Soziologie' sei und was sie zu sein habe, bezogen sie sich auf etwas, dessen Existenz und Berechtigung sie damit gerade unterstellten. Indem sich die übrigen soziologischen Zeitschriften immer, wenn auch negativ, auf Wieses Zeitschrift bezogen, bestätigten sie gerade sein Streben nach Institutionalisierung, ohne daß Wiese selbst sich dessen gewahr wurde" (Stölting 1986, S. 191).

[10] Vgl. Albrecht (2013, S. 400); Moebius (2015, S. 57 f.). König schrieb in Thurnwalds Zeitschrift auch seinen ersten Artikel über „Die neuesten Strömungen in der gegenwärtigen französischen Soziologie" (1931/1932), der ebenfalls auf die Bedeutung der Rezeption internationaler Soziologie verweist (vgl. Moebius 2015, S. 57; vgl. auch König 1973, S. IX f.).

[11] Die Frankfurter *Zeitschrift für Sozialforschung* habe ich hier außen vor gelassen, da sie erst 1932 gegründet wurde.

4 Der Streit um die Wissenssoziologie und die „neue soziologische Welle"

In den Kontext der soziologischen Debatten der Zwischenkriegszeit gehören auch die beiden, hier abgedruckten generationssoziologischen Artikel von Karl Mannheim. Dieser hatte sich Mitte der 1920er-Jahre von der Kultursoziologie kommend mehr und mehr der Wissenssoziologie zugewendet (vgl. Barboza und Lichtblau 2009, S. 12 f.; Blomert 1999, S. 183 ff.; Lichtblau 1996, S. 492 ff.) und 1925 in Heidelberg bei Alfred Weber, Carl Brinkmann und Emil Lederer seine wissenssoziologische Habilitationsschrift über Konservatismus eingereicht. Ebenfalls 1925 erschien sein Aufsatz „Problem einer Soziologie des Wissens" im *Archiv für Sozialwissenschaft und Sozialpolitik*. Die Kulturprozesse und Weltanschauungen, so Mannheim, ihre Formen, Inhalte und Geltungen seien rückgebunden an die jeweiligen sozio-historischen Standorte, konjunktiven Erfahrungsräume und Generationserfahrungen. Sie stünden in einem funktionalen Verhältnis zu den Seinslagen, was Mannheim dann als „Seinsverbundenheit des Wissens" bezeichnete (Mannheim 1931, S. 660). Die Analyse der Generationslagerungen, wie er sie in den beiden vorliegenden Aufsätzen vornimmt, erlaubte „eine noch differenziertere Weltanschauungsanalyse" (Barboza und Lichtblau 2009, S. 23). Mannheim unterscheidet zwischen „Generationslagerung" („dieselbe historische Lebensgemeinschaft" qua Geburt), „Generationszusammenhang" („Partizipation an den gemeinsamen Schicksalen" und geteilter Problemhorizont) und „Generationseinheit" (spezifische Verarbeitung und zuweilen auch gegensätzliche Reaktion auf Problemhorizont etwa im Sinne eines liberalen oder konservativen Denkstils).

Die beiden Artikel erschienen 1928 in den *Vierteljahrsheften*, ihnen zugehörig ist ein weiteres Ereignis im selben Jahr, das Mannheim zum jungen und heiß debattierten „shooting star" (Matthiesen) in und außerhalb der Soziologie avancieren ließ. Sein Vortrag auf dem 6. Deutschen Soziologentag in Zürich über die „Konkurrenz auf dem Gebiete des Geistigen", der zusammen mit dem 1929 erschienenen Buch *Ideologie und Utopie* den „Streit um die Wissenssoziologie" (vgl. Srubar 2010) auf die Spitze trieb und ein „Aufstand im Herzen der DGS" (König 1987, S. 356) darstellte. „Vertreter aller Generationen der deutschen Gelehrten" (vgl. Srubar 2010, S. 60 ff.), von Alfred Weber und Werner Sombart bis hin zu Otto Neurath, Max Horkheimer, Ernst Robert Curtius, Max Adler, Hannah Arendt, Herbert Marcuse oder Karl August Wittvogel, alle diskutierten kontrovers Mannheims Thesen (vgl. Meja und Stehr 1982) und warfen ihm entweder Soziologismus, Relativismus, soziologischen Materialismus oder „Submarxismus" vor und bestätigten damit zugleich seine Wissenssoziologie von der Konkurrenz auf dem Gebiete des Geistigen.

„Es ist ein subtiler Witz der Soziologiegeschichte, daß genau im gleichen Jahr 1928 eine Abhandlung von Mannheim über ‚Das Problem der Generationen' in den *Kölner Vierteljahrsheften* für Soziologie, Bd. 7, veröffentlicht wurde, die von einem der Hauptverantwortlichen, dem ‚ewigen' Schriftführer des Establishments Leopold von Wiese herausgegeben wurde [...]. Die Bedeutung des Witzes lag darin, daß ausgerechnet mit diesem Thema eine Generationsablösung von einem Mitglied dieser neuen Generation angebahnt worden war, ferner wird damit eine ganze Reihe von neuen Themen eingeläutet [...]" (König 1987, S. 353).

Es ging Mannheim mit seiner These der Seinsverbundenheit und Konkurrenz der Denkstile eigentlich um eine Verständigung zwischen den Positionen. Auch er war auf der Suche nach einer einheitlichen Perspektive. Insbesondere den sozial „freischwebenden Intellektuellen" sprach er die Fähigkeit zu, eine Vogelperspektive einzunehmen und zwischen den Teilperspektiven eine relationale Synthese herzustellen. So landete er „am Ende beim Traum einer Synthese und bei der Erhöhung der Intellektuellen über das irdische Reich der Ideologie" (Ringer 1987, S. 384) und war damit von den Positionen seiner Kritiker nicht mehr weit entfernt.

Mannheims Aufsätze, Vorträge und Bücher sind für König (1987, S. 353 ff.) der Beweis, dass die Melodien der Soziologie vor 1933 noch längst nicht alle durchgespielt waren, wie Schelsky (1959, S. 37) behauptet hatte, allerdings sei diese „neue Welle" aber vom „Establishment" der DGS schnell ausgebremst worden (König 1987, S. 355 ff.).

Zu dieser „neuen Welle" der Weimarer Soziologie zählt König (1987, S. 380) auch den von ihm so betitelten „militanten Humanisten" Theodor Geiger. Dessen vorliegender Aufsatz „Natürliche Auslese, soziale Schichtung und das Problem der Generationen" (1933/1934) erschien im letzten 12. Jahrgang der *Kölner Vierteljahrshefte für Soziologie* in einer der neuen Rubriken der Zeitschrift, dem seit 1932 eingerichteten speziellen Teil „Biosoziologie".[12] Der Aufsatz ist Teil einer Reihe von Texten und Büchern zum Thema Eugenik und Sozialpolitik Geigers.[13]

In der soziologiehistorischen Forschung gibt es unterschiedliche Interpretationen und Bewertungen, was Geigers Texte über Eugenik anbelangt. Auf der einen Seite wird ihm vorgeworfen, er sei für „Auslese- und Ausmerzungsmaßnahmen" eingetreten (Pinn 1987, S. 230) und habe sich damit dem Nationalsozialismus angedient. Thomas Meyer (2001, „Die Soziologie Theodor Geigers", S. 115 ff.) deutet in seiner, den sozialdemokratischen Diskurs berücksichtigenden, differenzierten Analyse, die auch Geigers Kritik an der Eugenik würdigt, dessen Haltung und Wortwahl als Befürwortung einer „autoritären Bevölkerungspolitik" (Meyer 2001, „Die Soziologie Theodor Geigers", S. 130), weil dieser etwa, trotz seiner Kritik am Nationalsozialismus, unter bestimmten Bedingungen Zwangssterilisationen für sinnvoll erachtete. Auf der anderen Seite wird Geigers soziologische wie auch naturwissenschaftlich-informierte Kritik an der auf einem naiven Verständnis von Genetik beruhenden bio-

12 Stölting (1986, S. 171, FN. 74) schreibt zu dieser Ergänzung, zu der 1933/34 noch „Betriebssoziologie" und „Sozialpädagogik" hinzukamen: „Die Erweiterung der Vierteljahreshefte um die Abteilung ‚Biosoziologie' war recht schlitzohrig: Die dort aufgenommenen Artikel gaben weder NS-Ideologie wider, noch fielen sie aus dem bisherigen Spektrum der Zeitschrift." Man könnte es aber auch als „Anpassung an den herrschenden Zeitgeist" und den immer populärer werdenden rassenhygienischen Diskurs bezeichnen (Pinn und Nebelung 1990, S. 190).

13 Geiger war 1928 auf eine Soziologieprofessur an die Technische Hochschule Braunschweig berufen worden. Er erfuhr in der Zwischenkriegszeit insbesondere durch *Die Masse und ihre Aktion* (1926), zentrale Artikel (zu Soziologie, Gemeinschaft, Gesellschaft, Revolution und Führung) in Vierkandts Handwörterbuch (1931) und *Die soziale Schichtung des deutschen Volkes* (1932) auch international große Anerkennung. 1933 emigrierte Geiger, der viele Jahre der SPD angehört und die in Braunschweig geplante Professur für Gesellschaftslehre für Adolf Hitler verhindert hatte sowie die NSDAP bereits seit etlichen Jahren öffentlich kritisierte, nach Dänemark. Dort wurde er 1938 erster dänischer Soziologieprofessor. Nach 1945 aus dem Exil in Schweden nach Dänemark zurückgekehrt, beteiligte sich Geiger als Repräsentant der skandinavischen Länder bei der Gründung der *International Sociological Association* (ISA).

logischen Grundlegung der Eugenik und an der eugenischen Bewegung sowie seine Verteidigung sozialpolitischer gegenüber biopolitischen Maßnahmen besonders hervorgehoben (vgl. Holzhauser i. V.; Schwartz 1995, S. 159).[14] Der vorliegende Text ist jedenfalls als eine Kritik an vorherrschenden Auffassungen der „Erbpflegepolitik" und Eugeniker zu betrachten, die Sozialpolitik für überflüssig oder gar schädlich hielten. Anders Geiger, der die „Erbpflege" für viel unbedeutender als Sozialpolitik erachtet und in seinem Beitrag die gesellschaftlichen sowie historischen Aspekte der Sozialstruktur ins Zentrum rückt. Denn, wie Geiger im vorliegenden Aufsatz (1933/34, S. 161/*122*, s. Tab. 1) schreibt, beruhe die ursprüngliche soziale Schichtbildung „meist nicht auf natürlicher Auslese innerhalb eines menschlichen Lebensverbandes, sondern auf Unterwerfung einer Gruppe durch eine andere [...]." Soziale Schichtung sei darum auch nicht das Ergebnis „natürlicher Auslese". Geiger versucht den Erbpflegediskurs aus einer historischen und wissenssoziologischen Perspektive zu entkräften, indem er auf den historisch kontingenten und herrschaftsmäßigen Charakter von Bewertungsmaßstäben verweist. Soziale Rangunterschiede lassen sich nicht aus der Biologie ableiten, im Gegenteil: die „soziale Einschätzung bestimmter Anlagetypen, die sich (angeblich) in einzelnen sozialen Schichten gehäuft vorfinden, ist geschichtlich bedingt und schwankt mit dem Wechsel des Kulturstils. [...] Die Varianten der natürlichen Anlagen und Begabungen können nicht nach biologischen Wertungen verglichen werden, sondern erhalten in der Gesellschaft ihren Rangplatz nach Maßgabe der in der Epoche gültigen Rangordnung der Werte" (Geiger 1933/34, S. 165/*138*, s. Tab. 1). Weder der Schichtwechsel noch die Zughörigkeit zu einer bestimmten sozialen Schicht lassen sich in seinen Augen mit dem Theorem der natürlichen Auslese erklären, ja mehr noch, dieses Theorem ist als Ausdruck symbolischer Macht und Ideologie der Herrschenden zu dekonstruieren: „Wie die Annahme generativer Überwertigkeit der gehobenen Schichten eine Selbstverherrlichungsideologie der oben Geborenen ist, so ist die These vom ‚Aufstieg der Tüchtigen' eine Ideologie der im Aufstieg Erfolgreichen", wie Geiger (1933/34, S. 173/*133*, s. Tab. 1), manche Annahmen Pierre Bourdieus vorwegnehmend, schreibt.

5 Schließung des Kölner Forschungsinstituts und Einstellung der *Vierteljahrshefte*

Mit der Schließung des gesamten Instituts am 31. März 1934 wurden die *Vierteljahrshefte* eingestellt. „Vordergründig mag ein Grund für die Schließung in den Sparmaßnahmen der Stadt Köln gelegen haben, gewiss war aber auch ausschlaggebend, wie von Wiese im letzten Heft der Zeitschrift spekuliert, dass sich die Stadtväter und -mütter das Verhältnis des Instituts zu den herrschenden politischen Parteien enger vorgestellt hätten (von Wiese 1933/34, S. 2)" (Dreier 2016, S. 4; vgl. auch Klingemann 1988, S. 79 f.; Pinn und Nebelung 1990, S. 189). Dadurch frei gewordene Gelder wurden in das Institut für Deutschen Sozialismus von Wilhelm

[14] Für wertvolle Hinweise auf weitere Texte von Geiger zum Thema und zur differenzierten Sichtweise auf diese danke ich Nicole Holzhauser.

Börger umgelenkt (vgl. Klingemann 1988, S. 80). Von Wiese, der als Ersatz für die *Vierteljahrshefte* ein letztlich nicht realisiertes Jahrbuch herauszugeben plante (vgl. Klingemann 1988, S. 79), setzte seine Lehre und Forschung als Ordinarius am Soziologischen Seminar der Universität fort. Die DGS wurde nicht „von oben gleichgeschaltet", wie von Wiese (1948a, S. 4), der eine Strategie der Selbstgleichschaltung verfolgte und seine Soziologie dem NS-Regime anzubieten versuchte (van Dyk und Schauer 2015, S. 47; Klingemann 1988, S. 82), später behauptete; sie wurde vielmehr von dem „1933 auf Vorschlag des Vorstands installierten ‚Führers' Hans Freyer 1934 stillgelegt." (Schnitzler 2016, S. 1); eine Stilllegung, die nicht das Resultat eines „liberalen" oder „präventiven Rettungsaktes", sondern einer spezifischen Konkurrenzsituation zwischen zwei Positionen geschuldet war, die sich dem Nationalsozialismus andienen wollten (vgl. van Dyk und Schauer 2015, S. 46 ff. und S. 144; Borggräfe und Schnitzler 2014, S. 454 und S. 458; Klingemann 1996, S. 11 ff.; Schäfer 1990, S. 141). Als Mitteilungsorgan der DGS firmierte nun der von Hans Freyer, Max Hildebert Boehm und Max Rumpf herausgegebene *Volksspiegel. Zeitschrift für deutsche Soziologie und Volkswissenschaft* (vgl. Stölting 1986, S. 192 f.; Borggräfe und Schnitzler 2014, S. 456), der sich dann mit sukzessivem Ausscheiden der Herausgeber zu einer nationalsozialistischen *Zeitschrift für pädagogische Volksforschung und Volkstumsgestaltung* wandelte.[15]

6 Nach 1945: Wiederbegründung der Zeitschrift und zentrale Themen der westdeutschen Nachkriegssoziologie

Die Wiederbegründung der Zeitschrift erfolgte 1948 unter dem Titel *Kölner Zeitschrift für Soziologie. Neue Folge der Vierteljahrshefte für Soziologie*. Angesiedelt war sie an der Soziologischen Abteilung des 1947 gegründeten *Forschungsinstituts für Sozial- und Verwaltungswissenschaften* (vgl. Haupts 2007, S. 116 ff.), Herausgeber war Leopold von Wiese. Dieser hatte bereits 1946 mit Unterstützung des US-HICOG-Offiziers und guten Kenner des deutschen Wissenschaftssystem Edward Y. Hartshorne (vgl. Tent 1998)[16] die DGS wiederbegründet (vgl. von Wiese 1959, S. 17), wurde deren erster Nachkriegspräsident und lud im September 1946 zum achten Soziologentag in Frankfurt am Main ein. Der Nationalsozialismus und die systematische Ermordung von Millionen von Menschen durch den Faschismus war keinem der Anwesenden eine soziologische Analyse wert – mit Ausnahme von Heinz Maus, der auf eine Soziologie des Nationalsozialismus drängte (vgl. Demi-

---

[15] Da es hier um die Geschichte der Soziologie im Spiegel der Geschichte der *KZfSS* geht, kann die Soziologie im Nationalsozialismus nicht eigens thematisiert werden, vgl. aber u. a. Maus (1959), der wie Lepsius (1979, 1981b), Srubar (1988) oder Fleck (2007) auch die Soziologie im Exil anspricht, Stölting (1984), van Dyk und Schauer (2015) sowie Christ und Suderland (2014). Eine Kontinuität der Soziologie während des Nationalsozialismus sehen Klingemann (1996, 2009) und Rammstedt (1986), eine These, die nicht unwidersprochen blieb (vgl. etwa Lepsius 2008, S. 36 f.) und bis heute Debatten über Konitnuität oder Diskontinuität der Soziologie nach 1933 entfacht, siehe dazu instruktiv zusammenfassend und empirisch die Diskontinuitätsthese bestätigend Holzhauser (2015).

[16] Hartshorne hatte u. a. 1937 eine kritische, empirische Studie über *The German Universities and National Socialism* verfasst.

rovic 1999, S. 299 ff.; van Dyk und Schauer 2015, S. 152 ff.). Allgemein war aber Beschweigen, Verdrängen und Verlagerung ins Metaphysische die allgemeine Devise, wie anhand der Äußerungen in der Eröffnungsrede von Wieses (1948b, S. 29) über die von „außen" gekommene „Pest" und das „metaphysische Geheimnis", an dem „der Soziologe nicht zu rühren vermag", deutlich wurde. Die Mär von der Stilllegung als präventivem Rettungsakt war hingegen gegenüber den Alliierten für die Wiederbegründung der DGS hilfreich (vgl. van Dyk und Schauer 2015, S. 144 ff.).

Zentrale Themen der Nachkriegssoziologie waren die Industrie-, Familien- und Jugendsoziologie, soziale Klassen und Schichtung und Mobilität (vgl. Moebius 2016b). M. Rainer Lepsius (1979, S. 35) hat in einem Überblicksbeitrag zur Soziologie nach dem Zweiten Weltkrieg hinsichtlich der Akteure und regionalen Zentren festgehalten, die Grundkonstellation der westdeutschen Nachkriegssoziologie „wurde bestimmt durch die vier neu entstandenen Zentren in Berlin, Frankfurt, Köln und Hamburg, zu denen noch als weitere Schwerpunkte Freiburg und Göttingen traten. An allen diesen Orten hatte die Soziologie einen eigenen Charakter, der durch die Lehrstuhlinhaber geprägt worden war. Es handelt sich noch um einen kleinen Personenkreis, der gebildet wurde von *Max Horkheimer* und *Theodor W. Adorno* in Frankfurt, *Helmuth Plessner* in Göttingen, *René König* in Köln, *Arnold Bergstraesser* in Freiburg, *Helmut Schelsky* in Hamburg, *Otto Stammer* in Berlin. [...] Gemeinsam unterstützen sie in den 1950er-Jahren eine Strategie, die die Soziologie als eigenständige und sich professionalisierende Disziplin etablieren wollte, und bei aller Unterschiedlichkeit der Erkenntnisinteressen und wissenschaftspolitischen Orientierungen förderten sie empirische Forschungen. Es erscheint gerechtfertigt, sie als die Gründergeneration der Nachkriegssoziologie zusammenzufassen [...]" (Lepsius 1979, S. 35 f.).

Zwar gab es viele Differenzen (biografisch, ideologisch, habituell), aber was die „Charismatiker des Anfangs" (Bude 2002) neben der gemeinsamen empirischen Ausrichtung vereinte, war der „entschiedene Wille zur politischen und gesellschaftlichen Aufklärung über die konkreten Gegebenheiten und wirksamen Strukturen der Nachkriegssituation und der Zusammenbruchsgesellschaft" (Bude 2002, S. 409). Die gesellschaftlichen Prozesse und Problemlagen der frühen Bundesrepublik waren insbesondere geprägt durch den industriellen und sozialstrukturellen Wandel in der fortgeschrittenen Industriegesellschaft. Das beinhaltete unter anderem das durch das „Wirtschaftswunder" veränderte Konsum- und Freizeitverhalten, einen Strukturwandel der Familie und Urbanisierung. Politisch ging dieser Prozess mit der Westintegration, der Remilitarisierung, dem Verbot der KPD und der Verdrängung des Nationalsozialismus einher (vgl. Conze 2009, S. 184 ff.).

Als führende Soziologien der Nachkriegszeit (vgl. Dahrendorf 1960) galten die Kölner Schule um René König, die Frankfurter Schule sowie Helmut Schelsky (zunächst Hamburg, später Münster).[17] Bei allen Unterschieden in ihrer Ausrichtung und wechselnden Koalitionen zwischen ihnen (vgl. Moebius 2015, S. 12 ff.) gab

[17] Darüber sollten jedoch inhaltlich nicht die Bedeutung anderer wichtiger Vertreter der bundesrepublikanischen Nachkriegssoziologie vergessen werden, die allerdings in der vorliegenden Sammlung an Aufsätzen nicht oder nur am Rande aufscheinen, man denke etwa an die marxistisch orientierte Marburger Schule um Wolfgang Abendroth und Werner Hofmann, an Otto Stammer, Helmuth Plessner, Arnold Bergstraesser; auch einige Jahrzehnte später gibt es wichtige Denkschulen, die im Folgenden nicht zur Sprache kommen

es einen „generationsspezifischen Arbeitskonsens" (Bude 2002, S. 413) und ähnliche Reaktionen auf die gesellschaftlichen Neustrukturierungen. So interessierten sich alle gleichermaßen für Industrie-, Gemeinde- und Familiensoziologie. Bereits 1946 hatte René König im Exil im Auftrag des Schweizerischen Bundesrats über Familie geforscht (vgl. Zürcher 1995, S. 242 ff.), eine Studie, auf der Schelskys erste Beschäftigung mit der Familie aufbaut (vgl. Tyrell 1986, S. 45). „Familie" ist wegen ihrer „kriegs- und nachkriegsbedingten Auflösungserscheinungen" einerseits und ihres „Bedeutungsgewinns als Hort des Rückzugs" andererseits (Conze 2009, S 187) im Nachkriegsdeutschland von besonderer Bedeutung. Betonten König und Schelsky den Integrations- und Stabilitätsfaktor von Familie, betrachteten Adorno und Horkheimer sie seit Mitte der 1930er-Jahre als Institution zur Einübung autoritätsfixierten Verhaltens, eine Institution, die aber in der Moderne immer mehr in Auflösung begriffen sei (vgl. Schäfer 1996, S. 385 ff.).

Der vorliegende Text von Helmut Schelsky (1951, s. Tab. 1) ist in diesem Zusammenhang zu sehen. Er ist Teil zahlreicher Aufsätze von ihm zur Familiensoziologie seit 1949 (vgl. Tyrell 1986, S. 54 f., FN 2, 5, 7) und greift als Thema die Flüchtlingsfamilie auf, die, so die zentrale These Schelskys, keine Ausnahme oder ein Gegensatz zur Familienverfassung der deutschen Gesellschaft darstelle, sondern die „ausgeprägteste und fortgeschrittenste Form" einer Wandlung und Modernisierung der Familie in der Gegenwart repräsentiere (Schelsky 1951, S. 163/*146* und S. 172/*154*, s. Tab. 1). Der Artikel baut auf einer empirischen Studie auf, die von Mitte 1949 bis Mitte 1950 von Studenten der Akademie für Gemeinwirtschaft in Hamburg durchgeführt und von dem Assistenten Gerhard Wurzbacher betreut wurde (vgl. Tyrell 1986, S. 45), der in einer eigenen Studie über die empirische Erhebung berichtet („Leitbilder des gegenwärtigen deutschen Familienlebens: Methoden, Ergebnisse und sozialpädagogische Folgerungen einer soziologischen Analyse von 164 Familienmonographien", 1951). Erkennbar seien deutlich Prozesse des „Einigelns" (Schelsky 1951, S. 173/*155*, s. Tab. 1), daraus resultierende „Überbeanspruchung der Intimgruppe" (Schelsky 1951, S. 173/*156*, s. Tab. 1) und damit zusammenhängende Abwendung von Großorganisationen und Entpolitisierungstendenzen (Schelsky 1951, S. 173 f./*156* ff., s. Tab. 1). Schelsky kommt hier mit Blick auf das politische Desinteresse und der apolitischen Mentalität des „Ohne-uns" zu Ergebnissen, wie sie zeitgleich David Riesman in *The Lonely Crowd*, zu dem Schelsky eine Einführung verfasst, aufgestellt hat und wie sie viele Jahre später durch Richard Sennetts *Verfall und Ende des öffentlichen Lebens. Tyrannei der Intimität* (1974) populär werden. Allerdings bemerkt Schelsky im Fokus auf die „Intimgruppe" in der unmittelbaren Nachkriegszeit weniger eine „neue Innerlichkeit" als vielmehr eine Priorisierung des Ökonomischen, eine Enterotisierung und „Entinnerlichung" (1951, S. 170/*152*, s. Tab. 1) sowie eine „Versachlichung" (1951, S. 172/*154*, s. Tab. 1) der familiären Beziehungen. Die Konzentration auf Bildung, Beruf und Wiederaufstieg war aus dieser Sicht mithin Motor des sogenannten „Wirtschaftswunders". Sozialtheoretisch macht Schelsky (1951, S. 176/*157*, s. Tab. 1) jedenfalls am Beispiel der (Flüchtlings-)Familie institutionelle Stabilisierungsprozesse aus, die sein zu dieser

können, beispielsweise die Konstanzer Schule um Thomas Luckmann oder poststrukturalistische Denkschulen.

Zeit entwickeltes Theorem der institutionellen Elastizität, der „Stabilität im Wandel" und des „stabilen Institutionenwandels" verdeutlichen (vgl. Schäfer 2015a, S. 12; Wöhrle 2015, S. 61 ff.). Die Resultate der Studie, bereits im Oktober 1950 auf dem 10. Deutschen Soziologentag in Detmold vorgetragen, münden zusammen mit anderen Beiträgen in das 1953 veröffentlichte Buch *Wandlungen der deutschen Familie in der Gegenwart*.[18]

Der Beitrag gehört in die Hochphase Schelskys zum bundesrepublikanischen „Starsoziologen", wie sie kürzlich Gerhard Schäfer (2015a) profund analysiert hat. Zu dieser Hamburger Phase, Schelsky war dort seit 1948 Professor an der Akademie für Gemeinwirtschaft, ab 1953 an der Universität, gehören auch die erfolgreichen Formeln der „nivellierten Mittelstandsgesellschaft" und der „skeptischen Generation" (Schäfer 2015a, S. 7; vgl. zu diesen „Formeln" Wöhrle 2015, S. 125 ff. bzw. S. 87 ff.).[19] Auch als Hochschullehrer war er durch zahlreiche Habilitationen und Promotionen wirkmächtig (vgl. Schäfer 2015a, S. 20 f.) und förderte neben Gerhard Wurzbacher, Rudolf Tartler, Janpeter Kob, Heinz Kluth, Friedrich Jonas, Hans-Jürgen Krysmanski, Renate Krysmanki, Lars Clausen, Luc Jochimsen, Renate Rausch, Thomas Neumann und vielen anderen ebenso Hans Paul Bahrdt, Heinrich Popitz, Arno Klönne sowie Ralf Dahrendorf (vgl. Schäfer 2015a, S. 3).

7 Die *Kölner Zeitschrift für Soziologie und Sozialpsychologie* seit den 1955er-Jahren

Im Laufe der 1950er-Jahre wurden die Distinktionen und Konkurrenzen zwischen den zentralen Schulen der bundesrepublikanischen Soziologie immer deutlicher (vgl. Moebius 2015, S. 17 f.). Die bereits bestandenen Unterschiede in der Beurteilung sowohl der gesellschaftlichen Prozesse und Probleme als auch hinsichtlich der Fundamente des eigenen Faches (philosophische oder empirische) nahmen zu und verdichteten sich zu Kämpfen um Definitions- und Repräsentationsmacht. Als René König 1955 die Herausgabe der *Kölner Zeitschrift für Soziologie*, wie sie damals hieß, übernahm, war er bereits international bekannt, hatte den ersten ISA-Kongress organisiert (von 1962–1966 war er gar ihr Präsident, der einzige deutsche bis dato) und avancierte immer mehr zum „großen Übermittler empirischer Sozialforschung quantitativer Art" (Scheuch 2001, S. 144). Durch die Zeitschrift wurde die Position Königs und seiner „Schüler" im soziologischen Feld wesentlich gestärkt (vgl. Moebius 2015). König benennt, durch Thurnwald vermittelt, die Zeitschrift in *Kölner Zeitschrift für Soziologie und Sozialpsychologie* um, da für sein Soziologieverständnis „Persönlichkeit, Gesellschaft und Kultur" ein „einheitlicher Zusammenhang" darstellt, wie es in der Vorbemerkung des neuen Herausgebers 1955 heißt, und mit „Person" auch eine sozialpsychologische Komponente eminent wichtig wird (vgl. Moebius 2015, S. 59 ff.). Wie König in einem Interview präzisiert, sei aber mit

[18] Siehe zur Familiensoziologie Schelskys ausführlich Wöhrle (2015, S. 62 ff.), der auch auf dessen widersprüchliche Aussagen zur Rolle der Frau eingeht, ebenso Schäfer (2000, S. 126 f.) sowie Tyrell (1986).

[19] Wie seine Leipziger Lehrer Freyer und Gehlen war auch Schelsky nationalsozialistisch aktiv gewesen (vgl. Schäfer 2014, 2015b; Wöhrle 2015, S. 17 ff.).

Sozialpsychologie nicht eine Einzeldisziplin gemeint, sondern die „sozialpsychologische Grundlegung der Soziologie". (vgl. Neumann und Schäfer 1990, S. 236). Er hat eine Zeitschrift als „universell ausgerichtetes Fachorgan der Soziologie" vor Augen, in dem auch Nachwuchswissenschaftler zur Sprache kommen sollten (König 1955, S. 1–5).

Durch Königs Herausgeberschaft steigt der Anteil empirischer Arbeiten enorm an. Zusätzlich zur Zeitschrift führt König die Sonderhefte und Schwerpunkthefte ein, die neue Themengebiete erschließen oder wiederbeleben. Kurz nach der Übernahme erschien 1956 das erste Sonderheft zur Soziologie der Gemeinde, dem jedes Jahr ein weiteres folgte (vgl. die Liste im Beitrag von Volker Dreier).[20] Die Zeitschrift, die bis 1965 auch offizielles Organ der DGS war, avancierte dadurch nicht nur zu einem Eckpfeiler der sogenannten „Kölner Schule" (vgl. Moebius 2015, S. 111 ff.), sie galt auch international bald als die bedeutendste soziologische Fachzeitschrift im deutschsprachigen Raum. Konkurrenzprojekte sind die seit 1949 erscheinende *Soziale Welt* und ab Anfang der 1970er-Jahre die *Zeitschrift für Soziologie.*

Wirft man einen näheren Blick auf die Zeitschriftenaufsätze seit 1955, so kann man bis zum Anfang der 1960er-Jahre unterschiedliche Schwerpunktsetzungen ausmachen (vgl. Lüschen 1979), die sowohl mit den Dynamiken des soziologischen Feldes als auch den gesellschaftlichen Verhältnissen zu tun hatten. Besonders großes Interesse wurde, wie erwähnt, der Industrie-, Gemeinde-, Familien- und Jugendsoziologie sowie Fragen sozialer Schichtung entgegen gebracht (vgl. auch Nolte 2000, S. 267 ff.). Aber auch der Stand der Soziologie und der empirischen Sozialforschung sowie deren Weiterentwicklung und Professionalisierung standen im Fokus. König publizierte 1952 und 1956 seine beiden Bände über *Praktische Sozialforschung*, die sich mit Interview, Beobachtung und Experiment befassten. 1958 folgte das Fischer-Lexikon, ein soziologischer Bestseller. Seit Anfang der 1960er-Jahre publizierte er das mehrbändige *Handbuch der empirischen Sozialforschung*. Lüschen (1979, S. 174) charakterisiert in seiner Analyse deutscher Soziologiezeitschriften die frühe Periode ab Mitte der 1950er-Jahre bis 1962 als „Phase teil-theoretischer Diskussionen und sozial-relevanter Empirie". Schelskys Aufsatz sowie Königs zahlreiche Aktivitäten sind nur wenige Beispiele der Empiriebezogenheit und der methodologischen Diskussionen dieser Zeit. Der hier vorliegende Aufsatz von Gerhard Kleining und Harriett Moore über die „Soziale Selbsteinstufung" als neues Verfahren zur Messung sozialer Schichten bezeugt das anhaltende Interesse daran und ist ein Beispiel weiterer Professionalisierungsversuche, wobei er auch zeigt, dass man sich seit Mitte der 1960er-Jahre den methodologischen Fragen und Professionalisierungsversuchen nicht bloß abstrakt, sondern vermehrt anhand konkreter Themen- und Problemgebiete, wie etwa sozialer Schichten, gewidmet hat.

20 Einzig in den Jahren 1960, 1973, 1985 und 1991 erschien kein Sonderheft.

8 Zentrale Kontroversen der bundesrepublikanischen Soziologie in der *KZfSS*

Zu diesen insbesondere die Empirie betreffenden Beiträgen kamen aber seit Ende der 1950er-Jahre auch vermehrt theoretische und wissenschaftstheoretische Debatten hinzu, die eine weitere Ausdifferenzierung und Reflexionsstufe des soziologischen Feldes vor Augen führten. Zwei dieser zentralen Kontroversen der frühen bundesrepublikanischen Soziologie lassen sich im Spiegel der *KZfSS* beobachten: die Rollendebatte und der Positivismusstreit.

Einer der ersten Highlights und Paukenschläge der Kölner Zeitschrift seit Königs Herausgeberschaft war der hier abgedruckte Text *Homo sociologicus* von Ralf Dahrendorf aus dem Jahr 1958, [21]mit dem der erst 29-jährige Dahrendorf die sogenannte Rollendebatte auslöste (vgl. Fischer 2010; Moebius 2016c).[22] Der Text ist eine Kritik an Talcott Parsons (vgl. Abels 2010, S. 116 ff.) und baut auf Dahrendorfs bereits 1955 in der *KZfSS* publiziertem Beitrag „Struktur und Funktion. Talcott Parsons und die Entwicklung der soziologischen Theorie" auf. Dahrendorf kritisiert insbesondere das im Strukturfunktionalismus vertretene Menschen- und Gesellschaftsbild des *homo sociologicus*, das weder sozialen Wandel noch Konflikte kenne. Er geht aber über eine bloße Parsons-Kritik hinaus, in dem er die Rollentheorie insgesamt angreift. Insbesondere Dahrendorfs These, dass vom „Standpunkt der Gesellschaft und der Soziologie" „das Lernen von Rollenerwartungen ein Vorgang [ist], der den Menschen, indem er ihn zum *homo sociologicus* entfremdet, ihr überhaupt erst zugänglich macht und Bedeutung verschafft" (Dahrendorf 1958, S. 348/*189*, s. Tab. 1), löste die Debatte aus. „Der rollenlose Mensch ist für Gesellschaft und Soziologie ein nicht existierendes Wesen" (Dahrendorf 1958, S. 348/*189*, s. Tab. 1). Dem *homo sociologicus*, dem soziologischen Blick auf den Menschen als Mitglied der Gesellschaft, der von ihm sogenannten „ärgerlichen Tatsache der Gesellschaft", stellt Dahrendorf (1958, S. 349/*190*, s. Tab. 1) den „ganzen Menschen der Erfahrung" gegenüber, der immer mehr sei als sein Rollenverhalten (vgl. Abels 2010, S. 131). Er folgt damit eigentlich einem von Georg Simmels soziologischen Apriori, demzufolge der Einzelne in seiner Individualität über seine Vergesellschaftung hinausgeht.

Anstoß an Dahrendorfs Aufsatz wurde zum einen an der schroffen Gegenüberstellung von individueller, gesellschaftsferner Freiheit einerseits und gesellschaftlicher Determiniertheit andererseits genommen und zum anderen an der These von der unentrinnbaren Entfremdung (vgl. Joas 1978, S. 18 ff.). Entdeckte etwa Frigga Haug (1972) in der allgemeinen Entfremdungsthese Dahrendorfs eine typische bürgerliche Ideologie, die nicht mehr zwischen schlechter und guter Gesellschaft unterscheiden könne, so wandte sich König (2002, S. 24) gegen das wechselseitige Ausspielen von

[21] Im selben Jahr wurde Dahrendorf mit Unterstützung Schelskys Professor in Hamburg an der Akademie für Gemeinwirtschaft.

[22] Es ist nicht die erste Kontroverse der BRD-Soziologie: Bereits 1950/51 und in Folge dann 1958/59 fanden andere heftige Kontroversen hinsichtlich der organisationalen Vertretung und Institutionalisierung der Soziologie in Deutschland statt, zwischen DGS und Institut International de Sociologie, die unter der Begrifflichkeit „Bürgerkrieg in der Soziologie" bekannt sind (vgl. Weyer 1986). Im Folgenden greife ich auf meinen Beitrag über Soziologische Kontroversen nach 1945 (Moebius 2016c) sowie auf Kneer und Moebius (2010) zurück. Zu Dahrendorfs Text siehe den instruktiven Beitrag von Abels (2010).

Freiheit und Gesellschaft und Individuum und Gesellschaft. Das Individuum werde erst durch das Zusammenleben mit anderen frei. Helmuth Plessner ging in *Soziale Rolle und menschliche Natur* (1974, S. 30) in eine ähnliche Richtung. Weitere Kritiker in der Kontroverse waren Arnold Gehlen, Helmut Schelsky, Heinrich Popitz, Hans Paul Bahrdt, Dieter Claessens, Friedrich Tenbruck, Peter L. Berger und Thomas Luckmann sowie Hans Peter Dreitzel und Hans Joas (vgl. Fischer 2010, S. 80 f.; zu den einzelnen Argumenten siehe Abels 2010, S. 124 ff.). Keiner von ihnen teilte Dahrendorfs Position. Die Rollendebatte führte aber nicht nur dazu, dass soziologische Klassiker wie Simmel oder Mead innerhalb der deutschsprachigen Soziologie (wieder-)entdeckt wurden oder etwa eine Goffman-Rezeption einsetzte (Fischer 2010, S. 91), sondern sie sorgte auch dafür, „dass die Soziologie Anfang der 1960er-Jahre zugleich attraktiv für eine nichtakademische Öffentlichkeit [wurde], weil der Rollenbegriff lebensweltliche Anschlussmöglichkeiten der soziologischen Analytik und des reflektierten gesellschaftlichen ‚Rollenspiels' bietet" (Fischer 2010, S. 82).

Eine weitere, für die bundesrepublikanische Soziologie zentrale Kontroverse war der Positivismusstreit, der „zwischen 1962 und 1968 in der Kölner Zeitschrift mit Beiträgen von Hans Albert, Jürgen Habermas, Harald Pilot und K.R. Popper ausgetragen und erst danach durch Theodor W. Adorno mit Ergänzungen als selbstständiges Buch" (Lüschen 1979, S. 171) publiziert wurde. Karl Poppers im vorliegenden Heft abgedrucktes Referat „Die Logik der Sozialwissenschaften", gehalten auf einer internen Arbeitstagung der DGS 1961 in Tübingen, bildete den Startpunkt der Auseinandersetzung. Diese reichte jedoch im Grunde bis zu Kontroversen zwischen Frankfurter Schule und logischen Positivisten des Wiener Kreises in die 1930er und 1940er-Jahre zurück (vgl. Dahms 1994).

Ziel des Tübinger Arbeitstreffens war es gewesen, die Meinungsverschiedenheiten innerhalb der DGS auszudiskutieren und durch „eine wissenschaftstheoretische Diskussion zu objektivieren" (Lepsius 1979, S. 43). Im Streit selber ging es weniger um den Positivismus im eigentlichen Sinne, zu dem auch nicht Popper gezählt werden kann (Dahms 1994, S. 332 ff.; Ritsert 2010, S. 107), der sich sogar explizit kritisch gegenüber dem Positivismus äußerte, sondern vielmehr um grundsätzliche wissenschaftstheoretische und Werturteilsfragen.

Die Positionen zwischen Adorno und Popper lagen nicht so weit auseinander, einig war man sich in der Ablehnung des Szientismus der Kölner Schule und der Wissenssoziologie Mannheims. Zum eigentlichen Streit kam es dann erst durch Adornos überproportional lange Einleitung in dem 1969 erschienenen Sammelband und die „Wiederbelebung der ‚Popper-Legende'", die diesem doch eine Nähe zum Positivismus nachzusagen versuchte, „mit der Nuance [...], er sei auch in politischer Hinsicht ein ‚Posivitist', also jemand, der ‚das Bestehende' (den gesellschaftlichen *Status quo*) verteidigt" (Dahms 2008, S. 32 f.).

Scheuch, der 1961 mit seiner Wahlstudie große Aufmerksamkeit auf sich zog und daraufhin die Methodensektion der DGS gründete (vgl. Moebius 2015, S. 89), mischt sich mit dem im vorliegenden Heft abgedruckten Aufsatz „Sozialer Wandel und Sozialforschung" von der Kölner Seite in den Positivismusstreit mit ein. Er erörtert anhand eines Deutschland-USA-Vergleichs ausdrücklich die Beziehungen zwischen Gesellschaft und empirischer Sozialforschung, die als „Folge und Agens sozialen Wandels" (Scheuch 1965, S. 2/*245*, s. Tab. 1) auftreten kann. So sei sie gerade nicht, wie manche ihrer Kritiker von links oder rechts meinten, ein Instrument des Konformismus oder der Aufrechterhaltung des *Status quo*, sondern ein Mittel der Rationalisierung und des kritischen Wandels. Das erinnerte nicht nur an Königs Position, sondern darüber hinaus an Émile Durkheims Glauben an eine methodisch rationalisierte kritische Gesellschaftswissenschaft. Darum nimmt es nicht Wunder, dass auch Durkheim zum „Spieleinsatz" in den Auseinandersetzungen im soziologischen Feld wurde, wie in Adornos hier vorliegender „Notiz über sozialwissenschaftliche Objektivität" (1965) deutlich wird, in der er Durkheim als affirmativen Ideologen kritisiert; kritische Gesellschaftstheorie würde bei diesem durch ordnende Begriffsschemata substituiert. Der Angriff galt indirekt auch Königs „Begründung einer objektiven Soziologie" (so der Untertitel von Königs Habilitationsschrift) und bildete den Auftakt einer allgemeinen Abrechnung mit Durkheim seitens Adornos: 1967 versuchte Adorno in der Einleitung zur Durkheim-Textsammlung *Soziologie und Philosophie* mit Durkheim auch zugleich König zu demontieren (vgl. Peter 2013), was sogar soweit ging, dass Adorno den Reformsozialisten und Moralisten Durkheim in die Nähe faschistischer Ideologen rückte. König erkannte dieses diskurspolitische Manöver und reagierte in seinen Durkheim-Interpretationen mit einer sorgfältigen Korrektur der Fehllektüre Adornos.

Die erwähnten Kontroversen waren zentrale Momente eines Konsolidierungs- und eines „Selbstverständigungsprozesses in der deutschen Soziologie" (Schmid 2004, S. 24). Sie bestimmten einen guten Teil der Diskussionen der nächsten Jahrzehnte und mündeten über die Kontroverse „Spätkapitalismus oder Industriegesellschaft" und die „Habermas-Luhmann-Debatte" in die „Theorievergleichsdebatte" Mitte der 1970er-Jahre (vgl. Kneer und Moebius 2010; Moebius 2016c), deren Wirkungen sich bis in die Gegenwart beobachten lassen (vgl. Greshoff 2010, S. 210 ff.).

Die Kontroversen, die den Verlauf der bundesrepublikanischen Soziologie wesentlich prägten, sollten jedoch nicht den Blick auf andere Gegenstände und gesellschaftliche Problemlagen verstellen. Im Übergang zu den 1960er-Jahren waren sozialer Wandel, Mobilität und soziale Schichtung zentrale Angelegenheiten soziologischer Forschung (vgl. Lüschen 1979, S. 191, FN. 29; Nolte 2000, S. 267). Wie Lüschens Analyse und auch die Titel der Sonderhefte der *KZfSS* zeigen (vgl. Lüschen 1979, S. 181, Tab. 2; Dreier 2016, S. 12, Anhang 1), folgten in den Jahren darauf schwerpunktmäßig Themen wie Soziologie der Politik (ausgelöst durch die Notstandsgesetze und „1968"), Wirtschaft, Organisation, Kunst, Bildung, Wissen, Entwicklungssoziologie, Soziologische Theorie und damit verbunden die Wiederentdeckung der Klassiker (vgl. Nolte 2000, S. 268). Für Politik als große soziologische Problemstellung der 1970er-Jahre steht hier beispielhaft Ulrich Becks und Elisabeth Gernsheims vorliegender Aufsatz zu den „Studentenunruhen", den man in den Kontext einer „kulturellen Neuorientierung" der jüngeren Generation in den Sozialwissenschaften stellen kann (vgl. Nolte 2000, S. 268), für die bereits Ralf Dahrendorf stand und die sich nach Nolte (2000, S. 268) mit folgenden Schlagworten benennen lässt: Aufgabe der Sehnsucht nach Harmonie und Integration, Anerkennung der gesellschaftlichen Konflikte, Dynamiken und der „permanenten Austragung von Interessengegensätzen".

9 Wiederentdeckung der Klassiker und die Etablierung neuer (Theorie-)Positionen im soziologischen Feld

Für die Wiederentdeckung der Klassiker stehen nicht nur die Durkheim-Rezeption Königs oder die Marx-Renaissance der 1960er-Jahre, sondern auch Friedrich Tenbrucks legendäre Max Weber-Aufsätze, von denen einer in diesem Sonderheft abgedruckt ist. Tenbruck stellt besonders Webers Rationalisierungsthese in den Mittelpunkt der Werkinterpretation und erweitert damit insgesamt die Rezeption Webers. Denn zusammen mit anderen Texten Tenbrucks, die dieser bereits in den 1950er-Jahren vorgelegt hatte, führte seine Kritik, *Wirtschaft und Gesellschaft* sei nicht das Hauptwerk Webers, zu einer anderen Sicht auf Webers Soziologie und schließlich zu einer neuen historisch-kritischen Gesamtausgabe (vgl. Homann 1999, S. XVIII). Bereits zehn Jahre vor Tenbrucks Aufsatz hatte in Heidelberg ein Soziologentag zu Weber stattgefunden, der aber noch wenig Resonanz ausgelöst hatte (vgl. Lüschen 1979, S. 175). Hingegen wurde Weber vermittelt durch Tenbrucks Rezeption einer der wichtigsten Klassiker für die Wiederbelebung der deutschen Kultursoziologie Ende der 1970er-Jahre (vgl. Moebius und Albrecht 2014).

Das Bedürfnis nach neuen Impulsen, die man sich von den Klassikern erhoffte, ist sowohl gesellschaftlichen Prozessen der Rationalisierung, funktionaler Differenzierung, sozialer Desintegration und daraus resultierender neuer Konflikte und Problemwahrnehmungen geschuldet als auch ein Resultat der Unzufriedenheit mit bestehenden Theorieangeboten, diese Prozesse adäquat zu erfassen. Kritik wurde insbesondere an dem als hegemonial wahrgenommenen Strukturfunktionalismus Parsons laut. Ein Beispiel dafür ist die Neuetablierung der Kultursoziologie, die wie erwähnt seit Ende der 1970er-Jahre in ihrer Hinwendung zu Weber und Abwendung von Parsons, Marxismus und Rollentheorie eine Renaissance erlebte (Moebius und Albrecht 2014). Aber auch die zunehmende Theorienvielfalt, wie sie etwa in der Theorienvergleichsdebatte Mitte der 1970er-Jahre zum Ausdruck gekommen war (vgl. Greshoff 2010), wurde immer offensichtlicher nicht als positives Zeichen einer reifen Disziplin, sondern eher als unfruchtbar wahrgenommen. Ein aus der Theorienvielfalt resultierendes Bedürfnis nach neuen Synthesen (und neuen Positionierungen im soziologischen Feld) kam in Auseinandersetzung mit den Klassikern und mit Parsons zum Ausdruck (vgl. Joas und Knöbl 2004, S. 285 und S. 351). Es ist insbesondere an die *grand theories* von Jürgen Habermas (1981) und Niklas Luhmanns Systemtheorie zu denken, die sich bereits in den 1960er und 1970er-Jahren zu entwickeln begannen und Anfang der 1970er-Jahre in der Habermas-Luhmann-Debatte aufeinander trafen. In dem hier vorliegenden Aufsatz Luhmanns, in dem ein systemtheoretisches Verständnis von Handlung entwickelt wird, tritt dessen differenzierte Auseinandersetzung mit Parsons, die Ablehnung Parsonsianischer Handlungstheorie bei gleichzeitiger Rezeption seiner Systemtheorie (vgl. auch Joas und Knöbl 2004, S. 355), eindrucksvoll vor Augen.

Auch die Wiederentdeckung Norbert Elias' steht im Zeichen solcher Neuorientierungen im soziologischen Feld und ist Rehbergs (1979, S. 113 ff.) ausführlicher Rezeptionsanalyse zufolge nur vor dem Hintergrund der Marx-Renaissance und der „nach-Marx'schen Diskussionen" (Rehberg 1979, S. 118) zu verstehen: Elias' Zivilisationstheorie, „versöhnlicher" als der Marxismus, avancierte zum „Refugium" und „Medium des Überlebens historisch-materialistischer Kritik" (Rehberg 1979, S. 122); sie war somit offener für Anschlussmöglichkeiten aus unterschiedlichen theoretischen und politischen Lagern.

Wie man an der wieder auflebenden Kultursoziologie oder auch an der Elias-Rezeption sehen kann, verbanden sich mit der Wiederentdeckung der Klassiker vielfach neue Gruppenbildungen und Positionierungsbestrebungen im soziologischen Feld. Damit einher gingen erneute Synthese- und Distinktionsversuche. Hartmut Essers vorliegender Elias-Aufsatz ist in einem solchen Kontext zu sehen, der die Übereinstimmungen und Affinitäten zwischen Elias' Figurationssoziologie (FS) und dem von Esser favorisierten analytischen Wissenschaftsverständnis sowie der Konzeption des Methodologischen Individualismus (MI) auslotet, und sich bewusst darüber ist, dass seine Auffassung von der „inzwischen ja gut etablierten Elias-Gemeinde zurückgewiesen werden wird" (Esser 1984, FN 2/S. *457*, s. Tab. 1). Nachdem er Affinitäten zwischen FS und MI aufgezeigt hat, sind für ihn schließlich angesichts der frappierenden Gemeinsamkeiten zwischen FS und MI eher die Distinktionspraktiken der Figurationssoziologen gegenüber dem MI erklärungsbedürftig (Esser 1984, S. 695/*489*, s. Tab. 1). Warum beanspruche die Figurationssoziologie (FS) eine Eigenständigkeit ihrer Soziologieauffassung, erweise sie sich doch, so Esser, in ihren Orientierungshypothesen absolut vereinbar mit dem MI? Allerdings ist umgekehrt ebenso der theoriestrategische Eingemeindungsversuch Essers erklärungsbedürftig und vielleicht einer detaillierteren feldsoziologischen Analyse wert.

10 1980er-Jahre

Nach seiner Emeritierung 1974 gab König seit 1977 die *KZfSS* mit seinem Nachfolger Friedhelm Neidhardt heraus.[23] 1979 kam als Dritter in das Herausgebergremium Christian Ludz hinzu, der allerdings im selben Jahr verstarb. An seine Stelle trat M. Rainer Lepsius (bis 1996). König schied 1985 aus dem Herausgebergremium aus. Esser war von 1987–1991 Mitherausgeber. Langjähriger Redakteur (von 1977–2006) war Heine von Alemann.[24] Ende der 1980er-Jahre wurde ein wissenschaftlicher Beirat eingeführt mit zunächst fünf, seit 1990 sieben Personen (vgl. Friedrichs et al. 1997, S. VIII; Dreier 2016, S. 6). Friedhelm Neidhardt blieb bis 1992 geschäftsführender Herausgeber, es folgte dann bis 2013 Jürgen Friedrichs.[25]

Die bis heute anhaltende Produktivität der Zeitschrift zeigte sich auch an ihren Sonderheften, von denen nahezu jedes Jahr eines erschien. Die Rückbesinnung auf die Geschichte der Soziologie, von der oben bereits die Rede war, kam in den Sonderheften zur *Deutschen Soziologie nach 1945* (Lüschen 1979, Sonderheft 21)[26]

[23] Von 1972–1980 waren Günter Albrecht, Fritz Sack und Alphons Silbermann an der Herausgabe beteiligt, traten aber nicht offiziell als Mitherausgeber auf.

[24] Frühere Redakteure waren: Peter Heintz, Dietrich Rüschemeyer, Fritz Sack, Karl-Dieter Opp, Günter Albrecht, Axel Schmalfuß; seit 2006 ist Volker Dreier Redakteur.

[25] Von 2013 bis 2015 war dann Karsten Hank GfH der *KZfSS*, seit 2016 ist es Hans-Jürgen Andreß.

[26] An dieses Sonderheft schloss sich eine weitere Kontroverse an, eine über die Geschichte der Soziologie, die insbesondere zwischen Lepsius und König auf der einen Seite und Schelsky auf der anderen Seite verlief und über die Frage ging, ob die Soziologie bereits vor 1933 an ihr Ende gekommen war (Schelsky)

sowie in dem 1981 publizierten Sonderheft 23 zu *Soziologie in Deutschland und Österreich 1918–1945* (Lepsius 1981) zum Ausdruck. Für eine soziologiehistorische Analyse der Geschichte der Soziologie im Spiegel der *KZfSS* sind auch die Gegenstandsbereiche der Sonderhefte in den 1980er-Jahren interessant. Bearbeitet wurden Wirtschaft, Industriesoziologie, Massenkommunikation, Wissenssoziologie, die Bundesrepublik befand sich in einem wirtschaftlichen Übergang von der Industrie- zur Dienstleistungsgesellschaft, der Bildungsbereich wuchs an, weitere Themen waren Ethnologie, Kultur und Gesellschaft, Stadtforschung, Organisationssoziologie, Gruppensoziologie sowie Lebensverläufe und sozialer Wandel.

Für die letztgenannten Themen beispielhaft sind die hier vorliegenden Beiträge von Friedhelm Neidhardt zur Gruppensoziologie, von Wolfgang Streeck zum Wandel intermediärer Organisationen und von Martin Kohli zur Lebenslaufanalyse. Kohlis Beitrag hebt die Notwendigkeit hervor, „Lebenslauf und Lebensalter als eine eigenständige gesellschaftliche Strukturdimension aufzufassen" (Kohli 1985, S. 1/*495*, s. Tab. 1). Im selben Jahr, in dem sein Aufsatz erschien, gründete er an der FU Berlin die Forschungsgruppe Altern und Lebenslauf (FALL). Dabei korrespondierte das steigende soziologische Interesse an Lebensalter und Lebensverlauf mit den zeitgenössischen demografischen Prozessen eines Geburtenrückgangs, einer zunehmenden Alterung und Individualisierung der Gesellschaft (vgl. Conze 2009, S. 546 ff.) sowie den Emanzipationsprozessen von Frauen.

Neidhardt betont im vorliegenden Aufsatz, „Gruppe" als *soziologische* (und nicht nur sozialpsychologische) Kategorie zu entwickeln. Gab es zuvor auch bereits gruppensoziologische Forschungen und Ansätze, wie sie etwa König in einem Artikel seines berühmten Fischer-Lexikon seitenlang aufführt, so mangelte es jedoch vielfach an einer systematischen Präzision dessen, wie „Gruppe" als analytische Kategorie in der Soziologie und in Distinktion zum Gruppenbegriff in der Sozialpsychologie bestimmt werden könnte. In Neidhardts Augen kann die soziologische Spezifizität der Kategorie „Gruppe" am besten mit einer systemtheoretischen Herangehensweise herausgearbeitet werden, wenn Gruppe weniger funktional, sondern vielmehr als System persönlicher Beziehungen und als ein spezifischer „Sinnzusammenhang von Handlungen" (Neidhardt 1979, S. 641/*436*, s. Tab. 1), angesiedelt zwischen einfachen Systemen und Organisationen, definiert wird. Die Gruppensoziologie war bedeutsam für Neidhardts Soziologie terroristischer Vereinigungen und Handlungsprozesse, seine Expertise und gruppensoziologischen Forschungen über die Baader-Meinhof-Gruppe (Neidhardt 1982a, b) erhielten auch für die Terrorismusbekämpfung des BKA unmittelbare Relevanz. 1983 gab Neidhardt ein eigenes Sonderheft der *KZfSS* zur Gruppensoziologie heraus.

Streecks Beitrag befasst sich mit den Wandlungsprozessen „sekundärer Systeme" (Streeck 1987, S. 472/*526*, s. Tab. 1), den intermediären Organisationen, also mit Gebilden, wie er schreibt, die „*sowohl Mitglieder haben als auch Mitglieder sind*" (Streeck 1987, S. 472/*526*, s. Tab. 1), respektive Parteien, Gewerkschaften, Verbände, Vereine, neue soziale Bewegungen. Bereits wenige Jahre zuvor hatte er über den

oder ob sie gerade gegen Ende der Weimarer Republik eine fundamentale Belebung erfahren hat, die dann „brutal zum völligen Stillstand gebracht" worden sei (König 1967 [1958], S. 14, 1987, S. 343 ff.; Lepsius 1979, S. 26, 1981a, S. 17; Schelsky 1981, S. 15).

organisatorischen Wandel deutscher Gewerkschaften geforscht. Streecks Gewerkschaftsforschung vollzog sich vor dem Hintergrund eines Wandels der Gewerkschaften, deren korporatistische Funktion im „deutschen Kapitalismus" der fordistischen Phase von einem weltmarktorientierten „Wettbewerbskorporatismus" abgelöst wurde, was eine Deregulierung von Arbeitsbeziehungen, Lohnverzicht und schwindende gewerkschaftliche Konfliktfähigkeit zur Folge hatte.

Der vorliegende Aufsatz vertieft Streecks Neo-Korporatismusforschungen, er verknüpft die Frage nach dem Wandel der intermediären Organisationen aufgrund sich verändernder Umweltbedingungen mit dem Aufweis neuer Forschungsperspektiven. Wie erklärt sich beispielsweise die Zunahme der Dienstleistungsorientierung intermediärer Organisationen? Inwieweit verlieren Gewerkschaften oder andere Interessensverbände aufgrund staatlicher Deregulierungspolitik immer mehr an Einfluss (vgl. Streeck 2008, S. 657)? Es gilt für die Organisationen insbesondere zwischen zwei Ebenen zu vermitteln, zwischen Sozialintegration nach innen und Systemintegration nach außen und zwischen „Mitglieder- und Einflußlogik" (Streeck 1987, S. 474/*528*, s. Tab. 1), wobei die „Zwischenstellung" der intermediären Organisationen zwischen der Mikro- und der Makroebene sowie „mögliche Interaktionseffekte" und Wechselwirkungen zwischen beiden zu berücksichtigen sind (Streeck 1987, S. 491/*545*, s. Tab. 1). Die Frage der Überwindung des Mikro-Makro-Dualismus sollte dann gegen Ende der 1980er-Jahre auch für das soziologietheoretische Feld zentral werden.

11 Dynamiken im soziologietheoretischen Feld in den 1980er-Jahren

Überhaupt waren die 1980er-Jahre für die bundesdeutsche Soziologie insbesondere mit Blick auf die Prozesse im soziologischen Theoriefeld bedeutsam. Pointiert könnte man sagen, es war eine Blütezeit „großer" soziologischer Theorien: 1981 erschien Jürgen Habermas' *Theorie des kommunikativen Handelns*, 1984 Niklas Luhmanns *Soziale Systeme. Grundriß einer allgemeinen Theorie* [83]. Der Postmoderne-Diskurs kam von Frankreich und den USA nach Deutschland, wo postmoderne und poststrukturalistische Konzepte heftig bekämpft wurden (Kneer und Moebius 2010). 1984 erschien der zweite Band von Thomas Luckmanns und Alfred Schütz' *Strukturen der Lebenswelt.* 1986, zeitgleich mit der Reaktorkatastrophe von Tschernobyl, erschien Ulrich Becks *Risikogesellschaft* und legte den Grundstein für die Theorie reflexiver Modernisierung. Im soziologietheoretischen Feld fand darüber hinaus eine „Erneuerung des Parsonianismus" (Joas und Knöbl 2004, S. 430 ff.) statt, im deutschsprachigen Raum insbesondere repräsentiert durch die Arbeiten von Richard Münch. Verstärkt wurden auch andere internationale Theorien rezipiert, so etwa der amerikanische Pragmatismus, dessen soziologische Aspekte insbesondere Hans Joas weiter entwickelte, die Praxistheorien von Pierre Bourdieu und Anthony Giddens sowie neo-institutionalistische Ansätze und Rational-Choice-Theorien. Verdeutlichten Habermas und Luhmann zu Beginn der 1980er-Jahre noch einen Dualismus zwischen Handlung/Akteur und Struktur/System, so wurden gegen Ende der 1980er-Jahre mit Elias, Bourdieu und Giddens Ansätze zur Überwindung dieses Dualismus aufgegriffen und diskutiert. Die Überwindung des Dualismus und die enge Verknüpfung zwischen Mikro- und Makro-Perspektive ist nach Jeffrey Alexanders (1988) Einschätzung international *das* Kennzeichen zeitgenössischer Theorieentwicklungen und -bestrebungen der jüngeren Generation der 1980er-Jahre. Ein Beispiel für ein solches „synthetisches Theoretisieren" (Alexander 1988, S. 77) ist der Aufsatz von Uwe Schimank in diesem Heft, dessen akteurbasierte Differenzierungstheorie „akteurstheoretische Erklärungen gesellschaftlichen Handelns durch Einbau des systemtheoretischen Konzepts des gesellschaftlichen Teilsystems zu verbessern" trachtet (Schimank 1988, S. 620/*550*, s. Tab. 1).

12 Gesellschaft und Soziologie nach 1990

Mit dem Mauerfall gerieten die in den 1980er-Jahren zu beobachtenden politischen Probleme der Bundesrepublik, wie beispielsweise die steigende Arbeitslosigkeit, für kurze Zeit in den Hintergrund; die bereits deutlich bemerkbare „Europäisierung nationaler Gesellschaften" (siehe Bach 2000) und der allgemeine Globalisierungsprozess erfuhren einen wesentlichen Beschleunigungsschub (Schild und Siegfried 2009, S. 444 f.), der gleichzeitig Reaktionen regionalistischer, nationalistischer und identitärer Kräfte hervorrief. Auch wenn der Mauerfall und die Wiedervereinigung ebenso wenig eine Art „Stunde Null" darstellten wie das Jahr 1945 (vgl. Rehberg 2000, S. 20), so bedeuteten sie dennoch einen enormen Umbruch. Angestoßen durch den von den Sozialwissenschaften nicht vorhergesehenen gesellschaftlichen Wandel machten sich in den Sozialwissenschaften neue Prozesse und Impulse bemerkbar (vgl. Krause und Ostner 2010). So begann relativ schnell eine soziologische Transformationsforschung einzusetzen (vgl. Hauser 2010), nicht zuletzt vorangetrieben durch die Gründung einer „Kommission für die Erforschung des sozialen und politischen Wandels in den neuen Bundesländern" (KSPW), deren Aufgaben mit der Umorganisation des ostdeutschen Wissenschaftssystems zusammenhing, und der „Einrichtung eines Schwerpunktprogramms der Deutschen Forschungsgemeinschaft" mit dem Titel „Sozialer und politischer Wandel im Zuge der Integration der DDR-Gesellschaft", das bereits im Juni 1990 von Klaus Allerbeck, Hartmut Esser, Karl Ulrich Mayer, Werner Tack und Erwin K. Scheuch initiiert und Anfang 1991 von der DFG bewilligt wurde (Esser 2000, S. 7 f.).

In der soziologischen Transformationsforschung ließen sich unterschiedliche Sichtweisen beobachten (vgl. Joas und Kohli 1993; Schäfers 1996; Conze 2009, S. 749; Krause und Ostner 2010), die Palette an Ansätzen reichte von modernisierungstheoretischen (etwa vertreten von Wolfgang Zapf 1991a, 1991b), systemtheoretischen (vertreten beispielsweise von Detlef Pollack 1990a, 1990b), institutionen- und mentalitätssoziologischen (Wolfgang Schluchter 1996), rechtssoziologischen (Bernhard Schäfers 1996), geschlechtersoziologischen (beispielsweise die Untersuchungen von Hildegard Nickel 1995), bewegungssoziologischen (Wiehlgohs und Schulz 1993) bis hin zu individualistischen oder akteurstheoretischen Rational-Choice-Ansätzen (repräsentiert etwa durch Karl-Dieter Opp, dessen Aufsatz zum Thema im vorliegenden Heft abgedruckt ist.).

Kennzeichnend für die 1990er-Jahre waren auf der Ebene der gesellschaftlichen Wandlungsprozesse neue soziale Problemlagen, denen auf der Ebene des soziologischen Feldes eine Zunahme der Bedeutung an Speziellen Soziologien korrespondierte (bei gleichzeitiger Abnahme der Rezeption der soziologischen *grand theories* von Habermas und Luhmann).

Die von Helmut Kohl im Wahlkampf versprochenen und die Erwartungen an ein erneutes Wirtschafswunder beflügelnden „blühenden Landschaften" blieben aus. Das bereits vor 1990 vorherrschende Problem struktureller Arbeitslosigkeit, deren Ursache auch in der ökonomischen Globalisierung (vgl. Görtemaker 2009, S. 101 ff.) lag, wurde durch die Wiedervereinigung verstärkt. Gesellschaftliche Spaltungs- und Desintegrationsprozesse nahmen zu (vgl. Honneth 1994; Heitmeyer 1997; Lessenich und Nullmeier 2006).

„Soziologen, die in den 80er-Jahren Konzepte einer, differenziert-pluralen Nachklassengesellschaft' vorgestellt hatten, wurde nun auch von nichtmarxistischer Seite eine ‚ideologieträchtige Blickverengung' attestiert. Auch der Begriff der ‚Armut' und vor allem der ‚Kinderarmut' erhielt verstärkte öffentliche Aufmerksamkeit – nachdem er in den Sozialwissenschaften bereits seit den 80er-Jahren diskutiert worden war" (Schildt und Siegfried 2009, S. 481 f.; vgl. auch Honneth 1994, S. 100 ff.).

Das Sonderheft 32 der *Kölner Zeitschrift für Soziologie und Sozialpsychologie* (*KZfSS*) mag als Indiz und Reaktion gelten, es widmete sich 1992 der „Armut im modernen Wohlfahrtsstaat" (Leibfried und Voges 1992). „Armut trotz Wohlstand" (Bohle 1997), das war ein Befund, der in seiner paradoxen Form eingehende soziologische Analysen auf den Plan rief. Dementsprechend nahmen die soziologischen Forschungen zu Prekarität, sozialer Exklusion und „Exklusionsempfinden" seit den 1990er-Jahren zu (vgl. Schildt und Siegfried 2009, S. 482; Bude und Willisch 2007).

Bei der Mehrzahl der Ostdeutschen machten sich bald nach der „Vereinigungseuphorie" Gefühle der Fremdbestimmung, der Heimatlosigkeit, der Ernüchterung, der „kulturellen Abwertung" (Conze 2009, S. 748) und der „diffusen Ängste" breit, wie sie beispielsweise der ehemalige Präsident des deutschen Bundestags Wolfgang Thierse beobachtete:

> „Das staatlich vereinigte Deutschland ist heute ein von Ängsten bedrängtes, von Ungleichheiten und Ungleichzeitigkeiten geprägtes Land! [...] Diese marodierenden Ängste verdichten sich wechselnd zur Angst vor Arbeitslosigkeit, vor Kriminalität, vor ‚Überfremdung', vor kriegerischen Verwicklungen Deutschlands. Sie suchen immer wieder neue und immer wieder dieselben Objekte der Aggressionsabführung: Asylbewerber, Ausländer, Fremde, Behinderte, Linke, Minderheiten generell (und auch – als unspezifische Objekte von Verdrossenheit – ‚die Politiker')" (Thierse 1994, S. 53 f.).

Die Zahl der rechtsextremistischen Gewalttaten sowie der Grad der Zustimmung zu ihnen stieg seit 1991 immens an (vgl. Conze 2009, S. 784 ff.). Die „Aggressionsabführungen", wie Thierse schreibt, sowie die Desintegrationsängste waren (und sind) aber nicht nur ein Resultat der Wende oder allein auf Ostdeutschland beschränkt, auch wenn sie hier aufgrund von massiven Desintegrationsprozessen, Demokratiekritik, Benachteiligung(sgefühlen) und sozio-ökonomischen Defiziten „stärker ausgeprägt" waren (Babka von Gostomski et al. 2007, S. 121; Mansel und Kaletta 2009). Dass sie auch strukturell bedingter Ausdruck von, durch Einführung von Hartz IV (seit Anfang 2005) verstärkten, sozialen Abstiegsängsten, neoliberalen Globalisierungstendenzen und damit zusammenhängenden Renationalisierungs- und Identitätspolitiken waren (erinnert sei etwa an die Debatten um „Leitkultur" in Deutschland (vgl. Schildt und Siegfried 2009, S. 513), „DM-Nationalismus" (so Habermas), an den Rechtspopulismus von Jörg Haider in Österreich oder an Berlusconi in Italien (vgl. Conze 2009, S. 825), zeigten die empirischen Studien zur „gruppenbezogenen Menschenfeindlichkeit" der Forschergruppe um Wilhelm Heitmeyer.[27]

Zu gesellschaftsrelevanten Themen avancierte außerdem der Umweltschutz. 1996 veröffentlichten Andreas Diekmann und Carlo J. Jaeger das Sonderheft der *KZfSS* zur Umweltsoziologie. Es ließen sich mit Blick auf das Umweltverhalten erhebliche Diskrepanzen zwischen Anspruch und Wirklichkeit ökologischen Handelns nicht nur auf politischer, sondern wie der Beitrag von Andreas Diekmann und Peter Preisendörfer im vorliegenden Heft zeigt, auch auf der individuellen Verhaltensebene ausmachen. Die Widersprüche zwischen Umweltbewusstsein und individuellem Verhalten, die bei den Akteuren oft mit bestimmten rationalen, ihr ambivalentes Verhalten rechtfertigenden Diskursstrategien zur Aufhebung der Widersprüche kognitiv bewältigt werden, lassen sich der rationalitätstheoretischen Annahme der Autoren zufolge ansatzweise durch eine „Kombination von Umweltbewusstsein und individuellen Anreizen" lösen.

Ein weiteres gesellschaftsrelevantes Thema war die Bildungspolitik und das Bildungssystem, das insbesondere Mitte der 2000er-Jahre verstärkt in den Fokus der politischen und gesellschaftlichen Aufmerksamkeit rückte. Wissenschaft und Bildung wurden nun vermehrt unter dem Blickwinkel ihrer unmittelbaren Verwertbarkeit betrachtet. Dazu trugen insbesondere die PISA-Tests (Programme for International Student Assessment) bei. Die PISA-Tests offenbarten in Deutschland und im Vergleich zu anderen Ländern Bildungsdefizite sowie ungleich verteilte Chancen, alle Bevölkerungsgruppen an der Bildungsexpansion teilhaben zu lassen (vgl. Wolfrum 2013, S. 511). Besonders die in der Bildungssoziologie bereits seit den 1970er-Jahren von Pierre Bourdieu und Jean-Claude Passeron (1971) ausgemachte Korrelation zwischen sozialer Herkunft, kulturellem Kapital und schulischer Leistung bestätigte sich. Auch in Deutschland konnten Bourdieus und Passerons Ergebnisse bereits viele Jahre vor PISA bestätigt werden, wie der vorliegende Beitrag von Richard D. Alba, Johann Handl und Walter Müller aus dem Jahr 1994 zeigt. Wie anhand der Analyse der Benachteiligungen unterschiedlicher Einwanderergruppen im Schulsystem deutlich wird, beruht „ethnische Ungleichheit im deutschen Bildungssystem" nicht nur auf der unterschiedlichen Verfügung über ökonomisches Kapital als vielmehr auf „kulturellen Faktoren wie die im Elternhaus gesprochene Sprache und die Schullaufbahn des Kindes" (Alba et al. 1994, S. 235/*642*, s. Tab. 1). Dass sich diese Ungleichheiten so lange halten und bis heute in den PISA-Tests offensichtlich werden, deutet daraufhin, dass sozialstrukturelle Unterschiede und Ungleichheiten nicht durchlässiger oder entstrukturierter geworden sind, sondern sich weiterhin reproduzieren (vgl. Lessenich und Nullmeier 2006). Ein solches Ergebnis zeigen nicht nur an Bourdieu angelehnte Studien (Schultheis und Schulz 2005), zu diesem Ergebnis kommt beispielsweise auch die hier abgedruckte Studie von Hans-Peter Blossfeld

[27] All diese Prozesse sind natürlich auch im Kontext globaler Krisen zu sehen, man denke an den Irak-Krieg, den Bürgerkrieg in Jugoslawien oder die Auflösung der UDSSR (vgl. Herbert 2014, S. 1144).

und Andreas Timm zum „Einfluss des Bildungssystems auf den Heiratsmarkt“: „Die Entwicklung der Bildungshomogamiequoten über die Kohorten hinweg spricht [...] für eine zunehmende Schließung der Sozialstruktur und sozialen Kreise. [...] Das heißt, die intragenerationale und intergenerationale Reproduktion sozialer Ungleichheit setzt sich in der Regel hinter dem Rücken der Individuen durch, und es stellt sich die Frage nach dem soziologischen Wert von empirischen Studien, die sich zu sehr auf individuelle Präferenzen stützen“ (Blossfeld und Timm 1997, S. 471/*677*, s. Tab. 1).

Nicht unerwähnt sollten neben Arbeitslosigkeit, Prekarität, Armut, Xenophobie, Exklusion, Umweltschutz, Migration und Bildung auch andere Prozesse und soziale Problemlagen bleiben, die seit den 1990er-Jahren gesellschaftlich und soziologisch relevant wurden, hier aber nur stichwortartig und nicht erschöpfend aufgelistet werden können. Infolge der Terroranschläge des 11. September 2001 kam es zu einem Boom der Religions- und Kultursoziologie. Insbesondere wegen der Finanzkrise 2008 erlebten wirtschaftssoziologische und kapitalismustheoretische Analysen einen Aufschwung (siehe auch die Sonderhefte 45, Windolf 2005 sowie 49 der *KZfSS*, Beckert und Deutschmann 2009). Zwischenzeitlich hatten raum- und stadtsoziologische Forschungen Hochkonjunktur, weiterhin spielen aufgrund anhaltender geschlechtsspezifischer Benachteiligungen und Sexismus geschlechtersoziologische Studien eine zentrale Rolle, außerdem Studien zu Individualisierung und neuen Vergemeinschaftungsprozessen sowie den steigenden, gesellschaftlich vermittelten Selbstoptimierungsanforderungen an die Individuen (Gouvernementalitätsforschungen). Aktuelle soziologische Zeitdiagnosen sprechen von Angst- (Bude 2014) und Abstiegsgesellschaften (Nachtwey 2016).

13 Soziologie und intellektuelle Kritik

All diese Prozesse und Problemlagen verlangen nach soziologischer Analyse und Kritik. Sie verweisen insofern auf den Aufsatz von M. Rainer Lepsius (1964, S. 75 ff./S. *229* ff., s. Tab. 1) zur „Soziologie der Intellektuellen“ im vorliegenden Sonderheft, weil sie auch die Frage nach der Rolle der Soziologinnen und Soziologen als Intellektuelle innerhalb (und nicht freischwebend) der von ihnen analysierten gesellschaftlichen Verhältnisse aufwerfen. Dürfen Soziologinnen und Soziologen die Rolle von Intellektuellen einnehmen, dürfen sie als kompetente, professionelle Beobachter und Analytiker der Gesellschaft soziale Problemlagen nicht nur beobachten, messen und beschreiben, sondern auch kritisieren, (Gesellschafts-)Kritik zu ihrem Beruf oder ihrer Berufung machen (vgl. Moebius und Schäfer 2006; Peter 2016)?

Der Text von Lepsius ist eine erweiterte Fassung des Habilitationsvortrags vom 10. Juli 1963. Er ist geprägt von der Spiegel-Affäre 1962 und den daran anschließenden Protesten (vgl. Bering 2010, S. 354 ff.). Die Bedeutung der Spiegel-Affäre, so Lepsius (1964, S. 89 f./*242*, s. Tab. 1), liege in der Koalition unterschiedlicher Kritikformen, die, kurzfristig zu einem Bündnis zusammengekommen, zu einem Konsens über gewisse Wertestandards (der Presse- und Meinungsfreiheit in diesem Fall) beigetragen und den Versuch der Regierung, ein Interpretationsmonopol zu schaffen, vereitelt hätten.

Intellektuelle werden nicht, wie Lepsius (1964, S. 79 ff./*234*, s. Tab. 1) kritisch gegenüber der Intellektuellensoziologie Mannheims und Geigers schreibt, zusammengehalten durch ein freischwebend geistiges Band oder bilden nur ein „Häuflein Einzelpersonen", die individuell allein nach ihrem Gewissen handeln; Intellektuelle rekrutieren sich ihm zufolge vielmehr aus der Reihe der „Intelligenzberufe"; man werde nicht allein aus einer persönlichen Haltung Intellektueller, dann bedürfte es eher einer Psychologie der Intellektuellen als einer Intellektuellensoziologie (Lepsius 1964, S. 81/*235*, s. Tab. 1), sondern aus einer bestimmten sozialen Situation heraus.[28] In Anlehnung an Joseph A. Schumpeter werden für ihn „Intelligenzler" zu Intellektuellen „immer dann und nur solange sie Kritik üben" (Lepsius 1964, S. 82/*235*, s. Tab. 1).[29] Er unterscheidet drei Formen von Kritik, die im Rahmen der Spiegel-Affäre zusammengefunden hätten: 1. die kompetente Kritik, ein Facharteil zum Beispiel („Kritik von einem Angehörigen der Profession im Rahmen der Profession", Lepsius 1964, S. 83/*237*), 2. Die quasi-kompetente Kritik (etwa gut informierte Journalisten) und 3. die inkompetente (intellektuelle) Kritik. Letztere kann sowohl legitim als auch illegitim sein. Legitim ist sie, sofern sie sich „auf Werte bezieht, über deren Gültigkeit als Leitbilder sozialen Verhaltens Konsensus besteht. Illegitim hingegen ist jene Kritik, deren Urteilsbasis von Werten oder Wertkombinationen gebildet wird, über die kein Konsensus besteht und deren Gültigkeit bestritten wird" (Lepsius 1964, S. 87/*240*, s. Tab. 1).

Die Wirkmächtigkeit der inkompetenten, intellektuellen Kritik hängt nach Lepsius von dem Grad der Legitimität ab; werde die Kritik als illegitim definiert, so avanciere der Intellektuelle zum Verfolgten oder zum Revolutionär. Legitimität definiere sich demgemäß über den Konsens über bestimmte Werte in einer Gesellschaft sowie durch den Grad, „in dem Grundwerte überhaupt allgemein interpretiert werden dürfen" (Lepsius 1964, S. 87/*240*, s. Tab. 1). Das verweist wiederum auf die Art und Weise von „Öffentlichkeit" (vgl. Habermas 1962), mit deren Strukturwandel, so könnte man Lepsius mit Habermas (2006) weiterdenken, sich allerdings auch die Sozialfigur des Intellektuellen ändert.

Das Engagement der Intellektuellen konnte in der Öffentlichkeit der 1960er und 1970er-Jahre nur deshalb eine gewisse Resonanz hervorrufen, weil ihre Interventio-

[28] Wolfgang Eßbach (1988, S. 17) hat diese Perspektive, die mit ihrem Blick auf soziale Situation, Interaktions- und davon ausgehenden Situationsdefinitionen und Interpretationsprozessen des Sozialen durch die Intellektuellen in gewisser Weise auf eine pragmatistische Sichtweise auf das soziale Phänomen der Intellektuellen verweist, in seiner Studie der Junghegelianer folgendermaßen auf den Punkt gebracht: Intellektuelle „bilden die gesellschaftlichen Interessen nicht einfach ab, wie dies Ideologiekritik und Wissenssoziologie im Kern nahelegen, sondern sie bilden eine soziale Situation, in der die gesellschaftlichen Widersprüche, die divergierenden sozialen Interessen in einer anderen Weise erscheinen und erscheinen müssen, weil die Versammlung der Intelligenz selbst eine soziale Tatsache ist.".

[29] Innerhalb der Intellektuellenforschung hat sich nach langjährigen Kontroversen folgende Definition herausgebildet (vgl. Peter 2001b, S. 240; folgende Definition übernehme ich aus Moebius 2010a, S. 42): Als Intellektuelle sind Menschen zu bezeichnen, die wissenschaftlich, künstlerisch, religiös, literarisch oder journalistisch tätig sind, dort Kompetenzen erworben haben und qualitativ ausgewiesen sind und in die öffentlichen Auseinandersetzungen und Diskurse kritisch oder affirmativ intervenieren und Position beziehen; sie sind dabei nicht notwendig an einen bestimmten politischen, ideologischen oder moralischen Standort gebunden; folglich kann es sie in unterschiedlichen politischen Lagern oder Strömungen sowie innerhalb und außerhalb institutioneller Bindungen geben.

nen und ihre Rolle als „Störfaktor“ (Schumpeter) auf Anerkennung und Reputation ihrer journalistischen, künstlerischen oder wissenschaftlichen Kompetenz beruhten. Den klassischen Intellektuellen, wie etwa Jean-Paul Sartre oder Theodor W. Adorno, war ein gesellschaftlicher Stellvertretungsanspruch sowie eine radikale Kritik von Herrschaft gemeinsam. Ganz anders der neue Typus des Intellektuellen, der seit einigen Jahren auf die Bühne und ins Rampenlicht medialer Aufmerksamkeit tritt: Der Medienintellektuelle. Wesentliche Merkmale der klassischen Intellektuellen treffen auf die Medienintellektuellen nicht mehr zu. Für sie ist der Maßstab in erster Linie Prominenz, die sie durch ihre Auftritte und Medienpräsenz erworben haben (vgl. Moebius 2010b).

Unterliegen Soziologinnen und Soziologen, sofern sie als Intellektuelle auftreten, dann nicht auch den gegenwärtigen Gefahren des gesellschaftlichen Strukturwandels der Öffentlichkeit und des damit verbundenen Wandels der Sozialfigur des Intellektuellen, zu bloßen aufmerksamkeitserheischenden Medienintellektuellen zu mutieren (vgl. Habermas 2006; Moebius 2010a, 2010b)? Oder gelingt es ihnen als Intellektuelle, diesen Versuchungen zu widerstehen und ihre eigene Position soziologisch zu reflektieren (vgl. Bourdieu 2002) und die, gemäß Lepsius (1964, S. 90/*242*, s. Tab. 1), „wesentliche Funktion von Kritik“ zu erfüllen, nämlich „immer aufs Neue einen materiellen Konsensus in der Gesellschaft über die Gültigkeit bestimmter Wertstandards herbeizuführen und die Deutungsmöglichkeiten offenzuhalten“?

Ob Soziologinnen und Soziologen, ja die Soziologie überhaupt ein „Werkzeug der Kritik und der Opposition“ sein soll, wie dies unter anderem einmal der frühere Herausgeber der *KZfSS* René König (1965, S. 26) in „Soziologie als Oppositionswissenschaft und als Gesellschaftskritik“ eingefordert hat, ist allerdings ein Streitpunkt, der fast so alt wie die Soziologie selbst ist und spätestens seit dem Werturteilsstreit (vgl. Albert 2010) zu einem Dauerthema im soziologischen Diskurs avancierte, das sich bis hin zu aktuellen Diskussionen um „symbolische Gewalt“ (Moebius und Wetterer 2011) und „public sociology“ erstreckt (vgl. Burawoy et al. 2015).

Was aber, wenn diese Debatten, ob Soziologinnen und Soziologen intellektuell tätig werden sollen oder nicht, zunehmend obsolet erscheinen, weil diese im Rahmen der Aufmerksamkeitsökonomie der Medien immer weniger Gehör finden und im Gegensatz etwa zu Politikwissenschaftlern oder Ökonomen nicht mehr als Experten zu einem diskursiven Austausch (sofern es überhaupt noch um einen solchen geht und nicht um „Confrontainment“) eingeladen werden? Fehlt es bei den Soziologinnen und Soziologen an Medienintellektuellen, die perfekt auf der Klaviatur des medialen Feldes spielen können? Möchten sie überhaupt als intellektuelle Kritiker zu Themen, die ihren Forschungsgegenstand, die Gesellschaft, betreffen Stellung nehmen? Oder verweigern sie sich gar, den Wandel des Intellektuellen zum Performancekünstler mitzumachen, der für die Teilnahme an diesem „Spiel“ notwendig erscheint? Denn das Spiel verlangt nicht die Beherrschung wissenschaftlicher Grundregeln und fachinterner Standards, sondern neben gezielter Selbstinszenierung und Anhäufung medialen Kapitals insbesondere Vereinfachungen, ideologische Schnellschüsse oder unausgegorene Einwürfe, man denke etwa an Peter Sloterdijks (2009) Propagierung einer „Revolution der gebenden Hand“, der zufolge soziale Ungleichheiten durch freiwillige Almosen der Reichen aufgehoben werden sollten. Da scheint eine Verweigerungshaltung seitens der soziologischen Intellektuellen einerseits logisch, andererseits könnte diese Situation jedoch auch umgekehrt in eine Haltung münden, offensiv zur gesellschaftlichen Umgestaltung und zur Wiederbelebung einer kritischen, öffentlichen Vernunft beitragen zu wollen (vgl. Bourdieu 1998, S. 17).

Die Logik und die Kriterien des medialen Feldes, das heißt der Drang nach Dramatisierung, Theatralisierung, Ästhetisierung, Storytelling, Erlebnisorientierung, Personalisierbarkeit und Unterhaltung (vgl. Bourdieu 1998; Dörner 2001; Meyer 2001, „Mediokratie"), der postmoderne Strukturwandel der Öffentlichkeit, bei dem sich die Teilnahmebedingungen, die Orte und die Formen von Öffentlichkeit radikal gewandelt haben (vgl. Münker 2009) und der damit einhergehende Wandel der Anforderungen, als Intellektuelle überhaupt noch Gehör zu finden, das alles sind mögliche Elemente, die eine Abwesenheit von Soziologinnen und Soziologen in öffentlichen Diskussionen erklärbar machen.

Sie hätten in den öffentlichen Debatten zu aktuellen Themen, wie den Migrationsprozessen, dem Rechtpopulismus oder ökonomischen Krisen, durchaus etwas zu sagen. Es ist ja nicht so, dass die soziologische Profession nicht zu diesen Themen geforscht hätte. Und dennoch hat es den Anschein, dass sie nur als „inkompetente intellektuelle Kritiker" (Lepsius) wahrgenommen und eher Vertreterinnen und Vertreter der Politik- oder Wirtschaftswissenschaften zu gegenwärtigen Problemlagen befragt werden. Eine weitere Erklärung dessen könnte sein, dass die Soziologinnen und Soziologen zwar noch als Experten auf dem Gebiet *allgemeiner* gesellschaftlicher Fragen, Systemkomplexität und sozialer Probleme betrachtet werden; auch ihre Zeitdiagnosen werden gerne von einem breiteren Publikum gelesen, weisen sie ja zentrale Elemente der medialen Logik wie etwa Dramatisierung oder Storytelling auf (vgl. Volkmann 2015, S. 148 f.); die *allgemeine* Perspektive auf Gesellschaft wird auch in diesen Zeitdiagnosen sichtbar, denn in den meisten Fällen erstrecken sie sich *über* den Ausschnitt einzelner gesellschaftlicher Teilbereiche hinaus analytisch auf „die Gesellschaft als Ganzes" (vgl. Schimank 2000, S. 14). Während Soziologinnen und Soziologen also zwar noch als Expertinnen und Experten allgemeiner gesellschaftlicher Prozesse wie Beschleunigung, Resonanz, Angst, Erlebnisorientierung etc. geschätzt, gelesen und in den Feuilletons diskutiert werden, hat sich dagegen das Bewusstsein und die Wahrnehmung der gesellschaftlichen Ausdifferenzierung und teilsystemischen Komplexität schon so weit verbreitet und vertieft, dass die Öffentlichkeit Probleme nicht mehr als gesellschaftlich vermittelte verstehen kann. Für die Deutung spezifischer Fragestellungen wird statt auf Interpretationen des Ganzen weitaus eher auf Experten für Detailfragen von Teilsystemen zurückgegriffen. Diese treten dann meist nur noch als Fachvertreter auf, nicht mehr als Intellektuelle, auch nicht mehr als „spezifische Intellektuelle" im Sinne Michel Foucaults (1978, S. 46 ff.). „Spezifische Intellektuelle" sind nach Foucaults Verständnis zwar auch Experten auf ihrem Fachgebiet, greifen aber in dieser Rolle in gesellschaftliche Debatten und Missstände ein, legen deren Bedingungen offen und vertreten universelle Werte. Dadurch hören sie auf, bloße Experten zu sein. Wenn also in den Medien oder anderen Orten der Öffentlichkeit heute Expertise gefragt ist, dann wird, so meine These, im Allgemeinen sowohl auf eine gesellschaftstheoretische Perspektive als auch auf intellektuelle Kritik zugunsten von Expertinnen und Experten mit „kompetenter Kritik" im Sinne Lepsius verzichtet. Darunter verstand er spezialisierte Akteure, die sich sowohl angeblich wertneutral auf die Deskription betreffender

Felder (Politik, Wirtschaft) beschränken als auch es vermeiden, universelle Werte oder komplexe gesellschaftliche Kontexte kritisch zur Sprache zu bringen. Wie bei soziologischen Zeitdiagnosen sollte deshalb auch hier die eingangs gestellte, soziologiehistorisch relevante Frage lauten: Von welchen Deutungs-, Wahrnehmungs- und Ordnungsmustern lassen sich nicht nur die professionellen Beobachter der Gesellschaft, die Soziologinnen und Soziologen, sondern auch die Expertinnen und Experten anderer Fächer leiten? Soziologiehistorisch geschärfte Kritik reflektiert also: Was beeinflusste, förderte oder behinderte in der *scientific community* das Verständnis gesellschaftlicher Prozesse und Probleme? Welche „Gesellschaft" konstruieren die Expertinnen und Experten, welche „Gesellschaft" schreiben sie als alternativlos fest?

Und schließlich hat sicherlich der tief im Disziplinbewusstsein verankerte Werturteilsstreit damit zu tun, dass Soziologinnen und Soziologen zuweilen gut begründete, zuweilen aber auch unbegründete Hemmungen haben, in der Öffentlichkeit zu intervenieren, ihre Expertise einzubringen und ihre fachlich basierte intellektuelle Kritik vorzutragen. Intellektuelle Kritik üben, heißt keineswegs wissenschaftliche Standards aufzugeben, im Gegenteil, denn das Problem besteht „gar nicht in einem vermeintlich unüberbrückbaren Widerspruch von Wertorientierung und Objektivität. Soziologen und Soziologinnen stehen ihrem Forschungsgegenstand ja nicht wie einem fernen Planeten gegenüber, sondern sie sind selbst ein Teil dessen, was sie erforschen. Sie sind eingebunden in die widersprüchlichen gesellschaftlichen Interessen und Handlungsziele. Diese Tatsache müssen sie kritisch reflektieren, statt sie voluntaristisch abspalten und verleugnen zu wollen. Da es kein interessenloses, wertfreies Forschen gibt, ist wissenschaftliche Wertfreiheit eine Fiktion. Entscheidend ist vielmehr, dass die forschenden Soziologen erstens die eigene normative Orientierung offen legen und nicht opportunistisch verschleiern, zweitens die Standards wissenschaftlicher Professionalität achten und drittens anerkennen, dass ihr normativer Standpunkt einerseits und die Ergebnisse ihres Forschungsprozesses andererseits in Widerspruch zueinander treten können. Mit anderen Worten: Parteilichkeit in der Soziologie erweist sich nur dann als unwissenschaftlich, wenn sie die Ergebnisse der zu erforschenden Gegenstände zu Gunsten dieser Parteilichkeit manipuliert oder die Offenheit der Ergebnisse ausschließt" (Peter 2016, S. 306).

Nicht zuletzt Pierre Bourdieu (1991, S. 18 ff.; vgl. auch Burawoy 2015, S. 33 ff.) hat vehement darauf aufmerksam gemacht, dass soziologische Kritik jedoch ein hohes Maß an Selbstreflexion einschließen muss. Das erinnert an Mannheims Hinweis auf die Standortverbundheit allen Denkens und wird auch jüngst von Armin Nassehi (2015) im Rahmen seines Konzepts der vernetzten Intelligenz und der Übersetzungskonflikte als wirksamkeitsförderndes Element von Kritik hervorgehoben. Kritik habe also stets die „unhintergehbare Perspektivität der eigenen Perspektive" zu berücksichtigen (Nassehi 2015, S. 283). Durch diese Selbstreflexion muss öffentliche und intellektuelle Kritik keineswegs gelähmt werden, sondern kann im Gegenteil das Engagement für die eigenen Möglichkeiten intellektueller Intervention, aber auch den Kampf für die Autonomie wissenschaftlicher Produktion und Distribution verbessern.

Trotz der aktuellen medialen Marginalisierung soziologischer Gesellschaftskritik lassen sich jedoch seit einiger Zeit Tendenzen eines sogenannten *public turn* in der Soziologie beobachten, zu dem Michael Burawoys Konzept der *public sociology* maßgeblich beigetragen hat (vgl. Aulenbacher und Dörre 2015, S. 12). Den wirklichen „Tigersprung" in die Öffentlichkeit schafft die Soziologie ausgehend von Burawoys Konzept nur dann, wenn es nicht darauf ankommt, möglichst oft und medienwirksam in der Öffentlichkeit aufzutreten, sondern wenn sie inhaltlich etwas zu sagen hat (vgl. Aulenbacher und Dörre 2015, S. 12), was auf die gesellschaftlichen Probleme und Prozesse unserer Zeit unmittelbar antwortet und Lösungswege aufzeigt (so wie es zum Beispiel in der intellektuellen Kritik anlässlich der von Lepsius erwähnten Spiegel-Affäre sichtbar wurde). Burawoy (2015, S. 41) selbst verknüpft diese öffentliche Wirksamkeit und Kritik mit der Rolle, die die Soziologie für die Zivilgesellschaft einnimmt. Ökonomen und Politikwissenschaftler neigen aus seiner Sicht dazu, entweder der bestehenden politischen Ordnung oder der Ökonomie des Marktes das Wort zu reden, was sie für die mediale Öffentlichkeit ungefährlich erscheinen lässt. Die von ihm vertretene *public sociology* hingegen sei nicht einfach öffentliches und diskursives Räsonnement über Gesellschaft, sie vertrete vielmehr eine dezidiert kapitalismuskritische, globale Perspektive vom Standpunkt der Zivilgesellschaft: „Die Bedeutung der öffentlichen Soziologie besteht also darin, Bündnisse zu schmieden mit Organisationen, Institutionen, Gemeinschaften und Bewegungen, die ebenfalls mit der Offensive eines Zusammenschlusses von Staat und Markt konfrontiert sind. [...] Aber unser Engagement muss maßvoll und bedächtig sein, ohne die für eine ernsthafte professionelle Soziologie nötige Autonomie aufzuopfern, und dafür brauchen wir eine aktive kritische Soziologie" (Burawoy 2015, S. 41). Inwieweit Burawoys Plädoyer innerhalb der soziologischen *scientific community* auf Zustimmung stoßen wird und ob sich *public sociology* auch öffentlich Gehör verschaffen kann, bleibt angesichts der aktuellen gesellschaftlichen Prozesse und des Strukturwandels der Wissenschaft und der Öffentlichkeit eine offene Frage, deren Beantwortung nicht zuletzt von den Soziologinnen und Soziologen selbst abhängt.

Open access funding provided by University of Graz.

Anhang

Tab. 1 Aufsätze im Sonderheft

1921	H1	Wiese, Leopold von	Zur Einführung: Die gegenwärtigen Aufgaben einer deutschen Zeitschrift für Soziologie
1928	H2	Mannheim, Karl	Das Problem der Generation
1928	H3	Mannheim, Karl	Das Problem der Generation (Schluss)
1934	H2	Geiger, Theodor	Natürliche Auslese, soziale Schichtung und das Problem der Generationen
1951	H2	Schelsky, Helmut	Die Flüchtlingsfamilie
1958	H2	Dahrendorf, Ralf	Homo Sociologicus. Ein Versuch zur Geschichte, Bedeutung und Kritik der Kategorie der Sozialen Rolle. Josef König zum 65. Geburtstag (Teil I)
1958	H3	Dahrendorf, Ralf	Homo Sociologicus. Ein Versuch zur Geschichte, Bedeutung und Kritik der Kategorie der Sozialen Rolle (Teil II)
1962	H2	Popper, Karl R	Die Logik der Sozialwissenschaften
1964	H1	Lepsius, Rainer M	Kritik als Beruf. Zur Soziologie der Intellektuellen
1965	H1	Scheuch, Erwin K	Sozialer Wandel und Sozialforschung. Über die Beziehungen zwischen Gesellschaft und empirischer Sozialforschung
1965	H3	Adorno, Theodor W	Notiz über sozialwissenschaftliche Objektivität
1968	H3	Kleining, Gerhard; Moore, Harriett	Soziale Selbsteinstufung (SSE). Ein Instrument zur Messung sozialer Schichten
1971	H3	Beck, Ulrich; Gernsheim, Elisabeth	Zu einer Theorie der Studentenunruhen in fortgeschrittenen Industriegesellschaften
1975	H4	Tenbruck, Friedrich H	Das Werk Max Webers
1978	H2	Luhmann, Niklas	Handlungstheorie und Systemtheorie
1979	H4	Neidhardt, Friedhelm	Das innere System sozialer Gruppen. Ansätze zur Gruppensoziologie
1984	H4	Esser, Hartmut	Figurationssoziologie und Methodologischer Individualismus. Zur Methodologie des Ansatzes von Norbert Elias
1985	H1	Kohli, Martin	Die Institutionalisierung des Lebenslaufs. Historische Befunde und theoretische Argumente
1987	H3	Streeck, Wolfgang	Vielfalt und Interdependenz. Überlegungen zur Rolle von intermediären Organisationen in sich ändernden Umwelten
1988	H4	Schimank, Uwe	Gesellschaftliche Teilsysteme als Akteurfiktionen
1991	H2	Opp, Karl-Dieter	DDR '89. Zu den Ursachen einer spontanen Revolution
1992	H2	Diekmann, Andreas; Preisendörfer, Peter	Persönliches Umweltverhalten. Diskrepanzen zwischen Anspruch und Wirklichkeit
1994	H1	Alba, Richard D.; Handl, Johann; Müller, Walter	Ethnische Ungleichheit im deutschen Bildungssystem
1997	H3	Blossfeld, Hans-Peter; Timm, Andreas	Der Einfluß des Bildungssystems auf den Heiratsmarkt. Eine Längsschnittanalyse der Wahl des ersten Ehepartners im Lebenslauf
2016	(Für das Sonderheft erstellt)	Rauhut, Heiko; Winter, Fabian	Vernetzung und Positionierung der Kölner Zeitschrift für Soziologie (*KZfSS*) in der länder-, disziplinen- und spachübergreifenden Diskussion

Literatur

Abels, Heinz. 2010. Die Geschichte einer aufregenden Jugendsünde und die lange Wirkung einer Fußnote. Nachwort. In *Homo sociologicus. Ein Versuch zur Geschichte, Bedeutung und Kritik der Kategorie der sozialen Rolle,* Hrsg. Ralf Dahrendorf, 115–162. Wiesbaden: VSVerlag für Sozialwissenschaften.

Albert, Gert. 2010. Der Werturteilsstreit. In *Soziologische Kontroversen. Eine andere Geschichte der Wissenschaft vom Sozialen,* Hrsg. Georg Kneer und Stephan Moebius, 14–45. Berlin: Suhrkamp.

Albrecht, Clemens. 2013. Nachwort. In *Emile Durkheim. Zur Bestimmung der französischen Soziologie in Deutschland. Schriften Bd. 8,* René König, 387–413. Wiesbaden: Springer VS.

Alemann, Heine von. 1981. Leopold von Wiese und das Forschungsinstitut für Sozialwissenschaften in Köln 1919 bis 1934. In *Geschichte der Soziologie, Bd. 2,* Hrsg. Wolf Lepenies, 349–389. Frankfurt a. M.: Suhrkamp.

Alexander, Jeffrey C. 1988. The new theoretical movement. In *Handbook of Sociology,* Hrsg. Neil J. Smelser, 77–101. Newbury Park: Sage.

Aulenbacher, Brigitte, und Klaus Dörre. Michael Burawoys Soziologie – eine kapitalismus- und wissenschaftskritische Herausforderung. In *Public Sociology. Öffentliche Soziologie gegen Marktfundamentalismus und globale Ungleichheit,* Hrsg. Brigitte Aulenbacher, Klaus Dörre und Michael Burawoy. 9–22. Weinheim: Juventa.

Babka von Gostomski, Christian, Beate Küpper und Wilhelm Heitmeyer. 2007. Fremdenfeindlichkeit in den Bundesländern. Die schwierige Lage in Ostdeutschland. In *Deutsche Zustände. Folge 5,* Hrsg. Wilhelm Heitmeyer, 102–128. Frankfurt a. M.: Suhrkamp.

Bach, Maurizio. Hrsg. 2000. *Die Europäisierung nationaler Gesellschaften. Kölner Zeitschrift für Soziologie und Sozialpsychologie, Sonderheft 40.* Wiesbaden: Westdeutscher Verlag.

Barboza, Amalia, und Klaus Lichtblau. 2009. Einleitung. In *Schriften zur Wirtschafts- und Kultursoziologie.* Karl Mannheim, 7–29. Wiesbaden: VS Verlag für Sozialwissenschaften.

Beckert, Jens, und Christoph Deutschmann. Hrsg. 2009. *Wirtschaftssoziologie. Kölner Zeitschrift für Soziologie und Sozialpsychologie, Sonderheft 49.* Wiesbaden: VS Verlag für Sozialwissenschaften.

Bering, Dietz. 2010. *Die Epoche der Intellektuellen. 1898–2001. Geburt. Begriff. Grabmal.* Berlin: Berlin University Press.

Blomert, Reinhard. 1999. *Intellektuelle im Aufbruch. Karl Mannheim, Alfred Weber, Norbert Elias und die Heidelberger Sozialwissenschaften in der Zwischenkriegszeit.* München: Hanser.

Bohle, Hans Hartwig. 1997. Armut trotz Wohlstand. In *Was treibt die Gesellschaft auseinander? Bundesrepublik Deutschland: Auf dem Weg von der Konsens- zur Konfliktgesellschaft, Bd. 1,* Hrsg. Wilhelm Heitmeyer, 118–155. Frankfurt a. M.: Suhrkamp.

Borggräfe, Henning, und Sonja Schnitzler. 2014. Die Deutsche Gesellschaft für Soziologie und der Nationalsozialismus. Verbandsinterne Transformationen nach 1933 und nach 1945. In *Soziologie und Nationalsozialismus. Positionen, Debatten, Perspektiven,* Hrsg. Michaela Christ und Maja Suderland, 445–479. Berlin: Suhrkamp.

Bourdieu, Pierre. 1991. *Die Intellektuellen und die Macht.* Hrsg. Irene Dölling. Hamburg : VSA.

Bourdieu, Pierre. 1998. *Über das Fernsehen.* Frankfurt a. M.: Suhrkamp.

Bourdieu, Pierre. 2002. *Ein soziologischer Selbstversuch.* Frankfurt a. M.: Suhrkamp.

Bourdieu, Pierre, und Jean-Claude Passeron. 1971. *Die Illusion der Chancengleichheit: Untersuchungen zur Soziologie des Bildungswesens am Beispiel Frankreichs. Texte und Dokumente zur Bildungsforschung.* 1. Aufl. Stuttgart: Klett.

Bude, Heinz. 2002. Die Charismatiker des Anfangs. Helmuth Plessner, René König, Theodor W. Adorno und Helmut Schelsky als Gründer einer Soziologie in Deutschland. In *Lebenszeiten. Erkundungen zur Soziologie der Generationen,* Hrsg. Günter Burkart und Jürgen Wolf, 407–419. Opladen: Leske & Budrich.

Bude, Heinz. 2014. *Gesellschaft der Angst.* Hamburg: Hamburger Edition.

Bude, Heinz, und Andreas Willisch. 2007. *Exklusion. Die Debatte über die „Überflüssigen".* Frankfurt a. M.: Suhrkamp.

Burawoy, Michael. 2015. Soziologie – going public, going global. Einleitung. In *Public Sociology. Öffentliche Soziologie gegen Marktfundamentalismus und globale Ungleichheit,* Hrsg. Michael Burawoy, Brigitte Aulenbacher und Klaus Dörre, 23–47. Weinheim: Juventa.

Burawoy, Michael, Brigitte Aulenbacher und Klaus Dörre. Hrsg. 2015. *Public Sociology. Öffentliche Soziologie gegen Marktfundamentalismus und globale Ungleichheit.* Weinheim: Juventa.

Caspari, Volker, und Klaus Lichtblau. 2014. *Franz Oppenheimer. Ökonom und Soziologe der ersten Stunde.* Frankfurt a. M.: Societäts-Verlag.

Christ, Michaela, und Maja Suderland. Hrsg. 2014. *Soziologie und Nationalsozialismus. Positionen, Debatten, Perspektiven.* Berlin: Suhrkamp.

Conze, Eckart. 2009. *Die Suche nach Sicherheit. Eine Geschichte der Bundesrepublik Deutschland von 1949 bis in die Gegenwart.* München: Siedler.

Dahms, Hans-Joachim. 1994. *Positivismusstreit. Die Auseinandersetzungen der Frankfurter Schule mit dem logischen Posititvismus, dem amerikanischen Pragmatismus und dem kritischen Rationalismus.* Frankfurt a. M.: Suhrkamp.

Dahms, Hans-Joachim. 2008. Politisierung der Wissenschaft: Die drei Positivismusstreite. In *Was bleibt vom Positivismusstreit?*, Hrsg. Reinhard Neck, 19–40. Frankfurt a. M.: Peter Lang.

Dahrendorf, Ralf. 1960. Die drei Soziologien. Zu Helmut Schelskys „Ortsbestimmung der deutschen Soziologie". *Kölner Zeitschrift für Soziologie und Sozialpsychologie* 12:120–133.

Dayé, Christian, und Stephan Moebius. Hrsg. 2015. *Soziologiegeschichte. Wege und Ziele.* Berlin: Suhrkamp.

Demirovic, Axel. 1999. *Der nonkonformistische Intellektuelle. Die Entwicklung der Kritischen Theorie zur Frankfurter Schule.* Frankfurt a. M.: Suhrkamp.

Dörk, Uwe. 2016. Die Deutsche Gesellschaft für Soziologie (DGS) in der Zwischenkriegszeit (1918–1933): Akademische Etablierung unter dem Zeichen elitär-demokratischer Kreisbildung. In *Handbuch Geschichte der deutschsprachigen Soziologie, Bd. 1,* Hrsg. Stephan Moebius und Andrea Ploder. Wiesbaden: Springer VS (i.E.)

Dörner, Andreas. 2001. *Politainment. Politik in der medialen Erlebnisgesellschaft.* Frankfurt a. M.: Suhrkamp.

Dreier, Volker. 2016. Geschichte der Kölner Zeitschrift für Soziologie und Sozialpsychologie. In *Geschichte der deutschsprachigen Soziologie, Bd. 1,* Hrsg. Stephan Moebius und Andrea Ploder. Doi: 10.1007/978-3-658-07998-7_44-1 (Zugegriffen: 01.07.2016).

Dyk, Silke van, und Stephan Lessenich. Hrsg. 2008. *Jena und die deutsche Soziologie. Der Soziologentag 1922 und das Soziologentreffen 1934 in der Retrospektive.* Frankfurt a. M: Campus

Dyk, Silke van, und Alexandra Schauer. 2015. *„...daß die offizielle Soziologie versagt hat". Zur Soziologie im Nationalsozialismus, der Geschichte ihrer Aufarbeitung und der Rolle der DGS.* 2. Aufl., Jahrbuch für Soziologiegeschichte. Wiesbaden: Springer VS.

Endreß, Martin. 2001. Zur Historizität soziologischer Gegenstände und ihren Implikationen für eine wissenssoziologische Konzeptualisierung von Soziologiegeschichte. In *Jahrbuch für Soziologiegeschichte 1997/1998*, Hrsg. Carsten Klingemann et al., 65–90. Opladen: Leske & Budrich.

Esser, Hartmut. 2000. Vorwort. In *Der Wandel nach der Wende. Gesellschaft, Wirtschaft, Politik in Ostdeutschland,* Hrsg. Hartmut Esser, 7–9. Opladen: Westdeutscher Verlag.

Eßbach, Wolfgang. 1988. *Die Junghegelianer. Soziologie einer Intellektuellengruppe.* München: Fink.

Fischer, Joachim. 2010. Die Rollendebatte – Der Streit um den „Homo sociologicus". In *Soziologische Kontroversen. Eine andere Geschichte der Wissenschaft vom Sozialen,* Hrsg. Georg Kneer und Stephan Moebius, 79–101. Berlin: Suhrkamp.

Fleck, Christian. 2007. *Transatlantische Bereicherungen. Zur Erfindung der empirischen Sozialforschung.* Frankfurt a. M.: Suhrkamp.

Foucault, Michel. 1978. Wahrheit und Macht. In *Dispositive der Macht. Michel Foucault. Über Sexualität, Wissen und Wahrheit,* Hrsg. Michel Foucault, 21–54. Berlin: Merve.

Friedrichs, Jürgen, Jürgen Mayer und Wolfgang Schluchter. 1997. Einleitung. In *Soziologische Theorie und Empirie. Zum 50jährigen Jubiläum des Westdeutschen Verlags*, Hrsg. Jürgen Friedrichs, Jürgen Mayer und Wolfgang Schluchter, VII-X. Opladen: Westdeutscher Verlag.

Görtemaker, Manfred. 2009. *Die Berliner Republik. Wiedervereinigung und Neuorientierung.* Berlin: be.bra.

Gorges, Irmela. 1986. *Sozialforschung in der Weimarer Republik 1918–1933.* Frankfurt a. M.: Hain Verlag.

Greshoff, Rainer. 2010. Die Theorienvergleichsdebatte in der deutschsprachigen Soziologie. In *Soziologische Kontroversen. Eine andere Geschichte der Wissenschaft vom Sozialen,* Hrsg. Georg Kneer und Stephan Moebius, 182–216. Berlin: Suhrkamp.

Habermas, Jürgen. 1962. *Strukturwandel der Öffentlichkeit. Untersuchungen zu einer Kategorie der bürgerlichen Gesellschaft.* Neuwied: Luchterhand.

Habermas, Jürgen. 1981. *Theorie des kommunikativen Handelns.* 2 Bde. Frankfurt a. M.: Suhrkamp.

Habermas, Jürgen. 2006. Ein avantgardistischer Spürsinn für Relevanzen. Was den Intellektuellen auszeichnet. *Blätter für deutsche und internationale Politik* 51:551–557.

Haug, Frigga. 1972. *Kritik der Rollentheorie und ihrer Anwendung in der bürgerlichen deutschen Soziologie.* Frankfurt a. M.: Fischer.

Haupts, Leo. 2007. *Die Universität zu Köln im Übergang vom Nationalsozialismus zur Bundesrepublik.* Köln: Böhlau.

Hauser, Richard. 2010. „Nahblick" und „Weitblick". Erste Schritte zur Erforschung des sozialen und politischen Wandels in den neuen Bundesländern und frühe Prognosen. In *Leben in Ost- und Westdeutschland. Eine sozialwissenschaftliche Bilanz der deutschen Einheit 1990–2010,* Hrsg. Peter Krause und Ilona Ostner, 57–81. Frankfurt a. M.: Campus.

Heitmeyer, Wilhelm. 1997. Einleitung: Auf dem Weg in eine desintegrierte Gesellschaft. In *Was treibt die Gesellschaft auseinander? Bundesrepublik Deutschland: Auf dem Weg von der Konsens- zur Konfliktgesellschaft, Bd. 1,* Hrsg. Wilhelm Heitmeyer, 9–26. Frankfurt a. M.: Suhrkamp.

Herbert, Ulrich. 2014. *Geschichte Deutschlands im 20. Jahrhundert.* München: Beck.

Holzhauser, Nicole. 2015. Definitorische und methodologische Probleme bei der Analyse der soziologischen Disziplinentwicklung zur Zeit des Nationalsozialismus. In *Österreichische Zeitschrift für Soziologie* 40:129–146.

Homann, Harald. 1999. Einleitung. In *Friedrich H. Tenbruck. Das Werk Max Webers. Gesammelte Aufsätze zu Max Weber,* Hrsg. Harald Homann, VII-XVIV. Tübingen: Mohr-Siebeck.

Honneth, Axel. 1994. *Desintegration. Bruchstücke einer soziologischen Zeitdiagnose.* Frankfurt a. M.: Fischer.

Joas, Hans. 1978. *Die gegenwärtige Lage der soziologischen Rollentheorie.* 3. erw. Aufl. Wiesbaden: Akademische Verlagsanstalt.

Joas, Hans, und Martin Kohli. Hrsg. 1993. *Der Zusammenbruch der DDR. Soziologische Analysen.* Frankfurt a. M.: Suhrkamp.

Joas, Hans, und Wolfgang Knöbl. 2004. *Sozialtheorie. Zwanzig einführende Vorlesungen.* Frankfurt a. M.: Suhrkamp.

Kaesler, Dirk. 1984. *Die frühe deutsche Soziologie und ihre Entstehungsmilieus. Eine wissenschaftssoziologische Untersuchung.* Opladen: Westdeutscher Verlag.

Kaesler, Dirk. 1997. Die Gründung des Forschungsinstituts für Soziologie der Universität zu Köln und die zwanziger Jahre. In *Soziologie als Berufung. Bausteine einer selbstbewussten Soziologie,* Hrsg. Dirk Kaesler, 235–247. Opladen: Westdeutscher Verlag.

Kaesler, Dirk. 2008. Die Soziologie auf der Suche nach akademischer Respektabilität – Eine wissenschaftssoziologische Einordnung der Jenaer Debatten von 1922. In *Jena und die deutsche Soziologie. Der Soziologentag 1922 und das Soziologentreffen 1934 in der Retrospektive,* Hrsg. Silke van Dyk und Stephan Lessenich, 81–97. Frankfurt a. M.: Campus.

Klingemann, Carsten. 1988. Kölner Soziologie während des Nationalsozialismus. In *Nachhilfe zur Erinnerung. 600 Jahre Universität zu Köln,* Hrsg. Wolfgang Blaschke, Olaf Hensel, Peter Liebermann und Wolfgang Lindweiler, 76–97. Köln: Pahl-Rugenstein.

Klingemann, Carsten. 1996. Soziologen vor dem Nationalsozialismus: Szenen aus der mißlungenen Selbstgleichschaltung der Deutschen Gesellschaft für Soziologie. In *Soziologie im Dritten Reich,* Hrsg. Carsten Klingemann, 11–32. Baden-Baden: Nomos.

Klingemann, Carsten. 2009. *Soziologie und Politik. Sozialwissenschaftliches Expertenwissen im Dritten Reich und in der frühen westdeutschen Nachkriegssoziologie.* Wiesbaden: VS Verlag für Sozialwissenschaften.

Kneer, Georg, und Stephan Moebius. 2010. Vorwort. In *Soziologische Kontroversen. Eine andere Geschichte der Wissenschaft vom Sozialen,* Hrsg. Georg Kneer und Stephan Moebius, 7–13. Berlin: Suhrkamp.

König, René. 1955. Vorbemerkung des Herausgebers zum Jahrgang VII. *Kölner Zeitschrift für Soziologie* 1–5.

König, René. 1961. Zur Soziologie der zwanziger Jahre. In *Die Zeit ohne Eigenschaften. Eine Bilanz der zwanziger Jahre,* Hrsg. Leonhard Reinisch, 82–118. Stuttgart: Kohlhammer.

König, René. 1965. Soziologie als Oppositionswissenschaft und als Gesellschaftskritik. In *Soziologische Orientierungen. Vorträge und Aufsätze,* Hrsg. René König, 17–28. Köln: Kiepenheuer & Witsch.

König, René. 1967. *Soziologie. Fischer-Lexikon (Neuausgabe).* 1958. Frankfurt a. M.: Fischer.

König, René. 1973. Vorwort. In *Handbuch der empirischen Sozialforschung. Bd. 1: Geschichte und Grundprobleme,* Hrsg. René König, 3. Aufl., VI–XI. Stuttgart: Enke.

König, René. 1987. *Soziologie in Deutschland. Begründer/Verfechter/Verächter.* München: Hanser.

König, René. 2002. Freiheit und Selbstentfremdung in soziologischer Sicht. 1961/62. In *Arbeit und Beruf in der modernen Gesellschaft, Schriften Bd. 16,* Hrsg. Hansjürgen Daheim und Dieter Fröhlich, 7–26. Wiesbaden: VS Verlag für Sozialwissenschaften.

Krause, Peter, und Ilona Ostner. Hrsg. 2010. *Leben in Ost- und Westdeutschland. Eine sozialwissenschaftliche Bilanz der deutschen Einheit 1990–2010*, Frankfurt a. M.: Campus.

Leibfried, Stephan, und Wolfgang Voges. 1992. *Armut im modernen Wohlfahrtsstaat. Kölner Zeitschrift für Soziologie und Sozialpsychologie,* Sonderheft 32. Opladen: Westdeutscher Verlag.

Lepenies, Wolf. 1981. Einleitung. Studien zur kognitiven, sozialen und historischen Identität der Soziologie. In *Geschichte der Soziologie. Studien zur kognitiven, sozialen und historischen Identität einer Disziplin, Bd. 1,* Hrsg. Wolf Lepenies, I–XXXV. Frankfurt a. M.: Suhrkamp.

Lepsius, M. Rainer. 1979. Die Entwicklung der Soziologie nach dem Zweiten Weltkrieg 1945 bis 1967. In *Deutsche Soziologie seit 1945. Kölner Zeitschrift für Soziologie und Sozialpsychologie, Sonderheft 21,* Hrsg. Günther Lüschen, 25–70. Opladen: Westdeutscher Verlag.

Lepsius, M. Rainer. 1981. *Soziologie in Deutschland und Österreich 1918–1945. Kölner Zeitschrift für Soziologie und Sozialpsychologie, Sonderheft 23,* Hrsg. M. Rainer Lepsius. Opladen: Westdeutscher Verlag.

Lepsius, M. Rainer. 1981a. Die Soziologie der Zwischenkriegszeit: Entwicklungstendenzen und Beurteilungskriterien. In *Soziologie in Deutschland und Österreich 1918–1945. Kölner Zeitschrift für Soziologie und Sozialpsychologie, Sonderheft 23,* Hrsg. M. Rainer Lepsius, 7–23. Opladen: Westdeutscher Verlag.

Lepsius, M. Rainer. 1981b. Die sozialwissenschaftliche Emigration und ihre Folgen. In *Soziologie in Deutschland und Österreich 1918–1945. Kölner Zeitschrift für Soziologie und Sozialpsychologie, Sonderheft 23,* Hrsg. M. Rainer Lepsius, 461–500. Opladen: Westdeutscher Verlag.

Lepsius, M. Rainer. 2008. *Soziologie als Profession.* Hrsg. Adalbert Hepp und Martina Löw, Frankfurt a. M.: Campus.

Lessenich, Stephan, und Frank Nullmeier. Hrsg. 2006. *Deutschland – eine gespaltene Gesellschaft.* Frankfurt a. M.: Campus.

Lichtblau, Klaus. 1996. *Kulturkrise und Soziologie um die Jahrhundertwende. Zur Genealogie der Kultursoziologie in Deutschland.* Frankfurt a. M.: Suhrkamp.

Luhmann, Niklas. 1984. *Soziale Systeme. Grundriß einer allgemeinen Theorie.* Frankfurt a. M.: Suhrkamp.

Lüschen, Günther. 1979. Die Entwicklung der deutschen Soziologie in ihrem Fachschrifttum. Perioden, Sachgebiete und Methode seit 1945. In *Deutsche Soziologie seit 1945. Kölner Zeitschrift für Soziologie und Sozialpsychologie, Sonderheft 21,* Hrsg. Günther Lüschen, 169–192. Opladen: Westdeutscher Verlag.

Mannheim, Karl. 1931. Wissenssoziologie. In *Handwörterbuch der Soziologie,* Hrsg. Alfred Vierkandt, 659–680. Stuttgart: Enke.

Mansel, Jürgen, und Barbara Kaletta. 2009. Desintegrationsprozesse, Anerkennungsprobleme und Gruppenbezogene Menschenfeindlichkeit. Ein Ost-West-Vergleich. In *Deutsche Zustände. Folge 7,* Hrsg. Wilhelm Heitmeyer, 73–92. Frankfurt a. M.: Suhrkamp.

Maus, Heinz. 1959. Bericht über die Soziologie in Deutschland 1933–1945. *Kölner Zeitschrift für Soziologie und Sozialpsychologie* 11:72–99.

Meja, Volker, und Nico Stehr. Hrsg. 1982. *Der Streit um die Wissenssoziologie. Zweiter Band: Rezeption und Kritik der Wissenssoziologie.* Frankfurt a. M.: Suhrkamp.

Meyer, Thomas. 2001. *Die Soziologie Theodor Geigers. Emanzipation von der Ideologie.* Wiesbaden: Westdeutscher Verlag.

Meyer, Thomas. 2001. *Mediokratie. Die Kolonisierung der Politik durch die Medien.* Frankfurt a. M.: Suhrkamp.

Moebius, Stephan. 2004. *Praxis der Soziologiegeschichte. Methodologien, Konzeptionalisierungen und Beispiele soziologiegeschichtlicher Forschung.* Hamburg: Kovac.

Moebius, Stephan. 2010a. Intellektuellensoziologie – Skizze zu einer Methodologie. Sozial.Geshcichte Online 2010/2: 37–63. http://duepublico.uni-duisburg-essen.de/servlets/DocumentServlet?id=22136 (Zugegriffen: 6.10.2016).

Moebius, Stephan. 2010b. Der Medienintellektuelle. In *Diven, Hacker, Spekulanten. Sozialfiguren der Gegenwart,* Hrsg. Stephan Moebius und Markus Schroer, 277–290. Frankfurt a. M.: Suhrkamp.

Moebius, Stephan. 2015. *René König und die „Kölner Schule". Eine soziologiegeschichtliche Annäherung.* Wiesbaden: Springer VS.

Moebius, Stephan. 2016a. Methodologie soziologischer Ideengeschichte. In *Handbuch Geschichte der deutschsprachigen Soziologie, Bd. 2,* Hrsg. Stephan Moebius und Andrea Ploder. Doi: 10.1007/978-3-658-07999-4_1-1 (Zugegriffen: 01.07. 2016).

Moebius, Stephan. 2016b. Schulen, Akteure und regionale Zentren in der frühen Geschichte der bundesrepublikanischen Soziologie. In *Handbuch Geschichte der deutschsprachigen Soziologie, Bd. 1,* Hrsg. Stephan Moebius und Andrea Ploder. Doi: 10.1007/978-3-658-07998-7_14-1 (Zugegriffen: 01. 07. 2016).

Moebius, Stephan. 2016c. Kontroversen in der deutschsprachigen Soziologie nach 1945. In *Handbuch Geschichte der deutschsprachigen Soziologie, Bd. 1*, Hrsg. Stephan Moebius und Andrea Ploder. doi:10.1007/978-3-658-07998-7_20-1.

Moebius, Stephan, und Gerhard Schäfer. Hrsg. 2006. *Soziologie als Gesellschaftskritik: wider den Verlust einer aktuellen Tradition. Festschrift für Lothar Peter*. Hamburg: VSA.

Moebius, Stephan, und Angelika Wetterer. Hrsg. 2011. Symbolische Gewalt. *Österreichischen Zeitschrift für Soziologie* 36:1–10.

Moebius, Stephan, und Clemens Albrecht. Hrsg. 2014. *Kultur-Soziologie. Klassische Texte der neueren deutschen Kultursoziologie*. Wiesbaden: Springer VS.

Moebius, Stephan, und Andrea Ploder. Hrsg. 2017. *Handbuch der deutschsprachigen Soziologie*. 2 Bde. Wiesbaden: Springer VS. (i.E.).

Münker, Stefan. 2009. *Emergenz digitaler Öffentlichkeiten. Die Sozialen Medien im Web 2.0*. Frankfurt a. M.: Suhrkamp.

Nachtwey, Oliver. 2016. *Die Abstiegsgesellschaft. Über das Aufbegehren in der regressiven Moderne*. Berlin: Suhrkamp.

Nassehi, Armin. 2015. *Die letzte Stunde der Wahrheit. Warum rechts und links keine Alternativen mehr sind und Gesellschaft ganz anders beschrieben werden muss*. Hamburg: Murmann.

Neidhardt, Friedhelm. 1982a. Soziale Bedingungen terroristischen Handelns. Das Beispiel der Baader-Meinhof-Gruppe. In *Analysen zum Terrorismus. Gruppenprozesse, Bd. 3*, Wanda von Baeyer-Katte, Dieter Claessens, Hubert Feger und Friedhelm Neidhardt, 318–392. Opladen: Westdeutscher Verlag.

Neidhardt, Friedhelm, Wanda von Baeyer-Katte, Dieter Claessens und Hubert Fege. 1982b. *Analysen zum Terrorismus. Gruppenprozesse, Bd. 3*. Opladen: Westdeutscher Verlag.

Neumann, Michael, und Gerhard Schäfer. 1990. „Blick nach vorn...": Ein Gespräch mit René König. In *Jahrbuch für Soziologiegeschichte 1990*, Hrsg. Heinz-Jürgen Dahme et al, 219–238. Opladen: Leske & Budrich.

Nickel, Hildegard. 1995. Frauen im Umbruch der Gesellschaft. *Aus Politik und Zeitgeschichte* 36–37:23–33.

Nolte, Paul. 2000. *Die Ordnung der deutschen Gesellschaft. Selbstentwurf und Selbstbeschreibung im 20. Jahrhundert*. München: Beck.

Peter, Lothar. 2001a. Warum und wie betreibt man Soziologiegeschichte. In *Jahrbuch für Soziologiegeschichte 1997/98*, Carsten Klingemann, Michael Neumann, Karl-Siegbert Rehberg, Ilja Srubar und Erhard Stölting, 9–64. Opladen: Leske & Budrich.

Peter, Lothar. 2001b. Warum sind die französischen Intellektuellen politisch, die deutschen aber nicht? In *Flexibler Kapitalismus. Analyse, Politik und politische Praxis*, Hrsg. Hans-Jürgen Bieling, Klaus Dörre, Jochen Steinhilber und Hans-Jürgen Urban, 240–251. Hamburg: VSA.

Peter, Lothar. 2013. Dialektik der Gesellschaft versus „Conscience Collective"? Zur Kritik Theodor W. Adornos an Émile Durkheim. In *Émile Durkheim*, Hrsg. Tanja Bogusz und Heike Delitz, 73–94. Frankfurt a. M.: Campus.

Peter, Lothar. 2016. *Umstrittene Moderne. Soziologische Diskurse und Gesellschaftskritik*. Wiesbaden: Springer VS.

Pinn, Irmgard. 1987. Die rassistischen Konsequenzen einer völkischen Anthropologie. In *Rassenmythos und Sozialwissenschaften in Deutschland*, Hrsg. Carsten Klingemann, 212–241. Opladen: Westdeutscher Verlag.

Pinn, Irmgard, und Michael Nebelung. 1990. Kontinuität durch Verdrängung. In *Jahrbuch für Soziologiegeschichte 1990*, Hrsg. Heinz-Jürgen Dahme, Carsten Klingemann, Michael Neumann, Karl-Siegbert Rehberg und Ilja Srubar,177–218. Opladen: Leske & Budrich.

Plessner, Helmuth. 2002. *Grenzen der Gemeinschaft. Eine Kritik des sozialen Radikalismus*. 1924. Frankfurt a. M.: Suhrkamp.

Plessner, Helmuth. 1974. Soziale Rolle und menschliche Natur. 1960. In *Diesseits der Utopie. Ausgewählte Beiträge zur Kultursoziologie*, Hrsg. Helmuth Plessner, 23–35. Frankfurt a. M.: Suhrkamp.

Pollack, Detlef. 1990a. Das Ende einer Organisationsgesellschaft. Systemtheoretische Überlegungen zum gesellschaftlichen Umbruch in der DDR. *Zeitschrift für Soziologie* 19:292–307.

Pollack, Detlef. 1990b. Wer leitete die „Wende" ein? Überlegungen zum gesellschaftlichen Umbruch in der DDR aus systemtheoretischer Perspektive. *Sozialwissenschaften und Berufspraxis* 13:167–177.

Rammstedt, Otthein. 1986. *Deutsche Soziologie 1933–1945. Die Normalität einer Anpassung*. Frankfurt a. M.: Suhrkamp.

Rehberg, Karl-Siegbert. 1979. Form und Prozeß. Zu den katalysatorischen Wirkungschancen einer Soziologie aus dem Exil: Norbert Elias. In *Materialien zu Norbert Elias' Zivilisationstheorie*, Hrsg. Peter Gleichmann, Johan Gouldsblom und Hermann Korte, 101–169. Frankfurt a. M.: Suhrkamp.

Rehberg, Karl-Siegbert. 2000. „Großexperiment" und Erfahrungsschock. Zu einer Forschungsinitiative über das Zusammenwachsen der Deutschen. In *Der Wandel nach der Wende. Gesellschaft, Wirtschaft, Politik in Ostdeutschland*, Hrsg. Hartmut Esser, 11–27. Opladen: Westdeutscher Verlag.

Ringer, Fritz K. 1987. *Die Gelehrten. Der Niedergang der deutschen Mandarine 1880–1933*. München: dtv.

Ritsert, Jürgen. 2010. Der Positivismusstreit. In *Soziologische Kontroversen. Eine andere Geschichte der Wissenschaft vom Sozialen*, Hrsg. Georg Kneer und Stephan Moebius, 102–130. Berlin: Suhrkamp.

Schad, Susanne Petra. 1972. *Empirical social research in Weimar-Germany*. Paris: Mouton.

Schäfer, Gerhard. 1990. Wider die Inszenierung des Vergessens. Hans Freyer und die Soziologie in Leipzig 1925–1945. In *Jahrbuch für Soziologiegeschichte 1990*, Hrsg. Heinz-Jürgen Dahme, Carsten Klingemann, Michael Neumann, Karl-Siegbert Rehberg und Ilja Srubar, 121–175. Opladen: Leske & Budrich.

Schäfer, Gerhard. 1996. Soziologie auf dem Vulkan – Zur Stellung René Königs in der Dreieckskonstellation der westdeutschen Nachkriegssoziologie. In *Antifaschismus*, Hrsg. Frank Deppe, Georg Fülberth und Rainer Rilling, 370–387. Heilbronn: Distel.

Schäfer, Gerhard. 2000. Die nivellierte Mittelstandsgesellschaft – Strategien der Soziologie in den 50er-Jahren. In *Die janusköpfigen 50er-Jahre. Kulturelle Moderne und bildungsbürgerliche Semantik III.*, Hrsg. Georg Bollenbeck und Gerhard Kaiser, 115–142. Wiesbaden: VS Verlag für Sozialwissenschaften.

Schäfer, Gerhard. 2014. Der Nationalsozialismus und die soziologischen Akteure der Nachkriegszeit: am Beispiel Helmut Schelskys und Ralf Dahrendorfs. In *Soziologie und Nationalsozialismus. Positionen, Debatten, Perspektiven*, Hrsg. Michaela Christ und Maja Suderland, 119–161. Berlin: Suhrkamp.

Schäfer, Gerhard. 2015a. *Soziologie ohne Marx. Helmut Schelsky als „Starsoziologe" und Intellektueller im Hamburg der 1950er-Jahre*. Supplement der Zeitschrift Sozialismus 1/2015. Hamburg: VSA.

Schäfer, Gerhard. 2015b. Zur Herausbildung des philosophisch-soziologischen Denkens bei Helmut Schelsky in der Ära des Nationalsozialismus. In *Helmut Schelsky. Ein deutscher Soziologe im zeitgeschichtlichen, institutionellen und interdisziplinären Kontext*, Beiheft 22 der Zeitschrift Rechtstheorie, Hrsg. Reinhard Feldmann et al., 1–40. Berlin: Duncker & Humblot.

Schäfers, Bernhard. 1996. Der Vereinigungsprozeß in sozialwissenschaftlichen Deutungsversuchen. In *Soziologie und Gesellschaftsentwicklung. Aufsätze 1966–1996*, Hrsg. Bernhard Schäfers, 181–192. Opladen: Leske & Budrich.

Schelsky, Helmut. 1959. *Ortsbestimmung der deutschen Soziologie*. Düsseldorf: Diederichs.

Schelsky, Helmut. 1981. *Rückblicke eines „Anti-Soziologen"*. Opladen: Westdeutscher Verlag.

Scheuch, Erwin K. 2001. Soziologie in Köln. In *Gute Gesellschaft? Verhandlungen des 30. Kongresses der Deutschen Gesellschaft für Soziologie in Köln 2000. Teil A*, Hrsg. Jutta Allmendinger, 113–168. Opladen: Leske & Budrich.

Schildt, Axel, und Detlef Siegfried. 2009. *Deutsche Kulturgeschichte. Die Bundesrepublik von 1945 bis zur Gegenwart*. München: Hanser.

Schimank, Uwe. 2000. Soziologische Gegenwartsdiagnosen – Zur Einführung. In *Soziologische Gegenwartsdiagnosen I: Eine Bestandsaufnahme*, Hrsg. Uwe Schimank und Ute Volkmann, 9–22. Opladen: Leske & Budrich.

Schluchter, Wolfgang. 1996. *Neubeginn durch Anpassung? Studien zum ostdeutschen Übergang*. Frankfurt a. M.: Suhrkamp.

Schmid, Michael. 2004. *Rationales Handeln und soziale Prozesse*. Wiesbaden: VS Verlag für Sozialwissenschaften.

Schnitzler, Sonja. 2016. Die Deutsche Gesellschaft für Soziologie zur Zeit des Nationalsozialismus. In *Handbuch Geschichte der deutschsprachigen Soziologie, Bd. 1*, Hrsg. Stephan Moebius und Andrea Ploder. Wiesbaden: Springer VS (i.E.).

Schultheis, Franz, und Kristina Schulz. Hrsg. 2005. *Gesellschaft mit begrenzter Haftung: Zumutungen und Leiden im deutschen Alltag*. Konstanz: UVK.

Schwartz, Michael. 1995. *Sozialistische Eugenik. Eugenische Sozialtechnologien in Debatten und Politik der deutschen Sozialdemokratie 1890–1933*. Berlin: Dietz Verlag.

Shils, Edward. 1975. Geschichte der Soziologie: Tradition, Ökologie und Institutionalisierung. In *Soziologie – autobiographisch*, Hrsg. Talcott Parsons, Edward Shils und Paul Felix Lazarsfeld, 69–146. Stuttgart: Enke.

Sieg, Alexander. 2002. *Konditionen und Strukturen internationaler Rezeption von Fachwissen in der frühen deutschen und amerikanischen akademischen Soziologie*. Diss. Berlin. URL: http://webdoc.sub.gwdg.de/ebook/diss/2003/fu-berlin/2003/56/, hier: http://webdoc.sub.gwdg.de/ebook/diss/2003/fu-berlin/2003/56/teil3kap2.pdf (Zugegriffen: 14.07.2016).

Sloderdijk, Peter. 2009. Die Revolution der gebenden Hand. In *Frankfurter Allgemeine Zeitung*, 13. Juni 2009, online: http://www.faz.net/aktuell/feuilleton/debatten/kapitalismus/die-zukunft-des-kapitalismus-8-die-revolution-der-gebenden-hand-1812362.html (Zugegriffen:: 11.10.2016).

Srubar, Ilja. Hrsg. 1988. *Exil, Wissenschaft, Identität. Die Emigration deutscher Sozialwissenschaftler 1933–1945*. Frankfurt a. M.: Suhrkamp.

Srubar, Ilja. 2010. Der Streit um die Wissenssoziologie. In *Soziologische Kontroversen. Eine andere Geschichte der Wissenschaft vom Sozialen*, Hrsg. Georg Kneer und Stephan Moebius, 46–78. Berlin: Suhrkamp.

Stölting, Erhard. 1984. Kontinuitäten und Brüche in der deutschen Soziologie 1933/34. *Soziale Welt* 35:48–59.

Stölting, Erhard. 1986. *Akademische Soziologie in der Weimarer Republik*. Berlin: Duncker & Humblot.

Stölting, Erhard. 2006. Die Soziologie in den hochschulpolitischen Konflikten der Weimarer Republik. In *Soziologie an deutschen Universitäten: Gestern- heute -morgen*, Hrsg. Bettina Franke und Kurt Hammerich, 9–30. Wiesbaden: VS Verlag für Sozialwissenschaften.

Streeck, Wolfgang. 2008. Korporatismus. In *Handbuch der Politischen Philosophie und Sozialphilosophie, Bd. 1*, Hrsg. Stefan Gosepath, Wilfried Hinsch und Beate Rössler, 655–658. Berlin: de Gruyter.

Tent, James F. 1998. *Academic proconsul. Havard sociologist Edward Y. Hartshorne and the reopneing of German universities, 1945–1946. His personal account*. Trier: WVT.

Thierse, Wolfgang. 1994. Fremde im eigenen Land. Nach der Einheit die Entfremdung? In *Perspektiven für Deutschland*, Hrsg. Warnfried Dettling, 51–61. München: Knaur.

Tyrell, Hartmann. 1986. Helmut Schelskys Familiensoziologie. In *Helmut Schelsky – ein Soziologe in der Bundesrepublik*, Hrsg. Horst Baier, 45–56. Stuttgart: Enke.

Volkmann, Ute. 2015. Soziologische Zeitdiagnostik. Eine wissenssoziologische Ortsbestimmung. *Soziologie. Forum der Deutschen Gesellschaft für Soziologie* 44:139–152.

Weyer, Johannes. 1986. Der „Bürgerkrieg in der Soziologie". Die westdeutsche Soziologie zwischen Amerikanisierung und Restauration. In *Ordnung und Theorie. Beiträge zur Geschichte der Soziologie in Deutschland*, Hrsg. Sven Papcke, 280–304. Darmstadt: WBG.

Wielgohs, Jan, und Marianne Schulz. 1993. Von der „friedlichen Revolution" in die politische Normalität. Entwicklungsprobleme der ostdeutschen Bürgerbewegung. In *Der Zusammenbruch der DDR. Soziologische Analysen*, Hrsg. Hans Joas und Martin Kohli, 222–245. Frankfurt a. M.: Suhrkamp.

Wiese, Leopold von. 1921. *Kölner Vierteljahrshefte für Sozialwissenschaften, Reihe A: Soziologische Hefte*.

Wiese, Leopold von. 1933/34. Nach zwölf Jahren. *Kölner Vierteljahreshefte für Soziologie 12* (3/4): 225–229.

Wiese, Leopold von. 1948a. Die gegenwärtige Situation, soziologisch betrachtet. In *Verhandlungen des Achten Deutschen Soziologentages vom 19. bis 21. September 1946 in Frankfurt am Main. Vorträge und Diskussionen in der Hauptversammlung und in den Sitzungen der Untergruppen*, Hrsg. Deutsche Gesellschaft für Soziologie, 20–40. Tübingen: Mohr.

Wiese, Leopold von. 1948b. Erstes Vorwort. In *Verhandlungen des Achten Deutschen Soziologentages vom 19. bis 21. September 1946 in Frankfurt am Main. Vorträge und Diskussionen in der Hauptversammlung und in den Sitzungen der Untergruppen*, Hrsg. Deutsche Gesellschaft für Soziologie, 1–6. Tübingen: Mohr.

Wiese, Leopold von. 1957. *Erinnerungen*. Opladen: Westdeutscher Verlag.

Wiese, Leopold von. 1959. Die Deutsche Gesellschaft für Soziologie. Persönliche Eindrücke in den ersten fünfzig Jahren (1909–1959). In *50 Jahre Deutsche Gesellschaft für Soziologie, Kölner Zeitschrift für Soziologie und Sozialpsychologie 1*, Hrsg. König, René, 11–20. Stuttgart: Enke.

Windolf, Paul. Hrsg. 2005. Finanzmarkt-*Kapitalismus. Analysen zum Wandel von Produktionsregimen, Sonderheft 45/2005 der Kölner Zeitschrift für Soziologie und Sozialpsychologie*. Wiesbaden: VS Verlag für Sozialwissenschaften.

Wöhrle, Patrick. 2015. *Zur Aktualität von Helmut Schelsky. Einleitung in sein Werk*. Wiesbaden: Springer VS.

Wolfrum, Edgar. 2013. *Rot-Grün an der Macht. Deutschland 1998–2005*. München: Beck.

Zapf, Wolfgang. 1991a. Modernisierung und Modernisierungstheorien. In *Die Modernisierung moderner Gesellschaften: Verhandlungen des 25. Deutschen Soziologentages in Frankfurt am Main 1990*, Hrsg. Wolfgang Zapf, 23–39. Frankfurt a. M.: Campus.

Zapf, Wolfgang. 1991b. Die DDR 1989/1990 – Zusammenbruch einer Sozialstruktur? *Berliner Journal für Soziologie* 1:147–155.

Zürcher, Markus. 1995. *Unterbrochene Tradition. Die Anfänge der Soziologie in der Schweiz*. Zürich: Chronos.

Zürcher, Markus. 2016. Anfänge der Soziologie in der Schweiz. In *Geschichte der deutschsprachigen Soziologie, Bd. 1,* Hrsg. Stephan Moebius und Andrea Ploder. Doi: 10.1007/978-3-658-07998-7_4-1 (Zugegriffen: 01.07.2016).

Stephan Moebius Prof. Dr. für Soziologische Theorie und Ideengeschichte, Leiter des Instituts für Soziologie der Karl-Franzens-Universität Graz. Forschungsschwerpunkte: Geschichte der deutschen Soziologie seit 1945; Letzte Veröffentlichungen: René König und die „Kölner Schule". Eine soziologiegeschichtliche Annäherung. Wiesbaden 2015; Methodologie soziologischer Ideengeschichte. In: Handbuch Geschichte der deutschsprachigen Soziologie, Teilband 2. Wiesbaden 2017 (hrsg. zus. mit A. Ploder); Schulen, Akteure und regionale Zentren in der frühen bundesrepublikansichen Soziologie. In: Handbuch Geschichte der deutschsprachigen Soziologie, Teilband 1, Wiesbaden 2017 (hrsg. zus. m. A. Ploder); Soziologische Kontroversen in der deutschsprachigen Soziologie nach 1945. In: Handbuch Geschichte der deutschsprachigen Soziologie, Teilband 1, Wiesbaden 2017 (hrsg. zus. m. A. Ploder).

Köln Z Soziol (2017) (Suppl 1) 69:45–59
DOI 10.1007/s11577-017-0469-7

Kölner Zeitschrift für Soziologie und Sozialpsychologie

CrossMark

ABHANDLUNGEN

Die *Kölner Zeitschrift für Soziologie und Sozialpsychologie*

Zur Genese, Struktur und Entwicklung einer soziologischen Fachzeitschrift

Volker Dreier

Zusammenfassung In dem Beitrag wird die Entstehung und Entwicklung der ersten deutschen Fachzeitschrift für Soziologie, die *Kölner Zeitschrift für Soziologie und Sozialpsychologie (KZfSS)*, in ihren Grundrissen bis heute in struktureller und thematischer Hinsicht nachgezeichnet. Eng verbunden mit der Gründung des *Forschungsinstituts für Sozialwissenschaften* (heute: *Institut für Soziologie und Sozialpsychologie*) 1919 in Köln hat sich die Zeitschrift zu einer renommierten deutschsprachigen „Peer Review"-Fachzeitschrift entwickelt. Dies zeigt sich in ihrer Struktur, wie dem Übergang von ehemals alleinigen Herausgebern der Zeitschrift (Leopold von Wiese, René König) zu der heutigen Dreierkonstellation von Herausgebern, der Offenheit der Zeitschrift gegenüber allen soziologisch relevanten Themen sowie ihrer Publikationspolitik, alle Entscheidungen konsensual und gutachtengestützt zu treffen.

Schlüsselwörter KZfSS · Organisationsstruktur · Herausgeber · Wissenschaftlicher Beirat · Themen · Autorenschaft · Begutachtungsprozess

The *Kölner Zeitschrift für Soziologie und Sozialpsychologie*

Towards the Foundation, Structure, and Development of a Sociological Journal

Abstract The article traces the origins and development of the first German journal for sociology, the *Kölner Zeitschrift für Soziologie und Sozialpsychologie* (*KZfSS*), in terms of structure and topics from its early beginnings to the present day. Closely linked with the establishment of the *Forschungsinstitut für Soziologie* (now called: *Institut für Soziologie und Sozialpsychologie*) in Cologne in 1919, the journal has

Dieser Beitrag ist eine verbesserte und geringfügig erweiterte Fassung von Dreier (2016).

V. Dreier (✉)
Institut für Soziologie und Sozialpsychologie, Universität zu Köln
Lindenburger Allee 15, 50931 Köln, Deutschland
E-Mail: volker.dreier@uni-koeln.de

grown into a renowned German-language "peer-reviewed" scientific journal. This is reflected in its structure, i.e. the transition from single editors in the past (Leopold von Wiese, René König) to today's team of three editors, the journal's open-mindedness towards all sociologically relevant topics and its publication policy of making all decisions on a consensual basis and based on expert opinions.

Keywords KZfSS · Structure of Organization · Editors · Scientific board · Topics · Authors · Review process

1 Einleitung

Wissenschaftliche Fachzeitschriften sind ein elementarer Bestandteil einer wissenschaftlichen Disziplin. Sie tragen mit zu deren Institutionalisierung bei und zeichnen sich gegenüber anderen Publikationsformen wissenschaftlicher Erkenntnisse, wie bspw. Monografien und Sammelbände, dadurch aus, dass sie in kürzerer Zeit auf aktuelle, für eine Disziplin relevante Problembereiche reagieren können. Sie stellen „The Gatekeepers of Science" dar, indem sie selektieren, was veröffentlicht wird und was nicht veröffentlicht wird, was sicherlich auch als problematisch anzusehen ist (Crane 1967). Darüber hinaus stellen sie für eine Disziplin einen Maßstab dar, was in ihr, zeitabhängig, qualitativ „gute" Forschungsergebnisse ausmacht. Fachzeitschriften präsentieren nicht nur neueste Erkenntnisse aus ihrem Fach, sondern stellen auch eine Vorbild- und Orientierungsfunktion für die Angehörigen einer Disziplin dar, indem sie fortlaufend und periodisch aufzeigen, wie eine fachwissenschaftlich konzipierte Abhandlung idealiter beschaffen sein sollte.

Historisch betrachtet ist die *Kölner Zeitschrift für Soziologie und Sozialpsychologie* (*KZfSS*) die *erste* Fachzeitschrift für die universitäre Disziplin Soziologie in Deutschland. Sie erschien, wenn auch noch nicht unter ihrem heutigen Namen, erstmalig 1921 und befindet sich 2016, zieht man die 12 Jahrgänge 1921 bis 1933/34 hinzu, im 80. Jahrgang. Mit der *Zeitschrift für Soziologie* (Ersterscheinung 1972) ist die *KZfSS* eine der beiden führenden soziologischen Fachzeitschriften in Deutschland. Dies zeigt sich etwa unter anderem in der Entwicklung der Impact Faktoren (SSCI) gegenüber den anderen deutschsprachigen Soziologie-Zeitschriften, wie der *Sozialen Welt* (Ersterscheinung 1949) und dem *Berliner Journal für Soziologie* (Ersterscheinung 1991).[1] Hier steht zeitlich alternierend immer entweder die *KZfSS* oder die *Zeitschrift für Soziologie* an erster Stelle in Deutschland. Auch wenn der Impact Faktor als Beurteilungsmaßstab für eine Fachzeitschrift kritisch zu bewerten ist (Fleck 2013), kann er als ein möglicher Indikator für die Bedeutung der *KZfSS* in der deutschsprachigen Soziologie herangezogen werden. Als ein möglicher weiterer Indikator für die hervorgehobene Stellung der *KZfSS* unter den deutschsprachigen Fachzeitschriften in der Soziologie kann ihre sehr erfolgreiche Teilnahme am Fritz Thyssen Preis für sozialwissenschaftliche Aufsätze, der seit 1981 vergeben wird, ge-

[1] Zur Entwicklung der Impact Faktoren der *KZfSS* im Vergleich mit den anderen deutschsprachigen soziologischen Fachzeitschriften siehe den Beitrag von Heiko Rauhut und Fabian Winter im vorliegenden Sonderheft.

deutet werden. Aufsätze der *KZfSS* waren bis zum Jahrgang 2014 insgesamt 29 Mal unter den Preisträgern, worunter 13 Aufsätze mit dem ersten Preis prämiert wurden. Im Vergleich: Die *Zeitschrift für Soziologie* war 19 Mal unter den Preisträgern mit insgesamt zwei ersten Preisen.

In Abschn. 2 werden der Entstehungsprozess und die Institutionalisierung der Zeitschrift dargestellt, die auf das Ende des Ersten Weltkrieges 1918 zurückgehen. Der Struktur der Zeitschrift in konzeptioneller und institutioneller Hinsicht ist Abschn. 3 gewidmet, wobei der Schwerpunkt auf den Jahren ab 1948 liegt. In Abschn. 4 wird der Entwicklungsverlauf der Zeitschrift in inhaltlicher Hinsicht kurz und auszugsweise nachgezeichnet und über die Autorenschaft 1948–2015 berichtet. Ein kurzes Fazit beschließt den Beitrag (Abschn. 5).

2 Die Genese und Institutionalisierung einer soziologischen Fachzeitschrift

Die erste soziologische Fachzeitschrift und Vorläufer der *KZfSS* in Deutschland, die *Kölner Vierteljahrshefte für Sozialwissenschaften Reihe A: Soziologische Hefte*, erschien erstmals 1921. Der Anlass, eine rein soziologische Fachzeitschrift zu gründen, war untrennbar mit der Gründung des *Forschungsinstituts für Sozialwissenschaften* in Köln verbunden, das am 1. April 1919 seine vorbereitende Arbeit aufnahm. Die Gründung dieses in Deutschland ersten und damit ältesten Forschungsinstituts für Soziologie erfolgte nicht primär auf Grund fachspezifischer Bedürfnisse, sondern ist auf eine politische Entscheidung des damaligen Oberbürgermeisters von Köln, Konrad Adenauer, zurückzuführen. Wie der ehemalige Redakteur der *KZfSS*, Heine von Alemann, in seiner Darstellung der Gründung des Instituts dokumentiert und ausführt (von Alemann 1976, S. 650–652), hegte Adenauer bereits zu Beginn 1918 den Wunsch, ein solches Forschungsinstitut zu gründen. Der spätere Verwaltungsdirektor des Instituts, Christian Eckert, konzipierte auf Anregung Adenauers bereits Ende 1917 eine Denkschrift zur Errichtung eines Forschungsinstituts für Sozialwissenschaften, die er, nach eigener Auskunft, Adenauer zu Beginn 1918 vorgelegt hatte. Am 6. März 1918 wurde die Gründung des Instituts von den Stadtverordneten auf Grundlage dieser Denkschrift genehmigt (Eckert 1921, S. 12).

Vom Forschungsinstitut wurde die Zeitschrift *Kölner Vierteljahrshefte für Sozialwissenschaften* begründet, die 1921 und 1922 mit jeweils zwei Heften in zwei Reihen erschien: *Reihe A: Soziologische Hefte* und *Reihe B: Sozialpolitische Hefte*. Ab 1923 wurden diese beiden Reihen in zwei eigenständige Zeitschriften getrennt: in die *Kölner Vierteljahrshefte für Soziologie* und in die *Kölner sozialpolitische Vierteljahresschrift*. Beide Zeitschriften trugen im Untertitel den Zusatz *Zeitschrift des Forschungsinstituts für Sozialwissenschaften in Köln*. Ab Heft 4 des 2. Jahrgangs (1922) waren die *Kölner Vierteljahrshefte für Sozialwissenschaften, Reihe A: Soziologische Hefte* zugleich auch das Mitteilungsorgan der *Deutschen Gesellschaft für Soziologie* (DGS).

Sowohl die *Kölner Vierteljahrshefte für Sozialwissenschaften* als auch später die *Kölner Vierteljahrshefte für Soziologie* erschienen im Verlag von Duncker und Humblot in Berlin. Geschäftsführender Herausgeber beider Zeitschriften war bis zu ihrer

Einstellung 1934 Leopold von Wiese. 1921 formulierte er im ersten Heft programmatisch, dass sich die Beiträge in der Zeitschrift „nur auf theoretische Fragen beschränken und Probleme angewandter Soziallehren, alle Kunstlehren, alle Politik und alle Fragen der Kultur- und Wohlfahrtspflege" ausgeschlossen werden (von Wiese 1921, S. 7). Mit der Schließung des Instituts am 31. März 1934 endete auch das mit ihm verbundene Erscheinen der Vierteljahrshefte. Vordergründig mag ein Grund für die Schließung in den Sparmaßnahmen der Stadt Köln gelegen haben, gewiss war aber auch ausschlaggebend, wie von Wiese im letzten Heft der Zeitschrift spekuliert, dass sich die Stadtväter und -mütter das Verhältnis des Instituts zu den herrschenden politischen Parteien enger vorgestellt hätten (von Wiese 1933/34, S. 2).

Nach der nationalsozialistischen Diktatur wurde am 4. Dezember 1947 das Institut unter dem Namen *Forschungsinstitut für Sozial- und Verwaltungswissenschaften* mit einer Soziologischen Abteilung wieder gegründet. Damit verbunden war auch die Wiedergründung der Zeitschrift, die ab dem ersten Jahrgang 1948/49 zunächst den Namen *Kölner Zeitschrift für Soziologie* mit dem Untertitel *Neue Folge der Vierteljahrshefte für Soziologie* führte. Geschäftsführender Herausgeber war wiederum von Wiese, der in der Einleitung zum ersten Heft anmerkte: „Wir nehmen den Faden des Wirkens dort, wo wir in fallen lassen mussten, ungebrochen wieder auf" (von Wiese 1948/49, S. 1).

Die Zeitschrift erschien im Westdeutschen Verlag in Köln-Opladen und wurde finanziell in den ersten Jahren auch durch Zuschüsse der Deutschen Forschungsgesellschaft unterstützt.

Von Wiese führte die Zeitschrift bis 1954, bevor er sie im Zusammenhang mit seiner bereits 1949 erfolgten Emeritierung und der damit verbundenen Ablösung als Institutsdirektor, wenn auch ungern, an René König abgab. König führte die Zeitschrift von 1955–1977 als alleiniger Herausgeber und bis 1985 im Verbund mit weiteren Herausgebern als geschäftsführender Herausgeber (s. dazu weiter Abschn. 3.2). König gab der Zeitschrift 1955 durch den Zusatz „Sozialpsychologie" den heutigen Titel *Kölner Zeitschrift für Soziologie und Sozialpsychologie*. Gegenüber von Wiese erweiterte König das Spektrum und verbreiterte die Thematik der Zeitschrift, indem er zunehmend Artikel in der Tradition Durkheims publizierte, die empirische Sozialforschung forcierte und eine Annäherung an internationale Standards anvisierte (von Alemann 2004, S. 466). Darüber hinaus führte König 1956 die jährlich erscheinenden Sonderhefte der *KZfSS* ein, deren 55. Band 2015 erschien (s. Abschn. 3.1). Bis 1965 war die *KZfSS*, wie bereits auch schon bis 1933/34, offizielles Organ der DGS. Gegenwärtig erscheint die Zeitschrift im Verlag Springer VS in Wiesbaden.

Die wechselnden Titel der Zeitschrift und die Verlage, in denen sie erschien, sind in Tab. 1 noch einmal zusammengefasst.

Tab. 1 Titel der Zeitschrift und Verlage

Jahr	Titel	Verlag
1921–1922	Kölner Vierteljahreshefte für Sozialwissenschaften. Reihe A: Soziologische Hefte	Duncker und Humblot, Berlin
1922–1934	Kölner Vierteljahrshefte für Soziologie	Duncker und Humblot, Berlin
1948–1954	Kölner Zeitschrift für Soziologie	Westdeutscher Verlag, Köln-Opladen
1955–2002	Kölner Zeitschrift für Soziologie und Sozialpsychologie	Westdeutscher Verlag, Köln-Opladen
2003–2011	Kölner Zeitschrift für Soziologie und Sozialpsychologie	VS Verlag für Sozialwissenschaften, Wiesbaden
2012–heute	Kölner Zeitschrift für Soziologie und Sozialpsychologie	Springer VS, Wiesbaden

3 Die Struktur der *KZfSS*

3.1 Die Zeitschrift

Mit dem programmatischen Anspruch, als Zeitschrift das gesamte Fach der Soziologie abzubilden zu wollen (Friedrichs et al. 1998, S. 2), ist die *KZfSS* für alle Themenfelder der Soziologie offen und weder einer bestimmten soziologischen Schule oder Theoriefamilie noch einer bestimmten Methode verpflichtet. Auch wenn quantitativ orientierte Beiträge in den einzelnen Jahrgängen überwiegen, sollte dieses Faktum nicht als ein Präjudiz der *KZfSS* für quantitative Arbeiten interpretiert werden.

Die *KZfSS* erscheint jährlich vier Mal (März, Juni, September und Dezember) mit einem Einzelheftumfang von ca. 200 Seiten. Seit Jahrgang 1987 ist jedes Heft in vier Rubriken gegliedert: Abhandlungen, Berichte und Diskussionen, Literaturbesprechungen sowie Nachrichten und Mitteilungen. In der Rubrik „Abhandlungen" werden Aufsätze publiziert, in denen neuste empirische oder theoretische Forschungsergebnisse präsentiert werden (s. Abschn. 3.3) und die in deutscher Sprache verfasst sind. Diese Beiträge besitzen in der Regel einen Umfang von ca. 70.000 Zeichen (inkl. Leerzeichen) und stellen das Herzstück jedes Einzelheftes dar. Die Rubrik „Berichte und Diskussionen" ist v. a. für Forschungsnotizen, Repliken auf erschienene Abhandlungen, methodische Einzelfragen oder Übersichtsdarstellungen reserviert. Diese Beiträge sind in ihrem zeichenmäßigen Umfang gegenüber den Abhandlungen wesentlich kürzer. Die *KZfSS* beinhaltet gegenüber anderen nicht ausschließlichen Rezensionszeitschriften, wie etwa der *Soziologischen Revue*, einen ausführlichen Literaturbesprechungsteil, in dem gegenwärtig im Durchschnitt ca. 10 nationale und internationale Fachbücher aus allen Bereichen der Soziologie pro Heft von fast ausnahmslos eingeworbenen Rezensenten besprochen werden. In der Rubrik „Nachrichten und Mitteilungen" werden Würdigungen und Nekrologe sowie Konferenzankündungen, *Call for papers*, Preisverleihungen und Tagungs-/Kongressberichte publiziert.

Seit 1956 wird von der Zeitschrift beinahe jährlich ein Sonderheft publiziert. Bis 2015 sind 55 Sonderhefte erschienen. Die Sonderhefte wurden von René König begründet und sollen jeweils aktuelle Themen der Soziologie in ihrem gegenwärtigen

Diskussionsstand abbilden, aber auch über neue richtungweisende Themen des Fachs berichten. Damit wird mit den Sonderheften auch beansprucht, den jeweiligen *state of the art* eines soziologischen Forschungsfelds oder -themas der Fachöffentlichkeit präsentieren zu können. Die Themen der Sonderhefte werden von den Herausgebern der Zeitschrift gemeinsam geplant. Zu beschlossenen Themen wird ein Herausgeber oder ein Herausgebergremium kooptiert, das in Eigenverantwortung das Heft (Autoren und Beiträge) konzipiert. In Tab. 4 im Anhang wird ein Überblick über die bis heute erschienenen Sonderhefte gegeben.

3.2 Die Herausgeber und der wissenschaftliche Beirat

Die *KZfSS* wurde von 1948–2016 von insgesamt nur sechs geschäftsführenden Herausgebern betreut. Das Institut des geschäftsführenden Herausgebers ergibt sich aus der Ordnung des *Forschungsinstituts für Soziologie* (seit 2013 *Institut für Soziologie und Sozialpsychologie, ISS*): Zu den Aufgaben des Instituts gehört die Herausgabe und redaktionelle Betreuung der Zeitschrift. Geschäftsführender Herausgeber kann nur ein Lehrstuhlinhaber des Forschungsinstituts (ISS) sein. Leopold von Wiese, der bereits geschäftsführender Herausgeber der Zeitschrift (1921–1934) war, betreute als alleiniger und geschäftsführender Herausgeber die *Kölner Zeitschrift für Soziologie* von 1948–1954. Sein Nachfolger, René König, führte die Zeitschrift als geschäftsführender Herausgeber alleine von 1955 bis Ende 1977 und zusammen mit Friedhelm Neidhardt bis 1985. Neidhardt selbst war von 1982–1991 geschäftsführender Herausgeber. Von 1992–2012 hatte Jürgen Friedrichs die Position des geschäftsführenden Herausgebers inne und von 2013–2015 Karsten Hank. Ihm folgte ab 2016 Hans-Jürgen Andreß.

Zu Königs Herausgeberschaft ist anzumerken, dass von 1972–1980 Günter Albrecht, Fritz Sack und Alphons Silbermann an der Herausgabe mitwirkten, ohne jedoch als offizielle Mitherausgeber zu fungieren. Sie nahmen die Funktion eines wissenschaftlichen Beirats wahr (von Alemann 2004, S. 476). Tabelle 2 gibt eine Übersicht über die neben den geschäftsführenden Herausgebern noch nicht angeführten weiteren Herausgeber und Herausgeberinnen der Zeitschrift.

Die Bestellung der Herausgeber erfolgt seit 2016 nach den Satzungen der neuen Institutsordnung durch das Direktorium des *Instituts für Soziologie und Sozialpsychologie*. Es beruft auf Vorschlag der amtierenden Herausgeber geeignete Personen für zunächst fünf Jahre mit einer Option auf fünf weitere Jahre in das Herausgebergremium und ersetzt die bis 2016 praktizierte Kooptation neuer Herausgeber durch die amtierenden Herausgeber.

Die Anzahl der Herausgeber ist seit 2016 auf drei festgelegt. Mit dieser Festlegung wird jetzt auch formell einer Praxis Rechnung getragen, die mit einer Ausnahme, 1986, seit 1985 besteht. Der geschäftsführende Herausgeber wird seit 2016 nach der Satzung des Instituts aus dem Kreis der stimmberechtigten Mitglieder des Direktoriums des Instituts berufen.

Neben den Herausgebern stellt der wissenschaftliche Beirat eine weitere Institution der Zeitschrift da. Er wurde in seiner heutigen Konstellation 1987 eingeführt. Er umfasste zunächst ein fünfköpfiges Gremium und seit 1990 gehören sieben Personen dem Gremium an. Seit 2016 ist eine Berufung der Beiratsmitglieder durch die

Tab. 2 Herausgeber der KZfSS (ab 1948)

Name	Geschäftsführender Herausgeber	Herausgeber
Leopold von Wiese	1948–1954	–
René König	1955–1981	1982–1985
Friedhelm Neidhardt	1982–1991	1977–1981, 1992–1995
Peter Christian Ludz	–	1979
M. Rainer Lepsius	–	1981–1996
Hartmut Esser	–	1987–1991
Jürgen Friedrichs	1992–2012	-
Heike Solga	–	2004–2014
Karl Ulrich Meyer	–	1996–2004
Wolfgang Schluchter	–	1997–2010
Thomas Schwinn	–	2010–heute
Karsten Hank	2013–2015	–
Daniela Grunow	–	2015–heute
Hans-Jürgen Andreß	Ab 2016	–

Herausgeber im Einvernehmen mit dem Direktorium des Instituts für einen Zeitraum von fünf Jahren mit der Möglichkeit einer einmaligen Wiederberufung festgelegt. Im 68. Jahrgang der *KZfSS* gehören dem Beirat 2016 folgende Personen an: Eva Barlösius (Hannover), Jens Beckert (Köln), Hans Peter Blossfeld (Bamberg/Florenz), Bernhard Ebbinghaus (Mannheim), Christian Fleck (Graz), Uwe Schimank (Bremen) und Gisela Trommsdorff (Konstanz). Die Aufgabe des Beirats besteht in der unterstützenden Mitwirkung an der Zeitschrift durch Evaluation der jeweiligen Jahrgänge und Anregungen für weitere Entwicklungen der Zeitschrift. Als Institut für diese Aufgaben fungiert insbesondere die jährlich stattfindende Sitzung der Beiräte mit den Herausgebern und der Redaktion.

3.3 Entscheidungsprozesse

Die frei eingereichten und nur in sehr seltenen Ausnahmefällen von den Herausgebern eingeworbenen Manuskripte, die der Zeitschrift zur Publikation angeboten werden, durchlaufen einen mehrstufigen Beurteilungs- und Entscheidungsprozess.[2] In den letzten zehn Jahren wurden durchschnittlich etwa 100 Manuskripte pro Jahr zur Publikation eingereicht, von denen regelmäßig etwa ein Drittel publiziert wurde.

Jedes eingereichte Manuskript wird berücksichtigt. Zunächst entscheidet die Redaktion, ob für ein Manuskript externe Gutachter eingeworben werden sollen. (Seit Jahrgang 1993 ist die *KZfSS* eine Zeitschrift, die das „Peer Review"-Verfahren für eingesandte Manuskripte anwendet). Abhängig ist diese, nicht endgültige und nicht sehr häufig auftretende Vorentscheidung u. a. von der Thematik des Manuskripts hinsichtlich seines soziologischen Bezugs, seines Aufbaus, seiner sprachlichen Ausführung und vor allem davon, dass das Manuskript noch an keiner anderen Stelle veröffentlicht wurde. Alle Herausgeber lesen die Manuskripte und fertigen jeweils

[2] Seit 2016 können Manuskripte über Springerlink auch elektronisch eingereicht werden.

ein Begutachtungsschreiben an. Auf den vierteljährlich stattfindenden Herausgebersitzungen werden die einzelnen Manuskripte diskutiert und unter Einbeziehung vorliegender externer Gutachten wird eine vorläufige oder endgültige Entscheidung getroffen. Vorläufig sind Entscheidungen, wenn den Autoren eine Überarbeitung des Manuskripts, verbunden mit einer potenziellen Annahme, empfohlen wird oder eine Neueinreichung, die nicht mit einer potenziellen Annahme verbunden ist. Endgültige Entscheidungen werden nur im Ablehnungsfall getroffen. Überarbeitete Manuskripte werden auf einer nachfolgenden Herausgebersitzung durch die Herausgeber erneut begutachtet und zu einer weiteren vorläufigen oder endgültigen Entscheidung geführt (Annahme oder weitere Überarbeitung oder Ablehnung). Dieser mehrstufige Entscheidungsprozess, der sich von der Einreichung eines Manuskripts bis zur endgültigen Entscheidung über seine Annahme oder Ablehnung erstreckt, kann sich im Extremfall über mehrere Monate hinziehen. Er garantiert eine, wenn auch nicht „objektive", so aber doch der Qualität des Manuskripts hinreichend angemessene fachliche Beurteilung, wozu auch die fachspezifische Diversität der Herausgeber beiträgt.

3.4 Die Redaktion

Die Redaktion der Zeitschrift stellt die Schnittstelle zwischen den Autoren der eingereichten Manuskripte und den Herausgebern sowie den Gutachtern dar. Erstmalig wurde die Rolle des Redaktionssekretärs 1955 eingeführt. Seit diesem Zeitpunkt wirkten in dieser Position bis heute acht Redakteure: Peter Heintz (1955–1959), Dietrich Rüschemeyer (1960–1962), Fritz Sack (1963–1971), Karl-Dieter Opp (1965), Günter Albrecht (1969–1971), Axel Schmalfuß (1972–1976), Heine von Alemann (1977–2006) und Volker Dreier (2006–heute).

Neben der Einwerbung von Gutachtern, der Korrespondenz mit den Autoren, dem Redigieren der angenommenen Manuskripte und der Zusammenarbeit mit dem Verlag bei dem mehrstufigen Produktionsprozess der Hefte und Sonderhefte besteht die Aufgabe der Redaktion in der eigenverantwortlichen Konzeption der Literaturbesprechungen in den einzelnen Heften sowie in der Inhaltsplanung und Erstellung der Bestandteile der Rubrik „Nachrichten und Mitteilungen" in der Zeitschrift. Neben dem Redakteur gehören der Redaktion gegenwärtig eine Sekretärin und zwei wissenschaftliche Hilfskräfte an. Diese Personalmittel sowie Sachmittel und Verbrauchsmaterial werden vom *Institut für Soziologie und Sozialpsychologie* gestellt.

4 Entwicklungsverläufe der Zeitschrift: Zu Themen und Autoren

In diesem Kapitel werden abschließend einige Anmerkungen zu den in der *KZfSS* publizierten Aufsätzen in Bezug auf deren thematische Ausrichtungen und ihre Autoren angeführt. Gegenwärtig liegen dazu mit der Untersuchung von Heine von Alemann (2004) und zwei wissenschaftlichen Abschlussarbeiten (Lang 2009; Ahlzweig 2013), die vom Autor betreut wurden, erst drei, auf unterschiedliche Zeiträume und Untersuchungsmerkmale bezogene Untersuchungen vor. Die folgenden Angaben können deshalb auch keine homogene Gesamtanalyse der Jahrgänge der *KZfSS* von

1948–2015 dokumentieren, sondern nur in Auszügen Einblicke in die Entwicklungsverläufe und -prozesse bezüglich ausgewählter Untersuchungsmerkmale geben. Sie beziehen sich auf die angeführten Studien und eigene Untersuchungen des Autors.

Als erstes wird die oft der *KZfSS* zugeschriebene Publikationspolitik, in erster Linie empirisch quantitativ orientierte Beiträge zu veröffentlichen, einer Analyse unterzogen. In den 1907 veröffentlichten Beiträgen der Jahrgänge 1948/49 bis 2008 sind 60 % theoretisch ausgerichtet und knapp 40 % empirisch quantitativ. Dies spricht auf den ersten Blick gegen die angeführte Zuschreibung. Eine Betrachtung im Zeitverlauf ergibt jedoch ein anderes Bild: Bis Mitte der 1980er-Jahre überwiegen theoretische Beiträge mit im Durchschnitt 70 %, danach verringert sich die Anzahl theoretischer Beiträge. In den ersten Jahren des 21. Jahrhunderts machen theoretische Beiträge nur noch 35 % aus und empirisch quantitative annähernd 65 %. Damit lässt sich die Zuschreibung im Ergebnis bewähren, nicht aber die Publikationspolitik der *KZfSS*. Denn auf Grund dieses unter Soziologen weit verbreiteten Vorurteils wird bei potenziellen Autoren bereits eine Selbstselektion vorgenommen, indem überwiegend empirisch quantitativ orientierte Beiträge eingereicht werden und nur selten empirisch qualitative oder theoretische. Diese nicht steuerbare Praxis wird von den Herausgebern jedoch dezidiert bemängelt. Bei den empirischen Beiträgen zeigt sich für die 2000er-Jahre, dass diese immer weniger auf selbst konstruierten Daten und immer mehr auf Sekundärdaten basieren, was sicherlich auf die umfangreichen Datenerhebungen und Datenbestände des ALLBUS (Allgemeine Bevölkerungsumfrage in den Sozialwissenschaften), des SOEP (Sozio-oekonomisches Panel), des Beziehungs- und Familienpanels pairfam, des Familensurveys, des nationalen Bildungspanels (NEPS) oder des Generations and Gender Surveys (GGS) zurückzuführen ist, die ihre Daten interessierten Forschern zur Analyse zur Verfügung stellen. Immer bedeutender werden in diesem Kontext auch die Studien, die vermehrt Sekundäranalysen mit Daten aus internationalen Datenbeständen, wie dem des European Social Survey (ESS), World Values (WVS) oder des European Values Survey (EVS), durchführen.

Betrachtet man zweitens die Themen der veröffentlichten Beiträge, dann zeigt sich, dass in der Zeitschrift alle Themenbereiche der Soziologie, wenn auch in ihrer Anzahl unterschiedlich, vertreten sind. Von allen im berichteten Zeitraum (1948/49–2008) publizierten Beiträge sind ca. 19 % der Allgemeinen Soziologie und Soziologischen Theorie zuzurechnen, 10 % der Methodologie und Methoden der empirischen Sozialforschung und 7 % jeweils der Arbeits- und Industriesoziologie sowie der Soziologie sozialer Ungleichheit und Sozialstrukturanalyse. Zur Entwicklung der Themengebiete in ihrem publizistischen Niederschlag in der *KZfSS* über den berichteten Zeitraum hinweg lassen sich gegenwärtig noch keine validen Aussagen treffen. Es lässt sich aber festhalten, dass politische oder kulturelle Ereignisse, wie die sogenannte Studentenbewegung in den ausgehenden 1960er-Jahren, die Reaktorkatastrophe von Tschernobyl 1986, die deutsche Wiedervereinigung 1989/90 oder die Anschläge vom 11. September 2001 keine nennenswerte Rolle in den veröffentlichten Beiträgen spielen. Einzig die mit dem sogenannten PISA-Schock 2001 einsetzende Diskussion über das deutsche Bildungssystem findet in den Folgejahren in der Zeitschrift durch vermehrte Einreichungen und Veröffentlichungen aus dem Themenfeld der Bildungssoziologie einen starken Niederschlag. Für den Zeitraum

Tab. 3 Rangfolge der Autoren mit Mehrfachveröffentlichungen in der *KZfSS* (1948/49–2008)

Rang	Autor	Anzahl der Veröffentlichungen
1	Wiese, Leopold von	47
1	König, René	47
3	Silbermann, Alphons	21
4	Tenbruck, Friedrich H.	16
5	Scheuch, Erwin K.	15
5	Friedrichs, Jürgen	15
7	Diekmann, Andreas	14
7	Lepsius, Rainer M.	14
7	Reuband, Karl-Heinz	14
10	Ludz, Peter Christian	13
10	Klein, Thomas	13
10	Esser, Hartmut	13
13	Thurn, Hans Peter	12
13	Gerhards, Jürgen	12
15	Luhmann, Niklas	11
15	Becker, Rolf	11
15	Hahn, Alois	11
15	Willems, Emilio	11
19	Wolf, Heinz E.	10
19	Kleining, Gerhard	10
19	Neidhardt, Friedhelm	10
19	Geißler, Rainer	10
19	Windolf, Paul	10
19	Mühlmann, Wilhelm E.	10

2006–2014 bspw. sind von 219 veröffentlichten Beiträgen knapp 14 % dem Themenfeld Bildungssoziologie zuzuordnen – im gesamten Zeitraum von 1948/49 bis 2008 machte dieses Themenfeld nur 5 % aus.

Wer, drittens, publiziert in der *KZfSS*? Folgt man den Bemerkungen, die René König dem ersten Heft seiner beginnenden Herausgeberschaft 1955 voranschickte, demzufolge die Zeitschrift sowohl den offiziellen Fachvertretern der deutschen Soziologie insgesamt wie auch dem wissenschaftlichen Nachwuchs dienen soll (König 1955, S. 2), dann ist zu vermuten, dass insbesondere Nachwuchswissenschaftler unter den Autoren der Jahrgänge anzutreffen sind. Für den Zeitraum von 1956 bis 2008 gehen im Schnitt jährlich über 50 % der veröffentlichten Beiträge auf den wissenschaftlichen Nachwuchs zurück. Bei den jungen Autoren, die erstmals in der Zeitschrift veröffentlichten, liegt dieser Schnitt sogar bei 68 %. Damit wird die Zeitschrift ihrem eigenen Anspruch gerecht, insbesondere junge Wissenschaftler zu fördern. Doch wer veröffentlicht mehrmals in der Zeitschrift? Hier dominieren, wenn auch ein wenig pointiert ausgedrückt, bereits etablierte Sozialwissenschaftler, wie zumindest das Ranking der 30 ersten Autoren, die in den Jahrgängen 1948/49 bis 2008 mehrfach in der *KZfSS* veröffentlichten, in Tab. 3 zeigt.

An dieser Stelle ist auch auf die Frage einzugehen, wie sich in der *KZfSS* die Mehrfachautorenschaft entwickelt hat. Hier zeigt sich folgendes Bild: Im Zeitverlauf

1948/49 bis 2008 betrachtet, nimmt die Anzahl von Einzelautoren kontinuierlich ab, die Anzahl von Zwei- und Mehrfachautoren aber kontinuierlich zu, wenn auch letztere auf einem gegenwärtig noch niedrigen Niveau. Werden in den ersten Jahren noch über 96 % der Beiträge von einem Autor verfasst, so liegt dieser Anteil in den Jahren 2004–2008 nur noch bei 54 %. Knapp die Hälfte der Beiträge wird in diesen Jahren von zwei oder mehr Autoren verfasst, wobei der Anteil von mehr als zwei Autoren seit 1990–2008 im 5-Jahres-Durchschnitt bei 10 % liegt.

Ein in diesem Kontext noch anzusprechender Punkt betrifft die institutionelle Örtlichkeit der Autoren. Wo sind die Autoren beschäftigt, die in der *KZfSS* publiziert werden? Als deutschsprachige Zeitschrift, nur in den Sonderheften wird in den letzten Ausgaben auch verstärkt in Englisch publiziert, ist es nicht verwunderlich, dass die meisten Autoren (75 %) aus Deutschland kommen. Eine differenzierte Analyse zeigt, dass nach Bundesländern unterteilt, die relativ höchste Anzahl von Autoren im Zeitraum von 1948/49 bis 2008 aus Nordrhein-Westfalen kommt (39 %), gefolgt von Baden-Württemberg (17 %) und Bayern (12 %). Bei diesen Angaben gilt es zu beachten, dass wenn ein einzelner Autor bspw. fünf Mal in der *KZfSS* veröffentlicht und er zu dieser Zeit in Köln beschäftigt war, fünf Mal als aus Köln kommend gezählt wird.

Nach Städten differenziert, stellen Autoren aus Köln im Analysezeitraum von 3187 Autoren mit 425 die relativ meisten dar, gefolgt von Berlin mit 284 Autoren. Neben Köln und Berlin liegen die sogenannten Hochburgen der Autoren in Mannheim, Hamburg, Bielefeld, München und Heidelberg.

In Bezug auf das Geschlechterverhältnis der Autorenschaft lässt sich abschließend zunächst Folgendes anführen: Unter den Autoren im Zeitraum von 1948/49 bis 2008 sind insgesamt 85 % Männer und 13 % Frauen (in der Restkategorie ließ sich das Geschlecht nicht ermitteln). Betrachtet man aber etwa nur die Jahrgänge 1997–2008, so beträgt der Frauenanteil in diesem Zeitraum bereits 20 %. Im Zeitraum von 2009–2015 erhöht sich der Frauenanteil noch weiter um 11 Prozentpunkte auf gegenwärtig 31 %. Damit spiegelt sich der, wenn auch langsam steigende Anteil von Frauen in akademischen Positionen in der Soziologie auch in der Autorenschaft der *KZfSS* wider. Bereits ausgewogen dagegen ist das Geschlechterverhältnis, prozentual gesehen, in Bezug auf abgelehnte vs. angenommene Manuskripte. Obwohl mehr Männer als Frauen Manuskripte zur Publikation einreichen, zeigt bspw. eine Analyse für den Zeitraum 2000–2011 (Ahlzweig 2013, S. 20), dass 37 % der von Frauen und 39 % der von Männern eingereichten Manuskripte zur Publikation angenommen wurden; in diese Analyse wurden nur Einzelautoren und Einzelautorinnen einbezogen.

5 Fazit

Als erste rein soziologische Fachzeitschrift in Deutschland gehört die *KZfSS* auch im Jahr 2016, annähernd 100 Jahre nach ihrer Gründung, zu den an oberster Stelle positionierten soziologischen Fachzeitschriften im deutschsprachigen Raum. In der „Kölner" zu publizieren ist auch heute noch das Ziel einer fast jeden Soziologin. Diesen Ruf verdankt die Zeitschrift u. a. zwei Faktoren: Sie ist eine Fachzeitschrift, die für alle soziologisch relevanten Themenbereiche offen ist und die die eingereichten Beiträge, unabhängig von der akademischen Position der Einreichenden, in einem mehrstufigen und intensiven Beurteilungsprozess durch alle Herausgeber unter Mithilfe externer Gutachter ausschließlich nach Originalitäts- und Qualitätsmaßstäben beurteilt, was dezidiert auch den sprachlichen Stil mit einschließt. Alle Entscheidungen werden konsensual getroffen. In ihrer Entwicklungsgeschichte war das nicht immer so. Unter den alleinigen Herausgebern der Zeitschrift, Leopold von Wiese und René König, war dies so nicht der Fall, wenn man die Tatsache heranzieht, dass beide Herausgeber gegenüber anderen Autoren in der Zeitschrift überproportional oft publizierten, ohne dass deren Beiträge einem Begutachtungsprozess unterzogen wurden. In der *KZfSS* gilt heute für die Herausgeber dagegen das ungeschriebene Gesetz, dass sie während ihrer Amtsführung nicht in den regulären Heften der Zeitschrift publizieren.

Anhang

Tab. 4 Die Sonderhefte der *KZfSS* von 1956–2015

SH Nr.	Jahrgang	Titel	Herausgeber
1	1956	Soziologie der Gemeinde	René König
2	1957	Soziologie der Jugendkriminalität	René König
3	1958	Probleme der Medizin-Soziologie	René König und Margret Tönnesmann
4	1959	Soziologie der Schule	Peter Heintz
5	1961	Soziale Schichtung und soziale Mobilität	David W. Glass und René König
6	1962	Probleme der Religionssoziologie	Dietrich Goldschmidt und Joachim Matthes
7	1963	Max Weber zum Gedächtnis	René König und Johannes Winckelmann
8	1964	Soziologie der DDR	Peter Christian Ludz
9	1965	Zur Soziologie der Wahl	Erwin K. Scheuch und Rudolf Wildenmann
10	1966	Kleingruppenforschung und Gruppe im Sport	Günther Lüschen
11	1967	Studien und Materialien zur Rechtssoziologie	Ernst E. Hirsch und Manfred Rehbinder
12	1968	Militärsoziologie	René König unter Mitarbeit von Klaus Roghmann, Wolfgang Sodeur und Rolf Ziegler
13	1969	Aspekte der Entwicklungssoziologie	René König unter Mitwirkung von Günter Albrecht, Wolfgang Freund und Dieter Fröhlich
14	1970	Soziologie der Familie	Günther Lüschen und Eugen Lupri
15	1971	Zur Soziologie der Sprache	Rolf Kjolseth und Fritz Sack
16	1972	Soziologie und Sozialgeschichte	Peter Christian Ludz
17	1974	Künstler und Gesellschaft	Alphons Silbermann und René König
18	1975	Wissenssoziologie	Nico Stehr und René König

Tab. 4 Die Sonderhefte der *KZfSS* von 1956–2015 (Fortsetzung)

SH Nr.	Jahrgang	Titel	Herausgeber
19	1977	Soziologie und Sozialpolitik	Christian von Ferber und Franz-Xaver Kaufmann
20	1978	Materialien zur Soziologie des Alltags	Kurt Hammerich und Michael Klein
21	1979	Deutsche Soziologie seit 1945	Günther Lüschen
22	1980	Wissenssoziologie	Nico Stehr und Volker Meja
23	1981	Soziologie in Deutschland und Österreich 1918–1945	M. Rainer Lepsius
24	1982	Materialien zur Industriesoziologie	Gert Schmidt, Hans-Joachim Braczyk und Jost von dem Knesebeck
25	1983	Gruppensoziologie – Perspektiven und Materialien	Friedhelm Neidhardt
26	1984	Ethnologie als Sozialwissenschaft	Ernst Wilhelm Müller, René König, Klaus-Peter Koepping und Paul Drechsel
27	1986	Kultur und Gesellschaft	Friedhelm Neidhardt, M. Rainer Lepsius und Johannes Weiß
28	1987	Soziologie wirtschaftlichen Handelns	Klaus Heinemann
29	1988	Soziologische Stadtforschung	Jürgen Friedrichs
30	1989	Massenkommunikation – Theorien, Methoden, Befunde	Max Kaase und Winfried Schulz
31	1990	Lebensverläufe und sozialer Wandel	Karl Ulrich Mayer
32	1992	Armut im modernen Wohlfahrtsstaat	Stephan Leibfried und Wolfgang Voges
33	1993	Religion und Kultur	Jörg Bergmann, Alois Hahn und Thomas Luckmann
34	1994	Öffentlichkeit, öffentliche Meinung, soziale Bewegungen	Friedhelm Neidhardt
35	1995	Politische Institutionen im Wandel	Birgitte Nedelmann
36	1996	Umweltsoziologie	Andreas Diekmann und Carlo C. Jaeger
37	1997	Soziologie der Gewalt	Trutz von Trotha
38	1998	Die Diagnosefähigkeit der Soziologie	Jürgen Friedrich, M. Rainer Lepsius und Karl Ulrich Mayer
39	1999	Soziale Integration	Jürgen Friedrichs und Wolfgang Jagodzinski
40	2000	Die Europäisierung nationaler Gesellschaften	Maurizio Bach
41	2001	Geschlechtersoziologie	Bettina Heintz
42	2002	Organisationssoziologie	Jutta Allmendinger und Thomas Hinz
43	2003	Soziologie der Kriminalität	Dietrich Oberwittler und Susanne Karstedt
44	2004	Methoden der Sozialforschung	Andreas Diekmann
45	2005	Finanzmarkt-Kapitalismus. Analysen zum Wandel von Produktionsregimen	Paul Windolf
46	2006	Soziologie der Gesundheit	Claus Wendt und Christof Wolf

Tab. 4 Die Sonderhefte der *KZfSS* von 1956–2015 (Fortsetzung)

SH Nr.	Jahrgang	Titel	Herausgeber
47	2007	Sozialkapital. Grundlagen und Anwendungen	Axel Franzen und Markus Freitag
48	2008	Migration und Integration	Frank Kalter
49	2009	Wirtschaftssoziologie	Jens Beckert und Christoph Deutschmann
50	2010	Soziologische Theorie kontrovers	Gert Albert und Steffen Sigmund
51	2011	Lebensstilforschung	Jörg Rössel und Gunnar Otte
52	2012	Soziologische Bildungsforschung	Rolf Becker und Heike Solga
53	2013	Religion und Gesellschaft	Christof Wolf und Matthias Koenig
54	2014	Soziale Kontexte und soziale Mechanismen	Jürgen Friedrichs und Alexandra Nonnenmacher
55	2015	Social Demography – Forschung an der Schnittstelle von Soziologie und Demografie	Karsten Hank und Michaela Kreyenfeld

Tab. 5 Zeittafel

1918/19	Gründung des *Forschungsinstituts für Sozialwissenschaften* in Köln
1921	Erscheinen von Heft 1 der Zeitschrift des Forschungsinstituts unter dem Titel *Kölner Vierteljahrshefte für Sozialwissenschaften, Reihe A: Soziologische Hefte*. Geschäftsführender Herausgeber (GfH): Leopold von Wiese
1923	Umbenennung der Zeitschrift in *Kölner Vierteljahrshefte für Soziologie*
1934	Schließung des Forschungsinstituts und Einstellung der Zeitschrift
1947	Wiedergründung des Instituts unter dem Namen *Forschungsinstitut für Sozial- und Verhaltenswissenschaften*
1948/49	Wiedergründung der Zeitschrift unter dem Titel *Kölner Zeitschrift für Soziologie*. GfH: Leopold von Wiese
1955	René König wird GfH der Zeitschrift und erweitert ihren Titel zu *Kölner Zeitschrift für Soziologie und Sozialpsychologie*
1956	Das erste, von René König begründete Sonderheft der Zeitschrift erscheint unter dem Titel *Soziologie und Gemeinde*
1977	Friedhelm Neidhardt wird Mitherausgeber der Zeitschrift
1982	Friedhelm Neidhardt wird GfH der Zeitschrift
1992	Jürgen Friedrichs wird GfH der Zeitschrift
1993	Einführung des „Peer-Review"-Verfahrens in der Zeitschrift
2010	Das 50. Sonderheft unter dem Titel *Soziologische Theorie kontrovers* erscheint
2013	Karsten Hank wird GfH der Zeitschrift
2016	Hans-Jürgen Andreß wird GfH der Zeitschrift

Literatur

von Alemann, Heine. 1976. Leopold von Wiese und das Forschungsinstitut für Sozialwissenschaften in Köln von 1919–1934. *Kölner Zeitschrift für Soziologie und Sozialpsychologie* 28:649–673.

von Alemann, Heine. 2004. Personen und Institution: Bemerkungen und Daten aus dem Innenleben der KZfSS. In *Angewandte Soziologie*, Hrsg. Robert Kesckes, Michael Wagner und Christof Wolf, 465–488. Wiesbaden: VS Verlag für Sozialwissenschaften.

Ahlzweig, Gesine. 2013. *Eine geschlechtsspezifische Analyse der Publikationswirklichkeit am Beispiel der Kölner Zeitschrift für Soziologie und Sozialpsychologie*. Köln (unveröffentlicht).

Crane, Diana. 1967. The gatekeepers of science: Some factors affecting the selection of articles for scientific journals. *The American Sociologist* 2:195–201.

Dreier, Volker. 2016. Geschichte der *Kölner Zeitschrift für Soziologie und Sozialpsychologie*. In *Handbuch Geschichte der deutschsprachigen Soziologie*, Hrsg. Stephan Möbius und Andrea Ploder. Wiesbaden: Springer Fachmedien. DOI 10.1007/978-3-658-07998-7_22-1.

Eckert, Christian. 1921. Aufriß und Aufgaben des Forschungsinstituts für Sozialwissenschaften. *Kölner Vierteljahrshefte für Sozialwissenschaften Reihe A: Soziologische Hefte* 1:12–21.

Fleck, Christian. 2013. Der Impact Faktor-Fetischismus. *Leviathan* 41:611–646.

Friedrichs, Jürgen, Karl Ulrich Mayer und Wolfgang Schluchter. 1998. Editorial. 50 Jahre Kölner Zeitschrift für Soziologie und Sozialpsychologie. *Kölner Zeitschrift für Soziologie und Sozialpsychologie* 50:1–2.

König, René. 1955. Vorbemerkung des Herausgebers zum Jahrgang VII. *Kölner Zeitschrift für Soziologie und Sozialpsychologie* 7:1–5.

Lang, Stefan. 2009. *60 Jahre „Kölner Zeitschrift für Soziologie und Sozialpsychologie". Zur Entwicklung und Struktur einer deutschen soziologischen Fachzeitschrift (1949–2008)*. Köln (unveröffentlicht).

von Wiese, Leopold. 1921. Die gegenwärtigen Aufgaben einer deutschen Zeitschrift für Soziologie. *Kölner Vierteljahrshefte für Sozialwissenschaften. Reihe A: Soziologische Hefte* 1:5–11.

von Wiese, Leopold. 1933/34. Nach zwölf Jahren. *Kölner Vierteljahrshefte für Soziologie* 12:225–229.

von Wiese, Leopold. 1948/49. Nach abermals zwölf Jahren. *Kölner Zeitschrift für Soziologie* 1:1–4.

Volker Dreier PD Dr. habil, Institut für Soziologie und Sozialpsychologie (ISS), Universität zu Köln. Forschungsschwerpunkte: Wissenschaftsphilosophie, Handlungs- und Entscheidungstheorie, Visuelle Soziologie, Kultursoziologie, Politische Theorie. Veröffentlichungen: Zum epistemischen und methodischen Status von Fotografien in der empirischen Sozialforschung. In: Th. Abels, M.D. Deppner (Hrsg.): Undisziplinierte Bilder. Fotografie als dialogische Struktur. Bielefeld 2013; Modelle, Theorien und empirische Daten. Zum Beitrag der modernen Wissenschaftstheorie für eine metatheoretische Neuorientierung in der empirischen Sozialforschung. Zeitschrift für Theoretische Soziologie 2(1), 2013; Zur logischen Struktur der räumlichen Theorie der Wahl. Ein Beitrag zur Repräsentation politikwissenschaftlicher Theorien im metatheoretischen Strukturalismus. Jahrbuch für Handlungs- und Entscheidungstheorie 8 (hrsg. von A. Bächtiger, B. Kittel und E. Linhart). Wiesbaden 2014; Machiavellis Modelle politischen Machthandelns im Il Principe und Anmerkungen zu ihrer Rezeption durch Mussolini, Craxi und Berlusconi. In: V. Reinhardt, S. Saracino, Stefano und R. Voigt (Hrsg.): Der Machtstaat. Niccolò Machiavelli als Theoretiker der Macht im Spiegel der Zeit. Baden-Baden 2015.

Köln Z Soziol (2017) (Suppl 1) 69:61–74
DOI 10.1007/s11577-017-0434-5

Kölner Zeitschrift für Soziologie und Sozialpsychologie

ABHANDLUNGEN

Vernetzung und Positionierung der *Kölner Zeitschrift für Soziologie und Sozialpsychologie* (*KZfSS*) in der länder-, disziplinen- und sprachübergreifenden Diskussion

Heiko Rauhut · Fabian Winter

Zusammenfassung Dieser Beitrag beschreibt die Entwicklung der Resonanz und Netzwerkeinbettung der *KZfSS* unter Berücksichtigung anderer deutschsprachiger soziologischer Zeitschriften in den letzten vierzig Jahren. Es werden Netzwerk- und Zitationsanalysen anhand des *Web of Science* präsentiert. Gemessen am *Impact Factor* nehmen die *KZfSS* und die *Zeitschrift für Soziologie* heute eine führende Stellung im deutschen soziologischen Zeitschriftenmarkt ein. Geografische Netzwerkanalysen zeigen, dass die „Kölner" sowohl international wahrgenommen wird als auch internationale Impulse gibt. Bei deutschsprachigen Standorten nimmt die *KZfSS* eine zentrale und „exklusive" Stellung ein. Sie erhält flächendeckend Zitate, die jedoch selektiver an weniger Standorte gerichtet sind. Im europäischen und weltweiten Diskurs ist die *KZfSS* breit eingebettet. Anhand der zitierten Quellen lässt sich feststellen, dass die Diskussionen in der „Kölner" durch internationale Themen dominiert werden. Es scheint sich stärker um eingehende als ausgehende Impulse zu handeln. In der Fachkultur ist die *KZfSS* stark im soziologischen Fach verwurzelt. Zusammenfassend lässt sich die *KZfSS* als zentrales Forum für die Soziologie beschreiben.

Schlüsselwörter Wissenschaftsforschung · Wissenschaftssoziologie · Netzwerke · Impact · Zitate · Zitationsnetzwerke · Reputation · Wissenschaftlicher Diskurs · Interdisziplinarität

H. Rauhut (✉)
Institut für Soziologie, Universität Zürich
Andreasstrasse 15, 8050 Zürich, Schweiz
E-Mail: rauhut@soziologie.uzh.ch

F. Winter (✉)
Max Planck Institut zur Erforschung von Gemeinschaftsgütern
Kurt-Schumacher-Straße 10, 53113 Bonn, Deutschland
E-Mail: winter@coll.mpg.de

The impact and network embeddedness of the Kölner Zeitschrift für Soziologie und Sozialpsychologie (KZfSS) in its international interdisciplinary and multilingual outreach and receptiveness

Abstract This article describes the reception and bibliographic embeddedness of the *Kölner Zeitschrift für Soziologie und Sozialpsychologie* (*KZfSS*) in comparison to the leading German sociological journals over the past 40 years. We provide citation and network analyses based on the *Web of Science*. The *KZfSS* and the *Zeitschrift für Soziologie* are the two leading sociological journals in the German sociological community. Geospatial network analyses show that contributions in the *KZfSS* are frequently perceived by researchers outside of German speaking countries, and discussions in international journals are picked up in the *KZfSS*. Among the German journals, the *KZfSS* has an exclusive role. The journal receives citations from many German universities, but the distribution of citations from the *KZfSS* to universities is much more selective and therefore skewed. The *KZfSS* is well embedded in the international sociological discussion. It can be shown that the discussions in the *KZfSS* are dominated by "international topics" and that these topics are more often picked up by the *KZfSS* than set by it. Overall, the *KZfSS* is strongly rooted in the sociological discipline, which makes it a central outlet for sociological research in Germany.

Keywords Science studies · Sociology of science · Networks · Impact · Citations · Citation networks · Reputation · Scientific discourse · Interdisciplinarity

1 Einleitung

Wie viel Resonanz hat die *Kölner Zeitschrift für Soziologie und Sozialpsychologie* (*KZfSS*) in den letzten Jahrzehnten erfahren? Wie stark waren die Debatten in der „Kölner“ von der deutschsprachigen, europäischen und weltweiten Fachdiskussion inspiriert? Welchen Stellenwert besitzt die „Kölner“ im Vergleich zu anderen deutschen soziologischen Fachzeitschriften? Um diese Fragen zu beantworten, präsentieren wir in diesem Artikel Zitations- und Netzwerkanalysen des *Web of Science*.

Unsere Datenbasis besteht aus dem kompletten *Web of Science*-Datensatz,[1] der vermutlich wichtigsten Datengrundlage für Fachartikel in wissenschaftlichen Journalen. Die Daten beinhalten unter anderem Informationen über die Zeitschrift, Erscheinungsjahr der Artikel und Quellenangaben in den Artikeln. Aus diesen Quellen können eingehende und ausgehende Zitate berechnet werden sowie die Standorte aus welche sie kommen, in welchen Sprachen die zitierten und zitierenden Artikel geschrieben wurden und wo sie erschienen sind. Darüber hinaus kann mit der Datenbasis der *Journal Impact Factor* berechnet werden. Mit dem kompletten Datensatz ist dies zeitlich auch weiter zurückblickend möglich, als dies vom Anbieter Thomson Reuters veröffentlicht wird.

[1] http://apps.webofknowledge.com/.

Unsere Untersuchungen konzentrieren sich insbesondere auf die *KZfSS*. Bei einigen Analysen machen wir jedoch auch Vergleiche mit anderen deutschsprachigen soziologischen Fachjournalen im *Web of Science*. Die Zeitspanne umfasst den Zeitraum zwischen Beginn der jeweiligen Indizierung[2] und 2010. Für diesen Zeitraum unserer Untersuchung stehen uns die Daten zur Verfügung. Sensitivitätsanalysen haben gezeigt, dass Ergebnisse, welche mit Daten nach 2010 berechnet wurden, einer sehr viel höheren Streuung unterliegen. Sie sind damit im Vergleich zu den verwendeten Daten wenig verlässlich. Untersuchungsgrundlage sind die *Kölner Zeitschrift für Soziologie und Sozialpsychologie* (*KZfSS*, Jahrgänge ab 1966), die *Zeitschrift für Soziologie* (*ZfS*, ab 1971), die *Soziale Welt* (*SW*, ab 1994) und das *Berliner Journal für Soziologie* (*BJ*, ab 1994). Nicht beachtet werden die Zeitschriften *Sociologus* (ab 2007) und die *Zeitschrift für Soziologie der Erziehung und Sozialisation* (ab 2005). Beide Journale sind erst wenige Jahre im Datensatz vertreten, sodass eine sinnvolle Auswertung nicht möglich ist.

Wir wollen mit diesem Beitrag insbesondere einen Blick auf die Kölner Zeitschrift und andere deutschsprachige Zeitschriften werfen. Uns geht es also keineswegs darum, etwa eine Evaluation des Forschungsoutputs einzelner Universitäten oder gar von einzelnen Wissenschaftlern vorzunehmen. So berichten wir im Allgemeinen absolute Häufigkeiten, wie etwa von erhaltenen und vergebenen Zitaten. Für einen direkten Vergleich einzelner Standorte wäre aber sicher eine Gewichtung dieser Zitate anhand der Anzahl der Institute, der Lehrstühle, oder der Zeit nötig. Andernfalls wäre es natürlich ungerechtfertigt, von der hohen Anzahl an Zitaten aus z. B. Berlin auf die Produktivität einer Berliner Universität zu schließen, und die anderen Universitäten und großen Forschungsinstitute zu vergessen. Unser Beitrag sollte daher nicht als Fortsetzung eines Universitätsrankings gelesen werden.

2 Welche Resonanz besitzt die *KZfSS* im Vergleich mit anderen deutschsprachigen Zeitschriften?

Zunächst vergleichen wir die Resonanz der *KZfSS* mit den anderen deutschsprachigen soziologischen Fachzeitschriften im *Web of Science*, genauer der *Zeitschrift für Soziologie,* der *Sozialen Welt* und dem *Berliner Journal für Soziologie.* Ein etabliertes Maß für Aufmerksamkeit und Resonanz ist der sogenannte Journal Impact Factor (JIF). Der Impact Factor misst, wie häufig ein durchschnittlicher Artikel eines Journals in einem bestimmten Zeitfenster zitiert wurde. Genauer gesagt setzt der Impact Factor die erhaltenen Zitate pro Artikel zu der Anzahl zitierbarer Artikel für die letzten beiden vergangenen Jahre ins Verhältnis. Wenn eine Zeitschrift beispielsweise im Jahr 2000 neun und in 2001 elf Artikel publiziert hat und von diesen zwanzig Artikeln ein Artikel sechs, einer drei und einer ein Zitat bis zum Jahr 2002 erhalten hat, beträgt der Impact Factor für das Jahr 2002 dieser Zeitschrift (6 + 3 +

[2] Die Aufnahme einer Zeitschrift in den Index des *Web of Science* erfolgt (wenn überhaupt) einige Jahre nach dem erstmaligen Erscheinen einer Zeitschrift. Selektionskriterien sind „[t]he journal's basic publishing standards, its editorial content, the international diversity of its authorship, and the citation data associated with it" (http://wokinfo.com/essays/journal-selection-process/).

1)/20 = 0,5. Formal ausgedrückt bestimmt sich der Impact Factor eines Journals i für ein bestimmtes Jahr y durch

$$JIF(y) = \frac{\text{Summe der Zitationen zu Journal } i \text{ in } y\text{–}1 \text{ und } y\text{–}2}{\text{Anzahl zitierbarer Artikel publiziert in Journal } i \text{ in } y\text{–}1 \text{ und } y\text{–}2}$$

Der Impact Factor ist das am weitesten verbreitete Maß für die Resonanz von Journalen in einem Fach. Er ist mitbestimmend, bei welcher Zeitschrift die Autoren ihre Arbeiten einreichen. Wolbring (2015) konstatiert anhand weltweiter Umfragen, dass für 80 % der Soziologen der Impact Factor sehr oder eher wichtig für die Auswahl des Journals ist. Wolbring (2015) zeigt auch, dass die Anzahl der Neueinreichungen bei den internationalen Topjournalen in der Soziologie von dem im Vorjahr publizierten Impact Factor abhängt. Solche Strategien, den Impact Factor als Signal zur Verbesserung des eigenen Publikationsoutputs zu verwenden, deckt sich mit den Erkenntnissen von Rogge (2015) aus qualitativen Befragungen von 20 Wissenschaftlerinnen und Wissenschaftlern aus zehn verschiedenen Feldern.

Öffentlich zugänglich ist der Impact Factor von Thomson Reuters erst seit 1997. Da wir auf eine längere Zeitspanne zurückblicken möchten, haben wir den Impact Factor pro Journal selber aus dem Gesamtdatensatz des *Web of Science* berechnet. Im deutschsprachigen soziologischen Zeitschriftenmarkt war bis 1996 nur die „Kölner" und die *ZfS* im *Web of Science* vertreten. Danach wurden zusätzlich die *Soziale Welt* und das *Berliner Journal für Soziologie* aufgenommen.[3]

Abb. 1 zeigt die Impact Factoren über die letzten vierzig Jahre. Man erkennt, dass der Impact Factor der deutschsprachigen soziologischen Zeitschriften selten über 1 liegt. Das bedeutet, dass jeder Artikel durchschnittlich nicht mehr als ein Zitat erhält. Bei den Verläufen wird deutlich, dass der Impact der *Zeitschrift für Soziologie* früher deutlich über demjenigen der „Kölner" lag. Die „Kölner" hat jedoch zusehends aufgeholt. Seit 1990 ist die „Kölner" mit der *ZfS* mindestens gleich auf, teilweise schneidet sie auch besser ab. Die *Soziale Welt* und das *Berliner Journal* sind seit 1996 im *Web of Science*. Man erkennt, dass beide Zeitschriften deutlich unter dem Impact der *KZfSS* und der *ZfS* liegen.

Interessant sind diese Ergebnisse im Licht vergleichender Inhaltsanalysen der *KZfSS* und der *ZfS*. Kopp et al. (2012) haben die Anteile der empirischen Arbeiten in der „Kölner" und der *ZfS* zwischen 1970 und 2010 verglichen. Dort zeigt sich, dass die „Kölner" immer schon stärker empirisch ausgerichtet war als die *ZfS*. Bereits 1970 enthielt die *KZfSS* ein Drittel empirische Arbeiten, während dieser Anteil in der *ZfS* unter 20 % lag. Inzwischen sind beide Zeitschriften vorwiegend emprisch orientiert, wobei in der *KZfSS* immer noch mehr empirische Beiträge veröffentlicht werden als in der *ZfS*. Empirische Arbeiten sind in beiden Zeitschriften fast ausschließlich quantitativ ausgerichtet (siehe auch das Editorial der *ZfS* 2014 (Ayaß et al. 2014)). Vor dem Hintergrund dieser langfristig vergleichbaren methodischen Ausrichtung von *KZfSS* und *ZfS* lässt das Aufholen des Impact Factors der *KZfSS*

[3] Die Berechnungen korrelieren in den Jahren ab 1997 (dem erstmaligen Erscheinen des IF) stark mit den „offiziellen" Impactfactor. Die bestehenden Abweichungen sind unter Bibliometrikern weithin bekannt und möglicherweise auf die zum Teil proprietäre Geschlossenheit des offiziellen Algorithmus zurückzuführen.

Abb. 1 Der Impact Factor der deutschen soziologischen Zeitschriften im Vergleich

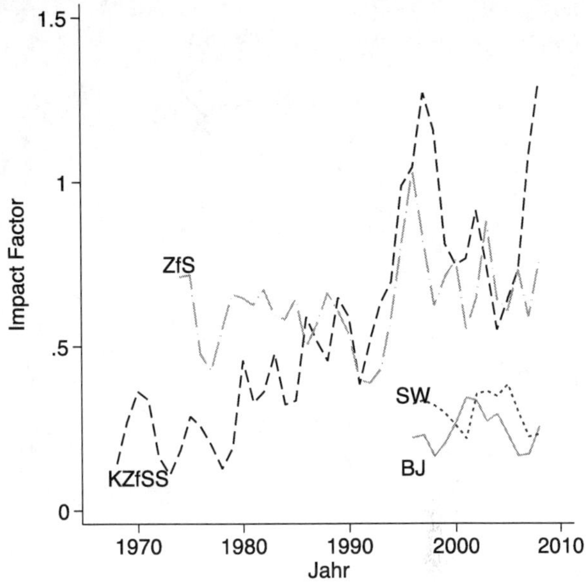

im Vergleich zur *ZfS* darauf schließen, dass die „Kölner" an Resonanz gewonnen hat.

3 Zitationsnetzwerke

Aufbauend auf den Analysen des Impact Factors analysieren wir die Zitationsnetzwerke der Zeitschriften. Es sei angemerkt, dass wir unsere Analysen absichtlich auf struktureller Ebene belassen. Uns geht es um die Netzwerke im deutschsprachigen Zeitschriftenmarkt unter besonderer Berücksichtigung der *KZfSS*. Leser, die sich für Netzwerk- und Zitationsanalysen auf Ebene von Autoren interessieren, z. B. welche Autoren am meisten zitiert werden, welche Autoren die größten Netzwerke haben und welche Autoren die zentralste Netzwerkposition einnehmen, seien auf Metz und Jäckle (2013) verwiesen, die entsprechende Analysen für die Politikwissenschaft und die Soziologie präsentieren. Weiterhin verzichten wir auch auf eine Einordnung der genannten Zeitschriften in den internationalen Kontext, da hier vor allem englischsprachige Zeitschriften dominieren.

Im Folgenden werden wir eine Reihe von Analysen zu eingehenden und ausgehenden Zitaten in der *KZfSS* präsentieren. Unter eingehenden Zitaten verstehen wir Zitate, die auf einen Artikel in der jeweiligen Zeitschrift verweisen. Ein *ZfS*-Artikel, der einen *KZfSS*-Artikel zitiert, wäre also ein eingehendes Zitat für die „Kölner". Ausgehende Zitate sind dementsprechend Zitate aus der jeweils betrachteten Zeitschrift, die auf andere Artikel verweisen; im vorhergehenden Beispiel also ein ausgehendes Zitat für die *ZfS*. Wie sich später zeigen wird, können sowohl eingehende als auch ausgehende Zitate Selbstzitate sein, also z. B. von der „Kölner" zur „Kölner". Eingehende Zitate werden in der Netzwerkanalyse häufig auch als „in-

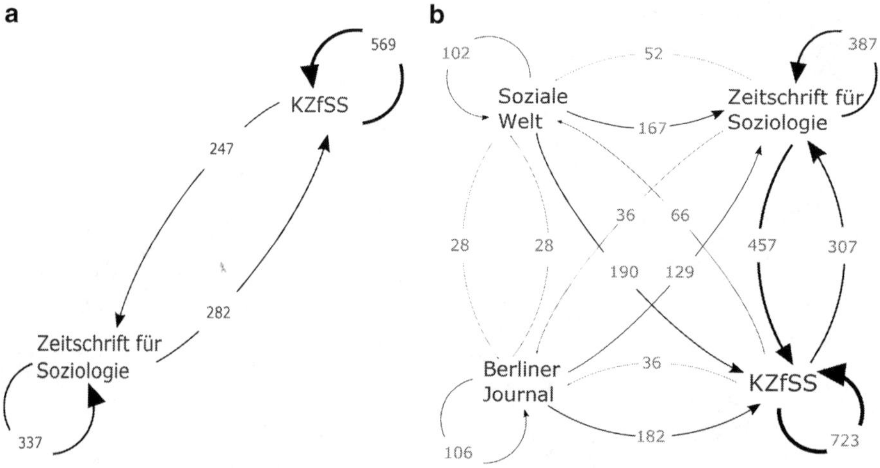

Abb. 2 Zitationsnetzwerk in der Deutschsprachigen Soziologie im *Web of Science* vor 1996 (*links*) und nach 1996 (*rechts*), Die Breite der Pfeile ist proportional zur Häufigkeit der Zitationen

degree" bezeichnet, ausgehende Zitate als „out-degree". Wir werden diese Begriffe im Folgenden jeweils synonym verwenden.

Wenn man sich das Zitationsnetzwerk der vier Zeitschriften anschaut, zeigt sich, dass die „Kölner" am stärksten in der deutschsprachigen Soziologie rezipiert wird. Abb. 2 links zeigt die *KZfSS* und die *ZfS* vor 1996, also vor der Aufnahme der anderen beiden deutschsprachigen Zeitschriften im *Web of Science*. Die „Kölner" hat mehr eingehende als ausgehende Zitate im beobachteten Zeitraum (282 vs. 247). Die *KZfSS* verfügt hingegen auch über eine relativ hohe Anzahl an Selbstzitaten (569 vs. 337). Zusammengenommen bedeutet dies, dass die deutschsprachige soziologische Diskussion etwas stärker um die „Kölner" kreiste als um die *ZfS*.

Die starke Wahrnehmung der „Kölner" bestätigt sich bei den Analysen für den Zeitschriftenmarkt nach 1996 mit der Einbeziehung der beiden weiteren Zeitschriften. Die „Kölner" erhält von allen Zeitschriften die meisten Zitate. Im Vergleich zur *ZfS* erhält die „Kölner" vom *Berliner Journal* 182 vs. 129 und von der *Sozialen Welt* 190 vs. 167. Im direkten Vergleich erhält die „Kölner" von der *ZfS* 457 Zitate; umgekehrt erhält die *ZfS* „nur" 307 Zitate von der „Kölner". Die „Kölner" kreist jedoch auch am stärksten „um sich selbst" mit 723 Selbstzitaten im Vergleich zu den 387 beobachteten Selbstzitaten in der *ZfS*.

Dem hohen Anteil an Selbstzitaten in einer Zeitschrift können unterschiedliche Mechanismen zugrunde liegen. So kann er ein Indikator für eine Diskussionskultur sein, die kumulativ spezialisierte Debatten weiter verfolgt. Mit anderen Worten könnte die Anzahl von Selbstzitaten möglicherweise ein Indikator dafür sein, dass in der „Kölner" Debatten zu spezifischen Themen konsequent weiter verfolgt werden.[4] Es wäre jedoch auch möglich, dass Autoren bei der Erstellung ihrer Manuskripte für eine bestimmte Zeitschrift diejenigen Referenzen bevorzugt auswählen, die in der

[4] Diese Interpretation wird auch von Pichappan (1995, S. 33) nahegelegt: „Journal self-citation is one of the crucial bibliometric indicators, which measures the contribution of a journal towards a speciality.".

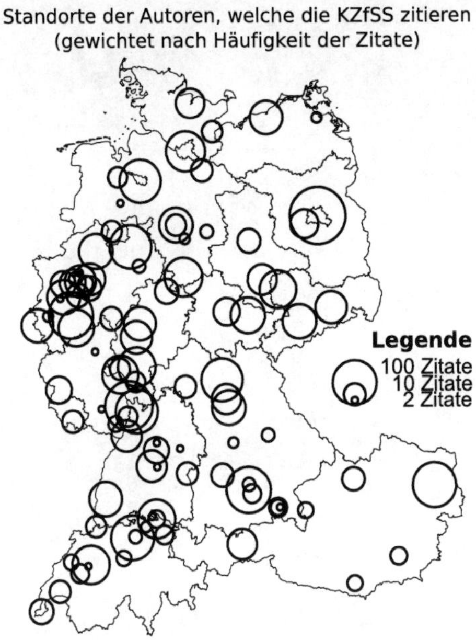

Standort	vergebene Zitate
Berlin	357
Mannheim	169
Köln	120
München	118
Wien	103
Zürich	102
Heidelberg	95
Bielefeld	91
Bremen	85
Bamberg	83

Abb. 3 Standorte, aus denen Autoren die *KZfSS* zitieren. Die Größe der Marker ist proportional zum Logarithmus der Häufigkeiten der Zitationen. Abgebildet werden Standorte, die mindestens zweimal zitiert haben. Die Tabelle auf der rechten Seite zeigt die Anzahl der Zitate von Artikeln aus der „Kölner" und deren Herkunft für die 10 am häufigsten die „Kölner" zitierenden Standorte

jeweiligen Zeitschrift erschienen sind. Diese präferenzielle Auswahl könnte häufig in der Absicht geschehen, die Relevanz des Manuskripts für Herausgeber, Gutachter und Leser zu demonstrieren. Schließlich können auch Herausgeber im Rahmen des Begutachtungsverfahrens auf mögliche Diskussionszusammenhänge in der eigenen Zeitschrift verweisen.

Wir werden uns im Folgenden genauer mit den Standorten der zitierenden und der zitierten Autoren der „Kölner" auseinandersetzen. Dafür haben wir, insofern diese Daten verfügbar sind, die Korrespondenzadressen aller in der „Kölner" publizierenden Autoren und aller die „Kölner" zitierenden Autoren kodiert. Wenn man sich die Standorte anschaut, aus denen die Zitate stammen, zeigt sich eine breite Wahrnehmung der *KZfSS* im deutschsprachigen Raum. Abb. 3 zeigt den geografischen Ursprung der Zitate innerhalb Deutschlands, Österreichs und der Schweiz. Es zeigt sich eine breite, flächendeckende Wahrnehmung der Diskussionen, die in der „Kölner" geführt werden.

Die Marker in Abb. 3 sind skaliert mit der Anzahl ausgehender Zitate von einem Standort. Es wurde eine logarithmische Skalierung gewählt, um die Größenunterschiede besser sichtbar zu machen. Man kann erkennen, dass die *KZfSS* an so gut wie an allen Standorten wahrgenommen wird und deren Beiträge in eigenen Arbeiten flächendeckend an unterschiedlichsten Standorten aufgegriffen werden. Besonders häufig werden in der *KZfSS* erschienene Artikel von Autoren zitiert, die in Berlin (357 Zitate der *KZfSS* kamen von hier), Mannheim (169), Köln (120) und München (118) ansässig sind.

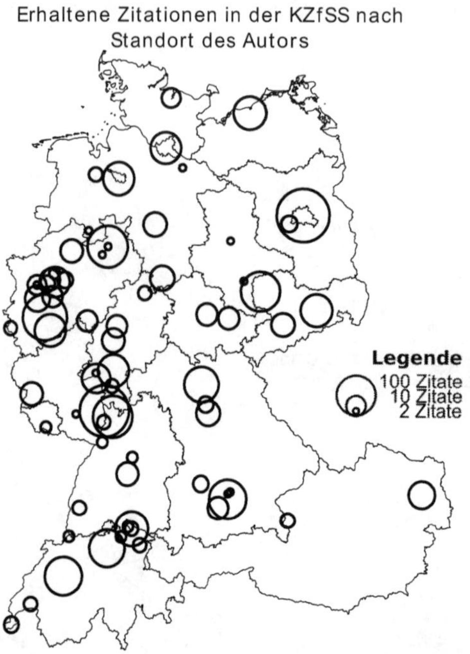

Standort	erhaltene Zitate
Berlin	195
Mannheim	169
Köln	95
Bielefeld	67
Heidelberg	64
Leipzig	51
München	49
Bern	45
Zürich	42
Bamberg	36

Abb. 4 Standorte der *KZfSS*-Autoren sowie deren erhaltene Zitate von in der *KZfSS* erschienenen Artikeln. Die Größe der Marker ist proportional zum Logarithmus der Häufigkeiten der Zitationen. Abgebildet werden Standorte, die mindestens zweimal zitiert wurden. Die Tabelle auf der rechten Seite zeigt die Anzahl der Zitate zu Artikeln in der „Kölner" und deren Herkunft für die 10 am häufigsten die „Kölner" zitierenden Standorte. So erhielten zum Beispiel *KZfSS*-Artikel von in Berlin ansässigen Autoren 195 Zitate

Was sind nun die Standorte der Autoren, deren in der „Kölner" erschienene Artikel häufig zitiert werden? Besonders häufig werden auch hier Arbeiten aus den großen Standorten Berlin (195), Mannheim (169), Köln (95) und Bielefeld (67) zitiert. Allerdings ergibt sich ein exklusiveres Bild von erhaltenen (Abb. 4) im Vergleich zu gegebenen Zitaten. Es sind weniger Standorte, die Zitate erhalten. Es lässt sich also eine gewisse Ungleichheit erkennen. Pointiert formuliert wird sich zwar überall auf die „Kölner" bezogen, deren Autoren rekrutieren sich jedoch aus relativ wenigen Standorten. Dies passt gut zu den typischen Befunden, dass Zitationsverteilungen schief sind: Viele Aufsätze erhalten kein Zitat und einige wenige Aufsätze erhalten sehr viele Zitate (Redner 1998; Radicchi et al. 2008; Wolbring 2015; Rauhut und Winter 2016). In ähnlicher Weise verhält sich dieser Prozess bei Autoren und deren Standorten. So sind es vergleichsweise wenige Standorte, auf die sich die erhaltenen Zitate konzentrieren.

Basierend auf dem deutschsprachigen Zitationsnetzwerk der *KZfSS* bauen wir die geografischen Zitationsanalysen im Folgenden stufenweise aus. Zunächst betrachten wir einerseits die Rezeption der „Kölner" unter europäischen Autoren („in-degree") und andererseits die Wahrnehmung europäischer Autoren der Autoren von *KZfSS*-Artikeln („out-degree"). Abb. 5 zeigt jeweils, von welchen europäischen Standorten aus ein Artikel aus der „Kölner" zitiert wurde, sowie die Anzahl der Referenzen aus

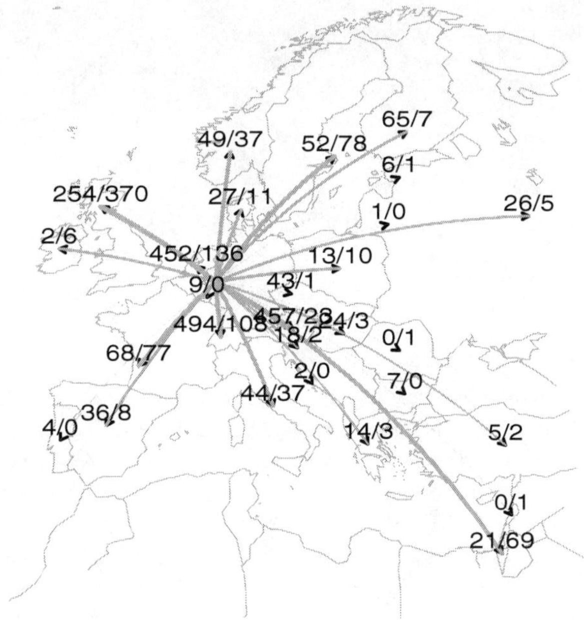

Abb. 5 Europäische Länder, aus denen die *KZfSS* zitiert wird (in-degree), und welche die *KZfSS* zitiert. Die erste Zahl gibt die absolute Zahl der Zitate aus dem jeweiligen Land an, die zweite Zahl die Zahl der Zitationen in das jeweilige Land

der *KZfSS* zu Autoren an anderen europäischen Standorten. Die erste Zahl in Abb. 5 bezieht sich jeweils auf den in-degree, die zweite Zahl auf den out-degree.

Es zeigt sich für eine deutschsprachige Zeitschrift eine verhältnismäßig breite europäische Wahrnehmung von Artikeln aus der „Kölner". Die meisten Artikel aus der „Kölner" werden neben Deutschland (5634 Zitate) aus der Schweiz (494), Österreich (457), den Niederlanden (452) und England (254) zitiert. Man kann annehmen, dass hiervon ein größerer Teil von deutschsprachigen Soziologen stammt, die in diesen Ländern arbeiten. Nichtsdestotrotz zeigt sich auch eine starke Verbreitung über diese „Kernländer" hinaus. Es stammen verhältnismäßig viele Zitate aus Spanien, Frankreich, Italien, Ungarn, Russland, Finnland, Schweden und Norwegen. Darüber hinaus gibt es sogar noch weitere europäische Länder, welche die *KZfSS* zitieren.

Wenn man sich nun anschaut, wen Autoren der *KZfSS* zitieren, so fällt auf, dass hier (wieder nach Deutschland mit 1230 Zitaten) insbesondere Autoren mit Standorten in England zitiert werden (370). Danach folgen die Niederlande (136) und die Schweiz (108). Jedoch ist die schiere Anzahl an Ländern, aus denen Autoren von der „Kölner" zitiert werden (out-degree) kleiner als die Anzahl an europäischen Autoren, welche Beiträge in der „Kölner" zitieren (in-degree). Dieser Vergleich des in- und out-degrees europäischer Länder weist zu einem gewissen Maße auf ein ähnliches Muster hin, wie bei dem Vergleich des in- und out-degrees von deutschsprachigen Standorten. Die Masse der Rezipierenden der „Kölner" ist breiter als die Masse derjenigen, die rezipiert werden. Dies deutet auf eine schiefe Rezeptionsverteilung hin, wie man sie häufig bei Zitationsverteilungen findet. Viele Autoren nehmen regelmäßig Diskussionen in der „Kölner" wahr, aber weniger Autoren werden regelmäßig wahrgenommen.

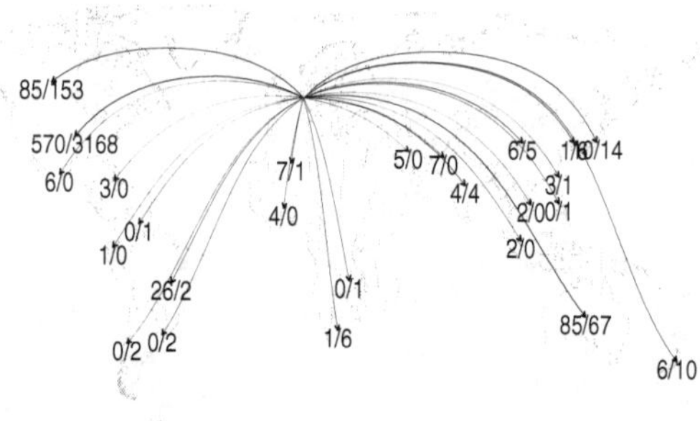

Abb. 6 Nicht-europäische Länder, aus denen die *KZfSS* zitiert wird (in-degree), und welche die *KZfSS* zitiert. Die erste Zahl gibt die absolute Zahl der Zitate aus dem jeweiligen Land an, die zweite Zahl die Zahl der Zitationen in das jeweilige Land

Schließlich betrachten wir das weltweite Zitationsnetzwerk der Kölner Zeitschrift. Abb. 6 zeigt, aus welchen Ländern der Welt Beiträge aus der Kölner Zeitschrift zitiert werden und welche Länder in der „Kölner" rezipiert werden. Man erkennt, dass Autoren aus den USA unter den nicht-europäischen Ländern mit 570 Verweisen auf die *KZfSS* dasjenige Land ist, aus dem die meisten „Kölner" Artikel zitiert werden. Weitere starke nicht-europäische Zitationsquellen der *KZfSS* sind Kanada (85), Australien (85) und Japan (10). Noch deutlicher zeigt sich die wichtige Rolle von in den USA ansässigen Autoren, wenn man sich anschaut, welche Arbeiten in der *KZfSS* rezipiert werden. Allein 3168 Zitate verweisen auf „amerikanische" Arbeiten, immerhin gut halb so viele Zitate wie zu deutschen Artikeln (5634).

Der out-degree ist ein Maß dafür, wie stark Beiträge in der *KZfSS* weltweite Diskussionen aufgreifen. Anders gesagt, zeigt die zweite Zahl in Abb. 6 die Standorte von Autoren, auf welche aus der *KZfSS* heraus Bezug genommen wird. Die Verteilung dieser Standorte kann somit auch als Maß der weltweiten Reichweite an Diskussionen, welche durch Autoren in der „Kölner" rezipiert werden, gesehen werden. Ein Vergleich des in-degrees mit dem out-degree in den beiden Abbildungen legt nahe, dass die Debatten in der „Kölner" von im Ausland arbeitenden Autoren weniger stark rezipiert werden, als dass in der „Kölner" Debatten aus dem wissenschaftlichen Ausland aufgegriffen werden. Anders formuliert lässt sich feststellen, dass es mehr Länder gibt, aus denen die Diskussionen in der „Kölner" beeinflusst werden, als dass es Länder gibt, in die Diskussionen aus der „Kölner" ausstrahlen. Dies gilt insbesondere für englischsprachige Länder und Japan.

Insgesamt lässt sich mit den geografischen Zitationsnetzwerkanalysen festhalten, dass die „Kölner" durchaus international wahrgenommen wird und auch internationale Impulse gibt. Im deutschsprachigen Raum wird sie über unterschiedliche Standorte hinweg äußerst breit wahrgenommen, während die erhaltenen Zitate sich etwas exklusiver auf weniger Standorte konzentrieren. Auch in der europäischen Diskussion nimmt sie eine zentrale Stellung ein. Die weltweite Betrachtung legt nahe, dass in der „Kölner" internationale Diskurse geführt werden. Bei der weltweiten Betrachtung zeigt sich eine Tendenz, dass die Diskurse in der „Kölner" eher internationale Themen aufgreifen, als dass sie internationale Debatten anstoßen. Hier wären sicherlich anschließende genauere Analysen sinnvoll, um diese Tendenzen untermauern zu können.

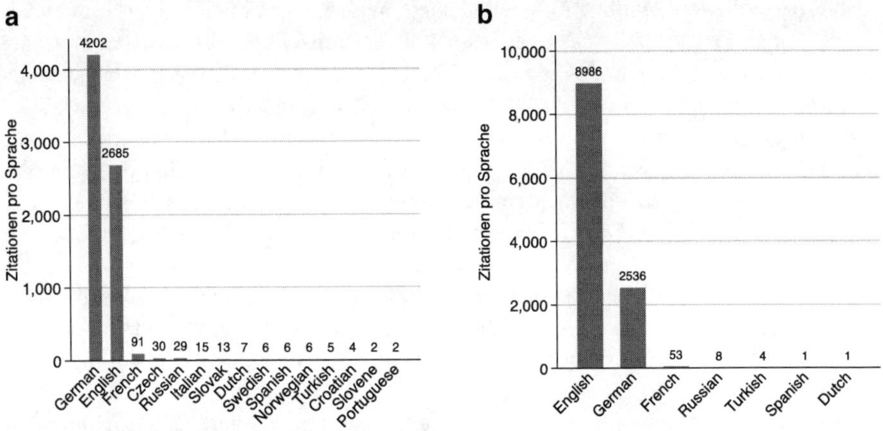

Abb. 7 Sprachanalyse von eingehenden und ausgehenden Zitaten in der *KZfSS*

Über die Analyse von Landesgrenzen hinaus ist Sprache ein wichtiger Indikator für die internationale Resonanz einer Zeitschrift. In den *Web of Science*-Daten existieren Informationen über die Sprache der Artikel. Hierüber haben wir Zitationsanalysen erstellt, in welchen Sprachen die *KZfSS* zitiert wird und in welcher Bandbreite an Sprachen Artikel in der *KZfSS* zitieren.

Abb. 7 zeigt links, in welchen Sprachen die *KZfSS* zitiert wird („out-degree"), und rechts, welche Sprachen die *KZfSS* zitiert („in-degree"). Man erkennt klar ein gegensätzliches Bild zwischen eingehenden und ausgehenden Zitaten. Die meisten eingehenden Zitate von Artikeln in der „Kölner" stammen von deutschsprachigen Artikeln (Abb. 7 links). Der große Rest stammt von englischen Artikeln. Die Wahrnehmung von Beiträgen über deutsch und englisch verfasste Rezeptionen hinaus ist marginal. Aus der *KZfSS* werden ungefähr anderthalb mal so viele Arbeiten von deutschen als von englischen Beiträgen diskutiert. Die Wahrnehmung der *KZfSS* aus französisch-sprachigen Beiträgen, dem dritten Platz, ist mit 91 Zitationen im Verhältnis zu deutschsprachigen Arbeiten marginal.

Umgekehrt zitieren Autoren aus der „Kölner" vorwiegend englischsprachige Arbeiten. Es werden etwa dreieinhalb mal so viele englische als deutsche Arbeiten von „Kölner" Autoren zitiert. Wieder nehmen französische Arbeiten den dritten Platz ein, sind aber auch bei ausgehenden Zitationen vernachlässigbar mit lediglich 53 Zitaten.

Die Sprachanalyse legt nahe, dass Beiträge in der „Kölner" vorwiegend in einer deutschsprachigen Community diskutiert werden. Jedoch zeigt die vorwiegende Verarbeitung von englischsprachigen Quellen in den „Kölner" Beiträgen, dass die Debatten in der „Kölner" stark durch die internationale soziologische Diskussion geprägt werden.

Die Sprachanalyse wirft auch ein neues Licht auf die vorhergehenden geografischen Zitationsanalysen. Da die Debatten in der „Kölner" hauptsächlich von deutschen Artikeln rezipiert und sie gleichzeitig stark durch englischsprachige Beiträge geprägt werden, kann man spekulieren, dass ein größerer Teil der geografischen Verteilung der Rezeption auf deutsche Soziologen zurück geht, die an ausländischen

Standorten arbeiten. Dafür spricht auch eine Analyse der aus den USA stammenden Zitate. 7 der 11 „Vielzitierer" (mindestens 3 Referenzen zur *KZfSS*) stammen aus deutschsprachigen Ländern. Andererseits befinden sich unter den in Europa ansässigen „Vielzitierern" auch eine ganze Reihe von Niederländern, was für einen engen akademischen Austausch der beiden Communities spricht. Mit einiger Vorsicht läßt sich schlußfolgern, dass die *KZfSS* eine Zeitschrift ist, die stark den deutschsprachigen Diskurs in deutschsprachigen Ländern oder bei deutschsprachigen Autoren im Ausland beeinflusst. Die Debatten wiederum scheinen auch durch internationale Impulse (in englischer Sprache) angetrieben zu werden.

Schließlich untersuchen wir, aus welchen Disziplinen die Soziologie zitiert wird („eingehend") und welche Disziplinen Autoren aus der „Kölner" zitieren („ausgehend"). Abb. 8 zeigt die eingehenden (oben) und ausgehenden (unten) Zitate nach Disziplinen.

Aus Abb. 8 lässt sich erkennen, dass Arbeiten aus der „Kölner" hauptsächlich von soziologischen Beiträgen rezipiert werden. Es zeigt sich ein recht konstanter Anteil

Abb. 8 Rezeption der *KZfSS* in anderen Disziplinen und Rezeption anderer Disziplinen in der *KZfSS*

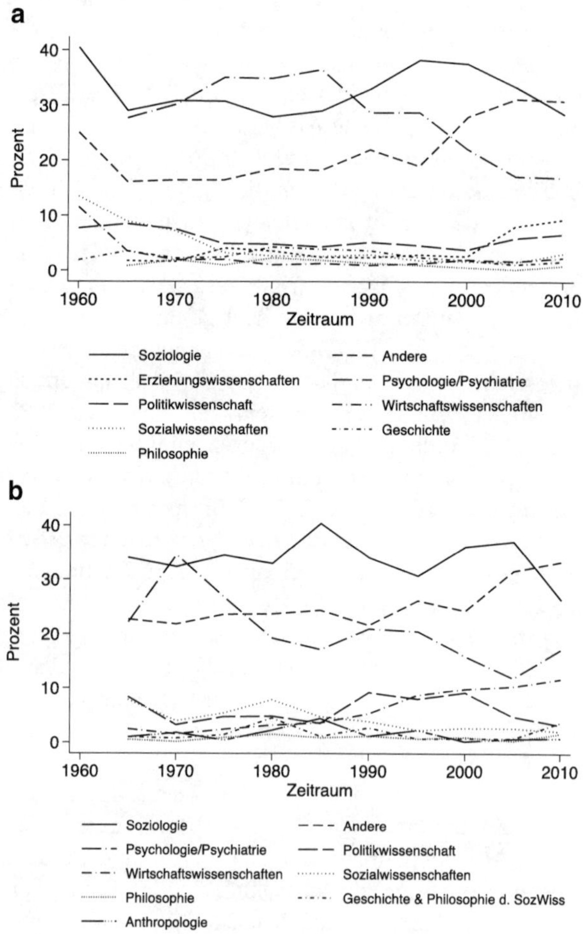

von etwa 40 % an Zitaten der „Kölner“, die aus der Soziologie stammen. Knapp 30 % streuen über eine breite Anzahl von Fachgebieten, die wir unter „Andere“ zusammengefasst haben. Die Resonanz aus der Psychologie hat sich von gut 30 % auf etwa 20 % verringert. Hier sei jedoch anzumerken, dass die *KZfSS* in unseren Daten sowohl als soziologische als auch als psychologische Zeitschrift geführt wird. Jedes Selbstzitat der „Kölner“ wird deshalb als Zitat aus der Soziologie und als Zitat aus der Psychologie gewertet. Dies allein erklärt bereits einen substanziellen Teil der erhaltenen Zitate aus der Psychologie. Aus der Politikwissenschaft stammen relativ konstant etwa 10 % der Zitate. Die Erziehungswissenschaften nehmen die *KZfSS* zunehmend wahr, während der Anteil an Zitaten aus der Philosophie deutlich abgenommen hat.

Anders herum ist auch der Anteil an soziologischer Literatur an allen Zitaten in der „Kölner“ über die Jahre relativ konstant (Abb. 8 rechts). Wenn man diese Ergebnisse mit den Analysen im Editorial 2016 der *Zeitschrift für Soziologie* (Hinz et al. 2016) vergleicht, liegt der Anteil der in der *KZfSS* zitierten soziologischen Literatur in etwa auf dem Niveau der *ZfS*. Die Herausgeber der *ZfS* beobachteten einen über die Jahre ebenfalls relativ konstanten Anteil von rund 40 % an soziologischer Literatur, die in der *ZfS* zitiert wird.

Die Fächeranalysen zeigen, dass die *KZfSS* im Wesentlichen soziologische Arbeiten rezipiert und von soziologischen Arbeiten rezipiert wird. Es lässt sich kein dominantes anderes Fach identifizieren, welches für die Diskussion in der „Kölner“ eine zentrale Rolle spielen würde. Am ehesten sind dies Sozialpsychologie, Wirtschaftswissenschaften und Politikwissenschaft. Sowohl bei den eingehenden als auch bei den ausgehenden Zitaten ist die Kategorie „Andere“ die zweitgrösste Kategorie. Allerdings ist jede einzelne Disziplin dieses Sammelbegriffs deutlich kleiner als die jeweils kleinste auf der Grafik abgetragene Disziplin.

4 Zusammenfassung

Insgesamt lassen sich unsere Zitationsanalysen folgendermaßen zusammenfassen. Die *Kölner Zeitschrift für Soziologie und Sozialpsychologie* hat im Vergleich zur *Zeitschrift für Soziologie* in den letzten Jahrzehnten aufgeholt und ihre Resonanz auf ein ähnliches Niveau heben können. Während die *ZfS* in den 1970er bis 1990er-Jahren einen doppelt bis vierfach so hohen Impact wie die „Kölner“ hatte, sind die Zeitschriften seit den 1990er-Jahren führend im deutschsprachigen Zeitschriftenmarkt. Das *Berliner Journal* und die *Soziale Welt* haben deutlich weniger Resonanz in erhaltenen Zitaten. Die Netzwerkanalysen legen nahe, dass die „Kölner“ etwas stärker in der deutschsprachigen Soziologie rezipiert wird als die *ZfS*. Die geografischen Zitationsnetzwerkanalysen zeigen, dass die „Kölner“ durchaus international wahrgenommen wird und auch internationale Impulse gibt. Insbesondere bei deutschsprachigen Standorten nimmt die *KZfSS* eine zentrale Stellung ein. Sie zeigt darüber hinaus eine breite Einbettung im europäischen und weltweiten Diskurs. Jedoch legen die sprachlichen Analysen nahe, dass die Wahrnehmung der *KZfSS* insbesondere von deutschen Forschern auszugehen scheint, die im Ausland arbeiten. In der „Kölner“ wird die internationale Diskussion breit rezipiert. Es scheint sich hierbei jedoch eher um eingehende als ausgehende Impulse zu handeln. In der Fachkultur ist die „Kölner" stark im soziologischen Fach verwurzelt. Interdisziplinäre Resonanz und Impulse scheinen eher selten durch die „Kölner" initiiert zu werden.

Danksagung Wir danken Hannah Mautner für die Hilfe beim Erstellen der Abbildungen und wertvolle Hinweise bei der Durchsicht des Manuskripts. Wir danken der Bibliothek der ETH Zürich für die Bereitstellung des *Web of Science*-Datensatzes. Heiko Rauhut dankt für die Unterstützung durch den SNSF Starting Grant CONCISE (BSSGIO_155981/1).

Literatur

Ayaß, Ruth, Wolfgang Ludwig-Schneider, Thomas Hinz, Kai-Olaf Maiwald, Jörg Rössel, Hendrik Vollmer und Theresa Wobbe. 2014. Editorial 2014. *Zeitschrift für Soziologie* 43:2–4.

Hinz, Thomas, Jörg Rössel, Kai-Olaf Maiwald, Hendrik Vollmer und Theresa Wobbe. 2016. Ist die *Zeitschrift für Soziologie* eine Zeitschrift für Soziologie? Editorial 2016. *Zeitschrift für Soziologie* 44:2–5.

Kopp, Johannes, Juliana Schneider und Franziska Timmler. 2012. Zur Entwicklung soziologischer Forschung. *Soziologie* 41:293–310.

Metz, Thomas, und Sebastian Jäckle. 2013. Koautorenschaften in der deutschsprachigen Politikwissenschaft. Eine Netzwerkanalyse auf Basis von Fachzeitschriftenartikeln. *Politische Vierteljahresschrift* 54:256–291.

Pichappan, Pit. 1995. A dual refinement of journal self-citation measures. *Scientometrics* 33:13–21.

Radicchi, Filippo, Santo Fortunato und Claudio Castellano. 2008. Universality of citation distributions: Toward an objective measure of scientific impact. *Proceedings of the National Academy of Sciences* 105:17268–17272.

Rauhut, Heiko, und Fabian Winter. 2016. *Der Markt der Aufmerksamkeit in der Soziologie: Trends im Publizieren, Zitieren und Netzwerken.* Bonn: Max Planck Institute for Research on Collective Goods.

Redner, Sidney. 1998. How popular is your paper? An empirical study of the citation distribution. *The European Physical Journal B-Condensed Matter and Complex Systems* 4:131–134.

Rogge, Jan-Christoph. 2015. Soziale Bedingungen und Effekte der quantitativen Leistungsmessung. Ergebnisse einer Befragung von jungen Wissenschaftlerinnen und Wissenschaftlern. *Soziale Welt* 66:205–214.

Wolbring, Tobias. 2015. Anatomie des Journal Impact Factors: Die Soziale Welt im Spiegel bibliometrischer Indikatoren. *Soziale Welt* 66:121–140.

Heiko Rauhut Jg. 1977, Prof. Dr., Außerordentlicher Professor für Sozialtheorie und quantitative Methoden am Soziologischen Institut der Universität Zürich. Forschungsgebiete: Soziale Normen und Kooperation, analytische Soziologie und experimentelle Spieltheorie, Wissenschaftsforschung, quantitative Methoden. Veröffentlichungen: Beliefs about lying and spreading of dishonesty: Undetected lies and their constructive and destructive social dynamics in dice experiments. PLoS One 8, 2013; How social influence can undermine the wisdom of crowd effect. Proceedings of the National Academy of Sciences USA (PNAS) 108, 2011 (zus. mit J. Lorenz, D. Helbing und F. Schweitzer).

Fabian Winter Jg. 1980, Leiter der Max Planck Forschungsgruppe Mechanismen normativen Wandels am Max Planck Institut zur Erforschung von Gemeinschaftsgütern in Bonn. Forschungsgebiete: Normenkonflikte, Normenwandel, Kooperation, Wissenschaftsforschung, quantitative Methoden. Veröffentlichungen: Fairness Norms Can Explain the Emergence of Specific Cooperation Norms in the Battle of the Prisoner's Dilemma. Journal of Mathematical Sociology 33, 2014; How norms can generate conflict: An experiment on the failure of cooperative micro-motives on the macro-level. Social Forces 90, 2012 (mit H. Rauhut und D. Helbing).

Köln Z Soziol (2017) (Suppl 1) 69:75–80
DOI 10.1007/s11577-017-0423-8

Kölner Zeitschrift für Soziologie und Sozialpsychologie

ABHANDLUNGEN

Zur Einführung: Die gegenwärtigen Aufgaben einer deutschen Zeitschrift für Soziologie.

Von Leopold v. Wiese

Der Ausgabe dieses ersten Heftes sandte der Verlag einen Prospekt voraus, in dem zunächst über den äußeren Rahmen, der die soziologischen Hefte umschließt, einiges von uns gesagt worden ist, das hier wiederholt sei: „Das Forschungsinstitut für Sozialwissenschaften in Köln rechnet die Herausgabe einer Fachzeitschrift zu seinem Aufgabenkreise. Vorerst sollen in jedem Jahre zwei soziologische und zwei sozialpolitische Hefte erscheinen. Die beiden Heftreihen sind durch den gemeinsamen Verlag und Herausgeberkreis miteinander verbunden. Da aber die gegenwärtigen Forschungsaufgaben in den beiden Disziplinen der Soziologie und der Sozialpolitik sehr verschieden und innerhalb des Kölner Instituts zwei selbständigen Abteilungen zugewiesen sind, so werden auch die Heftreihen nach Gegenstand, wissenschaftlicher Methode und Inhaltsanordnung voneinander abweichen. Auch die Redaktionen sind nicht dieselben. Die Schriftleitung der soziologischen Hefte (Reihe A) hat Professor *von Wiese*, die der sozialpolitischen Hefte (Reihe B) Professor *Lindemann* übernommen. Die Soziologie wird als rein *theoretische* Wissenschaft unter Ausschluß ihrer praktischen, zumal ihrer politischen Anwendung behandelt werden, während für die Sozialpolitik gerade die Anwendung von Soziallehren im werktätigen Leben das Hauptmerkmal bildet.

Die *soziologischen* Hefte, deren erste Nummer noch vor Ostern 1921 versandt werden soll, dienen der Aufgabe, bei der Überwindung der noch immer bestehenden Krisis der Gesellschaftslehre mitzuwirken. Es soll in Aussprache und Kritik ein Weg gefunden werden, der aus dem schon so lange andauernden Methodenstreite zu aufbauender Arbeit führt. Die wissenschaftliche Teilnahme, die gegenwärtig an der

Erstveröffentlichung: Kölner Zeitschrift für Soziologie und Sozialpsychologie, Jg. 1, 1921, Heft 1, S. 5–11

c/o V. Dreier
Institut für Soziologie und Sozialpsychologie, Universität zu Köln
Lindenburger Allee 15, 50931 Köln, Deutschland
E-Mail: volker.dreier@uni-koeln.de

Soziologie (gerade infolge mancher Anfeindungen) genommen wird, wächst im In- und Auslande innerhalb und außerhalb der Fachkreise beständig. Das Verlangen nach einem literarischen Sammelpunkte, in dem nach strengster Objektivität und unter rein wissenschaftlichen Gesichtspunkten eine Verständigung über die Grundfragen erstrebt wird, äußert sich allerorten, wo man – und wo geschähe das heute nicht? – gesellschaftliche Probleme behandelt."

Um den Teil der Chronik der „Kölner Vierteljahrshefte", in dem über den Hochschulunterricht in Soziologie berichtet wird, mit Material zu versehen, sandten wir vor einigen Monaten den Fachvertretern an allen dabei in Frage kommenden deutschen Hochschulen ein Rundschreiben mit der Bitte, uns über den akademischen Lehrbetrieb der Gesellschaftswissenschaft bei ihnen zu unterrichten. Noch vor Jahresfrist wäre, von einigen wenigen Lehrstätten abgesehen, das Ergebnis nicht allzu umfangreich gewesen. Indessen erlebten wir die Überraschung, daß uns über neue Versuche, erste Organisationen, Vorlesungen und Übungen im Winter 1920/21 so viel mitgeteilt wurde, daß wir aus Raummangel leider nur in sehr verkürztem Umfange darüber berichten (vgl. S. 87). Manches von dem, was wir in unserer Übersicht nicht erwähnen können, mag auch noch zu sehr im Vorstadium des Planens stecken; aber es ließ sich nach der Durchsicht dieser Briefeingänge sagen, daß der Hochschulwinter 1920/21 in Deutschland an vielen Orten auch im Zeichen der Soziologie gestanden hat. Jedoch zugleich ist aus diesem reichen Material noch eine andere, weniger erfreuliche, für den Sachkenner freilich nicht überraschende Folgerung zu ziehen: Die methodologische Unklarheit hat trotz so vieler vorausgehender Diskussionen eher zugenommen, als daß sie sich vermindert hätte. Es scheint fast, als ob man ziemlich allgemein nunmehr die Folgerung zöge: kümmern wir uns nicht länger um das Gezänk der Methodenstreithähne; jeder von uns gehe seinen eigenen Weg!

Sicherlich ist die Tat auch hier mehr wert als die Erwägung. Der Fortschritt zur positiven Arbeit über das Wie-Problem hinaus ist eine dringende Forderung der Gegenwart. Aber so, wie es jetzt den Anschein hat, geht es doch wohl nicht. Nur *scheinbar* hat sich jetzt von verschiedensten Ausgangspunkten her eine Gruppe von Forschern und Lehrern zusammengefunden, von denen jeder an seinem Orte nach seinen Kräften und Einsichten immerhin das *gemeinsame Feld* einer neuen Disziplin bearbeitet. Vielmehr ist dieses gemeinsame Feld in Deutschland noch nicht vorhanden. Es sind mehr Vermutungen und Ahnungen von Gemeinsamkeiten, die Forscher unter dem vieldeutigen Namen der Soziologie zusammenführen; gebaut wird in Wirklichkeit am Turme zu Babel, wobei ein jeglicher in seiner dem anderen nicht voll verständlichen Zunge redet.

Die Aussprache über die Methode kann also noch nicht für geschlossen erklärt werden. Das soll keineswegs das Arbeiten nach einer bestimmten Forschungs- und Lehrart aufhalten. Im Gegenteil: entscheiden werden den ewigen Streit erst die Ergebnisse der positiven Leistungen. Aber manche Verirrung, mancher Umweg und manche Wiederholung wird vermieden, wenn wir Ziele und Formen der Erkenntnis über das menschliche Zusammenleben gleichzeitig gründlich klären. Die soziologischen Hefte dieser Zeitschrift haben die Aufgabe, den Weg zu diesem Ziele abzukürzen, zu erleichtern und zu vertiefen. Wenn nicht ein gewisses Maß von Verständigung über das, was wir wollen, erreicht wird, verzetteln auch die besten Denker ihre Kraft; sie bleiben unverstanden oder müssen sich im schwächenden Kampfe um bloße Vor-

und Nebenfragen zugrunderichten. Es ist nicht das Ziel (und kann es nicht sein), völlige Einigkeit über Aufgaben und Methoden der Soziologie herbeizuführen. Mit Recht hat man auf andere Wissensgebiete hingewiesen, wo eine nicht minder große Meinungsverschiedenheit in Methodenfragen die positive Ausführungsarbeit nicht aufhält. Ganz besonders bei der Philosophie: „Was Philosophie ist," sagt Eleutheropulos, „steht nach Jahrtausenden Philosophierens immer noch nicht fest." Der Mangel an Einigkeit über die Formulierung des Zieles der Disziplin brauchte uns in der Soziologie nicht allzu sehr zu schrecken. Wir haben in dieser Hinsicht nur zur Überzeugungskraft Vertrauen, die aus dem vollendeten Werke und seinem Wahrheitsgehalte selbst hervorbricht. Aber wir müssen, scheint es uns, doch dazu gelangen, daß wir erkennen, was der andere will, daß sein Streben auch Daseinsberechtigung hat, daß wir von ihm lernen können, wie er von unserem Bemühen. Das Aneinandervorbeireden, die Scheuklappenmethode bekämpfen wir!

Wenn also unsere Hefte der Aufgabe dienen sollen, in einem kritischen Zeitpunkte der Wissenschaftsgeschichte der Klärung, Verständigung und Aussprache zu dienen, so müssen die Einzelheiten ihres Programms gerade diesem Ziele angepaßt sein, und muß die Auswahl des Inhalts nach diesem Gesichtspunkte getroffen werden: Wir werden uns nur auf *theoretische* Fragen beschränken und alle Probleme der angewandten Soziallehren, alle Kunstlehren, alle Politik, besonders Sozialpolitik (der ja auch die andere selbstständige Reihe der Kölner Vierteljahrshefte gewidmet ist) und alle Fragen der Kultur- und Wohlfahrtspflege ausschließen. Nicht etwa, weil wir ihre Bedeutung unterschätzten und nicht sähen, wie groß in der Gegenwart das Bedürfnis nach wissenschaftlicher Führung in praktischen Aufgaben ist. Vielmehr soll die Beschränkung auf die Theorie nicht zuletzt auch der Praxis dienen; denn erst dann kann das werktätige Leben aus der Wissenschaft Gewinn ziehen, wenn diese die Schlacken eines begrifflich unklaren Denkens, die Mängel eines unsicheren Tastens nach wechselnden Zielen ausgeschieden hat. Am wenigsten gefördert wird die Praxis durch eine gewisse Halbwissenschaftlichkeit, die Argumente des strengen Denkens mit subjektiven Wollungen verquickt. Wir müssen eingestehen, daß wir in der Gesellschaftslehre noch nicht das ungeduldige Drängen des praktischen Lebens befriedigen können. Wir würden aber den wachsenden Erkenntnisprozeß nur verlangsamen, wenn wir Theorie und Anwendung durcheinanderwirrten. Die Reformer, Politiker, Ethiker, Sozialtechniker und Verwaltungsmänner werden umso eher wieder einsehen lernen, daß sie den Theoretiker nicht entbehren können, je mehr dieser nur sein eigenes Feld bestellt, und je weniger er dabei durch jene oder durch eigene Unklarheit von seinem Boden abgedrängt wird. Wir können deshalb auch heute noch nicht dem Verlangen mancher Nationalökonomen alsbald nachgeben, wir möchten unsere Untersuchungen bloß auf Klassen-, Standes- und Berufsprobleme richten; denn auch hierfür sind unerläßliche Vorfragen noch nicht hinreichend geklärt.

Umso dringender ist die Aufgabe, keine Zeit mit unfruchtbarem Wortstreite zu verlieren. Nun ist aber die Polemik, die Zerspaltung und Zerklüftung in der Theorie vom Gesellschaftsleben heute so groß, daß die Redaktion einer Zeitschrift über diesen Gegenstand vor der Entscheidung zu stehen scheint, entweder ihre Seiten zu einem Tummelplatze und großen Durcheinander von Richtungen und Schulen und zur Stätte endloser Diskussion zu machen oder sie einer Richtung allein, nämlich der, die sie für richtig hält, zu öffnen. Beides erscheint uns falsch. Der zweite Weg wäre für uns schon deshalb nicht gangbar, weil diese Hefte das Organ eines Forschungsinstituts sind, an dem verschiedene Richtungen vertreten sind, also Toleranz zum System gehört. Der Weg, den die Redaktion einzuschlagen bestrebt ist, um der Schwierigkeiten Herr zu werden, soll durch eine Zweiteilung der Inhaltsanordnung versucht werden. Der *allgemeine* Teil der Hefte steht der theoretischen Soziologie im *weiteren* Sinne offen. Auch in ihm bleibt die Beschränkung auf das Theoretische strikte Regel; aber die Richtungen, die es auf diesem Gebiete gibt, finden hier alle Gehör, wenn und soweit sie nicht praktische Fragen hineinmengen. Da aber die Hefte der Aufgabe zugleich dienen sollen, über die Erörterung der Möglichkeit und der Vor- und Nachteile von Methoden hinauszuführen zur wissenschaftlichen Tat, wird der *spezielle* Teil jedes Heftes als *„Archiv für Beziehungslehre"* der Richtung der Soziologie geöffnet sein, von der sich die Redaktion die eigentliche Förderung unserer soziologischen Erkenntnis verspricht. Was mit dieser „Beziehungslehre" gemeint ist, wird in diesem Hefte weiter unten (auf S. 47) darzulegen versucht.

Es ist nicht anzunehmen, daß es jemand, der den gegenwärtigen Stand unserer Wissenschaft kennt, vorziehen würde, eine völlig meinungs- und richtungslose Redaktion leite eine solche Zeitschrift; denn das würde in einer theoretischen Disziplin bedeuten, daß eine ideen- und kritiklose Null als Spielball eines blinden Zufalls diente. Die Verwirrung würde wachsen, nicht abnehmen.

Aber ebenso notwendig ist der Geist der Duldsamkeit, der Achtung und des Sinns für Gleichberechtigung jedes fremden Gedankens, der sich vor der Vernunft rechtfertigen läßt. Uns ist die Tyrannis einer Schulmeinung aufs tiefste verhaßt und das Streben nach ihr als ein Zeichen hochmütiger Beschränktheit stets unverständlich erschienen. Wenn es auch nur *eine* Wahrheit gibt, so sind ihre Keime, vermischt mit Irrtümern, doch seltsam verstreut.

Die Begrenzung des allgemeinen Teils, die auch wegen des äußerst knappen Raumes in der zunächst so geringen Zahl von zwei Heften im Jahre notwendig ist, fordert, daß ein Übergreifen auf Nachbargebiete möglichst vermieden werden soll, wobei freilich die Schwierigkeit besteht, daß (zumal bei Methodenfragen) die Grenzprobleme zu den wichtigsten und lehrreichsten gehören. So werden wir zur Philosophie eine deutliche Grenze im allgemeinen Teile nicht ziehen können und wollen. Nur die Absonderung von der Geschichts- und Rechtsphilosophie sollte immer mehr versucht werden, obwohl sicherlich heute das Problem erst noch zur Diskussion steht. (Vom Standpunkte der Beziehungslehre scheint es uns bereits entschieden zu sein.) Aber im Ganzen wird man in diesem Teile von der Annahme ausgehen müssen, daß Sozialphilosophen, Enzyklopädisten, Erkenntnistheoretiker, die die Grundlagen aller oder einzelner bestimmter sozialer Einzelwissenschaften untersuchen, Biologen, theoretische Ethiker, Anthropologen, Statistiker, Demographen, Theoretiker der Sozialökonomik und andere mehr (Naturwissenschaftler ebenso wie Vertreter der Kulturwissenschaften) eingeladen sind, an der Aussprache teilzunehmen. Eine künstliche Grenzziehung wäre hier beim gegenwärtigen Stande unserer Wissenschaft innerlich nicht gerechtfertigt.

Zu den Aufgaben der Zeitschrift gehört schließlich die Mitarbeit an der Überwindung der gegenwärtigen wissenschaftlichen Abgetrenntheit Deutschlands auf dem Gebiete unserer Wissenschaft. Zunächst handelt es sich darum, politisch tendenzlos die deutsche Gelehrtenwelt über die literarischen, organisatorischen und Hochschulfortschritte zu unterrichten, die in anderen Ländern auf dem Gebiete der theoretischen Soziologie gemacht werden. Je mehr die wirtschaftlichen Verhältnisse dem einzelnen Forscher die direkte Information erschweren, desto mehr müssen diese Aufgabe die Institute (soweit ihre eigenen Mittel reichen) übernehmen. Unser Kölner Institut kann sie nur in allmählichem Voranschreiten erfüllen, wenn sich ein *regelmäßiger Schriftenaustausch* zwischen den am Fache beteiligten Gesellschaften und Anstalten aller Länder anbahnt. Wir hoffen, mit unserer Zeitschrift aber auch den Forschern des Auslands zu nützen, denen wiederum die Mitteilungen über das wissenschaftliche Leben in Deutschland immer erwünschter sein werden, je mehr man draußen und drinnen wieder einsehen wird, daß es „nur *eine* Wissenschaft und nur *eine* Vernunft" gibt. Wir dürfen wohl auch an dieser Stelle in Berücksichtigung des Umstandes, daß vorläufig die Möglichkeiten der Fühlungnahme von Gelehrten verschiedener Länder noch spärlich sind, darauf hinweisen, daß sachdienliche Mitteilungen und Sendungen, die dem Fortschritte des wissenschaftlichen Lebens auf dem Gebiete der Soziologie zu dienen geeignet sind, von uns bearbeitet und durch diese Zeitschrift den Kreisen der Interessenten zugeführt werden sollen.

Daß unsere Hefte nicht anderen bestehenden Zeitschriften hindernd in den Weg treten wollen und werden, brauchte kaum ausgesprochen zu werden. Von den gegenwärtig in deutscher Sprache bestehenden Organen ist uns am meisten das Heidelberger „Archiv für Sozialwissenschaften und Sozialpolitik" benachbart. Aber der Aufgabenkreis und wissenschaftliche Rahmen dieser ausgezeichneten Zeitschrift ist so viel weiter und der Platz, den sie der theoretischen Soziologie einräumen kann, gemessen an der Fülle des sich anbietenden Materials unserer Disziplin, verhältnismäßig so gering, daß es vielleicht für sie eher wünschenswert wäre, wir könnten den Umfang unserer eigenen Hefte größer gestalten, als es jetzt möglich ist. Ähnliches gilt – nur in anderer Richtung – vom „Logos" und wieder in anderer Abgrenzung von „Schmollers Jahrbuch".

Wenn wir von älteren wertvollen Bestrebungen (besonders Paul Barths, Ludwig Steins und Avenarius') absehen, der Soziologie in Zeitschriften der Philosophie eine gleichberechtigte Stellung einzuräumen, so ist die Zahl von Zeitschriften, die bisher in deutscher Sprache (nicht nur gelegentlich in einzelnen Beiträgen, sondern ihrem ganzen oder hauptsächlichen Inhalte nach) der Soziologie gewidmet waren, recht klein. Dabei scheint es uns eine Pflicht der Dankbarkeit zu sein, daß wir des Versuchs von Eleutheropulos gedenken, (in Verbindung mit Baron von Engelhardt) die „Monatsschrift für Soziologie" (im Verlage von Fr. Eckardt in Leipzig) herauszugeben. Sie liegt in dem einen, aber vollständigen Jahrgangs 1909 vor. Es ist uns nur zweifelhaft, ob man Eleutheropulos' Streben bisher ganz gerecht geworden ist. Sicherlich war der Umstand, daß er als Grieche in der Schweiz eine deutsche Fachzeitschrift redigierte, nicht recht förderlich für ihre Verbreitung im Deutschen Reiche, wo die Zahl derer, die Kenntnis von dem Unternehmen hatten, zu gering war. Umso mehr Veranlassung hat die Redaktion der Hefte, diesen tapferen Vorläufer hier zu nennen. Wir werden in manchem andere Wege einschlagen, als sie der Züricher Gelehrte geschritten ist. Aber wir übersehen nicht, daß mit seinem ersten selbständigen Versuche zu einer wissenschaftlichen deutschen Fachzeitschrift der Soziologie das internationale „Symposion" verknüpft ist, wo Tönnies, Vierkandt, Worms, Ward, Loria, Novicow, Jerusalem, Posada und – besonders interessant, wenn auch leider infolge des

Abbruchs der Monatsschrift unvollendet – Santamaria de Paredes neben anderen bedeutenden Männern über den Gesellschaftsbegriff diskutierten.

Zum Schlusse noch ein kurzes Wort des Dankes an den um die Geschichte der Sozialwissenschaften bereits so verdienten Verlag Duncker & Humblot. Es gehört ein starker Glaube an die Zukunft der deutschen Wissenschaft dazu, in der gegenwärtigen Stunde die Opfer nicht zu scheuen, die für ihn mit der Herstellung und Ausgabe der Vierteljahrshefte verknüpft sind. Wir hoffen, daß die Aufnahme, die unsere gemeinsame Arbeit nicht bloß in engsten gelehrten Fachkreisen, sondern bei allen, die Sinn für das Fortschreiten der Gesellschaftswissenschaften und ihrer praktischen Nutzung haben, findet, das Vertrauen des Verlags rechtfertigen wird.

Köln Z Soziol (2017) (Suppl 1) 69:81–119
DOI 10.1007/s11577-017-0412-y

Kölner Zeitschrift für Soziologie und Sozialpsychologie

ABHANDLUNGEN

Das Problem der Generationen

Von Karl Mannheim

I. Die Problemlage

1. Die positivistische Fragestellung

Auch bei dieser Frage ist die erste Pflicht des Soziologen die Problemlage zu sichten. Allzu oft hat er es mit heimatlos gewordenen Fragestellungen zu tun, mit Problemen, zu denen alle Wissenschaften ihr Scherflein beigetragen haben, bei denen aber über die Kontinuität der Problematik niemand gewacht hat. Aber nicht einfach „Dogmengeschichte" des Problems gilt es hier zu geben, sondern die „innere Lage" der Fragestellung zu skizzieren (Teil I), um auf diese Weise den eigenen Zugang zur Lösung zu sichern (Teil II).

Zwei Wege hatte die Fragestellung bei dem Problem der Generationen eingeschlagen: einen positivistischen und einen romantisch-historistischen. Zwei Arten des Welterlebens standen sich hierbei einander gegenüber und errangen sich von zwei Seiten her den Zugang zum Thema. Der erste Weg sah sein Ideal in der Quantifizierbarkeit der Problematik; er suchte die Grenzdaten des Mensch-Seins *quantitativ* zu erfassen. Der andere Weg hatte einen *qualitativen* Zugriff, verzichtete auf das mathematische Tageslicht und verinnerlichte das Problem. Zunächst sei vom ersten Wege die Rede.

Den Positivisten fesselt das Problem, weil er hier das Gefühl hat, bis an die Grenztatsachen des Mensch-Seins überhaupt vorgedrungen zu sein. Daß es Leben und Tod und eine begrenzte, zahlenmäßig erfaßbare Lebensdauer gibt, daß sich Ge-

Erstveröffentlichung: *Kölner Zeitschrift für Soziologie und Sozialpsychologie,* Jg. 7, 1928, Heft 2, S. 157–185, Heft 3, S. 309–330.

c/o V. Dreier,
Institut für Soziologie und Sozialpsychologie, Universität zu Köln,
Lindenburger Allee 15, 50931 Köln, Deutschland
E-Mail: volker.dreier@uni-koeln.de

nerationen in bestimmten Abständen ablösen, darin scheint hier dem Positivisten die Rahmen form unseres Schicksals erfaßbar und noch mehr, zahlenmäßig fixierbar zu sein. Alle sonstigen Daten sind ja im menschlichen Leben bedingt, sie drücken nur die besonderen Verhältnisse aus. Sie können verschwinden, und mit ihnen schwindet nur eine bedingte Gestalt des historischen Seins. Denkt man sich aber diese Grenzdaten verändert, so hebt sich das Mensch-Sein in dem uns bekannten Sinne auf – Kultur, Schöpfung, Tradition verschwinden oder bekommen zumindest ein völlig anderes Gesicht. Schon Hume hatte in diesem Sinne mit dem Gedanken der Datenänderung gespielt. Man denke sich – so sagte er – die Art und Weise der Generationsfolge beim Menschen verändert, etwa so, wie sie bei den Raupen und Schmetterlingen ist, wo die ältere Generation mit einem Schlage verschwindet und die nächste auf einmal erscheint. Ferner denke man sich den Menschen in allen Dingen als ein geistig hochstehendes Wesen, das in der Lage ist, die ihm genehme Regierungsform – das ist ja das zentrale Problem seiner Zeit – sich selbst zu wählen. Bei dieser seinsmäßigen Datenänderung wäre es möglich und angebracht, die Staatsform – ohne Rücksicht auf die Vorfahren und deren Gesetze – stets neu zu gestalten. Nur weil die Menschheit bei ihrer vorhandenen Gestalt in ihrer Generationsfolge einen kontinuierlichen Fluß darstellt – da ja in jeder Stunde, wo einer stirbt, ein anderer auf den Plan auftritt –, ist es nötig, auf die Kontinuität der Regierungsform zu achten. In dieser Überlegung erscheint also das Prinzip der politischen Kontinuität unmittelbar auf das biologische Grenzdatum der Kontinuierlichkeit in der Generationsfolge gestützt.

Auch *Comte*[1] spielte mit der Möglichkeit durch ein Andersdenken der Grenzdaten in der Generationsfolge und durch ein Andersdenken der durchschnittlichen Lebensdauer der Menschen, die Eigenart und das Tempo des Fortschrittes – das war das große Problem seiner Zeit – zu beleuchten. Denken wir uns – so sagt er – die durchschnittliche Lebensdauer des Individuums verlängert oder verkürzt, so verändert sich mit dieser die Geschwindigkeit, das *Tempo des Fortschrittes.* Durch eine Verlängerung der Lebensdauer der Individuen würde das Tempo des Fortschrittes gehemmt; durch eine Verkürzung der Lebensdauer etwa auf die Hälfte oder ein Viertel ihres gegenwärtigen Maßes würde das Tempo des Fortschrittes in entsprechender Weise beschleunigt werden, und zwar deshalb, weil im ersteren Falle die hemmende, konservierend-bremsende Rolle der alten Leute infolge ihrer längeren Lebensdauer länger, im letzteren Falle durch ihr schnelleres Verschwinden kürzer in Wirkung treten würde.

Wäre ein übermäßiges Retardieren von Schaden, so läge in einer zu großen Beschleunigung des Tempos die Gefahr der Unausgelebtheit und Verflachung der Lebensgehalte. Ohne also behaupten zu wollen, daß unsere Welt die beste aller Welten sei, meint Comte doch, daß unsere Lebensdauer – und damit verbunden – die durchschnittliche Generationsdauer von 30 Jahren ein notwendiges Korrelat unseres Organismus sei, daß ferner das langsame Fortschreiten der Menschheit in unmittelbarer Beziehung zu dieser organischen Beschränktheit stehe. Hier erscheint also das Tempo des Fortschrittes und das Vorhandensein konservierender wie reformierender Kräfte unmittelbar auf das biologische Faktum reduziert. Wahrlich, es ist dies ein Sehen des Problems bei Tageslicht. Alles ist beinahe mathematisch deutlich, alles ist klar in seine Elemente zerlegbar, die konstruktive Phantasie des Denkers feiert Tri-

[1] Vgl. zu den *Hume*- und *Comte*-Stellen die Quellenbelege bei Mentré, S. 179f. und S. 66ff.

umphe, in freier Kombination der Faktoren sind auch die letzten konstanten Gegebenheiten des Mensch-Seins erfaßt, und das Geheimnis der Geschichte liegt beinahe auf der Hand.

Der Rationalismus der Klassik findet hier seine Fortsetzung im Rationalismus des Positivismus, das französische Denken kommt hier zu sich, und in der Tat sind die wichtigsten Träger des Problems vornehmlich Franzosen. *Comte, Cournot, J. Dromel, Mentré* und andere Autoren außerhalb Deutschlands sind Positivisten oder haben positivistischen Einfluß erfahren; *Ferrari* der Italiener, und *O. Lorenz,* der österreichische Geschichtsschreiber, wirkten zu einer Zeit, als die positivistische Welle Europa zu einer Einheit verband[2].

Ihre Problemstellung hat irgendwo etwas Gemeinsames. Im Zentrum der Frage steht das Bestreben, ein generelles Gesetz der historischen Rhythmik zu finden, und zwar auf Grund des biologischen Gesetzes der begrenzten Lebensdauer des Menschen und der Gegebenheit der Altersstufen. Das Ziel ist, aus der Sphäre der Biologie heraus unmittelbar den formalen Wechsel der geistigen und sozialen Strömungen zu verstehen, die Gestalt des Fortschreitens des menschlichen Geschlechtes von den vitalen Unterlagen her zu erfassen. Hierbei wird alles womöglich vereinfacht, eine schematisierende Psychologie sorgt dafür, daß das Alter stets als das konservative Element und die Jugend nur in ihrem Stürmertum gesehen wird. Die Geistesgeschichte sieht in dieser Darstellung aus, als hätte man nur die „historischen Zeittafeln" studiert. Die Schwierigkeit des Problems scheint nach diesen Vereinfachungen eben nur darin zu liegen: die durchschnittliche Zeit zu finden, in der im öffentlichem Leben eine frühere Generation durch die neue abgelöst wird und hauptsächlich, den natürlichen Anfang zu finden, wo man in der Geschichte den Einschnitt vorzunehmen hat, von wo aus man zu zählen hat. Die Dauer der Generationen wird jeweils verschieden bestimmt, manche setzen die Wirkungsdauer der Generation auf 15 Jahre (z. B. *Dromel*), die meisten aber auf 30; aus der Überlegung heraus, daß die ersten 30 Jahre die Bildungsjahre seien, das Eigenschöpferische im Individuum durchschnittlich erst dann beginne, und mit 60 Jahren der Mensch das öffentliche Leben verlasse[3]. Schwieriger ist schon den natürlichen Anfang der Generationsfolgen zu finden, denn Geburt und Abgang der Menschen in der Gesellschaft erfolgt kontinuierlich, volle Intervalle gibt es nur in der einzelnen Familie, wo die Wartezeit der Kinder bis zur Heiratsfähigkeit eindeutig gegeben ist.

Hier liegt für diese Fragestellung das Zentrum; das übrige ist Anwendung auf die Geschichte, Exemplifizierung, aber auch hier erarbeitet der Wille zur klaren Sonderung manche wertvolle Ansätze zum Problem.

[2] Die genauen Titelangaben der bisher angeführten und noch zu zitierenden Werke über das Generationsproblem befinden sich in der Bibliographie, am Ende dieser Arbeit.

[3] Wissenschaftlich am besten fundiert scheint uns der Versuch *Rümelins* zu sein, der zunächst unabhängig von jeder geisteswissenschaftlichen Problematik, auf rein statistischem Wege die Generationsdauer im Volksganzen zu bestimmen versucht. Hierbei sind die folgenden beiden Faktoren bestimmend: das durchschnittliche Heiratsalter der Männer und die halbe Dauer der mittleren ehelichen Fruchtbarkeit. Durch Summierung dieser (in den verschiedenen Ländern und sozialen Lebenskreisen verschieden ausfallenden Daten) erhält er die Generationsdauer, die für Deutschland 3 1/2, für Frankreich 34 ½ Jahre ergeben hat.

So hat insbesondere *Mentré*[4], dessen Verdienst es auch ist, die erste historische Übersicht dieses Problems gegeben zu haben[5], die Problemstellung auf eine solidere Basis erhoben. Einer Behandlung des Generationsphänomens bei den Tieren, auf Grund der Arbeit von *Espinas* (Les sociétés animales, Paris 1877) folgt eine Analyse desselben in der menschlichen Familienfolge. Erst von hier aus wird der Aufstieg in die komplizierteren Gebiete gewagt und das Problem der sozialen und geistigen Generationen untersucht.

Wichtig ist auch die Differenzierung des Problems, die es bei ihm dadurch erfährt, daß er (mit Lévy- Bruhl) die Unterscheidung zwischen *„institutions"* und *„séries* libres" trifft. Die Generationsrhythmik scheint eher in den „séries", also in der Abfolge freier Gruppierungen der Menschen (Salons, literarische Gruppen usw.) wahrnehmbar zu sein, als etwa im Schoße der Institutionen, die Habitus, Aktionsweise durch Bestimmungen oder durch gemeinsame Werkleistungen im Voraus weitgehend festlegen und dadurch das Neue der heranwachsenden Generationen verdecken. Einen wesentlichen Teil seiner Untersuchungen erfüllt die Frage, ob es wohl eine *vorherrschende Sphäre* im historischen Geschehen gebe (wie etwa Politik, Wissenschaft, Recht, Kunst, Ökonomie usw.), die sozusagen als Dominante die übrigen bestimmt. Er kommt zum Ergebnis, daß es keine solche eindeutig vorherrschende, die übrigen in der Rhythmik bestimmende Sphäre gebe, denn alle besonderen Sphären seien eingesenkt in den Fluß der allgemeinen Geschichte, die sie alle von einem einheitlichen Zentrum aus bewegt[6], wohl aber sei die ästhetische Sphäre am geeignetsten, den Totalwandel des Geistes widerzuspiegeln. Gerade die zentrale Analyse der Geschichte dieser Sphäre in Frankreich seit dem 16. Jhd. scheint ihm zu ergeben, daß alle 30 Jahre wesentliche Wandlungen sich vollzogen haben.

Das im Vergleich zum Umfang eigentlich wenig ergiebige Buch bleibt als erste zusammenfassende Sichtung des Problems verdienstvoll, wenn man auch eine durchgehaltene Problemstellung mit nötiger Vertiefung vermißt. Die Franzosen interessiert übrigens in der jüngsten Epoche der Generationswechsel schon deshalb, weil man unmittelbar Zeuge war, wie die liberal-kosmopolitische Welle plötzlich verschüttet wurde durch das Aufsteigen einer nationalistischen Jugend. Der Generationswechsel schien unmittelbares Erlebnis zu sein und ein über das Fachwissenschaftliche hinausragendes Problem, das man in der lebendigen Wirklichkeit gelegentlich in Gestalt einer konkreten Umfrage mit beobachtendem Sinn verfolgte[7].

Wenn auch bei Mentré ab und zu andeutungsweise Durchbrüche vorhanden sind, die die Transzendierung der rein quantitativen Betrachtung andeuten, so schließt mit ihm zunächst der eine Kreis der Generationsproblematik, deren Grundstimmung und Methode wir bisher zu charakterisieren versuchten. Nun gilt es eine andere Möglichkeit, die in diesem Problem liegt, näher ins Auge zu fassen.

[4] Vgl. auch hier die genauen Titelangaben am Ende dieser Arbeit.

[5] Wir besprechen in diesem Kapitel nur jene Repräsentanten der Generationstheorie ausführlicher, die von *Mentré* noch nicht behandelt wurden.

[6] *Mentré*, S. 298.

[7] Vgl. hierzu u. a. die Bücher von *Agathon, Bainville, Ageorges, Valois*; vgl. auch *E. R. Curtius, Platz*, wo auch stets der Generationsgesichtspunkt bei der Darstellung berücksichtigt wurde.

2. Die romantisch-historistische Fragestellung

In eine völlig andere Atmosphäre gelangen wir, wenn wir den Spuren der Problemstellung in *Deutschland* folgen. Es gibt wohl kaum einen besseren Beweis für die These, daß die Art der Fragestellung und der Denkweise je nach Ländern, Epochen und dominierenden politischen Wollungen verschieden ist, als die Konfrontierung der Lösungen dieses Problems in den verschiedenen Ländern mit den jeweils herrschenden Strömungen. Zwar hatten noch *Rümelin*, der von der *Statistik* aus das Problem zu stellen versuchte, und *O. Lorenz,* der von der Genealogieforschung aus an die Lösung heranging, im wesentlichen der positivistischen Epoche ihren Tribut gezollt. Ein spezifisch „deutsches" Gesicht aber bekam die Fragestellung, als *Dilthey* sich um eine Klärung bemühte. In *Dilthey* verjüngen sich jene Traditionen und Impulse, die in der Romantik und in der historischen Schule lebendig waren, in ihm brechen plötzlich und in erneuerter Gestalt Fragestellungen und Kategorien hervor, die gerade von diesem romantisch-historistischen Boden aus die Geisteswissenschaften in Deutschland einst fundierten.

Ganz der historischen und politischen Strukturiertheit der beiden Länder entsprechend, differenzierten sich die dominierenden, die letzte Epoche beherrschenden Denkströmungen in Deutschland und in Frankreich.

In Frankreich wurde zur Dominante das positivistische, aus den Aufklärungstraditionen unmittelbar fließende Denken. Es beherrschte dort nicht nur die Naturwissenschaften, sondern fundierte auch die Geisteswissenschaften. Es wurde nicht nur von den oppositionellen Tendenzen getragen, sondern durchdrang auch Konservatismus und Traditionalismus. Ganz umgekehrt war die Gesamtlage in Deutschland, wo stets die von konservativen Impulsen getriebene Romantik und der Historismus das Heft in der Hand behielten. Hier konnten nur die Naturwissenschaften sich weitgehend im Zeichen des Positivismus konstituieren; die Geisteswissenschaften wurden historistisch-romantisch fundiert, und nur vorstoßweise und im wesentlichen nur von oppositionellen Strömungen getragen, gelang es dem Positivismus zeitweise sich durchzusetzen.

Im Zeichen dieser dominierenden Antithese, die man aber auch nicht übertreiben und pressen darf, wird beinahe um eine jede logische Denkkategorie gerungen, und auch das Generationsproblem erscheint nur als eine Etappe in dieser viel umfassenderen Kampagne. Man kann den hier vorherrschenden Unterschied und die Verschiedenheit zwischen französisch-positivistischer und deutsch-romantischer Fragestellung im Bereiche der Generationsproblematik gar nicht verstehen, wenn man ihn nicht in diesen größeren Zusammenhang einstellt.

Für den Liberalen, Positivisten, im erwähnten Sinne idealtypischen Franzosen ist das Generationsproblem zumeist ein Beleg für die *geradlinige Fortschrittskonzeption.*

Dieses aus modern-liberalen Impulsen erwachsene Denken hatte von Anfang an mit einem veräußerlichten, mechanisierten *Zeitbegriff* operiert und versuchte an der quantitativ meßbaren Zeit einen objektiven Maßstab für den geradlinigen Fortschritt zu finden. Auch die Abfolge der Generationen erschien hier eher als ein Geschehen, das die Geradlinigkeit der Zeitfolge nicht so sehr durchbrach, als es sie artikulierte.

Das Wichtigste am Generationswechsel blieb, daß er als einer der wesentlichsten treibenden Faktoren im Fortschritt betrachtet wurde.

Aber gerade diese Fortschrittskonzeption wird Etappe für Etappe abgebaut, wenn man – auf die konservativen Beobachtungsimpulse zurückgreifend – im romantisch-historistisch fundierten deutschen Denken im Generationsproblem geradezu einen Gegenbeweis gegen die Linienhaftigkeit des historischen Zeitablaufes zu finden bestrebt ist[8]. Das Generationsproblem wird hier auf diese Weise zum Problem des Vorhandenseins einer nicht meßbaren, rein qualitativ erfaßbaren inneren Zeit.

Das relative Novum, das bei *Dilthey* erscheint, ist eben diese Gegenüberstellung von *quantitativ* meßbarer und nur *qualitativ* erfaßbarer innerer Erlebniszeit. Das Problem der Generationen interessiert Dilthey nach eigenem Zugeständnis vornehmlich, weil durch die Generationseinheit das übliche, nur äußerliche Gerüst des Verlaufs geistiger Bewegungen, das nur Stunden, Monate, Jahre, Jahrzehnte zur Grundlage hat, ersetzt werden kann durch eine „von innen abmessende Vorstellung". Die Generationseinheiten ermöglichen eben ein nacherlebbares anschauliches Abmessen geistiger Bewegungen[9].

Das zweite, was Dilthey ferner am Generationsphänomen feststellt, ist, daß nicht nur die Abfolge, sondern auch das Phänomen der *Gleichzeitigkeit* hier einen tieferen, als den bloß chronologischen Sinn erhält. Gleichzeitig aufwachsende Individuen erfahren in den Jahren der größten Aufnahmebereitschaft, aber auch später die selben leitenden Einwirkungen, sowohl von seiten der sie beeindruckenden intellektuellen Kultur als auch von seiten der gesellschaftlich-politischen Zustände. Sie bilden eine Generation, eine Gleichzeitigkeit, weil diese Wirkungen einheitlich sind. Gerade durch diese Wendung, daß Gleichzeitigkeit im Geistesgeschichtlichen nicht ein chronologisches Datum, sondern Gleichartigkeit der vorhandenen Einwirkungen bedeutet, gleitet die Fragestellung von einer Ebene, die in eine mystische Zahlenarithmetik umzuschlagen neigte, in das Gebiet der bloß durch das Verstehen erfaßbaren Innerzeitlichkeit.

Aus dem Problem des nur mathematisch Zählbaren wird ein Problem des Qualitativen, das nur nacherlebbar ist: Generationsabstand wird innerlich nacherlebbare Zeit, Generationsgleichzeitigkeit zu einem innerlichen Identisch-Bestimmtsein.

Von hier aus ist es nur ein Schritt zum Phänomenologen *Heidegger*, der gerade dieses Problem der qualitativen Verbundenheit vertieft und als Geschick dieses Verbundensein zu bestimmen versucht. „Das Geschick setzt sich nicht aus einzelnen Schicksalen zusammen, sowenig als das Miteinandersein als ein Zusammenvorkommen mehrerer Subjekte begriffen werden kann. Im Miteinandersein in derselben Welt und in der Entschlossenheit für bestimmte Möglichkeiten sind die Schicksale im vorhinein schon geleitet. In der Mitteilung und im Kampf wird die Macht des Geschickes erst frei. Das schicksalshafte Geschick des Daseins in und mit seiner ‚Generation' macht das volle eigentliche Geschehen des Daseins aus"[10].

[8] Über das konservative Zeiterleben vgl. *K. Mannheim*: Das konservative Denken. Archiv für Sozialwissenschaft u. Sozialpolitik Bd. 57. H. 1/2 S. 98ff. Gegen die Fortschrittskonzeption als geschichtliche Gesamtvorstellung z. B. *Pinder*, S. 138.

[9] Vgl. *Dilthey*, S. 36ff.

[10] *Heidegger*, S. 384f.

Aus denselben Wurzeln des qualitativen Zeitbegriffs, den wir schon im Diltheyschen Ansatz vorgefunden haben, erwächst die Problemstellung des Kunsthistorikers *Pinder*[11]. Bei Dilthey berührt erfreulich die weise Zurückhaltung, mit der er nur wirkliche Möglichkeiten, die der romantisch qualitative Zugriff verschafft, zur Geltung bringt. Er verstand es eben, auch vom Positivismus zu lernen. Pinder verfällt dagegen völlig der romantischen Verlockung, vertieft sehr vieles, versteht es aber nicht, den romantischen Zügellosigkeiten zu entgehen. Was Pinder vor allem am Generationsphänomen interessiert, ist die *„Ungleichzeitigkeit des Gleichzeitigen"*. In derselben chronologischen Zeit leben verschiedene Generationen. Da aber wirkliche Zeit nur die erlebte Zeit ist, leben sie alle eigentlich in einer qualitativ völlig verschiedenen inneren Zeit. „Jeder lebt mit Gleichaltrigen und Verschiedenaltrigen in einer Fülle gleichzeitiger Möglichkeiten. Für jeden ist die gleiche Zeit eine andere Zeit, nämlich *ein anderes Zeitalter seiner selbst,* das er nur mit Gleichaltrigen teilt"[12].

Jeder Zeitpunkt ist deshalb eigentlich ein *Zeitraum*, er hat mehrere Dimensionen, da er ja stets von verschiedenen Entfaltungen der einzelnen daseienden Generationsschichten aus erreicht wird[13]. Das Zeitdenken muß also – um ein musikalisches Gleichnis Pinders anzuwenden – polyphon organisiert sein, in jedem „Zeitpunkt" muß man die einzelnen Stimmen der einzelnen Generationen heraushören, die stets von sich aus jenen Punkt erreichen.

Ein zweiter Gedanke ist, daß jede Generation aus sich heraus eine eigene *„Entelechie"* bilde, wodurch allein sie eigentlich erst zu einer qualitativen Einheit wird. Bestand die innere Einheit einer Generation bei Dilthey in der Gemeinsamkeit der Einflüsse geistiger und gesellschaftlicher Art, so war bei ihm die *Verbindung* noch nicht völlig qualitativ erfaßbar. Suchte Heidegger hier abzuhelfen durch den Begriff des die Einheit erst konstituierenden Geschicks, so stellt sich bei Pinder – aus den Traditionen der modernen Kunstgeschichte kommend – der Begriff der Entelechie ein.

Entelechie einer Generation ist nach ihm Ausdruck der Einheit ihres „inneren Zieles", Ausdruck eingeborenen Lebens- und Weltgefühls. Von den kunstgeschichtlichen Traditionen aus gesehen ist die Generationsentelechie eine Übertragung des *Rieglschen* „Kunstwollens"[14] vom Phänomen der Stileinheit auf die Generationseinheit; wie denn der Rieglsche Begriff des Kunstwollens eine etwas ins Positivistische übersetzte Verjüngung und Fruchtbarmachung jener morphologischen Tendenzen war, die bereits im historistischen Volksgeistbegriff angelegt waren. Hatte man bisher hauptsächlich mit der Einheit *„Zeitgeist"* gearbeitet, so erweist sich hier diese Einheit – in einer von Pinder so gern bevorzugten musikalischen Analogie ausgedrückt – als eine Scheinakkordik des vertikalen Zusammentreffens einzelner Töne, die zunächst verschiedenen Horizontalsystemen (primär den Generationsentelechien) einer Fuge angehören[15]. Die Generationsentelechien dienen also hier zur Destruktion der bisher

[11] *Pinder*. Vgl. insbes. Kapitel 7.

[12] *Pinder*, S. 21. Von Pinder gesperrt.

[13] *Pinder*, S. 20 ebenda.

[14] Vgl. hierzu *K. Mannheim*, Beiträge zur Theorie der Weltanschauungsinterpretation. (Jahrbuch für Kunstgeschichte. Bd. I. Wien 1923. Ersch. auch in der Serie: „Kunstgeschichtliche Einzeldarstellungen". Bd. 2. Herausgegeben von „Kunsthist. Institut des Bundesdenkmalamtes. Wien 1923. S. 38ff.

[15] *Pinder*, S. 98.

überbetonten Zeiteinheit (Zeitgeist, Geist einer Epoche). Die Einheit einer Epoche hat keinen einheitlichen, treibenden Impuls, kein einheitlich formendes Prinzip, also keine Entelechie; ihre Einheit besteht höchstens in der Verwandtschaft der Mittel, die dieselbe Zeit den verschiedenen Generationsaufgaben zur Verfügung stellt. Es gibt Zeitfarben, „sie sind in Wahrheit vorhanden, aber etwa so, wie Lasuren über mehreren einander durchschimmernden Generations- und Lebensaltersfarben“[16].

Wird also hier im wesentlichen durch die Leugnung des Vorhandenseins einer entsprechenden Entelechie die Einheitlichkeit einer Epoche geleugnet und dadurch der Zeitgeistbegriff relativiert und abgebaut, so werden die übrigen Einheiten, mit denen die Geistesgeschichte zu arbeiten pflegt, in ihrer Geltung belassen. Nach Pinder gibt es außer der Generationsentelechie noch Entelechien der Künste, Entelechien des Sprachlichen, Entelechien der Stile, Entelechien der Nationen, des Stammhaften, aber auch eine Entelechie des Europäertums und schließlich die Entelechien der Einzelnen.

Wie gestaltet sich nun bei *Pinder* das geschichtliche Geschehen? Durch ein Zusammenspiel der stetigen und der zeitlichen Faktoren. Die stetigen Faktoren sind: Kulturraum, Nation, Stamm, Familie, Individualität, Typus; die zeitlichen Faktoren sind die erwähnten Entelechien. „Behauptet wird eine Priorität des Wachstums vor den Erfahrungen („Einflüssen", „Beziehungen“). Behauptet wird, daß das kunstgeschichtliche Leben entsteht aus dem Zusammenwirken bestimmender Entelechien, die in geheimnisvollem Naturvorgange *geboren* werden, mit den (selbstverständlich ebenfalls wesentlichen) Reibungen, Einflüssen, Beziehungen, die in der tatsächlichen Entfaltung dieser Entelechien *erfahren* werden“[17]. Was hier zunächst ins Auge fällt, ist, daß wir in keiner Reihe der Faktoren das Gesellschaftliche auch nur im entfernten Sinne erwähnt finden.

Diese romantische Strömung in Deutschland überdeckt völlig die Tatsache, daß zwischen der naturalen Sphäre und der geistigen noch die Ebene der gesellschaftlich formierenden Kräfte liegt. Entweder ist man hier völlig spiritualistisch und läßt alles aus Entelechien hervorgehen (die es sicher gibt), oder aber man hat das Gefühl, man müßte doch auch etwas Realismus in die Sache bringen, und dann hält das unmittelbar Vitale, Rasse, Generation (die es sicher auch gibt) her und bringt in „geheimnisvollem Naturvorgange“ die geistigen Potenzen hervor. Geheimnisse gibt es sicher auch so noch in der Welt; aber man soll sie an ihrem Orte zur Geltung kommen lassen und nicht dort, wo man die Agglomerierung der Kräfte noch weitgehend aus dem gesellschaftlichem Geschehen verstehen könnte. Eine mitgestaltende Kraft haben wohl auch die gesellschaftlichen Beziehungen, in denen Menschen zunächst sich treffen, in ihren Gruppierungen, wo sie sich gegenseitig entzünden und wo ihre realen Kämpfe Entelechien schaffen und von hier aus auch Religion, Kunst usw. in Mitleidenschaft ziehen und weitgehend modellieren. Vielleicht wäre es doch auch lohnend zu fragen, ob es sich hier nicht nur um „Reibungen", „Einflüsse“ und „Beziehungen“ handle, vielleicht strahlt auch aus diesen Faktoren schöpferische Kraft, bildende Gewalt, soziale Entelechie? Vielleicht vermitteln gerade diese, aus dem sozialen Miteinander und Gegeneinander strömenden Energien zwischen den sonst nur zufällig aneinander

[16] *Pinder*, S. 159f.

[17] *Pinder*, S. 154. Von Pinder gesperrt.

geratenden und sich kreuzenden übrigen Entelechien der Künste, Stile, Generationen usw.? Betrachtet man die Dinge nicht in diesem Sinne, und setzt man die höchsten Ausdrucksformen des Spiritualen ohne soziologisch-historische Vermittlung in Beziehung zur vitalen Sphäre, so kommt man allzu leicht zur Vermutung, daß entscheidende Generationen „Würfe der Natur“[18] sind, und „fast fühlt man sich versucht, vom Problem der Geburtszeiten aus auch noch das viel geheimnisvollere und schwierigere der Todeszeiten aufdämmern zu sehen“[19]. Um wie Vieles nüchterner, zugleich aber mehr wahren Forschungstrieb verratend, ist Diltheys Satz, der gleichsam solche Spekulationen vorwegnehmend sagt: „Inzwischen erscheint doch die Annahme als die natürlichste, daß im ganzen sowohl das Maß als auch die Verteilung der Anlagen für jede Generation unter im ganzen gleichen Bedingungen nationaler Tüchtigkeit dieselben sind, daß also aus jenen zwei Gruppen von Bedingungen[20] die Verteilung wie die Intensität der Leistungen zu erklären sein wird“[21].

Wertvoll, geradezu genial sind bei Pinder der Gedanke der „Ungleichzeitigkeit des Gleichzeitigen“, der Gedanke der Entelechien; Gedanken, die aus dem romantisch-historistischen Ansatz kommen und für die der Positivismus sicher kein Organ hat. Gefährlich und alle Wissenschaftlichkeit bedrohend werden aber seine Ausführungen, wenn er den analogisierenden Denkformen verfällt. Diese Denkweise geht eigentlich auf die naturphilosophischen Spekulationen der Renaissance zurück, wurde in der Romantik verlebendigt und bis ins Groteske gesteigert; gegenwärtig ist sie bei Pinder in Gebrauch, so oft er den biologischen Weltrhythmus deduziert. Auch ihm kommt es nunmehr darauf an, zahlenmäßig feststellbare Intervalle (wenn auch etwas elastischer gehalten) im historischen Geschehen zu fixieren und im Verlauf der Geschichte entscheidende Geburtsschichten mit Hilfe dieser magischen Generationsformel zu finden. Noch konstruktiver verfährt *Joel*[22], dieser sonst so verdienstvolle Forscher. In seinen neuesten Ausführungen über den säkularen Rhythmus der Geschichte fühlt man sich geradezu an die romantischen Spekulationen erinnert.

Es ist überhaupt ein Fehlgriff, den die meisten Forscher begehen, zu meinen, ein wirkliches Generationsproblem gebe es nur dann, wenn man eine Generationsrhythmik mit ein für allemal fixierbaren zeitlichen Intervallen aufzuweisen imstande ist. Das Generationsproblem ist ein zu erforschendes und reichhaltiges Problem, auch dann, wenn die Intervallentheorie sich als unnachweisbar zeigen sollte.

Wir wissen es nicht, vielleicht gibt es auch einen säkularen Rhythmus in der Geschichte, vielleicht wird man ihn auch einmal erkennen. Wir sträuben uns aber dagegen, ihn auf einem fantasierend spekulativem Wege zu erfahren, – ganz besonders wenn diese biologisch oder geistig fundierte Spekulation nur ein Ausweg ist, um der Erforschung dessen, was näher liegt und erforschbar ist, der durchleuchtbaren Textur sozialen Geschehens und deren Einwirkungen auf das Generationsphänomen zu entgehen. Der biologische Rhythmus wirkt sich im Elemente des sozialen Geschehens aus; wenn man diese Formungsschicht völlig übergeht und unmittelbar alles aus dem

[18] *Pinder*, S. 30.

[19] *Pinder*, S. 60.

[20] Gemeint sind Kulturzustand und die gesellschaftlich politischen Verhältnisse.

[21] *Dilthey*, S. 38.

[22] *Joel*, siehe die Bibliographie am Ende.

Vitalen heraus zu erfassen sucht, so verschüttet man in der Lösungsweise des Problems alle fruchtbaren Keime, die in der Fragestellung so erfreulich und so verheißungsvoll vorhanden waren[23].

II. Das soziologische Problem der Generationen

Das Problem der Generationen ist ein ernst zu nehmendes und wichtiges Problem. Bei der Erkenntnis des Aufbaues der sozialen und geistigen Bewegungen ist es einer der unerläßlichen Führer. Seine praktische Bedeutung wird unmittelbar ersichtlich, sobald es sich um das genauere Verständnis der beschleunigten Umwälzungserscheinungen der unmittelbaren Gegenwart handelt. Es wäre schade, wenn außerwissenschaftliche Methoden das dabei ohne weiteres Erforschbare auf die Dauer verdecken würden.

Aus der vorangegangenen Sichtung der gegenwärtigen Problemlage ergibt sich wohl eindeutig, daß es an einer Einheitlichkeit der Problemstellung mangelt. Die geistes- und sozialwissenschaftlichen Disziplinen der einzelnen führenden Länder nehmen nur gelegentlich Kenntnis von den gegenseitigen Ergebnissen. So nahm ganz besonders die deutsche Forschung im Gebiete des Generationsproblems keine Kenntnis von der ausländischen Lage. Die Tatsache, daß stets verschiedene Einzelwissenschaften das Problem in Angriff genommen haben, führte eine Situation herbei, bei der man höchstens von interessanten Anläufen und Beiträgen zur Gesamtlösung, nicht aber von einer klaren Problemstellung und von einem zielbewußten Forschen sprechen kann.

In der Mannigfaltigkeit der Ansätze, die sich sowohl aus der Verschiedenheit der Denktraditionen der einzelnen Nationen, als aus der denkerischen Eigenart der verschiedensten Einzelwissenschaften ergibt, liegt zwar ein großer Reiz und Reichtum, auch kann ein so umfassendes Problem nur durch eine entsprechende Kooperation der verschiedensten Disziplinen und Nationen gelöst werden, aber eine Kooperation muß doch irgendwo planvoll und durch ein organisierendes Zentrum innerlich zusammengehalten werden. So ist der Stand des Problems der Generation ein eminentes Beispiel für die Planlosigkeit in den Sozial- und Geisteswissenschaften, wo jeder immer von neuem ansetzt (was bis zu einem gewissen Grade fruchtbar und notwendig ist), und nur ganz selten gefragt wird, ob denn diese verschiedenen Ansätze nicht als Elemente eines einheitlichen Problemzusammenhanges betrachtet werden könnten, wobei Rolle und Anteil der einzelnen Disziplinen an der Gesamtlösung überlegt werden könnte.

Eine Überorganisation der Geistes- und Sozialwissenschaften ist auch nicht wünschenswert, aber es müßte zumindest doch überlegt werden, ob es nicht stets eine Disziplin je nach der besonderen Eigenart der Frage gibt, die dieses organisierende Zentrum abgeben könnte. Bei dem Problem der Generationen ist es wohl ohne Zwei-

[23] Eine nüchternere Fundierung der drei Generationeneinheit, als der Einheit eines Jahrhunderts, hatte *O. Lorenz* versucht. Eine 600 Jahre-Rhythmik betont *Scherer* in seiner Literaturgeschichte. S. 18ff. Auf die Lösungs-versuche der modernen Literaturhistoriker *Kummers* und *Petersen*, ferner auch auf *L. V. Wiese*, kommen wir im nächsten Teil dieser Untersuchung zu sprechen.

fel die Soziologie, die irgendwie den Problementwurf herauszuarbeiten hat. Diesmal scheint es gerade die Aufgabe der formalen Soziologie zu sein, die elementarsten und zugleich aber auch die grundlegenden Tatbestände am Generationsphänomen herauszuarbeiten, Innerhalb der Formalsoziologie aber liegt dieses Problem an der Grenze zwischen statischer und dynamischer Forschung. Während die Formalsoziologie bisher zumeist die Gruppenexistenz der Menschen *überhaupt* in der Statik untersucht hatte, scheint dieses Problem zu einer Gruppe von Fragestellungen zu gehören, die gerade die dynamik-stiftenden Kräfte und die Wirksamkeitsordnung der dynamischen Komponenten im gesellschaftlichen Geschehen herauszuarbeiten hat. So wäre gerade hier der Übergang von der rein formal statischen zur formal dynamischen und von dort zur angewandt historischen Soziologie gegeben, die alle zusammen erst das Gesamtfeld soziologischer Forschung auszumachen vermögen.

Im folgenden sollen in formalsoziologischer Klärung die elementarsten Tatbestände am Generationsphänomen herausgearbeitet werden, ohne deren Klärung historische Forschung in dieser Richtung gar nicht ansetzen kann: Zugleich aber sollen alle bisher angehäuften Einsichten, die sich als zutreffend erwiesen haben, verwertet werden, während wir stillschweigend diejenigen fallen lassen, die uns nicht genügend fundiert erscheinen.

1. Konkrete Gruppe - soziale Lagerung

Will man das Phänomen des Generationszusammenhanges auf seine Fundamentalstrukturen hin sich Vergegenwärtigen, so gilt es, das spezifische Miteinander der in der Generationseinheit verbundenen Individuen zu klären.

Die Einheit einer Generation ist zunächst *gar keine auf konkrete Gruppenbildung* hinstrebende soziale Verbundenheit, wenn es gelegentlich auch dazu kommen mag, daß das Faktum der Generationseinheit zur bewußten einheitsstiftenden Unterlage konkreter Gruppenbildungen wird (z. B. die Jugendbewegung in der Moderne)[24]. Ist dies der Fall, so sind diese Bildungen zumeist Bünde und bilden als solche nur dadurch ein Spezifikum, daß hier primär nicht irgendwelche objektiven Gehalte, sondern gerade der bewußtgewordene Generationszusammenhang zur Unterlage einer konkreten Gruppenformation wird.

Sehen wir aber von diesem speziellen Fall ab, wo der Generationszusammenhang zur Veranlassung von konkreter Gruppenbildung werden kann, so können wir zunächst den Generationszusammenhang eben als einen *bloßen Zusammenhang in Gegensatz zu den konkreten Gruppenbildungen stellen.*

Beispiele *konkreter Gruppenbildungen* sind etwa Zweckverbände, Familie, Sippe, Gesinnungsgemeinschaften usw. Alle diese *konkreten Gruppenformen* sind dadurch charakterisierbar, daß die ihnen zurechenbaren Individuen auch in concreto eine Gruppe bilden, sei es, daß diese Gruppeneinheit im wesentlichen durch vital, existentiell vorausgehende Bindungen der „Nähe" fundiert sind oder durch bewußt gewollte Stiftung des „Kürwillens" zustande kommen. Dem ersteren Typus entspre-

[24] In diesem Zusammenhange müßte u. a. der strukturelle Unterschied, der zwischen den, durch *K. Schurtz* so genau geschilderten Altersklassen und Männerbünden bei den sog. „Primitiven" einerseits und den modernen Generationsbewegungen andererseits genau herausgearbeitet werden.

chen alle Gemeinschaftsgebilde (Familie, Sippe usw.), dem letzteren die „Gesellschaftsgebilde“.

Der Generationszusammenhang an sich läßt sich nicht charakterisieren als eine konkrete Gruppe im Sinne der Gemeinschaft, wo das voneinander in concreto Wissen Voraussetzung ist und deren geistig-seelische Auflösung erfolgt, wenn die äußere Nähe gesprengt ist. Der Generationszusammenhang ist aber auch nicht gesellschaftlichen Formationen – etwa Zweckverbänden – vergleichbar, wo bewußt gewollte Stiftung, Statutenhaftigkeit und Kündbarkeit das Bezeichnende sind und die Funktion haben, die äußere Nähe und die vital einfach daseiende Verbundenheit zu ersetzen.

Sprechen wir also von „konkreter Gruppe“, wenn entweder gewachsene oder gestiftete Bindungen Individuen zu einer Gruppe vereinigen, so ist der Generationszusammenhang ein Miteinander von Individuen, in dem man zwar auch durch etwas verbunden ist; aber aus dieser Verbundenheit ergibt sich zunächst noch keine konkrete Gruppe. Dennoch ist der Generationszusammenhang ein soziales Phänomen, dessen Eigenart beschrieben und erfaßt werden muß.

Vielleicht verhilft uns zur Klärung die Heranziehung einer ganz anders gearteten sozialen Kategorie, die zwar inhaltlich vom Generationszusammenhang grundverschieden ist, in bestimmten strukturellen Grundtatsachen aber eine Ähnlichkeit aufweist: wir denken an das Phänomen der *Klassenlage.* Unter Klassenlage könnte man, im weiteren Sinne des Wortes, verstehen eine schicksalsmäßig verwandte Lagerung bestimmter Individuen im ökonomisch-macht-mäßigem Gefüge der jeweiligen Gesellschaft. Man *ist* Proletarier, Unternehmer, Rentner usw. und man ist es, weil man das spezifische Schwergewicht einer besonderen Lagerung im gesellschaftlichen Gefüge (als sozialen Druck oder Chance) stets empfindet. Diese Lagerung im sozialen Raume ist nicht wie die Zugehörigkeit zu einem Verbande durch einen intellektuellen willensmäßigen Akt kündbar: man ist aber durch diese Tatsache auch nicht im selben Sinne vital schicksalsmäßig, mit allen Fasern seiner Existenz an eine konkrete Gruppe, wie in der Gemeinschaft, gebunden.

Man kann die *Lagerung* nur *verlassen* im individuellen oder kollektiven Aufstieg oder Abstieg; wobei es zunächst nebensächlich ist, ob durch Eigenverdienst, eigene Anstrengung oder durch soziale Konjunktur oder gar bloß durch Zufall.

Die Zugehörigkeit zu einem „Verbande“ *erlischt* durch Kündigung der Beziehung, die gemeinschaftlichen Bande *hören auf,* indem die geistig seelischen Beziehungen in uns oder auch in den übrigen Gliedern der Gruppe sich auflösen, die frühere Klassenlage *verliert ihre Relevanz* für uns, indem wir diese durch Änderung unserer wirtschaftlich machtmäßigen Position neugestalten.

In einer Klassenlage befindet man sich; und es ist auch sekundär, ob man davon weiß oder nicht, ob man sich ihr zurechnet oder diese Zurechenbarkeit vor sich verhüllt.

Es gehört keineswegs immer zu einer Klassenlage ein *Klassenbewußtsein,* wenn auch das letztere unter bestimmten sozialen Bedingungen aus der ersteren aufsteigen kann, dieser dadurch ein besonderes Gepräge zu verleihen und aus der bloßen Klassenlage das Phänomen der „sich konstituierenden Klasse“ zu gestalten vermag[25]. Uns

[25] Es kann Thema einer historisch-soziologischen Untersuchung werden, auf welcher Stufe der Entwicklung und unter welchen Bedingungen aus Klassenlage Klassenbewußtsein aufsteigt, genau so kann es ein

interessiert aber in unserem Zusammenhange an dem soeben analysierten Gebilde zunächst nur das Phänomen der *Lagerung* im sozialen Raume. Gegenüber den konkreten Gruppeneinheiten gibt es das Phänomen der *verwandten Lagerung* der Menschen im sozialen Raume – ein Moment, worin sich Klassenlage und Generationszusammenhang verwandt sind.

Wir haben also als ersten Schritt zur Analyse das *Lagerungsphänomen* gegenüber der Formation *„konkrete Gruppe"* abgehoben, wobei zunächst so viel klar zu sein scheint, daß Generationszusammenhang auf einer verwandten Lagerung der einer Generation zurechenbaren Individuen im sozialen Raume beruht.

2. Abgrenzung der biologischen und soziologischen Fragestellung im Gebiete der Generationserscheinungen

Die verwandte Lagerung im sozialen Raume ist nur bestimmbar durch die Nennung jenes Gefüges, in dem man und durch das man im gesellschaftlich-historischen Leben verwandt gelagert ist. Die Klassenlage war fundiert durch das Vorhandensein einer jeweilig sich verändernden, ökonomischen, machtmäßigen Struktur der Gesellschaft. Die Generationslagerung ist fundiert durch das Vorhandensein des biologischen Rhythmus im menschlichen Dasein: durch die Fakta des Lebens und des Todes, durch das Faktum der begrenzten Lebensdauer und durch das Faktum des Alterns. Durch die Zugehörigkeit zu einer Generation, zu ein und demselben „Geburtenjahrgange" ist man im historischen Strome des gesellschaftlichen Geschehens verwandt gelagert.

Nun könnte man meinen, daß aus biologischen Strukturen unmittelbar das soziale Phänomen der Generationszusammengehörigkeit verstehbar und ableitbar ist. Das ist eben der Irrtum aller naturalistischen Theorien, daß sie unmittelbar aus diesen naturalen Gegebenheiten Soziologisches abzuleiten versuchen, bzw. in diese zunächst nur anthropologischen Tatsachen das soziale Phänomen aufgehen lassen möchten. Aus der Anthropologie und Biologie heraus sind nur das Faktum des Lebens und Sterbens, die begrenzte Lebensdauer und die mit dem Altern gegebenen körperlich-geistig-seelischen Wandlungen verstehbar, nicht aber jene Relevanz, die diese Urfakta jeweils für das gesellschaftlich-historische Miteinander bekommen.

Das soziologische Phänomen des Generationszusammenhanges ist *fundiert* durch das Faktum des biologischen Rhythmus der Geburten und des Todes. *Durch etwas fundiert sein, bedeutet aber noch nicht, aus ihm ableitbar, in ihm enthalten sein.* Das Phänomen, das durch ein anderes fundiert ist, könnte zwar nicht ohne es bestehen, es enthält aber in sich ein dem Fundierenden gegenüber unableitbares, qualitativ eigenartiges Superadditum. Gäbe es nicht das gesellschaftliche Miteinander der Menschen, gäbe es nicht eine bestimmt geartete Struktur der Gesellschaft, gäbe es nicht die auf spezifisch gearteten Kontinuitäten beruhende Geschichte, so entstünde nicht das auf dem Lagerungsphänomen beruhende Gebilde des Generationszusammenhan-

historisch-soziologisches Problem werden, wann sich neue Generationen ihrer generationsmäßigen Lagerung als solcher bewußt werden und gerade dieses Wissen zur Unterlage ihres Verbundenseins machen. Warum ist gerade in der jüngsten Zeit Generationseinheit ins Bewußtsein gehoben worden? Das wäre hierbei die in erster Reihe zu lösende Frage.

ges, sondern nur das Geborenwerden, das Altern und das Sterben. Das soziologische Problem der Generationen fängt also erst dort an, wo auf die soziologische Relevanz dieser Vorgegebenheiten hin abgehoben wird. Hierbei ist die erste Aufgabe – um von den Elementarphänomen auszugehen –, den Generationszusammenhang als besonderen Typus der sozialen Lagerung zu verstehen.

3. Die einer Lagerung „inhärierende Tendenz"

Klassenlage und *Generationslage* (Zugehörigkeit zu einander verwandten Geburtsjahrgängen) haben also das Gemeinsame, daß sie als Folge einer spezifischen Lagerung der durch sie betroffenen Individuen im gesellschaftlich-historischen Lebensraume, diese Individuen auf einen bestimmten Spielraum möglichen Geschehens beschränken und damit eine spezifische Art des Erlebens und Denkens, eine spezifische Art des Eingreifens in den historischen Prozeß nahelegen. Eine jede *Lagerung* schaltet also primär eine große Zahl der möglichen Arten und Weisen des Erlebens, Denkens, Fühlens und Handelns überhaupt aus und beschränkt den Spielraum des sich Auswirkens der Individualität auf bestimmte umgrenzte Möglichkeiten. Aber mit dieser Fixierung der *negativen* Beschränkung ist noch nicht alles erfaßt. Es inhäriert einer jeden Lagerung im *positiven* Sinne eine Tendenz auf bestimmte Verhaltungs-, Gefühls- und Denkweisen, die aus dem eigenen Schwergewicht der Lagerung heraus vom Soziologen aus verstehend erfaßbar ist.

Wir wollen also in diesem Sinne, von einer, *einer jeden Lagerung inhärierenden Tendenz* sprechen, die aus der Eigenart der Lagerung selbst bestimmbar ist.

Für eine bestimmte *Klassenlage* gibt sich (in stets sich wiederholender Erfahrung) die Gesellschaft in einem bestimmten Aspekt, aber auch die den gesellschaftlich-geistigen Raum ausfüllenden Erlebnis-, Denk- und Gefühlsgehalte sind nicht „überhaupt" da, sondern sie sind für jede Klassenlage nur in einem bestimmten „Aspekt" vorhanden. Der Proletarier partizipiert äußerst wahrscheinlich in einer in seiner Schicht üblichen Weise an den Kulturgütern und nur an bestimmten Kulturgütern. Auch eine so einheitlich anmutende Geistigkeit, wie die kirchlich-mittelalterliche Kultur, bietet andere Gehalte dem theologisierenden Kleriker, andere dem Ritter, andere dem Mönch usw. Aber auch dort, wo und insofern dieselben geistigen Gehalte geboten werden, oder allen „zugänglich" sind, ist eben diese Zugangsweise, die Art und Weise der Hinwendung, Verarbeitung, Weiterbildung noch immer mehr oder minder richtungsbestimmt. Wir pflegen in solchen Fällen zu sagen, die Zugangsweise sei jeweils durch spezielle Traditionen der betreffenden Schicht bestimmt. Aber auch die Traditionen von Lebenskreisen und sozialen Schichten sind nicht nur aus der Geschichte, sondern hauptsächlich aus der Lagerung der betreffenden Schichten im gesamtsozialen Spielraum verstehbar und erklärbar. In eine bestimmte Richtung hindrängende Traditionen halten sich nur so lange, als die Lagerung der tragenden Schicht im sozialen Raume im großen und ganzen dieselbe bleibt. Nicht aus der Geschichte einer bestimmten Tradition ergibt sich die konkrete Gestalt einer vorhandenen Einstellung oder eines Gehaltes, sondern letzten Endes aus der Geschichte jener *Lagerung,* in der diese entstanden sind und sich zu einer Tradition verfestigt haben.

4. Grundtatsachen im Gebiete der Generationserscheinungen

Der Generationszusammenhang bedeutet also zunächst nach der bisherigen Beschreibung nicht mehr als eine besondere Art der gleichen Lagerung verwandter „Jahrgänge" im historisch-sozialen Raume. War die Eigenart der klassenmäßigen Lagerung des näheren bestimmbar durch die Charakteristik der *ökonomisch-sozialen* Bedingungen, so ist die Generationslagerung ihrerseits durch Momente bestimmbar, die aus den *Naturgegebenheiten* des Generationswandels heraus bestimmte Arten des Erlebens und Denkens den durch sie betroffenen Individuen nahelegen.

Welche strukturelle Momente gerade durch das Generationsphänomen im Leben und Erleben gestiftet werden, kann man sich am klarsten vergegenwärtigen, wenn man sich gedanklich experimentierend fragt, wie würde menschlich gesellschaftliches Leben aussehen, wenn eine Generation ewig leben und keine weitere Generationsfolge stattfinden würde. Einer solchen utopisch konstruierten menschlichen Gesellschaft gegenüber ist die unsrige charakterisiert[26]:

a) durch das stete Neueinsetzen neuer Kulturträger;
b) durch den Abgang der früheren Kulturträger;
c) durch die Tatsache, daß die Träger eines jeweiligen Generationszusammenhanges nur an einem zeitlich begrenzten Abschnitt des Geschichtsprozesses partizipieren;
d) durch die Notwendigkeit des steten Tradierens|(Übertragens) der akkumulierten Kulturgüter;
e) durch die Kontinuierlichkeit des Generationswechsels.

Dies sind die Grundphänomene, die allein aus der bloßen Tatsache des Vorhandenseins von Generationen folgen, wobei wir diesmal vom spezifischen Phänomen des körperlichen und geistigen *Alterns* absichtlich abstrahieren[27]. Am Leitfaden dieser Punkte wollen wir es nunmehr versuchen, die formal soziologische Relevanz dieser Elementar-Tatbestände herauszuarbeiten.

a) *Das stete Neueinsetzen neuer Kulturträger.* Im Gegensatz zu unserer utopisch konstruierten Gesellschaft ist unsere generationsmäßig sich erneuernde, in erster Reihe dadurch charakterisiert, daß Kulturschöpfung und -akkumulation nicht in denselben Individuen sich vollzieht, sondern stets „neue Jahrgänge" einsetzen.

Das bedeutet zunächst, daß Kultur fortgebildet wird von Menschen, die einen *„neuen Zugang"* zum akkumulierten Kulturgut haben. Bei der Veranlagung unserer seelischen Struktur bedeutet „neuartiger Zugang" zugleich stets neuartige Distanzierung des Gegenstandes, neuartigen Ansatz bei der Aneignung, Verarbeitung und Fortbildung des Vorhandenen. Der „neuartige Zugang" ist ein Phänomen, das im sozialen Leben auch sonst relevant ist und hier nur eine spezifische Realisation findet. Der

[26] Da den Geistes- und Sozialwissenschaften kein Experiment zur Verfügung steht, kann oft ein solches „Gedankenexperiment" dazu verhelfen die wichtigsten Faktoren zu isolieren.

[27] Über das „Jungsein", „Altern" und deren geistige Relevanz vgl. u. a. *Spranger* (bei diesem weitere Literatur über das Seelenleben der Jugendlichen, in diesem Zusammenhange auch *Honigsheim*), ferner *A. E. Brinckmann* (mit kunsthistorisch interpretativer Methode arbeitend) *Jakob Grimm, F. Boll* (mit historisch philologischer Methode arbeitend). Die Literatur über Jugendbewegung (da sie ein Problemgebiet für sich darstellt) ist in unserer Bibliographie nicht angeführt.

„neuartige Zugang“ ist von großer Bedeutung im Leben des Einzelnen, wenn dieser durch Schicksale gezwungen wird, seine ursprüngliche Gruppe zu verlassen und in eine neue soziale Gruppe einzutreten: wenn ein Jüngling die Familie, ein Bauer das Land verläßt, um in die Stadt abzuwandern, wenn ein Emigrant die Heimat, ein sozial Aufstrebender den sozialen Stand oder die Klasse wechselt. Es ist bekannt, daß in allen diesen Fällen ganz augenfällig eine sehr wesentliche Änderung in der Bewußtseinshaltung eintritt; ein Wandel, nicht nur in der inhaltlichen Eigenart des rezipierten Stoffes, sondern ein Wandel in der seelisch-geistigen Einstellung. Alle diese Arten des „neuartigen Zuganges“ sind aber dadurch charakterisiert, daß sie sich jeweils im Rahmen eines individuellen Lebens abspielen, wogegen der „neue Zugang“, den das Phänomen der Generationsfolge stiftet, fundiert ist durch das Einsetzen neuer vital körperlich-seelischer Einheiten, die in der Tat ein „neues Leben“ beginnen. Während der Jüngling, Bauer, Emigrant, der Aufstrebende nur im beschränkten Sinne ein „neues Leben“ beginnen, ist hier der „neuartige Zugang“ zum sozial-kulturellen Gut nicht durch soziale Veränderungen, sondern durch vitale Bestimmungen gestiftet. Wir unterscheiden also dementsprechend zwei wesentlich verschiedene *Typen des „neuartigen Zugangs“* zum sozialen Raume und zu dessen Gehalten: einmal den, der durch soziale Verschiebungen und den, der durch vitale Momente (Generationswechsel) fundiert ist. Der letztere ist *potentiell* viel radikaler, weil in neuen Trägern sich der Einstellungswandel vollzieht und historisch früher Angeeignetes, für diese nicht mehr von derselben Relevanz ist.

Gäbe es keine Generationsfolge, so fiele das spezifische Phänomen des vital fundierten, „neuartigen Zuganges“ aus, und wären immer dieselben Menschen Träger und Fortbildner des Kulturgutes, so würden zwar aus sozialen Verschiebungen heraus „neuartige Zugänge“ möglich sein, aber diese radikalere Form des „neuartigen Zuganges“ würde fehlen. Es wäre viel wahrscheinlicher, daß einmal gesetzte Grundintentionen (Erlebniseinstellungen, Denkrichtungen) durchgehend bewahrt blieben, an sich ein Vorteil, aber mit einer bestimmten, fatalen Einseitigkeit belastet. Nur wenn diese utopischen Menschen auch ein utopisch totales Bewußtsein besäßen, wenn sie einerseits alles Erlebbare erleben, alles Wißbare wissen könnten und immer wieder die Elastizität besäßen, von neuem *ansetzen* zu können, wäre der Ausfall der Generationsfolgen einigermaßen kompensiert. Nur bei dieser „inneren Elastizität“ würde jener „neuartige Zugang“, den historische und soziale Verschiebungen stiften, ausreichen, um das innere und äußere Leben den neuen Verhältnissen entsprechend umzugestalten. Von diesem utopischen Gegenbild aus wird es sichtbar, daß in unserem sozialen Leben dem Faktum der Partialität jedes individuellen Bewußtseins gegenüber im Faktum des steten Neueinsetzens neuer Menschen geradezu eine Kompensation liegt. Das Neueinsetzen neuer Menschen verschüttet zwar stets akkumulierte Güter, schafft aber unbewußt nötige, neue Auswahl, Revision im Bereiche des Vorhandenen, lehrt uns, nicht mehr Brauchbares zu vergessen, noch nicht Errungenes zu begehren.

b) Das Wesentlichste des an zweiter Stelle hervorgehobenen Phänomens, *des steten Abganges früherer Kulturträger* ist hiermit bereits angedeutet. Das Absterben früherer Generationen dient im sozialen Geschehen dem nötigen Vergessen. Für das Weiterleben unserer Gesellschaft ist gesellschaftliche Erinnerung genau so nötig, wie das Vergessen und die neueinsetzende Tat.

Hierbei muß man sich aber vergegenwärtigen, in welcher Gestalt im Sozialen *Erinnerung* vorhanden ist und wie in der menschlichen Gesellschaft Kulturakkumulation sich vollzieht. Da alles Seelische und Geistige nur insofern wirklich vorhanden ist, als es stets aktuell produziert und reproduziert wird, haben vergangene Erlebnisse, Erfahrungen nur insofern Relevanz, als sie im gegenwärtigen Vollzug wirklich vorhanden sind. Vergangene Erlebnisse können hierbei (für unsere Betrachtungen kommen diesmal nur diese beiden Modalitäten in Betracht) in zweifacher Weise vorhanden sein:

α) als bewußte Vorbilder[28], an denen man sich orientiert, wie etwa – nur um ein Beispiel zu nennen – die meisten späteren Revolutionen sich bewußt oder halbbewußt an der französischen Revolution orientierten, oder

β) unbewußt „komprimiert", nur „intensiv", „virtuell", wie etwa in der konkreten Gestalt eines Werkzeuges alle vergangenen Erfahrungen, wie in einer spezifischen Erlebnisform (Sentimentalität etwa) die Geschichte des Seelenlebens virtuell enthalten ist. Jeder aktuelle Vollzug wirkt (meistens unbewußt) selektiv: paßt an vorhandene neue Situationen Hergebrachtes an, oder gestaltet Neues und entdeckt hierbei oft „Seiten", eingebettete Möglichkeiten am Hergebrachten, die unmittelbar vorher nicht beachtet wurden[29].

Auf den einfacheren Stufen des gesellschaftlichen Lebens wirkt sich eher eine *unbewußte* Selektion aus. Vergangenheit ist dort eher „komprimiert", „intensiv", „virtuell" vorhanden. Auch auf der gegenwärtigen Stufe gesellschaftlichen Daseins wirkt sich in jenen tiefer gelagerten geistig-seelischen Beständen, für die das Tempo des Fortbildens nicht so relevant wird, diese unbewußt selektive Art aus. Bewußt-Machen, Reflexiv-Werden wird nur dort nötig, wo traditionalistisch halbbewußte Transformationen nicht mehr ausreichen. Rationalisiert, reflexiv gemacht, werden primär nur jene Sphären, die durch die Wandlungen des historisch-sozialen Gefüges fraglich geworden sind, wo ohne Reflexion die nötige Transformation sich nicht mehr vollziehen würde und die Reflexion als eine Technik der Auflockerung angewandt wird.

In der für uns in erster Reihe sichtbaren, reflexiv gemachten Kulturebene liegen nur jene Elemente, die im Laufe des Lebensprozesses irgendwo und irgendwann selbst problematisch geworden sind, wobei gar nicht gesagt ist, daß das einmal reflexiv und problematisch Gewordene nicht wieder ins Aproblematische, zum unangetasteten Lebensfond zurückzusinken vermag. Für alle Fälle: jene Form der Erinnerung, die in Gestalt der Reflexion die Vergangenheit besitzt, ist viel weniger relevant (schon ihrem Umfange nach unbedeutender) als jene, wo diese virtuell, intensiv vor-

[28] Es ist hier nicht der Ort, die ganze Mannigfaltigkeit der Formen sozialer Erinnerung aufzuzählen. Hier werden mit absichtlicher Beschränkung und Vereinfachung die beiden polaren Möglichkeiten sozialer Erinnerung fixiert, wobei unter „bewußten Vorbildern" in erweiterter Bedeutung, etwa auch jenes Gesamtwissen verstanden werden kann, welches in unseren Bibliotheken aufgestapelt liegt. Dieses in der Bibliothek vorhandene Wissen kommt aber für das Weiterleben stets nur insofern in Betracht, als es immer wieder aktualisiert wird. Aktualisiert aber kann es stets in den beiden Weisen da sein, als intellektuell das Handeln regulierendes Vor-Bild, Vor-Wissen, an dem man sich orientiert, oder aber als im Vollzug *komprimiert* vorhandene Erfahrung. Über die Instinktsphäre und über die insbesondere durch *Freud* behandelte verdrängte und unterbewußt mitpräsente Sphäre müßte noch gesondert gehandelt werden.

[29] Diese im Vollzug zustande kommende Neuentdeckung verschütteter Möglichkeiten am Hergebrachten macht es uns erst verständlich, daß oft reformierende und revolutionierende Bewegungen ihre neuen Wahrheiten an ältere anzuknüpfen vermögen.

handen ist, und das reflexiv Gewordene ist viel eher Funktion des Unreflexiven, als umgekehrt.

Nun ist hier wesensmäßig zu unterscheiden zwischen *angeeigneter* Erinnerung und individuell *selbsterworbener* Erinnerung (sowohl bei den reflektierten als bei den nicht reflektierten Gehalten). Es besteht ein wesentlicher Unterschied, ob ich in eigenem, gewesenen Vollzug mir Erinnerungen erarbeite oder ob ich sie nur einfach übernommen habe. Nur wirklich selbst erworbene Erinnerung, in aktuellen Situationen wirklich erworbenes „Wissen" besitze ich wahrhaft. Nur dieses Wissen „sitzt fest", aber auch nur dieses bindet wirklich. Wäre es also einerseits wünschenswert, daß alles, was der Mensch an Seelischem und Geistigem besitzt, selbsterworbene Erinnerung wäre, so bestünde doch die Gefahr, daß die früheren Weisen des Habens und Aneignens jede spätere, neu hinzukommende Aneignung hemmen würden. Daß die Alten erfahrener sind als die Jungen, ist in Vielem ein Vorteil. Daß die Jugend weitgehend ohne Erfahrung ist, bedeutet für diese eine Minderung des Ballastes, eine Erleichterung des Weiterlebens. Alt ist man primär dadurch[30], daß man in einem spezifischen, selbsterworbenen, präformierenden Erfahrungszusammenhang lebt, Wodurch jede neue mögliche Erfahrung ihre Gestalt und ihren Ort bis zu einem gewissen Grade im Vorhinein zugeteilt erhält, wogegen im neuen Leben die formierenden Kräfte sich erst bilden und die Grundintentionen die prägende Gewalt neuer Situationen noch in sich zu verarbeiten vermögen. Ein ewig lebendes Geschlecht müßte selbst vergessen lernen können, um das Fehlen neuer Generationen zu kompensieren.

c) Auch die dritte Grundtatsache, daß die Träger eines jeweiligen Generationszusammenhanges nur an einem zeitlich *umgrenzten Abschnitt des Geschichtsprozesses partizipieren,* ist ohne weiteres im Zusammenhang mit dem bisher Herausgearbeiteten explizierbar. Die bisher herausgearbeiteten Momente haben nur noch jene Phänomene hervorgehoben, die mit der steten „Verjüngung" der Gesellschaft zusammenhängen. Aus neuer Lebenssubstanz heraus neu ansetzen, und aus einem neuen Erfahrungszusammenhang heraus neues Schicksal, neue präformierende Erwartungen formen sind Fähigkeiten, die nur durch reelles Neugeborenwerden zustande kommen. Im Gegensatz zu diesen, allein mit der gesellschaftlichen Verjüngung gegebenen Momenten, wird jetzt das früher schon angedeutete, aber noch immer nicht explizite analysierte Phänomen der „verwandten Lagerung" genauer erfaßbar[31].

[30] Wenn man – wie vorausgesetzt – diesmal von den vital biologischen Momenten körperlich-seelischen Alterns hier absieht.

[31] Daß das, in diesem Sinne angedeutete „Neuansetzen-Können", nichts mit „Konservativ" und „Progressiv" zu tun hat, muß betont werden. Es ist nichts unrichtiger, als zu meinen – was die meisten Generationstheoretiker unkritisch voraussetzen –, daß die Jugend progressiv und das Alter eo ipso konservativ sei. Gegenwärtige Erfahrungen zeigen zur Genüge, daß die ältere, liberale Generation politisch progressiver zu sein vermag als etwa bestimmte jugendliche Kreise (Burschenschaften usw.). „Konservativ" und „progressiv" sind *historisch-soziologische* Kategorien, die an einer bestimmten konkret-inhaltlichen historischen Dynamik orientiert sind, während „alt" und „jung", „generationsmäßig neuartiger Zugang", formal-soziologisch gemeint sind. Ob eine bestimmte Jugend konservativ, reaktionär oder progressiv ist, entscheidet sich (wenn auch nicht ausschließlich, aber doch in erster Reihe) dadurch, ob sie am vorgefundenen Status der Gesellschaft von ihrem sozialen Orte aus Chancen der eigenen sozialen und geistigen Förderung erwartet. Ihr „Jungsein", ihr „neuartiger Zugang" aber erweist sich u. a. dadurch, daß sie innerhalb der nunmehr gewählten Strömung eine Transformation und Adaptation dieser an die neue Totallage leichter voll-

Verwandt gelagert ist eine Generation zunächst dadurch, daß sie am selben Abschnitt des kollektiven Geschehens parallel teilnimmt. Dies ergäbe aber nur eine rein mechanisch äußerliche Bestimmung des Lagerungsphänomens. Wie vorher die Erinnerungsstruktur, so muß hier das Phänomen der *Erlebnisschichtung* herangezogen werden. Nicht das Faktum der in derselben chronologischen Zeit erfolgten Geburt, zur selben Zeit, Jung-, Erwachsen-, Altgewordenseins, konstituiert die gemeinsame Lagerung im sozialen Raume, sondern erst die daraus erstehende Möglichkeit an denselben Ereignissen, Lebensgehalten usw. zu partizipieren und noch mehr, von derselben Art der Bewußtseinsschichtung aus dies zu tun. Daß das Faktum der chronologischen Gleichzeitigkeit nicht ausreicht, verwandte Generationslagerungen zu konstituieren, ist leicht beweisbar. Es wird niemand behaupten wollen, die chinesische und die deutsche Jugend um 1800 herum hätten sich in einer verwandten Lagerung befunden. Von einer verwandten Lagerung einer zur gleichen Zeit einsetzenden Generation kann also nur insofern gesprochen werden, als und insofern es sich um eine potentielle Partizipation an gemeinsam verbindenden Ereignissen und Erlebnisgehalten handelt. Nur ein gemeinsamer historisch-sozialer Lebensraum ermöglicht, daß die geburtsmäßige Lagerung in der chronologischen Zeit zu einer soziologisch-relevanten werde. Ferner ist hier in Betracht zu ziehen das erwähnte Phänomen der *Erlebnisschichtung*. Auch ältere noch präsente Generationen erleben Teilstrecken historischen Geschehens zusammen mit der heranwachsenden Jugend und sind dennoch nicht derselben Lagerung zuzurechnen. Ihr Herausfallen ist im wesentlichen aus dem Phänomen der andersgearteten Lebensschichtung verstehbar. Die Strukturiertheit menschlichen Bewußtseins ist durch eine bestimmt-geartete innere „Dialektik" charakterisierbar. Es ist weitgehendentscheidend für die Formierung des Bewußtseins, welche Erlebnisse als „erste Eindrücke", „Jugenderlebnisse" sich niederschlagen, und welche als zweite, dritte Schicht usw. hinzukommen. Ferner: es ist ganz entscheidend für ein und dieselbe „Erfahrung" und deren Relevanz und Formierung, ob sie von einem Individuum erlebt wird, das sie als einen entscheidenden Jugendeindruck, oder von *einem* anderen, das sie als „Späterlebnis" verarbeitet. Die ersten Eindrücke haben die Tendenz, sich als *natürliches Weltbild* festzusetzen. Infolgedessen orientiert sich jede spätere Erfahrung an dieser Gruppe von Erlebnissen, mag sie als Bestätigung und Sättigung dieser ersten Erfahrungsschicht, oder aber als deren Negation und Antithese empfunden werden. Die im Laufe des Lebens gesammelten Erlebnisse akkumulieren sich eben nicht einfach durch Summation und Zusammenballung, sondern artikulieren sich im soeben beschriebenen Sinne „dialektisch". Dieser spezifischen dialektischen Artikulation, die potentiell in jedem aktuell vollzogenen Handeln, Denken, Fühlen präsent ist, können wir hier nicht im einzelnen nachgehen (das „Antithetische" ist nur eine Form der Angliederung späterer Erlebnisse an die

zieht; also innerhalb der konservativen Strömung eine der modernen Situation entsprechende Form dieser politisch-geistigen Richtung, innerhalb etwa des Sozialismus eine gegenwärtige Form dieser Tradition zu finden imstande ist. Auch dies ist ein wichtiger Beweis für die später noch ausführlich zu erhärtende Hauptthese dieses Aufsatzes, daß die vitalen Gegebenheiten (so die des Jung- und Altseins) nicht unmittelbar, *inhaltlich geistige* Verhaltungsweisen involvieren (jung nicht unbedingt progressiv gleichzusetzen ist usw.), sondern nur formale Tendenzen, die allein im Elemente des Sozialen und Geistigen relevant werden können. Jede unvermittelte Gleichsetzung oder Verknüpfung biologischer Data mit geistigen Erscheinungen führt zu einem qui pro quo, das nur Verwirrung stiftet.

früheren). So viel aber ist sicher: die Prädominanz der ersten Eindrücke bleibt auch dann lebendig und bestimmend, wenn der ganze darauffolgende Ablauf des Lebens nichts anderes sein sollte, als ein Negieren und Abbauen des in der Jugend rezipierten „natürlichen Weltbildes". Denn auch in der Negation orientiert man sich grundlegend am Negierten und läßt sich ungewollt durch es bestimmen. Wenn man nun bedenkt, daß jedes konkrete Erlebnis sein Gesicht, seine bestimmte Gestalt durch dieses Sich-Orientieren an primären Erlebnissen erhält, so ist auch verständlich, welche Bedeutung diese erste Erlebnisschicht für die weitere Gestaltung der Bewußtseinsgehalte hat. Eine der weiteren mit dem soeben analysierten Phänomen verwandte Erscheinung ist die Tatsache, daß zwei nacheinander folgende Generationen stets einen jeweils anderen Gegner in der Welt und in sich bekämpfen. Während die Alten etwas noch in sich, oder in der Außenwelt bekämpften und alle ihre Gefühls- und Willensintentionen, aber auch die Begriffsklärungen auf diesen Gegner hin orientierten, ist dieser Gegner für die Jugend verschwunden. Die primäre Orientierung dieser Generation setzt ganz wo anders ein. Aus diesem Sich-Verschieben des „Polarerlebnisses" (durch dieses Verschwinden des inneren und äußeren Gegenspielers, an dessen Stelle stets ein anderer tritt) entsteht weitgehend jene nicht geradlinige Entwicklung im Geschichtsprozeß, die insbesondere in der Kultursphäre so oft beobachtet wurde. Diese aus dem Generationswechsel entstehende „Dialektik" würde in unserer utopisch konstruierten Gesellschaft fehlen. Höchstens soziale Polaritäten – sofern vorhanden – könnten dort zu dialektisch wirkenden Momenten treiben. Menschen jener utopischen Gesellschaft hätten als primäre Erfahrungsschicht die historisch ersten Erfahrungen der Menschheit, und alles Hinzukommende wäre grundlegend an ihnen orientiert.

d) *Die Notwendigkeit des steten Tradierens, Übertragens des ererbten Kulturgutes* bedingt auch bestimmte Strukturen, die hier zumindest angedeutet werden müssen. Hier sei diesmal nur ein Moment herausgegriffen. Eine utopisch einmalige Generation würde die Notwendigkeit des Tradierens nicht kennen. Das Wesentlichste an jedem Tradieren ist das Hineinwachsenlassen der neuen Generation in die ererbten Lebenshaltungen, Gefühlsgehalte, Einstellungen. Das bewußt Gelehrte ist demgegenüber quantitativ und der Bedeutung nach von beschränkterem Umfange. Alle jene Gehalte und Einstellungen, die in der neuen Lebenssituation unproblematisch weiterfunktionieren, die den Fond des Lebens ausmachen, werden unbewußt, ungewollt vererbt, übertragen; sie sickern ein, ohne daß Erzieher und Zögling davon etwas wüßten. Was bewußt gelehrt, anerzogen wird, gehört zu jenem Bestand, der im Laufe der Geschichte irgendwann und irgendwo problematisch und reflexiv geworden ist. Deshalb ist auch jener Fond, der in der ersten Jugendzeit durch „Milieuwirkung" einfach einsickert, oft die historisch älteste Schicht im Bewußtsein, die als solche die Tendenz hat, sich als natürliches Weltbild festzulegen und zu stabilisieren[32].

[32] Wann dieser Prozeß im Individuum abgeschlossen ist, wann der unbewußte Lebensfond (in dem auch die nationalen und landschaftlichen Eigenheiten ruhen, aus dem landschaftliche und nationale „Entelechien" auf-steigen) kaum mehr sich bildet ist schwer zu bestimmen. Der Prozeß scheint abgeschlossen zu sein, wenn sich gerade dieser aproblematische Lebensfond kaum mehr ändert. Das Kind, der Jüngling in ein neues Milieu gebracht, ist stets in der Lage, auch neuen Einwirkungen dieser Art gegenüber offen zu sein. Sie lassen ohne weiteres neue, unbewußte Seelenhaltungen, Gewohnheiten in sich einsickern, ändern Sprache und Dialekt. Der Erwachsene, in eine neue Lebenslage versetzt, transformiert bewußte Aspekte,

In der ersten Jugendzeit nimmt man aber auch reflexive Gehalte weitgehend „unproblematisch“ ganz wie jene, tiefer lagernden Lebensbestände in sich auf. Der neue seelisch-geistige Lebenskeim, der im neuen Menschen latent vorhanden ist, kommt noch im eigentlichen Sinne gar nicht zu sich selbst. Mit dem 17. Lebensjahr[33], oft etwas früher, oft später, eben dort, wo das selbstexperimentierende Leben beginnt, entsteht erst die Möglichkeit des In-Frage-Stellens. Das Leben wächst erst jetzt in die „gegenwärtige“ Problematik hinein und hat die Möglichkeit, sie als solche zu empfinden. Jene Schicht der Bewußtseinsgehalte und Einstellungen, die durch neue soziale und geschichtliche Lagerung problematisch und deshalb reflexiv geworden ist, wird erst jetzt erreicht; erst jetzt ist man wirklich „gegenwärtig“. Die kämpfende Jugend ringt um diese Bestände, und wenn sie noch so radikal ist, merkt sie nicht, daß sie ja nur diese reflexiv gewordene Oberschicht des Bewußtseins transformiert. Denn es scheint so zu sein, daß die tieferen Bestände sich nicht ohne weiteres auflockern[34], und daß, wenn dies nötig wird, der Prozeß an der Ebene der Reflexion einsetzt und von hier aus Habituelles umgestaltet[35]. Das „Gegenwärtiger-Sein“ der Jugend bedeutet also, der gegenwärtigen Problematik (infolge des „potentiell neuartigen Zuganges“ usw.) näher zu sein, das eben in Auflockerung Begriffene als primäre Antithese zu erleben und mit diesem kämpfend sich zu verbinden. Während die alte Generation hei ihrer früheren Neuorientierung verharrt.

Denk- und Verhaltungsweisen, „akklimatisiert“ sich aber niemals vom Grund aus in derselben Weise. Die fundamentalsten Verhaltungsweisen, der Seelenfond und im Äußeren, die Sprache und Dialekt bleiben meistens auf früherer Stufe stehen. Es scheint also ein indirektes Indizium für das Abgeschlossen sein dieses Prozesses in der Sprache und Aussprache zu liegen. Wenn man feststellen kann, wann die Sprache, der Dialekt des Individuums abgeschlossen ist, hat man zumindest einen äußeren Anhaltspunkt für die Fixierung des Zeitpunktes, wo der Abschluß der Bildung auch des unbewußten Lebensfonds im Individuum anzusetzen sei. Nach den sprachwissenschaftlichen Forschungen *A. Meillets* ändert sich Alltagssprache, Dialekt des Individuums nach dem 25. Jahre kaum mehr. (*A. Meillet*, Methode dans les sciences. Paris, Alcan,1911; ferner ders., Introduction à l'étude comparative des langues indo-européennes, 1903; zit. bei *Mentré*, S. 306ff.)

[33] Auch *Spranger* setzt einen erheblichen Einschnitt um das 17. Lebensjahr herum an (S. 145).

[34] Das „Vorauseilen“ der „Ideen“ der reellen Transformation gegenüber kann von hieraus verständlich gemacht werden. Hierbei ist an den französischen Begriff der Idee zu denken und nicht an das „Urbildhafte“ der „platonischen Idee“. Diese „moderne Idee“ hat eine auflockernde und das gesellschaftliche Gefüge in Bewegung setzende Tendenz. Sie ist nicht vorhanden in statischen Gesellschaftseinheiten, etwa in den noch in sich geschlossenen bäuerlichen Lebenskreisen, sofern man dort noch aproblematisch, vom unbewußt tradierten Fond zehrt. Dort kommt es auch nicht dazu, daß die neue Generation gerade durch eine solche Verbindung mit den Ideen, sich gegen die Alten abhebt. „Jungsein“ wirkt sich hier nur in der biologischen Differenzierung aus. Hierüber später.

[35] Die Reihenfolge des zur Geltungkommens der wirkenden Faktoren scheint die folgende zu sein. Zunächst verändern sich die „Verhältnisse“. Die aktuellen Vollzüge, auf diese Weise in eine neue Situation hineingestellt, transformieren sich zunächst unbewußt. Man versucht ein Eingehen auf die neue Lage, durch instinktive, nicht bewußt werdende Anpassung. (Der noch so orthodoxe, prinzipiengetreue Mensch paßt sich in den, nicht in den bewußten Beobachtungskreis fallendenden Dingen in einem fort an.) Ist durch beschleunigte Dynamik des sozial-geistigen Prozesses, der Wandel allzu gewaltig, so daß unbewußte Anpassung nicht mehr ausreichen würde, „funktionieren“ die Vollzüge in der allzu plötzlich neugewordenen Situation nicht (wird etwas in diesem Sinne realiter problematisch), so reagiert das Bewußtsein mit *Bewußtmachung*, die in ihrer konkreten Gestalt der jeweilig historischen Bewußtseinsstufe: Mythos, Philosophie, Wissenschaft entspricht –, und es lockern sich von hier aus – soweit dies nötig ist, die tieferen Seelenbestände auf.

Von hier aus gesehen wäre adäquate Erziehung, Belehrung (im Sinne des völligen Übertragens der zum aktiven Wissen nötigen Erlebniszentren) insofern schwierig, als die erlebensmäßige Problematik der Jugend auf andere Gegenspieler abgestellt ist, als die ihrer Lehrer. Es spricht eben in solchen Fällen (abgesehen von den völlig exakten Wissenschaften) nicht der eine Repräsentant des Bewußtseins überhaupt zum anderen, sondern ein mögliches Zentrum der Lebensorientierung zum nachfolgenden. Diese Spannung[36] wäre bei der Tradierung lebendiger Lebenserfahrung beinahe unaufhebbar, gäbe es nicht auch die rückwirkende Tendenz: nicht nur der Lehrer erzieht den Schüler, auch der Schüler den Lehrer. Die Generationen stehen in ständiger Wechselwirkung.

e) Damit kommen wir zum nächsten Punkt: zum *Phänomen der Kontinuierlichkeit im Generationswechsel*, durch den auch gerade diese Rückwirkung reibungsloser erfolgt. Im Prozeß dieses rückwirkenden Ausgleichs stehen zunächst nicht älteste und jüngste Generationen, sondern die einander näherstehenden „Zwischengenerationen" sich gegenüber. Die sind es, die einander in erster Reihe beeinflussen[37].

Es ist eben zum Glück nicht so, wie es die meisten Generationstheoretiker wahrnehmen möchten, daß entscheidend etwa die dreißigjährigen Abstände sind; alle Zwischenstufen spielen mit, wirken, wenn auch nicht aufhebend, so doch ausgleichend auf die biologische Generationsdifferenzierung der Gesellschaft ein. *Dieses Zurückstrahlen der Problematik der jüngeren Generation auf die älteren* wird um so dominierender, als die Dynamik der Gesellschaft sich steigert. Statische Verhältnisse erzeugen den Gefühlswert der Pietät, die Jugend hat die Tendenz sich den Alten anzupassen, auch äußerlich älter zu erscheinen. Gesteigerte Dynamik ins Bewußtsein gehoben veranlaßt ältere Generationen, der Jugend gegenüber offen zu sein[38]. Dieser Prozeß kann sich soweit steigern, daß die ältere Generation durch eine in der Lebenserfahrung erworbene Elastizität in bestimmten Sphären umstellungsfähiger wird als mittlere Generationen, die ihre erste Lebenseinstellung noch nicht imstande sind aufzugeben[39]. So entspricht der Kontinuierlichkeit des Verschiebens der Verhältnisse, eine Kontinuierlichkeit in der an diesen Veränderungen in erster Reihe sich orientierenden Jugend. Immer kleinere Verschiebungen werden von der neu einsetzenden Jugend als neu und relevant erlebt und immer mehr Zwischenglieder neuartiger Impulse schieben sich zwischen älteste und jüngste Neuorientierung. Der Lebensfond, der unberührt zugrunde liegt, verbindet schon an und für sich, die stete Wechselwir-

[36] *L. v. Wiese* schildert diese Vater-Sohn-Opposition in sehr anschaulicher Weise. Äußerst wichtig ist der Hinweis, daß der Vater hierbei der Tendenz nach dazu gedrängt wird die „Gesellschaft" dem Sohne gegenüber zu vertreten. (Allg. Soz. S. 196ff.)

[37] Um auch ein gegenwärtiges Beispiel anzuführen, weist ein Leitartikel der Frankfurter Zeitung (8. Dezember 1927 Abendblatt) gelegentlich des Studentenrechtskonfliktes ziemlich genau diese bereits heute wahrnehmbare Verschiebung in der Lebensorientierung der Nachkriegsgeneration und der darauffolgenden Zwischengeneration nach: auch für den Ausgleich, der zwischen beiden sich vollzieht, findet man dort Belege.

[38] Als eine entsprechende Gegentendenz ist die Tatsache zu beachten, auf die *L. v. Wiese* (ebenda S. 197) aufmerksam macht, daß mit dem modernen Individualismus ein jeder mehr als früher sein eigenes Leben zu führen beansprucht.

[39] Auch ein Beweis dafür, daß die naturalen biologischen Faktoren, die das Alter endgültig charakterisieren, durch soziale Kräfte paralysiert werden, daß im Elemente des Sozialen biologische Gegebenheiten beinahe in ihr Gegenteil umgebogen werden können.

kung zwischen Jung und Alt blendet die Differenzen ab und die Kontinuierlichkeit der Übergänge macht in stillen Zeiten die Transformation reibungslos. Alles in allem: gäbe es keine neue Generationen im Gesellschaftsprozeß, wäre die Rückstrahlung des allein aus neuen Lebenskeimen und neuen Ansätzen Erfahrbaren nicht möglich, und gäbe es keine Kontinuierlichkeit in der Generationsfolge, so könnte sich dieser Ausgleich niemals reibungslos vollziehen.

(Ein zweiter Teil folgt.)

Das Problem der Generationen

Von Karl Mannheim

(Schluß.)

5. Generationslagerung, Generationszusammenhang, Generationseinheit

Das sind im großen und ganzen jene Momente, die auf Grund einer abstrahierenden Analyse am Generationsphänomen als solchem ablesbar sind. Diese Momente würden die Generationswirkung bestimmen, wenn sie rein als Naturgegebenheit zur Geltung kämen und wenn das Generationsphänomen, als bloßes Lagerungsphänomen, vollgültig beschrieben wäre. Die „Generationslagerung“ ist aber noch nicht gleichzusetzen dem „Generationszusammenhang“[40]. Generationszusammenhang ist entscheidend mehr als bloße Generationslagerung, genau so, wie bloße Klassenlage noch nicht gleichzusetzen ist einer sich selbst konstituierenden Klasse. Die Lagerung enthält nur potentielle Möglichkeiten, die zur Geltung kommen, verdrängt werden oder aber in andere sozial wirkende Kräfte eingebettet, modifiziert zur Auswirkung kommen können. Wir kamen an das nunmehr zu behandelnde Phänomen bereits ganz nahe heran, als wir feststellen mußten, daß die bloß chronologische Gleichzeitigkeit nicht einmal dazu ausreicht, eine verwandte Generations*lagerung* zu konstituieren. Man muß im selben historisch-sozialen Raume – in derselben historischen Lebensgemeinschaft – zur selben Zeit geboren worden sein, um ihr zurechenbar zu sein, um die Hemmungen und die Chancen jener Lagerung passiv ertragen, aber auch aktiv nützen zu können. Nun ist aber der Generationszusammenhang noch mehr als die so umschriebene bloße Präsenz in einer bestimmten historisch-sozialen Einheit. Irgendeine konkrete Verbindung muß noch hinzukommen, um von einem Generationszusammenhang sprechen zu können. Diese Verbundenheit könnte man kurzweg als eine *Partizipation an den gemeinsamen Schicksalen* dieser historisch-sozialen Einheit bezeichnen[41]. Eine nähere Beschreibung eben dieses Phänomens muß nunmehr unsere nächste Aufgabe sein.

[40] Wir haben bisher Generation, Generationszusammenhang usw. undifferenziert benützt, zu einer genauen Bedeutungsdifferenzierung soll es erst jetzt kommen.

[41] Vgl. Das Heidegger-Zitat S. 164 in der vorliegenden Untersuchung.

Wir haben das Beispiel angeführt, daß sich die preußische Jugend um 1800 herum in keiner gemeinsamen Generationslagerung mit der chinesischen, desselben chronologischen Zeitabschnittes befand. Die Zugehörigkeit zur selben historischen Lebensgemeinschaft galt infolgedessen als oberstes Kriterium der Generationslagerung. Wo liegt aber die unterste Grenze? Sind etwa die in ganz entlegenen Gebieten lebenden Bauern, die damals kaum oder nur ganz wenig von den Gesamterschütterungen berührt worden sind, zum selben Generationszusammenhang zu rechnen, dem etwa zur gleichen Zeit die städtische Jugend zuzurechnen ist? Sicher nicht, und zwar insofern nicht, als gerade sie von jenen sozialen und geistigen Umwälzungen nicht erfaßt wurden, die diese städtische Jugend bewegte. Von einem *Generationszusammenhang* werden wir also nur reden, wenn reale soziale und geistige Gehalte gerade in jenem Gebiete des Aufgelockerten und werdenden Neuen eine reale Verbindung zwischen den in derselben Generationslagerung befindlichen Individuen stiften. Die erwähnte bäuerliche Jugend befindet sich also nur in der entsprechenden Generationslagerung, partizipiert aber nicht an dem betreffenden Generationszusammenhang. In derselben Generationslagerung befindet sie sich aber insofern, als sie *potentiell* in die neuen Schicksale einbezogen werden kann. Dies geschah auch wirklich in den Befreiungskriegen, deren Elan die ganze Nation irgendwie ergriff. In diesem Falle setzte sich für diese Bauernsöhne ihre bloße Generationslagerung in eine Partizipation am Generationszusammenhang um. Sie waren und überhaupt sind gleichaltrige Individuen, nur insofern durch einen Generationszusammenhang verbunden, als sie an jenen sozialen und geistigen Strömungen Teil haben, die eben den betreffenden historischen Augenblick konstituieren, und insofern sie an denjenigen Wechselwirkungen aktiv und passiv beteiligt sind, die die neue Situation formen. – Ein solches Geben und Nehmen bestand damals beinahe zwischen allen Schichten, was die Begeisterung betrifft, auch was die nachfolgende religiöse Welle betrifft. – Wollen wir weiter diesen Leitfaden verfolgen, so stellt sich folgende Frage ein. Wenn wir nunmehr von allen jenen sozialen Schichten absehen, die am werdenden Neuen *nicht* teilnehmen, so ist noch immer fraglich, ob wir denn alle Gruppen, die an diesem werdenden Neuen wirklich teilnehmen, zur selben Generation zu rechnen haben. Ab 1800 steht z. B. (beiläufig gesprochen) immer klarer abhebbar eine romantische, im Laufe der Zeit immer konservativer werdende Gruppe einer rationalistisch-liberal werdenden Jugend gegenüber. Man kann bei weitem nicht sagen, daß diese Gruppen durch *dieselben* modernen Gehalte verbunden sind. Sollen wir in diesem Falle von einem einheitlichen Generationszusammenhange reden? Wir glauben, dies ohne weiteres tun zu können, wenn wir eine genauere terminologische Fixierung vornehmen. Sowohl die romantisch-konservative, als auch die liberal-rationalistische Jugend gehört demselben Generationszusammenhang an; denn romantischer Konservatismus und liberaler Rationalismus waren damals nur zwei *polare Formen* der geistigen und sozialen Auseinandersetzung mit demselben, sie alle betreffenden historisch-aktuellen Schicksal. Die gleichzeitige romantisch-konservative und liberal-rationalistische Jugend lebt in einem Generationszusammenhange, ist aber jeweils verbunden durch zwei verschiedene Generationseinheiten. Generationseinheit ist also eine viel konkretere Verbundenheit, als die, die der bloße Generationszusammenhang stiftet. *Dieselbe Jugend, die an derselben historisch-aktuellen Problematik orientiert ist, lebt in einem „Generationszusammenhang", diejenigen Gruppen, die innerhalb desselben*

Generationszusammenhanges in jeweils verschiedener Weise diese Erlebnisse verarbeiten, bilden jeweils verschiedene „Generationseinheiten" im Rahmen desselben Generationszusammenhanges.

6. Die einheitsstiftenden Faktoren im Gebiete der Generationserscheinungen

Die Frage ist nun, was stiftet eine Generationseinheit? Worin liegt die größere Intensität der hier aufweisbaren Verbundenheit? Das Erste, was auffällt, wenn man eine bestimmte Generationseinheit ins Auge faßt, ist die weitgehende Verwandtschaft der Gehalte, die das Bewußtsein der Einzelnen erfüllen. Gehalte haben – soziologisch gesehen – Bedeutsamkeit, nicht nur durch die in ihnen enthaltenen und erfaßten Inhalte, sondern durch das Faktum, daß sie die Einzelnen zur Gruppe verbinden, „sozialisierend" zu wirken. Die Idee der *Freiheit* z. B. war für jene liberale Generationseinheit nicht allein wichtig durch die darin enthaltenen inhaltlichen Forderungen, sondern weil in diesen Inhalten und durch diese Inhalte räumlich und sonst zerstreute Individuen zu einer Einheit verbunden werden konnten[42]. Aber es sind nicht die Inhalte, die in erster Reihe verbinden; sondern noch mehr verbinden jene formenden Kräfte, durch die gestaltet, diese Inhalte erst wirklich ein Gepräge und eine Richtungsbestimmtheit erhalten. Vom geprägten Schlagwort bis zum ausgebauten System, von der scheinbar isolierten Geste bis zum gestalteten Kunstwerk, wirkt sich oft dieselbe Formierungstendenz aus, deren soziale Bedeutung eben darin besteht, daß durch sie und in ihr sich Individuen sozial zu verbinden vermögen. Die tief „emotionale" Bedeutung eines Schlagwortes, einer echten Geste, eines Kunstwerkes besteht darin, daß man mit ihnen nicht nur die Gehalte, sondern auch die in sie eingesenkten Formungstendenzen und kollektiv verbindenden Grundintentionen in sich aufnimmt und durch diese sich mit den Kollektivwollungen verbindet.

Grundintentionen und Gestaltungsprinzipien sind das Allerwesentlichste, auch bei jeder Tradierung, denn nur diese wirken wahrhaft vergesellschaftend; und, was vielleicht noch wichtiger ist, diese sind wahrhaft *fortsetzbar.* Eine bloße Feststellung wirkt minimal vergesellschaftend und enthält nur in ganz bescheidenem Maße Keime der Fortsetzbarkeit. In einer wahrhaft vergesellschaftend wirkenden These lebt die Fortsetzbarkeit des Gedankens; in einer verbindenden Vision, in einem verbindenden Gefühl und Kunstwerk liegt die Richtung, in der Vision, Gefühl, Kunstwerk fortgebildet und in neuen Lebenslagen verlebendigt und existenziell uminterpretiert werden können. Deshalb ist auch Eindeutigkeit, zu scharfe Bestimmtheit kein unbedingter sozialer Wert; produktives Mißverständnis ist oft Form des Weiterlebens. Grundintentionen und Gestaltungsprinzipien sind die in erster Linie sozialisierenden Faktoren im gesellschaftlich-historischen Geschehen. In diese muß man hineinwachsen, wenn man wahrhaft am kollektiven Geschehen teilnehmen will.

[42] Inhalte können sozial verbinden und differenzieren. Derselbe Begriff der Freiheit z. B. hatte in der liberalen „Generationseinheit" eine ganz andere Bedeutung als in der konservativen. So können Bedeutungsanalysen als sichere Maßstäbe für die Differenzierung des Generationszusammenhanges in Generationseinheiten verwendet werden. Vergleiche die erwähnte Untersuchung *Karl Mannheim*, Das konservative Denken (Archiv für Sozialw. u. Sozialpolitik. Bd. 57, [1927] S. 90ff.), wo der konservative Freiheitsbegriff in seiner spezifischen Bedeutung dem gleichzeitigen liberalen gegenüber herausgearbeitet wird.

Die moderne Psychologie stellt mit immer größerer Bestimmtheit fest, daß schon das menschliche Wahrnehmen „gestalthaft" orientiert ist, daß wir schon bei der einfachsten Dingwahrnehmung nicht so verfahren, wie es die atomisierende, von Elementen aus konstruierende Psychologie angenommen hat, die von einer allmählichen Summierung der Einzeleindrücke (Sinnesdata) zu der Ganzheit gelangen wollte; sondern wir haben umgekehrt primär einen gestalthaften Gesamteindruck. Gilt also dieser Primat der „Totalität", der „Gestalt" bereits für die Dingwahrnehmung, so noch viel mehr für die Erfassung geistiger Gehalte. Die Notwendigkeit einer gestalthaften Orientierung des Menschen mag die mannigfachsten Ursachen haben – schon dadurch ist sie unter anderem nahegelegt, daß das menschliche Bewußtsein, seiner relativen Enge zufolge nicht die Unendlichkeit der zuströmenden Elemente zu verarbeiten vermag und deshalb stets zu einem gestalthaft abkürzenden, zusammenfassenden Verfahren zu greifen gezwungen ist. Das Gestaltsehen hat aber auch seine sozialen Ursachen, die gerade an diesem Orte herauszuarbeiten nötig sind. Da eine Dingwahrnehmung und deren logisch sprachlicher Ausdruck, aber auch alle sonstigen Gehalte niemals bloß für das einzelne, isolierte Individuum, das sie gerade intendiert, vorhanden sind, sondern auch für die dahinterstehende soziale Gruppe, so verläuft diese z. T. abkürzende, z. T. aber auch ergänzende Gestalterfassung stets in jener Richtung, in jener Einstellung, in der der betreffende „Gegenstand" für die erwähnte historisch-soziale Gruppe da ist. Wir sehen Dinge bereits in einer bestimmten Gestalt, wir denken Begriffe in einer bestimmten Bedeutung. Die jeweilige Bestimmtheit ist durch die jeweils hinter uns stehende Gruppe gegeben. Hineinwachsen in eine Gruppe bedeutet nicht nur, jene Wertungen vollziehen, die diese Gruppe charakterisieren, sondern die Dinge in jenem „Aspekt", die Begriffe in jener Bedeutungsnuance, die seelisch-geistigen Gehalte in jener Gestalt erfassen, in der sie für die Gruppe präsent sind. Sich mit einer Gruppe verbinden heißt ferner, jene Formungs- und Gestaltungsintentionen in sich aufnehmen, aus denen heraus neu auftauchende Eindrücke, Ereignisse in einer weitgehend vorgeschriebenen Richtung verarbeitet werden können.

Die soziale Bedeutung des Vorhandenseins dieser Formungsintentionen besteht darin, daß durch sie auch räumlich getrennte Individuen, die niemals in persönliche Berührung miteinander geraten, verbunden werden können. Während verwandte *Generationslagerung* nur etwas Potentielles ist, konstituiert sich ein Generationszusammenhang durch eine Partizipation der derselben Generationslagerung angehörenden Individuuen am gemeinsamen Schicksal und an den dazugehörenden, irgendwie zusammenhängenden Gehalten. Innerhalb dieser Schicksalsgemeinschaft können dann die besonderen *Generationseinheiten* entstehen. Diese sind dadurch charakterisiert, daß sie nicht nur eine lose Partizipation verschiedener Individuen am gemeinsam erlebten, aber verschieden sich gebenden Ereigniszusammenhang bedeuten, sondern daß sie ein einheitliches Reagieren, ein im verwandten Sinne geformtes Mitschwingen und Gestalten der gerade insofern verbundenen Individuen einer bestimmten Generationslagerung bedeuten.

Im Rahmen desselben Generationszusammenhanges können sich also mehrere, polar sich bekämpfende Generationseinheiten bilden. Sie werden gerade dadurch, daß sie aufeinander, wenn auch kämpfend, abgestimmt sind, einen „Zusammenhang" bilden. Die um 1810 herum am geistigen sozialen Generationszusammenhang partizipierende Jugend gehört zu ein und demselben Generationszusammenhang, gleichviel ob sie am damaligen Stadium der liberalen Ideen oder an dem zeitgenössischen Konservatismus partizipierte. Man gehörte aber innerhalb dieses Generationszusammenhanges zu einer jeweils verschiedenen Generationseinheit, je nachdem ob man an den konservativen oder liberalen Grundintentionen partizipierte.

Die Generationseinheit wirkt, eben durch diese ihr inhärierende Richtungsbestimmtheit viel konkreter verbindend auf die von ihr erfaßten Einzelnen. In der Tat entstehen auch ursprünglich solche neuen, geprägten, parteilich auch stellungnehmenden, generationsmäßigen Grundintentionen zumeist nicht freischwebend, ohne persönlichen Kontakt, sondern in *konkreten Gruppen*, wo Individuen in vitaler Nähe sich treffen, sich seelisch-geistig gegenseitig steigern und in dieser Lebensgemeinschaft die (der neuen Lagerung entsprechenden) Grundintentionen aus sich herausstellen. Solche Grundintentionen, Formierungstendenzen, in konkreter Verbindung einzelner Menschen einmal entstanden, sind später von dieser konkreten Gruppe auch abhebbar, haben eine in die Ferne wirkende, werbende und verbindende Kraft. Die Generationseinheit, in dem von uns beschriebenen Sinne, ist nicht in Gestalt einer konkreten Gruppe vorhanden, wenn auch ihr Kern durch eine konkrete Gruppe gebildet wird, die von sich aus die wesentlichsten Anregungen, die fortbildbaren Keime in die Welt setzt. – So entstand z. B. der den modernen deutschen Konservatismus so wesentlich bestimmende Ideenkreis ursprünglich in der konkreten Vereinigung der *„Christlich deutschen Tischgesellschaft"*. Diese hat zum ersten Mal alle jene irrationalen Strömungen aufgefangen und neu formiert, die der damaligen Zeitsituation und der besonderen generationsmäßigen Lagerung der jungen Konservativen entsprach. Von dieser konkreten Gruppe strahlten ursprünglich jene Ideen aus, die dann auch weitere Kreise zu werben imstande waren.

Daß solche zunächst aus einer konkreten Gruppe aufsteigenden Grundintentionen auch über die konkrete Gruppe hinaus eine werbende und verbindende Gewalt besitzen, liegt der Hauptsache nach daran, daß sie mehr oder minder adäquater Ausdruck der betreffenden Generationslagerung sind, daß also auch außerhalb dieser konkreten Gruppe lebende, aber in verwandter Lagerung sich befindende Individuen in ihnen den ihrer Lagerung im *historischen Raume* entsprechenden Ausdruck finden. Die Klassenideologie wird ursprünglich von enger verbundenen, konkreten Gruppen gestaltet und setzt sich nur insofern durch, als sie mehr oder minder adäquater Ausdruck und Formung der zu einer bestimmten *sozialen* Lagerung gehörenden typischen Erlebnisse ist. Genau so sind auch die eine Generationseinheit konstituierenden Grundintentionen und Formungstendenzen (die von einer solchen geschlossenen Gruppe in die Welt gesetzt werden), nur dann wirklich wirksam und expansionsfähig, wenn sie die typischen Erlebnisse der in derselben Generationslagerung befindenden Individuen zu gestalten imstande sind. Diese Fähigkeit aber erweist sich dadurch, daß es jener geschlossenen Gruppe gelingt, gerade jenem neuartigen Zugang und jener neuartigen „Erlebnis-Schichtung", von der wir sprachen, Ausdruck zu verleihen. Aber auch insofern besteht eine gewisse Parallele zwischen dem Klassenphänomen und dem Generationsphänomen, als genau so, wie eine Klassenideologie in Epochen, die der betreffenden Ideologie günstig sind, über den adäquaten Träger – über die entsprechende Klassenlage – hinauszugreifen imstande ist[43], auch bestimmte Generationsimpulse in den ihnen günstigen Zeitsituationen einzelne Glieder früherer oder späterer Jahrgänge zu erfassen fähig sind.

Aber wir können noch weiter gehen, es kommt sehr häufig vor, daß den wesentlichen Keim neuer Generationshaltungen einzelne, noch der vorangehenden Generation angehörige und in dieser noch isoliert dastehende Individuen, (Vorläufer)[44] in sich ausbilden und durch ihr Leben erarbeiten[45], genau so, wie es möglich ist, daß die Vorläufer einer Klassenideologie noch weitgehend einer fremden Klasse angehören.

Alle diese Phänomene besagen nichts gegen die Gültigkeit der These, daß es einer bestimmten Generationslagerung zurechenbare, die Generationseinheiten erst schaffende, neue Grundimpulse gibt. Denn das Entscheidende in allen diesen Fällen ist, daß der wesentliche Träger dieser neuen Impulse ein *Kollektivträger* ist. Der reale Sitz der Klassenideologie bleibt nämlich die Klasse –ihre typischen Chancen und Hemmungen, die sich im Alltag stets auswirken – auch dann, wenn ihre Ideologie gelegentlich von klassenfremden Individuen geschaffen wird, oder wenn sie auch gelegentlich in ihrer Expansion über die dazugehörige Klassenlage hinaus sich ergießt. Der reale Sitz der neuen Impulse bleibt die Generationslagerung, (die eine bestimmte neue Art des Erlebens nahe legt, andere Wieder selektiv ausschaltet) auch dann, wenn gelegentlich fremde Jahrgänge sie fördern mögen.

Nun aber ist noch das Folgende als das Wesentlichste zu beobachten. Nicht eine jede Generationslagerung, also nicht etwa ein jeder Geburtsjahrgang schafft aus sich heraus neue, ihm angemessene Kollektivimpulse, Formierungstendenzen. Wenn dies geschieht, so wollen wir von einem *Aktivwerden der in der Lagerung schlummernden Potentialität* sprechen. Eins scheint wahrscheinlich zu sein, daß die Häufigkeit des Aktivwerdens dieser Potentialität mit der Geschwindigkeit der gesellschaftlichen Dynamik zusammenhängt[46]. Wenn gesellschaftlich-geistige Umwälzungen ein Tempo einschlagen, das den Wandel der Einstellungen dermaßen beschleunigt, daß das latente kontinuierliche Abwandeln der hergebrachten Erlebnis-, Denk- und Gestaltungsformen nicht mehr möglich wird, dann kristallisieren sich irgendwo die neuen Ansatzpunkte zu einem, als neu sich abhebenden Impuls und zu einer neuen gestalt-

[43] Es hatten z. B. in den 40er Jahren zur Zeit der Hochflut oppositioneller Ideen auch adelige Jünglinge an diesen Ideen partizipiert. Vgl. Marx, Revolution und Kontre-Revolution in Deutschland, 3. Aufl., Stuttgart 1913, S. 20f., 25.

[44] Kummer hatte in seiner Literaturgeschichte eine ganz differenzierte Typik der Generationsträger herausgearbeitet; er unterscheidet stets: Vorläufer, Pfadfinder, Genies, selbständige Talente ohne führende Bedeutung, abhängige Talente, Ausläufer und Modetalente. S. 6ff. und passim.

[45] So kann *Nietzsche* als Vorläufer der gegenwärtigen Neuromantik gelten. In Frankreich ist ein eminentes Beispiel *Taine*, der unter dem Eindruck der Ereignisse von 1870/71 die vaterländische Wendung vollzog und dadurch zum Vorläufer einer nationalistischen Generation wurde (vgl. Platz, S. 43ff.). In solchen Fällen, wo es sich um Vorläufer handelt, gälte es in historisch-soziologischer Einzeluntersuchung festzustellen, wie die Erlebnisstruktur jener, die den Übergang zum Neuen in sich erarbeiten, dennoch völlig anders geartet ist als bei jener neuen Generation, die erlebnisgemäß gerade dort ansetzt, wo die Vorläufer erst endeten. Ein interessantes Beispiel ist diesbezüglich in der Geschichte des deutschen Konservativismus der Rechtsgelehrte *Hugo*, der als Begründer der „historischen Schule" gelten kann. Dennoch vollzog er niemals jene *irrationalistische* Wendung, wie es die nächste Generation (Savigny) tat, die in ihrer Jugend den Befreiungskrieg miterlebte.

[46] Die Geschwindigkeit der gesellschaftlichen Dynamik wird ihrerseits keineswegs vom Generationswechsel verursacht, der ja stets konstant bleibt.

gebenden Einheit. Wir sprechen in solchen Fällen von einem neuen Generationsstil, von einer neuen Generationsentelechie[47]. Auch hier gibt es zwei Abstufungen. Es gibt zunächst den Fall, wo diese Generationseinheit einfach und unbewußt aus einem neuen, durch sie geschaffenen Impuls heraus ihre Werke und Taten gestaltet und nur intuitiv von einer Zusammengehörigkeit weiß, diese aber noch nicht als Generationseinheit ins Bewußtsein hebt. Dann aber gibt es den Fall, wo die Generationseinheit als solche bewußt gewertet und gepflegt wird: wie etwa bei der modernen Jugendbewegung in der neuesten Entwicklung, oder in bestimmten Maße bereits bei ihrem Vorläufer, der Burschenschaftsbewegung, in der ersten Hälfte des 19. Jahrhunderts, die in vielem bereits diesen modernen Charakter aufwies[48].

Daß die Beschleunigung der gesellschaftlichen Dynamik die Veranlassung zum Aktivwerden der in der Generationslagerung schlummernden Potentialität, zur Schaffung des neuen Generationsimpulses ist, beweist die Tatsache, daß weitgehend stabile, oder zumindest in ganz langsamer Transformation sich befindende Gemeinschaften – etwa das bäuerliche Leben – das Phänomen der sich abhebenden, von ganz neuen Entelechien gespeisten Generationseinheiten nicht kennt, da die neuen Generationen mit einer nicht sichtbar werdenden Allmählichkeit in die kontinuierlichen Abwandlungen hineinwachsen. Dort gibt es höchstens jene Affinität und Differenzierung, die das rein biologische Phänomen der Altersstufen schafft; ein Phänomen, das als vitales Faktum auch in der modernen Gesellschaft bestehen bleibt und als Attraktion wahrnehmbar wird, die die Jugend der Jugend, das Alter dem Gleichaltrigen gegenüber empfindet. Aus dem bloßen Phänomen der vitalen Hingezogenheit der Altersstufen zueinander würde das Generationsphänomen, die Generationseinheit im hier beschriebenen Sinne niemals entstehen.

Je beschleunigter also das Tempo der gesellschaftlich-geistigen Dynamik ist, um so mehr Chancen bestehen, daß bestimmte Generationslagerungen gerade aus ihrer neuen Generationslage heraus auf die Wandlungen mit einer eigenen „Entelechie" reagieren. Andererseits kann ein zu stark beschleunigtes Tempo dazu führen, daß die Keime der Generationsentelechien sich gegenseitig verschütten. Wir, die Mitlebenden können vielleicht bei intensiver Aufmerksamkeit beobachten, daß verschiedene Jahrgänge in ihrer Reaktionsweise genau abgestuft nacheinander folgen und neben-

[47] *Pinder* hat eine primäre Orientierung an der Kunstgeschichte, sein Entelechiebegriff ist an den künstlerischen Gebilden abgelesen. Bei genauer Beschreibung müßte man abstufend differenzieren zwischen neuen Generationsimpulsen, Willenskeimen, Formungstendenzen, Gestaltungsintentionen, Entelechien usw. Auf der gegenwärtigen Stufe der Betrachtung können wir von diesen Unterschieden absehen, und wir verwerten deshalb öfters im folgenden der Einfachheit halber den Pinderschen zusammenfassenden Terminus der Entelechie.

[48] Wie sehr die *Burschenschaften* sich bereits als eine bewußte Jugendbewegung erlebten, mögen einige Sätze von Herbst im Sinne eines Quellenbelegs veranschaulichen. Die Burschenschaften fühlten sich als Nachbildner der griechischen ἑταιριαι. *Herbst* sagt: „Sie (scil. die Griechen) bildeten ihre ἑταιριαι in einem ähnlichen Sinne wie unsere Burschenschaften." Zur Stimmungscharakteristik der Bewegung vgl. etwa folgende Sätze: ... „bei uns läßt man den Jüngling gerade am Scheidewege stehen und glaubt alles getan zu haben, wenn man ihm Gelegenheit gibt, mit einiger Gelehrsamkeit es dahin zu bringen, daß er mit leichter Mühe durch das Leben jagen kann. Wir sind nun überzeugt, daß das Leben höhere Anforderungen an uns macht, und wenn von oben herein diese Anforderungen nicht befriedigt wurden, so glaubten wir, uns selbst überlassen, ein Recht zu haben, unsere Lebensverhältnisse so zu ordnen, daß wir in ihnen unserer Überzeugung gemäß uns bilden und kräftigen können, welche uns die Vernunft und der Geist der Zeit gesetzt hat" (S. 97).

einander bestehen[49], daß sie aber die fruchtbare, sich abhebende Ausformung neuer entsprechender Generationsentelechien und Gestaltungsprinzipien nicht erreichen können. Solche Generationen, die zur Ausgestaltung ihrer Generationsentelechie aus den erwähnten Gründen nicht kommen, schließen sich möglicherweise einer früheren Generation an, die die Formung bereits vollzogen hat, oder sie verbinden sich einer späteren Generation, die einer jüngeren Formung fähig ist. Ganz entscheidende Kollektivereignisse können hierbei „kristallisierend" wirken, und es ist für das geistige Leben charakteristisch, daß Gestaltetes das Potentielle, das Freischwebende stets attrahiert; auch dann, wenn die noch ungeformten Impulse in ihrer unsicher tastenden Gestalt in manchem andersgeartet sein sollten als das attrahierende Zentrum. So können oft frühere oder spätere Generationsimpulse und -regungen durch das Vorhandensein einer geprägten Form fremder Generationen verdeckt werden[50].

Aus all diesen Tatbeständen geht hervor, daß nicht einer jeden Generationslagerung eine ihr eigene Gestaltung und Formierungstendenz entsprechen muß, daß den im wesentlichen durch die biologische Rhythmik geschaffenen Lagerungen keineswegs eine ihnen korrespondierende Rhythmik der neuen Generationswollungen und Gestaltungsprinzipien entsprechen muß. Das Zentrum der meisten Generationstheorien aber besteht darin, daß sie einer naturalistisch quantifizierbaren Rhythmik der entscheidenden Geburten (die sie zumeist durch 30 jährige Intervalle bestimmen) unvermittelt eine entsprechende Rhythmik im Geistigen parallel setzen wollen. Hierbei wird übersehen, daß das Aktivwerden der in der Generationslagerung schlummernden Potentialität von außerbiologischen und außervitalen Faktoren abhängt, und zwar in erster Reihe von der Eigenart der jeweils besonders gearteten gesellschaftlichen Dynamik. Ob alle Jahre, alle 30 Jahre, alle 100 Jahre, ob überhaupt rhythmisch ein neuer Generationsstil zustande kommt, das hängt von der auslösenden Kraft des gesellschaftlich-geistigen Prozesses ab. Es ist hierbei ein besonderes, für sich zu behandelndes Problem, ob diese gesellschaftliche Dynamik ihre Dominante in der *ökonomischen* oder in irgendeiner geistigen Sphäre hat. Wie man diese Frage im einzelnen beantworten will, ist zunächst völlig irrelevant. Wichtig ist aber, schon hier festzustellen, daß diese Gruppe der Wirkungsfaktoren darüber entscheidet, ob neue Generationsimpulse sich zu einer formierenden Einheit verdichten können, oder ob diese latent bleiben müssen. Die biologische Gegebenheit des Generationswechsels bietet nur die *Möglichkeit* dafür, daß Generationsentelechien überhaupt entstehen können – gäbe es keinen Generationswechsel, so würden wir das Phänomen der Generationsstile nicht kennen. Welche Generationslagerung in ihrer Potentialität aber aktiv wird, hängt von der gesellschaftlich-geistigen Strukturebene ab, also gerade von jener Ebene, die diese naturalistische und dann plötzlich wieder extrem spiritualistisch werdende Problemstellung stets zu überspringen pflegt.

Die formal-soziologische Klärung der Unterschiede, die zwischen *Generationslagerung, Generationszusammenhang, Generationseinheit* bestehen, ist wichtig und

[49] Vgl. den oben angeführten Leitartikel der „*Frankfurter Zeitung*".

[50] Die Möglichkeit der Entelechiebildung hängt sicherlich auch mit der sozialen Geltungsmöglichkeit einer Altersstufe zu einem bestimmten Zeitpunkte zusammen. Eine Zuschrift an die „*Vossische Zeitung*" (20. V. 1928 Nr. 21, Rubrik: Briefe an die Vossische Ztg.) berichtet über die gegenwärtig ungünstige Lage der „Zwischengeneration", also der heute 30–50 jährigen. Über das jeweilige Prestige des Alters vgl. die sehr richtigen soziologischen Bemerkungen bei *Max Weber*: Wirtschaft und Gesellschalt. S. 609.

als Fundierung der Problematik unerläßlich, weil man ohne ihre Hilfe die hier dominierenden Verhältnisse gar nicht erfassen kann. Indem man nämlich ohne weitere Differenzierung einfach von „Generationen" spricht, vermengt man biologisch-vitale Phänomene stets mit den entsprechenden, durch gesellschaftlich-geistige Mächte geformten Erscheinungen und kommt dadurch zu einer „Geschichtstabellensoziologie", die auf Grund einer Vogelperspektive zu den erforderlichen historischen Zeitpunkten durchaus neue geistige Generationsströmungen durch Geschichtsklitterungen zu entdecken imstande ist.

Am meisten frei von solchen Vorurteilen war *Kummer,* der von der Möglichkeit sprach, daß in einem Jahrhundert je nach der vorliegenden Situation 3, 4, 5 geistige Generationen vorhanden sein können[51]. Wir glauben dieser zunächst nur intuitiv richtigen Sicht die nötige Fundierung gegeben und gezeigt zu haben, daß ohne Leugnung der Bedeutung der biologischen Gegebenheiten man der Gesamtproblematik nur gerecht werden kann, wenn man ihr Wesen nicht in einer Zahlenrhythmik sucht, sondern die biologischen Gegebenheiten zwar als die tiefstgelagerten Wirkungsfaktoren betrachtet, aber eben deshalb sie in ihrer Auswirkung nicht unmittelbar zu erfassen versucht, sondern erst im Elemente der sozialgeistigen Wirkungsfaktoren zu beobachten bestrebt ist.

Denn dies scheint das Eigentümliche am Geschichtsprozeß zu sein, daß die allerelementarsten, allervitalsten Wirkungsfaktoren am latentesten wirken und nur im *Elemente* der über sie gelagerten sozialen und geschichtlichen Ebene erfaßt werden können. Um es praktisch auszudrücken: Der Forscher kann die dem Generationsfaktor zurechenbaren Wandlungen nur dann erfassen, wenn er zunächst alle der historisch-sozialen Dynamik zurechenbaren Veränderungen abgehoben hat. Überspringt man diese „mittlere Sphäre", so wird man alle jene Momente, die der sogenannten „Milieuwirkung", der „Zeitsituation" zuzurechnen wären, unmittelbar einem naturalistischen Faktor (Generation, Rasse, geographische Lage usw.) zuzurechnen geneigt sein.

Nicht darin liegt das Verfehlte dieser naturalistischen Versuche, daß sie das Naturale im menschlichen Leben betonen, sondern daß sie aus diesen *Konstanten,* das Dynamische unmittelbar erfassen wollen, und gerade jene mittlere Schicht, wo die Dynamik wirklich entsteht, überspringen und vergewaltigen. Die dynamischen Faktoren wirken auf der Basis der Konstanten – auf Grund der anthropologischen und landschaftlichen usw. Gegebenheiten – sie „verarbeiten", gestalten aber jeweils anders jene Möglichkeiten, die in diesen liegen. Man muß sie, wenn man sie wirklich

[51] *Kummer* S. 2ff. Kummer war Journalist, der in seinen freien Stunden sein Werk schrieb. Er kam zum Generationsproblem durch eine Kritik der literaturhistorischen Kategorien „Epigone" und „Dekadenz". Diese wollte er durch eine „natürlichere" Einteilung ersetzen und fand dafür die Grundlage im Generationsphänomen. Die äußere Anregung verdankte er *Erich Schmidt*, der zusammen mit *Haym, Stern* und *Bartels* in der Literatur-geschichte jene Anregungen aufnahm, die bei *Rümelin* (1875) und *O. Lorenz* (1886) (der letztere auf Ranke zurückgreifend) auch lebendig waren. Bei *Dilthey* taucht das Problem zuerst 1865 auf, als er sich mit Novalis beschäftigte. *R. Haym* übernahm 1870 den Diltheyschen Generationsbegriff, als er seine „Romantische Schule" herausgab (vgl. *Kummer* S. 1f., *Petersen* S. 133). *Kummers* Darstellung ist sicher, vom ästhetischen Standpunkte aus gesehen, oft dürr und unzulänglich, das Blickfeld aber ist wohltuend erweitert; er achtet mehr, als im allgemeinen üblich, auf das gesellschaftliche Wechselspiel der Kräfte, das hinter den Werken steht. So ist die stete Berücksichtigung der Presseverhältnisse in diesem Zusammenhang erfreulich, wenn auch all dies nur als ein allzu schematischer Anfang zu werten ist.

erfassen will, im Elemente dieser sie gestaltenden historisch-sozialen Potenzreihe aufsuchen. Die Naturalfaktoren, so auch der Generationswechsel stellen den fundamentalsten Spielraum historisch-sozialen Geschehens dar. *Aber gerade weil sie Konstanten, also als solche immer vorhanden sind, kann aus ihnen der Wandel in seiner jeweiligen Besonderheit nicht erklärt werden.* Ihre jeweilig sich verändernde Relevanz (die Art und Weise, wie ihr Vorhandensein stets anders verarbeitet wird) kann aber klar nur herausgehoben werden, wenn man gerade diese formende Schicht der gesellschaftlich-geistigen Kräfte genügend scharf ins Auge faßt.

7.

Die Bedeutung der Generationslehren bestand darin, daß sie das theoretische Interesse für diesen zweifellos wichtigen Faktor des menschlich-historischen Geschehens immer wieder betonten. Ihre Einseitigkeit aber – dies kann man nunmehr zusammenfassend sagen – lag in dem Versuch, aus diesem einen Faktor die Gesamtdynamik im historischen Geschehen zu erklären, eine Einseitigkeit, die der Entdeckerfreude stets anhaftet und als solche auch entschuldbar ist. Die mannigfachen Geschichtstheorien, die in der letzten Epoche in solch üppiger Fülle entstanden sind, weisen stets diese Einseitigkeit auf: man hypostasiert ein Moment im historischen Geschehen zum tragenden Faktor der geschichtlichen Entwicklung. Die Rassentheorien, die Generationslehre, der Ökonomismus, die Volksgeistlehre usw., sie alle leiden an dieser Einseitigkeit, haben aber zweifellos das Verdienst, jeweils einen Faktor grell beleuchtet und ferner das Interesse für das Problem der geschichtsbildenden Strukturfaktoren wachgehalten zu haben. Darin besteht ihr Vorzug einer auf einmalige Kausalverflechtungen oder auf einmalige Gestalten eingestellten Geschichtsschreibung gegenüber, die das Interesse für die struktuell wirkenden Momente verdrängt und verdeckt hatte und deshalb allmählich zur Einsicht kommen mußte, daß aus der Geschichte eigentlich nichts zu lernen sei, da es sich ja dort stets nur um Einmaligkeiten handelt. Daß dem nicht so sei, fühlt ein jeder, der es sich erlaubt, über die Geschichte auch nachzudenken und im lebendigen Leben des Alltages von der Nähe sieht, daß hier jeder Neuanfang und jede überdurchschnittliche Persönlichkeit im Elemente eines gegebenen – wenn auch stets in Umwandlung begriffenen – strukturell beschreibbaren Spielraumes sich auszuwirken hat.

Wenn man die historische Dynamik in ihrem Aufbau sich vergegenwärtigen und hierbei nicht alles einem Faktor zuschreiben will, bleibt nur zu fragen, ob es keine Möglichkeit gibt, eine Ordnung der strukturellen Wirkungskomponenten entweder generell oder für bestimmte Epochen fixieren zu können. – Denn es ist gar nicht gesagt, daß die Relevanz der verschiedenen gesellschaftlichen und der übrigen die Geschichte gestaltenden Mächte (Wirtschaft, Macht, Rasse usw.) immer dieselbe bleiben muß. Dieses Gesamtproblem kann selbstverständlich diesmal nicht der Lösung entgegengeführt werden, es kann sich nur darum handeln, das uns beschäftigende, Generationsproblem in seinem Verhältnis zu den übrigen geschichtsbildenden Faktoren etwas näher zu beleuchten.

Es ist das Verdienst *Petersens* mit jenem historischen Monismus gebrochen zu haben, der den meisten Generationslehren anhaftet. Er versucht das Generationsproblem in Verbindung mit den übrigen Geschichtsfaktoren (Stamm, Landschaft, Volksgeist, Zeitgeist, Gesellschaft usw.) im konkreten Falle der Romantik zu behandeln.

So erfreulich nun dieser Bruch mit einer monistischen Theorie ist, so wenig kann man einer bloßen Nebeneinanderstellung dieser Faktoren, die als solche offenbar auch nur vorläufig ist, beistimmen, und auch die Behandlung des gesellschaftlichen Faktors muß den Soziologen, zumindest in dieser Gestalt, noch unbefriedigt lassen.

Spricht man von „*Zeitgeist*", so muß man genau so klar wie bei den übrigen Faktoren sehen, daß der jeweilige „Zeitgeist" nicht der Geist der ganzen Epoche ist; sondern was man als solchen zumeist ansieht und anspricht, seinen Sitz meistens in einer zu einem bestimmten Zeitpunkt zu besonderer Bedeutung gelangenden sozialen (einfachen oder zusammengesetzten) Schicht hat, die dann ihre geistige Prägung auch den übrigen Strömungen aufdrückt, ohne diese aber zu vernichten oder zu absorbieren.

Der Abbau des Zeitgeistbegriffes muß auch noch von einer anderen Seite her einsetzen, als von der *Pinder* ihn versucht hat. Für Pinder löste sich die Einheitlichkeit der Zeitgeistkonstruktion zugunsten der Realität der Generationsentelechien auf. Der Zeitgeist ist nach ihm nichts Einheitliches, denn es entspricht ihm keine reale, einheitliche Entelechie. Auch wir möchten leugnen, daß es eine solche Zeitgeistentelechie und eine aus ihr strömende Einheit des Geistes einer Epoche gibt, aber diese Relativierung muß zunächst und primär zugunsten der die Zeiteinheiten in Polaritäten spannenden Strömungsentelechien vollzogen werden.

Das 19. Jahrhundert hat keinen einheitlichen Zeitgeist, sondern diese Einheit ist im wesentlichen das Ergebnis (wenn man sie im Gebiete des Politischen verfolgen will[52] der gegeneinander kämpfenden konservativ-traditionalistischen und liberalen Impulse, zu denen dann das Proletarisch-Sozialistische hinzukommt.

So weit in der Destruktion wie Pinder möchten wir allenfalls nicht gehen, der in der Zeiteinheit im Wesentlichen die zufällige, jeweilige Durchkreuzung der übrigen Entelechien zu sehen geneigt ist. (Scheinakkordik!) Einheitlich ist der Zeitgeist (und als eine dementsprechende Konstruktion hat dieser Begriff einen Sinn), insofern man ihn in einem dynamisch-antinomischen Sinne zu sehen imstande ist.

Die dynamisch-antinomische Einheit besteht aber darin, daß innerhalb einer Epoche die vorhandenen Polaritäten sich stets aneinander orientieren und die verschiedenen Standorte wirklich erst verstehbar sind, wenn man sie als verschiedengearte-

[52] Wir bringen unsere Beispiele absichtlich aus der politisch-ideengeschichtlichen Sphäre, einmal um der Einseitigkeit, wonach die meisten Generationstheorien (insbesondere in Deutschland) sich entweder an der Literaturgeschichte oder an der Kunstgeschichte orientieren, ein Gegengewicht zu geben, und zweitens, weil wir der Ansicht sind, daß die *Struktursituation der gesellschaftlich treibenden Impulse und auch die Generationsdifferenzierung hier am klarsten ablesbar wird.* Die übrigen „Entelechien", Stilwandlungen, müssen auch unserer Ansicht nach für sich untersucht werden, und keineswegs können die kunstgeschichtlichen und literatur-geschichtlichen Entelechien aus dem Politischen abgeleitet werden; aber ihr gegenseitiger Zusammenhang, ihre Affinitäten, können von hier aus am klarsten erfaßt und übersichtig gemacht werden. Der Künstler lebt zwar in erster Reihe in seiner künstlerischen Welt und deren Traditionen, aber als Mensch ist er stets verbunden mit den gesellschaftlich treibenden Kräften seiner Generation, auch wenn er politisch völlig indifferent sein sollte. Von hier aus transformiert er auch die im rein Künstlerischen liegenden Wollungen und Entelechien. Als *Orientierungszentrum* für die Übersicht des Gesamtgefüges scheint uns die politische Ideengeschichte in erster Reihe wichtig zu sein. Darüber ausführlicher weiter unten.

te Versuche der Bewältigung desselben Schicksals und der dazugehörigen sozialen und geistigen Problematik zu erfassen imstande ist[53]. Es handelt sich also hier nicht um eine zufällige Deckung zeitlich koexistierender Entelechien (wie bei Pinder), aber auch nicht um eine selbständige Entelechie (einheitliches Willenszentrum, Formungsprinzip, wie bei Petersen), die zu den übrigen als etwas selbständig Neues hinzukommt, sondern um ein Drittes, um ein *dynamisches Spannungsverhältnis,* das als solches in dieser seiner Eigenart erfaßt werden kann, aber keineswegs substantialisiert werden darf.

Wirkliche Entelechien weisen in erster Reihe die soeben erwähnten Strömungen auf. Eine jede dieser grundlegenden, vom gesellschaftlichen Aufbau aus wohl erklärbaren Polaritäten bildet aus sich heraus besondere Grundintentionen, die über den Generationswechsel hinaus als dauernde (wenn auch sich stets transformierende) Formungsprinzipien im sozialhistorischen Raume vorhanden sind. In diese umfassenderen, dauernden Entelechien der Strömungen bauen dann die zur Wirksamkeit gelangenden, neuen Generationseinheiten ihre Generationsentelechien ein und transformieren eben dadurch jeweils etwa die liberale, konservative und die sozialistische Strömungsentelechie. Sodaß man sagen kann, die Generationseinheiten sind zwar keine konstruierten Gebilde, sie strahlen jeweils eigene Entelechien aus; diese sind aber gar nicht an und für sich erfaßbar, sondern nur im Elemente dieser Strömungsentelechien. Weshalb auch noch hinzuzufügen ist, daß man die geistigen Generationen, die Generationseinheiten, *gar nicht überhaupt* fixieren und zählen kann, sondern nur innerhalb bestimmter Strömungen. Die Strömungsentelechie geht der Generationsentelechie voran, nur innerhalb ihrer kann die letztere zur Geltung kommen und abhebbar werden; womit nicht gesagt ist, daß jede der sich bekämpfenden Strömungen in einem gegebenen Zeitpunkte neue Generationsentelechien aufkommen lasse.

Es ist nicht so, daß es etwa in den ersten Jahrzehnten des19. Jahrhunderts nur eine romantisch-konservative Generation[54] gab, der dann eine liberal-rationalistische (das junge Deutschland usw.) folgte, sondern genau ins Auge gefaßt ist es so, daß in den ersten Jahrzehnten des 19. Jahrhunderts es nur jener Jugend gelang, neue Generationsentelechien in die Welt zu setzen, die am romantischkonservativen Pol erlebnismäßig verankert waren. Auch gelang es nur dieser Jugend, die Grundstimmung des Zeitalters weitgehend zu prägen; in den dreißiger Jahren kommt nicht etwa eine „neue Generation" auf, die plötzlich wieder liberal-rationalistisch ist, sondern es gelingt erst jetzt der in der liberal-rationalistischen Linie stehenden Jugend, zu einer generationsmäßigen Neuformung der hinter ihnen stehenden Tradition zu gelangen. Die grundlegenden Polaritäten waren kontinuierlich da, auch gab es in allen Strömungen stets eine Jugend, nur die Möglichkeit schöpferischer Formung der Generationsimpulse trat einmal am romantisch-konservativen, dann am liberal-rationalistischen Pole auf.

---

[53] Von uns aus gesehen ist der „Zeitgeist" die kontinuierlich-dynamische Verkettung der aufeinanderfolgenden „Generationszusammenhänge".

[54] Romantik und Konservativismus gingen übrigens nicht von Anfang an zusammen. Romantik war ursprünglich in Deutschland genau so wie in Frankreich eine revolutionäre Bewegung.

Spricht man also, wie es *Petersen*[55] tut, von einem *führenden, umgelenkten* und *unterdrückten* Generationstyp, so ist damit etwas Richtiges und sehr Wichtiges gesehen, aber zufolge der ungenügenden soziologischen Differenzierung noch nicht endgültig präzisiert.

Bei Petersen werden überzeitliche Charaktertypen und „Zeitgeist" (wobei der letztere als eine eindeutig bestimmbare Größe bei ihm erscheint) unmittelbar aufeinander bezogen, als kämpften im historischen Leben in der Tat diese beiden Faktoren, und als wäre das Schicksal der einzelnen Individuen jeweils durch die Eigenart der gegenseitigen Durchdringung dieser beiden Komponenten bedingt. Fassen wir etwa nach Petersen einen emotionalen Typ, den er zugleich als „romantisch veranlagt" betrachtet, besonders ins Auge und setzen wir voraus, daß dieser in einem Zeitalter lebt, dessen Zeitgeist romantisch ist, so kann durch das Zusammentreffen dieser Umstände eine Steigerung der Anlagen des betreffenden Individuums zustande kommen, wodurch dieses in diesem Zeitalter zum *„führenden Generationstyp"* wird. Ein anderes Individuum dagegen, in dem Emotionales und Rationales der Anlage nach ursprünglich im Gleichgewicht standen, kann in einer romantischen Epoche ins Romantische hinübergezogen werden. Dieser wird den *„umgelenkten Typus"* Petersens ergeben. Und nehmen wir schließlich ein drittes Individuum, das der Veranlagung nach ursprünglich rationalistisch ist, so wird dieses in einer romantischen Epoche den *„unterdrückten Typus"* abgeben. Denn es bleibt ihm gar nichts anderes übrig, als entweder aus Mode, entgegen seiner Veranlagung, dem „Zeitgeist" nachzugeben, was in Unfruchtbarkeit mündet, oder aber, wenn er hartnäckig auf eigenem Boden verharrt, in seiner Zeit ein Einsamer zu sein. Als solcher wird er entweder als *Epigone* der vorangehenden oder als *Vorläufer* einer zukünftigen Generation zuzurechnen sein.

Sieht man zunächst von der etwas schematisierenden Gleichsetzung von „emotional" und „romantische Veranlagung" usw. ab, so liegt sicher etwas Richtiges in der Unterscheidung *führender, umgelenkter* und *unterdrückter* Typen vor. Nur geraten keineswegs unmittelbar überzeitliche Charakteranlagen im übersozialen Raume und ein undifferenziert einheitlicher „Zeitgeist" (denn einen solchen gibt es gar nicht) aneinander, sondern das einzelne Individuum wird primär geformt von jenen zeitgenössischen geistigen Einwirkungen und Strömungen, die gerade in jenen sozialen Lebenskreisen heimisch sind, denen es soziologisch zuzurechnen ist. Das will besagen, es wird zunächst gar nicht vom gesamten „Zeitgeist" affiziert und attrahiert werden, sondern nur von jenen Strömungen der Zeit, die traditional und aktuell in seiner Umwelt vorhanden sind. Daß aber gerade diese Strömungen und nicht andere sich in seinem Lebenskreise festgelegt haben und sich auch aktuell halten, liegt im wesentlichen daran, daß die typischen Chancen dieser Lebenslage, in der seine Umgebung und auch es existiert, gerade in diesen Verhaltungsweisen ihren adäquaten Ausdruck finden. Es ist also keineswegs ein undifferenziert einheitlicher „Zeitgeist", der einzelne Individuen und deren ursprüngliche Veranlagung fördert oder hemmt; sondern es handelt sich in konkreto stets nur um *eine* bestimmte Polarität im „Gesamtgeiste der Zeit", gerade um jene, die in dem Kreise des betreffenden Individuums sich nie-

[55] Petersen S. 146f.

dergeschlagen hat. Mit dieser besonderen Strömung hat sich die gegebene Charakterveranlagung des betreffenden Individuums in erster Reihe auseinanderzusetzen.

Wenn der Literaturhistoriker die Neigung hat, einmal die Tatsache zu übersehen, daß die meisten Menschen nur innerhalb einer bestimmten Strömung der Zeit stehen, zweitens zu übersehen, daß der „Zeitgeist" stets gespalten vorliegt und nicht plötzlich ausschließlich romantisch, dann Wieder ausschließlich rationalistisch wird, so liegt das daran, daß er sich primär an den Schicksalen von Literaten orientiert, also am Schicksal einer ganz spezifisch gearteten sozialen Schicht.

Nur die Literatenschicht, die in unserer Gesellschaft relativ sozialfreischwebend ist (was selbstverständlich auch ein soziologisches Merkmal ist), hat die Möglichkeit, zu schwanken, bald dieser, bald jener Strömung sich anzuschließen. In der ersten Hälfte des 19. Jahrhunderts schloß sie sich weitgehend stets jener Strömung an, deren neue Generation, durch Zeitverhältnisse unterstützt, in ihrer Geistigkeit gerade virulent wurde, d. h. wo eine Generationsentelechiebildung jeweils möglich war. Die Restaurationsepoche und die soziale und politische Schwäche des deutschen Bürgertums am Anfang des 19. Jahrhunderts begünstigte zunächst die Entelechiebildung am romantischkonservativen Pol der Jugend, durch die auch ein großer Teil der sozial freischwebenden Literatenschicht attrahiert wurde. Von den dreißiger Jahren an begünstigte die Julirevolution und die aufsteigende Industrialisierung das Virulent-werden neuer liberal-rationalistischer Entelechien in der sie tragenden Generation: ein großer Teil der Literaten erscheint nun im liberal-rationalistischen Lager.

Verfolgt man diese Entwicklung, indem man vornehmlich diese Literatenschicht ins Auge faßt, so sieht die Sache so aus, als gäbe es einmal nur einen romantischen, dann nur einen rationalistischen „Zeitgeist", und man hat auch ferner den Eindruck, als würden ausschließlich diese Literaten, Dichter und Denker den „Zeitgeist" bestimmen. Faktisch ist es so, daß die entscheidenden, die Richtung bestimmenden Wollungen gar nicht in ihnen verankert sind, sondern in den hinter ihnen stehenden viel kompakteren sozialen Trägern in ihrer polaren Gespaltenheit, die als solche ständig präsent sind. Diese, durch das Vordringen der einzelnen Strömungen verursachte Wellenbewegung im „Zeitgeiste" kommt nur dadurch zustande, daß durch Zeitverhältnisse bald dieser, bald jener Pol eine aktivwerdende Generation zu stellen imstande ist, die dann auch die „Mittelschichten", ganz besonders aber diese sozial freischwebende Literatenschicht mit sich reißt. Die ungeheuere Bedeutung dieser Literatenschicht (der ja oft die gewaltigsten Denker und Dichter zuzurechnen sind) wird dadurch nicht geleugnet, geben doch diese wirkliche Vertiefung und Form allen jenen Entelechien, die aus dem sozialen Raume auf diese Weise ausstrahlen. Wenn man sich ausschließlich an ihnen orientiert, dann kann man gerade diese Strömungsstruktur der geistigen Bewegungen nicht vollgültig erfassen. Den *ganzen* historisch-sozialen Strom in Betracht gezogen, gibt es also keine ausschließlich romantische und keine ausschließlich rationalistischen Epochen, diese Polarität ist zumindest seit dem 19. Jahrhundert eindeutig vorhanden; man kann aber wohl davon sprechen, daß bald die eine Richtung, bald die andere das Heft in die Hand bekommt, zur *Dominante* wird. Dies bedeutet soziologisch gesehen – um es noch einmal zusammenzufassen – nur soviel, daß durch Zeitverhältnisse begünstigt, bald an einem Pol, bald am anderen eine Generationsentelechiebildung möglich wird, was stets die schwankenden mittleren Schichten, in erster Reihe aber die zeitgenössische Literatenschicht anzieht.

Daraus ergibt sich aber, daß der sozial fest verankerte Mensch (welchem „Seelentyp" er auch angehören mag) primär mit jener Strömung ringt, die in seinem Lebenskreise dominiert, der freischwebende Literat aber (zu welchem Seelentyp er auch gehören mag) hauptsächlich mit der zeitgenössischen *Dominante* zu ringen hat. Wie für das einzelne Individuum dieser Kampf zwischen individueller Veranlagung, sozial ihm adäquater Geisteshaltung und der in der betreffenden Epoche zur Dominante gesteigerten Strömung ausfallen wird, ist sicher individuell verschieden: nur eine sehr gewaltige Persönlichkeit wird aber die eigene persönliche Charakteranlage gegen eine polargerichtete Geisteshaltung des eigenen Lebenskreises (ganz besonders, wenn diese im Aufstreben begriffen ist) durchzuhalten imstande sein. Ein irrationalistisch veranlagter „Bürgerlicher" wird in den vierziger Jahren des 19. Jahrhunderts genau so schwer „zu sich" zu kommen imstande sein, wie es für einen rational veranlagten, der neuen Generation angehörigen Adligen schwer fallen *mußte*, gegen die neuaufsteigende Romantik und Religiosität seine rationalistische Lebensform zu wahren. Gegen die virulentwerdende neue Generationsentelechie sind in solchen Fällen am meisten jene gefeit, die durch ihre ältere Generationslagerung in die neue, in ihrem sozialen Lebenskreise neu aufsteigende Generationsentelechie nicht hineinzuwachsen vermögen oder wollen. – So konnte einem Friedrich Wilhelm III. und seinem Anhang, die meistens in der rationalistischen Orthodoxie, also in der älteren Form des Konservatismus aufgewachsen sind, die neue romantisch-pietistisch-religiöse Welle nichts anhaben. Sein Sohn dagegen, der Kronprinz und spätere Friedrich Wilhelm IV. war ausgeprägtester Exponent dieser Strömung. Aus all dem geht, von einer anderen Seite her noch einmal beleuchtet, klar hervor, daß man die Auswirkung des Generationsfaktors nicht unmittelbar und direkt feststellen kann, sondern nur im Elemente des sozial-historischen Geschehens.

Die Generationslagerung als Potentialität ist stets vorhanden, sie versucht sich stets zu verwirklichen, aber nicht im Elemente des Zeitgeistes überhaupt, sondern stets in jenen konkreten Strömungen, die jeweils vorhanden sind[56]. Ob diese Tendenz zur generationsmäßigen Entelechiebildung im Schoße jener Strömungen zur Realisation gelangt und an welchem Pole dies jeweils gelingt, hängt – wie wir gesehen haben – von historischen Schicksalen ab.

Zu diesen, die Generationsproblematik an und für sich schon zur Genüge komplizierenden Faktoren kommt noch ein Faktor hinzu, der in unseren Überlegungen bisher nicht zur Geltung kam.

Wir haben nämlich noch nicht die Tatsache in Erwägung gezogen, daß die neudurchbrechende Generationsentelechie nicht in allen Gebieten, in allen *Sphären des Geistigen* dieselbe Möglichkeit hat durchzubrechen. Die einzelnen Sphären können jeweils förderlich und hemmend für den Durchbruch der Generationsentelechie werden. Man kann hier ganz sicher von einer Abstufung der einzelnen Sphären, je nach ihrer dokumentarischen Bedeutung für die Generationsentelechie, sprechen.

[56] Das kann man auch bei der modernen „Jugendbewegung" beobachten, die sich immer wieder sozial und politisch polarisiert. Sie ist als kohärente Erscheinung Beleg für das Phänomen „Generationszusammenhang". konkret erfaßbar wird sie aber nur in Gestalt sozialer und geistig sich differenzierender „Generationseinheiten".

So ist es eindeutig feststellbar, daß die exakten Wissenschaften, für die die Relevanz der Weltanschauung viel geringer ist, die Generationsentelechien weitgehend verdecken.

Die „Zivilisationssphäre“[57] überhaupt verdeckt durch ihre geradlinige Entwicklungsstruktur viel mehr die hinter ihr stehenden Willensmäßigen, erlebnismäßigen Wandlungen als die Kultursphäre. Innerhalb dieser hat wohl *Pinder* sicher recht, wenn er den sprachlichen Dokumentationen (Religion, Philosophie, Dichtung, Wissenschaft) eine andere Rolle zuschreibt als den bildenden Künsten und der Musik[58].

Auch wird man hier genauer differenzieren und der Frage nachgehen müssen, wie weit die verschiedenen Strömungs- und Generationsimpulse und Formungsprinzipien eine Affinität zu bestimmten *„Gattungen“* haben, und ob sie nicht solche für sich neu prägen. So hatte die romantische Generation ganz andere Gattungen geprägt und kultiviert als die liberale vormärzliche Generation.

Man muß auch die dokumentarische Kraft der *gesellschaftlichen Formen* des Zusammenlebens in Betracht ziehen. Auch hier gibt es verschiedene Formen des Beisammenseins, die bald diesen, bald jenen Strömungs- und Generationsintentionen genehmer sind. Auf die Tatsache, daß ein durch Statuten gestifteter Verband in viel geringerem Ausmaß die neuen Generationsimpulse widerzuspiegeln geeignet ist als die eher fluktuierenden Formen der Vergesellschaftung (die Salons etwa) hatte schon *Mentré*[59] hingewiesen[60].

Es erweist sich also, daß genau so, wie die soziale und geschichtliche Ebene hemmend oder fördernd für den Durchbruch der Generationsentelechie sein kann, auch die „Sphären“, in denen sie am ehesten zum Ausdruck zu kommen vermögen, nicht eindeutig und im vorhinein bestimmt werden können. All dies bestätigt nur noch von einer anderen Seite her, daß gerade der Generationsfaktor, der geradezu mit naturgesetzlicher Regelhaftigkeit wirkt und vorhanden ist, am schwierigsten und nur auf Umwegen im Elemente des Geistig-Sozialen erfaßbar ist.

Das Generationsphänomen ist eines der grundlegenden Faktoren beim Zustandekommen der historischen Dynamik. Die Erforschung des Zusammenspiels der zusammenwirkenden Kräfte ist ein Aufgabenkreis für sich, ohne dessen Klärung die Geschichte in ihrem Werden nicht endgültig erfaßt werden kann. Nur durch eine strenge, vorangehende Analyse der Eigenart all der Komponenten, die hier relevant sind, kann eine solche Fragestellung gelöst werden.

Die *formalsoziologische Analyse* des Generationsphänomens kann dazu zunächst so viel beitragen, daß sie womöglich klar zeigt, was von dieser Komponente aus erklärt und was nicht unmittelbar aus ihr heraus erfaßt werden kann.

[57] Vgl. zu diesem Terminus *Alfred Weber*, Prinzipielles zur Kultursoziologie. (Archiv für Sozialwissenschaft und Sozialpolitik 1920.)

[58] *Pinder* S. 156.

[59] Vgl. S. 160 dieser Untersuchung.

[60] Über die spezifische Form des Kampfes der Jungen und der Alten in den Zünften spricht Schmoller in seinem Grundriß der allgemeinen Volkswirtschaftslehre. München und Leipzig 1923, Bd. II, S. 591.

Zur Bibliographie des Generationsproblems
(Theorie und Anwendung.)

1. *Agathon,* Les jeunes gens d'aujourd'hui, Plon Nourrit & Co. 1912.
2. *Ageorges,* La marche montante d'une génératíon (1890–1910). 1912.
3. *Bainville,* Histoire de trois générations.
4. *Brinckmann, A. E.,* Spätwerke großer Meister. Frankfurt 1925.
5. *Boll, F.,* Die Lebensalter. Ein Beitrag zur antiken Ethologie und zur Geschichte der Zahlen. Berlin 1913.
6. *Cournot,* Considérations. 1872.
7. *Curtius. E. R.,* Die literarischen Wegbereiter des neuen Frankreichs. Potsdam.
8. *Dilthey,* Über das Studium der Geschichte der Wissenschaften vom Menschen, der Gesellschaft und dem Staat (1875). Abgedr. Ges. Sehr. Bd. V. S. 36–41. (Abgekürzt: Dilthey.)
9. *Derselbe,* Leben Schleiermachers. Bd. I. 2. Aufl. Berlin, Leipzig 1922.
10. *Dromel, Justin,* La loi des révolutions, les générations, les nationalités, les dynasties, les réligions. 1862. Didier & Co.
11. *Ferrari, G.,* Teoria dei periodi politici. 1874. Hoepli, Milano.
12. *Heidegger,* Sein und Zeit. Jahrb. f. Philosophie u. phänomenologische Forschg. Bd. VIII, Halle a. d. S. 1927. S. 384f.
13. *Herbst, F.,* Ideale und Irrtümer des akademischen Lebens in unserer Zeit. Stuttgart 1823.
14. *Honigsheim, P.,* Die Pubertät. In dieser Zeitschrift. Jahrg. III (1924), Heft 4.
15. *Grimm, Jacob,* Über das Alter. Reclams Universal-Bibl. Nr. 5311.
16. *Joel, K.,* Der säkuläre Rhythmus der Geschichte. Jahrb. f. Soziologie, Bd. I. Karlsruhe 1925.
17. *Kummer, F.,* Deutsche Literaturgeschichte des 19. Jahrhunderts. Dargestellt nach Generationen. Dresden 1900.
18. *Lorenz, O.,* Die Geschichtswissenschaft in Hauptrichtungen und Aufgaben kritisch erörtert. Teil I. Berlin 1886. Teil II. 1891.
19. *Mentré, F.,* Les générations sociales. Éd. Bossard, Paris 1920.
20. *Nohl H.,* Das Verhältnis der Generationen in der Pädagogik. Ersch. in „Die Tat". Monatsschrift. Mai 1914.
21. *Ortega I.* Gasset: Die Aufgabe unserer Zeit. Einl. v. E. R. Curtius. Zürich 1928. Verl. d. Neuen Schweizer Rundschau. (Kap. I. Der Begriff der Generation.)
22. *Petersen,* Die Wesensbestimmung der Romantik. (Kap. 6. Generation.) Leipzig 1925.
23. *Pinder,* Kunstgeschichte nach Generationen. Zwischen Philosophie und Kunst. Johann Volkelt zum 100. Lehrsemester dargebracht. Leipzig 1926.
24. *Derselbe,* Das Problem der Generation in der Kunstgeschichte Europas. Berlin 1926. (Abgekürzt: Pinder.)
25. *Platz, R.,* Geistige Kämpfe im modernen Frankreich. Kempten 1922.
26. *Rümelin,* Über den Begriff und die Dauer einer Generation. (Reden und Aufsätze. I.) Tübingen 1875.
27. *Schurtz, H.,* Altersklassen und Männerbünde. Eine Darstellung der Grundformen der Gesellschaft. Berlin 1902.
28. *Spranger,* Psychologie des Jugendalters. Leipzig 1925.
29. *Scherer, W.,* Geschichte der deutschen Literatur. 3. Aufl. Berlin 1885.
30. *Valois, G.,* D'un siècle à l'autre. Chronique d'une génération (1855–1920). Nouvelle librairie nationale. Paris 1921.
31. *von Wiese, L.,* Allgemeine Soziologie, als Lehre von den Beziehungsgebilden. Teil I. Beziehungslehre. München u. Leipzig 1924.
32. *Derselbe,* „Väter und Söhne." Der Neue Strom. Jahrg. I. Heft 3.
33. *Zeuthen, H. G.,* Quelques traits de la propagation de la science de génération en génération. Rivista di Scienza. 1909.

Köln Z Soziol (2017) (Suppl 1) 69:121–142
DOI 10.1007/s11577-017-0424-7

Kölner Zeitschrift für Soziologie und Sozialpsychologie

ABHANDLUNGEN

Natürliche Auslese, soziale Schichtung und das Problem der Generationen

Von Theodor Geiger

In dieser Fragestellung[1] verknüpfen sich biosoziale und sozialgeschichtliche Faktoren aufs engste. Schichtbildung – Vererbung und Auslese – Schichtung und sozialer Rang - Auf- und Abstieg - Umschichtung als sozialer Strukturwandel -: dies sind die Grundmotive, die sich im Bereich des Problems ineinanderschlingen. Dieser Aufsatz soll die Problemlage, zugleich in volkspolitischer Nebenabsicht, skizzieren. Bündige Antworten können beim gegenwärtigen Stand der Forschung auf eine Reihe der zu berührenden Einzelfragen noch nicht gegeben werden.

Soziale Schichtbildung als natürliche Auslese ist das alte Problem des soziologischen Darwinismus. Die Soziologie hat es seit geraumer Zeit beiseite geschoben. Die Sozialbiologie scheint es aber verkannt zu haben. Ihre Aufgabe wäre es, in den Bahnen der Biometrie und mit anderen kritischen Verfahren zu prüfen, inwieweit zwischen sozialen Schichten auf der einen, bestimmten körperlichen und geistigen Merkmalen auf der anderen Seite Übereinstimmung besteht; des weiteren dann, ob solche Konkordanzen durch Auslese und Vererbung oder durch Umwelteinflüsse bedingt sind. Statt dessen hat sich die Sozial-biologie, insbesondere die Eugenik, im wesentlichen damit begnügt, die biotische Überwertigkeit der sozial Erfolgreichen als im großen ganzen feststehend anzunehmen und aus der sozial üblichen geringeren Fruchtbarkeit der gehobenen Schichten die These von der erbmäßigen Auspowerung des Volkskörpers abgeleitet. So erscheint es im Augenblick als wichtige Aufgabe der Biosoziologie, den Lehrsatz wieder zu problematisieren.

[1] Sie behandelt Gegenstände, die auch in meinem demnächst erscheinenden Buch über „Erbpflege" berührt sind, Es ließ sich nicht vermeiden, teilweise verwandte Gedanken hier in anderem Zusammenhange vorwegzunehmen.

Erstveröffentlichung: *Institut für Soziologie und Sozialpsychologie*, Jg. 12, 1934, Heft 2, S. 159–183

c/o V. Dreier
Institut für Soziologie und Sozialpsychologie, Universität zu Köln
Lindenburger Allee 15, 50931 Köln, Deutschland
E-Mail: volker.dreier@uni-koeln.de

I.

Setzen wir zunächst die Annahme, originäre gesellschaftliche Schichtbildung beruhe wirklich auf natürlicher Auslese, so ist doch klar, daß es sich dabei in der weiteren Folge um etwas vom Darwinschen Begriff der natürlichen Auslese recht Verschiedenes handelt, um Vorgänge, auf die biologische Kategorien nur mit größter Vorsicht anzuwenden sind. Wir können dabei die *Entstehung der Arten* durch Auslese außer acht lassen; als naturwissenschaftliche Hypothese ist sie durch die Lehre von der Orthogenese stark gemodelt, und im Bereich unserer Fragestellung handelt es sich ja von vornherein um Auslese innerhalb der im phylogenetischen Sinne einheitlichen Menschenverbände.

Die natürliche Auslese innerhalb einer konstanten Tierart bedeutet: in jeder Generation haben die besser ausgestatteten Lebewesen bessere Chancen der Selbsterhaltung und auch damit der Fortpflanzung. Zur Auslese gehört die Ausmerze: die minder ausgestatteten Artvertreter pflanzen sich nicht oder zahlenschwächer fort. Diese in jeder Generation wiederholten Vorgänge dienen der *Erhaltung der Art* auf ihrem Gütebestand. Dabei ist angenommen, daß die Faktoren der Auslese und Ausmerze durch eine natürliche, von Generation zu Generation nicht wesentlich veränderte Umwelt gesetzt sind; daß das Auslesematerial artlich homomorph ist; daß also die Maßstäbe konstant und die objektiven Bedingungen für alle Artvertreter jeder Generation gleich sind.

Keine dieser Voraussetzungen trifft für menschliche Lebensverbände zu, wenn sie einmal, wäre es auch durch natürliche Auslese, geschichtet sind. Zunächst ist gerade die Zerreißung des Zusammenspiels von Auslese und Ausmerze das große Thema der Sozialbiologie; die in der Auslese erfolgreichen Lebewesen benützen eben ihr Obsiegen nicht zu reichlicherer Fortpflanzung. - Die Umwelt im allgemeinen unterliegt künstlichen Veränderungen. Auslese (und Ausmerze) vollziehen sich also von Generation zu Generation unter ständig künstlich fortentwickelten allgemeinen Bedingungen. – Die einmal vollzogene Auslese setzt, sofern sie soziale Schichtung bewirkt, innerhalb der allgemeinen Umwelt für den Nachwuchs der verschiedenen Schichten verschiedene Lebensbedingungen. - Es geht auch nicht einfach um bessere oder schlechtere, sondern, insbesondere auf höheren Stufen, um verschieden*artige* Ausstattung der Einzelwesen. - Gehen wir die einzelnen Tatsachen andeutend durch!

Soziale Schichtung bedeutet, wie immer sie entstanden sein mag, zugleich Machtunterschiede. Zum Phänomen der natürlichen Auslese tritt das der sozialen Macht. Es entsteht die neue Frage: Inwiefern modelt oder unterdrückt die soziale Macht die natürliche Auslese? Eine allgemeingültige Antwort gibt es darauf nicht, die Frage ist für jede geschichtliche Epoche und Gesellschaftsordnung. gesondert zu prüfen. Nur dies steht fest: 1. Die einmal zu überlegener Macht gelangte Elite hat auf die allgemeine Gestaltung der Kultur den entscheidenden Einfluß, sie bestimmt wesentlich in ihrem Sinne darüber, in welcher Weise die Umwelt, also die sozialen Auslesefaktoren, für die kommende Generation, verändert werden. 2. Die überlegene soziale Macht trachtet im Wirkungsverhältnis mit der Institution der Familie, das Ergebnis einer gedachten originären Auslese zu stabilisieren. Wieweit sich diese Tendenz durchsetzt, hängt davon ab, wie und ob ihr andere gesellschaftliche Einrichtungen entgegenwirken. Ehe der Tatbestand weiter untersucht wird, ist zu erinnern, daß gerade die ursprüngliche soziale Schichtbildung meist nicht auf natürlicher Auslese innerhalb eines menschlichen Lebensverbandes, sondern auf Unterwerfung einer Gruppe durch eine andere beruht; dann steht also der Faktor der Macht schon am Anfang, die Schichtbildung steht schon an ihrem Ursprung nicht unter dem Stern der natürlichen Auslese. Ob die obsiegende Gruppe gerade die natürlich wertvollere sein muß, steht dahin, wir kommen noch darauf zurück.

Die Frage der kulturell-sozialen Umweltgestaltung führt, im Zusammenhang gesehen, zugleich zur Kritik an der bekannten Klage über die gegenauslesende Wirkung der Humanität, welche die Ausmerze hemme und mildere. Der Wahrheitsgehalt des Satzes zeichnet sich erst bei Unterscheidung mehrerer Arten von Umweltmilderung ab.

1. Alle Kultur bringt *Milderung des allgemeinen Milieus* des betreffenden menschlichen Lebensverbandes. Die Anforderungen an die natürliche Widerstands- und Durchsetzungskraft gegen die „rauhe Natur" werden gesenkt, weil künstliche und überlieferbare Mittel der Daseinssicherung helfend hinzutreten, das rauhe Naturmilieu durch eine künstliche Kulturumwelt zunehmend ersetzt wird. Insofern werden die Ausmerzemaßstäbe, im Vergleich mit den Ansprüchen eines gedachten früheren Naturzustandes von einem Menschenalter zum andern herabgesetzt. Vieles, was im rauhen Naturzustand als Minusvariante der Ausmerze verfallen Wäre, ist im Kulturzustand bestand-fähig. Ob man das „kulturbedingte Entartung" nennen will, ist Geschmacksache; einmal ist eben die „fitness" eine Relation des Idiotypus zur Umwelt, mit der Umwelt also ändern sich die Begriffe der fitness und der Minusvariante; zum andern bewendet es ja im Zug der kulturellen Verfeinerung nicht bei dieser Herabsetzung der Ansprüche; das Kulturmilieu seinerseits stellt ja in anderer Hinsicht neue oder steigert bisherige Anforderungen (Intellekt, Zähnervigkeit) über die im Naturmilieu gestellten weit hinaus. Jedenfalls geht diese Art der Ausmerzemilderung so untrennbar mit der Kultur selbst einher, daß die Wiederherstellung der Ausmerze in alter Schärfe eben nur mit dem Verzicht auf die Kultur zu erkaufen wäre.

2. Etwas anderes ist es mit der Schaffung von *Ausnahmemilieus für Mindertaugliche*. Auch die gemilderte allgemeine Umwelt stellt gewisse Mindestansprüche an die Bestandtauglichkeit; bleibt ein Lebewesen dahinter zurück, so verfällt es „normalerweise" der Ausmerze. Die Gesellschaft der jüngsten Vergangenheit hat wohl etwas zu viel darin getan, solchen aus sich selbst infolge eines Defektes nicht einmal der allgemein gemilderten Kulturumwelt gewachsenen Menschen Sonderbedingungen zu gewähren. Jenen Ballast und Halbballast, der kraft seiner Anlagen nicht fähig ist, der Gesamtheit die Gegenleistung auch nur für dürftigsten Unterhalt zu bieten, ließ man nicht an den Ansprüchen der allgemeinen Umwelt zerbrechen, sondern schleppte und fütterte ihn durch, pflegte und heilte mit unverhältnismäßig hohem Aufwand an ihm herum, und erlaubte ihm sogar die Fortpflanzung. Das ist Gegenauslese; hier ist der Ruf nach rücksichtsloser Ausmerze am Platz.

3. Das darf aber nicht auf *Milderung der sozialen Schichtmilieus*, also auf Sozialpolitik, ausgedehnt werden. Die verschiedenen sozialen Schichten leben unter verschieden harten Bedingungen. Hier bedeutet Milderung nicht Gegenauslese, vielmehr soll sie gerade durch wenigstens teilweisen Ausgleich des sozialen Handicaps die natürliche Auslese wieder zur Geltung bringen. Mit dieser Erscheinung haben wir uns hier näher zu befassen.

Die von „originärer" Auslese Emporgetragenen sichern sich durch ihre überlegenen Machtmittel günstigere Lebensbedingungen; kraft der Familieninstitution nimmt daran auch ihr Nachwuchs teil. Die soziale Schichtung der gegebenen Art wird selbst zur beharrenden Institution, sie begründet eine „Gesellschaftsordnung". Der Siebungsvorgang ist für den Nachwuchs der originären Elite vorweggenommen. Trotzdem könnten auch die kommenden Generationen der durch originäre Auslese entstandenen Schicht eine natürliche Auslese darstellen, wenn nämlich die Auslese der *leistungs*tüchtigsten Lebewesen (Phänotypen) zugleich eine Auslese der im gleichen Sinne wertvollsten *Erbgutträger* (Genotypen) darstellte. Das ist aber nach den Gesetzen der menschlichen Erblehre nicht in dem Umfang gewährleistet, daß die volkspolitische Praxis sich danach richten könnte.

Insofern muß die Tendenz zur Aufrechterhaltung der Ungleichheit der Lebensbedingungen, die durch die Gesellschaft einmal geschaffen ist, die natürliche Auslese hemmen. Die Startbedingungen sind für die Einzelwesen nicht gleich; Menschen, über deren idiotypische Wertigkeit auf Grund ihrer Schichtabkunft kein sicheres Urteil abzugeben ist, werden durch institutionelle Schranken in ihrer Schicht gehalten, denn die Auslese wird nicht von Generation zu Generation wiederholt. Da mindestens an die körperliche Widerstandskraft im günstigeren Milieu der Oberschicht geringere Ansprüche gestellt werden, ist nach einigen Generationen, die Undurchlässigkeit der Schichtschranken vorausgesetzt, eine gegenauslesende Wirkung unausbleiblich; die Auslese ist in dieser Richtung für die untere Schicht verschärft.

Beispiele davon sind heute unter anderem die höhere Kindersterblichkeit der unteren Schichten, soweit sie auf schlechterer Kinderpflege beruht; durch die Schichtlage bedingte kürzere Lebensdauer überhaupt, sofern sie den Lebensabschnitt der Fortpflanzungsaktivität schwächerer Individuen beschneidet; die hohe Tuberkulosesterblichkeit der Industriearbeiterschaft im vorigen]ahrhundert hat das Gros der Tuberkulose-Disponierten in *dieser* Schicht gewaltig ausgemerzt, da in ärmlichen Verhältnissen der Disponierte mit fast unbedingter Sicherheit auch wirklich erkranken mußte; die Sterblichkeit an industriellen Berufskrankheiten, bedingt durch übernormale Ansprüche spezifischer Art (Gesteinstaub, chemische Noxen, Textilfasern usw.), merzt die ihnen nicht gewachsenen Erbstämme aus usw.

Im Laufe der Generationen müßte also eine umweltlich benachteiligte Unterschicht in einer streng erblich geschichteten Gesellschaft mangels der Wiederholung des Auslesevorgangs von Generation zu Generation geradezu in ihrer Art eine Elite hochgradiger Siebung darstellen. Das ist auch sicher der Fall. Die sozial bedingten Umweltbegünstigungen der Oberschicht in Gedanken gestrichen, erwiesen sich deren Nutznießer im eingeebneten Milieu bestimmt weniger „fit" als die Abkömmlinge der unteren Schichten. Das spricht noch lange nicht für allgemeine Minderwertigkeit, wohl aber gegen biotische Überwertigkeit der Angehörigen der Oberschicht.

II.

Dem soziologischen Darwinismus stellt sich das ganze Problem zu einfach dar, weil er gemäß seiner biologischen Herkunft auf dürftig geschichtete primitive Lebensverbände sichtet und so verleitet wird, die soziale Schichtung in Bausch und Bogen als Ausdruck der Überlegenheit und Unterlegenheit zu behandeln. In Wahrheit geht es nicht um Gradunterschiede der Durchsetzungstüchtigkeit zwischen wesentlich merkmalsgleichen Einzelwesen, sondern um feinere artliche Unterschiede. Das fällt freilich erst auf höherer Kulturstufe durch reichlichere Gliederung des Schichtungsbildes ins Auge.

Die soziale Schichtung, welcher besonderen Art sie auch jeweils sei, ist nie das Spiegelbild verschiedener Grade der Bestandtüchtigkeit, selbst wenn jede einzelne Schicht originär durch „richtige" Auslese zustande käme. Hier fehlt bei Übertragung des Gedankenmodells „Vererbung - Auslese" von den tierischen auf menschliche Lebens-verbände das tertium comparationis; Auslese innerhalb der Art bei Tieren heißt: Aussiebung der mit den allgemeinen Eigenschaften der homomorphen Art Bestausgestatteten, Abdrängung der mit diesen Eigenschaften minder Begabten. Denken wir uns aber sogar eine ganz einfach geschichtete Menschengesellschaft, aus einer Krieger- und einer Bauernschicht bestehend -: ist das siegreiche Kriegerelement biotisch wertvoller als das unterworfene Bauernelement? Soll das Obsiegen selbst als Beweis der Wertüberlegenheit gelten? Oder soll kriegerische Art von vornherein als wertvollste Eigenschaft anerkannt sein? - Sind in den zeitgenössischen Gesellschaften die sozial gehobenen Generaldirektoren in einem mit biologischen Begriffen noch faßbaren Sinn lebenstauglicher als die sozial minder hoch bewerteten Schuhmacher?

Die soziale Schichtung enthält immer den Bezug auf gesellschaftliche Teilung der Funktionen. Die Frage der Bestandtüchtigkeit gegenüber der *nat*ürlichen Umwelt betrifft hier gar nicht mehr das Einzelwesen, sondern die funktionsteilig gegliederte Gesellschaft im ganzen; die Einzelnen in ihr mögen sich dann nach sozialer Brauchbarkeit unterscheiden -aber das ist eine neue Kategorie, auf die ich noch zurückkomme. Indem die menschlichen Lebensverbände Kulturen mit funktionsteiliger Gliederung entwickeln, entsteht in ihnen ein ganz neuer Typus von Auslesevorgang; die *soziale Auslese* im *Kulturmilieu* ist etwas vollkommen anderes als die *natürliche Auslese im Naturmilieu* und mit ihr höchstens in entfernter Metapher in Verbindung zu bringen. Die große Zahl der Chromosomen ermöglicht beim Menschen eine Überfülle von Varianten; die allgemeine Milderung der Umwelt durch die Kultur läßt sehr viele Abweicher überleben; die Streubreite der lebensfähigen Varianten ist unverhältnismäßig groß; die funktionsteilig organisierte Kultur hat für die mannigfaltigen Idiotypen nicht nur Raum, sondern sie bedarf ihrer um so mehr, je feiner sie sich spezialisiert. Sogar - und gerade - Varianten, die rein biologisch gesprochen sehr minderwertig wären, werden im Kulturmilieu unentbehrliche Spitzenwerte. Da somit eine Fülle von Varianten überleben, sich aber auch fortpflanzen kann, ist eine weitere Steigerung dieser Vielförmigkeit der Typen und sind starke Ausschläge der Typen zur „Einseitigkeit" im weiteren Erbgang möglich. Die natürliche Umwelt wirkt auf die Art standardisierend, die kultürliche Umwelt fördert und braucht polymorphen Nachwuchs.

Damit ist vor jede Frage nach dem *Wertrang* der natürlichen Anlagen beim Menschen die Frage nach dem *artlichen Typus* seiner natürlichen Anlagen gesetzt. Wertrangvergleiche sind in der Ebene des biologischen Denkens nur unter zwei Voraussetzungen möglich: ent-weder werden Lebewesen als ganze bewertet - das ist nur innerhalb homomorpher Massen (Tierarten) möglich; oder man hat es mit polymorphen Massen (Menschenbevölkerungen) zu tun, dann können die Idiotypen stets nur im Hinblick auf einmal dies, einmal jenes Einzelmerkmal wertend verglichen werden, aber nicht als Personen im ganzen.

Spiegelte wirklich die berufliche oder sonstige soziale Schichtung des Volkes in einem gegebenen Augenblick die Verteilung der Sonderbegabungen adäquat wider - was berechtigt dann dazu, die sozial höher eingeschätzten Schichten für zugleich im großen ganzen generativ wertvoller zu halten? Nichts, denn *die soziale Rangeinschätzung entscheidet sich in einer kategorial anderen Ebene als die generative Bewertung.* Wenn der Sozialbiologe den sozialen Rang und den Durchsetzungserfolg der Person als annähernden Ersatzmaßstab für die diagnostisch nicht unmittelbar zugängliche Erbwertigkeit nimmt, stattet er eine geschichtlich bedingte Wertung mit überzeitlicher Geltung aus. Denn die soziale Einschätzung bestimmter Anlagetypen, die sich (angeblich) in einzelnen sozialen Schichten gehäuft vorfinden, ist geschichtlich bedingt und schwankt mit dem Wechsel des Kulturstils.

Dürfte als sicher angenommen werden, daß die Schicht der Intellektuellen und Akademiker wirklich die intellektuelle Auslese des Volkes darstellt, so möchte es noch angehen, sie absolut auch als generative Auslese zu betrachten. Sofern nämlich die Zerebralisierung als kennzeichnendes Merkmal der Gattung Mensch gilt, würden allerdings die Intelligentesten eine typisch menschlich-natürliche Elite darstellen. Aber: 1. die Schicht der Akademiker ist, wenn überhaupt, Auslese nur einer bestimmten Art von Intelligenz, nicht der Intelligenz schlechthin. 2. Da intellektuelle Begabung der verschiedenen Typen allem Anschein nach im Erbgang regrediert, ist die Erhaltung der Sonderbegabung im Erbgang sehr unsicher. 3. Die soziale Auslese der Akademikerschicht nach dem Rang der Sonderbegabung funktioniert, wie wir sehen werden, recht fragwürdig. - Von all dem abgesehen, ist es aber sicher, daß einseitige züchterische Bevorzugung dieser Art von Intelligenz zu einer Volkskatastrophe führen müßte.

III.

Die Behandlung sozialer Schichten als generativer Gruppen und die Einführung sozialer Rangbewertungen in rassehygienische Gedankengänge, wirken in der Sozialbiologie verhängnisvoll. Dieser Frage ist daher ein kritischer Exkurs zu widmen.

1. Es ist wohl von bevölkerungstheoretischem Erkenntniswert, die spezifischen Fruchtbarkeitsdurchschnitte in Volksteilen verschiedener Soziallage zu vergleichen. In eugenischer Absicht haben aber die Ergebnisse viel weniger Aussagekraft, als meist angenommen wird. Jedenfalls müßten solche Vergleiche abseits jeder Rangordnung der sozialen Schichten untereinander gezogen, vor allem müßte aber die Gesamtbevölkerung nach wirklich einheitlichen Maßstäben und Merkmalen in Schichten aufgegliedert werden. Der beliebte Satz: „Wir treiben Gegenauslese, Weil der Fruchtbarkeitsdurchschnitt der einzelnen Schichten im umgekehrten Verhältnis zu ihrem sozialen Rang steht", ist gewiß vor allem aus einer Untersuchung der Konkordanz von sozialem Rang und generativem Wert zu kritisieren. Er läßt sich aber in dieser Allgemeinheit schon aus den bloßen Vorspalten der Tabellen, auf die er sich stützt, ad absurdum führen. Die stellen nämlich alles andere als „soziale Rangfolgen" in ihren Posten dar. Gewöhnlich stehen an ihrer Spitze die Akademiker und höheren Beamten, dann Unternehmer, selbständige Handwerker und Händler, mittlere Beamte, Landwirte, Angestellte, untere Beamte, gelernte Arbeiter, Ungelernte, endlich „Lumpenproletariat". Jede eingehende Kritik erübrigt sich da. Dem Soziologen ist

gleich deutlich, da diese Schichten, ganz abgesehen von der Frage ihrer generativen Wertigkeit, nicht in einer sozialen Rangfolge angeordnet werden können. Berufe und Berufsstellungen überkreuzen sich da, die eine Gruppe ist ihrem sozialen Rang nach ziemlich klar bestimmt (zum Beispiel Ungelernte), andere überstreichen ganze Leitern der Rangfolge (zum Beispiel „gewerbliche Selbständige" - vom Alleinmeister bis zum Handwerksgroßunternehmer, vom Grünkramhändler der Arbeitervorstadt bis zum Inhaber eines Modehauses mit Großumsatz; Landwirte - vom Parzellenlandwirt bis zum Großbauern usw.). Etwas besser ist es schon, wo wenigstens städtische und ländliche Bevölkerung in zwei getrennten Skalen angeordnet sind, aber auch da wird es unmöglich, die Angehörigen der gewerblichen Sphäre und die des Bereichs der Angestellten, Beamten, Intellektuellen, je und je rangmäßig zu vergleichen. Die sozialen Schichten einer funktionsteilig feingegliederten modernen Gesellschaft sind eben ihrem Wesen nach nicht einfach im Übereinander von Rangstufen, sondern in einem mehrfachen Neben- und Übereinander der Funktionsbereiche und Rangstufen angeordnet derart, daß die Stufen nebeneinanderstehender Skalen vielfach gegeneinander versetzt und daher gar nicht vergleichbar sind. – Daraus sind nachher wichtige Schlüsse aufs Problem des sozialen Auf- und Abstiegs zu ziehen (IV).

2. Soziale Schichten dürfen nicht als generative Gruppen angesehen werden. Sie selbst sind es unmittelbar nie. Auch der „Geburtsstand" ist nur auf dem Weg über die Familieninstitution zur quasi-generativen Gruppe geworden. Echte Generativgruppe ist letzthin immer nur die Familie. - Die Schließung sozialer Schichten für den Nachwuchs entspricht traditionalem Gesellschaftsstil. Aktivistische Kulturen, wie die unsere, setzen dagegen aufgelockerte Schichten mit durchlässigen Schichtgrenzen und eine in jeder Generation aufs neue erfolgende Auslese voraus. Dabei heißt hier „Auslese" nicht in erster Linie eine solche nach dem Rangwert, sondern vor allem nach dem spezifischen Anlage*typus*. Man pflegt die Durchlässigkeit der Schichtgrenzen als Merkmal der „Demokratie" zu bezeichnen, doch ist sie nicht an die Staatsformen gebunden, die wir jetzt als „demokratische" von uns abzutun im Begriffe sind. Jedenfalls ist die Durchlässigkeit der Schichtgrenzen als Grundsatz auch im neuen Gesellschaftsdenken - und in ihm erst recht - gültig.

Sofern eine Gesellschaft darauf beruht, daß dem einzelnen Volksbürger sein Platz ohne Frage nach dem Herkunftrang durch Ausbildungsweg, Berufswahl und Berufserfolg angewiesen wird, ergänzen sich die sozialen Schichten eben im Wege dieses *sozialen* Mechanismus, und es ist grundsätzlich verfehlt, wenn auch nur bildlich, von *natürlicher* Reproduktion der Schichten durch Fortpflanzung zu sprechen. Wieweit der soziale Ersatzmechanismus eine Berufs- und Schichtnachfolge innerhalb der Familienstämme zur Geltung kommen läßt, ist eine zweite Frage.

Auch die Gewohnheiten der *Gattenwahl* ändern daran nichts; denn einmal umfaßt das Konnubium regelmäßig größere Bereiche, die sehr schwer abzugrenzen sind; überall umgreift es mehrere Berufsgruppen annähernd gleichen Sozialranges, durchbricht aber eine sehr vage bestimmte Rangzone, in der solche Berufsschichten nebeneinanderliegen, hier mehr, dort weniger. Zum andern zeigt sich eben im Konnubium, daß die sozialen Schichten keine generativen Gruppen sind, denn es gilt für den Neueingeschichteten ebenso wie für den aus der eigenen Schicht hervorgegangenen Schichtgenossen.

Sowenig eine soziale Schicht in den modernen Gesellschaften „sich fortpflanzt“, sowenig „stirbt sie aus“. Die Familien der augenblicklichen Schichtmitglieder können aussterben; die Schicht selbst ergänzt sich entweder durch Neuzugang aus dem Nachwuchs von Angehörigen anderer Schichten oder sie schrumpft - dann aber aus ganz anderen als biotischen Gründen (vgl, V).

3. Gesellschaften aktivistischen Stils, in denen die Schichten durchlässig gedacht sind, bedürfen besonderer Vorkehrungen dagegen, daß einmal gebildete Sozialschichten sich „nach unten“, aber auch innerhalb ihrer Rangzone nach den Flanken, quasi-generativ abschließen. Solange die Institution der Familie besteht und verschiedene Sozialfunktionen mit höherer Rangeinschätzung und besserer Chance der Güterversorgung verbunden sind, werden bevorzugte Schichten geneigt sein, die in ihrem Funktionsbereich freiwerdenden Plätze mit eigenem Familiennachwuchs zu besetzen, vielleicht sogar weitere Plätze für den Nachwuchs der Schichtangehörigen zu schaffen (Auffangvorrichtung für den Überschuß).

4. Damit sind wir bei der Frage des Verhältnisses zwischen sozialer Stellung und generativem Rang des Menschen. Wir verstehen unter „generativem Rang“ den Wert, den ein Mensch als Träger von Erbgut für die volkliche Gesellschaft hat; der generative Rang des Menschen drückt die Erwartungen aus, die wir in die soziale Brauchbarkeit seiner Nachkommen setzen; dabei geht es sowohl um eine *Größenordnung* als auch vor allem um eine *Typenerwartung*. - Niemand behauptet strenge Übereinstimmung zwischen Grad und spezifischer Art des generativen Wertes auf der einen, Schichtlage des Menschen auf der anderen Seite; wer das annähme, müßte ja jede Möglichkeit sozialen Aufstiegs oder sonstigen Schichtwechsels ablehnen. Wohl aber wird vielfach eine gewisse Konkordanz der beiden Tatsachen im großen Durchschnitt unterstellt. Aus eben diesem Grund wird die relative Unfruchtbarkeit gehobener Schichten beklagt, der auch die aus unteren Lagen Aufgestiegenen alsbald verfallen, so daß die Durchlässigkeit der Schichtgrenzen in Verbindung mit diesem Differenzen der Fruchtbarkeit allmählich zur generativen Auspowerung führe. Möglich, daß dem so ist; erweisbar ist es nicht. Zwar sammelt sich vermutlich in den mindestgeschätzten Soziallagen ein gewisser generativer Ausschuß (zum Beispiel in der ungelernten Arbeiterschaft), aber auch diese Schichten sind als solche keineswegs typischer Ort minderer Generativwerte. Ich habe andernorts die Argumente eingehend vorgebracht, die meines Erachtens die Annahme wesentlich erschüttern[2]. Hier weise ich nur mit Stichworten darauf hin.

Der generative Wert ist durch den jeder unmittelbaren Feststellung entzogenen Genotypus bestimmt, die soziale Auslese erfaßt, wenn sie überhaupt richtig funktioniert, den Phänotypus; dieser aber ist schon durch Lebensbedingungen der Herkunftschicht fördernd oder hemmend mitbestimmt. Gunst und Ungunst der wirtschaftlichen Lage, anregende oder abstumpfende Wirkung der geistigen Atmosphäre der Kindheit, Förderung oder Erschwerung im Zugang zu höherer Ausbildung, und in deren Verfolg Protektion oder sozialer Widerstand beim Eintritt in die Berufslaufbahn und beim Fortkommen in ihr schaffen Unterschiede der Startbedingungen für den Nachwuchs aus Verschiedenen sozialen Schichten. Durchschnittsbegabungen, gleich

[2] Soziologische Kritik der eugenischen Bewegung. Veröff. a. d. Geb. der Medizinalverwaltung. Bd. XL, 34. Heft. - Erbpflege. Grundlagen - Planung - Grenzen. Stuttgart 1933.

welcher Sonderart, werden meist in der sozialen Ausgangslage bleiben. Nur erhebliches Manko bedingt Absinken, nur erheblicher Auftrieb führt zum Aufstieg von Schicht zu Schicht. Mäßige Differenzen der Anlage werden teils durch die Einflüsse der sozialen Lage eingeebnet, teils durch die zur Institution gefestigte Gesellschaftsordnung an der Auftriebwirkung gehindert. Diese Tatsachen weisen darauf hin, daß die soziale Auslese nicht annähernd vollkommen wirkt. (Das ist, wie sich noch zeigen wird, unter den gegebenen sozialen Bedingungen fast ein Glück.)

Dazu kommen aber noch Tatsachen der Vererbung. *Olberg* ist geneigt, die geringere Fruchtbarkeit der Angehörigen gehobener Schichten nicht etwa wegen der Aussterbegefahr besten Erbgutes zu beklagen, sondern umgekehrt, diese geringe Fruchtbarkeit als „Selbstauslese" zu begrüßen. Es geht gewiß zu weit, auf diese Weise sozialen Rang und generativen Wert in umgekehrte Proportion zu bringen. Die relative Sterilität der oberen Schichten hat teils soziale Gründe, teils beruht sie auf gesteigertem Verantwortungsgefühl, teils deutet sie allerdings auf eine schwächere Vitalität. - Gegen durchschnittlich bessere Erberwartung aus den Familien gehobener Schichten sprechen aber andere Gründe: Die gesamte Erbanlage des Menschen ist aus sehr vielen Faktoren zusammengesetzt; die Genotypen zweier Ehepartner sind stets sehr verschieden; bei jeder Paarung kann also der Erbausfall sehr stark von den Phänotypen der Eltern abweichen. Dies sowohl im Güterang nach oben und unten, als auch hinsichtlich des spezifischen Anlagetypus. Latente Erbmerkmale eines Elternteils mendeln heraus, übereinstimmende latente Merkmale beider Eltern häufen sich bei Kindern, die Zahl der sonstigen Kombinationen ist unabsehbar, die Gesetze oder auch nur Erfahrungssätze, nach denen sich mehrere Merkmale zu neuen Eigenschaften verschmelzen, sind besonders im Bereich des Seelisch-Geistigen noch weithin unbekannt. Nehmen wir hinzu, daß Höchstwerte im Hinblick auf eine soziale Sonderfunktion oft an der Grenze dessen liegen, was der Biologe den „Bereich der Norm" nennt, daß also ein Quäntchen mehr oder minder von einer Eigenschaft über spezialistische Hochbegabung oder soziale Unbrauchbarkeit der Person entscheidet! Bedenken wir, daß menschliche Nachkommenschaften viel zu klein sind, um rechnerische Erberwartungen für praktische zu nehmen! Beachten wir weiter, daß der soziale Aufstieg auf dem Weg der Berufswahl meist nur die Männer erfaßt, gleichbegabte Frauen aber in der Ausgangsschicht verbleiben, daß außerdem der, wenn auch auf Grund seines Phänotypus gerechterweise, Aufgestiegene in seiner Ausgangsschicht Geschwister zurückläßt, die phänotypisch minder aufstiegwürdig, aber im Genotyp latent ähnlich strukturiert sind! Die Zahl der Faktoren ist so groß, daß sie, selbst bei geringer Bedeutung jedes einzelnen, in ihrem Zusammenwirken die Annahme relativer Übereinstimmung zwischen Schichtrang und Erbwert erheblich verunsichern.

Wäre die Annahme richtig, so müßten nach mehreren Generationen, in denen Siebung durch Aufstieg stattfand und bei der geringen Fruchtbarkeit der gebildeten Schichten, längst folgende Erscheinungen bemerkbar sein: bäuerlicher und gewerblicher Mittelstand, in jeder Generation ausgesucht, wären heute relativ verdummt - was bestimmt nicht der Fall ist; die Auslese, die aus den so ausgesuchten und ausgepowerten Mittelschichten heute noch der gebildeten Oberschicht zugeführt werden kann, müßte gegenüber früheren Auslesen minderwertig sein, die Bildungsschicht müßte an spezifischem Leistungsrang verlieren; das trifft ebensowenig zu. Ihre tatsächliche Rangeinbuße liegt auf anderem Gebiet als dem des Begabungsrückganges. Nein - die

Intelligenz verschwindet nicht aus der Welt, wenn die Familien der Intellektuellen aussterben.

Nun ist aber noch in Betracht zu ziehen, daß zwar die einzelnen Sozialfunktionen (Berufe) verschiedene Rangschätzung genießen, daß aber die zur Ausübung der einzelnen Funktionen bestgeeigneten Anlagetypen nicht in einer Skala des biotischen Wertes angeordnet werden können. Es handelt sich um Anlagetypen, deren sozialer Nutzwert zwar verschieden - und übrigens in epocheweise wechselnder Rangfolge - eingeschätzt wird, deren Sonderwerte sich aber jeder biologischen Beurteilung entziehen. Gerade die Vererbung von Typen der Sonderbegabung (manuelle, technische, „wissenschaftliche", künstlerische, organisatorische, charitative Begabung usw.) ist übrigens sehr unsicher. Man darf annehmen: je feiner spezialisiert die Gesellschaftsfunktionen sind, je feiner differenziert die für sie bestgeeigneten Begabungstypen erfaßt werden, desto unsicherer wird die Vererbungsvermutung. Zwar sind die Sonderbegabungen erblich bedingt, aber sie sind höchst fein zusammengesetzt (polymer), entstehen also durch unabsehbar verwickelte Kombinationen und erweisen sich (deshalb ?) geneigt, in der Generationenfolge abzuklingen. (Regressive Vererbung.)

5. Diese Erwägungen führen in ihrer Gesamtheit zu dem Schluß: Ein allgemeiner Rückgang der Fruchtbarkeit ist zwar volkspolitisch tief zu beklagen; doch ist es nicht beunruhigend, wenn bestimmte sozial gehobene Schichten an der im ganzen genügenden Bevölkerungsreproduktion weniger als die mittleren und unteren Schichten beteiligt sind. Beruflich tiefgegliederte und sozial fein geschichtete Gesellschaften können sozialbiologisch durchaus „gesund" sein, wenn auch in einzelnen Schichten die Neigung besteht, den Nachwuchs scharf zu rationieren. Es gibt in solchen Gesellschaften beruflich-soziale Schichten, die der steten Auffüllung aus anderen Fortpflanzungsreservoiren bedürfen. Wir können weiter gehen: Sofern bestimmte beruflich-soziale Funktionen höheren Rang und besseres Einkommen genießen, ist es um der sozialen Auslese willen sogar erwünscht, daß der Nachwuchs der Schichtangehörigen *nicht* zur Selbstauffüllung der Schicht ausreicht.

Dadurch werden in jedem Menschenalter Plätze für den Aufstieg durch Neuauslese frei, die soziale Zirkulation ist gewahrt. Andernfalls wäre die Gefahr kasten- oder cliquenhafter Abschließung gehobener Berufsschichten zu groß. Auch die strengste Siebevorrichtung in Gestalt von Befähigungsprüfungen bietet dagegen bekanntlich keinen genügenden Schutz.

IV.

Jetzt sind die Grundlagen gesichert, um das eigentliche Problem der Generationen im Hinblick auf die soziale Schichtung zu erörtern: den sozialen Auf- und Abstieg.

1. Wir verstehen unter sozialem Auf- und Abstieg die Erscheinungen des Platzwechsels von Personen oder Familien innerhalb eines gegebenen Schichtungssystems, das wir uns zunächst als beharrend denken. Die Arten und Wege dieses Platzwechsels sind mannigfach. Meist ist an Bewegungen gedacht, die von einer Schicht zu einer anderen führen; das Auf und Ab innerhalb einer und derselben Schicht wurde bisher weniger beachtet, weil es schwerer zu fassen ist. In Gesellschaften mit erblich streng geschlossenen Schichten herrscht der Aufstieg *innerhalb* der Herkunftsschicht vor; doch wird die Möglichkeit und Häufigkeit des Schichtenwechsels, zum Bei-

spiel in der mittelalterlichen Ständegesellschaft, meist unterschätzt. In den modernen Gesellschaften wiederum, mit ihren durchlässig gedachten Schichtgrenzen, fällt die Fluktuation zwischen verschiedenen Schichten stark auf, das Aufstiegstreben richtet sich auch vor allem auf diese Art der Platzverbesserung. Dennoch bleibt auch hier der Schichtenwechsel, wenigstens soweit damit erhebliche Rangänderungen verbunden sind, Ausnahme; wenn auch die Schichtgrenzen nicht durch institutionelle Schranken gesperrt sind, so bilden sie doch in mehrfacher Hinsicht faktische Hindernisse. Dies besonders dann, wenn ein Schichtungssystem sich nach einer allgemeinen Umschichtung (Vgl. V) eingespielt hat.

Gern wird persönlicher Auf- und Abstieg dem in der Generationenfolge sich vollziehenden gegenübergestellt. Mir scheint das wenig zweckmäßig, weil der Unterschied sehr flüssig ist. Steigt eine Person auf oder ab, so pflegen ihre Nachkommen dies Schicksal zu teilen, weil ihr eigener Start durch die typischen Chancen der elterlichen Schicht entscheidend bestimmt ist. „Aufstieg in der Generationenfolge" meint gewöhnlich, daß nicht von einer Person eine erhebliche Spanne der sozialen Stufenleiter zurückgelegt wird, sondern daß die Aufwärtsbewegung durch mehrere Generationen stetig anhält. Dieser Vorgang läßt sich aber auch als Kette persönlicher Aufstiegschritte verstehen, und sogar so richtiger, weil selten ganze Kinderschaften und mehrere Linien gleichen Schrittes aufsteigen, sondern hier der eine, dort der andere auf dem Weg stehenbleibt oder eine Linie wieder zurücksinkt.

Der Auf- und Abstieg kann also eine Person in großem Sprung oder rascher Schrittfolge über mehrere Stufen oder nur über kleine Niveauunterschiede führen.

Die Wege des Auf- und Abstiegs sind zu vielfältig, um sie einzeln zu erörtern, nur wenige kennzeichnende Fälle sind anzuführen. Der *berufliche* Aufstieg kann sich sowohl innerhalb der Herkunftschicht durch besonderen Berufserfolg als auch durch Übergang in eine andere Berufsschicht vollziehen. Im ersten Falle geht der Anstoß zum Aufstieg von Aufsteigenden selbst aus, im zweiten Falle kann es zwar ebenso sein (zum Beispiel: Selbstfortbildung, Umsatteln), doch wird hier meist der Aufstieg des Kindes von den Eltern vorbereitet sein. Beruflicher Abstieg innerhalb der Herkunftschicht ist möglich im Falle des Versagens im Beruf, von Schicht zu Schicht im Falle der Unfähigkeit oder Unwilligkeit der Nachkommen zur Berufsnachfolge oder, wenn die Eltern dem Kind aus wirtschaftlichen Gründen oder aus Gleichgültigkeit die standesgemäße Ausbildung versagen, oder im Falle des Berufsverlustes („Ausstoßung"). - Der *außerberufliche* Auf- und Abstieg kann auf rein ökonomischen Ursachen beruhen: Vermögensverlust durch Betrug oder auf andere Weise; Vermögensgewinn durch Erbschaft usw. In beiden Fällen sind Rückwirkungen auf die berufliche Lage denkbar, besonders wenn die Berufsausübung selbst Vermögen erfordert (gewerbliche Berufe mit Kapitaleinsatz, Berufe mit Luxusaufwand, zum Beispiel die alte Diplomatie). - Gesundheitseinbuße kann zu wirtschaftlichem oder beruflichem Ruin führen. - Heirat ist einer der wichtigsten Faktoren des Auf- und Abstiegs bei Frauen, ist aber auch für den Mann wesentlich: reiche Mitgift, einflußreiche Schwägerschaft, Schönheit und gesellige Gewandtheit der Frau fördern den Mann gesellschaftlich, vielleicht unmittelbar beruflich; eine Mißheirat drückt in gewissen Kreisen seinen Rang. - Politische Betätigung steht als außerberuflicher Weg des Auf- und Abstiegs an wichtigster Stelle. Sie verschafft Einfluß, kann auf diese Weise eine direkte Ansehenshebung bringen, vielleicht in die berufliche Sphäre hinüberwirken. Der Unternehmer zieht aus politischem Einfluß Vorteile in der Konkurrenz, der Beamte sichert sich unter Umständen durch bloßes politisches Bekenntnis eine Laufbahn. Politische Betätigung selbst kann zum Beruf werden: Partei- und Gewerkschaftsfunktionen waren typische Aufstiegsposten der Arbeiterschaft. Umgekehrt kann politische Betätigung oder Stellungnahme ein Absinken auch in der beruflichen Sphäre bedingen: durch Vernachlässigung des Berufs um der Politik willen oder durch politische Verfemung, Maßregelung usw.

2. Zu den Begriffen Auf- und Abstieg gehört noch der des Scheiterns. Er meint: ein Energieansatz zum Aufstieg ist entweder von vornherein mißglückt oder auf einen versprechenden Anlauf folgte der Rückschlag: der Sohn des kleinen Angestellten besucht die höhere Schule, versagt aber und sinkt zurück. Das Scheitern, das gleich dem Auf- und Abstieg in der Person und in den Umständen begründet sein kann, wird nicht immer mit Rückkehr in die Ausgangslage enden, es kann - und dadurch wird es sehr wichtig - zur mißglückten und verpfuschten Existenz führen. Der erstrebte Platz wird nicht erreicht, für die Ausgangsstellung ist der Aufstieganwärter verdorben. Unter Umständen endet der erfolglose Aufstiegversuch sogar mit erheblichem Abstieg innerhalb der Ausgangsschicht oder in eine noch wesentlich tiefere.

3. Die Ausdrücke Auf- und Abstieg sind übrigens nicht sehr zweckmäßig, sind eine zu einfache Formel. Sie treffen nur auf Bewegungen zu, die eine Niveauänderung zur Folge haben. Es wurde schon erwähnt, daß mindestens in den modernen Gesellschaften mehrere Schichtskalen mit schwer vergleichbaren Stufen nebeneinanderstehen. Es ist oft schwer zu sagen, ob beim Hinüberwechseln von einer Skala in die andere (zum Beispiel von der gewerblichen in die beamtete) eine Stufe gewonnen wird oder nicht. Das würde an sich nur Veranlassung geben, neben dem Auf- und Abstieg für andere Formen des sozialen Platzwechsels einen besonderen Begriff zu bilden. Die Sache ist aber viel komplizierter: Welche Art von Gewinn oder Einbuße sollen Auf- und Abstieg bezeichnen? Schwankungen des allgemeinen Ansehens und der sozialen Ranggeltung gehen mit solchen der Güterversorgungschancen nicht immer Hand in Hand; oft führt ein und dieselbe Platzvertauschung zu einem Gewinn auf der einen, einer Einbuße auf der anderen Linie. In Wirklichkeit bestimmt sich das spezifische Gewicht einer sozialen Schicht im Zusammenspiel mehrerer Faktoren. Auch das wäre noch keine unüberwindliche Schwierigkeit der exakten Bearbeitung, wenn nicht bestimmte Lageänderungen in einzelnen sozialen Kreisen durch deren öffentliche Meinung sehr verschieden beurteilt würden. Verlust der Selbständigkeit zum Beispiel bedeutet dem Handwerker etwas ganz anderes als dem Arzt. Aber eine und dieselbe Schichtgrenzenüberschreitung kann sogar für ein und dasselbe Subjekt ambivalent sein: der Schlächtermeister sieht den „beamteten Hungerleider" über die Achsel an und hat vielleicht doch den sehnlichen Stolz, den eigenen Sohn als Beamten zu sehen. In einer Schichtlage sind mehrere soziale Güter investiert, werden mehrere soziale Wünsche in verschieden vollkommener Weise befriedigt (Einkommen, soziales Ansehen, Tätigkeitsart, Unterordnungsverhältnis usw.), und die Bewertungen schwanken in der öffentlichen Meinung von Schichten sowie im subjektiven Urteil der Einzelnen. Damit wird der Maßstab, nach dem ein Schichtwechsel als Auf- oder Abstieg gewertet werden könnte, recht unsicher; sogar „die allgemeine Einschätzung" versagt als Indikator, weil sie selbst schichtweise schwankt.

Einige typische Erscheinungen sind aber beachtenswert und für die Zusammenhänge zwischen generativem Wert und sozialem Rang sehr wichtig. Einerseits gibt es Berufe, die sozial hoch bewertet, aber mit relativ geringem Einkommen verbunden sind; anderseits richtet sich aber die „allgemeine Ansehensbewertung" des Berufs keineswegs nach dem Maß der für seine Ausübung erforderlichen Leistungstüchtigkeit. Die unterste Schicht der Angestellten dürfte man als „ungelernte Arbeiter" des Büros bezeichnen, trotzdem bewertet es der Sohn des gelernten Industriearbeiters als „Aufstieg", wenn er in diese Schicht übergeht. Andere Beispiele wären in Hülle und Fülle aufzuzählen.

Daraus ergibt sich zweierlei: 1. ein neuer Beleg für die Unzulässigkeit der Parallelschaltung sozialer Rangstufen und generativer Wertgrade; 2. die Einsicht in eine typische Form der sozialen Fehlauslese: ein an öffentlichen Meinungen orientierter sozialer Ehrgeiz führt oft zu beruflicher Fehlleitung. Das vielleicht manuell hochbegabte Arbeiterkind wird durch soziale Geltungschancen ins Angestelltentum gezogen; es zieht den als Aufstieg zweifelhaften Schritt in die andere Schicht vor, während ihm vielleicht in der Ausgangsschicht kraft spezifischer Begabung ein bedeutender Berufserfolg beschieden wäre. Der überstarke Zulauf zur höheren Schule („Bildungswahn") hat seine Ursache zum Teil in solchen durch öffentliche Meinung bedingten Fehlleitungen. Er geht auf eine in den oberen Schichten schon stark abgeklungene, bei den unteren jetzt erst recht wirksame Hochbewertung der „gebildeten Berufe" zurück. (In letzter Zeit wohl noch mehr auf Schwierigkeiten des beruflichen Unterkommens.)

4. Fragen wir nach den Hintergrundfaktoren des Auf- und Abstiegs sowie anderer Fälle des Schichtwechsels, so zeigt sich alsbald, daß die natürliche und soziale „Auslese" dabei nur beschränkt zur Geltung kommt. Von bloßen Zufallserscheinungen (Erbschaft, Lot-teriegewinn, Unglück, Frühtod) sehe ich ab, obwohl es reizvoll wäre, den Anteil der Zufallskomponente im Mechanismus der sozialen Verschiebungen zu prüfen.

Sonst ist wohl eine persönliche und gewiß erblich bedingte Eigenschaft immer im Spiel: eine besondere Art von *Vitalität des Ehrgeizes*. Man hat von „sozialem Auftrieb" und spezifischem Gewicht gesprochen (Havelock Ellis) und darin einen Ausdruck für den Per-sönlichkeitswert des Menschen gesehen. Jeder Mensch strebe kraft des seinem Wertrang entsprechenden spezifischen Gewichtes seine soziale Gleichgewichtslage in einer bestimmten sozialen Rangordnung an. Daran ist zweifellos etwas Richtiges, und doch trifft das Bild in wesentlichen Punkten an der Wirklichkeit vorbei.

Untere Grenzwerte des sozialen Auftriebs bleiben von vornherein wirkungslos - ebenso wie umgekehrt die Grenzwerte sinkender Tendenz. Ferner trifft das Bild im wesentlichen nur auf die Fälle des selbstangebahnten Aufstiegs zu, während im Falle des durch die Eltern angebahnten Aufstiegs deren sozialer Auftrieb die vielleicht persönlich indifferenten Kinder nach oben trägt. Endlich hängt die Wirksamkeit des Auftriebs vom Grad der entgegenstehenden Hindernisse ab.

Die Bedeutung der Vitalität zugegeben, bleibt aber sehr fraglich, wie sie generativ zu bewerten sei. Wie die Annahme generativer Überwertigkeit der gehobenen Schichten eine Selbstverherrlichungsideologie der oben Geborenen ist, so ist die These vom „Aufstieg der Tüchtigen" eine Ideologie der im Aufstieg Erfolgreichen.

In Wirklichkeit ist hervorragende Leistungseignung zwar eine im Dienste sozialen Auftriebs förderliche Eigenschaft, doch genügt sie niemals allein, und der soziale Auftrieb wird sich mit großem Erfolg auf andere, generativ weniger wünschenswerte Eigenschaften stützen: auf jene, die *Ichheiser* im Gegensatz zu den Leistungsqualitäten bloße Erfolgsqualitäten nennt. Das gilt für den Aufstieg innerhalb der Ausgangsschicht, noch mehr wohl für den Übergang in eine „höhere" Schicht.

Ähnliches gilt für Abstieg und Scheitern. Beide müssen nicht durch Mangel an spezifischer Leistungseignung bedingt sein. Sie beruhen sehr oft geradezu auf einem moralischen Plus: es fehlt an der Rücksichts- und Bedenkenlosigkeit in der Selbstdurchsetzung, an der Neigung, sich unsachlicher Mittel zu bedienen. Wenn von zwei intellektuell gleichbegabten Aufstieganwärtern einer scheitert, so ist es der mit moralischen Bedenken Belastete.

Wie sehr übrigens insbesondere bei dem von den Eltern angebahnten Aufstieg der Zufall spielt, wie wenig die persönliche Eignung entscheidet, zeigen folgende Beispiele: Der älteste Sohn des Bauern übernimmt den Hof, der zweite wird Geistlicher, nicht weil er der theoretisch besser Begabte, sondern eben weil er der zweite und weil der erste traditionell zur Berufsnachfolge bestimmt ist. - Der älteste Sohn des kleinen Angestellten studiert, der zweite und dritte bleiben in der Herkunftschicht; die Eltern haben den Ehrgeiz, einen studierten Sohn zu haben und verwirklichen ihn am erstgeborenen; für die anderen reichen die Mittel nicht.

Gelegentlich wird darauf hingewiesen, je weiter man in der sozialen Stufenleiter hinabsteige, desto geringer werde der soziale Auftrieb. Denn die Aufstiegschritte gingen meist nur bis zur nächsthöheren Schicht und erst in der folgenden Generation vielleicht wieder einen Schritt weiter; in der ungelernten Arbeiterschaft aber sei die Aufstiegsquote überhaupt sehr gering, woraus hervorgehe, daß die Angehörigen dieser untersten Sozialschicht im allgemeinen durchaus „an ihrem angemessenen Platz" seien. Das ist doch zu einfach gesehen. Die soziale Auftriebskraft darf nicht am Endeffekt des Aufstiegsstrebens der einzelnen Person gemessen werden, sondern an dem überwundenen Widerstand. Ebenso wird der soziale Ehrgeiz nicht durch eine erreichte Endstation, sondern durch eine Differenz zwischen Ausgangs- und Endstufe des Aufstiegs befriedigt. Nun ist zugegeben, daß sich in der ungelernten Arbeiterschaft (aber ebenso im niedersten Angestelltentum) wirklich auftriebarmes Begabungsabsenkicht sammelt; aber davon abgesehen kostet der Schritt von der untersten zur zweitletzten Lage größere Anspannung, als der von einer hohen zu noch höherer. Hier gilt eine Regel, ähnlich jenem „ce n'est que le premier million, qui coûte". Je tiefer die Soziallage, desto gewaltiger der absolute und relative Druck ihres Handicaps, desto erheblicher also die zum Aufstieg erforderliche Auftriebsgröße, desto mehr Aufstieghungrige bleiben in der Ausgangslage zurück. - Der allmähliche, durch mehrere Generationen schrittweise fortgesetzte Aufstieg als Normalform zeigt weniger eine generationsweise Hochzüchtung an, ist vielmehr wohl meist so zu erklären, daß die stufenweise zunehmende soziale Umweltbegünstigung das Schicksal der Linie bestimmt. Dies einsehen, heißt noch lange nicht, den Anteil der Leistungsanlagen und des vitalen Ehrgeizes leugnen. - Ganz vergessen wird aber dabei der Aufstieg innerhalb der Schicht, der oft viel größere Spannen überbrückt als der Übergang etwa aus der gelernten Arbeiterschaft ins Angestelltentum.

5. Ein ganz neuer Prospekt tut sich auf, wenn wir erwägen, daß Grade und spezifische Arten der Begabung ebenso wie die Kraft des sozialen Auftriebs an den überhaupt bestehenden Chancen des Aufstiegs ihre Wirksamkeitsgrenze finden. Diese Chancen aber sind im objektiven Wirtschafts- und Gesellschaftszustand begründet.

Es ist gleichgültig, wie viele Bauernsöhne einer Generation theoretisch begabt sind - es können nur so viele in die Akademikerschichten aufsteigen, als dort objektiv Platz finden. Der soziale Auftrieb im Nachwuchs der ungelernten Arbeiterschaft ist belanglos, wenn der Bedarf an gelernten Arbeitern zu gering ist; was auftreibt, stößt an der Schichtgrenze gegen eine undurchlässige Decke.

Die Stauung der Chancen kann das Leistungs- und Entfaltungsstreben völlig lähmen. Vor 30 Jahren durfte man noch sagen: Der Arbeiterjunge, der kein „Fach" lernen will, ist unterste Wertstufe. Heute verzichten gerade recht „helle" Jugendliche auf Fachlehre, weil sie es mit Grund gleichgültig finden, ob sie „gelernt" oder „ungelernt" - keine Arbeit finden.

Hier offenbart sich ein schwerer Denk- und Konstruktionsfehler der Ideologie vom sozialen Fortschritt und der freien Persönlichkeitsentfaltung: sie verkündet die „Durchsetzung der Tüchtigen" – behält aber die „Vorurteile" der Wertrangunterschiede beruflicher Funk-tionen bei. Damit ist der soziale Ehrgeiz derer, die sich als „Tüchtige" fühlen, geradezu zum Run auf zahlenmäßig knappe Positionen aufgestachelt, die Bewährung in den „praktischen Berufen" ist dem nach Geltung Strebenden entwertet („Bildungswahn").

6. So bleibt also bei der beschränkten Zahl der Aufstiegs- und sonstigen Übergangsmöglichkeiten in jeder Generation ein Teil der Aufstieganwärter wider Willen in der Ausgangsschicht zurück, sei es durch Verzicht von vornherein, sei es durch Scheitern oder Zurücksinken. Gesetzt sogar, das Aufstiegstreben selbst sei schon Zeichen generativer Überwertigkeit, so bilden diese objektiv in die Ausgangslage Gebannten das Reservoir, aus dessen Nachwuchs die würdigen Aufstieganwärter der nächsten Generation hervorgehen.

Damit überschreiten wir die Schwelle eines neuen Denkzusammenhangs.

V.

Das gedankliche Motiv der objektiven Aufstiegchancen weist schon auf das Problem der Umschichtung hinüber.

1. Bisher bewegten wir uns im System der sozialen *Statik*; die einzelnen Schichten waren als feste, beharrende Größen gesehen, in und zwischen denen die Personen und Familien sich von Ort zu Ort bewegen. Im System der sozialen *Dynamik* haben wir es mit Um-schichtungen zu tun. In diesem Namen fassen wir alle Änderungen im objektiven Schichtenaufbau eines Volkes zusammen: Schrumpfung und Ausdehnung, Tilgung und Neubildung, Aufspaltung und Verschmelzung von Schichten, aber auch Platzwechsel einer vorhandenen Schicht in der bisherigen Rangordnung der Schichten.

2. Der Schichtübergang einer Person kann dann entweder, abgesehen von solchen objektiven Veränderungen, auf persönliche Anlagen und Verhältnisse zurückgehen, oder er kann als Einzelfall in die Massenerscheinung einer Umschichtung eingehen.

Im letzten Fall wird der objektive Umschichtungszwang allerdings auch je nach der Persönlichkeit, an die er herantritt, verschiedene Wirkungen zeitigen.

3. Sehen wir also einmal von singulär bedingten Fällen des sozialen Platzwechsels ab, so hätten wir im übrigen eine Schicht, deren Nachwuchs zur Schichtnachfolge tendiert. Ist aber der Nachwuchs größer oder kleiner als die Zahl der in der Schicht zu besetzenden Plätze, so ist ein Ausgleich in irgendeiner Form unumgänglich. Dabei ist es im großen Allgemeinen belanglos, wohin Neigung und sozialer Auftrieb der einzelnen Personen gehen.

Der Überschuß der Bauernbevölkerung muß untergebracht werden und findet zur Zeit der industriellen Entfaltung sein Auffangbecken in der städtischen Industrie; dort trifft er mit dem Überschuß aus dem selbständigen Gewerbe zusammen. Umgekehrt: die Entwicklung der Industrie dehnt die Kapazität des Lohnarbeitertums aus, die neuen Plätze müssen mit Neuzugängen aus anderen Soziallagen besetzt werden. Im Zeitalter der rationalisierten Großorganisation wiederholt sich das gleiche mit der Angestelltenschaft, die ihrerseits nun wieder ihren Neuzugang im Menschenüberschuß des schrumpfenden selbständigen Gewerbes und des seit 1895 stagnierenden Industriearbeitertums findet usw. usw.

4. Der Anstoß kann also von der überdurchschnittlichen Nachwuchsziffer bei begrenzter Kapazität der Schicht (zum Beispiel Bauern) oder von der Schrumpfung der Schichtkapazität bei normalem Nachwuchs (Handwerk) ausgehen. Werden Teile einer jüngeren Generation in ihrer Schicht überschüssig, so ist die Steuerung dieses Abstroms in hohem Grad objektiv bestimmt und vom persönlichen Wert des Einzelnen weitgehend unabhängig. Beim einen und andern mit Unternehmungslust und Mutterwitz Begabten mag der objektive Zwang als zusätzlicher Antrieb wirken, er steigt auf. Das Gros wird, vielleicht ohne es selbst zu merken, ohne Frage nach Sondereignung und persönlichem Wert, in bestimmte Richtungen gesteuert. Da die Aufstiegplätze immer dünn gesät sind, wird eine solche Umschichtung für das Gros (zunächst) zum Abstieg führen.

Darin zeigt sich deutlich, daß auch der Abstieg nicht entfernt auf persönliche Minderwertigkeit schließen läßt. Wer bei der ungelernten Arbeiterschaft durchschnittlich mindere Persönlichkeitswerte als beim gewerblichen und bäuerlichen Mittelstand vermutet, der sollte sich in die Zeit der Entstehung der Industriearbeiterschaft zurückversetzen: entstand etwa die neue, mindereingeschätzte Schicht, weil es in den damaligen Mittelständen einen Ausschuß gab, der den Standesanforderungen nicht entsprach? Oder glaubt man, der objektive Umschichtungszwang habe einen Ausschuß der Mittelstände erfaßt? Nein, der erstgeborene Bauernsohn bleibt auf dem Hof, die anderen müssen in die Stadt und „sinken" in die Industriearbeit. - Oder soll nach einer solchen ersten Zufallsscheidung später die persönliche Auslese durch Aufstieg der zu Unrecht Abgesunkenen und Absinken der zu Unrecht vom ersten Abstrom Verschonten nachgeholt worden sein? Dann müßte der phänotypische Befund der Industriearbeiterschaft sich seit ihrer Entstehung verschlechtert haben; aber das Gegenteil ist der Fall. Er hat sich bedeutend gehoben. Das wird noch deutlicher, wo die Umschichtung nicht allmählich im Generationenwechsel vor sich geht, sondern als plötzliche Austreibung fertiger Berufsträger aus der Schicht: fast alle aktiven Offiziere waren 1918/1 9 zur Umschichtung gezwungen. Da es ihnen an anderen Kenntnissen als denen ihres bisherigen Berufes meist gebrach, bedeutete das für fast alle

Abstieg, und für die generativ wertvollsten vielleicht noch mehr als für die moralisch Bedenkenlosen.

5. So abgedrängte Elemente spielen nun in ihrer neuen Schicht eine ähnliche Rolle wie die am Aufstieg objektiv Verhinderten (IV, 6). Sie haben einen unbefriedigten sozialen Auftrieb, da sie ihr Geltungsstreben aus der Herkunftsschicht mitbringen, sich deklassiert fühlen. Das äußert sich auf mehrfache Weise: zunächst durch besonders zahlreiche Versuche und Anläufe zum Einzelaufstieg. Da aber die Chancen sehr gering sind, bleibt für die überwiegende Mehrzahl nichts übrig, als sich in der neuen Schichtlage einzurichten. Daraus ergibt sich einmal eine phänotypische Hebung des Durchschnittsniveaus der Schicht. Der Haufe der Versprengten beginnt mit seiner neuen Lage fertig zu werden, gewinnt ihr das Beste ab. Dieser Prozeß setzt vor allem in der zweiten Generation ein, die nicht mehr mit den Vorurteilen einer andersartigen Ausgangslage belastet ist. Das Wichtigste ist aber, daß die Gesamtheit der unbefriedigten persönlichen Auftriebkräfte sich angesichts der Aussichtslosigkeit des Einzelaufstiegs zum kollektiven Auftrieb zusammenballt. Es entsteht eine soziale Bewegung. Ihre Träger sind stets jene Elemente der neuen oder jüngst aufgeblähten Schicht, die den stärksten sozialen Auftrieb mit sich bringen.

In der Industriearbeiterschaft der Frühzeit waren es nicht die Bauernsprößlinge, die ja mit der neuen städtischen Welt sehr schwer fertig wurden, sondern die aus der handwerklichen Sphäre Gekommenen. Bis in die letzte Zeit waren die am stärksten zünftig „belasteten" Arbeitergruppen (Maurer, Zimmerleute, Buchdrucker) zugleich die gewerkschaftlich bestorganisierten. Im Angestelltenturn war die Standesbewegung, die den Rangabstand von der Arbeiterschaft betonte, vom Nachwuchs der gewerblichen Selbständigen getragen usw.

Ist persönliches Entfliehen aus der Schichtlage unmöglich, bleibt aber diese hinter der persönlichen Selbsteinschätzung zurück, so setzt das Bestreben ein, den Geltungsrang der Schicht selbst zu heben. Solcher kollektive Ehrgeiz setzt sich aber nicht ohne weiteres durch, er bedarf einer rechtfertigenden Grundlage. Die kann zum Beispiel in einer vom Bildungsgedanken beherrschten Gesellschaft, an deren Pyramidenspitze eine Bildungsschicht steht, durch Selbstbildungsbestrebungen geschaffen werden (Arbeiterbildung), noch sicherer aber durch Differenzierung und Verfeinerung der Berufsleistung. Der unbefriedigte soziale Ehrgeiz der Industriearbeiterschaft der Frühzeit ist der stärkste Antrieb zur Steigerung des durchschnittlichen Leistungswertes der (auch „ungelernten") Industriearbeit.

Daraus schließt sich so glatt wie paradox: eine Schicht hat als solche, ja die Gesellschaft im ganzen hat Vorteile davon, wenn ein großer Teil der Aufstieganwärter in die seinem sozialen Geltungsstreben und seiner Selbsteinschätzung nicht entsprechende Lage gebannt bleibt.

6. Solche soziale Bewegungen einzelner Schichten finden also nicht bei allen Schichtangehörigen gleiches Echo; auftriebaktive und beharrungsträge Elemente sondern sich voneinander, und es kann infolge davon die zunächst einheitliche Schicht derart aufgespalten werden, daß die eine neue Teilschicht entsprechend ihrem sozialen Ehrgeiz in der allgemeinen Geltung steigt, der Rest aber, nunmehr der treibenden Elemente beraubt, sogar zurücksinkt.

7. Derartige Rangeinbußen oder Ranggewinne ganzer Schichten als solcher können aber auch auf anderen Gründen beruhen, vor allem auf totalen Umschichtungen

der Gesellschaft, also auf revolutionären Erscheinungen, die zugleich mit Veränderungen der sozialen Werturteile verbunden sind.

Das Handwerk als Schicht zum Beispiel verlor durch die Industrialisierung an Kapazität, weil ihm, bis dahin alleinigen Träger der Stoffwirtschaft, ein erheblicher Teil dieser Sozialfunktion abgenommen Wurde. In eben dem Maße büßte aber die Schicht des Handwerks, soweit sie erhalten blieb, an sozialem Ansehen ein. Ihr Wichtigkeitsrang im sozialen Gesamtgefüge war reduziert und selbst insoweit, als das Handwerk sich den „goldenen Boden" als wesentliche Ansehensgrundlage wahren konnte, geschah es doch weithin in Anlehnung an die Industrie. Diese wurde in ihrer Entwicklung und durch ihre Anforderungen zur wesentlich mitbestimmenden Macht auch für die Funktionen des Handwerks. Dieses selbst verliert also trotz aller Bemühungen um Ansehungswahrung einiges an Ranggeltung.

Noch viel auffälliger ist in der jüngeren Zeit die soziale Geltungseinbuße der Intellektuellen und Akademiker. Sie bekundet in erster Linie eine grundsätzliche Umstellung des Sozialstils. Literarische und theoretische Bildung wird nicht mehr so hoch gewertet, die Schichtung nach dem Bildungsrang verliert damit an Bedeutung. Während noch vor 20 Jahren der schlechtestbezahlte Akademiker in vieler Hinsicht einen gesellschaftlichen Vorrang vor dem sehr gut verdienenden Unternehmer hatte, ist das heute so gut wie vorüber. Eine ganz andere Wertordnung hat Platz gegriffen.

In letzter Zeit hat zu der Rangeinbuße der Akademiker freilich auch noch die Tatsache beigetragen, daß akademisches Studium eine Art von Zuflucht, ein Weg zur Hinausschiebung der Schwierigkeiten beruflichen Unterkommens wurde. Das hatte eine Senkung des Niveaus der akademischen Anwärter, Lockerung des bildungsständischen Denkens und Zusammenhaltes und Entstehung eines akademischen Arbeitslosenproletariats zur Folge. Das zahlreiche Auftreten von Personen akademischen Ausbildungsranges in niedriger eingeschätzten Berufsfunktionen hat auf die Wertung der akademischen Berufsfunktionen zurückgewirkt.

8. Die Rangeinschätzung der sozialen Funktionen und der nach ihnen gesonderten Gesellschaftsschichten unterliegt also zeitlichen Schwankungen, die mit dem Gesellschaftsstil zusammenhängen. Sofern aber differenzierten Sozialfunktionen entsprechende Sondertypen der Veranlagung zugeordnet werden können, hat auch jede Sozialepoche ihre bevorzugten psycho-physischen Typen. Die Varianten der natürlichen Anlagen und Begabungen können nicht nach biologischen Wertungen verglichen werden, sondern erhalten in der Gesellschaft ihren Rangplatz nach Maßgabe der in der Epoche gültigen Rangordnung der Werte zugewiesen.

Revolutionen verändern die Rangordnung der Werte. Sie tragen einen neuen Menschentypus empor; nicht als ob er, biologisch gesprochen, jetzt erst entstünde; er war da, aber er tritt in der revolutionären Bewegung kollektiv und damit erst augenfällig in Erscheinung. Revolutionäre Bewegungen und die von ihnen eingeleiteten Gesellschaftsepochen haben jeweils ihre besondere Physiognomie, und die Bildnisse der jeweils führenden Männer sagen dem, der sich aufs Lesen in Gesichtern versteht, gar nicht wenig darüber.

Umgekehrt tritt ein bisher hochbewerteter Typus von der Bühne ab; er wird nicht physisch ausgemerzt, sondern er zerstiebt, tritt nicht mehr kollektiv und repräsentativ in Erscheinung.

Revolutionäre Bewegungen bringen in der Tat eine Neuauslese, auch im biologischen Sinn, aber es handelt sich dabei nicht um eine Auslese der nach irgendwelchen unbedingten Maßstäben „Besten". Die Welle der Geschichte trägt einen *Typus* als solchen empor. Das ist eine Chance für die Vertreter dieses Typus, gleichviel ob sie als *Personen* einen hohen oder minderen Wertrang haben. Ja, die besonders prägnant entwickelten Vertreter des neuen Typus, jene, die dicht an sogar oder schon jenseits der Grenzen des Bereichs der Norm stehen, also von zweifelhaftem generativem Wert sind, haben in der Zeit des Umbruchs die größte Aussicht.

Der neue Typus selbst aber kann nicht nach irgendwelchen objektiven Maßstäben als dem abtretenden qualitativ überlegen bewertet werden. Diese Wertung ist historisch bestimmt, insofern berechtigt, aber damit eben epochen-subjektiv.

Die Klage über eine „falsche Auslese" kann somit zwei ganz verschiedene Bedeutungen haben. Innerhalb des Geltungsbereichs einer zeitbedingten Rangordnung der Werte und der ihnen entsprechenden Menschentypen meint sie: der Auslesemechanismus funktioniert nicht oder nicht vollkommen im Sinne dieser anerkannten Rangordnung. Dagegen kann die Klage auch selbst ein revolutionäres Urteil sein: „Herrschaft der Minderwertigen" heißt, daß ein falscher Typus repräsentativ sei, enthält also die Forderung nach einem qualitativ anderen Wert- und Rangsystem.

9. Oben war davon die Rede, daß der soziale Ehrgeiz zu einer Fehlleitung der Sonderbegabungen beitrage. Nicht nur die objektiven Aufstiegshemmungen (Mangel an Mitteln so etwa der für höhere Ausbildung) halten zum Beispiel theoretische oder künstlerische Begabungen in der sozial weniger geschätzten Lage der manuellen Berufe zurück, sondern auch umgekehrt: die wirtschaftliche Möglichkeit des sozialen Aufstiegs lenkt den sozialen Auftrieb der Personen, ja Familien, in Richtungen und zu Sozialfunktionen, die ihres Geltungsranges wegen erstrebenswert erscheinen, dem besonderen Begabungstypus des Aufstieganwärters aber nicht immer entsprechen.

Dies im Sinne der Ziffer 8 ins Allgemeine übersetzt, besagt: der Gesellschaftsstil der Zeit bringt sowohl zeitbedingte Bewertungen bestimmter Begabungstypen, als auch verschieden hohen gesellschaftlichen Bedarf an Begabungen der verschiedenen Arten. So schwankt zum Beispiel der Bedarf an und damit das Betätigungsfeld für Intellektuelle im allgemeinen und für die verschiedenen Sondertypen der Intelligenz erheblich.

Der generative Aufbau der Bevölkerung folgt aber diesen Schwankungen nicht oder doch bestenfalls sehr langsam; so langsam, daß die Geschichte längst wieder einen anderen Typus auf den Schild erhoben hat, ehe noch der vorangehende Typus durch generative Auslese merkbar zugenommen haben könnte.

Daraus ergibt sich, daß der Sozialstil einer Epoche den differenten Anlagetypen ziemlich strenge Grenzen der Entfaltung und Betätigung setzt. Die Bevölkerung in ihrer gegebenen generativen Zusammensetzung füllt die im zeitstil-bedingten sozialen Leistungssystem be-stehenden Plätze aus. Der Durchschnitt aller Begabungstypen ist relativ umweltlabil oder bildsam und fügt sich ohne nennenswerte Störungen dem Zwang der zeitgemäßen Forderungen; er läßt sich leicht *umleiten*. Scharf ausgeprägte Sonderbegabungen werden entweder zur repräsentativen Rolle *emporgetragen* oder sie werden *abgedrängt*. Dieses Abdrängen kann zweierlei bedeuten: entweder finden solche Sonderbegabungen in einem veränderten sozialen Leistungssystem eine andere als die bisherige Funktion. Inwieweit ein und derselbe Anlagetypus sich als geeignet für inhaltlich sehr verschiedene Funktionen erweist, also dem spezifischen Leistungsgegenstand nach *umstellungs*fähig ist, darüber wissen wir noch sehr wenig. Oder das soziale Leistungssystem der Zeit bietet dem Typus keine adäquaten Betätigungsfelder, dann fehlt es überhaupt an Auslesebedingungen für ihn, er tritt in dieser sozialen Umwelt gar nicht als Sondertypus in Erscheinung, sondern wird im Auslesemechanismus *unterdrückt*. Oder endlich: die Sonderbegabung ist so stark (um-weltstabil), daß sie sich adäquat betätigen muß; dann stiftet sie die Figur des Sonderlings, der in seiner Zeit keine Heimat hat.

VI.

Der Soziologie sind auf dem hier skizzierten Gegenstandsfeld reizvolle Aufgaben gestellt, die sie teils im Rahmen ihres disziplinär abgegrenzten Gebietes, teils in Fühlung mit anderen Forschungszweigen, zu erfüllen hätte.

1. Der soziale „Auf- und Abstieg" ist bisher im wesentlichen derart untersucht worden, daß nach der sozialen Herkunft der Angehörigen einer Schicht gefragt wurde. Das ist nur eine, vielleicht sogar die minder wichtige Seite der Sache. Auf diese Weise ist zum Beispiel festzustellen, wie stark eine Schicht sich durch Schichtnachfolge im Generationenwechsel ergänzt. Ferner: inwieweit vermögen Angehörige bestimmter minder günstiger Soziallagen in diese Schicht einzudringen? Endlich, wenn wir das Nebeneinander mehrer Rangskalen beachten, inwieweit finden (mit und ohne Rangveränderung) Übergänge aus anderen Schichtungssäulen, etwa aus der landwirtschaftlichen in die gewerbliche usw. statt? Es scheint, daß diese Fragestellung noch sehr an die Aufstiegsideologie gebunden ist; es kommt hier in erster Linie darauf an, inwieweit eine Schicht nach unten abgesperrt oder dem Einrücken von Aufstieganwärtern aufgeschlossen sei.

Für das Generationenproblem wäre eine andere Fragewahrscheinlich aufschlußreicher und entscheidender: In welcher Weise verteilt sich die aus den Familien einer Schicht hervorgehende junge Generation über das ganze System der sozialen Schichtung? Es würde nicht gefragt: woher kommen die höheren Beamten?, sondern: was wird aus den Kindern der höheren Beamten, der Handwerker, der Industriearbeiter usw.

Die Frage ist technisch schwerer zu beantworten; wahrscheinlich dürfte man nicht von den Erwerbstätigen ausgehen und nach ihren Kindern fragen, weil ja über deren künftiges Lebensschicksal noch nicht entschieden ist, soweit sie noch im Kindesalter stehen. Man müßte von Erwerbstätigen ausgehen und sie nach ihren Eltern und Geschwistern fragen.

So bekäme man Auskunft darüber, wie stark der Abstrom aus einer sozialen Schicht in die andere ist; für „untere Schichten" wäre erst damit die Frage beantwortet, inwieweit die Familienherkunft schon ein für allemal über das künftige Lebensschicksal entscheidet.

So würden dann auch erst typische Übergänge deutlich. Ist zum Beispiel die Zahl der persönlichen Fälle des Übergangs von Arbeiterkindern ins Angestelltentum auffallend hoch, so ist auf einen objektiven Umschichtungstatbestand zu schließen (s. u.).

Sehr viel mehr Gewicht müßte aber auch auf die zahlenmäßige Erfassung des Auf- und Abstiegs *innerhalb* der einzelnen Schichten gelegt werden. Unter dem Gesichtspunkt der Erbwertigkeit von Familienstämmen ist er wahrscheinlich aufschlußreicher, als die Übergänge von Schicht zu Schicht, weil hier die Momente der Fehlleitung von Sonderanlagen durch zeitgemäß gerichteten sozialen Ehrgeiz die Rechnung nicht stören. Sehr Wissenswert wäre zum Beispiel, inwieweit der Übergang einer jungen Generation in eine andere, höher oder tiefer eingeschätzte soziale Schicht durch Auf- oder Abstieg der Eltern *innerhalb* ihrer sozialen Schicht vorbereitet zu werden pflegt.

2. Diese Fragestellungen erfordern daneben eine exakte Erfassung der durchschnittlichen Personenstandsverhältnisse in den einzelnen Schichten. Was zum Beispiel der Übergang von 20% des Bauernnachwuchses in die städtische Industrie sozial bedeutet, hängt davon ab, in welchem Zahlenverhältnis der Nachwuchs zur vorigen Generation steht. Gerade für solche statistische Fragestellungen käme alles darauf an, daß die einzelnen Sozialschichten in angemessener Weise und lieber in zu feiner als in zu grober Unterscheidung erfaßt werden.

3. Eine weitere erhebliche Hilfe böte familiengeschichtliche Forschung. Besonders für rückliegende Zeiten, für die statistische Erhebungen nicht vorhanden sind, kann durch Rekonstruktion von Stammtafeln ein Ersatzmittel für die statistische Massenbearbeitung geschaffen werden. Die Ahnen- und Stammtafeln einer entsprechend großen Zahl von Familien würden wahrscheinlich typische Verläufe der Bewegung von Stämmen und ihrer einzelnen Linien durch die soziale Skala sichtbar machen und damit zugleich ein Stück Sozialgeschichte aufhellen. - Wenn gar einmal über mehrere Generationen hin erbbiologisch Stammesregister geführt sein werden, sind endlich auch empirisch sichere Schlüsse auf den Zusammenhang von Erbgut und sozialem Schicksal möglich. Was jetzt darüber gesagt wird und werden kann, ist zu neun Zehnteln hintergrund- und substanzloses Gerede.

4. Das Problem der sozialen Umschichtung endlich wäre statistisch und typologisch eingehender zu untersuchen.

Statistisch: Wir können heute ungefähr sagen, wie sich einzelne soziale Schichten über gewisse Zeiträume hin *mengenmäßig* verändern. Hier hätte dann eine nach den Gesichtspunkten in Ziffer 1 vorgehende Auf- und Abstiegstatistik einzusetzen. So würde sich zeigen: welche Personenkreise werden in diesen Massenerscheinungen *umgruppiert*? Auf welchen Wegen und Umwegen, aus welchen sozialen Herkunftsbereichen gewinnen die einzelnen Schichten ihren Nachschub und Ersatz?

Wir sprachen von typischen Aufstiegstationen. So scheint zum Beispiel der Berufsstand der Volksschullehrer eine solche Durchgangsstufe für das schrittweise Aufrücken von Abkommenreihen aus Bauerntum und Arbeiterschaft zur Intelligenz zu sein. Aber in welchem Grade ist es der Fall? In welchem Umfang trifft Ähnliches auf andere Berufe zu, zum Beispiel auf untere und mittlere Beamte? Gibt es nicht auch typische Durchgangsstufen für das Absinken?

Eine andere, schon ins Typologische hinüberspielende Frage ist: Welche Bedeutung hat es für eine Schicht, wenn sie in ihrer persönlichen Zusammensetzung von Generation zu Generation stark wechselt, wenn also die Schichtnachfolge gering ist und der Nachschub nicht längere Zeit hindurch aus den gleichen Ersatzreservoiren kommt? Es kann dann sein, daß sich nicht nur die Physiognomie der Schicht wesentlich ändert, sondern mit der personellen Umbildung ein Wandel in der Auffassung der Schicht von ihrer Sozialfunktion, eine Änderung des Stils ihrer Leistung eintritt. Wieweit hängt zum Beispiel die sehr veränderte Mentalität der Intelligenz, der andersartige Stil ihrer Leistungen damit zusammen, daß sie in den letzten 150 Jahren sich immer weniger durch Standesnachfolge ergänzte, daß sie zeitweise lawinenartig anwuchs und dabei aus ganz verschiedenen Ersatzreservoiren gespeist wurde? (aus Bauerntum, Handwerkern, Arbeiterschaft, zuletzt wohl in weitem Umfang aus dem Angestelltentum).

Die statistisch exakte Untersuchung des persönlichen Auf- und Abstiegs würde aber auch zu Zeiten sehr deutlich bestimmte soziale Unruhefelder zeigen, d. h. Bereiche im schichtmäßigen Aufbau des Volkes, in denen starke Personenfluktuation herrscht. Damit wären vermutlich Einsichten in die Tendenz der Umschichtungsvorgänge gewonnen. Ich denke etwa an Untersuchungen darüber: Aus welchen Soziallagen stammen die Riesenscharen von höheren Schülern und Studenten? Der gesteigerte Zudrang muß aus „kritischen Zonen" kommen, aus Schichten, die als solche in ihrem Bestand gestört sind. Ähnliches gilt von den zeitweise beobachteten Massengründungen neuer Kleinhandelsgeschäfte (Lebensmittel, Zigarren u. ä.); das hat ja zu einer maßlosen Überbesetzung des Kleinhandels und teilweise zu schweren Krisenvorgängen geführt. Gar nicht zu reden von der Analyse der beruflichen Herkunft der Dauer-Arbeitslosen und der aktuellen Anlässe für den Stellenverlust. Ein dankbares Untersuchungsfeld wären alle die Berufe und Erwerbsarten, die als „Verlegenheitsarbeit" bevorzugt sind, unter anderem auch der Straßen- und Hausierhandel. - Sinkt die Kapazität einer Schicht oder wird ein Druck auf ihren Geltungsrang spürbar, so wird sich eine verstärkte persönliche Abwanderung aus ihr bemerkbar machen, und diese wird im allgemeinen bestimmte typische Wege nehmen.

Die sozialtypologische Untersuchung des Umschichtungs- und Generationenproblems hat dann als letztes Ziel: Welche Zusammenhänge bestehen zwischen dem objektiven Sozialstil und der Schichtenstruktur auf der einen und dem repräsentativen Auftreten bestimmter psychophysischer Sondertypen auf der anderen Seite? Inwieweit lassen sich soziale Menschentypen besonderer Art einzelnen sozialen Schichten und Sozialepochen zuordnen? In welcher Weise und aus welchen Bezirken der bisherigen Gesellschaft bringt der Auslese-mechanismus den neuen repräsentativen Typus ins Rampenlicht der zeitgeschichtlichen Gesellschaftsbühne?

Hier mündet dann die Soziologie mit Behandlung des Generationenproblems in die Bereiche der Geistes- und Kulturgeschichte.

Köln Z Soziol (2017) (Suppl 1) 69:143–157
DOI 10.1007/s11577-017-0431-8

Kölner Zeitschrift für Soziologie und Sozialpsychologie

ABHANDLUNGEN

Die Flüchtlingsfamilie

Von Helmut Schelsky

Mein Herr Vorredner hat die Aktualität, die das Thema „Heimat und Fremde" für unseren sozialen Zustand besitzt, bereits genügend hervorgehoben. Aus einer Formel, unter der das langweilig-seßhafte Bürgertum der „Gartenlaube" an den Schicksalen einiger abenteuernder Außenseiter oder unglücklicher Auswanderer rührselig schauernd die eigene soziale Sicherheit genoß, ist die bitter-scharfe Kategorie einer sozialen Scheidung innerhalb unserer Gesellschaft geworden, die heute von größerem Gewicht für unsere soziale Schichtung zu sein scheint, als die von einer soziologischen Tradition geheiligte und gefestigte Dichotomie von Bürgertum und Proletariat.

Das Schicksal der aus ihrer ostdeutschen Heimat Vertriebenen, der Flüchtlinge, wie sie der Sprachgebrauch nun einmal nennt, ist zunächst als ein historisch-politisches Ereignis zu bestimmen. Um die in diesem Flüchtlingsschicksal liegenden sozialen Gesetzlichkeiten und Folgen für die davon Betroffenen und für die gesamte Gesellschaft zu begreifen, ist es notwendig, gewisse allgemeine Schemata sozialer Prozesse aus der historischen Einmaligkeit dieses Geschehnisses zu abstrahieren. Bei dieser Aufgabe zeigt es sich, daß bestimmte von der Soziologie längst erkannte soziale Verläufe sich im Flüchtlingsschicksal wiederfinden lassen. Wir können es in seiner soziologischen Gesetzlichkeit unter die Prozesse der räumlichen, sozialen und geistigen Entwurzelung und der durch diese hervorgerufenen, ebenso vielfachen Mobilitätserhöhungen subsumieren. Die Vorgänge der Industrialisierung und Verstädterung, denen unsere Gesellschaft seit anderthalb Jahrhunderten unterworfen ist, die sozialen Gesetzlichkeiten der Auswanderung und Einwanderung ganzer sozialer Gruppen, die ja von der Soziologie eingehend untersucht worden sind, scheinen sich in einem

Erstveröffentlichung: *Kölner Zeitschrift für Soziologie und Sozialpsychologie*, Jg. 3, 1951, Heft 2, S. 159–177

c/o V. Dreier
Institut für Soziologie und Sozialpsychologie, Universität zu Köln
Lindenburger Allee 15, 50931 Köln, Deutschland
E-Mail: volker.dreier@uni-koeln.de

neuen geschichtlichen Zusammenhang, einem erhöhten Tempo und in erweitertem Umfange zu wiederholen und fortzusetzen. Dazu kommt als zweite Gruppe sozialer Gesetzlichkeiten die jener Prozesse, die man mit dem normativ höchst unergiebigen Begriff der gesamtgesellschaftlichen Kriegsfolgen zu bezeichnen pflegt: Erschöpfung und Zusammenbruch der Wirtschaft, allgemeine Verarmung, Wechsel des politischen Systems mit seinem Umsturz der politischen Institutionen und Wertmaßstäbe, der Versuch eines Wiederaufbaus von staatlichen und wirtschaftlichen Ordnungen und Organisationen. Hier scheinen sich die Verlaufsschemata erneut zu manifestieren, die wir aus der soziologischen Untersuchung der revolutionären Herrschaftswechsel oder des Einflusses der kapitalistischen Wirtschaftskrisen und -depressionen auf die soziale Verfaßheit ebenfalls bereits kennen. Weiterhin, ist die Anwendbarkeit des Schemas der Nationalitätenkämpfe und des Klassenkampfes auf die gegenwertige, durch den Zustrom der Vertriebenen hervorgerufene soziale Lage behauptet worden.[1]

Die Aufgabe einer soziologischen Analyse der sozialen Lage der Flüchtlinge scheint also darin zu bestehen, die uns grundsätzlich schon bekannten Schemata sozialer Prozesse in ihrem besonderen geschichtlichen Zusammenhang und Zusammenspiel an der gegenwärtigen deutschen Gesellschaft zu erfassen und zu verdeutlichen. Aber diese deduktiv zu nennende Methode läßt eine Möglichkeit ungeprüft, nämlich die, ob nicht in diesem Geschehen neuartige soziale Gesetzlichkeiten mit im Spiel sind, zu deren Erkenntnis uns die Entwicklung der Gesellschaft im letzten Jahrhundert keinen Anlaß gab. Es scheint geboten, den sozialen Tatbestand der Flüchtlingssituation erst einmal empirisch in der notwendigen Breite und Tiefe zu erheben und ihn vorurteilslos auf die in ihm liegenden Erfordernisse zur Theorienbildung, insbesondere zur Annahme bestimmter Entwicklungsgesetzlichkeiten, abzulauschen.

In diesem Sinne bitte ich, die besondere Aufgabe meines Vortrages hier dahin auslegen zu dürfen, daß ich Ihnen die Ergebnisse einer *empirisch-soziologischen Untersuchung über die Flüchtlingsfamilie* vortrage und zum Schluß versuche, die diesen Tatbeständen angemessene soziologisch systematische und entwicklungsgesetzliche Deutung zu geben.

Zunächst einige äußerliche Daten zu dieser Untersuchung: Wir haben mit den Studierenden der Akademie für Gemeinwirtschaft in Hamburg von Mitte 1949 bis Mitte 1950 insgesamt 176 Familien in Schleswig-Holstein, Hamburg, Niedersachsen, in einigen Fällen übergreifend auf Westdeutschland und Hessen, untersucht. Die Studierenden erhielten die Aufgabe, die Familien längere Zeit zu beobachten, die einzelnen Familienmitglieder zu befragen und ihre Einsichten in einer *Monographie der Familie* niederzulegen. Diese rein beschreibenden Monographien wurden nach einer Anleitung angefertigt, die die verschiedensten Methoden der sozialen Bestandsaufnahme in sich vereinigte: vom Fragebogen, Schedulesystem und soziometrischen Wertungen bis zum offenen Interview, zur reinen Erlebnisbeschreibung und zur strukturellen Analyse auf Grund der intimen Beobachtung wurden die verschiedensten Mittel der Soziographie angewendet. Durch eine gründliche und gleichmäßige soziologische

[1] Vgl. *Eugen Lemberg*, Die Ausweisung als Schicksal und Aufgabe, München 1949; *Eugen Lemberg* und *Lothar Krecker*, Die Entstehung eines neuen Volkes aus Binnendeutschen und Ostvertriebenen, Untersuchungen zum Strukturwandel von Land und Leuten unter dem Einflüsse des Vertriebenen-Zustromes, Marburg 1950.

Vorbildung der Beobachter sind diese soziographischen Fallstudien fast ohne Ausnahme als Material für eine soziologische Strukturanalyse außerordentlich ergiebig.

Das Ziel der Untersuchung war zunächst, die Einwirkungen des Flüchtlingsschicksals auf die Verfassung der Familie zu untersuchen; wir gingen davon aus, daß bisher die deutsche Familie wesentlich durch die beruflichen Funktionen bestimmt worden ist, eine Tatsache, der die Familiensoziologie insofern Rechnung getragen hatte, als sie vorwiegend die durch die soziale und berufliche Differenzierung hervorgerufenen Unterschiede der Familienstruktur untersucht und beschrieben hatte, also etwa in Form der bäuerlichen Familie, der Arbeiterfamilie, der Beamten- oder der Intellektuellenfamilie usw. Gefragt wurde jetzt von uns, wie weit sich durch das Zeitschicksal der Flucht gemeinsame neue familiäre Strukturen und Wandlungen unabhängig von der alten Klassenlage für alle Flüchtlingsfamilien im Gegensatz zu den von diesem Schicksal nicht betroffenen Familien ergeben haben. Das Ergebnis war zunächst, daß durch das soziale Schicksal weitgehend eine soziale Gleichgeartetheit dieser Familien in gewissen Wesenszügen eingetreten ist, von der höchstens die geflüchtete Arbeiterfamilie ausgenommen ist, die am leichtesten ihre alte Verfassung wiedergewinnen konnte.

Aber es erwies sich auch, daß die gemeinsamen Veränderungen aller Flüchtlingsfamilien unabhängig von ihrer sozialen Herkunft geteilt wurden von ähnlichen Strukturwandlungen in Familien, die vom Schicksal der Deklassierung im Sinne der Ausstoßung oder Suspendierung vom alten Beruf, der Verwitwung durch den Tod des Mannes im Felde, der Ausbombung, der langen Gefangenschaft des Mannes oder seiner Schwerversehrtheit betroffen worden sind. Die Untersuchung wurde daher erweitert auf die Frage, wie weit die genannten *typischen sozialen Schicksale* der Kriegs- und Nachkriegszeit auf die Familienverfassung gewirkt haben, wie weit also die Familie in Deutschland heute durch ihre alte soziale Funktion bestimmt und wie weit sie durch die dynamischen Faktoren eines gemeinsamen typischen Schicksals geformt ist.

Die Flüchtlingsfamilie kann in ihren besonderen Wesenszügen also nur als der Prototyp einer großen Gruppe von deutschen Familien betrachtet werden, die durch die typischen sozialen Schicksale wie Deklassierung, Ausbombung, Ausfall des Familienvaters durch Kriegsverlust, seine lange Gefangenschaft oder seine Schwerversehrtheit ähnlichen Strukturwandlungen, wenn auch meist in abgeschwächter Form, unterworfen war wie die Flüchtlingsfamilie. Bei vorsichtiger Schätzung müssen wir diese Gruppe der Familien doch auf ein Drittel der westdeutschen Bevölkerung ansetzen.

Die zum Vergleich durchgeführten Untersuchungen an eingesessenen, von diesen typischen sozialen Schicksalen nicht betroffenen Familien zeigen aber, daß auch diese nicht unberührt bleiben von den Wandlungen, die wir an der Flüchtlingsfamilie und den ihr näherstehenden Familientypen beobachten. Es ist keineswegs so, daß die eingesessene bäuerliche oder bürgerliche Familie, die von einem der genannten sozialen Schicksale an sich unberührt blieb, nun ihre alte Struktur und Verfassung um so stärker und dauerhafter bewahrt, so daß sie vielleicht den konstanten Faktor in einem Prozeß der Anpassung der Flüchtlingsfamilie an alte familiäre Verhaltensweisen und Strukturen bilden könnte. Es scheinen im Gegenteil die Wandlungen, denen die

Flüchtlingsfamilie in ihrem Verhalten unterworfen ist, in geschwächter Form auch auf die Familien der gesamten eingesessener Bevölkerung überzugreifen.

Diese Beobachtung hat mit zu einer wichtigen Folgerung aus unserer Untersuchung geführt, die ich vorwegnehmen muß, da die Darstellung und das Verständnis der Ergebnisse der Untersuchung davon beeinflußt werden: die Kategorie der *Anpassung*, die heute vielfach zur Grundkategorie in der Untersuchung der sozialen Lage der Flüchtlinge gemacht wird, ist, zumindestens der Entwicklung ihrer Familienverfassung, nicht angemessen. Hier gilt das Gesetz, das *René König* kürzlich so formulierte: „Wenn Migrationen erst einmal ein bestimmtes Ausmaß überschreiten, dann paßt sich nicht mehr der Nomade an seine neue Umwelt, sondern gerade umgekehrt die Umwelt an den Nomaden an".[2] Bei der Untersuchung der familiären Verhaltensweisen zeigt es sich, daß in der Wechselwirkung zwischen Einheimischen und Flüchtlingen keineswegs die sozial-statischen Strukturen der Eingesessenen, sondern die in der sozialen Dynamik des letzten Jahrzehnts erworbenen Verhaltensweisen der Flüchtlinge und der ihr ähnlichen Familiengruppen die entscheidenden, die Entwicklung der Gesamtgesellschaft vorwiegend determinierenden Kräfte zu bilden scheinen.

Dies wird heute häufig übersehen, weil die soziologischen Untersuchungen, die sich mit Flüchtlingen beschäftigen, auf dem Dualismus von Eingesessenen und Flüchtlingen, von „Heimat und Fremde", aufbauen, anstatt die Entwicklung der Gesamtgesellschaft von vornherein zu ihrem Thema zu machen. Die Flüchtlingslage ist ein historisches Schicksal, sagte ich zu Anfang; das heißt aber: die Flüchtlinge sind kein einheitlicher Gegenstand im Sinne soziologischer Strukturforschung, man kann sie soziologischen Untersuchungen nur im Rahmen relativ konstanter und zeitloser sozialer Gebilde wie der Familie, eines Dorfes, einer Berufsschicht, einer Belegschaft usw. unterwerfen. Eine Flüchtlingsforschung, die die Flüchtlinge isoliert als ihren Gegenstand betrachtet, fixiert sich kategorial an einer historischen Katastrophe, anstatt gegenüber der Entwicklung der Zukunft offen zu bleiben. Damit gerät aber eine soziale Forschung über Flüchtlinge in die gleiche Gefahr, wie sie auf politischer Ebene besteht: das falsche Sozialbewusstsein unserer Gegenwart zu stärken, daß die Flüchtlingslage eine soziale Ausnahmesituation sei und die gesellschaftliche Entwicklung der Zukunft im wesentlichen durch die Kräfte und Gesetzlichkeiten der alten Sozialverfassung bestimmt werde. Der Gegensatz von Heimat und Fremde gehört zu den Dualismen des 19., Jahrhunderts, eine genaue Analyse der Flüchtlingsfamilie im Zusammenhang mit den gesamten Familienverfassungen unserer Gesellschaft zeigt, daß er wie viele andere Dualismen des 19. Jahrhunderts unwirksam zu werden beginnt. Das Gesetz der Fremde hat längst unsere Gesellschaft insgesamt ergriffen. Die Flüchtlingsfamilie ist keine Ausnahme, kein Gegensatz zu einer konstant bleibenden Familienverfassung der deutschen Gesellschaft, sondern sie scheint die fortgeschrittenste und ausgeprägteste Form einer Wandlung zu sein, der die Familie in der Gegenwart überhaupt unterliegt.

Eine solche Behauptung auf eine empirische Untersuchung gegenwärtiger Flüchtlingsfamilien zu stützen, scheint etwas gewagt zu sein: überschätzt man in solcher Deutung nicht die Dauer bloßer Übergangserscheinungen und hält die Veränderun-

[2] *René König*, Soziologie heute, Zürich 1949, S. 104.

gen der Familie in einer Krisenzeit fälschlich für bleibende Strukturveränderungen? In der Tat war eine der wichtigsten und vorher zu klärenden Fragen der Untersuchung: welche Prozesse und Verhaltensweisen der Familie, die als Reaktionen auf die Flüchtlingslage oder als Auswirkung der anderen sozialen Schicksalsschläge auftreten, sind vorübergehend und welche haben auf Dauer Bestand. Bei dieser *Frage nach den irreversiblen Prozessen* in den Wandlungen der Familie waren uns gewisse Erfahrungen dienlich, die von der amerikanischen Familiensoziologie in der Untersuchung des Einflusses der großen wirtschaftlichen Depression von 1929/34 auf die Familie gemacht worden sind. In den Arbeiten von Robert C. *Angel* oder von Ruth *Cavan* und Katherine *Frank*[3] haben sich folgende 3 Stufen oder Gruppen von Reaktionen der Familie auf eine sie treffende gesamtgesellschaftliche Krise oder Notlage ergeben:

1. eine Zeit der Verstörtheit, der Auflösung der alten Verhaltenskonstanten, die in der neuen Situation nicht mehr passen, aber immer noch künstlich festgehalten werden; der neuen Lage versucht man mit Improvisationen auszuweichen, die aber deutlich das Merkmal des Vorläufigen und der Aushilfe tragen;

2. erst wenn die Notlage länger andauert, bilden sich die veränderten Verhaltensweisen der Familie als Anpassungserscheinungen an die neue Umweltsituation heraus, die nun die Existenz der Familie wieder auf Dauer ermöglichen und die auch von der Familie auf Dauer bejaht werden;

3. gibt es eine kleine Anzahl von Familien und Personen, denen diese auf Dauer abgestellte Anpassung nicht gelingt, so daß bei ihnen immer deutlicher endgültige Verfallserscheinungen auftreten, die zur sozialen oder psychischen Auflösung der Familie oder der Einzelperson führen.

Diese drei Gruppen oder Phasen von Reaktionen sind auch im Verhalten der Flüchtlingsfamilie, ja vielleicht der gesamten deutschen Familien nach dem Kriege zu beobachten. Die erste Phase dauert etwa vom Beginn der Flucht bis zur Konsolidierung unsrer Wirtschaftsordnung durch die Währungsreform. In dieser Zeit war die Frage nach den bleibenden und den temporären Strukturen der familiären Verhaltensweisen noch nicht zu beantworten, da die gesamte soziale, wirtschaftliche und politische Umwelt selbst sich noch in dauernder extremer Bewegung befand. Die vorzüglichen Untersuchungen, die Hilde *Thamwald* an rund 500 Berliner Familien 1946 bis Mitte 1947 angestellt hat [4], zeigen das ratlose und improvisierte Verhalten der Familie in dieser Zeit sehr deutlich. Auch heute befinden sich die Flüchtlingsfamilien, die noch in Lagern oder irgendwelchen Massen und Elendsquartieren hausen, die also noch der äußersten Not ausgeliefert sind, immer noch in ähnlichem Zustand und sind nicht geeignet, zum Gegenstand einer Untersuchung nach irreversiblen Wandlungen in ihrer Familienverfassung gemacht zu werden. Zum Teil zeigen sich hier bereits Prozesse und Reaktionen der dritten Gruppe, d. h. familiäre und individuelle Verfallserscheinungen, die zwar der dringendsten Hilfe des Fürsorgers, des Sozialarbeiters, des Arztes usw. bedürfen, die wir aber mit Recht aus unserer Suche nach

[3] *Robert C. Angell*, The Family Encounters the Depression, New York 1936; *Ruth S. Cavan* and *Katherine R. Franck*, The Family and the Depression, Chicago 1938.

[4] *Hilde Thamwald,* Gegenwarts-Probleme Berliner Familien, Berlin 19485 Vgl. auch *Irmgard Schulze-Westen*, Das Flüchtlings-Problem, Hamburg 1948.

konstant bleibenden Strukturwandlungen ausschalten, gerade in der Hoffnung, daß diese akuten individuellen und sozialen Krankheitsherde nur eine Ausnahmeerscheinung bilden, die zu beheben oder jedenfalls derart zu beschränken sind, daß sie für die Gesamtentwicklung der Flüchtlingsfamilie nicht kennzeichnend werden.

Die zweite Phase oder Gruppe von Reaktionen ist offensichtlich für unsere Untersuchung die entscheidende: so haben wir in der Tat unsere Untersuchung auf die Flüchtlingsfamilien konzentriert, die es schon wieder geschafft hatten, ein wenig Boden unter die Füße zu bekommen, die sich von sich aus in der neuen Situation behauptet und also Verhaltensweisen entwickelt hatten, mit denen sie auch in Zukunft mit ihrer Lage fertig werden können. Mit dem Einsatz der Untersuchung nach der relativen Stabilisierung unserer Verhältnisse durch die Währungsreform und ihrer Beschränkung auf die nicht mehr in äußerster Notlage lebenden Flüchtlingsfamilien ist unsere Arbeit zwar im sozialfürsorgerischen Sinne unaktueller geworden, dafür glauben wir jedoch, eine auf längere Zeit hinaus exemplarischere Gruppe ins Blickfeld geholt zu haben, an der sich die Frage nach den wahrscheinlich konstant bleibenden Wandlungen der Familienverfassung beantworten läßt. Daß letzten Endes der Bestand dieser Verhaltensweisen von den zukünftigen politischen Geschehnissen und Veränderungen abhängt, die unsere Gesellschaft treffen, ist selbstverständlich; allerdings besteht auch bei einem erforderlichen mäßigen Optimismus wohl kaum die Hoffnung, daß sich die soziale Lage für die genannte Gruppe von Familien in absehbarer Zeit wesentlich ändern wird; ihre Verhaltensweisen werden daher immer mehr an Konstanz gewinnen.

Wenn ich jetzt die Ergebnisse der Untersuchung kurz darlege, so darf ich zuvor auf die in diesem Kreise selbstverständliche Voraussetzung verweisen, daß mit der Darstellung der einzelnen Wesenszüge keinerlei moralische oder soziale Wertung verbunden ist. Eine strukturanalytische Auswertung der Familienmonographien hat 10 Wesenszüge wahrscheinlich gemacht, die die Wandlung im Verhalten der Flüchtlingsfamilien oder der von den genannten typischen sozialen Schicksalen unserer Zeit betroffenen Familien besonders kennzeichnen:

1. *Eine durchschnittliche Erhöhung der Stabilität dieser Familien.* Die schweren persönlichen Schicksale, das Erlebnis des Zusammenbruches aller tragenden Ordnungen, aller sonstigen Rückhalte und Unterstützungsmöglichkeiten haben im Durchschnitt diese Familien in ihrem Kampf um das bloße Dasein derart auf Gedeih und Verderb zusammengeschlossen, daß persönliche Spannungen in der Ehe, ja daß die langweilige Gleichgültigkeit des gewohnten Nebeneinanders einem bewußten und erhöhten Zusammenhalt gewichen ist. Als Reaktion auf die Gefährdung durch ihr Schicksal und auf das Versagen der tragenden Staats- und Wirtschaftsordnung war die Familie zu einer Binnenkonsolidierung gezwungen; der Zusammenhalt der Familie wurde als letzter Stabilitätsrest in einer offenkundig sich auflösenden Welt empfunden und wird jetzt mit Zähigkeit und Bewußtheit bejaht und verteidigt. Diese Erhöhung der Stabilität wird also grundsätzlich von Innen her geleistet, aber nicht im Sinne einer fortschreitenden bürgerlichen Verinnerlichung auf der Grundlage einer bewußten und entlastenden Gültigkeit der Familie als Institution, sondern indem dieser institutionelle Bestand der Familie selbst zum bewußt behaupteten Lebensziel wird. Was an habitueller bäuerlicher oder bürgerlicher Verhaltenssicherheit durch Verlust der gewohnten ländlichen oder bürgerlichen sozialen Ordnung und Heimat

gefährdet ist, muß durch erhöhten Halt in der unmittelbarsten Gruppenzugehörigkeit ersetzt werden; der vertriebene Bauer oder der deklassierte Beamte leben heute mit einer klaren Bewußtheit „nur noch für die Familie". Im Gegensatz zu einer nur individuellen Notsituation innerhalb der spätbürgerlichen Gesellschaft oder zu einer nur langsam und schleichend eintretenden sozialen Gefährdung, wie es die Verarmung des mittelständischen Bürgertums gewesen ist, die beide im Durchschnitt sich nur auflösend und erweichend auf die Stabilität und den Zusammenhalt der Familien auswirkten, hat die radikale soziale Gefährdung der Familie als Dauersituation und als abruptes kollektives Schicksal eine entgegengesetzte Wirkung hervorgerufen. Dieser hohe soziale Bindungswert der kollektiven Notsituation für die Familie, bzw. für die kleine Gruppe überhaupt, ist auch in anderen Untersuchungen bestätigt worden; soll etwa in Erhebungen über die Verwahrlosung weiblicher Jugend bei Eingesessenen und bei Flüchtlingen in Schleswig-Holstein oder in kriminalsoziologischen Untersuchungen, die *Sievert* in Hamburg durchführt; in beiden Fällen zeigt sich gegen die allgemeine Erwartung der prozentuale Anteil der Flüchtlinge an Kriminalität und Verwahrlosung dem der Einheimischen um ein Vielfaches unterlegen.[5]

2. Als zweiter Wesenszug wäre die *starke soziale Isolierung* dieser Familien zu nennen. Zunächst hat die Vertreibung von Heimat und Besitz die Flüchtlingsfamilie rein äußerlich von ihren Heimatgenossen, ihrer Verwandtschaft und Bekanntschaft getrennt und zerstreut; der Deklassierte ist aus seinem Beruf ausgestoßen und in fremder, ungewohnter Beschäftigung. Diese objektive und gegen den Willen der Betroffenen erfolgte Ausgliederung der Einzelnen und Familien aus dem alten sozialen Gefüge, diese erzwungene Lockerung der früheren sozialen Bindungen hat sich nun in den davon betroffenen Familien weitgehend auch in eine subjektiv bejahte soziale Isolierungstendenz umgesetzt. Diese Menschen haben oft in extremer Weise das Bedürfnis, die alten sozialen Kontakte abzustoßen, die Beziehung zu alten Bekannten, ja zur Verwandtschaft nicht weiter zu pflegen. Äußerliche Bedingungen wie Mangel an Wohnraum, Geldmangel, Arbeitsüberlastung, fördern diese Tendenz. Noch stärker fast ist das Bestreben, keine neuen Freundschaften und Bekanntschaften anzuknüpfen, der Mangel an Bereitschaft, in neue Nachbarschaften gesellig hineinzuwachsen. Es entsteht ein ausgesprochener *kleinfamiliärer Gruppenindividualismus*. Diesem Isolierungswillen entspricht weitgehend der Verlust überhaupt der Fähigkeit zu offenem sozialen Kontakt. Die Konzentrierung der Lebensziele auf die Familie hat oft genug ein Abstoßen der übrigen sozialen Wünsche und Verhaltensweisen zur Folge. Wo die Beziehungen zur alten Heimat noch gepflegt werden, wie z. B. in den landsmannschaftlichen Zusammenkünften, löst sich das alte Stammes- oder Volksgruppenbewußtsein immer mehr in die Pflege des Regionalen, in die Zusammengehörigkeit nach kleinen Heimaten auf, worauf Eugen *Lemberg* verschiedentlich hingewiesen hat .[6] Die intime Beziehung erweist sich in jeder Beziehung als das Primäre, als das Erstrebte: im politischen und wirtschaftlichen Handeln besteht die gleiche Tendenz zur kleinen, verläßlichen Clique, zur Sammlung von wenigen „Anständigen" auf Grund des Wissens um die persönliche Verläßlichkeit. In den Jahren unmit-

[5] Auf Grund mündlicher Mitteilungen von Professor *Fritz Blättner*, Kiel, und Professor *Rudolf Sievert*, Hamburg.

[6] *Lemberg/Krecker*, a. a. O., S. 4.

telbar nach dem Zusammenbruch war dies ja weitgehend die einzige Form politischer oder geistiger Kommunikation, es war geradezu eine Art sozialer „Oasenkomplex" entstanden. Diese Bedürfnisse zur sozialen Intimität stützen die sozialen Ausgliederungtendenzen in unserer Gesamtgesellschaft auch heute noch sehr stark; der soziale Isolierungswille der Familie, besonders der Familien der Flüchtlinge und Deklassierten, ist der Kern dieser Entwicklung.

3. Dazu gehört als dritter Wesenszug das *gesamtgesellschaftliche Desinteressement*: jene mißtrauische Haltung gegenüber den Ansprüchen und Belangen des Staates, der Verwaltung und Politik, jene Ablehnung der Teilnahme an Parteiversammlungen, Demonstrationen, Volkshochschulkursen oder sonstigen freiwilligen öffentlichen Tätigkeiten. Man hat diese Einstellung auf die Formel „Ohne uns!" gebracht; eine Monographie spricht richtig von einem „dauernden passiven Widerstand gegen alle Angelegenheiten der Öffentlichkeit"! Das Versagen der gesamtgesellschaftlichen Institutionen und Organisationen des Staates und der Wirtschaft hat in den davon am stärksten betroffenen Bevölkerungsteilen wie den Flüchtlingen, Deklassierten, Kriegerwitwen usw. weitgehend die Bereitschaft vernichtet, sich wieder mit einem sozialen Ganzen, mit Großorganisationen wie Staat, Wirtschaft, Parteien usw. zu identifizieren. Dazu tritt die Enttäuschung, die dieses in den Interessen einer Gesamtheit aufgehende Verhalten durch den Nationalsozialismus und den Krieg erlitten hat. Die Quellen des sozialen Idealismus scheinen weitgehend erschöpft und verschüttet zu sein. Dabei ergeben die Untersuchungen sehr deutlich, daß dieses Desinteressement keineswegs als restnationalsozialistische Oppositionshaltung, als antidemokratische Einstellung zu deuten ist; diese Ablehnung der Anliegen und Geschehnisse des öffentlichen Lebens erstreckt sich ebenso auf die Vergangenheit wie auf die Gegenwart. Diese mangelnde Identifizierungsbereitschaft gegenüber einem politischen oder gesellschaftlichen Ganzen, die gerade innerhalb der Flüchtlingsbevölkerung so augenscheinlich ist, scheint mir übrigens der primäre Zug vor der heute so oft beklagten materialistisch-egoistischen Einstellung gegenüber dem Staat zu sein: indem nämlich die idealistischen, identifizierenden Verhaltensweisen abgebaut werden, bleiben die in unserer bürokratisierten Gesellschaft nicht aufgebbaren Ansprüche der materiellen Massendaseinsfürsorge als einzige übrig und dominieren im öffentlichen Leben.

4. Als vierter und sehr wichtiger Wesenszug ist die *Konzentration der Familie auf ihren sozialen Wiederaufstieg* zu nennen: da fast alle Flüchtlingsfamilien, aber auch viele der anderen sozialen Schicksale, von einer sozialen, meist beruflichen Deklassierung betroffen sind, konzentrieren sich die Kräfte aller Familienmitglieder auf einen sozialen Wiederaufstieg, der in dieser Gruppe der Bevölkerung in ungewöhnlichem Maße zu dem Familienziel schlechthin geworden ist. Für dieses Ziel werden große Opfer gebracht; um z. B. den Kindern die dem alten sozialen Status angemessene Ausbildung zukommen zu lassen, treten Konsumbedürfnisse oder Besitzbedürfnisse meist zurück, wie überhaupt die Fragen der Bildung im Sinne der darin liegenden Aufstiegschancen reges Interesse finden. In den Elternbeiräten der Schulen spielen die sonst an öffentlichen Dingen wenig interessierten Flüchtlinge, Evakuierten usw. eine wichtige Rolle.[7] Dieser Drang zum sozialen Wiederaufstieg

[7] *Kurt Völk*, Allendorf, Kreis Marburg, ein neues Industriezentrum, in Lemberg/Krecker, a.a.O., S. 137 f.

hat bedeutsame Folgen: zunächst mobilisiert er in diesen Familien die Energien des Sichdurchsetzens in auffallender Weise. Hilde *Thurnwald* spricht mit Recht von einem „verzweifelten Fleiß" der Wiederaufstiegswilligen.[8] Sicherlich wird auf Grund dieser Aktualisierungen aller Fähigkeiten und Energien dieses Drittel der Bevölkerung im nächsten Jahrzehnt auf allen Lebensgebieten unseres Volkes entscheidend ins Gewicht fallen, wenn nicht überhaupt die führenden Positionen einnehmen. Aber auch andere Folgen dieses gesteigerten Willens zum Sichdurchsetzen und Wiederhochkommen dürfen nicht übersehen werden: einstmals vorhandene Verhaltensweisen der Vornehmheit und hochdifferenzierte Wertmaßstäbe weichen gröberen moralischen Rastern, Ellbogenmethoden werden unter Hinweis auf das erlittene Unrecht gerechtfertigt. Diese deklassierte Gruppe der Bevölkerung ist in einem vertieften und radikalisierten Maße in die Lage der verarmenden bürgerlichen Schichten nach dem 1. Weltkriege und der Inflation geraten, aber mit dem Unterschied, daß heute nicht das Skelett einer hierarchischen sozialen Schichtung übriggeblieben ist, das dem sozialen Geltungsbedürfnis teilweise Erfüllung böte. Muß man einen so allgemeinen Drang nach einem sozialen Aufstieg an sich schon als Kennzeichen einer zerrütteten und unzufriedenen Gesellschaft ansehen, so führt er zur sozialen Ausweglosigkeit, wenn er in einer Gesellschaft entsteht, die durch immer stärkere soziale Nivellierung die Möglichkeiten seiner Erfüllung grundsätzlich abbaut und nur noch bereit ist, dieses auf ganz andere Ziele gehende soziale Streben allenfalls mit einem Minimum an wirtschaftlicher Sicherheit zu befriedigen.

5. Zu dem Aufstiegswillen dieser Familien gehört nun als wichtiges Kennzeichen die *steigende Irrealität ihres Sozialbewußtseins durch Festhalten veralteter sozialer Leitbilder*. Die Familien- und Verhaltensziele werden keineswegs durch ein realistisches Bewußtsein der gegenwärtigen Lage bestimmt, sondern richten sich aus an dem sozialen Status und der Rolle der Familie in der alten Gesellschaft, die zudem meist noch idealistisch, überhöht werden. Eugen *Lemberg* hat darauf hingewiesen, daß diese Überschätzung und Verklärung der alten sozialen Lage, der Zustände in der verlassenen Heimat aus dem Bedürfnis nach sozialer Selbstachtung entsteht.[9] So verständlich diese Form der seelischen Selbsterhaltung ist, so macht sie doch oft genug unfähig zur Bemeisterung der aktuellen Wirklichkeit, vor allem aber verhüllt sie deren völlig veränderte soziale Struktur, erschöpft sich daher im Streben nach Zielen und Positionen, die als solche der Vergangenheit angehören, und verrennt sich in einer unrealistischen Kritik der neuen Zustände. Die Fronten der alten Gesellschaftsschichtung werden erstarrt festgehalten, so daß diese Menschen vielfach in Gespensterfronten kämpfen und Gespensteridealen nachstreben. Dieses Fixieren eines Klassen- und Standesbewußtseins, das der realen ökonomischen und sozialen Lage nicht entspricht und so recht eigentlich ein Pseudo-Klassenbewußtsein ist, stärkt häufig gerade auf dieser Seite heute klassenkämpferische Affekte, weil man sich damit wenigstens noch im Bekenntnis zum Bürgertum zählen kann, obwohl dessen Realitäten und Habitus ihnen allmählich verloren gegangen sind oder nur noch in Form kleiner Äußerlichkeiten und Traditionalismen bewahrt werden können.

[8] A.a.O., S. 214.

[9] *Eugen Lemberg*, Die Ausweisung als Schicksal und Aufgabe. S. 28.

Man hat aus dieser rückwärts gerichteten Front der sozialen Leitbilder, die der realen Lage der Flüchtlinge und Deklassierten nicht entsprechen, zwei Folgerungen für das politische Verhalten dieser Gruppen in der Zukunft gezogen: einmal spricht man von ihrer Situation als dem Nährboden für politische Radikalisierungen und revolutionäre Ideen, zum anderen malt man die Gefahr eines erneuten Klassenkampfes von seiten eines Fünften Standes, einer unterproletarischen Klasse, an die Wand. Gegen beide Auffassungen lassen sich gerade vom Boden unserer Untersuchung gewichtige Einwände erheben. Gegen die vorausgesagte politische Radikalisierung und Entstehung revolutionärer Ideen im Sinne dogmatischer Vorstellungen des Umsturzes der Gesamtgesellschaft spricht das politische Desinteressement, die mangelnde Bereitschaft, sich überhaupt noch auf Programme und Hoffnungen für abstrakte Ordnungen und auf, politische Großorganisation einzulassen. Skepsis und Desinteressement werden durch die Dauer der sozialen Notlage vertieft werden, aber kaum in den Optimismus einer dogmatischen Radikalität umschlagen. Die offensichtlich vorhandene Bereitschaft zu restaurativen oder reaktionären Ordnungsmaßnahmen ist nicht von der Art, daß sie sich in politischen Massenorganisationen Erfüllung versprechen kann. Was aber die Gefahr eines neuen Klassenkampfes von dieser Seite betrifft, so fehlt ihr das Wesentlichste dazu: ein ihrer Lage entsprechendes, solidarisches Klassenbewußtsein. Gerade die Dominanz der alten, differenzierten sozialen Leitbilder verhindert die Bildung eines nivellierten Gemeinschaftsbewußtseins; jede Flüchtlings- und Deklassiertenfamilie kämpft ja um die Wiedereinsetzung in den Rang nach der alten Sozialschichtung. Die Solidaritätsbindungen zur Gruppe der Vertriebenen oder Deklassierten lösen sich fast im gleichen Maße, wie der Familie der soziale oder wirtschaftliche Wiederaufstieg gelingt. Aber mit diesen Erörterungen sind wir bereits in die Ausdeutung der Tatbestände geraten.

Die bisher dargestellten Wesenszüge betrafen vor allem den Wandel, den die Flüchtlings- und Deklassiertenfamilie in ihrer Stellung zur Gesamtgesellschaft erfahren hat. Die weiteren Kennzeichen zielen mehr auf die Wandlungen, die in der Binnenstruktur der Familien, im Verhalten der Familienmitglieder zueinander, eingetreten sind. Ich darf sie etwas kürzer als die vorherigen behandeln.

6. Die durchschnittliche soziale Lage und der verstärkte Wille zum sozialen Wiederaufstieg haben in diesen Familien eine *wachsende Arbeitsüberlastung* aller ihrer Glieder zur Folge. Allerdings kennzeichnet dieser Zug ja weithin schon unsere gesamte Gesellschaft. Aus dieser Arbeitsüberlastung und den meist sehr beengten und kümmerlichen Wohnverhältnissen entspringt eine seelische Überbeanspruchung der personalen Beziehungen, die sich in einer anhaltenden Gereiztheit und Nervosität dieser Menschen bemerkbar macht. Auch dieses seelische Klima ist ja schon weitgehend auf unser gesamtes öffentliches Leben übergesprungen, eine Erscheinung, die gewiß aus dem familiären Leben dieser Menschengruppe fortdauernd verstärkt werden wird. Vor allem wirkt die Arbeitsüberlastung im Sinne einer *Entinnerlichung der Familie*, d. h. daß die geistigen und kulturellen Luxurierungen, die religiösen, künstlerischen oder sonstwie beschaulichen Verhaltensweisen zunehmend abgebaut werden. Obwohl die Werte, die mit diesen Tätigkeiten verbunden sind, formal bei diesen Familien außerordentlich hoch im Kurs stehen, fehlen Zeit und meist auch Geld, sie wirklich zu pflegen und sich in diesen Gebieten noch zu betätigen.

7. Die darin wirksame Tendenz zur *sozialen Nivellierung der Familienstrukturen* zeigt sich auch in einem Wesenszug, dem wir schon bei der Erörterung der Stabilität dieser Familien begegnet sind: im *Übergewicht, das die Solidäritätsbeziehungen in diesen Familien gegenüber den Personalbeziehungen gewinnen*. Das typisch bürgerliche Bedürfnis, den Bestand der Ehe und Familie vorwiegend von den persönlichen Sympathiebeziehungen abhängig zu machen, tritt zurück gegenüber den Ansprüchen auf gegenseitige Unterstützung im Lebenskampf; auch in dieser Hinsicht werden die Familien an Innerlichkeit ärmer, verlieren dadurch aber keineswegs an Stabilität. Diese fortschreitende Entinnerlichung und Nivellierung der sozialen, ökonomischen und auch seelischen Bedürfnisse und Verhaltensweisen entspricht keineswegs mehr den Trends, die wir an der Entwicklung der Familie in der spätbürgerlichen Gesellschaft mit ihrer steigenden sozialen und individuellen Differenzierung, ihren Verinnerlichungen und Luxurierungen, aber auch ihrer allgemeinen Schwächung der familiären Stabilität beobachten konnten.

8. Auch die weiteren Wesenszüge, die vor allem den Wandel in der Stellung der Ehepartner betreffen, sind nicht eigentlich auf die Flüchtlingsfamilie beschränkt finden dort aber ihre stärkste Ausprägung. Da ist zunächst die schon oft beobachtete *Verschiebung der innerfamiliären Autorität zugunsten der Frau* zu nennen. Sie findet nach unseren Beobachtungen nicht allein ihre Ursachen in der gewachsenen Selbständigkeit der Ehefrau während der Abwesenheit der Männer, in den Leistungen der Frauen während der Notzeit des Krieges, der Flucht und der Nachkriegswirren, sondern vor allem auch in der Einbuße, die das Autoritätsbewußtsein der Männer durch Deklassierung, Berufsverlust, Gefangenschaft usw. erlitten hat. Es zeigt sich, daß die väterliche Autorität doch in viel stärkerem Maße an die Kontinuität der allgemeinen Sozialstruktur gebunden ist und daher durch ihren Umsturz tiefer beeinträchtigt wird als die der Mutter, die „natürlicher" begründet und daher stabiler ist. Diese Autoritätsverschiebung ist übrigens keineswegs ein reiner Gewinn für die Frau: häufig muß sie zur Schonung des Mannes eine väterliche Pseudo-Autorität in der Familie aufrecht erhalten, dabei tatsächlich aber die Verantwortung und die Entscheidungen für die gesamte Familie übernehmen.

9. Ähnlich steht es auch mit dem Kennzeichen der *stärkeren Inanspruchnahme der Frau durch die Öffentlichkeit.* Damit ist nicht nur die stark gestiegene Berufstätigkeit der Frauen dieser Familiengruppen gemeint, sondern vor allem die Tatsache, daß über die berufstätigen Frauen hinaus auch die Hausfrauen in der Gruppe der Flüchtlinge und Deklassierten sich heute in viel stärkerem Maße mit den abstrakten, Organisationen der Verwaltung und Wirtschaft, den Ämtern jeder Art, herumschlagen müssen. Dadurch wird auch die Frau, die früher noch eindeutiger den seelischen Untergrund für ihre Verhaltensweisen in den Intimbeziehungen der kleinen familiären Gruppe finden konnte, in verstärktem Maße in die Spannung zwischen primären und abstrakten Sozialbeziehungen hineingerissen, die das Leben des Mannes in der modernen Zivilisation schon lange bestimmt.[10] Auf längere Sicht gesehen, können die Auswirkungen dieser Vorgänge gar nicht überschätzt werden; zunächst führen sie deutlich zu einer nicht nur physischen, sondern auch seelischen Überlastung und Erschöpfung der Frau.

---

[10] Vgl. *Leopold von Wiese*, Die gegenwärtige Situation, soziologisch betrachtet, in Verhdlg. des 8. Dtsch. Soziologentages, Tübingen 1948.

10. Als letzter Wesenszug ist die *gewandelte Einstellung*, besonders der jüngeren Generation in diesen Familiengruppen, *zu Partnerwahl, Ehe und Elternschaft* zu erwähnen: im allgemeinen ist eine frühe und starke *Versachlichung* dieser Beziehungen zu bemerken. Der Abbau der Erotik in den Beziehungen der Partner, die erotisch verhältnismäßig neutralisierte Einstellung der jungen Menschen zu Partnerwahl und Ehegründung besonders im Gegensatz zur Generation nach dem vorigen Kriege, ist den Psychiatern, Psychologen und Pädagogen schon längst aufgefallen.[11] Während man in der bürgerlichen Gesellschaft normalerweise erst heiratete, wenn man eine Existenz hatte, ist heute die gemeinsame Existenzgründung häufig das Ziel, zu dem die Ehen geschlossen werden. Daß sich diese verstärkte Sachlichkeit in den Intimbeziehungen auch auf die Einstellung zur Geburtenbeschränkung, besonders innerhalb der aus dem Osten vertriebenen Landbevölkerung, ausdehnt, sei zum Schluß nur erwähnt.

Damit sind die wesentlichsten Merkmale der Wandlung der Familienverfassung aufgezählt, die das Material unserer Untersuchung ergab. Wir hoffen, diese Untersuchung demnächst in extenso vorlegen zu können.

Wenn ich jetzt zum Schluß versuche, eine zusammenfassende soziologische Deutung dieser Tatbestände zu geben, so gehe ich von der schon öfter betonten Einsicht aus, daß die entscheidenden Wesenszüge der Flüchtlingsfamilie keineswegs im Gegensatz zu der allgemeinen Familienverfassung unserer Gesellschaft zu bestimmen sind, sondern daß sie nur die äußersten und ausgeprägtesten Formen eines Wandels der Familie darstellen, der unsere gesamte Gesellschaft ergriffen hat. Meine Ausdeutung erweitert sich also zu einer an Hand der Flüchtlingsfamilie durchgeführten familiensoziologischen, ja insgesamt entwicklungsgeschichtlichen Analyse der gesellschaftlichen Vorgänge unserer deutschen Gegenwart. Ich möchte dazu vier Gedankengänge zur Erörterung stellen:

1. Die Ausdeutung dieser Strukturveränderung der Flüchtlingsfamilie ist im Rahmen der von der Familiensoziologie und der allgemeinen Gesellschaftslehre bisher herausgestellten großen sozialen Entwicklungstendenzen nicht eindeutig zu vollziehen. Auf der einen Seite entsprechen die dargelegten Wandlungen durchaus den durch Industrialisierung, Verstädterung, politische und soziale Revolutionen, durch sich mehrende und vertiefende Wirtschaftskrisen hervorgerufenen Entwurzelungs- und Mobilisierungsvorgängen in der Entwicklung der hochkapitalistischen-industriellen Gesellschaft. In den Versuchen einer soziologischen Durchdringung der Flüchtlingssituation, wie sie bisher vor allem in den Arbeiten Elisabeth *Pfeil* und Eugen *Lemberg* vorliegen[12], werden die sozialen Auswirkungen der Heimatvertreibung daher auch weitgehend mit den gesellschaftlichen Vorgängen des 19. Jahrhunderts seit der französischen Revolution parallelisiert. „Das Thema", heißt es bei E. Pfeil, „das damals angeschlagen wurde und für das die Enteignung, Entrechtung, Entheimatung ganzer Bevölkerungsgruppen den Stoff lieferte, hat die abendländische Welt seitdem nicht wieder verlassen". Die Entwurzelung und Vertreibung der ländlichen ostdeutschen Bevölkerung bedeutet soziologisch, „daß nun kein Volksteil mehr außerhalb des großen Einschmelzungsvorganges steht". Diese Auffassung ist ohne Zweifel begründet.

[11] Vgl. *Hans Bürger-Prinz*, Über die männliche Sexualität, in Ztschr. f. Sexualforschung, 1950, Heft 2; *Herman Nohl*, Die geistige Lage im gegenwärtigen Deutschland, in Die Sammlung, 1947.

[12] *Elisabeth Pfeil*, Der Flüchtling, Gestalt einer Zeitenwende, Hamburg 1948; *Eugen Lemberg*, a. a. O.

Auf der anderen Seite zeigen aber die Wandlungen in der Familienverfassung der Vertriebenen, Deklassierten und anderer Bevölkerungsgruppen gewisse Erscheinungen, die mit den Entwicklungstendenzen der Familie im Widerspruch stehen, die wir als Folge der Industrialisierung und Verstädterung, der Entstehung der politischen Massendemokratien oder der großen wirtschaftlichen Krisen kennen gelernt haben. Gegenüber der Mobilitätserhöhung und Vermassung, der Desorganisation der Familie, ihres Aufsplitterns in Individualitäten, von denen allerlei Organisationen der Gesellschaft Besitz ergreifen, gegenüber der immer radikaleren Politisierung, dem Verinnerlichungsbedürfnis der bürgerlichen Schichten, der zunehmenden sozialen Differenzierung der Familientypen, der Luxurierung, Erotisierung unserer gesellschaftlichen Verhaltensweisen in den Großstädten mit ihrer Modernitätssucht, gegenüber diesen Erscheinungen, die mehr oder weniger alle zur Erschütterung der institutionellen Stabilität der Familie beigetragen haben, zeigen sich heute widersprechende, bisher wenig bekannte, allerdings auch schwieriger faßbare *Prozesse der Stabilitätserhöhung der Familie* durch Betonung des Institutionellen, der Tradition, des Solidaritätswertes der kleinen Gruppe, die sich gegenüber der Gesamtgesellschaft sozusagen einigelt, zeigen sich Vorgänge der Entpolitisierung und Enterotisierung oder der seelischen und sozialen Nivellierung und Entinnerlichung, die dennoch stabilisierend wirken. Es scheint so, als ob die Einwirkung der industriell und städtisch entwurzelten Gesellschaft auf die Familie einen Schwellenwert überschritten haben, bei dem sie in gegenläufige Prozesse umzuschlagen beginnen, die keineswegs mehr in die sozialen Gesetzlichkeiten der hoch- und spätbürgerlichen Gesellschaft hineinpassen.

2. Vor allem scheint die Untersuchung der Flüchtlings- und Deklassiertenfamilie zu ergeben, daß sich das *Verhältnis zwischen den abstrakten Ordnungen unserer Gesellschaft und kleinen, primären Gruppen in einer Wandlung* befindet. Das entscheidende Erlebnis vor allem dieser Familiengruppen war das völlige Versagen der staatlichen und anderen Großorganisationen der Massendaseinsfürsorge; dazu kommt die allgemeine Erfahrung, daß die verschiedenen Systeme gesamtpolitischer Ordnung bisher alle nacheinander versagt haben, und die allgemeine Auffassung, daß die persönlichen Schicksale nur als Folge des getäuschten Vertrauens auf Versprechungen und Programme von Großorganisationen und ihrer Führung zu begreifen sind. Diesen Enttäuschungen steht nun das Erlebnis gegenüber, daß sich als verläßlich und als einziger Halt in der Gefährdung die menschlichen Beziehungen erwiesen haben, die in unserem Sozialgefüge bis dahin nur noch eine untergeordnete, rein auf das Privatleben des Einzelnen eingeschränkte Rolle zu spielen schienen. Dies gilt für die Hausgemeinschaft in den Bombennächten, vor allem aber für die Familie in der Notzeit nach der Katastrophe, in geringerem Maße auch für Nachbarschaften, Freundschaften usw. Dazu kam, daß die soziale Not derart tief griff, daß selbst der als selbstverständlich angesehene Bestand auch dieser sozialen Beziehungen zum ersten Male kollektiv gefährdet wurde. Daß es die Familie in ihrem Bestand zu retten galt in einer fortschreitenden sozialen Auflösung der Gesellschaft, wurde jetzt allzu vielen allzu deutlich. Damit hat sich das allgemeine Sozialbewußtsein dieser Familiengruppen meist von allen Hoffnungen und Planungen, die das Heil in einem Neubau der Gesellschaft von Grund auf, in neuen abstrakten Staats- und Wirtschaftsordnungen oder von neuen Großorganisationen erwarten, grundsätzlich enttäuscht abgewendet und sieht vielmehr den Kampf um die institutionellen Stabilitätsreste unserer Gesellschaft als die dringendste Aufgabe an.

Daß sich die soziale Verantwortlichkeit von allgemeinen Ordnungsgedanken, die sich auf abstrakte Gesinnungen und Organisationen und Kollektivbeziehungen stützen, zu verlagern beginnt auf die Sorge um den Bestand und die Lauterkeit der kleinen Gruppe, der persönlichen menschlichen Beziehungen in Ehe, Familie, Freundschaft, Kameradschaft, Kollegialität usw., das scheint mir heute nicht mehr zweifelhaft zu sein.

Was aber diese Abwendung von den abstrakten Ordnungen und Großorganisationen einer bürokratisierten Gesellschaft und die Zuwendung zu primären sozialen Verhaltensweisen und deren Institutionalisierung und Stabilisierung nun für die Zukunft unserer sozialen Entwicklung bedeutet, ist durchaus fraglich. Man kann darin eine erneuernde Rückwendung zu den Ursprüngen und Quellen unserer geistigen und sozialen Kultur sehen, wenn man daran denkt, daß unser rationalisiertes wissenschaftliches Denken, die politischen Grundgedanken der Demokratie oder unser künstlerisches Stilgefühl einmal in den kleinen und übersichtlichen Gemeinschaften der Orden, Logen, Klubs, wissenschaftlichen und künstlerischen Schulen und Zirkeln, in der Begrenztheit einer sich persönlich kennenden „guten Gesellschaft" entstanden sind. Man kann darin aber auch nur die zweite Phase des Zivilisationsverfalls erblicken, in der die großorganisatorischen Formen der Produktion, Politik und Verwaltung durch die sich immer steigernde Abstraktion funktionsunfähig zu werden beginnen, die Menschen daher notgedrungen ihren Halt an den Resten der natürlichen Gruppenbildung suchen, ohne daß diesen in einer großindustrialisierten und durchbürokratisierten Gesellschaft noch eine reelle Entwicklungschance zur Verfügung steht. Wie dem auch sei, zwei Gefahren aus diesem gewandelten Verhältnis von Familie und gesamtgesellschaftlicher Organisation zeigt unsere Untersuchung der gegenwärtigen Familienverfassung sehr deutlich: erstens, daß unsere öffentlichen Institutionen und Organisationen die unaufgebbaren seelisch-sozialen Bedürfnisse des Menschen immer weniger zu erfüllen und anzusprechen vermögen und daher deren Befriedigung zunehmend in die kleine, private Gruppe, besonders in die Familie verlagert werden muß; zweitens, daraus folgend, daß dieser so in ihren Funktionen und ihrem seelischen Gehalt ausgeweiteten und überbeanspruchten Intimgruppe auf die Dauer eine allzu große Last aufgebürdet wird, wie wir es an der Flüchtlings- und Deklassiertenfamilie, besonders an der Stellung der Frau, bereits feststellen mußten.

3. Drittens eine Bemerkung zur *sozialen Neuschichtung*, die sich durch das Einströmen der Flüchtlinge besonders in unserer ländlichen Gesellschaft vollzieht. Auch hier ist die Parallele zur dualistischen Klassenauseinandersetzung, auf die man den Gegensatz von Eingesessenen und Zugewanderten gern bringt, keineswegs hinreichend. Während die Gesellschaftsumschichtung des 19. Jahrhunderts ein Ausstoßen des Proletariats aus einem relativ konstant und gültig bleibenden Gesellschaftsgefüge war, findet heute eine Neuschichtung der Gesellschaft nach dem Typ des sozialen Schicksals quer durch die alten Sozialschichtungen hindurch statt. Damit ist diese alte Schichtung viel radikaler und unmittelbarer erschüttert als durch die Bildung einer zusätzlichen Klasse. Neuere Untersuchungen des Strukturwandels unserer dörflichen Gemeinden[13] zeigen, daß sich neben die alte Schichtung in Bauern, Handwer-

[13] *Lemberg/Krecker*, a. a. 0.; *Gerda Dobbert*, Hainbroich, eine soziographische Studie über ein deutsches Dorf an der holländischen Grenze, in Kölner Ztschr. f, Soziologie, II. Jg., S. 398 ff.; aus bisher unveröffentlichten Schriften der Akademie für Gemeinwirtschaft, Hamburg: *K. Michael, F. W, Allbrodt* und *H. Wolf,*

ker, Arbeiter eine ebenso hierarchische Gruppierung von Eingesessenen, Evakuierten und Flüchtlingen setzt, wobei insgesamt der Dualismus der beiden Schichtungsprinzipien als gewichtiger empfunden wird als die jeweils gegebene soziale Stufenfolge. Aber gerade das Sozialbewußtsein der Eingesessenen ist viel eher bereit, diese neue Schichtung nach dem sozialen Schicksal auch als soziale Wertung und neues gesellschaftliches Ordnungsprinzip anzuerkennen, während das soziale Bewußtsein der Heimatvertriebenen und Evakuierten, also der Deklassierten, nun seinerseits viel starrer an der alten Sozialschichtung ihrer ökonomischen und beruflichen Herkunft fixiert bleibt und daran sein soziales Verhalten ausrichten möchte. Was daraus wird, ob sich der neuen Realschichtung ein angemessenes Sozialbewußtsein der Deklassierten unter Aufgabe ihres spätbürgerlichen Rang- und Standesbewußtseins anpaßt oder ob ihre Assimilation und soziale Durchsetzung zu einer erneuten Realschichtung nach Leistung, Beruf und ökonomischer Lage führt, die das alte soziale Rangbewußtsein im großen und ganzen wieder bestätigt, ist keineswegs ausgemacht. Jedenfalls müssen wir neben der Gedoppeltheit dieser Prozesse in Realumschichtung einerseits und Veränderung des sozialen Wertungsbewußtseins andererseits auch die Doppeltgezieltheit der Entwicklungseinrichtungen auf jeder Ebene in Rechnung stellen.

4. Diese Einsicht führt mich zu einer letzten Bemerkung methodologischer Art: in unserer Andeutung der Strukturveränderungen der Familie glaubten wir neben die aus der Industrialisierung, Verstädterung und Bürokratisierung folgenden Entwicklungszüge der Entwurzelung, Entinstitutionalisierung und Stabilitätsschwächung der Familie gegenläufige, aus dem sozialen Schicksal in der Gegenwart sich ergebende Prozesse der Stabilisierung der kleinen Gruppe, der Betonung der Tradition und Institution usw. setzen zu müssen. Die gleiche gegenläufige Gedoppeltheit sahen wir in der Entwicklung des Verhältnisses von Großgesellschaft und kleiner Gruppe und in der sozialen Neuschichtung am Werk. Da das Vorhandensein und Weiterwirken der älteren Prozesse keineswegs geleugnet werden kann und soll, läßt sich die Entwicklungslage der Flüchtlingsfamilie nur als Schnittpunkt gegenläufiger sozialer Entwicklungseinrichtungen begreifen. Die einlinigen Entwicklungshypothesen der bisherigen Familiensoziologie – *Burgeß* hat sie auf die Formel „from institution to companionship" gebracht[14] – werden den Tatsachen in unserer Gesellschaft nicht mehr voll gerecht. Es erhebt sich dabei die Frage, ob nicht die Soziologie überhaupt gezwungen ist, für eine entwicklungsgeschichtliche Ortsbestimmung unserer Gegenwart mehrere Theorien der gesellschaftlichen Entwicklung mit in sich gegenläufigem Entwicklungssinn anzunehmen, will sie nicht die Tatsachen der sozialen Lage in ihrer Fülle und Widersprüchlichkeit dogmatisch vereinfachen. Diese soziologischen Theorien der gegenläufigen Prozesse würden damit ihren Charakter als Hypothesen, den sie als Entwicklungslehren immer gehabt haben, deutlicher offenbaren, und die Soziologie würde, wie andere Wirklichkeitswissenschaften vor ihr, den aus der philosophischen Spekulation haften gebliebenen Zug der Identifizierung von Theorie und Realität verlieren, dafür aber in ihren Denkweisen offener werden gegenüber der unvoraussagbaren Zukunft.

Maschen-Horst, Untersuchung der zwischenmenschlichen Beziehungen in einer Streusiedlung im Einzugsgebiet Hamburgs, 1950; *Fritz Rudolph*, Ronshausen, Strukturwandel eines Dorfes in 50 Jahren, 1950.

[14] *Ernest W. Burgess* and *Harvey J. Locke*, The Family, from Institution to Companionship, New York 1945.

Köln Z Soziol (2017) (Suppl 1) 69:159–214
DOI 10.1007/s11577-017-0413-x

Kölner Zeitschrift für Soziologie und Sozialpsychologie

ABHANDLUNGEN

HOMO SOCIOLOGICUS

Ein Versuch zur Geschichte, Bedeutung und Kritik der Kategorie der sozialen Rolle[1]

Von Ralf Dahrendorf

Josef König zum 65. Geburtstag

I

Wir sind gemeinhin wenig beunruhigt durch die Tatsache, daß der Tisch, der Braten, der Wein des Naturwissenschaftlers sich in paradoxer Weise von dem Tisch, dem Braten und dem Wein unserer alltäglichen Erfahrung unterscheiden. Wenn wir ein Glas abstellen oder einen Brief schreiben wollen, dann bietet sich ein Tisch als geeignete Unterlage an. Er ist glatt, fest und eben, und ein Physiker würde uns mit seiner Bemerkung wenig stören, daß der Tisch „in Wirklichkeit" ein keineswegs solider Bienenkorb von Atomteilchen ist. Ebensowenig kann uns der Chemiker den Geschmack am Diner verderben, indem er Braten und Wein in Elemente auflöst, die als solche zu verzehren wir schwerlich je versucht sein werden. Solange wir das Paradoxon des wissenschaftlichen und des Alltagstisches nicht in philosophischer Absicht anvisieren, lösen wir es auf einfache Weise. Wir handeln so, als seien der Tisch des Physikers und unser Tisch zwei verschiedene Dinge, die in keiner relevanten Beziehung zuei-

[1] Die folgenden Überlegungen verraten an mehreren Punkten den Einfluß von Gesprächen mit Freunden. Für wesentliche Anregungen schulde ich insbesondere *Dr. Joseph Ben-David* (Jerusalem), *Dr. Hellmut Geissner* (Saarbrücken), *Professor Dr. Philip Rieff* (Boston) und *Professor Dr. Fritz Stern* (New York) Dank. Als Fellow am Center for Advanced Study in the Behavioral Sciences in Stanford, California, hatte ich nicht nur Gelegenheit zu zahlreichen Diskussionen mit den Genannten und anderen Kollegen über das Thema der Rollenanalyse und ihrer Grenzen, sondern auch die Muße, diesen Versuch niederzuschreiben.

Erstveröffentlichung: *Kölner Zeitschrift für Soziologie und Sozialpsychologie*, Jg. 10, 1962, Heft 2, S. 178–208, Heft 3, S. 345–378.

c/o V. Dreier,
Institut für Soziologie und Sozialpsychologie, Universität zu Köln,
Lindenburger Allee 15, 50931 Köln, Deutschland
E-Mail: volker.dreier@uni-koeln.de

nander stünden. Während wir auf der einen Seite durchaus bereit sind, dem Physiker einzuräumen, daß sein Tisch für ihn ein höchst wichtiger und nützlicher Gegenstand ist, sind wir auf der anderen Seite mit *unserem* Tisch gerade darum so zufrieden, weil er nicht ein vielfach durchlöcherter Bienenkorb von bewegten Teilchen ist[2].

Das Dilemma ist nicht mehr ganz so leicht zu lösen, sobald wir es mit den biologischen Wissenschaften, insbesondere mit der Biologie des Menschen zu tun haben. Es hat etwas Unbehagliches, auf Ausstellungen einen gläsernen Menschen zu betrachten, selbst vor einem Röntgenapparat zu stehen und „durchleuchtet" zu werden oder gar die Röntgenaufnahme des eigenen Inneren in einem großen Umschlag mit sich herumzutragen. Sieht der Arzt etwas in mir, was ich nicht weiß? Bin ich es, der auf dieser Aufnahme erscheint? Je näher wir an uns selbst, an den Menschen herankommen, desto beunruhigender wird der Unterschied zwischen dem Gegenstand naiver Erfahrung und seiner wissenschaftlichen Konstruktion. Es ist sicher kein Zufall, daß physikalische Begriffe in unserer Alltagssprache kaum eine Rolle spielen, chemische Begriffe vor allem im Hinblick auf Nahrungsmittelanalyse immerhin auftauchen und biologische Kategorien weitgehend Bestandteil auch unseres naiven Weltverständnisses geworden sind. Wir sprechen häufig von „Organen" und ihren „Funktionen", von „Nerven", „Muskeln", „Adern" und selbst „Gehirnzellen", wir sprechen gelegentlich von „Säuren", „Fetten", „Kohlehydraten" und „Eiweißen", aber Protonen und Elektronen, elektromagnetische Felder und Lichtgeschwindigkeiten sind dem Schatz der Umgangssprache heute noch fremd.

Was indes der Biologe uns auch über uns selbst enthüllen mag – er läßt uns immerhin den halben Trost, daß der Körper ja nicht das „Eigentliche" an uns ist, daß biologische Begriffe und Theorien die Integrität unserer Individualität nicht anzutasten vermögen. Wir müssen den biologischen Menschen bis zu einem gewissen Grade assimilieren, aber es kostet uns relativ wenig, uns mit ihm zu identifizieren. Mir ist nicht bekannt, daß der Biologie jemals vorgeworfen worden wäre, mit ihren Kategorien die physische Einzigartigkeit jedes Menschen zum Verschwinden zu bringen. Niemand scheint zu empfinden, daß er seinen Schnurrbart, die Schwingung seiner Nase oder die Länge seiner Arme gegen das wissenschaftliche Reden von „dem Haarwuchs", „dem Nasenbein" oder „dem Arm" verteidigen müsse, um nicht seiner Individualität beraubt und zur bloßen Illustration allgemeiner Kategorien oder Prinzipien erniedrigt zu werden. Ein Vorwurf dieser Art wird erst laut, wenn die Wissenschaft die Grenzen ihrer konstruierten Welt um den Menschen als handelndes, denkendes, fühlendes Wesen erweitert, wenn sie zur Sozialwissenschaft wird.

Die Sozialwissenschaft hat uns bisher zwei neue, höchst problematische Menschen beschert, denen wir in der Wirklichkeit unserer Alltagserfahrung kaum je begegnen dürften. Der eine ist der vielumstrittene *homo oeconomicus* der neueren Wirtschaftswissenschaft; der Verbraucher, der vor jedem Einkauf Nutzen und Kosten sorgsam abwägt und Hunderte von Preisen vergleicht, bevor er seine Entscheidung trifft; der Unternehmer, der alle Märkte und Börsen in seinem Kopf vereinigt

[2] Das Paradox des wissenschaftlichen und des Alltagstisches hat der Cambridger Philosoph *John Wisdom* in einem noch unveröffentlichten Vortrag über „Paradox and Discovery" (Stanford University, Nov. 1957) ausführlich behandelt. Für *Wisdom* sind dieses Paradox und andere seinesgleichen der Ausgangspunkt einer wohlverstandenen Metaphysik, die nach den Erkenntnisgründen von Sätzen unabhängig von ihrer logischen Struktur und empirischen Geltung fragt.

und sämtliche Entschlüsse an diesem Wissen orientiert; der vollständig informierte, durch und durch „rationale" Mensch. Für unser naives Erleben ist dies eine seltsame Kreatur, und doch hat sie sich für den Ökonomen als so nützlich erwiesen wie der Bienenkorb-Tisch für den Physiker. Die wirtschaftlichen Tatsachen bestätigen im allgemeinen seine Theorien, und wenn seine Voraussetzungen auch fremd und unglaubwürdig anmuten mögen, so erlauben sie dem Wirtschaftswissenschaftler doch richtige Prognosen. Indes, können wir uns noch leichten Herzens mit dem *homo oeconomicus* identifizieren? Können wir es uns andererseits leisten, ihn wie den Tisch des Physikers einfach zu ignorieren?

Weit bedrohlicher noch ist das Paradox unseres Verhältnisses zu einem zweiten Menschen der Sozialwissenschaft, dem *psychological man*, wie ihn Philip Rief genannt hat[3]. Der Patenonkel des psychologischen Menschen ist Freud, und mit Freud hat dieser neue Mensch es binnen kurzem zu erheblicher Prominenz innerhalb und außerhalb der wissenschaftlichen Psychologie gebracht. *Psychological man*, das ist der Mensch, der, selbst wenn er stets das Gute tut, doch möglicherweise stets das Böse will, der Mensch der untergründigen Motive, der uns dadurch nicht vertrauter wird, daß wir ihn zu einer Art Gesellschaftsspiel verniedlicht haben. Du haßt mich? Das heißt nur, daß du mich „in Wirklichkeit" liebst. Nirgends ist die Unmöglichkeit, den wissenschaftlichen vom alltäglichen Gegenstand zu trennen, so überwältigend wie im Fall des psychologischen Menschen; nirgends ist daher die Notwendigkeit so deutlich, das Dilemma der gedoppelten Welt wenn nicht zu versöhnen, so doch verständlich und lebbar zu machen.

Ökonomen und Psychologen haben sich im allgemeinen dem Widerspruch zwischen ihrem künstlichen und dem wirklichen Menschen nicht gestellt; ihre Kritiker gehörten dem Stand meist nur am Rande an. Vielleicht war dies eine weise Taktik, scheint es doch heute, als hätten wir uns an *homo oeconomicus* und *psychological man* so sehr gewöhnt, daß ein Protest gegen diese Konstruktionen kaum noch laut wird. Aber die Stille um die Menschen der Ökonomie und Psychologie darf uns über die Wirklichkeit des Dilemmas nicht täuschen. Die rasche Entwicklung der Sozialwissenschaft bringt es mit sich, daß schon wieder zwei neue wissenschaftliche Menschen im Anzug sind: der Mensch der Soziologie und der der politischen Wissenschaft. Kaum ist die Diskussion um deren ältere Brüder abgeklungen, da flammt sie neu auf, um *homo sociologicus* und *homo politicus* das Existenzrecht zu bestreiten oder gar deren Geburt in letzter Minute noch zu verhindern[4]. Der latent stets vorhandene Protest gegen die Unvereinbarkeit der Welten des *common sense* und der Wissenschaft folgt den immer neuen Pfaden menschlichen Forschens wie ein Schatten seinem Urheber. Vielleicht ist es heute geraten, statt in wachsender Unsicherheit

[3] In einem demnächst in den Vereinigten Staaten erscheinenden Buch „The Freudian Ethic and the Emergence of Psychological Man".

[4] Die Konstruktion eines *homo politicus* in Analogie zum Menschen der Wirtschaftswissenschaft ist kürzlich von *Anthony Downs* in seinem Buch „An Economic Theory of Democracy" (New York 1957) versucht worden. Der politische Mensch ist nach *Downs* der Mensch, der seine politischen, insbesondere seine Wahlentscheidungen ganz an deren berechenbarem Nutzen (*utility*) orientiert und insofern „rational" handelt. Downs versucht, auf diese Annahme eine Theorie des politischen Verhaltens aufzubauen, und wenn sein Versuch auch an vielen Punkten unbefriedigend bleibt, scheint die Annahme des *homo politicus* sich doch als fruchtbar zu erweisen.

den vergeblichen Versuch fortzusetzen, dem Schatten davonzulaufen, einmal innezuhalten und sich dieser Drohung zu stellen. Wie verhält sich der Mensch unserer Alltagserfahrung zu den gläsernen Menschen der Sozialwissenschaften? Müssen wir und können wir unsere konstruierten, abstrakten Menschen gegen den wirklichen Menschen verteidigen? Haben wir es hier mit einem Paradox zu tun, das dem der beiden Tische gleicht, oder ist das Dilemma des doppelten Menschen von anderer Art?

So vornehm die Bestimmung der Aufgabe der Soziologie als „Wissenschaft vom Menschen" ist, so wenig vermag solch vages Reden über den spezifischen Gegenstand der Soziologie auszusagen. Selbst der uneingeschränkte Optimist wird sich nicht anheischig machen, mit Hilfe der Soziologie das Rätsel des Menschen endgültig lösen zu können. Die Soziologie ist gewiß eine Wissenschaft vom Menschen, aber sie ist weder die einzige solche Wissenschaft noch kann es ihre Absicht sein, das Problem des Menschen in aller Tiefe und Breite an- zupacken. Der ganze Mensch entzieht sich nicht nur dem Zugriff einer einzigen Disziplin, sondern muß vielleicht überhaupt eine schemenhafte Gestalt im Hintergrund wissenschaftlichen Bemühens bleiben. Um der Präzision und Prüfbarkeit ihrer Aussagen willen ist jede Disziplin gezwungen, ihren weiten Gegenstand auf gewisse Elemente zurückzuführen, aus denen er sich systematisch rekonstruieren läßt – wenn nicht als Porträt der naiven Erfahrungswirklichkeit, dann doch als Struktur, in deren Gewebe ein Ausschnitt der Wirklichkeit sich fangen läßt.

Die Probleme der Soziologie führen auf eine Tatsache zurück, die unserer naiven Erfahrung ebenso zugänglich ist wie die Naturtatsachen unserer Umwelt. Das ist die Tatsache der Gesellschaft, an die wir so oft und so intensiv gemahnt werden, daß sie sich mit gutem Grund auch als die ärgerliche Tatsache der Gesellschaft beschreiben läßt. Bloße Zufallswahrscheinlichkeit vermag unser Verhalten zu anderen und zu uns selbst schwerlich zu erklären. Wir gehorchen Gesetzen, gehen zur Wahl, heiraten, besuchen Schulen und Universitäten, haben einen Beruf und sind Mitglied einer Kirche; wir sorgen für unsere Kinder, ziehen den Hut vor unseren Vorgesetzten, gehen Älteren den Vortritt, sprechen mit verschiedenen Menschen in verschiedenen Zungen, fühlen uns hier zugehörig und dort fremd. Keinen Schritt können wir gehen, keinen Satz sprechen, ohne daß zwischen uns und die Welt ein Drittes tritt, das uns an die Welt bindet und diese beiden so konkreten Abstraktionen vermittelt: die Gesellschaft. Wenn es eine Erklärung für die späte Geburt einer Wissenschaft von der Gesellschaft gibt, so liegt es nahe, diese in der Allgegenwart ihres Gegenstandes zu suchen, der selbst seine Beschreibung und Analyse noch in sich einbezieht. Die Soziologie hat es mit dem Menschen im Angesicht der ärgerlichen Tatsache der Gesellschaft zu tun. Der Mensch, jeder Mensch, begegnet dieser Tatsache, ja *ist* diese Tatsache, die, obschon sie sich unabhängig von bestimmten Einzelnen denken läßt, ohne bestimmte Einzelne doch eine bedeutungslose Fiktion wäre[5]. In dem Bereich,

[5] Die Verwandtschaft zwischen dem, was ich hier die „ärgerliche Tatsache der Gesellschaft" genannt habe, und *Durkheims* „sozialen Tatsachen", die uns in ihren Bann zwingen, liegt auf der Hand. So, wenn *Durkheim* zu Beginn des ersten Kapitels seiner „Règles de la methode sociologique" aus dem Jahre 1895 die „sozialen Tatsachen" beschreibt: „Wenn ich meine Verpflichtungen als Bruder, Ehemann oder Bürger erfülle, wenn sich meine Verträge ausführe, dann erfülle ich Pflichten, die außerhalb meiner selbst und meiner Handlungen in Gesetz und Sitte definiert sind. Selbst wenn sie mit meinen eigenen Gefühlen übereinstimmen und ich subjektiv ihre Realität fühle, ist solche Realität noch objektiv, denn ich habe sie nicht

in dem der Mensch und die Tatsache der Gesellschaft einander überschneiden, haben wir daher nach den Elementen einer Wissenschaft zu suchen, die den Menschen in Gesellschaft zum Gegenstand hat.

An Versuchen, solche Elemente zu finden, hat es in der Geschichte der Soziologie nicht gefehlt. Schon vor über 20 Jahren hat Talcott Parsons im Anschluß an F. Znaniecki vier solcher Ansätze aufgezählt und erörtert[6]. Keiner dieser Ansätze befriedigt jedoch die Ansprüche, die an die Elemente soziologischer Analyse zu richten sind.

Die Forderung klingt fast trivial, die Elemente soziologischer Analyse im Schnittbereich der beiden Tatsachen des Einzelnen und der Gesellschaft zu suchen. Dennoch sind zwei der vier hier in Frage stehenden Ansätze dieser Forderung nicht nachgekommen. Vor allem bei amerikanischen Soziologen war es im Anfang unseres Jahrhunderts beliebt, die Einheit soziologischer Analyse in der sozialen Gruppe zu sehen. Die Gesellschaft, so argumentierte etwa Cooley, baut sich nicht aus Einzelnen, sondern aus Gruppen auf; der Soziologe hat es nicht mit Herrn Schmidt, sondern mit Familie Schmidt, Betrieb X, Partei Y und Kirche Z zu tun. Nun begegnen sich der Einzelne und die Gesellschaft gewiß in sozialen Gruppen; dies geschieht sogar in einem sehr realen Sinn. Doch ist diese Begegnung vielleicht allzu real. In der Gruppe verschwindet der Einzelne; wird die Gruppe als Element angenommen, dann gibt es für den Soziologen keinen Weg mehr zum Einzelnen als gesellschaftlichem Wesen. Wird andererseits, wie es in neuerer Zeit noch zuweilen geschieht, die Persönlichkeit, selbst die Sozialpersönlichkeit des Einzelnen als Element angenommen, dann scheint es schwer, der Tatsache der Gesellschaft Rechnung zu tragen. Die Rede von der Gruppe verlagert den Schwerpunkt der Analyse ganz auf außerhalb des Einzelnen Bestehendes, die von der Sozialpersönlichkeit ganz auf den Einzelnen selbst. Es muß aber darauf ankommen, eine Elementarkategorie zu finden, in der der Einzelne und die Gesellschaft vermittelt erscheinen.

Die Mehrzahl neuerer Soziologen hat geglaubt, das Bedürfnis nach einer analytischen Elementarkategorie dadurch befriedigen zu können, daß sie entweder mit L. von Wiese den Begriff „sozialer Beziehungen" oder mit Max Weber den „sozialen Handelns" zugrunde legten. Indes ist es nicht schwer zu sehen, daß beide Kategorien unser Problem im Grunde unberührt lassen. Die Rede von „sozialen Beziehungen" oder „sozialem Handeln" ist kaum weniger allgemein als die von „dem Menschen" und „der Gesellschaft". Die Frage nach den Elementen „sozialer Beziehungen" und „sozialen Handelns" bleibt offen; denn sie ist ja gerade eine Frage nach den Bausteinen der Vermittlung von Einzelnem und Gesellschaft, also den Kategorien, mit denen die Beziehungen zwischen Menschen in Gesellschaft oder das gesellschaftlich geprägte Handeln von Menschen sich beschreiben lassen.

Es ist daher kein Zufall, daß die gegenwärtigen Hauptexponenten des Ansatzes an „sozialen Beziehungen" bzw. „sozialem Handeln" in ihren Analysen wie auch im Fortgang ihrer begrifflichen Überlegungen neue Kategorien einführen, die eher geeignet erscheinen, die Erfordernisse soziologischer Elementarkategorien zu erfüllen. L. von Wiese und T. Parsons sprechen in verwandtem Sinne einerseits von „sozialen

geschaffen; ich habe sie nur durch meine Erziehung geerbt." *Durkheim* kommt der hier in Frage stehenden Kategorie der Rolle außerordentlich nahe, ohne sie doch zu formulieren.

[6] *T. Parsons*, The Structure of Social Action (Glencoe ²1949), S. 30.

Gebilden“ bzw. „sozialen Systemen“ als Struktureinheiten der Gesellschaft, andererseits aber von „Ämtern“ bzw. „Rollen“ als festgewordenen Weisen der Teilnahme des Einzelnen am gesellschaftlichen Prozeß. Beide Kategorienpaare lassen sich in keiner Weise von den Allgemeinbegriffen „soziale Beziehungen“ und „soziales Handeln“ ableiten: man ist versucht zu sagen, daß ihre Autoren sie fast wider Willen eingeführt haben. Mag dies auch kein schlüssiger Beweis für das Bedürfnis der Soziologie nach solchen Kategorien sein, so ist es doch ein recht einleuchtender Beleg, über dessen Gründe nachzudenken sich lohnt.

Am Schnittpunkt des Einzelnen und der Gesellschaft steht *homo sociologicus*, der Mensch als Träger sozial vorgeformter Rollen. Der Einzelne ist seine sozialen Rollen, aber diese Rollen *sind* ihrerseits die ärgerliche Tatsache der Gesellschaft. Die Soziologie bedarf bei der Lösung ihrer Probleme stets des Bezuges auf soziale Rollen als Elemente der Analyse; ihr Gegenstand liegt in der Entdeckung der Strukturen sozialer Rollen. Indem soziologische Analyse so den Menschen als *homo sociologicus* rekonstruiert, schafft sie aber für sich aufs neue das moralische und philosophische Problem, wie denn der künstliche Mensch der Soziologie sich zu dem wirklichen Menschen unserer Alltagserfahrung verhält. Soll die Soziologie nicht einem unkritischen Dogmatismus der Wissenschaftlichkeit verfallen, dann darf der Versuch, einige Dimensionen der Kategorie der sozialen Rolle aufzuspüren, das moralische Problem des gedoppelten Menschen an keinem Punkt aus dem Auge verlieren. Soll die philosophische Kritik andererseits über unverbindliche Allgemeinheiten hinaus zu bestimmten Aussagen gelangen, dann setzt sie die detaillierte Erörterung von Nutzen und Nachteil der Kategorie der sozialen Rolle voraus[7].

II

Der Versuch, zur Lösung gewisser Probleme den Menschen zum *homo sociologicus* zu reduzieren, ist weder so willkürlich noch so jungen Datums, wie man annehmen könnte. Wie *homo oeconomicus* und *psychological man* ist auch der Mensch als Träger sozialer Rollen kein Abbild der Wirklichkeit, sondern eine wissenschaftliche Konstruktion. So sehr indes wissenschaftliches Tun spielerisches Tun sein mag, so falsch wäre es, in ihm bloß unverbindliches, der Realität der Erfahrung nicht verpflichtetes Spiel zu sehen. Das Paradox des physikalischen und des Alltagstisches oder des soziologischen und des Alltagsmenschen ist keineswegs das Ziel aller Wissenschaft; es ist vielmehr eine durchaus unbeabsichtigte und ärgerliche Konsequenz jener Art und Weise, uns sonst dunkle Ausschnitte der Welt verständlich zu machen, die wir Wissenschaft nennen. In einem wichtigen Sinn sind das Atom oder die soziale Rolle, obschon erfunden, nicht *bloß* erfunden. Sie sind Kategorien, die sich mit einer schwer explizierbaren Notwendigkeit – wenngleich natürlich häufig unter verschie-

[7] Reflexion über die Elemente soziologischer Analyse ist an jedem Punkte Reflexion über Sinn und Unsinn, Nutzen und Nachteil der Soziologie als Wissenschaft. Indes führt sie hinaus aus dem Zirkel des bloßen Austausches vorgefaßter Meinungen. Ohne daß wir uns die Verteidigung oder Kritik der Soziologie ausdrücklich zum Anliegen machen, sollten die Überlegungen dieses Versuches uns in die Lage versetzen, den noch immer schwelenden Disput um Grenzen und Möglichkeiten einer Wissenschaft von der Gesellschaft bestimmt zu entscheiden.

denen Namen – zu vielen Zeiten und an vielen Orten all denen aufdrängen, die den Gegenstand der Natur oder des Menschen in Gesellschaft in den Griff zu bekommen versuchen. Einmal erfunden, sind sie überdies nicht nur sinnvolle, d. h. operationell brauchbare, sondern auch plausible, in einem gewissen Sinn evidente Kategorien. Sowohl im Fall des Atoms als Element physikalischer als auch in dem der Rolle als Element soziologischer Analyse ist überdies der Tatbestand bemerkenswert, daß die Namen dieser Kategorien sich über Jahrtausende gleichgeblieben sind. Im Hinblick auf das Atom liegt die Erklärung auf der Hand; das Wort – ἄτομον – spricht für sich selbst[8], und der Begriff stellt eine bewußte Anknüpfung an seine erste Verwendung bei Demokrit dar. Der Fall der sozialen Rolle ist verwickelter und aufschlußreicher. Es läßt sich zeigen, daß eine erhebliche Zahl von Autoren – Dichter, Wissenschaftler, Philosophen – bei dem Versuch, den Schnittpunkt von Einzelnem und Gesellschaft zu bestimmen, identische oder doch sinnverwandte Begriffe eingeführt haben: Die Wörter, denen wir in diesem Zusammenhang immer wieder begegnen, sind *Maske, Person, Charakter* und *Rolle*. Obgleich bewußte Anknüpfung an frühere Autoren auch hier gelegentlich nicht ausgeschlossen werden darf, hat es doch den Anschein, als reiche in diesem Falle die sachbestimmte Übereinstimmung vieler Autoren über den Inhalt des Begriffes hinaus auf seinen Namen – und als sei dieser Name daher in gewisser Weise mehr als Schall und Rauch.

Rolle, Person, Charakter und Maske sind Wörter, die, wennschon in verschiedenen Schichten der Sprachentwicklung, einem gemeinsamen Bedeutungsbereich zugeordnet waren oder sind: dem Theater. Wir sprechen von den Personen oder Charakteren des Dramas, deren Rolle der Schauspieler spielt; und wenn dieser auch bei uns zu Lande gemeinhin keine Maske mehr trägt, hat doch auch dieses Wort seinen Ort im gleichen Bereich. Die Assoziationen, die wir mit den Wörtern verbinden, sind zahlreich: (1) Sie alle bezeichnen etwas ihrem Träger – idem Schauspieler – Vorgegebenes, etwas außer ihm Vorhandenes. (2) Dieses Vorgegebene läßt sich als ein Komplex von Verhaltensweisen beschreiben, die (3) ihrerseits mit anderen Verhaltensweisen zu einem Ganzen zusammenspielen, insofern ein „Teil" sind (wie aus dem lateinischen *pars* und dem englischen *part* für „Rolle" noch deutlich wird). (4) Da diese Verhaltensweisen dem Schauspieler vorgegeben sind, muß er sie lernen, um sie spielen zu können. (5) Vom Standpunkt des Schauspielers ist keine Rolle, keine *persona dramatis* erschöpfend; er kann eine Vielzahl von Rollen lernen und spielen. Neben diesen hier zwar für das Theater, aber doch im Hinblick auf den soziologischen Begriff formulierten Kennzeichen von Rollen, Personen, Charakteren und Masken steht im Bereich des Theaters ein Weiteres, dessen Erörterung uns später an die Grenzen der Schauspielmetapher führen wird. Hinter allen Rollen, Personen und Masken bleibt der Schauspieler als Eigentliches, von diesen letztlich nicht Affiziertes[9]. Sie sind für

[8] Dieses Beispiel zeigt allerdings, daß man die Wortbedeutung von Begriffen auch nicht überschätzen darf: Vom Wort her läßt sich die unterschiedliche Bedeutung der Termini „Atom" und „Individuum" schwerlich erklären – noch läßt sich aus der Wortbedeutung von „Individuum" folgern, daß wir es hier etwa mit dem Element der Sozialwissenschaft zu tun haben.

[9] Diese Feststellung ist in einem wesentlichen Sinn zu verstehen und schließt nicht aus, daß es für den einzelnen Schauspieler schwer sein mag, die Rollen, in die er sich – wie wir bezeichnenderweise sagen – „hineingelebt" hat, abzustreifen, wenn er die Bühne verläßt.

ihn unwesentlich. Erst wenn er sie ablegt, ist er „er selbst" – oder wie Johannes von Salisbury 1159 in seinem „Policraticus" sagt[10]:

Grex agit in scena mimum, pater ille vocatur,
Filius hic, nomen divitis ille tenet;
Mox ubi ridendas inclusit pagina partes,
Vera redit facies, dissimulata perit.

Johannes von Salisburys Verse sind schon nicht mehr eine Beschreibung des Theaters. Für ihn ist das Schauspiel Metapher der Welt und des Lebens. In der Tat ist die Schauspiemetapher – der E. R. Curtius in einigen ihrer Ausprägungen nachgegangen ist[11] – ein sehr alter τόπος des Philosophierens und Dichtens. Curtius verweist auf Platons „Gesetze" mit der Rede von lebenden Geschöpfen als Marionetten göttlichen Ursprungs und auf den „Philebos" mit dem Bild der „Tragödie und Komödie des Lebens" als erste Belege der Schauspielmetapher[12]. „Hic humanae vitae mimus", formuliert Seneca dasselbe Bild[13], „qui nobis partes, quas male agamus, adsignat." Von Paulus bis zu Johannes von Salisbury und weiter bis zur Gegenwart erscheint die Metapher immer wieder in der christlichen Tradition[14]. Später wird das Bild des *theatrum mundi* fast zum Gemeinplatz. Luther und Shakespeare, Calderon und Cervantes kennen es. Man braucht nur an Hofmannsthals „Großes Salzburger Welttheater" zu erinnern, um sich zu vergegenwärtigen, daß der τόπος bis heute wirkt.

Indes kann die Schauspielmetapher im Sinne des *theatrum mundi* nur sehr mittelbar als Beleg für die Sachnotwendigkeit und das Alter der Kategorie, um die es uns hier geht, verstanden werden. Denn insofern die Welt als Ganzes oder zumindest die Menschenwelt als ein Schauspiel riesigen Ausmaßes dargestellt wird, kommt dem Einzelnen nur eine einzige Maske, eine Person, ein Charakter und eine Rolle im Ganzen zu (wobei der Gedanke des göttlichen „Regisseurs" gewiß seit Platon im Hintergrund steht). Unser Ansatz dagegen steht unter der Absicht, gerade diese Einheit des Menschen aufzulösen in Elemente, aus denen menschliches Handeln sich aufbaut, mit deren Hilfe es rationalisierbar wird. Ein unmittelbarer Anknüpfungspunkt liegt daher dort, wo das Bild des Schauspiels und seiner Teile gewissermaßen in eine kleinere Dimension projiziert, auf das Leben des Einzelnen übertragen wird, wo also dem Einzelnen mehrere solcher Rollen oder Personen zugeschrieben werden.

Auch dieser Gedanke ist alt. Er fand wohl zuerst an Hand des lateinischen Wortes *persona* bzw. dessen griechischer Entsprechung πρόσωπον seinen Ausdruck. „Der Charakter, die Rolle, Person" gibt das Lexikon in bezeichnender Zusammenstellung der Wörter, die uns hier beschäftigen, für *persona*. Und Cicero liefert uns einen schönen Beleg für den Gebrauch von *persona* in diesem Sinn: „Intellegendum etiam est

10 Für dieses wie für die Mehrzahl der Zitate des folgenden Absatzes vgl. das Werk von Curtius (Anm. 11).

11 *E. R. Curtius*, Europäische Literatur und Lateinisches Mittelalter (Bern 1948), S. 146 ff. („Schauspielmetaphern").

12 *Platon*, Gesetze I 644de; Philebos 50 b.

13 *Seneca*, Ep. 80,7.

14 Man denke nur an das Verständnis der Trinität als Einheit aus drei „Personen"; dazu vgl. vor allem *Augustinus*.

duabus quasi nos a natura indutos esse personis; quarum una communis est ex se, quod omnes participes sumus rationis praestantiaeque eius, qua antecellimus bestiis, a qua omne honestum decorumque trahitur, et ex qua ratio inveniendi officii exquiritur, altera autem, quae proprie singulis est tributa.“[15] Diese beiden naturgegebenen Rollen einer allgemein menschlichen und einer individuellen Anlage haben mit sozialen Rollen noch wenig gemein, doch fügt Cicero wenig später hinzu: „Ac duabus iis personis, quas supra dixi, tertia adiungitur, quam casus aliqui aut tempus imponit; quarta etiam, quam nobismet ipsi iudicio nostro accomodamus. Nam regna, imperia, nobilitas, honores, divitiae, opes eaque, quae sunt his contraria, in casu sita temporibus gubernantur; ipsi autem gerere quam personam velimus, a nostra voluntate profiscitur. Itaque se alii ad philosophiam, alii ad ius civile, alii ad eloquentiam applicant, ipsarumque virtutum in alia alius mavult excellere.“[16] Ciceros Überlegungen gelten als Paraphrase einer verlorenen Schrift des Panaitios (περὶ τοῦ καδήκοντος), für den die Persönlichkeit des Einzelnen ganz ähnlich aus vier πρόσωπα zusammengesetzt war, die teils angeborener und psychischer, teils aber auch erworbener und sozialer Natur sind. Sowohl von Panaitios als auch von Cicero werden indes alle vier „Personen“ des Menschen als vornehmlich dem Einzelnen innewohnend bestimmt, wennschon den beiden letzteren äußere Umstände Anlaß und Grenze sind. Von einem Vorgegebenen, dem der Einzelne gegenübersteht, ist die *persona* schon hier zum Teil des Einzelnen geworden – eine Bedeutungsentwicklung, die folgerichtig zur „Person“ als lnbegriff der Individualität des Menschen weiterführt. Das Schicksal des Wortes „Charakter“ (Χαρακτήρ : das Geprägte, der Abdruck) war nicht anders. Es wird noch zu zeigen sein, daß in der neueren Sozialforschung die Kategorie der Rolle ganz ähnlich dazu neigt, von der Bedeutung einer vorgeprägten Verhaltensform zu der einer individuellen Verhaltensregel, also von einem soziologischen zu einem sozialpsychologischen Elementarbegriff überzugehen. So evident die Notwendigkeit einer Kategorie wie „Rolle“, „Person“ oder „Charakter“ ist, so schwierig scheint es, in ihrer Bestimmung und Anwendung ihren Ort im Schnittbereich des Einzelnen und der Gesellschaft festzuhalten.

Doch sind keineswegs alle Autoren dieser Bedeutungsverschiebung erlegen. In der Komödie „As You Like It“ legt Shakespeare Jacques einen Gedankengang in den Mund, der in hervorragender Weise Eigenart und Möglichkeit der Kategorie der sozialen Rolle vorwegnimmt und an dem viele Merkmale des soziologischen Rollenbegriffs sich verdeutlichen lassen[17]:

All the world’s a stage,
And all the men and women merely players;
They have their exits, and their entrances;
And one man in his time plays many parts,
His acts being seven ages. At first the infant,
Mewling and puking in the nurse’s arms;
Then the whining schoolboy, with his satchel;

[15] *Cicero*, De officiis I 107.

[16] A. a. O., I 115.

[17] *Shakespeare*, As You Like It, II/7.

And shining morning face, creeping like snail
Unwillingly to school: and then, the lover,
Sighing like furnace, with a woeful ballad
Made to his mistress' eyebrow: Then, a soldier;
Full of strange oaths, and beanded like a pard,
Jealous in honor, sudden and quick in quarrel,
Seeking the bubble reputation
Even in the cannon's mouth: and then, the justice;
In fair round belly, with good capon lin'd
With eyes severe, and heard of formal cut,
Full of wise saws, and modern instances.
And so he plays his part. The sixth age shifts
Into the lean and slipper'd pantaloon:
With spectacles on nose and pouch on side;
His youthful hose well sav'd, a world too wide
For his shrunk shank; and his big manly voice
Turning again toward childish tremble, pipes
And whistles in his sound: Last scene of all,
That ends this strange eventful history.
Is second childishness, and mere oblivion;
Sans teeth, sans eyes, sans taste, sans everything.

Shakespeare handelt hier vor allem von einem Typ sozialer Rollen, den Altersrollen, doch spielen andere, sozial geprägte Verhaltensformen (z. B. Berufsrollen) in seine Beschreibung zumindest hinein. „Die Welt" ist eine Bühne, auf der der Einzelne auftritt und von der er wieder abtritt. Aber er hat nicht nur einen einzigen Auftritt, er erscheint mehrfach und in immer verschiedenen Masken. Derselbe Einzelne kommt als Kind auf die Bühne und verläßt sie, um als Jüngling, erwachsener Mann und Greis wiederzukehren. Erst wenn er stirbt, tritt er zum letzten Male ab; doch neue, andere Menschen bevölkern dann die Bühne und spielen „seine" Rollen. Shakespeares Metapher ist heute zum konstruktiven Grundprinzip der Wissenschaft von der Gesellschaft geworden. Der Einzelne und die Gesellschaft sind vermittelt, indem der Einzelne *als* Träger gesellschaftlich vorgeformter Attribute und Verhaltensweisen erscheint. Hans Schmidt als Schuljunge hat eine Mappe, ein glänzendes Morgengesicht und schleicht unwillig zur Schule; als Liebhaber seufzt er und besingt seine Geliebte; als Soldat trägt er einen Bart, flucht, ist streitlustig und empfindlich in seiner Ehre; als Richter kleidet er sich sorgsam und ist voll weiser Sprüche. „Schuljunge", „Liebhaber", „Soldat", „Richter" und „Greis" sind auf merkwürdige Weise zugleich dieser bestimmte Einzelne Hans Schmidt und etwas von ihm Ablösbares, über das sich ohne Hinblick auf Hans Schmidt sprechen läßt. Shakespeares Beschreibung dessen, was der Richter hat und was er tut, mag für die Bühne unserer Zeit nicht mehr gelten – auch wir können indes angeben, welche Merkmale und welches Verhalten zum Richter gehören, gleichgültig, ob er Hans Schmidt oder Otto Meyer heißt; auch für uns ist die Gesellschaft noch jene ärgerliche Tatsache, die den Einzelnen, indem sie ihm Profil und Bestimmtheit gibt, aus seiner Einzelheit heraus in ein Allgemeines und Fremdes hebt.

Die Tatsache der Gesellschaft ist ärgerlich, weil wir ihr nicht entweichen können. Gewiß gibt es auch Liebhaber, die weder seufzen noch die Augenbrauen ihrer Geliebten besingen; aber solche Liebhaber spielen eben ihre Rolle nicht, sie sind, in der Sprache der modernen amerikanischen Soziologie, *deviants*, Abweicher. Für jede Position, die ein Mensch haben kann, sei sie eine Geschlechts- oder Alters-, Familien- oder Berufs-, National- oder Klassenposition oder von noch anderer Art, kennt „die Gesellschaft" Attribute und Verhaltensweisen, denen der Träger solcher Positionen sich gegenübersieht und zu denen er sich stellen muß. Übernimmt und bejaht er die an ihn gestellten Forderungen, dann gibt der Einzelne seine unberührte Individualität zwar auf, gewinnt aber das Wohlwollen der Gesellschaft, in der er lebt; sträubt der Einzelne sich gegen die Forderungen der Gesellschaft, dann mag er sich eine abstrakte und hilflose Unabhängigkeit bewahren, doch verfällt er dem Zorn und den schmerzhaften Sanktionen der Gesellschaft. Der Punkt, an dem solche Vermittlung von Einzelnem und Gesellschaft sich vollzieht und mit dem Menschen als gesellschaftlichem Wesen auch *homo sociologicus* geboren wird, ist jener „Auftritt als . . ." auf der Bühne des Lebens, den Cicero in dem Begriff der „Person", Marx in dem der „Charaktermaske"[18] und Shakespeare – und mit ihm die meisten neueren Soziologen – in dem der „Rolle" zu fassen sucht.

Es ist sicher kein Zufall, daß der bislang nur angedeutete Sachzusammenhang seit der Antike immer wieder mit Wörtern aus der Welt des Theaters beschrieben worden ist. Die Analogie zwischen dem verdichteten und objektivierten Verhaltensmuster der Person des Dramas und den gesellschaftlich gesetzten Normen positionsbezogenen Sozialverhaltens liegt nahe. Doch ist der Einwand nicht von der Hand zu weisen, daß die Analogie auch eine Gefahr in sich birgt. Das Bild des Schauspiels kann, auf die Gesellschaft übertragen, irreführen. Während die Uneigentlichkeit des Geschehens für das Schauspiel konstitutiv ist, wäre sie im Bereich der Gesellschaft eine höchst mißverständliche Annahme. Der Terminus „Rolle" darf also nicht dazu verführen, in der rollen-„spielenden" Sozialpersönlichkeit gewissermaßen einen uneigentlichen Menschen zu sehen, der seine „Maske" nur fallenzulassen braucht, um in seiner wahren Natur zu erscheinen. *Homo sociologicus* und der integre ganze Einzelne unserer Erfahrung stehen in einem paradoxen und gefährlichen Mißverhältnis zueinander, das zu ignorieren oder zu bagatellisieren wir uns schwerlich leisten können. Daß der Mensch ein gesellschaftliches Wesen sei, ist mehr als eine Metapher, seine Rollen sind mehr als ablegbare Masken, sein Sozialverhalten mehr als eine Komödie oder Tragödie, aus der auch der Schauspieler in die „eigentliche" Wirklichkeit entlassen wird.

[18] *Marx* spricht vielfach von den „Charaktermasken" des Kapitalisten oder Bourgeois. In ähnlichem Sinn unterscheidet er einmal (Kapital, Bd. I, S. 8) die „Personen des Kapitalisten und Grundbesitzers" von diesen als „Personifikationen ökonomischer Kategorien", also als sozialen Rollen. Für Beispiele der Verwendung dieses und anderer Begriffe s. auch unten Abschnitt VII.

III

Es ist vielleicht ein wenig ungerecht, das – wennschon unvermeidliche – Ärgernis des *homo sociologicus* zu betonen, bevor dieser neue Mensch die Chance hat, seine Qualitäten zu bewähren. Wir haben die Vorväter des soziologischen Menschen und die Probleme, denen er uns gegenüberstellt, zur Sprache gebracht; aber wer dieser Mensch ist und was er zu leisten vermag, ist noch offengeblieben. Es wäre leicht, dieses Versäumnis durch den Hinweis zu rechtfertigen, daß *homo sociologicus* ja ein sehr lebendiger Mensch ist, der in den Werken der meisten Sozialwissenschaftler der Gegenwart erscheint und dessen Eigenart sich an Hand dieser Werke demonstrieren läßt. Obwohl dieser Hinweis nicht ohne Berechtigung wäre, würde er uns jedoch in Schwierigkeiten führen. Denn so einig viele Soziologen sich über den Namen ihres Menschen sind, so sehr schwankt sein Charakterbild in der Literatur. Es mag sich daher empfehlen, das Objekt unserer Überlegungen nicht aus der Erörterung der widersprüchlichen Aussagen seiner Freunde und Verächter zu rekonstruieren, sondern es gewissermaßen selbst zu befragen. Statt begrifflicher Kritik und Polemik soll uns zunächst der Sachzusammenhang, aus dem *homo sociologicus* entspringt, beschäftigen, bevor wir die Zeugenaussagen an den Ergebnissen unserer eigenen Untersuchung messen[19].

Nehmen wir an, wir seien auf einer Gesellschaft, auf der uns ein uns bisher unbekannter Herr Dr. Hans Schmidt vorgestellt wird. Wir sind neugierig, mehr über diesen neuen Bekannten zu erfahren. Wer ist Hans Schmidt? Einige Antworten auf diese Frage können wir unmittelbar sehen: Hans Schmidt ist (1) ein Mann, und zwar (2) ein erwachsener Mann von etwa 35 Jahren. Er trägt einen Ehering, ist daher (3) verheiratet. Anderes wissen wir aus der Situation der Vorstellung: Hans Schmidt ist (4) Staatsbürger; er ist (5) Deutsch-er, (6) Bewohner der Mittelstadt X, und er trägt den Doktortitel, ist also (7) Akademiker. Alles weitere aber müssen wir von gemeinsamen Bekannten erfragen, die uns erzählen mögen, daß Herr Schmidt (8) von Beruf Studienrat ist, (9) zwei Kinder hat, also Vater ist, (10) als Protestant in der vorwiegend katholischen Bevölkerung von X einige Schwierigkeiten hat, (11) als Flüchtling nach dem Kriege in die Stadt gekommen ist, wo er sich indes (12) als 3. Vorsitzender der lokalen Organisation der Y-Partei und (13) als Schatzmeister des Fußballklubs der Stadt bald einen guten Namen zu verschaffen wußte. Herr Schmidt, so erfahren wir von seinen Bekannten, ist (14) ein leidenschaftlicher und guter Skatspieler sowie (15) ein ebenso leidenschaftlicher, wennschon weniger guter Autofahrer. Seine Freunde, Kollegen und Bekannten haben uns noch manches andere über Herrn Schmidt zu erzählen, doch ist unsere Neugier mit diesen Auskünften vorerst befriedigt[20]. Wir haben

[19] Es bedarf kaum der Betonung, daß die folgende Analyse dennoch nicht „naiv", sondern ständig an der soziologischen Diskussion der in Frage stehenden Kategorien orientiert ist. Hinter dem Verzicht auf ausdrückliche kritische Diskussion an diesem Punkt steht die Hoffnung, durch einen neuen Ansatz gewisse Hürden im Sprung zu nehmen, vor denen die begriffliche Auseinandersetzung bisher stehen geblieben ist. Wo die folgende Darstellung direkt von einzelnen anderen Autoren abhängig ist, ist dies selbstverständlich angemerkt.

[20] Die Liste dessen, was Herr Schmidt „ist", ließe sich ohne Schwierigkeit auch um für unseren Zusammenhang relevante Angaben noch verlängern; insofern ist die Beschränkung auf 15 Positionen willkürlich.

das Gefühl, daß Herr Schmidt uns nunmehr kein Unbekannter mehr ist. Was berechtigt uns zu diesem Gefühl?

Man könnte meinen, daß alles, was wir über Herrn Schmidt in Erfahrung gebracht haben, ihn nicht eigentlich von anderen Menschen unterscheidet. Nicht nur Herr Schmidt ist Deutscher, Vater, Protestant und Studienrat, sondern viele andere mit ihm; und obwohl es zu jedem Zeitpunkt nur einen Schatzmeister des 1. F. C. X-Stadt geben mag, gab es doch andere vor ihm. Auch dieses Amt ist nicht ein persönliches Merkmal von Herrn Schmidt. Unsere Informationen über Herrn Schmidt beziehen sich sämtlich auf gewisse Stellungen, die er innehat, d. h. auf Punkte oder Orte in einem Koordinatensystem sozialer Beziehungen. Denn jede Position impliziert für den Kundigen ein Netz anderer Positionen, die mit dieser verknüpft sind, ein Positionsfeld. Als Vater steht Herr Schmidt in einem Positionsfeld mit Mutter, Sohn und Tochter; als Studienrat ist er auf seine Schüler, deren Eltern, seine Kollegen und die Beamten der Schulverwaltung bezogen; sein Posten als 3. Vorsitzender der Y-Partei verbindet ihn mit Vorstandskollegen, höheren Parteifunktionären, Parteimitgliedern und der wählenden Öffentlichkeit. Manche dieser Positionsfelder überschneiden sich, doch keine zwei decken einander völlig. Für jede der 15 Positionen des Herrn Schmidt, die wir kennen, läßt sich ein eigenes Positionsfeld angeben, das in einem bestimmten Gesellschaftszusammenhang mit diesen Positionen gewissermaßen automatisch gegeben ist.

Der Terminus *soziale Position* bezeichnet jeden Ort in einem Feld sozialer Beziehungen, wobei der Begriff so weit gefaßt werden soll, daß er nicht nur die Positionen „Studienrat" und „3. Vorsitzender der Y-Partei", sondern auch die „Vater", „Deutscher" und „Skatspieler" umgreift. Positionen sind etwas prinzipiell unabhängig vom Einzelnen Denkbares. Sowenig das Amt des Bürgermeisters oder der Lehrstuhl des Professors zu bestehen aufhören, wenn sie vakant werden, sind die Positionen des Herrn Schmidt an seine Persönlichkeit und selbst Existenz gebunden. Der Einzelne kann nicht nur, sondern muß in der Regel eine Mehrzahl von Positionen einnehmen, und es läßt sich vermuten, daß die Zahl der auf Einzelne entfallenden Positionen mit der Komplexität von Gesellschaften wächst[21]. Überdies kann das Positionsfeld, in das eine einzige Position den Einzelnen stellt, eine Vielzahl von unterscheidbaren Bezügen einschließen, wie dies in Herrn Schmidts Fall etwa für die Positionen „Studienrat" und „Schatzmeister des 1. F. C. X-Stadt" gilt; Positionen selbst können komplex sein. Es wird sich als wichtig erweisen, diesen Sachverhalt durch einen eigenen Begriff zu betonen und soziale Positionen als Mengen von *Positionssegmenten* zu verstehen. Die Position „Studienrat" besteht aus den Positionssegmenten „Studienrat-Schüler", „Studienrat-Eltern", „Studienrat-Kollegen", „Studienrat-Vorgesetzte", wobei jedes dieser Segmente aus dem Positionsfeld des Studienrates eine Beziehungsrichtung aussondert.

[21] Die Differenzierung sozialer Positionen ist eines der wenigen eindeutigen (und nicht im Sinne eines „Fortschritts" wertbelasteten) Merkmale der Gesellschaftsentwicklung. Vorgänge wie die „Trennung von Kirche und Staat" (in der französischen Revolution) oder die „Trennung von Familie und Berufssphäre" (in der industriellen Revolution) bezeichnen wiederkehrende Beispiele solcher Differenzierung, die sich in vielen Bereichen der Gesellschaft auswirken. Über die Mechanismen, die diese Form des sozialen Wandels zu erklären vermögen, wissen wir allerdings noch recht wenig.

Diese begrifflichen Unterscheidungen und Definitionen vermögen allerdings das Rätsel noch nicht zu erklären, warum Herr Schmidt uns kein Unbekannter mehr ist, nachdem wir erfahren haben, welche Positionen er einnimmt. Denn anzunehmen, daß Herr Schmidt nichts als das Aggregat seiner Positionen ist, daß seine Individualität also zwar nicht in irgendeiner einzelnen seiner Positionen, aber doch in deren besonderer Konstellation begründet ist, wäre schwerlich zu rechtfertigen. Es gibt manches, das wir aus den Positionen des Herrn Schmidt mit aller Kenntnis und Phantasie nicht ablesen können. Ob er ein guter oder ein schlechter Lehrer, ein strenger oder ein milder Vater ist, ob er mit den Konflikten seiner Gefühle fertig wird oder nicht, ob er mit seinem Leben zufrieden ist oder nicht, was für Gedanken er sich in seinen stillen Stunden über seine Mitmenschen macht, wo er seinen Urlaub gerne zubringen würde – all dies und vieles andere verraten uns weder seine Positionen noch das, was wir aus ihnen erschließen mögen[22]. Herr Schmidt ist mehr als ein Träger sozialer Positionen, und seine Freunde wissen manches von ihm, was der flüchtige Bekannte und der Soziologe weder weiß noch zu wissen verlangt.

Aber erstaunlicher als die Tatsache, daß die Positionen von Herrn Schmidt uns keinen vollen Aufschluß über seine Persönlichkeit geben, ist die andere Tatsache, wie viel sie uns nichtsdestoweniger über ihn sagen. Die Positionen selbst vermitteln uns zwar nur eine sehr formale Kenntnis. Sie sagen uns, in welchen sozialen Bezugsfeldern Herr Schmidt steht, mit wem er in Sozialbeziehungen tritt, ohne uns etwas über die Art dieser Beziehungen zu verraten. Doch bedarf es für uns keines weiteren Fragens, um herauszufinden, was Herr Schmidt tut –, oder zumindest, was er tun sollte und daher wahrscheinlich tut –, wenn er seine zahlreichen Positionen wahrnimmt. Als Vater wird Herr Schmidt für seine Kinder sorgen, ihr Fortkommen fördern, sie verteidigen und lieben. Als Studienrat wird er seinen Schülern Wissen vermitteln, sie gerecht beurteilen, die Eltern beraten, dem Direktor Respekt erweisen, in seiner Lebenshaltung Vorbild sein. Als Parteifunktionär wird er Versammlungen besuchen, Reden halten, neue Mitglieder zu werben versuchen. Nicht nur, was Herr Schmidt tut, sondern auch was ihn kennzeichnet, können wir bis zu einem gewissen Grade aus seinen Positionen ablesen – in der Tat verrät uns das Aussehen eines Menschen oft, „wer er ist", d. h. welche sozialen Positionen er einnimmt. Als Studienrat trägt er die „anständige", aber nicht zu gute Kleidung eines Lehrers mit blankgescheuerten Hosen und Ellenbogen; als Ehemann trägt er den Ehering; ob die Y-Partei eine radikale Partei ist, kann man ihm wahrscheinlich ansehen; seine Erscheinung ist sportlich; er ist vermutlich ein überdurchschnittlich intelligenter und aktiver Mann. Der Versuch, diese Liste auszuspinnen, zeigt, daß nicht nur *psychological man*, sondern auch *homo sociologicus* zum amüsanten Gesellschaftsspiel mit ernstem Hintergrund werden kann[23]: Zu jeder Stellung, die ein Mensch einnimmt, gehören gewisse Verhaltensweisen, die man von dem Träger dieser Position erwartet; zu allem, was er ist, gehören Dinge, die er tut und hat; zu jeder sozialen Position gehört eine *soziale Rolle*.

[22] Insofern gehen die oben gebrauchten Ausdrücke „guter Skatspieler" und „schlechter Autofahrer" über die Art von Informationen hinaus, die wir zur Bestimmung sozialer Positionen benötigen.

[23] In der Tat ist *homo sociologicus* bereits zu einem Gesellschaftsspiel geworden. Man denke nur an die Fernseh-Quiz-Programme, in denen der Beruf einer Person aus deren Aussehen und Gehaben zu „erraten" ist. Ohne die Tatsache der Gesellschaft wären solche Programme wenig sinnvoll.

Indem der Einzelne soziale Positionen einnimmt, wird er zur Person des Dramas, das die Gesellschaft, in der er lebt, geschrieben hat. Mit jeder Position gibt die Gesellschaft ihm eine Rolle in die Hand, die er zu spielen hat. Durch Positionen und Rollen werden die beiden Tatsachen des Einzelnen und der Gesellschaft vermittelt; dieses Begriffspaar bezeichnet *homo sociologicus*, den Menschen der Soziologie, und es bildet daher das Element soziologischer Analyse.

Von den beiden Begriffen der Position und der Rolle ist der der Rolle bei weitem der wichtigere; die Unterscheidung beider ist dennoch nützlich. Während Positionen nur Orte in Bezugsfeldern bezeichnen, gibt die Rolle uns die Art der Beziehungen zwischen den Trägern von Positionen und denen anderer Positionen desselben Feldes an. Soziale Rollen bezeichnen Ansprüche der Gesellschaft an die Träger von Positionen, die von zweierlei Art sein können: einmal Ansprüche an das Verhalten der Träger von Positionen (*Rollenverhalten*), zum anderen Ansprüche an sein Aussehen und seinen „Charakter" (*Rollenattribute*). Weil Herr Schmidt Studienrat ist, sind von ihm gewisse Attribute und ein gewisses Verhalten verlangt; das gleiche gilt für jede seiner 15 Positionen. Obwohl die soziale Rolle, die zu einer Position gehört, uns nicht verraten kann, wie ein Träger dieser Position sich tatsächlich verhält, wissen wir doch, wenn wir mit der Gesellschaft, die diese Rolle definiert, vertraut sind, was von ihrem Spieler erwartet wird. Soziale Rollen sind Bündel von Erwartungen, die sich in einer gegebenen Gesellschaft an das Verhalten der Träger von Positionen knüpfen.

Wie Positionen sind auch Rollen prinzipiell unabhängig vom Einzelnen denkbar. Die vom Vater, Studienrat, Parteifunktionär und Skatspieler erwarteten Verhaltensweisen und Attribute lassen sich formulieren, ohne daß wir an irgendeinen bestimmten Vater, Studienrat, Parteifunktionär oder Skatspieler denken. Mit den Positionen entfallen auf jeden Einzelnen viele soziale Rollen, deren jede der Möglichkeit nach eine Mehrzahl von *Rollensegmenten* umschließt. Die Erwartungen, die sich an den Spieler der sozialen Rolle „Studienrat" knüpfen, lassen sich aufgliedern in Erwartungen im Hinblick auf die Beziehung „Studienrat-Schüler", „Studienrat-Eltern" usw. Insofern ist jede einzelne Rolle ein Komplex oder eine Gruppe von Verhaltenserwartungen[24].

Allzu häufig wird der logische Unterschied zwischen verschiedenen Sätzen über das Verhalten von Menschen mißachtet. „Herr Schmidt ist gestern in die Kirche gegangen." „Herr Schmidt geht sonntags regelmäßig zur Kirche." „Herr Schmidt als gläubiger Protestant sollte sonntags regelmäßig zur Kirche gehen." Diese drei Sätze sind sämtlich Aussagen über gesellschaftliches Verhalten; doch unterscheidet sie mehr als die Form des Verbums. Die erste Aussage bezeichnet etwas, das Herr Schmidt tatsächlich zu einem bestimmten Zeitpunkt getan hat, ein bestimmtes Ver-

[24] Die in diesem Abschnitt eingeführten Termini „Position" (position), „Positionssegment" (*positional sector*), „Rolle" (*role*), „Rollenverhalten" (*role behavior*), „Rollenattribute" (*role attributes*) und „Rollensegment" (*role sector*) finden sich in dieser Form sämtlich in dem kürzlich erschienenen Werk von *N. Gross, W. S. Mason* und *A. W. McEachern*, Explorations in Role Analysis (New York 1958); Kap. IV, A Language for Role Analysis. Neu ist an der Terminologie von *Gross* und seinen Mitarbeitern neben der Definition der Termini die Unterscheidung von Rollenverhalten und Rollenattributen sowie die Aufgliederung von Positionen und Rollen in Segmente oder Sektoren. Letzteres ist gleichzeitig, wennschon mit anderen Terminis, von *R. K. Merton* in seinem Aufsatz "The Role-Set" (British Journal of Sociology VIII/2, Juni 1957) vorgeschlagen worden, wozu vgl. unten. In noch unveröffentlichten Arbeiten unternimmt auch *T. Parsons* mit der Unterscheidung von *roles* und *tasks* einen ähnlichen Ansatz.

halten. Der zweite Satz enthält eine Aussage über etwas, das Herr Schmidt regelmäßig tut, über ein regelmäßiges Verhalten also. Der dritte Satz besagt, daß Herr Schmidt etwas regelmäßig tun sollte; er bezeichnet ein von ihm erwartetes Verhalten. Ohne Zweifel sind alle drei Aussagen in irgendeinem Sinne soziologisch relevant; der Gang zur Kirche ist ein Verhalten, das uns über eine Gesellschaft Aufschluß zu geben vermag. Doch eignet sich nur die dritte Form der Aussage zur Definition der Elemente soziologischer Analyse; nur in ihr erscheinen der Einzelne und die Gesellschaft auf eine angebbare Weise vermittelt. Das bestimmte einzelne wie auch das regelmäßige Verhalten von Herrn Schmidt bleibt in gewisser Weise sein privates Eigentum. Durch beide schafft er zwar eine soziale Wirklichkeit; beide können etwa in Umfragen zur Konstruktion eindrucksvoller Tabellen dienen, doch erscheint die Tatsache der Gesellschaft in ihnen nicht als unabhängige und bestimmende Kraft. Wenn wir von sozialen Rollen sprechen, dann ist stets nur von erwartetem Verhalten die Rede, d. h. von dem Einzelnen, der sich außer ihm bestehenden Ansprüchen gegenübersieht bzw. der Gesellschaft, die den Einzelnen mit gewissen Ansprüchen konfrontiert. Die Vermittlung von Einzelnem und Gesellschaft geschieht nicht schon dadurch, daß der Einzelne handelt oder soziale Beziehungen unterhält, sondern erst in der Begegnung des handelnden Einzelnen mit vorgeprägten Formen des Handelns. Die erste Frage der Soziologie ist daher stets die nach diesen Formen oder Rollen; die weitere Frage, wie der bestimmte Einzelne sich angesichts solcher Erwartungen tatsächlich verhält, gewinnt ihre spezifische Bedeutung am Maßstab dieser Erwartungen.

Drei Merkmale vor allem bezeichnen die Kategorie der sozialen Rolle als Element soziologischer Analyse: (1) Soziale Rollen sind gleich Positionen quasi-objektive, vom Einzelnen prinzipiell unabhängige Komplexe von Verhaltensvorschriften. (2) Ihr besonderer Inhalt wird nicht von irgendeinem Einzelnen, sondern von der Gesellschaft bestimmt und verändert. (3) Die in Rollen gebündelten Verhaltenserwartungen begegnen dem Einzelnen mit einer gewissen Verbindlichkeit des Anspruches, so daß er sich ihnen nicht ohne Schaden entziehen kann. Diese drei Merkmale enthalten zugleich drei Probleme, die im Zusammenhang mit sozialen Rollen immer wieder auftauchen und denen wir uns stellen müssen, wenn wir das Charakterbild des *homo sociologicus* mit einiger Schärfe zeichnen wollen: (1) Wie vollzieht sich im einzelnen die Begegnung des Individuums und der Gesellschaft? Wie werden die vorgeprägten Rollen zum Teil des Sozialverhaltens Einzelner? In welcher Beziehung steht *homo sociologicus* zu *psychological man*? (2) Wer oder was ist „die Gesellschaft", von der bislang in unerträglich personifizierender Weise als Bestimmungsinstanz der Rollen die Rede war? Wie läßt sich der Prozeß der Definition und Definitionsänderung sozialer Rollen so präzisieren, daß wir nicht zu Metaphern unsere Zuflucht nehmen müssen, um ihn zu beschreiben? (3) Wie kann die Verbindlichkeit von Rollenerwartungen garantiert werden? Welche Mechanismen oder Institutionen wachen darüber, daß der Einzelne die ihm begegnenden Verhaltensvorschriften nicht als bedeutungslose und willkürliche Ansprüche beiseite schiebt?

IV

Von einer Vermittlung des Einzelnen und der Gesellschaft kann offenbar nur dort die Rede sein, wo die beiden Tatsachen des Einzelnen und der Gesellschaft nicht bloß nebeneinanderstehen, sondern auf angebbare Weise verknüpft sind. Die Feststellung, daß es Herrn Studienrat Schmidt gibt und daß sich gewisse Verhaltensweisen und Attribute angeben lassen, die für die soziale Rolle „Studienrat" charakteristisch sind, ist so lange ohne analytischen Wert, wie nicht erwiesen ist, daß die soziale Rolle Herrn Schmidt weder bloß zufällig noch auch nur aus seinem eigenen freien Entschluß zukommt, sondern daß sie ihm in dem Augenblick, in dem er Studienrat wird, mit Notwendigkeit und Verbindlichkeit entgegentritt. Es ist also zu zeigen, daß Gesellschaft nicht nur eine Tatsache, sondern eine ärgerliche Tatsache ist, der wir uns nicht ungestraft entziehen können. Soziale Rollen sind ein Zwang, der auf den Einzelnen ausgeübt wird – mag dieser als eine Fessel seiner privaten Wünsche oder als ein Halt, der ihm Sicherheit gibt, erlebt werden. Dieser Charakter von Rollenerwartungen beruht darauf, daß die Gesellschaft *Sanktionen* zur Verfügung hat, mit deren Hilfe sie die Vorschriften zu erzwingen vermag. Wer seine Rolle nicht spielt, wird bestraft; wer sie spielt, wird belohnt, zumindest aber nicht bestraft. Konformismus mit den vorgeprägten Rollen ist keineswegs nur die Forderung bestimmter moderner Gesellschaften, sondern ein universelles Merkmal aller gesellschaftlichen Formen[25].

Der Begriff der Sanktion wird häufig ausschließlich für Strafen und Zurechtweisungen gebraucht; doch soll er hier im Einklang mit seiner soziologischen Verwendung in einem weiteren Sinne verstanden werden. Es gibt positive und negative Sanktionen: Die Gesellschaft kann Orden verleihen und Gefängnisstrafen verhängen, Prestige zuerkennen und einzelne ihrer Mitglieder der Verachtung preisgeben. Aus mehreren Gründen scheint es dennoch sinnvoll, im gegenwärtigen Zusammenhang vor allem an negative Sanktionen zu denken. Positive Sanktionen entziehen sich nicht nur häufig der Formulierung und operationellen Präzisierung[26], sondern sie allein vermögen auch schwerlich den Druck zu erklären, dem sich *homo sociologicus* in jedem Moment seiner Existenz ausgesetzt sieht. Auf Belohnungen kann man verzichten, Orden kann man ablehnen, aber der Macht des Gesetzes oder selbst der sozialen Ächtung zu entkommen, dürfte in allen Gesellschaften ein äußerst schwieriges Unterfangen sein, das nicht nur Könige zum Canossagang bewegt. Die Gesellschaft prägt nicht nur für jede Position, die in ihr verfügbar ist, eine Form, sondern sie wacht auch darüber, daß der Träger dieser Position die Form, die er vorfindet, nicht achtlos oder absichtlich beiseite schiebt und sich seine eigenen Formen zu schaffen versucht.

[25] Diese Tatsache wird von den „nicht-konformistischen" Kritikern der Vereinigten Staaten oft übersehen, die glauben, *das keeping up with the Joneses* sei nur der amerikanischen Gesellschaft eigen. Es gibt gewiß Vanivatfionen des offenen oder versteckten Zwanges, den Gesellschaften auf die in ihnen lebenden Einzelnen ausüben, doch lassen diese sich mit dem Begriff des Konformismus nicht fassen. Sie beruhen vielmehr auf der Breite des Spielraumes, den gesellschaftliche Rollendefinitionen (für die überall ein Konformismuszwang besteht) dem Einzelnen in bestimmten gegebenen Gesellschaften lassen.

[26] Dies ist ein schwieriges Problem, um dessen Klärung sich vor allem die Theoretiker der sozialen Schichtung bemüht haben. Natürlich lassen sich z. B. Skalen des Einkommens und Prestiges entwickeln, aber es ist bislang noch nicht gelungen, den notwendigen Zusammenhang solcher Entschädigungen (*rewards*) mit Rollenerwartungen nachzuweisen, der uns allein berechtigen würde, solche Erwartungen nach den ihnen anhaftenden positiven Sanktionen zu klassifizieren.

Wie die Formen selbst sind auch die ihnen zugehörigen Sanktionen dem Wandel unterworfen; wie jene sind indes auch diese allgegenwärtig und unentrinnbar.

Das Wirken von Sanktionen läßt sich besonders einleuchtend an Rollenerwartungen demonstrieren, über deren Einhaltung die Macht des Gesetzes und der Rechtsinstitutionen wacht. Die meisten sozialen Rollen enthalten solche Elemente, solche *Muß-Erwartungen* (wie wir sie in Analogie zum juristischen Reden von Muß-Vorschriften nennen wollen), denen wir uns nur auf die Gefahr gerichtlicher Verfolgung hin entziehen können. Als Mann darf Herr Schmidt keinen Geschlechtsverkehr mit anderen Männern unterhalten, als Ehemann keine außerehelichen Beziehungen pflegen. Als Studienrat ist von ihm erwartet, zumindest seine älteren Schüler ohne Gebrauch des Rohrstocks zu erziehen. Wenn er als Schatzmeister des 1. F. C. X-Stadt in die Kasse des Klubs greift, um seine Skatschulden zu begleichen, dann treffen ihn die gesetzlich festgelegten negativen Sanktionen. Zumindest der große Ausschnitt des Rechtssystems, in dem Einzelne als Träger von Positionen in irgendeinem Sinne fungieren, läßt sich als Aggregat von Sanktionen begreifen, mit deren Hilfe die Gesellschaft die Einhaltung sozialer Rollenerwartungen garantiert. Zugleich sind diese Muß-Vorschriften gewissermaßen der harte Kern jeder sozialen Rolle; sie sind nicht nur formulierbar, sondern ausdrücklich formuliert; ihre Verbindlichkeit ist nahezu absolut; die ihnen zugeordneten Sanktionen sind ausschließlich negativer Natur. Allenfalls als Auto-fahrer hat Herr Schmidt die Chance, eines Tages eine Plakette für „25 Jahre unfallfreies Fahren" an seinen Wagen schrauben zu dürfen.

So nützlich es für das Verständnis sozialer Rollen und Sanktionen ist, sich an gesetzlich fixierten Verhaltensvorschriften zu orientieren, so wenig darf dieses Beispiel dazu verführen, in Gesetzen und Gerichten die einzige Form von Rollenerwartungen und Sanktionen zu sehen. Möglicherweise läßt die Annahme sich belegen, daß der Bereich gesetzlich geregelten Verhaltens sich im Laufe der Sozialentwicklung ständig verbreitert hat[27]; jedenfalls ist dieser Bereich in den westlichen Gesellschaften der Gegenwart wesentlich größer als in allen anderen bekannten Gesellschaften. Dennoch gibt es auch im heutigen Deutschland, Frankreich, England und Amerika noch eine breite – und für die meisten Bürger wichtigere – Sphäre des Sozialverhaltens, die den Menschen allenfalls in übertragenem Sinn mit Gerichten und Gesetzen in Berührung bringt. Wenn Herr Schmidt als 3. Vorsitzender des Ortsverbandes X-Stadt der Y-Partei unter seinen Kollegen ständig Propaganda für die Z-Partei macht, wird er damit bei seinen Parteifreunden wahrscheinlich auf wenig Gegenliebe stoßen, obwohl kein Gericht ihn für dieses Vergehen verurteilen kann. Diese Feststellung bedarf allerdings wenn nicht einer Korrektur, dann doch der Präzision. In der Tat haben heute viele Organisationen eigene quasi-rechtliche Institutionen entwickelt, die über der Einhaltung ihrer Verhaltensvorschriften wachen. Und es kann wenig Zweifel daran bestehen, daß es für den Einzelnen kaum weniger schwerwiegend als eine Gefängnisstrafe ist, wenn eine Kirche ihn mit dem Bann belegt, eine Partei ihn ausschließt, ein Betrieb ihn entläßt oder eine Standesorganisation ihn aus ihren Listen streicht.

[27] Dies war eine der Thesen der Evolutionstheoretiker der Jahrhundertwende; vgl. etwa das große Werk von *L. T. Hobhouse*, Morals in Evolution. Die These enthält sicher einen erwiesenen Kern, doch sind die Übergänge von Sitte zu Gesetz (und umgekehrt) oft und zumal dort fließend, wo *common law* und Präzedenzrechtsprechung vorherrschen.

Art d. Erwartung	Art der Sanktion positiv	negativ	Beispiel (Schatzm. d. 1. F. C. X-Stadt)
Muß-Erwartungen	—	gerichtliche Bestrafung	ehrliches Finanzgebaren usw.
Soll-Erwartungen	(Sympathie)	sozialer Ausschluß	aktive Teilnahme an allen Club-Veranstaltungen usw.
Kann-Erwartungen	Schätzung	(Antipathie)	freiwilliges Sammeln von Geldern usw.

Dies sind extreme Sanktionen, neben denen die Wirkung milderer Strafen von der stillschweigenden Ächtung zu Verwarnungen, Versetzungen und Beförderungsverzögerungen nicht zu unterschätzen ist. Außer Muß-Erwartungen kennen die meisten sozialen Rollen gewisse *Soll-Erwartungen*, deren erzwingbare Verbindlichkeit kaum geringer ist als die der Muß-Erwartungen. Auch bei Soll-Erwartungen überwiegen negative Sanktionen, obwohl derjenige, der ihnen stets pünktlich nachkommt, der Sympathie seiner Mitmenschen sicher sein kann: er „verhält sich vorbildlich", „tut immer das Richtige", auf ihn „ist Verlaß".

Dagegen darf derjenige sich vor allem positive Sanktionen erhoffen, der einer dritten Gruppe von Rollenerwartungen regelmäßig nachkommt, den *Kann-Erwartungen*. Wenn Herr Schmidt einen großen Teil seiner Freizeit damit zubringt, Gelder für seine Partei zu sammeln, wenn er als Studienrat freiwillig ein Schulorchester leitet oder als Vater seinen Kindern jede freie Minute schenkt, dann tut er, wie wir sagen, „ein Übriges" und erwirbt sich damit die Schätzung seiner Mitmenschen. Auch Kann-Erwartungen führen uns noch keineswegs in die Sphäre ungeregelten Sozialverhaltens. Der Mensch, der „immer nur das Allernötigste tut", muß schon sehr wirksame Alternativen der Befriedigung kennen, um durch die Geringschätzung seiner Mitmenschen nicht gestört zu werden. Dies gilt vor allem in der Berufssphäre, aber auch in Parteien, Organisationen, Erziehungsinstitutionen, wo die Erfüllung der Kann-Erwartungen vielfach eine Grundbedingung des Fortkommens ist. Ist es auch schwieriger als bei Muß- und Soll-Erwartungen, den genauen Inhalt und die Sanktionen von Kann-Erwartungen zu formulieren, so sind diese doch nicht weniger als jene Teil der Rollen, die uns, ob wir es wollen oder nicht, auf der Bühne der Gesellschaft zufallen[28].

Die Klassifizierung und Definition der Sanktionen, die Konformität mit sozialem Rollenverhalten garantieren, führt uns ersichtlich in die Sphäre der Rechtssoziologie hinein. Zwischen Muß-, Soll- und Kann-Erwartungen einerseits, Gesetz, Sitte und Gewohnheit andererseits besteht nicht nur eine Analogie, sondern diese beiden Begriffsgruppen beziehen sich auf identische Gegenstände. Wie wir im Bereich des Rechtes annehmen können, daß jede Gesellschaft ständig Prozesse der Verfestigung von Gewohnheiten zu Sitten, von Sitten zu Gesetzen aufweist, so unterliegen

[28] Am Beispiel von Herrn Schmidts Stellung als Schatzmeister des 1. F. C. X-Stadt lassen die Formen von Rollenerwartungen und ihre Sanktionen sich folgendermaßen resümieren: Eine ähnliche Klassifizierung von Rollenerwartungen nach dem Grad ihrer Verbindlichkeit führen auch *N. Gross* und Mitarbeiter (a. a. 0.; S. 58 ff.) ein, wenn sie von *permissive* (Kann-), *preferential* (Soll-) und *mandatory expectations* (Muß-Erwartungen) sprechen, doch nimmt der fehlende Bezug auf gesetzliche Sanktionen der Definition der einzelnen Klassen hier vieles von ihrer möglichen Kraft.

auch soziale Rollen ständigem Wandel in diesem Sinne. Wie Gesetze bei Veränderung ihres sozialen Hintergrundes an Geltung verlieren können, so unterliegen auch Muß-Erwartungen einem Prozeß des Geltungswandels. Daß der Ehemann und Vater Schmidt auch für seine Eltern und die Eltern seiner Frau noch zu sorgen verpflichtet ist, war einmal eine Muß-Erwartung, die sich an seine Rollen knüpfte. In der westlichen Gesellschaft der Gegenwart verschafft es ihm allenfalls zusätzliches Ansehen, wenn er die von ihm erwartete Liebe zu seinen Eltern als Verpflichtung zur Fürsorge interpretiert[29]. Es kann nicht unsere Absicht sein, die diffizilen Zusammenhänge der sozialen Fundierung des Rechtssystems hier zu erörtern; nicht alle ihre Probleme tragen zum Verständnis der Kategorie der sozialen Rolle bei. Doch gilt es, im Auge zu behalten, daß die Vermittlung des Einzelnen und der Gesellschaft durch soziale Rollen den Einzelnen unter anderem auch an die Welt von Recht und Sitte bindet. Herr Schmidt spielt seine Rollen, weil Gesetz und Sitte ihn dazu zwingen; aber indem er seine Rollen spielt, werden Gesetz und Sitte für ihn bestimmte Größen, nimmt er teil an der normativen Struktur der Gesellschaft. Auch für die soziologische Analyse der Normen und Institutionen des Rechtes ist die Kategorie der Rolle ein sinnvoller Ansatzpunkt.

Während die Formulierung von Rollenerwartungen unabhängig von den ihre Einhaltung erzwingenden Sanktionen leicht zu kaum kontrollierbaren, vagen Bestimmungen führt, macht das Vorhandensein von Sanktionen diese Erwartungen faßbar und überprüfbar. Sanktionen eignen sich daher vorzüglich zur Klassifizierung sozialer Rollen. Im Hinblick auf Sanktionen können wir Rollen nach dem Grad ihrer Verbindlichkeit einordnen. Es gibt soziale Rollen, denen viele und einschneidende Muß-Erwartungen anhaften – z. B. Staatsbürger, auch Vater, Ehemann –, und es gibt andere, bei denen rechtliche Sanktionen kaum ins Spiel kommen – z. B. Skatspieler, auch Protestant, Deutscher. Das Maß der Institutionalisierung sozialer Rollen, d. h. der Grad, zu dem ihre Vorschriften rechtlich sanktioniert sind, gibt uns einen Maßstab für die Bedeutung von Rollen für den Einzelnen wie für die Gesellschaft. Wenn es gelingt, die Schärfe verhängbarer Sanktionen zu quantifizieren, dann haben wir damit ein Maß, das die Einordnung, Kennzeichnung und Unterscheidung sämtlicher in einer Gesellschaft bekannten Rollen ermöglicht[30].

So wenig indes *homo sociologicus* den ganzen Menschen ausmacht, so wenig schreibt jede einzelne seiner Rollen Herrn Schmidt sein gesamtes Verhalten als Träger einer sozialen Position vor. Es gibt einen Bereich, in dem der Einzelne frei ist, seine Rollen selbst auszugestalten und sich so oder anders zu verhalten. Wenn wir in der Tatsache der Gesellschaft vor allem das Ärgernis sehen, werden wir besondere Mühe daran zu wenden haben, diesen freien Bereich abzugrenzen. Es ist offenbar Vater Schmidt überlassen, ob er mit seinen Kindern Eisenbahn oder Fußball spielt. Keine soziale Instanz schreibt ihm vor, ob er sich das Gehör seiner Schüler durch seinen Humor oder seine intellektuelle Kompetenz verschafft. Aber diese Freiheiten scheinen gering, wenn man sie an dem Zwang sanktionierter Rollenerwartungen mißt. Das

[29] Auch die in Deutschland seit langem andauernden Diskussionen um die §§ 175 (Homosexualität) und 218 (Abtreibung) illustrieren den intimen Zusammenhang von Gesetz und Sitte und die Arten der Einwirkung gewohnheitsmäßigen tatsächlichen Verhaltens auf Verhaltenserwartungen.

[30] Vgl. für diesen Zusammenhang unten Abschnitt VIII; s. auch Anm. 74.

moralische Problem des *homo sociologicus*, der in jeder seiner Ausdrucksformen nur Rollen spielt, die dem Menschen von der unpersönlichen Instanz der Gesellschaft auferlegt sind, wird um so bedrohlicher, je schärfer wir die Kategorie der sozialen Rolle zu fassen suchen. Ist *homo sociologicus* der sich gänzlich entfremdete Mensch, in die Hand von Mächten gegeben, die Menschenwerk sind, und doch ohne Chance, diesen Mächten zu entweichen?

Noch ist es nicht möglich, diese Frage, die unsere Überlegungen an jedem Punkt begleitet, mit der nötigen Präzision zu erörtern. Immerhin darf nicht übersehen werden, daß soziale Rollen und die ihren Vorschriften anhaftenden Sanktionen nicht nur ein Ärgernis sind. Gewiß bezieht der Mensch viele seiner Sorgen und Nöte aus der Tatsache, daß die Gesellschaft ihn in Bahnen und Formen zwingt, die er sich nicht selbst gewählt oder geschaffen hat. Doch sind es nicht nur Sorgen und Nöte, die ihm hieraus erwachsen. Daß die Tatsache der Gesellschaft ein Gerüst sein kann, das uns aufrechterhält und Sicherheit gibt, gilt auch für die, die bemüht sind, sich von ihren Rollen nach Möglichkeit zu distanzieren. Ob der Mensch in der Lage wäre, sein gesamtes Verhalten ohne die Assistenz der Gesellschaft selbst schöpferisch zu gestalten, ist eine spekulative Frage, die überzeugend zu beantworten kaum möglich ist. Daß andererseits die Freiheit nicht nur ein Gewinn ist, wissen wir nicht erst, seit Jean-Paul Sartre „La Nausée“ schrieb. Es ist zumindest denkbar, daß der sämtlicher Rollen entkleidete Mensch es schwierig finden würde, seinem Verhalten sinnvolle Muster aufzuprägen, und es scheint sicher, daß die Befriedigungen, die wir erfahren, uns häufig aus den Rollen, die nicht unser Werk sind, erwachsen. Das Problem der Freiheit des Menschen als gesellschaftlichen Wesens ist ein Problem des Gleichgewichts zwischen rollenbestimmtem Verhalten und Autonomie, und die Analyse des *homo sociologicus* scheint zumindest in diesem Punkt das dialektische Paradox von Freiheit und Notwendigkeit zu bewähren.

V

Die Rollen des Schauspielers sind auf angehbare Weise definiert und garantiert. Ihr bestimmter Inhalt geht zurück auf das Werk eines Autors; daß dieser Inhalt richtig reproduziert wird, überwacht neben dem Autor ein Regisseur. Beide sind als Personen identifizierbar. Wer aber definiert soziale Rollen und überwacht ihre Einhaltung? Die Art und Weise, in der wir bisher von „der Gesellschaft“ gesprochen haben, ist zwar bei neueren Autoren verbreitet, aber keineswegs zu rechtfertigen. Die Gesellschaft ist entschieden keine Person, und jedes personifizierende Reden von ihr verwischt Zusammenhänge und nimmt Aussagen ihre Kraft. Obschon Gesellschaft eine Tatsache ist, an der der Einzelne sich stoßen kann und muß wie an einem Stein oder Baumstumpf, genügt es nicht, die Frage nach dem Urheber und Regisseur des sozialen Rollenspiels mit dem simplen Hinweis auf die Tatsache der Gesellschaft abzutun. Es läßt sich schwerlich bestreiten, daß die Gesellschaft aus Einzelnen besteht und in diesem Sinne von Einzelnen geschaffen ist, wenn auch die bestimmte Gesellschaft, in der Herr Schmidt sich findet, mehr von seinen Vätern als von ihm geschaffen sein mag. Andererseits drängt die Erfahrung sich auf, daß die Gesellschaft in irgendeinem Sinne nicht nur mehr, sondern etwas wesentlich anderes ist als die Summe der in ihr lebenden Einzelnen. Gesellschaft ist die entfremdete Gestalt des Einzelnen, *homo sociologicus* ein Schatten, der seinem Urheber davongelaufen ist, um als sein Herr zurückzukehren. Selbst wenn wir vorerst darauf verzichten, die ganze Tiefe dieses paradoxen Verhältnisses auszuloten, drängt sich die Frage auf, wie denn in soziologischen Zusammenhängen Autor und Regisseur der Rollen identifiziert und in operationeller Bestimmtheit beschrieben werden können. In der Literatur ist diese Frage selten genug gestellt und nie beantwortet worden; doch hält die moderne Soziologie alle Werkzeuge zu ihrer Lösung bereit.

Was unter Ausdrücken wie „gesellschaftliche Satzungen", „von der Gesellschaft definierte Rollenerwartungen" und „von der Gesellschaft verhängte Sanktionen" zu verstehen ist, läßt sich in Allgemeinheit nur mit Metaphern oder doch aufweisbar unbefriedigenden Auskünften beantworten[31]. Sind unter „der Gesellschaft" in solchen Formeln alle Menschen in einer bestimmten Gesellschaft zu verstehen? Diese Interpretation ist offenkundig zu weit. Die meisten Menschen in jeder gegebenen Gesellschaft haben mit der Formulierung der Erwartungen, die sich an die Rollen „Vater", „Studienrat" oder „Staatsbürger" (geschweige denn „Schatzmeister des 1. F. C. X-Stadt" und „3. Vorsitzender der Y-Partei") knüpfen, weder direkt noch indirekt etwas zu tun. Sie werden nicht nur nicht befragt, sondern selbst wenn sie gefragt würden, hätte ihre Meinung wenig Verbindlichkeit für andere. Was immer ihre Aufgabe sein mag, Repräsentativ-Befragungen der Meinungsforschung haben gewiß nicht den Sinn, Normen zu setzen. Sind es dann vielleicht das Parlament oder die Regierung eines Landes, die stellvertretend für alle als „die Gesellschaft" fungieren und Rollenerwartungen und Sanktionen festsetzen? Auch diese Vermutung ist sicherlich nicht ganz falsch, doch ist sie zu eng. Selbst im totalitären Staat entziehen sich zumindest die Soll- und Kann-Erwartungen administrativer Dekretierung; viele Normen des gesellschaftlichen Verhaltens bestehen, ohne daß die Regierung sie kennt oder auch nur zu kennen wünscht. Der Fehler von Ansätzen wie diesen beiden liegt darin, daß sie hinter dem Singular „die Gesellschaft" eine einzige Instanz oder zumindest ein einziges Kollektiv vermuten und zögern, die abkürzende Rede von einer Macht, die so spürbar in unser Leben eingreift, auf die Möglichkeit hin zu untersuchen, daß sie eine Vielfalt von Kräften zwar gleichen Charakters, aber unterschiedlichen Ursprungs verbirgt.

Bei der Bestimmung der Kategorien „Position" und „Rolle" haben wir betont, daß es für gewisse Zwecke der Analyse nützlich sei, beide Kategorien als Aggregate von Segmenten zu verstehen. Die meisten Positionen involvieren ihre Träger nicht nur in einer einzigen Beziehung zu einer anderen Position (wie etwa Ehemann-Ehefrau), sondern stellen ihn in ein Feld von Beziehungen zu Personen und Kategorien oder Aggregaten von Personen. Der Studienrat ist als solcher mit Schülern, Eltern, Kollegen und Vorgesetzten verknüpft, und er kennt für jede dieser Gruppen einen eigenen, isolierbaren Satz von Erwartungen. Er soll den Schülern, nicht aber den Vorgesetzten Wissen vermitteln, mit den Kollegen, nicht aber mit den Eltern über Zensuren entscheiden. Wenn er zu Kollegen unfreundlich ist, treffen ihn deren Sanktionen, nicht

[31] Das gleiche gilt auch für Formeln, in denen das Wort „Gesellschaft" ausdrücklich nicht vorkommt, wie *instituzionalized expectations*, *norms* und *culture patterns*, die alle zumindest im Hinblick auf soziale Rollen der Präzisierung bedürfen.

die der Schüler; ob er seinen Vorgesetzten Respekt erweist, ist den Eltern gleichgültig. Der Versuch bietet sich an, in solchen Gruppen, die das Beziehungsfeld des Trägers einer Position ausmachen, „die Gesellschaft" im Hinblick auf diese Position zu suchen, d. h. den Zusammenhang zwischen den Normen dieser Gruppen und den Rollenerwartungen der durch sie bestimmten Positionen zu erkunden.

Aus der Interpretation der in den Vereinigten Staaten unter der Leitung von S. A. Stouffer und anderen über den „American Soldier" im zweiten Weltkrieg gesammelten Daten hat R. K. Merton eine Kategorie entwickelt, deren Relevanz für die Bestimmung des Rollenbegriffes in jüngster Zeit mehrere Sozialwissenschaftler entdeckt haben[32], die Kategorie der *Bezugsgruppe (reference group).* Der Begriff der Bezugsgruppe stammt aus der Sozialpsychologie und ist von Merton vor allem in sozialpsychologischem Sinn verwandt worden. Er bezeichnet den Sachverhalt, daß ein Einzelner sein Verhalten an der Zustimmung oder Ablehnung von Gruppen orientiert, denen er selbst nicht zugehört. Bezugsgruppen sind Fremdgruppen, die als Wertskalen individuellen Handelns fungieren; sie bilden das Bezugssystem, innerhalb dessen der Einzelne sein und anderer Verhalten bewertet. Mit einer leichten Bedeutungsverengung und -verschiebung läßt dieser Begriff sich soziologisch fassen und auf unseren Zusammenhang anwenden. Wenn wir unter Bezugsgruppen nicht jede vom Einzelnen willkürlich gewählte Fremdgruppe, sondern vielmehr nur solche Gruppen verstehen, zu denen seine Positionen ihn notwendig in Beziehung bringen, dann können wir sagen, daß jedes Positions- und Rollensegment eine Verbindung zwischen dem Träger einer Position und einer oder mehreren Bezugsgruppen herstellt. Bezugsgruppen sind dann allerdings nicht mehr notwendig Fremdgruppen; der Einzelne kann auf Grund seiner Position ihr Mitglied sein. So verstanden, läßt das Positionsfeld des Studienrates Schmidt sich als Aggregat von Bezugsgruppen präzisieren, deren jede ihm Vorschriften auferlegt und sein Verhalten positiv oder negativ zu sanktionieren vermag. Die Frage nach dem Wesen „der Gesellschaft" im Hinblick auf soziale Rollen wird zur Frage nach der Art, in der Bezugsgruppen die Erwartungen der durch sie lokalisierten Positionen bestimmen und sanktionieren[33].

Nur ein einziges Mal ist meines Wissens eine ähnlich formulierte Frage in der Literatur gestellt worden, und diese Erörterung weist so aufschlußreiche Mängel auf, daß es sich rechtfertigt, wenn wir hier von unserem Vorsatz, eine kritische Durchsicht der Literatur zunächst Zurückzustellen, einmal abweichen. In ihren „Explo-

[32] *R. K. Merton* hat die Theorie der Bezugsgruppen zuerst in seinem (zus. mit *A. C. Rossi* verfaßten) Aufsatz „Contributions to the Theory of Reference Group Behavior" entwickelt und später in dem längeren Essay „Continuities in the Theory of Reference Groups and Social Structure" ausgearbeitet. Beide Arbeiten sind in der 2. Auflage seines Werkes „Social Theory and Sueial Structure" (Glencoe 1957) abgedruckt. Die Verbindung zwischen der Theorie der Bezugsgruppen und der Rollenanalyse hat *Merton* selbst mehrfach angedeutet; um ihre Präzisierung bemühen sich u. a. *J. Ben-David* (Jerusalem) und *D. Mandelbaum* (Berkeley) in noch unveröffentlichten Arbeiten.

[33] Es ist deutlich, daß der Begriff der Gruppe in einem sehr allgemeinen Sinne gebraucht wird, wo von „Bezugsgruppen" die Rede ist. Zumindest in der veränderten Bedeutung, die wir dem Begriff hier gegeben haben, sind Bezugsgruppen nicht nur eigentliche, d. h. formalisierte Gruppen, sondern z. B. auch bloße Kategorien wie „Bewohner der Mittelstadt X". Eine solche Begriffserweiterung ist immer zweifelhaft; *Merton* führt daher im Zusammenhang mit Rollen aus gutem Grund den mathematischen Begriff des *set* ein („The Role-Set", a. a. 0.). Doch führt die Übersetzung von *set* im Deutschen wieder zur „Gruppe", so daß ein Ausweg nicht sichtbar wird.

rations in Role Analysis“ unterscheiden N. Gross und andere ähnlich wie wir hier Positionen und Rollen und verstehen beide als Aggregate von Segmenten[34]. Auch für Gross ist jedes Positions- und Rollensegment auf eine Gruppe anderer Positionen und Rollen bezogen (wobei er die Kategorie der Bezugsgruppe allerdings nicht verwendet). Um nun die Art und Weise der Einwirkung dieser Bezugsgruppen auf durch sie definierte Positionen und Rollen empirisch faßbar zu machen, schlägt Gross vor, die Mitglieder der Bezugsgruppen über die Erwartungen zu befragen, die sie an den Träger der in Frage stehenden Position knüpfen. Gross selbst führt diesen Vorsatz am Beispiel des Schulrates (*school superintendent*) durch und befragt sowohl Vorgesetzte als auch Lehrer und Schulräte selbst über das, was sie von einem Schulrat erwarten. Gross glaubt, auf diese Weise konkrete Formulierungen von Rollenerwartungen gewinnen und zugleich erfahren zu können, bis zu welchem Grade die Mitglieder von Bezugsgruppen im Hinblick auf solche Erwartungen übereinstimmen. Es kann nicht überraschen, daß Gross in vielerlei Hinsicht keine Übereinstimmung oder allenfalls schwache Mehrheiten findet – ein Ergebnis, das ihn zu den Fragen führt: „How much consensus on what behaviors is required for a society to maintain itself? How much disagreement can a society tolerate in what areas? To what extent do different sets of role definers hold the same role definitions of key positions in a society? On what aspects of role definitions do members of different ‚subcultures‘ in a society agree and disagree? To what extent is deviant behavior a function of deviant role definitions? Why do members of society differ in their role definitions?“[35]

In mehrfacher Hinsicht stellt die Studie von Gross und anderen einen Fortschritt gegenüber früheren Erörterungen der Kategorie der Rolle dar. Sie ist begrifflich klar und einleuchtend; vor allem aber hat Cross einen ernstlichen Versuch unternommen, das allgemeine Reden von „der Gesellschaft“ durch präzisere und operationell brauchbarere Kategorien zu ersetzen. Doch scheint es, als hätte der verständliche Wunsch, zu empirisch brauchbaren Formulierungen zu kommen, Gross dazu verführt, eines der wesentlichen und starken Elemente der Kategorie der sozialen Rolle aufzugeben. Gross reduziert die Tatsächlichkeit der gesellschaftlichen Kontrolle des Einzelnen durch seine Rollen auf die unsichere Basis von Mehrheitsmeinungen und liefert damit die Tatsache der Gesellschaft an die Willkür der Fragebogenantwort aus. Wenn sechs von zehn befragten Eltern meinen, ein Schulrat solle nicht rauchen und müsse verheiratet sein, so sind diese Verhaltenserwartungen für Gross Bestandteile der Rolle des Schulrats; wenn andererseits – Gross geht so weit nicht, doch trennt seinen Ansatz nichts von so absurden Konsequenzen – 35 von 40 Schülern meinen, niemand von ihnen sollte schlechte Zensuren bekommen, so ist auch dies eine Erwartung, die sich an die Rolle des Lehrers und, als Aufsichtsperson, des Schulrats knüpft. Der Verdacht drängt sich auf, daß Gross den Ausdruck „Erwartung“ zu wörtlich verstanden und bei seinen Überlegungen und Untersuchungen nicht daran gedacht hat, daß auch Gesetze Erwartungen enthalten, die das Verhalten von Einzelnen in bestimmte Bahnen lenken, ja daß Gesetze und Gerichte uns in besonderer Weise

[34] Vgl. Anm. 24. Das in Frage stehende Werk hat drei Autoren, doch zeichnet für den theoretischen Teil vor allem *N. Gross* verautwortlich.

[35] *Gross* u. a., a. a. O., S. 31.

Aufschluß über die Kategorie der sozialen Rolle zu geben vermögen. Der Begriff der Rolle bezeichnet nicht Verhaltensweisen, über deren Wünschbarkeit ein mehr oder minder eindrucksvoller Consensus der Meinungen besteht, sondern solche, die für den Einzelnen verbindlich sind und deren Verbindlichkeit institutionalisiert ist, also unabhängig von seiner oder irgendeines anderen Meinung gilt[36]. Der Versuch, die Kategorien der Rolle und der Bezugsgruppe zu verbinden, muß daher in erster Linie an solchen Merkmalen von Bezugsgruppen interessiert sein, die sich ohne Meinungsbefragung ihrer Mitglieder ermitteln lassen. Befragungen können in diesem Bereich nur den Sinn haben, Vorschriften und Sanktionen zu ermitteln, die tatsächlich in diesen Gruppen gelten, also gewissermaßen das positive Recht dieser Gruppen ausmachen.

Die These, die hier vertreten werden soll, besagt, daß die Instanz, die Rollenerwartungen und Sanktionen bestimmt, sich in dem Ausschnitt der in Bezugs-gruppen geltenden Normen und Sanktionen finden läßt, der sich auf durch diese Gruppen lokalisierte Positionen und Rollen bezieht. Studienrat Schmidt ist Beamter und als solcher den allgemeinen beamtenrechtlichen Bestimmungen wie den Sondervorschriften und -gewohnheiten der für ihn zuständigen Behörde unterworfen; er ist Lehrer und in dieser Funktion gehalten, den Satzungen und Vorschriften seiner Standesorganisation zu folgen; aber auch die Eltern seiner Schüler und die Schüler selbst bilden Bezugsgruppen mit bestimmten Normen und Sanktionen, die sich auf das Verhalten des Lehrers beziehen. Allgemein lassen sich für jede menschliche Gruppe gewisse Regeln und Sanktionen angeben, mit denen diese Gruppe auf das Verhalten ihrer Mitglieder und auf das von Nichtmitgliedern, zu denen die Gruppe in Beziehung tritt, einwirkt und die sich prinzipiell von den Meinungen der Einzelnen innerhalb oder außerhalb der Gruppe ablösen lassen. In diesen Regeln und Sanktionen liegt der Ursprung von Rollenerwartungen und ihrer Verbindlichkeit. Die Artikulierung solcher Erwartungen stellt uns also in jedem einzelnen Fall vor die Aufgabe, zunächst die Bezugsgruppen einer Position zu identifizieren und sodann die Normen ausfindig zu machen, die jede Gruppe im Hinblick auf die in Frage stehende Position kennt.

Es ist nicht schwer zu sehen, daß dieses Vorgehen nur so lange ohne größere Schwierigkeiten möglich ist, wie wir es mit organisierten Bezugsgruppen zu tun haben. Alle Muß- und die meisten Soll-Erwartungen von sozialen Positionen lassen sich auf diese Weise ausmachen. Muß-Erwartungen finden sich ja nur in dem Bereich, in dem die ganze Gesellschaft und ihr Rechtssystem zur Bezugsgruppe des Einzelnen werden, in dem der Träger einer Position also Vorschriften unterliegt, deren Einhaltung durch Gesetze und Gerichte garantiert wird. Soll-Erwartungen stammen oft von öffentlichen Organisationen oder Institutionen, von Standesorganisationen, Betrieben, Parteien oder Klubs. Diese kennen zumeist Satzungen, feste Gewohnheiten und Präzedenzfälle, an denen sich ihre Normen und Sanktionen ablesen lassen. Schon wenn wir es mit einer Bezugsgruppe wie „Eltern der Schüler" zu tun haben, jedenfalls aber bei nicht fixierten Kann-Erwartungen hilft uns Dokumentenstudium oder informatorisches Fragen kaum noch weiter. Ist es in diesem Falle nicht doch erfor-

[36] In diesem Punkt mißversteht *Gross* frühere Rollendefinitionen, wenn er ihnen ein „Postulat des Rollenconsensus" unterstellt (a. a. 0.; Kap. III). Ohne Zweifel ist die Rede von *culture patterns* und *expectations defined by society* ungenau, doch steht hinter diesen Wendungen der Gedanke an quasi-objektive, institutionalisierte Normen, nicht an übereinstimmende Meinungen und Auffassungen; jene und nicht diese bedürfen daher der Präzisierung.

derlich, die Mitglieder der Bezugsgruppe über ihre Meinung zu befragen und einen Consensus zu suchen? Dieser Weg liegt nahe, ja erscheint beinahe der einzige realisierbare Weg zu sein. Dennoch ist er ein Irrweg. Wenn wir den Begriff der Rolle nicht an die Willkür individueller Meinungen ausliefern, sondern im Schnittpunkt des Einzelnen und der Tatsache der Gesellschaft halten wollen, dann ist es besser, auf die präzise Formulierung vieler Kann-Erwartungen vorerst zu verzichten, als sich mit der Scheinpräzision einer Meinungsbefragung der Möglichkeit zu begeben, die Kategorie der Rolle in ihrer ganzen Fruchtbarkeit zu verwenden. Es wird sich daher empfehlen, daß wir uns, solange brauchbare Methoden zur Ermittlung nicht fixierter Rollenerwartungen nicht gefunden sind, damit begnügen, an Hand feststehender Normen, Gewohnheiten und Präzedenzfälle (die überdies auch im Fall von Kann-Erwartungen nicht selten vorhanden sind[37]) die faßbaren Elemente sozialer Rollen zu formulieren.

Die Meinungen der Mitglieder von Bezugsgruppen und der Grad des Consensus der Meinungen sind natürlich weder für soziographische Zwecke noch auch für die Rollenanalyse ohne Bedeutung. Nur liegt die Bedeutung dieses Ansatzes an einem anderen Punkt, als N. Gross in seiner Studie annimmt. Wir haben bisher die Normen und Sanktionen der Bezugsgruppen von Rollen als gegeben angenommen; es bleibt jedoch zu fragen, wie denn diese Normen zustande kommen oder, was dasselbe ist, auf welche Weise sie verändert und außer Kraft gesetzt werden können. Vielleicht ist auch das Verhältnis des Consensus der Meinungen und der geltenden Normen dem von Recht und Sitte analog. Eine Norm, die nicht von einer Mehrheit der Gruppenmitglieder gestützt oder zumindest toleriert wird, steht auf schwachen Füßen. Wenn es etwa zu den Gewohnheiten eines Lehrerverbandes gehört, daß alle Lehrer wöchentlich einmal Elternversammlungen einberufen, die meisten Lehrer dies aber für eine völlig unpraktikable Rollenerwartung halten, dann ist die Voraussage nicht gewagt, daß diese Norm in absehbarer Zeit abgeändert, zumindest aber nicht erzwungen und dadurch von einer Soll- zu einer Kann-Erwartung wird. Nicht die Geltung, wohl aber die Legitimität von Normen läßt sich durch ihre Konfrontierung mit den Meinungen der Betroffenen messen. So hätte Gross, wenn er die Ergebnisse seiner Studie mit den institutionalisierten Rollenerwartungen der Position „Schulrat“ konfrontiert hätte, daraus manches über die Zukunft der von ihm studierten Rolle und die Legitimität ihrer Erwartungen erfahren können. In der theoretischen Erörterung gilt es klar zu trennen zwischen (1) fixierten Normen von Bezugsgruppen, die als Rollenerwartungen dem Träger einer Position gegeben sind, (2) den Meinungen der Mitglieder von Bezugsgruppen über diese Normen, die deren Legitimität und Wandel bestimmen, und (3) dem tatsächlichen Verhalten der Spieler von Rollen. Für den Begriff der sozialen Rolle sind Verhaltensweisen nur als Erwartungen im ersten Sinn von Belang; die Gegenüberstellung von Nor-

[37] Gerade bei wenig formalisierten Gruppen wie etwa den Eltern der Schüler einer Klasse entstehen Normen oft erst bei einer Herausforderung (und dann allerdings in sehr intimen Kontakt mit den Meinungen der Beteiligten). Ein Lehrer erzählt seinen Schülern offenkundig Falsches, das diese zu Hause berichten; die Eltern beschließen, etwas dagegen zu unternehmen. Solche Präzedenzfälle leben dann als Normen fort; wo sie vorliegen, können wir auch Kann-Erwartungen identifizieren. Für eine mögliche Alternative zur Ermittlung von Kann-Erwartungen sowie für den ganzen Komplex der empirischen Analyse von Rollenerwartungen vgl. Abschnitt VIII.

men und Meinungen in Bezugsgruppen sowie Rollen und tatsächlichem Verhalten der Träger von Positionen setzt den Rollenbegriff voraus und wird nur vor seinem Hintergrund wesentlich.

Unter allen Bezugsgruppen, in deren Bann wir als Träger sozialer Positionen geraten, ist die ganze Gesellschaft mit ihrem Rechtssystem von besonderem Interesse, zumal der Verdacht entstehen könnte, als führten wir hier einen Kollektivbegriff unkritisch wieder ein, den wir gerade auf präzisere Kategorien reduziert glaubten. Wir haben Muß-Erwartungen als Erwartungen definiert, hinter denen die Kraft des Gesetzes und die Drohung der Gerichte steht. Wo immer dies der Fall ist, läßt sich offenbar keine Teilgruppe der Gesellschaft als Bezugsgruppe identifizieren. Obwohl nicht in jeder unserer Rollen alle Teile des Rechtssystems unserer Gesellschaft auf uns anwendbar sind, obwohl also für Vater Schmidt das Beamtenrecht, für Studienrat Schmidt das Familienrecht und für Herrn Schmidt in seinen sämtlichen Rollen das Seerecht gleichgültig ist, läßt sich doch weder das gesamte Rechtssystem noch irgendeiner seiner Teile als von einer partikularen Bezugsgruppe für andere gesetzte Norm beschreiben. Als latente Erwartungen bzw. häufiger als latente Verbote begleiten Recht und Gesetz uns in den meisten unserer sozialen Rollen. Insofern daher Studienrat Schmidt dem Beamtenrecht und Vater Schmidt dem Familienrecht unterworfen ist, müssen wir annehmen, daß hier die gesamte Gesellschaft, deren Teil Herr Schmidt ist, sein Verhalten an ihren Normen mißt. „Die gesamte Gesellschaft" aber heißt hier alle Menschen in dieser Gesellschaft, insofern sie durch gesetzgebende und rechtsprechende Institutionen vertreten sind. In diesem begrenzten Sinn tritt die Bezugsgruppe „gesamte Gesellschaft" neben andere Bezugsgruppen in der Bestimmung und Kontrolle von Rollenerwartungen[38].

Wenn nicht aller Anschein trügt, kann die Verbindung der Theorie der Bezugsgruppen mit der Kategorie der sozialen Rolle uns helfen, die metaphorische Personifizierung „der Gesellschaft" durch greifbarere Kategorien zu überwinden. Im Hinblick auf soziale Rollen erweist sich die ärgerliche Tatsache der Gesellschaft als ein Konglomerat mehr oder minder verbindlicher, mehr oder minder partikularer Gruppennormen. Jede Gruppe trägt dazu bei, die Formen vieler Rollen zu prägen; umgekehrt kann jede Rolle das Resultat der Einwirkung vieler Gruppen sein. Nicht immer ist die so entstehende Form ein einheitliches, wohl abgewogenes Gebilde. Durch die Verbindung von Rollen und Bezugsgruppen wird es uns vielmehr möglich, eine schwerwiegende Form des sozialen Konflikts, den Konflikt innerhalb von Rollen, schärferer Analyse zugänglich zu machen. Es ist durchaus vorstellbar, daß die Normen der Kollegen des Studienrates Schmidt und die seiner Vorgesetzten ihm gegensätzliches Verhalten in gleichen Situationen vorschreiben, so daß er Ge-

[38] Dies ist ein schwieriges Problem, das in anderem Zusammenhang weiterer Erläuterung bedarf. Sein Kern liegt in der Tatsache, daß z. B. das Seerecht, obwohl es nur auf eine begrenzte Gruppe von Personen und Institutionen anwendbar ist, trotzdem als Recht den Anspruch auf Universalität in sich trägt. In der empirischen Analyse kommt zu diesem Doppelaspekt noch die verunklärende Tatsache hinzu, daß Sondergruppen auf dem Umweg über Parlamente Recht schaffen können, das nur sie begünstigt, daß sie also ihren Normen den Anstrich der Universalität geben können. Logisch ist bei der Behandlung der ganzen Gesellschaft als Bezugsgruppe der Sachverhalt wichtig, daß „die Gesellschaft" keineswegs nur als alle anderen Gruppen umfassende Einheit betrachtet werden muß, sondern in gegebenen Zusammenhängen als Untergruppe (*subset*) ihrer selbst vollgültig neben andere Bezugsgruppen treten kann.

fahr läuft, mit jeder seiner Entscheidungen eine Erwartung zu enttäuschen und dafür zur Rechenschaft gezogen zu werden. Einige Konflikte dieser Art sind in modernen Gesellschaften notorisch. Man denke nur an den Konflikt des Universitätsprofessors zwischen den drei Erwartungen zur Forschung, zur Lehre und zur Verwaltung seines Instituts; an den Konflikt des Arztes zwischen den Verpflichtungen, dem Patienten nach besten Kräften zu helfen und seiner Krankenkasse möglichst geringe Kosten zu verursachen; an den Konflikt des Arbeitsdirektors zwischen den Erwartungen seiner Kollegen im Vorstand und denen der Arbeiter, die er vertritt. An diesen Beispielen mag deutlich werden, in welcher Weise begriffliche Klärung, indem sie uns befähigt, unsere Fragen zu präzisieren, zur Lösung empirischer Probleme beizutragen vermag[39].

VI

In den Erörterungen der beiden letzten Abschnitte haben wir versucht, einige der Unklarheiten, die dem Reden von der „Verbindlichkeit" und der „gesellschaftlichen Definition" von Rollenerwartungen innewohnen, aufzuhellen. Neben diesen beiden steht eine dritte erklärungsbedürftige Form des Sprechens, die in Sätzen deutlich wird wie: „Der Einzelne findet seine Rollen als gegeben vor." „In Rollen werden der Einzelne und die Gesellschaft vermittelt." Wie der Einzelne zu seinen Positionen und seinen Rollen kommt und in welcher Lage er sich gegenüber diesen findet, sind offene Fragen. In der soziologischen Diskussion ist diesen Fragen allerdings sehr viel mehr Aufmerksamkeit gewidmet worden als den beiden früheren, so daß unsere Erörterung hier in stärkerem Maße zum Referat bekannter Überlegungen wird. Zugleich führen diese Erörterungen uns besonders nahe an das Ausgangsproblem dieses Versuches heran: wie denn das Paradox des ganzen Menschen unserer Erfahrung und des rollenspielenden *homo sociologicus* scharf zu fassen und zu ertragen sei. Denn das Verhältnis des Einzelnen zu seinen sozialen Rollen birgt ja in sich die Geburt des *homo sociologicus* aus dem ganzen Menschen, die Entfremdung des Menschen zum Schauspieler auf der Bühne der Gesellschaft.

Das Zusammenkommen von Einzelnen und Gesellschaft läßt sich an einem Gedankenexperiment verdeutlichen, das, so sichtbar es den Stempel wirklichkeitsferner Phantasie trägt, doch Aufschlüsse von sehr realer Anwendbarkeit verspricht. Positionen sind unabhängig von Einzelnen denkbar und lokalisierbar; das Sozialgefüge der Gesellschaft könnte als ein riesiger Organisationsplan erscheinen, in dem Abertausende von Positionen in ihren Feldern wie Sonnen mit einem Planetensystem verzeichnet sind. „Studienrat", „Vater", „Deutscher" und „Schatzmeister des 1. F.C. X-Stadt" sind sämtlich Orte in diesem Plan, ohne daß Herr Schmidt oder irgendein anderer Einzelner auch nur gedacht zu werden braucht. Auf der anderen Seite stellen wir uns Herrn Schmidt und alle seine Zeit genossen als Menschen vor, die noch frei von jeder gesellschaftlichen Stellung, also gewissermaßen reine soziale Potenz sind. Die Aufgabe des Gedankenexperiments sei es nun, die beiden, den Organisationsplan und die „reinen" Menschen, so zusammenzubringen, daß jede Position des Plans von

[39] Vgl. für eine etwas ausführlichere Erörterung solcher Probleme Abschnitt VIII.

(mindestens) einem Menschen besetzt wird und jeder Mensch (mindestens) eine Position zuerkannt bekommt. Das letztere ist leichter als das erstere, denn die Zahl der Positionen übersteigt die der „verfügbaren“ Menschen um ein Vielfaches; doch seien nahezu beliebige Kombinationen von Positionen für jeden Menschen erlaubt[40]. Weniger schematisch zwar, aber doch mit analoger Problematik stellt sich jeder Gesellschaft diese Aufgabe der Zuordnung von Positionen und Menschen; die Lösung der Aufgabe bildet einen Grundmechanismus des sozialen Prozesses[41].

Mathematisch gesehen ist das Problem der Zuordnung einer großen Zahl von Elementen der Gruppe „Menschen“ und einer noch größeren der Gruppe „Positionen“ ein Problem mit einer unüberschaubaren Zahl möglicher Lösungen. Im Hinblick auf einzelne Positionen und einzelne Menschen gilt dies auch für die Gesellschaft. Doch lassen sich unter diesen Lösungen nach gewissen Kriterien Gruppen unterscheiden, und es lassen sich soziale Mechanismen angeben, die zu bestimmten Lösungen führen. So wenig das Verhalten des *homo sociologicus* selbst bloß den Gesetzen der Zufallswahrscheinlichkeit folgt, so wenig ist der Prozeß der Positionszuordnung ein ungeregeltes mathematisches Experiment.

Das wichtigste Unterscheidungsmerkmal sozialer Positionen im Hinblick auf ihre Zuordnung liegt darin, ob sie dem Einzelnen völlig ohne sein Zutun zufallen, oder ob er durch eigene Aktivität ihrer habhaft werden kann. Vor allem die in biologischen Merkmalen begründeten Positionen fallen dem Einzelnen zu, ohne daß er gefragt wird oder daß ihm die Möglichkeit bleibt, das Ansinnen der Gesellschaft zurückzuweisen. Daß Herr Schmidt „Mann“ und „Erwachsener“ ist, also seine Geschlechts- und Altersposition, kann er ebensowenig verhindern wie seine Position (als „Sohn“) in der Familie seines Ursprungs. Aber auch daß er „Deutscher“ und „Staatsbürger“ ist, ergibt sich für Herrn Schmidt automatisch daraus, daß er an einem bestimmten Ort geboren ist und ein gewisses Alter erreicht hat. Neben diesen *zugeschriebenen Positionen (ascribed positions)* hat Herr Schmidt als Deutscher in der Mitte des 20. Jahrhunderts jedoch eine Reihe von *erworbenen Positionen (achieved positions)*, d. h. Positionen, die er zumindest auch dank seiner eigenen Bemühungen innehat. Daß er „Studienrat“, „Schatzmeister des 1.F.C. X-Stadt“ und „Autofahrer“ ist, bekundet jeweils ein Element seiner Wahl; diese Positionen sind ihm nicht ohne sein Zutun zugefallen. Die Unterscheidung von zugeschriebenen und erworbenen Positionen hat für alle Gesellschaften Geltung; doch können Positionen von zugeschriebenen zu erworbenen werden und umgekehrt. Für den König in einer erblichen Monarchie ist seine „Berufs-“position zweifellos nicht erworben, und ähnliches galt für viele Berufe in vorindustriellen Gesellschaften. Die Unterscheidung dieser beiden Klassen von Positionen ist nicht immer eindeutig möglich: Ist „Katholik“ für das Kind katholischer

[40] In der Wirklichkeit der Gesellschaft sind die Kombinationsmöglichkeiten von Positionen und Menschen natürlich keineswegs beliebig. Vielmehr läßt sich eine Klassifizierung von Positionen entwickeln, so daß jeder Mensch nur jeweils eine Position in jeder Klasse (z. B. den Klassen der Geschlechts-, Alters-, Familien-, National-, Berufspositionen) innehaben kann, solche Strukturen machen ja gerade den Unterschied zwischen der Tatsache der Gesellschaft und rein zufallswahrscheinlichen Verhältnissen aus.

[41] Der Prozeß der Positionszuordnung *(position allocation)* wird von englischen und amerikanischen Soziologen oft mit dem Begriff *role allocation* bezeichnet. Wenn man die hier vorgeschlagene Unterscheidung von Positionen und Rollen akzeptiert, dann ist dieser Ausdruck ungenau; denn zugeordnet werden zunächst nur Positionen (obwohl jeder von ihnen eine Rune anhaftet).

Eltern in einem katholischen Land eine erworbene, „Vater" für Herrn Schmidt eine zugeschriebene Position? Wenn wir uns an der faktischen Möglichkeit einer Wahl in gegebenen Gesellschaftszusammenhängen orientieren, muß die Antwort in beiden Fällen verneinend sein; doch kann auch dieses Kriterium Grenzfälle nicht ganz ausschließen[42].

Zugeschriebene Positionen unterliegen sozusagen einer totalen Zwangsbewirtschaftung; die Gesellschaft braucht sich um ihr Schicksal nicht weiter zu kümmern, ja, um streng zu sein, müßten wir diese Positionen als nicht beliebig verfügbar aus unserem Gedankenexperiment ausschließen. Anders steht es mit den erworbenen Positionen. Daß dem Einzelnen hier ein Spielraum der Wahl bleibt, heißt nicht, daß nur die Wahl des Einzelnen darüber entscheidet, wer welche Position erwirbt. Nicht jeder kann „Ministerpräsident", „Generaldirektor" oder selbst „Schatzmeister des 1.F.C. X-Stadt" werden. In industriellen Gesellschaften wird typisch das Erziehungssystem zum entscheidenden sozialen Mechanismus der Zuordnung erworbener Positionen, zumindest insoweit diese in einem weiten Sinn als Berufe ansprechbar sind. In Schulen, Hochschulen und Universitäten wird die Wahl des Einzelnen mit dem Bedürfnis der Gesellschaft an Hand des Maßstabes der Leistung abgestimmt; das Zeugnis oder Diplom der Erziehungsinstitutionen verbindet beide zu einem Berechtigungsnachweis für erworbene Positionen. Auch innerhalb sozialer Organisationen herrscht das Prinzip der Leistung (Aktivität, Erfolg) als Zuordnungskriterium für Positionen, obwohl an die Stelle des Schuldiploms hier andere Mechanismen der Leistungsbewertung treten[43]. Institutionelle Kontrollen dieser Art machen die Zuordnung von Positionen für den Einzelnen zu einem Prozeß sich ständig verringernder Möglichkeiten und führen weitere Konstanten in unser mathematisches Experiment ein. Schon die zugeschriebene Position „Mann" begrenzt die Summe aller weiteren möglichen Positionen; „Erwachsener", „Akademiker" und „Bewohner der Mittelstadt X" sind weitere Beschränkungen, die den Horizont persönlicher Entscheidung für Herrn Schmidt schließlich so weit einengen, daß ihm nur eine überschaubare Zahl von Positionen noch offensteht. Auch hier ist es nur ein Schritt von der Erfahrung der Gesellschaft als Stütze und Quelle der Sicherheit zu ihrem Erlebnis als Hemmschuh und Ärgernis.

Soziale Positionen sind ohnehin ein Danaergeschenk der Gesellschaft an den Einzelnen. Auch wenn er sie nicht mit eigener Kraft erworben bat, sondern sie ihm ungefragt zugeschrieben werden, verlangen sie von ihm eine Leistung; denn jeder sozialen Position haftet eine Rolle an, ein Satz von Erwartungen an das Verhalten ihres Trägers, der von den Bezugsgruppen seines Feldes sanktioniert wird. Bevor der Einzelne aber seine Rollen spielen kann, muß er sie kennen; wie der Schauspieler muß auch

[42] Die Unterscheidung zugeschriebener und erworbener Positionen ist wohl zuerst von *R. Linton* in seinem Buch „The Study of Man" (New York 1936), S. 115, eingeführt worden: „Ascribed statuses are those which are assigned to individuals without reference to their innate differences or abilities. They can be predticted and trained for from the moment of birth. The achieved statuses are, as a minimum, those requiring special qualities, although they are not necessarily limited to these. They are not assigned to individuals from birth, but are left open to be filled through competition and individual effort." Abgesehen von dem Terminus „Status" (wozu vgl. unten Abschnitt VII) enthält diese Bestimmung auch sonst manche Unklarheiten, die erst in jüngerer Zeit in dem im Text angedeuteten Sinne bereinigt worden sind.

[43] Vgl. hierzu *H. Schelsky*: Schule und Erziehung in der industriellen Gesellschaft (Würzburg 1957); *R. Dahrendorf*: Die soziale Funktion der Erziehung in der industriellen Gesellschaft, in: Speculum – Saarländische Studentenzeitschrift I/7 (1956).

das gesellschaftliche Wesen Mensch seine Rollen lernen, sich mit ihrem Inhalt und ihren Sanktionen vertraut machen. Hier begegnen wir einem zweiten Grundmechanismus der Gesellschaft, dem Prozeß der Sozialisierung durch Verinnerlichung von Verhaltensmustern. Erst indem der Einzelne die außer ihm bestehenden Vorschriften der Gesellschaft in sich hineinnimmt und zu einem Bestimmungsgrund seines Verhaltens macht, wird er mit der Gesellschaft vermittelt und als *homo sociologicus* zum zweiten Male geboren. Positionszuordnung und Rollenverinnerlichung sind komplementäre Prozesse, mit deren Sicherung die industrielle Gesellschaft nicht zufällig vornehmlich einen einzigen institutionellen Bereich – den des Erziehungssystems – beauftragt hat. Allerdings wird das Erziehungssystem auch in modernen Gesellschaften noch von der Familie, der Kirche und anderen Organisationen in seinen Aufgaben der Zuordnung und Sozialisierung unterstützt[44].

Die beiden Begriffe, die gemeinhin für den Prozeß der Vermittlung des aller Gesellschaftlichkeit entkleideten Einzelnen und der aller Individualität baren Gesellschaft verwendet werden – Sozialisierung (*socialization*) und Verinnerlichung (*internalization*) – verraten den Ort dieses Prozesses am Schnittpunkt von Einzelnem und Gesellschaft, damit den Ort der Kategorie der Rolle auf der Grenzlinie von Soziologie und Psychologie[45]. Vorn Standpunkt der Gesellschaft und der Soziologie ist das Lernen von Rollenerwartungen ein Vorgang, der den Menschen, indem er ihn zum *homo sociologicus* entfremdet, ihr überhaupt erst zugänglich macht und Bedeutung verschafft. Der rollenlose Mensch ist für Gesellschaft und Soziologie ein nicht existierendes Wesen. Um Teil der Gesellschaft und Objekt soziologischer Analyse zu werden, muß der „reine" Mensch Vergesellschaftet, an die Tatsache der Gesellschaft gekettet und dadurch zu ihrem Glied gemacht werden. Durch Beobachtung, Nachahmung, Indoktrination und bewußtes Lernen muß er in die Formen hineinwachsen, die die Gesellschaft für ihn als Träger seiner Positionen bereithält. Seine Eltern, Freunde, Lehrer, Priester und Vorgesetzten sind der Gesellschaft vorwiegend als Agenten wichtig, die der sozialen *tabula rasa* des rollenlosen Menschen den Plan seines Lebens in Gesellschaft einritzen. In dem Interesse der Gesellschaft an Familie, Schule und Kirche bekundet sich keineswegs nur der Wunsch, dem Einzelnen zur vollen Entfaltung seiner individuellen Anlagen zu verhelfen, sondern vor allem auch die Absicht, ihn auf die Aufgaben, deren Erfüllung die Gesellschaft von ihm erwartet, effektiv und kostensparend vorzubereiten.

Für Gesellschaft und Soziologie ist der Prozeß der Sozialisierung stets ein Prozeß der Entpersönlichung, in dem die absolute Individualität und Freiheit des Einzelnen in der Kontrolle und Allgemeinheit sozialer Rollen aufgehoben wird. Der zum *homo sociologicus* gewordene Mensch ist den Gesetzen der Gesellschaft und den Hypothe-

[44] Unter den zahlreichen Studien zum Thema der Sozialisierung ist soziologisch am bedeutendsten das Werk von *T. Parsons* und anderen: Family, Socialization and Interaction Process (Glencoe-London 1956).

[45] Die Mittlerstellung des Rollenbegriffes zwischen Psychologie und Soziologie wird in den meisten Erörterungen von Rollen hervorgehoben und ist in der Tat ein wichtiges Merkmal dieser Kategorie. Die Gelenkfunktion der Kategorie der Rolle läßt sich an Hand einer Bemerkung von *B. Russell* in seinem Buch „Human Knowledge" (London 1948), S. 269, verdeutlichen: „Every account of structure is relative to certain units which are, for the time being, treated as if they were devoid of structure, but it must never be assumed that these units will not, in another context, have a structure which it is important to recognize." Für den Soziologen sind Rollen irreduzible Elemente der Analyse; der Psychologe aber betrachtet gewissermaßen ihre innere, dem Individuum zugekehrte Seite und löst sie auf. Eine systematische Abgrenzung der Gegenstände dieser Disziplinen an Hand des Rollenbegriffes wäre denkbar.

sen der Soziologie schutzlos ausgeliefert; dennoch kann nur Robinson hoffen, seine entfremdete Wiedergeburt als *homo sociologicus* zu verhindern.

Für den Einzelnen und für die Psychologie hat derselbe Prozeß ein anderes Gesicht. Aus dieser Perspektive gibt der Einzelne sich nicht an ein Fremdes fort, wird er nicht vergesellschaftet; vielmehr nimmt er außer ihm Bestehendes in sich hinein, verinnerlicht es und macht es zum Teil seiner je individuellen Persönlichkeit. Indem wir soziale Rollen zu spielen lernen, verlieren wir uns an die Tatsächlichkeit einer Welt, die wir nicht geschaffen haben, und gewinnen uns zugleich als je einzigartige Persönlichkeiten, die am Ärgernis der Welt gestaltet werden. Zumindest für die Psychologie der Persönlichkeit ist die Verinnerlichung von Rollenerwartungen einer der wesentlichen formativen Prozesse des menschlichen Lebens. Sie stellt, wie wir aus vielen neueren Forschungen wissen, einen Vorgang dar, der sich zu gleicher Zeit auf vielen Ebenen der Persönlichkeit auswirkt. Die Rollenerwartungen, die zu lernen unsere Gesellschaft uns auferlegt, können unser Wissen vermehren; sie können uns aber auch zu Verdrängungen zwingen, in Konflikte führen und damit im tiefsten berühren. Das sozial wichtigste Begleitphänomen der Verinnerlichung sozialer Rollen ist die parallele Individualisierung der Sanktionen, die als Gesetz und Sitte unser Verhalten kontrollieren. Seit Freud hat die Theorie einigen Status, daß das Gewissen als „Über-Ich" das in den Einzelnen hineingenommene Gericht der Gesellschaft und ihrer Bezugsgruppen ist, daß die warnende und richtende Stimme der Gesellschaft also durch uns selbst unser Verhalten zu sanktionieren vermag. Zumindest für einige Rollen und Rollenerwartungen dürfen wir annehmen, daß es äußerer Instanzen nicht bedarf, um uns an die Verbindlichkeit sozialer Satzungen zu gemahnen. Die Tatsache sollte nicht leichtfertig als Gemeinplatz beiseite geschoben werden, daß die Gesellschaft unser Verhalten durch unser eigenes Gewissen auch dann noch richten kann, wenn es uns gelingt, Gesetz und Gerichte zu täuschen.

Jenseits aller Psychologie und Soziologie wird das Ärgernis der Gesellschaft für den Einzelnen damit zu einer Frage des Spielraums, den das Auge der selbst sein Innerstes durchdringenden Gesellschaft ihm läßt bzw. den er sich zu schaffen vermag. In ihrem erschreckendsten Aspekt ist die Welt des *homo sociologicus* eine „Brave New World" oder ein „1984", worin alles menschliche Verhalten berechenbar, verläßlich und ständiger Kontrolle unterworfen ist. Obwohl wir indes Herrn Schmidt von dem Rollenspieler Schmidt kaum zu trennen vermögen, lassen ihm seine sämtlichen Rollen doch einen wesentlichen Rest, der sich der Berechnung und Kontrolle entzieht. Es ist nicht leicht, vom Verhalten des Einzelnen her seinen möglichen Spielraum abzugrenzen. Doch scheint es, als sei für den Menschen außer dem freien Bereich, den jede Rolle ihrem Spieler läßt, auch der durch verbindliche Erwartungen geregelte Verhaltensbereich weniger determiniert als eingegrenzt. Rollenerwartungen sind nur in seltenen Fällen definitive Vorschriften; in den meisten Fällen erscheinen sie eher als Sektor erlaubter Abweichungen. Insbesondere bei Erwartungen, an die sich vorwiegend negative Sanktionen knüpfen, ist unser Verhalten nur privativ bestimmt; wir dürfen gewisse Dinge nicht tun, aber solange wir diese vermeiden, sind wir in unserem Verhalten frei. Überdies impliziert das entfremdete Verhältnis des Einzelnen und der Gesellschaft, daß er zugleich Gesellschaft ist und nicht ist, daß die Gesellschaft seine Persönlichkeit prägt und diese doch ihrerseits die Möglichkeit hat, die Gesellschaft mitzuprägen. Rollenerwartungen und Sanktionen sind nicht unveränderlich für alle Zeiten fixiert; vielmehr unterliegen sie wie alles Gesellschaftliche ständigem Wandel, und das tatsächliche Verhalten und die Meinungen des Einzelnen befördern diesen Wandel. So sehr indes solche Überlegungen dem Paradox von *homo sociologicus* und dem ganzen Menschen an einigen Punkten die Schärfe und Bedrohlichkeit nehmen mögen, so wenig können wir hoffen, durch Qualifizierung des *homo sociologicus* seine bedrängende Unvereinbarkeit mit dem ganzen Menschen unserer Erfahrung aus der Welt zu schaffen.

VII

Nur in einem bedeutungslos allgemeinen Sinn ließe die These sich rechtfertigen, daß *homo sociologicus* in seiner hier skizzierten Gestalt allen theoretischen und empirischen Forschungen der heutigen Soziologie zugrunde liegt. Eine gewisse terminologische und sachliche Konvergenz im Hinblick auf die Kategorien der sozialen Position und Rolle ist zwar unverkennbar; doch ist sie weniger erstaunlich als die Divergenzen, die die Terminologie und Konzeption vieler Soziologen noch heute aufweisen, wenn es um die Elemente soziologischer Analyse geht. Man braucht nur beliebige Nummern soziologischer Zeitschriften durchzublättern, um sich von diesem Tatbestand zu überzeugen. Aus gutem Grund haben wir die Diskussion früherer Versuche, den Menschen der Soziologie zu beschreiben, bislang zurückgestellt. Von der nunmehr erreichten Position jedoch scheint es möglich, die jüngere Geschichte der Kategorie der sozialen Rolle nicht nur – wie dies zumeist geschieht[46] – zu referieren und mit einem überlegenen Lächeln als widersprüchlich zu bezeichnen, sondern die Widersprüche dieser Geschichte durch kritische Entschlüsse aufzulösen. Dabei werden wir uns auf einige wenige Hauptaspekte und Hauptakteure des Begriffsstreites beschränken, also für die behandelten Probleme und Positionen zwar Repräsentativität, nicht aber Vollständigkeit beanspruchen.

Die terminologisch scharfe Verwendung der hier in Frage stehenden Elementarkategorien läßt sich zurückverfolgen zu Ralph Lintons Erörterung der Begriffe „Status and Role“ in seinem 1936 zuerst erschienenen Buch „The Study of Man“. In nahezu allen späteren Versuchen der Abgrenzung tauchen Lintons Definitionen wieder auf, und obwohl ihr Autor selbst sie in jüngerer Zeit – absichtlich oder unabsichtlich – modifiziert hat[47], scheint es sinnvoll, von diesen Urdefinitionen auszugehen. Linton spricht zunächst vom „Status“, also dem, was wir hier „Position“ genannt haben: „A status, in the abstract, is a position in a particular pattern.“[48] Die Definition ist vager als unsere, aber der Sache nach verwandt; doch fügt Linton ihr wenig später ein neues Element hinzu: „A status, as distinct from the individual who may occupy it,

[46] Referate der Literatur zum Rollenbegriff sind in den letzten Jahren in regelmäßigen Abständen veröffentlicht worden; vgl. *L. J. Neimann* und *J. W. Hughes*: The Problem of the Concept of Role – A Re-Survey of the Literature, in: Social Forces XXX (1951); *Th. R. Sarbin*: Role Theory, in: G. Lindzev. Hg. Handbook of Social Psychology, Bd. I (Cambridge, Mass. 1954); *N. Gross* u. a.: a. a. O., Kap. II.

[47] Für die Wandlungen in Lintons eigener Definition vgl. *N. Gross* u. a.: a. a. O.; S. 12 f. S. auch unten Anm. 69.

[48] *R. Linton*: a. a. O.; S. 113.

is simply a collection of rights and duties.“[49] Linton gebraucht hier das einprägsame und vielzitierte Bild des Fahrersitzes in einem Auto mit Lenkrad, Gangschaltung, Gashebel, Bremse und Kupplung, der als Konstante mit stets gegenwärtigen Möglichkeiten dem individuellen Fahrer vorgegeben ist. Wie läßt sich demgegenüber die Rolle bestimmen? „A role represents the dynamic aspect of a status. The individual is socially assigned to a status and occupies it with relation to other statuses. When he puts the rights and duties which constitute the status into effect, he is performing a role. Role and status are quite inseparable, and the distinction between them is of only academic interest.“[50]

Es gibt wahrscheinlich wenige Aussagen von Soziologen, die so oft zitiert worden sind wie diese Sätze, und doch lassen alle Unklarheiten der Kategorien „Rolle“ und „Status“ oder „Position“ sich an dieser ihrer klassischen Definition aufweisen. Die erste Unklarheit, die schon hier hervortritt, ist terminologischer Natur. Die Frage ist zu klären, welche Termini für die Bezeichnung der beiden Elementarkategorien adäquat und relativ unmißverständlich sind. Wie alle terminologischen Fragen ist auch diese sachlich von nur mäßigem Gewicht. Wichtiger erscheint die zweite Unklarheit der Abgrenzung der beiden Elementarkategorien (mit der von Linton in seiner letzten Bemerkung angedeuteten Vorfrage, ob überhaupt zwei Kategorien erforderlich sind). Wenn schon „Status“ eine „Kollektion von Rechten und Pflichten“ bezeichnet – was bleibt dann für die „Rolle“? Besteht ein sachlich gerechtfertigter, formulierbarer Unterschied zwischen dem „statischen“ und dem „dynamischen“ Aspekt des Ortes in einem sozialen Beziehungsfeld[51]? Diese Fragen führen folgerichtig weiter zu einer dritten Unklarheit in Lintons und den meisten späteren Definitionen, die uns schon früher beschäftigte und besonderer Aufmerksamkeit bedarf: sind „Rollen“ das, was der Einzelne mit den ihm von der Gesellschaft vorgegebenen Formen tut, oder sind sie selbst ebensosehr „Gesellschaft“ wie „Einzelner“? Sind sie objektive, vom Einzelnen ablösbare, oder subjektive, dem Einzelnen untrennbar eigene Gegebenheiten?

Diese letzte Unklarheit wirft die wichtigsten Probleme auf, deren Dringlichkeit der Blick auf einen Zweig der Bedeutungsentwicklung der Kategorie der Rolle zu unterstreichen vermag. Linton selbst scheint unter „Rollen“ nicht Komplexe erwarteter Verhaltensweisen (die er vielmehr als „Rechte und Pflichten“ dem Status zuschreibt), sondern das tatsächliche Verhalten des Einzelnen angesichts solcher Erwartungen zu verstehen. Damit wird aber die „Rolle“ von einer quasi-objektiven, im Prinzip ohne Befragung von Individuen ermittelbaren soziologischen Elementarkategorie zu einer Variablen sozialpsychologischer Analyse. Wie Studienrat Schmidt sich tatsächlich zu seinen Schülern oder Vorgesetzten verhält, ist zwar keineswegs ohne soziales Interesse, gibt uns aber weniger über die Tatsache der Gesellschaft als über die Persön-

[49] *R. Linton*: a. a. O.; S. 113.

[50] *R. Linton*: a. a. O.; S. 114.

[51] „Statisch“ und „dynamisch“ sind Ausdrücke, die Soziologen oft und gern gebrauchen; doch haben sie nur selten einen unmißverständlichen Sinn. Im gegenwärtigen Zusammenhang sind sie meines Erachtens völlig fehl am Platze. Inwiefern ist mein Recht „statischer“ als mein Handeln? Inwiefern meine Position „statischer“ als mein Recht? Leider hat – wie einige der folgenden Zitate zeigen – Lintons Unterscheidung „statischer“ Positionen und „dynamischer“ Rollen sich mit seiner Definition eine Generation lang fortgeerbt.

lichkeit von Herrn Schmidt Aufschluß. Dieser Abweg ist bei Linton nur angedeutet. Seine Konsequenz wird jedoch ganz offenbar bei K. Davis, wenn er sagt: „How an individual actually performs in a given position, as distinct from how he is supposed to perform, we eall his role. The role, then, is the manner in which a person actually carries out the requirements of his position. It is the dynamic aspect of status or office and as such is always influenced by factors other than the stipulations of the position itself."[52] Hier wird die Kategorie der Rolle schon fast bewußt aus dem Schnittbereich des Einzelnen und der Gesellschaft herausgenommen und dem Sozialpsychologen überantwortet. Sie bezeichnet gerade das nicht mehr, was wir als für sie konstitutiv erachtet haben, nämlich Verhaltenserwartungen. Ganz ähnlich finden wir bei H. H. Gerth und C. W. Mills: "More technically, the concept of ‚role' refers to (1) units of conduct which by their recurrence stand out as regularities and (2) which are oriented to the conduct of other actors."[53] Wenn Soziologen so definieren, kann man es den Sozialpsychologen schwerlich verübeln, daß sie mit Murray „individuelle" von „sozialen Rollen" unterscheiden[54] oder mit Hofstätter formulieren: „Als eine Rolle kann man eine in sich zusammenhängende Verhaltenssequenz definieren, die auf die Verhaltenssequenzen anderer Personen abgestimmt ist."[55] (Wobei Hofstätter, wenn er gleich darauf von der „Abhebbarkeit der Rollen von ihrem jeweiligen Träger" spricht, noch soziologischer ist als die zitierten Soziologen.) Das regelmäßige Verhalten von Individuen zu anderen Individuen gewinnt soziologische Bedeutung, insofern es sich als Verhalten zu vorgeformten Mustern verstehen läßt, also in der Spiegelung jener nicht-individuellen Tatsachen erscheint, die wir im Gegensatz zu Linton, Davis, Gerth und Mills und vielen Sozialpsychologen soziale Rollen genannt haben.

Psychologisierende Definitionen bezeichnen, wie gesagt, einen Zweig der Bedeutungsentwicklung der Kategorie der Rolle. Neben diesem – und erstaunlicherweise ohne je mit ihm in offenen Konflikt zu treten – verläuft eine andere, sehr viel sinnvollere Bedeutungsgeschichte. Das Fehlen eines Konfliktes mit psychologisierenden Rollendefinitionen ist besonders erstaunlich bei G. Homans und T. Parsons, die sich beide ausdrücklich auf Lintons Definition berufen, um ihrerseits zumindest sehr viel eindeutiger, wenn nicht ersichtlich anders zu formulieren: „A norm that states expected relationship of a person in a certain position to others he comes into contact with is often called the role of this person" (Homans[56]). „The role is that organized sector of an actor's orientation which constitutes and defines his participation in an interactive process. lt involves a set of complementary expectations concerning his own actions and those of others with whom he interacts" (Parsons u. a.[57]). Wenn Bennett und Tumin unter Rollen „the expected behavior which goes along with the occupancy

[52] *K. Davis*: Human Society (New York 1948); S. 89, 90.

[53] *H. H. Gerth* und *C. W. Mills*: Character and Social Structure (London 1954); S. 10.

[54] *H. A. Murray* in T. Parsons und E. A. Shils (Hgg.): Toward a General Theory of Action (Cambridge Mass. 1951); S. 450 f.

[55] *P. R. Hofstätter*: Sozialpsychologie (Berlin 1956); S. 36.

[56] *G. Homans*: The Human Group (London 1951); S. 124.

[57] *T. Parsons* und *E. A. Shils* (Hgg.): a. a. O.; S. 23. Die zitierte Definition findet sich in dem von allen Autoren des Sammelbandes unterzeichneten einleitenden „General Statement".

of a status" verstehen[58] oder Merton von „structurally defined expectations assigned to each role" spricht[59], so liegt diesen Umschreibungen ebenfalls der objektivierte, soziologische Gedanke von Komplexen erwartbarer, nicht tatsächlicher Regelmäßigkeiten des Verhaltens zugrunde.

Zwei unvereinbare Rollenbegriffe stehen einander gegenüber und verlangen nach einer Entscheidung. Für den einen ist das tatsächliche, regelmäßige Verhalten von Vater Schmidt seine Vaterrolle, für den anderen liegt diese in den Normen, die die Gesellschaft, in der Herr Schmidt lebt, für das Verhalten von Vätern generell kennt und fixiert hat. T. H. Marshall hat das Dilemma dieser Begriffsdoppelung gesehen[60]. Der Ausweg, den er empfiehlt, führt uns zu einer dritten Entwicklungslinie der Begriffsbildung. Marshall möchte die Kategorie der Rolle ganz den Sozialpsychologen zu beliebiger Verwendung überlassen, dafür jedoch die des Status in aller Klarheit von psychologischen Elementen „säubern" und soziologischer Analyse zugrunde legen. Zu diesem Zweck definiert er: „Status emphasizes the position, als conceived by the group or society that sustains it ... Status emphasizes the fact that expectations (of a normative kind) exist in the relevant social groups".[61] Zur Stützung seines Entschlusses verweist Marshall auf die juristische Definition von „Status" (bzw. auch „Stand") als „condition of belonging to a particular class of persons to whom the law assigns peculiar legal capacities or incapacities, or both"[62]. Ähnlich knüpft auch Nadel an den juristischen Statusbegriff an: „By status I shall mean the rights and obligations of any individual relative both to those of others and to the scale of worthwhileness valid in the group".[63] Diesem Statusbegriff stellt Nadel allerdings im Gegensatz zu Marshall und im Anschluß an Radcliffe-Brown einen Parallelbegriff gegenüber, der wiederum aus der uns schon bekannten Sphäre stammt: den Begriff der „Person"[64]. Als letztes Beispiel für den Versuch der Lösung des terminologischen Dilemmas durch Ausweitung des Statusbegriffs sei noch auf Ch. I. Barnards Definition verwiesen: „By ‚status' of an individual ... we mean ... that condition of the individual that is defined by a statement of his rights, privileges, immunities, duties,

[58] *J .W. Bennett* und *M. M. Tumin*: Social Life – Structure and Function (New York 1952); S. 96.

[59] *R. K. Merton*: Social Theory and Social Structure (Glencoe 11949); S. 110.

[60] *T. H. Marshall*: A Note on Status, in: K. M. Kapadia (Hg.), Professor Ghurye Felicitation Volume (Bombay 1954).

[61] *T. H. Marshall*: a. a. O.; S. 13.

[62] *T. H. Marshall*: a. a. O.; S. 15. Marshall zitiert hier C. K. Allen.

[63] *S. F. Nadel*: The Foundations of Social Anthropology (London 1951); S. 171.

[64] Vgl. *A. R. Radcliffe-Brown*: Structure and Function in Primitive Society (London 1952); S. 9/10: „The components or units of social structure are persons, and a person is a human being considered not as an organism hut as occupying position in a social structure." S. 11: „Within an organization each person may he said to have s rule ..." *S. F. Nadel*: a. a. O.; S. 93: „We might here speak of different 'aspects' of a person, or of different 'roles' assumed by it, or simply of different ‚persons'. Though this is a question of words, the last-named usage seems to me the most consistent as well as convenient one. Understood in this sense, the person is more than the individual; it is the individual with certain recognized, or institutionalized, tasks and relationships, and is all the individuals who act in this way." In einer Fußnote zu dieser Bemerkung verweist Nadel auf den Zusammenhang der Begriffe „Person" und „Status" in der Sprache des Juristen. Doch zeigt seine wie Radcliffe-Browns Formulierung, daß die Kategorie der „Person" zu umfassend ist, um die der „Position" oder „Rolle" zu ersetzen; beider Begriff der „Person" entspricht eher dem *homo sociologicus* unserer Terminologie.

obligation ... and, obverseley, by a statement of the restrictions, limitations, and prohibitions governing his behavior, both determining the expectations of others in reference thereto“.[65]

So verwirrend die Fülle der Definitionen scheinen mag, so deutlich ist andererseits in den meisten von ihnen ein gemeinsamer Kern, der jenseits terminologischer Unterschiede liegt und unsere Annahme bestätigt, daß die wissenschaftliche Untersuchung des Menschen in Gesellschaft einer Elementarkategorie von der Art derer der sozialen Rolle bedarf, die den Schnittpunkt der Tatsachen des Einzelnen und der Gesellschaft bezeichnet. Alle zitierten Autoren sind sich einig in der Annahme einer Elementarkategorie soziologischer Analyse, die durch Komplexe erwarteter Verhaltensmuster („Rechte und Pflichten“) definiert ist. Abgesehen von der kontinental-europäischen Soziologie, die auch in dieser Hinsicht dem Provinzialismus ihrer zwar älteren, aber überholten Traditionen noch verhaftet ist[66], bestehen in dieser Frage kaum noch Meinungsverschiedenheiten.

Die Mehrzahl der zitierten Autoren schlägt ein Kategorienpaar vor, das zumeist im Anschluß an Linton durch die Termini „Status“ und „Rolle“, aber auch durch die „Position“ oder „Amt“ und „Rolle“ (Homans, Davis) bzw. „Status“ und „Person“ (Nadel) bezeichnet wird. Es läßt sich argumentieren, daß auch diejenigen Autoren, die nur den Terminus „Status“ verwenden möchten, im Grunde eine Doppelkategorie kennen. Marshalls Definition des Status als Position und als Komplex normativer Erwartungen schreibt einem Begriff zwei durchaus unzusammengehörige Elemente zu und dokumentiert zumindest die Möglichkeit, wenn nicht die Notwendigkeit einer Unterscheidung der Stellung in einem sozialen Beziehungsfeld von den Erwartungen, die sich an die Trägerschaft dieser Stellung knüpfen. Gleichgültig darum, welche Termini sich am angemessensten erweisen mögen, legen die zitierten Definitionen es nahe, nicht nach einem einzigen, sondern nach einem Doppelbegriff zu suchen.

Zwei Definitionselemente lassen sich bei allen zitierten Autoren aufweisen: der Hinweis auf „Plätze“, „Stellungen“ oder „Positionen“ in gewissen sozialen Beziehungsfeldern und die Betonung gewisser mit diesen Positionen verknüpfter „Rechte und Pflichten“ oder Verhaltenserwartungen von normativer Art. Daneben taucht in einigen Definitionen ein psychologisches Element auf, nämlich das tatsächliche Verhalten der individuellen Träger von Positionen. Nun ist es in der Tat eine der Aufgaben der soziologischen Elementarkategorien, „to provide the link between the structural study of social systems and the psychological study of personality and motivation“ (Marshall[67]), aber gerade diese Bindeglied-Funktion macht es erforderlich, daß wir mit äußerster Wachsamkeit die Zwischenstellung der in Frage stehenden Kategorien festhalten. Von dem, was der Einzelne tut oder selbst regelmäßig tut, führt kein Weg zu

[65] *Ch. I. Barnard*: The Functions and Pathology of Status Systems in Formal Organizations, in: W. F. Whyte (Hg.), Industry and Society (New York 1946); S. 47/8.

[66] Natürlich gibt es auf dem europäischen Kontinent Ausnahmen von dieser Regel; doch dürfte selbst unter diesen kaum ein Forscher zu finden sein, der sich produktiv an der gegenwärtigen theoretischen Diskussion der englischen und amerikanischen Soziologie beteiligen könnte. Man hat zuweilen den Eindruck, als sei die europäische Soziologie hinter den Stand ihres „Heroenzeitalters“ zurückgefallen (und als hätten die „Heroen“ – E. Durkheim, V. Pareto, M. Weber – die angelsächsische Forschung mehr als die europäische geprägt).

[67] *T. H. Marshall*: a. a. O.; S. 11.

der prinzipiell unabhängig vom Einzelnen bestehenden Tatsache der Gesellschaft. Die Summe und der Durchschnitt des Handelns von Einzelnen vermögen ebensowenig wie ein durch Befragung ermittelter Consensus die Wirklichkeit von Gesetz und Sitte zu erklären. Gesellschaft ist eine Tatsache, eine ärgerliche zudem, gerade weil sie weder durch unsere plötzlichen Eingebungen noch durch unsere Gewohnheiten geschaffen wird. Ich kann gegen das Gesetz meiner Bezugsgruppen verstoßen, und ich kann mit liebgewordenen Gewohnheiten brechen; diese beiden Arten des Handelns aber sind wesentlich inkommensurabel. Während die erstere mich mit der außer mir bestehenden Tatsache der Gesellschaft in spürbaren Konflikt bringt, involviert die letztere nur mich selbst. Das Verhalten von *homo sociologicus* dem Menschen im Schnittpunkt von Einzelnem und Gesellschaft, darf eben nicht – wie Davis für den Gedanken des faktischen Verhaltens richtig feststellt, ohne die darin begründete soziologische Wertlosigkeit seines Rollenbegriffes zu erkennen – „durch andere Faktoren als die mit der Position gegebenen“ bestimmt sein. Individuell variable Verhaltensweisen charakterisieren zwar den Menschen unserer täglichen Erfahrung, nicht aber *homo sociologicus*.

Wenn wir jedes psychologische Element aus den zitierten Definitionen ausschalten, finden wir uns in der soziologischen Literatur vor folgendem Sachverhalt: Einige Autoren konzentrieren beide Definitionselemente, das des Ortes in einem Beziehungsfeld und das der an diesen Ort sich knüpfenden Erwartungen, auf einen Terminus, insbesondere auf den „Status“. Wie sehen bei Linton, oszilliert damit der Terminus „Status“ zwischen der Bezeichnung von Positionen und der von normativen Verhaltenserwartungen. Andere Autoren trennen diese beiden Aspekte und verteilen sie auf zwei Termini. (Am Rande ist dabei der interessante Tatbestand zu notieren, daß bei diesen Autoren häufig eine Neigung erkennbar ist, beide Elemente auf den Terminus „Rolle“ zu konzentrieren. So spricht T. Parsons zwar in seinen Schriften bis 1951 vom „Status-Rolle-Bündel“, seither aber vorwiegend von „Rollen“.) In dieser Reduktion wird der seit langem andauernde Begriffsstreit weitgehend zu einer terminologischen Frage, also einer Frage der Willkür, in der Nützlichkeitserwägungen den Ausschlag geben. Ein einfacher kritischer Entschluß versetzt uns in die Lage, das Gewirr von Definitionen und Gegendefinitionen aufzulösen, ohne den sachlichen Intentionen der streitenden Parteien Gewalt anzutun.

Glücklicherweise hat die soziologische Diskussion heute an einen Punkt geführt, an dem die terminologische Bereinigung nur mehr ein kleiner Schritt in eine schon vorgezeichnete Richtung ist. Was zunächst den Terminus für Orte in sozialen Beziehungsfeldern angeht, so konkurrieren hier „Status“ und „Position“ um Anerkennung. Doch setzt die Auffassung sich immer mehr durch, daß der Terminus „Status“ hier in mehrfacher Hinsicht unglücklich ist. Er findet am häufigsten Verwendung für eine bestimmte Art von Position, nämlich die Position in einer hierarchischen Skala des sozialen Prestiges. Dies ist eine von der hier in Fragestehenden entschieden abweichende Bedeutung[68], und jede Möglichkeit einer Verwechslung sollte ausgeschaltet

[68] „Sozialer Status“ in diesem heute auch im deutschen Sprachbereich anerkannten Sinne (vgl. *H. Kluth*: Sozialer Status und Sozialprestige, Stuttgart 1957), bezeichnet nämlich genau genommen nicht nur eine spezielle Art von Positionen, sondern eine Position von Positionen. Nicht ein Mensch, sondern eine Position (z. B. ein Beruf) hat Prestige und in diesem Sinne einen „Status“. Dieser in vielen Zusammenhängen wichtige Sinn des Begriffes „Status“ ist also klar zu unterscheiden von dem sehr viel neutraleren Positionsbegriff unserer Überlegungen.

werden. Die juristische Bedeutung des Statusbegriffs andererseits besagt mehr als nur die Stellung in einem Netz von Bezügen; hier schließt der Begriff gewisse Rechte und Pflichten ein, die wir vom Begriff der Position gerade absondern wollten. Als neutraler, sonst „unbelasteter" Terminus empfiehlt sich daher „Position", in dessen Verwendung wir hier dem kürzlich erschienenen Werk von N. Gross gefolgt sind[69].

Im Fall der „Rolle" besteht über den Terminus wenig Meinungsverschiedenheit; doch legen Sozialpsychologen und Soziologen ihm, wie wir gesehen haben, verschiedene Bedeutung bei. Wenn keine der beiden Disziplinen bereit ist, auf den Begriff zu verzichten, dann läßt eine endgültige Lösung sich in naher Zukunft schwerlich erhoffen. Indes hat es den Anschein, als beruhte die Divergenz der Definitionen vor allem darauf, daß es Sozialpsychologen zwar gelungen ist, den Gedanken habituellen Verhaltens von Einzelnen präzise zu fassen, Soziologen aber noch immer nicht mit der nötigen Schärfe ihren Begriff erwarteten Verhaltens zu formulieren vermochten. Sobald diesem Mangel abgeholfen ist, haben – so scheint mir – Begriff und Terminus „soziale Rolle" eine echte Chance, in dem in diesem Versuch bezeichneten Sinn in die Sprache der Sozialwissenschaft einzugehen.

Die kritische Durchsicht der Literatur in diesem Abschnitt hat sich durchweg auf einer allgemeineren und vageren Ebene gehalten als die Erörterungen der vorhergehenden Abschnitte. Das entspricht leider dem Stand der soziologischen Diskussion. Erst in den schon erwähnten Arbeiten von N. Gross und Mitarbeitern sowie von R. K. Merton zeichnet sich ein Fortschritt in der Präzisierung der Elementarkategorien soziologischer Analyse ab. Beide Autoren haben mit ihrer Unterscheidung von Rollen und Rollensegmenten bzw. Rollengruppen und Rollen[70] den Weg zur Verknüpfung von Rollentheorie und Bezugsgruppentheorie gebahnt und Möglichkeiten der empirischen Untersuchung sozialer Rollen eröffnet. War *homo sociologicus* bis vor kurzem ein reines Postulat, dessen Nützlichkeit zwar viele vermuteten, aber niemand recht überzeugend aufweisen konnte, so deutet sich heute die Chance an, die Metapher

---

[69] *R. Linton* hat sich mit mir allerdings unverständlichen Argumenten gegen diese Verwendung des Terminus „Position" ausgesprochen. Sein Einwand sei hier im Zusammenhang zitiert, weil er zugleich Lintons eigene Entwicklung im Hinblick auf die hier in Frage stehenden Elementarkategorien zu illustrieren vermag. Vgl. *R. Linton*: Role and Status, in: T. H. Newcomb und E. L. Hartley (Hgg.), Readings in Social Psychology (New York 1947); S. 368: „The place in a particular system which a certain individual occupies at a particular time will be referred to as his status with respect to that system. The term position has been used by some other students of social structure in much the same sense, but without clear recognition of the time factor or of the existence of simultaneous systems of organization within the society. Status has long been used with reference to the position of an individual in the prestige system of a society. In the present usage this is extended to apply to his position in each of the other systems. The second term, role, will be used to designate the sum total of the culture patterns associated with a particular status. It thus includes the attitudes. values and behavior ascribed by the society to any and all persons occupying this status. It can even be extended to include the legitimate expectations of such persons with respect to the behavior toward them of persons in other statuses within the same system... In so far as it represents overt behavior, a role is the dynamic aspect of a status: what the individual has to do in order to validate his occupation of the status".

[70] Gross (a. a. O.) spricht von *roles* und *role sectors*, *Merton* („The Role-Set", a. a. O.) von *role-sets* und *roles*. Beide zielen auf denselben Sachverhalt, nämlich die Komplexität von Erwartungen, die sich an eine einzelne Position knüpfen. Mir scheint jedoch, daß die Terminologie von Gross, die – in dem Begriff der Rolle – die Einheit solcher Erwartungskomplexe stärker betont, eine größere Chance der Durchsetzung hat (was nicht ausschließt, mit Merton Rollen als *sets* von Erwartungselementen im mathematischen Sinn zu behandeln).

dieses neuen Menschen an empirischen Problemen zu bewähren. Erst damit wird der Mensch als Positionsträger und Rollenspieler vom müßigen Paradox des Gedankens zum bedrängenden Gegenüber des ganzen Menschen der Erfahrung und die entfremdete Wiedergeburt des Menschen im *homo sociologicus* zum unentrinnbaren Problem einer philosophischen Kritik der Soziologie.

VIII

Homo oeconomicus und *psychological man* sind von ihren Urhebern nicht als Philosophien der menschlichen Natur konzipiert worden, wennschon ihre Kritiker ihnen eben diese Implikation zum Vorwurf machen. Wir haben uns hier bemüht zu zeigen, daß der Vorwurf nicht ganz so leicht von der Hand zu weisen ist, wie Ökonomen und Psychologen es gerne möchten. Dennoch darf die ursprüngliche Intention der künstlichen Menschen der Sozialwissenschaft bei aller Kritik nicht aus dem Auge verloren werden. *Homo sociologicus* stellt uns vor ein Dilemma, dem wir nur durch die Flucht in Dogmatismen entkommen können; aber dieses Dilemma ist nicht der Sinn und die Absicht der Wiedergeburt des Menschen als rollenspielenden Wesens. Vielmehr erweist sich diese als nützlich, wenn wir der Tatsache der Gesellschaft in Aussagen beizukommen wünschen, deren Geltung sich an Hand wiederholbarer Beobachtungen entscheidet. *Homo sociologicus* ist zunächst und vor allem ein Mittel zum Zweck der Rationalisierung, Erklärung und Kontrolle eines Ausschnittes der Welt, in der wir leben. Solches Vorgehen, der Weg der Wissenschaft, hat seine eigenen moralischen und philosophischen Probleme. Es ist durchaus denkbar, daß der Gewissenskonflikt des Soziologen eines nicht sehr fernen Tages dem des Atomphysikers an Gewichtigkeit nicht nachstehen wird[71]. Doch hat es so wenig Sinn, einen zukünftigen Galilei der Soziologie zur öffentlichen Leugnung seiner Einsichten zu bewegen, wie der Meineid des wirklichen Galilei den Fortschritt der Physik gehindert hat. Obskurantismus und Unterdrückung ist immer das schlechteste Mittel zur Lösung drängender Konflikte. Hier wie überall ist es besser, das Dilemma in voller Schärfe zu exponieren, als ihm davonzulaufen.

In unseren bisherigen Erörterungen war die „empirische" oder besser: die wissenschaftliche Brauchbarkeit des *homo sociologicus*, der sachliche Gewinn seiner Konstruktion, kaum mehr als eine Behauptung, ein Versprechen. Auch dieses Versprechen läßt sich bislang leider nur mit erheblichen Einschränkungen durch den Hinweis auf schon veröffentlichte Forschungen einlösen[72]. Wir haben das Neuland möglicher Anwendungen des Rollenbegriffes schon an mehreren Stellen flüchtig betreten; doch scheint es am Platze, diese Hinweise in einer systematischeren Darstel-

[71] Man denke nur an die gar nicht so fernliegende Möglichkeit, totalitäre Regierungen mit Hilfe soziologischer Einsichten effektiv an der Macht zu erhalten – oder an die schon heute verbreiteten „industriellen Beziehungen", deren implizites Ziel gewöhnlich die Manipulierung der Arbeiter zum Zweck der Verhinderung von Streiks und Lohnforderungen ist.

[72] So viel der Rollenbegriff von Soziologen diskutiert worden ist, so selten taucht er als ausdrücklicher Bezugspunkt in empirischen Forschungen auf – und wo er auftaucht, wird er oft *ad hoc* definiert. Auch dies beruht wahrscheinlich zumindest z. T. auf den unten an-gedeuteten technischen Schwierigkeiten, die der empirischen Präzisierung der Kategorie noch im Wege stehen.

lung der Brauchbarkeit des Rollenbegriffes bei der Analyse bestimmter soziologischer Probleme zusammenzufassen und sie um einige Aspekte zu ergänzen.

Bevor wir daran denken können, bestimmte Probleme der soziologischen Forschung mit Kategorien wie „Position", „Rolle", „Bezugsgruppe" und „Sanktion" anzupacken, ist es allerdings nötig, diese Kategorien selbst zu operationeller Schärfe zu entwickeln. Auf Möglichkeiten und Schwierigkeiten der Identifizierung bestimmter sozialer Rollen haben wir oben mehrfach verwiesen. In der Forschung ist hier noch fast alles zu tun. Im Idealfall stünde dem Soziologen gewissermaßen ein „soziologisches System der Elemente" zur Verfügung, d. h. ein Inventar aller bekannten Positionen mit den (zunächst in einer gegebenen Gesellschaft) an ihre Trägerschaft sich knüpfenden Rollenerwartungen und Sanktionen. Tatsächlich haben wir noch nicht einmal ein einziges Element für unser Inventar; die strikte Beschreibung einer sozialen Rolle ist noch nicht versucht worden[73]. Dieses Versäumnis liegt allerdings nicht nur in der Genügsamkeit von Soziologen begründet. Zu seiner Rechtfertigung läßt sich vielmehr vorbringen, daß für die meisten Probleme der Analyse Teilbeschreibungen von Rollen zureichen, und daß darüber hinaus die Beschreibung sozialer Rollen erhebliche methodische und technische Probleme mit sich bringt. Das erste dieser Argumente ist gültig; doch enthebt es uns nicht der Notwendigkeit, Methoden zur Beschreibung sozialer Rollen zu entwickeln; denn auch die Teilbeschreibung setzt, wenn sie verbindlich sein soll, solche Methoden voraus.

Die erste Aufgabe auf dem Weg zur empirischen Identifizierung sozialer Rollen ist klassifikatorischer Art. Hier geht es erstens darum, Gruppen sozialer Positionen auszusondern, in deren jeder der Einzelne typisch eine Position innehat. Wir haben gelegentlich von Familien- und Berufs-, National- und Klassen-, Alters- und Geschlechtspositionen gesprochen und damit eine solche Klassifizierung angedeutet. Selbst wenn es nicht sinnvoll sein sollte, alle bekannten Positionen zu klassifizieren, scheint es doch möglich und gewinnversprechend, durch Abgrenzung der wichtigsten Gruppen sozialer Positionen etwa der Beschreibung der Positionen, die ein Einzelner einnimmt, einen Leitfaden zugrunde zu legen. Zur Klassifizierung von Rollenerwartungen – zweitens – nach ihrer Verbindlichkeit haben wir mit der Unterscheidung von Muß-, Soll- und Kann-Erwartungen einen Anfang gesetzt; doch sind hier noch feinere Abstufungen wünschbar. An Hand der negativen Sanktionen, die das Verhalten in bestimmten Rollen überwachen, wäre es sogar denkbar, hier bis zu quantitativen Unterscheidungen vorzudringen. Eine Skala, die alle möglichen negativen Sanktionen von Zuchthausstrafen bis zur Geringschätzung durch Mitglieder der Bezugsgruppen mit Meßzahlen versieht, könnte dazu dienen, Rollenerwartungen wenigstens unter einem Aspekt durchgehend zu klassifizieren[74].

---

[73] *N. Gross* und seine Mitarbeiter haben dies in ihrem mehrfach zitierten Werk für den *school superintendent* natürlich versucht; zumindest lag ihre Absicht in eben diesem Versuch. Doch scheidet ihr Ansatz auf Grund seiner verfehlten Definition von Rollen (durch Meinungsmehrheiten in Bezugsgruppen) hier als Beitrag zur Rollenbeschreibung aus.

[74] Alle Maßstäbe sind ursprünglich willkürlich; so ist nicht einzusehen, warum man nicht versuchen sollte, Sanktionen etwa auf einer Skala von 10 (lange Zuchthausstrafe) bis 1 (Antipathie hei Mitgliedern von Bezugsgruppen) oder 0 (sanktionenfreier Rollenbereich) zu klassifizieren. Solche Meßzahlen könnten etwa auch zur Unterscheidung gewisser Gruppen von Rollen dienen: Nur wenige reichen bis in den Bereich schwerer Sanktionen hinein (Staatsbürger, politische Positionen); diese sind vielleicht gerade darum von besonderer sozialer Bedeutung.

Die zweite Aufgabe der Beschreibung sozialer Rollen liegt in der Ermittlung der Bezugsgruppen, die den Ort bestimmter sozialer Funktionen definieren. Die Frage, ob es für jede Position eine bestimmte und bestimmbare Zahl von Bezugsgruppen gibt, ist in Allgemeinheit schwer zu beantworten. Wahrscheinlich würde es auch hier zureichen, die wichtigsten Bezugsgruppen jeder Position zu identifizieren. Schwieriger als diese Identifizierung, die bei den meisten Positionen aus deren Stellung in organisatorischen oder quasi-organisatorischen Zusammenhängen hervorgeht, ist die Bestimmung des relativen Gewichts der verschiedenen Bezugsgruppen für gegebene Positionen. Wer ist für das Rollenverhalten des Lehrers wichtiger – seine Vorgesetzten oder seine Kollegen[75]? Überall dort, wo zwei oder mehr Bezugsgruppen unterschiedliche Erwartungen an eine Position knüpfen, wird diese Frage offenbar entscheidend. Es scheint sinnvoll, sich auch zur Klärung dieser Frage, also zur Herstellung einer Rangordnung von Bezugsgruppen, an der Verbindlichkeit von Rollenerwartungen, d. h. an der Schwere der Bezugsgruppen zur Verfügung stehenden negativen Sanktionen, zu orientieren.

Die wichtigste und zugleich schwierigste Aufgabe der Rollenbeschreibung liegt in der Identifizierung und Formulierung von Rollenerwartungen und Sanktionen. An dieser Frage sind alle früheren Ansätze zur operationellen Präzisierung des Rollenbegriffs gescheitert. Einen Weg zur Überwindung der Hindernisse, die der Formulierung von Rollenerwartungen im Wege stehen, haben wir bereits angedeutet. Für jede Position gilt es, die auf sie anwendbaren Gesetze sowie die Bestimmungen und Gewohnheiten von Bezugsgruppen zu ermitteln; denn diese sind sämtlich Rollenerwartungen, die sich an diese Position knüpfen. Für die Ermittlung der auf diesem Wege nicht greifbaren Kann-Erwartungen bietet sich darüber hinaus eine Methode an, die sich an vielen sozialpsychologischen Problemen bewährt hat. Es ist möglich, aus dem Aussehen, Sprechen und Verhalten eines Menschen manche seiner sozialen Positionen zu erschließen, ihn gewissermaßen zu placieren. Dieses Spiel läßt sich umkehren. Man könnte beliebige Gruppen[76] von Menschen über das Aussehen und Verhalten befragen, das nach ihrer Meinung von dem Träger einer gegebenen Position erwartet ist. Solche wiederholbaren „Bestimmungsexperimente"[77] würden zumindest Anhaltspunkte für jene Kann-Erwartungen geben, die in keinem Gesetz oder Statut niedergelegt sind und doch einen so großen Ausschnitt des Verhaltens von *homo sociologicus* prägen. Obwohl es gefährlich wäre, sich allein auf das Ergebnis von Bestimmungsexperimenten zu verlassen, versprechen diese doch eine willkommene Ergänzung der auf andere Weise ermittelbaren Muß- und Soll-Erwartungen.

[75] Auch diese Frage ist natürlich als strukturelle Frage zu verstehen, also als Frage nach der institutionalisierten Bedeutung der Bezugsgruppen, nicht nach den persönlichen Vorstellungen eines Lehrers oder eines Durchschnitts von Lehrern.

[76] Das Wort „beliebig" bedarf hier zweier Einschränkungen: 1. Bezugsgruppen sollte man besser nicht über die durch sie bestimmten Positionen befragen, weil es sonst schwierig wird, zwischen institutionalisierten Erwartungen und den Meinungen der Mitglieder von Bezugsgruppen zu scheiden. 2. Eine gewisse Kenntnis der in Frage stehenden Positionen ist bei den Versuchsgruppen erforderlich; ungelernte Arbeiter werden die Position des Buchhalters schwerlich bestimmen können. Sachlich spricht hier manches für (und methodisch nichts gegen) die Befragung von Studenten oder selbst Soziologen.

[77] Für den Begriff des Bestimmungsexperiments und dessen Anwendung in der Sozialpsychologie vgl. *P. R. Hofstätter*: Sozialpsychologie (a. a. O.), S. 35 ff.; *ders.*: Gruppendynamik (Hamburg 1957).

Bei diesen technischen Bemerkungen ist an Rollenbeschreibungen nur als Grundlage weitergehender Analysen, als Voraussetzung der Behandlung spezifischer Probleme gedacht. Doch können solche Beschreibungen selbst schon aufschlußreiche Einsichten vermitteln; in der Tat ist historisch die literarische Darstellung bestimmter Rollen deren strikter Beschreibung, ja selbst dem Begriff der Rolle vorausgeeilt. Auch in der soziologischen Literatur fehlt es nicht an methodisch zwar ungewissen, der Sache nach aber aufschlußreichen Darstellungen einzelner Rollen. Margaret Mead hat neben anderen in ihrem Werk „Male and Female" die spezifischen Merkmale der Geschlechtsrollen untersucht[78]. N. Eisenstadts Studie „From Generation to Generation" unternimmt dasselbe für Altersrollen[79]. Mit Spezialbeschreibungen einzelner Berufsrollen – vom Eisenbahner zum Generaldirektor, vom Drogisten zum Boxer, von der Verkäuferin zum ungelernten Arbeiter – ließe sich bereits eine kleine Bibliothek füllen[80]. Viele Untersuchungen zum charakteristischen Verhalten bestimmter sozialer Schichten oder Klassen, wie auch die Mehrzahl der Arbeiten zum problematischen Thema des Nationalcharakters sind im Grunde Beschreibungen von Schichten-, Klassen- und National-Rollen[81]. In all diesen Fällen erweist sich vor allem die vergleichende Rollenbeschreibung über historische und geographische Grenzen hinweg als fruchtbar.

In spezifische Probleme soziologischer Analyse führt die Beschäftigung mit einzelnen Rollen, wenn sie in Rollen kristallisierte Erwartungen mit tatsächlichem Verhalten konfrontiert. Zwei Aspekte solcher Konfrontation haben wir am Rande bereits erwähnt: die Gegenüberstellung von Rollen mit dem tatsächlichen Verhalten ihrer Träger, und die der Normen von Bezugsgruppen, insoweit sie Rollenerwartungen definieren, mit den Meinungen der Mitglieder von Bezugsgruppen über diese Normen. In beiden Fällen kann der Gebrauch des Rollenbegriffs uns Einsichten in die Gesetzlichkeit sozialen Wandels vermitteln. Wenn etwa die Mehrzahl der Assistenten an deutschen Universitäten tatsächlich Lehr- und Verwaltungsaufgaben wahrnimmt, während die Rolle des Assistenten durch Ausbildungs- und Forschungsaufgaben definiert ist, so läßt sich vermuten, daß hier ein Wandel der Rollendefinition bevorsteht. An der Übereinstimmung von Rollen und tatsächlichem Verhalten bzw. Normen und Meinungen können wir die Stabilität sozialer Prozesse ablesen; ihre Nichtübereinstimmung verrät Konflikte und damit Richtungen der Entwicklung.

Ein für die Untersuchung der Sozialstruktur von Gesellschaften besonders wichtiger Bereich der Rollenanalyse liegt in der Ermittlung von Erwartungskonflikten innerhalb sozialer Rollen (*intra-role conflict*). J. Ben-David hat unter diesem Gesichtspunkt die Rolle des Arztes in der bürokratisierten Medizin mit dem doppelten Erwartungshorizont des Dienstes am Patienten und der Erfüllung administrati-

[78] *M. Mead*: Male and Female – A Study of the Sexes in a Changing World (New York 1949). (Hier wie in den folgenden Anmerkungen wird jeweils nur auf eine Veröffentlichung jüngeren Datums verwiesen, die Hinweise auf weitere Literatur enthält.)

[79] *N. Eisenstadt*: From Generation to Generation – Age Groups and Social Structure (Glencoe 1956).

[80] Vgl. meine: Soziologie der Berufe, in dem demnächst erscheinenden Handbuch der empirischen Sozialforschung, hg. von *R. König* und *H. Maus*.

[81] Vgl. *B. Barber*: Social Stratification (New York 1957). *A. Inkeles* und *D. J. Levinson*: National Character – The Study of Modal Personality and Sociocultural Systems, in: G. Lindzey (Hg.), Handbook of Social Psychology (Camtbridge Mass. 1954), Bd. II.

ver Verpflichtungen untersucht[82]. Ähnliche Konflikte charakterisieren die Mehrzahl akademischer Positionen, die nicht mehr „freie Berufe" sind. In diesen Fällen kennen verschiedene Bezugsgruppen – Klienten und übergeordnete Behörden – widersprüchliche Erwartungen, die den Träger der Position vor eine unlösbare Aufgabe stellen und daher einerseits zu einem sozialen Strukturwandel zwingen, andererseits aber, solange ein solcher Wandel nicht eintritt, jeden Träger der Position zum „Gesetzesbrecher" machen bzw. von den Bezugsgruppen keineswegs beabsichtigte Verhaltensweisen hervorbringen (bei Ärzten zumeist die Vernachlässigung der Patienten, deren Sanktionen weniger einschneidend sind als die der Behörden). Viele Probleme des Sozialverhaltens lassen sich durch ihr Verständnis als Erwartungskonflikt innerhalb von Rollen erklären.

Die Untersuchung von Konflikten innerhalb von Rollen ist erst durch die Unterscheidung von Rollensegmenten möglich geworden; älter ist die Beschäftigung mit Konflikten, die dort auftreten, wo auf eine Person mehrere Rollen mit widersprechenden Erwartungen entfallen. Solche Konflikte zwischen Rollen (*inter-role conflict*) sind strukturell vor allem dann wichtig, wenn sie nicht auf der zufälligen Wahl von Individuen, sondern auf Gesetzlichkeiten der Positionszuordnung beruhen. Der Einzelne, der die Rollen als Mitglied zweier einander bekämpfender Parteien nicht zu vereinen vermag, kann aus einer von beiden austreten; der Parlamentarier aber, der gleichzeitig einen Beruf ausüben soll, oder der Sohn eines Arbeiters, der als Rechtsanwalt den Erwartungen seiner neuen, höheren Schicht nachkommen soll, hat keine Wahl und steht nichtsdestoweniger in einem Konflikt. Das bekannteste Problem, das mit diesen Begriffen einer Lösung nähergeführt worden ist, ist das der reduzierten Bedeutung der Familie in der industriellen Gesellschaft. N. Smelser hat in seiner Studie über die Baumwollindustrie zur Zeit der Industrialisierung in England gezeigt, wie die Verlagerung der Produktion vom Haus in die Fabrik mit der Trennung von Familien- und Berufsrollen zu einem Konflikt der Erwartungen dieser beiden Sphären geführt hat[83]. Der Vater, der zuvor Arbeit und Erziehung seiner Kinder vereinen konnte, muß diese nun trennen und eine der beiden Funktionen einschränken. Der Konflikt zwischen Berufs- und Familienrollen und seine allmähliche Lösung durch Reduzierung der Erwartungen familiärer Positionen läßt sich an historischem Material im einzelnen belegen und kann als Paradigma für viele andere Prozesse der gesellschaftlichen Teilung der Arbeit gelten.

Bei Problemen des Konfliktes von Erwartungen innerhalb von und zwischen Rollen, die auf einen Einzelnen entfallen, ist die Brauchbarkeit des Rollenbegriffes offenkundig; doch erstreckt diese sich auf ein sehr viel weiteres Feld. Man denke etwa an das Problem der Erklärung des industriellen Konfliktes. Warum stehen Unternehmer und Arbeiter in einem Konflikt? Ist es, weil zwischen diesen Menschengruppen ein Gegensatz besteht? Sind Arbeiter und Unternehmer als Personen unversöhnliche Gegner? Diese Annahme wäre offenbar wenig plausibel; doch steht sie zumindest *implicite* hinter vielen Erörterungen dieses Themas. Mit den hier entwickelten Kate-

[82] In einem noch unveröffentlichten Essay: The Professional Role of the Physician in Bureaucratized Medicine – A Study in Role Conflict. Dieser Aufsatz geht auf die Doktordissertation von *J. Ben-David* zurück: The Social Structure of the Professions in Israel (Jerusalem 1955).

[83] *N. Smelser*: The British Cotton Textile Industry 1780–1820 (unveröffentl. Ph. D. Thesis, Harvard 1958).

gorien können wir solche Vermutungen durch einleuchtendere Annahmen ersetzen. Arbeiter und Unternehmer sind die Träger zweier Rollen, die (unter anderem) durch widersprüchliche Rollenerwartungen definiert sind. Der Gegensatz zwischen ihnen ist strukturell gegeben, d. h. er ist von den Gefühlen und Vorstellungen der Rollenspieler prinzipiell unabhängig. Der Konflikt zwischen Arbeitern und Unternehmern besteht nur, insoweit die Herren A, B, C Träger der Position „Unternehmer" und die Herren X, Y, Z Träger der Position „Arbeiter" sind. In anderen Positionen – z. B. als Mitglieder eines Fußballklubs – können A, B, C und X,Y,Z gute Freunde sein. Alle soziologischen Aussagen über ihr Verhältnis lassen sie als Menschen unberührt; sie sind Aussagen über den Menschen als Träger von Positionen und Spieler von Rollen[84].

Das Beispiel des industriellen Konfliktes läßt sich verallgemeinern. Gewiß gibt es soziologische Probleme, zu deren Lösung der unmittelbare Bezug auf soziale Rollen nicht erforderlich ist; es gibt soziologische Publikationen, in denen das Wort „Rolle" weder vorkommt noch vorzukommen braucht[85]. Aber selbst solche Arbeiten haben es, insoweit sie soziologisch sind, an keiner Stelle mit dem ganzen Menschen, seinen Gefühlen, Wünschen, Idiosynkrasien und Eigentümlichkeiten zu tun. Alle Annahmen und Theorien der Soziologie sind stets ausschließlich Annahmen und Theorien über *homo sociologicus*, also über den Menschen in der entfremdeten Gestalt eines Trägers von Positionen und Spielers von Rollen. Nicht der Mensch, sondern der Studienrat Schmidt hat bei hohem sozialem Prestige nur ein relativ niedriges Einkommen; nicht der Mensch, sondern der Parteivorsitzende

[84] Für eine gründlichere Durchführung dieses Ansatzes zur Erklärung industrieller und politischer Konflikte vgl. mein Buch: Soziale Klassen und Klassenkonflikt in der industriellen Gesellschaft (Stuttgart 1957). Bei der Skizzierung von Beispielen empirischer Anwendungsmöglichkeiten der Kategorie der Rolle habe ich hier bewußt Problemen des sozialen Konfliktes den Vorzug gegeben. Im Kategorienschema des sog. strukturell-funktionalen Ansatzes zur soziologischen Theorie sind, wie sich zeigen läßt, die Elementarbegriffe „Position" und „Rolle" auf eine höchst unglückliche Weise mit einer analytischen Position verquickt, deren Einseitigkeit sich nachweisen läßt. Es ist dies die Integrationstheorie der Gesellschaft, nach der soziale Struktureinheiten als Systeme begriffen werden können, zu deren Funktionieren sämtliche ihrer Elemente in angebbarer Weise beitragen bzw. deren Elemente, wo sie dies nicht tun, als „dysfunktional" aus dem Rahmen der Analyse herausfallen. So sinnvoll dieser Ansatz für gewisse Probleme der Forschung ist, so unsinnig ist seine Verabsolutierung, und so gefährlich ist daher der Versuch, von ihm her die Definition der Elementarteilchen soziologischer Analyse einzuengen. Wir haben Rollen als sozialen Positionen anhaftende Komplexe von Verhaltenserwartungen definiert. Dabei ist jedoch keine Annahme der Art vorausgesagt, daß nur solche Verhaltensmuster als Erwartungen in Frage kommen, deren Verwirklichung einen Beitrag zum Funktionieren eines bestehenden Systems leistet. Auch Verhalten, das vom Standpunkt der Integrationstheorie „dysfunktional" ist, kann normiert, also zu Rollenerwartungen verfestigt sein. So besteht kein Grund, die Annahme zu scheuen, daß die Ablehnung des *status quo* der Herrschaftsverteilung im Bereich der Industrie eine Verhaltenserwartung darstellt, die sich an die Position „Arbeiter" knüpft – obwohl solche Ablehnung offenkundig Stabilität und Funktionieren des bestehenden „Systems" in Frage stellen kann.

[85] Analogien zur Naturwissenschaft scheinen vielen Sozialwissenschaftlern stets anstößig; auf die Gefahr des Mißverständnisses hin sei hier dennoch eine mögliche Analogie vermerkt: Auch in der Physik haben keineswegs sämtliche Probleme direkten Bezug auf die Kategorie des Atoms. Ganze Zweige der Physik – z. B. die klassische Mechanik – lassen sich entwickeln, ohne daß diese Kategorie auch nur auftaucht. Dennoch bleibt es richtig, das Atom als Element einer physikalischen Naturwissenschaft zu bezeichnen. Möglicherweise wird eines Tages die Rollensoziologie, also die wissenschaftliche Beschäftigung mit Rollen als solchen, gleich der Atomphysik ein Spezialgebiet werden; auch dadurch wird jedoch der Elementarcharakter des Rollenbegriffs nicht berührt.

Schmidt erscheint als Zwischenrufer in den Versammlungen seiner Gegner; nicht der Mensch, sondern der Autofahrer Schmidt verteidigt sich vor dem Verkehrsrichter gegen den Vorwurf zu schnellen Fahrens; nicht der Mensch, sondern der Ehemann und Vater Schmidt schließt eine hohe Lebensversicherung zugunsten seiner Familie ab. Und der Mensch Schmidt? Was tut er? Was kann er tun, ohne als Träger einer Position und Spieler einer Rolle seiner Individualität beraubt und zum Exemplar entfremdet zu werden? Beginnt der Mensch Schmidt, wo seine Rollen enden? Lebt er in seinen Rollen? Oder gehört ihm eine Welt, in der Rollen und Positionen so wenig existieren wie Neutronen und Protonen in der Welt der Hausfrau, die den Tisch für das Abendessen deckt? Dies ist das drängende Paradox des *homo sociologicus*, dessen Erörterung uns an die Grenzen der Soziologie und der philosophischen Kritik führt.

IX

„Ein Landesbewohner", bemerkt Robert Musil, „hat mindestens neun Charaktere, einen Berufs-, einen National-, einen Staats-, einen Klassen-, einen geographischen, einen Geschlechts-, einen bewußten, einen unbewußten und vielleicht auch noch einen privaten Charakter; er vereinigt sie in sich, aber sie lösen ihn auf, und er ist eigentlich nichts als eine kleine, von diesen vielen Rinnsalen ausgewaschene Mulde, in die sie hineinsickern und aus der sie wieder austreten, um mit anderen Bächlein eine andere Mulde zu füllen. Deshalb hat jeder Erdbewohner auch noch einen zehnten Charakter, und dieser ist nichts als die passive Phantasie unausgefüllter Räume; er gestattet dem Menschen alles, nur nicht das eine: das ernst zu nehmen, was seine mindestens neun anderen Charaktere tun und was mit ihnen geschieht; also mit anderen Worten, gerade das nicht, was ihn ausfüllen sollte."[86] Wie der Dorfapotheker, der mit seinen „naiven" Wettervorhersagen kürzlich dem Meteorologischen Dienst des Britischen Rundfunks den Rang ablief, so nimmt der Dichter Musil hier dem Soziologen die Einsicht in die Struktur seines Gegenstandes vorweg. Musil tut noch mehr. Seine in der Fülle ihres Gehalts wie in der Ironie ihrer Form gleich kluge Bemerkung zeichnet dem Soziologen nicht nur den Gegenstand seiner Wissenschaft, sondern auch die Grenzen seiner Methode vor. Musil kennt das Paradox der beiden Menschen und löst es in der Ironie der Betrachtung.

Der Landesbewohner ist der Mensch in den Bezügen der Gesellschaft; er ist nicht nur Mensch, sondern Mensch in einem „Land", in gewissen politischen Grenzen, in denen andere mit ihm wohnen, auf die er angewiesen ist. Als solcher hat er eine Reihe von Charakteren, von Masken, Personen oder Rollen. Beruf, nationale Zugehörigkeit, staatsbürgerliche Stellung, Klasse, regionale Persönlichkeit und Geschlecht sind solche Charaktere; Alter, Familie und andere hätte Musil ihnen hinzufügen können. Der Landesbewohner ist überdies nicht nur *homo sociologicus*, sondern auch *psychological man*; zwei Seelen wohnen in seiner Brust, die eine bewußtes Ich, die andere unbewußtes Es, und auch diese sind Farben im Spektrum seiner schillernden Gestalt. Seine Charaktere, die doch nicht seine sind, lassen

[86] *R. Musil*: Der Mann ohne Eigenschaften (Hamburg 1952); S. 35.

dem Landesbewohner einen kleinen Spielraum der Freiheit, den er, so er will und kann („vielleicht"), für ihm ganz Eigenes in Anspruch nehmen mag. Dieser kleine Raum gezügelter Freiheit tritt als privater Charakter an die Seite der anderen. Der Mensch „hat" diese Charaktere, sie sind durchaus seine, und doch hat er sie nicht geschaffen. Sie haben ihre Wirklichkeit außer ihm und entreißen ihn, indem er sie annimmt, sich selbst. Sie lösen ihn auf. Was bleibt, ist der Mensch als „kleine, von diesen vielen Rinnsalen ausgewaschene Mulde", als Spieler von Rollen, die ihm so wenig gehören wie die Gesetze des Landes, in dem er lebt. Die Rollen werden ihm aufgebürdet; er wird durch sie geprägt; aber wenn er stirbt, nimmt die unpersönliche Kraft der Gesellschaft seine Rollen von ihm, um sie in neuer Verbindung einem anderen aufzuladen. Der Mensch ist vom Einmaligen zum Exemplar, vom Einzelnen zum Mitglied, von der freien und autonomen Kreatur zum Produkt seiner entfremdeten Charaktere geworden.

Aber der Mensch, dieser bestimmte Mensch Hans Schmidt, dem wir auf einer Gesellschaft begegnen, ist nicht nur die Summe seiner Charaktere. Wir spüren und wissen, daß ihm ein Zusätzliches, Anderes eigen ist, daß er nicht nur „Landesbewohner", sondern auch „Erdbewohner" und als solcher von aller Bindung an die Gesellschaft frei ist. Sein „zehnter Charakter" ist mehr als eine Ergänzung der anderen neun; er beherrscht eine ganze Welt und duldet keine anderen Charaktere neben sich; er ist die Klammer, die alle anderen Charaktere zusammenfaßt und aufhebt. Der Landesbewohner Mensch ist für den Erdbewohner Mensch nur ein Gegenstand ironischen Protestes. Des Landesbewohners Anspruch auf Ausschließlichkeit wird dem Erdbewohner eine ferne Anmaßung, die er sich anhört und über die er lächelt, ohne daß sie die Räume seiner Phantasie zu durchdringen vermag. Sein „zehnter Charakter" stirbt mit dem Erdbewohner; er gehört nur ihm und wird von ihm allein verwaltet.

Musils ironischer Rückzug in die passive Phantasie unausgefüllter Räume mag nicht die einzige und nicht die befriedigendste Antwort auf die Herausforderung des Paradoxes zweier Menschen sein; aber seine Bemerkung enthüllt dieses Paradox mit dramatischer Prägnanz. Wie immer wir *homo sociologicus* drehen und wenden mögen, es wird uns nicht gelingen, ihn in den bestimmten Einzelnen zu verwandeln, der unser Freund, Kollege, Vater oder Bruder ist. *Homo sociologicus* kann weder lieben noch hassen, weder lachen noch weinen. Er bleibt ein blasser, halber, fremder, künstlicher Mensch. Dennoch ist er mehr als das Paradestück einer Ausstellung. An seinem Maßstab wird unsere Welt, ja wird unser Freund, Kollege, Vater und Bruder uns verständlich. *Homo sociologicus* erweist sich als Bürger einer Welt, die zwar nicht die Welt unserer lebendigen Erfahrung ist, aber doch bedenkliche Ähnlichkeiten mit dieser hat. Wenn wir uns mit ihm und seinen vorgeprägten Weisen identifizieren, erhebt sich zwar unser „zehnter Charakter" zum Protest; aber der Protest enthebt uns nicht des Zwanges, den auf der Landkarte der Soziologie verzeichneten Wegen des *homo sociologicus* zu folgen.

An der Wiege der Soziologie stand eine doppelte Intention. Diese neue Disziplin sollte die Tatsache der Gesellschaft durch prüfbare Annahmen und Theorien rationalem Verständnis eröffnen, und sie sollte dazu beitragen, den einzelnen Menschen zur

Freiheit selbstgewählter Zwecke zu führen[87]. Heute macht Alfred Weber sich zum Sprecher vieler, wenn er die „Fülle der Soziologien" beklagt, die „den Menschen und sein Geschick im Ganzen nicht mehr… zum Mittelpunkt" haben und daran festhält, daß „die Soziologie ... es mit der Struktur und Dynamik des menschlichen Daseins zu tun" hat[88]. Webers Formulierung ist vielleicht nicht ganz glücklich. Sie verbirgt einen wesentlich moralischen Einwand hinter dem Anschein einer faktischen Bestimmung des Themas der Soziologie. Der Vorwurf, der sich gegen die Soziologie nach einigen Jahrzehnten rascher Entwicklung erheben läßt, ist, daß sie zwar dem rationalen Verständnis der Tatsache der Gesellschaft um manchen Schritt nähergekommen ist, dabei aber den autonomen ganzen Menschen und seine Freiheit aus den Augen verloren hat. Indem sie *homo sociologicus* konstruierte, ist dieser bestimmte Herr Schmidt in seiner Einzelnheit und mit seinem Anspruch auf Achtung und Freiheit ihr in den Fingern zerronnen. Die Soziologie hat die Exaktheit ihrer Annahmen mit der Menschlichkeit ihrer Absichten bezahlt und ist zu einer durchaus inhumanen, amoralischen Wissenschaft geworden.

Alfred Weber und die vielen, die seine Meinung teilen, sind in einer wesentlichen Hinsicht im Irrtum. Daß die Soziologie im Verlauf ihrer Entwicklung den ungeteilten Einzelnen und seine Wohlfahrt aus den Augen verloren hat, ist nicht das Ergebnis einer prinzipiell zufälligen Fehlentwicklung dieser Disziplin. In dem Augenblick, in dem sie sich als Wissenschaft konstituierte, war dieses Ergebnis vielmehr unvermeidlich. Die beiden Intentionen, unter deren Aspekt die Soziologie ihren Weg antrat, waren und sind der Sache nach unvereinbar[89]. Solange die Soziologie ihre Aufgabe als ein moralisches Problem versteht, muß sie auf die Rationalisierung und Analyse der gesellschaftlichen Wirklichkeit Verzichten; sobald sie nach wissenschaftlicher Einsicht strebt, tritt das moralische Anliegen des Individuums und seiner Freiheit zurück. Nicht daß die Soziologie sich von ihrer eigentlichen Aufgabe entfernt hat, sondern daß sie sich überhaupt als Wissenschaft entwickelt hat, macht das Paradox des moralischen und des entfremdeten Menschen so bedrängend. Das erstere wäre ein reversibler Prozeß; das letztere aber schafft eine unausweichliche Frage: Ist der Mensch ein in seinem Verhalten vorgeprägtes, daher berechenbares und kontrollier-

[87] Mir scheint, der Ausgangspunkt der Soziologie läßt sich in vier sozialen und intellektuellen Konstellationen auffinden, in deren jeder moralische und wissenschaftliche Impulse zugleich (wennschon in unterschiedlichem Mischungsverhältnis) auftauchen: (1) Das Schottland des späten 18. Jahrhunderts (nach Hume) mit Männern wie Adam Smith und Ferguson, Sir John Sinclair und Millar, denen es um die Bewältigung des Problems der aufbrechenden Feudalgesellschaft und der beginnenden Industrialisierung ging. (2) Das Frankreich des frühen 19. Jahrhunderts in dem Saint-Simon und Comte sich um die intellektuelle Bewältigung der französischen Revolution mühten. (3) Deutschland in den 30er und 40er Jahren des 19. Jahrhunderts (nach Hegel), in dem Strauß, Feuerbach, die Brüder Bauer, Ruge, Hess, Engels und Marx die beiden Schritte von der Kritik der Religion zur Kritik der Gesellschaft und von der Theorie zur Praxis zugleich vollzogen. (4) England in den späten 80er Jahren des 19. Jahrhunderts (1889: Veröffentlichung der Fabian Essays, Gründung der großen Ungelerntengewerkschaften) mit Shaw, den Webbs, Charles Booth und anderen Sozialpolitikern, die ihre Ziele nur auf der Grundlage gründlicher Kenntnis der Gesellschaft verwirklichen zu können glaubten. – Auf diese Zusammenhänge bezieht sich der Hinweis auf die doppelte Intention der Soziologie.

[88] *A. Weber*: Einführung in die Soziologie (München 1955); S. 13, S. 12.

[89] Der Hinweis auf Max Webers Gedanken einer „wertfreien Sozialwissenschaft" drängt sich hier auf. Vgl. dazu unten Abschnitt X.

bares gesellschaftliches Wesen? Oder ist er ein je einmaliges, zur Autonomie und Freiheit fähiges Wesen?

Wir haben vielleicht bislang etwas leichtfertig von dem Paradox des doppelten Menschen gesprochen, als stelle uns dieses vor eine Antithetik, die intellektuelle oder praktische Auflösung nicht gestattet. Zumindest bedarf unser Paradox der Prüfung seiner Unausweichlichkeit und Unauflösbarkeit. Besteht ein notwendiger Widerspruch zwischen dem moralischen Bild des Menschen als einem ganzen, einmaligen, freien Wesen und seinem wissenschaftlichen Bild als zerstückeltem, exemplarischem, determiniertem Aggregat von Rollen? Müssen wir annehmen, daß der Mensch entweder das eine oder das andere ist, daß also entweder die Erfahrung unserer moralischen Existenz oder der Versuch der wissenschaftlichen Rekonstruktion des Menschen irrt? Zumindest ein Aspekt dieser Frage, nämlich der der Freiheit oder Bedingtheit menschlichen Handelns, hat in Kants dritter Antinomie der reinen Vernunft eine ausführliche Behandlung erfahren, und da es Kant um eben die Frage des Scheincharakters unseres Paradoxes ging, mögen wir gut daran tun, sein Argument zu verfolgen. Das Motiv der Freiheit des Menschen unserer Erfahrung gegenüber der Determiniertheit des *homo sociologicus* hat in unseren Überlegungen das andere nur begleitet, daß der Erdbewohner intakter Einzelner ist, während uns der Landesbewohner als bloße Summe unpersönlicher Elemente erscheint; doch läßt Kants Erörterung sich ohne Schwierigkeit auf beide Aspekte des anscheinend paradoxen Widerspruches des doppelten Menschen anwenden.

Homo sociologicus ist, in der Sprache Kants, der Mensch im Bann der „Natur“-gesetzlichkeit[90], dessen jeder Schritt nur Glied in einer Kette erkennbarer Bezüge ist; der ganze Einzelne dagegen läßt sich keiner solchen Kette eingliedern, er ist frei. Jeder dieser beiden Menschen kann zu seiner Rechtfertigung ein logisch schlüssiges Argument vorbringen; sie sind Thesis und Antithesis eines immanent nicht lösbaren Widerstreites. „Natur also und transzendentale Freiheit unterscheiden sich wie Gesetzmäßigkeit und Gesetzlosigkeit, davon jene zwar den Verstand mit der Schwierigkeit belästigt, die Abstammung der Begebenheiten in der Reihe der Ursachen immer höher hinauf zu suchen, weil die Kausalität an ihnen jederzeit bedingt ist, aber zur Schadloshaltung durchgängige und gesetzmäßige Einheit der Erfahrung verspricht, dahingegen das Blendwerk von Freiheit[91] zwar dem forschenden Verstande in der Kette der Ursachen Ruhe verheißt, indem sie ihn zu einer unbedingten Kausalität führt, die von selbst zu handeln anhebt, die aber, da sie selbst blind ist, den Leitfaden der Regeln abreißt, an welchem allein eine durchgängig zusammenhängende Erfahrung möglich ist.“[92] Jedes der beiden, Natur und

[90] Kant selbst berührt gelegentlich – vor allem in seiner „Anthropologie“ – die Grenzen der Sozialwissenschaft, doch bleiben für ihn im wesentlichen „Gesetzlichkeit“ und „Naturgesetzlichkeit“ ein und dasselbe. Heute muß der Begriff einer „Naturgesetzlichkeit“ sowohl für die Naturwissenschaft als auch insbesondere für die Sozialwissenschaft zweifelhaft erscheinen. Er legt den Gedanken an eine immanente Notwendigkeit nahe, wo doch (wie wir nicht zuletzt durch Kant wissen) nur stets hypothetische wissenschaftliche Theorien gemeint sind.

[91] Dieses Zitat stammt aus Kants Begründung der Antithese („Es ist keine Freiheit, sondern alles in der Welt geschieht lediglich nach Gesetzen der Natur“) und wird daher dem Argument für die These der Freiheit nicht ganz gerecht. Aus dieser Stellung im Zusammenhang erklärt sich ein Ausdruck wie „Blendwerk der Freiheit“.

[92] *I. Kant*: Krank der reinen Vernunft (hg. v. R. Schmidt, Leipzig 1930); S. 463.

Freiheit, *homo sociologicus* und der ganze Mensch, hat, wenn wir es auf seine Anziehungskraft hin prüfen, seine eigenen Reize und Schattenseiten. Die These der Freiheit ist zwar „dogmatisch" und „spekulativ", doch ist sie darum nicht minder „populär", zumal sie unserem „praktischen Interesse" entgegenkommt. Denn in der Antithese der Gesetzlichkeit „verlieren auch die moralischen Ideen und Grundsätze alle Gültigkeit"[93]. Dafür ist diese andererseits „empirisch" und verschafft uns ein verläßliches und geordnetes Verständnis der Welt. Beide Seiten neigen dazu, „in den Fehler der Unbescheidenheit" zu verfallen[94]. Der Soziologe beschreibt den Menschen als Aggregat von Rollen und nimmt unversehens für sich in Anspruch, damit das Wesen des Menschen gültig entdeckt zu haben. Sein Kritiker andererseits spricht ihm im Namen des ganzen Menschen jedes Recht ab, den Versuch zu unternehmen, den Menschen in Elemente aufzulösen und wissenschaftlich zu rekonstruieren.

Wenn und nur wenn – so argumentiert nun Kant – wir annehmen, daß es außer unserer Erfahrung ein dieser zugängliches Ansichsein gibt, dann ist der Widerspruch dieser beiden Thesen in der Tat eine unlösbare Antinomie. Für die Annahme eines solchen erkennbaren Ansichseins gibt es jedoch gar keinen Anhaltspunkt. Vielmehr erweist die transzendentale Kritik, daß Thesis und Antithesis, Erdbewohner und Landesbewohner zwei Weisen der Auffassung desselben Gegenstandes sind, die sich aus verschiedenen Erkenntnisgründen speisen und daher in keiner Weise im Widerspruch zueinander stehen. Kant drückt diesen Sachverhalt in einer Metapher aus, die in so verblüffender Weise an das Musil-Zitat (und an die Sphäre unserer Theatermetaphern) erinnert, daß man fast versucht ist anzunehmen, Musil habe Kant in seine freiere Sprache übertragen: „Es muß aber eine jede wirkende Ursache einen *Charakter* haben, d. i. ein Gesetz ihrer Kausalität, ohne welches sie gar nicht Ursache sein würde. Und da würden wir an einem Subjekte der Sinnenwelt erstlich einen *empirischen Charakter* haben, wodurch seine Handlungen, als Erscheinungen, durch und durch mit anderen Erscheinungen nach beständigen Naturgesetzen im Zusammenhange stünden, und von ihnen, als ihren Bedingungen, abgeleitet werden könnten, und also, mit diesen in Verbindung, Glieder einer einzigen Reihe der Naturordnung ausmachten. Zweitens würde man ihm noch einen *intelligiblen Charakter* ein-räumen müssen, dadurch es zwar die Ursache jener Handlungen als Erscheinungen ist, der aber selbst unter keinen Bedingungen der Sinnlichkeit steht, und selbst nicht Erscheinung ist. Man könnte auch den ersteren den Charakter eines solchen Dinges in der Erscheinung, den zweiten den Charakter des Dinges an sich selbst nennen."[95] Musil löst den empirischen Charakter Kants in eine Reihe von Charakteren auf; der intelligible Charakter aber bleibt als „zehnter Charakter" eine Einheit von ganz anderer Art als die übrigen. In der Erscheinung, d. h. in seinem beobachtbaren Verhalten, ist der Mensch für uns ein rollenspielendes, determiniertes Wesen. Diese Aussage berührt jedoch die Tatsache nicht, daß dem Menschen jenseits seiner Erscheinung ein von dieser und ihrer Kausalität nicht affizierter Charakter der Freiheit und Integrität eignet. „So würde denn Freiheit und Natur, jedes in seiner vollständigen Bedeutung,

[93] A. a. O.; S. 474.

[94] A. a. O.; S. 477.

[95] A. a. O.; S. 527/8.

bei eben denselben Handlungen, nachdem man sie mit ihrer intelligiblen oder sensiblen Ursache vergleicht, zugleich und ohne allen Widerstreit angetroffen werden."[96]

Daß der Mensch eine der Erscheinungen der Sinnenwelt ist, auf die diese Überlegungen zutreffen, betont Kant ausdrücklich; von der Erörterung dieses „Beispiels" leitet er seine Unterscheidung von Verstand und Vernunft her[97]. Jeder Mensch hat einen empirischen Charakter, im Hinblick auf den es keine Freiheit gibt, wir vielmehr den Menschen „lediglich beobachten, und, wie es in der Anthropologie geschieht, von seinen Handlungen die bewegenden Ursachen physiologisch erforschen wollen"[98]; er hat daneben und zugleich einen intelligiblen Charakter, eine praktische Vernunft, die ihn zum freien und moralischen Wesen macht. Im Hinblick auf die somit als bloß scheinbar enthüllte Antithetik der Erkenntnis des Menschen ist kein Grund einsichtig, Kants Schluß zu verwerfen, daß die beiden Charaktere „voneinander unabhängig und durcheinander ungestört stattfinden können"[99]. Der ungeteilte, freie Einzelne ist empirischer Forschung zwar nicht zugänglich und kann es seinem Begriff nach nicht sein; dennoch wissen wir um ihn in uns selbst und in anderen. Das konstruierte, bedingte Exemplar andererseits beruht auf dem systematischen Studium der Erscheinungen; aber es ist auch nicht mehr als eine Konstruktion des Verstandes. Das Paradox der beiden Menschen ist – wenn es überhaupt besteht – von anderer Art als das der beiden Tische. Dieses enthüllt einen Widerstreit der Erfahrung im Hinblick auf die gleiche Erscheinung; jenes dagegen stellt sich als Phantom heraus, wenn wir die Erkenntnisgründe der Antithetik kritisch betrachten. Die beiden Gestalten des Tisches sind konkurrierende Theorien in derselben Erkenntnissphäre; die beiden Charaktere des Menschen sind Ausdruck wesentlich verschiedener Möglichkeiten des Erkennens.

Kants Argumente gelten in voller Schärfe für unseren Zusammenhang. Dennoch ist das Paradox des doppelten Menschen kein Trugbild. Daß es identisch ist mit dem Paradox des doppelten Tisches, haben wir an keiner Stelle behauptet. Vielmehr haben wir die Doppelung des Menschen von vornherein als einen bedrängenderen, unausweichlicheren Widerspruch bezeichnet als die Doppelung des Tisches. Der in dieser Unausweichlichkeit angedeutete Unterschied läßt sich nunmehr präzisieren. Wenn wir von dem Tisch des Physikers und dem der naiven Erfahrung sprechen, so behaupten wir ein Paradox der Aussagen „Dieser Tisch ist glatt und fest" und „Dieser Tisch ist (nicht glatt und fest, sondern) ein Bienenkorb von Atomteilchen". Die Rede von zwei Menschen hat aber mehr zum Inhalt als nur den scheinbaren Widerstreit zwischen den Aussagen „Der Mensch ist ganz und frei" und „Der Mensch ist ein Aggregat von Rollen und bedingt". Im Hinblick auf die Erkenntnis des Menschen widersprechen diese Aussagen einander nicht. Sie stehen aber in einem Widerspruch, wenn wir sie von der transzendentalen in die empirische Sphäre transponieren, also beide Menschen auf praktische Fragen des Sollens beziehen. Der doppelte Mensch stellt uns vor ein moralisches Problem; der doppelte Tisch tut dies nicht und kann es nicht tun. Weil wir, wenn immer wir von Menschen handeln, die Grenzen bloßer Erkenntnis überschreiten und die praktische Sphäre der Moral betreten, wird Doppelung hier vom Problem der Erkenntnis,

---

[96] A. a. O.; S. 529.

[97] Vgl. a. a. O.; S. 533.

[98] A. a. O.; S. 536.

[99] A. a. O.; S. 541.

das sich untersuchen, aber auch beiseite schieben läßt, zur Frage, die als Hindernis jeden Fortgang sinnvollen Handelns unterbindet, wenn man ihr nicht ins Auge sieht. Unser Paradox verlangt nicht die Entscheidung, ob der Mensch „Erdbewohner" oder „Landesbewohner" ist, sondern ob die Soziologie, indem sie den Menschen zum *homo sociologicus* entfremdet, entgegen ihrer ursprünglichen Intention Unfreiheit und Unmenschlichkeit wenn nicht bewußt befördert, so doch durch ihre Toleranz unterstützt.

X

Von allen Sozialwissenschaftlern waren es die Historiker, die den Konflikt zwischen dem ganzen Menschen und seinem soziologischen Schatten zuerst gesehen und für sich einer prekären Lösung entgegengeführt haben. Zumindest seit der Entdeckung einer historischen Wissenschaft im 19. Jahrhundert ist die Diskussion um die Frage nicht abgerissen, ob die systematische Beschäftigung mit der Geschichte wirklich nur Wissenschaft ist oder ob sie nicht zugleich stets Kunst sein muß[100]. Nicht alle Historiker waren und sind Verteidiger einer künstlerisch inspirierten Historiographie; auch Klio hat das 19. Jahrhundert nicht ohne Schaden überstanden. Aber es gibt kaum einen Historiker von Rang, der sich nicht der Tatsache bewußt ist, daß selbst die besten wissenschaftlichen Theorien der Ökonomie, Psychologie und Soziologie ihm eine Aufgabe kaum erleichtern: das Vergangene in seiner Darstellung wieder zum Leben zu erwecken. Sobald er über die Abstraktionen allgemeiner Annahmen und ihrer Prüfung an Hand spezifischer Situationen hinausstrebt und eine einzige historische Situation in ihrer menschlichen Fülle und Tragik zu erfassen sucht, lassen ihn die Theorien der Wissenschaft im Stich, und er muß sich an den ganzen Menschen unter Einschluß der passiven Phantasie unausgefüllter Räume halten. Aus seinen Rollen kann er Herrn Schmidt nicht rekonstruieren. Wäre die Historiographie nur ein Prüfstand der strengeren Sozialwissenschaften, dann brauchte sie sich um diese Frage nicht zu sorgen. Doch ist sie offenbar mehr als dies. Sowohl ihre künstlerischen als auch ihre pragmatischen Absichten verlangen einen unmittelbareren Zugang zu den Akteuren vergangener Dramen, als ihn die Soziologie zu geben vermag.

Das Problem des Historikers ist kein Problem der wissenschaftlichen Erkenntnis. Es beruht vielmehr auf der Tatsache, daß dort, wo Wissenschaft vom Menschen handelt, ihr Anliegen und das der Praxis so nahe aneinanderrücken, daß die logische Trennung der beiden für die Praxis ohne Bedeutung bleibt. Im Hinblick auf unser Handeln sind „Erdbewohner" und „Landesbewohner" keineswegs zwei Sphären, die neben- und durcheinander bestehen, ohne sich je zu stören. Mit gutem Grund sagt Musil von seinem Erdbewohner, daß er „gerade das nicht [ernst nimmt], was ihn ausfüllen sollte". Der Erdbewohner ist ein Protest gegen den Landesbewohner, der diesem sein Recht bestreitet, weil umgekehrt der Landesbewohner die unausgefüllten Räume des Erdbewohners mit seinen Gesetzen zu durchdringen sucht. Insofern *homo sociologicus* mehr ist als das private Spielzeug einiger Eremiten, die sich auf

[100] Die von F. Stern herausgegebene hervorragende Anthologie „The Varieties of History from Voltaire to the Present" (New York 21957) verfolgt diese Diskussion an Hand der Äußerungen von Historikern durch zwei Jahrhunderte. Die folgenden Behauptungen beruhen auf der Lektüre dieses Bandes.

entfernten Bergen kontemplativen Übungen hingeben, wird er zur Herausforderung an den moralischen Menschen und seine Ziele. Das Paradox, das Kants transzendentale Kritik nicht aufzulösen vermag, beruht auf der moralischen Wirkung des soziologischen Menschen in einer Gesellschaft, die nur allzu gern ihren *common sense* durch wissenschaftliche Theorien zu ersetzen bereit ist[101]. Schon finden unsere Gerichte es in zunehmendem Maße schwierig, hinter den erklärenden Gutachten sozialwissenschaftlicher Experten noch eine Schuld des Angeklagten zu ermitteln. Jede, auch die unmenschlichste Bewegung wird für den soziologisch geschulten Journalisten und seine Leser zu einer „notwendigen" Konsequenz angebbarer Ursachen und Konstellationen. Der Punkt ist nicht fern, an dem der aller Individualität und aller moralischen Verantwortung bare *homo sociologicus* in der Perzeption der Menschen und damit für ihr Handeln den freien, integren Einzelnen, der der Herr seines Tuns ist, ganz ersetzt hat. Weil *homo sociologicus* und der ganze Mensch gegeneinander um die Gunst und das praktische Selbstverständnis der Menschen ringen, begründen sie ein Dilemma, dem wir uns stellen müssen. Weil *homo sociologicus* als Produkt der Wissenschaft auch in unserem Jahrhundert noch die besseren Startchancen hat, ist die Klärung des Dilemmas wichtig und dringlich.

Die Feststellung entbehrt nicht der Ironie, daß die Schuld der Soziologie an diesem Dilemma nicht die Schuld der Soziologen ist. Der alte Gemeinplatz des *tout comprendre c'est tout pardonner* gilt hier wie für die Anwendung der Wissenschaft auf die Praxis selbst. Es läßt sich nun einmal schwerlich bestreiten, daß die Soziologie, insofern sie es nur mit dem empirischen Charakter des Menschen zu tun hat, eine Sphäre betreten mußte, in der, wie Kant sagt, „die moralischen Ideen und Grundsätze alle Gültigkeit [verlieren]" – während sie zugleich, da ihre Wissenschaft vom Menschen handelt, durch ihre Publizität und Lehre zu einem moralischen Gewicht in der Gesellschaft werden mußte. Wenn wir uns an die doppelte Intention am Ursprung der Soziologie erinnern, so steht der Soziologe selbst in einem unlösbaren Rollenkonflikt zwischen der Erwartung, wissenschaftlich vorzugehen und also auch, wenn es sich zum Zweck seiner Analysen als nötig erweist, den Menschen zum *homo sociologicus* zu entfremden, und dem am deren Anspruch, einen Beitrag zur Befreiung des Menschen von äußeren Zwecken zu leisten, also Herrn Schmidt als selbstverantwortlichen, freien Einzelnen zu erhalten. Hier allerdings wird dann doch ein Element der Wahl und möglichen Schuld im Verhalten des Soziologen deutlich. Wie der Arzt im Konflikt zwischen den Erwartungen seiner Patienten und der Krankenkasse, der sich entschließt, eher den Patienten zu vernachlässigen als bei der Bürokratie einer Organisation in Ungnade zu fallen, haben Soziologen allzu leichtfertig ihren moralischen Auftrag gegen die Präzision und Kühle der Methode der Wissenschaft eingetauscht. Die Wahl war nicht schwer. Patienten können ihren Ärzten gemeinhin ebensowenig

[101] Das hier in Frage stehende Problem ist Kant nicht fremd; doch geht seine Lösung in der „Kritik der praktischen Vernunft" an dem Kern des Dilemmas vorbei. Was Kant – aus gutem Grund – als intellektuelles Problem behandelt, ist hier vor allem ein soziales Problem; anders ausgedrückt: das Paradox des doppelten Menschen beruht weder auf der Unvereinbarkeit von Aussagen über beide noch auf einem prinzipiellen Zweifel, welcher der beiden Charaktere als praktische Grundlage der Moral zu dienen habe. Das Dilemma beruht vielmehr auf dem sozialen Einfluß der Wissenschaft vom Menschen und der tatsächlich verbreiteten Hypostasierung ihrer Annahmen, der gegenüber logische Kritik wirkungslos bleibt.

anhaben wie die Menschen den sie untersuchenden Soziologen[102]; bürokratische Organisationen und die Gemeinschaft der Wissenschaft aber sind wohlvorbereitet auf die Eventualität, ihre Mitglieder mit der ihnen zur Verfügung stehenden Sanktion des Ausschlusses zu belegen. Dennoch war es eine schlimme Wahl, deren Folgen unvergleichlich schwerwiegender sein werden (und vielleicht schon sind) als die Sanktionen, unter denen Einzelne hätten leiden müssen, wenn ihre Entscheidung anders ausgefallen wäre.

Es liegt eine fast tragische Ironie in der Tatsache, daß der Mann, der für die Soziologie die Entscheidung zur Wissenschaft und damit gegen den moralischen Anspruch traf, sich vielleicht mehr als irgendein anderer Soziologe der Dringlichkeit des Dilemmas der beiden Menschen bewußt war. Trotzdem kann wenig Zweifel daran bestehen, daß Max Webers strenge Trennung von Wissenschaft und Werturteil, seine Forderung einer wertfreien Sozialwissenschaft, die Aufgabe der moralischen Intention der Soziologie zum Ergebnis gehabt hat. Das war zweifellos nicht Webers Absicht. Wenn er die schärfste Scheidung wertender Stellungnahmen und moralischer Impulse von der wissenschaftlichen Beschäftigung mit einem Gegenstand forderte, dann glaubte er, gerade dadurch sowohl der Wissenschaft als auch den Werten zu ihrer eigentlichen Würde zu verhelfen. Hier aber lag sein großer und so folgenschwerer Irrtum. Weber hat übersehen, daß die Sozialwissenschaft und ihre Forschungsergebnisse selbst eine moralische Kraft darstellen, die, wenn sie nicht bewußt gezügelt wird, mit so großer Macht gegen die Werte der Freiheit und der Individualität wirkt, daß eine von aller Wissenschaft unabhängige Moral sie nicht mehr aufzuhalten vermag. Was Weber in seiner starken Persönlichkeit noch vereinen konnte – die Unerbittlichkeit der wertfreien Wissenschaft und die Leidenschaft der moralischen Position – fiel bald auseinander. Es blieb die wertfreie Soziologie, und es verschwand der Mensch in der Würde seiner Freiheit und Individualität[103].

Webers Irrtum liegt nicht in der Logik seiner Trennungen, die vielmehr unangreifbar ist. Er hat recht, wenn er vor der Vermischung praktischer Werte und wissenschaftlicher Einsichten warnt. Seine Unterscheidung der beiden ist eine legitime Anwendung von Kants Unterscheidung des empirischen und des intelligiblen Charakters. Webers Schuld liegt in der Weise, in der er seine Akzente verteilt. Auch diese ist historisch und biographisch verständlich. Die Diskussionen im Verein für Sozialpolitik ließen ihm keine andere Wahl, als in seinen Argumenten vor allem die Punkte hervorzuheben, an denen der Kontakt von Wissenschaft und Werturteil für beide

[102] Diese Behauptung bedarf einer doppelten Einschränkung: Einmal besteht natürlich für Patienten die allerdings entfernte (wennschon in den USA in zunehmendem Maße ausgenutzte) Möglichkeit, Ärzte wegen Vernachlässigung ihrer Pflichten zu belangen; zum anderen aber ist die hypostasierte Gesellschaft des Soziologen – der totale Staat – eine indirekte Sanktion, an deren Schwere wohl wenig Zweifel besteht.

[103] Die meisten von *Webers* hier gemeinten Arbeiten finden sich in seinen „Gesammelten Aufsätzen zur Wissenschaftslehre“ (Tübingen 1922). In ihrer Argumentation wie in der dieser zugrundeliegenden doppelten Leidenschaft zur wissenschaftlichen Redlichkeit und zur politischen Aktion haben diese Arbeiten noch heute nichts von ihrer Großartigkeit eingebüßt. Umso schwerer fällt es, Weber an diesem Punkt zu kritisieren. Doch läßt sich in diesem so wenig wie in irgendeinem anderen Fall die Wirkung eines Werkes von diesem selbst trennen. Und diese Wirkung war – vor allem in den USA – das völlige moralische und politische Disengagement der Soziologen, das schließlich den vielberufenen „Konformismus“ der Soziologie zur Folge hatte. Der Widerspruch zwischen Webers Absichten und seiner Wirkung entbehrt nicht echter Tragik.

schädliche Folgen hat[104]. Heute sind jedoch Webers Gegner in diesen Diskussionen vergessen. Er selbst dagegen und seine Position lebt und wirkt fort, und sie wirkt in eine Richtung, die, so wenig ihr Urheber sie gewollt haben mag, mehr Schaden als Nutzen erbringt. Es fehlt nicht an Beispielen für Soziologen, die sich des hypothetischen Charakters ihres künstlichen Menschen kaum noch bewußt sind. Wenn sie von der menschlichen Persönlichkeit als einem Aggregat von Rollen sprechen, bedenken sie nicht, daß dies eine Persönlichkeit ohne „zehnten", intelligiblen, moralischen Charakter ist, ein schreckliches Phantom totalitärer Phantasie. Wenn schon Soziologen dieser schlimmen Verwechslung von *homo sociologicus* und dem autonomen Einzelnen erliegen, ist es kaum erstaunlich, daß ihre Studenten und Leser ihnen folgen. Und es ist nur ein Schritt vom entfremdeten Verständnis des Menschen als bloßem, stets bedingtem Rollenspieler zu jener entfremdeten Welt von „1984",in der alles Lieben und Hassen, Träumen und Handeln, alle Individualität, die sich dem Zugriff der Rollen entzieht, zum Verbrechen an der zur Gesellschaft hypostasierten Soziologie wird.

Das pragmatische Paradox des gedoppelten Menschen hat seit Weber an Schärfe eher gewonnen als verloren. Es ist an der Zeit, daß wir unsere Stellung zu diesem Dilemma revidieren. Dabei kann es, um dies zu wiederholen, nicht darum gehen, die logische Geltung der Trennung von Wissenschaft und Werturteil anzuzweifeln. Wohl aber können wir die Akzente verlagern. Wissenschaft und Werturteil begegnen einander an vielen Punkten. Niemand wird einer ideologisierten Wissenschaft das Wort reden wollen, die ihre Aussagen bewußt oder unbewußt wertend verfälscht, also wissenschaftliche Theorien als moralische Präzepte oder Werte als Wissenschaft ausgibt. Hier ist Max Weber ebensowenig überholt wie K. Mannheim, Th. Geiger und andere Kritiker der Ideologie. Doch widerspricht es den Thesen dieser Kritiker nicht, vom Soziologen zu fordern, daß er seine Probleme unter dem Gesichtspunkt ihrer Bedeutung für das Individuum und seine Freiheit auswählt. Es besteht keine Gefahr für die Reinheit wissenschaftlichen Tuns, wenn der Soziologe solche prüfbaren Theorien vorzieht, die dem Recht und der Fülle des Einzelnen Rechnung tragen. Es ist methodisch durchaus unverdächtig, bei der wissenschaftlichen Beschäftigung mit der Gesellschaft den Gedanken an die mögliche Anwendung von Resultaten zum Nutzen und Wohl des freien Einzelnen nicht aus dem Auge zu verlieren.

Hinter diesen spezifischen Forderungen steht noch ein anderes, Wichtigeres. Das pragmatische Paradox des doppelten Menschen läßt sich durch keine Kritik endgültig lösen. Es bleibt als Dilemma, das nur unser Handeln halbwegs befriedigend zu bewältigen vermag. Sowohl *homo sociologicus* als auch der freie Einzelne sind Teile unserer praktischen Welt und ihres Verständnisses. Die erste Forderung an den Soziologen ist daher die, daß er das Dilemma erkennt und seine Dringlichkeit in keinem Augenblick vergißt. Wer die Melancholie der Unzulänglichkeit einer soziologischen Wissenschaft vom Menschen nicht zu ertragen vermag, sollte dieser Disziplin den

[104] Wenn hier überhaupt von „Schuld" gesprochen werden muß, so liegt diese vorab in der unseligen „Werturteilsdiskussion" des Vereins für Sozialpolitik, die das Jahrzehnt von 1904 bis 1914 beherrschte und noch heute ihre Schatten nicht nur auf die deutsche Sozialwissenschaft wirft. Das Schlimme an dieser Diskussion ist die aller Erfahrung widersprechende Verbindung von politischem Konservatismus und wertender Wissenschaft bei Webers Gegnern bzw. politischer Kritik und wertfreier Wissenschaft bei Weber. Aus dieser „falschen" Frontstellung lassen sich manche Wirkungen von Webers Thesen erklären.

Rücken kehren; denn der Dogmatismus der Soziologie ist schlimmer als gar keine Soziologie.

Der Soziologe hat allen Grund, den Historiker um die Möglichkeit zu beneiden, beide, den Menschen Hans Schmidt und seinen entfremdeten Schatten im Gewand sozialer Rollen, in einem Werk zu gestalten, also die Wissenschaft mit der Kunst zu verbinden. Ihm selbst ist diese Chance versperrt. Um so schwieriger ist es daher für ihn, die Forderung zu verwirklichen, das Dilemma des gedoppelten Menschen bewußt zu ertragen, über *homo sociologicus* den ganzen Menschen nicht zu vergessen. In soziologischen Untersuchungen hat Herr Schmidt unabhängig von seinen Positionen und Rollen keinen Platz. Es wäre zudem ermüdend und wenig überzeugend, wollte der Soziologe jeder seiner Aussagen die Klausel anfügen, daß diese sich nur auf den Rollenspieler, nicht aber den Menschen Schmidt bezieht. Soll die Soziologie nicht zum Instrument der Unfreiheit und Unmenschlichkeit werden, so ist mehr vom Soziologen verlangt. Das Bewußtsein des ganzen Menschen und seines Anspruches auf Freiheit muß als Hintergrund jeden Satz, den er spricht oder schreibt, bestimmen; die Gesellschaft muß ihm stets nicht nur als Tatsache, sondern als Ärgernis gegenwärtig sein; das moralische Ungenügen seiner Disziplin muß als leidenschaftlicher Unterklang sein Tun an jedem Punkt begleiten. Nur wenn an die Stelle des unfreiwilligen praktischen Effekts einer scheinbar reinen soziologischen Wissenschaft das Bewußtsein und die Bejahung der Wirkung zum Wohle des Einzelnen und seiner Freiheit tritt, besteht die Chance, das Dilemma des doppelten Menschen in fruchtbringendes Handeln zu übersetzen. Der Soziologe ist als solcher kein Politiker und soll es auch nicht sein. Schlimmer als dieses Mißverständnis ist jedoch das andere, daß der Soziologe die kritische Distanz zu seinem Tun und zur Gesellschaft aufzugeben habe, um Wissenschaftler zu sein. Die Abstinenz des Nichtwählers schlägt immer für die stärkere Partei zu Buch. Es gibt in der Sphäre der Praxis keine konsequenzlose Stimmenthaltung. Es ist daher ein schwacher Trost für den Soziologen, daß *homo sociologicus* und der freie Einzelne vor dem Richterstuhl der transzendentalen Kritik als durchaus vereinbare Menschen erscheinen. Nur wenn er die Probleme seiner Forschung unter dem Aspekt ihres Gewichtes für die Befreiung des Einzelnen vom Ärgernis der Gesellschaft auswählt, seine Theorien im Hinblick auf die Erweiterung des Spielraums des Einzelnen formuliert, den Gedanken an politische Veränderungen zu Gunsten des freien Einzelnen nicht scheut und in keinem Augenblick über seinem rollenspielenden Schatten den Anspruch des ganzen Herrn Schmidt vergißt, kann er hoffen, mit seinem Tun dazu beizutragen, den Erdbewohner Mensch vor der Maßlosigkeit der Forderungen des Landesbewohners Mensch zu schützen. Nur dann wird der Soziologe vom Hemmschuh zum Motor der Entwicklung einer Gesellschaft freier Menschen, in der die ärgerliche Tatsache der Gesellschaft und die allzu passive Phantasie unausgefüllter Räume in der aktiven Wirklichkeit frei erfüllter Zeit aufgehoben werden.

Köln Z Soziol (2017) (Suppl 1) 69:215–228
DOI 10.1007/s11577-017-0425-6

Kölner Zeitschrift für Soziologie und Sozialpsychologie

ABHANDLUNGEN

Die Logik der Sozialwissenschaften

Referat

Von Karl R. Popper

In meinem Referat über die Logik der Sozialwissenshaften möchte ich von zwei Thesen ausgehen, die den Gegensatz zwischen unserem Wissen und unserem Nichtwissen aussprechen.

Erste These: Wir wissen eine ganze Menge – und nicht nur Einzelheiten von zweifelhaftem intellektuellen Interesse, sondern vor allem auch Dinge, die nicht nur von größter praktischer Bedeutung sind, sondern die uns auch tiefe theoretische Einsicht und ein erstaunliches Verständnis der Welt vermitteln können.

Zweite These: Unsere Unwissenheit ist grenzenlos und ernüchternd. Ja, es ist gerade der überwältigende Fortschritt der Naturwissenschaften (auf den meine erste These anspielt), der uns immer von neuem die Augen für unsere Unwissenheit öffnet, gerade auch auf dem Gebiet der Naturwissenschaften selbst. Damit hat aber die sokratische Idee des Nichtwissens eine völlig neue Wendung genommen. Mit jedem Schritt, den wir vorwärts machen, mit jedem Problem, das wir lösen, entdecken wir nicht nur neue und ungelöste Probleme, sondern wir entscheiden auch, daß dort, wo wir auf festem und sicherem Boden zu stehen glaubten, in Wahrheit alles unsicher und im Schwanken begriffen ist.

Meine beiden Thesen vom Wissen und Nichtwissen stehen natürlich nur dem Anschein nach in Widerspuch zueinander. Der anscheinende Widerspruch entsteht hauptsächlich dadurch, daß das Wort „Wissen" in der ersten These in einer etwas anderen Bedeutung verwendet wird als in der zweiten These. Aber die beiden Bedeutungen sind wichtig, und beide Thesen sind wichtig; so sehr, daß ich das in der folgenden dritten These formulieren möchte.

Erstveröffentlichung: *Kölner Zeitschrift für Soziologie und Sozialpsychologie*, Jg. 14, 1962, Heft 2, S. 233–248

c/o V. Dreier
Institut für Soziologie und Sozialpsychologie, Universität zu Köln
Lindenburger Allee 15, 50931 Köln, Deutschland
E-Mail: volker.dreier@uni-koeln.de

Dritte These: Es ist eine grundlegend wichtige Aufgabe und vielleicht sogar ein entscheidender Prüfstein einer jeden Erkenntnistheorie, daß sie unseren beiden ersten Thesen gerecht wird, und die Beziehungen aufklärt zwischen unserem erstaunlichen und dauernd zunehmenden Wissen und unserer dauernd zunehmenden Einsicht, daß wir eigentlich nichts wissen.

Es ist, wenn man es sich ein wenig überlegt, eigentlich fast selbstverständlich, daß die Erkenntnislogik an die Spannung zwischen Wissen und Nichtwissen anzuknüpfen hat. Eine wichtige Konsequenz dieser Einsicht ist in meiner vierten These formuliert; aber bevor ich diese vierte These hier vorbringe, möchte ich ein Wort zur Entschuldigung für die vielen Thesen sagen, die da noch kommen werden. Meine Entschuldigung ist, daß es mir nahegelegt wurde, dieses Referat in Form von Thesen zusammenzufassen – eine Anregung, die ich sehr nützlich fand, obzwar diese Form vielleicht einen Eindruck von Dogmatismus erwecken kann. Meine vierte These ist also die folgende.

Vierte These: Soweit man überhaupt davon sprechen kann, daß die Wissenschaft oder die Erkenntnis irgendwo beginnt, so gilt folgendes: Die Erkenntnis beginnt nicht mit Wahrnehmungen oder Beobachtungen oder der Sammlung von Daten oder von Tatsachen, sondern sie beginnt mit *Problemen.* Kein Wissen ohne Probleme – aber auch kein Problem ohne Wissen. Das heißt, daß sie mit der Spannung zwischen Wissen und Nichtwissen beginnt: Kein Problem ohne Wissen – kein Problem ohne Nichtwissen. Denn jedes Problem entsteht durch die Entdeckung, daß etwas in unserem vermeintlichen Wissen nicht in Ordnung ist; oder logisch betrachtet, in der Entdeckung eines inneren Widerspruches in unserem vermeintlichen Wissen, oder eines Widerspruches zwischen unserem vermeintlichen Wissen und den Tatsachen; oder vielleicht noch etwas richtiger ausgedrückt, in der Entdeckung eines anscheinenden Widerspruches zwischen unserem vermeintlichen Wissen und den vermeintlichen Tatsachen.

Im Gegensatz zu meinen drei ersten Thesen, die durch ihre Abstraktheit vielleicht den Eindruck erwecken, daß sie von meinem Thema, der Logik der Sozialwissenschaften, etwas weit entfernt waren, möchte ich von meiner vierten These behaupten, daß wir mit ihr geradezu im Zentrum unseres Themas angelangt sind. Das kann in meiner fünften These folgendermaßen formuliert werden.

Fünfte These: Ebenso wie alle anderen Wissenschaften, so sind auch die Sozialwissenschaften erfolgreich oder erfolglos, interessant oder schal, fruchtbar oder unfruchtbar, in genauem Verhältnis zu der Bedeutung oder dem Interesse der Probleme, um die es sich handelt; und natürlich auch in genauem Verhältnis zur Ehrlichkeit, Gradlinigkeit und Einfachheit, mit der diese Probleme angegriffen werden. Dabei muß es sich keineswegs immer um theoretische Probleme handeln. Ernste praktische Probleme, wie das Problem der Armut, des Analphabetentums, der politischen Unterdrückung und der Rechtsunsicherheit, waren wichtige Ausgangspunkte der gesellschaftswissenschaftlichen Forschung. Aber diese praktischen Probleme führen zum Nachdenken, zum Theoretisieren, und damit zu theoretischen Problemen. In allen Fällen, ohne Ausnahme, ist es der Charakter und die Qualität des Problems – zusammen natürlich mit der Kühnheit und Eigenart der vorgeschlagenen Lösung –, die den Wert oder Unwert der wissenschaftlichen Leistung bestimmt.

Der Ausgangspunkt ist also immer das Problem; und die Beobachtung wird nur dann zu einer Art Ausgangspunkt, wenn sie ein Problem enthüllt; oder mit anderen Worten, wenn sie uns überrascht, wenn sie uns zeigt, daß etwas in unserem Wissen, – in unseren Erwartungen, in unseren Theorien nicht ganz stimmt. Beobachtungen führen zu Problemen also nur dann, wenn sie gewissen unserer bewußten oder unbewußten Erwartungen widersprechen. Und was dann nun Ausgangspunkt der wissenschaftlichen Arbeit wird, ist nicht so sehr die Beobachtung als solche, sondern die Beobachtung in ihrer eigentümlichen Bedeutung, – das heißt aber eben, die problem-erzeugende Beobachtung.

Damit bin ich nun so weit gelangt, daß ich meine *Hauptthese* als These Nummer sechs formulieren kann. Diese besteht in folgendem.

Sechste These (Hauptthese):

a) Die Methode der Sozialwissenschaften wie auch die der Naturwissenschaften besteht darin, Lösungsversuche für ihre Probleme – die Probleme von denen sie ausgeht – auszuprobieren.

Lösungen werden vorgeschlagen und kritisiert. Wenn ein Lösungsversuch der sachlichen Kritik nicht zugänglich ist, so wird er eben deshalb als unwissenschaftlich ausgeschaltet, wenn auch vielleicht nur vorläufig.

b) Wenn er einer sachlichen Kritik zugänglich ist, dann versuchen wir, ihn zu widerlegen; denn alle Kritik besteht in Widerlegungsversuchen.

c) Wenn ein Lösungsversuch durch unsere Kritik widerlegt wird, so versuchen wir es mit einem anderen.

d) Wenn er der Kritik standhält, dann akzeptieren wir ihn vorläufig; und zwar akzeptieren wir ihn vor allem als würdig, weiter diskutiert und kritisiert zu werden.

e) Die Methode der Wissenschaft ist also die des tentativen Lösungsversuches (oder Einfalls), der von der schärfsten Kritik kontrolliert wird. Es ist eine kritische Fortbildung der Methode des Versuchs und Irrtums („trial and error").

f) Die sogenannte Objektivität der Wissenschaft besteht in der Objektivität der kritischen Methode; das heißt aber vor allem darin, daß keine Theorie von der Kritik befreit ist, und auch darin, daß die logischen Hilfsmittel der Kritik – die Kategorie des logischen Widerspruchs – objektiv sind.

Man könnte die Grundidee, die hinter meiner Hauptthese steht, vielleicht auch folgendermaßen zusammenfassen.

Siebente These: Die Spannung zwischen Wissen und Nichtwissen führt zum Problem und zu den Lösungsversuchen. Aber sie wird niemals überwunden. Denn es stellt sich heraus, daß unser Wissen immer nur in vorläufigen und versuchsweisen Lösungsvorschlägen besteht und daher prinzipiell die Möglichkeit einschließt, daß es sich als irrtümlich und also als Nichtwissen herausstellen wird. Und die einzige Form der Rechtfertigung unseres Wissens ist wieder nur vorläufig: Sie besteht in der Kritik, oder genauer darin, daß unsere Lösungsversuche bisher auch unserer scharfsinnigsten Kritik standzuhalten scheinen.

Eine darüber hinausgehende positive Rechtfertigung gibt es nicht. Insbesondere können sich unsere Lösungsversuche nicht als wahrscheinlich (im Sinne der Wahrscheinlichkeitsrechnung) erweisen.

Man könnte diesen Standpunkt vielleicht als *kritizistisch* bezeichnen. Um den Gehalt dieser meiner Hauptthese und ihre Bedeutung für die Soziologie ein wenig anzudeuten, wird es zweckmäßig sein, ihr gewisse andere Thesen einer weitverbreiteten und oft ganz unbewußt absorbierten Methodologie gegenüberzustellen.

Da ist zum Beispiel der verfehlte und mißverständliche methodologische Naturalismus oder Szientismus, der verlangt, daß die Sozialwissenschaften endlich von den Naturwissenschaften lernen, was wissenschaftliche Methode ist. Dieser verfehlte Naturalismus stellt Forderungen auf wie: Beginne mit Beobachtungen und Messungen; das heißt zum Beispiel, mit statistischen Erhebungen; schreite dann induktiv zu Verallgemeinerungen vor und zur Theorienbildung. Auf diese Weise wirst Du dem Ideal der wissenschaftlichen Objektivität näher kommen, soweit das in den Sozialwissenschaften überhaupt möglich ist. Dabei mußt Du Dir darüber klar sein, daß in den Sozialwissenschaften die Objektivität weit schwieriger zu erreichen ist (falls sie überhaupt zu erreichen ist) als in den Naturwissenschaften; denn Objektivität bedeutet Wertfreiheit, und der Sozialwissenschaftler kann sich nur in den seltensten Fällen von den Wertungen seiner eigenen Gesellschaftsschicht soweit emanzipieren, um auch nur einigermaßen zur Wertfreiheit und Objektivität vorzudringen.

Meiner Meinung nach ist jeder der Sätze, die ich hier diesem verfehlten Naturalismus zugeschrieben habe, grundfalsch und auf ein Mißverständnis der naturwissenschaftlichen Methode begründet, ja geradezu auf einen Mythos – einen leider allzu weit verbreiteten und einflußreichen Mythos vom induktiven Charakter der naturwissenschaftlichen Methode und vom Charakter der naturwissenschaftlichen Objektivität. Ich habe vor, im folgenden einen kleinen Teil der mir zur Verfügung stehenden kostbaren Zeit auf eine Kritik des verfehlten Naturalismus aufzuwenden.

Obwohl nämlich ein Großteil der Sozialwissenschaftler der einen oder der anderen Teilthese dieses verfehlten Naturalismus ablehnend gegenüberstehen dürfte, so hat doch dieser Naturalismus gegenwärtig in den Sozialwissenschaften außerhalb der Nationalökonomie im großen und ganzen die Oberhand gewonnen, zumindest in den angelsächsischen Ländern. Die Symptome dieses Sieges will ich in meiner achten These formulieren.

Achte These: Während noch vor dem zweiten Weltkrieg die Idee der Soziologie die einer allgemeinen theoretischen Sozialwissenschaft war – vergleichbar vielleicht mit der theoretischen Physik – und während die Idee der sozialen Anthropologie die einer auf sehr spezielle, nämlich primitive Gesellschaften angewandten Soziologie war, so hat sich dieses Verhältnis heute in der erstaunlichsten Weise umgekehrt. Die soziale Anthropologie oder Ethnologie ist zur allgemeinen Sozialwissenschaft geworden; und es scheint, daß sich die Soziologie mehr und mehr damit abfindet, ein Teil der sozialen Anthropologie zu werden; nämlich die auf eine sehr spezielle Gesellschaftsform angewandte soziale Anthropologie – die Anthropologie der hochindustrialisierten westeuropäischen Gesellschaftsformen. Um es nochmals etwas kürzer zu sagen, das Verhältnis zwischen der Soziologie und der Anthropologie hat sich völlig umgekehrt. Die soziale Anthropologie ist von einer angewandten Spezialwissenschaft zur Grundwissenschaft avanciert, und der Anthropologe ist aus einem bescheidenen und etwas kurzsichtigen fieldworker zum weitblickenden und tiefsinnigen Sozialtheoretiker und zum Sozial-Tiefen-Psychologen geworden. Der frühere theoretische Soziologe aber muß froh sein, als fieldworker und als Spezialist sein Unterkommen zu finden – als Beobachter und Beschreiber der Totems und Tabus der Eingeborenen weißer Rasse der westeuropäischen Länder und der Vereinigten Staaten.

Nun soll man wohl diesen Wandel im Geschick der Sozialwissenschaftler nicht allzu ernst nehmen; vor allem deshalb nicht, weil es ja ein solches Ding-an-sich wie ein wissenschaftliches Fach gar nicht gibt. Als These formuliert, ergibt sie Nummer neun.

Neunte These: Ein sogenanntes wissenschaftliches Fach ist nur ein abgegrenztes und konstruiertes Konglomerat von Problemen und Lösungsversuchen. Was es aber wirklich gibt, das sind die Probleme und die wissenschaftlichen Traditionen.

Trotz dieser neunten These ist jene Umwälzung in den Beziehungen zwischen Soziologie und Anthropologie äußerst interessant; nicht wegen der Fächer oder ihrer Namen, sondern weil sie den Sieg der pseudo-naturwissenschaftlichen Methode anzeigt. So komme ich zu meiner nächsten These.

Zehnte These: Der Sieg der Anthropologie ist der Sieg einer angeblich beobachtenden, angeblich beschreibenden und angeblich induktiv-generalisierenden Methodologie, und vor allem anderen einer angeblich objektiveren und daher dem Anschein nach naturwissenschaftlichen Methode. Es ist ein Pyrrhussieg: noch ein solcher Sieg, und wir sind verloren – das heißt nämlich die Anthropologie und die Soziologie.

Meine zehnte These ist, wie ich gerne zugebe, ein wenig zu scharf gefaßt. Vor allem muß ich zugeben, daß viel Interessantes und Wichtiges von der sozialen Anthropologie entdeckt wurde und daß sie eine der erfolgreichsten Sozialwissenschaften ist. Und ich will auch gerne zugeben, daß es für uns Europäer von Reiz und von großem Interesse sein kann, uns einmal selbst durch die Brille des sozialen Anthropologen zu betrachten. Aber obwohl diese Brille vielleicht farbiger ist als andere Brillen, so ist sie eben deshalb wohl kaum objektiver. Der Anthropologe ist nicht der Beobachter vom Mars, der er oft zu sein glaubt, und dessen soziale Rolle er nicht selten und nicht ungern zu spielen versucht; und es gibt auch keinen Grund, anzunehmen, daß ein Bewohner vom Mars uns „objektiver" sehen würde, als wir uns zum Beispiel selbst sehen.

In diesem Zusammenhang möchte ich eine Geschichte erzählen, die zwar extrem, aber keineswegs vereinzelt ist. Es ist eine wahre Geschichte, aber darauf kommt es im gegenwärtigen Zusammenhang überhaupt nicht an. Sollte Ihnen die Geschichte zu unwahrscheinlich vorkommen, so nehmen Sie sie, bitte, als freie Erfindung hin – als eine frei erfundene Illustration, die einen wichtigen Punkt durch krasse Übertreibungen deutlich machen soll.

Vor einigen Jahren war ich Teilnehmer einer viertägigen Konferenz, initiiert von einem Theologen, an der Philosophen, Biologen, Anthropologen und Physiker teilnahmen – ein bis zwei Vertreter von jedem Fach; im ganzen waren etwa acht Teilnehmer anwesend. Das Thema war „Wissenschaft und Humanismus". Nach einigen anfänglichen Schwierigkeiten und der Elimination eines Versuches, uns durch erhabene Tiefe zu beeindrucken, gelang es den dreitägigen gemeinsamen Anstrengungen von etwa vier oder fünf Teilnehmern, die Diskussion auf ein ganz ungewöhnlich hohes Niveau zu heben. Unsere Konferenz hatte – wenigstens schien es mir so – das Stadium erreicht, in dem wir alle das freudige Gefühl hatten, etwas voneinander zu lernen. Jedenfalls waren wir alle voll und ganz bei der Sache, als der anwesende Sozialanthropologe das Wort ergriff.

„Sie werden sich vielleicht wundern", so sagte er ungefähr, „daß ich bisher noch kein Wort auf dieser Tagung gesprochen habe. Das hängt damit zusammen, daß ich ein Beobachter bin. Als Anthropologe kam ich zu dieser Tagung nicht so sehr, um mit an Ihrem verbalen Verhalten zu beteiligen, sondern um Ihr verbales Verhalten zu studieren. Das habe ich denn auch getan. Ich habe dabei Ihren sachlichen Auseinandersetzungen nicht immer folgen können; aber wenn jemand so wie ich Dutzende von Diskussionsgruppen studiert hat, so lernt er, daß es ja auf das Was, auf die Sache, recht wenig ankommt. Wir Anthropologen", so sagte er fast wörtlich, „lernen es, solche Sozialphänomene von außen und von einem objektiveren Standpunkt aus zu betrachten. Was uns interessiert, ist das Wie; es ist, zum Beispiel, die Art, wie der eine oder andere versucht, die Gruppe zu dominieren und wie seine Versuche von den anderen, entweder allein oder durch Koalitionsbildung, abgewiesen werden; wie nach verschiedenen Versuchen dieser Art sich dann eine hierarchische Rangordnung und damit ein Gruppen-Gleichgewicht entwickelt und ein Gruppen-Ritual des Verbalisierens; und diese Dinge sind sich immer sehr ähnlich, wie verschieden die Fragestellung auch zu sein scheint, die da als Thema der Diskussion vorliegt."

Wir hörten unseren anthropologischen Besucher vom Mars bis zum Ende an, und ich stellte ihm dann zwei Fragen: zunächst, ob er zu unseren sachlichen Ergebnissen etwas zu bemerken habe, und später, ob er nicht glaube, daß es so etwas wie sachliche Gründe oder Argumente gäbe, die gültig oder ungültig sein können. Er antwortete, daß er sich zu sehr auf die Beobachtung unseres Gruppenverhaltens habe konzentrieren müssen, um unseren sachlichen Auseinandersetzungen im einzelnen folgen zu können. Auch hätte er andernfalls seine Objektivität gefährdet – er wäre vielleicht in diese Auseinandersetzungen hineinverwickelt worden, und wenn er sich am Ende gar hätte mitreißen lassen, dann wäre er einer von uns geworden –, und mit seiner Objektivität wäre es aus gewesen. Überdies hätte er es gelernt, Verbalverhalten (er verwendete immer wieder die Ausdrücke „verbal behaviour" -und „verbalisation") nicht wörtlich zu beurteilen oder wörtlich wichtig zu nehmen. Worauf es ihm ankomme, sagte er, sei die soziale und psychologische Funktion dieses Verbalverhaltens. Und er setzte folgendes hinzu: „Wenn Ihnen als Diskussionsteilnehmer Argumente oder Gründe einen Eindruck machen, so kommt es uns auf die Tatsache an, daß Sie sich durch solche Medien gegenseitig beeindrucken oder beeinflussen können, und natürlich vor allem auf die Symptome dieser Beeinflussung; was uns interessiert, sind solche Begriffe wie Nachdruck, Zögern, Einlenken und Nachgeben. Was den tatsächlichen Inhalt der Diskussion betrifft, so kommt es uns darauf eigentlich gar nicht an, sondern immer nur auf das Rollenspiel, auf den dramatischen Wechsel als solchen; und was sogenannte Argumente betrifft, so ist das natürlich nur eine Art des Verbalverhaltens, die nicht wichtiger ist als alle anderen. Es ist eine rein subjektive Illusion zu glauben, daß man zwischen Argumenten und anderen eindrucksvollen Verbalisierungen scharf unterscheiden kann; und schon gar nicht zwischen objektiv gültigen und objektiv ungültigen Argumenten. Äußerstenfalls könnte man Argumente einteilen in solche, die in gewissen Gruppen zu gewissen Zeiten als gültig oder als ungültig *akzeptiert* werden. Das Zeitelement zeigt sich denn auch darin, daß sogenannte Argumente, die in einer Diskussionsgruppe wie der gegenwärtigen akzeptiert wurden, dann doch wieder später von einem der Teilnehmer angegriffen oder abgelehnt werden können."

Ich will die Beschreibung dieses Vorfalles nicht weiter fortsetzen. Es wird auch wohl in diesem Kreise hier nicht nötig sein, darauf hinzuweisen, daß die etwas extreme Haltung meines anthropologischen Freundes ihrem ideengeschichtlichen Ursprung nach nicht nur vom Objektivitätsideal des Behaviourismus beeinflußt ist, sondern auch von Ideen, die auf deutschem Boden gewachsen sind: Ich meine den allgemeinen Relativismus – den historischen Relativismus, der da glaubt, daß es keine objektive Wahrheit gibt, sondern nur Wahrheiten für dieses oder jenes Zeitalter, und den soziologischen Relativismus, der da lehrt, daß es Wahrheiten oder Wissenschaften für diese oder jene Gruppe oder Klasse gibt, zum Beispiel eine proletarische Wissenschaft und eine bürgerliche Wissenschaft; und ich meine auch, daß die sogenannte Wissenssoziologie ihren vollen Anteil an der Vorgeschichte der Dogmen meines anthropologischen Freundes hat.

Obzwar zugegebenermaßen mein anthropologischer Freund auf jener Konferenz eine extreme Position einnahm, so ist doch diese Position, insbesondere wenn man sie etwas mildert, keineswegs untypisch und keineswegs unwichtig.

Aber diese Position ist *absurd.* Da ich den historischen und soziologischen Relativismus und die Wissenssoziologie anderwärts ausführlich kritisiert habe, will ich hier auf eine Kritik verzichten. Nur die naive und verfehlte Idee der wissenschaftlichen Objektivität, die hier zugrunde liegt, will ich kurz besprechen.

Elfte These: Es ist gänzlich verfehlt anzunehmen, daß die Objektivität der Wissenschaft von der Objektivität des Wissenschaftlers abhängt. Und es ist gänzlich verfehlt zu glauben, daß der Naturwissenschaftler objektiver ist als der Sozialwissenschaftler. Der Naturwissenschaftler ist ebenso parteiisch wie alle anderen Menschen, und er ist leider – wenn er nicht zu den wenigen gehört, die dauernd neue Ideen produzieren – gewöhnlich äußerst einseitig und parteiisch für seine eigenen Ideen eingenommen. Einige der hervorragendsten zeitgenössischen Physiker haben sogar Schulen gegründet, die neuen Ideen einen mächtigen Widerstand entgegensetzen.

Meine These hat aber auch eine positive Seite, und diese ist wichtiger. Sie ist der Inhalt meiner zwölften These.

Zwölfte These: Was man als wissenschaftliche Objektivität bezeichnen kann, liegt einzig und allein in der kritischen Tradition; in jener Tradition, die es trotz aller Widerstände so oft ermöglicht, ein herrschendes Dogma zu kritisieren. Anders ausgedrückt, die Objektivität der Wissenschaft ist nicht eine individuelle Angelegenheit der verschiedenen Wissenschaftler, sondern eine soziale Angelegenheit ihrer gegenseitigen Kritik, der freundlich-feindlichen Arbeitsteilung der Wissenschaftler, ihres Zusammenarbeitens und auch ihres Gegeneinanderarbeitens. Sie hängt daher zum Teil von einer ganzen Reihe von gesellschaftlichen und politischen Verhältnissen ab, die diese Kritik ermöglichen.

Dreizehnte These: Die sogenannte Wissenssoziologie, die die Objektivität im Verhalten der verschiedenen einzelnen Wissenschaftler sieht und die die Nichtobjektivität aus dem sozialen Standort der Wissenschaftler erklärt, hat diesen entscheidenden Punkt – ich meine die Tatsache, daß die Objektivität einzig und allein in der Kritik fundiert ist – völlig verfehlt. Was die Soziologie des Wissens übersehen hat, ist nichts anderes als eben die Soziologie des Wissens – die Theorie der wissenschaftlichen Objektivität. Diese kann nur durch solche soziale Kategorien erklärt werden, wie zum Beispiel: Wettbewerb (sowohl der einzelnen Wissenschaftler wie auch der verschiedenen Schulen); Tradition (natürlich die kritische Tradition); soziale Institution (wie zum Beispiel Veröffentlichungen in verschiedenen konkurrierenden Journalen und durch verschiedene konkurrierende Verleger; Diskussionen auf Kongressen); Staatsmacht (nämlich die politische Toleranz der freien Diskussion).

Solche Kleinigkeiten wie zum Beispiel der soziale oder ideologische Standort des Forschers schalten sich auf diese Weise mit der Zeit von selber aus, obwohl sie natürlich kurzfristig immer ihre Rolle spielen.

In ganz ähnlicher Weise wie das Problem der Objektivität können wir auch das sogenannte Problem der Wertfreiheit in viel *freierer* Weise lösen als das gewöhnlich geschieht.

Vierzehnte These: In der kritischen Diskussion unterscheiden wir solche Fragen wie: (1) Die Frage der Wahrheit einer Behauptung; die Frage ihrer Relevanz, ihres Interesses und ihrer Bedeutung relativ zu den Problemen, die wir gerade behandeln. (2) Die Frage ihrer Relevanz und ihres Interesses und ihrer Bedeutung relativ zu verschiedenen *außerwissenschaftlichen Problemen*, zum Beispiel dem Problem der menschlichen Wohlfahrt, oder zum Beispiel dem ganz anders gearteten Problem der nationalen Verteidigung oder einer nationalen Angriffspolitik oder der industriellen Entwicklung oder der persönlichen Bereicherung.

Es ist natürlich unmöglich, solche außerwissenschaftlichen Interessen aus der wissenschaftlichen Forschung auszuschalten; und es ist genauso unmöglich, sie aus der naturwissenschaftlichen Forschung – zum Beispiel aus der physikalischen Forschung – auszuschalten, wie aus der sozialwissenschaftlichen Forschung.

Was möglich ist und was wichtig ist und was der Wissenschaft ihren besonderen Charakter gibt, ist nicht die Ausschaltung, sondern die Unterscheidung jener nicht zur Wahrheitssuche gehörenden Interessen von dem rein wissenschaftlichen Interesse an der Wahrheit. Aber obwohl die Wahrheit der leitende wissenschaftliche Wert ist, so ist sie nicht der einzige: Die Relevanz, das Interesse und die Bedeutung einer Behauptung relativ zu einer rein wissenschaftlichen Problemlage sind ebenfalls wissenschaftliche Werte ersten Ranges, und ähnlich steht es mit Werten wie dem der Fruchtbarkeit, der erklärenden Kraft, der Einfachheit und der Genauigkeit.

Mit anderen Worten, es gibt *rein*wissenschaftliche Werte und Unwerte und *außer*wissenschaftliche Werte und Unwerte. Und obwohl es unmöglich ist, die Arbeit an der Wissenschaft von außerwissenschaftlichen Anwendungen und Wertungen frei zu halten, so ist es eine der Aufgaben der wissenschaftlichen Kritik und der wissenschaftlichen Diskussion, die Vermengung der Wertsphären zu bekämpfen, und insbesondere außerwissenschaftliche Wertungen aus den *Wahrheitsfragen* auszuschalten.

Das kann natürlich nicht ein für allemal durch Dekret geschehen, sondern ist und bleibt eine der dauernden Aufgaben der gegenseitigen wissenschaftlichen Kritik. Die Reinheit der reinen Wissenschaft ist ein Ideal, das vermutlich unerreichbar ist, für das aber die Kritik dauernd kämpft und dauernd kämpfen muß.

In der Formulierung dieser These habe ich es als praktisch unmöglich bezeichnet, die außerwissenschaftlichen Werte aus dem Wissenschaftsbetrieb zu verbannen. Es ist das ähnlich wie mit der Objektivität: Wir können dem Wissenschaftler nicht seine Parteilichkeit rauben, ohne ihm auch seine Menschlichkeit zu rauben. Ganz ähnlich können wie nicht seine Wertungen verbieten oder zerstören, ohne ihn als Menschen *und als Wissenschaftler* zu zerstören. Unsere Motive und unsere rein wissenschaftlichen Ideale, wie das Ideal der reinen Wahrheitssuche, sind zutiefst in außerwissenschaftlichen und zum Teil religiösen Wertungen verankert. Der objektive und der wertfreie Wissenschaftler ist nicht der ideale Wissenschaftler. Ohne Leidenschaft geht es nicht, und schon gar nicht in der reinen Wissenschaft. Das Wort „Wahrheits*liebe*"' ist keine bloße Metapher. Es ist also nicht nur so, daß Objektivität und Wertfreiheit für den einzelnen Wissenschaftler praktisch unerreichbar sind, sondern Objektivität und Wertfreiheit sind ja selbst *Werte.* Und da also die Wertfreiheit selbst ein Wert ist, ist die Forderung der unbedingten Wertfreiheit paradox. Dieser Einwand ist nicht eben sehr wichtig, aber es ist doch zu bemerken, daß die Paradoxie ganz von selbst verschwindet, wenn wir die Forderung der Wertfreiheit durch die Forderung ersetzen, daß es eine der Aufgaben der wissenschaftlichen Kritik sein muß, Wertvermessungen bloßzulegen und die rein wissenschaftlichen Wertfragen nach Wahrheit, Relevanz, Einfachheit und so weiter von außerwissenschaftlichen Fragen zu trennen.

Bisher habe ich versucht, kurz die These zu entwickeln, daß die Methode der Wissenschaft in der Wahl von Problemen und in der Kritik unserer immer versuchsweisen und vorläufigen Lösungsversuche besteht. Und ich habe weiter versucht, am Beispiel zweier viel diskutierter Methodenfragen der Sozialwissenschaften zu zeigen, daß diese kritizistische Methodenlehre (wie ich sie vielleicht nennen darf) zu recht vernünftigen methodologischen Resultaten kommt. Aber obwohl ich ein paar Worte über Erkenntnistheorie oder Erkenntnislogik sagen konnte und obwohl ich jedenfalls ein paar kritische Worte über die Methodologie der Sozialwissenschaften sagen konnte, so habe ich eigentlich noch recht wenig Positives über mein Thema, die Logik der Sozialwissenschaften, gesagt.

Ich will uns nicht damit aufhalten, Gründe oder Entschuldigungen dafür vorzubringen, daß ich es für wichtig halte, zunächst einmal die wissenschaftliche Methode mit der kritischen Methode zu identifizieren. Statt dessen möchte ich jetzt direkt auf einige rein logische Fragen und Thesen eingehen.

Fünfzehnte These: Die wichtigste Funktion der reinen deduktiven Logik ist die eines Organons der Kritik.

Sechzehnte These: Die deduktive Logik ist die Theorie von der Gültigkeit der logischen Schlüsse oder der logischen Folgebeziehung. Eine notwendige und entscheidende Bedingung für die Gültigkeit einer logischen Folgebeziehung ist die folgende: Wenn die Prämissen eines gültigen Schlusses *wahr* sind, so muß auch die Konklusion *wahr* sein.

Das kann man dann auch so ausdrücken: Die deduktive Logik ist die Theorie der Übertragung der Wahrheit von den Prämissen auf die Konklusion.

Siebzehnte These: Wir können sagen: Wenn alle Prämissen wahr sind und der Schluß gültig ist, dann muß auch die Konklusion wahr sein; und wenn daher in einem gültigen Schluß die Konklusion falsch ist, so ist es nicht möglich, daß die Prämissen alle wahr sind.

Dieses triviale, aber entscheidend wichtige Ergebnis kann man auch so ausdrücken: Die deduktive Logik ist nicht nur die Theorie der *Übertragung der Wahrheit* von den Prämissen auf die Konklusion, sondern gleichzeitig auch umgekehrt die Theorie der *Rückübertragung der Falschheit* von der Konklusion auf wenigstens eine der Prämissen.

Achtzehnte These: Damit wird die deduktive Logik zur Theorie der rationalen Kritik. Denn alle rationale Kritik hat die Form, daß wir versuchen, zu zeigen, daß aus der zu kritisierenden Behauptung unannehmbare Folgerungen abgeleitet werden können. Gelingt es uns, aus einer Behauptung unannehmbare Folgerungen logisch abzuleiten, dann ist die Behauptung widerlegt.

Neunzehnte These: In den Wissenschaften arbeiten wir mit Theorien, das heißt, mit deduktiven Systemen. Das hat zwei Gründe. Erstens, eine Theorie oder ein deduktives System ist ein Erklärungsversuch und daher ein Versuch, ein wissenschaftliches Problem zu lösen; zweitens, eine Theorie, also ein deduktives System, ist durch seine Folgerungen rational kritisierbar. Es ist also ein Lösungsversuch, der der rationalen Kritik unterliegt.

So viel über die formale Logik als das Organon der Kritik.

Zwei grundlegende Begriffe, die ich hier verwendet habe, bedürfen einer kurzen Erläuterung: der Begriff der Wahrheit und der Begriff der Erklärung.

Zwanzigste These: Der Wahrheitsbegriff ist für den hier entwickelten Kritizismus unentbehrlich. Was wir kritisieren, das ist der Wahrheitsanspruch. Was wir als Kritiker einer Theorie zu zeigen versuchen, das ist, natürlich, daß ihr Wahrheitsanspruch nicht zu Recht besteht – daß sie falsch ist.

Die fundamentale methodologische Idee, daß wir aus unseren Irrtümern lernen, kann nicht ohne die regulative Idee der Wahrheit verstanden werden:

Der Irrtum, den wir begehen, besteht ja eben darin, daß wir, mit dem Maßstab oder der Richtschnur der Wahrheit gemessen, das uns gesetzte Ziel, unseren Standard, nicht erreicht haben.

Wir nennen eine Aussage „wahr", wenn sie mit den Tatsachen übereinstimmen oder den Tatsachen entspricht oder wenn die Dinge so sind, wie die Aussage sie darstellt. Das ist der sogenannte absolute oder objektive Wahrheitsbegriff, den jeder von uns dauernd verwendet. Eines der wichtigsten Ergebnisse der modernen Logik besteht darin, daß sie diesen absoluten Wahrheitsbegriff mit durchschlagendem Erfolg rehabilitiert hat.

Diese Bemerkung setzt voraus, daß der Wahrheitsbegriff unterminiert war. Und in der Tat, die Unterminierung des Wahrheitsbegriffes hat zu den herrschenden relativistischen Ideologien unserer Zeit den Hauptanstoß gegeben.

Das ist der Grund, warum ich die Rehabilitierung des Wahrheitsbegriffes durch den Logiker und Mathematiker *Alfred Tarski* als das philosophisch wichtigste Ergebnis der modernen mathematischen Logik bezeichnen möchte.

Ich kann natürlich dieses Ergebnis hier nicht diskutieren; ich kann nur ganz dogmatisch sagen, daß es *Tarski* gelungen ist, in der denkbar einfachsten und überzeugendsten Weise zu erklären, worin die Übereinstimmung eines Satzes mit den Tatsachen besteht. Aber das war eben jene Aufgabe, deren hoffnungslose Schwierigkeit zum skeptischen Relativismus geführt hat – mit sozialen Folgen, die ich hier wohl nicht ausmalen muß.

Der zweite Begriff, den ich verwendet habe und der einer Erläuterung bedürftig ist, ist der Begriff der Erklärung, oder genauer, der *kausalen Erklärung*.

Ein rein theoretisches Problem – ein Problem der reinen Wissenschaft – besteht immer darin, eine Erklärung zu finden – die Erklärung einer Tatsache oder eines Phänomens oder einer merkwürdigen Regelmäßigkeit oder einer merkwürdigen Ausnahme. Das, was wir zu erklären hoffen, kann man das Explikandum nennen. Der Lösungsversuch – das heißt: die Erklärung – besteht immer in einer Theorie, einem deduktiven System, das es uns erlaubt, das Explikandum dadurch zu erklären, daß wir es mit anderen Tatsachen (den sogenannten Anfangsbedingungen) logisch verknüpfen. Eine völlig explizite Erklärung – besteht immer in der logischen Ableitung (oder Ableitbarkeit) des Explikandums aus der Theorie, zusammen mit den Anfangsbedingungen.

Das logische Grundschema jeder Erklärung besteht also in einem logischen, deduktiven Schluß, dessen Prämissen aus der Theorie und den Anfangsbedingungen besteht und dessen Konklusion das Explikandum ist.

Dieses Grundschema hat erstaunlich viele Anwendungen. Man kann zum Beispiel mit seiner Hilfe zeigen, was der Unterschied zwischen einer *ad-hoc*-Hypothese und einer unabhängig überprüfbaren Hypothese ist; und man kann, was Sie vielleicht mehr interessieren wird, in einfacher Weise den Unterschied zwischen theoretischen Problemen, historischen Problemen und Problemen der Anwendung logisch analysieren. Dabei stellt sich heraus, daß die berühmte *Unterscheidung* zwischen theoretischen oder nomothetischen und historischen oder ideographischen Wissenschaften logisch völlig gerechtfertigt werden kann – wenn man nämlich hier unter einer „Wissenschaft" die Beschäftigung mit einer bestimmten logisch unterscheidbaren Art von Problemen versteht.

Soviel zur Erläuterung der von mir bisher verwendeten logischen Begriffe.

Jeder dieser beiden Begriffe, der der Wahrheit und der der Erklärung, geben zur logischen Entwicklung von weiteren Begriffen Anlaß, die vom Standpunkt der Erkenntnislogik oder der Methodologie vielleicht noch wichtiger sind: Der erste dieser Begriffe ist der der *Annäherung an die Wahrheit,* und der zweite der der *Erklärungskraft* oder des *Erklärungsgehaltes* einer Theorie.

Diese beiden Begriffe sind insofern rein logische Begriffe, als sie sich mit den rein logischen Begriffen der Wahrheit eines Satzes und des Gehaltes eines Satzes – das heißt, der Klasse der logischen Folgefragen einer Theorie – definieren lassen.

Beide sind relative Begriffe. Obwohl jeder Satz einfach wahr oder falsch ist, so kann doch *ein* Satz eine bessere Annäherung an die Wahrheit darstellen als ein *anderer* Satz. Das wird zum Beispiel der Fall sein, wenn der erste Satz „mehr" wahre und „weniger" falsche logische Konsequenzen hat als der zweite. (Vorausgesetzt ist hier, daß die wahren und falschen Teilmengen der Folgerungemengen der beiden Sätze vergleichbar sind.) Es läßt sich dann leicht zeigen, warum wir, mit Recht, annehmen, daß *Newtons* Theorie eine bessere Annäherung an die Wahrheit ist als *Keplers* Theorie.

Ähnlich läßt sich zeigen, daß die Erklärungskraft der Theorie *Newtons* größer ist als die *Keplers.*

Wir gewinnen also hier logische Begriffe, die der Beurteilung unserer Theorien zugrunde liegen und uns erlauben, in bezug auf wissenschaftliche Theorien sinnvoll von Fortschritt oder Rückschritt zu sprechen.

Soviel über die allgemeine Erkenntnislogik. Über die besondere Erkenntnislogik der Sozialwissenschaften möchte ich noch einige weitere Thesen anführen.

Einundzwanzigste These: Es gibt keine rein beobachtende Wissenschaft, sondern nur Wissenschaften, die mehr oder weniger bewußt und kritisch theoretisieren. Das gilt auch für die Sozialwissenschaften.

Zweiundzwanzigste These: Die Psychologie ist eine Sozialwissenschaft, da unser Denken und Handeln weitgehend von sozialen Verhältnissen abhängt. Kategorien wie a) Nachahmung, b) Sprache, c) Familie, sind offenbar soziale Kategorien; und es ist klar, daß die Psychologie des Lernens und des Denkens, aber auch zum Beispiel die Psychoanalyse, ohne die eine oder die andere dieser sozialen Kategorien unmöglich sind. Das zeigt, daß die Psychologie gesellschaftliche Begriffe voraussetzt; woraus wir schließen können, daß es unmöglich ist, die Gesellschaft restlos psychologisch zu erklären oder auf Psychologie zurückzuführen. Die Psychologie kann also nicht als die Grundwissenschaft der Sozialwissenschaften angesehen werden.

Das, was wir prinzipiell nicht psychologisch erklären können, und das, was wir in jeder psychologischen Erklärung voraussetzen müssen, das ist die soziale Umwelt des Menschen. Die Aufgabe, diese soziale Umwelt zu beschreiben – und zwar mit Hilfe erklärender Theorien, da es ja, wie schon angedeutet, eine reine Beschreibung nicht gibt – ist also die grundlegende Aufgabe der Sozialwissenschaft. Es dürfte angemessen sein, diese Aufgabe der Soziologie zuzuteilen. Das wird denn auch im folgenden angenommen.

Dreiundzwanzigste These: Die Soziologie ist autonom in dem Sinn, daß sie sich von der Psychologie sehr weitgehend unabhängig machen kann und muß. Das geht, abgesehen von der abhängigen Situation der Psychologie, auch daraus hervor, daß die Soziologie immer wieder vor der Aufgabe steht, ungewollte und oft unerwünschte soziale Folgen menschlichen Handelns zu erklären. Beispiel: Die Konkurrenz ist ein soziales Phänomen, das den Konkurrenten gewöhnlich unerwünscht ist, das aber als eine (gewöhnlich unvermeidliche) nichtgewollte Folge von (bewußten und planmäßigen) Handlungen der Konkurrenten erklärt werden kann und muß.

Was immer auch hier von den Handlungen der Konkurrenten psychologisch erklärbar sein mag, das soziale Phänomen der Konkurrenz ist eine psychologisch unerklärbare soziale Folge dieser Handlungen.

Vierundzwanzigste These: Die Soziologie ist aber noch in einem zweiten Sinn autonom, nämlich als das, was man oft „verstehende Soziologie" genannt hat.

Fünfundzwanzigste These: Die logische Untersuchung der nationalökonomischen Methoden führt zu einem Resultat, das auf alle Gesellschaftswissenschaften anwendbar ist. Dieses Resultat zeigt, daß es eine *rein objektive Methode* in den Sozialwissenschaften gibt, die man wohl als die *objektiv*-verstehende Methode oder als Situationslogik bezeichnen kann. Eine *objektiv*-verstehende Sozialwissenschaft kann unabhängig von allen subjektiven oder psychologischen Ideen entwickelt werden. Sie besteht darin, daß sie die *Situation* des handelnden Menschen hinreichend analysiert, um die Handlung aus der Situation heraus ohne weitere psychologische Hilfe zu erklären. Das objektive „Verstehen" besteht darin, daß wir sehen, daß die Handlung objektiv *situationsgerecht* war. Mit anderen Worten, die Situation ist so weitgehend analysiert, daß die zunächst anscheinend psychologischen Momente, zum Beispiel Wünsche, Motive, Erinnerungen und Assoziationen, in Situationsmomente verwandelt wurden. Aus dem Mann mit diesen oder jenen Wünschen wird dann ein Mann, zu dessen Situation es gehört, daß er diese oder jene objektiven *Ziele* verfolgt. Und aus einem Mann mit diesen oder jenen Erinnerungen oder Assoziationen wird dann ein Mann, zu dessen Situation es gehört, daß er objektiv mit diesen oder jenen Theorien oder mit dieser oder jener Information ausgestattet ist.

Das ermöglicht es uns dann, seine Handlungen in dem objektiven Sinn zu verstehen, daß wir sagen können: Zwar habe ich andere Ziele und andere Theorien (als zum Beispiel Karl der Große); aber wäre ich in seiner so-und-so analysierten Situation gewesen – wobei die Situation Ziele und Wissen einschließt –, dann hätte ich, und wohl auch du, ebenso gehandelt. Die Methode der Situationsanalyse ist also zwar eine individualistische Methode, aber keine psychologische, da sie die psychologischen Momente prinzipiell ausschaltet und durch objektive Situationselemente ersetzt. Ich nenne sie gewöhnlich „Situationslogik" („situational logic" oder „logic of the situation").

Sechsundzwanzigste These: Die hier beschriebenen Erklärungen der Situationslogik sind rationale, theoretische Rekonstruktionen. Sie sind über-vereinfacht und über-schematisiert und daher im allgemeinen *falsch.* Dennoch können sie einen großen Wahrheitsgehalt haben, und sie können im streng logischen Sinn gute Annäherungen an die Wahrheit sein – und sogar bessere als andere überprüfbare Erklärungen. In diesem Sinn ist der logische Begriff der Annäherung an die Wahrheit unentbehrlich für die situations-analytischen Sozialwissenschaften. Vor allem aber sind die Situationsanalysen rational und empirisch kritisierbar und verbesserungsfähig. Wir können zum Beispiel einen Brief finden, der zeigt, daß das Karl dem Großen zur Verfügung stehende Wissen von dem ganz verschieden war, das wir in unserer Analyse angenommen haben. Im Gegensatz dazu sind psychologisch-charakterologische Hypothesen kaum je kritisierbar.

Siebenundzwanzigste These: Die Situationslogik nimmt im allgemeinen eine physische Welt an, in der wir handeln. Diese Welt enthält zum Beispiel physische Hilfsmittel, die uns zur Verfügung stehen und von denen wir etwas wissen, und physische Widerstände, von denen wir im allgemeinen auch etwas (oft nicht sehr viel) wissen. Darüber hinaus muß die Situationslogik auch eine soziale Welt annehmen, ausgestattet mit anderen Menschen, über deren Ziele wir etwas wissen (oft nicht sehr viel), und überdies mit *sozialen Institutionen.* Diese sozialen Institutionen bestimmen den eigentlichen sozialen Charakter unserer sozialen Umwelt. Sie bestehen aus allen jenen sozialen Wesenheiten der sozialen Welt, die den Dingen der physischen Welt entsprechen. Eine Gemüsehandlung oder ein Universitätsinstitut oder eine Polizeimacht oder ein Gesetz sind in diesem Sinn soziale Institutionen. Auch Kirche und Staat und Ehe sind soziale Institutionen, und gewisse zwingende Gebräuche, wie zum Beispiel in Japan Harakiri. Aber in unserer europäischen Gesellschaft ist Selbstmord keine Institution in dem Sinn, in dem ich das Wort verwende und in dem ich behaupte, daß die Kategorie von Wichtigkeit ist.

Das ist meine letzte These. Was folgt, ist ein Vorschlag und eine kurze abschließende Betrachtung.

Vorschlag: Als die Grundprobleme der reinen theoretischen Soziologie könnten vielleicht vorläufig die allgemeine Situationslogik und die Theorie der Institutionen und Traditionen angenommen werden. Das würde solche Probleme einschließen wie die beiden folgenden.

1. Institutionen handeln nicht, sondern nur Individuen in oder für Institutionen. Die allgemeine Situationslogik dieser Handlungen wäre die Theorie der quasi-Handlungen der Institutionen.

2. Es wäre eine Theorie der gewollten und ungewollten institutionellen Folgen von Zweckhandlungen aufzubauen. Das könnte auch zu einer Theorie der Entstehung und der Entwicklung von Institutionen führen.

Zum Schluß noch eine Bemerkung. Ich glaube, daß die Erkenntnistheorie nicht nur wichtig für die Einzelwissenschaften ist, sondern auch für die Philosophie, und daß das religiöse und philosophische Unbehagen unserer Zeit, das uns wohl alle beschäftigt, zum erheblichen Teil ein erkenntnisphilosophisches Unbehagen ist. *Nietzsche* hat es den europäischen Nihilismus genannt und *Benda* den Verrat der Intellektuellen. Ich möchte es als eine Folge der sokratischen Entdeckung charakterisieren, daß wir nichts wissen, das heißt, unsere Theorien niemals rational rechtfertigen können.

Aber diese wichtige Entdeckung, die unter vielen anderen Malaisen auch den Existenzialismus hervorgebracht hat, ist nur eine halbe Entdeckung; und der Nihilismus kann überwunden werden. Denn obwohl wir unsere Theorien nicht rational rechtfertigen und nicht einmal als wahrscheinlich erweisen können, so können wir sie rational kritisieren. Und wir können bessere von schlechteren unterscheiden.

Aber das wußte, sogar schon vor *Sokrates,* der alte *Xenophanes,* als er die Worte schrieb:

Nicht gleich am Anfang entdeckten die Götter den Sterblichen alles.
Aber im Laufe der Zeit finden wir suchend das Bessre.

Köln Z Soziol (2017) (Suppl 1) 69:229–242
DOI 10.1007/s11577-017-0426-5

Kölner Zeitschrift für Soziologie und Sozialpsychologie

ABHANDLUNGEN

Kritik als Beruf zur Soziologie der Intellektuellen*

M. Rainer Lepsius

Einer weitverbreiteten Meinung zufolge ist die intellektuelle Diskussion von Ordnung und Zukunft der westdeutschen Gesellschaft verkümmert. Von prominenter Stelle wird ein mangelndes Staatsbewußtsein gerügt, ein größeres Engagement an der Bundesrepublik gefordert. Und selbst ein professioneller Kulturkritiker wie *Hans Magnus Enzensberger* redet vom „trägen, hauptsächlich mit Verdauung beschäftigten geistigen Klima in der Bundesrepublik".[1]

Viele Gründe sind dafür geltend gemacht worden: die als Provisorium proklamierte Staatlichkeit, der autoritäre Stil der sogenannten Kanzlerdemokratie, das „Getto" Bonn, das kein Sozialmilieu für eine Hauptstadt biete, die Regionalisierung – wenn nicht gar Provinzialisierung – der deutschen Presse, die keine bundesweite Öffentlichkeit entstehen lasse. Mehr noch: die politische Apathie der Bürger – vor allem der deutschen Intelligenz – wie überhaupt eine nachideologische, materialistische Zeitkultur.

Dennoch hat es seit den ersten Nachkriegsjahren eine beständige Diskussion unter den Intellektuellen über die Entwicklung der Bundesrepublik gegeben: zunächst über die Frage der deutschen Schuld, die in der Forderung nach Bewältigung der deutschen Vergangenheit bis heute weiterlebt, dann über die Atom- und Wiederaufrüstungskampagnen in der Mitte der 50er Jahre bis zur Affäre *Strauß* im Jahre 1962,

[1] *Hans Magnus Enzensberger*, Einzelheiten, Frankfurt 1962, S. 348.

* Erweiterte Fassung meines am 10. Juli 1963 an der Universität München gehaltenen öffentlichen Habilitationsvortrages.

Erstveröffentlichung: *Kölner Zeitschrift für Soziologie und Sozialpsychologie*, Jg. 16, 1964, Heft 1, S. 75–91

c/o V. Dreier
Institut für Soziologie und Sozialpsychologie, Universität zu Köln
Lindenburger Allee 15, 50931 Köln, Deutschland
E-Mail: volker.dreier@uni-koeln.de

um nur einige Themen herauszugreifen. Doch hat es den Anschein, als ob erst der vermeintliche oder tatsächliche Erfolg der intellektuellen Kritik in der sogenannten Spiegelaffäre den Intellektuellen wieder politisches Selbstbewußtsein und größere öffentliche Beachtung verschafft habe. Dieser Augenblick, in dem Intellektuelle verschiedenster Richtungen, in gemeinsamer politischer Emotion verbunden, demonstrativ in Erscheinung traten, hat zugleich auch wieder die ganze Ambivalenz ihrer Stellung in prägnantester Weise gezeigt. Sie wurde schließlich sogar in Rechtsnormen formulierbar: nämlich in der Kollision des Grundrechts der Pressefreiheit mit dem Verbot des Landesverrats. Daß dieser Normenkonflikt tatsächlich gerichtsanhängig wurde, ist nebensächlich, die darin enthaltene Problematik jedoch typisch. Nicht zufällig trägt der Begriff der Intellektuellen seinen politisch schillernden Charakter seit der *Dreyfus*-Affäre. Das moralistische Pathos eines *Zola* durchzieht die Proteste der Intellektuellen bis heute: „Die Schriftsteller sind das Gewissen ihrer Nation", meinte zum Beispiel *Wolfdietrich Schnurre* (zur Rechtfertigung seines Protestes gegen die Berliner Mauer)[2], und *Wolfgang Weyrauch* proklamierte in der Einleitung zu einer zeitkritischen Anthologie: „Kritik zu üben, leidenschaftliche, sich selbst preisgebende Kritik, gehört zum Schriftsteller wie der Buchstabe. Sie muß sich, wenn es notwendig ist, zum Widerstand erhöhen."[3]

Je rigoroser und unbedingter dieser Anspruch erhoben wird, desto entschiedener wird ihm die Kompetenz und die Legitimität bestritten, und zwar keineswegs nur von den Vertretern der angegriffenen Mächte. Literarische Berufskollegen besorgen dies bereits früher. Um bei Beispielen aus der deutschen Gegenwart zu bleiben: „Wer jahrelang die Bundesrepublik für ein schmutziges Nest erklärt und gleichzeitig mit literarischen SED-Funktionären Umgang hat . . ., (den) klage ich der Illoyalität gegenüber der bedrohten westlichen Freiheit an."[4] Ich habe diese Formulierungen von *Rudolf Krämer-Badoni* gewählt, weil sie eine Reihe der typischen Topoi enthalten.

Jede Kritik zieht auf sich den prinzipiellen Verdacht der Illoyalität, ja des Verrates. Soweit es sich dabei um die Behauptung des subjektiv gewollten Verrates handelt, ist die Sache noch relativ einfach. Der Verdacht richtet sich auf konkrete Individuen, die sich rechtfertigen müssen. Weitreichender sind die Konsequenzen bei dem Vorwurf des objektiven Verrates ohne bewußte Absicht; weil hier eine ganze Kategorie von nicht näher bestimmten Menschen betroffen wird. Der Verdacht löst sich von der Motivation einzelner Personen und richtet sich auf die Kritik überhaupt. Die Verfolgung des Verdachts greift unmittelbar in die Struktur der Gesellschaft ein, da nun nicht mehr einzelne Personen, sondern die kritische Funktion überhaupt dem Stigma der Illoyalität verfällt.

In der landläufigen Argumentation vermischen sich beide Verdächtigungen. Der Kritiker, so heißt es, zerstöre eben die Freiheit, die er in dogmatischer Verblendung einer absoluten Teilethik zu schützen meine. Ferner verrate er seine Ideale notwendigerweise, wenn er versuche, ihnen die erstrebte Geltung durch politische Macht zu verschaffen. Es ist die berühmte „trahison des clercs" (*Julien Benda*), die im politischen Engagement die Ideale verfälscht, die zu bewahren die Intellektuellen vorge-

[2] *Hans Werner Richter* (Hrsg.), Die Mauer oder der 13. August, Hamburg 1961, S. 116.

[3] *Wolfgang Weyrauch* (Hrsg.), Ich lebe in der Bundesrepublik, München 1961, S. 8.

[4] *Hans Werner Richter* (Hrsg.), a. a. 0., S. 139.

ben, und es ist die bewußte Korruption der Ideale durch den Verkauf des Intellektuellen an materielle Interessen, die hier immer wieder angeführt werden.

So stehen sich Anspruch und Verdächtigung der Intellektuellen unvermittelt und scharf gegenüber. Es ist nicht nötig, dies hier mit naheliegenden dramatischen Beispielen aus der deutschen Gegenwart weiter auszuschmücken.

Ambivalenz und Strukturlosigkeit

Ein Phänomen, dessen prinzipielle Ambivalenz sein erstes Kennzeichen ist, muß die Soziologie in besonderem Maße interessieren, ja eigentlich herausfordern. Behauptet die Soziologie, gesellschaftliche Phänomene aus den Strukturbedingungen der Gesellschaft analysieren zu können, so steht sie in den Intellektuellen einem Phänomen gegenüber, das sich gerade durch seine soziale Unstrukturiertheit auszuzeichnen scheint. Auch in ihrem Selbstverständnis stellen sich die Intellektuellen als unorganisierte Individuen dar, die, nur ihrem Gewissen verpflichtet, jenseits sozialer Interessen im Dienste humanitärer Ideale stehen. Zu dieser Idealisierung haben übrigens auch einige Soziologen – selbst Intellektuelle – beigetragen, die diese Vorstellung untermauert, ja bis zum Mythos überhöht haben.

Die Intellektuellen waren und sind ein bevorzugtes Objekt soziologischer Reflexion, und doch gehören sie zu den sozialen Phänomenen, deren soziologische Analyse unbefriedigend bleibt. Dabei scheint unter den Soziologen sogar weithin eine Art Einverständnis darüber zu bestehen, daß die Intellektuellen durch ihre ambivalente Stellung der soziologischen Analyse entgleiten und wesentlich durch ihre Moral, durch ihre individuelle Verpflichtung auf kulturelle Werte gekennzeichnet seien. Diese recht weitläufige und offene Umschreibung läßt allen nur denkbaren Spielraum für die Selbstreflexion des Soziologen als eines Intellektuellen; vielleicht liegt gerade darin ein Grund für die Beständigkeit dieser Formel.

Einige besondere Umstände scheinen in der Tat die Soziologie der Intellektuellen zu erschweren. Den seit *Marx* klassischen Kategorien der soziologischen Analyse der Klassenbildung und des Klassenkonflikts haben sich die Intellektuellen weitgehend entzogen. Sie zeigen sich typischerweise klassenfrei, und zwar im doppelten Sinne: sowohl in ihrer Klassenlage wie in ihren Interessen. Sie sind keiner Klasse zuzurechnen. Ihre Tätigkeit entbindet sie dem Wirtschaftsprozeß, sie haben daher keine aus ihrer wirtschaftlichen Integration in die Gesellschaft resultierenden „objektiven" Interessen auf Erhaltung oder Veränderung der Gesellschaftsordnung. Sie sind weder nach Herkunft noch nach Besitz und Einkommen noch schließlich nach der Art der Berufstätigkeit eindeutig bestimmbar. Sie sind mit dem berühmten Schlagwort *Alfred Webers* relativ sozial freischwebend.

Dies ist der eine Schluß, zu dem die Soziologie der Intellektuellen oder der Intelligenz – beide Bezeichnungen werden vielfach gleichsinnig gebraucht – gekommen ist, ein Ergebnis, das gleichermaßen vordergründig wie verhängnisvoll ist. Es verführte *Karl Mannheim* im Zusammenhang mit seiner Ideologienlehre zu der Annahme, die solchermaßen sozial freischwebende Intelligenz habe die Chance, der allgemeinen Standortgebundenheit des Denkens zu entkommen, sich des prinzipiellen Ideologieverdachtes zu entziehen und aus der kritischen Analyse der jeweiligen standortgebundenen Interessen in „überperspektivischer Synthese“ und „dynamischer Vermittlung“ gegensätzlicher Ansichten ein Gesamtwohl zu formulieren. Mit dieser sozialen Funktion der Intelligenz begründet *Mannheim* dann den Anspruch, die Intelligenz sei auch zur politischen Führung der Gesellschaft berufen. Sie habe daher auch das Recht und die Pflicht, sich jeweils der Klasse zuzuschlagen, deren Interessen der geistigen Führung und politischen Förderung bedürften.[5]

In diesem Sinne spricht übrigens auch *Marx* im Manifest der Kommunistischen Partei von den Kommunisten als dem intellektuellen Führungskader der Arbeiterbewegung: Die Kommunisten, so sagt er, „haben theoretisch vor der übrigen Masse des Proletariats die Einsicht in die Bedingungen, den Gang und die allgemeinen Resultate der proletarischen Bewegung voraus“.[6] Diese einzigartige Chance zur Einsicht in den Gang der sozialen Entwicklung habe die Intelligenz, so ergänzt *Mannheim*, kraft ihres offensichtlichen Mangels an sozialer Identität.[7] Ist dies so, so hat die Intelligenz nicht nur die Chance zur Einsicht, sie hat den stolzen Anspruch auf die Monopolisierung des Wissens, ja der Wahrheit. Und daraus folgt der zweite Anspruch: Haben die Intellektuellen die Einsicht in den Gang der Gesellschaft und kennen sie die Ziele der Entwicklung, so sollten sie auch die Macht haben, ihre Einsicht durchzusetzen. Ihr Machtanspruch ruht auf ihrem Wissensanspruch, der ihre Herrschaft legitimieren soll. Die kulturelle und politische Integration und Führung der Gesellschaft wird zur Aufgabe einer Gruppe besonders qualifizierter Menschen. Es ist der alte Gedanke: Die Philosophen sollten Könige werden!

Freilich, schon *Mannheim* selbst kamen Bedenken. Er mußte sich die Frage stellen, wer kontrolliert die Gesellschaftspläne?[8] Denn sind erst die Philosophen Könige, wer vermöchte dann noch die Könige zu beraten, zu lenken und zu mahnen? Theokratie oder Cäsaropapismus sind Realitäten, der Philosophenkönig aber ist Utopie.

Dichotomie von Macht und Geist

Diese Theorie der Intelligenz als der sozial freischwebenden Integrationselite der Gesellschaft ist scharf kritisiert worden. Man hat nicht nur die Unzulänglichkeiten der *Mannheim*schen Ideologienlehre aufgezeigt, man hat das Verhältnis von Intelligenz und politischer Führung gerade umgekehrt zu bestimmen versucht. Zwischen „Geist“ und „Macht“ wurde ein unüberbrückbarer Gegensatz postuliert. „Der Dualismus, ja Antagonismus zwischen Geist und Macht ist unaufhebar, er ist in der Natur der Dinge begründet“, meinte *Theodor Geiger*[9], und *Alfred von Martin* präzisierte, der Intel-

[5] Vgl. *Karl Mannheim*, Ideologie und Utopie, 3. Aufl., Frankfurt 1952. - Unter der Vielzahl der kritischen Auseinandersetzungen mit Mannheim sei hier nur auf den jüngst erschienenen Aufsatz von Kurt Lenk, Die Rolle der Intelligenzsoziologie in der Theorie Mannheims, Kölner Zeitschr. f. Soziol. u. Sozialpsych. 15 Jg. (1963), S. 323 ff., hingewiesen.

[6] *Karl Marx* und *Friedrich Engels*, Manifest der Kommunistischen Partei, Ausgabe Verlag Neuer Weg, Berlin 1946.

[7] *Karl Mannheim*, The Problem of the Intelligentsia, in: Essays on the Sociology of Culture, London 1956, S. 170.

[8] Vgl. *Karl Mannheim*, Mensch und Gesellschaft im Zeitalter des Umbaus, Leiden 1935.

[9] *Theodor Geiger*, Aufgaben und Stellung der Intelligenz in der Gesellschaft, Stuttgart 1949, S. 71.

lektuelle kann nicht Funktionär werden, „ohne über der Aufgabe, zu der er berufen wird, die Aufgabe, zu der er berufen ist, aufzugeben.“[10] „Macht“ und „Geist“ werden zu zwei je eigenen Gesetzen unterliegenden Seinsbereichen hypostasiert, denen nicht nur verschiedene Verhaltensweisen, sondern auch moralische Haltungen zugeordnet werden.

Die Gesinnungsethik steht der Verantwortungsethik gegenüber, um die berühmte Unterscheidung *Max Webers* aufzugreifen. Der Politiker habe nicht nur die Motive, sondern auch die Folgen seines Tuns zu verantworten. Der Gesinnungsethiker aber könne sich damit begnügen, „daß die Flamme der reinen Gesinnung, die Flamme z. B. des Protestes gegen die Ungerechtigkeit der sozialen Ordnung, nicht erlischt. Sie stets neu anzufachen, ist der Zweck seiner, vom möglichen Erfolg her beurteilt, ganz irrationalen Taten, die nur exemplarischen Wert haben können und sollen.“[11]

Alle diese Unterscheidungen bewirken eine Polarisierung des ungeheuer vielfältigen sozialen Verhaltens in zwei Seinsweisen, in die Sphäre der Macht und in die der Kritik der Macht. Die Intellektuellen werden dabei der einen Seite dieser Dichotomie zugeordnet. Ihre Aufgabe wird nun nicht in der Synthese widerstreitender, standortgebundener Interessen, sondern in der dauernden „Kritik der bestehenden Mächte im Dienst eines bestimmten Ideals der Menschlichkeit“[12] gesehen. Sie dürfen gar nicht Politik treiben, um nicht gegen „die Gesetze des Geistigen zu verstoßen und ihren Beruf zu verraten.“[13] Doch die Enthaltung von der Aktion und der Rückzug in eine verinnerlichte Welt der Moral ist eher Reflex der sozialen Resignation der Intellektuellen selbst als ein Ergebnis soziologischer Analyse. Nicht minder verhängnisvoll als der Anspruch auf Macht ist das heroisierende Selbstmitleid der erzwungenen Askese, das der Macht gerne den Geist bestreitet und letztlich sogar das Gewissen – denn mit *Goethe* ist ja der „Handelnde immer gewissenlos“. „Die Forderung nach asketischer Abstinenz“, meint *Alfred von Martin* kritisch, „kann unmöglich das letzte Wort sein.“[14]

Die Intellektuellen werden in dieser Sicht zu einer nicht näher fixierten Personenkategorie, die eine bestimmte Einstellung verbindet, eine Lebenshaltung. Nicht mehr ihre Stellung in der Gesellschaft – sie kann höchst unterschiedlich sein –, ihre Geisteshaltung wird zum entscheidenden Kriterium. So meint *Geiger*: „Die Intellektuellen haben ungeachtet Beruf und Erwerb eine spezifische Geisteshaltung und Attitüde gemein, nämlich den Sinn für zweckfreie Geistestätigkeiten.“[15] Die „Vertretung der rationalen Vernunft, der Aufklärung und der sozialen Kritik“, schreibt *R. König*, ist „eine Frage der reinen Einstellung und setzt an sich keine spezielle Ausbildung voraus.“[16] Zu den Intellektuellen gehört demnach, „wer von geistigen Impulsen angetrie-

[10] *Alfred von Martin*, Ordnung und Freiheit, Frankfurt 1956, S. 234.

[11] *Max Weber*, Politik als Beruf, 3. Aufl., Berlin 1958, S. 58.

[12] *René König*, Intelligenz, in: René König, Soziologie, Fischer-Lexikon, Frankfurt 1958, S. 142.

[13] *Theodor Geiger*, a. a. 0., S. 71.

[14] *Alfred von Martin*, a. a. 0., S. 289.

[15] *Theodor Geiger*, Intelligenz, im: Handwörterbuch der Sozialwissenschaften, 5. Bd., 1956, S. 303.

[16] *René König*, a. a. 0., S. 142.

ben wird, von geistigen Anliegen erfüllt ist und, nach welcher Richtung auch immer, sich geistig engagiert fühlt."[17]

Was aber motiviert den Intellektuellen zu solchem Gesinnungspathos? *Max Weber* bemerkt einmal etwas mokant: „Der Gesinnungsethiker" – nämlich der Intellektuelle zweckfreier Geistestätigkeit – „erträgt die ethische Irrationalität der Welt nicht."[18] Ist es dieser Mangel seiner Persönlichkeit, der ihn zum Moralisten werden läßt?

Doch ist damit die Soziologie der Intellektuellen nicht bereits am Ende? Löst sich nicht hier das ganze Problem vorsoziologisch in eine Frage nach Persönlichkeitstypen und individuellen Lebenshaltungen auf, die nur durch eine Psychologie des Intellektuellen geklärt werden könnte? Es scheint mir in der Tat so zu sein, daß sich die Soziologie der Intelligenz mit dem Urteil ihrer relativen Schichtgebundenheit voreilig zufriedengegeben und damit zugleich eine Analyse der sozialen Strukturbedingungen der Rolle der Intelligenz vernachlässigt bat. Erscheinen die Intellektuellen derart als keine Schicht, kein Stand, keine Gruppe, kein Bund und keine Bewegung, so werden sie soziologisch tatsächlich zu einem „Häuflein Einzelpersonen" (*Geiger*) und schließlich zu einem bloßen „geistigen Band" (*Mannheim*). Hier bleibt dann wirklich nichts mehr übrig, als den einzelnen Persönlichkeiten nachzugehen und zu fragen, warum gerade sie ein offenbar von der Regel so abweichendes soziales Verhalten an den Tag legen.

Interessanterweise macht sich auch die Polemik gegen die Intellektuellen diese Behauptung ihrer sozialen Unstrukturiertheit zu eigen: Ihre soziale Ungebundenheit wird zur Grundlage ihrer geistigen Standortlosigkeit erhoben. *Georges Sorel* sah gerade in dem Versuch, sich aus sozialen Bezügen zu lösen, den Grund für das Nachjagen nach abstrakten Wahrheiten und schließlich für den Verrat der Intellektuellen an der „lebendigen Wirklichkeit". Ein anderer Beobachter, der nicht dem mythischen Vitalismus eines *Sorel* verfallen ist, *Raymond Aron,* kommt zu ähnlichem Schlusse: „Der Intellektuelle, dessen berufliche Tätigkeit ihn nicht zur Beschäftigung mit der Geschichte veranlaßt, spricht gern über die ‚bestehende Unordnung' ein unwiderrufliches Verdammungsurteil. Die Intellektuellen sitzen gern über ihr Land und seine Einrichtungen zu Gericht, in dem sie die augenblicklichen Realitäten eher mit irgendwelchen Ideen als mit anderen Realitäten vergleichen."[19] Die Denunzierung der Intellektuellen als irreale Denker kann sich auf *Napoleon* berufen; er gab ihnen den Namen, der ihnen bis heute angehängt wird: Ideologen.

Kritik als Beruf

Aus dem Widerstreit zwischen der ideologischen Verdächtigung und dem Aufruf zu geistiger Verpflichtung entfaltet sich immer aufs neue die Diskussion um die Intellektuellen. Sie daraus zu lösen, bedarf es eines anderen analytischen Ansatzes, eines Ansatzes, den *Joseph A. Schumpeters* Beschreibung der Intellektuellen enthält. Er versucht sie durch drei Merkmale zu charakterisieren: Intellektuelle sind Leute, die die

[17] *Alfred von Martin*, Die Intellektuellen als sozialer Faktor, in: Studium Generale, 15. Jg. (1962), S. 399.

[18] *Max Weber*, a. a. O., S. 59.

[19] *Raymond Aron*, Opium für Intellektuelle, Köln und Berlin 1957, S. 257.

Macht des gesprochenen und geschriebenen Wortes handhaben und die sich von anderen Leuten, die das gleiche tun, dadurch unterscheiden, daß ihnen die direkte Verantwortlichkeit für praktische Dinge fehlt, daß es ihnen weiter an Kenntnissen aus erster Hand mangelt, wie sie nur die tatsächliche Erfahrung gehen kann, und daß ihre größten Erfolgsaussichten in ihrem tatsächlichen oder möglichen Wert als Störungsfaktor liegen.[20] Dies alles – und darin liegt der Beitrag zur Problematik der Intellektuellen – charakterisiert den Intellektuellen nicht, weil er ein in besonderem Maße verantwortungsloser oder uniformierter, aufsässiger oder geschwätziger Mensch ist, sondern weil er in einer ganz bestimmten Situation zu dem wird, was *Schumpeter* durch seine drei Merkmale umschreibt. Welcher Art diese soziale Situation ist, die einen Menschen zum Intellektuellen macht, schildert *Schumpeter* etwas salopp mit folgendem Hinweis: „Ärzte und Advokaten zum Beispiel sind keine Intellektuellen im eigentlichen Sinne, es sei denn, sie sprechen oder schreiben über außerhalb ihrer beruflichen Zuständigkeit liegende Gegenstände, was sie ohne Zweifel oft tun – namentlich die Advokaten."[21]

So trivial dieser Satz klingt, er führt die Problematik der Intellektuellen wieder in soziologische Gefilde zurück, und zwar in zweierlei Hinsicht. Einmal ist nicht mehr die Rede von einem Menschentyp, einer persönlichen Haltung, von einer Psychologie oder Sozialpsychologie des Intellektuellen, sondern von einem sehr konkret strukturierten Verhalten, das durch die soziale Definition der Verhaltenssituation den Charakter eines intellektuellen Verhaltens erhält, und zwar ganz ohne Ansehen der subjektiven Motivation des Handelnden. Zum zweiten ist nicht mehr die Rede von einer Polarisierung von „Macht" und „Geist", von einer Sozialphilosophie des Intellektuellen, sondern von Kompetenz und Legitimation. Die Soziologie der Intellektuellen, die durch die voreilige Annahme von der relativen sozialen Unstrukturiertheit der „sozial freischwebenden" Intelligenz den Boden unter den Füßen verloren hatte, ist damit wieder an die Strukturbedingungen der menschlichen Gesellschaft gebunden.

Schumpeters Ansatz umreißt die Strukturbedingungen, die zur Entstehung intellektuellen Verhaltens führen, recht präzise: Leute, so sagt er, die über außerhalb ihrer Zuständigkeit liegende Dinge reden oder schreiben, sind Intellektuelle. Indem sie das tun, tragen sie definitionsgemäß keine Verantwortung für praktisches Handeln, das etwa aus ihren Vorschlägen folgen würde, da dies ja in fremde Zuständigkeit fiele. Auch verfügen sie nicht über die Kenntnisse, die an die Erfahrung des entsprechenden Handelns geknüpft sind. Die Erfolgsaussicht ihres Tuns liegt daher auch nicht in der Ausführung ihrer Ideen, von der sie ja ausgeschlossen sind, sondern in den Folgen ihres Redens und Schreibens, in der Störung des normalen Ablaufs der Dinge, die ihr Tun bewirkt. Das impliziert, daß ihre Appelle bemerkt werden, daß sie sich an eine Öffentlichkeit wenden. Intellektuelle sind, soziologisch gesehen, also nicht Leute mit irgendwelchen persönlichen Eigenschaften, sondern Leute, die etwas Bestimmtes tun. Was sie treiben, ist Kritik. Kritik ist der Beruf des Intellektuellen.

Und damit würde sich übrigens auch eine klare Unterscheidung zwischen Intelligenz und Intellektuellen ermöglichen lassen. Zur Intelligenz zählen dann alle diejenigen, die, wie *Geiger* formulierte[22], zur Sublimierung des Daseins durch die Hervor-

[20] *Joseph A. Schumpeter*, Kapitalismus, Sozialismus und Demokratie, Bern 1946, S. 237.

[21] Ebenda, S. 236.

[22] Vgl. *Theodor Geiger*, Aufgaben und Stellung der Intelligenz in der Gesellschaft, a. a.0., S. 4-3~52.

bringung religiöser, ästhetischer und wissenschaftlicher Lebensdeutungen oder zur Schaffung der theoretischen Voraussetzungen für die Rationalisierung des Daseins durch die Anwendung theoretischen Wissens auf die Lebensbewältigung beitragen. Zu Intellektuellen werden Intelligenzler (und andere) immer dann und nur solange sie Kritik üben.

Kritik als Beruf? Sicher sind damit nicht bloß diejenigen gemeint, die von der Kritik leben, die Theater- und Literaturkritiker. Also Kritik als Berufung? Als Appell an die Gesinnung, als Mission für Ideale, als Glaube an die „reine Vernunft" und an die Macht der Aufklärung? Doch für welche Ideale? Doch sicher positive Kritik! Also Kritik als Berufung auf die richtigen Ideale?

Diese Fragen sollen rhetorisch klingen, um das moralische Postulat und das aufklärerische Pathos, das in der Vorstellung „Kritik als Beruf" steckt, offen darzulegen. Der bloße Appell an das individuelle Gewissen wäre – wie schon gesagt – das Ende der Soziologie. Sie kann sich nicht mit der Feststellung begnügen, daß es wünschenswert, ja notwendig sei, daß einzelne immer aufs neue die Werte wahrer Humanität gegen die vermeintliche Übermacht sozialer Zwänge verteidigen. In neuer Form zeigt sich hier nur wieder die alte Vorstellung vom Kampf der Persönlichkeit gegen die Gesellschaft, und zwar in einer selbstgefälligen Form, die *Max Weber* einmal im Hinblick auf den Gesinnungspolitiker so treffend charakterisierte: „Die Welt ist dumm und gemein, nicht ich, die Verantwortung für die Folgen trifft mich nicht, sondern die andern, in deren Dienst ich arbeite und deren Dummheit und Gemeinheit ich ausrotten werde."[23] Die Frage lautet also: Wie ist Kritik als Beruf möglich?

Kritik ist die Beurteilung des Verhaltens (des Tuns und Unterlassens) anderer in bezug auf bestimmte Normen, womit keine unmittelbaren Sanktionen verbunden sind. Kritik setzt die Anerkennung eines möglichen Dissenses über die Interpretation einer allgemeinen Verhaltenserwartung voraus; sie impliziert die prinzipielle Anerkennung einer Verhaltensalternative. Soziale Situationen, in denen eine Debatte über die Verhaltensnormen zugelassen ist, sind natürlich prekäre soziale Situationen, die besonderer struktureller Einrichtungen bedürfen, um die Konfliktaustragung zu regeln. So wird die Kritik in zahlreichen sozialen Gebilden ausdrücklich eingebaut; etwa in der Wissenschaft, die durch und von Kritik lebt. Aber so ist auch in jedem Beruf Kritik notwendig, in dem die Anwendbarkeit spezialisierter Normen von der nicht eindeutigen Interpretation einer regelmäßig sehr komplexen Situation abhängt oder die Normen sich von ambivalenten Wertvorstellungen höherer Allgemeinheit ableiten und immer wieder neu bestimmt werden müssen. Solche Berufe werden professionalisiert, das heißt mit bestimmten sozialen Schutzmechanismen ausgestattet, die Kritik ermöglichen, indem sie sie auf bestimmte Normen und auf einen bestimmten Personenkreis beschränken. Nur diejenigen dürfen Kritik üben, die durch den Filter der Zugangsmechanismen gegangen und damit zu Berufsangehörigen geworden sind, und nur das darf kritisiert werden, was zum spezialisierten Berufsverhalten gehört. Ihre Legitimation erfährt solche Kritik durch die Loyalität zur mehr oder weniger eindeutigen, regelmäßig aber ritualisierten Berufsmoral. Kritiker und Kritisierter sind verbunden in der gemeinsamen Loyalität zur gleichen Berufsmoral.

[23] *Max Weber*, a. a. O., S. 65.

Kompetente Kritik

Kritik von einem Angehörigen der Profession im Rahmen der Profession ist kompetente Kritik. Soweit sie sich in den vorgesehenen Bahnen hält, genießen sie und der Kritiker den Schutz der Profession. Sie muß freilich sachlich sein, das heißt dasjenige, was sie kritisiert, unter Bezugnahme auf Normen beurteilen, die als professionelle Normen gelten, und sie muß demjenigen, den sie kritisiert, die Loyalität zu der jeweiligen Berufsethik unterstellen. Unter diesen beiden Bedingungen ist Kritik möglich, ist sie als kompetente Kritik sozial definiert und geschützt. Der Kritiker hat für seine Kritik keine Sanktionen zu gewärtigen, er ist immun.

Im Extremfall ist diese Immunität sogar rechtlich verankert, so etwa für den Parlamentarier, der dieses Rechtsschutzes unter anderem deswegen bedarf, weil seine persönliche Sachkompetenz nicht durch besondere materielle Zugangs- und Ausbildungsanforderungen, wie sie Professionen besitzen, sichergestellt ist. Der Beruf des Parlamentariers ist in diesem Sinne sozial nicht professionalisiert und kann es nicht sein. Diese Schwäche wird durch die parlamentarische Immunität, das heißt durch einen sozialen Kunstgriff, behoben. So heißt es etwa in Art. 46 Abs. 1 GG: „Ein Abgeordneter darf zu keiner Zeit wegen seiner Abstimmung oder wegen einer Äußerung, die er im Bundestage oder in einem seiner Ausschüsse getan hat, gerichtlich oder dienstlich verfolgt oder sonst außerhalb des Bundestages zur Verantwortung gezogen werden." Daran schließt sich bezeichnenderweise der Satz an: „Dies gilt nicht für verleumderische Beleidigungen." Abgeordnete genießen ferner ein Zeugnisverweigerungsrecht gemäß Art. 47 GG, ebenso übrigens wie Ärzte und Seelsorger. Sie sind nicht verpflichtet, über die Quelle von Informationen auszusagen, und von der Strafandrohung, die die allgemeine Pflicht zur Zeugenaussage sanktioniert, sind sie befreit.

Die Indemnität des Abgeordneten verdeutlicht sehr klar die entscheidenden sozialen Mechanismen, die kompetente Kritik definieren:

1. Nicht die persönlichen Kenntnisse machen eine Kritik zur kompetenten Kritik, sondern die „Zuständigkeit". Und die ist gegeben, wenn man einem bestimmten „Beruf" zugehört. Jeder Berufszugehörige ist definitionsgemäß berufskompetent („Ein Abgeordneter darf . . ."");
2. Kompetente Kritik ist auf den Geltungsbereich der Berufsautonomie beschränkt („Äußerungen im Bundestag . . ."");
3. Derart formal als kompetente Kritik bestimmte Kritik darf materiell nur von der Profession selbst beurteilt werden („darf außerhalb des Bundestages nicht zur Verantwortung gezogen werden"), das heißt, den Professionslaien wird das Recht auf Beurteilung der Kritik verweigert – ebenso übrigens, wie es dem Kritiker untersagt ist, seine Kritik in die „Öffentlichkeit" zu tragen, das heißt, dem Urteil von Professionslaien zu unterbreiten;
4. Formal als kompetente Kritik definierte Kritik muß sich materiell den Professionsnormen fügen – muß, wie schon gesagt, „sachlich" sein („gilt nicht für verleumderische Beleidigungen").

Kompetente Kritik ist dergestalt also sozial strukturiert, sie ist zugleich der Form, dem Gegenstand, dem Urheber und den Adressaten nach definiert. Das Immunitätsrecht des Abgeordneten ist ein Beispiel für die Art der sozialen Strukturbedingungen, die Kritik ermöglichen und damit erst die Erfüllung der Aufgaben des Abgeordneten, nämlich Kontrolle und Kritik der Regierung, sicherstellen.

Quasi-kompetente Kritik

Nur in einzelnen Fällen ist die Kritik dergestalt sozial eindeutig strukturiert und professionalisiert. Weit problematischer ist die Situation der Kritik in den Bereichen der Quasi-Professionen, in den sozialen Gebilden, die nur teilweise und unvollkommen durch soziale Mechanismen eine eigene Kompetenz gegenüber anderen sozialen Gebilden und der Gesamtgesellschaft ausbilden und durchsetzen können. Hier ist der Kritiker weit weniger durch eine sozial garantierte Kompetenz geschützt. Das Paradebeispiel dafür sind natürlich die Journalisten, von denen *Max Weber* sagte[24], es mangele ihnen die „feste soziale Klassifikation" – eben die eindeutige Professionalisierung, wie wir heute sagen würden –, sie gehörten daher zu einer „Art Pariakaste" der Gesellschaft. Auch hier ist es nicht die Frage, ob der einzelne Journalist Kenntnisse über die Dinge hat, die er behandelt, sondern inwieweit der Journalist überhaupt kompetent ist. Um die soziale Definition der Kompetenz geht auch der Kampf der Journalisten, wie es kürzlich etwa die Forderungen des Bundesverbandes der deutschen Zeitungsverleger verdeutlichten, die eine „institutionelle Garantie der Presse und der Freiheit ihrer Betätigung"[25] verlangten, eine Forderung, die sich auf die Privilegierung der Presse durch Satz 2 des Art. 5 Abs. II GG stützen kann. Allerdings mangelt es dieser Verfassungsgarantie an einer praktikablen und sozial eindeutigen Durchsetzung. Das Fehlen eines modernen Presserechts wird allenthalben beklagt. Konkret hat sich diese Problematik enthüllt bei der Anwendung der Rechtsbestimmungen über den Landesverrat auf ein Pressedelikt, und es war interessanterweise der ehemalige Generalbundesanwalt, der anregte, für derartige Publikationsdelikte einen strafrechtlichen Sondertatbestand zu schaffen. Doch ist dies nur die eine Seite des Problems. Entscheidender sind die Schwierigkeiten, die sich einer vollen Professionalisierung der Journalisten entgegenstellen. Berichterstattung und Information sind derart weitläufige Tätigkeiten, daß es schwierig ist, durch feste Zugangsregeln die Berufszugehörigkeit eines Journalisten festzulegen und den Geltungsbereich seiner Berufsautonomie so zu definieren, daß sie nicht zu einer Beschränkung führt. Damit wird es dann zugleich unmöglich, ein entsprechendes „Standesgericht" mit den notwendigen Sanktionen für die Einhaltung der Berufsmoral – die entscheidende Sanktion ist natürlich der Ausschluß aus der Profession – auszustatten. So bleiben die Journalisten notgedrungen und aus den Strukturbedingungen ihrer Tätigkeit eine Quasi-Profession, auch wenn sie ein Informationsrecht haben, ein Zeugnisverweige-

[24] Vgl. die Bemerkungen a. a. 0., S. 29 ff.

[25] „Die Pressefreiheit und die Freiheit der Berichterstattung durch Rundfunk und Fernsehen werden gewährleistet." In diesem zweiten Satz des Art. 5 GG, der das allgemeine Grundrecht der Meinungsfreiheit festlegt, wird verfassungsrechtlich eine sogenannte Einrichtungsgarantie gesehen, die der Presse einen besonderen Schutz verleiht. Vgl. dazu den Aufsatz von *Klaus Stern* Probleme der Meinungs- und Pressefreiheit, in: Der Politologe, Jg. 4 (1963), Nr. 1.3,

rungsrecht zugestanden bekommen und die journalistische Sorgfaltspflicht schärfer als bisher als Berufsmoral herausstellen.

Quasi-kompetente Kritik versucht sich durch sekundäre Mechanismen eine soziale Immunität zu schaffen. Das kann dadurch geschehen, daß sich einzelne Kritiker an die Kompetenz von richtigen Professionen anhängen, wie es zum Beispiel die 29 Professoren der Politischen Wissenschaft und des Staatsrechts in ihrem Brief an den Bundesratspräsidenten anläßlich der Spiegelaffäre taten: „Als Staatsbürger und als Inhaber eines Lehramtes, dem die Pflege des Verfassungsbewußtseins und die Erziehung zur politischen Verantwortlichkeit anvertraut ist…“[26] – Das kann aber auch dadurch geschehen – und das ist der interessantere Fall –, daß sie sich auf eine höhere und allgemeine Ebene der kulturellen Werte berufen. Genau dies geschieht zum Beispiel, wenn die Journalisten über die speziellen Normen der „wahrheitsgetreuen Berichterstattung“ hinaus für sich allgemeine Werte, zum Beispiel der Menschenwürde und der politischen Freiheit, beanspruchen und ihre Tätigkeit dementsprechend als „im Dienst der demokratischen Grundordnung“ stehend interpretieren. Sind die Wertvorstellungen, auf die sich Kritik bezieht, generell genug, dann kann sie nicht mehr in Konflikt treten mit solchen sozialen Gebilden, die die Kompetenz über die Interpretation dieser Werte monopolisiert haben. Doch ist der Schutz des Kritikers umgekehrt um so geringer.

Entscheidend ist, daß eine bestimmte Art der Kritik nicht mehr professionalisierbar ist, daher keine soziale Kompetenzsicherung erhalten kann, nämlich all jene Kritik, die sich mit unspezialisierten Normen befaßt. Würde sie sich professionalisieren, müßte sie sich notwendigerweise auf den Rahmen von professionsspezifischen Normen begrenzen. Das Dilemma der quasi-kompetenten Kritik liegt zwischen größerem oder geringerem Professionsschutz und größerem oder geringerem Wirkungsradius.

Inkompetente Kritik

Dieses Dilemma ist im Falle der inkompetenten Kritik auf eine einfache Weise gelöst: Sie hat keinen Anspruch auf Geltung und besonderen Schutz. Gewiß, jedermann steht es offen, zum Beispiel als Staatsbürger im Rahmen der Grundrechte, als Christ im Namen der Glaubenssätze, als Mensch im Namen der Menschlichkeit Urteile zu fällen, Kritik zu üben. Doch alle seine Urteile müssen auf der Ebene bleiben, auf der sich die Werte befinden, auf die er sich bezieht, das heißt auf der Ebene höchster Abstraktheit und Allgemeingültigkeit. Greift er nämlich ein wie immer geartetes konkretes institutionalisiertes Verhalten an, so wird ihm die Kompetenz in der Beurteilung der für dieses Verhalten maßgebenden speziellen Normen bestritten. Jede Kritik an Institutionen, deren Mitglied man nicht ist, ist daher formal eine inkompetente Kritik. Es wird dem Kritiker genau das entgegengehalten, was *Schumpeter* zum Merkmal des Intellektuellen erhoben hat: mangelnde Verantwortung und mangelnde Kenntnisse. Der Radius einer solcherart inkompetenten Kritik ist nun außerordentlich weit, er umfaßt alles Verhalten, das nicht spezialisierten Normen, die von sozi-

[26] Zitiert nach dem Abdruck in: „Der Spiegel“, 16. Jg. (1962), Nr. 58, S. 38.

alen Institutionen oder Professionen monopolisiert werden, unterliegt. Nur: Sie hat keine Kompetenz.

Nun ist die inkompetente Kritik natürlich nicht illegitim, auch wenn gerade das die Vertreter der jeweiligen Kompetenzmächte gerne unterstellen. Die Frage nach der Legitimität oder Illegitimität der Kritik hat zunächst nichts mit den hier unterschiedenen drei Kompetenzformen der Kritik zu tun. Legitim ist jede Kritik, die sich auf Werte bezieht, über deren Gültigkeit als Leitbilder sozialen Verhaltens Konsensus besteht. Illegitim hingegen ist jene Kritik, deren Urteilsbasis von Werten oder Wertkombinationen gebildet wird, über die kein Konsensus besteht und deren Gültigkeit bestritten wird.

Ist die kompetente Kritik in der Regel auch legitime Kritik, da die Verletzung der professionellen Wertloyalität mit dem Ausschluß von der Profession geahndet wird, so kann inkompetente Kritik legitim wie illegitim sein. Die prekäre Stellung der inkompetenten Kritik ergibt sich gerade aus diesem dauernden Kampf um ihre Legitimität. Da diese nämlich nicht wie bei der kompetenten Kritik zunächst unterstellt wird, hat sie der Kritiker nachzuweisen. Da ferner die Urteilsbasis sehr abstrakte und allgemeine Werte sind, ist dieser Nachweis höchst schwierig anzutreten, zumal, wenn man die materielle Beweislast zu tragen hat und sich dem Angriff von Vertretern professionalisierter und quasi-professionalisierter Sozialgebilde gegenübersieht, deren Wertloyalität ritualisiert und durch die Autorität der Institutionen gesichert ist. Daher kommt es dann, daß in den öffentlichen Auseinandersetzungen gar nicht so sehr das Argument des Kritikers als vielmehr seine Wertloyalität in Frage gestellt wird. Der latente Verdacht des Verrats bedroht den inkompetenten Kritiker um so mehr, als in einer Gesellschaft die Loyalität zu den betreffenden allgemeinen Werten nicht ritualisiert ist.

Radius und Wirkungsmöglichkeit der inkompetenten Kritik bestimmen sich also durch den Nachweis ihrer Legitimität. Diese hängt einmal davon ab, inwieweit in einer Gesellschaft über bestimmte allgemeine Werte Konsensus besteht. Zum zweiten aber bestimmt sich die Legitimität durch den Grad, in dem Grundwerte überhaupt allgemein interpretiert werden dürfen. Einige sind davon radikal ausgeschlossen durch ihre Tabuisierung, bei anderen bestehen Interpretationsmonopole. *Jürgen Habermas* schilderte jüngstens[27], wie sich durch den Abbau solcher Interpretationsmonopole die Öffentlichkeit bildete, und das Bestehen von „öffentlichen" Grundwerten ist auch die Voraussetzung inkompetenter Kritik. Die kritische Diskussion über einen Gegenstand ist immer nur so groß, wie ihr nicht Tabus oder Interpretationsmonopole für die betreffenden Werte entgegenstehen. Die beständigen Auseinandersetzungen in den Ostblockländern über die Kunststile und die Bekämpfung alles dessen, was nicht einem wie immer definierten sozialistischen Realismus entspricht, zeigt, daß sich dort der Staat auch ein ästhetisches Interpretationsmonopol zu bewahren sucht. „Zur traditionellen Form der Herrschaft gehörte auch die Kompetenz der Darstellung und Ausdeutung jeweils dessen, was als ‚die alte Wahrheit' gilt."[28] An diesem Satz von *Jürgen Habermas* kann man nur über die Vergangenheitsform streiten.

[27] Vgl. Jürgen Habermas, Strukturwandel der Öffentlichkeit, Neuwied 1962 Habermas gebraucht übrigens gelegentlich den Ausdruck „kompetenzfreies Urteil" (S. 53).

[28] Ebenda, S. 28. - Eine Äußerung von Friedrich II. von 1784, die sich bei Habermas (S. 38) findet, sei

Potentielle Intellektuelle

Die inkompetente, aber legitime Kritik ist das Feld des Intellektuellen; die aus Strukturbedingungen der Gesellschaft notwendig prekäre Lage dieser Art der Kritik ist die prekäre Lage des Intellektuellen. Wird seine Kritik als illegitim definiert, so wird er verfolgt; doch nur der Revolutionär stellt Verfolgung in Rechnung. Der Intellektuelle beansprucht und kämpft um seine Legitimität. Ohne das Recht auf Kritik ist seine Existenz gefährdet. Obgleich die inkompetente Kritik jedermann offensteht, der formal in der Lage ist, Grundwerte zu interpretieren und daraus Urteile zu fällen, so sind es doch typischerweise nur Angehörige bestimmter Berufe, die zu Trägern der Kritik werden. Nur solche Leute werden zu Intellektuellen, die sich mit der sozialen Vermittlung abstrakter Wertvorstellungen beschäftigen, und das sind regelmäßig Angehörige von Intelligenzberufen. Sie kommen kraft ihres Berufes in die Daueraktualität, Kritik zu üben. Nur für sie wird Kritik zu einem wesentlichen Teil ihres Berufes. Nicht die individuelle Motivation ist ausreichend, die soziale Position bildet die strukturelle Voraussetzung. Aus jenem Teil der Intelligenz, der diese Vermittlung betreibt, rekrutieren sich daher die potentiellen Intellektuellen.

Talcott Parsons[29] hat den Vorschlag gemacht, drei Ebenen von Organisationsfunktionen zu unterscheiden: die „technische" Ebene, die sich mit der Durchführung eines Programms befaßt, die „managerielle" Ebene, die das Programm setzt und unter Alternativen die Entscheidung trifft, und die „institutionelle" Ebene, der die Vermittlung eines Programms mit gesamtgesellschaftlichen Zielvorstellungen obliegt. Auf allen drei Ebenen sind Angehörige der Intelligenzberufe beschäftigt, doch nur diejenigen, die auf dieser dritten Ebene arbeiten, sind – soweit sie sich der Öffentlichkeit bedienen – der Versuchung zur inkompetenten Kritik ausgesetzt. Sie müssen von Zeit zu Zeit kraft ihrer Tätigkeit und kraft ihrer Position Kritik üben, nämlich immer, wenn sie in ihren Urteilen über die Grenzen ihrer Kompetenz hinausgreifen. Dies tun sie aber regelmäßig dann, wenn sie die Ziele ihrer Profession oder der von ihnen betreuten Institutionen in allgemeine, gesamtgesellschaftliche Wertvorstellungen integrieren, wenn sie damit die gesamtgesellschaftliche Legitimität ihrer Ziele begründen oder den Autonomieanspruch erweitern. Doch allgemeiner noch: Alle Leute, die an der Umsetzung allgemeiner und abstrakter Wertvorstellungen in spezifizierte Verhaltensnormen mitwirken, laufen Gefahr, Kritik zu üben, wenn sie die ihnen dafür gewährte und institutionalisierte Verhaltensautonomie überschreiten. Sie sind die potentiellen Intellektuellen, die inkompetente Kritik treiben und, soweit sie Zugang zu Medien der Öffentlichkeit haben, zu den kritischen Intellektuellen werden.

hier nochmals wiedergegeben, weil sie in besonders treffender und auch heute noch gültiger Form die Tendenz zur Monopolisierung politisch relevanter Deutungsinhalte ausdrückt: „Eine Privatperson ist nicht berechtigt, über Handlungen, das Verfahren, die Gesetze, Maßregeln und Anordnungen der Souveräne und Höfe, ihrer Staatsbediensteten, Kollegien und Gerichtshöfe öffentliche, sogar tadelnde Urteile zu fällen oder davon Nachrichten, die ihr zukommen, bekanntzumachen oder durch den Druck zu verbreiten. Eine Privatperson ist auch zu deren Beurteilung gar nicht fähig, du es ihr an der vollständigen Kenntnis der Umstände und Motive fehlt."

[29] Vgl. *Talcott Parsons*, A Sociological Approach to the Theory of Organizations und Some Ingredients of a General Theory of Formal Organization, in: Structure and Process in Modern Societies, Glencoe, Ill., 1960.

Es sind dies eben typischerweise die Schriftsteller, die Publizisten und Journalisten, die Wissenschaftler, Leute, die – wie *Schumpeter* sagt – die Macht des geschriebenen oder des gesprochenen Wortes, man könnte heute hinzufügen, die Macht des Bildes handhaben.

Kritik in der Bundesrepublik

Was läßt sich aus diesen Überlegungen zu dem so häufig negativ beurteilten Zustand der politischen intellektuellen Diskussion in der Bundesrepublik sagen? Man kann offenbar nicht sagen, daß sie nicht stattfände, und doch ist ein Unbehagen mit ihr verbunden. Der Kampf um die Legitimität der Kritik scheint ein besonderes Ausmaß der Radikalität erreicht zu haben, die einerseits durch eine Flut von Unterlassungsklagen und Strafanzeigen, andererseits durch eine unzuträgliche Häufigkeit der Gretchenfrage nach der Wertloyalität gekennzeichnet ist. Beides weist auf eines hin: auf einen Mangel an Konsensus über politische Legitimationswerte und an sozialen Mechanismen, die die Loyalität zu diesen Werten ritualisieren. So sehen sich die Kritiker einerseits der prinzipiellen Verdächtigung ihrer Loyalität ausgesetzt und müssen diese beständig beteuern: „Die fünfzehn Autoren in diesem Band sind redlich; dies ausdrücklich zu sagen, ist beinahe unredlich", formulierte *Wolfgang Weyrauch*[30] in der Einleitung zu seiner bereits genannten zeitkritischen Anthologie. Andererseits ist die Kritik wirkungslos, da die von ihr bemühten Wertstandards ohne öffentliche Verbindlichkeit sind.

In dieser Situation wird Kritik zum persönlichen Angriff, an die Stelle der Argumentation tritt der straffähige Tatbestand, an die Stelle der öffentlichen Meinung die Justiz. Eine Personalisierung der Kritik ist nur ein Zeichen für ihre unvollkommene soziale Einbettung, für das Fehlen solcher sozialen Mechanismen, die ihre Austragung institutionalisieren und versachlichen.

Die Bedeutung der sogenannten Spiegelaffäre liegt vielleicht vor allem darin, daß sich hier eine Koalition von inkompetenter (durch Literaten, Studenten), quasi-kompetenter (durch Journalisten, Professoren) und kompetenter (durch Bundestagsabgeordnete, Juristen) Kritik gebildet hatte, die unter dem Eindruck des Augenblicks wenigstens kurzfristig zu einem Konsensus über gewisse Wertstandards beigetragen hat und den Versuch einzelner Regierungsstellen, ein Interpretationsmonopol zu schaffen, vereitelte. Dies nämlich scheint mir die wesentliche Funktion der intellektuellen Kritik und mit ihr aller Kritik zu sein: immer aufs neue einen materiellen Konsensus in der Gesellschaft über die Gültigkeit bestimmter Wertstandards herbeizuführen und die Deutungsmöglichkeiten offenzuhalten.

[30] *Wolfgang Weyrauch*, a. a. 0., S. 9.

Köln Z Soziol (2017) (Suppl 1) 69:243–284
DOI 10.1007/s11577-017-0428-3

Kölner Zeitschrift für Soziologie und Sozialpsychologie

ABHANDLUNGEN

Sozialer Wandel und Sozialforschung

Über die Beziehungen zwischen Gesellschaft und empirischer Sozialforschung

Von Erwin K. Scheuch

I

Befürworter der empirischen Sozialforschung und einige bekannte Soziologen als ihre Kritiker stimmen in der Feststellung überein: in Deutschland ist diese empirische Sozialforschung in ihrer Legitimität als Mittel der Erkenntnisgewinnung immer noch sehr umstritten - zumindest als Instrument der Theorie in den Sozialwissenschaften. Und doch ist die Sozialforschung etwa in den letzten Jahren auch in Deutschland zu einer durchaus normalen Beschäftigung geworden, ja, auf dem Verkauf von Fertigkeiten in der Datensammlung und der Analyse läßt sich bereits eine recht profitable Existenz begründen[1].

Dieser zunächst offensichtliche Gegensatz war der Anlaß zu diesem Beitrag, aber er ist nicht dessen Thema. Gewiß kann man diesen Gegensatz zwischen Beobachtbarem und dem Selbstverständnis als eine der üblichen Manifestationen des Phänomens „kulturelle Verspätung" sehen - und soweit es sich um einen bloßen Widerspruch handelt, ist das u. U. auch angemessen. Weitgehend handelt es sich bei dieser immer wieder aufkommenden Diskussion in Deutschland jedoch um Gegensätze im vorwissenschaftlichen Gesellschaftsverständnis, in den Wissenschaftsprogrammen und im

[1] Vgl. hierzu auch die Ergebnisse einer Erhebung des Forschungsinstituts für Soziologie über das Berufsschicksal früherer Studenten der Soziologie. *René König*, Die Berufsmöglichkeiten des Soziologen, in: Kölner Zeitschrift für Soziologie und Sozialpsychologie, Band 14 (1962), S. 286-314. Über die bisher umfangreichste Untersuchung der beruflichen Probleme der Soziologen siehe *Elbridge Sibley*, The Education of Sociologists in the United States, New York 1963.

Erstveröffentlichung: *Zeitschrift für Soziologie und Sozialpsychologie*, Jg. 17, 1965, Heft 1, S. 1–48.

c/o. V. Dreier
Institut für Soziologie und Sozialpsychologie, Universität zu Köln
Lindenburger Allee 15, 50931 Köln, Deutschland
E-Mail: volker.dreier@uni-koeln.de

Verständnis des Charakters einer empirischen Sozialforschung[2]. Daraus folgen unterschiedliche Vorstellungen über die Rolle dieser Sozialforschung als Teil der wissenschaftlichen Betätigung wie auch als einer Beschäftigung mit gesellschaftlichen Konsequenzen.

Offensichtlich sind wir der Meinung, daß diese deutsche Diskussion über Sozialforschung von wichtigen Themen handelt - und dennoch erscheint die Diskussion wenig fruchtbar. Wir glauben, daß dies teilweise auf semantische Mißverständnisse rückführbar ist, indem die Kontrahenten ihr eigenes Verständnis von Begriffen dem jeweiligen Gegner unterstellen, teilweise aber auf den Monopolanspruch, der diesen Diskussionen inhärent scheint und es verhindert, die Position des Gegners ernst zu nehmen. Eine wichtige Diskussion also auf die falsche Weise - wichtig nicht zuletzt deshalb, weil die Stellung der Sozialforschung noch beeinflußbar scheint.

Ein Vergleich der Schwerpunkte in den Diskussionen über Sozialforschung in den USA und in Deutschland ist u. E. besonders instruktiv und mag dazu beitragen, die Erörterungen in Deutschland mit etwas größerer Detachiertheit zu sehen. In beiden Gesellschaften kann man in den letzten Jahren ein erhebliches Interesse an Reflektionen über Sozialforschung beobachten; in beiden Gesellschaften gibt es viel schlechte (i. S. d. Forschungstechnik) und einige sehr gute empirische Forschungen; in beiden Gesellschaften begegnet man mehr trivialen als bedeutsamen Untersuchungen. Selbstverständlich bleiben auch heute noch die Unterschiede im Volumen und in der Qualität der Forschung beträchtlich. Wir vermögen aber nicht zu sehen, wie diese Unterschiede als solche die bedeutsame Verschiedenheit in den Schwerpunkten der Diskussion bestimmen. Die vielleicht kennzeichnendste Verschiedenheit ist, daß in den Vereinigten Staaten ein besonderes Interesse an den beruflichen Problemen der Sozialforscher als einer neuen Profession und generell an den Einflüssen der Umweltbedingungen auf die Sozialforschung besteht[3], während man in Deutschland eher über die gesellschaftlichen Konsequenzen dieser Sozialforschung reflektiert. Ein Vergleich läßt die Selektivität der jeweiligen Diskussionen - die sich offensichtlich gegenseitig weitgehend ergänzen – deutlich werden.

Wie bereits erwähnt, sind die Unterschiede in den Schwerpunkten der Erörterung u. E. weniger eine Konsequenz der Verschiedenheit in der tatsächlichen Forschung. Entsprechend sehen wir sie eher als Folge der unterschiedlichen Stellung der Sozialforschung in den verschiedenen Gesellschaften und werden demgemäß die Verschiedenheit der Diskussionen als Indiz für eben diese gesellschaftliche Stellung interpretieren. Bei diesem Versuch waren wir gezwungen, indirektere Mechanismen der gegenseitigen Beeinflussung von Forschung und Gesellschaft zu suchen, als gemeinhin für notwendig gehalten wird. Aus dem indirekten Charakter der Wechselbeziehungen ergibt sich dann aber u. E. eine Chance für die empirische Sozialforschung

[2] Hierüber findet seit 1953 eine kontinuierliche Diskussion in der Kölner Zeitschrift für Soziologie und Sozialpsychologie statt. Siehe insbesondere die Aufsätze von *Albert, Fijalkowski, Habermas, Rüschemeyer* und *Scheuch*.

[3] Für diese Fragen hat die amerikanische Gesellschaft für Soziologie einen besonderen Ausschuß eingerichtet, in dem u. a. *Talcott Parsons* eine besondere Wirksamkeit entfaltet. Die bisher umfangreichste empirische Erhebung über diese Themen wurde Mitte 1964 unter der Leitung von *Talcott Parsons* (als erste von ihm geleitete empirische Untersuchung) und *Norman Storer* begonnen. Vgl. auch *Robert K. Merton*, Social Theory and Social Structure, 2. Aufl. 1957, S. 85; siehe auch Anmerkung 76.

in Deutschland, gerade weil sie in ihrer Legitimität - oder heute vielleicht genauer: in der legitimen Art ihrer Verwendung - umstritten ist.

Sozialforschung als Folge und als Agens sozialen Wandels: dies soll charakterisiert werden, indem wir zunächst einige Gegensätze in der Diskussion über die Sozialforschung zu deuten versuchen, indem wir einige wenige systematische Erhebungen über Sozialforschung und eine Anzahl bewußt ausgewählter Fälle als Basis für empirische Verallgemeinerungen benutzen und indem wir einige Theoreme als Hilfe zu einem angemesseneren Verständnis vorschlagen. Hierüber also soll der Beitrag handeln und nicht über die Berechtigung oder Nicht-Berechtigung einer empirischen Sozialforschung als institutionalisierter Beschäftigung. Was *Adorno* als „research Betrieb“ bezeichnet, wird hier einfach als etwas unterstellt, das es im Prinzip nicht mehr zu rechtfertigen gilt[4]. Diese Erörterungen sollen zu einem angemesseneren Verständnis der Sozialforschung beitragen, auf daß deren Möglichkeiten auch realisiert werden - sowohl für die Theorie in den Sozialwissenschaften als auch (und das ist hier unser besonderes Interesse) als Agens sozialen Wandels.

II

Abgesehen von den konkreten Argumenten ist die bloße Tatsache einer fortgesetzten Diskussion um die wissenschaftliche Dignität der Sozialforschung bereits verwunderlich genug. Immerhin betrieben schon um die Jahrhundertwende auch in Deutschland Theoretiker vom Range *Max Webers* und *Ferdinand Tönnies‘* empirische Forschung[5], und gegenwärtig gibt es in der Bundesrepublik ein im internationalen Vergleich durchaus erwähnenswertes Volumen an Untersuchungen[6]. Erstaunlich

[4] Selbstverständlich sind die meisten Untersuchungen der Sozialforschung Routineerhebungen. Das ist in anderen Wissenschaftsfächern jedoch kaum anders. Und das Verhältnis von angewandter Forschung zu Grundlagenforschung ist in den Sozialwissenschaften sicherlich weniger zur Anwendung hin verschoben als in vielen naturwissenschaftlichen Disziplinen

[5] Auf diese Frühentwicklung der Sozialforschung in Europa wird zwar wiederholt Bezug genommen, aber es fehlt an einer eigentlichen Darstellung. Eine vergleichsweise ausführliche, wenngleich auch ein wenig der Selbstrechtfertigung dienende Beschreibung findet sich im Appendix von *Lazarsfeld* et al., Die Arbeitslosen von Marienhal, Allensbach und Bonn 1960, S. IX-XXVII. Vgl. auch *Erwin K. Scheuch*, Die Anwendung von Auswahlverfahren bei Repräsentativbefragungen, unveröffentlichte Dissertation, Köln 1956, Kap. 2. Im Jahre 1964 wurden im Auftrag des International Social Science Council zwei Erhebungen über den Umfang der Umfrageforschung in Amerika und in Europa von *Philip Hustings* und *Marten Brouwer* durchgeführt. Im Vergleich zu den Vereinigten Staaten erwies sich dabei das Volumen an Forschung in Europa zwar als viel geringer, auf die Bevölkerungszahl bezogen jedoch in einigen Ländern durchaus als vergleichbar. Das europäische Land mit dem relativ, stärksten Volumen ist Holland, aber im europäischen Vergleich erscheint die Bundesrepublik durchaus als eine Gesellschaft mit intensivem Forschungsbetrieb. Siehe hierzu auch die jährlichen Informationsdienste des Kölner Zentralarchivs für empirische Sozialforschung, in denen sowohl privatwirtschaftliche wie akademische Forschungsprojekte beschrieben sind. Vgl. auch *René König*, Report on some Experiences in Social Research Techniques in Switzerland and Germany, in: Transactions of the Second World Congress of Sociology, Bd. 1, London 1954, S. 58773.

[6] *Franz-Josef Stendenbach*, Sociology in Germany since 1945, in: Social Sciences Information, Bd. 3, Heft 3 (September 1964), 7-51. *René Ahlberg*, Die Entwicklung der empirischen Sozialforschung in der Sowjetunion, in: Berichte des Osteuropa-Instituts an der Freien Universität Berlin, Heft 60, 1964. Über die Entwicklung in Holland siehe: *J. A. A. van Doorn*, The Development of Sociology and Social Research in the Netherlands, in: Mens en Maatschappij, Bd. 31 (1956), Heft 4, S. 139-229.

ist auch, daß dieser empirischen Sozialforschung von ihren Gegnern (nicht zuletzt von manchen Ordinarien der Soziologie) vorgeworfen wird, ihre Ergebnisse seien eigentlich unwesentlich, und daß man zugleich vor den gesellschaftlichen Konsequenzen dieser Sozialforschung warnt. Verblüffend und instruktiv ist schließlich, wie ähnlich die Äußerungen von Soziologen - d. h. meist von sozialphilosophisch orientierten Soziologen - klingen, die sonst sehr gegensätzliche Anschauungen vertreten.

Viele dieser Argumentationen erweisen sich allerdings als Spielarten der *Hegel*-Nachfolge, die - wie *René König* vor einigen Jahren aufzeigte[7] - die deutsche Soziologie der 20er Jahre beherrschte und die auch heute noch die wohl vorherrschende Art ist, Soziologie als Theorie der Gesellschaft zu betreiben. Als Beispiel sei auf *Joachim Lieber* verwiesen[8]. Er sagt, daß Sozialforschung sich zwar bewußt unkritisch gäbe, d. h. wertfrei zu sein behaupte, aber als empirische Sozialforschung doch notwendig den Anspruch impliziere, Element gesellschaftlicher Selbstaufklärung zu sein. Jedoch selbst dort, wo sich die empirische Sozialforschung nicht der zweckbestimmten Marktanalyse und Verbraucherforschung willig dienstbar mache, sei sie am faktisch Singulären der Gesellschaft fixiert und könne nicht aus einer rein empirischen Konstatierung durch Ordnung, Klassifizierung und Generalisierung etwas über die Gesellschaft als solche aussagen. So verfehle die soziologische Empirie auf Grund ihrer Techniken weitgehend das eigentliche Objekt jeder Soziologie: die Gesellschaft. „Paradoxerweise, aber mit innerer Dialektik, schlägt das Postulat exakt überprüfbarer Gleich*gültigkeit* empirisch soziologischer Erkenntnis in eine soziologische, d. h. für die Theorie der Gesellschaft, irrelevante *Gleich*gültigkeit eben dieser Erkenntnis um."

Eben an dieser behaupteten Gleichgültigkeit (= Belanglosigkeit) empirischer Beobachtungen setzt auch die Kritik von *Theodor Adorno* an[9]. Seine Argumentation und die seiner vor allem in der deutschen Publizistik wichtigen Schüler kann dabei als charakteristisch gelten für die deutschen Vertreter einer bürgerlich-idealistischen Spielart des Marxismus, die, von der konkreten Verwirklichung des Marxismus abgestoßen, dessen Denkschemata jedoch beibehalten. Diese in der deutschen Soziologie noch ziemlich häufigen „Linkshegelianer" sehen das Bemühen, die Ergebnisse empirischer Sozialforschung als Basis für soziologische Theorie zu behandeln, notwendig zum Scheitern verurteilt. Es handelt sich jedoch nicht um einen bloßen Irrtum, den derjenige begeht, der mit diesen Intentionen empirische Informationen sammelt. Vielmehr machen sich die Vertreter einer solchen empirischen Sozialforschung wissentlich oder unwissentlich zu einem wehrlosen Instrument des Konformismus, zu Werkzeugen der Aufrechterhaltung des Status quo. Nichts Besseres könne für die

[7] *René König*, Germany, in: *Joseph S. Roucek*, Hrsg., Contemporary Sociology, New York 1953, S. 779-306, insbesondere S. 785.

[8] *Hans Joachim Lieber*, Ideologische Elemente in der Sozialkritik der Gegenwart, vervielfältigtes Manuskript, o. J., insb. S. 11. Ferner *ders.*, Kritisches zur Meinungsforschung, in: Neue Gesellschaft, Bd. 4 (1957), S. 251-258.

[9] Es ist für uns nicht einsichtig, warum sich *Adornos* Kritik so sehr gegen die empirische Sozialforschung richtet und sehr viel weniger gegen die stark ideologischen Elemente in vielem, was sich als soziologische Theorie ausgibt. So läßt sich z. B. für die funktionalistische Schichtungstheorie - insbesondere der Art und Weise, wie sie von *Wilbert Moore* betrieben wird - mit sehr viel mehr Recht feststellen, daß die beobachtbaren Verhältnisse auch als gesetzmäßig notwendig hingestellt werden.

konservativen Kräfte geschehen, als daß man die konkreten Erscheinungen der Gesellschaft mit ihren Realitäten verwechsle, als daß man die Symptome für die Sache selbst nehme. Indem man Einzelerscheinungen registriere, lenke man das Interesse ab von der Diskussion prinzipieller Fragen dieser Gesellschaft. Die Erörterung der Ergebnisse empirischer Sozialforschung sei durchgehend eine Diskussion über den Schein der Gesellschaft, was letztlich dadurch bedingt sei, daß jedem die Erkenntnis der Prinzipien einer Gesellschaft versperrt sein müsse, der ihre Prinzipien nicht bereits vor Beginn der empirischen Forschung verstanden habe.

So kann es dann folgerichtig heißen[10]: in einer Sozialwissenschaft, deren theoretische Aussagen durch empirische Sozialforschung begründet sind, rückten „an Stelle der Bedingungen, unter denen die Menschen leben, oder den objektiven Funktionen, welche sie im gesellschaftlichen Prozeß einnehmen, . . . deren subjektive Spiegelungen"; und „Erkenntnis wird in der Tat zur bloß verdoppelten Widerspiegelung der faktischen Gesellschaft. Was sich als Element der Selbstaufklärung der Gesellschaft versteht und anbietet, verwandelt sich wegen des Absens ganzheitsorientierter Theorie und Kritik unter der Hand zum ideologischen Instrument totaler Gegenaufklärung." Entsprechend argumentieren andere Sozialwissenschaftler, die intellektuell dem Frankfurter Institut für Sozialforschung zuzurechnen sind, wie *Kurt Sontheimer*, der empirische Sozialforschung rundweg zum Instrument des Konformismus deklariert[11].

Aber auch von konservativen Kritikern - was in Deutschland öfters mit Rechtshegelianern identisch ist - wird der empirischen Sozialforschung vorgeworfen, sie sei ein Instrument des Konformismus; nur daß hier ein anderer Bezug postuliert wird. Entsprechend zieht man dann meist den Terminus „Vermassung" als Synonym für eine Form von Konformismus vor. Zudem wird - in gewisser Spiegelverkehrung der vorher zitierten Argumentationen - gegen die empirische Feststellung einzelner Sachverhalte als Vorwurf angeführt, eben hierdurch sei man durchaus nicht so wertfrei wie man vorzugeben beliebe, sondern gefährde die bestehende Ordnung. Die Logik der Argumentation ist durchaus identisch mit der, die wir als linkshegelianisch bezeichneten. Indem man einzelne Sachverhalte isoliert herausstelle - so heißt es -, abstrahiere man von der gesamtgesellschaftlichen Ordnung, und indem man so singuläre Sachverhalte als Einzelphänomene relevant werden lasse, störe man notwendig die gesellschaftliche Ordnung als etwas Gewachsenes. Bestenfalls im Rahmen eines Verständnisses für eine gesamtgesellschaftliche Ordnung verliere die empirische Sozialforschung ihren anti-konservativen Charakter.

Noch eine Bemerkung zum Vorwurf der Förderung des Konformismus bzw. der Vermassung. Die Linkshegelianer beklagen, durch die Verdoppelung des Faktischen rechtfertige die Sozialforschung implizit den Status quo; größere Durchsichtigkeit dieses Faktischen bedeute dann nur seine größere Wirksamkeit. Analog ist die Logik

[10] Diese Gefahr wurde von Methodologen schon sehr früh als möglicher Mißbrauch empirischer Forschung gesehen, wie beispielsweise auch bei *Durkheim* nachzulesen ist; vgl. auch seine Unterscheidung zwischen faits sociaux und faits sociologiques. Das Zitat *Adornos* ist entnommen aus: *Theodor W. Adorno*, Soziologische Exkurse, Frankfurt 1956, S. 106-115; ders., Soziologie und empirische Forschung, in: Sociologica II, Frankfurt 1962, S. 205-222.

[11] *Kurt Sontheimer*, Soziologie als Instrument des Konformismus, in: Frankfurter Hefte, Bd. 11 (August 1956), Heft 8, S. 531-542.

der Argumentation konservativer Kritiker. Größere Durchsichtigkeit der Gesellschaft im Sinne des Wissens um bloßes Verhalten anderer Menschen verunsichere den Einzelnen in der individuellen Ausformung seines Verhaltens; gleiches gelte für die Subkulturen von Teilgruppen. Indem die Sozialforschung durchschnittliches Verhalten öffentlich mache, rufe sie beim Individuum das Gefühl hervor, seine individuelle Verhaltenskonstellation sei Abweichung[12].

Diese Veröffentlichung „durchschnittlichen Verhaltens“ in Einzelbereichen soll insbesondere auch geeignet sein, zentrale Normen einer Gesellschaft zu gefährden. Symptomatisch für diese Vorstellung einer Gefährdung durch Sozialforschung scheint uns die vorherrschende Reaktion auf die Kinsey-Berichte - in Deutschland besonders gut repräsentiert durch *Helmuth Schelsky*[13]. Nun war u. E. der Kinsey-Report anfechtbare empirische Forschung in dem Sinne, daß viele seiner Einsichten über Sexualverhalten faktisch falsch sein dürften. Aber nicht darauf konzentrierte sich die Kritik, zumal die Kritiker gewöhnlich nicht in der Lage waren, die Kunstfehler der Forschergruppe um *Kinsey* zu beurteilen. Vielmehr wurde betont, daß durch die Veröffentlichung massenhafter Abweichungen von den Normen die Gültigkeit der Normen selbst fraglich werde. Habe der Einzelne bisher sein Verhalten an den Normen gemessen, so könne er sich jetzt mit Durchschnitten vergleichen und sein ethisch anormales Verhalten als normal empfinden. Polemisch formuliert kann man die Reaktion auf den Kinsey-Report auf die Auffassung reduzieren: nur bei Unkenntnis über die Verbreitung von Verhaltensweisen lasse sich die Wirksamkeit vieler Normen aufrechterhalten. Größere Durchsichtigkeit der Gesellschaft durch Sozialforschung bedeute größere Gleichförmigkeit.

Diese - u. E. charakteristischen - Äußerungen über die empirische Sozialforschung wurden nicht aufgeführt, weil wir sie in ihrer konkreten Form für sachlich sehr wichtig hielten. Gewiß: einzelnen dieser Feststellungen können sich Sozialforscher kaum mit einem bloßen Verweis auf die Richtigkeit oder doch zumindest Brauchbarkeit ihrer Ergebnisse entziehen. Insgesamt möchten wir hier diese Kritiken an der Sozialforschung jedoch als Symptome betrachten, als gesellschaftliche Produkte, nicht weniger als die Sozialforschung auch, die man ihrerseits wieder einer rationalen Analyse unterziehen kann.

Die vorher erwähnten Auffassungen über Sozialforschung sind keineswegs nur in Deutschland anzutreffen. Diese Diskussion in Deutschland hat in einer Beziehung, nämlich in Hinblick auf die verwandten Argumente, durchaus paradigmatischen Charakter für die Reaktionen auf Sozialforschung in urbanisierten Industriegesellschaften überhaupt. Für eine Diagnose dieser Reaktionen eignet sich Deutschland allerdings besonders gut, weil hier die Auseinandersetzung mit der empirischen Sozialforschung durch die erzwungene Pause während des Nationalsozialismus verzögert, erschwert und damit um so unvermittelter wurde. Sozialforschung kam gewissermaßen zweimal nach Deutschland - und zum zweiten Male in bereits voll entwickelter

[12] Diese Formulierungen fassen die Beobachtungen bei der Durchsicht einiger intellektueller Zeitschriften in Deutschland zusammen. Solch konservative Kritik an der Sozialforschung findet sich dann auch in Zeitschriften, die in ihrer tagespolitischen Orientierung antikonservativ sind. Hierbei zeigt sich wieder, daß in der Kulturkritik Links- und Rechtshegelianer zu ähnlichen Schlußfolgerungen kommen, da sie von einem ähnlichen Menschenbild ausgehen.

[13] *Helmut Schelsky*, Soziologie der Sexualität, Hamburg 1955.

Form und unter Bedingungen, die einen verhältnismäßig raschen Anstieg aller Arten von Forschung begünstigten.

Aber selbst in den Vereinigten Staaten begegnet man unter Intellektuellen und sogar bei einer Anzahl von Sozialwissenschaftlern einer Einstellung, die den in Deutschland vorherrschenden Reaktionen durchaus entspricht. Allerdings sind die Nuancierungen verschieden, und ein Teil dieser amerikanischen Intellektuellen betont, durch die kontinentale Tradition der „Geisteswissenschaften" besonders beeinflußt zu sein. Wenngleich diese amerikanische Kritik an der empirischen Sozialforschung wenig neue Elemente bringt – obgleich sie oft besser informiert ist als die in Europa -, soll sie in einigen ihrer Vertreter erwähnt werden, da ihre Existenz in Europa nur unvollkommen bekannt wurde. So konnte dann auch die Illusion eines „deutschen" Protestes, eines deutschen Widerstandes gegen Sozialforschung als Amerikanismus, entstehen.

Zwischen der Argumentation der Linkshegelianer in Deutschland und den Kritiken an den politischen Implikationen und der sozialen Bedeutsamkeit der empirischen Sozialforschung bestehen in den letzten Publikationen von *C. Wright Mills* mehr Gemeinsamkeiten als Unterschiede[14]. In seiner „Generalabrechnung" drückt *Pitirim A. Sorokin* eine Skepsis gegenüber der theoretischen Relevanz der Studien seiner amerikanischen Kollegen aus, die durchaus manchen Argumenten der Rechtshegelianer in Deutschland ähnlich ist[15]. Stimuliert durch die Publikationen von *Erving Goffman*, breitet sich heute bei einem Teil der jüngeren amerikanischen Soziologen - insbesondere an der Westküste - eine Art existentialistischer Soziologie aus, welche die Orientierungen deutscher Phänomenologen in einer eigenartigen Weise nachzuvollziehen sucht[16]. Die Urteile des prominenten amerikanischen Kulturkritikers *Jacques Barzun* über die Wirkungen und die Bedeutsamkeit einer quantifizierenden Sozialforschung entsprechen durchaus den üblichen Ausführungen in deutschen intellektuellen Zeitschriften[17]. Schließlich warnte der wissenschaftlich und politisch bedeutende Historiker *Arthur Schlesinger jr.* 1962 in seiner Festansprache an die Teilnehmer der 57. Jahrestagung der amerikanischen Soziologengesellschaft in einer Weise vor der Sozialforschung (und insbesondere vor aller Quantifizierung und „Meinungsbefragung"),

[14] Vor allem in dem Buch *C. Wright Mills*, The Sociological Imagination, London 1959 (insbesondere das Kapitel über Abstract Empiricism).

[15] *Pitirim A. Sorokin*, Fads and Foibles in Modern Sociology and Related Sciences, Chicago 1956.

[16] Diese „beat-sociology" war besonders sicht- und hörbar repräsentiert auf der Jahrestagung der amerikanischen Gesellschaft für Soziologie im Herbst 1963 in Los Angeles. Themen dieser Soziologen sind charakteristischerweise: Glücksspiel, Theater, die Welt der Jazzmusiker, die Umwelt des mit einem Stigma Behafteten etc. Auf die Verbindung zur deutschen Phänomenologie aufmerksam gemacht, beginnt man nachträglich jetzt vor allem *Husserl* zu studieren. Daß man in der Themenwahl und Themenauffassung Anliegen von *Simmel* wiederentdeckt, hat sich in diesen Kreisen selbst noch nicht zureichend verbreitet.

[17] Vgl. *Jacques Barzun*, The House of Intellect, New York. Siehe auch vom gleichen Autor: Science, the Glorious Entertainment, New York 1964, insbesondere Kap. 8 und 9. Der gebürtige Franzose *Jacques Barzun* ist jetzt Dekan der Graduate School der Columbia Universität in New York. Trotz seines grundsätzlichen Mißtrauens gegenüber empirischer Erforschung menschlichen Verhaltens toleriert er jedoch an dieser Universität das Bureau of Applied Social Research unter *Lazarsfeld*. Als neuestes Beispiel für diese Version amerikanischer Kulturkritik in intellektuell weniger anspruchsvoller Form als bei *Barzun* vgl. noch *Floyd W. Matson*, The Broken Image: Man, Science and Society, New York 1964.

die uns mit den Ansprachen *Leopold von Wieses* und *Theodor Adornos* 1951 auf dem Kongreß in Weinheim Grundorientierungen gemeinsam zu haben scheint[18].

Diese Liste bekannter Sozialwissenschaftler und Intellektueller in den USA, deren Einstellungen zur empirischen Sozialforschung ähnlich den für Deutschland zitierten sind, ließe sich unschwer verlängern. Verschieden ist jedoch die Bedeutung solcher Auffassungen innerhalb der USA und in Deutschland. Dies gilt für die relative Häufigkeit solcher Kommentare und ganz besonders für die Relevanz dieser Einstellungen sowohl für die Sozialwissenschaften selbst als auch für die gesellschaftliche Stellung der Sozialforschung. Gleiche Arten von Argumenten in verschiedenen Industriegesellschaften, aber unterschiedliche Relevanz solcher Äußerungen: beide Sachverhalte gilt es zu erklären. Vorher müssen wir aber noch darauf verweisen, daß in den erwähnten Kritiken der empirischen Sozialforschung verschiedene Problemstellungen miteinander vermischt werden.

Soweit die erwähnten Aussagen eine methodische Kritik enthalten, bezieht sich diese durchgehend auf den Akt der Interpretation von Beobachtungen und nicht zentral auf den Akt der Datenermittlung selbst (wie die Kritiker oft irrtümlich annehmen). Für den eigentlichen Forschungsprozeß behaupten die empirischen Sozialforscher nämlich nur, daß ihre Vorgehensweisen zu (im Prinzip) reproduzierbaren Ergebnissen führen, daß interpersonelle Einigung über Feststellungen tatsächlicher Art möglich werde und daß die Angemessenheit von Interpretationen auf Grund spezifizierbarer Kriterien entscheidbar sei[19]. Zweifel an der empirischen Sozialforschung mit Hinweisen wie: die Ergebnisse sind lediglich Beschreibung von Symptomen oder nur sinnvoll interpretierbar in anderen Bezügen als den der Sozialforschung zugänglichen – dies sind nicht eigentlich Vorwürfe gegen die empirische Sozialforschung als einer Vorgehensweise, sondern Einwände gegen eine Soziologie auf der Basis empi-

[18] Vgl. hierzu American Sociological Review, Bd. 27 (1962), S. 768-771. So heißt es auf Seite 771: „In the meantime the humanist is bound to say that, as an aid to the understanding of society and men, quantitative social research is admirable and indispensable. As a guide to the significance of problems, it is misleading when it exudes the assumption that only problems susceptible to quantitative solutions are important. As a means of explaining human or social behavior, it is powerful but profoundly incomplete. As the source of a theory of human nature and of the universe, it is but a new formulation of an ancient romantic myth.“ Ebenso interessant wie die hierin enthaltenen Werturteile sind die unsinnigen Unterstellungen über das, was empirische Sozialforschung als ihren Explikationsbereich betrachtet, und was überhaupt die Rolle der Forschung im Prozeß der Aufstellung allgemeiner Sätze ist. Diese nun schon wieder entwaffnende Unkenntnis wird von einem Harvard-Professor vorgetragen, der mit Sozialforschern persönlichen Umgang hatte, denen die oben unterstellten Ambitionen durchaus fremd sind. Die kulturkritische Voreingenommenheit und die Affektivität des Historikers waren offensichtlich stärker als die Erfahrung. Vgl. auch den Kommentar von *Schlesinger* zu den Arbeiten seines Fakultätskollegen *Samuel Stouffer*, der von *Charles Madge*, The Origins of Scientific Sociology, Glencoe 1964, S. 301, zitiert wird. Die Stellungnahmen von *von Wiese* und *Adorno* sind in dem Band: Empirische Sozialforschung, Wissenschaftliche Schriftenreihe des Instituts zur Förderung öffentlicher Angelegenheiten, Bd. 13, Frankfurt 1952, S. 23-26, 27-39, abgedruckt. Übrigens befindet sich ein Schwerpunkt kulturkritischer Ablehnung, insbesondere einer quantifizierenden Sozialforschung an der - allerdings weitgehend an europäischen Traditionen orientierten - New School of Social Research; hierfür typisch ist *Arthur Vidich* und *Maurice Stein*, Hrsg., Sociology on Trial, Englewood Cliffs 1963. Alle diese Autoren haben selbst empirische Arbeiten durchgeführt, allerdings meist mit methodologisch zweifelhaftem Erfolg.

[19] Gewöhnlich wird als Kriterium für den Erfolg der empirischen Forschung die Prognose genannt. Diese Auffassung setzt sich vor allem jetzt in Deutschland zunehmend durch – zu Unrecht meinen wir, da die sogenannte „Prognose-Gültigkeit“ nur eine Form gültiger Aussagen ist.

rischer Ergebnisse, also Zweifel am Sinn einer Soziologie als empirischer Einzelwissenschaft. Sozialforschung ist dabei nur deren Instrument. Zugleich ist diese Sozialforschung bzw. deren Techniken und Logik nicht nur Instrument einer empirischen Soziologie, sondern auch anderer empirischer Einzelwissenschaften in der Familie der Sozialwissenschaften. So betrachtet, richten sich die Vorwürfe gegen die Relevanz der empirischen Sozialforschung (soweit diese Einwürfe rational nachvollziehbar sind) gegen empirische Sozialwissenschaften und nicht gegen Sozialforschung als ein Instrumentarium.

Davon zu trennen ist die Frage nach den gesellschaftlichen Wirkungen der Sozialforschung. Beides wird in der Diskussion um die Sozialforschung gewöhnlich miteinander vermengt, obwohl die Antworten hierauf unterschiedlich sein können und auf verschiedene Weise zu gewinnen sind. Die Frage nach der Berechtigung sozialwissenschaftlicher Disziplinen auf der Basis von Beobachtungen der empirischen Sozialforschung, diese Frage soll uns hier nicht beschäftigen, da sie offensichtlich in einer wissenschaftlichen Diskussion zu entscheiden ist. Demgegenüber ist die Frage nach den gesellschaftlichen Wirkungen des Informationsinstruments „empirische Sozialforschung" im Prinzip empirisch entscheidbar. Wissenschaftslogik ist nicht Thema dieses Beitrags, wohl aber Wissenschaftssoziologie; entprechend interessieren uns Meinungen über die Berechtigung einer Soziologie als empirischer Einzelwissenschaft hier nicht, sondern Behauptungen über die Effekte einer solchen Soziologie bzw. ihres Instrumentariums.

III

Warum finden sich in allen Industriegesellschaften so zahlreiche Äußerungen des Unbehagens gegenüber der empirischen Sozialforschung, sogar in zwei Gesellschaften wie den USA und Deutschland, die sonst „Forschung" zunehmend nicht nur als erlaubt, sondern als notwendig für ihr eigenes Überleben definieren[20]? Warum wird diese Sozialforschung von wichtigen Gruppen als störend, ja schädlich empfunden bei teilweise erheblichen Meinungsverschiedenheiten darüber, was denn nun gestört bzw. beschädigt werde? Warum sind die Kritiker der Sozialforschung von ihren be-

[20] Erstmalig verfügen wir seit Januar 1965 über eine allgemeine Zusammenstellung aller für Wissenschaft und Forschung bereitgestellten Mittel in der Bundesrepublik: siehe hierzu den ersten Jahresbericht des Ministeriums für Wissenschaft und Forschung. Hauptquellen zur Information über die jeweils für Forschung in den USA bereitgestellten Mittel sind die öffentlich zugänglichen Jahresberichte der großen Stiftungen. Da Forschung in den Vereinigten Staaten zu einem noch höheren Maße als bei uns durch Stiftungsmittel finanziert werden muß, stellen diese Berichte eine gute Gesamtübersicht dar. (Vgl. insbesondere die Berichte der National Science Foundation, der Ford Foundation, der Rockefeller Foundation, der Carnegie Foundation und der Russell Sage Foundation.)
In beiden Gesellschaften ist die Frage, ob die gegenwärtig für Forschung aufgewandten Mittel auch ausreichend seien, bereits zu einer politischen Frage geworden, und in beiden Gesellschaften (allerdings vornehmlich in den USA) beginnt man, in Forschung ein Instrument zur Erhaltung und Vergrößerung der nationalen Bedeutung zu sehen. Vgl. auch *Friedrich Edding*, Ökonomie des Bildungswesens, Freiburg 1963. Tatsächlich ist der Anstieg der Mittel für Forschung und die Vergrößerung der Zahl der Forscher seit dem ersten Weltkrieg phantastisch gewesen. Es wird geschätzt, daß mehr als die Hälfte aller Wissenschaftler, die je gelebt haben, heute leben. Sollten die gegenwärtigen Zuwachsraten anhalten, so wäre Forschung im Jahre 2000 der Beschäftigungssektor mit den meisten Berufstätigen.

reits zu konstatierenden gesellschaftlichen Wirkungen überzeugter als die Praktiker dieser Forschung selbst?

Eine solche Gleichzeitigkeit von prinzipiellen Zweifeln an der Angemessenheit der Resultate von Forschungen und von Glauben an die gesellschaftliche Wirksamkeit eben dieser Feststellungen: das mag eigenartig erscheinen, ist aber keineswegs einmalig. Selbst den konkreten Argumenten - z. B., daß man zwar die Korrektheit von Beobachtungen nicht anzweifeln wolle, daß diese aber belanglos bleiben müßten - begegnen wir anläßlich früherer Diskussionen über die Angemessenheit anderer wissenschaftlicher Disziplinen[21].

Die Kontroverse um die Behauptungen von *Galileo Galilei* mutet uns heute als verwunderlich und erklärungsbedürftig an; ebenso verwunderlich und erklärungsbedürftig könnte aber sein, daß heute die Bemühungen der Astronomen um eine Kosmologie nicht mehr unfreundliche Kommentare auslösen, obwohl nach so langen Versuchen und so vielen Beobachtungen erst recht keine allgemein anerkannte kosmologische Theorie mehr besteht. Die Abwesenheit der Kritik ist für eine Diagnose von Reaktionen der Gesellschaft auf Wissenschaft hier ebenso bedeutsam wie die Existenz von feindschaftlichen Äußerungen zu anderen Zeiten. Die Beobachtungen von *Röntgen, Becquerel* und *J. J. Thompson* und die daraus resultierenden Schlußfolgerungen waren für die Physik als wissenschaftliche Disziplin und in ihrer unmittelbaren Anwendung für die Gesellschaft wohl nicht weniger verändernd als die sehr weitgehenden Schlußfolgerungen, die *Darwin* aus Beobachtungen auf den Galapagos-Inseln zog[22]. Die Entdeckungen in der Genetik blieben jedoch bis in die Zeit nach dem ersten Weltkrieg umstritten (siehe den berühmten „Affenprozeß" in den USA), die Schlußfolgerungen auf die Abstammung des Menschen bewirkten weithin sarkastische Kommentare, und Versuche politischer Manipulation der Genetik bestehen bis in unsere Tage fort. Den Aussagen der *Keynesia*ner über die Wirkungen von Budget-Defiziten und ganz besonders deren Hinweisen, daß eine Volkswirtschaft durch Sparen ärmer und durch ungedeckte Ausgaben wohlhabender werden kann, wird weithin mit ebenso affektiver Feindschaft begegnet, wie sie in der tatsächlichen Wirtschaftspolitik praktisch schon lange berücksichtigt werden.

Kampf gegen die Aussagen von Astronomen zu einem historischen Zeitpunkt und Fehlen der Kritik zu einem anderen Zeitpunkt, unterschiedliche Reaktion auf neue Entdeckungen in einem Spezialzweig der Physik und der Biologie, die praktische Anwendung von Sätzen der modernen Nationalökonomie und fortbestehende Feindschaft gegen die gleichen Aussagen: diese Gegensätzlichkeiten lassen sich als Erscheinungsform desselben Prozesses deuten, der u. E. auch die früher erwähnten Einstellungen zur empirischen Sozialforschung bestimmt. Wir beziehen uns hier auf den allgemeinen Prozeß, der von *Max Weber* als „Rationalisierung", gelegentlich auch „Intellektualisierung" unserer Welt bezeichnet wurde[23].

[21] Vgl. *A. C. Crombie*, Augustine to Galileo: The History of Science, London 1962.

[22] Vgl. *Derek J. de Solla Price*, Science since Babylon, New Haven 1961, insbesondere S. 79-83; ebenfalls *Herbert Butterfield*, The Origins of Modern Science, London 1957.

[23] Vgl. *Max Weber*, Die Objektivität sozialwissenschaftlicher und sozialpolitischer Erkenntnis, sowie: Geistige Arbeit als Beruf, in: Gesammelte Aufsätze zur Wissenschaftslehre, Tübingen 1922.

Weber wollte damit eine mit der Renaissance beginnende Entwicklung charakterisieren, bei der immer weitere Bereiche der menschlichen Umwelt und schließlich der Mensch selbst der Rationalität als Beurteilungskriterium unterworfen werden. Zunächst wurden für die Natur traditionelle Glaubenssätze und Feststellungen durch überkommene Autoritäten nicht mehr als verbindlich empfunden. Anders formuliert: zunächst verlangte man für die Erscheinungen in der unbelebten Natur, daß die vorherrschenden Auffassungen objektiver und rationaler Nachprüfung unterworfen werden sollten, insbesondere aber empirisch überprüft werden müßten. Daß man widersprechende Aussagen über Vorgänge im Bereich der unbelebten Natur durch Rekurs auf empirische Beobachtungen zu entscheiden habe, daß sich jede Theorie über Vorgänge in der Natur rückverbinden lassen müsse mit empirisch zugänglichen Sachverhalten und daß die verschiedenen Schritte im Erklärungsprozeß rational zugänglichen Charakters zu sein hätten - das erscheint uns heute selbstverständlich. Dies war jedoch den Zeitgenossen früherer Jahrhunderte keinesfalls unmittelbar einsichtig.

Mit der Industrialisierung und Urbanisierung wird ein analoger Vorgang auch für gesellschaftliche Institutionen und menschliches Verhalten selbst aufweisbar. Damit sei noch nicht behauptet (und war von *Max Weber* auch nicht unmittelbar gemeint), daß die Institutionen der Menschen sehr viel rationaler und zweckmäßiger würden. Das mag zwar wahrscheinlich sein - aber zunächst impliziert die Anwendung des Konzepts der Rationalisierung auf Entwicklungen im 19. und 20. Jahrhundert nur: es verbreiten sich Bemühungen, auf die Institutionen des Menschen und die Vorstellungen über sein Verhalten rationale Denkweisen anzuwenden und Widersprüche tatsächlicher Art durch empirische Beobachtung zu entscheiden. Auch hier werden jetzt traditionales Wissen und Entscheidungen herkömmlicher Autoritäten ersetzt durch wissenschaftliche Denkweise und objektive Information[24]. Noch etwas neueren Datums ist dann die Kontroverse um die Forderung, Theorien über menschliche Institutionen und menschliches Verhalten müßten dem gleichen Theorietyp angehören, wie er sich in den Naturwissenschaften durchsetzte. Gerade *Max Weber* hat hier übrigens einer mechanischen Gleichsetzung Widerstand entgegengesetzt und darauf verwiesen, daß die Sozialwissenschaften in ihrer konkreten Ausformung Rücksicht zu nehmen hätten auf den Bereich des menschlichen Selbstverständnisses und der Normen, ihren Erkenntnisbereich also nicht auf das äußere Verhalten einschränken sollten.

Es sei nun behauptet, daß sich der Prozeß der Rationalisierung in unseren Gesellschaften mit charakteristischer Phasenverschiebung in den verschiedenen Bereichen der menschlichen Umwelt durchsetzt. Das Prinzip rationaler Erklärung und Prüfung von Sätzen durch systematische Beobachtung wird dabei um so eher akzeptiert, als

[24] Herkömmliche „Autoritäten" sind für uns nicht nur die politisch und wirtschaftlich Herrschenden, sondern auch die Intellektuellen in solchen Bereichen, wo sie Autorität erfolgreich geltend machen können. Vgl. hierzu auch *Theodor Geiger*, Aufgaben und Stellung der Intelligenz in der Gesellschaft, Stuttgart 1949; *René König*, Wandlungen in der Stellung der sozialwissenschaftlichen Intelligenz, in: Soziologie und Moderne Gesellschaft, Stuttgart 1959, S. 53-68; *Karl Mannheim*, The Problem of the Intelligentsia, in: Essays on the Sociology of Culture, London 1956. Vgl. *Max Weber*, a. a. O., und insbesondere auch: Wissenschaft als Beruf. Die Verwandtschaft der *Weber*schen Konzeptionen zum Begriff der Entfremdung ist offensichtlich, offensichtlich ist aber auch die eingeschränktere Bedeutung der *Weber*schen Begriffe, die unseres Erachtens ihre Fruchtbarkeit bestimmt. Zudem wird hier in rational nachvollziehbarer Weise ein Bezug zwischen dieser eingeschränkteren Version von „Entfremdung" und ganz speziellen Wandlungsprozessen postuliert.

je ferner ein Bereich für die Gestaltung des menschlichen Alltags empfunden wird. Immer dann, wenn mit dem Prozeß der Rationalisierung und Intellektualisierung in einem weiteren Bereich das traditionale Denken fragwürdig wird, werden typische Affekte mobilisiert, die *Max Weber* mit der Bezeichnung „Gefühl der Entzauberung" kennzeichnete[25]. In Gesellschaften mit ausgeprägter sozialer Schichtung trifft diese Rationalisierung bzw. Postulierung eines neuen Maßstabes für Aussagen und Verhaltensweisen verschiedene Gruppen zu unterschiedlichen Zeitpunkten. Entsprechend wird in industrialisierten und urbanisierten Gesellschaften[26] eine Diagnose kompliziert durch die Gleichzeitigkeit verschiedener Proteste bei unterschiedlichen Gruppen.

Diese doppelte Phasenverschiebung im Prozeß der Rationalisierung – nach Bereichen und nach Gruppen - und das „Gefühl der Entzauberung" als Typ der Reaktion: diese Konzeptionen sollten nun geeignet sein, einen Teil der vorher aufgeführten Reaktionen auf Forschungsergebnisse zu kennzeichnen und weitere Reaktionen zu antizipieren. Beispielsweise sollte somit die heute große Geduld gegenüber den Spekulationen der Astronomen verständlich sein, selbst wenn deren Kosmologien immer schwerer nachzuvollziehen sind und bisher nicht einheitlicher werden; der Prozeß der Rationalisierung ist eben über diesen Bereich schon längst hinweggegangen. Erklärlich werden sollte auf diese Weise auch die damals größte Parteilichkeit der Nicht-Fachkollegen gegenüber den Entdeckungen in der Genetik im Vergleich zu Umwälzungen in der Physik. Inzwischen sind nun gleichfalls die Vorstellungen über die Entwicklung des Menschen „entzaubert", und wir dürfen annehmen, daß derselbe Prozeß für volkswirtschaftliche Phänomene bald abgeschlossen sein wird. Keinesfalls verwunderlich ist nach dem gleichen Modell, daß der empirischen Sozialforschung mit Unbehagen begegnet wird und daß man gegenüber einer Soziologie vom Theorietyp der Naturwissenschaften sogar ausgesprochene Feindschaft beobachten kann.

In diesem Zusammenhang möchten wir einen naheliegenden Einwand erwähnen: daß man Sozialforschung schon deshalb mit Skepsis betrachte, weil sie so unbefriedigend entwickelt sei. Dem ist zunächst entgegenzuhalten, daß noch sehr dahinsteht, ob Sozialforschung wirklich so wenig entwickelt ist, wie manche ihrer Kritiker unterstellen. Zumindest ist diese Sozialforschung heute im Vergleich zu anderen Disziplinen ungewöhnlich selbstkritisch - nicht nur gegenüber der Fehlerhaftigkeit der Techniken, sondern auch gegenüber ihren eigenen Voraussetzungen[27]. Und sind die Prognosen etwa über Wähler- oder über Konsumentenverhalten wirklich weniger erfolgreich als z. B. Prognosen der Meteorologen, um eine weitere Disziplin anzuführen, die sich wesentlich auf Beobachtungsdaten stützt? Die Neigung, Fehlschläge etwa bei langfristigen Wettervoraussagen umzusetzen in Ablehnung der Versuche als solcher, ist jedoch gering, da man inzwischen glaubt, die das Wetter bestimmenden Faktoren seien rationaler Einsicht zugänglich, und rationale Einsicht sei wünschens-

[25] Vgl. u. a. hierzu *Max Weber*, Wissenschaft als Beruf.

[26] Es erscheint notwendig, Industrialisierung und Urbanisierung beide als Bedingungen anzuführen, da diese Sachverhalte nicht notwendig koinzidieren. Die „vergesellschaftenden" Effekte städtischen Lebens werden auch für vorindustrielle Städte behauptet; der Industrialisierung wird meist der mit dem Terminus „Versachlichung" umschriebene Effekt zugerechnet. Versachlichung plus Vergesellschaftung in Kombination kennzeichnet ungefähr das Syndrom, das mit den *Weber*schen Termini gefaßt werden soll.

[27] Siehe hierzu die neuere Methodendiskussion in den Vereinigten Staaten, beispielsweise in *Daniel Lerner*, Hrsg., The Human Meaning of the Social Sciences, New York 1959.

wert. Nicht Fehlerhaftigkeit oder Unvollkommenheit, gemessen an absoluten Maßstäben, ist mithin allein erklärungsbedürftig, sondern ebenso der relative Grad an Unvollkommenheit, den man bei verschiedenen Disziplinen zu tolerieren bereit ist.

Diese Überlegungen führen uns dazu, als Kriterium für den Widerstand gegen die Rationalisierung eines Lebensbereichs die Toleranz gegenüber Fehlschlägen - genauer wäre vielleicht: gegenüber unvollkommenen Leistungen - vorzuschlagen. Für historische Fälle des Widerstandes gegen eine neue Disziplin oder Forschungsrichtung konnten wir ein solches Kriterium entbehren, da hier ein wohl zureichendes Maß an Übereinstimmung über das Vorliegen negativer Affekte unterstellt werden kann. Will man jedoch die verändernden Einflüsse der Sozialforschung heute detaillierter verfolgen, so benötigt man wegen der doppelten Phasenverschiebung der Reaktionen und der Notwendigkeit, unterschiedliche Reaktionen in ähnlichen Gesellschaften zu erklären, ein explizites Kriterium für die Auswahl von Stellungnahmen.

Diese unterschiedlichen Reaktionen in ähnlichen Gesellschaften zu erklären, reicht unser bisheriges Instrumentarium nicht aus. Wir können die Unterschiede in den Stellungnahmen zu verschiedenen Forschungsrichtungen deuten, den Typ der Reaktion verstehen und das Nebeneinander verschiedener Einstellungen in der gleichen Gesellschaft. Erklärungsbedürftig bleibt die unterschiedliche Relevanz von Protesten gegen die Sozialforschung und ihr unterschiedlicher Effekt auf die Sozialforscher selbst. Eine solche Erklärung ist aber notwendig, um die Stellung der Sozialforschung hic et nunc (und nicht nur in historischer Perspektive) zu begreifen; sie ist vor allem notwendig für den Versuch, Art und Ausmaß der evtl. verändernden Wirkung der Sozialforschung zu erklären.

Bei einem Vergleich der Kritiken an der empirischen Sozialforschung in den Vereinigten Staaten und in Deutschland erweisen sich nun nicht nur die Argumente als weitgehend übereinstimmend, sondern auch die Gruppenmerkmale der Kritiker selbst. Zum gegenwärtigen Zeitpunkt sind es in westlichen Industriegesellschaften bezeichnenderweise die humanistisch gebildeten Eliten, insbesondere die „Intellektuellen", die sich in ihren Vorstellungen durch die Sozialforschung betroffen fühlen und - was selbstverständlich stärkere Affekte hervorruft - deren Kompetenz zu legitimen Urteilen über die Umwelt eingeengt wird. Die unterschiedliche Wirkung der weitgehend identischen Einstellungen und gleichen Gruppen in einander ähnlichen Gesellschaften möchten wir nun zurückführen auf Unterschiede in der Regelung sozialer Differenzierung und auf deren Verbindung mit dem Schichtungssystem einer Gesellschaft[28]. Verschieden geregelt ist nämlich u. E. der Kompetenzbereich gleicher Gruppen in diesen Gesellschaften, was wir als diffuse bzw. spezifische Autorität klassifizieren wollen[29], und verschieden geregelt ist auch der Grad an Autonomie, der einigen spezialisierten Institutionen eingeräumt wird.

So wird in kontinentalen Gesellschaften Eliten mit humanistischer Bildung eine diffuse Autorität zuerkannt, die sich auch erstreckt auf die rechte Art, menschliches

[28] Im Gegensatz zur funktionalistischen Schichtungstheorie à la *Moore* sind wir nicht der Auffassung, daß funktionale Differenzierung und Schichtung notwendig miteinander verbunden sind. Offensichtlich gibt es weitgehend hierarchisch irrelevante Differenzierungen wie auch hierarchische Unterschiede, die nicht auf funktionale Differenzierung reduzierbar sind.

[29] Als „diffus" bezeichnen wir - dem Sprachgebrauch von *Parsons* folgend - eine Autorität, deren Kompetenzbereich zunächst nicht explizit begrenzt ist, die also bis zum Auftreten eines Widerspruchs prima facie als Autorität gilt.

Verhalten zu verstehen. Gruppen, denen die vorherrschenden Anwendungsformen der Sozialforschung zu nützen pflegen – Geschäftsleute und Politiker -, wird demgegenüber wenig Autorität bei Generalisierung über das Verhalten der Menschen und der Organisation der Gesellschaft zugestanden. Anders formuliert: die Gruppen, deren negative Affekte durch den Prozeß der Rationalisierung ausgelöst werden, besitzen ein weites und respektvolles Publikum. Umgekehrt liegt es in den Vereinigten Staaten, wo die „Elite" mit dem größten Maß an diffuser Autorität die Geschäftsleute sind, die sich bisher von der vorherrschenden Anwendungsweise der Sozialforschung relativ wenig in ihrem Kompetenzanspruch tangiert sahen. („Geschäftsleute" erscheint korrekter als etwa „wirtschaftliche Führungsgruppen", da man durchaus nicht wirtschaftlich mächtig sein muß, um diese Kompetenz erfolgreich geltend zu machen; es ist eher die wirtschaftliche Selbständigkeit, die als generelles Qualifikationsmerkmal angesehen wird[30].) „Intellektuelle" können dort in legitimer Weise nur spezifische Autorität geltend machen, und nicht mit sehr viel Aussicht auf Wirkung in den Anwendungsbereichen der Sozialforschung. Mögen Intellektuelle mit dem Ansehen eines *Jacques Barzun* auch noch so sehr und teilweise mit plausiblen Argumenten warnen: standardisierte Eignungs- und Persönlichkeitsteste bestimmen immer mehr die Lebenschancen der jungen Amerikaner[31]. Sozialforschung und ihre praktischen Anwendungen im Alltag werden verhältnismäßig unkontrovers bleiben, solange sie nicht die Organisationsprinzipien wichtiger Institutionen selbst wirksam in Frage stellen.

Nun gibt es solche Untersuchungen durchaus[32], aber es ist nicht wahrscheinlich, daß sie in den USA von Gruppen mit diffuser Autorität als bedrohlich empfunden werden. Dies ist u. E. nicht nur Konsequenz einer bestimmten Art, Sozialforschung

---

[30] Es ist ein verbreitetes Stereotyp in Europa - sowohl in den Bevölkerungen allgemein, wie speziell unter Kulturkritikern -, die Vereinigten Staaten als „materialistisch" zu sehen. Materialistisch sind die USA so sehr und so wenig wie andere Gesellschaften, aber richtig ist vielleicht, sie als „kommerzialistisch" zu charakterisieren. Damit soll keinesfalls gemeint sein, daß die einzelnen Amerikaner durchweg ihre Eigeninteressen ausschließlicher verfolgten, als dies in anderen Gesellschaften zu beobachten ist; wenn hier überhaupt ein Unterschied besteht, dann eher in gegenteiliger Richtung. Gemeint ist vielmehr, daß Werte und Leistungen im Geschäftsleben als Maßstäbe auf andere Lebensbereiche generalisiert werden.

[31] Über die Verbreitung der Eignungs- und Persönlichkeitsteste und ihren oft sehr gedankenlosen Gebrauch informiert *Hillel Black*, They shall not pass, New York 1963. Freundlicher eingestellt gegenüber der generellen Anwendung von Tests als einer notwendigen Folge der Massenerziehung - aber auch kritisch gegenüber vielen Praktiken im Alltag - sind die Mitarbeiter des Educational Testing Service; vgl. *Henri Chauncey* und *John E. Dobbin*, Testing: lts Place in Education Today, New York 1964.

[32] Hier sei insbesondere verwiesen auf die zahlreichen Untersuchungen über soziale Vorurteile. Die Aufhebung der Rassentrennung in den Schulen der Vereinigten Staaten durch das Verfassungsgericht (Brown versus Board of Education) im Jahre 1954 wurde von diesem vor allem begründet mit dem Verweis auf die Ergebnisse der Sozialforschung über nachteilige Wirkungen des Prinzips „separate but equal". Siehe hierzu *Kenneth Clark*, The Desegregation Cases; Criticism of the Social Scientists, in: Villanova Law Review, No. 5 (1960). Übrigens waren die Aussagen einiger Sozialwissenschaftler, die auf die negativen Wirkungen der Rassentrennung in Schulen hinwiesen, durch Forschung nur unvollkommen gestützt. Wichtig für unsere Argumentation ist jedoch vor allem, daß durch Berufung auf Forschung das Gewicht der Aussagen entscheidend gestärkt wurde.
Tangiert ein sozialer Wandel, der mit den Ergebnissen der Sozialforschung in Beziehung gebracht wird, eine Gruppe, so reagieren auch in den Vereinigten Staaten getroffene Untergruppen aggressiv. Es war zu Beginn der 60er Jahre in den Südstaaten durchaus nicht angenehm, ein Sozialforscher zu sein. Entscheidend bleibt, daß die affektiv reagierenden Gruppen gesellschaftlich keine zentralen Machtpositionen repräsentieren.

zu treiben; dies folgt auch aus der Art der Autonomie, welche der Sozialforschung als akademische und als wirtschaftliche Tätigkeit zugestanden wird.

Verstehen wir in diesem Zusammenhang unter Autonomie einer Forschungstätigkeit den Grad, zu dem das Handeln nicht mehr gerechtfertigt werden muß, so können wir feststellen, daß sowohl in den Vereinigten Staaten als auch in Deutschland die Autonomie der Sozialforschung hoch und gering zugleich ist. In der amerikanischen Gesellschaft ist diese Autonomie verhältnismäßig hoch in den Beziehungen zu anderen akademischen Disziplinen, zur „Intelligenz" allgemein und (soweit es sich um eine angewandte Tätigkeit handelt) in den Relationen zu anderen akademischen Berufen. Traditionellerweise haben sich aber in den Vereinigten Staaten akademische Institutionen vor öffentlichen Meinungen zu rechtfertigen, und sie sind entsprechend sensitiv gegenüber vermuteten Wünschen nicht-akademischer Gruppen.

Weitgehend umgekehrt ist die Situation in der deutschen Gesellschaft. Akademische Institutionen müssen sich hier - wie in anderen kontinentalen Gesellschaften - weniger vor der Öffentlichkeit rechtfertigen, und entsprechend ist auch die Sozialforschung weniger durch die Wünsche der Bevölkerung beeinflußt[33]. Geringer ist dagegen in Deutschland die Autonomie gegenüber Vertretern anderer Disziplinen und speziell in Hinblick auf eine humanistisch orientierte Intelligenz.

Diese unterschiedliche Regelung ist offensichtlich eng mit den Schichtungssystemen und den diese ergänzenden integrativen Prozessen verbunden: Korrigierend gegenüber unerwünschten Entwicklungen in einer Disziplin ist in Deutschland ein ständisches Prinzip: das Urteil der Gleichrangigen und weitgehend Gleichartigen; demgegenüber sind in einer prinzipiell plebiszitären Demokratie wie den USA[34] bei Streitfragen die spezialisierten Institutionen letztlich der Öffentlichkeit Rechenschaft schuldig. Die gegenwärtige Situation der Sozialforschung in den beiden Ländern läßt sich damit u. E. wie folgt charakterisieren: in den Vereinigten Staaten ist die Sozialforschung zwar auch einer prinzipiellen Kritik ausgesetzt, die aber letztlich nicht relevant ist, während in Deutschland die Autonomie dieser Forschungsrichtung gerade dort gering ist, wo die negativen Affekte besonders stark sind.

Neben der Definition der Art und des Grades an Autonomie, der einem akademischen Beruf zugestanden wird, sind nun noch sein zahlenmäßiger Umfang und die interne Homogenität seiner Angehörigen zu berücksichtigen. Diese Elemente sind zwar durch die vorher erwähnten Faktoren entscheidend beeinflußt und müssen in systematischer Betrachtung höchstens als intervenierende Faktoren angesehen werden, aber sie zu berücksichtigen erscheint notwendig, wenn man die gegenwärtige Stellung der Sozialforschung in den Vereinigten Staaten und in Deutschland charakterisieren will.

Die Amerikanische Soziologen-Gesellschaft zählte im Jahre 1963 ca. 7000 Mitglieder. Hinzu kommt, daß Angehörige wissenschaftssystematisch benachbarter Disziplinen (wie Psychologie und Sozialanthropologie) in nennenswertem Umfang

[33] In der Geschichte der Universitätsreform - oder besser: der Reformbemühungen – in der Nachkriegszeit sehen wir hierfür ein Beispiel. Immer wieder wird Kritik an den gegenwärtigen Zuständen deutscher Universitäten laut, aber diese Kritik ist angesichts der den Hochschulen zugestandenen Autonomie nicht relevant. Gegenüber dem Wert einer Reform wird dem Wert der Autonomie von Universitäten der Vorrang gegeben.

[34] Diese Diagnose wurde angeregt durch Arbeiten von *Reinhard Bendix* und *Stein Rokkan*.

Soziologenkongresse besuchen und soziologische Zeitschriften beziehen. Demgegenüber besitzt die Deutsche Gesellschaft für Soziologie ca. 300 Mitglieder, von denen sich wahrscheinlich weniger als die Hälfte in erster Linie als Soziologen bezeichnen würde; die Zahl der Mitglieder schließt also hier schon einen erheblichen Teil der interessierten Forscher aus Nachbargebieten mit ein[35]. Die beiden Organisationen sind zwar nicht genau vergleichbar, aber dennoch geben die angeführten Zahlen eine ungefähre Vorstellung von der unterschiedlichen Größe des als Fachkollegen anzusprechenden Publikums. Hinzu kommt, daß innerhalb der sehr viel kleineren deutschen Soziologengesellschaft geringere Einigkeit über Wissenschaftsprogramme besteht.

Ein amerikanischer Kollege kann mithin die der Sozialforschung zugestandene Autonomie gegenüber anderen akademischen Disziplinen und Intellektuellen auch tatsächlich nutzen, um zu Kollegen zu sprechen, während auch unter diesem Aspekt für den Sozialforscher in Deutschland Nicht-Soziologen relevanter bleiben. Dies gilt selbst für den Alltag am Arbeitsplatz. Ein Sozialforscher in den Vereinigten Staaten wird selbst in einer kleineren Universität mit mehreren Soziologen als Gesprächspartnern zusammenarbeiten (oder doch zusammenleben), während in Deutschland der nächste Kollege häufig erst in einer anderen Institution anzutreffen ist. Daß solche Unterschiede in den beruflichen Umwelten Effekte haben, ist offensichtlich; welches diese Wirkungen sind, ist später zu zeigen.

Das Bild von den sozialen Bezügen, in denen Sozialforschung betrieben wird, läßt sich für die Zwecke unserer Diskussion vereinfacht in der Konzeption des „relevanten Publikums" deskriptiv erfassen. Als relevantes Publikum seien diejenigen Gruppen bezeichnet, durch deren üblicherweise zu erwartende oder doch mögliche Reaktion der Sozialforscher die Chancen der erfolgreichen Ausübung seiner Tätigkeit beeinflußt sieht. Die konkrete Zusammensetzung dieses Publikums sehen wir durch die vorher erwähnten Faktoren bestimmt: den Umfang und die Homogenität einer Berufsgruppe; die Verteilung diffuser Autorität in einer Gesellschaft; die Art, in der Sozialforschung die Legitimität bisher bestehender Urteile und Kompetenzen berührt.

Dieser letztere Faktor ist teilweise eine Folge der Art von Aussagen, die von Sozialforschern aufgestellt werden, also eine Funktion des Typs von Sozialforschung. Ändert sich dieser Typ, so kann sich unmittelbar die Zusammensetzung des relevanten Publikums ändern. Damit wird in den Beziehungen zwischen Gesellschaft und Forschung der Typ der Sozialforschung in Interaktion mit seinem relevanten Publikum zu einer abhängigen und unabhängigen Variablen zugleich. Entsprechend der

[35] Auch in den Vereinigten Staaten ist selbstverständlich nur ein Teil der Mitglieder sozialwissenschaftlicher Gesellschaften empirisch tätig, aber fast alle sind empirischen Resultaten gegenüber aufgeschlossen. Empirie hat damit ein spezialisiertes Publikum so großen Umfanges, daß man nur für die engeren Fachkollegen schreiben kann. In der deutschen soziologischen Gesellschaft wird demgegenüber Empirie aber noch weithin als eine spezielle Form, Soziologie zu treiben, verstanden, so daß ein Sozialforscher sich mit seinen Veröffentlichungen an ein diffuseres Publikum wenden muß. Die Konsequenzen allein für die Terminologie in den Berichten sind offensichtlich, und die Unterschiedlichkeiten in der Problemdefinition zwischen Sozialforschung in den USA und in europäischen Ländern sollten verständlich werden.
Die Mitgliederzahlen der American Sociological Association und der Deutschen Gesellschaft für Soziologie sind nicht unmittelbar vergleichbar, da die Deutsche Gesellschaft für Soziologie sich als „Gelehrtengesellschaft" definiert und ein erheblicher Teil der Mitglieder der American Sociological Association sich für die Mitgliedschaft in einer solchen Gesellschaft nicht qualifizieren würde.

Wichtigkeit dieses Elements werden wir unsere Vorstellungen über den „Typ der Sozialforschung" später noch zu spezifizieren haben.

Auf diese Weise versuchen wir nun auszudrücken, daß der Prozeß der Einflußnahme der Gesellschaft auf die Forschung und der Forschung auf die Gesellschaft viel indirekter ist, als oft unterstellt wird. Hierdurch kommt es dann zu weder von den Sozialforschern noch von den herrschenden Gruppen vorausgesehenen „unerwarteten Konsequenzen"[36]. Demgemäß ist auch der Spielraum für idiosynkratische Elemente in kurzfristiger Betrachtung recht groß. Es scheint uns deshalb nützlich, an dieser Stelle einige Verweise auf langfristige Prozesse einzufügen, an denen die bisherigen Beziehungen zwischen Sozialforschung und sozialem Wandel sichtbar wurden. Bis in unsere Tage, d. h. bis Sozialforschung zu einer etablierten akademischen Beschäftigung zu werden beginnt, erweist sich Sozialforschung dann meist als lediglich beeinflußt durch einschneidende Veränderungen in den westlichen Gesellschaften und nicht als wesentlicher Einflußfaktor selbst.

IV

Es sind zwar verschiedene Aussagen über den Beginn der Sozialforschung möglich, doch dürfte weithin Übereinstimmung darüber bestehen, daß empirische Sozialforschung mit dem Prozeß der Industrialisierung und speziell der Urbanisierung ihren Anfang nimmt[37]. Um die Jahrhundertwende ist dann diese Sozialforschung in Einzelbeispielen bereits in durchaus diskutabler Form entwickelt. Ihre Themen entnimmt die empirische Sozialforschung dabei vornehmlich Bereichen, in denen man soziale Mißstände empfindet[38]. Insbesondere die mit der raschen Verstädterung in West- und später Mitteleuropa verbundenen Krisenerscheinungen sind ein bevorzugtes Thema. Obwohl sich nun gerade in Deutschland auch Sozialforscher mit konservativer Orien-

[36] Vgl. *Robert K. Merton*, The Unanticipated Consequences of Purposive Social Action, in: American Sociological Review, Bd. 1 (1936), S. 894-904. Diese unerwarteten Konsequenzen sind selbstverständlich identisch mit den „latenten Funktionen" von Forschung.

[37] Instruktiv insbesondere für die hier angesprochene Frühzeit ist *Pauline V. Young*, Scientific Social Survey: and Research, New York, 2. Aufl. 1949, Kap. I und II: siehe auch *Heinz Maus*, Zur Vorgeschichte der empirischen Sozialforschung, in: *René König*, Hrsg., Handbuch der empirischen Sozialforschung, Stuttgart 1962, Bd. I, S. 18-37; *Charles Madge*, a. a. 0.

[38] Die Sozialforschung im 19. Jahrhundert zeichnet sich teilweise durch methodologischen Erfindungsreichtum aus. Bereits damals werden Fragebögen auch in standardisierter Version angewandt, wird über Auswahlverfahren diskutiert (die erste Anwendung der Wahrscheinlichkeitsauswahl findet sich allerdings erst nach der Jahrhundertwende), wird Korrelationsrechnung benutzt (wobei empirische Forscher wie *Tönnies* eigene Korrelationskoeffizienten zu entwickeln versuchten) und werden Ansätze wie die Ökologie entwickelt. Damals war man weithin zugleich an der Perfektion der Technologie interessiert und reflektierte über den Explikationsbereich der mit diesen Techniken gesammelten Sinneseindrücke. Was fehlte, war nicht das Interesse an Technologie der Forschung, sondern die Kodifizierung der Erfahrung zu einer lehrbaren Technologie. Wie später gezeigt wird, erfolgt diese Kodifizierung erst unter speziellen gesellschaftlichen Bedingungen. Die Aussage gilt für alle sich industrialisierenden europäischen Länder: England (*Webb, Booth*), Frankreich (*Le Play*), Deutschland (*Schnapper-Arndt*), Norwegen (*Kiaer*). Auch für die Vereinigten Staaten trifft zu, daß Sozialforschung in der Frühphase weitgehend identisch ist mit der Untersuchung sozialer Mißstände - allerdings mit dem charakteristischen Unterschied, die Mißstände durch Publizierung ins öffentliche Bewußtsein zu heben und weniger sie zu analysieren.

tierung finden, die eine Beschreibung der zeitgenössischen Verhältnisse mit der Intention verbinden, die Distanz dieser Zustände von den als wünschenswert angesehenen vorindustriellen Verhältnissen sichtbar zu machen, ist jedoch die empirische Sozialforschung mehrheitlich ein Instrument von Sozialreformern. So wurden beispielsweise vor 1914 die umfangreichsten Forschungsprojekte in Deutschland vom „Verein für Sozialpolitik" angeregt, übrigens unter wesentlicher Förderung durch *Max Weber*[39].

Sozialforschung als ein Instrument von Sozialreformern: das heißt keinesfalls, daß dieses neue Instrumentarium nun etwa von den sozialistischen Parteien allgemeiner begrüßt worden wäre. Insbesondere bei den Parteien, die durch den Marxismus beeinflußt wurden, entwickelte sich beinahe eine Tradition der Ablehnung; man unterstellte ja bei diesen Parteien, daß die Diagnose der Krankheiten der sich wandelnden Gesellschaften schon gelungen sei und daß man das Ausmaß der Mißstände kenne. So hat sich auch bis in unsere Tage in der deutschen Sozialdemokratie in viel größerem Maße als in anderen bedeutenden deutschen Parteien eine Fremdheit, ja teilweise Feindschaft gegenüber diesem Instrument erhalten[40]. Je radikaler die politische Einstellung allgemein, um so größer scheint die Feindschaft gegenüber der empirischen Sozialforschung. *Kurt Hiller* ist hierfür ein Beispiel[41].

Verschieden hiervon ist die Einstellung politisch aktiver sozialreformerischer Gruppen in angelsächsischen Ländern, und entsprechend anders ist dort die Situation der Sozialforschung. Hier sei nur auf die Rolle verwiesen, die das für die englische Sozialreform und Sozialforschung gleichermaßen wichtige Ehepaar *Beatrice* und *Sidney Webb* einnahm. Das Ethos dieser Art von Sozialforschung drückt *Charles Booth* wie folgt aus: man wolle der einen Hälfte der Gesellschaft zeigen, wie die andere Hälfte lebe. Dies war insbesondere das Leitmotiv für die verschiedenen Erhebungen über „Armut" in England[42]. Uns scheint, daß diesen Untersuchungen die folgende Annahme implizit war: daß die Tolerierung der Mißstände von Urbanisie-

---

[39] Die Untersuchungen des Vereins für Sozialpolitik über „Auslese und Anpassung der Arbeiterschaft in der geschlossenen Großindustrie" finden sich in: Schriften des Vereins für Sozialpolitik, Nr. 153 ff., München und Leipzig 1915.

[40] Der offensichtliche Erfolg von Umfragen bei Wahlen und nicht zuletzt das Beispiel *Kennedys*, dessen Strategie in enger Zusammenarbeit mit dem Meinungsforscher *Louis Harris* und dem politischen Soziologen *Ithel de Sola Pool* entworfen wurde, machte auch die sozial-demokratische Partei in Deutschland zu einem regelmäßigen Klienten für Sozialforschung, insbesondere für Umfrageforschung. Dies war aber erst nach einem Wechsel in den Führungspositionen möglich, der mit einem Aufstieg von Personen verbunden war, denen mangelndes Interesse an weltanschaulicher Fundierung den Politik nachsagt. Bezeichnenderweise wurden Sozialdemokraten zuerst als Regierungspartei in Großstädten zu regelmäßigen Klienten der Sozialforschung, wo diese Forschung insbesondere zur praktischen Stadtplanung als notwendig empfunden wurde.
Immerhin hat die sozialdemokratische Partei noch Hemmungen, sich der Dienste von Sozialforschern zu bedienen, die von der Partei unabhängig wären. Das von Sozialdemokraten überwiegend benutzte Institut wird auf indirekte Weise finanziell durch die Partei kontrolliert und arbeitet vornehmlich an Aufträgen, deren Formulierung wiederum durch Sozialdemokraten weitgehend bestimmt wird.

[41] *Kurt Hiller*, Die Gefahren der Soziologie, in: Die Andere Zeitung, 30. Juni 1955.

[42] Siehe das Mammutprojekt von *Beatrice Webb* und *Charles Booth*; Life and Labour of the People of London, London, 17 Bände zwischen 1892 und 1897; ferner *W.S. Rowntree*, Poverty – a Study of Townlife, London 1908; *Arthur L. Bowley* u.a., Livelihood and Poverty, London 1915. Interessant sind hierbei die Schwierigkeiten, die man bei der Verwendung des im Alltagsverständnis so eindeutigen Terminus „Armut" in der empirischen Forschung erfuhr.

rung und Industrialisierung wesentlich zurückzuführen sei auf Unkenntnis der Bürger über die tatsächlichen Lebensbedingungen, nicht aber auf die Gleichgültigkeit dieser Bürger gegenüber den Mitmenschen. Der Sozialforscher habe gewissermaßen die Aufgabe, dem Bürger über die Existenz von Umwelten zu berichten, die seinem Erfahrungsbereich extern seien. Soziale Reform wurde mithin erwartet als mehr oder weniger automatische Konsequenz vermehrten Wissens über die eigene Gesellschaft.

Ähnlich der in England vorherrschenden Orientierung war zunächst die Ausrichtung der empirischen Forschung in den USA, wobei allerdings Publizisten eine wichtigere Rolle spielten. Nach einer größeren Zahl vereinzelter Untersuchungen im 19. Jahrhundert, vornehmlich über die Inzidenz von Desorganisationserscheinungen und über unmittelbar politische Sachverhalte, wurde eine Art Ableger dieser Sozialforschung bereits um die Jahrhundertwende Gegenstand der öffentlichen Diskussion. Damals erschienen - zunächst in der Zeitschrift *McClure's Magazine* - eine Vielzahl von Berichten, die in häufig übersteigerter Form soziale Mißstände in der amerikanischen Gesellschaft beschrieben[43]. Die in den Büchern von *Robert Wood, Lincoln Stefens* und *Jacob Riis* geschilderten Zustände wurden unmittelbar Gegenstand politischer Kontroversen, und damit wurde eine Art empirischer Sozialforschung selbst zu einem Politikum. Der damalige Präsident der USA, *Theodore Roosevelt*, griff diese „Erforscher des Elends und der Korruption" heftig an (obwohl er z. B. mit *Riis* und *Steffens* befreundet war!) und gab der Schule den Namen „Schmutzaufwirbler", unter dem sie seithin in der Geschichte der Sozialforschung geführt wird. Die Begründung für diese Bezeichnung ist bezeichnend für Widerstände gegen empirische Sozialforschung: Diese Schmutzaufwirbler oder „muckrakers" sind nach *Roosevelt* mit einer Gestalt in dem allegorischen Roman *The Pilgrim's Progress* zu vergleichen, die so sehr mit dem Aufwirbeln von Schmutz beschäftigt ist, daß sie die angebotene himmlische Krone nicht wahrnimmt; offensichtlich eine poetischere Formulierung des bekannten Vorwurfs, über der Beschäftigung mit Einzelheiten verliere die empirische Forschung den Blick für das Wesentliche.

Man ist heute geneigt, diesen Seitenzweig einer Sozialforschung als belanglosen Gesellschafts-Journalismus abzutun, und dies ist sicherlich auch gerechtfertigt, wenn man nach dem Beitrag fragt, den diese Schmutzaufwirbler bleibend für die Mehrung des Wissens geleistet haben. Ergebnisse in diesem Sinne hat das Muckraking nicht erbracht - schon darum nicht, weil die Vorgehensweise viel zu impressionistisch blieb und es angesichts des Engagements an konkreten Mißständen nicht zur Ausbildung eines methodischen Bewußtseins kam[44]. Dieser Seitenzweig der Sozialforschung ist aber von bleibender Bedeutung, weil sich hier zum ersten Male wichtige gesellschaftliche Konsequenzen der Forschung nachweisen lassen. Die Schwäche dieser Richtung vom Standpunkt der Sozialwissenschaften aus war wahrscheinlich

[43] Zur Darstellung dieser Entwicklung siehe *Arthur* und *Lila Weinberg*, Hrsg., T118 Muckrakers, New York 1964; *dies.*, The Autobiography of Lincoln Steffens, New York 1931; *Pauline V. Young*, a. a. O., S. 21 (mit vielen Verweisen auf Originalquellen).

[44] So sagt *Lincoln Steffens* von seinem einflußreichen Buch: The Shame of the Cities, New York 1904: „I did not gather with indifference all the facts and arrange them patiently for permanent preservation and laboratory analysis. I did not want to preserve, I wanted to destroy the facts … it was … to see if the shameful facts, spread out in all their shame, would not burn through our civic shamelessness and set fire to American Pride."

ihre Stärke als veränderndes Element in der damaligen amerikanischen Gesellschaft: Identifizierung eines konkreten Sachverhalts, den es als konkreten Sachverhalt zu verändern galt.

Aber nicht allein das Interesse einer Öffentlichkeit an den Möglichkeiten der Sozialforschung wurde durch muckraking geweckt; es wurden auch die finanziellen Voraussetzungen für eine regelmäßige Sozialforschung beeinflußt. Im Jahre 1907 wurde die *Russell Sage Foundation* begründet mit der Zielsetzung, durch wissenschaftliche Untersuchungen die Lebensbedingungen in den USA zu verbessern. Die erste systematische Gemeindestudie, der 1909 beginnende *Pittsburgh Survey*, wurde bereits durch diese Stiftung finanziert. Gleichzeitig kommt es zu einer Fülle von systematischen Gemeindestudien, die zwar die Existenz von Krisenerscheinungen zunächst zu ihrem Hauptthema machen, diesen nun aber methodisch geführten Nachweis jedoch mit einer allgemeinen systematischen Bestandsaufnahme verbinden. Als „survey movement" wird die

Sozialforschung bereits um die Zeit des ersten Weltkrieges zu einer anerkannten Vorgehensweise.

Anerkannt - allerdings noch nicht an den Universitäten. Selbstverständlich hatte man sich an den damals wenigen guten akademischen Institutionen für die Sozialforschung zu interessieren begonnen. *Charles Henderson* von der Universität Chicago stellte 1894 ein kleines Handbuch der Techniken für Sozialforscher zusammen. Die Soziologie-Abteilung an der Universität Chicago unter *Albion V. Small* unternahm verschiedentlich vergebliche Vorstöße, ein Programm der Sozialforschung zu institutionalisieren[45], und im Jahre 1914 schlug dort ein Komitee in einem Gutachten die Einrichtung eines Instituts für Sozialforschung vor. Die Universität Chicago war übrigens eine der ersten großen Universitäten, ein solches Forschungsinstitut zu unterstützen, allgemein waren damals die Universitäten in den USA noch nicht bereit, die Sozialforschung systematisch zu fördern. Die sehr vereinzelten Beispiele akademischer Forschung, wie z. B. *Galpins* ökologische Studien um 1914, sind unerhebliche Nebenbeschäftigungen in anderweitig orientierten Instituten.

Sozialreform als Orientierung der Sozialforschung: dieser Beginn der Sozialforschung in den USA ist sogar heute noch von Relevanz für die Art der Formulierung von Themen und für die Unterstützung der Forschung durch die Öffentlichkeit. Speziell für die Ausbildung des methodischen Bewußtseins und für die Institutionalisierung der Forschung als Beruf ist noch wichtig, daß in den Vereinigten Staaten schon um die Jahrhundertwende ein kommerzielles Interesse an systematischer Erforschung menschlichen Verhaltens begann. Beispielsweise wurden bereits ab 1910 regelmäßig schriftliche Leserbefragungen vorgenommen. 1911 richtete der Curtiss-Verlag eine eigene Leserforschungs-Abteilung ein, und 1916 begann der „Literary Digest" seine

[45] Vgl. *Paul F. Lazarsfeld*, The Sociology of Empirical Social Research, in: American Sociological Review, Bd. 27 (1962), S. 757-767. *Lazarsfeld* beschreibt in diesem Artikel unter anderem die wichtigsten Ergebnisse einer detaillierten Untersuchung über die Frühzeit der Entwicklung einer empirischen Sozialforschung an der University of Chicago. Während er einerseits nachweist, daß die wesentlichsten empirischen Techniken in ihren Grundzügen zunächst in Europa entwickelt wurden also gerade die Technologie der Sozialforschung, die den Kulturkritikern als das amerikanischste Element an ihr erscheint -, bemüht man sich zuerst in den Vereinigten Staaten um die Einbeziehung empirischer Forschung in die Ausbildung der Studenten.

regelmäßigen Wahlvoraussagen auf der Grundlage von postalischen Befragungen. Ab 1919/20 gibt es regelmäßige Feldforschungen zur Kontrolle der Werbung und die Anwendung systematischer Beobachtung auf das Verhalten von Kunden in Ladengeschäften. Gegen Ende des ersten Weltkriegs konnte man somit in den USA durch empirische Forschung seinen Lebensunterhalt bestreiten.

Wir hofften mit dieser Übersicht zu verdeutlichen, wie weit bereits um die Zeit des ersten Weltkrieges in den Vereinigten Staaten der Prozeß der Institutionalisierung von Sozialforschung gediehen war. Zunächst verläuft im 19. Jahrhundert die Entwicklung in den USA ähnlich der in Europa, aber während ca. zweier Jahrzehnte erfolgt dann um die Jahrhundertwende ein erster Durchbruch in der gesellschaftlichen Anerkennung. Ohne wesentliche methodische Beiträge, ja oft mit geringer Skepsis gegenüber der eventuellen Fehlerhaftigkeit des Materials und sicherlich mit verhältnismäßig geringer wissenschaftlicher Orientierung, ist an diesen Erhebungen des 19. Jahrhunderts in den USA die Themenwahl im Vergleich zu europäischen Forschungen aufschlußreich für eine der Bedingungen, die den vorher gekennzeichneten Durchbruch der Sozialforschung in den USA begünstigten.

In einem solchen Vergleich mit der Themenstellung der europäischen Forschung wird nämlich deutlich, daß in der Frühzeit der amerikanischen Sozialforschung weithin Sachverhalte ermittelt werden, die in den europäischen Gesellschaften - insbesondere Frankreich und Deutschland – Gegenstand offizieller Buchführung oder Erhebungen sind. In Relektionen über Sozialforschung pflegt man zu übersehen, daß in entwickelten Gesellschaften Sozialforschung als Sozialforschung nur eines von vielen Informationsmitteln ist. Eine ausgebildete Verwaltung, amtliches Meldewesen, organisierte Systeme von „Stimmungsberichten" und eine umfangreiche offizielle Statistik: dieses Instrumentarium der vordemokratischen, zentralen Lenkung von Staaten stand den zur Entscheidung befugten Institutionen als Rückmeldesystem, z. B. in Frankreich und Deutschland, bereits zur Verfügung[46]. Diese Institutionen waren sich auch häufiger bewußt, daß in Zeiten besonders raschen Wandels ihre üblichen Informationsmittel nicht ausreichten. Die Enquête als offizielle Auftragsforschung und nicht die Sozialforschung wurde - für auf diese Weise verwaltete Staatswesen - zum bevorzugten Mittel, die Routine-Informationen zu ergänzen.

Diese Enquêten waren in der Erhebungstechnik keineswegs durchgehend orthodox. Gelegentlich benutzte man, ohne das Gefühl einer besonderen Neuerung zu haben, so „moderne" Instrumente wie Fragebögen, in denen nicht nur nach objektiven Informationen, sondern auch nach subjektiven Reaktionen gefragt wurde[47]. Dennoch

[46] Vgl. *Sigmund Diamond*, Some Early Uses of the Questionnaire, in: Public Opinion Quarterly, Bd. 27 (1963), S. 523-542. Wie *Diamond* berichtet, wurden unter dem Einfluß Napoleons I. zwischen 1806 und 1812 umfangreiche Fragebogenerhebungen in den ganzen damals französischen Gebieten durchgeführt. Diese Fragebögen, die u. a. wichtige Informationen über soziale Mobilität enthalten, wurden niemals ausgewertet. Also selbst dann, wenn sozial-wissenschaftliches Material auf Grund der Initiative anderer Stellen gesammelt wird, ist die bloße Verfügbarkeit solcher Informationen noch kein Agens für die Entwicklung einer empirisch orientierten Soziologie. Mit technischer Verfügbarkeit allein sind die unterschiedlichen Entwicklungen in verschiedenen Ländern nicht zu erklären, sondern vor allem mit dem mangelnden Interesse eines „relevanten Publikums".

[47] Vgl. *Carl C. Taylor*, The Social Survey and the Science of Sociology, in: American Journal of Sociology 25 (1920), S. 731-756; *ders.*, The Social Survey. Its History and Methods, in: University of Missouri Bulletin 20 (1919), Nr. 28; *A. F. Wells*, The Local Survey in Great Britain, London 1935.

blieb das Instrumentarium begrenzt, insbesondere die Themenstellungen waren vornehmlich von den Notwendigkeiten der Kontrolle konkreter gesellschaftlicher Erscheinungen bestimmt; entsprechend verlangte die Themenwahl nach Ergänzung.

In dieser Form entwickelte sich dann auch die Sozialforschung in den meisten europäischen Ländern: als Versuch einer zusätzlichen (!) Bestandsaufnahme und einer Erklärung der als solche bereits dokumentierten Phänomene (z. B. Arbeitslosigkeit, Kriminalität, Selbstmord). Diese zusätzlichen Bestandsaufnahmen wurden von besonders motivierten Akademikern übernommen, wobei sich im Prozeß des Experimentierens allmählich ein besonderes Instrumentarium ausbildet. Der unterschiedliche Charakter der Sozialforschung in Frankreich und Deutschland, verglichen mit dem Typ der Sozialforschung in den USA, wird besonders deutlich, wenn man die Art der angestrebten Schlußfolgerungen vergleicht. Bei europäischen Intellektuellen ist heute eine Klage gegen den „Szientismus" der amerikanischen und „amerikanisch beeinflußten" Soziologie modisch; aber gerade für die frühe Sozialforschung in Europa ist kennzeichnend, daß sie auf die Aufstellung allgemeiner Sätze hin ausgerichtet war. Demgegenüber konzentrierten sich die amerikanischen Sozialforscher im „survey movement" auf Beschreibungen; für diese „surveys" verfügte man jedoch in Europa mit Enquêten bereits über ein funktionales Äquivalent. Während die Sozialforscher in Deutschland und Frankreich damals Sätze aufstellten, die für (kaum vorhandene) Fachkollegen und bestenfalls für sehr begrenzte intellektuelle Gruppen von Interesse sein konnten, waren die Aussagen ihrer amerikanischen Kollegen für eine allgemeinere Öffentlichkeit unmittelbar verständlich und relevant.

Erweist sich bereits an der Art der angestrebten Sätze, daß die „Wissenschaftlichkeit" der Sozialforschung kurzfristig unerheblich für ihre gesellschaftliche Resonanz, ja daß sie zunächst nahezu im umgekehrten Verhältnis zu ihr stand, so zeigt sich die gleiche Beziehung auch an der Entwicklung der Methodologie. Wir erwähnten bereits, daß die amerikanischen Erhebungen bis zur Zeit des ersten Weltkriegs in den Verfahrensweisen wenig eindrucksvoll waren. Demgegenüber begegnet man bei europäischen Sozialforschern zu dieser Zeit einem ausgeprägten methodischen Bewußtsein. Eine Reihe Wissenschaftshistorischer Untersuchungen an der Columbia Universität haben nach *Lazarsfeld* den Eindruck bestätigt, daß die Grundzüge aller wesentlichen Techniken der Sozialforschung bis um die Zeit des ersten Weltkrieges in Europa erarbeitet wurden[48]. Für solche Techniken, wie strukturierte Fragebögen, Wahrscheinlichkeits-Auswahlen und nicht-parametrische Korrelationsmaße, finden sich erste Beispiele der Anwendung eben nicht in den Vereinigten Staaten.

Eine Methodologie der Sozialforschung im Sinne einer lehrbaren Technologie wird jedoch nicht in Europa, sondern in den USA ausgebildet. In den Vereinigten Staaten werden die ersten Kunstlehren für Sozialforscher geschrieben, und bereits in den Jahren nach dem ersten Weltkrieg erscheinen so zahlreiche Beiträge über Einzelfragen der Erhebungstechnik, daß allein über das Interview 1928 eine 22seitige Bibliographie zusammengestellt werden kann[49]. Insofern ein Beruf mitdefiniert wird durch einen lehrbaren Kodex akzeptabler Verfahrensweisen, wird empirische Sozial-

[48] *Paul F. Lazarsfeld*, a. a. O., S. 761.

[49] Vgl. *Bruce V. Moore*, The Personal Interview, New York 1928.

forschung in den USA frühzeitig professionalisiert, in mancher Hinsicht früher als Soziologie und Sozialpsychologie als inhaltliche Disziplinen.

Gerade das frühzeitige Bemühen der Sozialforscher in Europa um „Wissenschaftlichkeit“ dürfte, wieder einmal paradoxerweise, damals mitverantwortlich gewesen sein für die begrenzte gesellschaftliche Wirkung. Konzentration auf allgemeine Sätze und methodisches Experimentieren behinderten die schnelle Ausbildung als Profession und beließen die Sozialforschung als halb-akademische Beschäftigung. Was umgekehrt zunächst als Schwäche der amerikanischen Soziologie erscheinen mußte, war für die Ausbildung als Beruf (oder zumindest als Tätigkeit mit einem gewissen Grade an Autonomie gegenüber anderen Berufen) fördernd: die Betonung des „Lehrbaren“ und die Konzentration auf abgegrenzte Problemstellungen, die als konkret zu lösende Probleme behandelt wurden. Diese erfolgreiche Institutionalisierung als Beruf bedeutet nicht notwendig auch eine Maximierung des Einflusses der Sozialforschung auf die Gesellschaft; die Institutionalisierung bedeutet aber wohl die Schaffung guter Voraussetzungen für eine weitere Ausbildung der Sozialforschung einschließlich ihrer Methodenlehre.

Rückschauend kann man die unmittelbare Nachkriegszeit des ersten Weltkrieges als entscheidend für die unterschiedliche Entwicklung der empirischen Sozialwissenschaften in kontinental-europäischen Ländern und in den USA bezeichnen. Was heute als „amerikanische“ und als „deutsche“ Weise, Sozialforschung zu treiben, erscheint, das datiert eigentlich erst aus dieser Zeit. In Deutschland war dieser Zeitabschnitt eine Periode rascher und tiefgreifender sozialer Umschichtungen - tiefgreifender zunächst, als dies für den gleichen Zeitraum nach dem zweiten Weltkrieg zutrifft. Insbesondere war auch die Legitimität überkommener Ordnungsvorstellungen selbst in Frage gestellt. In dieser Situation fühlten sich die Sozialwissenschaftler, und speziell auch die Soziologen, mit aufgefordert, eine gesamthafte und wertende Deutung zumindest der gesellschaftlichen Entwicklung zu geben. Erwünscht und wohl auch notwendig war eine existentielle Analyse. Weitgehend folgten die Sozialwissenschaftler dieser Aufforderung. Dies geschah ohne große Selbstzweifel über die Kompetenz zu solchen Urteilen und mit geringem Widerstand, die Eigenart der soziologischen Betrachtungsweise gegenüber sozialphilosophisch orientierten Intellektuellen zu behaupten.

Es sollte nicht verwundern, daß die Sozialwissenschaftler allgemein und die Soziologen insbesondere sich zu generellen Zeitdeutungen bereit fanden und weithin unter der Bezeichnung Soziologie Sozialphilosophie betrieben. Es sollte dann nicht verwundern, wenn man die Charakterisierung des „relevanten Publikums“ für diese Wissenschaften berücksichtigt. Dieses relevante Publikum begann damals selbst sozialwissenschaftliche Denkschemata in Erklärungsprozessen zu verwenden. Nun konnte auch von Sozialwissenschaftlern Einfluß auf die Gesellschaft genommen werden: man mußte nur sein Wissenschaftsprogramm modifizieren, und man wurde Teil der allgemeinen humanistisch orientierten Intelligenz. Angesichts dieser Erwartungen auch gegenüber der Soziologie wurde von vielen ihrer Vertreter das etwa von *Max Weber* vertretene Wissenschaftsideal als zu asketisch empfunden und beispielsweise der Ausschluß von Werturteilen aus den in der Deutschen Gesellschaft für Soziologie erlaubten Debatten nun als unerträgliche Einengung deklariert[50]. Bei der Alternative: Soziologie als Element des Prozesses der Rationalisierung zu verstehen und das „relevante Publikum" als in einem Teilbereich nicht länger kompetent zu behandeln und der Möglichkeit, selbst Teil des (gewandelten) relevanten Publikums zu werden, angesichts dieser Alternative war die damals vorherrschende Richtung der Soziologie durchaus zu erwarten.

Nicht daß man in diesem Zusammenhang empirische Forschung im Prinzip hätte ablehnen müssen - wohl aber als empirische Sozialforschung i. e. S. -, Ergebnisse einer solchen Sozialforschung wollte und konnte man angesichts der Fragen, zu deren Beantwortung sich die Mehrzahl der damaligen Soziologen aufgefordert fühlte, nicht abwarten. Zum damaligen Zeitpunkt fehlte es an Sozialforschung überhaupt. Aber auch unabhängig davon ist zu bezweifeln, daß man die Begrenzung auf Aussagen, für die empirische Sozialforschung relevant ist, hätte akzeptieren können. Ein Beispiel: *Tönnies*' sozialphilosophische (von ihm selbst als solche verstandene!) Konzeption einer Abfolge gesellschaftlicher Erscheinungen von Gemeinschaft zu Gesellschaft erschien relevant, seine empirischen Untersuchungen etwa über die Korrelate anomischer Erscheinungen dagegen nicht[51]; seine Auseinandersetzungen mit der „deutschen" Statistik um die Verwendung statistischer Maßzahlen als Instrument der Prüfung von Sätzen fand ebenfalls kaum Interesse bei seinen Kollegen und keine Nachahmer[52].

Erst gegen Ende der zwanziger Jahre begann sich wieder eine empirische Sozialforschung zu entwickeln, bezeichnenderweise weitgehend außerhalb der Universitäten[53]. Der Nationalsozialismus setzte diesem Wiederbeginn ein Ende; es wäre aber unrichtig, in der nationalsozialistischen Diktatur die alleinige Ursache dafür zu sehen, daß nach 1945 in Deutschland empirische Forschung durchweg als eine neue Form sozialwissenschaftlicher Betätigung empfunden wurde. Die Abwendung von

[50] Instruktiv hierfür ist die Abfolge von Bezeichnungen, unter denen an der Harvard-Universität Soziologie eingeordnet war: zunächst nämlich als Hauptteil eines „Department of Social Ethics", das sich vom Philosophie-Department abgespalten hatte; in diesem sozial-ethischen Department wurde hauptsächlich verhandelt über Probleme der Armen- und Arbeiterfürsorge. Im anschließend gegründeten „Department of Sociology" war das vorwiegende Verständnis von Soziologie das einer synthetischen Disziplin, die in eigener - und adäquaterer - Weise Themen der philosophischen Anthropologie und Sozialgeschichte behandelte. Im 1945 gegründeten „Department of Social Relations" erscheint Soziologie dann endlich als Einzelwissenschaft, die den gleichen Erfahrungsgegenstand aus einer speziellen Perspektive in Arbeitsteilung mit anderen Disziplinen erfaßt.

[51] *Heberle* führte vornehmlich nur den sozial-philosophischen Ansatz von *Tönnies* weiter und trug, wie *Bellebaum* in einer Kölner Dissertation nachwies, mit dazu bei, daß die methodischen und empirischen Interessen von *Tönnies* in Vergessenheit gerieten.

[52] Vgl. hierzu seinen Streit mit Vertretern der Schule um *Georg von Mayr* u. a. den Aufsatz von *Tönnies*, Statistik und Soziographie, in: Allgemeines Statistisches Archiv, Bd. XVIII (1929), S. 546-558.

[53] Vgl. die unter Leitung von *Alice von Salomon* durchgeführten Arbeiten an der Berliner „Sozialen Akademie für Frauenarbeiten". Auch *von Wiese* begann in den zwanziger Jahren mit einer Reihe empirischer Monographien; der Ausführung seines empirischen Forschungsprogramms setzte allerdings die Machtergreifung durch den Nationalsozialismus ein Ende. In seiner wegen dieses Erscheinungsdatums nicht allgemeiner bekannt gewordenen Arbeit über „Klassenschichtung des deutschen Volkes" weist *Theodor Geiger* der Demographie neue Wege. In Österreich bildet sich am Lehrstuhl von *Bühler* eine kleine Forschergruppe mit stark empirischer Orientierung aus, die in den relativ wenigen Jahren ihres Bestehens drei grundsätzliche Untersuchungen beendete: über Bestimmungsgründe bei der Berufswahl; die Analyse des Verhaltens gegenüber dem damals neuen Massenkommunikationsmittel Radio; und über die Wirkung langdauernder Arbeitslosigkeit.

der Soziologie als empirischer Einzelwissenschaft zugunsten sozialphilosophischer Exkurse mit enzyklopädischem Anspruch erfolgte bereits früher. Das festzuhalten erscheint uns von Bedeutung für das Verständnis der gegenwärtigen Möglichkeiten der Sozialforschung in Deutschland.

Empirische Forschung und sozialphilosophische Mutmaßungen: beide Orientierungen sozialwissenschaftlicher Betätigung waren in der Vorkriegszeit nicht nur in Deutschland, sondern auch in den Vereinigten Staaten zu beobachten. In den USA setzte sich jedoch die Vorstellung der Soziologie als einer empirischen Einzelwissenschaft und von empirischer Forschung als einem neuen Beruf in den zwanziger Jahren schnell (wenngleich nicht unbestritten) durch, während von nun an in Deutschland eine weltanschaulich motivierte Sozialphilosophie (wiederum nicht unbestritten) vorherrschte. Beide Wissenschaftsstrategien waren vom Standpunkt ihrer Befürworter zu einem annehmbaren Grade erfolgreich: Soziologie entwickelte sich in den USA zu einer respektierten Spezialität, die zugleich von Intellektuellen als inhärent trivial behandelt wurde (vgl. S. 6) und in ihrer gesellschaftlichen Wirkung lange den Charakter einer Hilfswissenschaft behielt; Soziologie wurde in Deutschland zu einer „interessanten", ja modischen Version von Geisteswissenschaft, war von einiger Wirkung in den Diskussionen um das Selbstverständnis der Gesellschaft, blieb letztlich aber ohne Ergebnisse und war stets vom Dilettantismus bedroht. Beide Entwicklungsrichtungen: Soziologie für Sozialwissenschaftler oder Soziologie für Intellektuelle, sollte man allgemein verstehen als verschiedene Formen des Engagements der Sozialwissenschaftler an Krisen, als Konsequenz des unterschiedlichen Verständnisses in den Gesellschaften über Schwere und Ursache von Krisensituationen, und letztlich als Ausdruck des vorherrschenden Stils in der Reaktion auf Krisen.

Zunächst blieb in den Vereinigten Staaten noch die Tradition der „Schmutzaufwirbler" (allerdings in veränderter Form) wirksam: insbesondere in der Chicago-Schule der zwanziger Jahre. Obwohl auch an einigen anderen Universitäten der USA die Soziologie frühzeitig institutionalisiert wurde (insbesondere auch an der Columbia Universität), gilt die Chicago-Schule weithin als Beginn der „amerikanischen" Soziologie. Immer noch mit dem Akzent auf Verelendungsprozessen oder doch den Randerscheinungen der Industriegesellschaft beginnt mit der Chicago-Schule auch die empirische Erforschung der Entwicklungsprinzipien moderner Großstädte und der Bedingungen für Fehlanpassungen. Weithin übersehen wird dabei selbst in den USA, daß die Gründer der Chicago-Schule eher an dem Nachweis von Entwicklungsvorgängen interessiert waren, die Schüler dagegen die Untersuchung einzelner Anpassungsschwierigkeiten betonten[54].

[54] Bezeichnend ist die Themenwahl der ersten Generation von Studenten der Chicago-Schule: Landstreichertum (*Anderson*); Verhalten in kriminellen Banden (*Thrasher*); individuelle Kriminalität (*Shaw*); Fehlanpassung bei jungen Mädchen (*Thomas*); Gegensätze im Lebensstil und Lebensschicksal im Slum und im Wohngebiet der Reichen (*Zorbavah*). Eine sehr informative Darstellung des sozialen und intellektuellen Klimas, in der sich diese Sozialforschung entwickelte und vollzog, bringt *John Madge*, The Origins of Scientific Sociology, Gencoe 1962. Dieses Buch bringt überhaupt eine außerordentlich interessante Diskussion der Entwicklung empirischer Forschung an Beispielen wichtiger Projekte. Leider wurde mir dieses Buch zu spät bekannt, als daß ich bei der Abfassung des Textes daraus noch viel Nutzen hätte ziehen können; ich bedauere das sehr.

Letzteres wirkte stilbildend, wie auch die Aufforderung, die Themen einer Soziologie als empirischer Einzelwissenschaft in der konkreten Beschreibung der unmittelbaren Umwelt zu linden[55]. Hierunter wurde zunächst die Großstadt als „natürliches soziologisches Laboratorium" verstanden und später allgemein die jeweilige Gemeinde, in der ein Sozialforscher lebte. Gemeindeforschung, Agrarsoziologie und Untersuchung von Anpassungsstörungen wurden gegen Ende der zwanziger Jahre zu den ersten Schwerpunkten einer empirischen Soziologie in den Vereinigten Staaten. Teilweise wegen der Wahl ihrer Forschungsthemen und ebenfalls wegen ihrer Konzentration im mittleren Westen der USA erhielt sich bis heute für diese „typischste" amerikanische Sozialforschung die spöttische Bezeichnung *dustbowl empiricism*[56].

Wichtigstes Publikum für diese (sozial erstmalig erfolgreiche) Spätform der Chicago-Schule waren die Sozialfürsorger (social workers) und verwandte therapeutische Berufe. Diese Berufe sahen ihre Aufgabe darin, ihre Klienten an eine jeweilige „soziale Realität" anzupassen. Wahrscheinlich in Angleichung an die Orientierung dieser Berufe, aber auch als Reaktion auf die vorwiegenden Arten von Aufträgen begannen sich Sozialforscher zunehmend als Profession zu definieren. Bis heute - und jetzt sogar zunehmend - sorgt man sich um die Ausformung eines Berufsbildes in Anlehnung an besonders geachtete Dienstleistungsberufe wie Arzt und Rechtsanwalt. Dies hatte u. a. eine Beschäftigung mit den Qualifikationen technischer Art zur Folge, die für diesen Sozialforscher als akademischen Beruf zu fordern seien, zum anderen auch eine Selbstbeschränkung im Verständnis der eigenen Aufgaben.

Erforschung menschlichen Verhaltens (statt Sozialforschung im ursprünglichen Sinne) als einer Art Ingenieurswissenschaft, Forschung als Anwendung einer Technologie zur Beschaffung gewünschter Informationen: diese Ausrichtung ist selbstverständlich noch eindeutiger bei den Akademikern, die sich am Aufbau einer selbständigen Konsumforschung beteiligten. Empirische Erforschung des Konsumenterverhaltens (unzweckmäßigerweise meist als Marktforschung bezeichnet) war Anwendung der Techniken empirischer Sozialforschung - nicht jedoch ihrer inhaltlichen Sätze! - für gewerbliche Zwecke. So setzte diese Konsumforschung eine gewisse Ausbildung der Sozialforschung voraus und etablierte sich als Spezialisten-Tätigkeit auch erst gegen Mitte der dreißiger Jahre in den USA. Von Anbeginn fehlte es übrigens nicht an Versuchen, Sozialforschung als Technologie wieder zu verbinden mit den inhaltlichen Disziplinen. Die Gründung des *Public Opinion Quarterly* ist der damals wesentlichste Versuch in dieser Richtung, aber eine Zusammenfügung der verschiedenen Entwicklungszweige gelang doch erst zu Beginn der 40er Jahre[57].

[55] Entsprechend wurde in Harvard noch um die Mitte der dreißiger Jahre Spezialforschung verstanden als Sichtbarmachung von Krisenerscheinungen und Degenerationsvorgängen in der Industriegesellschaft. Unter den Lehrkräften in der Universität allgemein galt die Beschäftigung mit Soziologie als gleichbedeutend mit dem Studium der „drei D"s" - drinkings, drugs, delinquency.

[56] „Dust bowl" kann hier frei übersetzt werden mit „Ödland" - eine Bezeichnung, die sich zugleich auf eine Region des Mittleren Westens der USA bezieht (speziell Oklahoma) und auf die vorgebliche Unfruchtbarkeit dieser Sozialforschung anspielt.

[57] Zur Entwicklung der Markt- und Meinungsforschung als kommerzielle Nutzung von Techniken der Sozialforschung siehe *W. Phillips Davison*, Hrsg., Twenty Years of Public Opinion Research, in: Public Opinion Quarterly, Bd. 21 (1957), Heft 1, ferner *Erwin K. Scheuch*, Meinungsforschung, in: Handwörter-

Die Zeit des zweiten Weltkrieges und die unmittelbar daran anschließende Periode ist der Zeitabschnitt, in dem sich die „amerikanische Sozialforschung" - so wie sie dann zu Beginn der fünfziger Jahre nach Europa kam – wirklich ausformt. Menschen verschiedenster akademischer Vorbildung erhielten von den amerikanischen Streitkräften den Auftrag, durch Untersuchungen die Wirkung der Kriegsanstrengungen zu steigern. Daß dieser Auftrag erteilt wurde, daß man als Sozialforscher Ersatzdienst für den Dienst mit der Waffe leisten konnte, ist ein Indiz, zu welchem Grade eine Technologie der Informationssammlung von anderen Führungsgruppen schon als Spezialistentätigkeit akzeptiert war. Jedoch nur mit der Einschränkung: „Spezialist für Beschaffung von Informationen" und nicht „Spezialist für Aussagen über gesellschaftliche Sachverhalte".

Technologie der Datensammlung war denn auch die Ebene, auf der sich Wissenschaftler verschiedener Disziplinen in diesen Forschungsgruppen treffen konnten. Die Liste von Personen, die beispielsweise im Laufe der Kriegszeit der Survey Unit der amerikanischen Armee angehörten, liest sich wie eine Ehrenliste der wichtigsten Forscher in den verschiedenen Disziplinen, die sich mit menschlichem Verhalten befassen[58]. In diesem alltäglichen Zusammenarbeiten an gemeinsamen Aufgaben bildete sich die interdisziplinäre Orientierung heraus, die für Sozialforschung in den USA weithin kennzeichnend ist. Nicht zufällig war der Leiter dieser Survey Unit, *Samuel Stouffer*, einer der Mitbegründer des ersten Department of Social Relations, und nicht zufällig waren eine Reihe derjenigen, die später in Harvard im menschlichen Handeln den gemeinsamen Objektbereich der verschiedenen „Verhaltenswissenschaften" (behavioral sciences) sahen, mit Aufträgen für die amerikanische Kriegsführung betraut gewesen[59].

buch der Sozialwissenschaften, Bd. 7, S. 277-285, insbesondere Seite 278-79.

[58] Die Geschichte dieser Forschung im Dienste der amerikanischen Streitkräfte wurde leider bisher noch nicht allgemein dargestellt. Wir stützen uns hier insbesondere auf einen unveröffentlichten Bericht über die Entwicklung der „Survey Unit" der USA-Armee, der von *Samuel Stouffer* angefertigt wurde. Der Bericht ist ein äußerst aufschlußreiches Dokument für die soziologische Betrachtung der Sozialforschung, und es ist sehr zu bedauern, daß er damals unveröffentlicht bleiben mußte. Mit aus der Beschreibung von Wandlungen in der Benutzung der Sozialforschung (von bloßer Meinungsforschung in der eingeschränktesten Bedeutung des Terminus bis hin zur analytischen Verwendung) leiteten wir unsere Konzeption der Abfolge von Nutzungsarten ab. Eine sehr informierte Beschreibung der allgemeinen Nutzung von Sozialforschung durch die Regierung der Vereinigten Staaten während der Kriegs- und unmittelbaren Nachkriegszeit bringt *Rensis Likert*, Opinion Studies and Gouvernment Policy, in: Proceedings of the American Philosophical Society, Bd. 92 (1948), S. 341-350.

[59] Die Institutsgründung hatte dann unmittelbare und tiefgreifende Änderungen im Arbeitsstil zur Folge. Sie werden dargestellt und analysiert in *Paul F. Lazarsfeld*, Observations on the Organization of Empirical Social Research in the United States, in: Information Bulletin of the International Social Science Council, Bd. 29 (1961), S. 1-35. Vgl. ferner *Richard L. Merritt*, Social and Organizational Developments in Empirical Research, Vortrag auf der Jahrestagung 1963 der American Political Science Association; *Wilson Record*, Some Reflections on Bureaucratic Trends in Sociological Research, in: American Sociological Review, Bd. 25 (1960), S. 411-414; *Harry Alpert*, The Growth of Social Research in the United States, in: *Daniel Lerner*, Hrsg., The Human Meaning of the Social Sciences, New York 1959, S. 73-86; *Joseph W. Eaton*, Social Processes of Professional Teamwork, in: American Sociological Review, Bd. 16 (1951), S. 707-712; *Alfred McClung Lee*, Individual and Organizational Research in Sociology, in: American Sociological Review, Bd. 16 (1951), S. 701-707; *William M. Evan*, Role Strain and the Norm of Reciprocity in Research Organizations, in: American Journal of Sociology, Bd. 68 (1962), Vgl. auch *Derek J. de Solla* Price, Little Science, Big Science, New York 1963; *Norman W. Storer*, The Coming Changes in American

Nicht zuletzt aus dieser Erfahrung der Teamarbeit in kontinuierlichem institutionellem Rahmen erwuchs nach Ende des zweiten Weltkriegs der Wunsch nach Instituten für Sozialforschung. Erst um diese Zeit wurde die Mehrzahl aller Forschungsinstitute für Sozialwissenschaften gegründet oder begann erst dann in effektiver Weise zu existieren[60].

Genau zu diesem Zeitpunkt, in diesem Stadium der Ausformung als Ergebnis eines langwierigen Entwicklungsprozesses, kommt Sozialforschung nach Europa. Als eine Übernahme aus den USA wird sie in konkreter Form, wenn auch oft als schlechte Nachahmung, für Sozialforschung überhaupt genommen und umstritten. Verständlicherweise sieht man nur selten, daß an Sozialforschung in ihrer konkreten Erscheinung nicht alle Aspekte unabdingbar sind. Vor allem übersieht man, daß die vorwiegende Art der Nutzung (was übrigens faktisch oft falsch oder einseitig gesehen wird) Resultat eines speziellen Entwicklungsprozesses ist, Ergebnis aktiver Anpassung an eine Ausgangsstellung der Sozialwissenschaftler und nicht immer Ausdruck einer inhärenten Notwendigkeit dieser Sozialforschung.

V

1. Heute findet sich in westlichen Industriegesellschaften der weitaus größte Teil des Einsatzes von Techniken der empirischen Sozialforschung, und in gewissem Maße auch des Begriffsapparates empirisch ausgerichteter Sozialwissenschaften, in der Konsumforschung sowie in einer Art der Sozialforschung, die man besser als Hilfswissenschaft für administrative Entscheidungen charakterisieren sollte. Entsprechend wird über die praktischen Folgen der Sozialforschung auch vornehmlich am Beispiel dieser Anwendungsformen diskutiert - und tatsächlich sind die Konsequenzen der Existenz des Informationsinstruments „empirische Sozialforschung" in diesen Bereichen praktischer Anwendung am augenfälligsten.

Von besonderer gesellschaftlicher Bedeutung ist die Verwendung für politische Themenstellungen, die nach Meinung mancher Beobachter zu einer Veränderung des Charakters unserer Politik geführt haben soll (soll – denn es ist weniger die Verwendung von Sozialforschung per se als die Beschränkung auf eine Form der Verwendung). Am heftigsten wird der Einfluß der Sozialforschung jedoch für den Bereich des Wirtschaftlichen diskutiert. Seit *Vance Packard* die sogenannten „geheimen Verführer" des Mißbrauchs von Herrschaftswissen beschuldigte, fühlen sich auch viele Sozialforscher mitangeklagt, für die befürchteten Manipulationen des Menschen die

Science, in: Science, Bd. 142 (1963), S. 1-4.
Für die negative Beurteilung der Arbeitsweise, die sich in selbständigen Forschungsinstituten herausgebildet haben soll (und die an *Adorno* erinnert), ist folgendes Zitat charakteristisch: „Sociological Investigation becomes not merely quantitative in method but bureaucratic in its organization, not the child of pure science it would like to claim itself but a hybrid offshoot of mass production and industrial engineering, with techniques as impersonal and ultimately mindless as the production of s movie or a newsmagazine. One imagines the director of research with three phones on his desk, dreaming of the day of complete automation." *Leslie A. Fiedler*, Voting and Voting Studies, in: *Eugene Burdick* und *Arthur J. Brodbeck*, Hrsg., American Voting Behavior, Glencoe, Ill., 1959, S. 193.

[60] Beispiele sind: das Laboratory of Social Relations (Harvard), das Bureau of Applied Social Research (Columbia) und das Survey Research Center (Michigan).

notwendigen Informationen geliefert zu haben[61]. Eine Erhebung der OEEC im Jahre 1957 zeigte auch, in welchem Maße gerade die großen Konsumartikel-Firmen in Europa sich der angewandten Sozialforschung bedienten[62]. Noch umfangreicher ist der Katalog der Anwendungen in den USA, wie aus einer neueren Erhebung des „International Management Digest" hervorgeht. Manche technisch wenig begründbaren Produktdifferenzierungen werden auch tatsächlich erst auf Grund von Informationen entwickelt, die man mit Techniken der empirischen Sozialforschung erhielt[63]. Dabei ist es durchaus nicht schwierig, solche Beispiele zu finden, wo nicht nur ein Auftraggeber kommerziellen Nutzen aus der Anwendung von Techniken empirischer Sozialforschung zog, sondern wo auch – nicht immer triviale - Einflüsse auf die Gesellschaft insgesamt ausgeübt wurden.

Aber das ist keine so neue Einsicht, wie zeitgenössische Kulturkritiker meinen. Aus dem kurzen Überblick über die Entwicklung der Sozialforschung sollte schon hervorgegangen sein, daß diese Entwicklung begleitet wurde von einer Diskussion um ihre Wirkungen und einem Bewußtsein ihrer Effekte - tatsächlicher oder potentieller Art. Die Intensität der deutschen Diskussion um die Wirkung der Sozialforschung ist lediglich als Nachholprozeß zu deuten. Schon immer waren sich die Sozialforscher bewußt, daß bereits in der Wahl ihrer Themen gesellschaftliche Rückwirkungen impliziert waren - gesellschaftliche Wirkungen teilweise abgelöst von der Frage nach der tatsächlichen Richtigkeit der Ergebnisse. Sowohl diejenigen, die sich von der Wirkung der Sozialforschung betroffen glaubten, wie die Sozialforscher selber, empfanden die Anwendung des Instrumentariums keineswegs als gesellschaftlich neutral. Es ist dabei übrigens durchaus unzweckmäßig, die Frage nach

[61] Seitdem *Vance Packard* die Arbeitsweise und die vorgeblichen Resultate der empirischen Forschung in dramatisierender Weise berichtete, und nachdem diese Berichte ein großer Publikumserfolg wurden, haben diese Fachwissenschaftler jetzt selbst die Notwendigkeit einer umfassenden Publizität eingesehen - insbesondere auch einer Unterrichtung von Vertretern anderer Disziplinen und eines akademischen Publikums allgemein. Beispiele hierfür sind: (1) die von dem Soziologen *Alvin Gouldner* herausgegebene Zeitschrift „Transaction", (2) die englische Zeitschrift „New Society", von der seit Ende 1961 mehr als achtzig Ausgaben erschienen. (In der Themenwahl entspricht diese Zeitschrift in etwa dem früheren Charakter der „Sozialen Welt"", im Stil der Darbietung entfernt der Wochenzeitung „Die Zeit".)
Bezeichnend ist in diesem Zusammenhang die öffentliche Rezeption von Ergebnissen der bisher umfangreichsten sozialwissenschaftlichen Erhebung über Fernsehen durch das Bureau of Applied Social Research. Diese weitgehend vom Columbia Broadcasting System finanzierte Untersuchung wurde zur Darstellung einem Angehörigen der betriebswirtschaftlichen Abteilung der Universität Chicago übergeben, dem früheren Wiener *Gary A. Steiner*, The People Look at Television, New York 1963, Der Nicht-Sozialforscher Steiner berichtet in verzerrender Weise die Ergebnisse und übersieht insbesondere, daß die Antworten sich nur beziehen auf das verfügbare Angebot; in der Tagespresse referiert, wird dann diese Erhebung zur Schlußfolgerung benutzt: die Kritik am amerikanischen Fernsehen ist nur Gerede; im Grunde sind alle mit dem Fernsehen, so wie es ist, glücklich. Das läßt sich nun aus den Ergebnissen unseres Erachtens keineswegs ablesen, und damit wird wieder deutlich, daß die Unterrichtung der Öffentlichkeit (einer allgemeinen oder akademischen) über Sozialforschung gegenwärtig noch nicht delegierbar ist; daß aber das Informationsbedürfnis inzwischen so groß ist, daß die Fachvertreter dieser Aufgabe nicht ausweichen können. In Deutschland wäre übrigens ein analoges Beispiel die Art der Diskussion über die gesellschaftliche Wirkung der Freizeit.

[62] Vgl. *Paul Jani*: Organization and Use of Marketing Research in Industrial Firms in Germany, Vortrag auf der Esomarkonferenz 1958; die Aufsätze von *Leo Bogart*, *Ithiel de Sola Pool*, *Launor F. Carter* und *Adam Yarmolinsky*, in: Public Opinion Quarterly, Bd. 27 (1963), S. 543-577.

[63] Viele Beispiele auf der Grundlage eigener Erhebungen bringt *Martin Mayer*, Madison Avenue, USA, New York 1958.

den Wirkungen und nach den Werturteilen, welche die Art des Einsatzes für dieses Instrumentarium bestimmen, zu vermischen mit der Frage nach der Wertfreiheit im Prozeß der Forschung selber[64].

2. Sehr viel ist aus den üblichen Kasuistiken der Verwendungsweisen und der Beispiele von Wirkungen bei Anwendungen empirischer Sozialforschung nicht zu lernen, will man zu einer allgemeineren Diagnose dessen vorstoßen, was denn nun die Existenz des Informationsinstruments Sozialforschung für unsere Gesellschaft bedeutet und bedeuten könnte. Zitieren von Beispielen und Gegenbeispielen einerseits und wenig an der Erfahrung orientierte generelle Reflektionen andererseits - das ist der Charakter der öffentlichen Diskussion, einer Diskussion, die bisher nicht sehr viel zum Selbstverständnis über die Rolle der Sozialforschung beigetragen hat. Will man mehr sagen als „Die Sozialforschung hat Wirkungen", so sollte eine Charakterisierung der gesellschaftlichen Rückwirkungen an einer Typologie des Gebrauchs der empirischen Sozialforschung und dabei insbesondere an einer Typologie des Verständnisses der Daten ansetzen, die bei solchen Erhebungen gewonnen werden.

Wir werden uns dabei konzentrieren auf einige Formen des Einsatzes der Sozialforschung für Auftraggeber, also auf den technologischen Einsatz der Sozialforschung. Die Rückwirkungen unterschiedlicher Verwendung von Informationsinstrumenten für die Wissenschaft mögen nicht weniger tiefgreifend sein und könnten auf indirekte Weise sicherlich gesellschaftliche Wandlungen verursachen. Hierauf einzugehen wäre jedoch nicht möglich ohne Erörterung unterschiedlicher Theorie-Typen in den Sozialwissenschaften. Zudem ist die kommerzielle Nutzung die umstrittenste und die unmittelbarste Form der Einwirkung - wie unvollkommen auch diese immer sei - auf Grund von Entwicklungen in der Wissenschaft.

René König[65] unterschied in der Auseinandersetzung mit Ansprüchen der sogenannten Markt- und Meinungsforscher zwischen zwei prinzipiell verschiedenen Formen der Benutzung von Sozialforschung: Sozialforschung als Kommunikationsinstrument und Sozialforschung als ein neues analytisches Instrument. In der großen Mehrzahl aller Anwendungen des Instrumentariums der Sozialforschung wird diese als Kommunikationsinstrument benutzt. Hierfür trifft weitgehend zu, was *Helmut Schelsky*[66] als Wirkung der Sozialforschung überhaupt hervorhob: Daß nämlich durch Sozialforschung ein früher bestehender Grad an Durchsichtigkeit der Gesellschaft wieder erreicht werde. Im Prinzip stellt dabei der Auftraggeber oder Forscher selber Themenstellungen einer Art, die durchaus nicht in allen Gesellschaften zu ihrer Beantwortung des Instrumentariums der Sozialforschung bedürften. Es ist unmittelbar plausibel, daß in einer differenzierten Gesellschaft persönliche Umwelterfahrung nicht ausreicht, solche Fragestellungen zu beantworten wie: „Welche Verhaltensweisen werden von der Mehrzahl der Menschen als Scheidungsgründe angesehen?" oder: „In welchen Gruppen der Gesellschaft läßt sich zuerst eine neue Verhaltens-

[64] Für eine Diskussion dieser Unterscheidung siehe *Hans Albert*, Probleme der Wissenschaftslehre in der Sozialforschung, in: *René König*, Hrsg., a. a. O., Stuttgart 1962, Bd. 1, S. 38-64, insbesondere S. 45-49 (mit zahlreichen Verweisungen auf weitere relevante Literatur).

[65] *René König*, Die Unternehmerentscheidungen im Fluß sozialer Wandlungen, in: EMNID Tagungsberichte 1962.

[66] Vgl. *Helmut Schelsky*, Ortsbestimmung der deutschen Soziologie, Düsseldorf und Köln 1959, S. 125 ff.

weise gegenüber einem vermehrten Güterangebot beobachten?“ oder: „Haben wir bei gleicher Stimmzahl insgesamt nicht noch viele unserer Wähler verloren und diesen Verlust lediglich durch Neuzuwanderung kompensiert?“ oder: „Kann man damit rechnen, daß im nächsten Jahre die gleiche Zahl von Menschen ihre Ferien im Ausland verbringen werden wie bisher?“

Wenn man diese Formen der Sozialforschung als Erweiterung normaler Umwelterfahrungen charakterisieren kann, so mag dies verstanden worden sein als ein doch recht trivialer Einsatz eines aufwendigen Instrumentariums. Aus den hier aufgeführten Beispielen von Fragestellungen sollte jedoch deutlich geworden sein, daß die gesellschaftlichen Wirkungen keinesfalls trivial sein müssen:

> Der Einsatz von Umfragen im Wahlkampf und bei der Regierungsbildung[67] mag den Wirkungscharakter verwirklichen, aber auch die Grenzen der Wirkung in der Praxis anschaulich machen. Nachdem die CDU bereits in der Bundestagswahl 1953 mit großem Erfolg Umfragen verwandte, bedienten sich bei der letzten Bundestagswahl 1961 alle drei größeren Parteien CDU, SPD und FDP mit einiger Souveränität dieses Informationsinstruments. Die FDP ließ bereits um die Wende des Jahres 1960/61 in einer Untersuchung mit dem zunächst verblüffenden Titel „*Das vierte Kabinett Adenauer*“ ermitteln, daß die meisten ihrer potentiellen Wähler von einem Wahlkampf des folgenden Tenors beeindruckt würden: Für das Fortbesteben einer bürgerlichen Regierung, aber bei einer Ersetzung von *Adenauer* durch *Erhard*. Der SPD-Führung wurde von Meinungsforschern berichtet, man wünsche in der Bevölkerung keine Brandreden gegen die möglichen Mißstände in der Politik und Gesellschaft, man wünsche eine aufbauende Kritik, die sich der Verbesserung des Alltags annehme und eine optimistische Haltung erkennen lasse. Der CDU-Führung wurde auf Grund von Befragungen mitgeteilt, daß sich eine Verteufelung der SPD in diesem Wahlkampf nicht auszahle.

---

[67] Diese und folgende Angaben über das Verhalten von Politikern in Wahlkampfsituationen in der Bundesrepublik beruhen insbesondere auf der „Wahlstudie 61“, einem Gemeinschaftsprojekt des Forschungsinstituts für Soziologie und des Forschungsinstituts für Politische Wissenschaft, Köln. Zur Darstellung der Ergebnisse siehe *Erwin K. Scheuch* und *Rudolf Wildenmann*, A Study of Changes in the German Polity, Referat auf dem VI. Weltkongreß der International Political Science Association, Genf 1964 (vervielfältigtes Manuskript); *Erwin K. Scheuch* und *Charles R. Foster*, German Politics in Transition, in: American Political Science Review, Bd. 57 (1963), S. 116 ff.; eine ausführliche Darstellung wird das Sonderheft 1965 der Kölner Zeitschrift für Soziologie und Sozialpsychologie bringen. Vgl. auch *S. H. Barnes* u. a., The German Party System and the 1961 Federal Election, in: American Political Science Review, Bd. 56 (1962), S. 899-914.

Eine allgemeine Diskussion über das gegenwärtige Verhältnis zwischen Umfrageforschung als Institution und Politik bringt *Erwin K. Scheuch*, Wählerbefragungen statt Politik?, Rundfunkvortrag im Sender Freies Berlin am 29. 5. 1962. Wie sehr sich die Politiker in der Bundesrepublik an die Verfügbarkeit von Umfragen gewöhnt haben, zeigte sich im Wahlkampf 1961 unmittelbar nach der Errichtung der Mauer in Berlin. Offensichtlich war durch dieses Ereignis die Bevölkerung zutiefst beeinflußt, aber für einige Wochen konnten Umfrageergebnisse zur Klärung der Art des Einflusses nicht beschafft werden: Mit großer Orientierungslosigkeit vieler Politiker als Konsequenz. Angaben über Planung des Wahlkampfes durch Zentralstellen und die Zurückdrängung lokaler (eben nicht auf systematischer Datensammlung beruhender) Initiativen finden sich in *Bernhard Vogel* und *Peter Haungs*, Wahlkampf und Wählertradition, Köln und Opladen 1965, S. 256-386. Über die Bedeutung der Umfragen bei früheren Wahlen, insbesondere auch die verschiedene Einstellung zu Umfragen in der CDU und SPD, berichtet *Uwe Kitzinger*, German Electoral Politics, New York und London 1960.

> Keine der beiden großen Parteien folgte dabei einfach den Vorschlägen ihrer Analytiker. So gelang es der SPD nicht, den Rat, eine breite Auswahl von Führungspersonen und nicht nur eine einzelne für charismatisch geltende Figur herauszustellen, nun auch tatsächlich zu verwirklichen. Die persönlichen Angriffe des CDU-Flügels um *Strauß, Zimmermann* und *Wacher* und die Attacken *Konrad Adenauers* auf die Person *Willy Brandts* geschahen sehr gegen den Rat des CDU-eigenen sozialwissenschaftlichen Beratergremiums. Eine detailliertere Betrachtung des Wahlkampfes 1961 führte zu zwei interessanten Feststellungen: a) Die Verfügbarkeit des Instruments Umfragen war entscheidend für die konkrete Ausgestaltung des Wahlkampfes, determinierte diesen aber keinesfalls. Umfragen waren ein sehr wichtiges und zusätzliches Element bei Entscheidungen. b) Die bloße Verfügbarkeit von Umfragen trug dazu bei, die Machtstellung von einzelnen Politikern und Gruppen in den Parteihierarchien zu ändern. Der letztere Prozeß ist für unser Thema von besonderer Bedeutung. Ein Wahlresultat oder Eindrücke über den Erfolg einzelner Verhaltensweisen lassen gewöhnlich eine Vielzahl von Interpretationen offen. Herkömmlicherweise konnte derjenige, der Macht besaß, auch entscheiden, ob ihm das globale Ergebnis aus einer Vielzahl von Einflüssen anzurechnen sei. Mit der größeren Beherrschung des Instrumentariums der Sozialforschung beginnt sich aber eine objektive Kontrollinstanz aufzubauen. Personen, die am internen Machtkampf selbst nicht beteiligt sind, urteilen und verändern dadurch die Machtchancen von Personen und Gruppen innerhalb der Parteien selbst. Für „Parteien" darf man verallgemeinernd dann Organisationen und Institutionen setzen.

Wohlgemerkt, es handelt sich immer noch um den Einsatz der Sozialforschung als eines Kommunikationsinstruments, insbesondere als eines Instruments der Rückmeldung. Selbst für diese verhältnismäßig konventionelle Verwendung des Instrumentariums der Sozialforschung werden erhebliche Wirkungen konstatiert: Politiker könnten jetzt rechtzeitig eine drohende Abwanderung der Wähler erkennen und ihr Verhalten entsprechend korrigieren; insbesondere wäre ein völlig überraschender Erfolg radikaler Gruppen wie 1932 in Deutschland im Falle der NSDAP unmöglich; „Experten" würde die Möglichkeit genommen, ihre Meinungen für die Meinung des Volkes auszugeben, und die Lobbyisten verlören ihre Chancen, die eigenen Interessen mit denen der Mehrzahl der Wähler schlichtweg gleichzusetzen[68]. Andererseits: jetzt erst wissen die Politiker, wieviel an Berücksichtigungen partikulärer Interessen sie sich ohne Gefährdung ihrer Wahlchancen erlauben können und wie man diese partikulären Maßnahmen am besten gegenüber der Öffentlichkeit verbirgt. Schließlich ist mit den Wählerbefragungen ein in dieser Intensität bisher unbekanntes plebiszitäres Element in unsere Demokratie gekommen. Parteien und Regierung werden hiermit täglich über die Einstellung oder das Desinteresse der Bevölkerung zu Einzelfragen des Tagesgeschehens unterrichtet.

[68] Solche gewöhnlich positiv beurteilten Wirkungen werden von den Meinungsforschern selbst natürlich immer besonders betont. Vgl. hierzu *Erich Peter Neumann*, Politische und Soziale Meinungsforschung in Deutschland, in: Empirische Sozialforschung, Frankfurt 1952, S. 44-51. Ein umfassenderes Bild gibt *Gerhard Schmidtchen*, Die befragte Nation, Freiburg 1959.

Man kann diese verschiedenen Einzelwirkungen auch in einer generelleren Konzeption zusammenfassend deuten. Allgemein versteht man in unseren westlichen Gesellschaften das Regieren als ein Spannungsverhältnis zwischen den zur legitimen Machtausübung Berufenen und der sogenannten öffentlichen Meinung, wobei sich einmal die Regierenden stärker als bloßes Vollzugsinstrument dieser öffentlichen Meinung verstehen, zum anderen aber als deren Gestalter. Die endlose Diskussion um den Begriff der öffentlichen Meinung soll hier nicht aufgerollt, sondern nur ein Aspekt erwähnt werden.

Montaigne trennt bereits zwischen „opinions publiques" und „opinions vulgaires", und von *Rousseau* stammt die Kennzeichnung dieses Unterschiedes als „opinion publique" im Unterschied zur „opinion de tous". Damit ist eine Unterscheidung gemeint zwischen den Ansichten in der Mehrzahl der Bevölkerung und der Stellungnahme einer artikulierten Teilgruppe, deren Äußerungen von den Regierenden für relevant gehalten werden. *Bluntschi* lokalisiert diese öffentliche Meinung im engeren Sinne und zugleich im Sinne größerer intellektueller Qualifikation als Meinungen des Bildungsbürgertums, dessen Äußerungen das Handeln der Regierungen begleiten, analog dem Chor in der griechischen Tragödie.

Durch die Meinungsforschung im engeren Sinne wird nun bewirkt, daß die öffentliche Meinung - und zu einem geringeren Grade Urteile von Experten - ersetzt werden durch die gemeine Meinung. Genauer müßte man allerdings sagen, daß für die öffentliche Meinung im engeren, elitären Sinne die Legitimität ihres Anspruches zweifelhaft wird, artikulierter Ausdruck der gemeinen Meinung zu sein[69]. Das ist ein Prozeß von erheblicher Tragweite. Ob allerdings die öffentliche Meinung ie. S. als Instrument der Machtkontrolle wirklich zu entbehren ist, bzw. ob ihr möglicher Ausfall nicht institutionell kompensiert werden muß, das wird erst allmählich als Problem empfunden.

Diese Beobachtungen sollten verdeutlichen, daß selbst dann, wenn man den Einsatz der Sozialforschung zur Ergänzung der normalen Umwelterfahrungen für intellektuell trivial hält, es die Wirkungen keinesfalls sind. Es sollte zugleich deutlich werden, daß zwar mit der bloßen Existenz dieses Informationsinstruments gesellschaftlicher Wandel verbunden sein mag; daß es aber noch dahinsteht, ob dieser Wandel notwendig im Sinne der Konservierung bestehender Verhältnisse erfolgt. Die Behauptung *Adornos*, der Einsatz der Sozialforschung als Kommunikationsinstrument (ihm selbst ist die Differenzierung der Verwendung fremd und er sieht nur diese Form) habe als bloße Selbstbespiegelung der bestehenden Gesellschaft notwendig die Konsequenz einer Festigung des status quo, diese Aussage darf man nur als Deduktion von einem bestimmten sozialphilosophischen Verständnis der gesellschaftlichen Entwicklung verstehen. Nochmals: selbst wenn Sozialforschung vordergründig benutzt wird, können die Ergebnisse zu wichtigen Wandlungsprozessen führen, wenn auch üblicherweise im Sinne der vom Akteur nicht erwarteten Folgen[70]!

[69] Genauer dargestellt ist dieser Zusammenhang bei *Erwin K. Scheuch*, Öffentliche Meinung und Meinungsbildung, in: Geist und Kultur, Freiburg 1962, S. 818-826.

[70] Vgl. hierzu *Robert K. Merton*, The Unanticipated Consequences of Purposive Social Action, in: American Sociological Review, Bd. 1 (1936), S. 894-904; *Robert K. Merton*, Social Theory and Social Structure, Glencce, 2. Auflage 1957, S. 61. Die „Unanticipated Consequences" auf Grund der latenten Funktion von Regelungen wurden von *William Goode* für religiöse Erscheinungen und - was in unserem Zusammenhang

VI

Man kann aber auch bereits andere Formen der Verwendung von empirischer Sozialforschung beobachten, Formen der Anwendung, die vielleicht einschneidende gesellschaftliche Veränderungen haben werden, aber Veränderungen anderer Art, als in der bisherigen Diskussion hervorgehoben wurde, nämlich durch den analytischen Einsatz der Sozialforschung. Durch eine andere Form der Themenformulierung wird ein anderer Typ Antworten selbst unter Verwendung der gleichen Techniken erzielt, und erst hiermit wird die volle Nutzung der neueren Techniken möglich.

Der analytische Umgang mit empirischer Sozialforschung sei nun an einem Beispiel aufgezeigt, das man als Grenzfall zwischen Grundlagenforschung und angewandter Forschung ansehen kann und das zugleich als Musterbeispiel für einen möglichen Typ gegenseitiger Ergänzung beider Orientierungen der Forschung gilt. Für die wahrscheinlichen Wirkungen dieses analytischen Einsatzes von Sozialforschung sei demgegenüber wieder auf die angewandte Forschung verwiesen - und zwar an einem gegenwärtig aktuellen Spezialgebiet: dem Entscheidungsdenken (decision making) als eines besonderen Verhaltensstils. Die dabei zu beobachtenden Prozesse fügen sich unseres Erachtens besonders eindeutig in die Konzeption eines Prozesses der Rationalisierung und Intellektualisierung durch Sozialforschung ein[71].

> Im „Bureau of Applied Social Research" der Columbia Universität war in jahrzehntelanger Arbeit eine Fülle von Routineergebnissen aus Konsumentenbefragungen zusammengekommen. An sie richteten nun *Katz* und *Lazarsfeld* ex post neue Fragestellungen. Wer bestimmt die Auswahl von Zahnpasta? - das ist eine Aussage, die zunächst nur den Zahnpastaproduzenten interessiert. Wer gilt in der Bevölkerung als Autorität für Automarken? - das interessiert zunächst nur die Werbeabteilung von Automobilwerken. Welche Themen werden von den häufigsten Kinogängern bevorzugt und wer sind diese? - das interessiert zunächst nur Produzenten in Hollywood für die Anweisungen, die sie ihren Teams von Drehbuchschreibern zu geben pflegen. Welche Zahnpasta gefällt am besten, wer interessiert sich für Autos? Welche Themen sieht man am liebsten im Film? Auf diese Weise wird aber die Umwelt auch von den Akteuren selbst erfahren. Die Kritiker der Sozialforscher hätten nicht ganz unrecht mit ihrer Behauptung: Sozialforschung ist die Selbstbespiegelung der Gesellschaft und nicht deren Analyse, wenn sich die Sozialforschung auf diese Art der Verdoppelung von unreflektierten Umwelterfahrungen der Akteure beschränkte.
>
> Die empirische Sozialforschung muß es nicht und sie tut es oft nicht mehr. Man kann durchaus diese Umwelterfahrung auch als bloßes Symptom deuten. Die Wahl der Zahnpasta mag stehen für ein gedachtes Merkmal: geringwertige Verbrauchsgüter des täglichen Bedarfs. Das Interesse an Automarken als: Bereitschaft, technische Veränderungen im Bereich höherwertiger Konsumgü-

besonders relevant ist – von *Robert K. Merton* an der Entwicklung der Naturwissenschaften zu einer autonomen sozialen Institution aufgezeigt

[71] Die Publikation, in welche die im folgenden beschriebenen Arbeiten eingingen, ist *Elihu Katz* und *Paul F. Lazarsfeld*, Personal Influence, Glencoe 1955. Weitere Einzelheiten konnten wir bei persönlichen Besuchen im Bureau of Applied Social Research erfahren.

ter zu verfolgen. Die Bevorzugung bestimmter Themen von Filmen als: Neigung, die eigenen Umweltergebnisse zu komplementieren. Der Wechsel von einer konventionellen Zahnpasta zu einer Zahnpasta mit Zusätzen kann auch interpretiert werden als Indiz, auf Grund der Aussagen von (wahrscheinlich vergeblichen) Autoritäten, Verhalten im Alltag zu verändern in Bereichen, die der eigenen Nachprüfbarkeit nicht zugänglich sind. Wer redet am meisten über Filme, wer am meisten über Automobile, wem überläßt man den Einkauf der Zahnpasta? - Dies kann man deuten als konkrete Ausdrucksform eines als existent postulierten Prozesses der Arbeitsteilung in der Familie, verbunden mit einer eigentümlichen Art der Rollendifferenzierung.

So geschah es auch in dem Buch „Personal Influence“, das in seinem Denkstil als vorbildsetzend empfunden wurde, selbst wenn die empirischen Einzeloperationen oft recht problematisch sind. Dabei waren die Daten, auf die sich *Lazarsfeld* und *Katz* stützten, durchaus trivial. Nicht trivial war lediglich die Art ihrer Verwendung. Entscheidend in unserem Zusammenhang ist dabei, daß die Art der Verwendung von Angaben nicht mehr identisch war mit den Bedeutungen der Vorgänge des Alltags, so wie sie von den Akteuren selbst erlebt wurden. Die Verhaltensweisen wurden nicht mehr als die zu untersuchende Sache selbst betrachtet, sondern als Symptome für hypostasierte, theoretisch relevante Merkmale.

Ein solcher Stil der Sozialforschung ist allerdings von Nicht-Sozialforschern nur noch schwer nachvollziehbar. Entscheidend ist an dieser Verwendungsart des Instrumentariums ja gerade, daß die Denkkategorien nicht dem sogenannten gesunden Menschenverstand entsprechen. Prinzipieller formuliert: Bei einem solchen Stil der Sozialforschung werden die systematisch gesammelten Sinneswahrnehmungen in einer Weise benutzt - oder besser: wird der Objektbereich der Sozialforschung in einer Weise definiert -, die das Selbstverständnis des Akteurs prinzipiell überschreitet[72]. Jetzt wird es auch möglich, dem Einwurf zu begegnen: die Sozialforschung könne überhaupt nicht mehr erfahren, als es dem geringen Grade an Selbstkenntnis, den die Akteure in einer gegebenen Gesellschaft besitzen, entspricht. Übrigens galt dieser Einwand ohnehin nur für eine sich auf Beobachtungsdaten stützende Sozialforschung, und selbst hier nicht für interkulturell vergleichende Forschung. Bei diesem Einwand wird - wie bereits erwähnt - die häufigste Erscheinungsform der Sozialforschung mit Sozialforschung überhaupt gleichgesetzt. In der Theorie war diese Verwendung der konventionell betriebenen Sozialforschung allerdings schon vorbereitet - insbesonder durch *Robert K. Merton*[73]. Seine Unterscheidung zwischen manifesten und latenten Funktionen kann durchaus verstanden werden als Analogie zu der Trennung zwischen einem Einsatz der Sozialforschung als Kommunikationsinstrument und ihrer Verwendung als Mittel der Analyse. Manifeste Funktionen sind bekanntlich

[72] An sich wäre dies eine Selbstverständlichkeit, und sie ist es auch in Disziplinen, in denen Diagnostik besonders gepflegt wird (wie z. B. in der Testpsychologie). Es ist bezeichnend für die Entwicklung, welche die Sozialforschung als Erforschung aktueller Probleme ihrer jeweiligen Gastgesellschaften nahm, daß die Konzeption der Beobachtungsdaten als Indikatoren methodisch umstritten ist und als etwas Neues empfunden wird. Nicht zuletzt ist allerdings daran eine weithin akzeptierte Vergröberung der Wissenschaftslehre durch *T. W. Bridgman* mitschuldig: der sogenannte Operationalismus.

[73] *Robert K. Merton*, Social Theory and Social Structure, a. a. O.

die Zwecke, deren sich die Akteure beim Handeln selbst bewußt sind, latente Funktionen dagegen Wirkungen des Verhaltens, die dem Akteur selbst nicht einsichtig sind (und oft auch nicht einsichtig sein können). Der analytische Einsatz der Sozialforschung, die Behandlung von Daten in einer Weise, die das Umweltverständnis des alltäglichen Denkens prinzipiell überschreitet, dies erst ermöglicht einen empirischen - und nicht wie bisher üblich ex post spekulativen - Nachweis latenter Funktionen des Handelns.

Mit dem Verständnis der Beobachtungsdaten als „Indikatoren" wird auch die so häufig kritisierte Konzentration der Sozialforschung auf Fragestellungen überwunden, die von *Gurvitch* als „mikro-soziologisch" bezeichnet wurden. Selbst eine auf Verhaltensweisen und Angaben des einzelnen Akteurs abstellende Forschung vermag auf diese Weise empirisch schlüssige Aussagen „makro-soziologischer", d. h. gesamtgesellschaftlicher, Art zu begründen - falls sie auf eine entwickelte Theorie zu rekurrieren vermag.

Einer Art von Deutung dieser Entwicklung sei hier vorbeugend gleich widersprochen; daß nämlich der analytische Einsatz der Sozialforschung eine modernere Form sei in dem Sinne, daß die Verwendung der Sozialforschung als Kommunikationsinstrument überflüssig werde. Beide Arten der Verwendung besitzen zweifellos ihren Explikationsbereich. Es ist im Gegenteil zu erwarten, daß wegen des großen Bedürfnisses, die eigenen Umwelterfahrungen systematisch zu erweitern, auch weiterhin der Einsatz der Sozialforschung als Kommunikationsinstrument quantitativ vorherrschen wird, wenngleich er prozentual auch bei uns und auch in der Konsumforschung seit einer Reihe von Jahren abnimmt[74].

3. Es seien noch einmal die einzelnen Schritte zusammengefaßt, die bisher bei der Betrachtung von tatsächlichen Wirkungen der empirischen Sozialforschung zurückgelegt wurden. Zunächst sollte gezeigt werden, daß eine große Zahl solcher Wirkungen anekdotisch aneinander gereiht werden kann, daß sich daraus aber kein Zugang ergibt für ein Verständnis solcher Rückwirkungen in der Blickweise der Soziologie. Selbst hier wird bei zweckmäßigerem Verständnis - zweckmäßig im Sinne des Eigeninteresses der Akteure - das Verhalten bei Stellungnahmen zur Umwelt stärker auf Entscheidungsakte selbst hingeführt, wird also der Bereich reaktiven Verhaltens eingeengt zugunsten von bewußten Wahlakten. Etwas überspitzt formuliert (und eigentlich etwas schief, weil unzweckmäßige Kategorien übernehmend) wird bei einer zweckmäßigen Nutzung einer Sozialforschung selbst als Kommunikationsinstrument das Ablesen des eigenen Verhaltens an einer (faktisch richtig oder unrichtig diagnostizierten) sogenannten „Realität" zurückgedrängt.

Diejenigen, die sich der Sozialforschung als eines einfachen Instruments für umfassender begründete Urteile bedienen, werden nämlich gezwungen – und zwar nicht zuletzt durch den Kommunikationsakt bei der Auftragserteilung -, klarer zu scheiden zwischen Elementen des Handelns, die auf Annahmen über die Wirklichkeit beruhen, und den Entscheidungen zwischen Alternativen auf Grund von Wertvorstellungen und Risiko-Bereitschaft. Daß dies nicht unmittelbar so verstanden wird von den Akteuren selbst, daß Auftraggeber zunächst glauben, aus Ergebnissen von Untersu-

[74] Die hier gemachten Angaben beruhen weitgehend auf privaten Informationen. Für zahlreiche faktische Angaben schulde ich insbesondere Herrn *von Stackelberg* Dank.

chungen unmittelbar ihr Handeln ablesen zu können, das ist als Anpassungsverzögerung nicht verwunderlich, ist aber nicht durch das Instrument selbst bedingt. Es wurde darauf verzichtet, diese Wirkungen darzustellen in ihrem Einfluß auf die theoretische Soziologie. Nicht hierüber sollte ja etwas ausgesagt werden, sondern über sozialen Wandel, also die Gesellschaft selbst.

Es wurde dann unterschieden zwischen zwei Formen des Einsatzes von empirischer Sozialforschung für praktische Zielsetzungen: ihr Einsatz als Kommunikationsinstrument und ihre analytische Verwendung. Die Art des Einsatzes als Kommunikationsinstrument wie auch die Charakterisierung ihrer Wirkungen wurden daraufhin dargestellt am Beispiel der Erhebungen mit politischen Themenstellungen. Die Art des analytischen Einsatzes sollte demgegenüber gekennzeichnet werden an einer neueren Form der Nutzung von Daten der Konsumforschung. Es sei jetzt abschließend die u. E. wahrscheinliche Wirkung eines analytischen Einsatzes von Sozialforschung angedeutet. Hierfür sei als Beispiel die Veränderung im Stil des Entscheidungsdenkens genommen. Sie läßt sich unseres Erachtens schon heute dort beobachten, wo man Sozialforschung in analytischer Weise als Führungsunterlage verwenden will.

Eine allgemeine These vorweg: Der Einsatz des analytischen Typs der Sozialforschung für praktische Zielsetzungen, dieser Einsatz läßt nicht nur eine Beschleunigung der Veränderungen erwarten, die man auf Grund des konventionellen Einsatzes in unvollkommener Weise bereits verspürt. Es wird wohl auch ein anderer Stil von Veränderungen sein, und zwar ein Stil, der sich besser in die *Weber*sche Konzeption des Prozesses der Rationalisierung und Entzauberung der Welt einfügen läßt. In Ansätzen wird dies bereits bei der fortwährenden praktischen Nutzung der Sozialforschung als bloßem Kommunikationsinstrument bei Führungsentscheidungen sichtbar. Verwendung also nicht als Mode, sondern aus der Empfindung einer Notwendigkeit heraus[75], bei dieser Verwendung wird man bei der Formulierung sukzes-

[75] Daß diese Verwendung von Techniken der Sozialforschung als einer neuen Art von Konvention gar nicht so selten ist, berichtet u. a. *Hans L. Zetterberg*, The Practical Views of Sociological Knowledge, in: Acta Sociologica, Bd. 7 (1963), S. 57-71; *Zetterberg* kennzeichnet diese Art der Verwendung von Sozialforschung als „anxiety reducing ritual". Vielleicht verblüffender ist die Benutzung von (immerhin nicht billigen) Forschungsdiensten, um eine Entscheidung nicht selbst verantworten zu müssen. Dies ist unsere Deutung der Reaktionen amerikanischer Werbefirmen auf die Skandale des Jahres 1963, in denen die mangelnde Verläßlichkeit der „rating services" für Fernseh- und Radioprogramme offenbar wurde.

Im Frühjahr 1963 wurden acht Gesellschaften, die regelmäßig Dienste verkaufen, aus denen die Popularität von Programmen hervorgehen sollen, von einem Ausschuß des amerikanischen Kongresses untersucht. An eine der größten dieser Agenturen, *A. C. Nielson*, wurden vom Columbia Broadcasting System im Jahre 1962 307 900 $ gezahlt. Unbestritten war, daß Entscheidungen über Fortführung oder Absetzung von Fernsehprogrammen sowohl von den Werbeagenturen wie auch von den Fernsehstationen selbst fast ausschließlich auf Grund der Ergebnisse solcher „rating services" getroffen werden. Sinkt nach Angaben dieser „rating services" der Publikumsanteil eines Programms etwa von 20 auf 18 % (in Amerika sind die Publikumsanteile eines Programms selten höher als 25 %, im Gegensatz zu Europa), so pflegt auf Grund einer solchen Differenz von 2 % ein Programm abgesetzt zu werden. Im Untersuchungsausschuß wurde nun nachgewiesen, daß auf der Grundlage von nur 346 Fällen für eine amerikanische Großstadt vom „rating service" folgende Aussagen gemacht wurden: Um 20 Uhr abends eines bestimmten Tages waren auf die Fernsehstation X 145 700 Geräte eingestellt, auf Fernsehstation Y 201 300; von den Zuschauern der Station X waren 53 000 Männer, von denen 27900 zwischen 18 und 39 Jahren alt waren; ferner sahen diesem Programm der Station X 175 400 Kinder unter zwölf Jahren zu. Dieser Fall ist durchaus üblich, aber sehr oft beruhen sehr präzise Aussagen auf noch unsicherer Grundlage. Das gesamte *Nielson*-Sample für

siver Aufträge gezwungen, zu überprüfen, welche empirischen Informationen man für Entscheidungen zu benötigen glaubt und bei welchem Grade an Unwissenheit man bereit ist, zu handeln. Das Entscheiden selbst, der Führungsprozeß insbesondere, sie werden selbst bei noch verhältnismäßig konventioneller langfristiger Verwendung der Sozialforschung sehr weitgehend im Sinne einer größeren Versachlichung, einer größeren Bewußtheit umgestaltet. Tatsächlich sprechen ja schon die kommerziellen Meinungsforscher heute etwas ironisch davon, daß sie sich ihre Auftraggeber erzögen[76].

4. Tiefgreifender ist die Wirkung dann noch bei der Benutzung der Sozialforschung als einem analytischen Instrument. Selbstverständlich kann sich ein Auftraggeber damit begnügen, den empirischen Forschern direkte Anweisungen über das von ihnen zu behandelnde Thema zu geben. Empirisch läßt sich bereits beobachten, daß nach längerem Umgang mit Sozialforschung diese Haltung vom Auftraggeber selbst oft als ungenügend empfunden wird. Weder erscheint es ausreichend, im Forscher einen bloßen Erfüllungsgehilfen für die selbst gestellten Probleme zu sehen, noch ihm als Berater die Entscheidung zuzuspielen[77].

Bei der Diskussion über den Explikationscharakter der von der Sozialforschung bereitgestellten Daten wurde konstatiert, daß es sich hier oft um die Registrierung bloßer Reaktionen auf Sachverhalte handele, und zwar auf Sachverhalte, die dem Verständnis der Beobachtungsobjekte transzendent sind. Diese Charakterisierung gilt offensichtlich auch für das Problemempfinden bei Auftraggebern für Sozialforschung (einschließlich Stiftungen!); auch ihr Problemempfinden hat gelegentlich nur den Charakter von Symptomen. Ein Auftrag an Wissenschaftler ist selbstverständ-

---

die Vereinigten Staaten umfaßt 1100 Fälle, und Korrekturen für Ausfälle scheinen keinesfalls ausreichend. Da ein beträchtlicher Teil des Werbeaufkommens lokal vergeben wird, besteht ein Bedarf an Aufgliederung dieser 1100 Fälle für einzelne Großstädte. So beruht angeblich ein Bericht von *Nielson* über die Anteile rivalisierender Fernsehstationen in Saint Louis auf der Beobachtung von zwölf Fernsehgeräten, von denen eines übrigens während der Beobachtungszeit nur einem Hund zur Unterhaltung diente, dessen Herrschaft bei eingeschaltetem Gerät verreiste. Eine Familie in Oklahoma City war 32 Monate lang in das *Nielson*-Sample einbezogen, ohne daß ihre Berichte auch nur einmal durch einen Besuch geprüft werden wären.

Nach Abschluß der Untersuchungen bestand kein Zweifel, daß ein wesentlicher Teil der von *Nielson* berichteten Ergebnisse wissenschaftlich unhaltbar waren. Das Geschäft für *Nielson* und die Bedeutung der „rating services" für die Entscheidungen über Fortführungen oder Einstellungen von Programmen wurden hiervon jedoch nicht beeinflußt - lediglich die Meinungen über die Verläßlichkeit dieser Grundlage. In Gesprächen wurde mir erklärt, man benutze lieber unzuverlässige Zahlen als Argumente, als nun ein Urteil nur mit der eigenen Auffassung begründen zu müssen; wobei unseres Erachtens diese Zahlen oft keineswegs verläßlicher als das eigene Urteil sind. (Vgl. auch die Ausführungen in Teil III dieses Artikels über die „Toleranz gegenüber Fehlschlägen" sowie unsere Behauptung einer teilweisen Unabhängigkeit zwischen der Aufgeschlossenheit gegenüber den Ergebnissen einer Disziplin und der Verläßlichkeit ihrer Ergebnisse.)

[76] Die Untersuchungen der Beziehungen zwischen Klient und Forscher werden in der sozialwissenschaftlichen Literatur kaum behandelt. Zwei wertvolle Ausnahmen sind: *Hans L. Zetterberg*, Social Theory and Social Practice, New York 1962; *Talcott Parsons*, Problems of Sociology as a Profession, in: American Sociological Review, Bd. 24 (1959), S. 547-559, insbesondere S. 555.

[77] Die Schwierigkeit des Klienten, eine Beratung durch Soziologen zu verstehen und die dabei auch offenbar werdenden unterschiedlichen Maßstäbe der Fachdisziplin und des Geschäftslebens über das, was trivial ist, wird herausgearbeitet (wenn auch vielleicht mit Überbetonung der Schwierigkeiten) bei *Hans L. Zetterberg*, The Practical Views of Sociological Knowledge, a. a. 0., insbesondere S. 66.

lich noch keine wissenschaftliche Problemstellung: wie gerade *Robert K. Merton* beschrieben hat, ist weithin eine Übersetzung des Problemempfindens im vorwissenschaftlichen Sinne (des „research concerns“) in ein Forschungsthema notwendig[78].

Wir behaupten: 1. Je länger Sozialforschung benutzt wird, um so eher sind Auftraggeber bereit, ihre Themenstellung mit dem Sozialforscher zu diskutieren und „übersetzen“ zu lassen. 2. Die Teilnahme am Vorgang der Übersetzung verwandelt den Denkstil des Auftraggebers. Soll Sozialforschung nämlich analytisch verwendet werden, so muß der Erhebung eine intensive Auseinandersetzung mit demjenigen vorausgehen, der Informationen zu benötigen glaubt. Gemeinsam muß man sich bemühen, das Alltagsdenken vorübergehend zu suspendieren und die Parameter des Handelns zu identifizieren. Identifizierung der Parameter heißt aber oft: sie nach der Identifizierung nicht mehr als Parameter behandeln zu können, sondern sie zum Teil des Untersuchungsgegenstandes zu erklären[79]. In diesem Kommunikationsprozeß wird der Bereich nicht-rationalen Denkens zunächst zurückgedrängt auf die Formulierung von Zielen und Risikobereitschaft; es bedeutet zusätzlich die Identifizierung der Variablen, dann auch Verständnis der Bedingtheit der eigenen Existenz beim Auftraggeber.

Somit ist ein dialektisches Verhältnis für die gesellschaftlichen Konsequenzen der Sozialforschung zu konstatieren: die analytische Verwendung der Sozialforschung hängt offenbar mit ab von einer größeren Bereitschaft zur Rationalität; aber der habituelle Umgang mit Sozialforschung auch als Forschung im Dienste praktikulärer Interessen treibt den Prozeß der Rationalisierung weiter und rascher voran. Wie rasch: dies ist eine Funktion der Aufgabenstellungen, die für Sozialforschung in einer gegebenen Gesellschaft charakteristisch sind, und von der Definition des Sozialforschers.

Diese verändernde Wirkung der Sozialforschung, speziell aber ihr Einfluß auf das Umweltverständnis des sie langfristig Benutzenden, wurde hier lediglich für die Auftraggeber von Erhebungen diskutiert. Dies war notwendig, weil für diesen Fall das meiste Anschauungsmaterial vorliegt. Dieser Fall sollte jedoch auch besonders für die Kritiker der empirischen Sozialforschung relevant sein: gerade bei der Auftragsforschung unterstellt man ja, daß Sozialforschung sich ihres kritischen „Auftrags“ begebe und zum bloßen Instrument der Herrschenden werde, den Status quo zu befestigen oder noch zugunsten dieser Herrschenden zu verändern. Diese Auffassung entspricht sicherlich dem Selbstverständnis der Auftraggeber, und dennoch werden sie bei dem Versuch der Einwirkung auf andere selbst verändert. Veränderung wird

---

[78] *Robert K. Merton*, a. a. O., insbesondere Kap. 3: The Bearing of Empirical Research on Sociological Theory. Eine detailliertere Analyse der Verbindung von rationaler Entscheidung und Sozialforschung bringt auf der Grundlage umfangreicher praktischer Erfahrungen *Wallace H. Best*, Scientific Decision Making as a Fact, in: Proceedings of Annual Meeting, Association in Public Health, 1962, S. 35-48.

[79] Dieser Prozeß als Folge der Gewöhnung an die Sozialforschung und die Beratungstätigkeit wird heute bei den deutschen Parteien beobachtbar. Man vergleiche nur den Wandel bei den Themenstellungen für privatwirtschaftliche Forschungsinstitute. In den letzten Jahren hat eine Reihe von Sozialwissenschaftlern den Versuch unternommen, Ergebnisse der Sozialforschung oder für das soziologische Verständnis von Gesellschaft wichtige Daten übersichtlich zusammenzustellen. Das wichtigste Beispiel für den ersteren Versuch ist *Bernard Berelson* und *Gary A. Steiner*, Human Behavior. An Inventory of Scientific Findings, New York 1964. Beispiele für den letzteren Versuch sind: *Murray Gendell* und *Hans L. Zetterberg*, A Sociological Almanac for the United States, New York, 2. Aufl. 1964; *Bruce M. Russett* u. a., Hrsg., World Handbook of Political and Social Indicators, New Haven 1964.

allerdings nur behauptet in Bezug auf den Denkstil führender Gruppen; oh dies auch Konsequenzen für die von diesen vorher angestrebten Ziele hat, sei hier noch dahingestellt.

VII

1. Dies ist zweifellos nicht die Grenze der verändernden Wirkung - Veränderung im Sinne unerwarteter Konsequenzen - von Sozialforschung. Es ist gewissermaßen die eingeschränkteste Form des Einflusses bei Selbstdefinition des Sozialforschers als eines Spezialisten mit „nützlichen" Kenntnissen. Und zweifellos beruht diese begrenzte Rationalisierung durch Umgang mit Forschung darauf, daß sie dem Handelnden selbst als Prozeß der Rationalisierung nicht zunächst und nicht voll bewußt ist. Es war jedoch nicht unsere Absicht zu zeigen, welche großen globalen Veränderungen Sozialforschung bewirken kann; solche allgemeinen Feststellungen lenken auch ab von der indirekten Form, in der gesamtgesellschaftliche Sachverhalte und Teilprozesse miteinander verbunden sind. Gerade am Beispiel der Sozialforschung als Auftragsforschung wird u. E. das sichtbar, was wir als doppelte Phasenverschiebung des Einflusses bezeichneten.

Für diese Beschreibung weithin unmerklicher Veränderungen des Denkstils beim Auftraggeber liegt es nahe, wieder in sehr globalen Kategorien zu denken: hier begegne man also wieder dem allgemeinen Prozeß der Verwissenschaftlichung der Welt, hier vollziehe sich also ein analoger Vorgang zu den Naturwissenschaften, wo wir ja inzwischen lernen mußten, daß das Umweltverständnis, das unsere Sinne vermitteln, nicht zureichend ist. Zugegeben, daß selbst ein bescheidener Gebrauch von Sozialforschung nicht bloß instrumentalen Charakter habe: wäre die beschriebene Art der Veränderung nicht gerade das, wovor man warnen müsse? Ist eine solche Störung des Umweltverständnisses tragbar, wenn es sich um den Menschen selbst handelt? Zerstört man nicht damit Voraussetzungen für menschliches Zusammenleben selbst?

Zugegeben, daß für menschliches Verhalten und menschliche Institutionen allgemein besondere Maßstäbe als legitim empfunden werden, so ist doch wohl als Korrektur eine andere Analogie aus dem heutigen Verständnis der Naturwissenschaften erlaubt. Auch der Physiker lebt für gewöhnlich in der durch unsere Sinne konstituierten Welt; er lehnt deren Denk- und Empfindungskategorien nur ab in besonderen Rollenbezügen. Auch der Physiker empfindet Kälte als Kälte und nicht als Verringerung der Molekulargeschwindigkeit, für ihn ist die psycho-physische Empfindungsskala maßgebend und nicht ein der Sinnenwelt des Alltags transzendentes Maß wie die Kelvin-Skala. Und auch die Soziologen - oder vielleicht gerade Soziologen - verbinden Konflikte, die sich etwa aus Rollenüberschneidungen ergeben, mit Emotionen wie Ärger, auch Soziologen empfinden mangelnde Ausstattung mit Status-Symbolen im Vergleich zu anderen Gruppen als schwer erträglich. Nein, diese dem Alltagsdenken transzendente Rationalität, diese Distanzierung von den eigenen Emotionen, sie ist mit der Ausübung sachlicher Rollen verbunden und wird nicht automatisch auf andere Verhaltensbereiche generalisiert.

Nun ist hier offensichtlich nicht beabsichtigt, die Rückwirkungen der Existenz von Sozialforschung oder besser: der Art ihrer Verwendung zu bagatellisieren. Es ging vielmehr darum, zu zeigen, daß diese Einflüsse mit den üblichen Denkkategorien und mit dem üblichen Verständnis von Sozialforschung wohl kaum zu fassen sind. Im Rahmen unseres Leitgedankens, daß die Verwendung des Informationsinstruments Sozialforschung eine Weiterführung des Prozesses der Rationalisierung bedingt, sollten die Wirkungen anders als üblich spezifiziert werden. Es war zu zeigen, daß durch die Form der Anwendung von Sozialforschung das Entscheidungshandeln in Führungsgruppen umgestaltet wird. Es sei aber als Selbstverständlichkeit nochmals erwähnt, daß durch die konkreten Ergebnisse dieser Sozialforschung allgemein der Inhalt von Vorstellungen über menschliches Verhalten und menschliche Institutionen tangiert wird. Wir glauben jedoch, daß Veränderungen im Stil des Denkens, im Charakter der kognitiven Organisation, nicht geringer zu veranschlagen sind als Wandlungen in den inhaltlichen Vorstellungen. Auf diese Wandlungen bzw. das Fehlen einer Beeinflussung der inhaltlichen Vorstellungen bei den Angehörigen unserer Gesellschaft stellt die Diskussion der Wirkung von Sozialforschung m. E. bisher allzusehr ab.

2. Forschung durch „professionalisierte Techniker", deren Ziel die Erreichung des Status von Ärzten oder Rechtsanwälten ist, Forschung vornehmlich im Auftrag von Nicht-Sozialwissenschaftlern und Umsetzen der Ergebnisse von Forschung in praktisches Handeln: diese Konditionen beschreiben offensichtlich die vornehmliche Art, in der das Instrumentarium der Sozialforschung in den USA verwandt wird. Dies ist nicht das vorherrschende Selbstverständnis von Sozialforschern in europäischen Industriegesellschaften und nicht durchweg die Perzeption ihres Publikums. Zweifellos hat bei uns der Prozeß der Professionalisierung in dem zuletzt beschriebenen Sinne kaum begonnen. Und es besteht auch keine Notwendigkeit, daß Sozialforschung in der Zukunft nur in dieser Weise definiert wird.

Die Professionalisierung unter Bedingungen hoher Autonomie gegenüber anderen akademischen Berufen war zweifellos nützlich für die Ausbildung unseres Instrumentariums. Im Sinne unmittelbarer und schnellerer Einwirkung von Forschung auf die Gesellschaft ist sie ein Hindernis: vor allem deshalb, weil sich Sozialforschung in ihrer Themenwahl zu sehr an den aktuellen Problemen in ihrer Gesellschaft orientiert und zu wenig das nicht-wissenschaftliche, aber kritische Reflektieren über Gesellschaft nutzen kann.

Hier sehen wir eine Chance für die Sozialforschung in Europa. Das Beispiel Schwedens läßt diese Behauptung einer Chance zu mehr werden als nur einer spekulativ vorgestellten Möglichkeit. Das Instrumentarium ist weitgehend ausgeformt und übertragbar, nicht ausgeformt ist jedoch das Verständnis seiner Nutzung: sowohl was die (von der Wissenschaftslehre so beiläufig behandelte) Definition von Themen für Forschung anbetrifft wie auch das Verständnis der durch Sozialforschung als Technologie systematisch gesammelten Sinneswahrnehmungen. So störend die mangelnde Autonomie der Sozialforschung gegenüber anderen akademischen Disziplinen als relevantem Publikum ist, so sehr liegt darin auch eine Möglichkeit, in der Wahl von Themen den kritischen Ansatz der Soziologie zu realisieren.

Empirische Sozialforschung in Westeuropa erfüllt sicherlich diese Rolle heute noch nicht. Es besteht sicherlich noch keine fruchtbare Spannung, sondern lediglich Spannung zwischen einer Intelligenz, die ihren u. E. falsch definierten Anspruch, über Gesellschaft auszusagen, bedroht sieht, und einer Sozialforschung, die sich - bewußt oder in der faktischen Art ihrer Nutzung - als reine Induktion versteht.

Ob sich ein anderes Verhältnis zwischen Forschung und der über sie reflektierenden Intelligenz herstellen läßt, steht selbstverständlich dahin. Daß eine Rationalisierung der Intelligenz durch Umgang mit Forschung in dem vorher beschriebenen, eingeschränkten Sinne beiden nutzen würde: der „kritischen Intelligenz" und der Sozialforschung, glauben wir aus dieser Diagnose ableiten zu dürfen; leider aber auch, daß eine Bereitschaft zur Rationalisierung den gegenwärtigen, vorwissenschaftlichen Denkkategorien entgegenstehen. Angesichts des hohen Grades an Strukturiertheit dieser Denkkategorien in der Reflektion über Gesellschaft sind die Widerstände sicherlich sehr, sehr groß: zum Schaden beider.

Köln Z Soziol (2017) (Suppl 1) 69:285–289
DOI 10.1007/s11577-017-0427-4

Kölner Zeitschrift für Soziologie und Sozialpsychologie

ABHANDLUNGEN

Notiz über sozialwissenschaftliche Objektivität

Von Theodor W. Adorno

In der Entwicklung der Sozialwissenschaften nach *Durkheim*, die um seiner Ansicht von der gesellschaftlichen Objektivität willen ihn, den Positivisten, ähnlich zum Metaphysiker stempelte wie er selbst *Comte*, hat die Vormacht jener Objektivität paradox sich ausgeprägt. Einesteils ist sie so umfassend und total geworden, daß die Erkenntnis kaum ein δός μοι που στϖ mehr findet, von wo aus jene Vormacht sich nach gängigen wissenschaftlichen Kriterien konkretisieren ließe. Darum wird die unbequeme als unwissenschaftlich vernachlässigt. Andererseits ist die protokollierbare und meßbare Verhaltensweise aller Subjekte von dem ihr vorgängigen Allgemeinen durch dessen Diktat wie durch einen undurchdringlichen Vorhang getrennt. Das Allgemeine ist so sehr der Fall, daß es nichts durchläßt, was nicht der Fall wäre. Je kompletter die objektive Totalität, desto höriger sieht das erkennende Bewußtsein auf ihre subjektive Reflexionsform sich beschränkt, die Monadologie, in der einst *Leibniz* die Vorstellung des Allgemeinen als seiner selbst unbewußten Inhalt der fensterlosen Partikularitäten agnosziert hatte. Der Zusammenhang, überwältigend geworden, wird unsichtbar. Bereits in der *Rousseau*schen Distinktion von volonté générale und volonté de tous weist beides auseinander, freilich noch mit der Wendung, daß dem objektiv sich durchsetzenden Allgemeinen, das mit der Summe der Inhalte subjektiven Bewußtseins nicht harmoniert, Priorität gebühre. Angst vor dem dadurch eingeleiteten Mißbrauch, das Allgemeine, in dem ohnehin die gesellschaftlichen Kräfte wider das Besondere aufgespeichert sind, theoretisch nochmals totalitär zu erhöhen, hat fraglos beigetragen zur verblendeten Reduktion des Ganzen auf seine individuellen Korrelate. Selbst die Theorie des Antipsychologen *Max Weber* vom verstehbaren so-

Erstveröffentlichung: *Kölner Zeitschrift für Soziologie und Sozialpsychologie*, Jg. 17, 1965, Heft 3, S. 416-421

c/o V. Dreier
Institut für Soziologie und Sozialpsychologie, Universität zu Köln
Lindenburger Allee 15, 50931 Köln, Deutschland
E-Mail: volker.dreier@uni-koeln.de

zialen Handeln hat daran teil. Vollends wurde sie apologetisch brauchbar, als man, aus eitel wissenschaftlicher Objektivität, das Gedächtnis an die des Gegenstands, der Gesellschaft selbst, abschaffte. Dann mußte für die, welche das zu Verstehende leugnen, auch das Verstehen in den Orkus. Weil an keiner einzelnen subjektiven Verhaltensweise der objektive Mechanismus der Gesellschaft adäquat sich greifen lasse, wird der aus einem Universum subjektiver Verhaltensweisen abstrahierten Allgemeinheit die höhere wissenschaftliche Objektivität zugebilligt und die gesellschaftliche Objektivität selber, welche nicht nur die subjektiven Verhaltensweisen, sondern auch die wissenschaftlichen Fragestellungen determiniert, als Aberglauben verketzert. Ideologisch bietet das den Vorteil, daß kritische Theorie der Gesellschaft durch ordnende Begriffsschemata substituiert wird, die ihrerseits nichts anderes sind als Klassifikationen von subjektiv Vorfindlichem. Trotz der inhaltlichen Lehre vom Kollektivbewußtsein, deren berühmtestes Exempel die temporäre Konstanz der Selbstmordziffern ist; trotz seines wenn man will *Hegel*schen Erbes partizipiert selbst *Durkheim* an dieser Tendenz: seine Methode faßt den objektiven Geist eines Kollektivs, überraschend genug, als Durchschnittswert und operiert statistisch. Dadurch allerdings wäre er konsequenterweise doch wieder an jene psychologischen Fakten gekettet, die er, im Namen der soziologischen Vormacht der Allgemeinheit, gerade bestreitet: „L'ensemble des croyances et des sentiments communs à la moyenne des membres d'une même société forme un système déterminé qui a sa vie propre; on peut l'appeler la conscience collective ou commune. Sans doute, elle n'a pas pour substrat un organe unique; elle est, par définition, diffuse dans toute l'étendue de la société; mais elle n'en a pas moins des charactères spécifiques qui en font une réalité distincte. En effet, elle est indépendante des conditions particulières, ou les individus se trouvent placés; ils passent, et elle reste." . . . „De même, elle ne change pas à chaque génération, mais elle relie au contraire les unes aux autres les générations successives. Elle est donc tout autre chose que les consciences particulières, quoiqu'elle ne soit réalisée que chez les individus. Elle est le type psychique de la société, type qui a ses propriétés, ses conditions d'existence, son mode de développement, tout comme les types individuels, quoique d'une autre manière."[1] Die freilich dem behandelten Sachverhalt recht adäquate Verdinglichung des Kollektivgeistes entspricht zu genau der *Durkheim*schen Methode des chosisme, als daß man sie nicht auch als dessen Funktion ansehen müßte, die eines Verfahrens, das bei allem parti pris für die große Zahl in isolierten subjektiven Daten ihr Fundament hat. Daß die Gesellschaft dazu tendiert, Vermittlungskategorien zu kassieren und durchs unmittelbare Diktat Identität zu erpressen, entbindet die theoretische Reflexion nicht von der Frage nach der Vermittlung zwischen den Daten und dem Gesetz. Bei dem Nominalisten *Durkheim* grenzt der Primat des Allgemeinen ans Mirakel. Unbestreitbar sein Verdienst, daß er die wissenschaftliche Objektivität dessen, was bei *Hegel* metaphysisch Weltgeist oder Volksgeist hieß, gegen die subjektivistische Aufweichung verfocht, welche die reale Depotenzierung der Subjekte begleitet. Aber auch er willfahrte jenem Denkmodus, dem das An sich der Objektivität des „Geistes" – nämlich der Gesellschaft – und das angebliche Fürsichsein der Individuen absolutχωρίςbleiben. Für das reziproke aufeinander Verwiesensein antagonistischer Momente fehlte ihm das Organ. *Durk-*

[1] *Emile Durkheim*, De la division du travail social, 4. Aufl., Par-is 1922, S. 46.

heims Begriff der faits sociaux ist durchaus aporetisch: er transponiert Negativität, die Undurchsichtigkeit und schmerzhafte Fremdheit des Sozialen für den einzelnen, in die methodische Maxime: du sollst nicht verstehen. Den fortdauernden Mythos, Gesellschaft als Schicksal, dupliziert er mit positivistischer Wissenschaftsgesinnung. Dabei verkörpert sich in der Doktrin von den faits sociaux ein Erfahrenes. Was dem Individuum gesellschaftlich widerfährt, ist ihm tatsächlich soweit unverständlich, wie das Besondere nicht im Allgemeinen sich wiederfindet: nur eben wäre diese Unverständlichkeit von der Wissenschaft zu verstehen, anstatt daß diese sie als ihr eigenes Prinzip adoptierte. Woran *Durkheim* das spezifisch Gesellschaftliche erkennen will, die Undurchdringlichkeit der Norm und die Unerbittlichkeit der Sanktionen, ist kein Kriterium der Verfahrungsweise, sondern ein zentraler Aspekt der Gesellschaft als Gegenstand, hartnäckige Erscheinung des Antagonismus. *Durkheim* beschreibt sie passiv, anstatt sie aus dem Begriff der Sache zu entwickeln. Darum schliddert er in Ideologie. Das unvermittelte An sich des Kollektivgeistes wird durch das begriffliche Instrumentarium so sakrosankt, wie es nur den erforschten Australiern sein mochte.

Die Illusion des illusionsfeindlichen Nominalismus wird greifbar an der Unzulänglichkeit der von ihm geforderten wissenschaftlichen Verfahrungsweisen gegenüber der zeitgenössischen Gesellschaft. Kritik an den empirischen Forschungsmetboden, die je länger je mehr totalitären Anspruch anmelden, braucht gar nicht erst die Oberflächlichkeit und Geistlosigkeit des gängigen Betriebs darzutun. Er ist mit seinem eigenen Maß zu messen. Nach den Spielregeln empirischer Marktforschung muß die Wissenschaft vorurteilslos, unter Absehung von vorgedachten Theoremen, eigentlich begriffslos, an ihr Material herangeben; ihre Begriffe durch die eigenen Forschungsinstrumente, nicht durchs zu Erforschende definieren und die denkende Tätigkeit auf die Aufbereitung und Ordnung der Daten beschränken. Konsumentengewohnheiten nach Kategorien einer, sei's auch zuinnerst selber positivistischen Theorie wie der *Freuds* zu konzipieren und zu ermitteln, ist nach den Regeln des Social Research, einem abgeschlossenen Corpus von Verfahrungsweisen, pure Metaphysik. Nach den mit dem Nominalismus einigen Kriterien der Vorhersage solcher Reaktionen haben aber die als Spekulation und deep stuff verdächtigten Verfahren sich besser bewährt denn die tabula rasa des Szientivismus. Der Begriff war realitätsgerechter als sein Abbau, der sich als reine Adäquanz an die res interpretiert. Psychoanalytische Marktforschung ist Technik nicht weniger als die orthodox empiristische, übertrifft diese sogar in der Manipulation der Subjekte, deren Meinung für die Empiristen zum König herausgeputzt wird, ähnlich wie die Kunden in der Reklame der großen Konzerne. Was jedoch in der technischen Kontroverse sich abzeichnet, gilt erst recht in Erkenntnisbereichen, die nicht derart krud vom Profitinteresse abhängen. Der Soziologie als organisierter Wissenschaft ist der Ausgang von der objektiven gesellschaftlichen Macht und ihrem objektiven Geist gegenüber den Einzelmenschen anathema, weil jene Macht nicht so sich dingfest machen lasse wie die Meinungen, Reaktionsformen und Verhaltensweisen der vergesellschafteten Individuen; am liebsten setzten sie das Wort Gesellschaft auf ihren Index. Aber aus dem gesellschaftlich Allgemeinen, dessen Erfahrung erst die auf Sauberkeit versessene Methode tabuiert, ist Vernünftigeres und Plausibleres über die Individuen abzuleiten als aus deren pseudonaturwissenschaftlicher Beobachtung. So resigniert diese angesichts der Lieblingsfrage, was das Fernsehen den Menschen nun tatsächlich antue, weil durch keine

Einzelstudie über die Wirkung einer Sendung oder Sendefolge meßbare Veränderungen in den Opfern zu eruieren wären. Selbst dem überbewerteten common sense indessen müßte einleuchten, daß die kumulative Wirkung in Proportion steht zu den Stimuli. Gewiß ist auch der Vorrang des Allgemeinen dialektisch. Überlebte nicht in den Menschen, aus vormonopolistischen Zeiten, vieles, was mit Konsumgut- und Kulturindustrie nicht blank harmoniert, und was jene wiederum berücksichtigen müssen, so wäre der Zustand negativer Utopie längst erreicht, den Schriftsteller mit Behagen ironisieren, weil sie die positive nicht wollen. Dennoch dürften nur Interessenten verkennen, daß die subliminalen Wirkungen der Massenkommunikation als eines Gesamtsystems, summiert, von größter Gewalt sind – allein die Leidenschaft, mit der Jugendliche an die Massenmedien sich anhängen, läßt das erwarten. Wer sich vorstellt, was das Fernsehen als das verkörperte Allgemeine kraft der in ihm konzentrierten Gewalt anrichtet: die Menschen tatsächlich nach dem modelt, was die kulturkonservativen Feinde des Fernsehens so unverdrossen Leitbild taufen, hat unbeirrteren Menschenverstand, als wer vergebens den Effekt der Totalität aus kontrollierbaren Einzelwirkungen zusammenzählt. Gleichwohl drückt *Durkheims* Soziologie das Moment des Opaken, die Naturwüchsigkeit des Allgemeinen in der Geschichte aus, die *Hegel* wegphilosophiert; vielleicht ist es die Grenze der dialektischen Ansicht von Allgemeinem und Besonderem in der Geschichte, daß die Vormacht des Allgemeinen jene Dialektik prinzipiell zum Schein herabmindert. Daß allgemeine soziologische Gesetze denen der Natur gleichen, ist das stärkste empirische Argument für die Futilität des historisch Individuellen, das die deutsche geisteswissenschaftliche Tradition ängstlich als Besitz hütet. Die Differenz dessen, was neuerdings „Mehrzahlbereich" genannt wurde, vom Einzahlbereich und das Diktat des Mehrzahlbereichs ist solange evident, wie im sozialen Universum das Individuum, die Einzahl, tatsächlich als nicht mehr gedacht zu werden braucht denn als statistisches Element. Dann ist nichts anderes zu gewärtigen, als daß bei relativ konstanten sozialen und politischen Bedingungen und Bevölkerungsziffern, die auch Konstanz des sozialen Drucks registrieren, die Selbstmordziffern konstant bleiben, wie es übrigens schon um die Mitte des neunzehnten Jahrhunderts *Kierkegaard* schockierte. Dessen Empörung über die Selbstmordstatistik, darüber, daß Menschen wie Nummern traktiert werden, verschiebt nur, was ihnen von der Objektivität widerfährt, nach bewährtem Muster auf die Erkenntnis, die dem sich adaptiert. Hundert Jahre nach ihm hat man die, welche man vergasen wollte, mit Nummern tätowiert. Die Erfahrung der Ohnmacht des Individuums, gegen welche das Prinzip individueller Erfahrung selber aufbegehrt, ist kaum in diese aufzunehmen. Vernunft aber, die ihr Erkenntnisideal am sozialen Gesetz mathematischen Stils hat, ist in solcher Objektivität die subjektive; nur dann reduziert das Subjekt sich zum Exemplar, wenn, wie im Begriff der statistischen Notwendigkeit, jeder objektive Sinn ausgelöscht ist. Einzig die bornierte Vernunft, die an der Aufbereitung und Ordnung der Fälle und der Extrapolation von Regeln ihr Genügen hat, triumphiert in der glücklich-verzweifelten Konkordanz aller Fälle mit der Gesellschaft und bedarf darum der Reflexion auf Gesellschaft überhaupt nicht mehr. Der Konzeption des Individuums als Exemplar ist äquivalent die des objektiven Geistes als eines jeden Sinnes baren Antithesis von Geist. Damit erst führt der idealistische Geistbegriff in seiner Macht und Herrlichkeit für anderes sich ad absurdum an sich. *Hegel* hat dagegen noch sich gesträubt und die nominalistische Gleichsetzung von Durchschnittlichkeit und Wahrheit kritisiert: „Die Fessel irgend eines Abstraktums, das nicht vom Begriffe befreit ist“[2], kann nichts anderes bedeuten als die klassifikatorischen Kategorien der subjektiven Vernunft, wie sehr auch ihr Charakter als „Fessel“ der des ens realissimum sein mag. Man möchte hinter dem von *Hegel* abgewerteten Abstraktum jenes allgemein Anerkannte argwöhnen, welches das wissenschaftliche Bewußtsein aus dem Zerstreuten herausklaubte, um damit die *Hegelsche* Kritik auf jene Allgemeinheit auszudehnen: „Das einfache Verhalten des unbefangenen Gemüthes ist, sich mit zutrauensvoller Überzeugung an die öffentlich bekannte Wahrheit zu halten, und auf diese feste Grundlage seine Handlungsweise und feste Stellung im Leben zu bauen. Gegen dieses einfache Verhalten tut sich etwa schon die vermeinte Schwierigkeit auf, wie aus den unendlich verschiedenen Meinungen sich das, was darin das allgemein Anerkannte und Gültige sei, unterscheiden und herausfinden lassen.“[3] Aber die Frage demaskiert sich sogleich als rhetorisch: „man kann diese Verlegenheit leicht für einen rechten und wahrhaften Ernst um die Sache nehmen“[4], während sie Hegels Konstruktion zufolge eben das nicht ist, sondern bloßer Irrtum des räsonnierenden Denkens. Es wird sogleich abgekanzelt: „In der Tat sind aber die, welche sich auf diese Verlegenheit etwa zu Gute thun, in dem Falle, den Wald von den Bäumen nicht zu sehen, und es ist nur die Verlegenheit und Schwierigkeit vorhanden, welche sie selbst veranstalten; ja diese ihre Verlegenheit und Schwierigkeit ist vielmehr der Beweis, daß sie etwas anderes als das allgemein Anerkannte und Geltende, als die Substanz des Rechten und Sittlichen wollen.“[5] *Hegel* bedarf der Emphase auf der Objektivität des Geistes wider die Einzelsubjekte, um eine Zufälligkeit zu bannen, die ihrerseits herrührt von der Brutalität des Allgemeinen, in dem das Besondere sich nicht wiedererkennt, weil jenes ihm bloß widerfährt. Die Aporie nötigt ihn dazu, die Objektivität der Idee und das „allgemein Anerkannte und Geltende“, den Durchschnitt, der sie nach seiner Logik gerade nicht sein dürfte, über einen Kamm zu scheren. Die permanente Mißhandlung des Bewußtseins, das aufbegehrt gegen eine Identifikation, die keine ist sondern nur Subsumtion, zeugt vom schlechten Gewissen der Instanz, die, nicht zufrieden mit ihrem Triumph, auch noch möchte, daß die Opfer mit ganzer Seele ihr sich überantworten, so wie es in der späteren Geschichte tatsächlich glückte. *Hegel* erpreßt Identifikation und leugnet die Selbständigkeit des Allgemeinen im gleichen Atemzug. Der Nutznießer ist der Nominalismus, der Erkenntnis auf jene Nachkonstruktion des bloß Seienden nivelliert, gegen welche das Pathos des absoluten Idealismus anging, und die schon der *Kant* der Ideenlehre als „Kopie“ verachtete.

[2] *G. F. W. Hegel*, Sämtliche Werke, hrsg. von *Hermann Glockner*, Bd. 7, Grundlinien der Philosophie des Rechts, Vorrede, Stuttgart 1928, S. 35.

[3] A. a. O., S. 22 f.

[4] A. a. O.

[5] A. a. O.

Köln Z Soziol (2017) (Suppl 1) 69:291–333
DOI 10.1007/s11577-017-0432-7

Kölner Zeitschrift für Soziologie und Sozialpsychologie

ABHANDLUNGEN

Soziale Selbsteinstufung (SSE)

Ein Instrument zur Messung sozialer Schichten

Von Gerhard Kleining und Harriett Moore

Wir berichten hier über ein Verfahren, das quantitative Daten über die Gliederung der deutschen Gesellschaft in soziale Schichten erbringt. Es ist zum Einsatz in der Umfrageforschung bestimmt, bei der größere Befragtengruppen – einige hundert bis einige zehntausend Personen – auf sinnvolle und verläßliche, aber gleichzeitig auch ökonomische Weise nach ihrem sozialen Status geordnet werden sollen. Die Methode ist die der Selbstklassifizierung: Wir nennen das Instrument deswegen „Soziale Selbsteinstufung" oder „SSE".

Das Verfahren unterscheidet sich von anderen, meist ad-hoc entworfenen Techniken in mehrfacher Hinsicht: Es ist *validiert*, es arbeitet seit mehreren Jahren *verläßlich*, jede Stufe seiner Entwicklung wurde *empirisch bestimmt* und das dafür aufgewandte Forschungsvolumen war – nach bisherigen Maßstäben – *ungewöhnlich groß*. Allein zur Entwicklung wurden neun Umfragen vorgenommen, davon fünf mit kleineren Quota-Samples von je 100 oder 150 Personen und vier mit Random-Samples mit zusammen rund 10 000 Befragten. Für die Validierungen wurden drei Quota-Samples mit zusammen knapp 800 und vier Random-Samples mit rund 16 000 Interviews herangezogen. Außerdem stehen Zahlen zur Überprüfung der Verläßlichkeit des Instrumentes aus zehn Random-Umfragen mit insgesamt etwa 77 000 Befragten zur Verfügung. (Fast alle Samples sind repräsentativ für die erwachsene Bevölkerung im Bundesgebiet.) Sicherlich ist das SSE eines der in Deutschland in den letzten Jahren am meisten verwandten Verfahren zur Messung sozialer Schichtung: Bisher wurde es bei insgesamt mindestens 300 000 Personen eingesetzt.

Das Instrument wurde 1957 bis 1962 entwickelt. Es entstand gleichzeitig mit einer Reihe von Einzelstudien über soziale Schichten, über die wir zum Teil schon früher

Erstveröffentlichung: *Zeitschrift für Soziologie und Sozialpsychologie,* Jg. 20, 1968, Heft 3, S. 502–552

c/o V. Dreier
Institut für Soziologie und Sozialpsychologie, Universität zu Köln
Lindenburger Allee 15, 50931 Köln, Deutschland
E-Mail: volker.dreier@uni-koeln.de

informiert haben (18), (22), (23*).[1] Die 1960 veröffentlichten Zahlen (23) über die Aufteilung der Bevölkerung in soziale Schichten wurden mit Hilfe einer vorläufigen Version des SSE gewonnen; sie sollten ersetzt. Die Zahlen in Klammern beziehen sich auf das Literaturverzeichnis am Ende des Artikels werden durch die hier vorgelegten Meßergebnisse, die sich auf den Zeitraum ab 1962 beziehen.

Im ersten Teil dieser Arbeit stellen wir das SSE vor und beschreiben die Technik seiner Anwendung. Sodann besprechen wir einige seiner begrifflichen Grundlagen. Die folgenden Abschnitte berichten über die einzelnen Stufen der Entwicklungsarbeiten und der Validierung. Abschließend bringen wir SSE-Daten in Kreuzauszählung mit anderen demographischen Merkmalen, um damit die Besonderheit und die Arbeitsweise des Instrumentes zu verdeutlichen.

I. Das SSE und die Technik seiner Anwendung

Das SSE besteht aus der Fragestellung und vier parallel arbeitenden Karten mit je 36 bekannten Berufen, die in neun Gruppen zu je vier Berufen zusammengefaßt sind. Jede Gruppe bezeichnet eine bestimmte Position im hierarchischen Aufbau der Gesellschaft. Die Karten St/X und St/Y (St = Stadt) sind für alle Befragten bestimmt, ausgenommen solche mit ländlichen Berufen. Die Karten L/X und L/Y (L = Land) sind nur für Befragte mit ländlichen Berufen vorgesehen. Zunächst werden immer die X-Fassungen vorgelegt. Wenn keine Einstufung gegeben werden kann, versucht man die Klassifizierung anhand der entsprechenden Y-Version zu erhalten.

Fragestellung und *Kartensätze*. Die Fragestellung lautet (Informationen für den Interviewer in Klammern):

[1] * Die Zahlen in Klammern beziehen sich auf das Literaturverzeichnis am Ende des Artikels.
Das SSE wurde für Marktforschungsarbeiten der Firma *H. F. & Ph. F. Reemtsma* geschaffen, der einer der Autoren (G. K) als Leiter der Marktforschungs-Abteilung angehört. Später haben wir das Verfahren der Arbeitsgemeinschaft Leseranalyse e. V., Essen, und einigen deutschen Marktforschungsinstituten für Auftragsarbeiten zur Verfügung gestellt. Es ist uns eine angenehme Pflicht, *Rudolf Schlenker*, dem Vorstandsvorsitzen der *H. F. & Ph. F. Reemtsma*, für seine großzügige Unterstützung der sozialwissenschaftlichen Forschung, auch, wie in diesem Fall, der Grundlagenforschung, zu danken.
Gern führen wir die Personen und die Institutionen an, deren Hilfe uns bei der Entwicklung des SSE besonders zugute kam. Wertvolle Anregungen erhielten wir von *Social Research Inc. Chicago*, wo man Mitte der fünfziger Jahre mit Selbsteinstufungen unter Verwendung von zu Gruppen zusammengefaßten Berufen bei kleineren Umfragen experimentierte. Aus dieser Zeit stammt auch der Kontakt mit Prof. *William Lloyd Warner*, dessen Arbeiten unsere Ideen und Verfahren stark beeinflußten. Die Feldarbeit und Tabellierung unserer ersten Studien stand unter der Leitung von Dr. *Hans Sittenfeld*. Dr. *Peter Schönbach* hat dabei mitgewirkt. Die meisten Repräsentativ-Untersuchungen mit dem SSE wurden von DIV0, Frankfurt, abgewickelt; außerdem haben die Forschungsabteilungen der *H. K. McCann Co.* – später *Marplan*, Frankfurt -, *Mafo*, Frankfurt, und *Infratest*, München, Studien vorgenommen. Dr. *Ernst Braunschweig* hat sich frühzeitig für das Verfahren interessiert und die SSE-Technik bei Umfragen der Arbeitsgemeinschaft Leseranalyse verwandt. An der Planung und der Interpretation aller Studien hat *Ludolf Reetz* hervorragenden Anteil. Wir danken Dr. *Werner Tack* für die kritische Durchsicht des Manuskriptes. Prof. *René König* sind wir eng verbunden für die freundliche Aufmerksamkeit, die er unseren soziologischen Untersuchungen seit jeher entgegengebracht hat, für seinen Rat und seine Ermutigung zur Publikation unseres Materials.

*Hier habe ich eine Liste mit Berufen (*Karte St/X *bzw.* L/X *vorlegen). Lesen Sie sich doch diese Liste einmal durch und sagen Sie mir bitte: Welche Gruppe auf dieser Liste enthält die Berufe . . .*

(an Männer)	(wenn berufstätig):	. . . die Ihrem eigenen Beruf. . .
	(wenn Rentner, Pensionär, arbeitslos):	. . . die Ihrem früheren Beruf . . .
	(wenn Schüler, Student, Lehrling, in Berufsausbildung):	. . . die dem Beruf Ihres Vaters . .
(an Frauen)	(wenn verheiratet oder verwitwet):	. . . die dem Beruf Ihres Mannes . .
	(wenn ledig oder geschieden):	. . . die dem Beruf Ihres Vaters .

am ähnlichsten sind, ich meine, am ähnlichsten im Sinne der Tätigkeit, des Ansehens, der Bezahlung, der Verantwortung usw. (Nur eine Nennung! Gegebenenfalls zur Einstufung ermuntern). (Kann Befragter keine Auswahl treffen, Karte St/Y bzw. L/Y vorlegen und Befragten zur Einstufung ermuntern.)

1-2-3-4-5-6-7-8-9

Die Karten sind die folgenden:

Karte SSE St/X

1. Sparkassenangestellter
   Malermeister
   Buchhalter
   Postsekretär
2. Zeitungsausträger
   Müllabfuhrarbeiter
   Parkwächter
   Steinbruch-Hilfsarbeiter
3. Elektroschweißer
   Eisengießer
   Stanzer
   Industrieschlosser
4. Werkstattleiter (Industrie)
   Maschinenmeister
   Werkstückprüfer
   Montageführer
5. Technischer Direktor
   Rechtsanwalt
   Personalchef
   Oberschuldirektor
6. Generalkonsul
   Oberlandesgerichtspräsident
   Generaldirektor
   Ministerialdirigent
7. Straßenbauarbeiter
   Lagerarbeiter
   Bauarbeiter
   Gärtnergehilfe
8. Bürovorsteher
   Großhändler
   Polizei-Inspektor
   Elektro-Ingenieur
9. Elektrikergeselle
   Kellner
   Schneidergeselle
   Polsterer

Karte SSE St/Y

1. Uhrmachergeselle
   Postschaffner
   Möbelschreinergeselle
   Filmvorführer
2. Regierungsinspektor
   Abteilungsleiter
   Versicherungsinspektor
   Fahrschullehrer
3. Zementmischer
   Asphaltierer
   Steinbrucharbeiter
   Eisenbahnbauarbeiter
4. Generalstaatsanwalt
   Universitätsrektor
   Diplomat
   Bankpräsident
5. Industriemeister
   Maschineneinrichter
   Obersteiger
   Schlossereimeister
6. Straßenkehrer
   Handlanger
   Gepäckträger
   Kanalisations-Hilfsarbeiter
7. Kaufmännischer Direktor
   Höherer Beamter
   Architekt (selbständig)
   Oberarzt
8. Dreher
   Maschinenschlosser
   Fräser
   Elektromonteur
9. Verwaltungsangestellter
   Schneidermeister
   Kassenangestellter
   Technischer Zeichner

Karte SSE L/X

1. Bauer (mittlerer Hof) Schmiedemeister Viehhändler Büroangestellter	2. Saisonarbeiter Handlanger Tagelöhner Zeitungsausträger	3. Elektroschweißer Eisengießer Stanzer Industrieschlosser
4. Werkstattleiter (Industrie) Maschinenmeister Werkstückprüfer Montageführer	5. Gutsbesitzer Technischer Direktor Rechtsanwalt Oberschuldirektor	6. Generalkonsul Oberlandesgerichtspräsident Generaldirektor Ministerialdirigent
7. Landarbeiter Holzfäller Asphaltierer Bauarbeiter	8. Großbauer Getreidehändler Gutsinspektor Amtsvorsteher	9. Bauer (kleinerer Hof) Bäckergeselle Forstaufseher Kraftpostfahrer

Karte SSE L/Y

1. Pächter (kleinerer Hof) Schlachterges.(Metzgerges.) Großknecht Postschaffner	2. Pächter (großer Hof) Landmaschinenhändler Oberförster Versicherungsinspektor	3. Forstarbeiter Landwirtschaftl. Arbeiter Straßenbauarbeiter Zementmischer
4. Generalstaatsanwalt Universitätsrektor Diplomat Bankpräsident	5. Industriemeister Maschineneinrichter Obersteiger Schlossereimeister	6. Gelegenheitsarbeiter Ernteaushilfsarbeiter Viehhüter Steinbruch-Hilfsarbeiter
7. Kraftwerksdirektor Apotheker Oberarzt Landrat	8. Dreher Maschinenschlosser Fräser Elektromonteur	9. Pächter (mittlerer Hof) Schneidermeister Gastwirt (mittl. Wirtschaft) Kassenangestellter

Vercodung. Der Codeplan sieht folgendermaßen aus:

Abkürzung	Soziale Schicht	St/X L/X	St/Y L/Y
O	Oberschicht	6	4
OM	Obere Mittelschicht	5	7
MM	Mittlere Mittelschicht	8	2
UM/ni	Untere Mittelschicht (nicht industriell)	1	9
UM/i	Untere Mittelschicht (industriell)	4	5
OU/ni	Obere Unterschicht (nicht industriell)	9	1
OU/i	Obere Unterschicht (industriell)	3	8
UU	Untere Unterschicht	7	3
SV	Sozial Verachtete	2	6

Darstellung der Ergebnisse. Bei einem so fein gegliederten Material gibt es natürlich verschiedene Formen der Zusammenfassung benachbarter Gruppen. Bei Umfragen mit sehr großen Samples wird man sich zunächst die Ergebnisse für alle neun Gruppen ansehen. Die Nennungen für die kleinste Gruppe, die Oberschicht, betragen bei einer Studie mit 15 000 Personen zwar nur etwa 50, für die zweitkleinste Gruppe, die sozial Verachteten am unteren Ende der Hierarchie, erhält man aber schon etwa 450 Fälle.

Will man Daten kombinieren, empfiehlt sich oft eine Gliederung in fünf Gruppen, bei denen die Nennungen für die beiden höchsten, die beiden tiefsten und die beiden Teile der mittleren Schichten addiert werden:

O, OM	Obere Schichten
MM	Mittlere Mittelschicht
UM/ni, UM/i	Untere Mittelschicht
OU/ni, OU/i	Obere Unterschicht
UU, SV	Untere Schichten

Für die Zwecke der Markt- und Meinungsforschung kann es sinnvoll sein, eine Unterteilung in drei Gruppen vorzunehmen:

O, OM, MM	Schichten des gehobenen Konsums
UM/ni, UM/i, OU/ni, OU/i	Massenmarkt
UU, SV	unter dem Massenmarkt

Wünscht man eine Groborientierung, ist natürlich auch eine Zweiteilung möglich. Dann faßt man alle Mittel- und alle Unterschichten zusammen:

O, OM, UM/ni, UM/i	Mittelschichten (einschl. Oberschicht)
OU/ni, OU/i, UU, SV	Unterschichten

In der Industrie tätige Befragte verhalten sich manchmal anders als solche mit traditionellen, nicht-industriellen Berufen. Man vergleicht dazu - im Massenmarkt - die Gruppen:

UM/i, OU/i	industriell Tätige
UM/ni, OU/ni	nicht-industriell Tätige

Bei einer graphischen Darstellung scheint uns die Verwendung eines Rhombus geeignet, so wie wir ihn früher schon abgebildet haben (23).

Auswahl des einzustufenden Berufes. Männer und Frauen werden verschieden behandelt. Männliche Befragte stufen sich nach ihrem eigenen Beruf, ihrem früheren Beruf oder, falls sie ihre Ausbildung noch nicht abgeschlossen haben, nach dem Beruf ihres Vaters ein. Frauen klassifizieren sich stets nach dem Beruf ihres Mannes oder Vaters. Bei der Repräsentativ-Erhebung der Bevölkerung zwischen 16 und 65 Jahren teilten sich diese Einstufungen folgendermaßen auf:

Männer		v.H.
(wenn berufstätig):	nach eigenem Beruf	41
(wenn Rentner, Pensionär, arbeitslos):	nach früherem Beruf	3
(wenn Schüler, Student, Lehrling, in Berufsausbildung):	nach dem Beruf des Vaters	4
Frauen		
(Wenn verheiratet oder verwitwet) :	nach dem Beruf des Mannes	43
(wenn ledig oder geschieden):	nach dem Beruf des Vaters	9
		N = 3690

Um das Abfragen für den Interviewer zu vereinfachen, kann es sich empfehlen, in einer Vorermittlung zu klären, welcher Kategorie der Befragte zugehört.

Einsatz der St- und L-Listen. Der Einsatz der St-Karten („Stadt") und der parallel arbeitenden L-Listen („Land") kann verschieden gesteuert werden. Es ist möglich, den Interviewern in Orten mit stark ländlicher Bevölkerung (unter 2000 Einwohner) generell die Verwendung der L-Listen vorzuschreiben. Die Interview-Bezirke können aber auch im Befragungsinstitut nach dem Anteil der agrarisch tätigen Personen klassifiziert werden; die Interviewer erhalten dann nur die für ihr Gebiet passenden Karten. Schließlich kann man auch den Interviewern die richtige Auswahl der Karten überlassen, was an Ort und Stelle ja ohne Schwierigkeit geschehen kann.

Abhängig vom gewählten Verfahren werden bei Repräsentativ-Studien die St-Fassungen bei 70 bis 80 Prozent, die L-Versionen bei 20 bis 30 Prozent der Interviews verwandt.

Einsatz der X- und Y-Versionen. Die Y-Listen dienen zur Erhöhung der Beantwortungsquoten, was bei Großumfragen oft sehr wichtig ist, da wenige Prozent Ausfälle einige hundert Fälle bedeuten können. Befragte, die sich auf der X-Version nicht einordnen können, sind bei einem Nachfassen mit der parallelen, aber mit anderen Berufen arbeitenden Y-Liste meist dazu in der Lage. Die Verweigerungen bei Einsatz *nur* der X-Listen liegen bei gut geschulten Interviewern bei 7 bis 10 Prozent. Hat der Interviewer jedoch noch eine Alternativfassung zur Verfügung, so können die Verweigerungen meist bis auf oder unter 3 Prozent gedrückt werden.

Bei Repräsentativ-Umfragen (Random-Auswahlen) ergaben sich bei der Verwendung der X- und Y-Versionen folgende Verweigerungen:

Jahr	N	Verweigerung (v. H).
1961	7 240	2,5
1962	9 238	2,4
1963	9 856	2,1
1966	11 005	3,3
1967	10 973	3,0

Die Einstufungen verteilten sich in der genannten Studie von 1966 wie folgt:

Karte	v. H.
St/X	58,3
St/Y	11,1
L/X	22,9
L/Y	4,4
Einstufung verweigert	3,3
	N = 11005

Von allen mit der St- oder L-Version erreichten Einstufungen wurden 84 Prozent mit den X-Karten und 16 Prozent mit den Y-Karten erzielt; dieser Prozentsatz war bei den Stadt- und Land-Listen gleich.

Behandlung der Verweigerungen. Die Befragten, die sich nicht selbst eingestuft haben, können natürlich unter „Keine Angabe" ausgewiesen werden. Sinnvoller ist es, diese Gruppe durch Fremdeinstufung einer Schicht zuzuordnen, was allerdings voraussetzt, daß weitere sozial relevante Daten vorhanden sind (Angabe des Berufs, der Ausbildung, Beschreibung der beruflichen Tätigkeit, der Verantwortung, Berufe der besten Freunde usw.) und daß sich sehr gut geschulte Stabskräfte damit befassen. Die Selbsteinstufungen von meist über 97 Prozent läßt man immer dann durch Fremdeinstufung zu 100 Prozent auffüllen, wenn soziale Schicht als demographisches Merkmal (wie Geschlecht, Alter, Wohnortgröße) verwendet und für Kreuzauswertungen gebraucht werden soll.

Variante des SSE zur Untersuchung berufstätiger Frauen. Für Forschungsarbeiten über Frauenberufe steht die folgende Karte F („Frauen") zur Verfügung:

Karte SSE/F

1. Laborantin Technische Zeichnerin Verwaltungsangestellte Stenotypistin	2. Zeitungsbotin Gelegenheitsarbeiterin Toilettenfrau Kartoffelschälfrau	3. Vorarbeiterin in Industriebetrieb Maschinenerste Werkstückprüferin Facharbeiterin i. der Elektroindustrie
4. Werkstattleiterin Meisterin i. d. Bekleidungsind. Maschinenmeisterin Werkmeisterin	5. Innenarchitektin Prokuristin in größ. Firma Ärztin Studienrätin	6. Bundesverfassungsrichterin Senatspräsidentin Universitätsprofessorin Diplomatin
7. Textilarbeiterin Fließbandarbeiterin Plätterin/Büglerin Ladenhilfe	8. Volksschullehrerin Selbständige Buchhändlerin Beamtin im mittleren Dienst Hauptbuchhalterin	9. Köchin Friseuse Verkäuferin im Warenhaus Kontoristin, einfache Bürotätigkeit

Die Zahlen bezeichnen dieselben sozialen Schichten wie bei den Listen St/X und L/X.

Will man *berufliche* Identifizierung berufstätiger Frauen feststellen oder ihren *beruflichen* Status, so werden sie aufgefordert, ihren *eigenen Beruf* den Berufsgruppen auf der Karte F zuzuordnen. Man kann aber auch eine Klassifizierung ihres Berufes auf den Karten St/X und St/Y bzw. L/X und L/Y verlangen, was berufstätigen Frauen ebenso möglich ist, da sich die Berufshierarchie auch für Frauen vornehmlich an Männerberufen orientiert.

Zur Bestimmung der *sozialen Schicht* von Frauen bedient man sich dagegen stets, abhängig vom Familienstand, der Einstufung nach dem *Beruf des Mannes oder Vaters*, auch bei berufstätigen Frauen. Die beiden Verfahren liefern *nicht* dieselben Ergebnisse, sie können deswegen auch nicht alternierend verwandt werden (siehe auch S. 516).

II. Methodische Grundlagen

Wir behandeln nun einige Aspekte der Methode, mit denen das SSE arbeitet. Außerdem skizzieren wir die Besonderheiten des hier vorgestellten Schichtensystems

Selbsteinstufung. Will man das Verfahren der beruflichen Selbsteinstufung verwenden – Zuordnung des eigenen Berufs zu vorgegebenen bekannten Berufen –, muß zweierlei zutreffen: Erstens ist es nötig, daß die Befragten die Position ihres Berufes innerhalb einer generell akzeptierten Berufshierarchie hinlänglich genau kennen, und zweitens müssen sie bereit sein, bei einem Interview zutreffende Angaben darüber zu machen. Aus unseren Untersuchungen glauben wir, daß wir beide Voraussetzungen als gegeben ansehen dürfen.

Wer lange genug in einer Gesellschaft lebt, dem ist in aller Regel die soziale Realität sehr gut gegenwärtig. Er weiß, daß Personen mit verschiedenen Berufen auf verschiedenen Stufen der gesellschaftlichen Hierarchie stehen, daß sie sich verschieden benehmen und daß man sie verschieden behandelt. Er kennt seinen eigenen Platz in ihr und ebenso den Platz des Mannes oder Vaters. Dies ist auch bei Personen mit Berufen der Fall, die generell als am unteren Ende der Statusachse stehend angesehen werden – sie wissen das und versuchen nicht, sich höher einzustufen (siehe das Interview mit einem ungelernten Arbeiter in 22 und die Studie von *W. Eser* mit dem SSE: 11, S. 1133-1140).

In modernen, arbeitsteiligen Gesellschaften, in denen berufliche Tätigkeit so wichtig ist, sind diese Angaben auch *mitteilbar*, und zwar in der Regel ohne Abstriche oder Beschönigungen. Siehe zum Verhältnis von Beruf und Gesellschaft den ausgezeichneten Artikel von *Everett Hughes*: 14. Man erhält nur dann falsche Auskünfte, wenn man von den Befragten gleichzeitig eine Abwertung ihrer sozialen Position verlangt, wie etwa, wenn man ihnen nur die Möglichkeit gibt, sich einer „Ober-, Mittel- oder Unterschicht" zuzuordnen. Die Mehrzahl klassifiziert sich dann als „Mittelschicht" (ca. 30 Prozent in den USA nach der Roper-Studie von 1940), weil natürlich kaum jemand einer „Unterschicht" angehören will. *R. Centers* (7) hat gezeigt, wie deutlich sich die Selbsteinstufungen verlagern, sobald man eine (positiv definierte, auf berufliche Tätigkeit und nicht auf Status Bezug nehmende) „Arbeiterschicht" der Auswahl zufügt: Dann gibt es in den USA nicht mehr 80 Prozent, sondern nur noch 43 Prozent „Mittelschicht", dafür jetzt aber 51 Prozent „Arbeiterschicht". Diese drastischen Änderungen der Ergebnisse durch Einfügung von nur einer weiteren Auswahlmöglichkeit in den Fragebogen lassen erkennen, wie schwierig es ist, soziale Schichtung durch direkte – und naive – Fragen zu bestimmen: Man verfängt sich in den Fußangeln der Ideologie, ehe man überhaupt die Chance hat, der sozialen Realität nahezukommen. Es ist kein Wunder, daß man nach solchen Erfahrungen der Methode der Selbsteinstufung mit einiger Skepsis gegenüberstand.

Unser Verfahren umgeht das Problem der ideologischen Bewertung von Status, indem es indirekt vorgeht, eine Zuordnung des eigenen Berufs nur zu anderen verlangt – deren Status bekannt ist –, nicht zu Schichtennamen, die, sollen sie soziales Niveau kennzeichnen, auf Attribute von „oben-unten" oder „hoch-niedrig" kaum verzichten können.

Die Alternative zur Selbsteinstufung ist die *Fremdzuordnung* durch Interviewer oder durch Experten. In der Umfrageforschung hat man einige Zeit geglaubt, man könne Personen durch *Interviewer*, die natürlich nach genauen Anweisungen arbeiten, zuverlässig einstufen lassen. Ein Methoden-Experiment, bei dem geschulte Befrager zweier großer Umfrageinstitute nach denselben Instruktionen identische Halbsamples einer großen Stichprobe klassifizierten, erbrachte folgende Verteilungen (1, S. 177):

Soziale Schicht	Institut A v. H.	Institut B v. H.
A + B	8	13
C1	31	47
C2	50	28
D + E	11	12
N	6448	6316

Da sich die Daten beider Institute deutlich unterscheiden, muß man schließen (und hat man geschlossen), daß schichtenmäßige Einstufungen durch Interviewer nicht sehr zuverlässig und deswegen für die Zwecke der Sozialforschung von zweifelhaftem Wert sind. Man verzichtet besser auf sie.

Die soziale Einstufung von Personen durch *Experten* war bekanntlich das in der soziologischen Forschung bisher am meisten praktizierte Verfahren. Bei Studien über Sozialstrukturen in Gemeinden hat gerade die „naive Beobachtung des geschulten Beobachters" (*René König* 19, S. 114) die allerbesten Resultate erbracht, ja sie hat eigentlich erst zur (Wieder-)Entdeckung der Existenz, der Bedeutung und der Funktion sozialer Schichtung geführt (siehe dazu auch *William Lloyd Warner* und *P. Lunt* 29, S. 81 f.). Experten klassifizieren entweder durch „teilnehmende Beobachtung", durch eigene Interviews oder anhand von schon vorbereiteten Daten, meist aus Fragebogen. Die soziale Zuordnung von Familien oder Einzelpersonen durch Fachleute (wenn sie wirklich Fachleute sind!), am besten an Ort und Stelle und mit Hilfe möglichst guter zusätzlicher Informationen, ist die sicherste Art der Fremdeinstufung.

Experten können aber auch dann eine Person sozial gut klassifizieren, wenn ihnen nur Daten zur Verfügung stehen, die durch Interviews im Rahmen normaler Umfrageforschung erhoben wurden. Die Angaben müssen natürlich sozial relevant sein. Beim SSE werden die Verweigerer, wie erwähnt, üblicherweise durch Fremdeinstufung sozialen Schichten zugeordnet. Dabei ist eine Halbgruppe von uns selbst (Experten A), die andere von geschulten Codern eines Marktforschungsinstitutes nach den SSE-Kategorien eingeordnet worden (Experten B). Es ergab sich:

Soziale Schicht	Experten A v. H.	Experten B v. H.	Gesamt v. H.
O	-	0	0
OM	5	2	3
MM	14	15	15
UM/ni	29	33	31
UM/i	2	3	3
OU/ni	22	19	20
OU/i	13	12	12
UU	14	15	15
SV	1	1	1
N	228	310	538

Es zeigt sich eine reiht gute Übereinstimmung der Verteilungen, die es wahrscheinlich macht, daß Fremdeinstufungen zuverlässig sein können. Wird die Zahl einzustufender Personen jedoch groß, ist dieses Verfahren oft zu zeitraubend.[2]

[2] Datenverarbeitende Maschinen können hier nicht helfen. Faßt man den Beruf als den wichtigsten Indikator für soziale Schicht auf und begnügt man sich nicht mit einer groben Klassifizierung nach herkömmli-

Nach unseren Erfahrungen arbeitet man in der Umfrageforschung bei Samples bis 200 oder maximal 300 Personen am besten mit Fremdeinstufung durch Experten. Bei größeren Samples erscheint uns die Selbsteinstufung mit Hilfe von Berufssymbolen als am günstigsten, da sie für den Befragten problemlos ist, ökonomisch administriert werden kann und originäre, leicht zu verarbeitende und sozial sinnvolle Daten liefert.

Berufe als Status-Indikatoren. Umfangreiche Studien in vielen Ländern haben gezeigt, daß in industrialisierten Gesellschaften der Beruf der am besten diskriminierende einzelne Indikator für sozialen Status ist. *L. Warner* verwendet in seinem I.S.C.-Verfahren („Index of Status Characteristics") den Beruf als das wichtigste Status-Kennzeichen, um die soziale Schicht einer Person zu bestimmen (32). *J. A. Kahl* und *J. A. Davis* (16, S. 317-25) haben in ihrer bekannten Studie 19 Indikatoren auf ihre Statusbezogenheit geprüft: Beruf (in der *Warner*-Klassifizierung) ist das beste und Familieneinkommen als Nr. 18 beinahe das schlechteste. *Kahl* faßt das Ergebnis so zusammen: „If one desired a measure of the over-all complex of class behavior underlying all the variables, a scale of occupations was clearly the most efficient instrument to use" (17, S. 46). *B. Barber* (2, S. 184) urteilt: „This study confirms . . . that occupational position is the best single indicator of social stratificational position in contemporary American society. And . . . this is probably true in any industrial society." *K. Svalastoga* (27, S. 537) äußerte sich bei einem internationalen Vergleich der Statusindikatoren so: „For most purposes, it seems that the occupational position weights so heavily that other positions only very weakly affect the social rank of a person in a society." Unsere eigenen Erhebungen (22) zeigen gleichfalls, daß Berufe am meisten und leichtesten als Symbole zur Charakterisierung des sozialen Niveaus von Personen benutzt werden. Kaum ein anderer Sachverhalt ist in der Soziologie so gut dokumentiert wie dieser. Es war daher selbstverständlich, daß wir uns bei der Entwicklung eines Instrumentes zur Messung sozialer Schichtung vornehmlich mit Berufen zu beschäftigen hatten.

Die Frage blieb, ob man es allein beim Beruf belassen solle. *Warner* hat in seinem I.S.C. außer dem Beruf auch noch die *Art* des Einkommens (nicht dessen Höhe), den Typ des Wohnhauses und die Wohngegend aufgenommen. Bei mehr als einem Merkmal müssen die Daten aber rechnerisch verarbeitet werden. Dabei tritt nun das Problem der Gewichtung auf. Man kann für überschaubare Gemeinden (und für die hat *Warner* das I.S.C. verwendet) Gewichtungswerte empirisch finden, so nämlich, daß die Gewichtung der sozialen Platzierung der betreffenden Familie innerhalb der Gemeinde entspricht, gemessen etwa an *Warners* „Evaluated Participation" P.), dem Kontakt mit anderen Familien (32). Inzwischen ist durch *G. Hochbaum* u. a. (13, S. 31-38) jedoch wahrscheinlich geworden, daß die für „Jonesville" (6000 Einwohner) festgelegten Gewichtungen in größeren Orten wie Minneapolis schlechter arbeiten. Wahrscheinlich muß man die Gewichtungen gleitend halten und sie auf Wohnortgröße beziehen. Für nationale Studien schien uns dieses Verfahren nicht nur zu kompliziert, sondern vor allem zu unsicher. Sofern die Verfahren nicht validiert werden

chen Berufsgruppen und Arbeiten, sieht man sich vor die Notwendigkeit gestellt, Tausende von Berufen, möglichst noch mit weiteren status-spezifizierenden Informationen, sozialen Schichten zuzuordnen. (Das amerikanische „Dictionary of Occupational Titles" – etwa 1950 – vom „United States Employment Service" führt 17 452 verschiedene berufliche Tätigkeiten und 12 292 alternative Namen dafür auf; die Zusammenstellung ist nicht komplett. Zitiert nach *B. Barber*, 2, S. 110.)

können, hängt es, wie eine Reihe später auch in Deutschland zeigt, vornehmlich vom Geschmack des Bearbeiters ab, welche Gewichtungszahlen Verwendung linden.

Da in industriellen Gesellschaften der Beruf unwidersprochen der beste Einzelindikator für sozialen Status ist, erschien es uns sinnvoller, Schichtung bei Großumfragen nur an diesem Hauptmerkmal zu orientieren.

Die Gliederung der Gesellschaft in soziale Schichten. Unsere Untersuchungen über Vorstellungen oder Images vom Aufbau der Gesellschaft (22) haben uns gezeigt, daß sehr gut definierte und in vieler Hinsicht einheitliche Ideen über ihre Art und ihre Struktur bestehen. Wir haben hier eine Reihe von Erkenntnissen bestätigt gefunden, die schon andere Bearbeiter vorgetragen hatten. Aus der bekanntlich sehr umfangreichen Literatur über soziale Schichtung waren uns vornehmlich die empirischen Arbeiten wichtig, besonders die Gemeindestudien von *Warner* und seinen Mitarbeitern („Yankee City", „Old City", „.Jonesville"), über die *Warner* (29, 30, 31, 33), *J. Dollard* (9), *A. Davis, B. Gardner* und *M. Gardner* (8) berichtet haben. Besonders zu erwähnen sind ebenfalls die Untersuchungen von *A. Vidich* und *J. Bensman* (28) in den USA und *R. Mayntz* (20) in Deutschland. Sehr gute Überblicke über die Literatur zur sozialen Schichtung geben für die USA *J. A. Kahl* (17), *B. Barber* (2) und *L. Reisman* (26), für Deutschland *K. M. Bolte, D. Kappe* und *F. Neidhardt* (6). Siehe auch *Bolte* (4) und *K. Svalastoga* (27).

Die Gesellschaft, das ist hier und anderswo vielfach belegt, wird von ihren Mitgliedern (unter anderem) als hierarchisch gegliedert erlebt: Auf einer gedachten vertikalen Achse von „sozial oben" bis „sozial unten" sind soziale „Schichten" gewissermaßen übereinander geordnet. Da wir mit Berufssymbolen als Indikatoren für sozialen Status arbeiten wollten, war es klar, daß wir uns mit der Platzierung von Berufen auf dieser „oben-unten"-Dimension zu beschäftigen hatten. Das Instrument selbst mißt entlang dieser Achse.[3] Die Fragestellung („. . . am ähnlichsten im Sinne der Tätigkeit, des Ansehens, der Bezahlung, der Verantwortung usw."), läßt verschiedene Möglichkeiten der Assoziierung des eigenen Berufs mit den vorgegebenen Berufen zu; der Status-Aspekt sollte dabei, um die Zuordnung zu erleichtern, nicht zu deutlich betont werden, da er ja der Gleichheits-Ideologie widerspricht. Deshalb sind die Berufsgruppen nicht nach ihrem sozialen Status geordnet, sondern gemischt worden.

Die vorgestellten „Schichten" bestehen, so zeigen die genannten Studien weiter, aus Familien von ungefähr gleichem sozialen Status, mit gleichen Ansichten, Einstellungen und Ideologien über das lch und die Gesellschaft, ähnlichen Normen und Sanktionen und etwa gleichem Umgang. In aller Regel sind ihre Lebenschancen und ihr Lebensstil ähnlich. Die Angehörigen der einzelnen sozialen Schichten sind also in ihren Einstellungs- und Verhaltensweisen, in der Art ihres Lebens relativ homogen. Sie setzen sich gegen die aus benachbarten Schichten relativ deutlich ab. Die Grenzen zwischen den Schichten sind markiert, aber nicht immer scharf gezogen - was nun nicht heißt, daß man den Gesellschaftsaufbau als stufenlose Ordnung von Einzelpersonen auf einer vertikalen Achse fassen dürfe. Dies entspricht weder der Vor-

[3] Die vertikale Dimension wird oft als solche des sozialen Prestiges verstanden. Zum Verständnis der Status-Achse in der Gesellschaft kann jedoch nur das Prestige herangezogen werden, das sich aus der beruflichen Stellung oder dem Ansehen von Familien ergibt, nicht das „funktionale" Prestige, gewonnen durch eine für die Gesellschaft als wertvoll erachtete Leistung. Siehe dazu *H. Hartmann* (12) und *G. Kleining* (18).

stellung der Mitglieder der Gesellschaft noch der Realität ihres sozialen Verhaltens, das Schichtengrenzen in vieler Hinsicht daraus respektiert, etwa beim gesellschaftlichen Umgang, bei der Auswahl der Wohngegend usw. Wir versuchten deswegen auch durch unser Instrument einen solchen Schichtenaufbau abzubilden – die statistisch bequeme Lösung eines Kontinuums von stufenlos steigendem Status erschien uns nicht als erstrebenswert. Im SSE wurde die Stufung erreicht, indem wir die einzelnen Schichten durch typische Berufe – gewissermaßen als Kristallisations- und Markierungspunkte – kennzeichneten.

Dabei haben wir Gruppen von vier Berufen mit annähernd gleichem sozialen Status gebildet, damit die charakteristische Besonderheit des Einzelberufes zugunsten des allen vier Berufen gemeinsamen sozialen Niveaus in den Hintergrund tritt. Vor allem mußten die funktionalen Aspekte der Berufe unterspielt werden, weshalb wir darauf achteten, daß Berufe aus möglichst verschiedenen Arbeitsbereichen in einer Gruppe vertreten waren.

Bei der Beschäftigung mit den SSE-Karten wird der Befragte angeregt, sich an Gruppen von Menschen mit bestimmten Berufen zu orientieren, an die er denken kann wie an seine Freunde, Bekannten, Nachbarn, an seine Schulkameraden, Stammtischbrüder, Vereinskameraden, oder allgemein an Menschen, die er trifft und bei denen er sich wohl fühlt. Die Konzeption der „reference group" (*H. Hyman* 15, S. 80, *R. K. Merton* und A. Kitt, 21) oder die der „Clique" bei *Warner* und *Lunt* (29, S. 110) haben wir hier nützlich gefunden.

Bei der Bestimmung der *Zahl* der sozialen Schichten in der deutschen Gesellschaft kann man sich nicht nur auf die Antworten stützen, die man erhält, wenn man die Bevölkerung danach fragt. Am häufigsten werden dabei bekanntlich drei Schichten genannt, bei Nachfragen untergliedern die Befragten aber auch noch stärker (22). Das Problem löst sich von selbst, wenn *Berufe* als Status-Kennzeichen verwandt werden. Hier gibt es klar markierte Stufen etwa zwischen den angelernten Arbeitern, den Facharbeitern und den Meistern. Oder zwischen den landwirtschaftlichen Arbeitern, den Kleinbauern, den Bauern mit mittelgroßem Hof, den Großbauern. Oder den Beamten im einfachen, mittleren, gehobenen und höheren Dienst usw. Legen wir solche Stufen zugrunde und berücksichtigen wir die empirisch zu bestimmenden Überlappungen der einzelnen Berufskreise, so kommen wir ziemlich zwangsläufig zu einer Gliederung der Gesellschaft in sieben soziale Schichten.

Die Kernfamilie als kleinste Einheit der sozialen Schicht. Eine weitere Annahme ging in die Konstruktion des SSE ein: Die Familie wird als die kleinste Einheit in einer Schicht verstanden. Auch diese These ist gut dokumentiert. „Men occupying high and low positions possess families. Their families and their activities are identified with their social position" (*Warner* 32, S. 10). „The story of the rise and fall of social classes in Western society, as Pirenne and Schumpeter have pointed out, is that of the rise and fall of families" (*D. Bell* 3). „A class being an aggregate of kinship units of approximately equal status in the system of stratification" (T. Parsons 25, S. 172).„A social class . . . consists of a set of families that share equal or nearly equal prestige ..." (*B. Barber* 2, S. 73) usw.

Die Mitglieder der Kernfamilie, die zusammen wohnen und gemeinsam bestimmte Funktionen erfüllen (etwa die Erziehung der Kinder), bedürfen einer so engen emotionalen, wirtschaftlichen und sozialen Anpassung aneinander, daß sie vielfach einheitlich agieren und – ebenso wichtig – von der Gesellschaft als Einheit angesehen werden. Ehen werden meist zwischen Angehörigen derselben sozialen Schicht geschlossen, wenn nicht, dann fast immer zwischen Partnern aus benachbarten Schichten. Die soziale Stellung des Mannes bestimmt fast stets den Status der Familie, die ja auch seinen Namen trägt. Bei Ehen mit Gatten verschiedener sozialer Herkunft paßt sich zumeist – wenn die Ehe Bestand hat – die Frau der Schicht des Mannes an. (Für Frauen ist Heirat ein wichtiges Mittel zur Mobilität – siehe *Bolte* 5, S. 213 –, Männer dagegen sind vornehmlich über ihre berufliche Stellung und ihren beruflichen Erfolg mobil.) Die Kinder werden in eine bestimmte Schicht hineingeboren, durch die Eltern auf schichtenspezifische Weise erzogen und in die Gesellschaft an einem bestimmten Platz oder „Status“ eingeführt; in aller Regel an dem der Eltern. Ob sie sozial mobil sind, also aus der Schicht der Eltern auswandern, zeigt sich bei Jungen üblicherweise am Beginn der eigenen beruflichen Laufbahn und in der ersten Phase ihrer Karriere; bei Mädchen bei der Heirat und in den ersten Jahren danach. Ältere Menschen gehören zur Schicht, die sie als Erwachsene erreicht haben – Mobilität nur aus Altersgründen ist sehr selten.

Aus diesen Ideen und Beobachtungen leiten sich die Fragestellungen beim SSE ab. Berufstätige Männer stufen sich stets nach ihrem eigenen Beruf ein – sind sie vorübergehend arbeitslos oder als Rentner oder Pensionäre aus dem Arbeitsprozeß ausgeschieden, nach ihrem früheren Beruf. Alle Personen im Prozeß der Sozialisierung, also ehe sie einen eigenen Beruf ergreifen (Kinder, Schüler, Studenten, Lehrlinge, alle Personen in Berufsausbildung), zählen wir zur Schicht, die durch den Beruf des Vaters bestimmt wird.

Frauen gehören, wenn sie ledig sind, zur Schicht des Vaters, nach der Heirat zur Schicht des Mannes. Sind sie verwitwet, wird ihre soziale Schicht ebenfalls nach der des Mannes bestimmt. Nach Scheidung, die nicht selten auch soziale Ursachen (etwa Unverträglichkeit schichtenspezifischen Verhaltens) und in jedem Fall soziale Folgen hat, ist die soziale Einstufung der Frau wie vor der Eheschließung in die Schicht ihres Vaters das sicherste Verfahren.

Berufstätige Frauen werden *nicht* nach ihrem eigenen Beruf eingestuft, sondern wie alle Frauen nach dem des Mannes oder Vaters. Dies berücksichtigt, daß die berufliche Identifizierung von Frauen – von den „professionellen“ Berufen der Oberen Mittelschicht abgesehen – fast stets weder dauerhaft noch gründlich ist: Frauen sind im Regelfall nur in bestimmten Lebensabschnitten und während relativ kurzer Zeit im Arbeitsprozeß tätig, sie können ihre berufliche Tätigkeit vergleichsweise leicht verlassen, unterbrechen oder wiederaufnehmen. Vor allem aber: Der Beruf dient Frauen – wegen ihrer als viel wichtiger angesehenen Rolle in der Familie – nicht in dem Maße zur sozialen Identifizierung wie der Beruf den Männern, zumal nicht alle Berufe Frauen gleichermaßen offenstehen (oder der Familie als akzeptabel für eine Frau gelten). Einstufungen beruflich tätiger Frauen nach ihrer Tätigkeit sagen deswegen viel weniger über ihre soziale Schicht aus als der Beruf bei Männern; Frauen können vorübergehend durchaus in Berufen arbeiten, die ihrer sozialen Schicht nicht entsprechen.

Klassifiziert man berufstätige Frauen nach ihrem eigenen Beruf – und nicht nach dem des Mannes oder Vaters –, erhält man Verteilungen, die von denen der Männer und der Ehefrauen stark und in charakteristischer Weise abweichen. Dies zeigt die folgende Tabelle mit Ergebnissen einer Repräsentativ-Untersuchung:

Soziale Schicht	Männer eigener Beruf v.H	Frauen Beruf des Mannes v. H.	Frauen eigener Beruf v.H
O	0	0	1
OM	5	6	3
MM	10	11	7
UM/ni	23	21	46
UM/ i	11	10	5
OU/ ni	10	11	16
OU/ i	24	23	4
UU	15	15	11
SV	2	3	7
N	2770	2206	1097

Bitten wir berufstätige Befragte um die Einstufung ihres eigenen Berufes, messen wir ihre Berufsrollen, nicht ihre soziale Schicht, die – für alle Frauen – auch nicht verschieden von der aller Männer sein kann, wenn die Annahme bestehen bleibt, daß die Familie die kleinste Einheit der sozialen Schicht ist.

Besonderheiten der Schichtenkonzeption im SSE. Wir sind von der *Warner*schen Einteilung der amerikanischen Gesellschaft in sechs soziale Schichten ausgegangen, die wir im Prinzip in Deutschland wiedergefunden haben (30). *Warner* unterscheidet drei Hauptschichten, die sich jeweils in zwei Teile gliedern, so daß entstehen: Obere Oberschicht (OO), Untere Oberschicht (UO), Obere Mittelschicht (OM), Untere Mittelschicht (UM), Obere Unterschicht (OU) und Untere Unterschicht (UU).

Im Laufe unserer Arbeit erschien es jedoch zweckmäßig, dieses System besser an die deutschen Verhältnisse und die durch die Umfrageforschung gegebene Situation anzupassen. Das SSE arbeitet mit sieben Schichten und einer „horizontalen" Unterteilung der beiden mittleren, so daß neun Gruppen entstehen. Die Konzeption enthält folgende Besonderheiten:

Oberschicht (O). Hier sind aus praktischen Gründen die beiden *Warner*schen Schichten OO und UO zusammengefaßt. Sie existieren auch in Deutschland; Angehörige der Oberschichten bilden aber nur eine sehr kleine Minderheit (unter 0,5 Prozent der Gesamtbevölkerung), und sie sind außerdem durch Interviewer bei normalen Umfragen üblicherweise nicht erreichbar. Sie sind auch sozial nicht durch ihren Beruf (sondern durch den Namen, das Familienvermögen, die Art, Größe, das Alter des Besitzes) definiert. Wir haben Prestigeberufe als Ersatz dafür in das SSE aufgenommen und möchten die Personen, die sich dieser Schicht zuordnen, eher als „Merkposten" für die Existenz einer Oberschicht verstanden wissen.[4]

Mittlere Mittelschicht (MM). Zwischen OM und UM gibt es in Deutschland – anders als in den Vereinigten Staaten – ohne Zweifel eine eigene „mittlere" Gruppe. Die Bedeutung der Behörden, der Administration, der öffentlichen oder halböffentli-

[4] „Oberschicht" wird hier im *Warner*schen Sinne gebraucht als Gruppe der „alten Familien", gekennzeichnet durch „alten" Reichtum und etabliertes Ansehen (obere Oberschicht) und der „Neureichen", den gleichfalls bekannten Familien, die aber erst in der gegenwärtigen Generation zu Geld kamen (untere Oberschicht). Nicht identisch ist die Oberschicht mit den „Eliten" oder der „Prominenz", den durch Leistung an der Spitze Plazierten. Siehe dazu auch *W. Zapf* (34, 35) und *P. Dreitzel* (10).

chen Anstalten von Rundfunk- und Fernsehstationen, Theatern und Universitäten bis zu Krankenhäusern, Schulen, Altersheimen, die Bedeutung des Beamtentums generell, selbst für die Kirchen, die von Steuergeldern unterstützt werden, ist viel stärker als in den Vereinigten Staaten, wo nicht Quasi-Regierungsinstitutionen und in Wirtschaftsunternehmen eine breite Verwaltungsschicht die Kontinuität der Administration sicherstellen, sondern eher Privatinitiative und Gelder, die nicht so häufig vom Staat, sondern allenfalls von Stiftungen oder öffentlichen Fonds kommen. Eine Folge dieses Unterschiedes, dem wir durch Einführung der „Mittleren Mittelschicht“ Rechnung getragen haben, ist es, daß man in Deutschland besondere Leute für die „mittleren“ Ebenen des Managements und der administrativen bzw. freiberuflichen Tätigkeit ausbildet. Berufslaufbahnen beginnen, bewegen sich und enden in diesem Bereich, von dem man sagen kann, daß er eine besondere Subkultur bildet.

Sozial Verachtete (SV). Das zweite neu in das Schichtensystem eingefügte Stadium sind die „Sozial Verachteten“ am unteren Ende der Hierarchie. Auch sie sind, wie die Angehörigen der Oberschicht, nicht sehr gut über den Beruf zu erfassen. Aus unseren Interviews wissen wir, daß es tatsächlich eine Gruppe dieser Art gibt (der Begriff „verachtet“ stammt von ihnen selbst). Es sind Menschen, die sich von der Gesellschaft zurückgewiesen fühlen, nicht nur vernachlässigt. Ihre Existenz mag Leuten, denen es um die Aufrechterhaltung ihrer Identität als Bürger und Angehörige der Mittelschicht geht, peinlich erscheinen, und sie mögen dazu neigen, sie zu vergessen oder zu übersehen. Gleichwohl wissen Soziologen, längstens seit der Beschäftigung mit dem „Lumpenproletariat“, daß es eine solche Gruppe von Unterprivilegierten gibt. Wir hielten es nach Kenntnis ihrer Eigenarten für richtig, sie gesondert auszuweisen: Sie unterscheiden sich sowohl von der etablierten unteren Unterschicht wie auch von den „Asozialen“, die schon außerhalb der Gesellschaft stehen, hier nicht mehr zu ihr gerechnet werden und auch bei normalen Umfragen, die Sicht an die „Wohnbevölkerung“ wenden, kaum erreichbar sind.

Industriell (i) – nicht-industriell (ni). Die Unterteilung der beiden Schichten des Massenmarktes – der unteren Mittelschicht und der oberen Unterschicht in einen „industriellen“ und „nicht-industriellen“ Teil ist eine weitere Besonderheit. Man darf ja nicht annehmen, daß die Industrialisierung in einem „industrialisierten“ Land gleichmäßig fortgeschritten ist oder überhaupt nur die Mehrzahl der Bevölkerung erfaßt hat. Mehr ständisch-traditionell orientierte Bereiche mit vorindustriellen Formen in Handwerk, Handel, Unternehmertum, Verwaltung, Dienstleistungsbereich usw. stehen moderneren gegenüber. Eine „horizontale“ Gliederung der beiden zahlenmäßig größten Schichten versucht, dem Rechnung zu tragen. Sie reflektiert die Unterscheidung von Leuten, die sich entweder mehr industrieller oder mehr nicht-industrieller Tätigkeit verbunden fühlen, gleichgültig, ob sie nun tatsächlich in Institutionen arbeiten, die wir als „Industrie“ oder „Handwerk“, „Handel“ usw. bezeichnend[5]. Die Ideen der Angehörigen dieser beiden Gruppen sind hinreichend voneinander verschieden, so daß man die Möglichkeit haben sollte, sie getrennt zu betrachten.

[5]Nicht identisch ist diese Unterteilung mit der von „white collar“ und „blue collar“ („manual“ und „non-manual“). „Handarbeiter“ gegen „Geistesarbeiter“ bzw. „Schreibtischberufe“ oder, wie eine Veröffentlichung über das SSE in englischer Sprache unterstellt, „clerical“ und „non-clerical“.

Nationale Schichten. Außer diesen Besonderheiten noch ein sehr wichtiger Punkt: Im Gegensatz zu den meisten amerikanischen und auch deutschen soziologischen Untersuchungen sozialer Schichten, die im wesentlichen in überschaubaren Gemeinden vorgenommen wurden, versuchen wir die Existenz von Schichten zu erfassen, die quer durch die ganze Gesellschaft laufen. Wir verkennen dabei gewiß nicht die Besonderheit der traditionell-ländlichen Sozialstrukturen – wir haben ja eigene Kartensätze dafür entwickelt. Wir meinen aber, daß jetzt schon charakteristische Ähnlichkeiten zwischen Angehörigen derselben Schichten in verschiedenen Regionen, Wohnortgrößen und Gemeinden besteht, vor allem in ihrem Lebensstil, in ihren Wertsystemen, in ihrer Einstellung zur Gesellschaft insgesamt, und daß diese Gemeinsamkeiten wachsen werden. Die „Regionalität" des sozialen Verhaltens nimmt zu, je tiefer die soziale Schicht ist. Sie nimmt aber ab mit der Zeit.

Die modernen Kommunikationsmittel, die alle zum Nationalen tendieren, werden zunehmend dafür sorgen. Es gibt schon übernationale Radio- und Fernsehprogramme; Zeitungen auch für tiefere soziale Schichten mit nationaler Verbreitung, eine große Anzahl national vertriebener Produkte mit nationaler Werbung und natürlich auch die immer besseren Möglichkeiten zu reisen, den Arbeitsplatz zu wechseln, sich anderswo zu erholen, eine andere Wohnung zu finden usw. Dies alles trägt dazu bei, regionale Unterschiede abzubauen. Unser Konzept von der Existenz nationaler sozialer Schichten ist vielleicht noch etwas zu optimistisch – aber sicherlich nur für den Augenblick. Wir werden mit dieser Annahme, obgleich regionale Subkulturen noch lange bestehen bleiben, mit fortschreitender Zeit zunehmend Recht bekommen. Bei der Schichtenkonzeption des SSE ist dieser Zustand – wie wir wissen, etwas voreilig – vorweggenommen.

III. Entwicklung des SSE

In diesem Abschnitt berichten wir über die Untersuchungen, die zur Entwicklung des SSE nötig waren. Aus Raumgründen geben wir nur die wichtigsten Daten und Überlegungen wieder[6].

1. Studie: Ordnung von 70 Berufen nach sozialem Prestige. 70 Berufe wurden als Ausgangsmaterial zusammengestellt. Eine besondere Systematik wurde dabei nicht verlangt – es sollte sich lediglich um bekannte, nicht zu seltene, sozial möglichst gut definierte Berufe handeln, auch solche aus den höchsten und tiefsten Stufen einer Berufshierarchie. Ihre große Anzahl, so war zu hoffen, sollte genügend Spielraum für die Auswahl von für das Instrument geeigneten Berufen geben (wie sich herausstellte, eine zu optimistische Annahme).

Der Einstufung der Berufe lag ein fester Maßstab zugrunde, da uns an einer möglichst „absoluten" und nicht nur an einer „relativen" Platzierung gelegen war, bei der die Position eines Berufes nur durch die der anderen bestimmt wird. Außerdem woll-

[6]Der an der Technik empirischer Arbeit in der Umfrageforschung interessierte Leser wird leicht erkennen, daß wir uns keinesfalls immer geradlinig auf das Ziel zubewegten. Man mag außerdem sehen, wie viele Studien oft nötig sind, um ein scheinbar einfaches Verfahren so zu entwickeln, daß es zuverlässig arbeitet und sinnvolle Ergebnisse bringt.

ten wir unsere Skala nicht von ideologisch definierten Punkten (wie „Durchschnitt") abhängig wissen und glaube Abstände der Einheiten sicherstellen, weshalb sich Fragestellungen verboten, wie sie C. North und P. K. Hatt bei ihrer N.O.R.C.-Studie verwandt hatten (24)[7].

Unsere Befragten erhielten eine treppenförmige Skala mit 6 Stufen vorgelegt, auf der sie die einzeln auf Karten geschriebenen Berufe „nach ihrem Ansehen" auf die Stufenleiter „von ganz unten bis ganz oben" einzuordnen hatten.

Das Sample bestand aus 150 Personen zwischen 16 bis 65 Jahren im Bundesgebiet, zur Hälfte Männer und Frauen, zur Hälfte Arbeiter und Angehörige anderer Berufskreise, gestreut nach Region und Wohnortgröße. Es wurde nach dem Quotenverfahren ausgewählt.

Die Durchschnittseinstufungen (D) und die Verteilung der Berufe auf die einzelnen Stufen (sie addieren sich horizontal zu 100 Prozent) sind in der folgenden Tabelle aufgeführt. Dabei bezeichnet 1 die unterste, 6 die oberste Stufe.

Die Streuungen sind relativ gering, Gipfelwerte der stets an Normalverteilungen angenäherten Kurven sind klar erkennbar. Nur bei wenigen Berufen mittleren Ranges entfallen weniger als 60 Prozent aller Nennungen auf zwei benachbarte Stufen, gegen die Endpunkte der Skala zu steigt dieser Wert auf über 90 Prozent an. Die Berufe sind also im allgemeinen in ihrem Status gut voneinander abgehoben: Die Befragten haben sie in ihrem sozialen Niveau als verschieden erlebt. Wir können demnach mit den Durchschnittseinstufungen arbeiten.

Rang	Berufe	D	1 v.H.	2 v.H.	3 v.H.	4 v.H.	5 v.H.	6 v.H.
1	Universitätsprofessor	5.71	-	-	1	4	19	76
2	Präsident der Bundesbahn	5.55	2	-	1	4	23	70
3	Oberlandesgerichtspräsident	5.53	1	1	1	5	26	66
4	Chefarzt eines großen Krankenhauses	5.49	1	1	-	5	31	62
5	Generaldirektor e. Industriekonzerns	5.46	1	1	1	8	27	62
6	Gesandter im diplomatischen Dienst	5.43	1	2	1	7	25	64
7	Oberbürgermeister	5.13	1	1	7	12	34	45
8	Bischof	5.12	4	2	4	13	21	56
9	Ministerialrat	5.10	1	1	5	12	41	40
10	Staatsanwalt	5.07	2	1	3	14	43	37
11	Kaufmännischer Direktor	4.96	-	2	4	21	41	32
12	Rechtsanwalt	4.89	1	1	5	19	49	25
13	Landrat	4.83	-	1	9	24	38	28
14	Studienrat	4.78	-	1	6	28	41	24
15	Rittergutsbesitzer	4.69	6	1	7	23	30	33
16	Architekt	4.63	-	-	9	36	34	21
17	Generalleutnant	4.61	7	3	11	14	28	37
18	Flugzeugführer	4.56	-	3	13	31	31	22
19	Apotheker	4.47	-	5	10	33	36	16

[7]Die Fragestellung lautete: „For each job mentioned, please pick out the statement that best gives *your own personal opinion of the general standing* that such a job has" (Vorlage-Karte).

1. Excellent standing
2. Good standing
3. Average standing
4. Somewhat below average standing
5. Poor standing

X. I don't know where to place that one

Rang	Berufe	D	1 v.H.	2 v.H.	3 v.H.	4 v.H.	5 v.H.	6 v.H.
20	Zahnarzt	4.43	1	2	14	29	43	11
21	Großhandelskaufmann	4.39	1	3	17	26	39	14
22	Kriminalinspektor	4.25	1	4	17	33	36	9
23	Journalist	4.20	1	5	14	41	29	10
24	Straßenbauingenieur	4.20	-	5	17	38	31	9
25	Hotelbesitzer	4.17	2	7	15	38	24	14
26	Prokurist	4.04	1	6	18	45	21	9
27	Rundfunkreporter	3.82	2	7	27	43	12	9
28	Hauptbuchhalter	3.81	1	6	31	39	19	4
29	Volksschullehrer	3.79	1	7	32	40	11	9
30	Buchverleger	3.70	7	9	25	31	21	7
31	Förster	3.67	1	15	33	27	13	11
32	Lokomotivführer	3.62	3	14	30	29	15	9
33	Steuerberater	3.58	3	13	35	28	15	6
34	Werkmeister	3.55	2	14	35	31	11	7
35	Standesbeamter	3.51	4	13	37	30	9	7
36	Gutsinspektor	3.44	4	5	23	34	26	8
37	Technischer Zeichner	3.33	1	19	44	24	9	3
38	Malermeister	3.24	3	21	39	26	7	4
39	Feinmechaniker	3.17	4	25	37	21	10	3
40	Schneidermeister	3.17	5	21	40	23	6	5
41	Laborant	3.06	6	23	40	23	5	3
42	Verkehrspolizist	3.01	5	30	39	16	5	5
43	Orchestermusiker	2.99	7	30	33	22	5	3
44	Gastwirt	2.95	13	23	34	20	7	3
45	Bergmann	2.95	16	27	24	18	8	7
46	Versicherungsvertreter	2.73	14	31	33	15	5	2
47	Krankenpfleger	2.67	13	34	33	13	6	1
48	Kranführer	2.65	14	38	27	13	5	3
49	Kellner	2.35	20	41	27	7	5	-
50	Schlossergeselle	2.32	24	39	24	8	3	2
51	Eisengießer	2.31	18	48	22	7	5	-
52	Tankstellenwart	2.19	19	51	25	2	3	-
53	Postbote	2.10	26	49	17	6	1	1
54	Glasbläser	2.06	29	40	26	4	1	-
55	Schrankenwärter	2.05	30	47	13	6	3	1
56	Straßenbahnschaffner	2.03	30	49	16	3	1	1
57	Gärtnergehilfe	1.64	49	40	10	1	-	-
58	Fensterputzer	1.53	62	26	9	3	-	-
59	Hafenarbeiter	1.51	61	29	8	2	-	-
60	Holzfäller	1.47	68	21	8	1	2	-
61	Kanalarbeiter	1.46	67	25	5	1	1	1
62	Landarbeiter	1.45	64	29	4	3	-	-
63	Bauhilfsarbeiter	1.43	70	20	7	1	2	-
64	Möbelpacker	1.41	69	25	4	2	0	-
65	Gepäckträger	1.38	70	23	5	1	1	-
66	Schafhirte	1.38	73	19	5	1	1	1
67	Parkwächter	1.32	74	20	5	-	1	-
68	Müllabfuhrarbeiter	1.27	78	17	3	1	1	-
69	Straßenreiniger	1.26	83	11	4	1	1	-
70	Zeitungsausträger	1.25	79	17	3	1	-	-

N= 150

Wir wollen nun das Kontinuum der hierarchischen Ordnung der Berufe in Stufen mit gleichen Abständen unterteilen, und uns einen möglichst sauberen Maßstab zu schaffen: Unterschiede in den späteren Ergebnissen sollen nicht durch verschiedene Bemessungsgrundlagen, durch Sprünge im Instrument verursacht sein. Dabei kommt uns zustatten, daß die 70 Berufe ziemlich gleichmäßig über nahezu die ganze Skala streuen. Gliedert man sie in 10 gleichgroße Abschnitte, so ergibt sich folgende Verteilung:

Skala	N erwartet	N tatsächlich	Differenz
5.50 - 6.00	7	3	-4
5.00 - 5.49	7	7	0
4.50 - 4.99	7	8	+1
4.00 - 4.49	7	8	+1
3.50 - 3.99	7	9	+2
3.00 - 3.49	7	7	0
2.50 - 2.99	7	6	-1
2.00 - 2.49	7	8	+1
1.50 - 1.99	7	3	-4
1.00 - 1.49	7	11	+4

N=150

Nur drei Stufen sind merklich anders besetzt als dies bei einer genau gleichmäßigen Streuung zu erwarten war. Die tiefste Stufe enthält zu viele, die zweitunterste zu wenige Berufe. Die Spitze ist gleichfalls mit zu wenigen Berufen vertreten.

Stellt man die Durchschnittswerte graphisch dar, so zeigen sich aber einige „Löcher" in einer sonst kontinuierlich verlaufenden Reihe. Bei einer völlig gleichmäßigen Verteilung wären Abstände von 0.07 Stufen zwischen den Positionen zu erwarten. Größere Abstände als das Dreifache, also 0.21 Stufen, gibt es jedoch auf der Skala oberhalb von 5.13, 3.82, 2,73, 2.35 und 1.64. Lediglich der Abstand bei 1.64 ist wohl durch hier fehlende Berufe verursacht, die in diesem Abschnitt ohnehin stark unterschiedlich vertreten sind. Bei den anderen Unterbrechungen der Reihe deuten sich aber vielleicht Diskontinuitäten an. Es kann sein, daß sich bestimmte Berufe in bestimmten Statusbereichen in der Vorstellung der Befragten häufen und daß zwischen ihnen ein Abstand erlebt wird.

Wir sind dieser Vermutung gefolgt, zumal *William L. Warner, M. Meeker* und *K. Ellis* (32) bereits Berufe als bezeichnend für gewisse soziale Schichten genannt hatten, die in ähnlicher Form auch in unserer Liste vorkommen. Etwa gehören alle Berufe unter unserer Position 1.50 nach dieser Terminologie zur unteren Unterschicht. Bei einer solchen Identifizierung ergeben sich diese Richtwerte:

Prestigeberufe („Oberschicht") (O)	über 5.40
Über Mittelschicht (OM)	um 5.00
Untere Mittelschicht (UM)	um 3.40
Obere Unterschicht (OU)	um 2.40
Untere Unterschicht (UU)	um 1.40

Es ist klar, daß in dem *Warner*schen System, wenn man es auf Deutschland überträgt, zwischen OM und UM eine Gruppe fehlt, die bei etwa 4.40 liegen müßte. Hier sind in unserer Liste tatsächlich Berufe reichlich vertreten. Wir haben deswegen dem System zugefügt: Mittlere Mittelschicht um 4.40. Wie früher erklärt, wurden außerdem noch zwei Änderungen vorgenommen. Von der unteren Unterschicht haben wir die tiefste Gruppe abgetrennt, die mit Hilfsarbeitern und Arbeitern mit besonders schwerer oder schmutziger Tätigkeit vertreten ist und die wir später, nach Vorlage qualitativen Materials, Sozial Verachtete (SV) unter 1.40 genannt haben. Außerdem wurden die untere Mittelschicht und die obere Unterschicht in einen „industriellen" (i) und in einen „nicht-industriellen" (ni) Teil „horizontal" untergliedert.

Es waren sodann die Berufe auszuwählen, die wir als indikativ für jede Schicht ansehen wollen. Auszuschließen waren Berufe, deren Einstufung zu stark streut (etwa Lokomotivführer, Buchverleger, Bergmann), weiterhin Berufe, die zu speziell sind (etwa Rittergutsbesitzer, Bischof, Glasbläser) und Bezeichnungen, die eher Berufsstellungen als Berufe angehen (etwa Oberbürgermeister).

Für gut befunden wurden:

Soziale Schicht	Abkürzung	Beruf	D
„Prestigeberufe" (Oberschicht)	O	Universitätsprofessor	5.71
		Oberlandesgerichtspräsident	5.53
		Chefarzt eines großen Krankenhauses	5.49
		Generaldirektor eines Industriebetriebes	5.46
		Gesandter im diplomatischen Dienst	5.43
Obere Mittelschicht	OM	Staatsanwalt	5.07
		Kaufmännischer Direktor	4.96
		Rechtsanwalt	4.89
Mittlere Mittelschicht	MM	Apotheker	4.47
		Zahnarzt	4.43
		Kriminalinspektor	4.25
		Straßenbauingenieur	4.20
		Prokurist	4.04
Untere Mittelschicht/ nicht industriell	UM/ ni	Standesbeamter	3.51
		Technischer Zeichner	3.33
		Malermeister	3.24
		Schneidermeister	3.17
Untere Mittelschicht/ industriell	UM/í	Werkmeister	3.55
		Feinmechaniker	3.17
Obere Unterschicht/ nicht industriell	OU/ni	Krankenpfleger	2.67
		Kellner	2.35
		Postbote	2.10
Obere Unterschicht/ industriell	OU/ i	Schlossergeselle	2.32
		Eisengießer	2.31
		Tankstellenwart	2.19
Untere Unterschicht	UU	Gärtnergehilfe	1.64
		Fensterputzer	1.53
Sozial Verachtete	SV	Kanalarbeiter	1.46
		Möbelpacker	1.41
		Gepäckträger	1.38
		Parkwächter	1.32
		Müllabfuhrarbeiter	1.27
		Straßenreiniger	1.26
		Zeitungsausträger	1.25

N=150

Wir haben geprüft, ob diese Berufe durch Angehörige verschiedener demographischer Gruppen merklich verschieden eingestuft werden. Kein Unterschied war zwischen Männern und Frauen festzustellen. Um den Einfluß verschiedener sozialer Stellungen der Befragten auf die Klassifizierung zu prüfen, wurden die Durchschnittseinstufungen von vier Gruppen einander gegenübergestellt: Arbeiter mit geringem Einkommen (A-); Arbeiter mit hohem Einkommen (A+); Beamte, Angestellte und Selbständige mit geringem Einkommen (B-); Beamte, Angestellte und Selbständige mit hohem Einkommen (B+). Eine Rangkorrelation erbrachte:

A- gegen A+	Rho = 0.94
B- gegen B+	Rho = 0.97
A- gegen B-	Rho = 0.98
A+ gegen B+	Rho = 0.93

Die Übereinstimmung in der Einstufung ist so hoch, daß man eine generell akzeptable Prestigebewertung dieser Berufe unterstellen darf. Es ergeben sich jedoch systematische, wenn auch kleine Unterschiede, wenn man nicht auf die Rangordnung der Berufe, sondern auf die absolute Höhe der Einstufung achtet[8]. Wir haben deswegen bei den folgenden Untersuchungen sicherheitshalber auch noch die Beurteilungen durch Personen unterschiedlichen sozialen Niveaus miteinander verglichen und Berufe ausgeschieden, bei denen die Diskrepanz zu groß erschien.

2. Studie: Entwurf von zwei Listen mit neun Gruppen zu vier Berufen. Die 34 Berufe aus der ersten Untersuchung dienten – teilweise etwas umformuliert – als Gerüst für den Aufbau von zwei parallel laufenden Listen mit je neun Berufsgruppen zu vier Berufen. Sie sollten typische Berufe für Angehörige von sieben sozialen Schichten kennzeichnen mit der beschriebenen Unterteilung der beiden mittleren Schichten (UM und OM) in einen industriellen und nicht-industriellen Bereich. Es entstanden Entwürfe für die beiden Listen, Form X und Form Y.

Die Berufsgruppen wurden wieder auf Karten geschrieben und ähnlich wie beim ersten Test geordnet, nun aber auf einer neunstufigen Skala. Die Prestige-Einstufung wurde für beide Formen getrennt vorgenommen. Dann haben wir eine Liste vorgelegt, auf der die neun Berufsgruppen der Form X in nicht geordneter Reihe aufgeschrieben waren. Die Befragten hatten sich selbst danach einzustufen. Dasselbe geschah mit Liste Y. Schließlich hatten sie angegeben, welcher der Berufe der Gruppen, denen sie sich zugeordnet hatten, am wenigsten zu den übrigen passe und warum.

Das Sample bestand aus 100 Männern in Hamburg, es wurde nach Alter und Berufskreis ebenso quotiert wie das der ersten Erhebung. Die Ergebnisse der Rangordnung der Berufsgruppen bringt die folgende Tabelle. Links ist die Bezeichnung der sozialen Schicht angegeben, die von den Berufsgruppen repräsentiert werden sollte; daneben ist

[8] Arbeiter mit geringem Einkommen (A-) tendieren dazu, alle Berufe etwas tiefer zu setzen als die übrigen Befragten, besonders höhere Berufe, während niedere, denen sie sich selbst zurechnen, in Übereinstimmung mit den übrigen Befragten bewertet werden. Arbeiter mit höherem Einkommen (A+), vor allem Facharbeiter und Handwerker, werten dagegen fast alle Berufe auf, mit Ausnahme der an der Spitze der Hierarchie. Beamte, Angestellte und Selbständige mit kleinem Einkommen (B-) placieren die Berufe dagegen generell etwas tiefer als der Durchschnitt aller Befragten. Beamte, Angestellte und Selbständige mit höherem Einkommen (B+) werten die höchsten Berufe auf und setzen die niedrigen herunter, sie unterscheiden Prestige am klarsten und füllen die Skala am besten aus.

der Wert für den Idealdurchschnitt ausgewiesen (Di), der sich ergäbe, wenn die Berufsgruppen mit völlig gleichen Abständen voneinander auf einer Neun-Punkte-Skala eingeordnet würden. Die Idealwerte für UM/ni und UM/i Wie die beiden für OU sind natürlich dieselben. Dieser „Idealmaßstab" dient hier und bei den folgenden Untersuchungen als Bewertungsgrundlage für die Durchschnittseinstufungen der Berufsgruppen.

			Liste X			Liste Y			
Soziale Schicht	D_i	Berufe	D_A	D_B	$D_{ges.}$	$D_{ges.}$	D_B	D_A	Berufe
O	9.0	Chefarzt Oberlandesgerichts-präsident Generaldirektor Großunternehmer	8.5	8.7	8.6	8.9	8.9	8.8	Universitätsprofessor Diplomat Bankpräsident Fabrikbesitzer
OM	7.7	Staatsanwalt Technischer Direktor Personalchef Oberschuldirektor	8.0	8.0	8.0	7.9	7.8	7.9	Höherer Beamter Kauf. Direktor Abteilungschef Rechtsanwalt
MM	6.3	Zahnarzt Polizeiinspektor Kanzleirat Prokurist	7.3	7.2	7.3	6.9	7.1	6.8	Apotheker Fachschullehrer Mittlerer Beamter Straßenbau-Ing.
UM/ni	5.0	Malermeister Friseurmeister Standesbeamter Sparkassenangestellter	5.7	5.6	5.7	5.9	5.8	6.0	kaufm. Angestellter techn. Zeichner Kassenangestellter Schneidermeister
UM/i	5.0	Vorarbeiter Linsenschleifer Werkzeugmacher Maschinenführer	4.5	4.1	4.3	4.9	4.7	5.1	Werkmeister Tankstellenleiter Feinmechaniker Polier
OU/ni	3.7	Bäckergeselle Schneidergehilfe Kellner Werkstattleiter	3.4	4.1	3.8	3.3	3.6	3.1	Friseurgehilfe Postbote Möbelschreinergeselle Krankenpfleger
OU/i	3.7	Eisengießer Elektroschweißer Stanzer Autoschlosser	3.7	3.7	3.7	3.6	3.6	3.6	Eisendreher Maschinenschlosser Tankstellenwart Heizungsmonteur
UU	2.3	Fensterputzer Lagerarbeiter Straßenarbeiter Gärtnergehilfe	2.3	2.1	2.2	2.3	2.1	2.5	Zementmischer Bauarbeiter Pförtner Lastwagenfahrer
SV	1.0	Müllabfuhrarbeiter Parkwächter Möbelpacker Waldarbeiter	1.6	1.4	1.5	1.4	1.4	1.3	Straßenreiniger Gepäckträger Zeitungsausträger Kanalhilfsarbeiter

N=100

D = Durchschnitt
D_i = Ideal-Durchschnitt
A = Arbeiter
B = Beamte, Angestellte, Selbständige

Insgesamt haben wir uns dem gesetzten Ziel mit diesem ersten Entwurf schon ziemlich gut angenähert. Die Listen können als Grundlage dienen, Verbesserungen sind aber nötig. Hier folgen unsere Überlegungen in Stichworten:

Forschungsnotizen

O: Gruppen sehr gut, könnten aber noch näher an 9.0 liegen, besonders X Chefarzt herausnehmen, gehört eigentlich in OM. War früher „Chefarzt eines großen Krankenhauses", dies ist aber zu lang. In Y drückt Fabrikbesitzer vielleicht nach unten, kann auch Besitzer einer kleineren Fabrik sein.

OM: Sehr gut, keine Änderung nötig.

MM: Gruppen auf beiden Listen zu hoch, stimmen aber gut überein und streuen wenig (Streumaße wurden auf Grund hier nicht wiedergegebener Daten separat berechnet). Gruppen sollten sich besser dem Idealwert 6.3 annähern. Deswegen Prokurist ersetzen durch Bürovorsteher.

UM/ni: Durchschnittseinstufung ebenfalls zu hoch. In X: Standesbeamter gilt als nicht in die Gruppe passend, zu hohes Prestige. In Y: große Streuung wohl durch kaufmännischen Angestellten. Enger definieren.

UM/i: Gruppe X zu tief, viel zu starker Abstand zu UM/ni. Vorarbeiter, Linsenschleifer Feinmechaniker, Polier werden in diesen Gruppen abgelehnt, gehören zu OU. Berufe auf Werkmeister ausrichten. Tankstellenleiter ist kein Industrieberuf. Drastische Änderungen in dieser Gruppe nötig.

OU/ni: Arbeitet ziemlich gut. In X wird Werkstattleiter abgelehnt, gehört zu UM. Dadurch ist auch wohl die Höherbewertung durch Beamte, Angestellte verursacht.

OU/i: Niveau richtig, Parallelität gut. Zwei Berufe gehören nicht in Industriebereich und müssen ersetzt werden: Autoschlosser, Tankstellenwart.

UU: Sehr gut. Abgelehnt wird Fensterputzer, da keine schwere Arbeit wie die anderen. Pförtner ist kein Beruf, sondern Beschäftigung für Invaliden und Rentner. Beide ersetzen.

SV: Sehr gut, sollte aber deutlicher Hilfsarbeiter-Berufe enthalten. Auf möglichst niedrigen Status achten, Straßenreiniger ändern in Straßenkehrer.

Die Selbsteinstufung der Befragten auf Liste X und Y erbrachte in 52 Prozent der Fälle die Wahl der Parallelgruppen. Dies ist wohl bedingt durch schlecht gestaltete Gruppen für mittlere Schichten.

3. Studie: Umgestaltung der Listen X und Y. Die veränderten Fassungen der beiden Listen wurden erneut in einen Test gegeben, der analog zum vorhergehenden aufgebaut war. Wieder wurden Rangordnungen auf einer Skala von neun Stufen vorgenommen. Da, wie sich bei der ersten Untersuchung zeigte, die Interpretation und Bearbeitung der Daten sehr erleichtert wird, wenn man die soziale Position eines jeden Berufs in der Gruppe kennt, hatten die Befragten zusätzlich anzugeben, welche

Berufe jeder Gruppe jeweils am höchsten und am niedrigsten standen. Außerdem wurde eine Rangordnung von Einzelberufen vorgenommen, und zwar alle Berufe der Unterschicht einschließlich UM/i durch Arbeiter und alle Berufe der Mittelschichten einschließlich OU/ni durch Beamte, Angestellte und Selbständige. Eine Selbsteinstufung auf beiden Listen wurde wiederum erbeten.

Das Sample von 100 Männern in Hamburg war ebenso aufgebaut wie das der zweiten Studie.

			Liste X			Liste Y			
Soziale Schicht	D_i	Berufe	D_A	D_B	$D_{ges.}$	$D_{ges.}$	D_B	D_A	Berufe
O	9.0	Generalkonsul Oberlandesgerichts-präsident Generaldirektor Großunternehmer	8.7	8.9	8.8	8.6	8.5	8.7	Universitätsprofessor Diplomat Bankpräsident Ministerialdirigent
OM	7.7	Staatsanwalt technischer Direktor Personalchef Oberschuldirektor	8.0	8.0	8.0	7.7	7.5	7.8	Höherer Beamter kauf. Direktor Abteilungschef Chefarzt
MM	6.3	Zahnarzt Polizeiinspektor Kanzleirat Bürovorsteher	6.9	6.8	6.9	7.1	7.1	7.0	Apothekenbesitzer Fachschullehrer Mittlerer Beamter Elektro-Ingenieur
UM/ni	5.0	Buchhalter Malermeister Sparkassenangestellter Friseurmeister	4.7	4.8	4.8	4.9	4.9	4.9	Verw.-Angestellter Schneidermeister techn. Zeichner Kassenangestellter
UM/i	5.0	Maschinenmeister Werkstückprüfer Montageführer Werkstattleiter	5.2	5.2	5.2	5.0	5.1	4.9	Werkmeister Maschineneinrichter Steiger Schlossermeister
OU/ni	3.7	Bäckergeselle Kellner Schneidergehilfe Straßenbahnkontrol-leuer	3.4	3.3	3.3	3.3	3.2	3.5	Friseurgehilfe Geldbriefträger Möbelschreinerge-selle Uhrmachergeselle
OU/i	3.7	Elektroschweißer Eisengießer Stanzer Industrieschlosser	4.0	4.1	4.1	4.0	4.0	4.0	Dreher Maschinen-schlosser Fräser Heizungsmonteur
UU	2.3	Straßenbauarbeiter Lagerarbeiter Gärtnergehilfe Bauarbeiter	2.4	2.2	2.3	2.5	2.4	2.6	Zementmischer Asphaltierer Steinbrucharbeiter Eisenbahn-bauarbeiter
SV	1.0	Müllabfuhrarbeiter Kohlenträger Steinbruchhilfsarbeiter Zeitungsausträger	1.7	1.7	1.7	1.6	1.6	1.5	Straßenkehrer Gepäckträger Handlanger Kanalhilfsarbeiter

N=100

D = Durchschnitt
D_i = Ideal-Durchschnitt
A = Arbeiter
B = Beamte, Angestellte, Selbständige

Die Listen sind durch die Veränderung deutlich verbessert worden. Wir geben wieder unsere Bemerkungen dazu im einzelnen:

Forschungsnotizen

O: Gruppe weiterhin sehr gut. Einstufung X ist durch Ersatz Chefarzt durch Generalkonsul angestiegen. Kann noch näher an Idealwert 9.0 kommen. Niedrigster Beruf der Gruppe ist Großunternehmer, diesen ausschließen. Y auch gut, sollte ebenfalls angehoben werden. Jetzt ist Universitätsprofessor der niedrigste Beruf, ändern in Universitätsrektor. Als neuen Beruf Generalstaatsanwalt als Aufwertung von Staatsanwalt von OM aufnehmen.

OM: Beide Gruppen weiterhin sehr gut, aber etwas zu hoch. Die jeweils höchsten Berufe abwerten: Staatsanwalt in Rechtsanwalt, Chefarzt in Oberarzt ändern.

MM: Gruppe X durch Ersatz Prokurist durch Bürovorsteher wie erwünscht gesenkt. Sollte noch tiefer kommen. Höchste Berufe sind Zahnarzt (ausschließen, gehört eigentlich zu OM) und Kanzleirat, diesen ändern in Kanzleivorsteher. Gruppe Y ist unversehens angestiegen. Dies liegt an Veränderung Apotheker in Apothekenbesitzer, der als sehr viel höher stehend als die übrigen Berufe angesehen wird. Ersetzen durch Versicherungsinspektor. Mittlerer Beamter an erster Stelle, Gruppe muß drastisch gesenkt werden.

UM/ni: Beide Gruppen sind wie erwünscht klar tiefer eingestuft worden, liegen jetzt bei Idealwert 5.0. Arbeiten sehr gut, keine Änderungen nötig.

UM/i: Die Neufassung hat gearbeitet, beide Gruppen sind angestiegen und liegen jetzt parallel zu UM/ni. In Liste Y fällt der Steiger in Einzeleinstufung nach unten heraus, ändern in Obersteiger.

OU/ni: Beide Gruppen sind zu tief, zu großer Abstand zu OU/i. Bäckergeselle ersetzen durch Elektrikergeselle, da sonst zu viele traditionelle Handwerksberufe. Schneidergehilfe zu tiefer Beruf, ändern in Schneidergeselle. Y: Friseurgehilfe tiefster Beruf, ersetzen durch Filmvorführer, Geldbriefträger zu speziell, wird Briefträger.

OU/i: Arbeitet gut.

UU: Sehr gut, wenn Gruppe Y auch etwas angestiegen ist durch Ersatz des Pförtners.

SV: Beide Gruppen gut, aber jetzt etwas zu hoch. Kohlenträger als höchster Beruf der Gruppe X wieder durch Parkwächter ersetzen.

Die Selbsteinstufung auf beiden Listen erbrachte in 63 Prozent der Fälle die Wahl beider Parallelgruppen, was gegenüber früher deutlich verbessert ist.

4. Studie: Erneute Umgestaltung der Listen X und Y. Die beiden Formen wurden den Forschungsnotizen zur dritten Studie entsprechend verändert und dann erneut getestet. Das Verfahren war mit den früheren fast identisch. Die Befragten hatten die Berufsgruppen, für jede Liste separat, auf einer Skala einzuordnen, die jetzt aber nur noch sieben Stufen umfaßte. Da sich die Bestimmung des Stellenwertes jedes einzelnen Berufes bei den bisherigen Entwicklungsarbeiten als sehr wertvoll erwiesen hatte, wurde gleichfalls eine Einstufung aller 72 Berufe auf dieser Sieben-Punkte-Skala vorgenommen.

Das Sample wurde gegenüber früher erweitert. Befragt wurden jetzt 150 Personen in Hamburg, und zwar Männer und Frauen. Die übrigen Quoten wurden beibehalten. Die Ergebnisse sind in der folgenden Tabelle aufgeführt. Dabei ist zu beachten, daß die Idealdurchschnitte gegenüber früher anders liegen, da wir jetzt eine Skala von sieben Stufen verwenden.

			Liste X				Liste Y				
Soziale Schicht	D_i	Berufe	D	D_A	D_B	$D_{ges.}$	$D_{ges.}$	D_B	D_A	D	Berufe
		Generalkonsul	6.8							6.8	Generalstaatsanwalt
O	7.0	Oberlandesgerichts-	6.9	6.9	6.9	6.9	6.8	6.8	6.8	6.6	Universitätsrektor
		präsident								6.5	Diplomat
		Generaldirektor	6.6							6.7	Bankpräsident
		Ministerialdirigent	6.2								
		Techn. Direktor	6.2							5.8	Kaufm. Direktor
OM	6.0	Rechtsanwalt	5.8	6.0	5.9	5.9	5.8	5.8	5.9	5.2	Höherer Beamter
		Personalchef	5.2							5.0	Abteilungschef
		Oberschuldirektor	6.0							5.9	Oberarzt
		Bürovorsteher	4.0							4.2	Mittlerer Beamter
MM	5,0	Mittlerer Verwaltungs-	3.9	4.9	4.7	4.8	4.7	4.7	4.7	4.8	Versicherungs-
		leiter									inspektor
		Polizeiinspektor	5.0							4.6	Fachschullehrer
		Elektroingenieur	4.7							3.8	Kanzleivorsteher
		Sparkassenangestellter	3.9							3.6	Verwaltungs-
UM/ni	5.0	Malermeister	3.6	3.7	3.6	3.7	3.8	3.8	3.7		angestellter
		Buchhalter	3.6							3.7	Schneidermeister
		Friseurmeister	3.6							3.4	Kassenangestellter
										3.6	Techn. Zeichner
		Maschinenmeister	4.0							4.4	Werkmeister
UM/i	4.0	Werkstückprüfer	3.2	4.0	3.9	3.9	3.9	3.8	4.1	3.0	Maschineneinrichter
		Montageführer	3.6							3.7	Obersteiger
		Werkstattleiter	3.9							3.6	Schlossereimeister
		Elektrikergeselle	2.6							2.7	Uhrmachergeselle
OU/ni	3.0	Kellner	2.4	2.7	2.6	2.7	2.6	2.6	2.6	2.0	Briefträger
		Schneidergehilfe	2.5							2.4	Möbelschreiner-
		Polsterer	2.5								geselle
										3.0	Filmvorführer
		Elektrikergeselle	2.9							2.6	Dreher
OU/i	3.0	Eisengießer	2.5	3.0	2.8	2.8	2.8	2.8	2.9	2.7	Maschinenschlosser
		Stanzer	2.3							2.6	Fräser
		Industrieschlosser	2.7							2.7	Heizungsmonteur

		Straßenbauarbeiter	1.6							1.9	Zementmischer
UU	2.0	Lagerarbeiter	1.4	1.7	1.6	1.6	1.9	1.8	2.0	2.1	Asphaltierer
		Bauarbeiter	1.8							1.6	Steinbrucharbeiter
		Gärtnergehilfe	1.7							1.7	Eisenbahnbauarbeiter
		Zeitungsausträger	1.1							1.1	Straßenkehrer
SV	1.0	Müllabfuhrarbeiter	1.2	1.2	1.1	1.2	1.2	1.1	1.2	1.1	Handlanger
		Parkwächter	1.2							1.1	Gepäckträger
		Steinbruchhilfsarbeiter	1.2							1.2	Kanalisationshilfs-arbeiter

N=150

D = Durchschnitt
D_i = Ideal-Durchschnitt
A = Arbeiter
B = Beamte, Angestellte, Selbständige

Die Ergebnisse sind fast perfekt.

Die Durchschnittseinstufungen der Einzelberufe bleiben beinahe immer im Rahmen ihrer Schicht und sind von den höchsten bzw. tiefsten Berufen benachbarter Schichten abgesetzt. Lediglich an zwei Stellen gibt es geringe Überschneidungen. Die höchsten Berufe von UM/i. Werkmeister und Werkstattleiter, ragen etwas in die Berufe von MM hinein. Dies ist wahrscheinlich realistisch, da die industrielle Hierarchie in Einzelfällen höher gehen kann als UM. Wir wollten aber bei MM keine Unterteilung in i/ni einführen, da bei Repräsentativumfragen diese Gruppen zu klein geworden wären. Die zweite kleine Unsauberkeit: Der Briefträger von OU/ni überlappt sich um 0.1 Stufe mit dem höchsten Beruf von UU, dem Asphaltierer. Auch dies ist indikativ: Es gibt Angestellten- oder Beamtenberufe, die auf der UU-Ebene stehen können. Aus den oben beschriebenen Gründen wollten wir bei UU aber auch keine Horizontalgliederung vornehmen. Den Briefträger haben wir, um den Schönheitsfehler zu beseitigen, in Postschaffner umformuliert.

Die Berufsgruppen sind klar voneinander geschieden und in nahezu gleichen Abständen auf der Skala verteilt. Bei einer Zusammenfassung der Durchschnittseinstufung für X und Y ergehen sich für jede Schicht folgende Stellenwerte:

Schicht	D_i	D_{X+Y}	Abstand
O	7.00	6.85	1.00
OM	6.00	5.85	1.10
MM	5.00	4.75	0.92
UM	4.00	3.83	1.08
OU	3.00	2.75	1.00
UU	2.00	1.75	0.55
SV	1.00	1.20	

N=150

Die Abstände zwischen den sieben Gruppen betragen jeweils fast genau eine Stufe, nur SV steht nur eine halbe Stufe unter UU. Dies liegt zum Teil daran, daß bei solchen Erhebungen die Extremwerte natürlich nie ganz erreicht werden, so daß die effektive Ausdehnung der Skala geringer ist als die theoretische. Da sich die Skala aber nur nach unten verschoben hat (alle Werte liegen etwas unter den Idealwerten), muß man annehmen, daß die SV- der UU-Schicht tatsächlich näher steht als die übrigen benachbarten Schichten einander.

Zwischen den Einstufungen durch Arbeiter und Beamte, Angestellte, Selbständige zeigen sich nirgends wesentliche Unterschiede. Die ni- und i-Gruppen bei UM und OU sind auf derselben Ebene. Die Industrie-Gruppen liegen jeweils etwas höher, im Durchschnitt liegen sie um 0.18 Stufen über den entsprechenden ni-Gruppen.

Die Listen X und Y arbeiten parallel, im Durchschnitt liegen sie 0.1 Stufen auseinander.

Die Berufsgruppen streuen wie folgt:

			Stufe						
Schicht	Liste	D	1 v. H.	2 v. H.	3 v. H.	4 v. H.	5 v. H.	6 v. H.	7 v. H.
O	X	6,9	-	-	-	1	-	5	94
	Y	6,8	-	-	1	1	-	9	89
OM	X	5,9	-	-	1	3	11	72	13
	Y	5,8	1	-	-	4	12	73	10
MM	X	4,8	-	1	4	27	52	14	2
	Y	4,7	-	1	7	25	55	12	-
UM/ni	X	3,7	-	8	32	46	11	3	-
	Y	3,8	1	6	30	45	15	3	-
UM/i	X	3,9	1	5	23	47	20	3	1
	Y	3,9	1	5	27	43	18	4	2
OU/ni	X	2,7	3	40	47	8	1	1	-
	Y	2,6	6	44	39	10	1	0	-
OU/i	X	2,8	3	33	46	15	2	1	-
	Y	2,8	3	32	49	11	4	1	-
UU	X	1,6	50	41	6	2	1	-	-
	Y	1,9	37	45	14	3	1	-	0
SV	X	1,2	89	7	2	1	1	-	-
	Y	1,2	89	8	1	-	-	1	1

N = 150

Die Streuung ist akzeptabel. Bei den Gruppen UM/i entfallen 70 Prozent aller Nennungen auf zwei nebeneinander liegende Stufen, bei fast allen anderen Stufen 80 Prozent und mehr. Dies sind sehr gute Konzentrationen. UM/i streut, wie auch schon aus den Einstufungen erkennbar, etwas in MM.

5. Studie: Überprüfung der X- und Y-Listen an einem nationalen Sample. Die vorliegenden Fassungen des SSE wurden in eine nationale Repräsentativ-Untersuchung mit einem geschichteten Random-Sample von 5853 Personen im Alter zwischen 16 und 65 Jahren eingeschaltet, um zu prüfen, wie die Listen unter normalen Umfragebedingungen arbeiten. Beide Karten wurden zur Selbsteinstufung vorgelegt.

Erreicht wurden Einstufungen in folgendem Umfang:

Liste	v. H.
X und Y	91,3
nur X	1,7
nur Y	1,5
beide verweigert	5,5
	N = 5853

Die Listen sind also ohne Schwierigkeiten zu verwenden. Verweigerungen von 5,5 Prozent erscheinen für Großumfragen aber als etwas zu hoch.

Dagegen sind die Verteilungen aus beiden Listen zufriedenstellend gleichartig, wie sich aus einer Auszählung der Selbsteinstufungen ergab (die Daten sind noch nicht indikativ für soziale Schichtung, das Instrument befand sich noch in der Entwicklung!):

Soziale Schicht	Liste X v. H.	Liste Yv. H.
O	0	0
OM	5	6
MM	11	10
UM/ni	17	17
UM/i	13	13
OU/ni	12	11
OU/i	20	21
UU	18	16
SV	4	6
N	5400	5389

73 Prozent der Befragten wählten die sich jeweils entsprechenden Gruppen auf beiden Listen. Ohne Berücksichtigung der beiden Parallelbereiche bei UM und OU sind es 30 Prozent. Bei den restlichen Einstufungen ist kein systematischer Fehler festzustellen, sie verteilen sich gleichmäßig nach oben und unten.

Bei Befragten in Städten gab es leichte Häufungen der Verweigerungen und stärkere Streuungen – also größere Unsicherheit – bei Angehörigen freier Berufe, bei Selbständigen und Beamten (besonders Postbeamten). Kleine Veränderungen wurden deswegen vorgenommen: In OM wurde der Rechtsanwalt (selbständig) aus einer früheren Fassung wieder eingefügt, in MM ein Großhändler. UM/ni erhielt einen Postsekretär. Der mittlere Beamte aus MM wurde enger definiert, er heißt jetzt Regierungsinspektor. Der altertümliche Kanzleivorsteher wurde zum Abteilungsleiter. Außerdem schien es angezeigt, die industriellen Gruppen noch klarer als solche zu definieren. Wir haben den Werkstattleiter mit dem Zusatz „Industrie" versehen und den Werkmeister zum Industriemeister gemacht. Der Heizungsmonteur wurde zum Elektromonteur.

Wie eine erneute Einschaltung der Listen auswies, haben sich, bei Beibehaltung der Durchschnittseinstufungen, die Streuungen durch die Veränderungen verringert, besonders bei OM, MM und UM.

6. Studie: Entwicklung der Listen L/X und L/Y für ländliche Bevölkerung. In der gegenwärtigen Phase lag das Hauptproblem in den Schwierigkeiten, die beim Einsatz der Karten in ländlichen Gebieten auftraten. Hier konzentrierten sich die Verweigerungen und die Fehleinstufungen.

Verweigerungsraten von etwa 7 Prozent bei der Vorlage nur einer Form und von 5,5 Prozent bei der Verwendung beider erschienen uns zu hoch, da man bei Großerhebungen von beispielsweise 30000 Personen 1500 bis 2100 Fragebogen selbst klassifizieren muß, will man bei ihnen auf Informationen über soziale Schicht nicht verzichten.

Besonders interessant war die Analyse der Fehleinstufungen. So zogen die UU-und die SV-Berufe Bauern an, weil man hier auch im Freien tätig sei wie der Bauer selbst. Die Statusunterschiede, in der Stadt von dominanter Bedeutung, traten bei einer hier offenbar näherliegenden Betrachtung der Berufe nach Funktion, gemeinsamer Umwelt und gemeinsamem Schicksal zurück. Auf Probleme ähnlicher Art waren wir früher nur bei den Beamten gestoßen, die sich – gleich, welchen Rang sie hatten – dem mittleren Beamten verwandt fühlten, weil er ein „Beamter“ war. Wir hatten diese traditionell-ständischen Denkweisen zu berücksichtigen, wollten wir nicht Fehleinstufungen in Kauf nehmen. Bei den Bauern (und Pächtern) wurde die Aufgabe durch Entwicklung eigener Kartensätze für ländliche Bevölkerung gelöst, die genügend Landberufe enthalten sollten, um Statusdifferenzierungen zu ermöglichen, und außerdem noch mit den dort leichter verständlichen traditionellen Statusindikatoren (Größe des Besitzes) arbeiten zu können.

Als Ausgangspunkt dienten die bestehenden „Stadt“-Listen, die wir von nun an St/X und St/Y nannten. Durch Aufnahme „ländlicher“ Berufe vornehmlich in MM, UM/ni, OU/ni, UU und SV wurden sie zu den „Land“-Listen L/X und L/Y.

Das Sample entsprach dem aus der letzten Erhebung mit den St-Listen. Befragt wurden 150 Personen, zur Hälfte Männer und Frauen, jetzt aber aus Orten unter 2000 Einwohnern. Zur Hälfte handelte es sich um Erwerbstätige in der Landwirtschaft.

Die nachstehende Tabelle gibt die Ergebnisse der Einstufung von Einzelberufen und Berufsgruppen auf einer Skala von sieben Stufen wieder:

		Liste L/X			Liste L/Y		
Soziale Schicht	D_i	Berufe	$D_{Ber.}$	$D_{Grup.}$	$D_{Grup.}$	$D_{Ber.}$	Berufe
O	7.0	Oberlandesgerichts-präsident	6.7			6.6	Generalstaatsanwalt
		Generalkonsul	6.3	6.4	6.7	6.6	Bankpräsident
		Generaldirektor	6.2			6.5	Diplomat
		Großgrundbesitzer	5.8			6.3	Universitätsrektor
		Oberschuldirektor	5.9			6.0	Landrat
OM	6.0	Techn. Direktor	5.8	5.8	5.7	5.7	Oberarzt
		Rechtsanwalt	5.6			5.7	Kraftwerksdirektor
		Gutsbesitzer	5.5			5.2	Höherer Beamter
		Gutsinspektor	4.8			5.4	Apotheker
MM	5.0	Amtsvorsteher	4.8	4.7	5.0	4.7	Oberförster
		Großbauer	4.4			4.2	Versicherungsinspektor
		Getreidehändler	4.1			4.2	Pächter (großer Hof)
		Schmiedemeister	3.6			4.1	Landmaschinenhändler
UM/ni	4.0	Bauer (mittlerer Hof)	3.5	3.6	3.6	3.4	Schneidermeister
		Viehhändler	3.5			3.3	Pächter (mittlerer Hof)
		Büroangestellter	3.2			3.2	Kassenangestellter
		Werkstattleiter	3.8			4.0	Werkmeister
UM/i	4.0	Montageführer	3.7	4.1	4.1	3.9	Obersteiger
		Maschinenmeister	3.6			3.7	Schlossereimeister
		Werkstückprüfer	3.2			3.0	Maschineneinrichter
		Forstaufseher	2.9			3.1	Besitzer kleiner Gastwirtschaft
OU/ni	3.0	Kraftpostfahrer	2.7	2.5	2.7		
		Kleinbauer	2.7			2.6	Kleinpächter
		Bäckergeselle	2.3			2.3	Schlachter/ Metzgergeselle
						2.0	Großknecht
		Elektroschweißer	2.8			3.2	Heizungsmonteur
OU/i	3.0	Industrieschlosser	2.8	2.9	3.1	2.9	Maschinenschlosser
		Eisengießer	2.6			2.8	Fräser
		Stanzer	2.4			2.7	Dreher
		Bauarbeiter	2.0			1.8	Straßenbauarbeiter
UU	2.0	Holzfäller	1.8	1.7	1.8	1.7	Forstarbeiter
		Gartenarbeiter	1.5			1.6	Steinbrucharbeiter
		Landarbeiter	1.5			1.5	Arbeiter

SV	1.0	Saisonarbeiter	1.4			1.6	Steinklopfer
		Steinbruchhilfsarbeiter	1.3	1.5	1.3	1.3	Viehhüter
		Handlanger	1.3			1.2	Gelegenheitsarbeiter
		Tagelöhner	1.2			1.2	Ernteaushilfsarbeiter

N=150

D = Durchschnitt
D_i =Ideal-Durchschnitt
Ber. = Berufe
Grup. = Gruppe

Die beiden Formen arbeiten etwas schlechter als die St-Listen, sind aber im ganzen gesehen akzeptabel. Wir konnten hoffen, mit kleinen Veränderungen genügende Verbesserungen zu erreichen, die eine Einschaltung der Listen bei dem beschriebenen Personenkreis rechtfertigten. Hier sind unsere Anmerkungen:

Forschungsnotizen

O: Liste X liegt zu tief. Der niedrigste Beruf ist der Großgrundbesitzer, diesen ersetzen durch Ministerialdirigent aus der Stadtliste.

OM: Hier ist Y etwas zu tief, wohl durch den höheren Beamten. Diesen ersetzen durch Apotheker aus MM, der, wie die Einzeleinstufung zeigt, auf dem Land zu OM-Berufen gerechnet wird.

MM: Form Y muß nun einen zusätzlichen Beruf erhalten. Landmaschinenhändler scheint geeignet, der an 1. Stelle von UM/ni steht und im allgemeinen als über dieser Gruppe plaziert empfunden wird.

UM/ni: In Form Y ist der Landmaschinenhändler zu ersetzen. Dazu geeignet ist Besitzer kleiner Gastwirtschaft aus OU/ni, der in seiner Gruppe höchster Beruf ist. Um den Status deutlicher zu machen, umformulieren in Besitzer mittlerer Gastwirtschaft.

UM/i: Beide Gruppen liegen sehr hoch. besonders im Vergleich zu OU/ni. Dies ist sicherlich eine Eigentümlichkeit auf dem Lande, die führenden Industrieberufe werden überschätzt. Wir müssen uns mit dieser Eigenart abfinden, da man eine etwas veränderte Bewertung des Prestiges von Berufen gegenüber der Stadt in sehr kleinen Orten wohl als realistisch ansehen muß. Die Prestigeeinstufung ist in diesem Fall ohnehin nicht sehr schwerwiegend, da es auf dem Lande wenig Industriearbeiter und besonders Industriemeister gibt.

OU/ni: Postschaffner einfügen.

OU/i: Keine Änderung nötig, nur Heizungsmonteur soll zum Elektromonteur werden wie bei der St-Liste.

UU: Beide Gruppen könnten höher liegen. Gartenarbeiter ersetzen durch Asphaltierer. Steinbrucharbeiter durch Zementmischer.

SV: Form X kann gesenkt werden, erhält Zeitungsausträger aus der St-Liste, für den stets das tiefste soziale Prestige gemessen wurde. Form Y erhält Steinbruchhilfsarbeiter aus X anstelle des Steinklopfers, der zu hohen Status hat.

In allen Gruppen sollen die ländlichen Berufe, besonders die Bauern und Pächter, an erster Stelle stehen.

Ein Vergleich der Einstufungen von 35 Berufen aus den L-Listen, die auch in den St-Listen enthalten waren, erbringt eine Rangkorrelation von Rho = 0.90.

Die städtischen Berufe werden also in Orten über und unter 2000 Einwohner in fast derselben hierarchischen Ordnung gesehen. Dagegen ergeben sich wieder kleine, aber systematische Veränderungen in den Stellenwerten[9].

Stellt man die Durchschnittseinstufungen von St und L einander gegenüber, so zeigt sich:

Schicht	Di	DSt	DL	Diff.
O	7.00	6.85	6.55	0.30
OM	6.00	5.85	5.75	0.10
MM	5.00	4.75	4.85	0.10
UM/ni	4.00	3.75	3.60	0.10
UM/i	4.00	3.9	4.10	0.20
OU/ni	3.00	2.65	2.60	0.05
OU/i	3.00	2.85	3.00	0.15
UU	2.00	1.75	1.75	0.00
SV	1.00	1.20	1.40	0.20
N		150	150	

Mit Ausnahme bei O, UM/i, OU/i und SV sind die Übereinstimmungen in den Stellenwerten zwischen den St- und L-Listen akzeptabel. Die vorgesehene Änderung bei 0 wird die Gruppe anheben. Die etwas höhere Einstufung der Industrie-Gruppen gegenüber Befragten aus der Stadt soll in Kauf genommen werden. Die vorgesehenen Veränderungen bei SV werden die Gruppe wohl der St-Einstufung annähern.

Nach Zusammenfassung von ni und i ergibt sich folgendes Bild:

Schicht	Di	DSt	DL	Diff.
O	7.00	6.85	6.55	0.30
OM	6.00	5.85	5.75	0.10
MM	5.00	4.75	4.85	0.10
UM	4.00	3.83	3.85	0.02
OU	3.00	2.75	2.80	0.05
UU	2.00	1.75	1.75	0.00
SV	1.00	1.20	1.40	0.20
N		150	150	

[9]Mittelschicht-Berufe und solche aus den nicht-industriellen Bereichen werden in der Stadt generell etwas höher gesetzt. Dagegen werden die Industrie-Berufe und die Unterschicht-Tätigkeiten auf dem Land etwas höher bewertet als in der Stadt. Die Unterschiede sind gering, aber merklich. - Die gegenüber den früheren Rangkorrelationen (Anm. 8) etwas niedrigere Ähnlichkeit der Einstufung der hier ausgewählten Berufe dürfte auch darauf zurückzuführen sein, daß der Rang der 35 Berufe in zwei Listen gemessen wurde, deren übrige 35 Berufe unterschiedlich waren. Bei identischen Listen wären wohl Bangkorrelationen von über 0,95 zu erreichen.

7. Studie: Überprüfung der vier Listen mit einem nationalen Sample. Dieser Schritt erschien wiederum notwendig, da das SSE vornehmlich zur Verwendung bei Großumfragen gedacht ist. Jetzt wurde ein Sample von 1828 nach dem geschichteten Random-Verfahren ausgewählten Personen herangezogen, repräsentativ für die Bevölkerung zwischen 16 und 65 Jahren. 427 Interviews entfielen auf Orte mit unter 2000 Einwohnern. Diese Befragten erhielten die beiden L-Listen zu einer Rangordnung auf einer Sieben-Punkte-Skala vorgelegt, die übrigen klassifizierten die St-Listen. Alles geschah im Rahmen einer Mehrthemen-Umfrage.

Man muß bei der Aufgabe von Rangordnungen einer größeren Anzahl von Karten bei einem normalen Interview mit einem Repräsentativ-Sample etwas verschiedene Ergebnisse gegenüber früher erwarten. Die vorher verwandten Samples von 100 bis 150 Befragten waren besonders „gut" in dem Sinne, als Personen, die an solchen etwas anstrengenden Rangordnungen nicht interessiert waren, auch von den Interviewern nicht dafür gewonnen wurden. Bei einer der üblichen Repräsentativ-Umfragen dagegen werden, sofern man sich eines Random-Samples bedient, die Adressen der zu befragenden Personen den Interviewern vorgegeben, so daß man einen echten Querschnitt der Bevölkerung – auch im Hinblick auf die Bereitschaft, besondere Energie für solche Untersuchungen aufzubringen – findet. Da es sich zudem noch um eine Mehrthemen-Umfrage handelte, müssen die Resultate schematisch sein, weniger differenziert und insgesamt verschwommener.

Die Durchschnittseinstufungen für die beiden städtischen und ländlichen Listen sind nachstehend aufgeführt.

Schicht	D_i	D_{St}	D_L	Diff.
O	7.0	6.6	6.5	0.1
OM	6.0	5.8	5.8	0.0
MM	5.0	4.9	4.8	0.1
UM/ni	4.0	3.9	3.8	0.1
UM/i	4.0	4.1	4.3	0.2
OU/ni	3.0	2.8	2.7	0.1
OU/i	3.0	3.0	3.7	0.3
UU	2.0	2.1	2.0	0.1
SV	1.0	1.5	1.5	0.0
N		1401	427	

Wie sich zeigt, sind die Positionen für die Überschicht gegenüber den Einstufungen etwas gesunken, und umgekehrt ist die Durchschnittseinstufung für SV etwas angestiegen. Im übrigen ergibt sich jedoch ein sehr ähnliches Bild wie früher mit einer guten Parallelität der beiden Listen. Das hohe Prestige UM/i auf dem Lande zeigt sich wieder.

Die Listen arbeiten gut parallel. Die Durchschnittsabweichung der Positionen zwischen beiden Sätzen (vorn Ausgangsmaterial berechnet, also nicht durch Auf- und Abrundungen beeinträchtigt) beträgt 0.10 Stufen. Bei Nichtberücksichtigung der Unterteilung i/ni beträgt die durchschnittliche Abweichung 0.06 Stufen.

8. und 9. Studie: Entwicklung der experimentellen Liste F mit Frauenberufen. Zur Konstruktion dieser Karte waren dieselben Phasen zu durchlaufen wie bei der Entwicklung der übrigen Listen. Die Arbeiten hieran konnten freilich gegenüber früher abgekürzt werden, da wir inzwischen schon Erfahrung und einiges Geschick im Umgang mit solchen Instrumenten und Daten hatten.

Wir begannen wieder mit 70 weiblichen Berufen, die wir durch ein repräsentativ ausgewähltes Sample von 728 Personen (Männer und Frauen) im Rahmen einer Welle der Leser-Analyse rangordnen ließen. Zwei Halbgruppen von 359 und 369 Befragten klassifizierten jeweils 35 Berufe auf sieben Stufen. Verweigerungen wurden zugelassen, was bei einer solchen, einer anderen Erhebung angeschlossenen Studie unumgänglich erschien. Bei Zusammenfassung der Ergebnisse aus beiden Halbgruppen ergeben sich folgende Daten – die Durchschnittseinstufungen D sind für das Repräsentativ-Sample (D_{ges}) und für Frauen gesondert (D_F) ausgewiesen.

				Stufe							
Rang	Berufe	D_{ges}	D_F	1 v.H.	2 v.H.	3 v.H.	4 v.H.	5 v.H.	6 v.H.	7 v.H.	K.A. v.H.
1	Bundesverfassungsrichterin	6.80	6.79	-	-	-	0	0	14	82	3
2	Universitätsprofessorin	6.78	6.75	-	-	-	0	1	17	72	10
3	Senatspräsidentin	6.78	6.78	1	0	0	1	2	9	84	3
4	Diplomatin	6.75	6.72	1	0	0	1	2	13	81	2
5	Landgerichtsdirektorin	6.52	6.54	1	1	0	-	5	29	64	0
6	Regierungsrätin	6.42	6.41	-	-	-	2	5	38	48	7
7	Besitzerin eines Großunternehmens	6.41	6.38	1	-	0	2	6	30	54	7
8	Staatssekretärin	6.33	6.31	1	1	0	7	8	22	62	-
9	Rechtsanwältin	6.29	6.34	0	-	1	1	9	39	46	3
10	Studienrätin	6.18	6.19	1	1	0	2	10	44	40	3
11	Ärztin	6.11	6.14	-	1	-	3	13	46	34	3
12	Prokuristin in größerer Firma	5.78	5.77	-	0	2	3	24	50	15	6
13	Innenarchitektin	5.76	5.86	1	1	1	6	21	44	20	6
14	Inspektorin im Staatsdienst	5.46	5.42	-	2	3	10	35	35	13	2
15	Redakteurin	5.32	5.39	2	0	2	10	34	41	10	1
16	Volksschullehrerin	5.17	5.12	1	0	1	12	47	30	2	7
17	Gewerbelehrerin	5.13	5.08	0	0	2	14	49	32	1	2
18	Wirtschaftsprüferin	5.12	5.15	-	2	7	16	34	36	5	-
19	Buchhändlerin, selbst.	5.05	5.15	0	2	7	14	34	35	3	5
20	Hauptbuchhalterin	4.66	4.66	-	2	9	31	34	20	2	2
21	Beamtin im mittleren Dienst	4.61	4.64	2	2	6	29	42	13	1	5
22	Drogistin	4.56	4.57	1	4	13	24	37	18	1	2
23	Optikerin	4.51	4.46	1	4	11	30	37	15	2	0
24	Industriemeisterin	4.44	4.41	0	1	13	34	32	10	2	8
25	Geschäftsfrau (Kolonialwarenhandlung)	4.39	4.35	1	5	11	27	36	10	1	9
26	Meisterin in Bekleidungsindustrie	4.39	4.41	1	2	13	36	35	10	1	2
27	Schneidermeisterin, selbst.	4.35	4.38	1	1	18	31	34	9	1	5
28	Kontokorrentbuchhalterin	4.31	4.37	0	4	17	34	30	12	2	1
29	Werkmeisterin	4.18	4.24	0	3	24	33	29	8	2	1
30	Laborantin	4.13	4.20	2	5	19	40	22	11	1	-
31	Technische Zeichnerin	4.12	4.08	-	4	20	42	22	8	1	3
32	Maschinenmeisterin	4.08	4.06	0	3	23	40	26	4	2	2
33	Besitzerin kl. Wäscherei	4.07	4.09	1	8	18	31	29	6	2	5
34	Verwaltungsangestellte	4.07	4.11	1	3	21	38	24	5	1	7
35	Werkstattleiterin	3.97	3.97	1	5	23	39	22	4	0	6
36	Stenotypistin	3.78	3.80	0	7	34	31	17	3	0	8

Rang	Berufe	D_{ges}	D_F	Stufe 1 v.H.	2 v.H.	3 v.H.	4 v.H.	5 v.H.	6 v.H.	7 v.H.	K.A. v.H.
37	Stationsschwester	3.66	3.78	2	11	32	27	16	4	2	6
38	Kontoristin	3.64	3.72	3	10	35	28	22	2	0	-
39	Sprechstundenhilfe	3.42	3.52	2	14	37	31	10	1	1	4
40	Vorarbeiterin in Industriebetrieb	3.09	2.96	3	29	30	21	7	2	1	7
41	Werkstückprüferin	3.06	3.09	4	25	34	22	7	1	-	7
42	Köchin	3.05	3.17	6	27	32	16	5	5	0	9
43	Friseuse	2.97	3.01	4	24	43	17	4	1	0	7
44	Maschinenerste	2.93	2.96	7	29	36	22	4	1	0	1
45	Verkäuferin im Warenhaus	2.91	2.98	3	29	43	14	6	0	0	5
46	Verkäuferin im Lebensmittelgeschäft	2.86	2.91	5	26	44	15	4	0	-	6
47	Bürohilfe	2.67	2.77	10	38	34	14	3	1	0	-
48	Postbotin	2.60	2.66	10	37	38	10	2	1	-	2
49	Näherin	2.55	2.65	8	49	28	12	1	2	-	-
50	Arbeiterin im Elektrogerätebau	2.47	2.49	13	41	27	8	2	0	1	8
51	Kellnerin	2.39	2.34	14	43	22	10	2	0	-	9
52	Arbeiterin in feinmechanischer Industrie	2.30	2.27	17	46	25	4	3	1	-	4
53	Stanzerin	2.21	2.26	21	44	26	6	1	-	-	2
54	Textilarbeiterin	2.12	2.13	20	52	15	4	2	1	0	6
55	Schleiferin	2.07	2.10	23	47	15	4	2	0	-	9
56	Fließbandarbeiterin	2.01	2.15	30	47	18	4	1	-	0	-
57	Plätterin/Büglerin	1.94	1.98	28	48	10	3	1	1	-	9
58	Ladenhilfe	1.90	1.97	33	41	11	4	2	-	-	9
59	Packerin	1.82	1.85	31	43	10	2	0	0	-	11
60	Platzanweiserin	1.73	1.73	45	42	8	4	-	0	-	1
61	Lagerarbeiterin	1.69	1.78	44	42	8	2	0	-	0	4
62	Blumenfrau	1.62	1.65	52	39	5	4	-	-	-	-
63	Raumpflegerin	1.54	1.54	59	27	6	2	1	1	0	4
64	Garderobenfrau	1.36	1.37	67	20	3	0	1	0	0	9
65	Waschfrau	1.34	1.35	76	19	3	2	-	0	0	-
66	Abwaschfrau	1.24	1.26	78	10	2	1	0	1	0	8
67	Zeitungsbotin	1.22	1.25	78	12	2	1	0	-	0	7
68	Gelegenheitsarbeiterin	1.22	1.21	78	11	2	1	0	0	0	8
69	Toilettenfrau	1.15	1.18	79	8	1	0	0	-	-	12
70	Kartoffelschälfrau	1.13	1.15	89	7	1	1	-	-	-	2

N = 728

In den meisten Fällen weicht die Einordnung der Berufe durch weibliche Befragte nicht wesentlich von der der Männer ab, Streuungen und die Verweigerungen der Einstufungen sind gering. Im ganzen arbeitete die Einordnung nicht schlechter als die männlicher Berufe.

Der Entwurf einer F-Liste von neun Gruppen mit jeweils vier weiblichen Berufen wurde dann getestet. Ein Sample von 1666 repräsentativ ausgewählten Frauen ordnete die Gruppen auf einer Skala mit sieben Punkten ein. Die Ergebnisse:

Soziale Schicht	Di	Berufe	D
O	7.0	Bundesverfassungsrichterin Senatspräsidentin Universitätsprofessorin Diplomatin	6.8
OM	6.0	Studienrätin Ärztin Prokuristin einer größeren Firma Innenarchitektin	6.2
MM	5.0	Volksschullehrerin Buchhändlerin, selbst. Hauptbuchhalterin Beamtin im mittleren Dienst	4.9
UM/ni	4.0	Laborantin Technische Zeichnerin Maschinenmeisterin Verwaltungsangestellte Stenotypistin	4.1
UM/i	4.0	Meisterin in Bekleidungsindustrie Werkmeisterin Maschinenmeisterin Werkstattleiterin	4.1
OU/ni	3.0	Köchin Friseuse Verkäuferin im Warenhaus Bürohilfe	2.7
OU/i	3.0	Vorabeiterin im Industriebetrieb Werkstückprüferin Maschinenerste Arbeiterin im Elektrogerätebau	2.8
UU	2.0	Textilarbeiterin Fließbandarbeiterin Plätterin/Büglerin Ladenhilfe	2.0
SV	1.0	Zeitungsbotin Gelegenheitsarbeiterin Toilettenfrau Kartoffelschälfrau	1.2

D = Durchschnitt
Di = Ideal-Durchschnitt

Mit sehr geringen Änderungen konnte diese Fassung akzeptiert werden. Die Differenzen zwischen den durch die F-Liste markierten Positionen und denen aus der letzten Fassung der beiden St-Listen (vornehmlich Frauen in Städten haben einen eigenen Beruf) sind zufriedenstellend gering, wie sich aus dieser Zusammenstellung ergibt:

Soziale Schicht	D_i	D_{St}	D_F	Diff.
O	7.0	6.6	6.8	0.2
OM	6.0	5.8	6.2	0.4
MM	5.0	4.9	4.9	0.0
UM/ni	4.0	3.9	4.1	0.2
UM/i	4.0	4.1	4.1	0.0
OU/ni	3.0	2.8	2.7	0.1
OU/i	3.0	3.0	2.8	0.2
UU	2.0	2.1	2.0	0.1
SV	1.0	1.5	1.2	0.3
N		1401	1666	

IV. Validierungen

Wir berichten nun über die Untersuchungen zur Gültigkeit (validity) des Instrumentes, seiner Verläßlichkeit (reliability) und der Parallelität der Kartensätze.

Gültigkeit. Um zu prüfen, ob wir mit dem SSE das messen, was wir zu messen glauben, wurden die Selbsteinstufungen mit Fremdeinstufungen verglichen. Zwei Experten haben Personen, deren Selbsteinstufung vorlag (die aber den Bearbeitern natürlich nicht bekannt war), nach ihrem eigenen Eindruck auf Grund von Interviews mit sehr guten Daten über Beruf, gegenwärtige Tätigkeit, abgeschlossene Prüfungen und Bildungsweg sozialen Schichten zugeordnet. Bei einem Sample von 200 Männern zwischen 18 und 50 Jahren in 10 Orten, je zur Hälfte aus solchen über und unter 2000 Einwohnern, ergaben sich folgende Produkt-Moment-Korrelationen:

Fremdeinstufung	Selbsteinstufung	r
Experte 1	SSE	0.89
Experte 2	SSE	0.88
		N = 200

Die Übereinstimmung in der Wahl der Schichten zwischen Fremdeinstufung und Selbsteinstufung betrug 79 bzw. 74 Prozent.

Bei einer anderen Untersuchung standen weniger ausführliche Angaben für die Fremdeinstufung zur Verfügung. Hier handelte es sich um ein Sample von 296 berufstätigen Männern im Alter zwischen 20 und 55 Jahren, die in 24 Groß- und Mittelstädten befragt wurden. Die Korrelationen waren:

Fremdeinstufung	Selbsteinstufung	r
Experte 1	SSE	0.78
Experte 2	SSE	0.78

Parallelität der X- und Y-Fassungen. In welchem Maße die beiden Listenversionen X und Y parallel laufen, ist aus einer Untersuchung zu erkennen, in der die Berufsgruppen beider Fassungen der Stadt- und Land-Listen gleichzeitig nach ihrem Prestige in eine siebenstufige Skala eingeordnet wurden. Befragt wurden 300 Personen zwischen 16 und 65 Jahren, zur Hälfte Männer und Frauen. Je 150 Personen in Orten unter und über 2000 Einwohnern beschäftigten sich mit den beiden Stadt- bzw. Land-Listen. Die Korrelationen waren:

Karte	Karte	r
St/X	St/Y	0.82
L/X	L/Y	0.88
		N = 300

Parallelität der Status-Maße. Wir stellen hier nochmals zusammen, welche Positionen die einzelnen Listen des SSE auf einer Sieben-Punkte-Skala des sozialen Prestiges markieren.

Soziale Schicht	D_i	$D_{St/X}$	$D_{St/Y}$	$D_{L/X}$	$D_{L/Y}$	D_F
O	7.0	6.7	6.5	6.5	6.5	6.8
OM	6.0	5.8	5.7	5.8	5.7	6.2
MM	5.0	4.8	5.0	5.0	4.6	4.9
UM/ni	4.0	3.9	3.9	3.8	3.7	4.1
UM/i	4.0	4.1	4.1	4.3	4.3	4.1
OU/ni	3.0	2.7	2.8	2.7	2.7	2.7
OU/i	3.0	3.0	3.0	2.6	2.8	2.8
UU	2.0	2.0	2.1	2.0	2.0	2.0
SV	1.0	1.6	1.4	1.6	1.4	1.2
N		1401	1401	427	427	1666

Es handelt sich jeweils um Einordnungen, die bei Repräsentativuntersuchungen (Random-Auswahl, Bevölkerung zwischen 16 und 65 Jahren) vorgenommen wurden. Die beiden St-Listen und die beiden L-Fassungen wurden von Männern und Frauen in Orten über (St/X und St/Y) bzw. in Orten unter (L/X und L/Y) 2000 Einwohnern eingestuft. Die F-Fassung wurde von einem anderen Repräsentativ-Sample von Frauen in allen Wohnortgrößen klassifiziert.

Verläßlichkeit. Hier liegen drei Teste vor. Der erste, nach dem Split-Half-Verfahren (mit zwei identischen Halbsamples) wurde mit großen Repräsentativ-Stichproben vorgenommen. Es handelt sich um dieselbe Studie (1, S. 177), der auch die stark voneinander abweichenden Daten aus der Interviewer-Einstufung entstammen (S. 11). Die Administration des SSE ergab jedoch gleiche soziale Schichtung der Befragten aus den beiden Halbsamples. Die Ergebnisse waren (ungewichteter Kartensatz):

Soziale Schicht	Institut A v.H.	Institut B v.H.
O, OM	76,4	7,0
MM	10,7	10,0
UM/ni	24,7	25,4
UM/i	10,7	8,9
OU/ni	11,2	10,3
OU/i	18,2	19,6
UU, SV	18,1	18,8
N	6448	6316

Eine andere Art der Prüfung der Verläßlichkeit besteht darin, die mit Hilfe des Verfahrens gewonnenen Ergebnisse mit denen zu vergleichen, die durch eine analoge, aber nicht identische Form des Verfahrens erstellt wurden. Dazu bieten sich die beiden Parallelfassungen X und Y an: Ihre Korrelation – oder die Selbstkorrelation des Verfahrens – wurde unter „Parallelität der X- und Y-Fassungen" bereits angeführt: sie beträgt 0.82 für die Stadt- und 0.33 für die Land-Version.

Der dritte Test erweist die Verläßlichkeit des Instrumentes nach dem Verfahren der Reproduzierbarkeit der Resultate oder seine Stabilität. Die folgenden Ergebnisse stammen aus einer Einschaltung des SSE-Kartensatzes in zehn Erhebungen mit großen vergleichbaren Samples, die repräsentativ sind für die Bevölkerung im Bundesgebiet und West-Berlin zwischen 16 und 65 Jahren (mehrfach geschichtete Random-Auswahl):

Soziale Schicht	1962/1 v.H.	1962/2 v.H.	1963/1 v.H.	1963/2 v.H.	1964/1 v.H.	1964/2 v.H.	1965/1 v.H.	1965/2 v.H.	1966/1 v.H.	1966/2 v.H.
O	1	1	0	0	0	0	0	1	0	0
OM	6	5	6	5	6	5	5	6	6	5
MM	10	9	9	9	10	9	10	10	10	10
UM/ni	25	26	29	26	27	28	27	27	26	27
UM/i	10	11	9	9	9	9	10	10	10	11
OU/ni	12	12	12	12	11	12	11	11	11	12
OU/i	17	17	15	19	19	20	20	19	21	19
UU	15	15	16	16	14	13	13	13	13	13
SV	4	4	4	4	4	4	4	3	3	3
N	6414	6645	6915	6892	6698	6908	7413	6954	11012	10868

Die Daten zeigen gleichzeitig, daß sich die soziale Schichtung der Bevölkerung in den letzten fünf Jahren nicht wesentlich geändert hat, mit Ausnahme einer leichten Verringerung der beiden tiefsten sozialen Gruppen, die sich durch die zunehmende Tätigkeit von Gastarbeitern in diesen Bereichen erklären läßt. (Die Samples umfassen nur die Wohnbevölkerung, schließen Gastarbeiter also meistens aus[10].)

V. Strukturen

Bei Zusammenfassung der mit dem SSE gewonnenen Ergebnisse aus mehreren Umfragen ergibt sich für die Jahre 1967 und 1968 folgende schichtenmäßige Verteilung der erwachsenen Wohnbevölkerung im Bundesgebiet und West-Berlin (16 bis 65 Jahre)[11]:

[10] Bei allen diesen Studien haben sich berufstätige Frauen noch nach ihrem eigenen Beruf auf den Listen St/X, St/Y, L/X und L/Y eingestuft. Die Ergebnisse entsprechen deswegen nicht völlig der „richtigen" Verteilung der Bevölkerung nach sozialen Schichten.

[11] Endgültige Fassung des SSE: Alle Frauen, auch die berufstätigen, stufen sich ein entsprechend der eingangs gegebenen Instruktion (S. 506). Hierdurch sind kleine Veränderungen bei einigen Schichten gegenüber den Trenddaten auf S. 546 eingetreten.

	1967/68 v.H.
O	0
OM	6
MM	11
UM/ni	25
UM/i	13
OU/ni	10
OU/i	20
UU	13
SV	2
Insg.	100
	N = 14 375

Die folgenden Strukturdaten sollen zeigen, mit welchen demographischen Merkmalen die soziale Schicht – wie sie durch das SSE gemessen wird – in Verbindung steht und von welchen sie unabhängig ist. Die Zahlen stammen aus Zahlungen von Einzelsamples mit Größen zwischen 3645 und 10 730 Personen, alles mehrfach geschichtete, nach dem Random-Verfahren ausgewählten Individual-Stichproben (die Zeilenwerte ergehen zusammen 100 Prozent).

	O v.H.	OM v.H.	MM v.H.	UM/ni v.H.	UM/i v.H.	OU/ni v.H.	OU/i v.H.	UU v.H.	SV v.H.
Bevölkerung (16-65 J.)	0	6	11	25	13	10	20	13	2
Geschlecht									
Männer	0	6	12	24	14	9	21	12	2
Frauen	0	7	11	25	13	10	19	13	2
Alter									
16 bis 24 Jahre	1	7	10	23	13	10	23	11	2
25 bis 34 Jahre	0	6	11	23	14	11	21	12	2
34 bis 44 Jahre	1	6	11	25	15	9	19	12	2
45 bis 54 Jahre	0	7	12	25	14	9	18	13	2
55 bis 65 Jahre	0	6	11	26	12	10	17	15	3
Konfession									
Evangelisch	0	6	12	25	13	10	20	12	2
Katholisch	0	5	11	26	12	9	21	14	2
Wohnortgröße									
Metropolen*	0	11	17	22	14	10	17	8	1
200 000 Einw. und mehr	0	8	15	21	13	7	21	13	2
30 000 bis unt. 200 000 Einw.	1	8	13	22	14	9	20	11	2
5000 bis unt. 20 000 Einw.	0	6	11	23	15	9	22	12	2
Unter 5000 Einw.	0	4	6	29	12	12	18	16	3

* Berlin, Bremen, Düsseldorf, Frankfurt, Hamburg, Köln, München, Stuttgart

	O v.H.	OM v.H.	MM v.H.	UM/ni v.H.	UM/i v.H.	OU/ni v.H.	OU/i v.H.	UU v.H.	SV v.H.
Schulbildung									
Universität mit Abschluß	1	60	22	10	4	-	3	-	-
Abitur	3	36	30	22	6	2	1	0	0
Fachschule und HTL mit Abschluß	0	14	31	25	21	5	2	2	-
Gymnasium ohne Abitur	1	27	20	31	11	2	6	-	2
Mittelschule mit Abschluß	1	12	24	43	10	3	5	2	0
Gymnasium ohne mittlere Reife	-	10	21	36	13	7	9	3	1
Mittelschule ohne Abschluß	1	8	18	38	14	6	12	3	0
Volksschule mit Lehre	0	2	7	25	15	13	27	10	1
Volksschule ohne Lehre	0	1	4	23	10	12	22	22	6
Volksschule ohne Abschluß	-	3	3	9	7	10	26	33	9
Berufskreise									
Freie Berufe	5	50	16	11	12	4	-	2	-
Beamte mit Bürotätigkeit	1	17	34	40	4	2	1	1	-
Beamte mit anderer Tätigkeit	0	24	23	27	16	7	2	1	0
Selbständige	0	11	25	40	13	6	3	2	0
Angestellte mit Bürotätigkeit	0	8	20	58	11	1	1	1	0
Angestellte mit anderer Tätigkeit	-	5	21	35	24	9	3	2	1
Bauern	-	2	3	65	2	19	3	5	1
Unselbständige Handwerker	0	0	0	9	19	24	32	15	1
Facharbeiter	-	0	1	4	16	11	53	13	2
Andere Arbeiter	-	-	0	2	4	9	25	50	10

	O v.H.	OM v.H.	MM v.H.	UM/ni v.H.	UM/i v.H.	OU/ni v.H.	OU/i v.H.	UU v.H.	SV v.H.
Arbeitsbereiche									
Behörden und Ämter	1	17	27	36	5	4	4	5	1
Großhandel, Verlage	0	9	32	38	8	4	2	6	1
Banken, Sparkassen, Versicherungen	0	6	21	66	2	1	3	1	0
Einzelhandel	-	9	22	46	5	11	3	2	2
Post und Bahnen	-	3	11	39	17	13	11	5	1
Land- und Forstwirtschaft	-	2	5	52	3	16	4	17	1
Hotel- und Gaststättengewerbe	-	4	17	35	9	28	1	4	2
Bekleidungs- und Nahrungsmittelindustrie	-	6	15	24	18	20	10	6	1
Handwerk	-	1	2	24	17	21	24	10	1
Andere Transportbetriebe	-	1	9	20	12	20	20	16	2
Maschinenbau	0	3	7	11	22	4	48	3	2
Grundstoffindustrie	-	4	8	14	18	4	34	16	2
Bergbau	-	2	4	5	11	4	39	30	5
Bauwirtschaft	-	6	6	9	11	5	17	43	3
Hauptverdiener-Einkommen									
DM 2000,- und mehr	3	49	19	19	4	2	3	1	-
DM 1500,- bis 1999,-	1	25	35	23	8	5	3	-	0
DM 1000,- bis 1499,-	0	10	30	31	16	3	8	2	0
DM 800,- bis 999,-	-	2	10	31	17	8	21	10	1
DM 600,- bis 799,-	-	2	4	22	12	13	30	16	1
DM 400,- bis 599,-	-	2	3	23	7	15	22	23	5
Unter 400,-	-	2	3	24	7	14	19	28	3
Anzahl der Kinder									
Keine Kinder	0	6	11	27	11	11	21	12	1
1 Kind	-	5	13	26	14	8	22	11	1
2 Kinder	0	5	11	24	15	10	20	13	2
3 Kinder	-	5	12	27	11	9	19	15	2
4 Kinder	-	7	9	23	15	8	23	13	2
5 Kinder und mehr	1	7	3	20	7	13	18	29	2
Bundesländer									
West-Berlin	1	12	18	19	12	12	16	9	2
Schleswig-Holstein	0	3	12	27	13	15	12	16	2
Hamburg und Bremen	0	10	14	25	15	19	17	9	1
Niedersachsen	0	5	9	29	12	11	16	15	3
Nordrhein-Westfalen	0	6	11	20	13	9	25	14	2
Hessen	0	6	13	24	13	9	19	14	2
Rheinland-Pfalz	0	5	12	27	12	9	24	18	2
Saarland	0	4	9	23	17	7	21	17	2
Baden-Württemberg	0	9	12	23	17	10	17	9	2
Bayern	0	7	10	29	13	10	16	12	3

Literatur

1. *Arbeitsgemeinschaft Leseranalyse e. V.* Essen-Heidhausen: Die Zeitschriftenleser 1963, Essen 1963/64.
2. *Barbar, B.*, Social Stratification, New York 1957.
3. *Bell, D.*, The End of Ideology, Glencoe, Ill., 1960.
4. *Bolte, K. M.*, Art. Schichtung, in: *René König*, Hrsg., Soziologie, Fischer-Bücherei, Frankfurt a. M. 1.958, Neuausg. 1967.
5. *Bolte, K. M.*, Art. Mobilität in: *R. König*, Hrsg., Soziologie, Fischer-Bücherei, Frankfurt a. M. 1958, Neuausg. 1967.
6. *Bolte, K. M., D. Kappe* und *F. Neidthardt,* Soziale Schichtung. Opladen 1966.
7. *Centers, R.*, The Psychology of Social Classes, Princeton, N. J., 1949.
8. *Davis, A., B. Gardner* und *M. Gardner,* Deep South, Chicago 194-1.
9. *Dollard J.*, Caste and Class in a Southern Town, 3. Auflage Garden City, N. Y., 1957.
10. *Dreitzel, H.*, Elitebegriff und Sozialstruktur, Stuttgart 1962.
11. *Eser, W.,* Wunsch und Wirklichkeit in der sozialen Einschätzung der ungelernten Arbeiter, in: Zeitschrift für Markt- und Meinungsforschung 1 (1961/62).
12. *Hartmann, H.*, Funktionale Autorität, Stuttgart 1964.
13. *Hochbaum, G.,* u. a., Socio-Economic Variables in a Large City, in: American Journal of Sociology 61 (1955).
14. Hughes, E., The Study of Occupations in: *R. K. Merton, L. Broom und L. Cottrell, Jr.,* Hrsg., Sociology Today, New York 1959.
15. *Hyman, H.*, The Psychology of Status, in: Archives of Psychology 269 (1942).
16. *Kahl, J. A.*, und *J. A. Davis*, A Comparison of Indexes of Socio-Economic Status, in: American Sociological Review 20 (1955).
17. *Kahl, J. A.*, The American Class Structure, New York 1957.
18. *Kleining, G.*, Über soziale Images, in: *D. Glass und R. König,* Hrsg., Soziale Schichtung und soziale Mobilität, Sonderheft 5 der Kölner Zeitschrift für Soziologie und Sozialpsychologie, Köln und Opladen 1961 (3. Aufl. 1968).
19. *König, R.*, Die Beobachtung, in: *R. König,* Hrsg., Handbuch der empirischen Sozialforschung Bd. 1, Stuttgart 1962, 2. erw. und veränd. Aufl. 1967.
20. *Mayntz, R.*, Soziale Schichtung und sozialer Wandel in einer Industriegemeinde, Stuttgart 1958.
21. *Merton, R. K., und A. Kitt*, Contributions to the Theory of Reference Group Behavior, in: *R. K. Merten und P. F. Lazarsfeld,* Hrsg., Continuities in Social Research: Studies in the Scope und Method of ,The American Soldier", Glencoe, Ill., 1950.
22. *Moore, H.*, und *G. Kleining,* Das Bild der sozialen Wirklichkeit, in: Kölner Zeitschrift für Soziologie und Sozialpsychologie 11 (1959).
23. *Moore, H., und G. Kleining,* Das soziale Selbstbild der Gesellschaftsschichten, in: Kölner Zeitschrift für Soziologie und Sozialpsychologie 12 (1960).
24. *National Opinion Research Center,* Jobs and Occupetions. A Popular Evaluation, Chicago, Ill., 1947, abgedr. bei *R. Bendix* und *S. M. Lipset,* Hrsg., Class, Status and Power, Glencoe, Ill., 1953.
25. *Parsons, T.,* The Social System, 3. Aufl. Glencoe, 111., 1959. –
26. *Reisman, L.*, Class in American Society, Glencoe, Ill., 1959.
27. *Svalastoga, K.*, Social Differentiation, in: *R. Faris*, Hrsg., Handbook of Modern Sociology, Chicago 1964.
28. *Vidich, A.*, und *J. Bensman,* Small Town in Mass Society, Garden City, N. Y.. 1960.
29. Warner, L., und P. Lunt, The Social Life of a Modern Community. Yankee City Series Bd. I, New Haven, Conn., 1941.
30. *Warner, L.*, und *P. Lunt*, The Status System of a Modern Community. Yankee City Series Bd. II, New Haven, Conn., 1942.
31. *Warner, L.*, u. a., Democracy in Jonesville, New York 1949.
32. *Warner, L., M. Meeker* und *K. Eells*, Social Class in America, Chicago 1949.
33. *Warner, L.*, The Living and the Dead, Yankee City Series Bd. V, New Haven, Conn., 1959.
34. *Zapf, W.*, Wandlungen der deutschen Elite, München 1965.
35. *Zapf, W.,* u.a., Beiträge zur Analyse der deutschen Oberschicht, 2. Aufl. München 1965.

Köln Z Soziol (2017) (Suppl 1) 69:335–373
DOI 10.1007/s11577-017-0414-9

Kölner Zeitschrift für Soziologie und Sozialpsychologie

ABHANDLUNGEN

Zu einer Theorie der Studentenunruhen in fortgeschrittenen Industriegesellschaften

Von Ulrich Beck unter Mitarbeit von Elisabeth Gernsheim

I. Selektivitätsproblematik und Probleme der Erklärung

Der Soziologe, einerseits vom Geschehen zentral betroffen, andererseits zur unparteiisch distanzierten Analyse aufgefordert, gerät mit seinem Versuch einer Erklärung der sogenannten „Rebellion der Studenten" in ein rollenspezifisches Dilemma: Die soziologische Analyse der „militanten Soziologie" der Studenten erfolgt immer schon durch den Filter einer abweichenden oder übereinstimmenden soziologischen Perspektive. Aus dem Zirkel der Identität zwischen den zu analysierenden und den diese Analyse selbst immanent selegierenden Positionsperspektiven ist nicht ohne weiteres auszubrechen[1].

Keine der „gegnerischen" Soziologien erhält durch diesen Sachverhalt ein Argument, denn *jede* – die „positivistische" ebenso wie die „kritische" oder „marxistische" Soziologie – ist von ihm betroffen. Aber dadurch, daß es nun für alle gilt, ist das hier aufgedeckte Problem nicht aus der Welt: Durch Auswahl des für erklä-

[1] Man nahm bisher an, daß das hier angeschnittene Selektionsproblem (oder auch die Problematik der Perspektive) nur eine für alle Wissenschaften geltende Dimension besitzt: Durch *Auswahl* des Beobachtungsgesichtspunktes, Bezugsrahmens, Begriffsapparates etc. ist jede Aussage und entsprechend jede Theorie *selektiv*. Nennen wir diese Seite des Problems „*Inter-Selektivität*", so läßt sich dagegen der Fall der „*Intra-Selektivität*" als eine zweite, komplizierte und u. E. bedeutungsvollere Problematik abheben: In immanenter Selektion wird hier nämlich von jeweils konträren Entscheidungspositionen die sie betreffende Gesamtlage geschildert oder analysiert. Daher kann z. B. auch die *soziologische* Analyse der marxistischen *Soziologie* der Studenten nur *intra-selektiv* von den Prinzipien einer der betroffenen Soziologien her erfolgen.

Erstveröffentlichung: *Kölner Zeitschrift für Soziologie und Sozialpsychologie*, Jg. 23, 1971, Heft 3, S. 439–477.

c/o V. Dreier,
Institut für Soziologie und Sozialpsychologie, Universität zu Köln,
Lindenburger Allee 15, 50931 Köln, Deutschland
E-Mail: volker.dreier@uni-koeln.de

rungswert Erachteten, des methodologischen und begrifflichen Bezugsrahmens und in dem Kraftfeld einer durch die universitären Auseinandersetzungen vorgeprägten, antipathisierenden oder sympathisierenden Einstellung sortiert sich bereits die Problem*darstellung* und spätere Analyse und Erklärung der Studentenrevolte „intra-selektiv" verzerrt. *Nicht* die *Unruhe unter den Studenten „an sich"* lautet das jeweilig analysierte Problem, sondern – ob nur explizit oder implizit – die *Studentenunruhen im immanent selegierenden, partikulären Blickpunkt einer der betroffenen Gruppen.*

Konsequent erscheint so z. B. marxistischen Studenten die Unruhe in der Jugend als *embryonale Bewegung eines neuen revolutionären Subjektes*[2], der etablierten Soziologie, insofern sie kritisch ist: als ein *fehlgeleiteter emanzipatorischer Aufklärungsimpuls* [3], insofern sie empirisch positivistisch ist: als ein in der Raschheit des industriegesellschaftlichen Wandels *verschärfter Generationskonflikt*[4] oder als sich progressiv gebendes, kulturkritisch utopististisches *Sektierertum* [5].

Es ist nun das Anliegen dieses Beitrages, 1. einführend die Selektivität der Problemeröffnung noch zusätzlich an einzelnen erklärungsrelevanten Unterscheidungen aufzuzeigen, 2. in einem kurzen Abschnitt einige Erklärungsansätze an Hand von Charakteristika studentischer Unruhen zu relativieren und schließlich 3. im Hauptteil unseren (intra-selektiven) Versuch einer Erklärung dieser Erscheinungen zunächst paradigmatisch und dann in differenzierter Ausarbeitung darzustellen [6].

Unsere Ausführungen beanspruchen den Status einer „Erklärungsskizze", d. h. eines rational akzeptablen und empirisch plausiblen, aber weder verifizierten noch falsifizierten Deutungsvorschlages, der an seinen empirischen Konsequenzen potentiell überprüfbar ist [7].

1. Einige erklärungsrelevante Unterscheidungen

„Nicht Widerstand, sondern Anpassung charakterisiert … das Verhältnis [der jungen Generation] zur Welt der Erwachsenen"[8], diagnostiziert noch 1966 *Ludwig von Friedeburg* als zusammenfassendes Ergebnis interkultureller Jugendanalysen. Und

[2] „So begreift sich die Jugend als neues Subjekt der Revolution" (*Walter Hollstein*, Untergrund, Neuwied 1969, S. 12).

[3] „In der Protestbewegung haben sich von Anbeginn emanzipatorische Kräfte mit regressiven verbunden" (*Jürgen Habermas*, Protestbewegung und Hochschulreform, Frankfurt 1969, S. 37).

[4] Vgl. *Leopold Rosenmayr*, Jugend als Faktor sozialen Wandels, in: *F. Neidhardt* u. a., Jugend im Spektrum der Wissenschaften, München 1970.

[5] „Notwendig ist hier insbesondere die gemeinsame Anwendung von Erkenntnissen aus der Soziologie der Jugend und der Soziologie von Sekten" (*Erwin K. Scheuch*, Soziologische Aspekte der Unruhe unter den Studenten, in: „Aus Politik und Zeitgeschehen", B 36/68, S. 7).

[6] Ähnlich den zahlreichen Aufsätzen, die der Verfasser zu diesem Thema las, wird man auch am Ende des hier dargestellten Gedankenganges noch im Besitze des Gefühls sein, wie jeder und keiner die Gründe für die Unruhe der Jugendlichen zu kennen. Möglich jedoch, daß dieses Gefühl einen im Lichte wissenschaftlicher Systematik geläuterten Charakter aufweist.

[7] Vergleiche zu dem Begriff der „Erklärungsskizze" *Wolfgang Stegmüller*, Probleme und Resultate der Wissenschaftstheorie und Analytischen Philosophie, Berlin 1969, Kapitel VI, Abschnitt 3: „Erklärungen, Erklärungsskizzen und Pseudoerklärungen", S. 346 ff.

[8] *Ludwig v. Friedeburg*, in: *Ludwig von Friedeburg*, Hrsg., Jugend in der modernen Gesellschaft, Berlin 1966, S. 14.

Friedhelm Neidhardt zitiert 1967 die Äußerung *Hans Thomaes*: „ ... und dennoch geschieht das Hineinwachsen des jungen Menschen in die Erwachsenenwelt .... heute in mancher Hinsicht reibungsloser, als uns dies nach überlieferten Zeugnissen früherer Gesellschaften repräsentativ erscheint"[9].

Das Bild hat sich radikal geändert: Wurde noch bis 1967 in der sozialwissenschaftlichen Literatur nach Erklärungen für das beobachtete Mißverhältnis eines jugendlichen Konformismus bei einem gleichzeitig „nicht unerheblichen Abweichungspotential" (*Neidhardt*) gesucht, so neigt man heute dazu, Erklärungskonstrukte für eine „Generation in Aufruhr" anzubieten. Jedoch weder Nur-Ruhe, noch Nur-Unruhe scheinen das erklärungsbedürftige Phänomen zu sein, sondern gerade deren typische Überlagerung, die Gleichzeitigkeit von kurzlebigen jugendlichen „*in*-generations" und „*out*-generations".

Um, an die bisherige Literatur anknüpfend[10], die große Zahl der bereits im Ansatz und der Art der Problemeröffnung stark differierenden Abhandlungen weiter verständlich zu machen, führen wir zunächst die folgenden „erklärungsrelevanten" [11] Unterscheidungen ein:

Bisherige Analysen des studentischen Protestes lassen sich erstens danach unterscheiden, ob sie – in kritischer oder affirmativer Absicht – das z. B. von Studentensprechern artikulierte *Selbstverständnis als Erklärungsbasis* nehmen. Bei dieser Art von Problemeröffnung handelt es sich entweder um eine Motivklärung und Motivkritik im Rahmen einer rationalen Auseinandersetzung mit Argumenten und Zielen der Studenten, oder um die „rationale Erklärung von Handlungen durch Wollen"[12]. Davon verschieden sind Versuche, die von *soziologischen und psychologischen Faktoren als Erklärungsbasis* ausgehen und so z. B. das politisch revolutionäre Engagement der Studenten z. B. aus Statusinkonsistenzen, kognitiven Konflikten oder „progressiv-liberalen" Sozialisationsmustern etc. deuten[13].

Zweitens scheint es in diesem Zusammenhang zweckmäßig, zwischen den *Erklärungsebenen von „Motiv" und „Anlaß"* zu unterscheiden. (Er)Klärungen aus dem Selbstverständnis oder Versuche soziologischer und psychologischer Theorien des Studentenprotestes sind Beispiele für Problemzugänge, die auf der Ebene des Motivs

[9] *Friedhelm Neidhardt*, Die junge Generation, Opladen 1967, S. 83.

[10] Für eine bis Januar 1969 reichende Zusammenfassung dieser Literatur siehe die „Bibliographie Studentenunruhen", herausgegeben vom Deutschen Jugendinstitut, München 1969.

[11] Als Kriterium der „Erklärungsrelevanz" einer Unterscheidung fungiert dabei die Kompatibilität bzw. Inkompatibilität der für die unterschiedenen Aspekte möglichen Erklärungen. Eine Unterscheidung ist demnach dann und nur dann „erklärungsrelevant", wenn für die durch sie unterschiedenen Teilphänomene abweichende Erklärungen erforderlich sind. – Im folgenden wird aus Gründen der Textersparnis darauf verzichtet, die Erklärungsrelevanz der genannten Unterscheidungen jeweils zu demonstrieren.

[12] *Wolfgang Stegmüller*, Probleme und Resultate der Wissenschaftstheorie und Analytischen Philosophie..., a.a.O., S. 398 ff.

[13] Eine soziologische oder psychologische Theorie der Motivation des studentischen Protestes hat etwas „Despektierliches": Scheint doch hier durch eine Strategie der Verdächtigung das Podium der rationalen Diskussion verlassen und entwertet zu werden durch „entlarvenden" Nachweis sozialpsychologischer Determinanten. Dieser Schein einer Verdächtigungsstrategie beruht indes auf einer mangelnden Unterscheidung zwischen dem Bereich der Genesis und dem Bereich der Geltung: *Durch den Nachweis einer sozialen Teil-Determination des Studentenprotestes ist noch nichts über die Richtigkeit oder Falschheit studentischer Behauptungen und Motive ausgemacht.*

in diesem Sinne ansetzen. Dagegen befassen sich die meisten Massenmedien und eine Vielzahl spontaner Publikationen mit der internationalen Farbenpracht von Anlässen und Auslösungsmechanismen für konkrete Protestaktionen. Hier gilt die Faszination, die folglich auch weite Schichten des öffentlichen Bewußtseins beherrscht, dem Ereignis als beobachtbarem Anlaß; man übersieht dabei leicht das Motiv, aufgrund dessen Ereignisse überhaupt erst zum Anlaß werden können.

Ferner lassen sich drittens die *Ursachen* der Jugend- und Studentenunruhen *in Raum-Zeit Koordinaten auf verschiedene Ebenen* projizieren. Einmal werden die Unruhen interpretiert als Wirkungen *zeitüberhobener* Spannungsfaktoren wie z. B. Mechanismen der Generationsablösung. Diesen Erklärungsversuchen zufolge wären die heutigen Gesellschaftsumstände nur beschleunigende und verschärfende Randbedingungen für z. B. allgemeine Generationskonflikte. Die Unruheerscheinungen mögen aber auch wurzeln in den Rissen *zeitspezifischer* Sozialsysteme. Hierher gehören Theorien, die die Unruhen als Charakteristika spätkapitalistischer ‚Gesellschaftssysteme oder als Konsequenz und „Faktor sozialen Wandels" begreifen. Oder man kann die Jugendunruhen als Produkte *überlokaler*, d. h. nicht an einen kulturellen Ort gebundener Verhältnisse auffassen, die aus analogen Mißständen nationaler Institutionen im internationalen Raum resultieren (z. B. autoritäre Hochschulstrukturen; allgemeine Symptome der Unfähigkeit der Erwachsenengeneration, die Probleme des „technischen Staates" zu lösen). Schließlich kann man die Gründe für den Studentenprotest auf der Ebene *ortsspezifischer* Bedingungen suchen. Hierher gehören u. a. lokale Anlässe (z. B. Verbot politischer Veranstaltungen auf dem Universitätsgelände von Berkeley; polizeiliche Schließung der Philosophischen Fakultät von Nanterre; Schahbesuch in Berlin).

Besonders erklärungsrelevant ist schließlich viertens die Unterscheidung von *„Unruhen"* unter den Jugendlichen *im Sinne von „Dissens" und im Sinne von „Protest"*. Während „Dissens" hier ein latentes, zunächst nicht beobachtbares Unbehagen meint, das sich höchstens als eine allgemeine jugendliche Disposition zu opponieren äußert, bezeichnet „Protest" Manifestes Oppositionsverhalten wie z. B. politische Aktionen oder eine sich in Symbolen wie Kleidung, Haartracht etc. ausdrückende radikale Ablehnung gesellschaftlicher Verhaltensmuster.

Jugendlicher „Dissens" (= latentes, unterschwelliges Unbehagen) führt nicht zwangsläufig zu bestimmten Ausdrucksformen des „Protestes", dagegen wird „Protest" (= extremistische Verhaltensreaktion) weitgehend „Dissens" voraussetzen. Nun ist die Erklärung des Jugenddissenses offensichtlich verschieden von der des Jugendprotestes: Wer also den „Protest" der Jugend erklären will, setzt dabei eine Erklärung des jugendlichen „Dissenses" voraus – nicht aber umgekehrt. Eine erklärende Betrachtung der Jugend-„unruhe" kann – gemäß dieser Unterscheidung – dagegen prinzipiell auf zweierlei abzielen: entweder auf die Erscheinungen jugendlichen Dissenses oder die jugendlichen Protestes.

Die hier aufgeführten Unterscheidungen sind in unserem Zusammenhang aus zwei Gründen bedeutsam. Zum einen zeigen sie – zusätzlich zu der anfangs angedeuteten Problematik der Intra-Selektivität – polare Möglichkeiten der Methode des Zugangs zu dem Problemkomplex Studentenunruhen auf: Je nachdem, welche dieser Teilphänomene man für besonders erklärenswert hält und zum Ausgangspunkt wählt, wird man bereits im ersten Ansatz auf andere Fragen stoßen und dann entsprechend zu unterschiedlichen Untersuchungsverläufen und Ergebnissen kommen. Anknüpfend an diese Unterscheidungen lassen sich darüber hinaus zum anderen – wie wir im folgenden zeigen wollen – einige Charakteristika studentischer Unruhen präzisieren.

2. Charakteristika studentischer Unruhen

In den anspruchsvolleren Untersuchungen zum Themenkreis der Studenten-„revolte" wird eine Reihe genereller charakteristischer Merkmale dieser Erscheinungen angeführt. Dabei wird unseres Erachtens oft ein gewisses Mißverhältnis zwischen den genannten Charakteristika und den für sie dargebotenen Erklärungskonstrukten deutlich. Der wichtigste Grund hierfür ist vielleicht, daß bei diesem für Sozialwissenschaftler so überraschend kommenden Phänomen zunächst keine Publikationen mit dem Anspruch auf Gesamterklärung, sondern eher deutende Materialzusammenfassungen und Aspektskizzen möglich waren. Dennoch scheint es uns sinnvoll (selbst wenn wir dabei einen Anspruch unterstellen, der häufig gar nicht erhoben wurde), auf dem Wege zu einer adäquaten Deutung einige der Erklärungsansätze an den meist übereinstimmend beobachteten Merkmalen des Erklärungsgegenstandes zu relativieren.

1. Studenten-„unruhen" sind *weder* eine Gesellschaftserscheinung *ortsspezifischen noch zeitüberhobenen Charakters*. Die Unruhe unter der Gruppe der Studenten ist vielmehr ein durch sein plötzliches Hervorbrechen überraschendes Korrelat fortgeschrittener Industriegesellschaften, ist also ein *zeitspezifisches und überlokales Ereignis*. Durch den Sachverhalt der Überlokalität erweisen sich zunächst Erklärungsversuche aus lokalen Ursachen (z. B. Mißstände an einigen Universitäten, nationale Bildungsmiseren, „unbewältigte Vergangenheiten" oder kapitales Fehlverhalten *bestimmter* politischer Institutionen) insgesamt als zu *„eng"*. Der Sachverhalt des zeitspezifischen Bezuges läßt dagegen Erklärungsversuche allein aus z. B. soziologischen und psychologischen Generationsmechanismen oder anderen allgemeinen ahistorischen Funktionsmodellen von vornherein als zu *„weit"* erscheinen.

2. Der gebräuchliche Terminus „Studenten"-„Unruhen" mag manche darüber hinwegtäuschen, daß es sich hierbei a) *nicht* ausschließlich um ein gruppenspezifisches, sondern mehr noch und vor allem um ein gesellschaftliches *Total*phänomen handelt, für dessen Erklärung z. B. bestimmte Dispositionen und strukturelle Verhältnisse in der übrigen Jugend und der Gesamtbevölkerung, bei Massenmedien, Behörden, politischen Institutionen und Parteien ebenso relevant sind wie die zunächst sich aufdrängenden Besonderheiten studentischer Subkulturen[14]. (Man denke z. B. an die Bedeutung der sympathisierenden Reaktion weiter Kreise des akademischen Bürgertums oder des publicity-Effektes in den Boulevardblättern oder der Polizeiaufmärsche für die Weiterverbreitung und Breitenwirksamkeit der studentischen „Unruhe".) Darüber hinaus ist b) die sogenannte „*Un*ruhe" *der* Studenten tatsächlich ein Nebeneinander und Durcheinander von nach wie vor weitverbreiteter Studenten*ruhe*, apolitischen oder bereits politisiertem Studenten*dissens* und schließlich intern konkurrierendem, reformistisch orientiertem oder revolutionärem Studenten*protest*. Denn Träger des

[14] Vgl. *Erwin K. Scheuch*, Soziologische Aspekte…, a.a.0., S. 5: „Der wichtigste Teil desjenigen Komplexes, der als ‚studentischer Protest' gilt, sind jedoch die unterschiedlichen Reaktionen der Erwachsenen."

permanenten Protestes sind meist extrem kleine Aktivistengruppen. Ihnen steht jedoch oft ein überraschend großes Potential mobilisierbarer Studenten gegenüber.

Wir ziehen daraus folgenden Schluß: Erklärungsversuche, die die studentischen Unruheerscheinungen allein (oder doch primär) als eine Konsequenz der Besonderheiten von Studentengruppen (und nicht auch der übrigen Bevölkerung und des politischen Systems) verstehen, erweisen sich als *selektiv und zu kurz*; theoretische Ansätze wiederum, die allein „Unruhe" (und nicht „Ruhe", „Dissens" und „Protest") erklären, sind dagegen *diffus und zu weit*.

3. Der wichtigste Aspekt desjenigen Komplexes, den man Studenten-„unruhe" nennt, ist jedoch das ins Auge springende Moment des „Protestes". Zwar ist es eine notwendige (aber nicht hinreichende) Bedingung einer die Gesamterscheinung adäquat erklärenden Theorie, *auch* die „Ruhe" weiter Teile der Studentenschaft mitzuerklären, aber das zentrale Anliegen ist doch meist das neuartige und völlig unerwartete Geschehen eines weltweiten Studenten-„aufstandes".

Charakteristisch für diese extremistischen Studentengruppen ist nun, daß sie tatsächlich (und ihrem Selbstverständnis nach) in fast allen Industrieländern (Ausnahme: Kulturrevolution China) in einem dreifachen Sinne „außerhalb"[15] stehen: *außerhalb* von Parlament und Parteien, *außerhalb* der Jugendorganisationen und *außerhalb* des vorherrschenden gesellschaftlichen Bewußtseins. Dafür symptomatisch ist z. B. die generelle Ablehnung jeweilig bestehender Institutionen des universitären, politischen und ökonomischen Bereiches.

Diese *gewollte* „Außerhalb"-Stellung studentischer Aktivistengruppen ist es, an der sich die Inadäquatheit einiger für andere Erscheinungen (z. B. schulische Sozialisationsprozesse, Jugendklubs) sehr brauchbarer jugendsoziologischer Theorien erweist, und zwar aller derjenigen theoretischen Ansätze, die „Jugend" im Rahmen eines mehr oder weniger explizierten funktionalistischen Integrationsmodells entweder *unmittelbar* die systemerhaltende Funktion einer soziale Klüfte überbrückenden Lebenswelt zuschreiben (z. B. bei *Eisenstadt*: Jugend als, „verbindende Sphäre" zwischen Familie und Öffentlichkeit) oder doch *mittelbar* jugendliche Verhaltensabweichungen als „dys*funktional*" begreifen[16].

[15] Siehe dazu den Abschnitt „Kulturrevolution außerhalb und innerhalb des Systems" bei *Rosenmayr*, a.a.0., S. 206 ff.

[16] Man muß allerdings darauf hinweisen, daß die Argumentation hier – und ich vermute, daß dies auch für die Gedankenführung *Rosenmayrs* zutrifft – auf einer stillschweigend vorgenommenen *Ineinssetzung von Motiv und Funktion* der Protestbewegung beruht: Die Adäquatheit einer funktionalistischen Betrachtungsweise wird hier nämlich geleugnet durch den Hinweis der Inkompatibilität studentischer Motive und Ziele mit der dem Protest im Rahmen eines funktionalistischen Ansatzes zuzuschreibenden institutionell integrativen Funktion (z. B. im Sinne einer „verbindenden Sphäre"): „Diese neue politische Jugend protestiert und reagiert *gegen* die Welt der Erwachsenen, deren Organisationen und Institutionen im allgemeinen, und man kann sagen, daß sie *eher verwirft als verbindet*" (*Rosenmayr*, a.a.0., S. 212; eigene Hervorhebung). Unterscheidet man dagegen mit *Merton* zwischen *latenten* und *manifesten* Funktionen, so ist eine funktionalistische Betrachtung der objektiv beobachtbaren Konsequenzen des Studentenprotestes nicht ausgeschlossen. Denn nicht so ohne weiteres ist ja auszuschließen, daß es z. B. die *latente* Funktion (unbeabsichtigte Konsequenz) dieser Ereignisse ist, in eine neue Form der Integration als „affirmative Subkultur" (*Habermas*) einzumünden. (Siehe zu dieser Problematik des Funktionalismus in soziologischer Perspektive: *Robert K. Merton*, Funktionale Analyse, in: *Heinz Hartmann*, Hrsg., Moderne Amerikanische Soziologie, Stuttgart 1967, S. 119 ff.; in wissenschaftstheoretischer Perspektive neuerdings auch *Stegmüller*, a.a.O., Kapitel 8: „Teleologie, Funktionsanalyse und Selbstregulation".)

4. Diese Auflehnung gegen das „System der Etablierten“ und gegen die an Kriterien des Einfügens bemessenen Anpassungsprämien schließt ferner aus eine Erklärung dieser Erscheinungsform jugendlicher Radikalität mit Hilfe „traditioneller“ soziologischer Theorien abweichenden Verhaltens, die das Entstehen delinquenter Subkulturen als Reaktionen auf soziale Unterprivilegierung und als gewolltes Mittel zur statusgehobenen Integration interpretieren (z. B. *Cohen*: „Delinquente Jugend“). Denn beide Voraussetzungen dieses Erklärungsansatzes – die Unterprivilegierung der Protestgruppen und das Motiv der Statusanhebung – treffen auf rebellierende Studenten nicht zu. Im Gegenteil ist das Motiv der „Großen Weigerung“ die charakteristische Einstellung unter studentischen Opponenten. Darüber hinaus weisen amerikanische Untersuchungen nach, daß die extrem aktiven Studenten sich eher aus den statusbegünstigteren und ökonomisch entlasteten Sozialschichten rekrutieren[17].

5. Interkulturellen Erscheinungsformen der Studentenunruhen ist ferner eine differenzielle Verschränkung von *sozialpsychologischen Stimuli* mit *radikalpolitischem Response* gemeinsam. „Psychologie scheint sich in Politik zu verwandeln[18].“ Obwohl dieser Sachverhalt als Faktum allgemein vermerkt wird, bleiben doch bei vielen, in anderer Hinsicht sehr erklärungskräftigen Theorieansätzen (wie z. B. die Ableitung jugendlichen Dissenses aus bestimmten familiären Sozialisationsmustern oder aus einer Diskrepanz zwischen starren Verhaltensdispositionen und situativen Anforderungen in Zeiten raschen gesellschaftlichen Wandels) die hier relevanten Fragen: warum überhaupt *Protest*? (und nicht bloß Dissens) und warum gerade *politischer* Protest? (und nicht z. B. primär kulturelle oder religiöse Erneuerung) unbeantwortet.

6. Für die studentische Reagibilität und massenhafte Protesthaltung in amerikanischen, europäischen sowie japanischen Universitäten scheint schließlich vor allem typisch *ein sich in Stufen kollektiver Bewußtseinsprägungen vollziehender Bildungsprozeß*, dessen extremste Ausprägungen von der provokativen Praxis der „Großen Weigerung“, dem Pathos der Kulturrevolution bis hin zu den spielerisch experimentellen Erprobungen neuer Lebensformen in „hippiesken Subkulturen“ reichen[19]. Durch die Schaffung gemeinsamer „negativer“ Bezugsgruppen (Establishment; Fachidioten; bürgerliches Elternhaus), durch die Intensivierung solidarischen Gruppenlebens und die Konfrontation mit „Gegen-“welten draußen in realen Erfahrungsprozessen (wie Polizeischlachten, Kampfdiskussionen, öffentlichen Diskriminierungen) scheinen sich charakteristische kollektive Bewußtseins- und Verhaltensdispositionen zu verfestigen (zum Beispiel eine „militante Empfindsamkeit gegenüber Restriktionen“[20] oder eine generelle Bereitschaft zu opponieren). Dieser für das Verständnis des Jugendprotestes zentrale *kognitive Aspekt* ist wahrscheinlich einer Erklärung „von außen“, d. h. aus erfahrungswissenschaftlich faßbaren, psychologischen oder soziologischen Faktoren, besonders schwer zugänglich, eher dagegen Untersuchungen, die das studentische Selbstverständnis zur Erklärungsbasis wählen.

[17] Dieser Gedanke ist auch zu finden bei *Rosenmayr*, a.a.0., S. 214 f. Siehe dazu ferner *J. Habermas*, Technik und Wissenschaft als Ideologie, Frankfurt 1968, S. 101 f.

[18] *Jürgen Habermas*, Protestbewegung …, a.a.O., S. 31.

[19] Vergleiche zu diesem Abschnitt das Kapitel „Drei Intentionen“ bei *Habermas*, Protestbewegung…, a.a.0., S. 14 ff.

[20] *Frederick Wyatt*, Motive der Rebellion, in: Psyche 8 (1968), S. 573.

So ist zu verstehen, daß dieser Aspekt in der Literatur zwar häufig und ausführlich dargestellt, aber u. E. bisher kaum befriedigend geklärt werden konnte.

Zusammenfassend lassen sich also vorläufig und nur versuchsweise folgende *Bedingungen für eine adäquate erfahrungswissenschaftliche Deutung des Phänomens „Studentenunruhen" formulieren*: Die soziologische „Theorie" der Studenten-„revolte" darf a) weder primär von lokalen oder nationalen Besonderheiten als Ursachen ausgehen, noch nackte nomologische Gesetzeshypothesen zugrunde legen, sondern muß dem *zeitspezifischen und überlokalen Charakter* der Protesterscheinungen gerecht werden können. Diese Theorie muß b) die Studentenunruhen nicht ausschließlich als eine Konsequenz studentischer Subkulturen, sondern als ein *industriegesellschaftliches Totalphänomen* begreifen; c) nicht nur „Protest", sondern *auch den „Dissens" und die „Ruhe"* bestimmter studentischer Fächergruppen miterklären. Sie muß ferner d) der *gewollten „Außerhalb"-Stellung* der studentischen Aktivisten gerecht werden; muß e) die Frage: warum überhaupt *Protest* (und nicht nur Dissens) und warum politischer Protest beantworten. Und schließlich müßte eine derartige Theorie f) den so zentralen *kognitiven Aspekt* (studentischer Protest als Bewußtwerdungsprozeß und Lebensform) erklärend deuten können.

II. Paradigma: Struktur-Anomie

Inwieweit ein erklärungskräftiger Theorieansatz möglich ist, der einige wesentliche (oder gar alle) dieser Problemaspekte erfaßt und deutet, wird sich kaum apriorisch ohne die Praxis von Versuch und Irrtum entscheiden lassen. Unser Erklärungsvorschlag stellt einen (zugegeben etwas problematischen, weil komplexen und daher schwer überprüfbaren) Spezialfall einer allgemeineren Theorie der „*Struktur-Anomie*" dar. Damit meinen wir eine Konzeption, die bestimmte *Formen von Abweichungen sozialen Verhaltens als Konsequenz „gebundener" Systemstrukturen* begreift.

Die hier behauptete Beziehung zwischen Strukturverhältnissen von Sozialsystemen einerseits und Formen abweichenden Verhaltens andererseits ist sehr spezifisch: Weder wird hier *jede Abweichung* sozialen Verhaltens als eine Folge struktureller Systemverhältnisse behauptet, noch wird angenommen, *jedes Sozialsystem* weise eine „strukturell-anomische" Komponente auf. Vielmehr sind hier gemeint: a) nur Abweichungen, die das System verursacht; und davon b) wiederum nur solche, die das System gleichzeitig gefährden, die system-„konträr" sind. Damit ist also ein Fall angesprochen, wo die *Struktur eines Sozialsystems ursächliche Momente ihres eigenen Wandels enthält* [21].

> „*Gebundene*" Systemstrukturen soll heißen: Strukturen real vorfindbarer und beschreibbarer Kollektive wie Kleingruppen, Gemeinden, größerer Organisationen und Institutionen etc.; „*Struktur*(merkmale)" definieren wir als interne Relationseigenschaften zwischen Untereinheiten (z. B. Familie, Berufsgrup-

[21] Damit rückt unsere Deutung der Protesterscheinungen – allerdings in einem anderen theoretischen Bezugssystem – in die Nähe der Erklärung, die *L. Rosenmayr* für den jugendlichen Protest gibt: „Jugend als Faktor sozialen Wandels".

pen, politische Institutionen) einer zu charakterisierenden Sozialeinheit (z. B. Industriegesellschaft)[22].

Um diese Definitionen und Beziehungen klarer und schärfer hervortreten zu lassen, scheint es zweckmäßig, sie zunächst gegen andere, verwandte Vorstellungen abzugrenzen.

Was hier „Struktur-Anomie" genannt wird, scheint in ähnlicher Weise auch *Scheuch* zu meinen, wenn er das Phänomen „‚Rechtsradikalismus' als ‚normale Pathologie' westlicher Industriegesellschaften"[23] erklärt. Ein Unterscheidungsmerkmal zwischen den Begriffen „strukturelle Anomie" und „normale Pathologie" liegt jedoch – soweit wir sehen können – in folgendem Sachverhalt: Durch den Ausdruck *Scheuchs* wird u. a. die soziale Mißbilligung abweichenden Verhaltens *neutralisiert*, indem das Mißbilligungsobjekt („Rechtsradikalismus") als gesellschaftlich bedingt nachgewiesen wird. Darüber hinaus enthält diese Terminologie – *„normale" „Pathologie"* – sowohl deskriptive wie auch wertende Elemente. Im Gegensatz dazu meinen wir mit dem Begriff „Struktur-Anomie" die *rein faktische Beziehung* eines sich durch Verursachung abweichenden Verhaltens selbstgefährdenden Sozialsystems.

Vielleicht läßt sich unser Ansatz *methodologisch* verdeutlichen, wenn wir ihn ins Verhältnis setzen zu der *Lazarsfeldschen Konzeption von Kontextaussagen*[24]. *Lazarsfeld* gibt paradigmatisch eine präzise und empirisch auswertbare Interpretation „holistischer" Betrachtungsweisen in der Soziologie.

Mit dem Begriff „Struktur-Anomie" wird eine Beziehung behauptet zwischen einem sozialen Kontext und Formen systemgefährdenden Verhaltens. Die Übersetzung in Kontextaussagen scheint eine empirische Überprüfung dieser Beziehung zu ermöglichen. Denn hier werden Veränderungen in Merkmalsausprägungen und Merkmalsbeziehungen der Untereinheiten (z. B. jugendlicher Dissens ⇄ jugendlicher Protest) zurückgeführt auf Veränderungen in der ihnen gemeinsamen Kollektiveigenschaft (z. B. „industriegesellschaftliche" vs. „nichtindustriegesellschaftliche" Universitäten). Dabei werden Kollektiveigenschaften interpretiert als Merkmale von Individuen, die diesen aufgrund ihrer Zugehörigkeit zu bestimmten realen Kollektiven zukommen.

Bei der Struktur-Anomie handelt es sich nun um den Sonderfall einer kontext-„konträren" Kontextaussage. Weist ein Kollektiv in unserem Sinne „strukturell-anomische" Komponenten auf, so besteht nämlich nicht nur ein linearer Einfluß der Kollektiveigenschaft auf die Beziehung zwischen Merkmalen der Untereinheiten, sondern auch umgekehrt: die Beziehung zwischen den Merkmalen der Untereinheiten bewirkt eine Veränderung – und zwar eine *dysfunktionale Veränderung* – in der

[22] Vgl. zu dieser Definition *Hans L. Zetterberg*, Theorie, Forschung und Praxis in der Soziologie, in: *René König*, Hrsg., Handbuch der empirischen Sozialforschung, Band I, 2. Aufl. Stuttgart 1967, S. 73 f.

[23] *E. K. Scheuch*, Theorie des Rechtsradikalismus in westlichen Industriegesellschaften, in: Hamburger Jahrbuch für Wirtschafts- und Gesellschaftspolitik 1967, S. 15 (eigene Hervorhebung).

[24] Zum Begriff der „Kontextaussage" vgl. *Paul F. Lazarsfeld*, Methodologische Probleme der empirischen Sozialforschung, in: *H. Hartmann*, Hrsg., a.a.O., S. 113 f.

Kollektiveigenschaft. Das abweichende Sozialverhalten ist zugleich kontext*abhängig* und kontext*gefährdend:*

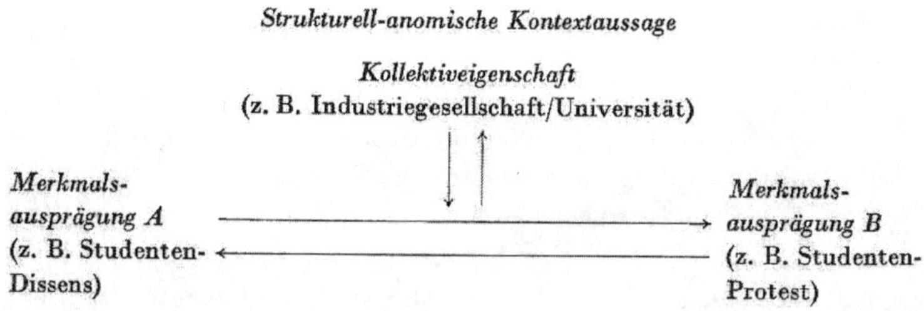

Sollten diese Überlegungen zutreffen, dann ließe sich unsere (später ausführlich dargelegte) These, die Studentenunruhe sei Ausdruck einer industriegesellschaftlichen Struktur-Anomie, eventuell in folgender Weise überprüfen: Zunächst wäre es erforderlich, im Rahmen einer umfangreichen deskriptiven Untersuchung eine möglichst genaue Klassifikation einiger Universitäten nach „industriegesellschaftlich" bzw. „nichtindustriegesellschaftlich" vorzunehmen. Denkbar (aber nicht sehr zweckmäßig, da empirisch schwer kontrollierbar) wäre das a) in einer *Längsschnittanalyse als einem historischen Vergleich* oder besser b) in einer *Querschnittanalyse als einem interkulturellen Vergleich* (den Fall, daß man innerhalb einer Gesellschaft im Sinne der aufzustellenden Klassifikationsmerkmale „industriegesellschaftliche" und „nichtindustriegesellschaftliche" Universitäten vorfindet, einmal ausgenommen). Dabei müßte sich je nach Universitätstyp dann zweitens ein spürbarer Unterschied im Verhältnis zwischen „Ruhe", „Dissens" und „Protest" der Studenten nachweisen lassen. Drittens schließlich müßte sich – vorausgesetzt, andere Faktoren sind annähernd kontrollierbar – zeigen, daß mit wachsender studentischer Unruhe das Ausmaß zunimmt, in dem sich die betroffene Universität in einem strukturellen Wandel befindet.

Auf dem Hintergrund dieser Definitionen, Beziehungen, Abgrenzungen und methodologischen Hinweise können wir nun paradigmatisch einen Ausblick auf unseren Erklärungsansatz geben. Wir bedienen uns dabei des formalen Zusammenhanges von „Stimulus-intervenierende Variable-Response".

Eine Erklärung für das Phänomen „studentische Unruhe", die im Sinne einer strukturell-anomischen Kontextaussage formuliert werden kann, geht aus von der später zu begründenden) Annahme: In allen Industriegesellschaften existiert ein inter- und intra-gruppenspezifisches, strukturell gebundenes Konfliktpotential[25]. Zwischen diesem einmal konstant gesetzten „Stimulus" und den möglichen Formen des Response sind drei Bündel intervenierender Variablen angesiedelt:

a) *Kognitive Prozesse* (Stadium des technisch-emanzipatorischen Rationalisierungsprozesses; kognitive „Sensibilität"; Bildungsgrad)

b) *Das soziale Beziehungsgefüge* (Rolle, Status, und als Differenzierungsmerkmal: Alter)

[25] Vgl. *Erwin K. Scheuch*, „Rechtsradikalismus…, a.a.0., S. 12.

c) *Bedingungen des politischen Systems* (*strukturell*: mögliche und realisierte Mechanismen der sozialen Kontrolle; institutionelle Systemverhältnisse; *situativ*: die jeweilige politisch-soziale Konstellation)

Stimulus	Intervenierende Variablen	Response
strukturell gebundenes industriegesellschaftliches Konfliktpotential	*kognitive* Prozesse (Rationalisierung; Bildungsgrad) →	*Rechtsradikalismus* ↕
	soziales Gefüge (Rolle, Status; Alter) →	*diffuses Unbehagen* ↕
	*System*verhältnisse (soziale Kontrolle; politisch-soziale Konstellation) →	*Studentenproteste*

Je nach ideologischer „Weichenstellung", die entweder „staatlich eingefroren" oder „pluralistisch offen" sein kann (und zwar nach „rechts", „Mitte" oder „links"), sind im Sinne dieses Erklärungsvorschlags die Erscheinungen des Rechtsradikalismus vor allem in den unteren Schichten der Bevölkerung und die Ausdrucksformen des Studentenprotestes strukturell-anomische, ideologisch-konträre Verhaltensreaktionen auf eine wachsende sozial-psychologische „Malaise"[26] fortgeschrittener Industriegesellschaften.

Der in diesem Schema grob vereinfacht zusammengefaßte Ansatz läßt sich nun anhand von Thesen und Fragen, auf die anschließend detailliert eingegangen wird, in drei elementare Abschnitte zerlegen:

1. Ausgangspunkt: Das industriegesellschaftliche Konfliktpotential
Durch die Wahl dieses Ausgangspunktes wird hier ein sozialpsychologischer Ursprung für die jugendlichen und studentischen Protestbewegungen hypostasiert. Damit wird u. a. implizit behauptet: Diese Erscheinungen lassen sich weder nach dem Muster des seit Generationen üblichen Autoritätskonfliktes als „Revolte gegen die dominante Vaterfigur" begreifen, noch sind sie hinreichend erklärbar durch eine Rückführung auf materiell ökonomische Gesellschaftsbedingungen[27]. Wie aber lassen sich Strukturbedingungen für das Entstehen extremistischer Jugendbewegungen methodologisch-systematisch entfalten und empirisch nachweisen? Ein Lösungsvorschlag könnte in der Entwicklung eines „Handlungsrasters" und der Weiterbestimmung dieses Rasters in der Form einer „heuristischen Deduktion" bestehen.

[26] *Erwin K. Scheuch*, Unruhe ..., a.a.O., S. 25. Wir werden uns im folgenden auf die Bedingungen für das Entstehen des Response „*Studentenprotest*" konzentrieren, während *Scheuch*, in seinem Aufsatz „Rechtsradikalismus ..." von einem analogen Modell ausgehend, die Erfolgsbedingungen rechtsradikaler Bewegungen untersucht.

[27] „Weil das Potential der Unzufriedenheit nicht aus ökonomischer Entfremdung, sondern aus einem psychologisch bedingten Unbehagen in der Kultur hervorgeht verdanken sie die Definitionen des gegenwärtigen Zustandes nicht einem evidenten Pauperismus, sondern einer eher esoterischen Kulturkritik" (*Habermas*, Protestbewegung ..., a.a.O., S. 23). Ferner siehe von demselben Verfasser Theorie der Sozialisation, Vorlesungsskriptum im Handdruck, S. 39 f.

2. Die dreipolige Erklärungsstruktur: „objektive Systemspannungen – kognitive Spiegelung – Formen extremistischer Reaktion“
Das theoretische Gerüst unseres Erklärungsversuchs stellt eine Beziehung her zwischen industriegesellschaftlichen Strukturspannungen, über deren Bewußtwerdung je nach sozialer Lage bis hin zu den systemverändernden jugendlichen Verhaltensformen. Gibt es aber eine Theorie, die diese dreipolige Struktur adäquat rekonstruiert? Dazu bietet sich die (um einige Zusammenhänge erweiterte) „Theorie der kognitiven Dissonanz“ an.

3. Die Ebenen von Jugenddissens und Jugendprotest
Zwischen den drei Elementen dieser Erklärungsstruktur muß nun jeweils eine Reihe sozialer Übergangsbedingungen angesiedelt werden: a) Faktoren, die die *Kognitiv-Werdung* der Systemspannungen bestimmen, und b) Faktoren, die die *Wahl der Protesthandlung* begünstigen. Frage: Unter welchen Bedingungen wird das „Dissens-"potential kognitiv? Unter welchen Bedingungen kommt es beim Bestehen eines jugendlichen Dissenses zu bestimmten Formen des Protestes? Unser *Lösungsvorschlag* sieht a) ein Prognosemodell für Jugenddissens und b) eine Skizze der Strukturbedingungen des Protestes vor.
Betrachtet man nun dieses Paradigma der Struktur-Anomie seinerseits unter dem Gesichtspunkt der Selektivität und vergleicht es mit den (zuvor explizierten) Bedingungen einer adäquaten erfahrungswissenschaftlichen Gesamterklärung der jugendlichen und studentischen Protesterscheinungen, so ergibt sich die folgende *Relativierung unseres Erklärungsversuches*: Zunächst argumentieren auch wir hier nicht in bezug auf das Studentenproblem „an sich“, sondern konstituieren bereits den Erklärungsgegenstand *intra-selektiv* aus der Positionsperspektive und mit den Mitteln einer *theoretisch erfahrungswissenschaftlich verfahrenden Soziologie*, die selbst vom Geschehen betroffen – durch die marxistische Soziologie der Studenten zum Teil in Frage gestellt wird. Die Berechtigung dazu leiten wir aus dem Sachverhalt ab, daß *jede* Position unter anderem eine Analyse der realen Verhältnisse zu leisten vorgibt, und aus der Überzeugung, daß dieser empirische Teil der Erklärung studentischer Unruhen zunächst nicht gesellschaftspolitisch engagiert, sondern theoretisch erfahrungswissenschaftlich zu erfolgen hat.
Daraus ergibt sich zweitens, daß hier nicht primär das studentische Selbstverständnis, sondern *soziologische und psychologische Faktoren zur Erklärungsbasis gewählt werden*. Daß dadurch die zentrale rationale Auseinandersetzung mit Ideen und Zielen des Studentenprotestes nicht umgangen und entwertet werden kann und soll, ist selbstverständlich.
Aber auch als erfahrungswissenschaftliche Theorieskizze erklärt unser Ansatz das Phänomen „studentischer Unruhen“ nur partikulär: Weder wird nämlich der Protest als *Bewußtwerdungsprozeß und kollektive Verhaltensdisposition* zureichend verständlich werden, noch wird unsere Deutung der gewollten *„Außerhalb“-Stellung* aktivistischer Studentengruppen und der Tatsache der *politischen* Ausrichtung des Protestes ausreichend gerecht werden. Dagegen erklärt dieser Ansatz (durch die Rückführung auf strukturelle Systemverhältnisse in fortgeschrittenen Industriegesellschaften) sowohl den *zeitspezifischen*

und überlokalen Charakter der Erscheinungen als auch die *gesamtgesellschaftlichen Verflechtungen* der sogenannten „Studenten-“unruhen. Vor allem wird aber u. E. die *Distribution von „Ruhe“*, *„Dissens“* und *„Protest“* unter der Jugendgeneration je nach sozialer Lage mit Hilfe unserer Erklärungsskizze verständlicher.

III. Studentenunruhen als Struktur-Anomie fortgeschrittener Industriegesellschaften

1. Strukturelle Konfliktpotentiale

Bei der folgenden differenzierten Darlegung unseres Erklärungsversuches stellt sich zunächst für die Begründung eines Potentials industriegesellschaftlicher Konflikte das Problem: Wie ist ein methodisch sachgemäßer Zugang zu strukturellen Spannungselementen unserer Gesellschaft, die besonders die jugendliche Verhaltensphase betreffen, möglich?

In einer (impliziten) Beantwortung dieser Frage wurden in der jugendsoziologischen Literatur bisher drei unterschiedliche (sich jedoch teilweise überschneidende) Ansätze gewählt. Sie zeigen gewissermaßen verschiedene „Aggregatzustände“[28] der für die Erklärung des Jugend- und Studentendissenses relevanten Gesellschaftszustände auf. Das Unterscheidungsmerkmal ist der „theoretische Abstand“, der in dem jeweiligen Ansatz zwischen Begründetem (= Erscheinungen jugendlichen Unbehagens) und Begründendem (= erklärende Hypothesen, Theorien) besteht.

Man begriff die Problematik jugendlichen Verhaltens entweder a) in einem sehr weiten Ansatz ausgehend von generellen Eigenarten der Gegenwartsgesellschaft als eine *altersgruppenspezifische Variante makrosozialer Konfliktstrukturen*; wie z. B. der wachsenden Vergesellschaftung *(von Friedeburg)*, Rationalisierung und Emanzipation *(Habermas)*, des gesellschaftlichen Strukturwandels *(Rosenmayr)*, oder als jugendspezifische Konsequenzen der mit dem raschen Rhythmus funktionaler Differenzierungen verbundenen Abspaltung und Verselbständigung gesellschaftlicher Sektoren *(Parsons)*. Oder man fand, im Ansatzpunkt dem eigentlichen Jugendphänomen etwas näher, b) die Ursachen für jugendliche Abweichungspotentiale in einer *defekten Organisation von Prozeß und Instanzen der industriegesellschaftlichen Sozialisation*; etwa in der Gestalt konträrer Rollendefinitionen für Erwachsene und Kinder und/oder als verunsichernde Inkongruenz zwischen familiären, schulischen, universitären und frühbetrieblichen Sozialisationszielen[29].

[28] *Erwin K. Scheuch*, Rechtsradikalismus …, a.a.O., S. 15.

[29] Diese in der jugendsoziologischen Diskussion fast allgemein vertretene These von der Diskontinuität des Sozialisationsprozesses ist jedoch von den einzelnen Autoren auf unterschiedlich Weise weiterentwickelt worden. So werden als Folgen der Rolleninkongruenzen gesehen: entweder 1. eine „Zwischenphase erheblicher Selbstwidersprüche“ (*Neidhardt*, a.a.O., S. 27) und ein Stadium fundamentaler *Verunsicherungen* (vgl. z. B. die auf interkulturellem Material basierende Arbeiten *M. Meads*) oder 2. die kompensatorische *Bildung altershomogener Gruppen* (*S. N. Eisenstadt*, Von Generation zu Generation, München 1966, passim), deren Konsequenz entweder (a) eine relativ reibungslose *Einpassung* der Jugendlichen in die Erwachsenenkultur ist (so z. B. *v. Friedeburg*, a.a.O., S. 186) oder (b) das Entstehen einer sich absondernden jugendlichen Anti-Kultur und damit eine *Verschärfung des Generationskonfliktes* (so z. B. *J. E. Ellemer*, in: *v. Friedeburg*, a.a.O., S. 205 f.). Schließlich wird 3. den Jugendlichen die Tendenz zugeschrieben, den Widersprüchen zwischen Kind-

Schließlich erklärte man die Probleme der Heranwachsenden in den Industriegesellschaften c) *unmittelbar aus psychisch-sozialen Konstellationen und Dispositionen jugendlicher Gruppen selbst*, so z. B. in der Analyse von „peer groups" (funktionalistische Version) oder mit der umstrittenen These mehr oder weniger revolutionärer Subkulturen (konflikt-theoretische Version). Hierher gehören auch Erklärungsversuche sozialpsychologischer Art, die jugendrelevante Gesellschaftsspannungen aus einer Kombination (oder einem Zusammentreffen) kulturgeschichtlicher mit familiären Verhältnissen und Beziehungen herleiten (*Mitscherlich*: „Die vaterlose Generation"; *Flacks*: „Die befreite Generation")[30], oder die studentenspezifisch schließlich diese konfliktauslösenden Bedingungen in der Frustrationsstruktur von Massenuniversitäten suchen.

Betrachtet man nun einerseits diese in der Dimension des Zugangs und der Problemeröffnung von einander unterscheidbaren Ansätze nicht – wie häufig in der Literatur – als sich gegenseitig ausschließende, sondern als sich (aspekthaft) ergänzende, und berücksichtigt man andererseits, „daß diese Spannungen auf verschiedenen Ebenen eines vertikal gegliederten politischen Systems manifest werden, so läßt sich wie folgt argumentieren" [31]:

1. Für alle Altersgruppen treten diese Spannungen auf der „Ebene der Mikrobeziehung; (= primäre Umwelt ≈ informelle Beziehungen des Alltags)" zunächst in Erscheinung als *widersprüchliche Anforderungen zwischen und innerhalb von Systemen normierter Verhaltenserwartungen (= Inter- und Intra-Rollenkonflikte)*; wie z. B. der „Gegensatz zwischen den für Primärgruppen kennzeichnenden Werten und Verhaltensweisen einerseits und den funktionalen Erfordernissen der sekundären Institutionen (z. B. Betrieb, Behörden, Universität) andererseits"[31]. Ferner wird behauptet, daß diese Spannungen eine Funktion des rasch umsichgreifenden Wandlungsprozesses sind, dessen inneres Gesetz das der fortschreitenden „funktionalen Differenzierung"[32] ist: nämlich das Aufbrechen und die Verästelung einfacher Einheiten (Paradigma: landwirtschaftliche Familienproduktion) in komplexe, voneinander abgelöste interdependente Einheiten (Haushalt, außerfamiliärer Beruf). Diese Spannungen wachsen, wenn mit zunehmender Verzweigung „Brüche" zwischen sozialen Bereichen (wie zwischen Familienbereich und den anderen Gesellschaftssektoren) entstehen. Sie gehen in dem Grade zurück, in dem es gelingt, dennoch eine Kompatibilität der Erwartungen zwischen und innerhalb sozialer Handlungssysteme herzustellen.

heits- und Erwachsenenrolle durch eine frühzeitige *Übernahme der Erwachsenenrolle* zu begegnen „... diese Jugend erhebt sozusagen den anderen Pol der sozialen Ambivalenz der Jugendphase, das Erwachsenseinwollen, zu ihrem Jugendleitbild ..." (*H. Schelsky*, Die skeptische Generation, Düsseldorf und Köln 1957, S. 501).

[30] *Habermas* nimmt diese Thesen zum Ausgangspunkt, um in einer Analyse zweier gegenwartstypischer familiarer Sozialisationsmuster die Herkunft des Protestpotentials zu klären (*J. Habermas*, Protestbewegung..., a.a.O., S. 33 f.).

[31] *Erwin K. Scheuch*, Rechtsradikalismus ..., a.a.0., S. 17.

[32] Siehe dazu und zum folgenden *Talcott Parsons*, Jugend im Gefüge der amerikanischen Gesellschaft, in: *L. v. Friedeburg*, Hrsg., Jugend in der modernen Gesellschaft, a.a.0., S. 136 ff.

2. Mit diesem Wandlungs- und Differenzierungsprozeß linear verknüpft ist der *Zwang zu einer kontinuierlichen situationsorientierten Reorganisation der Normensysteme*, die die Beziehungen der abgespaltenen Funktionseinheiten intern und extern regeln. Charakteristisch für diese Periode der gesellschaftlichen Entwicklung sind damit aber a) verunsichernde Zustände mangelnder sozialer Regelung auf der Ebene des historisch-politischen Prozesses und b) ein verschärfter Antagonismus zwischen rigiden (entwicklungshemmenden) und progressiven entwicklungsfördernden) Orientierungssystemen. Der Zusammenprall dieser Tendenzen (Erfindungszwang, Verunsicherung, Konservativismus) ereignet sich bei der Gelegenheit der Generationsablösung: Der funktionale Zwang, für neue Situationen neue Verhaltensmuster zu erfinden, gerät mit zunehmendem Wandel diametral in Widerstreit zu konservativ-bewahrenden Strömungen innerhalb der etablierten Generation.

3. Die erste Welle des Wandlungsprozesses erfaßt und durchläuft die Industriegesellschaft nun nicht, wie man annehmen könnte, eindimensional und gleichzeitig in allen Sektoren. Typisch vielmehr ist, daß strukturelle Veränderungen, ausgehend von den oberen Gesellschaftsebenen (höhere Kulturbereiche, Wissenschaft und Technik, Großorganisationen), hierarchisch und rhythmisch versetzt erst relativ spät übergreifen auf lokale Sozialstrukturen wie Familie, Schule, Gemeinde. Daraus folgt: *Die Erwachseneninstanzen, von denen die Jugendlichen vorwiegend abhängen, stehen tendenziell im Gegensatz zu den Strömungen, die die Gesellschaft im Ganzen kennzeichnen*[33]. Mit wachsender Verselbständigung sieht der Heranwachsende die Widersprüche zwischen den seine eigene Lebenswelt bestimmenden und den die gesellschaftliche Entwicklung determinierenden Faktoren[34].

4. In dieser Gesellschaftssituation muß auf der Ebene der hierarchischen Über- und Unterordnung der *Anspruch auf Autorität, die sich auf naturale und kulturelle Faktoren* (z. B. „graues Haar“, Titel) *stützt, unglaubwürdig* und ersetzt werden durch eine Form der Autorität, die sich ständig in der Bewältigung praktischer Fragen bewährt. Jedes herrschaftsverdächtige Verhältnis ist zunächst prekär. Hinzukommt, daß Autoritätskrisen ein eigentümlicher Aufschaukelungseffekt innewohnt: „Die schwindende Autorität hat zur Folge, daß die Älteren wie die Jüngeren dauernd die gegenseitigen Positionen abtasten[35].“ Die Spannungen kumulieren hier, wenn für den Jugendlichen die existentiell unentrinnbare Betroffenheit durch eine Entscheidung (in Elternhaus, Schule, Universität) zusammentrifft mit ihrer eklatanten Autoritätslosigkeit.

5. „Je eher die sozialen Widersprüche durch die Massenmedien nur abgeschwächt reflektiert oder sogar unterdrückt werden, um so stärker ist das unterschwellige Unbehagen (= Malaise), dass sich sukzessiv als Protest gegen Einzelphänomene ausdrücken kann.

---

[33] Vgl. *Talcott Parsons*, Jugend im Gefüge ..., a.a.O., S. 145.

[34] Vgl. *Erwin K. Scheuch*, Rechtsradikalismus ..., a.a.0., S. 17.

[35] *J. E. Ellemers*, Allgemeine Ausdrucksformen moderner Jugend, in: *L. v. Friedeburg*, Hrsg., a.a.O., S. 205.

> Nun waren auch andere Formen von Gesellschaften nicht ärmer an Spannungen – ja, wiesen teilweise viel härtere Spannungen und Konflikte auf als unsere Gesellschaft. Nicht die Existenz von Spannungen ist causa für die hier zu erklärenden Erscheinungen, sondern Charakter und Erscheinungsform der Spannungen. Diese sich wandelnden Industriegesellschaften bestehen erst relativ kurze Zeit. So kann es nicht verwundern, daß *Wert- und Orientierungssysteme tradiert* werden – etwa in der Kindererziehung –, *die mit den tatsächlich zu bewältigenden Aufgaben des Individuums wenig gemein haben*. Daraus folgt u. a., daß sich der neuartige und dynamische Charakter der Industriegesellschaften im Alltag der Individuen für diese in den folgenden normativen Brüchen spiegelt:
> a) in einem weitgehenden Fehlen von Übereinstimmung zwischen den bei der Sozialisierung des Kindes internalisierten Werten und Erwartungen einerseits und den spezifischen Wert- und Orientierungssystemen der Industriegesellschaft andererseits;
> b) in Widersprüchen zwischen den in verschiedenen Bereichen geltenden Werten und Verhaltensweisen der Industriegesellschaft (z. B. Arbeitssituation im Betrieb; Verkehrsstil bei Behörden; Freizeitverhalten) ;
> c) ferner bringt der tatsächliche Wandel der Lebensbedingungen noch die zusätzliche Notwendigkeit zu fortwährender Revision eigener Einstellungen mit sich. Diese verschiedenen Sachverhalte werden als Unsicherheit empfunden und der dauernde Wechsel der Bezugssysteme je nach Situation als Zwang zur ‚Uneigentlichkeit'[36]."

Nach dieser Aufzählung von Konfliktquellen stellt sich freilich die Frage: Wenn tatsächlich ein solches Potential gesellschaftlicher Spannungen zentriert auftritt, gleichsam in dem Brennpunkt jugendlicher Sensibilität (= Konfliktempfänglichkeit plus „unabgestumpftes Auge für die Unaufrichtigkeiten der Erwachsenen"[37]) und hier auch noch beantwortbar ist durch ein hohes Maß an Reagibilität (= Noch-nicht-Vorhandensein irreversibler Entscheidungen; Statusoffenheit), warum protestiert dann in diesen Gesellschaften nicht die Jugend in ihrer Gesamtheit? Warum steht dem Spektakulum einer „Minderheit" von aufsässigen und rebellischen Jugendlichen das Heer der Stillen und widerstandslos Angepaßten gegenüber?

Mit *v. Friedeburg* sehen wir jedoch, daß die hier aufgezeigten *möglichen* Quellen für Jugenddissens keineswegs notwendig die Konsequenz einer *Noch-nicht-* oder *Fehl*anpassung der Jugendgeneration haben müssen; sondern vertreten vielmehr die Auffassung, daß sie weitgehend als „problematische Folgen [einer bereits vollzogenen und] *gelungenen* Anpassung zum Ausdruck kommen"[38].

Gegen diese Deutung spricht noch nicht einmal unbedingt die radikal ablehnende und alles in Frage stellende Haltung eines Teils der neuen studentischen Protestju-

[36] *Erwin K. Scheuch*, Rechtsradikalismus …, a.a.0., S. 17 f. (eigene Hervorhebung).

[37] *Alexander Mitscherlich*, Pubertät und Tradition, in: *L. v. Friedeburg*, Hrsg., a.a.0., S. 293.

[38] *Von Friedeburg*, Jugend …, a.a.0., S. 186. S. dazu auch folgende (aus dem gleichen Abschnitt entnommene) Stelle: „Der Weg jugendlicher Anpassung in der modernen Gesellschaft führt durch eine halbgeöffnete Tür zu einer ziellosen Freiheit. Nicht die Barrieren auf diesem Wege, sondern der Vorgeschmack seiner Vergeblichkeit dürfte letzten Endes der Grund für das Mißvergnügen der Unbefriedigten sein".

gend. Denn - wie *Scheuch* bemerkt - indiziert z. B. die Auswahl der Protestobjekte oft genug eine Art „negativer Anerkennung", einen zunächst nicht vermuteten „Respekt vor der Bedeutung offizieller Normen"[39]. Statt die Machtzentren anzugreifen, begnügt man sich nämlich z. B. mit Politisierungsversuchen der Kirchen. Bürgerschreckeffekten durch gezielte Obszönitäten oder mit der Störung verstaubter Universitätsrituale, alles in allem Kampfobjekte also, die eher eine Orientierung der Aktivisten „an den Respektsymbolen ihres Elternhaus" verraten.

Damit ist eine Teilantwort (wenn auch die weniger relevante) auf die oben gestellte Frage gegeben: Ein derart „totaler" Protest ist schon deshalb höchst unwahrscheinlich, weil – wie es uns scheint – die Mechanismen der industriegesellschaftlichen Sozialisation zwar Dissens produzieren, jedoch bereits auf der Basis und unter der Voraussetzung ihrer überwältigenden und nahezu lückenlosen Funktionstüchtigkeit. Selbst die gegen sie gerichtete Revolte dürfte noch in sehr vielen Fällen eine Revolte der bereits Angepaßten sein gegen die mit den Prämien des Einfügens verbundene Sinn- und Existenzentleerung.

Eine zweite (und in unserem Argumentationszusammenhang weiterführende) Antwort weist darauf hin, daß der oben gestellten Frage bereits eine *Ineinssetzung der objektiven mit der kognitiven Ebene struktureller Gesellschaftsspannungen* zugrunde liegt. Aus dem Sachverhalt, daß ein bestimmter Gesellschaftstyp bestimmte problematische Strukturen aufweist, folgt jedoch keineswegs ohne weiteres, daß z. B. alle sozialen Altersgruppierungen (entlang dem Kontinuum junge und alte Generation oder auch jugendintern: Jungarbeiter-Schüler-Student) in dem gleichen Ausmaß von diesen Spannungen *effektiv betroffen sind*, sie als ebenso *psychologisch bedeutsam empfinden* oder – was wieder etwas anderes ist – sie in demselben Grade *reflektiert* erleben.

Es sei daher an dieser Stelle vorgeschlagen, unser *dreipoliges Erklärungsschema: „objektiv gesellschaftliches Dissenspotential – sozial distributive kognitive Spiegelung – Formen extremistischer Reaktion"* im Sinne einer (um einige Begriffe erweiterten) Theorie der „kognitiven Dissonanz" (*Festinger*) zu deuten. Inwieweit durch diese Interpretation unsere Überlegungen tatsächlich einen zusätzlichen Erklärungsgehalt gewinnen (oder nur um die Übersetzung bereits bekannter Zusammenhänge in eine andere theoretische Sprache komplizierter werden), kann erst im Nachhinein entschieden werden. Im voraus seien hier nur die folgenden Gründe zur Rechtfertigung genannt:

> Erstens wird mit der Theorie der „kognitiven Dissonanz" die bedeutsame *Ebene der Kognitiv Werdung* zum zentralen Ansatzpunkt für die Erklärung des Jugenddissens. Gleichzeitig läßt sich zweitens unser oben genanntes Schema (jetzt aber bereits in einem differenzierten Hypothesenzusammenhang) in der Gestalt *„objektive Dissonanz–- kognitive Dissonanz – Formen extremistischer Dissonanzreduktion"* rekonstruieren. Und drittens schließlich fällt der Sachverhalt, daß die Gesellschaftsspannungen als „widersprüchliche Anforderungen" des sozialen Alltags erlebt werden, genau unter den Begriff der „kognitiven Dissonanz" als einer „Unvereinbarkeit von Wissensinhalten".

[39] *Erwin K. Scheuch*, Unruhe …, a.a.O., S. 13.

2. Studentenunruhen im Lichte der Theorie der kognitiven Dissonanz

„Die Unvereinbarkeit von Überzeugungen bezeichnet *Festinger* als ‚kognitive Dissonanz'. Eine solche Dissonanz ist also eine Relation, die zwischen wenigstens zwei Überzeugungen besteht. Dabei können sich diese Überzeugungen auf Umweltsituationen, andere Menschen und deren Anschauungen, die eigene Person, die eigenen Normen und Bewertungen, die eigenen Verhaltensweisen usw. beziehen."[40] Wir wollen den Begriff „kognitive Dissonanz" zunächst an einem Beispiel aus unserem Zusammenhang illustrieren:

> Angenommen, in einer bestimmten Industriegesellschaft sei im Laufe des fortschreitenden funktonalen Differenzierungsprozesses die *normative* Kluft zwischen dem familiären Bereich und anderen gesellschaftlichen Sektoren (wie staatlich organisierten Jugendgruppen, hippiesken Subkulturen, Berufswelt, Universität etc.) besonders groß. Nehmen wir ferner an, die diese Sektoren jeweils kennzeichnenden Wert- und Orientierungssysteme schlössen sich in bestimmten Hinsichten wechselseitig aus. Durch die Anordnung der Jugendphase als einem Verbindungsbereich zwischen Kindheit und Erwachsenheit gerät der Heranwachsende (unter diesen Voraussetzungen) unvermeidlich in den Schnittpunkt mindestens einiger dieser gesellschaftlichen Wert- und Orientierungswidersprüche. Denn die während seiner Kindheit internalisierten Werthaltungen und Erwartungen stehen im Gegensatz zu den Geltungen und Anforderungen in jugendlichen Subkulturen, in Berufswelt, Universität etc., mit denen sich der Heranwachsende mit zunehmendem „Aus-der-Familie-in-die-Berufswelt-Wachsen" konfrontiert sieht. An den Knotenpunkten konträrer Wertausrichtungen können dann jeweils kognitive Dissonanzen entstehen, wenn etwa der Jugendliche a) in seinen Handlungen, Überzeugungen oder Äußerungen etwas als wahr behauptet, das b) von anderen, für ihn bedeutsamen Personen, mit denen er in sozialem Kontakt steht, gering geschätzt oder für falsch beurteilt wird.
> Die *„normativen Brüche"* zwischen sozialen Bereichen erscheinen also für den durch sie betroffenen Jugendlichen als kognitive Dissonanzen von folgender Gestalt: *Unvereinbarkeit zwischen einerseits internalisierten Eigenwertungen und andererseits situativ wechselnden Fremdwertungen und Bereichsgeltungen.*

Mit der kognitiven Dissonanz ist also das Fehlen von Übereinstimmung zwischen den Überzeugungen eines Individuums gemeint; d. h. „aus der einen Überzeugung folgt psychologisch die Negation der anderen"[41].

[40] *Andrej Malewski*, Verhalten und Interaktion, Tübingen 1967, S. 76. Siehe für eine ausführliche Darstellung und Diskussion dieser Theorie neben diesem Buch vor allem *Leon Festinger*, A Theory of Cognitive Dissonance, Evanston 1957; *ders*., Conflict, Decision and Dissonance, Standford 1964; *ders*., The Motivating Effect of Cognitive Dissonance, in: *G. Lindzey*, Hrsg., Assessment of Human Motives, New York 1960; *ders*., When Prophecy Fails, Minneapolis 1956. Unsere Darstellung und Anwendung dieser Theorie ist jedoch eine erweiterte Variante der ursprünglichen Theorie *Festingers*.

[41] *Malewski*, Verhalten und Interaktion, a.a.0., S. 77. Es seien hier kurz zwei der prinzipiellen Schwierigkeiten, die mit der Verwendung dieses Begriffes verbunden sind, aufgezeigt: Die erste besteht in einer Klärung und operationalen Präzisierung dessen, was mit dem zentralen Ausdruck „Unvereinbarkeitsbezie-

Die in diesem Beispiel vorgenommene spezifische soziologische Anwendung der Dissonanztheorie auf die makro-soziale Beziehungsebene ist unüblich, ja, wirft zugegebenermaßen eine Reihe von Problemen auf, die durch die bisherige Theorieanwendung noch nicht gelöst wurden. Um diese Unterschiede in der Anwendungspraxis der Theorie schärfer hervortreten zu lassen, erscheint es zweckmäßig, den Begriff der „objektiven Dissonanz“ als das notwendige objektive Korrelat der kognitiven Dissonanz einzuführen. Mit diesem Begriff sind also soziale Situationen der verschiedensten Ebenen gemeint, deren übereinstimmendes Charakteristikum darin besteht, daß sie durch ihre jeweils spezifisch konfliktuelle Struktur kognitive Dissonanzen hervorrufen.

Entsprechend lassen sich nun prinzipiell die folgenden Ebenen objektiver Dissonanzen (Anwendungsgebiete der Theorie) unterscheiden Typen psychischer Situationen (z. B. die von *Festinger* vorgeführten Anwendungsfälle der „Nach-Entscheidungssituation“ oder der freiwilligen und unfreiwilligen Informationsaufnahme); Typen mikro-sozialer Situationen (z. B. Fälle von Gruppenzwang; Diskussionsverläufe); und schließlich der hier vorliegende Anwendungsfall von spezifisch *soziologischer* Relevanz auf Typen makro-sozialer Situationen wie strukturelle Rollenkonflikte, Wertwidersprüche zwischen sozialen Bereichen etc.[41a].

Psychologie und Soziologie sind damit in dem Begriff der „kognitiven Dissonanz“ gewissermaßen zwei Seiten ein und derselben Medaille: Denn einerseits sind es bestimmte *soziale Situationen* (Gruppenprozesse, Sozialstrukturen), die kognitive Dissonanzen hervorrufen, die Dissonanzstärke entscheidend bedingen und mittels derer – das ist besonders wichtig – kognitive Dissonanzen überhaupt erst empirisch methodologisch zugänglich werden; andererseits ist jedoch die kognitive Dissonanz selbst als ein *psychologischer Motivationsfaktor*[42] zu verstehen, dessen Vehemenz wiederum durch Zusammenspiel sozialer mit psychischen Faktoren bestimmt ist.

3. Die Konfliktpotentiale als Komplexe objektiver Dissonanzen

Anhand der Begriffe „objektive“ und „kognitive Dissonanz“ läßt sich nun das Problem, wie Strukturbedingungen für das Entstehen jugendlichen Dissenses *methodologisch* aufweisbar sind, neu stellen und systematisch angehen. Ohne diese sehr schwierige Problematik in diesem Zusammenhang annähernd erschöpfend behan-

hung zwischen Wissensinhalten“ als einem „psychologischen Widerspruch“ gemeint ist: Fällt z. B. damit jede individualpsychische, rationale oder irrationale Nichtübereinstimmung von Vorstellungen unter den Begriff der kognitiven Dissonanz oder nur sich logisch konträr und kontradiktorisch gegenüberstehende Wissensinhalte? – Zweitens wird für die Definition der kognitiven Dissonanz (vorausgesetzt, daß jeweils *ein Paar* kognitiver Elemente *isoliert*, d. h. ohne Berücksichtigung ihrer Beziehungen zu den übrigen Wissensinhalten, betrachtet werden kann. Jede der unvereinbaren Vorstellungen einer kognitiven Dissonanz kann aber in einer noch stärker dissonanten Beziehung zu anderen Überzeugungen des Individuums stehen; so daß hier keine Voraussagen über die Dissonanz-Reduktion möglich wären.

[41a] Eine eigentlich *soziologische* Konzeption der Dissonanztheorie, die den (sozial)-psychologischen Rahmen *Festingers* sprengt, muß allerdings nicht nur die objektive Dissonanz als eine *soziale* Situation interpretieren, sondern auch auf *kollektive, sozial präformierte Formen der Dissonanzreduktion* und *soziologisch* bedeutsame Faktoren ihrer Beeinflussung reflektieren.

[42] Vgl. hierzu den Aufsatz von *L. Festinger*, The Motivating Effect of Cognitive Dissonance, a.a.O.

deln zu können, sei hier unser Lösungsvorschlag einer „heuristischen Deduktion" in seinen wesentlichen Zügen angedeutet.

Hatten wir oben mehr oder weniger plausibel und mehr oder weniger willkürlich einige (wie wir jetzt sagen können) objektive Dissonanzen (hier jugend-relevante Strukturspannungen entwickelter Industrieländer) als Bedingungen für das Aufkommen eines allgemeinen jugendlichen Unbehagens aufgeführt, so gilt es nun, anhand einer begrifflichen Überlegung einen Modus für ihre systematische Entfaltung zu gewinnen.

> In diesem Zusammenhang hat eine systematisch geleitete Entfaltung unseres Erachtens mindestens drei Vorzüge: Erstens wird dadurch eine bessere intersubjektive Überprüfbarkeit unserer Argumentation gewährleistet. Zweitens kann das Mittel der Systematik dazu dienen, Aspekte, auf die man sonst nur zufällig stößt, annähernd vollständig und *aus Gründen* darzustellen, Drittens schließlich ist (gemessen an einer bloßen Aneinanderreihung) mit einer derartigen Ableitung ein größerer Grad an rationaler Durchsicht verbunden.

Um nun diese für jugendliches Unruheverhalten erklärungsrelevanten Strukturspannungen, die durch die spezifische Anordnung der Heranwachsenden im sozialen Gefüge rasch sich wandelnder Industriegesellschaften auftreten, nichtisoliert, sondern von vornherein in ihren Konsequenzen für den Handelnden aufzeigen zu können, wählen wir als Ansatzpunkt hier eine fundamentale Verhaltensspannung: *Die Belastung durch tendenziell „unentscheidbare Entscheidungen" als kognitive Grunddissonanz.*

Das Handlungsraster: Einer der wichtigsten generellen Impulse des Jugenddissenses scheint die Einsicht zu sein, sich in keiner Weise der Stellungnahme gegenüber der Welt entziehen zu können: *Jeder ist immer Partei.*

Die Erkenntnis, die dahintersteht, lautet sehr einfach: *Man kann sich nicht nicht verhalten* (entscheiden, handeln, Stellung nehmen). Wir sind im individuell biographischen sowie politisch historischen Bereich in das Verhaltenskontinuum von Tun oder Verharren, Handeln oder Geschehenlassen gestellt, dem wir durch keinen Fluchtversuch entkommen können.

> Die in der Soziologie geführte Diskussion um das Ausmaß von Engagiertheit oder politischer Unentschlossenheit, das historisch eine Jugendgeneration charakterisiert, ist durch diese Feststellung nur sehr indirekt tangiert. Denn hier ist zu unterscheiden *die objektive Ebene des primären Funktionszusammenhangs* im sozialen Kontext von der *subjektiven Ebene der sekundären Willenssetzung* der Individuen und Gruppen. Der Satz: „Jeder kann sich nicht nicht verhalten" gilt zwar auf der objektiven, nicht aber gleichermaßen auf der subjektiven Ebene: Auch einzelne oder Gruppen, die subjektiv intentional jede Stellungnahme und Entscheidung meiden, stellen nämlich dennoch objektiv als die „Partei der Unentschlossenen" einen (vielleicht ausschlaggebenden) politischen Faktor dar. Gerade aber diese Unentrinnbarkeit, immer schon engagiertes Handlungselement in einem objektiven Gesellschaftszusammenhang zu sein, ist ein zentrales Argument der studentischen Bewegung.

Verhalten aber – und darin besteht die hier gemeinte Grunddissonanz – *ist ein Zwang zur Festlegung von Offenem*: Der Unvermeidbarkeit, a) *sich verhaltend festzulegen*, steht dissonant gegenüber b) die *situative und intentionale Offenheit*, in der sich der Verhaltende (besonders heute) immer befindet.

Die Analyse dieser Dissonanzpole *(Festlegungszwang* contra *situative und intentionale Offenheit)* wird nun zwei Begriffsgruppen ergeben. Die Kombination dieser Begriffsgruppen (= strukturelle Gliederungen der Dissonanzpole) zu einem „Handlungsraster" bildet dann den Ansatz zur Darlegung der gesellschaftlichen Dissonanzkomplexe. Die Weiterbestimmung und Konkretisierung dieser Grunddissonanz durch charakteristische Determinanten der Gegenwart (z. B. das Fortschreiten des funktionalen Differenzierungsprozesses) stellt dann schließlich das dar, was wir die „heuristische Deduktion" (= systematische Weiterbestimmung und Entfaltung) der jugendrelevanten Dissonanzkomplexe nennen wollen.

a) In dreierlei Hinsicht bedeutet Verhalten ein Sich-Festlegen: wertbezogen, erkenntnisbezogen und realisationsbezogen.

> Entscheiden heißt: sich für und sich gegen etwas bestimmen. Nur aufgrund einer *wertbezogenen Festlegung* kann der Handelnde das tun, was sich bereits immer vollzieht: die eröffneten Handlungsmöglichkeiten ordnen, gegeneinander abwägen und der erstrebenswertesten Möglichkeit alle übrigen unterordnen.
> Um sich in bezug auf eine Situation verhalten zu können, ist ferner eine *erkenntnisbezogene Festlegung* in Gestalt eines mehr oder weniger wirklichkeitsgerechten Situationsbildes notwendig, aus dem das Handlungsinstrumentarium gewonnen wird.
> Verhalten ist schließlich wertbezogene und erkenntnisbezogene Festlegung in *der Einheit der Realisation*. Im eigentlichen (sich stets vollziehenden) Handlungsakt objektiviert sich die Wertstellungnahme und die Situationsdeutung, von denen der Handelnde ausging. Realisation in diesem Sinne ist das Festlegen zweier Festlegungen.

b) Dem steht dissonant gegenüber die partielle Unbestimmbarkeit und Offenheit der Handlungssituation: das im Fluß befindliche *Feld situationsrelevanter Faktoren*, d. h. Verhältnisse und Verflechtungen, von denen die Verwirklichung des Handlungszieles abhängt. Dieser Dissonanzpol eines unbestimmten und in vielem unbestimmbaren Situationsflusses läßt sich nun begrifflich wie folgt aufschlüsseln:

> Der Ausschnitt der Wirklichkeit, von dem die Realisierung einer Absicht unmittelbar abhängt, d. h. die Anzahl der unmittelbar situationsrelevanten Faktoren, heißt deren *Umfang*. Die Situations-*Differenzierung* ist der Grad der Zersplitterung und Aufspaltung dieser Faktoren zu Unterfaktoren. *Interdependenz* definieren wir als die Mittelbarkeitsbeziehung zwischen Situationsfaktoren. Es ist damit die Abhängigkeit eines primär irrelevanten Faktors von einem unmittelbar situationsrelevanten Faktor gemeint. Schließlich heißt Dynamik ein nicht vom Handelnden beeinflußter Vorgang, durch den bisher irrelevante Faktoren unmittelbar situationsrelevant werden.

Die als strukturelle Gliederung der Pole der kognitiven Grunddissonanz entfalteten Begriffsgruppen können nun zu einem Handlungsraster kombiniert werden, das den Ableitpunkt für die jugendrelevanten Dissonanzkomplexe bildet:

Verhalten ist ↘ Festlegung: ↗ realisationsbezogen ↖

Von Offenem:	erkenntnisbezogen	wertbezogen
Umfang		
Differenzierung		
Interdependenz		
Dynamik		

Das Schema der heuristischen Deduktion: Die so ausgegliederten Begriffsmomente der Dissonanzpole müssen weiterbestimmt und konkretisiert werden durch einige Grundzüge industriegesellschaftlicher Sozialbeziehungen, die sich in der wert-, erkenntnis- und realisationsbezogenen Festlegung der Jugendlichen spiegeln. So bilden objektive Dissonanzen, die durch das Handlungsraster gesehen werden, potentielle kognitive Dissonanzen: Gesellschaftliche Strukturspannungen treten hier unmittelbar als latente Handlungskonflikte in Erscheinung.

Damit besteht das von uns vorgeschlagene *heuristische Deduktionsschema* in der folgenden dreistufigen Konkretisierung und Weiterbestimmung des Handlungsrasters: a) Axiomatische Einführung von *Charakteristika der Gegenwartsgesellschaft*; wie z. B. dem Sachverhalt der „überdimensionierten Verhältnisse" (Umfang, Differenzierung und Interdependenz der situationsrelevanten Faktoren scheinen heute das Ausmaß des individuell Überschaubaren bei weitem zu übersteigen). b) Weiterbestimmung anhand bestimmter *Aspekte sozialer Beziehungen*, (z. B. die Sozialbeziehung der „kommunikativen Information" oder der „reziproken Rollenerwartungen"). Und schließlich muß c) das Handlungsraster für den Zweck einer Erklärung des Jugenddissenses konkretisiert werden durch *alters- und gruppenspezifische Differenzierungen* wie zwischen Älteren und Jungen einerseits, Jungarbeitern, Schülern und Studenten andererseits.

Es würde den Rahmen dieser Erklärungsskizze sprengen, wollte man die kombinatorischen Möglichkeiten, die dieser Ansatz enthält, hier erschöpfen. Es sei daher nur an dem Leitfaden der sozialen Beziehung reziproker Verhaltenserwartungen versucht, skizzenhaft ein Beispiel für die (in diesem Sinne) heuristische Deduktion eines der jugendrelevanten Dissonanzkomplexe zu geben:

Dynamik **des situationsrelevanten Feldes**

+

wertbezogene Festlegung

+

Sachverhalt der ***Differenziertheit*** **der sozialen Situation**

+

Sozialbeziehung der ***reziproken*** **Verhaltenserwartungen**

---

kognitive Statusdissonanz

(Selbsteinschätzung contra Fremdeinschätzung)

Kombiniert man den Zwang zur wertbezogenen Festlegung bei der heutigen Dynamik des situationsrelevanten Feldes mit dem Sachverhalt der Differenziertheit der sozialen Situation, so erhält man u. a. die charakteristischen Statusgefährdungen im industriegesellschaftlichen Sozialbezug: Durch das ständige Überwechseln müssen zwischen normkonträren Bereichen kann der einzelne seinen sozialen Status, d. h. seine „Einordnung … in das gesellschaftliche Höher und Tiefer“[43] nicht mehr eindeutig fixieren. Die Identität des Eigenbildes und der individuellen Selbsteinschätzung gerät so zunehmend in Widerspruch zu der Inkonsistenz und Wandelbarkeit der Beurteilung durch andere.

Einmal jugendspezifisch betrachtet, ist aber gerade dieser Pfad aus sozial Gefordertem und Zugestandenem für den Heranwachsenden unbefestigt: Das „Nicht-mehr und Noch-nicht“[44] der Jugendphase weist, mehr noch als die Rollenmuster der übrigen Altersstufen, eine gewisse „Konturlosigkeit“[45] auf und Diffusionen aus fremden und eigenen Erwartungen. Zudem ist dieser „Verbindungsbereich“[46] durch gegensätzliche Elemente der kindlichen und der erwachsenen Rolle konstituiert[47]. Heute scheint in vielen Hinsichten zwischen den familiären „Schonräumen“[48] der Kindheit und dem stereotypen Rhythmus der beruflichen Verwaltungs- und Produktionswelt ein kleines Jenseits zu klaffen. Daraus folgt: Der mit dem Übergehen zwischen Kindheit und Erwachsenheit erforderliche Haltungswechsel ist oft fundamental[49]. Sind aber in Industriegesellschaften die Kindheits- und Erwachsenenrollen derart „gegensätzlich konzipiert“[50], dann muß es im Übergehen zwischen diesen Polen einen Punkt geben, an dem sich die dissonanten Verhaltenszumutungen kreuzen. Dieser Schnittpunkt der Rolle des Kindes mit der des Erwachsenen (in Wirklichkeit natür-

[43] *Karl Martin Bolte*, Hrsg., Deutsche Gesellschaft im Wandel, Opladen 1967, S. 38.

[44] *F. Neidhardt*, Die junge Generation, a.a.O., S. 12.

[45] *Friedrich Tenbruck*, Jugend und Gesellschaft, Freiburg 1962, S. 35.

[46] *Shmuel N. Eisenstadt*, Von Generation zu Generation, a.a.O., S. 24 f.

[47] Vgl. *F. Neidhardt*, Die junge Generation, a.a.O., S. 24 f.

[48] Ebd., S. 25.

[49] Ebd., S. 29.

[50] Ebd., S. 24.

lich eine Schnitt-„strecke") bezeichnet exakt die *Rollen- und Statusdissonanz des Jugendlichen*: *„Eigenzumutung contra Fremdzumutung contra Fremdzumutung"*. Verstärkt noch wird sie durch Faktoren wie die Verlängerung der Jugendphase, die gesellschaftliche Desorientierung der Familie[51], die wachsenden Anforderungen in der industriellen Arbeitswelt[52], durch „kulturelle Besonderheiten, z. B. die These vom Schonraum der Kinder und die Art der Sexualmoral" [53].

Nun studentenspezifisch gesehen: Die externe Lagerung der Universität im System der Industriegesellschaft und die interne Struktur der Universität prädestinieren sie zu einer Zufluchtsstätte des „Anders" in einem Meer sozialer Konformität; daß daher auch in der gemeinsamen Normenbasis zwischen Universität und Gesellschaft tiefe Risse bestehen, ist bei der klärenden Erörterung der Studentenproteste bisher wenig beachtet worden. Aber gerade dieser Normenbruch zwischen einerseits dem universitären, andererseits dem familiären und ökonomischen Gesellschaftssektor und das entsprechende Dissonanzerlebnis: *„Eigenwertung und -erwartung contra Fremdwertung und -erwartung"* scheinen Ursache des studentischen Dissenses zu sein: Die massive Konfrontation der studentischen Wirklichkeitsvorstellungen aus Vorlesungsfetzen, Ansprüchen, Erkenntnissen, historischen, literarischen, philosophischen und soziologischen Perspektiven – mit der Drastik einer Gesellschaftswirklichkeit, die aus vom Studenten bereits in einem Frühstadium totgesagten Prinzipien funktioniert – wird zum Basiskonflikt seines politischen Engagements.

4. Strukturbedingungen der Kognitiv-Werdung

Haben wir soweit versucht, *potentielle Quellen* des jugendlichen Unbehagens zu rekonstruieren (um so die strukturelle Ähnlichkeit und Überlokalität der Unruheerscheinungen unter Jugendlichen zu erklären), so blieb bisher das *reale, gruppenspezifisch gebundene Auftreten* von jugendlichem Dissens (und damit die sozialen Differenzierungen nach „Ruhe", „Dissens" und „Protest" innerhalb der Jugendgeneration) unbeachtet: Unter welchen Bedingungen werden gesellschaftliche Strukturspannungen (objektive Dissonanzen) kognitiv?

Bei dieser Frage taucht eine Vielzahl von Problemen auf, die wir zunächst in zwei Unterfragen festhalten wollen:

a) Bei welchen *sozialen Gruppen* (z. B. unterschieden nach Alter und Bildungsgrad) ist eine besonders ausgeprägte Dissonanzerfahrung zu erwarten und bei welchen nicht?

b) Welche Verhältnisse des *sozialen Systems* begünstigen oder hemmen die Ausbreitung eines „latenten Dissenses" innerhalb der Jugend?

Beiden Fragen gemeinsam ist die Suche nach Einflußfaktoren für die Entstehung und/oder Verbreitung kognitiver Dissonanzen (unter der Voraussetzung eines Potentials objektiver Dissonanzkomplexe). Während in a) danach gefragt wird, inwieweit die notwendigen Bedingungen der Dissonanzentstehung für *bestimmte Gruppen* er-

[51] Ebd., S. 25.

[52] Ebd., S. 29.

[53] Ebd., S. 24.

füllt sind, wird in b) nach den *Systemverhältnissen* für diese Kognitiv-Werdung objektiver Dissonanzen gefragt.

Antworten auf die Frage a) erlauben u. a. Voraussagen darüber, ob eher bei Erwachsenen oder Jugendlichen und bei welchen Gruppen innerhalb der Jugend (z. B. Schüler, Studenten, junge Arbeiter) verstärkt Dissonanzerfahrungen auftreten werden. Antworten auf die Frage b) ergeben ein Prognosemodell in bezug auf das Abklingen oder Anwachsen eines zunächst kollektiv undifferenzierten „Jugenddissenses".

Die Beantwortung beider Fragen setzt u. a. die Analyse der *notwendigen Bedingungen für kognitive Dissonanzen* voraus, und zwar sowohl der begrifflich analytischen als auch der empirisch gesellschaftlichen Bedingungen. Wir werden daher im folgenden zunächst 1. die allgemein *analytischen Momente* und dann 2. die *empirischen Faktoren* – und zwar zunächst *gruppenspezifisch*, dann *systemspezifisch* – der Kognitiv-Werdung objektiver Dissonanzen näher untersuchen.

1. *Analytische Momente der Kognitiv-Werdung*: Der Begriff „kognitive Dissonanz" als die *Unvereinbarkeit* von *Wissens*inhalten, Überzeugungen etc. enthält außer dem eigentlichen kognitiven Moment des „Wissens"" und der „Unvereinbarkeitsbeziehung" noch ein drittes notwendiges Begriffsmoment: nämlich das der *„kognitiven Relevanz"*. Die kognitive Relevanz spaltet sich ihrerseits auf in die *„effektive Relevanz"* (objektive Dimension) als dem Grad der Unausweichlichkeit, den eine Dissonanz für ein Individuum besitzt, und die *„psychologische Bedeutsamkeit"* (subjektive Dimension), die die Intensitätsabstufungen des individuellen Betroffenheitserlebnisses und der Konfliktempfänglichkeit indiziert. Diese analytischen Begriffsmomente und ihre Beziehungen zueinander lassen sich schematisch wie folgt darstellen:

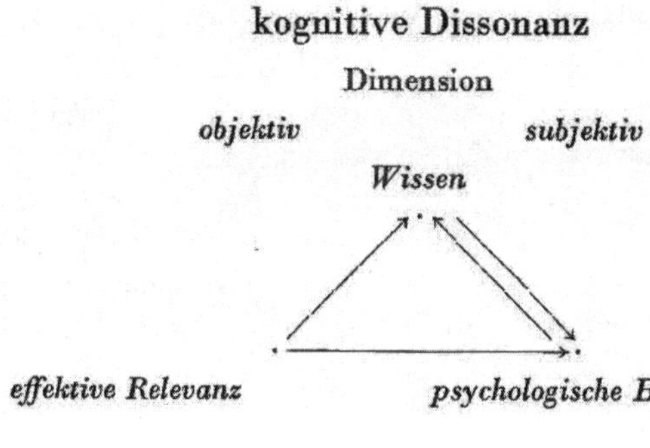

Die geschlossene Dreiseitigkeit dieses Schemas soll zunächst die *Notwendigkeit aller drei Momente* für das Bestehen einer kognitiven Dissonanz symbolisieren.

Diese analytische Notwendigkeit läßt sich in einer theoretischen Grenzbetrachtung von der Art: „*Wenn nicht* ‚effektive Relevanz' *und* ‚psychologische Bedeutsamkeit' *und* ‚Wissen', *dann nicht* ‚kognitive Dissonanz'" leicht nachweisen. Erstens ist das Moment „Wissen" notwendig. Denn ohne Minimum an reflexivem Dissonanz-Bewußtsein werden selbst effektiv relevante und psychologisch potentiell bedeutsame Konflikte als *kognitive Konsonanzen* erfahren. Zweitens resultiert aber auch selbst aus dem Wissen um einen effektiv relevanten Konflikt, der ohne jegliche psychologische Bedeutsamkeit, d. h. ohne eine Spur von Betroffenheit gesehen wird, keine kognitive Dissonanz. Drittens schließlich ist es selbstverständlich, daß ein Individuum, ohne sich in einer realen Konfliktsituation zu befinden, d. h. ohne effektive Relevanz (Irrtumsfälle einmal ausgenommen), keine kognitive Dissonanzen erfahren kann. – Empirisch hat diese so aufgewiesene Notwendigkeit dann in unserem Zusammenhang – wie wir später im einzelnen zeigen werden – die Konsequenz, daß die Manipulation der empirischen Faktoren, die *jeweils eines dieser Momente* konstituieren, hinreicht, um eine kognitive Dissonanz (selbst bei objektiven Konfliktverhältnissen) gar nicht erst entstehen zu lassen oder aber abzubauen.

Ferner sollen die Pfeile in dem obigen Bild unsere Vorstellungen von den *internen Beziehungen* dieser Momente zueinander veranschaulichen.

Zwischen „effektiver Relevanz" und „Wissen" sowie zwischen „effektiver Relevanz" und „psychologischer Bedeutsamkeit" behaupten wir eine *irreversible* Beziehung (einfacher Pfeil): Je stärker die effektive Relevanz von Konflikten ist, desto wahrscheinlicher wird man sie als psychologisch bedeutsam erleben und wird um sie wissen. Nicht aber umgekehrt: Wissen und psychologische Bedeutsamkeit können die effektive Relevanz tatsächlicher Konfliktsituationen nicht modifizieren.
Dagegen wird eine *reversible* Beziehung (Doppelpfeil) zwischen Wissen und psychologischer Bedeutsamkeit angenommen: Das Wissen um Dissonanzen kann deren psychologische Bedeutsamkeit erhöhen und umgekehrt.

2. *Soziale Variablen der Kognitiv-Werdung*: Um diese sehr abstrakten Überlegungen in ihrer empirischen Relevanz zu veranschaulichen und auf unseren Zusammenhang der Erklärung der Studentenunruhen zu applizieren, führen wir nun zusätzlich einige soziale Variablen an, die u. E. die *gruppenspezifische* Kognitiv-Werdung objektiver Dissonanzen mitbestimmen. Allerdings können wir kaum nennenswertes Untersuchungsmaterial zur Stützung unserer Thesen vorweisen. Die folgenden Ausführungen, für die daher nicht mehr als eine gewisse (im empirischen Bereich aber bekanntlich oft gefährliche) Plausibilität spricht, erfüllen folglich – ähnlich wie das Schaubild zu einigen Faktoren der gruppenspezifischen Dissonanzentstehung – vordringlich eine *illustrative* Funktion und sollen eher zur Kritik anregen.

Mögliche soziale Faktoren der *gruppenspezifischen* Dissonanzentstehung

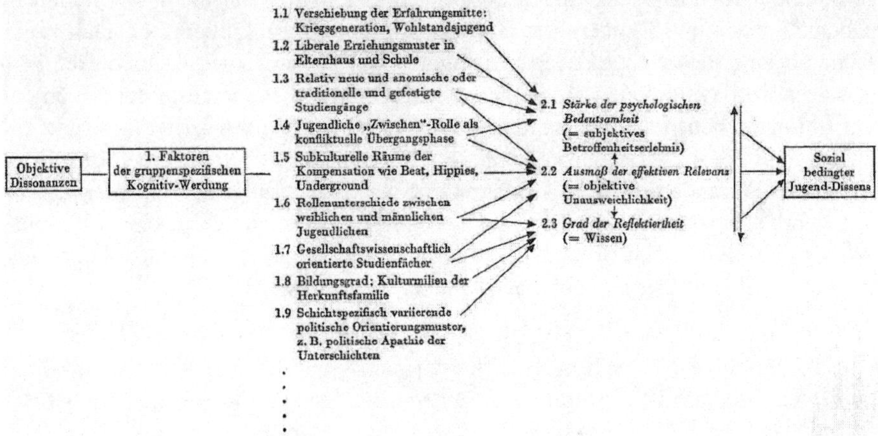

Angenommen – und wir sind uns bewußt, daß wir damit die wirklichen Zusammenhänge wahrscheinlich erheblich simplifizieren –, Ausmaß und Charakter der tatsächlichen Konfliktsituationen, d. h. die *effektive Relevanz*, werde heute primär durch die *Unterschiede in den Altersrollen von „Erwachsenen" und „Jugendlichen"* bestimmt. Und zwar derart, daß erstens das konfliktuelle Aufeinandertreffen norm-konträrer Subbereiche der Industriegesellschaft in dem Muster der Jugendrolle (= Überwechselnmüssen) und daß zweitens eine Überlagerung allgemeingesellschaftlicher Strukturspannungen mit den typischen Verunsicherungen während der Jugendphase den „Heran-"wachsenden stärker und unausweichlicher als den „Er-"wachsenen vor Dissonanzen stellt. Ferner sei unterstellt, der für die Kognitiv-Werdung zentrale Faktor „*Wissen*" hänge im wesentlichen von der Variable „*Bildungsgrad*" ab und studentenintern darüber hinaus (da die soziologische Perspektive hier bestimmend ist) von der Wahl *gesellschaftswissenschaftlich orientierter Studiengänge*. Unterstellen wir schließlich noch, daß Form und Charakter der *psychologischen Bedeutsamkeit* vor allem das Produkt *sensibilisierender Sozialisationsmuster* sind, kennzeichnend für den Typ der „progressiv liberalen" *Herkunftsfamilie*. Dann läßt sich in bezug auf die soziale Verteilung eines gruppenspezifisch in Erscheinung tretenden Jugenddissenses wie folgt argumentieren: Effektive Relevanz, d. h. Altersunterschiede, *und* Wissen, d. h. Bildungsgrad, Studiengang, *und* psychologische Bedeutsamkeit, d. h. Herkunftsfamilie, bestimmen (entsprechend den oben explizierten theoretischen Annahmen und empirischen Postulaten) Ausmaß und Charakter der Dissonanzerfahrung. Entsprechend ist mit dem folgenden sozial distribuierten Auftreten eines „latenten Dissenses" zu rechnen:

Altersunterschiede (z. B. bei Jugendlichen eher als bei Erwachsenen)
Bildungsgrad (z. B. bei Oberschülern und Studenten eher als bei jungen Arbeitern)
Studiengang (z. B. bei Studenten gesellschaftswissenschaftlicher Fachrichtungen eher als bei denen anderer Studienfächer)
Herkunftsfamilie (z. B. eher bei Jugendlichen aus progressiv liberalen Elternhäusern als bei Jugendlichen aus den übrigen Bevölkerungsschichten).

Die Übereinstimmung dieser sehr groben Folgerungen mit den Tatsachen einer *Jugend-* und *Studenten*unruhe, die sich zu einem guten Teil aus *Soziologie*-Studenten und aus Söhnen und Töchtern der *liberalen Elternhäuser* rekrutiert etc., kann kaum schon als eine Bestätigung unserer Annahmen angesehen werden. Denn diesen Folgerungen liegen eine Reihe problematischer (aber hier nicht dargestellter) Hypothesen zugrunde; neben den genannten Simplifizierungen (wie der Differenzierung der effektiven Relevanzstärke nach Altersrollen) etwa die Unterstellung einer linear proportionalen Veränderung der Dissonanzstärke bei Veränderungen in jeder der Variablen oder die Nichtberücksichtigung einer möglichen Gewichtung zwischen Relevanz, Wissen und Bedeutsamkeit usw. Diese versteckten Hypothesen könnten jedoch nur aufgrund umfangreichen empirischen Materials geprüft werden.

> Eine zur Modifikation oder Falsifikation unserer Annahmen geeignete Untersuchung müßte vielleicht nicht – wie wir hier – von der Frage ausgehen: Für welche Gruppen ist mit einem Entstehen von Dissens zu rechnen?, sondern umgekehrt fragen: Für welche Gruppen – unsere Annahmen vorausgesetzt – ist ein geringer Grad von Dissonanzerfahrung charakteristisch? Denn einmal unterstellt, daß ein sozial bedingter latenter Dissens heute der weit verbreitete Normalfall ist, müßten sich unsere Hypothesen durch die Ableitung von konträren Voraussagen über relativen „Kon-"Sens verhältnismäßig leicht überprüfen lassen.
> Darüber hinaus ist darauf hinzuweisen, daß hier die Unterscheidung zwischen „Dissens" (=latentes unterschwelliges Unbehagen) und „Protest" (= manifeste, sich in beobachtbaren Symbolen äußernde Verhaltensreaktion) scharf festzuhalten ist. Soweit wurde nur eine Erklärung des jugendlichen Dissenses, nicht aber des Protestes versucht.

5. Prognosemodell für Jugenddissens

Haben wir im vorangegangenen Abschnitt die analytischen Momente und symptomatisch einige soziale Faktoren und Variablen der gruppenspezifischen Kognitiv-Werdung objektiver Dissonanzen untersucht, so fragen wir hier nach den *Verhältnissen des sozialen Systems*, die eine Entstehung oder Verbreitung jugendlicher Dissonanzerfahrungen tendenziell begünstigen oder hemmen. Zur Beantwortung dieser Frage explizieren wir zunächst Thesen über die Dissonanzstärke. Anschließend führen wir einige »System-Variablen« an, die uns hier relevant erscheinen, um so zu einem Prognosemodell für Jugenddissens zu kommen.

Gleich zu Beginn lassen sich übersichtlichkeitshalber unsere Erörterungen durch das folgende Schema verdeutlichen:

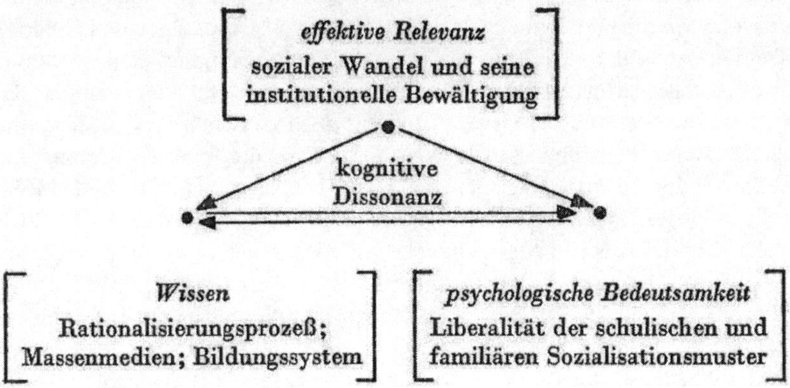

Wir gehen davon aus, daß *Charakter und Stärke einer kognitiven Dissonanz* (und damit – wie wir später im einzelnen erläutern werden – auch die Art und das Ausmaß des Bemühens, die „Dis-"sonanz zugunsten einer „Kon-"sonanz zu „reduzieren") *abhängen*:

> a) von dem *Ausmaß der Divergenz* zwischen den dissonanten Wissensinhalten (Vorstellungen, Überzeugungen etc.). Dieser Divergenzgrad drückt sich nun im Anwendungsfall der Theorie auf die makro-soziale Beziehungsebene aus in dem Maß der Widersprüchlichkeit, das die gesellschaftlichen Dissonanzkomplexe wie normative Brüche, Rollen- und Statuskonflikte etc. kennzeichnet. Ferner nimmt die Dissonanzstärke zu mit dem Grad der kognitiven Relevanz, das heißt b) mit dem Grad der *effektiven Relevanz* und c) der *psychologischen Bedeutsamkeit*, den diese unvereinbaren Wissens- und Erfahrungsgehalte für das betroffene Individuum besitzen und schließlich d) mit dem Grad der *Reflektiertheit*, mit dem die Dissonanz gesehen wird.
> Fassen wir diese Aussagen in der Formel: „Divergenz Λ Bedeutsamkeit Λ Relevanz Λ Wissen -› Dissonanz" zusammen. (Wobei „Λ" für logische Konjunktion und „-›" für logische Implikation stehen).
> Die Beziehung „hängt ab" und „nimmt zu" ist natürlich außerordentlich unspezifisch. Ohne empirisches Material lassen sich aber sinnvollerweise kaum präzisere Thesen formulieren.

Um nun aus diesem theoretischen Zusammenhang beispielhaft einige gehaltvolle Aussagen über das Abklingen oder Anwachsen (in den Dimensionen der Dissonanzstärke und der sozialen Verbreitung) eines kollektiven Jugenddissens ableiten zu können, müssen zuvor den einzelnen Begriffen dieser Formel empirische System-Variablen, d. h. strukturelle Merkmale des sozialen Systems seiner Untereinheiten, zugeordnet werden.

1. Die Systemvariable, von der – gemäß unserem Erklärungsversuch – zunächst der Grad der *Divergenz* und der *effektiven Relevanz* jugendspezifischer Dissonanzen abhängt, ist der jeweilige Stand der kollektiven Verunsicherungen durch *sozialen Wandel*. In allen industriellen Gesellschaften werden im Stadium raschen Wandels Spannungen in den verschiedenen Sektoren und auf den verschiedenen Ebenen des

sozialen Systems erzeugt. Innerhalb der Jugendphase treten sie u. a. in Erscheinung als eine Verschärfung der Rollengegensätze zwischen Erwachsenen und Kindern und als Konflikte zwischen den tradierten und den zur Bewältigung neuer gesellschaftlicher Situationen erforderlichen Orientierungssystemen etc. Der Grad der „Divergenz" und „Relevanz" dieser Gegensätze wird dann zwischen verschiedenen Industrieländern wahrscheinlich variieren je nach Zeitpunkt der Industrialisierung und der Schnelligkeit des Wandels einerseits und dem Erfolg seiner institutionellen Bewältigung andererseits. „*Institutionalisierung*" bzw. „*Destitutionalisierung*" *des Wandels* soll daher hier das Ausmaß bezeichnen, in dem es durch kompensatorische Maßnahmen oder Entwicklungen in einer Gesellschaft gelingt (bzw. mißlingt), die strukturellen Spannungen der Jugendphase institutionell zu minimalisieren. Etwa durch eine emanzipatorische, auf Anpassungsfähigkeit und Elastizität ausgerichtete Reorganisation der Normensysteme oder aufgrund einer Harmonisierung und stärkeren gesellschaftlichen Orientierung familiärer und schulischer Sozialisationsinstanzen etc.

2. Ferner wollen wir dem Faktor „*Wissen*" hier einmal die Eigenarten dreier komplexer gesellschaftlicher Teilphänomene zuordnen: a) das Stadium im technisch emanzipatorischen Rationalisierungsprozeß; b) Charakteristika jugendorientierter Massenmedien und c) Prinzipien und Orientierungen des Bildungssystems.

Begreift man mit *Habermas* den Übergang zur Modernen als Entwicklungssprünge zwischen dem Dipol von einerseits „*Rationalisierung*" (in der Doppelbedeutung von Technisierung und Aufklärung) und andererseits internalisierten Überlieferungen (= „institutionellem Rahmen"[54]), dann ist – sehr grob gezeichnet – für die Gegenwart das folgende Stadium charakteristisch: Die Impulse einer alle Lebensbereiche umfassenden und durchdringenden Aufklärung („Emanzipation") sind nahezu lückenlos absorbiert worden durch die Ideologie eines „technischen Fortschritts-werweiß-wohin". Dabei hat diese Absorption praktisch ethischer und historisch politischer Fragen durch die Eindimensionalität eines nur auf zunehmende naturale und soziale Technisierung ausgerichteten Rationalisierungsprozesses – jugendspezifisch und unter dem Gesichtspunkt der gesellschaftlichen „Selbstlegitimation" betrachtet – einen extremen und konfliktgeladenen Pegelstand erreicht: Ent-Selbstverständlichung und Ent-Zauberung der in Sozialisationsprozessen internalisierten Legitimationen ist die primäre Konsequenz der verzweigten Rationalisierungsvorgänge, selbst wenn ihre Ausdehnung auf den technisch materiellen Bereich beschränkt ist. Denn z. B. die sprunghaften Veränderungen in der Umwelt des Alltags erzeugen Zwang zur Neu-Bewältigung und setzen damit fortwährend neue Legitimationsbedürfnisse frei. Dann jedoch ist das Fortschreiten dieses „technisch halbierten" Aufklärungsprozesses notwendig verknüpft mit dem Anwachsen eines Legitimationsvakuums, das für die Kritischen in der Jugendgeneration nur höchst unglaubwürdig durch eine kollektive Technokratie-Attitude oder Hinweise auf Sachzwänge kompensiert werden kann: „Das [jugendliche] Protestpotential scheint sich [demnach] am ehesten in den Subkulturen zu bilden, für die die privatisierten ‚Glaubensmächte' (und damit der in der bürgerlichen Gesellschaft herrschende Geltungsmodus von Überlieferungen überhaupt) am nachhaltigsten erschüttert worden sind[55]."

[54] *J. Habermas*, Technik…, a.a.0. passim.

[55] *J. Habermas*, Protestbewegung …, a.a.O., S. 37.

Ferner sei angenommen, der Grad der Bewußtwerdung von Dissonanzen hänge darüber hinaus ab von den gesellschaftlichen Institutionen des *Bildungssystems* und den kommerziellen *Massenmedien* mit jugendlichen Zielgruppen. Ausdruck und Stil jugendlicher Verhaltensformen dürften wesentlich mitgeprägt werden durch das Maß, in dem Bildungssystem und Massenmedien als die für die Vermittlung kognitiver Bezugssysteme entscheidenden gesellschaftlichen Sozialisationsinstanzen das jugendliche Dissonanzerleben nur abgeschwächt reflektieren oder gar unterdrücken (z. B. durch eine gewisse gegenwartsgesellschaftliche Desorientierung des Bildungssystems[56] oder durch einen illusionären Stil kommerzieller Unterhaltung in den Jugendmagazinen). Ein unterschwellig fortwirkendes jugendliches Dissonanzerleben wird – soweit nicht bereits in Individualkonflikten vereinzelt abgebaut – kollektiv sich wahrscheinlich eher in unkontrollierten, rebellischen Ausdrucksformen äußern, „während ein durch soziale Reflexion gebrochenes Dissonanzerlebnis vielleicht Anstoß zu einem psychologisch entlasteten, mehr politisch rationalen Protest der Veränderungen" sein kann.

Für die Kognitiv-Werdung dürfte daher ein Kriterium im Bereich der Massenmedien z. B. die Unterscheidung nach „*gesellschaftlich informativer und problemorientierter*" bzw. „*klischeehaft unterhaltsamer und illusionierender*" Wirkungsweise von Jugendzeitschriften, Rundfunk- und Fernsehprogrammen sein[57]. Im Bereich des schulischen und universitären Bildungssystems wären es etwa die Dichotomien: „*(gesellschaftlich) aktualisierte*" bzw. „*(bildungsphilosophisch) antiquierte*" Orientierung einerseits und „*emanzipatorische*" bzw. „*technokratische*" Orientierung andererseits.

Je mehr nämlich die Lehrpläne der Schulen z. B. gesellschaftsadäquate und den politisch sozialen Fragen der Zeit angemessene Informationen und Orientierungen aufnehmen (je weniger gegenwartsfremde, „bildungsphilosophische" und „kulturkritische" Elemente also den Unterrichtsstoff ausmachen), desto wahrscheinlicher wird demnach ein Anwachsen im Reflexionsgrad des kollektiven Jugenddissenses sein.

Die Dominanz von „*Technokratie*" oder „*Emanzipation*" in der Ausrichtung des Bildungssystems soll dagegen anzeigen, inwieweit in Schulen und Universitäten über die Vermittlung technisch verwertbaren Wissens hinaus Anleitungen zur kritischen Selbstreflexion erteilt werden, d. h., der Prozeß der Bewußtwerdung individuell biographischer und kollektiv historischer Situationen vom System her angeregt oder gehemmt wird: Je mehr hier der Standard von Kritik und Emanzipation gilt (je weniger also eine Ausbildungstechnokratie das am materiellen Erfolg festgemachte industriegesellschaftliche Leistungsprinzip sanktioniert), desto wahrscheinlicher wird ebenfalls eine Verstärkung und Erhellung des jugendlichen Dissonanzbewußtseins sein [58].

[56] Vgl. z. B. *F. Neidhardt*, Die junge Generation, a.a.0., S. 34 f.

[57] Vgl. dazu z. B. *H. Holzer* und *R. Kreckel*, Jugend und Massenmedien, in: Soziale Welt 2/3 (1967), S. 199–215.

[58] Daß eine emanzipative Expansion des Bildungssystems zu einem Anwachsen des jugendlichen Unruhepotentials führen könnte, behauptet auch *Habermas*: „… Deshalb müßte aller Voraussicht nach eine konsequent betriebene Bildungspolitik zu systemgefährdenden Konflikten führen" (*J. Habermas*, Protestbewegung ..., a.a.0., S. 48).

Zum Zwecke der Vereinfachung unterstellen wir zusammenfassend, daß das *Wissensmoment der Dissonanz* weniger durch Veränderungen im Rationalisierungsprozeß und in den Massenmedien, sondern primär durch die Spannung zwischen *technokratischer und emanzipativer Orientierung des Bildungssystems* bestimmt wird. Denn gerade das heute in vielen Hinsichten in Fluß geratene Bildungssystem ist u. E. jugendspezifisch hier die bedeutsamste „unabhängige Variable".

3. Schließlich gehen wir davon aus, daß für Charakter und Intensität der *psychologischen Bedeutsamkeit* die *Art der familiären und schulischen Sozialisationsmuster* bestimmend ist. Das hier relevante Maß jugendlicher „*Sensibilität*" bzw. „*In-Sensibilität*" ließe sich dann zum Beispiel darstellen in den Kriterien eines „progressiv-liberalen" Erziehungsstils: „Die Eltern gehen auf die Intentionen des Kindes ein und prämiieren dessen Selbständigkeit; sie verbalisieren und begründen ihre Erwartungen; sie strafen eher durch Liebesentzug als durch äußere Sanktionen" [59]. Prognoserelevant wäre hier u. a. die Frage: Ob und in welchem Ausmaß diese Praxis der Kindererziehung in familiären „Schonräumen", die heute noch schichtgebunden z. B. für das akademische Bürgertum charakteristisch ist, beibehalten und verstärkt wird oder sogar auf andere Bevölkerungsschichten übergreift?

Effektive Relevanz, d. h. Institutionalisierung bzw. Destitutionalisierung des sozialen Wandels *und* Wissens, d. h. emanzipative bzw. technokratische Orientierung des Bildungssysterns, *und* psychologische Bedeutsamkeit, d. h. immunisierendes bzw. sensibilisierendes Sozialisationsmuster bestimmen also (entsprechend unseren theoretischen und empirischen Annahmen) die Stärke und Ausbreitung eines kollektiven Jugenddissenses. So läßt sich das folgende Prognosemodell aufstellen:

Randbedingungen → Prognose

Relevanz ∧ Wissen ∧ Bedeutsamkeit → Jugenddissens

	(sozialer Wandel)	(Bildungs-system)	(Sozialisations-muster)		*dominante Randbedingung*
T_1	—	○	○	Abklingen	Institutionalisierung des Wandels
T_2	+	○	○	Anwachsen	Destitutionalisierung des Wandels
T_3	○	—	○	Abklingen	Technokratisierung des Bildungssystems
T_4	○	+	○	Anwachsen	emanzipatorische Orientierung des Bildungssystems
T_5	○	○	—	Abklingen	immunisierendes Sozialisationsmuster
T_6	○	○	+	Anwachsen	sensibilisierendes Sozialisationsmuster

Zeichenerklärung: + = Zunahme; — = Abnahme; ○ = Konstanz; ∧ = logische Konjunktion; → = logische Implikation.

[59] *Habermas*, ebd., S. 35. Vergleiche dazu auch die Vorstellungen von *Scheuch*, Unruhe ..., a.a.0., S. 572; und *L. Rosenmayr*, a.a.O., S. 16 ff.; und *F. Wyatt*, Motive der Rebellion, a.a.0., S. 572 f.

Waagerecht gelesen, enthält diese Matrix jeweils eine Voraussage, die an das Bestehen bestimmter Randbedingungen anknüpft, zum Beispiel:

> (T_1) Wenn durch die Institutionalisierung des Wandels die Stärke der effektiven Relevanz kognitiver Dissonanzen abnimmt und wenn der Faktor „Wissen" konstant bleibt (= keine Orientierungsänderung des Bildungssystems), ebenso die Stärke der psychologischen Bedeutsamkeit (= keine Veränderung im Sensibilisierungseffekt der Sozialisationsmuster), dann ist mit einem Abklingen des Jugenddissenses zu rechnen.

Die Thesen, die in dieser Matrix aufgeführt werden, enthalten zwei simplifizierende Annahmen: 1. wurden nur Fälle ausgewählt, bei denen zwei der Variablen konstant bleiben und eine variiert. 2. wurde eine mögliche Gewichtung der Variablen nach ihrer unterschiedlichen Bedeutung für das Ausmaß des Abklingens oder Anwachsens des Jugenddissenses (= Dissonanzstärke) nicht berücksichtigt.

6. Soziale Formen der Dissonanz-Reduktion

Unsere bisherigen Erörterungen können bestenfalls die Existenz eines jugendlichen Unruhepotentials begründen, nicht dagegen erklären sie die vielfältigen Erscheinungsformen jugendlichen und studentischen Protestes: Zwischen einem mehr oder weniger verbreiteten jugendlichen Dissens und dem Extremismus studentischer Aktionen, die Regierungen ins Wanken bringen, besteht jedoch keineswegs eine Zwangsverbindung.

Warum brechen also gerade heute aus der Mehrzahl der Jugendlichen, denen Soziologen so eine Art „Dennoch-Konformität" zuschreiben, einige Gruppen derart breitenwirksam und zum Teil politisch effektvoll aus?

Zu diesem äußerst komplexen Problemkreis, der uns bis zum Schluß dieser Untersuchung beschäftigen wird, wollen wir aus unserem Ansatz heraus zwei größere Gesichtspunkte vortragen: 1. Thesen über die Rolle der kognitiven Dissonanz für das Verhalten sowie mögliche (formale und inhaltliche, individuelle und soziale) Formen ihrer Reduktion; 2. Faktoren, die strukturell-anomische Proteste begünstigen oder ihnen entgegenwirken.

Zunächst einige Thesen[60]:

> *1. Satz der Reduktion*: Wenn jemand eine kognitive Dissonanz erlebt, dann wird er sich bemühen, diese zu beseitigen oder zu vermindern und eine Konsonanz der Überzeugungen herauszustellen. Je stärker das Dissonanzerlebnis, um so größer das Bestreben, die Dissonanz zu reduzieren.

[60] Die Methode, nach der wir diese Sätze ableiten, ist folgende: Wir wenden den Grundsatz – kognitive Dissonanz soll nicht sein – zunächst auf den Fall an, daß eine kognitive Dissonanz *bereits besteht*; es ergibt sich der Satz der Reduktion. – Dann wenden wir den Grundsatz auf den Fall an, daß eine kognitive Dissonanz zwar *noch nicht besteht*, aber aufgrund früherer Erfahrungen mit ihrem Entstehen zu rechnen ist; so ergibt sich der Satz der Vermeidung von Dissonanzen. – Schließlich ist der Satz der Reduktionsresistenz ableitbar aus dem Satz der Reduktion. Denn bereits die Reduktion setzt als ihre Möglichkeitsbedingung einen Reduktions*widerstand* voraus, an dessen Hemmung sie sich vollzieht. Ohne Reduktionsresistenz kein Widerstandsmoment, gegen das reduziert wird – also keine Reduktion. Vgl. für eine andere Art der Thesendarstellung *Malewski*, Verhalten und Interaktion, a.a.O., S. 77 ff., und *Festinger*, a.a.O., passim.

> *2. Satz der Vermeidung von Dissonanzen*: Individuen werden Informationen und Situationen meiden, die das Entstehen oder Verstärken einer Dissonanz hervorrufen könnten.
> *3. Satz der Reduktionsresistenz*: Überzeugungen, zwischen denen eine Dissonanz auftritt, können eine Resistenz gegenüber Änderungen aufweisen. Diese „Reduktionsresistenz“ nimmt zu, a) je stärker realitätsbezogen die als unvereinbar erlebten Wissensinhalte sind; b) je weniger deutungsoffen bzw. manipulierbar der Wirklichkeitsbereich ist, auf den sich die Überzeugungen beziehen. (Sind eindeutige und unanzweifelbare Daten vorhanden – oder läßt das vorliegende Informationsmaterial der subjektiven Interpretation einen breiten Spielraum?)

Die *formalen* Arten, eine Dissonanz zu reduzieren, setzen sich im makro-sozialen Bereich aus den Möglichkeiten zusammen, entweder 1. die Kognitiv-Werdung objektiver Gesellschaftsdissonanzen zu verhindern (Satz der Vermeidung) oder 2. eine bestehende kognitive Dissonanz durch individuelle oder soziale Mechanismen abzubauen (Satz der Reduktion). Da „Unvereinbarkeitsbeziehung“, „kognitive Relevanz“ und „Wissen“ notwendige Momente der kognitiven Dissonanz sind, muß dabei mindestens einer dieser Faktoren manipuliert werden:

1. Mechanismen, die Kognitiv-Werdung zu vermeiden:
   - Verhinderung des „Wissens“
   - Manipulation der „Bedeutsamkeit“
2. Formen, kognitive Dissonanzen zu reduzieren:
   a) Änderung der „Unvereinbarkeitsbeziehung“
   - Leugnung der Beziehung
   - Leugnung der Unvereinbarkeit

   b) Änderung der „kognitiven Relevanz“
   - Änderung der effektiven Relevanz
   - Änderung der psychologischen Bedeutsamkeit

   e) Änderung des Momentes „Wissen“
   - Änderung der Wirklichkeit
   - Änderung der Vorstellung

Um nicht zu abstrakt zu bleiben, gliedern wir nun diese formalen Möglichkeiten der Dissonanzreduktion nach *inhaltlichen* Gesichtspunkten und veranschaulichen sie durch Fragen und Hinweise auf einige „funktional äquivalente“ Erscheinungen aus dem Bereich der Jugendsoziologie.

> Unterscheidet man auf der Personenebene zwischen „individuellen“ und „sozialen“ und auf der Zeitebene zwischen „temporären“ und „permanenten“ Reduktionsarten, so werden wir dabei primär auf den „*sozial-permanenten*“ Typ achten. Das heißt, wir werden nach Formen und Mechanismen kollektiver Dissonanzreduktion suchen, deren Vollzug für die Gruppe der Jugend sozial vorgeprägt oder sanktioniert ist.

> Dabei sollen – um diesen Begriff nicht in einem zu weiten und unspezifischen Sinne zu verwenden – gesellschaftlich vermittelte Verhaltensweisen, Orientierungssysteme etc. dann und nur dann als „dissonanz-reduzierend“ angesehen werden, wenn sie a) auf eine *bestimmte reale* (objektive oder kognitive) Dissonanz bezogen werden können *und* b) tatsächlich (oder zumindest potentiell) die Wirkung haben, *diese* Dissonanz aufzuheben.

Die wirksamsten Arten, gesellschaftlich bedingte Dissonanzen *permanent* zu „reduzieren“, sind sicherlich die sozialen Mechanismen (z. B. Interessenablenkung; Formen kognitiver Verschleierung; „Personalisierung gesellschaftlicher Tatbestände“[61]), die ihre Bewußtwerdung – entweder als *Dissonanzen* oder als *gesellschaftlich bedingte* Dissonanzen – verhindern. Denn selbst objektive Gesellschaftsdissonanzen stellen für denjenigen, der sie (oder ihre gesellschaftliche Verursachung) nicht kennt, *soziale* Harmonien dar. Die Frage wäre hier, ob sich z. B. die von Soziologen übereinstimmend diagnostizierte „Gesellschaftsfremdheit“ der kognitiven Sozialisation des Jugendlichen (nachgewiesen etwa in Lehrplänen der Schulen oder in Massenmedien) als Momente einer kollektiven Dissonanzreduktion durch neutralisierende Ablenkung in die unverfänglichen (z. B. Bildungsphilosophie) oder affirmativen (z. B. „funktionale“ Kenntnisvermittlung; Konsum) Gesellschaftssektoren interpretieren lassen.

Bereits *kognitive* Dissonanzen sind u. a. geschickt aufhebbar durch bestimmte Arten von Zusatzüberzeugungen, die man ihrer logischen Funktion nach etwa „*Ideologien der Unvereinbarkeits- und Beziehungsleugnung*“ nennen könnte. Damit sind gemeint auf die jeweilige gesellschaftliche Realität zugeschnittene, rational nicht begründete Beurteilungsweisen und Einstellungen, die bestehende soziale Widersprüche (z. B. normative Spannungen; Generationskonflikte) entweder durch „*Kompromiß-Formeln*“ („jeder will doch auf seine Art das Gute“) bagatellisieren oder durch „*Trennungs-Formeln*“ („Welt der Jugend und der Ideale/ Welt der dingharten Realitäten“) sterilisieren oder durch „*Selektions-Formeln*“ („Jed’ Ding hat auch sein Positives“) harmonisieren. Hier käme es darauf an, diesen Ausgleichsformeln anhand konkreter Dissonanzen einen präzisen Inhalt zu geben und zu prüfen, ob und wo z. B. Erscheinungen jugendlicher Einpassung (selbst an problematische Strukturen unserer Gesellschaft) durch sie erklärbar werden

Anzeichen für „*Ideologien der Bedeutsamkeitsverminderung*“, einer Reduktionsart, bei der gesellschaftliche Disharmonien aufgrund von „Irrelevanz-Formeln“, d. h. die individuelle Betroffenheit dämpfende oder ablenkende Zusatzüberzeugungen, entschärft werden, müßten sich – so sei vermutet – u. a. auch in Schulbüchern und Jugendzeitschriften nachweisen lassen. Etwa in den Massenmedien als Nivellierungstendenzen qualitativ gegensätzlicher Informationen (z. B. zusammenhangloses Tatsachenbombardement, kompensatorische Darstellung von Dissonanzen mit Konsonanzen) oder durch die Überbetonung der psychologischen Bedeutsamkeit anderer

[61] *Horst Holzer*, Massenkommunikation und Demokratie in der Bundesrepublik Deutschland, Opladen 1969, S. 37. Nach einer beispielhaften Aufzählung von Schlagzeilen in Boulevardblättern faßt *Holzer* zusammen: „In solchermaßen auf- und zubereiteten Informationen erscheinen gesellschaftspolitische Probleme vornehmlich als solche von Personen und deren psychischer Verfassung, so daß also nicht sozialstrukturelle Ursachen bestimmter Tatbestände diskutiert und analysiert, sondern lediglich deren – oft auch noch sehr periphere – Symptome hingestellt werden“ (S. 39).

Bereiche, etwa des „Geistig-Wertvollen“ in Lesebüchern. – Ein anderes Beispiel: Das für pluralistische Gesellschaftsgebilde typische Wertdissonanzerlebnis – „Eigenwertung contra Fremdwertung“ – läßt sich geschickt neutralisieren, indem man der Wertstellungnahme *per se* die Relevanz abspricht; etwa durch wertrelativistische Theorien oder durch die in vielen Bereichen heute vorherrschende „Diskussionsleiterpraktik“: Unvereinbare Behauptungen werden eingeäschert, indem man sie einfach als gleichwertige Aspekte derselben „Wahrheit“ hinstellt.

Dagegen kann die *effektive Relevanz*, d. h. das faktische Bestehen einer Dissonanz, nur vermindert werden, wenn überhaupt eine Möglichkeit des Ausweichens besteht. Ist das Dissonanzerlebnis mit feststehenden Rollen verbunden (z. B. Geschlechtsrolle; Jugendrolle), kann an der Effektivität dieser Dissonanz nichts geändert werden. Ist die Dissonanz dagegen an „erworbene“ Rollen geknüpft (z. B. Student; Konsumbürger), dann kann ihm durch Rollenaufgabe (Abbruch des Studiums; Bruch mit den bürgerlichen Konventionen) ausgewichen werden. Dissonanztheoretisch ließe sich der Begriff der *jugendlichen Subkultur* daher etwa definieren als eine *„sozial-permanente“ Reduktionsform der effektiven Relevanz durch die Erfindung von sozialen Räumen dissonanz-entlastender Anti-Konventionen*. Ein wichtiges Kriterium ist hier also die Widerspiegelung des negierten Rollenaspektes in den Normen der Subkulturen; so etwa die Aufhebung des Leistungsprinzips und bestimmter bürgerlicher Sexualtabus in Kommunen oder bei Hippies, Beatniks, Gammlern etc. Interessant wäre u. a. zu untersuchen ob – und falls ja – in bezug auf welche *dissonanzbelasteten* Rollenaspekte die Gesellschaft heute für den Jugendlichen Ausweichmöglichkeiten in „institutionelle“ Subkulturen (wie jugendliche Freizeiträume; kommerziellen Beat; kollektive Ausdrucksformen, individuell zu sein) vorprägt?

Die bisher geäußerten Vermutungen und Fragen lassen sich in dem folgenden Hauptproblem zusammenfassen: Vorausgesetzt, in einer bestimmten Gesellschaft besteht ein Potential jugendspezifischer Dissonanzen. Auf *welchem Wege* (z. B. in Internalisationsprozessen oder aufgrund sozialer Sanktionen) und in *welchen Medien* (z. B. Bildungsinstanzen; Massenkommunikation; Freizeitkulturen) werden dann *welche Formen und Mechanismen sozial-permanenter Dissonanzreduktion* zum Auffangen und Eindämmen eines jugendlichen Dissenses zu erwarten sein?

7. Strukturbedingungen des Protestes

Anzeichen für eine Verminderung der effektiven Relevanz sind nun auch die vielfältigen Ausdrucksformen jugendlichen Protestes. Damit meinen wir diejenigen Erscheinungen abweichenden Verhaltens bei Jugendlichen und jungen Erwachsenen, die in Indizes wie Demonstrationsteilnahme, hippiesker Haartracht und Kleidung bzw. kommuneähnlichen Lebensgemeinschaften etc. manifest werden. *Ein* Kriterium ist daher die gewollte „Außerhalb“-Stellung der Protestierenden, die irgendwie existentiell vollzogene Ablehnung bestimmter Aspekte des je dominanten Musters gesellschaftlichen Verhaltens. Ein anderes – jedoch damit verknüpft – ist das (mehr oder weniger deutliche) *Bewußtsein um die gesellschaftliche Bedingtheit* bestimmter individuell erlebter Dissonanzen.

Diese Erscheinungsformen jugendlicher Verhaltensabweichungen werden daher hier als Ausdruck einer *Struktur-Anomie* fortgeschrittener Industriegesellschaften interpretiert. Damit behaupten wir, daß diese Proteste sowohl *sozial-strukturell bedingt* sind als auch einen *dysfunktionalen Faktor sozial-strukturellen Wandels* darstellen. Denn ein seinem Ursprung nach *sozial*-psychologischer Jugenddissens – so lautet demnach unsere zentrale These –, dessen gesellschaftliche Bedingtheit gesehen wird, stellt unmittelbar ein systemgefährdendes Abweichungspotential dar. Der kollektiv vollzogene Abstraktionsschritt von dem persönlich erlebten Individualkonflikt (z. B. Leistungszwänge; pubertäre Verhaltensunsicherheit) auf seine gesellschaftliche „Ursache" (funktionale Erfordernisse hochindustrieller Gesellschaften; Gegensätze zwischen Kindheits- und Erwachsenenrolle) ist damit zugleich die Vorbedingung des Protestverhaltens und das systemgefährdende Element eines jugendlichen Dissenses.

Im Rahmen dieses Erklärungsmodells lassen sich so schließlich die zwei Fragen aufwerfen: 1. Unter welchen Bedingungen wird ein strukturell-anomisches jugendliches Abweichungspotential *nicht manifest*? Und, dazu komplementär: 2. Welche Faktoren begünstigen die *Aktivierung* eines solchen Potentials?

Wird in 1. nach den gesellschaftlichen Kompensationsmöglichkeiten für Struktur-Anomie gesucht, so fragt man in 2. nach den Bedingungen der Mobilisierbarkeit des jugendlichen (bzw. studentischen) Dissenses.

Einige Aspekte zu diesem Problemkreis seien noch kurz angedeutet, indem wir den gesellschaftlichen Steuerungsmöglichkeiten jeweils die komplementären Möglichkeiten studentischer Aktivierung gegenüberstellen.

Da das *Sehen* eines Grund-Folge-Verhältnisses zwischen Sozialstruktur und Individualkonflikt eine Vorbedingung des Protestes ist, werden hier auf seiten der Gesellschaft zunächst wieder die (im Abschnitt zuvor skizzierten) Mechanismen bedeutsam, die eine *Kognitiv-Werdung verhindern* oder bereits *kognitive* Dissonanzen durch entsprechende Zusatz-Ideologien *reduzieren*. Denn jede sozial sanktionierte Art der Dissonanzreduktion, die *nicht* eine Form des Protestes ist, ist in eins ein Faktor, der dem Aufkommen einer aktiven Protestbereitschaft entgegenwirkt.

Von studentischer Seite wird es daher darauf ankommen, situationsspezifisch mit Mitteln der *Aufklärung, Agitation und Provokation* einen glaubhaften und realitätsnahen Zusammenhang zwischen den je besonderen Ausdrucksformen des Studentendissenses und den gesellschaftlichen Strukturverhältnissen herzustellen. Zum Beispiel durch die provokative Initiierung von Reflexionsprozessen oder eine „gezielte Dramatisierung von Ambivalenzen in Teilen des Bürgertums"[62].

Hier, auf dem Kampffeld wechselseitiger Einflußnahme, treffen nun in ihrer ganzen Breite die studentischen Impulse, Reformvorschläge, Protestaktionen und Revolutionsanstrengungen auf eine flexible Wand *„sozialer Kontrollfunktionen"*, bestehend aus „der Gleichzeitigkeit gestattender, verbietender, freilassender und einschränkender Elemente"[63]. Die Verfügbarkeit über berufliche Statuszuweisungen und die Möglichkeiten politisch-juristischer Reglementierung stellen bereits recht drastische Mittel dar. Noch am sensibelsten (aber deswegen nicht weniger wirkungsvoll) sind dagegen die „leisen" Mechanismen sozialen Kontrolle, d. h. Formen staatlicher Konfliktablenkung oder -unterdrückung ohne effektive Konfliktbeseitigung. Hierfür besonders illustrativ ist ein Kontrollvorgang genannt „sekundäre Institutionalisie-

[62] *Erwin K. Scheuch*, Unruhe …, a.a.0., S. 13.

[63] *F. Neidhardt*, Die junge Generation ..., a.a.O., S. 87 (eigene Hervorhebung).

rung": Es wird versucht, abweichendem (also z. B. extremistischem) Verhalten durch Teilkonzessionen und so eine Art „Trostpreis"[64] allmählich den Impetus zu nehmen (z. B. Demonstration als staatlich zugesicherte Ersatzrevolution).

Dagegen läßt sich *Struktur und Offenheit des studentischen Status* als ein Faktor nennen, der die staatlichen und gesellschaftlichen Sanktionsmöglichkeiten erheblich einschränkt. Weitab von den Leistungszwängen der Produktionssphäre und dem ungebrochenen Einflußbereich der Massenmedien ist der Aktionsraum des Studenten gesellschaftlichen Steuerungen relativ unzugänglich und darüber hinaus in gewisser Hinsicht provozierend unbelastet: Der Student fängt an, entdeckt, findet vor, mißt das Bestehende an dem Möglichen. Die Einengungen durch das Netz irreversibler Entscheidungen, das den Erwachsenen bindet, kennt er kaum. Die Verfügbarkeit von Freizeit, eine geringe Norm täglicher Arbeitszeit, das Fehlen von familiären, beruflichen und sozialen Verpflichtungen und das „rückhaltvolle Zugeständnis" einer begrenzten Narrenfreiheit – diese und ähnliche Momente kennzeichnen die Statusbeweglichkeit des Studenten.

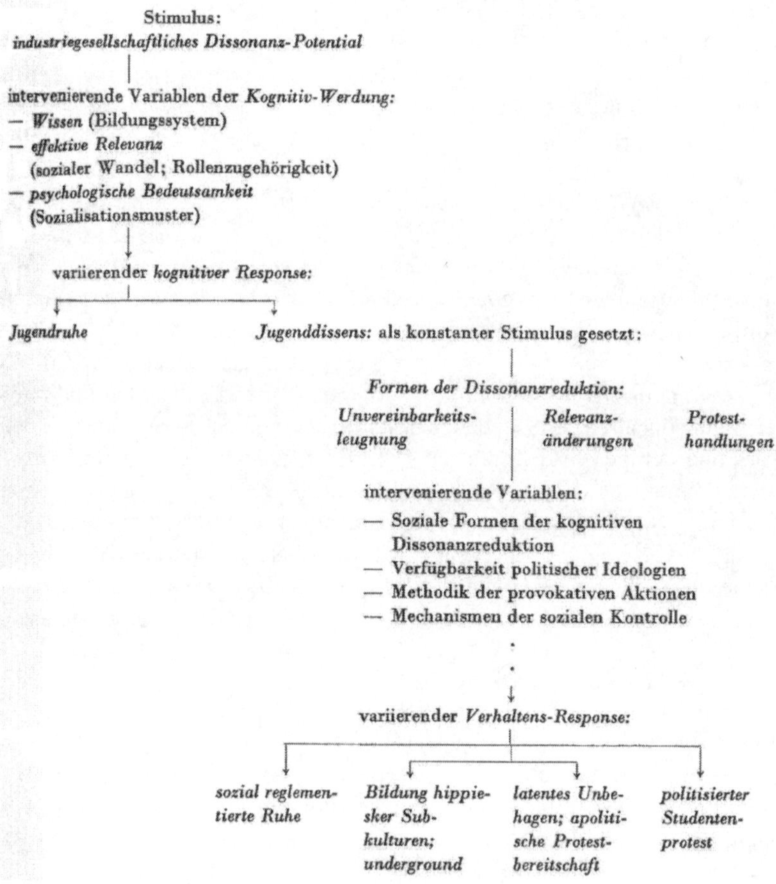

[64] *Erwin K. Scheuch*, Rechtsradikalismus …, a.a.0., S. 20.

Diese Gegenüberstellung von sozialen Kontrollmöglichkeiten strukturell anomischer Protesterscheinungen mit den studentischen Möglichkeiten der Gegen-Kompensation und der Mobilisierbarkeit des Unzufriedenheitspotentials ließe sich durch eine Reihe weiterer Aspekte ergänzen. (Etwa gute studentische Kommunikations- und Organisationsmöglichkeiten aufgrund der räumlichen Konzentration innerhalb der Universität; dagegen Verlängerung der Freizeit, Hebung des Lebensstandards etc. als soziale Formen „sekundärer Belohnung" usw.). Vielleicht ist aber bereits deutlich, daß Charakter und Erscheinungsform der Jugend- und Studentenproteste nicht interpretierbar sind als z. B. das Zufallsprodukt phantasiebegabter und privilegierter Halb-Erwachsener, sondern in Stärke und Ausdruck Ergebnis sind eines komplexen Zusammenspiels von gesellschaftlichen Kontroll- und Verschleierungstendenzen und den Angriffsmitteln provokativer Aufklärung.

Um sich den Zusammenhang der einzelnen Untersuchungsabschnitte in einer abschließenden Übersicht zu verdeutlichen, möge man sich die oben (S. 473) abgebildete Erklärungsskizze vor Augen führen.

Köln Z Soziol (2017) (Suppl 1) 69:375–413
DOI 10.1007/s11577-017-0429-2

Kölner Zeitschrift für Soziologie und Sozialpsychologie

ABHANDLUNGEN

Das Werk Max Webers

Von Friedrich H. Tenbruck

Ich möchte im folgenden zeigen, daß wir uns ein gültiges Verständnis *Max Webers* durch die als selbstverständlich geltende Annahme verstellt haben, daß *Wirtschaft und Gesellschaft** sein Hauptwerk sei. Der Nachweis, der natürlich Folgen für das Verständnis seiner Soziologie hat, hätte wohl den Umfang eines Buches gerechtfertigt, vielleicht auch erfordert. Darauf habe ich nicht bloß wegen persönlicher Idiosynkrasien, vor allem gegen den heutigen Büchermarkt, verzichtet. Ich fühlte mich zu der knappen Darlegung auch gedrängt, einmal weil eine merkliche Neubelebung der *Weber*-Studien, die nun auch in Deutschland in Gang zu kommen scheint, gegen einen solchen Aufschub sprach, zum anderen, weil ich wesentliche Thesen bereits verschiedentlich, so auf dem vorjährigen Soziologenkongreß in Toronto, vorgetragen habe, es deshalb, wie ich aus Erfahrung weiß, weltfremd wäre, damit länger hinter dem Berg zu halten.

Die Weberforschung ist lange und mühselige Wege und vielfach Umwege gegangen, um das zugleich gigantische wie labyrinthische und, nicht zu vergessen, vielfältig eilige und unfertige Werk zu verstehen. Jahrzehntelang mußte man sich auf Versuche beschränken, den einen oder den anderen Teil zu begreifen. Als Ganzes ist das Werk eigentlich erst in den Blick gekommen, als *Reinhard Bendix* uns 1960

*Zur Vereinfachung benutze ich folgende Abkürzungen: PE für die beiden 1904/1905 erschienenen Aufsätze: „Die protestantische Ethik und der ‚Geist' des Kapitalismus"; WG für *Wirtschaft und Gesellschaft,* WEWR für „Die Wirtschaftsethik der Weltreligionen"; GARS für die *Gesammelten Aufsätze zur Religionssoziologie.* Ich zitiere WG nach der vierten Auflage von 1956, die GARS nach dem photomechanischen Neudruck, I (1947), II (1966), III (1966).

Erstveröffentlichung: *Kölner Zeitschrift für Soziologie und Sozialpsychologie*, Jg. 27, 1975, Heft 4, S. 663-702

c/o V. Dreier
Institut für Soziologie und Sozialpsychologie, Universität zu Köln
Lindenburger Allee 15, 50931 Köln, Deutschland
E-Mail: volker.dreier@uni-koeln.de

Max Weber, An Intellectual Portrait vorlegte, in dem er die wesentlichen Ideen, welche das Werk durchziehen, in einen Umriß brachte. Was jedoch noch aussteht, ist die Entschlüsselung des Werks auf der Ebene der Texte. Darunter verstehe ich eine Interpretation, die die großen Linien der Argumente und Ideen an jenen Hinweisen und Gegebenheiten kontrolliert, die zahlreich teils in den Texten und ihrer Geschichte stecken, teils von *Weber* in ihnen, man möchte fast sagen, versteckt worden sind. Anders kann die vernachlässigte Entwicklung des *Weber*schen Denkens nicht entdeckt, anders können die immer noch ungelösten und oft schon abgeschriebenen Probleme nicht durchsichtig, anders kann sein Werk, als Ganzes wie in seinen Teilen, nicht klar werden.

Wie gesagt soll der Nachweis so nahe wie möglich am Ernst der Texte bleiben. Es wird also von der Genese und Zeitfolge der Arbeiten, vom Zustand und der Textgeschichte der Editionen, von den Werkhinweisen und Schlüsselstellen *Webers* und ähnlichen Dingen gesprochen werden müssen, bevor der eigentliche Ertrag eingebracht werden kann.

Bei der notwendigen Kürze habe ich diese verschiedenen Gesichtspunkte nicht jeweils für sich behandeln können, weil sie sich dann ins Große auszuweiten streben und in ein Gestrüpp führen, für das es hier an Platz und sonst, den Spezialisten ausgenommen, auch an Interesse und Überblick fehlen würde. Ich werde deshalb von einem ebenso einfachen wie zentralen Textbefund ausgehen, dessen konsequente Bewältigung nur dadurch möglich wird, daß Textlogik und Sachlogik Schritt für Schritt, soweit jeweils nötig, einbezogen und auf einen Nenner gebracht werden.

Vorangestellt ist ein Abschnitt über die Tradition der *Weber*-Auslegung, die stets an der Auffassung festgehalten hat, daß WG sein Hauptwerk darstelle, ohne diesen Grundsatz je einlösen zu können. Er soll die für die folgenden Betrachtungen notwendigen Grundkenntnisse über *Weber*s Werk auffrischen.

I. Max Webers Hauptwerk - eine Annahme der Interpretation

Als *Marianne Weber* 1921 WG herausgab, bezeichnete sie die Arbeit im ersten Satz ihrer Vorrede als das nachgelassene Hauptwerk *Webers*. Es hätte dieser Etikettierung nicht bedurft, um die wissenschaftliche Welt zu dieser Bezeichnung zu überreden. Wenn aus dem Nachlaß eines Gelehrten ein kompaktes Werk dieses Umfangs erscheint, so bietet es sich als sein Lebenswerk an und mußte das hier um so mehr tun, als *Weber*, von jugendlichen Arbeiten abgesehen, bisher nur Aufsätze vorgelegt hatte. Hier nun war das Werk seines Lebens, und insofern auch sein Hauptwerk. Die mehrdeutige Bezeichnung gewann sogleich tiefere Bedeutung, als sich herausstellte, daß diese Arbeit eine Summa des Faches anbot, die alle Bereiche der Soziologie abzudecken unternahm. Hinfort galt WG als *Weber*s umfassendes und gültiges Vermächtnis, in dem er sein ein und alles gegeben hatte. Das schien so selbstverständlich, daß es niemals bezweifelt worden ist, so daß der heutige Leser in der von *Johannes Winckelmann* besorgten Ausgabe wiederum im ersten Satz der Vorrede liest, daß es sich um das hinterlassene Hauptwerk handelt.

Bei dieser Lage hätte man erwarten dürfen, daß die Beschäftigung mit seinem Werk sich an WG orientieren würde. Das ist jedoch nicht der Fall gewesen. Am bekanntesten, am häufigsten gelesen und behandelt wurde vielmehr die PE, also eine Frühschrift, die trotz ihrer Eigenbedeutung nicht für sein Werk stehen konnte. WG hingegen ist wohl nur in Ausnahmefällen in Gänze gelesen und niemals als Ganzes zum Gegenstand der Auslegung gemacht worden.[1] Gewiß sind viele Soziologen bestens vertraut mit dem einen oder anderen Kapitel des Riesenwerkes, vor allem mit Herrschaft, Schichtung und Bürokratie. Zu vielen Teilen liegen auch erstklassige Interpretationen vor, und einige Soziologen mögen sogar mit allen vertraut sein. Eine Gesamtinterpretation ist jedoch nie ernsthaft versucht worden. Vielmehr wurden Teile herausgehoben und aneinandergereiht, wobei der persönlichen Auffassung ein weiter Spielraum blieb, weil man WG keine zwingende Fragestellung entlocken konnte, welche den Zusammenhang der Teile in einem Ganzen einem sicheren Kriterium hätte unterwerfen können. Freie Benutzbarkeit der Teile unabhängig von einem Gesamtverständnis - das hat auf weite Strecken das Verhältnis zu WG gekennzeichnet.[2]

Tatsächlich ist auch die Vorstellung von *Webers* Soziologie gar nicht durch die Auseinandersetzung mit seinem Hauptwerk geprägt worden, sondern recht anderen Linien gefolgt. Für viele lag die entscheidende Leistung in seiner Methodologie, so vor allem für die neopositivistischen Schulen, die in ihm selten mehr als den Propheten sehen konnten, der durch seine Wissenschaftslehre der Soziologie den Weg aus dem Morast geisteswissenschaftlicher Bewußtlosigkeit gewiesen hatte. Eigentlich uninteressiert an *Webers* sachlichen Forschungen, wollte man aus ihm den Kronzeugen für eine zukünftige Soziologie machen, welche strikt nach dem Modell der Naturwissenschaft verfahren würde. Das Hauptwerk blieb außer Anschlag, und die Wissenschaftslehre wurde so einseitig verkürzt, daß ihre Absicht geradezu ins Gegenteil verkehrt wurde. Für das Verständnis von WG war damit so wenig gewonnen, daß sich immer wieder Zweifel regten, ob *Weber* denn seiner eigenen Methodologie gefolgt sei.[3]

Eine andere Deutung konzentrierte sich auf das Konzept der verstehenden Soziologie und hielt sich an die in den ersten Paragraphen von WG explizierten Grundbegriffe, ließ sich allenfalls noch auf die des Werkes ein. Doch so vorzüglich solche Analysen auch sein mochten, konnten sie nicht darüber Auskunft geben, wie sich die Teile von WG zu einer Sache verbanden und wo das Zentrum des Werkes zu finden sei. Sobald man über die Grundbegriffe hinausging, stürmte eine unübersehbare

[1] Die Vermutung von *Dirk Käsler* (Hrsg.), Max Weber, Sein Werk und seine Wirkung, München 1972, S. 8, daß die Arbeiten Webers häufiger zitiert als gelesen werden, bleibt hier außer Anschlag, da es hier nur um die geläufige Tatsache geht, daß WG zwar in allen seinen Teilen studiert, aber nicht als Ganzes gelesen werden kann. Eben deshalb ist es verständlich, daß Soziologen sich (wenn überhaupt) nur mit gewissen Teilen von WG durch eigene Lektüre vertraut machen. Und eben deshalb gibt es m. W. auch keine Auslegung von WG als Ganzem, die über die Aneinanderreihung der Teile oder die Artikulation durchgehaltener Strukturen (der Methode, der Grundbegriffe, der Architektonik, der Perspektive) hinausgeht in der Absicht, das Werk insgesamt aus einer Sachfrage zu entwickeln. Das scheint auch sinngemäß die Ansicht von *Reinhard Bendix*, Max Weber, An Intellectual Portrait, New York 1960, zu sein, wenn er S. 17 bemerkt, »that as a comprehensive whole his work remains relatively unknown.

[2] Ähnlich *R. Bendix*, Max Weber's Sociology Today, in: International Social Science Journal, 17 (1965), wo es S. 9 heißt, Webers Werk böte »points of departure for the most varied interpretations«.

[3] Meine Arbeiten über Weber aus den fünfziger und sechziger Jahren enthalten nicht nur diesen Irrtum, sondern auch andere Unzulänglichkeiten der Auslegung, die ich in diesem Beitrag abzustellen versuche.

Mannigfaltigkeit von Themen und Thesen auf einen ein, die sich in einem endlosen Netz verliefen, in dem zwar jeder Knoten zu anderen führte, aber keiner eine beherrschende Stellung besaß. Eine thematische Einheit ließ sich in WG anhand der Grundbegriffe nicht entdecken, so daß man allenfalls ausgewählte Sachkapitel an das theoretische oder methodische Konzept ankleben konnte.

Diese Lage faßte *J. Winckelmann*, der neue Herausgeber, so zusammen: „Es darf ohne Übertreibung als communis opinio doctorum festgestellt werden, daß das Werk in der vorliegenden Fassung ein irregulare aliquid corpus darstelle“[4]. Er schloß sich damit einer alten Auffassung an, die das Hauptwerk als letztlich unbegreifbar ansah, weil *Weber* es nicht mehr hatte abschließen können. Aber wo andere kapituliert hatten, wollte *Winckelmann* Rat wissen. Umstellungen und Ergänzungen durch einen neuen Herausgeber sollten es dahin bringen, daß WG „wesentlich weniger fragmentarisch wirken, vielmehr erheblich an Zugänglichkeit und Evidenz gewinnen und die wissenschaftliche Erkenntnis Max Weber sowie die Klarheit seiner gedanklichen Konzeption überzeugender zum Ausdruck bringen würde“.[5] Aber wie immer man Wert oder Unwert der inzwischen vorgenommenen Veränderungen veranschlagen will, haben sie aus dem Werk auch kein lesbares und verstehbares Ganzes gemacht und konnten das auch nicht tun, weil die entscheidenden Schwierigkeiten gar nicht in den wenigen Lücken und Unfertigkeiten, sondern in der unerkennbaren Einheit des Riesenwerkes liegen.[6]

So hat im Grunde das Urteil von Anfang an nur darüber geschwankt, ob *Weber* seinem Hauptwerk, unbeschadet der Bedeutung seiner Teile, im ganzen keine sachliche Einheit geben wollte oder es vielmehr nicht konnte. Zwischen diesen beiden Auffassungen schillern alle die Äußerungen über den Torso, über das Gigantische und Fragmentarische des Werks, die sich seit gut fünfzig Jahren durch die Interpretation hindurchziehen. Dort blieb dann von WG nur ein Nachschlagewerk[7], von *Weber*

[4] *Johannes Winckelmann*, Max Webers Opus Posthumum, in: Zeitschrift für die gesamte Staatswissenschaft 105 (1949), S. 369.

[5] Ebd. S. 387.

[6] Zur Klarstellung füge ich an, daß ich mit meinem Zweifel an der Lesbarkeit nicht auf *Webers* Stil ziele, den ich vielmehr mit *Guenther Roth* für luzide und schmiegsam halte, weil er frei ist von akademischen Dunkelheiten und technischer Begrifflichkeit, obzwar belastet mit den bekannten Verschachtelungen, die *Weber* als Tribut für penible Nuancierungen zahlen mußte (vgl. S. CI der Einleitung von *Roth* in *Max Weber*, Economy and Society, New York 1968, Bd. 1). Ich bezweifele natürlich auch nicht die öfters herausgearbeitete Disposition, Architektonik und Systematik des Werkes, um die sich gerade auch die genannten Herausgeber *Roth* und *Winckelmann* verdient gemacht haben. Wie sie bin ich der Überzeugung, daß man WG nur verstehen kann, wenn man sich stets *Webers* Auffassung vor Augen hält, daß die Soziologie nicht in einem geschlossenen Begriffssystem eingefangen werden kann und auch nicht eingefangen werden darf. Unter dieser Voraussetzung konnte, wie ich meine, WG als eine Summe der Soziologie nicht anhand einer systematischen Sachfrage entfaltet werden und konnte mangels einer soliden Einheit auch kein lesbares Ganzes werden. Dann allerdings darf man auch nicht so tun, als ob sich WG aus einer thematischen Einheit, wie etwa der Frage nach der okzidentalen Rationalität, entwickeln ließe, wenn nur bedauerlicherweise einige Teile nicht fehlen würden. Quantitativ jedenfalls fallen die Lücken überhaupt nicht ins Gewicht, und qualitativ könnten diese Ergänzungen, wie hochwillkommen auch immer, an dem Charakter von WG nichts ändern. Damit ergeben sich aber bereits Zweifel, ob man WG uneingeschränkt für das Hauptwerk eines Autors erklären darf, der seinerseits das soziologische Instrumentarium als Mittel zum Zweck der Erkenntnis der historischen Wirklichkeit und vor allem historischer Abläufe ansah.

[7] Der Nachweis dazu bei *Winckelmann*, a. a. O., S. 368.

nur ein Kritiker übrig[8], hier sah man nur noch „trotz ihrer Weite gewaltige Fragmente, steckengebliebene Bausteine eines Titanen", wie *Jaspers* es, sprachlich nicht eben klar, ausdrückte, der *Weber* Vollendung geradezu in sein Scheitern verlegte[9]. Nur ist das eine so unbefriedigend wie das andere. Die geistige Leidenschaft *Webers* schließt aus, daß er seine Lebensarbeit in ein Nachschlagewerk steckte; seine geistige Entschiedenheit mußte ihn über den Kritiker hinausheben; seine geistige Konsequenz ist nicht mit der bewußtlosen Produktion von Fragmenten zu vereinbaren.

Aber wie immer, mangels Entschlüsselung von WG konnte sich die Auslegung der Soziologie *Webers* nicht an seinem Hauptwerk vollziehen. Eben deshalb wich man auf das methodische oder theoretische Konzept aus. Und wer sich damit nicht begnügen wollte, sah sich gezwungen, wenn er nicht an Einzelheiten haften wollte, die Person an die Stelle des Werkes zu schieben. Bei keinem anderen Soziologen hat die Biographie einen so breiten und beherrschenden Raum in der Interpretation eingenommen. Die ihn gekannt hatten, berichteten alle wie unter Zwang von der Überwältigung durch die Person, nicht durch das Werk.[10] Aber auch die späteren Arbeiten haben ziemlich regelmäßig die Einheit des Werkes in der Person, in grundsätzlichen Perspektiven und Haltungen gesucht, welche als Klammer die auseinanderfallenden Arbeiten umspannen und einen Ersatz für das unentschlüsselbare Hauptwerk liefern sollten. Noch *Bendix* hat seinen dem Werk gewidmeten Deutungsversuch auf die Formel des „Intellectual Portrait" gebracht.

Aus einem halben Jahrhundert Auslegungsgeschichte ergibt sich unabweisbar der paradoxe Schluß, daß die Deutung der *Weber*schen Soziologie nicht anhand der Arbeit erfolgt ist, welche die Interpreten einstimmig für sein Hauptwerk ansehen. Das gilt auch für die Auffassung, welche heute dominiert. Denn *Bendix'* Deutung, zwischen Person und Werk angesiedelt, hat zwar in einem erheblichen Fortschritt viele Mängel der älteren Interpretation überwunden und eine Einheit in *Webers* Soziologie zutage gefördert, aber doch um einen Preis. Er hat sich von der Reduktion auf das methodisch und theoretische Konzept frei gemacht und beherzt zu *Webers* sachlichen Untersuchungen gegriffen. Und er hat diese nicht additiv interpretiert, sondern mit Festigkeit und Gespür auf die Grundfrage nach der Entstehung der rationalen Kultur der westlichen Welt gebracht, darin einer alten Vermutung über das zentrale Thema der Arbeit *Webers* folgend. Aber er hat diesen gewichtigen Erfolg doch nur dadurch erzielen können, daß er WG und die GARS auflöste und auf neue Weise zusammensetzte. Der Preis mag manchem, gemessen am Gewinn, gering erscheinen. Er verlangt einer gewissenhaften Interpretation jedoch unausweichlich die Frage ab, warum *Weber*, wenn er die Entstehung der abendländischen Rationalität erklären wollte, diese Frage nicht zum Thema und Leitfaden seines Hauptwerkes gemacht hat. Denn das ist nun offensichtlich nicht der Fall. Gewiß finden sich in WG dazu wichtige Abschnitte

[8] So *Gerhard Hufnagel*, Kritik als Beruf. Der kritische Gehalt im Werk Max Webers, Frankfurt 1971.

[9] So *Karl Jaspers*, Max Weber, Politiker, Forscher, Philosoph, Bremen 1946, S. 41. Ursprünglich 1932 erschienen, ist die Schrift 1958 in München neu aufgelegt worden.

[10] Das ist die gemeinsame Note der zeitgenössischen Urteile, Erinnerungen und Nekrologe, die man bequem zusammengestellt findet in den ersten beiden Teilen von *René König* und *Johannes Winkelmann* (Hrsg.), Max Weber zum Gedächtnis, in: Kölner Zeitschrift für Soziologie und Sozialpsychologie, Sonderheft 7 (1963), wo selbst *Ernst Troeltsch* S. 43 bekennt: „Was ist die wissenschaftliche Leistung gegenüber dem Ganzen dieser mächtigen Persönlichkeit?"

und Bemerkungen, liegt die Frage oft genug unter der Oberfläche; nur bekennt sich das Werk ebenso gewiß nicht zu ihr und entwickelt sich auch nicht aus ihrem Zwang. Keine Interpretation kann hier stehenbleiben. Wenn WG *Webers* Hauptwerk ist, wenn es, so wie auch die WEWR ein selbständiges Werk ist, dann kann die Deutung sich nicht damit zufriedengeben, aus Teilen beider ein neues Werk zusammenzusetzen, zumal wenn dabei nur wenige Abschnitte für die Rationalisierungsthese erheblich sind, die Masse von WG und der WEWR zu bloßen Kontrastforschungen herabsinkt. *Bendix'* Interpretation kann noch nicht das letzte Wort sein.

Nachdem es in fünfzig Jahren nicht gelungen ist, WG eine Antwort zu entlocken, die aus dem Werk mehr machen könnte als die in jedem Teil überwältigende Bearbeitung aller soziologischen Sachgebiete, wird man sich fragen dürfen, ob wir uns mit der Annahme, WG sei das Hauptwerk, nicht in eine Sackgasse manövriert haben. Was heißt Hauptwerk? Vielleicht hat der mehrdeutige Begriff die Interpretation so vorgeformt, daß ein unbefangener Blick auf die Arbeiten kaum noch gelingen konnte. Dann aber wird es Zeit, zu den Quellen zurückzugehen und die Texte mit unverstelltem Blick in der Hoffnung zu lesen, daß sie ein frisches Licht auf die einzelnen Werke und deren Stellung im Gesamtwerk zu werfen vermögen.

II. Der religionsgeschichtliche Entzauberungsprozeß

Gelegentlich eines Versuchs, *Webers* PE zu systematisieren, zitiert *W. M. Sprondel* daraus wie folgt: „Jener große religionsgeschichtliche Prozeß der Entzauberung der Welt, welche . . . alle magischen Mittel der Heilssuche als Aberglauben und Frevel verwarf, fand hier seinen Abschluß"[11] Wer zu *Webers* Aufsatz aus dem Jahr 1904 greift, findet die Stelle nicht. Sie ist ein Einschub, den *Weber* erst angebracht hat, als er 1919/20 die PE für die GARS überarbeitete.

Der Einschub geht deutlich über die ursprüngliche These hinaus, und zwar so massiv und radikal, daß jeder Kenner der PE über ihn hätte stolpern müssen. Wo denn hatte *Weber* in der PE von einem religionsgeschichtlichen Prozeß der Entzauberung gesprochen - derweil es doch einzig um die Entstehung des Geistes des Kapitalismus gegangen war? Wie denn hätte dort der Calvinismus als Abschluß eines Prozesses erfaßt werden können, während doch allein seine Eigenart und Folgen zur Debatte standen? Und kraft welcher Argumente hätte *Weber* dem Leser der PE noch den ferneren Zusatz zumuten können, daß die Entzauberung der Welt „mit der altjüdischen Prophetie einsetzte und im Verein mit dem hellenischen wissenschaftlichen Denken" dann seinen Abschluß in der innerweltlichen Askese des Protestantismus fand[12]? Von all dem war ja in der PE keine Rede gewesen, und *Webers* Einlassung hätte sich, rein innerhalb der PE, wie der Privateinfall eines Phantasten ausnehmen müssen, der es mit den Grenzen wissenschaftlicher Aussagen nicht genau zu nehmen pflegt. Es ist

[11] *Walter M. Sprondel*, Sozialer Wandel, Ideen und Interessen: Systematisierungen zu Max Webers Protestantischer Ethik, in: Seminar: Religion und gesellschaftliche Entwicklung, hrsg. von *Constans Seyfarth* und *W. M. Sprondel*, Frankfurt 1973, 5. 215. Dabei ist anzumerken, daß hier wie in anderen Fällen meine Ausführungen sich nicht gegen besondere Fachurteile einzelner, sondern gegen einige allgemeine Annahmen der Interpretation richten.

[12] So an der von *Sprondel* angezogenen Stelle aus der PE in GARS, Bd. 1, S. 96.

klar: die Stelle ist ein völliger Fremdkörper in der PE. Sie stand nicht nur nicht im Original, sondern sie konnte dort auch gar nicht stehen, weil sie den Rahmen völlig sprengt und ganz neue Dimensionen ausmißt.

Halten wir erst einmal fest, daß die GARS nicht den Originaltext der PE wiedergeben, und übrigens auch nicht der WEWR. *Weber* hatte in der „Vorbemerkung" geflissentlich von „den nachstehend gesammelten und ergänzten Aufsätzen" gesprochen[13], wovon die Interpretation nie ernsthaft Kenntnis genommen hat. Jedenfalls drucken alle Editionen, ohne sonst immer mit Kommentaren zu knausern, den Text letzter Hand der PE und der WEWR ab, wissen jedoch von Veränderungen nichts zu melden, geschweige sie zu kennzeichnen. Kurzum, 55 Jahre nach *Max Webers* Tod besitzen wir zwar Bände von Kommentaren zu *Webers* religionssoziologischen Arbeiten, aber noch immer keine kritischen Ausgaben[14], und es ist nicht einmal der Ruf nach solchen laut geworden. Seit 55 Jahren lesen und interpretieren wir die GARS in der irrigen Annahme, sie böten uns die originalen Texte der PE und der WEWR. Daß bei dieser Täuschung eine befriedigende Auslegung schwer möglich ist, weil die frühen Aussagen von den späten nicht säuberlich getrennt, folglich auch weder das Verhältnis der Werke noch der Fortschritt des Gedankens verläßlich abgeschätzt werden können, sollte damit grundsätzlich klar sein, auch wenn hier nicht mit zeitraubenden Erklärungen aufgewartet wird.[15]

Solange wir uns mit unzulänglichen Ausgaben behelfen müssen, lassen sich Ausmaß und Gewicht der Veränderungen nur schwer übersehen. Sie sollen hier auch im ganzen weder referiert noch analysiert werden. Anscheinend handelt es sich, neben sprachlichen Glättungen, vorwiegend um begriffliche Verfeinerungen und sachliche, auch bibliographische Zusätze, die oft im Umkreis der ursprünglichen These verblieben, aber natürlich auch dann neues Licht auf die Entwicklung der Auffassungen *Webers* und den Zusammenhang seines Werkes werfen.

Jedenfalls findet sich nun unter diesen Ergänzungen die zitierte Stelle, welche den Rahmen der PE sprengt und deshalb von großer Tragweite ist. Sagt sie doch dem Leser kurzerhand, daß ihm in der Abhandlung nur der letzte Akt eines viel längeren Prozesses vorgeführt wird, also die protestantische Ethik ihrerseits nur als Schlußakt eines religionsgeschichtlichen Entzauberungsprozesses verständlich wird. Da diese Auffassung im ursprünglichen Text nicht einmal in Andeutung vorhanden war, stellt sie eine spätere Erkenntnis dar. Aber damit stellt sich die Frage, wann und wo sie *Weber* zugefallen ist. Und es fragt sich weiter, warum *Weber* überhaupt den Zusatz

[13] CARS, Bd. 1, S. 12.

[14] Warum auch die neue Ausgabe der PE im Siebenstern-Verlag trotz gegenteiligen Anspruchs keine kritische Ausgabe ist, habe ich in meinem Beitrag „Wie gut kennen wir Max Weber? Über Maßstäbe der Weber-Forschung im Spiegel der Maßstäbe der Weber-Ausgaben", in: Zeitschrift für die gesamte Staatswissenschaft 131 (1975) dargestellt.

[15] Die allgemeinen Belege finden sich in diesem Artikel, wozu der in der vorigen Anmerkung genannte Beitrag herangezogen werden mag. Besondere Beispiele für die weitreichenden Folgen, welche dann entstehen können, wenn man in den GARS die Entstehungszeiten der Aufsätze und der Zusätze nicht im Blick hat, sind von *Benjamin Nelson*, Max Weber's Author's Introduction, in: Sociological Inquiry 44 (1974), und *F. H. Tenbruck*, Max Weber and The Sociology of Science: A Case Reopened, in: Zeitschrift für Soziologie 3 (1974) aufgezeigt worden.

später in die PE eingesetzt hat, obschon dort auch in der späteren Fassung dieser religionsgeschichtliche Prozeß gar nicht behandelt wird.

Nun ist es ja bekannt, daß sich ähnliche Stellen verstreut in *Webers* späterem Werk linden, und zwar in WG wie in der WEWR. Sie stimmen alle insoweit überein, daß sie den Anfang des Prozesses durch das Judentum, sein Ende durch die innerweltliche Askese des Puritanismus bestimmen. Die dazwischen liegenden Etappen bleiben einigermaßen unbestimmt. Da wird in dem Kapitel über das antike Judentum neben der hellenischen Geisteskultur das römische Recht, die auf dem römischen Amtsbegriff fußende Anstalt der christlichen Kirche[16], in WG darüber hinaus noch der Umstand, daß die okzidentalen Religionen keine Religionen für Intellektuelle waren[17], erwähnt, während es an anderer Stelle nur pauschal heißt, der Grund für die spezifisch abendländische Rationalität sei vornehmlich in der Religion zu suchen, soweit nicht rein politische Momente mitspielten[18].

Solche Äußerungen mögen eingefärbt sein von gängigen Überzeugungen der damaligen Zeit, die *Weber* ohne weitere Beweise in den Text hätte einfließen lassen können. Man berief sich gerne auf Judentum, Christentum und Antike als die dreifache Wurzel der modernen Kultur, nicht ohne gewöhnlich noch das germanische Erbe hinzuzufügen[19], doch waren solche Meinungen viel zu unspezifisch, als daß sie eine hinreichende Vorlage für *Webers* recht andersartige Rede hätten bieten können, in der die geschichtlichen Verwurzelungen die Gestalt eines religionsgeschichtlichen Rationalisierungsprozesses annehmen. Hier liegt eine ganz eigene Theorie *Webers* vor, deren Originalität schon an ihrer sprachlichen Formulierung abzulesen ist. Deshalb muß es als ausgeschlossen gelten, daß *Weber* eine so ungewöhnliche Vorstellung wiederholt beiläufig in seine Arbeit eingeflochten haben könnte, wenn er nicht davon überzeugt gewesen wäre, auch den Nachweis für diesen Prozeß erbracht zu haben. Damit eben stellt sich die Frage, wann und wo *Weber* das Konzept dieses, vom antiken Judentum bis zur protestantischen Ethik reichenden religionsgeschichtlichen Entzauberungsprozesses durchgeführt und vorgelegt hat.

[16] GARS, Bd. 3, S. 7.

[17] WG, S. 335 f.

[18] WG, S. 378 f. Die Stelle unterstreicht *Webers* Auffassung von der vorrangigen Rolle der Religion für die Rationalisierung, wie denn die genannten Stellen über die Entwicklung der abendländischen Rationalität nicht zufällig alle in den religionssoziologischen Teilen von Webers Werk zu finden sind.

[19] So beispielsweise *Ernst Troeltsch* in einem Aufsatz aus dem Jahre 1907, Das Wesen des modernen Geistes, jetzt in Bd. 4 der Ges.Schr. Man befindet sich hier übrigens an einem wichtigen Punkt der deutschen Geistesgeschichte. Denn jene um die Jahrhundertwende merkliche Fronde gegen die herkömmliche Wissenschaft war wesentlich ein Protest gegen den üblichen Fortschrittsglauben, der den Aufstieg der Rationalität als die natürliche Folge der menschlichen Vernunftfähigkeit sah. Die Rebellion gegen die Nationalökonomie, aus der die deutsche Gesellschaft für Soziologie hervorging, speiste sich nicht zuletzt aus der Überzeugung, daß der Fortschritt der Vernunft kein natürliches Gesetz, die Entstehung der okzidentalen Rationalität nicht aus der Vernünftigkeit des Menschen zu erklären sei. Diese Überzeugung teilte *Weber* mit *Troeltsch, Simmel* und anderen Weggenossen, denen der Glaube an die Selbstdurchsetzung der Rationalität so unsinnig schien wie die Meinung, daß die Armut von der Povertät komme. Hier liegt vielleicht der wichtigste Grund für die bekannte Eigenart der deutschen Soziologie, die sich der Aufgabe verschreiben mußte, nach den außerrationalen, sozialen und anthropologischen, und vorzüglich nach den historischen Bedingungen der Rationalität zu suchen. Die entsprechende Stelle bei *Troeltsch*, a. a. O., S. 298.

III. Okzidentale Rationalisierung und religionsgeschichtliche Entzauberung

Damit kommen wir in das Zentrum der Soziologie *Webers*. Denn vorbei sind ja doch die Hoffnungen, sein Werk anhand der Wissenschaftslehre und der Grundbegriffe explizieren zu können, vielleicht noch mit einer Verbeugung vor der PE. So bedeutend auch die Methodologie und die Analytik sein mögen, steht nunmehr fest, daß sie bloß Mittel für die historisch-soziologischen Forschungen waren, die seine eigentliche Leistung darstellen. Spätestens seit *Bendix* wissen wir, daß der Kern dieser Forschungen in dem Konzept eines Rationalisierungsprozesses zu suchen ist, aus dem die moderne Welt hervorgegangen ist.

Wenn wir nun, durchaus zu Recht, *Webers* Arbeit durch den Rationalisierungsprozeß thematisieren, so ist doch zu beachten, daß er selbst diesen Ausdruck fast nie benutzt[20], vielmehr wechselnd mit allgemeineren Begriffen wie Rationalität, Zweckrationalität, Rationalisierung und Entzauberung operiert. Die Auslegung steht deshalb ständig vor der Frage, ob und wann sie diese Ausdrücke als bloß sprachliche Variationen betrachten und sachlich gleichsetzen darf. Hier nun stellt sich insbesondere die Frage, ob Rationalisierungs- und Entzauberungsprozeß vertauschbare Begriffe sind. Diese stille Annahme ist bisher von der Interpretation gemacht, die gegenteilige jedenfalls nie diskutiert worden. Tatsächlich jedoch hat *Weber* zwischen religionsgeschichtlicher Entzauberung und okzidentaler Rationalisierung getrennt, ungeachtet der Tatsache, daß die Entzauberung stets auf eine Rationalisierung hinausläuft und die Rationalisierung im weiteren Sinn auch als Entzauberung bezeichnet werden kann.

Will man *Webers* Werk in seinem Hauptpunkt verstehen, so muß man die Texte erst einmal terminologisch klären, und dazu muß man bei einer Hauptschwierigkeit der Interpretation ansetzen: der Vieldeutigkeit des Rationalisierungsbegriffs. *Weber* hat sie zu wenig übersehen, daß er sie dem Leser immer wieder eingeschärft hat.[21] Für *Weber* gibt es nämlich die verschiedensten Arten von Rationalisierungen, und es gehört - wie wir später sehen werden - zu seinen größten Entdeckungen, daß solche Prozesse nicht nur im Okzident, sondern, in freilich sehr anderer Art, auch in anderen Kulturen stattgefunden haben. Die heute kurzweg als Rationalisierungsprozeß bezeichnete okzidentale Entwicklung, an der *Weber* ein ausgezeichnetes Interesse nahm, ist somit nur der besondere Fall einer größeren Klasse von Vorgängen.

Beschränkt man sich nun auf den okzidentalen Prozeß, so sind weitere Unterscheidungen fällig, weil *Weber* davon nicht zeitlebens im gleichen Sinne geredet hat. Vielmehr hat sich das Problem für ihn mehrfach verschoben, und es macht eine entscheidende Schwierigkeit der Interpretation aus, daß der Begriff der Rationalisierung, in *Webers* Werk durchgehalten, diese Verschiebungen eher verdeckt als abbildet.

Über zwei Verschiebungen muß man sich dabei im klaren sein. Einmal darf man davon ausgehen, daß *Weber* einer Zeit angehörte, der die rationale Eigenheit ihrer Kultur vollkommen geläufig war. Als Phänomen war die rationale Entwicklung Eu-

[20] Laut Registern ist von einem Rationalisierungsprozeß in *Webers* Werken nur an einer Stelle die Rede, nämlich WG, 5. 195.

[21] So bereits GARS, Bd. 1, S. 62 und später ebenda S. 265, S. 252 f. und S. 11 wie passim.

ropas für ihn ein selbstverständlicher Ausgangspunkt. Was ihn von seiner Zeit unterschied, das war nun, daß er sich mit den üblichen Erklärungen, vor allem den Hinweisen auf das griechische Erbe und die moderne Wissenschaft, nicht zufriedengab. Den eigentlichen Rationalisierungsprozeß aber entdeckte *Weber* erst im Verlauf seiner Untersuchungen. Er liegt nicht mehr auf der Ebene des Befunds, sondern auf der Ebene der Erklärung. Der Befund war Ausgangspunkt, das Konzept allmählicher Erwerb. Deshalb muß man sich bei der Lektüre stets Rechenschaft ablegen, wieweit *Weber* mit der Umwandlung des phänomenalen Befundes in einen soziologisch erklärten Prozeß gediehen war. Die zweite wichtige Verschiebung betrifft die Zeitdimension des Prozesses. In der PE beschränkt sich *Webers* Erklärungsinteresse offenbar auf dessen Spätphase, den Kapitalismus, und bezieht dann erst schrittweise, wie noch zu zeigen sein wird, frühere Phasen ein. Auch deshalb ist der Gedanke eines die ganze europäische Geschichte durchziehenden Rationalisierungsprozesses später Erwerb. Mit Rationalisierung (oder auch Rationalisierungsprozeß) kann deshalb der Prozeß im Ganzen, können aber auch seine verschiedenen Teile gemeint sein. Der religionsgeschichtliche Entzauberungsprozeß, der natürlich selbst eine Rationalisierung darstellt, ist nun offenbar ein solcher Teil des gesamten okzidentalen Rationalisierungsprozesses. Denn die religiöse Entzauberung endet, wie wir gesehen haben, strenggenommen in der protestantischen Ethik, während die eigentliche Rationalisierung damit ja erst beginnt. Die religiöse Entzauberung stellt zwar mit ihrem Ergebnis jenen Geist bereit, aus dem sich der Kapitalismus als die rationalisierende Schicksalsmacht der Moderne entfaltet; doch diese letzte Entfaltung der Rationalität wird nun von neuen Agenten, von Wissenschaft, Wirtschaft, Politik fortgetragen. Die religionsgeschichtliche Entzauberung hingegen gelangt im Okzident mit der innerweltlichen Askese nicht nur an ihren geschichtlichen Endpunkt, vielmehr auch an ihre innere Grenze.

Angesichts dieser durch *Webers* Sprachgebrauch verdeckten Unterschiede empfiehlt sich wohl eine Sprachregelung, welche die jeweils gemeinten Bezüge zu spezifizieren vermag. Wir wollen deshalb, soweit immer sinnvoll möglich, vorerst den ganzen Vorgang als Rationalisierungsprozeß, hingegen die Entwicklung bis zur protestantischen Ethik als Entzauberungsprozeß, dessen Verdichtung und Fortsetzung endlich, heutigem Sprachgebrauch folgend, als Modernisierung bezeichnen.

Zusammengenommen läuft das darauf hinaus, daß *Weber* den Rationalisierungsprozeß erst fassen konnte, nachdem er den Entzauberungsprozeß entdeckt hatte. Darum führt nun die Frage, wann und wo das geschehen ist, in das Zentrum seiner Soziologie und in das Herz der Fragen nach der Einheit, der Entstehung und dem Zusammenhang der Arbeiten *Webers*. Sie führt aber auch sogleich in die zentrale Schwierigkeit des Werkverständnisses, nämlich zuerst schon ganz äußerlich in die betretene Verlegenheit, daß dieser (wie auch der Rationalisierungs-)Prozeß anscheinend nirgendwo zusammenhängend dargestellt worden ist. Unmittelbar ergibt sich etwa folgender Befund: als *Max Weber* 1903 aus seiner Krankheit erwachte, da brach er mit einer Doppelarbeit, nämlich methodisch mit dem Objektivitätsaufsatz und sachlich mit der PE zu seiner eigenen Soziologie durch.[22] Mit der PE hielt er also

[22] Es wird immer noch zu wenig beachtet, daß der Objektivitätsaufsatz zwar allgemeine methodologische Fragen behandelt, aber wesentlich als methodische Rechtfertigung der PE geschrieben worden ist.

bereits 1904 den Anfang der Modernisierung und damit das eine Ende der Entzauberung, nämlich die innerweltliche Askese des Protestantismus, in der Hand, freilich, ohne sich dieses Umstandes überhaupt bewußt zu sein, da er die Formierung des kapitalistischen Geistes aus der protestantischen Ethik rein für sich und gerade nicht als Ende eines größeren Prozesses betrachtet hatte.[23]

Rund zehn Jahre später stieß *Weber* bei seinen religionssoziologischen Arbeiten auf das antike Judentum und damit auf den Anfang des Prozesses, nämlich auf „eine in hohem Grade rationale, das heißt von Magie sowohl wie von allen Formen irrationaler Heilssuche freie religiöse Ethik des innerweltlichen Handelns".[24] Fraglich aber bleibt dann immer noch das Wesentliche: wie und wann und wo *Weber* denn das Konzept eines religionsgeschichtlichen Entzauberungsprozesses, aus dessen Rationalisierung die Moderne hervorgegangen ist, entwickelt hat. Denn wohlgemerkt ergibt sich dieses Konzept ja nicht schon aus der Analyse des Judentums und des Protestantismus als selbständiger Phänomene. Natürlich konnte *Weber* von der Tatsache ausgehen, daß das Erbe der jüdischen Rationalität in die europäische Entwicklung eingegangen ist. Aber der Kern der Frage mußte doch sein, auf welche Weise denn aus der hochgradig rationalen jüdischen Ethik jene innerweltliche Askese entstehen konnte, welche erst die okzidentale Rationalisierung in ihre letzte Steigerung, nämlich in die Modernisierung, zu treiben vermochte. In *Webers* Fragestellung konnte das nur heißen, ob die Ideen oder die Interessen aus dem jüdischen Erbe die innerweltliche Askese hervorgetrieben hatten. Damit erweist sich der religionsgeschichtliche Entzauberungsprozeß als diejenige Klammer, die aus der Modernisierung, welche *Weber* in PE und gewissen Teilen von WG unter jeweils verschiedenen Gesichtspunkten behandelt hatte, und dem in der WEWR entdeckten Judentum erst das Konzept des Rationalisierungsprozesses entstehen lassen konnte. Darum ist es eine für das Verständnis *Webers* zentrale Frage, wo er diese Entzauberung, welche aus dem durch das Christentum vermittelten Erbe jüdischer Rationalität die innerweltliche Askese des Protestantismus werden ließ, so dargestellt hat, daß er sich darauf wie beiläufig beziehen konnte?

IV. Die Rationalisierungsthese

Angesichts dieser Schwierigkeiten darf man fragen, wie *Reinhard Bendix* mit ihnen fertig geworden ist. Bekanntlich hat *Bendix* die entscheidende Wendung der *Weber*-Interpretation mit dem Grundsatz vollzogen: „The present study approaches *Weber*'s work with a major emphasis on bis empirical rather than his methodological writings."[25] Hatte sich die Auslegung *Webers* vorher als Explikation seines methodologischen und theoretischen Konzepts abgespielt, so wurde nun klar, daß *Webers* Leistung und Anliegen vor allem in seinen großen Sachforschungen zu suchen seien.

[23] Dagegen spricht nicht das Forschungsprogramm, welches *Weber* am Ende der PE entwickelt, weil es, wie noch zu zeigen sein wird, kaum hinter den Protestantismus zurückgreift.

[24] GARS, Bd. 3, S. 6.

[25] *R. Bendix*, Max Weber, An Intellectual Portrait, a. a. O., S. 20.

Damit trat unvermeidlich der Rationalisierungsprozeß als der thematische Kern hervor, „which I see as a thread running through Webers life work".[26]

Bendix also hat die Soziologen überzeugt, daß man *Weber* nur dann versteht, wenn man seine Konstruktion des Rationalisierungsprozesses begreift. Er hat es deshalb unternommen, diesen Prozeß aus dem Werk zu rekonstruieren. Das Porträt ist ihm vorzüglich gelungen, die Rekonstruktion nur sehr bedingt; denn die Rationalisierungsthese - so wollen wir seine Rekonstruktion des Prozesses aus *Webers* Werk kurzerhand nennen - bringt sich in elementaren Gegensatz zu den Texten und gerät darüber auch in Widerspruch mit sich selbst.

So hilft *Bendix* schon nicht weiter, wenn man fragt, wo sich denn *Weber* den Rationalisierungsprozeß, sein beherrschendes Lebensthema, selbst zur Aufgabe gemacht hat. Für ihn ist der Vorgang zum ubiquitären Universalthema geworden, das in den Werken keinen festen Platz hat, in keinem Werk zur thematischen Aufgabe wird. Die Rekonstruktion des Vorgangs gelingt *Bendix* folglich nur dadurch, daß er die Werke auseinandernimmt, um aus ihren Teilen den Rationalisierungsprozeß zu rekonstruieren, den *Weber* selbst nicht vorgeführt hat. Die Interpretation löst sich also von den einzelnen Werken und löst aus ihnen Teile zwecks Rekonstruktion des okzidentalen Rationalisierungsprozesses heraus. Die Ordnung, die sich dabei ergibt, sieht grob so aus: von der PE greift *Weber* auf das antike Judentum, also ein Kapitel aus der WEWR, zurück und fügt dann die nötigen Zwischen- und Nachstationen des Prozesses anhand ausgewählter Abschnitte aus WG an, nämlich in der Soziologie des Rechts, der Stadt und des Staates. Kaum anders, nur stärker deskriptiv-historisch, fällt die Rekonstruktion bei *Abramowski* aus.[27]

Nichts gegen dieses Verfahren, wenn es in einem *Intellectual Portrait* um Einblick und Überblick geht. Es ist *Bendix* und seinen Nachfolgern gelungen, um *Webers* Nachforschungen ein thematisches Band zu legen und mit dessen Hilfe den abendländischen Rationalisierungsprozeß nachzuzeichnen. Doch für diesen Verständnisgewinn ist offenbar auch ein Preis gezahlt worden, weil die Interpretation in einen gewissen Gegensatz zu den Arbeiten *Webers* gerät und die Rekonstruktion nur um den Preis der Identität der Werke gelingt. Daran kann man schwerlich vorbeisehen, solange es nicht als gleichgültig gilt, was Thema, Zweck und Resultat der einzelnen Werke war - und daran muß sich zuletzt jede Interpretation messen lassen.

Ein Preis, der nach Maßstäben der Werkinterpretation für das Gelingen des *Intellektual Portrait* gezahlt werden muß, ist die Mißachtung der Zeitfolge der *Weber*schen Arbeiten. Während nämlich *Bendix* im ganzen dem Zeitablauf der Werke *Webers* folgt, weil er sie als fortlaufende Entschlüsselung des Rationalisierungsprozesses begreift, vertauscht er an der entscheidenden Stelle die Zeitfolge und behandelt die WEWR vor WG. Nun stimmt das zwar mit den Veröffentlichungsdaten, nicht aber mit den Abfassungszeiten überein. Denn alle Abschnitte aus WG, die *Bendix* für

[26] *R. Bendix*, Max Weber's Sociology Today, a. a. O., S. 13.

[27] *Günter Abramowski*, Das Geschichtsbild Max Webers, Stuttgart 1966, folgt im ganzen der Auffassung und Disposition von *Bendix*, wobei die soziologischen Kategorien vor der vorzüglichen Deskription zurücktreten.

die Rekonstruktion des Rationalisierungsprozesses beansprucht, gehören zum zweiten Teil des Werkes, den *Weber* 1911-1913, also vor der WEWR, geschrieben hat.[28]

Daß *Bendix* diesen unabweisbaren Schluß nicht gezogen hat, also WG und WEWR in umgekehrter Reihenfolge behandelt, könnte ein Darstellungsmittel sein, das in einem *Intellectual Portrait* durchaus erlaubt sein müßte. Doch liegt die Sache anders, weil er hier - nach eigenem Geständnis - einem Sachzwang folgt: seine Rationalisierungsthese verlangt, daß WG nach der WEWR abgefaßt wurde. Denn nach *Bendix* durchgängiger Überzeugung wollte *Weber* in WG die Entschlüsselung des Rationalisierungsprozesses durch Darstellung seiner späteren Etappen zu ihrem krönenden Abschluß bringen. Das setzt jedoch voraus, daß *Weber* sich mindestens über die früheren Etappen des Prozesses klar war, ohne welche er sich das Konzept eines großen Rationalisierungsprozesses gar nicht hätte bilden können. Er muß also, wie *Bendix* selbst weiß und fordert[29], mindestens das antike Judentum sowohl in seiner kulturellen Eigenart wie in seiner historischen Bedeutung erkannt haben. Zieht man der Rationalisierungsthese diese Voraussetzungen weg, so können die einschlägigen Kapitel über Stadt, Staat und Recht aus WG zwar immer noch vom Interpreten vorsichtig in den Rationalisierungsprozeß eingefügt werden; sie könnten aber nicht als krönender Abschluß seiner Darstellung gemeint gewesen sein. Was immer sich in ihnen finden läßt, kann nicht auf der Höhe und Breite von *Webers* Denken über dem Rationalisierungsprozeß stehen, weil er über dieses Konzept noch nicht verfügte. *Webers* letztgültige Vorstellung vom Rationalisierungsprozeß wird sich deshalb aus WG kaum herausziehen lassen.

Die Rationalisierungsthese steht und fällt also mit der durchgängigen Annahme des Buches, daß die WEWR vor WG geschrieben worden sei. *Bendix* argumentiert - im Sinne seiner Annahme, daß WG die Darstellung des Rationalisierungsprozesses abschließen sollte, völlig konsequent und präzise - alle religionssoziologischen Aufsätze seien „a mere preface to what we had not yet explained for the West“[30], also für die relevanten Teile aus WG, und bezeichnete diese entsprechend als „continuations of the sociology of religion“.[31] Wer die mit klaren Zeitbestimmungen versehenen Zitate liest, kann sich kaum des Eindrucks erwehren, daß *Bendix* sie in der irrigen

[28] Ich folge hier der Datierung von *J. Winckelmann* im Vorwort zu WG, während G. Roth im Vorwort zur englischen Ausgabe die Jahre von 1910 bis 1914 nennt. Leider sind die Nachrichten teils spärlich, teils unklar, so daß eine völlig zuverlässige Datierung kaum möglich ist, solange es noch an einer Biographie fehlt, die die Tätigkeiten und Studien *Webers* unter Benutzung und Abwägung aller Quellen genau datiert und zu einem, fast möchte man wünschen tagebuchartigen Lebensbericht ausfiltert. Das oft ganz sprunghafte und zeitlich vage Lebensbild von *Marianne Webers* Hand leistet diesen Dienst so wenig wie die Zeittafel, die *Eduard Baumgarten*, Max Weber, Person und Werk, Tübingen 1964, zusammengestellt hat. Man darf darauf rechnen, daß genaue zeitliche Datierungen, welche möglichst Studien und Lektüre einschließen sollten, zu einem besseren Verständnis der Genese der Probleme und der Ziele der Arbeiten Webers führen würden.

[29] Vgl. dazu *R. Bendix*, Max Weber, An Intellectual Portrait, a. a. O., und zwar besonders S. 284 f., vorzüglich die Aussage auf S. 285: "His essay on judaism is only the starting point of an explanation that occupied him for the rest of his life".

[30] *R. Bendix*, ebd. S. 285.

[31] Ebenda und wenige Zeilen später noch verschärft durch die Wendung "these continuations are adressed in large part to the question of how the basic assumptions of that rationalism had become the dominant value orientation of the Western world", im Einklang mit dem in Anm. 29 angeführten Zitat.

Meinung geschrieben hat, *Weber* habe zuerst die WEWR, dann WG verfaßt.[32] Das entspräche sowohl der gängigen Vorstellung, die sich an den Veröffentlichungsdaten orientiert, wie natürlich der herkömmlichen Annahme, die in WG das Spät- und Hauptwerk sieht, wo alle Rätsel ihre Auflösung finden müssen. Aber auch falls *Bendix* nur meinte, sich in einem *Intellectual Portrait* von der Zeitfolge der Werke großzügig lösen zu können, geriet er hier über die Grenzen dieser Lizenz hinaus.

Ferner nimmt *Bendix* an, daß zur okzidentalen Rationalisierung verschiedene Faktoren gleichberechtigt beigetragen haben, welche sich durch historische Gemengelagen zu einer Gesamtwirkung addierten. Der Prozeß bleibt deshalb das zufällige Resultat historischer Konstellationen. Deshalb unterstellt die Rationalisierungsthese *Weber* den Vorsatz, den Prozeß mittels Identifizierung der Faktoren und Gemengelagen nachzuzeichnen. Dafür aber muß ein weiterer Preis bezahlt werden. jedenfalls kommt man zu einem recht paradoxen Befund, wenn man sich einmal überlegt, wie *Weber* denn seine Arbeiten hätte anlegen können, wenn es ihm darum gegangen wäre, die okzidentale Entwicklung nachzuzeichnen. Vielleicht vermögen wir keine positive Antwort zu finden, gewiß aber doch eine negative: er hätte dann weder die WEWR noch WG geschrieben. Denn beide orientieren sich ja in ihrer Anlage und Thematik gewiß nicht an der als Rationalisierungsprozeß verstandenen abendländischen Geschichte. Da mag man einwenden, daß *Weber* bei der einmal übernommenen Auftragsverpflichtung für WG nicht mehr frei über das Werk disponieren konnte. Selbst dann bleibt es richtig, daß ihm WG erheblichen Spielraum gelassen hätte, um sein eigentliches Thema zu akzentuieren und zu behandeln. Nun finden sich in WG zweifellos Teile, die für eine solche Geschichte der Rationalisierung brauchbar und wichtig sind; aber andere fehlen, und vor allem fehlt die thematische Frage. Bezeichnenderweise kann *Bendix* aus dem angeblichen Hauptwerk nur wenige Abschnitte als einen direkten Beitrag zu *Webers* Lebensthema verwerten und muß die Masse der Arbeit teils als „Kontrastforschung" erklären, teils ganz beiseite lassen.

[32] Es ist zu beachten, daß die Studien zu den Sachkapiteln von WEWR, wie *Marianne Weber*, a. a. O., S. 378 f. berichtet, gleichzeitig mit WG etwa ab 1911 betrieben, beide Arbeiten auch zum Teil aus „denselben Quellen geschöpft" wurden, wozu auch die vielen, dem Kenner bekannten Überschneidungen passen. Das Resultat seiner Vergleiche aus den Sachstudien hat *Weber* jedoch erst 1915 mit der „Einleitung" und der „Zwischenbetrachtung" der WEWR beigefügt, übrigens wohl auch damals erst das Kapitel über das antike Judentum aus den Notizen hergestellt, wozu man die einleitende Anmerkung zur WEWR vergleichen möge, ferner die Bemerkung bei *Marianne Weber*, a. a. O., S, 382, wonach die Hauptteile der WEWR 1913 fertig waren. Da *Bendix* sich ausschließlich auf die Sachkapitel der WEWR stützt, ist die von ihm durchgehaltene zeitliche Verkehrung eher verständlich. Nur zieht *Weber* die entscheidende Summe der Sachkapitel, wie noch zu zeigen sein wird, erst in *Einleitung* und „Zwischenbetrachtungen". Auch hier gibt es zwar sachliche Überschneidungen mit der Religionssoziologie aus WG, sind viele Einzelheiten in beiden Darlegungen identisch. Es fehlt jedoch in WG die systematische Zusammenfassung der Einzelerkenntnisse zu einer Soziologie der religiösen Rationalisierung, Welche der *Einleitung* und der „Zwischenbetrachtung" ihren universalgeschichtlichen Zuschnitt gibt. Dazu paßt auch *Webers* Hinweis GARS, Bd. 1, S. 237, Anm. 1, wonach die WEWR dazu bestimmt war, „den religionssoziologischen Abschnitt zu interpretieren und zu ergänzen (allerdings auch in vielen Punkten durch ihn interpretiert zu werden)". Da die religionssoziologischen Studien für WG und für die WEWR etwa gleichzeitig und wesentlich aus den gleichen Quellen gearbeitet wurden, ist klar, daß vorläufige Erkenntnisse aus den vergleichenden Studien der WEWR in die Religionssoziologie von WG eingegangen sind, und für den Fall, daß diese von *Weber* sehr früh niedergeschrieben war, auch eventuell später noch eingearbeitet worden sind. Dennoch steht außer Zweifel, daß *Weber* das Fazit seiner vergleichenden Studien erst in „Einleitung" und „Zwischenbetrachtung" in völliger Klarheit gezogen hat.

Nicht anders scheint es in dieser Hinsicht mit der WEWR zu stehen. Obschon sie sich nämlich die Rolle der religiösen Wirtschaftsethik für die wirtschaftliche, ja überhaupt für die Rationalität zum Thema nimmt, münzt sich dieses Interesse offenbar nur bedingt für das Verständnis des abendländischen Rationalisierungsprozesses aus. Sehr bezeichnend schreibt *Bendix,* daß *Webers* Religionssoziologie einerseits mit dem Kapitel über das antike Judentum bereits erledigt war, andererseits aber dieses Kapitel bloß als Auftakt für die Betrachtung der späteren Stationen des Rationalisierungsprozesses genommen werden darf, welche WG mit den Kapiteln über Recht, Staat und Herrschaft liefert. Die langen Ausführungen über China und Indien, auf die *Weber* Jahre der Mühe verwendet hatte, fallen als unwichtig für *Webers* eigentliche Absicht aus und sinken wieder zu Gegenproben zur Protestantismusthese herab, die bloß dem Nachweis der allgemeinen Bedeutung der religiösen Ethik für die Wirtschaftsgesinnung dienen. Auch die WEWR also wird aus der Absicht, den okzidentalen Rationalisierungsprozeß nachzuzeichnen, nicht verständlich.

Wenn es *Webers* Absicht war, nach der PE den ganzen Prozeß nachzuzeichnen, und wenn er sie wunderlicherweise in zwei thematisch ganz anders angelegten Werken ausführen wollte, so hat er sie dort jedenfalls nicht durchgeführt. Denn die WEWR analysiert zwar das Judentum, befaßt sich aber überhaupt nicht mit der okzidentalen Entwicklung, und WG hält sieh, soweit es sich überhaupt auf das Thema einläßt, fast ausschließlich an die Modernisierung, weiß jedenfalls über den langen Zeitraum der religiösen Entzauberung wenig zu sagen und nimmt nirgends den Anlauf zu einer zusammenhängenden Darstellung der okzidentalen Entwicklung. *Weber* hätte sich also nicht nur zu einer in WEWR und WG zersplitterten und athematischen Darstellung entschlossen, sondern dabei insbesondere noch den religionsgeschichtlichen Entzauberungsprozeß, der den Hauptstrang der Entwicklung bildet, vergessen.

Bei dieser Sachlage muß *Webers* Absicht in Zweifel geraten, den Rationalisierungsprozeß durch Nachzeichnung seiner wesentlichen Stationen darzulegen und nachzuweisen. Davon jedoch geht *Bendix'* Interpretation aus. Wo die Nachzeichnung fehlt, kann er mit dem Text wenig anfangen, werden *Webers* lange Untersuchungen zu eigentlich überschüssigen „Kontrastforschungen“. Wenn der Entzauberungsprozeß, der von *Weber* nicht nachgezeichnet wurde, eigentlich einen Hauptstrang des Gesamtvergangs bilden müßte, so wird das in *Bendix'* Interpretation kaum verständlich. Zwar sieht er deutlich, welch wichtige Rolle der jüdischen Ethik des innerweltlichen Handelns, die als Erbe in die europäische Geschichte einging, zufällt. Aber weil *Weber* auch beim Recht und beim Staat, überhaupt auf den verschiedensten Gebieten von Rationalisierung spricht, meint *Bendix,* den okzidentalen Rationalisierungsprozeß als Verschlingung verschiedener Einzelvorgänge interpretieren zu müssen, und er warnt ausdrücklich davor, sich von *Webers* Sprachgebrauch verführen zu lassen, wo oft kurzerhand von einem zusammenhängenden, also durch den Zwang einer inneren Logik zusammengehaltenen, und nicht bloß durch historische Verschlingungen zum endlichen Effekt einer umfassenden Rationalisierung summierten Prozeß die Rede ist.[33]

[33] *R. Bendix*, Max Weber, a. a. O., Anm. 33 auf S. 285; ferner passim und besonders auf den Seiten 236, 332, 384.

Die verschiedenen Einzelvorgänge liegen gewissermaßen nebeneinander, so daß ihr endliches Gesamtergebnis, die Rationalisierung, am Ende die Folge historischer Zufälle bleibt. Zwischen dem Rationalismus des Judentums und der innerweltlichen Askese des Protestantismus liegt kein religionsgeschichtlicher Entzauberungsprozeß. Vielmehr wird der ererbte jüdische Rationalismus von rein weltlichen Mächten emporgetragen zur herrschenden Weltauffassung. Die Bedeutung der religiösen Ethik beschränkt sich dabei auf den Nachweis, „how some had an accelerating and others a retarding effect upon the rationality of economic life".[34]

Für *Weber* hingegen lag seine entscheidende Entdeckung in der Erkenntnis, daß die Rationalisierung, bei aller historischen Fragilität, von dem Zwang einer inneren Logik getragen wurde, welche in dem unaufhaltsamen Drang zur Rationalisierung religiöser Ideen angelegt war. Deshalb ist der Rationalisierungsprozeß im Kern ein religionsgeschichtlicher Entzauberungsprozeß, und seine Momente und Stationen erhalten von dort ihre Einheit. Nicht die historische Identifizierung der Teilvorgänge, sondern die innere Zwangsläufigkeit ihrer Abfolge bestimmte die Lösung *Webers*. Der Schlüssel aber zu dieser Auffassung *Webers* liegt in jener Arbeit, die trotz aller Fortschritte der Auslegung in ihrem zentralen Teil der Interpretation widerstanden hat, nämlich in der WEWR.

V. Die Wirtschaftsethik der Weltreligionen: ihre Stellung im Werk Webers

In ihrer fragmentarischen und formlosen Gestalt wirken *Webers* Arbeiten mit ihren umfassenden Zielsetzungen vielfach rätselhaft, so daß sich auch ihre Beziehungen zueinander und ihr Stellenwert für das Gesamtwerk kaum verläßlich ermitteln lassen, wenn man sich allein an ihre gedanklichen Inhalte hält. Hier können die äußeren Kriterien der Werkgenese, wie Abfassungszeiten oder Sprachvergleich, für die Interpretation wichtig werden. Das gilt vor allem für die WEWR, deren äußere Gestalt sowohl ihren inneren Aufbau wie ihre zentrale Stellung in *Weber*s Werk zu verbergen geeignet ist.

Die WEWR hat in der Auslegung von *Webers* Werk lange Zeit überhaupt keine Rolle gespielt. Solange man sich auf Wissenschaftslehre und Grundbegriffe konzentrierte, mußte sie als gelegentliche Spezialuntersuchung erscheinen und galt vielen gar als bedauerliche Verschwendung an einen abseitigen Gegenstand. Selbst wo man der PE ein Interesse abgewann, wußte man oft nicht einmal von der Existenz der WEWR[35] oder hielt sie für eine methodische Gegenprobe zur PE, die kein originäres Thema vorweisen konnte: hatte die PE den Einfluß der Ideen auf die Inte-

[34] *R. Bendix*, ebd., S. 103.

[35] Schon *Ephraim Fischoff* hat 1944 darauf hingewiesen, daß die PE häufig ohne Berücksichtigung der übrigen Arbeiten *Webers*, insbesondere auch der WEWR behandelt worden ist, wie man jetzt bequem in der deutschen Fassung seines Aufsatzes nachlesen kann, die sich in den Kritiken und Antikritiken findet, welche *J. Winkelmann* dankenswerterweise im 2. Band seiner Ausgabe der PE im Siebensternverlag, 1972, gesammelt hat. Dort kann man sich auch davon überzeugen, daß ein Mann von der Statur *Frank H. Knights*, der *Webers* Abriß der Sozial- und Wirtschaftsgeschichte übersetzt hatte, über die PE spricht, ohne die WEWR zu kennen.

ressen untersucht, so sollte die WEWR auch dem umgekehrten Einfluß nachgehen, und wenn dort gezeigt werden sollte, wie der Geist des Kapitalismus aus der protestantischen Askese entstanden war, so hier vielmehr, daß er sich nirgends entfalten konnte, wo diese asketische Gesinnung fehlte. Mit diesen Absichten, zu denen sich noch die „Vorbemerkung" zu den GARS durchaus bekennt, wollte *Weber* wohl auch die methodischen Einwände seiner Kritiker entkräften. Nur hätte von vorneherein klar sein sollen, daß die Arbeit niemals als Gegenprobe zur PE angelegt war, sondern ein eigenes und großes Thema präsentierte, das im Fortgang der Arbeit noch an Dimension gewann. Wie wir noch sehen werden, knüpfte die Arbeit zwar an die PE an, sprengte aber von vorneherein deren Grenzen, so daß die lange herrschende Auffassung, welche in der WEWR eine Gegenprobe zur PE sehen wollte, als eine ärgerliche Blindheit der *Weber*forschung verzeichnet werden muß.[36] Seit *Bendix* nun gilt die WEWR als Vorstudie zu jenen Kapiteln aus WG, in denen man die noch ausstehende Erklärung des okzidentalen Rationalisierungsprozesses finden zu können meint, so daß von ihr eigentlich nur das Kapitel über das antike Judentum als direkt erheblich gilt. Damit aber sind Eigenart und Stellung der WEWR gründlich verkannt.

Denn diese Arbeit nimmt in *Webers* Werk eine besondere, ja in der Tat einzigartige Stellung ein. Das einmal schon deshalb, weil sie, im Gegensatz zu WG, keine Auftragsarbeit war, *Weber* also hier frei seinen Problemen folgen konnte. Sodann kommt der WEWR in Leben und Werk eine zeitlich beherrschende Stellung zu. Nach WG abgefaßt, muß die WEWR als die letzte der großen Sachforschungen und somit als der letzte Erkenntnisstand gelten.

Überdies ist die WEWR nun das Werk, welches *Weber* am beharrlichsten beschäftigt hat. Sachlich durchgearbeitet, und wohl auch zu mehr oder weniger vorläufigen Manuskripten abgeschlossen, waren nach mehrjähriger Arbeit zu Kriegsbeginn die Stoffmassen für die Kapitel über China, Indien und Israel, nicht hingegen die ja ebenfalls geplanten über den Islam und das Christentum. Überzeugt, daß er nach Kriegsende nicht wieder an diese Arbeit zurückkehren könne, entschloß *Weber* sich zur seriellen Veröffentlichung im *Archiv für Socialwissenschaft*, konnte dafür aber die Manuskripte kaum noch bearbeiten, ausführen und ergänzen.[37] Wieviel Arbeit er dabei noch jeweils aufgewandt hat, um die drei Kapitel während des Krieges für den Druck vorzubereiten, ist unbekannt. Wohl aber mußte er nun eilends aus dem Torso der drei Spezialstudien ein allgemeines Ergebnis ziehen. So kommt es, daß die wohl 1915 geschriebene „Einleitung" eigentlich das bringt, was man sonst am Schluß eines Buches erwartet, nämlich die Ergebnisse, welche *Weber* sonst gewiß für den Schlußband über das Christentum hintangestellt hätte. Es ist klar, daß diese Resultate, welche er nun verfrüht und übereilt zu ziehen sich veranlaßt sah, nicht gut

[36] *Eduard Baumgarten* scheint in seinem angezogenen Werk fast der einzige zu sein, der klar erkannt hat, daß die WEWR das Thema der Gegenprobe zur PE grundsätzlich sprengt. Leider bleibt es bei der Bemerkung, aus der er nichts weiter zu machen weiß. Die Deklassierung der WEWR als einer Gegenprobe zur PE hat ein zähes Leben; selbst *Bendix* fällt am Ende auf die Vorstellung von „Kontrast"-Forschungen zurück.

[37] Vgl, dazu *Webers* Anm. 1 in GARS, Bd. 1, S 237, und die hier in der Anm. 32 angezogenen Stellen aus *Marianne Webers* Lebensbild, besonders ebd, auch den Hinweis S. 382, daß *Weber* noch einige Partien ergänzen wollte.

in den bereits abgeschlossenen Sachkapiteln von WG oder WEWR enthalten sein können.[38] Damit nicht genug, sieht *Weber*, wohl als die „Einleitung" und das Kapitel über China bereits im Satz waren, Veranlassung, das in der „Einleitung" gezogene Resümee in einer eilig eingeschobenen „Zwischenbetrachtung" noch einmal zu korrigieren und weiterzuführen.[39] Wer die WEWR zur Hand nimmt, sollte sich also darüber im klaren sein, daß die eiligen und dunklen Ausführungen der „Einleitung" und der „Zwischenbetrachtung" nicht einführende Bemerkungen und überschüssige Reflexionen bringen, die gegenüber den Sachkapiteln nicht zählen, sondern vielmehr erst die systematische, wiewohl schwer enträtselbare Summe der jahrelangen historisch-soziologischen Untersuchungen ziehen. Sie enthalten somit das Fazit und die letzte von *Weber* erreichte Stufe der Torso gebliebenen WEWR.

Die einzigartige und zeitlich beherrschende Stellung der WEWR wird noch klarer, wenn man sie in Verhältnis zur PE bringt, aus der sie in gewissem Sinn hervorgegangen ist. Da *Weber* mit der PE - man muß in der Tat sagen - zu seiner eigenen Soziologie durchgebrochen war, konnte es nicht wundernehmen, daß er am Ende der PE ein Forschungsprogramm entwickelte, welches sich fast schon wie ein Lebenswerk las: vor allem Ermittlung der Bedeutung des asketischen Rationalismus für die sozialpolitische Ethik und die soziale Gemeinschaft und Rückverfolgung der Ansätze der innerweltlichen Askese bis ins Mittelalter. Das Programm bleibt ganz im Bann der PE, indem es sich auf die Suche nach den unmittelbaren Wurzeln der europäischen Modernisierung beschränkt und die Rolle des asketischen Rationalismus in größerer Breite untersuchen will.[40]

Bei der späteren Überarbeitung der PE für die GARS hat *Weber* in der letzten Fußnote erklärt, warum er das Programm „seinerzeit" nicht in Angriff genommen hatte. Und zwar war es neben zufälligen Gründen der Wunsch, die Probleme „in die Gesamtheit der Kulturentwicklung hineinzustellen".[41] Damit war das Thema der PE, die Bedingtheit des kapitalistischen Geistes in religiösen Ideen der Askese, nun ins Große projiziert und ins Allgemeine generalisiert: was ist die Rolle der Ideen und Interessen (oder, was für *Weber* auf das gleiche hinauslief, von Religion und Gesellschaft) für langfristige Entwicklungen, und wie bilden sich dabei insbesondere jene mächtigen und beharrlichen Welteinstellungen, welche, wie die PE an einem Fall gezeigt hatte, die Entwicklung der Kulturen mittels ihrer Wirtschaftsethik so nachhaltig

[38] Über das nähere Verhältnis der WEWR und der Religionssoziologie in WG ziehe man hier die Anm. 32 zu Rate. Die Datierung der „Einleitung" ergibt sich aus *Marianne Weber*, a. a. O., S. 382, wird aber auch durch den Inhalt zwingend gemacht, der die Niederschrift der Sachkapitel der WEWR voraussetzt. Wenn *Marianne Weber* ebd. von einer „geschichtsphilosophischen Einleitung" spricht, so verkennt sie die Sache gründlich.

[39] Zur Datierung der „Zwischenbetrachtung" vgl. *Marianne Weber*, a. a. O., S. 367. Daß es sich um einen eilig eingeschobenen Abschnitt handelt, der erst abgefaßt sein kann, als die „Einleitung" bereits im Satz war, geht aus dem Inhalt klar hervor. Der Ausgangspunkt der Zwischenbetrachtung ist nämlich eine Korrektur der „Einleitung". *Max Webers* Bemerkung, GARS, Bd. 1, S. 237, Anm. 1, daß „die ersten Partien unverändert so, wie sie zwei Jahre vorher niedergeschrieben und Freunden vorgelesen waren", erschienen, kann sich nur auf die Sachkapitel bezogen haben.

[40] Völlig richtig vermerkt *Marianne Weber*, a. a. O., S. 378, daß *Max Weber* sich nach der PE von der Reformation aus rückwärts wenden wollte. Leider sind ihre Bemerkungen über die spätere Ausweitung des Programms auf S. 381 zu vage, obschon in einer Hinsicht sehr wichtig, wozu hier Anm. 42 zu vergleichen ist.

[41] GARS, Bd, 1, S. 205, Anm. 1.

bestimmen? Offenbar ging es nicht bloß um die Frage, ob sich in anderen Kulturen mangels innerweltlicher Askese keine rationale Wirtschaftsgesinnung bilden konnte; zur Debatte stand vielmehr die viel allgemeinere Frage, wie sich Rationalität im Zusammenspiel von Ideen und Interessen auswirkt und produziert. Das mußte für den geplanten Band über das Christentum offenbar auf die Frage hinauslaufen, ob die so folgenreiche protestantische Ethik denn ihrerseits ein geschichtlicher Zufall oder aber vielleicht das langfristige Ergebnis der Macht, sei es von Ideen, sei es von Interessen, gewesen ist. Ungeachtet des besonderen Interesses, das *Weber* an der europäischen Entwicklung nahm, standen die Untersuchungen jedoch gleichberechtigt nebeneinander. Sie führten, wie wir noch genauer sehen werden, die Fragestellung der PE durch Generalisierung weiter zu einer Untersuchung über die Rolle der Rationalität in der Geschichte.

Nicht wie These und Gegenprobe gehören PE und WEWR zusammen. Wohl aber ist die WEWR die legitime Fortsetzung und Entfaltung der PE, mit der *Weber* seinen Weg begonnen hatte: durch die Behandlung des Christentums sollte die WEWR hinter die PE zurückgreifen, durch die Behandlung der übrigen Weltreligionen sollte sie über die europäische Entwicklung hinausblicken, durch die Generalisierung der Frage nach dem Schicksal der Rationalität zwischen Ideen und Interessen sollte sie *Webers* Probleme auf ihren allgemeinen Nenner bringen und für sie eine allgemeine Lösung suchen.

So umspannen die GARS die gesamte Schaffenszeit *Webers* von der PE bis zu seinem Tod; sie, und nicht WG waren das Werk, das ihn beharrlich beschäftigt hat.[42] Mit der PE bieten sie das Dokument, in dem er seine mächtigen Probleme zunächst an einer klaren, aber doch begrenzten Fragestellung zu fassen bekam; die WEWR aber dokumentiert den Prozeß, in dem er seine Probleme in ihrem ganzen Umfang auf ihre oberste Fragestellung brachte, nämlich zuerst durch die Materialstudien zu den Sachkapiteln und schließlich durch die theoretische Summierung in „Einleitung" und „Zwischenbetrachtung".

[42] *Marianne Weber* spricht a. a. O., S. 381, von der Erweiterung, die *Webers* Studien aus der Arbeit an der WEWR erfuhren. Obschon sie zu erwähnen vergißt, daß die Erklärung „der Eigenart der ganzen abendländischen Kultur" nur auf dem Umweg über die allgemeinere Frage nach dem langfristigen Schicksal der Rationalität zwischen Ideen und Interessen beantwortet werden konnte, sind ihre Ausführungen doch in einer Hinsicht sehr aufschlußreich. Nach ihr bat sich *Weber*, als er auf das Thema der WEWR stieß, dauernd mit der Frage beschäftigt, welche später die „Vorbemerkung" zu den GARS artikulierte: Warum gibt es nur im Abendland rationale Formen der Wissenschaft, der Kunst, der Stadt, der Bürokratie, des Staates? Diese Frage, die *Weber* nach *Mariannes* Zeugnis nun dauernd beschäftigte, macht mit einem Schlage klar, daß WG sich ihre Beantwortung nicht zum Ziele gesetzt haben konnte. Gegen diese übliche Annahme, welche der Arbeit von *Bendix* durchgängig unterliegt, sprechen nicht nur die Abfassungszeiten. Vielmehr liegt die Sache offenbar so, daß *Weber* in WG, über den Kapitalismus und das moderne Fachmenschentum hinausgehend, weitere rationale Komponenten der europäischen Kultur entdeckt hatte, eben in der Kunst, in der Wissenschaft, in Stadt, Staat und Recht. Er konnte sie einerseits benutzen, um die Akkumulation der Rationalität zur Modernisierung zu erklären. Dann blieb aber immer noch jene Frage, die ihn nun nach *Mariannes* Zeugnis dauernd beschäftigte: wieso kommt es denn im Okzident zu einer solchen Häufung von rationalen Komponenten der Entwicklung? Gerade weil WG die Vielzahl dieser rationalen Ansätze entdeckt hatte, drängte das Werk zu einer weiteren Frage, die in ihm nicht gelöst werden konnte. WG ist sowenig eine Antwort auf die Frage nach dem Grund der Eigenart der okzidentalen Entwicklung, daß sich diese Frage vielmehr erst aus den Befunden von WG ergibt.

Es ergeben sich also in *Webers* Entwicklung deutliche Stufen des Rationalisierungsproblems. Ausgangspunkt ist das Interesse an der auffälligen Rationalität der westlichen Kultur, vorzüglich der modernen. In der PE entdeckt *Weber* eine Wurzel der ökonomischen Modernisierung. Darauf entwirft er am Ende der PE ein Programm, das einerseits die Bedeutung des asketischen Protestantismus auch für die gesellschaftliche Modernisierung (Staat, Sozialethik, Gemeinschaft), andererseits sonstige Wurzeln des modernen Rationalismus (den humanistischen Rationalismus, den wissenschaftlichen Empirismus, die mittelalterlichen Vorläufer der Askese) erforschen soll.[43] Diese Suche setzt sich in der anschließenden Arbeit an WG so um, daß im Rahmen der thematischen Disposition dieser Arbeit nach Möglichkeit jeweils die Gesichtspunkte herausgearbeitet werden, welche zur rationalen Entwicklung in Europa beigetragen haben könnten. WG entspricht so gesehen einer Stufe des Probierens, das einerseits den in der PE nur in seinem „Geist" erfaßten Modernisierungsprozeß wirtschaftlich wie gesellschaftlich verfolgen, andererseits nach sonstigen Wurzeln des Vorgangs suchen, also hinter den Protestantismus zurückgreifen will. Frucht dieser Suche sind die einschlägigen Abschnitte über Herrschaft und Bürokratie einerseits, über Stadt und Recht andererseits.[44] Irgendein einheitliches Konzept lag ihnen jedoch noch nicht zugrunde, geschweige denn die Vorstellung eines großen unaufhaltsamen Rationalisierungs- oder Entzauberungsprozesses. Insbesondere im Zusammenhang mit seinen religionssoziologischen Studien[45] faßte *Weber* dann den Plan, die Entwicklung der Rationalität vergleichend in den Weltreligionen zu untersuchen. An die Stelle des probierenden Suchens nach sonstigen früheren Faktoren der europäischen Modernisierung tritt nun die umfassendere Frage: wieso konnte sich in einer Religion ein rein sachliches Verhältnis zur Welt ausbilden, in dem diese zur aktiven Aufgabe wurde, in anderen nicht? Die okzidentale Entwicklung sollte dabei in einem Kapital über das Christentum dargestellt und mittels Vergleich mit der Entwicklung in anderen Kulturen erklärt werden.

Der in gewissem Sinn als abschließende Antwort über den Sieg der Rationalität in der abendländischen Entwicklung gedachte Band über das Christentum ist nicht geschrieben worden. Von dieser Tatsache hat die Interpretation selten Notiz genommen, aus ihr hat sie nichts zu machen gewußt. Das entspricht einer allgemeineren Schwäche der Interpretation, welche stets bereit war, *Webers* Veröffentlichungen als die gültigen Verwirklichungen seiner Pläne zu nehmen, allenfalls noch ihre Unfertigkeit zu beklagen. Selten jedoch sind Pläne und Veröffentlichungen so verschieden gewesen wie bei *Weber*, was immer die Gründe dafür sein mögen.

Gewiß muß jede Auslegung von den Veröffentlichungen ausgehen. Schwerlich aber vermag sie sie korrekt zu interpretieren, wenn sie nicht von den ursprünglichen und weiteren Plänen des Autors Notiz nimmt. So hat man über dem Zufall, daß WG

[43] Vgl. hierzu oben Anm. 40.

[44] Vgl. hierzu oben Anm. 42.

[45] *Webers* religionssoziologische Studien sind wesentlich durch das religionshistorische Eranos-Kränzchen gefördert und vielleicht auch beeinflußt worden, in dem er nach kurzer Zeit den Ton angab. Darüber berichtet *Marianne Weber*, a. a. O., S. 392; ausführlichere Darstellungen finden sich bei *Paul Honigheim*, Erinnerungen an Max Weber, in dem oben angezogenen Sonderheft 7 der Kölner Zeitschrift für Soziologie und Sozialpsychologie; ferner in *M. L. Gothein, Eberhard Gothein*, 1931, besonders S. 149 und S. 213.

das (scheinbar) letzte Werk blieb[46], übersehen, daß *Weber* es nicht als sein letztes und Haupt-Werk geplant hatte. Und desgleichen hat man versäumt sich zu überlegen, welche Lage denn dadurch entstand, daß *Weber* bei Herausgabe der WEWR auf die Kapitel über den Islam und das Christentum verzichten mußte.

Denn weil er doch schließlich den Werdegang der okzidentalen Rationalität nicht nachgezeichnet, ja auch nirgends im Zusammenhang untersucht hatte, wäre es doch wohl der in gewissem Sinn als abschließende Antwort über den Sieg der Rationalität in ein äußerst bedenkliches Unterfangen gewesen, allein angesichts der jüdischen Bestandteile des Christentums plötzlich von einem religionsgeschichtlichen Entzauberungsprozeß zu sprechen, der in der innerweltlichen Askese ein Ende gefunden haben sollte. Damit aber wird die WEWR zu einem Vexierspiel über die Frage: wo hat *Weber* in ihr den zwischen Judentum und Calvinismus verlaufenden Entzauberungsprozeß entdeckt, den er mangels des Kapitels über das Christentum nicht einmal hatte untersuchen können? Die Antwort ist - wenn man einmal Entstehung und Aufbau des Werkes kennt – einfach genug: nur dort, wo *Weber* vergleichend das Ergebnis seiner Untersuchungen über die Entwicklung der Rationalität gezogen hat, können sich ihm allgemeine Einsichten aufgedrängt haben, welche es ihm erlaubten, aus den ihm bekannten allgemeinen Tatsachen der europäischen Entwicklung zuversichtlich einen solchen Prozeß zu diagnostizieren. Und genau dort finden sie sich denn auch: in der „Einleitung" und in der „Zwischenbetrachtung".

Unter dieser Annahme wird die beherrschende Stellung der GARS noch klarer, ihr zusammengestückeltes und unscheinbares Gewand durchsichtig für ihren Aufbau und ihr Gewicht. Als *Weber* die WEWR als Torso im *Archiv* 1915 zu veröffentlichen begann, zog er mit der „Einleitung" und der „Zwischenbetrachtung" eilig ein Ergebnis. Dabei schossen ihm unerwartet die Daten zu einer generellen Antwort auf die Frage zusammen, wie sich die Rationalität zwischen Interessen und Ideen entwickelt. Und zwar gelangte er zu dem (noch auszubreitenden) Schluß, daß langfristige Rationalisierungsprozesse auf der Grundlage religiöser Rationalisierung zum Tragen kommen, obschon die jeweilige Richtung, welche die religiöse Rationalisierung nimmt, von gesellschaftlichen Bedingungen abhängt. Diese allgemeine Einsicht erlaubte es ihm nun, in der okzidentalen Entwicklung einen religionsgeschichtlichen Entzauberungsprozeß zu erkennen, dessen Aufschluß er vorher erst von der (nicht durchgeführten) Studie über das Christentum erwartet hatte.[47]

---

[46] Obschon es durchaus bekannt ist, daß *Weber* bei seinem Tode nicht nur mit der Redaktion von WG noch nicht fertig war, vielmehr weitere Arbeiten anderer Art geplant hatte, darunter anscheinend eine Kultursoziologie, hat man diese Lage bei der Interpretation nie weiter berücksichtigt. Die Rolle von WG als des gültigen, obzwar leider unfertigen, Lebenswerkes wäre sogleich relativiert worden, wenn man beachtet hätte, daß *Marianne*, a. a. O., S. 745, mitteilt: „Weber versenkt sich mit voller Kraft in sein Werk und sagt einmal, die wissenschaftlichen Aufgaben, die er vor sich sähe, würden noch für 100 Jahre reichen." Schwerlich konnte das von einem Mann gesagt werden, der mit WG die Rätselfrage seines Lebens bereits beantwortet zu haben meinte.

[47] Ich kann mich nicht der Meinung von *R. Bendix*, Max Weber, a. a. O., S. 289, anschließen, daß *Weber* nach Veröffentlichung der WEWR an dem Plan für die Kapitel über den Islam und das Christentum festgehalten hat. Zu deutlich ist die Absage, die er selbst diesem Vorhaben in der einleitenden Anmerkung zur WEWR erteilt hatte, und mir ist kein Gegenzeugnis bekannt. Ich bin auch nicht der Auffassung von *Bendix*, daß Weber in der WEWR nur das frühe Christentum behandeln wollte. Nimmt man sich die Kapitel über China und Indien zur Richtschnur, so hätte man erwarten dürfen, daß das Kapitel über das Christen-

So geriet ihm die WEWR in ihrer unfertigen Gestalt überraschend zur gültigen Fortsetzung und zum Abschluß der mit der PE aufgeworfenen Fragen. PE und WEWR bildeten nun doch, in ihrer äußerlich unangemessenen Form, ein Ganzes, das trotz Lücken und Uneinheitlichkeiten ein Verständnis der okzidentalen Sonderentwicklung bot, mittels der aus Vergleichen gewonnenen Einsicht in langfristige religiöse Rationalisierungsprozesse. Um diesen neu erreichten Erkenntnisstand zu veröffentlichen, faßte er PE und WEWR zu den GARS zusammen. In dieser Absicht bearbeitete und ergänzte er – wiederum in Eile – beide Teile, um sie durch Zusätze und Veränderungen auf den erreichten Erkenntnisstand zu bringen und legte 1920 ein Band um das Ganze mit der bekannten „Vorbemerkung" mit ihrem berühmt gewordenen, aber noch nicht entschlüsselten Anfangssatz: „Universalgeschichtliche Probleme wird der Sohn der modernen europäischen Kulturwelt unvermeidlicher- und berechtigterweise unter der Fragestellung behandeln: welche Verkettung von Umständen hat dazu geführt, daß gerade auf dem Boden des Okzidents, und nur hier, Kulturerscheinungen auftraten, welche doch – wie wenigstens wir uns gerne vorstellen – in einer Entwicklungsrichtung von universaler Bedeutung und Gültigkeit lagen?" Der Satz, aufgrund der „Einleitung" und „Zwischenbetrachtung" geschrieben, dokumentiert einen Erkenntnisstand, der in den Sachkapiteln von WG und WEWR noch nicht erreicht war.[48] Und er macht den Anspruch deutlich, daß in den GARS nicht verstreute, thematisch verwandte Aufsätze zusammengebracht werden sollten, diese vielmehr in ihrer unvollkommenen und unabgeschlossenen Form den sachlich zusammenhängenden Bericht über die bisherigen Ergebnisse der großen universalgeschichtlichen Untersuchungen liefern sollten. Die GARS sind deshalb das Werk, das *Weber* am längsten beschäftigt hat, in dem er seinen Problemen frei folgen konnte, in dem er sie schließlich zu einem gewissen Abschluß brachte.

Ein wichtiger Punkt bleibt zu erörtern. *Weber* hatte die Absicht, die europäische Entwicklung zusammenhängender zu behandeln, zweimal aufgegeben, nämlich zuerst das kleine Programm vom Ende der PE, dann das Kapitel über das Christentum in der WEWR, in dem das Zusammenspiel von Religion und Gesellschaft bei der Hervorbringung der okzidentalen Rationalität so ausführlich dargestellt worden wäre wie in den Kapiteln über China und Indien.[49] Es kann deshalb nicht überraschen, daß

tum das weitere Schicksal der Rationalität zwischen den verschiedenen Kirchen und Richtungen der okzidentalen Christenheit einerseits, den gesellschaftlichen Interessen andererseits behandelt hätte. Und zwar bis zum Protestantismus hin. Wie bald gezeigt wird, hat *Weber* allerdings, nachdem er die Fortsetzung der WEWR abgeschrieben hatte, an dem Plan festgehalten, die okzidentale Entwicklung zu schildern. Dieser, zu den großen Vorhaben der Spätphase zu rechnende Plan dürfte jedoch kaum dem Konzept des Bandes über das Christentum gefolgt sein. Hier wäre mit einer der vielen Verschiebungen zu rechnen gewesen, in welchen Weber sein großes Lebensthema der Rationalität in immer neuen Anläufen aufgriff.

[48] *G. Abramowski*, a. a. O., S. H, Anm. 10, bemerkt richtig, man könnte die „Vorbemerkung als das nachträglich formulierte Programm seiner weltgeschichtlichen Analysen bezeichnen". Leider übersieht er, daß sich mit der Nachträglichkeit des Programms ein Problem der Interpretation stellt. Weber konnte eben dieses Programm erst nachträglich formulieren, weil ihm das universalgeschichtliche Konzept überraschend erst in der „Einleitung" und in der „Zwischenbetrachtung" klar aufgegangen waren.

[49] Die zuletzt geschriebene Arbeit über das antike Judentum weicht von den Beiträgen über Indien und China insoweit ab, als hier die sozialen Verhältnisse nur in großen Zügen berücksichtigt werden. Ob das sachliche Gründe hatte oder auf den Umständen der eiligen Veröffentlichung eines unabgeschlossenen Manuskripts beruhte, vermag ich nicht zu beurteilen.

Weber, nachdem ihm die WEWR ein generelles Verständnis des Entzauberungsprozesses geliefert hatte, in der „Vorbemerkung" von der „weiterhin zu analysierenden okzidentalen Entwicklung" sprach.[50] Dieser Hinweis – kurz vor dem Tod geschrieben, als bereits der zweite, seit sieben Jahren fertige Sachteil von WG zur Redaktion für die Veröffentlichung anstand – hätte mit einem Schlag deutlich machen können, daß WG zwar wichtige Beiträge zur Entschlüsselung des okzidentalen Rationalisierungsprozesses enthielt, ihn jedoch weder dargestellt hatte noch darstellen wollte. WG ist eben, wie wir vorläufig sagen wollen, WG – aber nicht jenes Hauptwerk, in dem *Weber*, leider bloß fragmentarisch, den Plan einlöste, den er am Ende der PE in bescheidener Form entwickelt, in der WEWR zu einem universalgeschichtlichen Konzept vertieft und erweitert hatte.[51]

Man muß sich durch dieses Gestrüpp von Überlegungen durchkämpfen, um der einzigartigen Stellung der WEWR, überhaupt der GARS ansichtig zu werden. Gewiß knüpfen diese Überlegungen an äußere Verhältnisse an und lassen sich auf inhaltliche Fragen nur am Rande ein, über die bald zu reden sein wird. Aber es sind nun einmal solche äußere Tatsachen, welche unsere Vorstellungen von dem Rang eines Werkes, hier also: von der Stellung und Bedeutung, von Ziel und Thema der einzelnen Werke *Webers* prägen und dadurch unsere Aufmerksamkeit und unser Interesse lenken, unsere Erwartungen und Ansprüche kanalisieren. Solange man wie gebannt auf WG als *Webers* Hauptwerk geblickt hat, solange es als selbstverständlich galt, daß dies sein Lebenswerk und dort die Lösung der Rätsel zu finden sein müsse, konnte die WEWR, konnten die GARS kaum mit der nötigen Aufmerksamkeit gelesen werden, die gerade bei diesem verschleierten und untergründigen Werk notwendig ist. Gerade hier bedarf es der sorgfältigen Benutzung und Abstimmung aller Hinweise, die zum Verständnis der Arbeit führen können. Und dazu gehören unvermeidlich auch die Erwägungen über die äußere Stellung, welche das Werk in *Webers* Leben und Schaffen eingenommen hat.

VI. Universalgeschichte und Rationalität

Die GARS also bieten – von schwer entzifferbaren Ansätzen im Spätwerk abgesehen - den letzten Erkenntnisstand, den *Weber* in der Beschäftigung mit seinem Lebensthema erreichte. Er findet sich nicht in den Sachkapiteln, mit denen sich die Auslegung bisher befaßt hat, sondern in jenen Teilen, welche sie als einleitende Bemerkungen oder philosophische Zugaben beiseite gelassen hat („Einleitung", „Zwischenbetrach-

[50] GARS, Bd. 1, S. 12.

[51] Den früheren, in verschiedenen Anmerkungen vertieften Ausführungen über das Verhältnis von WG zur WEWR sei hier noch ein sprechendes Zeugnis *Webers* angefügt, der bekannte, daß er sich unter dem Druck der Verpflichtung zu der großen Fassung von WG entschlossen hatte, und zwar unter Aufopferung von Plänen, die ihm weit wichtiger waren, also der WEWR. Der Nachweis findet sich bei *G. Roth* in der Einleitung zu Economy and Society, a. a. O., S. I.VII. *Roth* weist ebd. S. LVII dankenswerterweise auch darauf hin, daß WG sich nicht als eine Studie über den Rationalisierungsprozeß verstehen lasse. Auch *Marianne Weber*, die zuerst von WG als dem Hauptwerk gesprochen und ihre Gründe in dem Lebensbild, a. a. O., S. 462 f. und S. 727 genannt hatte, muß auf S. 382 bekennen, daß *Weber* sich zu den zugesagten Arbeiten zurückzwang.

tung" und „Vorbemerkung") oder mangels kritischer Ausgaben gar nicht als Zusätze letzter Hand identifizieren konnte. Dort hat *Weber* die Summe seiner Forschungen über Rationalisierungsvorgänge gezogen und, soweit möglich, nachträglich den GARS aufgedrückt, um sie als ein Ganzes zu artikulieren.

Man hat es demnach in den GARS mit zwei verschiedenen Stoffmassen zu tun, nämlich einerseits den empirischen Studien, andererseits den theoretischen Folgerungen. Die Eigenart ihres Verhältnisses nun stellt die Interpretation vor drei außergewöhnliche Aufgaben, die, soweit ich sehe, bisher noch nicht angegangen worden sind. Sie muß erstens die drei Untersuchungen der WEWR vergleichen, um in ihnen die Gemeinsamkeiten in der Entwicklung der Wirtschaftsethik soziologisch zu identifizieren. Sie muß zweitens prüfen, ob die Ergebnisse dieses Vergleichs (bei Berücksichtigung der PE und von WG) die Schlußfolgerungen tragen, welche *Weber* gezogen hat. Und sie muß dafür erst einmal die Ergebnisse rekonstruieren, die *Weber* in so fragmentarischer und enigmatischer Form in „Einleitung", „Zwischenbetrachtung" und „Vorbemerkung" vorgelegt hat.

Der Leser gerät hier vor eine fast unlösbare Aufgabe. Um die ersten beiden Aufgaben jedenfalls hat sich *Weber* nicht gekümmert. Unter dem inneren Zwang seiner Probleme und dem äußeren der Umstände hat er es dem Leser überlassen, die Folgerungen anhand der Untersuchungen zu kontrollieren. Die theoretischen Abschnitte wollen also fast Satz für Satz mit der Frage gelesen werden: auf welche Befunde aus der PE, aus den Kapiteln über Indien, China und Israel, auch aus PE und WG stützt *Weber* diese Aussage?[52] Sie können so jedoch nur gelesen werden, wenn systematische Vergleiche der Untersuchungen geleistet worden sind. Was *Weber* im Zwang seiner Probleme lästig, im Druck der Umstände unmöglich war, muß deshalb die Interpretation nachholen: aus den Materialmassen der Untersuchungen mittels Vergleich und Analyse die Beweisketten und Generalisierungen rekonstruieren, die zu „Einleitung", „Zwischenbetrachtung" und „Vorbemerkung" geführt haben.[53]

Gegenüber diesen großen Aufgaben der Interpretation kann es sich hier nur darum handeln, die Ergebnisse *Webers* so weit zu rekonstruieren, daß seine damit erreichte universalgeschichtliche Position sichtbar wird. Selbst das ist insofern schwierig, als die bekannte Rücksichtslosigkeit *Weber*s gegen die Form der Darstellung in „Einleitung" und „Zwischenbetrachtung" wohl ihre Höhepunkte erreicht - so eilig und un-

---

[52] Zum Verhältnis der WEWR zum religionssoziologischen Kapitel in WG vgl. oben Anm. 32. Bei vielfacher Überschneidung läßt sich doch erkennen, daß erst in der WEWR das universalgeschichtliche Konzept und die „Soziologie des Rationalismus" klar zum Durchbruch kommen. Daß *Weber* ansonsten in der WEWR die in WG erarbeiteten Strukturbegriffe benutzte, also besonders jene in der PE noch fehlenden Kenntnisse über Schichtung und Herrschaft, versteht sich von selbst.

[53] *Abramowskis* oben angeführte Arbeit (s. Anm. 27) bietet eine brauchbare vergleichende Analyse, die typische Unterschiede von Stadt, Herrschaft u. ä. zwischen Okzident und Orient herausarbeitet, was man allerdings auch sonst betont findet. Soweit ich sehe, fehlt jedoch bisher jeder Versuch, die historischen und sozialen Prozesse zu vergleichen, aus denen sich die dominierenden Ideen der verschiedenen Weltreligionen herausgearbeitet haben. Genau hierauf muß es aber ankommen, wenn man die WEWR, und nachfolgend die GARS als eine empirische Arbeit verstehen will. Ich erlaube mir deshalb den Hinweis, daß während der letzten Jahre *Steve Kalberg* in Tübingen an einer Dissertation für die Universität von New York (Stony Brooks) gearbeitet hat, die kurz vor dem Abschluß steht. Sie dürfte die erste Arbeit sein, welche *Webers* Untersuchungen aus ihrem eigenen Gesichtspunkt, also als universalgeschichtliche Prozesse vergleicht und damit erst die Voraussetzungen für die Überprüfung der Folgerungen freilegen, die Weber aus seinen Studien in „Einleitung" und „Zwischenbetrachtung" gezogen hat.

fertig, so rätselhaft und verworren wirkt der Text, aus dem allein minutiöse Interpretation die Logik und Systematik des Gedankens herausholen kann.

Für die Absicht ist es hilfreich, den groben Vergleichsumriß der Untersuchungen der WEWR vor Augen zu haben. *Weber* untersucht dort die Geschichte Chinas, Indiens und Israels unter dem Gesichtspunkt, wie und durch welche Kräfte sich in ihren Weltreligionen eine beherrschende Wirtschaftsethik herausgebildet hat. Wie wir noch sehen werden, interessiert ihn dabei besonders die Frage, wie die menschliche Rationalität in der Geschichte zum Zuge kommt und welche Rolle dabei die religiöse Ethik spielt.

Bei dieser Aufgabe geht *Weber* überall von einem Zustand aus, in dem sich die grundsätzlich ähnlichen Primitivreligionen und Stammessolidaritäten aufgelöst und sozialen Konflikten sowie kultischem Pluralismus die Tore geöffnet hatten. Die Frage ist nun, welche Kräfte, einzeln oder verstärkt, jeweils an dem Aufstieg eines beherrschenden religiösen Weltbildes und besonders an der Fixierung einer charakteristischen religiösen Wirtschaftsethik beteiligt waren, und weiter, ob und wie diese Wirtschaftsethik das Verhältnis des Menschen zur Wirklichkeit beeinflußt hat. Dabei zerfällt die Durchführung der Aufgabe aufgrund der Daten immer in zwei Abschnitte: zuerst wird geprüft, wie sich dieses „Weltbild" überhaupt gebildet, dann wie es sich gegen soziale und religiöse Rivalen durchgesetzt hat.

Aus diesen Untersuchungen also hat *Weber*, unter Zuhilfenahme der Ergebnisse der PE und einiger Abschnitte von WG, besonders der Religionssoziologie, in der „Einleitung", in der „Zwischenbetrachtung" und in der „Vorbemerkung" Folgerungen gezogen, welche den letzten Erkenntnisstand in der Beschäftigung mit seinem Lebensthema festhalten: das neue universalhistorische Konzept der Rationalisierungsprozesse. Das sichtbarste Zeichen, an dem sich in den verschlüsselten Texten ablesen läßt, daß *Weber* dort eine neue Stufe seines Denkens erreichte, ist ein eindeutiger Positionswechsel. Jedermann weiß, daß *Weber* Idealtypen für das methodische Hilfsmittel der soziologischen Analyse hielt, und jeder weiß auch, daß *Weber* zeitlebens nicht müde geworden ist einzuschärfen, daß diese begrifflichen Konstrukte nicht für real gehalten werden dürfen. Es kommt deshalb einem Schock gleich, wenn man in der „Zwischenbetrachtung" liest, daß *Weber* in einem Fall sozusagen Realtypen nicht ausgeschlossen wissen wollte.[54]

Aus dem methodologischen Schock entwickelt sich eine ganze Serie soziologischer Schocks, sobald man bemerkt, wovon die Rede ist. Denn die Ausnahme quasi-realer Geltung wird ausdrücklich den religiösen Weltbildern zugestanden. Deren Entwicklung soll überwiegend rationalen Zwängen folgen, die Genese der Religion also einen Fortschritt an Rationalität beinhalten, und die Stufen dieser Entwicklung sollen sich ausgerechnet in einer Soziologie des Rationalismus – so *Weber* – idealtypisch entwerfen lassen. Den Beweis für ihre quasi-reale Geltung entnahm er den empirischen Befunden der WEWR.[55]

[54] Vgl. v.a. die ersten Seiten der „Zwischenbetrachtung" et passim.

[55] Einen gehaltvollen Beitrag zur „Affinität" (wie er es nennt) von Religion und Rationalität findet man in *Günther Dux* Religion, Geschichte und sozialer Wandel in Max Webers Religionssoziologie, in: Seminar: Religion und gesellschaftliche Entwicklung, a. a. O. Allerdings kann ich die Schlußfolgerungen des Beitrags nicht nachvollziehen, aus Gründen, die in diesem Aufsatz klargelegt werden. Ähnliches gilt für den oben angeführten Beitrag von *W. M. Sprondel* im gleichen Band, der trotz der von mir kritisierten Stellen

So trifft man *Weber*, der zeitlebens auf dem Vorrang der Einzigartigkeit der Geschichte gegenüber Fortschrittsgesetzen bestanden hat, plötzlich in Sachen der Religion im Lager des zeitgenössischen Evolutionismus. Aber noch erstaunlicher ist nun, wie er sich diese Evolution denkt. Das 19. Jahrhundert hatte sich ja über der Frage nach Ursprung und Entwicklung der Religion in zwei Schulen gespalten. Für die eine war die Religion der große kognitive Sündenfall der Menschheit gewesen: indem man sich hinterweltliche Mächte und Wesen ersann, wandte man sich von der Wirklichkeit ab, deren zuletzt in die Wissenschaft mündende Erforschung allein die Berufung des Menschen zur Rationalität garantierte. Mit Religion und Metaphysik, den irrationalen Ursünden, hatte die Menschheit ihr Recht auf Rationalität für Jahrtausende verspielt. So die Extremisten, welchen die Religion schlechthin die Gegenmacht der Rationalität war, während die Gradualisten in ihr einen sachlich unzulänglichen, aber subjektiv verständlichen Vorläufer der Erkenntnis und Rationalität erblickten. Religion und Metaphysik waren tastende Versuche rationaler Erkenntnis, ihre Fortschritte bestanden deshalb in der Ausscheidung der metaphysischen und transzendenten Elemente, ihre Rationalität war an ihrer wachsenden Eignung zu messen, den Blick auf die tatsächliche äußere Welt freizugeben. Beide Schulen maßen die Rationalität an der kognitiven Erfassung der Wirklichkeit und damit letztlich am Vorbild der Wissenschaft.

Ganz anders nun *Weber*, für den die Religion vielmehr anhand einer spezifischen Eigenproblematik fortschreitet. Zugrunde liegt ihr nämlich, wie wir noch sehen werden, was *Weber* kurzerhand als Problem der Theodizee bezeichnet, also jedenfalls eine Frage, die mit der kognitiven Erforschung der Wirklichkeit nichts zu tun hat. Die rationalen Zwänge, denen die Religionen folgen sollen, ergeben sich demnach aus dem Bedürfnis, eine rationale Antwort auf das Theodizeeproblem zu erhalten, und die Stufen religiöser Entwicklung sind die immer expliziteren Fassungen dieses Problems und seiner Lösungen. Die rationale Entwicklung der Religion vollzieht sich mithin weder an der äußeren Wirklichkeit der Welt noch für sie. Ganz im Gegenteil führt die rationale Ausfaltung des Theodizeeproblems nach *Webers* Meinung überall in einen Gegensatz zur Welt.[56] So läuft seine Feststellung, daß sich in der Geschichte weitgehend eine rationale Entwicklung der religiösen Weltbilder durchsetzt, sogar darauf hinaus, daß die Religion einer rationalen Eigenlogik folgt, welche sich um die kognitive Verfassung der Wirklichkeit nicht kümmert.

Diese eigengesetzliche Entwicklung der Religion spitzt sich noch einmal zu, weil *Weber* aus seinen Untersuchungen auch folgerte, daß die Grundsätze der praktischen Lebensführung, und somit auch die Auseinandersetzung des Menschen mit der Wirk-

tiefer in *Webers* Vorstellung vom Rationalisierungsprozeß eindringt, als das sonst der Fall ist.

[56] Die religiöse Weltablehnung ist ja das eigenständige Thema eines Paragraphen des religionssoziologischen Kapitels. in WG und, weiter ausgebaut und tiefer begründet, der „Zwischenbetrachtung“. Letztere bietet damit bereits den Übergang zum Spätwerk, wie es sich in „Wissenschaft als Beruf“ abzeichnet, Zentral darin dürfte die neue, eher düstere Einschätzung der Kulturbedeutung der Wissenschaft sein, die vermutlich eine wichtige Rolle in der geplanten Kultursoziologie gespielt hätte. Ich weise darauf hin, daß *Weber* mit diesen Gedanken in die Nähe von Simmels Vorstellungen von der „Tragödie der Kultur“ gekommen war. Jedenfalls ist die Betrachtung über die „Stufen und Richtungen der religiösen Weltablehnung“ - so der bezeichnende Untertitel der „Zwischenbetrachtung“ - kein kulturphilosophisches Aperçu, sondern zentraler Bestandteil von Webers Theorie.

lichkeit, im Bann der religiösen Ethik verbleibt. *Weber* leugnete also radikal, was seine (und unsere) Zeit über alle Differenzen hinweg für ausgemacht hält: daß der Mensch seine Rationalität unmittelbar an der Wirklichkeit betätigt und gewinnt, im Dienst seiner vernünftigen Interessen, welche zugleich auf die kognitive wie auf die praktische Bewältigung der Tatsachen hinauslaufen. Für *Weber* hingegen beansprucht die religiöse Rationalisierung mit ihrer Eigenlogik Priorität, entwickelt sich also das, was wir kurzerhand Rationalität nennen, unter dem Vorbehalt der religiösen Rationalisierung. Will man diese befremdenden Thesen systematisch verstehen, so muß man vorweg auf *Webers* Rationalitätsbegriff zurückkommen. Schon in der PE hatte es geheißen, man könne das Leben unter sehr verschiedenen letzten Gesichtspunkten „rationalisieren". Fünfzehn Jahre später fügt *Weber* die verschärfte Mahnung ein: „Dieser einfache Satz, der oft vergessen wird, sollte an der Spitze jeder Studie stehen, die sich mit dem „Rationalismus" befaßt."[57] „Rationalismus" ist eben ein historischer Begriff, der sich begrifflich nicht konkretisieren läßt.[58] Man kann die verschiedensten Lebensgebiete, etwa Recht, Wirtschaft oder Erziehung, man kann aber auch die Kontemplation oder die Askese, überhaupt die Lebensführung rationalisieren, und das wiederum unter verschiedenen Gesichtspunkten. Immer gilt: „Was von einem aus „rational" ist, kann vom anderen aus betrachtet „irrational" sein."[59]

Weber zieht hier bloß die soziologische Konsequenz aus dem Axiom der Werturteilsfreiheit, das die immer neu darum entfachte Diskussion uns stets als ein bloß methodisches Postulat verkaufen will. Aber für *Weber* spielte die rationale Unbeweisbarkeit der Werte eine grundlegende soziologische Rolle. Weil nämlich die Rationalität die Ziele, für die sie sich anstrengt, nicht selbst wieder rational auszuweisen vermag, können die unterschiedlichsten und gegensätzlichsten Verhaltensweisen rational sein im Sinne von Mittel-Zweck-Verhältnissen. Was jeweils, und in welcher Absicht rationalisiert wird, hängt stets von letztlich irrationalen Einschlägen ab.[60] Man muß eben wissen, was Menschen im Sinn haben, um beurteilen zu können, ob ihr Verhalten rational ist.

Auch die Inhalte der religiösen Weltbilder gehen aus irrationalen Einschlägen hervor. „Wovon" und „wozu" man letztlich „erlöst" werden will, das hängt von historischgesellschaftlichen Bedingungen ab. Hier hat *Weber* bekanntlich darauf abgehoben, daß sich die letztwichtigen „Heilsgüter" und „Heilswege" der religiösen Weltbilder im Sog der Interessen der jeweils führenden Schichten formieren, also etwa bei einer Kriegerkaste anders aussehen als bei einer bäuerlichen oder bürgerlichen Bevölkerung. Diese Fixierungen des letztwichtigen Verhältnisses zur Welt erweisen sich nicht nur als eine beharrliche kulturelle Erbschaft, die im Generations- und Schichtwandel modifiziert, aber kaum abgeschüttelt werden kann. Das charakteristisch Neue bei *Weber* liegt vielmehr darin, daß diese Weltbilder, aus irrationalen Zufällen geboren, einem doppelten Druck der Rationalität unterliegen. Denn erstens müssen sie alle der Struktur der „Theodizee" genügen, d.h. jene dunklen Aspekte des Daseins, welche

[57] GARS l, S. 62.

[58] Ebd. et passim.

[59] Ebd., S. 11 et passim.

[60] Ebd., S. 253 et passim. Der Begriff „der irrationalen Einschläge in die Rationalisierung des Wirklichen" ist für die Gedankenführung sehr wichtig.

als das spezifisch Sinnlose empfunden werden, jeweils auf ihrer Stufe, theoretisch erklären und praktisch überwinden. Und zweitens müssen sie unter dem Druck dieser Anforderung zu immer umfassenderen und einheitlicheren Erklärungen der Welt unter den Gesichtspunkten einer rationalen Theodizee fortgetrieben werden. Es entfalten sich also gewissermaßen, wie wir noch näher sehen werden, die jeweils charakteristischen Heilsgüter und Heilswege, die, aus irrationalen Einschlägen geboren, in den frühen Weltbildern nur angelegt waren, also mehr gelebt als konzipiert wurden, zu obersten Gesichtspunkten einer systematischen Theodizee der Welt als Ganzem, was zugleich auf eine Durchrationalisierung des praktischen Verhältnisses zur Wirklichkeit unter eben diesem Gesichtspunkt hinausläuft.

Weber hatte für den gleichen Befund kurz vorher in der „Einleitung" bereits die Formel gefunden, die jedem Leser in Erinnerung bleibt. „Interessen (materielle und ideelle), nicht: Ideen, beherrschen unmittelbar das Handeln der Menschen. Aber: die Weltbilder, welche durch „Ideen" geschaffen werden, haben sehr oft als Weichensteller die Bahnen bestimmt, in denen die Dynamik der Interessen das Handeln fortbewegte."[61] Der Sinn dieser für die GARS zentralen Formel ist eindeutig und wird von „Einleitung", „Zwischenbemerkung" und „Vorbemerkung" auch eindeutig gefordert wie gestützt: Ungeachtet der Tatsache, daß menschliches Handeln unmittelbar von Interessen angetrieben wird, finden sich in der Geschichte langfristige Abläufe, deren Richtung von »Ideen« bestimmt worden ist, so daß hier gewissermaßen die Menschen sich für ihre Interessen abrackern und damit langfristig doch nur das Wasser der Geschichte auf die Mühlen der Ideen leiten, mit ihrem Tun in deren Bann verbleiben.

Um diese, sagen wir vorläufig: List der Ideen in *Webers* Werk hat die Interpretation sorgfältige Bögen gemacht, teils weil sie der neueren Soziologie so wenig ins Konzept paßte, teils weil die Stelle in *Webers* Werk mangels Entzifferung der WEWR wie isoliert zu stehen schien. Oft genug ist sie sogar als Beweis für die Unwirksamkeit der Ideen zitiert worden! Meist aber muß sie sich gefallen lassen, achselzuckend wie ein Sowohl-als-auch beiseitegesetzt zu werden. Auch *Bendix* weiß mit der *cryptic remark* wenig anzufangen.[62] Und je weniger uns *Webers* Sprachgebrauch noch geläufig ist, desto weniger scheinen Soziologen, selbst bei besten Absichten und Ansätzen, mit dieser *Bemerkung* fertig werden zu können. So entstellt sich *Sprondel* am Ende den Sinn der Stelle – und damit die Probleme der GARS - völlig, weil er tatsächlich meint, daß die Ideen mit den ideellen Interessen identisch seien.[63]

Aber *Weber* gebraucht den Begriff im herkömmlichen Sinn des vorigen Jahrhunderts. Ideen z.B. sind jene zu überpersönlicher Geltung gelangten Auffassungen, in denen grundlegende Aspekte des menschlichen Verhältnisses zur Welt artikuliert werden. Im weiteren Sinn also sind sie „Weltbilder", im engeren besonders solche, die sich dem Bedürfnis und der Anstrengung einer kohärenten Weltauslegung verdanken und also vor allem von Religionsstiftern, Propheten, Intellektuellen geschaffen worden sind. Wenn irgendwann Menschen die Mächte, welche ihnen geheimnisvoll in der unbeherrschten Umwelt entgegentraten, nicht mehr als immanente Kräfte

[61] GARS I, S. 252.

[62] *Bendix*, Max Weber, a. a. O., S. 68.

[63] In der vorher angeführten Arbeit.

in den Dingen selbst betrachten, vielmehr sich als hinter den Dingen stehende Wesen vorstellen, dann ist für *Weber* eine neue Idee in die Welt gekommen, und wenn sie daraus personale Wesenheiten machen, so ist das wiederum eine neue Idee. Ebenso war für *Weber* der monotheistische Begriff eines überweltlichen Gottes eine Idee, die erst einmal geboren werden mußte, aber, wenn einmal angenommen, weitreichende Folgen hatte. Vollends eine neue Idee bildete dann die Vorstellung, daß es sich um eine lohnende und strafende Gottheit handele, und zwar besonders dann, wenn daraus die weitere Vorstellung wurde, daß die Geschicke der Menschen sich im Diesseits und im Jenseits wesentlich nach der Einhaltung von solchen ethischen Geboten richteten. Nochmals eine neue Idee kam mit der Sendungsprophetie, also eben im Judentum, in die Welt, weil sich nun der Mensch als das in der Welt handelnde Werkzeug Gottes verstehen mußte. Und wiederum eine neue Idee war es, als der Protestantismus dem die Prädestination hinzufügte.

Ganz konventionell also geht *Weber* von Ideen als geschichtlich-gesellschaftlichen Tatsachen aus.[64] Völlig unkonventionell hingegen ist seine „kryptische" Theorie (nicht „Bemerkung") von der Rolle solcher Ideen als Weichensteller. Denn damit ist jedenfalls nicht gemeint, daß die einmal zur Herrschaft gelangten Ideen die Menschen zäh in ihrem Bann zu halten pflegen, was mit unterschiedlichen Bewertungen allen Schulen des 19. Jahrhunderts klar gewesen war. Nicht die Beharrungsmacht der Ideen, sondern die Dynamik ihrer Eigenlogik macht aus ihnen Weichensteller der Geschichte. – Gewisse Ideen entwickeln sich unter dem Zwang einer Eigenlogik zu ihren rationalen Konsequenzen fort und bewirken dadurch universalgeschichtliche Abläufe – das ist das Ergebnis der WEWR.

Sieht man einmal von der empirischen Bestätigung dieses Ergebnisses ab, so kam es theoretisch aus zwei Stücken zustande, einer anthropologischen Analyse und einer multilinearen Typologie der religiösen Entwicklung. Daß bei *Weber* eine Anthropologie fehle, ist öfters erwähnt und beklagt worden[65], und es ist richtig, daß es zu seiner Zeit diese Disziplin unter diesem Namen noch gar nicht gab. Dennoch hat *Weber* aus seinen Studien eine anthropologische Theorie entwickelt und sie in der „Einleitung" auch dargelegt.[66] Dort – und nicht in den diesbezüglich mageren Grundbegriffen – findet man, wie *Weber* sich Handeln und Weltverhältnis denkt.

Ausgangspunkt ist die Annahme eines urwüchsig pragmatischen diesseitigen Handelns, das auf Erfolg im Umgang mit der Umwelt zählt. Dieses ursprüngliche Handeln bedient sich zwar auch magischer Mittel, welche nach unserem Wissen nicht richtigkeitsrational sind, denkt aber dabei subjektiv durchaus zweckrational:

[64] *Weber* übernahm damit die Befunde der historischen Kulturwissenschaften, aber gerade nicht deren Theorie.

[65] So bei *Sprondel*, a a. O., S. 221, dem ich darin ebensowenig zustimmen kann wie *Günther Dux*, wenn er von dem Mangel einer expliziten Theorie des sozialen Wandels bei Weber spricht, ohne hinzuzufügen, daß *Webers* Auffassung von Soziologie und Geschichte eine solche Theorie ausschloß und ohne *Webers* Theorie der Universalgeschichte auseinanderzufalten.

[66] Eine für das Verständnis *Webers* dringliche Aufgabe wäre es, unter Hinzuziehung anderer Teile des Werkes seine Anthropologie darzustellen, welche allen seinen Arbeiten erst ihre Tiefe und Breite gibt. „Anthropologie" - wo *Weber* das Wort benutzt - meint die physische Anthropologie. Übrigens ist die hier berufene Anthropologie *Webers* sehr ähnlich dem, was *Simmel*, vor allem in der Philosophie des Geldes, an Theorie über menschliches Handeln entwickelt.

es zählt nur der unmittelbare Erfolg über die Dinge, die rein in ihrer Tatsächlichkeit genommen werden. Diese „urwüchsige Unbefangenheit der Beziehung zur Außenwelt" trägt jedoch für *Weber* den Keim ihrer eigenen Überwindung in sich, weil das menschliche Handeln nicht hinreichend erfolgssicher ist. So treten im Umgang mit der Welt Überschußerlebnisse auf, welche eine Verarbeitung verlangen. Sie rühren vor allem aus der Erfahrung des Leids, die als unmittelbare Minderbefriedigung oder soziale Ungerechtigkeit auftritt, her. Die ursprüngliche Antwort darauf ist die Suche nach Charisma – hier und nicht in der politischen Soziologie liegt der Ursprung des Begriffs –, also nach einer auf magische Mittel gegründeten Überlegenheit über die Unsicherheiten einer leidvollen Welt. Das Erlebnis des menschlichen Alltags, in der natürlichen wie in der sozialen Ordnung, gibt nicht genügend her, und deshalb sucht der Mensch von Anfang an nach außeralltäglichen Erlebnissen, in denen er magische Kraft über die Umwelt erlangt und dadurch Träger von Charisma wird.

Diese im ganzen überaus moderne Anthropologie entwickelt *Weber* in der „Einleitung" unter dem uns fremd gewordenen Titel einer Theodizee des Glücks und des Leids. Glück und Leid – das sind die abstrakten Kategorien für jene Erlebnisse, mit denen der Mensch die Erfahrung seines auf die Dinge in ihrer schieren Tatsächlichkeit gerichteten Handelns überschießt. Die Erlebnisse von Glück und Leid sprengen die rein zweckrationalen Kategorien des pragmatischen Umgangs mit den Sachen, d.h. deren Verarbeitung kann sich nicht in technischen Kunstfragen, wie man es besser machen könne, erschöpfen. Hier bricht *Weber* mit dem 19. Jahrhundert, welches der Erfolgsunsicherheit des Handelns mit dem Verweis auf die Steigerung des Wissens beikommen wollte. Für ihn pocht in der zweckrationalen Orientierung am Erfolg notwendig auch die Suche nach dem außeralltäglichen Charisma, das unmittelbare Erlösung aus der Handlungsunsicherheit verspricht, und damit auch die Frage, wie sich der Handlungsdruck der Erfolgswünsche mit dem Realitätsdruck der Erfolgsunsicherheit zusammenreimt.

Weber geht also von einer anthropologischen Dauerproblematik aus, die schlicht deshalb universal ist, weil an der Welt stets etwas als spezifisch sinnlos empfunden wird, eventuell in der einfachsten Form des akuten Leids. Daraus resultiert als weitere anthropologische Konstante die Suche nach „Charisma", also außeralltäglichen Erlebnissen, welche die verschiedensten Formen annehmen können, wie beispielsweise magische Macht über Dinge, Ausblendung der leidvollen Wirklichkeit durch Techniken (Ekstase, Drogen u. ä.), aber auch, wie in den eigentlichen Theodizeen der Weltreligionen, Erklärung des Sinnlosen als vorläufig, vordergründig, zwar verschuldet, aber überwindbar.[67]

Aus diesen Universalien entwickelt sich eine Dynamik, weil jede „Lösung" partiell und unbefriedigend bleibt, jede „charismatische" Erklärung oder Technik somit über sich hinausdrängt, solange nicht eine einheitliche und zusammenhängende Erklärung des Sinnlosen in der Welt erreicht worden ist, wie sie von den expliziten Theodizeen versucht wird. Wenn beispielsweise der Primitive durch Analogiezauber Macht über gewisse Dinge zu haben wähnt, so legt diese (grundsätzlich ja wieder

[67] Vgl. dazu auch die einschlägigen Abschnitte in meiner Arbeit über die Rolle außeralltäglicher Erlebnisse im Handeln, in: *F. H. Tenbruck*, Geschichtserfahrung und Religion in der heutigen Gesellschaft, Freiburg 1971, S. 18-41 und besonders S. 38 R.

erklärungsbedürftige) charismatische Praxis die Annahme nahe, daß in solchen Dingen eine beeinflußbare Macht wohnt, und wenn solche Macht in vielen gleichartigen Dingen gewähnt wird, so bildet sich daraus die Vorstellung von Bereichsmächten, welche für diese Art von Dingen oder für irgendwelche Lebensbereiche zuständig sind, was wahrscheinlich zur Personalisierung der Gottheiten führt. Bei einer solchen Entwicklung würde sich die charismatische Praxis von der magischen Beschwörung über die ritualistische Beeinflussung zur Religion der Opfer von Gaben oder Willen entwickeln und schließlich der Auffassung Raum geben können, daß das erlebte Leid nicht bloß tatsächlich von den (deshalb vorsichtshalber durch Opfer umzustimmenden) Göttern gefügt oder geduldet wurde, vielmehr als selbstverschuldete Strafe für die Übertretung grundsätzlicher Gebote einer personalen Gottheit erlitten wird, womit der Anfang zu einer ethischen Religion gemacht wäre, welche dann im Wege der Pantheonsbildung zum Monotheismus und von hier zum Typ der ethischen Erlösungsreligionen führen könnte, welche die dauerhafte Überwindung des Leids und der Sinnlosigkeit in Aussicht stellen.

Ich habe hier (in ziemlicher Vergröberung) den Hauptstrang der frühen religiösen Entwicklung skizziert, um anzudeuten, daß die Rationalität der Dynamik auf einem Zwang zur Vereinheitlichung beruht, welche die Systematisierung der Tatsachen (oder Erklärungen) mit der Systematisierung des Handelns verspannt. Jede „charismatische" Praxis (Analogiezauber) verlangt eine Erklärung (beeinflußbare Mächte wohnen in den Dingen), und jede Erklärung (personale Mächte hinter den Dingen) eröffnet neue Möglichkeiten „charismatischer Praxis (Opfer)". *Weber* geht eben davon aus, daß das uranfängliche (und in gewissem Sinne natürliche) Verhältnis des Menschen zur Welt subjektiv völlig zweckrational ist, daß ihm aber deswegen auch die Wirklichkeit als eine Mannigfaltigkeit unverbundener Tatsächlichkeiten und punktuelle Situationen erscheint, denen er je einzeln gegenübertritt mit der Folge, daß es in einer so zersplitterten Wirklichkeit auch nur ein situationelles, und insofern eben auch zersplittertes Handeln geben kann.[68] Die religiöse Entwicklung ist deshalb eine Rationalisierung, weil sie Tatsachen (und Erklärungen) systematisiert und Gesichtspunkte des Handelns vereinheitlicht, stets jedoch unter Veranschlagung der „charismatischen" Bedürfnisse, also der weiteren Theodizeefrage. Unter dem Druck dieser Rationalisierung treiben die Religionen auf umfassende Weltbilder und explizite Theodizeen zu, welche die konsequentesten Formen der Rationalisierung der Welt unter dem Gesichtspunkt einer umfassenden Erklärung ihres spezifisch sinnlosen Aspektes und der Vereinheitlichung des Handelns unter dem Gesichtspunkt eines spezifischen obersten Heilsgutes darstellen. Der vorgeführte Hauptstrang ist bei *Weber* nur ein Linienzug in einem multilinearen „Stammbaum" der religiösen Rationalisierung. Wie in einem „decision tree" kann diese sich auf mehreren Pfaden abspielen, von denen einige „blind" sind, während andere zu weiteren Stufen führen und deshalb universalgeschichtlich folgenreich und erfolgreich waren. Welchen Pfad eine Gesellschaft einschlägt oder ob sie an einem Punkt stehenbleibt, das hängt von Umständen ab. Mit jeder Option fallen jedoch gewisse spätere, nur über andere Optionen erreichbare Punkte aus. Insofern gibt der „Stammbaum" die Eigenlogik

[68] Vgl. besonders GARS I, S. 541 f. und sonstige Stellen über Systematisierung, Sublimierung und methodische Lebensführung.

der religiösen Rationalisierung und die Weichenstellung durch Ideen wieder. Er ist zugleich zweierlei: Darstellung der entwicklungsgeschichtlich wesentlichen Tatsachen und idealtypisches Erklärungsschema der religiösen Rationalisierung. Bei Anerkennung aller möglichen Zwischenformen der Realität beansprucht *Weber* jedoch, daß Erklärungshypothese und Geschichte unter universalgeschichtlichem Gesichtspunkt übereinstimmen. Es gibt mithin eine historische Wahrscheinlichkeit für die im Stammbaum verzeichneten Entwicklungen, von denen einige dem skizzierten Hauptstrang folgen werden.

Die religiöse Rationalisierung kommt nun mit den ethischen Erlösungsreligionen und dem Monotheismus an eine entscheidende Schwelle, weil hier das Problem der Theodizee in eine umfassende und explizite Form gerät. Besonders klar wird das am Monotheismus. Solange der Mensch viele Mächte kennt, muß er verschiedenen verschieden dienen, sozusagen dem Apoll wie der Aphrodite, weil die Welt in Kompetenzbereiche verschiedener Götter zerfällt. Im Gedanken eines überweltlichen Schöpfergottes oder auch einer dem All immanenten Gottheit schießen dem Menschen die heterogenen und heteronomen Wirklichkeiten zu einer Ordnung zusammen, der ein einheitlicher Plan oder Wille zugrunde liegt. Das hat einschneidende Folgen, weil nun die einheitliche Erklärung der Welt als Theodizee zu einer intellektuellen, wie die ethische Vereinheitlichung des Handelns zu einer praktischen Daueraufgabe wird.

Hatte *Weber* ursprünglich gemeint, daß mit dem Konzept des überweltlichen Schöpfergottes die Weichen der religiösen Ethik endgültig auf die Askese gestellt seien, so hat er sich später anders besonnen.[69] Festgehalten hat er jedoch daran, daß sich mit den Konzepten der ethischen Erlösungsreligionen das Tempo der Rationalisierung verschärft, ihre Eigenlogik stärker zum Zuge kommt. Hier nämlich werden jene bestimmenden Ideen geprägt, welche nachfolgend die Interessen in ihrem Bann halten. Denn so zufällig und unvollkommen die obersten Heilsgüter und Heilswege auch anfänglich festgelegt werden, so muß die intellektuelle Daueraufgabe des explizit gewordenen Problems sie zu ihren Konsequenzen hindrücken, was, soziologisch gesehen, das Werk, weil Bedürfnis und Aufgabe der jeweiligen Intellektuellen ist. Dabei tritt früh eine entscheidende Gabelung ein, welche hier zu einer von magischer Heilssuche freien Weltauffassung führt, der der Mensch als Werkzeug Gottes gilt, dort auf Vereinigung mit dem Göttlichen in mystischer Kontemplation drängt und den Menschen zum Gefäß des Göttlichen macht. Jener Weg wurde im Judentum, dieser in Indien eingeschlagen, und beide zeitigten rational konsequente Lösungen der Theodizee: den Prädestinationsglauben und die indische Intellektuellenreligion des Karma. Eine dritte rationale Lösung wird von *Weber* als entwicklungsgeschichtlich uninteressant beiseitegelassen, und die übrigen Weltreligionen, obwohl sie Weltverhältnis und Wirtschaftsethik ebenso entscheidend prägten, präsentieren Mischformen rational unvollkommener Lösungen.

Man kann diese (hier ganz unzulänglich) skizzierte Auffassung *Webers* nicht verstehen, wenn man in der religiösen Rationalisierung nur Veränderungen des kognitiven Weltbildes und der ethischen Grundsätze erblickt. Überall, in Studien wie Folgerungen, haben es die GARS damit zu tun, daß der Mensch, modern gesprochen, seine

[69] Ein Anlaß für die eingeschoben: „Zwischenbetrachtung“ ergab sich eben aus dieser späten Korrektur der „Einleitung“, was Weber in den GARS I, S. 538, leider nicht sehr deutlich und klar macht.

Wirklichkeit kulturell produziert. So mißlang dem Primitiven die Rationalisierung der Wirklichkeit nach *Weber* nicht etwa deshalb, weil er „alogisch" oder „arational" war; vielmehr mußte sein zweckrationales Handeln in Magie enden, solange ihm die Dinge mit ihrer schieren Tatsächlichkeit identisch waren. Wenn der Mensch sich eine Hinterwelt hinter den Tatsachen schafft, so produziert er damit nicht bloß Annahmen über die Wirklichkeit, aus denen praktische Maximen fließen, sondern schafft sich damit durch kulturelle Überformung zusätzliche Dimensionen der inneren und äußeren Wirklichkeit. Entsprechend ist auch die ethische Vereinheitlichung des Handelns nicht bloß die logische Folge aus dem Konzept einer einheitlichen Ordnung der Dinge, also ein bloßer Grundsatz. Am Gegenbild seines Weltkonzeptes erschafft der Mensch sich seine kulturelle Wirklichkeit, und am Konzept der Welt als einer Ordnung gewinnt er jene inneren und äußeren Erlebnisräume, welche die ethische Vereinheitlichung praktisch durchsetzen. Die Wirklichkeit des Menschen ist, wie *Weber* wußte, sein eigenes kulturelles Gespinst, und wer das nicht veranschlagt, wird seine Soziologie kaum verstehen können.

Mit der Entdeckung der religiösen Rationalisierung brachte *Weber* die Vernunft wieder in die Geschichte, stellte er, wenn man es anders will, die Einheit der menschlichen Geschichte wieder her, welche unter dem Druck von Szientismus und Modernisierung zerbrechen war, da die Welten der Primitiven und der Aufstieg der Weltreligionen sich nun wenn schon nicht wie Irrsinn, so doch wie Unsinn ausnahmen. Unter allen einschränkenden und bedingenden Verumständungen war die Vernunft überall am Werk, aber sie produzierte deshalb nicht schon zwangsläufig das, was die Moderne unter Rationalität und Fortschritt versteht.

Denn der Mensch handelt – so sagt es *Weber* – unmittelbar nach seinen Interessen. Dafür setzt er, unter gewissen Beschränkungen, seine Vernunft als Mittel ein, wie eben schon der Primitive subjektiv zweckrational handelt. *Webers* gesamtes Werk zeugt für seine Auffassung, daß aus Interessen keine umfassenden und kontinuierlichen Rationalisierungen der Wirklichkeit hervorgehen können. Den Satz von der Rolle der Ideen kann und muß man auch so lesen, daß Interessen blind sind. Sie richten sich nur gelegentlich auf bestimmte Aspekte der Wirklichkeit und betreiben deren Rationalisierung nur bis zum Punkt der Sättigung, sind also kurzfristige Antriebe, welche bei Befriedigung zum Widerstand gegen weitere Rationalisierung werden. So ist für *Weber* die Welt voll von partiellen Rationalisierungen, die unter jeweiligen Umständen aus Interessen zustande kamen, wirtschaftlichen, technischen, militärischen, Verwaltungsmäßigen. Aber so wenig wie der vormoderne Abenteurer- und Beutekapitalismus zur rationalen Wirtschaft führen konnte, sich gerade die Interessen dabei selbst im Wege standen, weil sie auf ihre Befriedigung, und eben nicht auf jene Disziplinierung drängten, aus der erst die rationale Wirtschaft entstehen konnte, so blieben auch andere Rationalisierungen von Wirklichkeitsausschnitten stecken. Die Weichenstellung der Ideen ist deshalb nur die Kehrseite der Blindheit der Interessen.

Damit erst kommt man an den Kern der CARS und von *Webers* Vorstellung vom Rationalisierungsprozeß. Eine umfassende Rationalisierung der Wirklichkeit, wie sie die europäische Neuzeit gebracht hat, konnte nur aus einer Disziplinierung der Interessen im Sinne einer rational methodischen Lebensführung entstehen. Nun haben zwar alle Religionen eine methodische Lebensführung auf ihre Weise zu liefern versucht, nur blieb diese teils im Dienst innerweltlicher Interessen, ließ ihnen jedenfalls

Raum, oder zielte an der Wirklichkeit vorbei auf rein überweltliche Erlösung. Nur die innerweltliche Askese schuf jene rational geordnete Lebensführung, welche sich als Bewährung in einer von Magie gereinigten Welt verstand. Was alles, von Interessen geschaffen, bereits an partiellen Rationalisierungen bereit lag, das konnte nun zur konsequenten Entfaltung kommen. Nur hier konnten die partiellen und divergenten Interessen zur Aufgabe einer umfassenden und kontinuierlichen Rationalisierung der Wirklichkeit zusammengefaßt werden.

Der Protestantismus erwies sich darin als Erbe der jüdischen Religion, die, trotz massiver magischer Einschüsse, an einer rationalen, von Magie freien Ethik festgehalten hatte. Diese Idee eines rationalen Handelns in der Welt wirkte im Christentum – verfestigt in der Anstalt der Kirche und unterstützt durch antikes Erbe – weiter, wandelte etwa das Mönchstum in Arbeitsorden oder begünstigte partielle Rationalisierungen, zu denen Interessen den Anstoß gaben. Nur im Judentum hatte die religiöse Rationalisierung den Weg der Entzauberung der Welt eingeschlagen, den das Christentum fortsetzte. Stets jedoch blieben erhebliche magische Einschüsse erhalten, war auch die Theodizee nicht rationalkonsequent gelöst worden.[70] Erst die protestantische Ethik machte aller Magie den Garaus,[71] erst sie gelangte mit dem Prädestinationsglauben an eine rationale Lösung der Theodizee.

So hatte die Eigenlogik der religiösen Rationalisierung an der Entfaltung jener Idee mitgearbeitet, welche latent in der jüdischen Ethik gelegen hatte und in der innerweltlichen Askese Wirklichkeit wurde. Anfang und Ende der religiösen Entzauberung waren *Weber* zu einem Prozeß zusammengeschossen im vergleichenden Studium der religiösen Rationalisierung: „Auch das Rationale im Sinne der logischen und teleologischen „Konsequenz" einer intellektuell-theoretischen oder praktisch-ethischen Stellungnahme hat nun einmal (und hatte von jeher) Gewalt über Menschen, so begrenzt und labil diese Macht auch gegenüber anderen Mächten des historischen Lebens überall war und ist. Gerade die der Absicht nach rationalen, von Intellektuellen geschaffenen religiösen Weltdeutungen und Ethiken aber waren dem Gebot der Konsequenz stark ausgesetzt."[72] In diesem Wissen konnte *Weber* ohne Untersuchung des okzidentalen Verlaufs von einem religionsgeschichtlichen Entzauberungsprozeß sprechen, wobei die mitwirkenden Kräfte unbestimmt gelassen werden durften.[73] Dieser Prozeß war mit der innerweltlichen Askese an sein Ende gelangt. Sie hatte die Wirklichkeit endgültig entzaubert und damit zur theoretischen und praktischen Rationalisierung freigegeben, für welche sie noch den „Geist" bereitstellte. Von nun an vollzog sich die Rationalisierung als Modernisierung, getragen von weltlichen Kräften, welche keine magischen Mächte mehr zu vertreiben brauchten.

So erwies sich die protestantische Ethik als Teil eines universalgeschichtlichen Prozesses, und „Universalgeschichte" ist der Schlüsselbegriff, unter dem *Weber* die GARS in der „Vorbemerkung" vorstellt. Dem Soziologen zwingen sich universalge-

[70] 70 GARS III, S. 229.

[71] WG, S. 373 f.

[72] GARS I, S. 537 f.

[73] Ich beziehe mich hier darauf, daß *Weber*, wie eingangs geschildert, in der Angabe der Kräfte, die in den Entzauberungsprozeß hineinspielten, geschwankt hat. Die Stelle aus WG, S. 378, die dem Ergebnis der WEWR sehr nahe kommt, macht jedoch klar, daß „der Grund vornehmlich in der Religiosität zu suchen" ist.

schichtliche Fragen auf, weil alle Gesellschaften grundsätzlich vor gleichen Problemen gestanden haben, für die sie verschiedene Lösungen gefunden haben, von denen sich geschichtlich nur einige als faktisch überlegen durchsetzten und dadurch universalgeschichtlich bedeutende Kulturerscheinungen produzierten. Deren Erklärung ist nicht durch allgemeine Gesetze, sondern nur aus historischen Konstellationen möglich. Die WEWR hatte solche Prozesse am Gegenstand der universalgeschichtlich bedeutenden Weltreligionen untersucht. Dabei entdeckte *Weber*, daß sich hinter dem Auf und Ab der Geschichte solche Prozesse kraft der Weichenstellung von „Ideen“ vollziehen können. Das bedeutete kein Einschwenken auf die überlieferte „Ideengeschichte“, weil hier die Macht der Ideen soziologisch bedingt und erklärt wurde, wohl aber die Entdeckung der Bedeutung der Ideen für universalgeschichtliche Abläufe. So hätte die „Vorbemerkung“ zu den GARS mit dem Wort *Goethes* enden können, daß die Welt nicht versteht, wer nicht von dreitausend Jahren Rechenschaft zu geben weiß.

VII. Das Werk Max Webers

Nach allem, was über die Stellung seiner Arbeiten und die Entwicklung seines Denkens gesagt worden ist, wäre eine Zusammenfassung überflüssig, eine detaillierende Durchführung hier unmöglich. Für die Einschätzung des Werkes ergeben sich jedoch wesentlich neue Umrisse. Mit anderen Interpreten darf man davon ausgehen, daß *Webers* Arbeiten, oft bis in die Gelegenheitsschriften hinein, Ausfaltungen eines Grundproblems waren, das ihn geradezu beherrscht hat. Sein unzweifelhaft vordringliches Interesse an der okzidentalen Rationalisierung ist allerdings nur die Verdichtung und der Ausgangspunkt des ihn faszinierenden Lebensthemas gewesen. Nur ein kleiner Teil des Werks befaßt sich jedenfalls mit dieser Entwicklung, während das gesamte Werk, einschließlich der Wissenschaftslehre, von der Frage lebt: was heißt Rationalität?[74]

Auch sein Interesse an der europäischen Entwicklung wird erst aus dieser Frage verständlich. Sicher entsprang sein Bemühen um die ursächliche Erklärung des Vorgangs, das ihn von der PE über WG zur WEWR führte, nicht privater Liebhaberei, nahm vielmehr seinen Antrieb aus der Schicksalshaftigkeit des Kapitalismus, allgemeiner der umfassenden Rationalisierung als der beherrschenden Lebensform. Nun kann man diese Meinung *Webers* teilen, ohne sich in die Kosten einer ursächlichen Erklärung und noch gar einer universalgeschichtlichen stürzen zu müssen, wie die Soziologie zur Genüge beweist. Für *Weber* aber lag - um es nur kurz anzudeuten - in dem factum brutum eine doppelte Herausforderung: warum war der Mensch nur an einer Stelle seiner Geschichte zu dem gekommen, was er nun als seine Rationalität verstand? Das war in-eins die Frage nach der Rationalität menschlichen Han-

[74] Die Wissenschaftslehre ist mehr als ein bloß methodologisches Werk und sachlich tiefer mit dem sonstigen Werk verhakt. Besonders der Logos-Aufsatz von 1913, aber auch Wissenschaft als Beruf markieren die Gelenke zwischen Methodologie und Soziologie, wofür auch der zentrale Begriff der „Kulturbedeutung“ erheblich ist. Ich hoffe, bei Gelegenheit die Wissenschaftslehre so auslegen zu können und werde dabei mein Urteil über den heutigen Wert der Weberschen Methodologie, das ich 1959 in dieser Zeitschrift abgegeben habe, ebenso revidieren wie meine Zweifel, ob Werk und Methode bei *Weber* übereinstimmten.

delns und nach der Einheit menschlicher Geschichte. Als zweiter Stachel steckte in dem Faktum die Frage: was bedeutet es, daß die Rationalität nun global zur beherrschenden Lebensform wird? Und das war wiederum ineins die Frage, ob und wie der Mensch mit seiner neuen Rationalität leben könne und wie er diese neue Lage verarbeiten könne. Nicht um Ursachen und Folgen im alltäglichen Erklärungssinn dieser Wörter geht es, sondern um die geistige Anverwandlung einer neuen Wirklichkeit von ungeheuerer Tragweite oder, um einen vernachlässigten Zentralbegriff der *Weber*schen Methodologie einzuschießen: um die „Kulturbedeutung" der rationalen Ordnung. Man mag in dem, was ich hier andeutend als „Anverwandlung" bezeichnet habe, eine nicht zwingende existentielle Voraussetzung sehen. Aber *Weber* war nun einmal, wie in seiner Methodologie nachzulesen, der Meinung, daß Sozialwissenschaft erst dann sinnvoll sei, wenn sie nicht in der Erklärung faktischer Abläufe (durch Subsumtion unter Gesetze) steckenbliebe, sondern die Kulturbedeutung der Phänomene freilege, weil dadurch die Erscheinungen dem Menschen erst ihren Sinn und damit zugleich seine sinnhafte Stellungnahme freigeben. Das aber ist nur möglich, wenn man die individuellen und sozialen Möglichkeiten des Menschen historisch ausmißt, und dafür zentral war die Frage: was ist rational, in dem weiteren Sinn, woran kann der Mensch sich halten und wohin führt ihn das? Der unersättliche Wirklichkeitshunger, der sich, mehr noch als in den Materialmassen und in der Themenbreite, in den Verästelungen eines in alle Winkel kriechenden Denkens kundtut, war aus dem Zwang geboren, die Verstehbarkeit der Wirklichkeit zu erproben.

Gleichviel, wo das Lebensthema so ins Allgemeine drängt, bleiben die Arbeiten Proben einer fast unendlichen Aufgabe. So stark äußere Umstände mitwirkten, sind insofern auch die Rücksichtslosigkeit *Webers* gegen alle Form der Darstellung und der fragmentarische Charakter aller seiner Arbeiten die Folge der Besessenheit von einem unerschöpflichen Thema. Es kann denn auch nicht verwundern, daß die Arbeiten viele Überschneidungen aufweisen, oft ineinander zu verfließen scheinen und im ganzen, auf den ersten Blick, wie die Bruchstücke einer großen Konfession wirken. In dieser Meinung hat man die Zeitfolge der Arbeiten meist unberücksichtigt gelassen, von einer Entwicklung des *Weber*schen Denkens nach der PE kaum ernsthaft gesprochen, das Werk des reifen Forschers eigentlich wie eine nicht zur Form gereifte Einheit betrachtet, für deren Rekonstruktion man in entscheidenden Punkten auf WG als das Hauptwerk zurückgreifen müsse.

Wie eingangs gezeigt, ist das freilich nie gelungen und konnte auch nicht gelingen. Denn WG ist nun einmal eine Übersicht, ein Kompendium, das, wenn es als Lehrbuch gemeint war, schon durch seine Form den Zweck vernichtet. Das sagt nichts über den Wert, den WG im Werk für *Weber* gehabt hat und für uns hat. Sicher ist *Weber* in der Arbeit zu WG zum Soziologen gereift, der er in der PE im engeren Sinne noch nicht war. Hier hat er sich und uns soziologische Begriffe entwickelt, sie an ungeheuerlichen Datenmassen erprobt und alle Gebiete der Soziologie zu vermessen versucht. In WG hat er sich das begriffliche Instrumentarium geschaffen und damit sogleich gebietsweise die Wirklichkeitsfelder vorläufig und grundsätzlich umgepflügt. Insofern ist es nicht zufällig, daß er die Auftragsarbeit übernahm und sich damit zu jener begrifflichen Schärfe zwang, die ihm Bedürfnis war. Wer in diesem Sinn WG ein Hauptwerk nennen will, mag das tun. Doch so sehr *Webers* Geist in jedem Satz des Werkes atmet, sowenig kann man dort auch der tiefgehenden Entwicklung seiner Soziologie ansichtig werden. Entwicklungsgeschichtlich steht das Werk zwischen PE und WEWR, und damit in einer Periode des Tastens hinsichtlich eines Verständnisses europäischer Rationalität. Systematisch steht es den an einem festen Problem orientierten Forschungen, eben der PE und der WEWR, gegenüber als ein systematisches und deshalb zuletzt idealtypisches Kompendium, das *Weber* schon deshalb nicht für seine Lebensarbeit halten konnte, weil er nicht den heutigen Glauben teilte, die Soziologie könne, oder solle auch nur, ein möglichst abgeschlossenes System von Begriffen und eine geschlossene Theorie werden. Biographisch ist WG mit seinen beiden Teilen in zwei Anläufen geschrieben worden, die sich auf insgesamt drei Jahre bemessen, während die Sachfrage der PE und der WEWR *Weber* über seine ganze reife Lebenszeit hin, die Frage nach der Rationalität ihn dauernd beschäftigt hat.

Wer in den Kern von *Webers* Gedanken, wer in das lebendige Zentrum seiner Soziologie eindringen will, der muß zu den GARS greifen, und er muß sie von der WEWR, besser: von den Abschnitten, welche den Rahmen für die GARS bilden, her entziffern. Nur von hierher läßt sich in die Unendlichkeit der *Weber*schen Aussagen eine mehr als formale Einheit bringen, nur von dort läßt sich die Entwicklung *Webers* ins Auge bekommen, nur hier kommt der reife *Weber*, kommt erst sein noch nicht gesehenes Spätwerk in den Blick.

Denn mit jenem universalgeschichtlichen Durchblick, den er in der WEWR gewonnen hatte, kamen ja frühere Auffassungen unter Revision, eröffneten sich neue Probleme, begann eine Spätsoziologie, zu der ich alle Arbeiten rechnen möchte, die aus der mit der WEWR erreichten Theorie und Perspektive hervorgingen oder hervorgehen sollten.[75] Leider ist da nicht viel, weil *Weber* sich im Zwang der Zeit teils mit Artikeln zu politischen Tagesfragen befaßte, teils älteren Verpflichtungen oder zufälligen Umständen gerecht werden mußte. Was bleibt, sind – neben den kaum bekannten Plänen – nur wenige Arbeiten, vielleicht sogar nur Abschnitte aus ihnen, welche uns als Fingerzeige dienen könnten, wie *Weber* die gewonnene universalgeschichtliche Perspektive in die Deutung der charakteristischen Lage unserer Zeit umgesetzt hätte; denn das war ja stets Antrieb und Ziel seiner Forschungen gewesen und im Fall der PE auch sogleich ausgeführt worden.[76]

Ich möchte nun an einem Beispiel zeigen, daß es sich verlohnt, diese Spätschriften zu entschlüsseln, gleichzeitig aber, daß man dafür des Schlüssels der WEWR bedarf. Wir alle kennen die zum Aufsatz ausgearbeitete Rede „Wissenschaft als Beruf", die in die Hand jedes Menschen, der, als Student oder Professor, an die Universität zieht, gehört. Von einer verkürzten *Weber*-Interpretation ist sie als eine politische Ausdeutung des Axioms der Werturteilsfreiheit verstanden worden, als ein Aufruf zur unbedingten Disziplin der Sachlichkeit, dessen eindrucksvollen Formulierungen sich nur stumpfe oder besessene Köpfe entziehen können.[77]

---

[75] Einige der Pläne *Webers* sind früher erwähnt worden, wobei noch die Absicht hinzuzufügen wäre, eine Kultursoziologie zu schreiben. Jedenfalls machen die oben in den Anmerkungen erwähnten Briefe aus der letzten Zeit *Webers*, welche *Marianne* uns in ihrem Lebensbild überliefert hat, ganz klar, daß Weber glaubte, in eine neue Schaffensperiode eingetreten zu sein und sich mit großen Plänen trug.

[76] Vor allem im Bild des Gehäuses des Kapitalismus, aus dem der Geist entflohen war.

[77] Vgl. dazu auch *F. H. Tenbruck*, Science as a Vocation, Revisited, in der Festschrift für *Arnold Gehlen*,

Aber gerade die Teile der Rede, in welchen *Webers* Spätsoziologie zum Ausdruck kommt, sind wie unentzifferbare Hieroglyphen unbeachtet geblieben. Wer hat schon bemerkt, daß *Weber* hier ein ganz anderes Bild von der Kulturbedeutung der Wissenschaft malt, als er es 1904 im „Objektivitäts"-Aufsatz entworfen hatte? Wer hat schon aus den Schlußstellen über Brüderlichkeit, mystisches Leben und neue Propheten viel zu machen gewußt? Und was soll man auch mit einem Satz anfangen wie: „Die alten vielen Götter, entzaubert und daher in Gestalt unpersönlicher Mächte, entsteigen ihren Gräbern, streben nach Gewalt über unser Leben und beginnen untereinander wieder ihren ewigen Kampf." Das Gros der Soziologen wird eine solche Aussage, wie ich fürchte, schlicht für „Stuß" halten, und wer sich von dem Satz dunkel berührt fühlt, wird ihn nicht als eine wissenschaftliche Aussage zu zitieren wagen.

Aber der Satz, im Kontext der WEWR gelesen, erklärt ganz präzise, daß wir von einer mehrtausendjährigen Geschichte Abschied nehmen. Das Gehäuse des Kapitalismus, aus dem der Geist, der es errichtet hatte, geflohen ist – so hatte *Weber* es am Ende der PE ausgedrückt. Aber nach der WEWR war ihm klar, daß wir am Ende eines mehrtausendjährigen Entzauberungsprozesses standen. Die ethische Vereinheitlichung der Lebensführung, die vor Jahrtausenden dem Menschen anhand des Theodizeeproblems, und vor allem am Gegenbild eines überweltlichen Schöpfergottes gelungen war, löste sich auf. Das hielt *Weber* für ein fundamentales Datum der neuen Wirklichkeit, ihrer Menschen, ihrer Kultur, ihrer Gesellschaft. Durch die wissenschaftliche Erkenntnis und die zweckrationale Beherrschung der Welt ist die Wirklichkeit entzaubert und deshalb die Religion ins Abseits der Irrationalität gedrängt worden.[78] Das Theodizeeproblem, welches innerhalb des Konzepts einer Schöpfungsordnung, überhaupt einer Erlösungsreligion eine rationale Frage gewesen war, kann nun auf den Menschen nicht mehr jene ungeheuere Wirkung ausüben, die es nach *Webers* Befunden tatsächlich jahrtausendelang, trotz der in der Realität überall hervorstechenden Kompromisse, ausgeübt hat: die ethische Vereinheitlichung des Handelns. Mit ihr versinken alle jene Annahmen über charakteristische Eigenschaften von Mensch und Gesellschaft, welche sich im Zeitalter und unter dem Einfluß der Weltreligionen gebildet hatten.

Mit einer solchen geschichtlichen Tatsache wird der heutige Normalsoziologe – falls er sie überhaupt in den Blick bekommt – schnell fertig. Er rubriziert sie unter „Wertwandel" und setzt eine neue Variable in die Leerstelle „Werte" seiner Gesellschaftsformel ein. *Weber* kannte die Theorie des Wertpluralismus und war mit seiner Verankerung in der gesellschaftlichen Differenzierung durchaus vertraut. Aber für ihn ließ sich der Vorgang erst in universalgeschichtlicher Perspektive verstehen, erst so nach seiner Bedeutung abschätzen. Denn der Mensch erzeugt sich seine Wirklichkeit nicht bloß und erst durch die gesellschaftlichen Strukturen, er schafft sich seine inneren und äußeren Bedeutungsräume, er produziert die inneren Dimensionen seiner Person und die äußeren Sinnfelder seiner Kultur am Gegenbild der Rationa-

Standorte im Zeitstrom, Frankfurt 1974.

[78] Leider haben die Theologen weder aus dieser doch grundsätzlich wichtigen Einsicht *Webers*, noch überhaupt aus seiner Religionssoziologie etwas zu machen gewußt. So hat sich z.B. auch die theologische Literatur zur jüdischen Prophetie um *Webers* einschlägige Auffassungen kaum gekümmert und seine WEWR so wenig zur Kenntnis genommen wie die übrigen kulturhistorischen Disziplinen.

lisierung seiner Weltbilder. Pressen wir es in einen Satz: die Wirklichkeit, in der der Mensch lebt, jedenfalls die Wirklichkeit, die er sich selbst ist, ist ein kulturelles Gespinst, das er sich aus einem Konzept der Welt webt.[79]

Und wenn nun die alten Götter aus ihren Gräbern erneut zum Kampf auftreten, so zerfällt die Welt wieder in Kompetenzbereiche verschiedener Mächte. Aber wo der archaische Grieche noch in urwüchsiger Weltzuwendung jetzt dem Apollo und dann der Aphrodite opfern konnte, die Tragik solcher Vielgötterei, welche im Handeln immer zur Verletzung der Wertforderung eines Kompetenzgottes führte, erst von Aischylos, Euripides und Sophokles entdeckt wurde (und dann in die metaphysisch-hinterweltlichen Lösungsversuche der griechischen Philosophie führen mußte), da kann der moderne Mensch die vielen Götter nur noch bei ihren abstrakten Namen anrufen: Kommunismus, Emanzipation, Gleichheit, Freiheit, Sozialismus – das sind nun die Mächte, die, in der Brust des einzelnen, auf der gesellschaftlichen und politischen Bühne in unlösbaren Kampf geraten, in dem Entscheidung nur noch durch Fanatismus, politische Glaubensbewegungen und Kathederprophetie möglich, Zurückhaltung die Form von Anpassung oder Apathie annehmen wird. Dann aber kommt man an den Punkt, wo *Webers* Soziologie abbrach. Uns bleibt die Frage: welches Weltbild produziert sich heute im Zusammenspiel von Ideen und Interessen, von Intelligenz und Macht durch welche soziologischen Verklammerungen? Was ist die charakteristische Eigenart unserer modernen Kultur?

Das sind knappe Wegweiser, die zeigen sollten, daß man sich der vielen hieroglyphischen Bilder und Bemerkungen aus *Webers* Spätwerk sehr präzise bemächtigen kann, wenn man mit dem Schlüssel der WEWR herangeht. Ein erhebliches Material, das bisher als bildhafte Fassung oder persönliche Bemerkung beiseitegelassen wurde, kann so zu Konturen seiner Spätsoziologie zusammengesetzt werden. Diese Entzifferung, überhaupt die endgültige Darstellung der Entwicklung *Webers* und damit die endgültige Interpretation seiner Soziologie wird jedoch solange schwer möglich sein, wie die heutigen Editionen diese Schichten des Werks mehr verbergen als freigeben. Bleibt die Frage, was die heutige Soziologie mit der universalgeschichtlichen Perspektive des reifen *Weber*, in dem die Ideen eine bestimmende Rolle spielen, anfangen kann. Da beschränke ich mich für jetzt auf ein paar prinzipielle Hinweise.

Die Frage ist nicht, ob die Soziologie zur Universalgeschichte gemacht werden soll, sondern ob sie mit ihren Aufgaben fertig werden kann, wenn sie auf diese Perspektive verzichtet. Die Frage ist nicht, ob wir auf die Erfassung der Gegenwart mittels der Instrumente der Sozialforschung, sondern ob wir auf die Daten der Geschichte und die daraus für die Gegenwart konstruierbaren Fragen verzichten dürfen. Die Frage ist nicht, ob wir Soziologie zur Ideengeschichte machen wollen, sondern ob wir von der Annahme ausgehen können, daß „Ideen" gegenüber „Interessen" bloße Ideologien, jedenfalls Epiphänomene der allein wirklichen Strukturen sind. Die Frage ist nicht, ob wir die Probleme unserer Gegenwart vergessen, sondern wie wir sie finden können.

[79] Auch hier fehlten *Weber* die begrifflichen Instrumente und Disziplinen der heutigen Wissenschaft, vor allem der Anthropologie und Handlungstheorie. Vielleicht sollten wir das nicht bedauern, denn wie die Lage der Wissenschaften vom Menschen befürchten läßt, verschwinden hinter der technischen Terminologie zu leicht die Phänomene, die Wirklichkeit, um die es eigentlich geht.

Köln Z Soziol (2017) (Suppl 1) 69:415–431
DOI 10.1007/s11577-017-0430-9

Kölner Zeitschrift für Soziologie und Sozialpsychologie

ABHANDLUNGEN

Handlungstheorie und Systemtheorie

Von Niklas Luhmann

I

Etikettierte Theorien haben es leichter. Sie vermitteln schon durch die Bezeichnung den Eindruck von Einheit und Geschlossenheit. Sie bieten einen Standpunkt, von dem aus man sich, wenn nicht über die eigene, so doch über andere Theorien äußern kann. Ist die Bezeichnung einmal durchgesetzt, und dazu genügt bei offenem Pluralismus eine ausreichende Zahl von Publikationen, die das Etikett in Anspruch nehmen, kann die Theorie als bekannt und als konkurrierfähig vorausgesetzt werden. Andere Theorien können dann abgefertigt werden mit der Feststellung, daß sie die für die jeweils eigene Theorie in Anspruch genommene Leistung nicht erbringen: Sie können den Prozeß der Abschöpfung des Mehrwertes nicht erklären. Sie haben keinen Platz für Reflexion. Sie tragen der subjektiven Motivation des Handelnden nicht hinreichend Rechnung. Sie argumentieren nicht modern genug sondern alteuropäisch.

Solche Konfrontationsstrategien sind in den letzten Jahren in weitem Umfange an die Stelle seriöser Problemanalyse getreten. Befallen von einer Art multipler Paradigmatase ist besonders die Soziologie in Gefahr, bereits erreichte Niveaus der Problembestimmung wieder zu verlieren. Längst Ausgeschiedenes kehrt wieder, ohne sich rechtfertigen zu müssen. Längere Abwesenheit von der Szene ist schon fast ausreichender Grund für erneutes Interesse. Aber die Vielzahl von Entscheidungen und Überlegungen zum design älterer Theorien sind oft nicht ausreichend dokumentiert und werden daher nicht angemessen mitreproduziert. Und das, was historisch Anschlußentwicklung und Überleitung in neue Formationen gewesen war, wird heute

Erstveröffentlichung: *Kölner Zeitschrift für Soziologie und Sozialpsychologie*, Jg. 30, 1978, Heft 2, S. 211-227

c/o V. Dreier
Institut für Soziologie und Sozialpsychologie, Universität zu Köln
Lindenburger Allee 15, 50931 Köln, Deutschland
E-Mail: volker.dreier@uni-koeln.de

unter Gesichtspunkten der Gleichberechtigung und der Chancengleichheit eingeebnet zu einem Nebeneinander unabhängiger Größen.

Aber das Spiel wird im Grunde doch mit wenigen Figuren gespielt. Deshalb haben auch heterogen angesetzte, unterschiedlich etikettierte Theorien hohe wechselseitige Relevanz. Zur Erhaltung dieser Relevanz ist eine Erhaltung der in den Problemstellungen Steckenden Erkenntnisgewinne erforderlich. Bereits mit *Emile Durkheim* war die Soziologie zum Beispiel über eine einfache Kontrastierung von Individuum und Kollektiv hinausgelangt und hatte die Frage nach den Bedingungen der Steigerbarkeit dieser Differenz und der wechselseitigen Abhängigkeit in dieser Differenz formulieren können. Damit war es zugleich unumgänglich geworden, die Frage nach der Möglichkeit sozialer Ordnung von der Frage nach dem Verhältnis von Individuum und Kollektiv zu trennen, zugleich aber doch konsistente Antwortmuster für beide Fragen zu entwerfen, Man mag zu den hieran anschließenden Theorieentwicklungen stehen wie man will; zu einer schlichten Kontrastierung von Individuum und Kollektiv führt kein Weg zurück. Aus ähnlichem Grunde greifen Versuche zu kurz, Handlungstheorie und Systemtheorie zu unterscheiden und gegeneinander auszuspielen. Der Versuch hat ohne nennenswerten argumentativen Aufwand zunächst Engländer überzeugt[1], wirkt inzwischen als Identifikationsangebot aber auch auf dem Kontinent[2]. Unter den Begründern werden, wohl kaum zu recht, phänomenologisch orientierte Soziologen genannt. Eher wäre an Max Webers Spätwerk zu denken oder an ältere Vertreter der Auffassung, daß menschliches Handeln ausschließlich motivational zu erklären sei[3].

Die Kontrastierung von Handlung und System ersetzt, wissenschaftsgeschichtlich gesehen, die Kontrastierung von Individuum und Kollektiv. Sie reagiert auf Versuche der Systemtheorie, sowohl Individuen als auch Kollektive als (personale bzw. soziale) Systeme zu begreifen und zueinander in Beziehung zu setzen[4]. Stattdessen wird alle Systemstruktur (wenn konsequent: auch diejenige der handelnden Person selbst) als bloßer „Kontext" des Handelns begriffen, der zwar mehr oder weniger zwingend vorgegeben ist, aber doch auch in der Situation mehr oder weniger zur

[1] Vgl. *Alan Duwe,* The Two Sociologies, British Journal of Sociology 21 (1970), S. 207-218; *Percy Cohen,* Moderne Soziologische Theorie: Erklärungsmodelle zwischenmenschlichen Verhaltens, Dt. Übers. Wien 1972, insb. S. 71 ff., *David Silverman,* Theorie der Organisationen: Soziologische Aspekte zu System, Bürokratie und Management, Dt. Übers. Wien 1972, insb. S. 106 ff.; *Julia Everts,* The Sociology of Educational Ideas, London 1973, insb. S. 128 ff.

[2] Vgl. etwa den Überblick über Hauptströmungen der soziologischen Theoriebildung bei *Ernst M. Wallner/Margret Pobler-Funke,* Soziologische Hauptströmungen der Gegenwart, Heidelberg 1977, oder *Dirk Käsler,* Wege in die soziologische Theorie, München 1974. Ferner als engagierte Stellungnahme für den Standpunkt des Akteurs: *Pedro Georgiou,* The Goal Paradigm and Notes Towards a Counter Paradigm, Administrative Science Quarterly 18 (1973), 291 -310; *J. Kenneth Benson*, Innovation and Crisis in Organizational Analysis, The Sociological Quarterly 18 (1977), S. 3-17; *Michel Crozier/Erhard Friedberg,* L'acteur et le systeme: Les contraintes de l`action collective, Paris 1977. Vgl. ferner den wichtigen Beitrag von *Friedrich Jonas,* Zur Aufgabenstellung der modernen Soziologie, Archiv für Rechts- und Sozialphilosophie 52 (1966), 5. 349-375.

[3] *William Godwin,* An Enquiry Concerning Political Justice and Its influence on General Virtue and Happiness, London 1793; *ders.,* Thoughts on Man: His Nature, Productions, and Discoveties, London 1831, insb. S. 205 ff., 226 ff.

[4] Siehe die Kritik solcher Bemühungen im Rahmen der Organisationssoziologie, speziell derjenigen von *Chris Argyris,* bei *Crozier* und *Friedberg,* a. a. O., S. 40 f.

Disposition stehen kann. Damit verbindet sich bei manchen Autoren eine Kontrastierung von interner (motivationaler, subjektbezogener) und externer (systembezogener) Handlungserklärung. Dabei wird jedoch verkannt, daß alle bemerkenswerten systemtheoretischen Ansätze *in dieser Hinsicht* übergreifend angelegt sind. Weder gibt es Systemtheorien, die exogene Faktoren für prinzipiell wichtiger ansähen als endogene; noch bleibt die motivationale Komponente des Handelns oder dessen „gemeinter Sinn" außerhalb der systemtheoretischen Betrachtungsweise. Auch die seit *Aristoteles* traditionsbestimmende Einsicht, daß die Person in ihrer Fähigkeit, sich auf sich selbst zu beziehen, in sozialen Beziehungen steht[5], wird im systemtheoretischen Begriff der doppelten Kontingenz fortgesetzt, wenn *Talcott Parsons* etwa formuliert, daß in einer solchen Beziehung beide Partner sich selbst in beiden Rollen erfahren: als Subjekt und als Objekt der Interaktion[6]. Ein Grund, Handlungstheorie gegen Systemtheorie auszuspielen, ist also zunächst nicht ersichtlich.

Das liegt indes nur an der noch unzulänglichen Formulierung des Problems. Eine blanke Kontrastierung erzwingt auf beiden Seiten allzu starke Vereinfachungen. Gleichwohl könnte es sein, daß sich sinnvolle, weiterführende, zur Zeit schwer entscheidbare Entwicklungsvarianten auftun, wenn man sich genauer ansieht, wie anspruchsvollere Theoriekomplexe Handlungsbegriff und Systembegriff miteinander verknüpfen.

II

Nach den Theorieentwicklungen, die über *Emile Durkheim* und *Max Weber* zu *Talcott Parsons* geführt haben, ist es nicht mehr möglich, in Handlungstheorien und Systemtheorien eine Alternative zu sehen. Statt dessen stellt sich die Frage, wie die soziologische Theorie - im Unterschied etwa zur analytischen Philosophie[7] - das Verhältnis von Handlung und System auffaßt. Nur in einer engeren Hinsicht, nur in der Konzeption der Beziehung von Handlung und System, ist die Option noch offen. Nur in dieser Hinsicht können Ausgangsentscheidungen getroffen werden, die die Theorieentwicklung wirklich weiterbringen. Eine Konfrontation von Handlungstheorien und Systemtheorien, aber auch eine lehrbuchmäßige Darstellung dieser und anderer Theorien als selbständiger Figuren, verstellt nur den Einblick in die Anforderungen, die an Theorieentscheidungen zu stellen sind.

In der Soziologie geht es zunächst um die Frage, wie soziale Ordnung bei differenter Individualität der an ihr beteiligten Personen überhaupt möglich ist. Die Begriffe Handlung und System instrumentieren Antwortversuche. Dies kann gewiß nicht so geschehen, daß der Begriff Handlung das Individuum, der Begriff System die soziale Ordnung in der Theorie sozusagen vertritt: denn soziale Ordnung kann nicht handlungsfrei, Individualität nicht unsystematisch aufgefaßt werden. Man kann also nur

[5] Vgl. Nik. Ethik IX.

[6] Vgl. *Talcott Parsons*, Interaction: Social Interaction, in: International Encyclopedia of the Social Sciences, Bd. 7, New York 1968, S. 429-441 (436).

[7] Hierzu jetzt; *Georg Meggle* und *Ansgar Beckermann* (Hrsg.), Analytische Handlungstheorie, 2 Bde., Frankfurt 1971

ein Theoriearrangement anbieten, das die Art, wie Handlung und System aufeinander bezogen werden, einsetzt, um das Problem der Möglichkeit sozialer Ordnung zu lösen. Und erst die Relation von Handlung und System vermag dann im Kontext der jeweiligen Theorie diese Begriffe zu erklären.

Wir wollen dies am Beispiel der Theorie des allgemeinen Handlungssystems vorführen, am Beispiel des Lebenswerkes von *Talcott Parsons*[8]. Die Nachzeichnung der hier vorliegenden Theorieentscheidungen wird zugleich andere Optionsmöglichkeiten verdeutlichen. Als Hintergrund, vor dem die Theorie sich abhebt, muß man das an sich unbegrenzte, theoriegesteuerte, jeweils am Bedarf und an Zugriffsmöglichkeiten orientierte Auflösevermögen wissenschaftlicher Analyse im Auge behalten. An sich ist es also denkbar, jeden Ansatz von Elementen und Relationen wieder aufzulösen und tieferzulegen - zum Beispiel von Menschen auf Rollen, auf Handlungen, auf Nervenimpulse, auf neurochemische Prozesse mit den jeweils zugeordneten Relationsgefügen zurückzugehen. Gegen diese Möglichkeit profiliert sich die These der emergenten Ordnungsniveaus, die dem Prozeß des Auflösens und Tieferlegens Grenzen setzen, weil jeder Ordnung ein für sie typisches und unerläßliches Aggregationsniveau entspricht, auf dem Elemente und Relationen als Einheiten konstituiert sind. Danach ist eine Handlung auf der Basis physischer, chemischer oder neurophysiologischer Prozesse nicht angemessen zu begreifen, weil sie in Handlungssystemen als Element höherstufiger Relationierungen in Anspruch genommen wird.

Bereits diese These emergenter Ordnungsniveaus setzt bei ihrer Formulierung einen begrifflichen Apparat voraus, der Elemente, Relationen und Systeme unterscheiden kann. Schon mit dieser Vorüberlegung ist es für die soziologische Theorie unerläßlich, Begriffe wie Handlung und System (oder semantische Äquivalente) zugleich und mit Bezug aufeinander zu verwenden. Denn wenn eine Handlung als Element fungiert[9], so nur in Systemen, die sie trotz weiterer Auflösbarkeit als Element in Anspruch nehmen, so wie auch umgekehrt Systeme auf dem für soziale Ordnung kennzeichnenden Aggregationsniveau nur begriffen werden können, wenn man sie als Relationierung von wie immer kompakt intendierten und erlebten Handlungen auffaßt. Das Emergenzkonzept (das *Parsons* von Anfang an durchhält, allerdings erst später mit einer Evolutionstheorie verknüpft) erzwingt, mit anderen Worten, den Konstitutionszusammenhang von Handlung und System in die Theorie einzubeziehen[10].

Hiermit sind jedoch erst Mindestbedingungen für den take off der Theorieentwicklung abgesteckt. Über die Strategie des weiteren Vorgehens ist damit noch nicht

---

[8] Vgl, zunächst *Parsons,* The Structure of Social Action, New York 1937. Ferner vor allem; Some Problems of General Theory in Sociology, in: *John C. McKinney* und *Edward A. Tyriakian* (Hrsg.), Theoretical Sociology: Perspectives and Developments, New York 1970, S. 27-68. Ferner den Teil ll General Action Analysis, in: *Jan J. Loubser et al.* (Hrsg.), Explorations in General Theory in Social Science. Essays in Honor of Talcott Parsons, New York 1976, vor allem die Einleitung von *Victor M. Lidz.*

[9] Dazu siehe *Parsons*, a. a. 0. (1937), S. 43 ff.

[10] Deshalb kann ich eine Auffassung nicht teilen, die besagt, *Parsons* habe sein Theoriekonzept von Handlungstheorie in Richtung auf Systemtheorie geändert. So z. B. *John Finley Scott,* The Changing Foundations of the Parsonian Action Scheme, in: American Sociological Review 28 (1963), S. 716-735, Nicht zufällig betont diese Kritik den Motivbegriff, den Subjektbezug und den Voluntarismus der Handlungstheorie in einer Weise, die dem *Parsons*schen Gesamtwerk nicht gerecht wird.

entschieden. Die eigentliche Option liegt erst in der Art, wie *Parsons* die Emergenz von Handlungssystem analytisch rekonstruiert. Und es ist diese Option, die man systemtheoretisch auf Alternativen hin in Frage stellen kann.

Trotz Abschneidens des Rückgangs auf eine andere Ebene der Relationierung von Elementen entscheidet sich *Parson*: für ein analytisches Vorgehen. Er fragt nach den Begriffen, die im Handlungsbegriff notwendigerweise vorausgesetzt werden müssen; vom Gegenstand her formuliert also nach den Konstituentien der emergenten Errungenschaft Handlung. In dieser Fragestellung ist Handlung, und nicht System, der spezifizierende Focus, weil es um das besondere Emergenzniveau der Handlungssysteme, nicht um Systembildung schlechthin geht. Die Suchprämisse lautet, daß es abgesehen von der Auflösung des gesamten Ordnungsniveaus außerdem noch Analysemöglichkeiten gibt, die auf abstraktere begriffliche Komponenten des Sinnes von Handlung zielen, also auf eine Mehrzahl von analytischen Bedingungen der Möglichkeit von Handlung (wohlgemerkt immer: Handlung im System!). Handlung kann danach in der Realität nur erscheinen, wenn die begrifflichen Voraussetzungen dafür erfüllt sind. Deren Kombination produziert den Mehrwert „Handlung“. Das Handeln muß danach begriffen werden als Relationierung dieser begrifflichen Konstituentien und als dadurch erreichbarer kombinatorischer Gewinn. Dabei ist das Wissen um diese Voraussetzungen ein analytisches Wissen mit Anspruch auf Geltung a priori, nicht jedoch ein Wissen, das in der Bestimmung des Sinnes konkreter Handlungen selbst operativ eingesetzt werden müßte[11].

Die Entscheidung, das Problem der Emergenz in eine Analytik des niveauspezifischen Elementarbegriffs Handlung aufzulösen, hat kennzeichnende Folgen. Sie allein reicht nicht aus, weil Emergenz nur über Relationierung von Elementen, nur über Systembildung zustandekommt. Wie immer man die Konstituentien von Handlung bestimmt: es muß ein zweiter Begriffsapparat angefügt werden, der den allgemeineren Erfordernissen der Systembildung Rechnung trägt.

Für die Ausfüllung seines Theorieprogramms hat *Talcott Parsons* deshalb zwei verschiedene Begriffsvorschläge ausgearbeitet. Der eine benutzt die Begriffe actor (ego), social object (alter), orientation of the actor und modality of the object. Damit wird die Sozialität unter die Konstituentien von Handeln schlechthin aufgenommen[12], obgleich die Theorie sich keineswegs nur mit Handeln in sozialen Systemen befaßt. Der zweite Vorschlag benutzt die systemtheoretische Unterscheidung von external/internal und die zeitbezogene Unterscheidung von instrumenteller (zukunftsbezogener) und konsumatorischer (gegenwartsbezogener) Orientierung bzw. Modalität[13]. Beide Konzeptualisierungsvorschläge werden getrennt vorgestellt und

[11] Zur Kritik der hier vorausgesetzten Epistemologie vgl. *Harold J. Bershady*, Ideology and Social Knowledge, Oxford 1973.

[12] Hierin liegt ein wesentlicher Unterschied zu den Bemühungen der analytischen Philosophie um den Handlungsbegriff, die *Meggle* und *Beckermann*, a. a. O., reich dokumentieren.

[13] Für beide Dichotomien liegt im übrigen eine Doppelinterpretation vor: eine handlungstheoretische in *Parsons*, a. a. 0. (1937), S. 45 f. und eine systemtheoretische in *Parsons*, a. a. O. (1970), S. 29 ff. Ich vermute, daß die handlungstheoretische durch die systemtheoretische ersetzt werden sollte. Vielleicht geht *Parsons* aber auch von einer Identität oder Kongruenz beider Formulierungen aus (im Sinne einer bloßen Verbesserung ursprünglicher Formulierungen durch spätere Arbeit). Dann läge bereits hier (und nicht erst in der Kreuztabellierung) die Einheit von Handlung und System.

erst nachträglich durch eine Technik der Kreuztabellierung aufeinander projiziert und sodann für kongruent erklärt[14]. Die Technik der Kreuztabellierung gewinnt damit als bloße *Technik* eine kombinatorische Funktion, die *Probleme des Theorieansatzes auffängt*. Das Gesamtgerüst der als Kreuztabelle dargestellten Differenzierung des Handlungssystems, vor allem die Hauptdifferenzierung in Kultursystem, Sozialsystem, Personalsystem und Organismus[15], muß demnach als eine komplexe Artikulation der Bedingungen der Möglichkeit von Handlung gesehen werden und deren Differenzierung als Resultat eines Evolutionsprozesses, der den Mehrwert Handlung unter immer komplexeren Bedingungen reproduziert.

Man kann sowohl die Wahl der analytischen Kategorien als auch die Ausführung des kombinatorischen Programms und nicht zuletzt auch die Theoriebautechnik der Kreuztabellierung einer kritischen Überprüfung unterziehen. Eine radikaler ansetzende Kritik wird aber zunächst die Frage stellen müssen, was es überhaupt heißt: Handlung als *Relation* zwischen konstituierenden Bedingungen ihrer Möglichkeit zu begreifen[16]. Erst die Antwort auf diese Frage läßt die Option hervortreten, die der Theorie des allgemeinen Aktionssystems ihre charakteristische Form gibt.

Die damit erfragte relationale Einheit der Gesamttheorie wird durch den Begriff Sinn (meaning) formuliert, der seinerseits sprachtheoretisch rückversichert und durch die Differenz von code und process erläutert wird. Die Abhängigkeit von *Max Weber* bleibt erhalten in der von *Parsons*: m. W. nie aufgegebenen Annahme, daß der *Sinn* des Handelns zugleich eine der maßgebenden, wenn nicht die ausschlaggebende *Ursache* des Handelns sei[17]. Auch die Parallelen zur biologischen Theorie sind *Parsons* durchaus bewußt. Diese Theorieentscheidung macht ihrerseits wieder die Kultur zum Leitsystem der Evolution von Handlung und zum obersten System in der kybernetischen Hierarchie der Teilsysteme des Handlungssystems. Und sie begründet, daß alle Differenzierung von Teilsystemen über symbolisch generalisierte Kommunikations-

[14] Siehe für Einzelheiten der Ausführung *Talcott Parsons*, Pattern Variables Revisited, American Sociological Review 25 (1960), S. 467-483, neu gedruckt in *ders.*, Sociological Theory and Modern Society, New York 1967, S. 192-219.

[15] Bzw. statt Organismus die von *Parsons* akzeptierte konsistentere Interpretation dieses adaptiven Teilsystems durch *Charles W. Lidz* und *Victor M. Lidz*, Piaget ,s Psychology of Intelligence and the Theory of Action, in: Loubser et al., a. a. O., S. 195-239.

[16] "Action is interpreted", formuliert *Lidz*, a. a. 0., S. 125, diese Zentralthese, "as an emergent mode of relation among these fundamental entities".

[17] Eine besonders deutliche Formulierung dieser Annahme, die zugleich die Zeitreferenzen und über sie Sozialität einbezieht, auch bei *Robert F. Bales*, Interaction Process Analysis: A Method for the Study of Small Groups, Cambridge. Mass. 1951, S. S0: 'This forward and backward reference of action in the time dimension is assumed to rest largely on the ability of the normally socialized human animal to deal with his situation by the manipulation of symbols This ability, we postulate, makes it possible to remember the consequences of his past action and to foresee the consequences of his present activity, or rather, to build up expectations as to what the consequences will be. ln human action, we assume, both the remembered consequences and the expected consequences can become part of the effective causation of action. The manipulation of symbols is conceived to be not simply an epiphenomenon but an aspect of action as "real" as any other in its causal role." Das hat jedoch eine nicht ganz unbedenkliche Konsequenz: Wenn Sinn eine Ursache ist, muß der Handelnde über den Sinn seines Handelns entscheiden, bevor er handeln kann. So in der Tat *Parsons* und *Shils* für die Festlegung auf bestimmte pattern variables in: *Talcott Parsons* und *Edward A. Shils* (Hrsg.), Toward a General Theory of Action, Cambridge, Mass. 1951, S. 77. lm übrigen wird hier natürlich die schwierige und umstrittene Problematik einer neurophysiologischen Kausalität des Bewußtseins einfach übersprungen.

medien (Teilsprachen) aufgefangen werden muß, die die Bedingungen formulieren, nach denen die Einheit des Gesamtsystems in der Form von „interchanges" laufend reproduziert werden kann.

Die Darstellung dieses Theoriewerks kann hier abgebrochen werden. Für ein abschließendes Urteil ist es ohnehin zu früh. Jedenfalls genügt der Befund, um Entscheidungslagen in der Theorieentwicklung zu verdeutlichen. Man kann „große Theorie" auch danach beurteilen, wie deutlich sie ihre Konstruktionsentscheidungen vorführt und wie zwingend sie die Nichtbeliebigkeit von Entscheidungszusammenhängen (und damit aber zugleich: fruchtbare Weichenstellungen und Alternativen) hervortreten läßt. Bei *Parsons* lernt man zu fragen; *Wenn* in Übereinstimmung mit den Naturwissenschaften auch in der Soziologie von der *Emergenz* eines gegenstandsspezifischen Ordnungsniveaus auszugehen ist, ist dann eine *Analytik* des Elementar*begriffs* der einzige, der richtige Weg zur Theoriekonstitution? Ist dann ein bloßes *Hinzufügen systemtheoretischer Kategorien* die einzige Möglichkeit, dem Konstitutionszusammenhang von Handlung und System Rechnung zu tragen? Und ist dann *Kreuztabellierung* notwendiges lay-out der Theorie, weil sie anders nicht zusammenzuhalten ist?

III

Überlegungen zu einer Alternative könnten einsetzen mit der These, daß emergente Ordnungen die Elemente, die sie verknüpfen, selbst konstituieren müssen (wenngleich sie dabei an Vorleistungen unterer Ordnungsebenen gebunden sind und auf diese aufbauen müssen). Der Umweg über eine Analytik des „unit act", die einerseits das, was als Element fungiert, dekomponiert, aber andererseits doch nicht auf eine darunterliegende Ebene der Realitätskonstitution zurückführt, würde eingespart werden. Damit käme man für diesen Bereich der Theoriekonstruktion aus den schwierigen Fragen der epistemologischen Beurteilung eines solchen Vorgehens heraus, die *Bersbady* aufgegriffen hat[18]. Statt dessen könnte und müßte sehr viel direkter gefragt werden, wie eigentlich durch Relationierung von Elementen Ordnungsniveaus entstehen und Systeme gebildet werden, wenn solche Elemente nicht einfach schon vorhandene Bausteine sind, sondern im Prozeß der Emergenz neuer Systembildungsniveaus erst konstituiert werden, also Artefakte derjenigen Systeme sind, die durch ihre Verknüpfung gebildet werden. Dann würde man nicht aus einer Analytik des Handelns unter Anfügung allgemeinerer systemtheoretischer Gesichtspunkte (vor allem aus der Theorie des Organismus) eine allgemeine Theorie des Handlungssystems konstruieren; man würde allgemeine systemtheoretische Konstruktionsüberlegungen verwenden, um daraus abzuleiten, wie im Falle des hier interessierenden Emergenzniveaus Systeme Handlungen konstituieren.

Ein Ausgangspunkt dafür liegt im Komplexitätsbegriff. Als komplex kann man Systeme bezeichnen, die so viele Elemente zusammenhalten, daß sie (bei den durch die Art der Elemente limitierten Strukturierungsmöglichkeiten) nicht mehr jedes Ele-

[18] A. a. O. (1973).

ment mit jedem anderen verknüpfen können[19]. Das ist schon bei geringer Größe der Fall, da die Zahl der Relationierungsmöglichkeiten mit der Zahl der Elemente überproportional steigt[20]. Ein System wird also *durch Größe zur Selektivität in der Relationierung seiner Elemente gezwungen.* Das ist nicht auf beliebige Weise möglich, da die Selektion zugleich das Risiko der Nichtwahl anderer Möglichkeiten kompensieren muß. Es entstehen Strukturen, die bestimmte Selektionen stützen, vorzeichnen, erleichtern, erwartbar machen und in ihrem Rahmen dann verfeinerte Sensibilität freisetzen[21]. Es entsteht systemspezifische Zeit und damit der Vorteil der Indirektheit, so daß nicht alles mit allem zugleich, aber doch vieles nacheinander miteinander verknüpft werden kann. Andererseits stellt die Inanspruchnahme von Zeit zur Steigerung des Relationierungspotentials erhöhte Anforderungen an (hinreichend langfristige) Erhaltung – nicht nur „des Systems", Sondern der jeweiligen Voraussetzungen des Relationierungsmusters. Vor allem werden Elemente durch selektives Relationieren besonders, das heißt im System unterschiedlich, qualifiziert. Sie gewinnen durch ihre Stellung im Kontaktnetz des Systems Eigenschaften, die sich nicht schon aus der Zugehörigkeit zum System überhaupt und auch nicht aus dem rein quantitativen Verhältnis zur Gesamtmenge der Elemente (sozusagen dem Maß der eigenen Bedeutungslosigkeit) ergeben, sondern zusätzlich aus der Selektionsgeschichte des Systems und aus der je besonderen Situierung.

Komplexe Systeme, die ihre Zeit nutzen müssen, um ausreichende Relationierungen zu erreichen, können nicht angemessen begriffen werden, wenn man als Bezugspunkte ihrer Relationen statische Elemente unterstellt, also Identitäten, die im Wechsel der Relationen dieselben bleiben. Das hieße: die Elementfunktion für Zwecke der Relationierung zu hoch aggregieren. Der adäquate Elementbegriff ist, formal gesprochen, der des *Ereignisses*[22]. Für die soziologische Theorie folgt aus diesen Überlegungen die Tieferlegung der Element/Relation-Begrifflichkeit von Mensch bzw. Rolle auf *Handlung*.

Soziale Systeme und selbst umfassende Gesellschaften sind nicht Gruppen (im Sinne einer Mehrzahl von Menschen, die miteinander in Beziehung stehen), sondern Handlungssysteme. Insoweit besteht Übereinstimmung mit *Parsons*. Deutlicher als

[19] Der Systembegriff von *Lawrence J. Henderson,* Pareto ,s General Sociology: A Physiologist's Interpretation, Cambridge, Mass. 1935. der den frühen *Parsons* stark beeinflußt hat, geht über diese entscheidende Frage hinweg. Er definiert Systeme durch Interdependenz, was je nach dem, wie man es auffaßt, zu viel oder zu wenig besagt.

[20] Nach der Formel $\frac{N^2-N}{2}$. Zu Konsequenzen auf der Ebene der Gruppenanalyse Vgl. auch *James H. S. Bossard,* The Law of Family Interaction, in: American Journal of Sociology 50 (1945), S. 292-294; *William M. Kephart*, A Quantitative Analysis of Intragroup Relationships, in: American Journal of Sociology 55 (1950), S. 544-549.

[21] Siehe für den Fall von Nervensystemen *Karl H. Pribram,* Languages of the Brain, Englewood Cliffs, N. 1., 1971. S. 48 ff.

[22] Als psychologische Theorie, die in sozialen Kollektivitäten „nichts weiter" sieht als event-systems, sind die Vorschläge von *Floyd H. Allport* erinnernswert. Vgl.: An Event-system Theory of Collective Action: With Illustrations from Economic and Political Phenomena and the Production of War, in: The Journal of Social Psychology 11 (1940), S. 417-445; *ders.*, The Structuring of Events: Outline of a General Theory with Applications to Psychology, in: The Psychological Review 61 (1954), S. 281-303. Allerdings definiert *Allport* seinen Begriff des event durch Änderung an einem Substrat, nicht durch Selektion, und definiert ihn dadurch handlungsferner, als wir es vorziehen würden.

bei *Parsons*, der zwischen einer handlungstheoretischen (letztlich aus dem Zweck/Mittel-Schema abgeleiteten) und einer systemtheoretischen Begründung der Relevanz der Zeitdimension schwankt[23], muß bei dem hier vorgeschlagenen Ansatz der Handlungsbegriff aus der *Verzeitlichung von Selektionen* abgeleitet werden, die ihrerseits Emergenzniveaus komplexerer Systeme zu konstituieren ermöglicht.

Ein weiteres Argument führt zum selben Ergebnis. Es benutzt den *Sinnbegriff.* Wenn vorausgesetzt werden kann, daß Teilnehmer am System sinnhaft erleben, verändert das die Bedingungen der Möglichkeit, über Relationierung von Elementen Systeme zu bilden. Etwas hat Sinn, wenn es Verweisungsüberschüsse fixiert, das heißt mehr Möglichkeiten weiteren Erlebens festhält, als aktuell verfolgt werden können, und damit letztlich Welt präsentiert. Sinn ist somit eine Form, die Möglichkeitshorizonte konstituiert und an je gegebene Wirklichkeit bindet und damit Wirklichkeit und Selektion vermittelt. Unter dieser Formbedingung kann Wirklichkeit nur als Selektionszwang erfahren werden; denn vom unmittelbar Gegebenen aus, das in seiner Faktizität schlicht da ist, wird jeder nächste Schritt zur Selektion[24]. In einer Theorie komplexselbstselektiver Systeme bezeichnet der Sinn demnach eine Steigerungsbedingung. Selektivität der Relationierungen wird durch Komplexität ohnehin erzwungen. Sinn ermöglicht und erzwingt die Erfahrbarkeit dieser Bedingung. Sinn macht an allem, was als Element fungiert, die Selektivität der anschließbaren Beziehungen (bzw. zeitlich: Prozesse) bewußt. Ein System, das auf diesem Emergenzniveau Sinn operiert, kann daher nicht nur auf jeweils faktisch abgelaufene Selektionen von System- und Umweltzuständen reagieren, sondern auch auf die Selektivität (Kontingenz) dieser Selektionen. Unter Bedingungen der Evolution wird die Ausnutzung dieser Chancen normalisiert, so daß Sinnsysteme normalerweise über Strukturen verfügen, die selektives Verhalten im ständigen Vergleich mit anderen Möglichkeiten kontrollieren. Das gilt für Personen ebenso wie für soziale Systeme, für Prozesse der Erlebnisverarbeitung ebenso wie für Prozesse der Kommunikation. Solche Systeme sind genötigt und können im sozialen Verkehr genötigt werden, ihre eigene Selektivität als *Handlung* zu erfahren, und zwar als Handlung, die *für das System selbst Sinn hat* und deshalb - nur deshalb! - dem System *zugerechnet* werden kann. Sie müssen sich deshalb mit vertretbaren Gründen für ihr Handeln, mit Motiven ausstatten, wenn und soweit sie damit rechnen müssen, in ihrer Handlungsweise für sich selbst oder für andere zum Problem zu werden[25].

Die sehr vielschichtigen genetischen Bedingungen, die Handeln ermöglichen, bleiben in Handlungssystemen vorausgesetzt, werden aber nicht, oder nur äußerst

[23] Vgl. die Hinweise oben Anm. 13.

[24] Es gibt sicher auch Möglichkeiten, sich dem Formzwang des Sinnes, der das tägliche Leben und die Kommunikation beherrscht, zu entziehen und die Schwere des dunklen Waldes, der die Nacht bringt, unmittelbar zu erfahren. Und es gibt auch Möglichkeiten, sich in solchem Erfahren mit einem anderen eins zu wissen. Aber das sind Lagen und Erfahrungen, die keine Handlungsmöglichkeiten eröffnen und die durch Kommunikation nur zerstört werden können; sie bestätigen also nur, was wir im Text zu entwickeln versuchen. Ob es in der Kunst, vor allem in Dichtung und Malerei, Möglichkeiten gibt, zwischen sinnfreier Erfahrung und Sinnwelt sinnvoll zu vermitteln, halten wir als Frage hier offen.

[25] Zu diesem Motivbegriff, den man auf *Max Weber* zurückführen kann, vgl. *C. Wright Mills,* Situated Actions and Vocabularies of Motive, in: American Sociological Review 5 (1940), S. 904-913; *Kenneth Burke,* A Grammar of Motives, and A Rhetoric of Motives, 1945 bzw. 1950, Neudruck Cleveland, New York 1962.

verkürzt, thematisiert. Anders könnte Handeln nicht zur Handlung werden, könnte nicht die Funktion eines relationierbaren Elements übernehmen. In die Bedingungen, die eine Handlung konstituieren, geht diese Inanspruchnahme als Element mit ein. Ohne solche Reduktion auf das, was *Parsons* unit act nennt, wäre Handlung gar nicht möglich. Die Reduktion wird in sozialen und in personalen Systemen (nicht notwendig, wohl aber im großen und ganzen, gleichlaufend) durch Prozesse der Zurechnung von Selektionen geleistet, die ihrerseits wiederum von System zu System und vor allem historisch variierenden Bedingungen unterliegen. Insofern konstituiert ein Handlungssystem sich selbst in seinen Elementen, ohne damit zugleich all die Bedingungen sicherstellen zu können, auf denen es aufruht.

Ähnlich wie bei *Parsons* bleiben demnach Sinn (meaning) und Zeit unerläßliche Konstituentien des Handlungssystems, also auch begriffliche Bedingungen der Analyse des Konstitutionszusammenhangs von Handlung und System. Daß dies so ist, wird aber nicht wahlweise aus einer Dekomposition des Handlungsbegriffs oder aus einer Dekomposition des Systembegriffs hergeleitet. Vielmehr wird mit Bezug auf reale Systeme argumentiert, Evolution prämiiere Systeme, die Zeit für systemeigene Prozesse gewinnen und strukturieren können und die das Problem des selektiven Relationierens auch unter Bedingungen hoher Komplexität noch adäquat lösen können. Beiden Anforderungen, Zeitgewinn und Selektionskontrolle, werde genügt durch die Konstituierung dessen, was für bestimmte Emergenzniveaus Element bzw. Relation sein und damit selektionsrelevant sein könne. Handlung als temporalisiertes, sinnhaft-selektiv sich festlegendes Ereignis genüge diesen Anforderungen in besonders erfolgreicher Weise und definiere damit die Typik eines neuen Emergenzniveaus, auf dem personale und soziale Systeme gebildet werden können.

IV

Auch auf dem angehobenen Emergenzniveau sinnhaft konstituierter Systeme setzt die Evolution sich fort[26]. Die Bedingungen des Eintritts in ein emergentes Niveau evolutionärer Veränderungen können nicht schon alle Chancen ausschöpfen, können nach Größe und Komplexität nicht schon die letztlich erreichbaren Formen ausbilden. Eine Theorie der Handlungssysteme muß diese Differenz von Anfang und jetziger Lage soziokultureller Evolution überbrücken und muß zumindest die Evolutionsfähigkeit auf ihrem Emergenzniveau erklären können (was nicht schon heißt: die Ergebnisse der Evolution erklären oder gar voraussagen können). Dem würde eine Handlungsanalytik in der Art von *Parsons*, aber auch eine Subjekttheorie der Hand-

[26] Über den Bezugsrahmen einer Theorie soziokultureller Evolution besteht noch wenig Einverständnis, und vor allem ist offen, wie eng diese Theorie sich an das neodarwinistische Verständnis der Evolution als Synthese mehrerer Funktionen anschließen kann. Vgl. etwa *Donald T. Campbell,* Variation and Selective Retention in Socio-Cultural Evolution, General Systems 14 (1969), S. 69-85; *Karl E. Weick*, The Social Psychology of Organizing, Reading, Mass., 1969; *Talcott Parsons*, Comparative Studies and Evolutionary Change, in: *Ivan Vallier* (Hrsg.), Comparative Methods in Sociology: Essays on Trends and Applications, Berkeley 1971, S. 97 7139; *Niklas Luhmann*, Systemtheorie, Evolutionstheorie und Kommunikationstheorie, in: *ders.*, Soziologische Aufklärung, Bd. 2, Opladen 1975, S. 193 -203, *Klaus Eder*, Die Entstehung Staatlich organisierter Gesellschaften: Ein Beitrag zu einer Theorie sozialer Evolution, Frankfurt 1976.

lungsmotivation im Wege stehen, denn beide generalisieren ein sehr modernes Verständnis des Handelns[27]. Der vorstehend skizzierte Ansatz legt es nahe, das Bindeglied im Problem der Zurechnung zu sehen; denn Zurechnungsprozesse konstituieren erst diejenigen Einheiten, die als Handlungen im System über Intentionen und Erwartungen verknüpft werden können, und Zurechnungsprozesse unterliegen zugleich einer sozialen Regulierung, die man sich als entwicklungsfähig vorstellen kann.

Erst Bedingungen der Zurechnung können das Handeln personalisieren in einem Sinne, den die „Handlungstheorie" im Begriff der Handlung festhalten möchte. Als Bedingung der Zurechenbarkeit wird diejenige Struktur einsichtig, die *Parsons* nur analytisch postuliert, nämlich die Relation actor-in-situation, die es überhaupt erst ermöglicht, ein Verhalten als selektiv zu sehen und es dem Handelnden (der dadurch erst ein solcher wird) zuzurechnen. Erst so wird auch verständlich, daß Sozialität zu den konstituierenden Bedingungen des Handelns gehört, nämlich zu den Bedingungen der Differenzierbarkeit von "actor" und „situation". Es muß eine Auffassungsperspektive realisiert werden, für die diese Differenz zur Relation wird - eine Perspektive, die dann auch der Handelnde selbst oder sein alter ego ("social object") oder ein Beobachter aktualisieren kann[28].

Nur wenn solche Konstitutionsverhältnisse gesichert sind, kann eine Zusatzbedingung für Zurechnung postuliert werden, die den Handelnden selbst mit internen Prozessen stärker einbezieht. Dann wird nicht nur die Differenz von Handelndem und Situation zurechnungsrelevant, sondern außerdem noch die Möglichkeit des Handelnden, sich zu dieser Differenz einzustellen und die sich aus ihr ergebende Selektivität seines Handelns zu kontrollieren. Für die spezifisch europäische Tradition ist bezeichnend, daß diese Zusatzbedingung allmählich die Begriffsbestimmung übernimmt und das Handlungsverständnis prägt[29]. Seit dem zwölften Jahrhundert beginnt - zunächst in der Moralkasuistik, dann schlechthin - ein Handlungsverständnis sich durchzusetzen, das die *soziale* Relevanz des Handelns von Prozessen intentionaler *Binnen*relationierung abhängig machen will - ein anspruchsvolles, zunächst sicher paradox anmutendes, nur im Schonraum der Moraltheologie und der Beichtpraxis ausgeführtes Prinzip.

Eine zweite, für die neuzeitliche Gesellschaft vielleicht noch wichtigere semantische Transformation liegt in der Beziehung zwischen *Kausalität* und *Zurechnung*,

[27] Entsprechend integriert *Parsons* Handlungssystemtheorie und Evolutionstheorie wiederum nur über Kreuztabellierung. Er identifiziert nicht in Anlehnung an *Darwin* evolutionäre Mechanismen, sondern vier Steigerungsrichtungen der Evolution (adaptive upgrading, differentiation, inclusion, value generalisation) und projiziert diese vier Begriffe dann auf die vier Funktionen des allgemeinen Handlungssystems. Dabei bleibt offen, was eigentlich den Theoriegegenstand, der mit Begriffen wie actor-in-situation bezeichnet wird, zur Evolution disponiert.

[28] Hier können die Analysen eingearbeitet werden, die *George Herbert Mead* zum Verhältnis von Zeitlichkeit, Perspektivenwechsel und Sozialität beigesteuert hat.

[29] Eine wichtige Ausgangsformulierung findet sich in der Ethik *Peter Abaelards*, die auf das Erfordernis des *inneren Konsensus* zu eigenem Tun oder Lassen (facere/dimittere) als Voraussetzung moralischer Beurteilung abstellt. Vgl. Peter Abelard's Ethics (*D. E. Luscombe,* ed.), Oxford 1971, insbes. S. 4 ff. Daß damit Interdependenzprobleme auftreten (siehe den Abschnitt „Utrum quis de uno peccato sine alio penitere possit", S. 90 ff.), also der unit act neu bestimmt werden muß, spricht ebenfalls für die theoretische Relevanz dieser Neuformulierung. Vgl. Zu den Konsequenzen im übrigen auch *M.-D. Chenu,* L'éveil de la conscience dans la civilization médiévale, Montreal-Paris 1969.

und sie verhindert die Teilableitung der Zurechnung ins Religiöse. Da durchaus gleiche Handlungen Erfolge ebenso wie Mißerfolge einbringen können, und das zeigt sich vor allem im Bereich der Wirtschaft, aber auch in der Politik, können Erfolg/Mißerfolg nicht allein aus der Handlung erklärt werden. Man braucht einen Zusatzfaktor, sei es „Glück", sei es Gottes Mitwirkung, um Handlung und Erfolg/Mißerfolg verknüpfen zu können[30]. Diese Zurechnungsdiffusion - wir würden heute sagen: diese „externale Zurechnung" - muß unterbunden und es muß, sozusagen gegen den ersten Anschein, Handlung und Erfolg bzw. Mißerfolg als Einheit konstituiert werden. Erst damit wird neben der bereits mittelalterlichen Binnenreflexivität dasjenige Moment hinzugefügt, das Handeln im neuzeitlichen, funktional spezifizierbaren und organisierbaren Sinne konstituiert.

Wenn diese Errungenschaft gesichert ist, kann die Differenzierung von internaler und externaler Zurechnung sozial standardisiert werden[31]. Dann wird präziser regulierbar, was in sozialen Beziehungen und für wen es als Erleben bzw. als Handeln zu gelten hat. Damit werden wichtige Voraussetzungen geschaffen für die Differenzierung und funktionale Zuordnung unterschiedlicher Medien der Kommunikation, die Selektionsanschlüsse regeln[32]. Erst auf dieser Basis kann die funktionale Differenzierung des Gesellschaftssystems weiter getrieben werden und über eine bloße Rollendifferenzierung in den Oberschichten hinaus das gesamte Gesellschaftssystem umstrukturieren. In diesem sehr indirekten (und im übrigen weitgehend unerforschten) Sinne kann man Transformationen des Handlungsverständnisses als semantische Vorentwicklungen (preadaptive advances) für den Übergang zur modernen, funktional differenzierten Gesellschaft ansehen. Zumindest hält der hier vorgeschlagene Theorieansatz solche Forschungsmöglichkeiten einer historisch-sozialen Semantik offen.

Daraus, daß jene historisch späte, eher exzeptionelle, zugesetzte Internalisierung des Handelns begriffsbestimmend geworden ist und, wie manche meinen[33], den Übergang zur Moderne ermöglicht hat, folgt aber nicht, daß die soziologische Theorie sie in ihre eigene Begrifflichkeit zu übernehmen hätte. Artefakte eines historischen Prozesses der Begriffsprägung können ihrerseits nicht begriffen werden, wenn man die Theorie ihnen unterwirft. Eine solche Entscheidung könnte sich selbst nicht mehr theoretisch reflektieren, sondern nur noch normativ bejahen. Sie führt direkt auf Theoriepositionen, die die Subjektivität des Handelnden in Sinn und Motiv gegen das System ausspielen und damit hinter den Theoriebildungsmöglichkeiten der Gegenwart zurückbleiben.

[30] Ein typisches Argument: "When thou hast gotten wealth, say not, This I have gotten by my own Wisdom and policy: For how many men, of as great understanding and wisdom as thy self, have not the tythe of thy estate? Neither say, This I have gotten by mine own travel pains, and endeavours. For how many men have been as industrious as thy self, and yet have not found that success which thou hast done? And therefore say with Job (ch. 1.21) The Lord hath given" (*Thomas Gouge,* Christian Directions, Showing how to Walk with God All the Day long, London 1690 (geschrieben 1660), S. 55.

[31] Was nicht ausschließt, sondern gerade erst möglich macht, daß die Neigung zu eher internaler oder eher externaler Zurechnung in nicht eindeutigen Fällen von weiteren Faktoren abhängt, Vgl. dazu *Julian B. Rotter,* Generalized Expectancies for Internal Versus External Control of Reinforcement, in: Psychological Monographs 80 (1966), S. 1-28 mit umfangreichen anschließenden Forschungen.

[32] Hierzu *Niklas Luhmann,* Einführende Bemerkungen zu einer Theorie symbolisch generalisierter Kommunikationsmedien, in: *ders.,* Soziologische Aufklärung, Bd. 2, a. a. O., S. 170-192.

[33] So *Benjamin Nelson,* Der Ursprung der Moderne: Historische und systematische Studien zum Zivilisationsprozeß, Frankfurt 1977.

Handlungstheorie und Systemtheorie müßten aber beide in der Lage sein, ihren Gegenstand als historisches Objekt zu begreifen, das sich korrelativ zu evolutionär sich ändernden Bedingungen selbst formuliert. Die dazu nötige Varianz des Gegenstandes blockiert man durch Kontrastierung von Handlung und System, denn sie liegt in deren Konstitutionszusammenhang. Man blockiert sie auch durch voreilige Apriorisierungen - sei es daß man (im Widerspruch zur Begriffstradition) von der Subjektivität des individuell handelnden Menschen, sei es daß man mit *Parsons* von einer Elementaranalytik des Handlungsbegriffs ausgeht. Der hier vorgeschlagene Bezugsrahmen einer Analytik der Komplexität versucht, solche theorieimmanenten Begrenzungen zu vermeiden und sich selbst auch noch die Analyse der historisch-sozialen Semantik seines Gegenstandes abzuverlangen. Dabei kann „Subjekt" oder "actor-in-situation" nicht mehr Grundbegriff sein, sondern nur noch Problemhinweis. Was sich unter diesen Bezeichnungen handlungsbestimmend formiert hatte, gehört selbst noch zum Gegenstand der Theorie oder gräbt sich als gefallene Tradition doch in ihn ein. ln der Perspektive einer abstrakter ansetzenden Theorie sind durch solche Bezeichnungen nur noch Zurechnungsregeln symbolisiert, die dann freilich konstitutiv sind für das, was eine Gesellschaft als Handeln behandeln und begreifen kann.

V

Wenn diese Überlegungen im großen und ganzen zutreffen, muß die Soziologie Handlung als Artefakt einer Geschichte mit evolutionär ablaufendem Modus der Selbständerung begreifen. Daß soziale Systeme entstehen, die so komplex sind, daß sie sich selbst nicht mehr als Kollektiv von Menschen (congregatio, universitas, communitas, Gruppe) und auch nicht mehr als Beziehung zwischen Positionen (officia, états, Rollen) begreifen können, ist ein Ergebnis, wenngleich nicht ein angezieltes, ja nicht einmal ein normal erwartbares Ergebnis soziokultureller Evolution. Diese evolutionäre Entwicklung transformiert auch den Handlungsbegriff in dem Maße, als sie ihn zur Erfassung konstitutiver Elemente sozialer Systeme in Anspruch nimmt.

Die „lnternalisierung" der Handlungsmotivation und die damit ermöglichte gesellschaftliche „Privatisierung" des Handelns[34] muß unter diesem Gesichtspunkt als Übergangsphase beurteilt werden, die kompaktere Vorstellungen über Elemente sozialer Ordnung schon auflöst, aber noch moralfähig bleibt und nicht unbedingt auf wissenschaftliche Analyse angewiesen ist. Bestrebungen, die sich gegenwärtig als „handlungetheoretischer Ansatz", zur Diskussion stellen, halten diese Errungenschaft mit Recht fest; aber sie ignorieren darüber hinausgehende analytische Möglichkeiten.

[34] Zur Auflösung der Assoziation privatus/inordinatus im Mittelalter vgl. *H.-J. Fuchs*, Zur Vorgeschichte und Semantik von französisch Amour-Propre: Untersuchungen zur Entwicklung einer Begriffsstruktur im sprachlichen Feld der „Selbstbezogenheit" von den Anfängen bis zum Ende der französischen Hochklassik, Diss. Gießen 1972. Damit wird zunächst jedoch nur das private Individuum, nicht auch schon die private *Handlung* freigesetzt. Die Augenblickhaftigkeit der individuellen Existenz wird erst im Übergang zur Neuzeit zum Thema, und erst damit wird zum Problem, wie Ereignis mit Ereignis, Handlung mit Handlung kontinuierlich und konsistent zusammenhängen können. Vgl. *Georges Poulet*, Etudes sur le temps humain, Paris 1950.

Eine systemtheoretische Analyse des Handelns müßte demgegenüber fragen: Was wird dem Handeln abverlangt, wenn es als Element, als temporalisiertes Element im Aufbau Sozialer Systeme fungiert? Und wie kann ein Handlungsbegriff diese (für Handlungssysteme nicht weiter auflösbare) Element-Funktion adäquat bezeichnen?

Geht man von dem skizzierten Komplexitätsbegriff aus, ergeben sich folgende Limitierungen der Begriffswahl:

1. Handlungen müssen als Systemelemente einerseits *allgemeine Züge tragen* (nämlich als Handlungen überhaupt erkennbar und verständlich sein) und sich außerdem durch *Selektion ihrer Beziehungen zu anderen Handlungen des Systems besonders qualifizieren*. Sie setzen bereits vollzogene Handlungen fort, bahnen künftige Handlungen an, durchkreuzen andere Handlungsvollzüge, verhindern Handlungen, die an ihrer Stelle möglich gewesen wären. All das erfordert nicht notwendig eine Artikulation nach Zweck und Mittel, wohl aber eine hinreichend deutliche Typisierung, die jeweils rasch genug verständlich und erwartbar macht, welche Handlungsanschlüsse in Betracht kommen[35]. Die Typisierung selbst - zum Beispiel: Öffnen einer Tür - bleibt gleichwohl abstrakt; denn nur so ist sie lernbar, erwartungsleitend, verständlich. Die situative Konkretheit gewinnt das Handeln nicht durch sie, sondern erst durch in der Situation aktualisierte selektive Beziehungen auf anderes Handeln: Die Tür öffnet man, weil es geklingelt hat; obwohl es ein Gespräch unterbricht; obwohl unsicher ist, welche Handlungsanschlüsse nach der Öffnung in Betracht kommen; weil Anwesende ein Nichtreagieren auf Klingeln mit Verwunderung registrieren und eine Erklärung erwarten würden, usw.

Was eine Handlung konkret zur Handlung macht, ist demnach nicht die Typenwahl und auch nicht der Versuch einer Rationalisierung der Selektion, etwa mit Hilfe des Zweck/Mittel-Schemas oder über Kriterien der Wirtschaftlichkeit. Typik und Rationalität sind nur Formen für Handlungen, und zwar: Typik Form für Elemente, Rationalität Form für deren Relationierung[36]. Was eine Handlung zur Handlung macht, ist dagegen die Tatsache, daß sie in einem System als Element für Relationierungen in Anspruch genommen wird. Dies geschieht in einer konkret-temporalisierten Konstellation, die im System dauernd wechselt und deshalb als Ereignis bewußt wird.

2. Handeln übernimmt, obwohl nur Ereignis, eine *zeitbindende Funktion*[37]. Als Ereignis ist es zeitlich bestimmt durch die Differenz von Vergangenheit und Zukunft,

[35] Vgl. allgemein *Edmund Husserl*, Erfahrung und Urteil: Untersuchungen zur Genealogie der Logik, Hamburg 1948, S. 26 ff. und im Anschluß daran *Alfred Schutz*, Common-sense und Scientific Interpretation of Human Action, in: *ders*., Collected Papers, Bd. I, Den Haag 1962, S. 3-47.

[36] Damit ist zugleich gesagt, daß weder der lebensweltliche noch der wissenschaftlich-rational: Handlungsbegriff von *Schutz* (a. a. O., 1962) über das Formale hinausgelangt. Für *Schutz* liegt wie für *Husserl* die Konkretheitsgarantie allen typisierten Sinnes letztlich in der Welt. Dem ist durchaus zuzustimmen. Aber innerhalb der Welt entscheidet sich erst durch Systembildungen, auf welchem Emergenzniveau Konkretes Form gewinnen kann.

[37] Auch in der Theorie des Nervensystems, die ebenfalls nur mit Hilfe temporalisierter Elementbegriffe formuliert werden kann, gilt die zeitbindende (Gedächtnis bildende) Funktion Elementarereignissen als „most basic property" - so *Pribram*, a. a. O., S. 26.

die im Sinn des Handelns zum Ausdruck kommt[38]. Handeln will eine andere Zukunft, als sie sich aus der Vergangenheit ergibt. Diese Diskontinuierung kann es jedoch nur dadurch erreichen, daß es sich selbst kontinuiert. Das soll mit „Zeitbindung" gemeint sein. Handeln kontinuiert wie jedes Ereignis allein schon dadurch, daß es unwiderrufliche Vergangenheit wird. Typisch wird ihm als Handeln aber darüber hinaus ein Mehrwert an Bindung abverlangt, eine Art Selbstfestlegung, die den besonderen Sinn der Handlung zur (relativ) verläßlichen Prämisse weiteren Verhaltens macht: Wenn jemand aufs Klingeln hin die Tür öffnet, wird er auch bereit sein, sich ansprechen zu lassen und im Rahmen üblicher Kontaktgepflogenheiten zu reagieren. Absprung- und Unterbrechungsmöglichkeiten erhalten erst von dieser Grunderwartung her ihren Sinn. Erst in eine lange genug vorgehaltene Bindung fügen, sie ablösend, neue Handlungen neue Diskontinuitäten und neue Bindungen ein.

Auch in dieser Hinsicht sind im übrigen die historischen Bedingungen zu beachten, die (obwohl immer schon gehandelt worden war) das spezifisch moderne Handlungsverständnis konstituieren. Zu einer Handlungstheorie im modernen Sinne konnte es erst kommen, nachdem man die Vorstellung einer Naturteleologie aufgegeben hatte und die Zeitbindung als Leistung des Handelns selbst zu begreifen begann. Denn Naturteleologie hieß ja: daß das Handeln auf ein Ende zustrebt, das ihm als seine Natur vorgegeben ist - ob es nun im konkreten Fall erreicht wird oder nicht. Erst nachdem aus Gründen, die wir hier nicht erörtern können, diese Beendungslogik zerfallen war, konnte das Handeln als differentielles Ereignis zwischen Vergangenheit und Zukunft freigesetzt werden; und erst dann konnte es Sinn des Handelns werden, seine eigene Zukunft zu okkupieren. Die Transformation erfolgt im 18. Jahrhundert. *Vauvenargues* (1715-1747) muß noch als Vorläufer gelten, die Betonung des Seins als Handlung allein löst nicht das Problem der Umstrukturierung. Deutlicher wird der neue Begriff auf einem Umweg: dort, wo er weggelassen wird. Das unbedingte Glück am Ufer des Sees ist bedingt durch die Ausschaltung von Zukunft und Vergangenheit und damit durch Abwerfen aller Erwartungen und Erinnerungen, die die Gegenwart als Zeit für Handlung in Anspruch nehmen könnten[39]. Also ist Handlung jetzt Herstellung und Überbrückung der Differenz von Zukunft und Vergangenheit mit der Folge, daß Glück nur noch in der Vergangenheit oder in der Zukunft gesucht werden kann. Wie das „Subjekt" damit fertig wird, ist ein über natürliche Moral nicht mehr zu regulierendes Folgeproblem und ist im Begriff des Handelns nicht mehr mitbestimmt.

[38] Wir sagen bewußt nicht: die es bewirkt. Der zeitliche Sinn des Handelns ist zunächst voll und ganz gegenwärtiger Sinn. Er differenziert eine *gegenwärtige Vergangenheit* und eine *gegenwärtige Zukunft.* Ob und in welcher Weise das Handeln außerdem *vergangene Gegenwart* mit *künftigen Gegenwarten* kausal verknüpft, ist eine ganz andere Frage, deren Thematisierung und Beantwortung mehr oder weniger gut mit dem zeitunmittelbaren Sinn des Handelns integriert sein kann. Zur Unterscheidung dieser beiden Formen der (zweifachen) Modalisierung von Zeit vgl. auch *Niklas Luhmann,* The Future Cannot Begin: Temporal Structures in Modern Society, in: Social Research 43 (1976), S. 13O-152. Im Unterschied dazu geht die bekannte Unterscheidung von „Um-zu" Motiv und „Weil" Motiv von *Alfred Schütz,* Der sinnhafte Aufbau der sozialen Welt: Eine Einleitung in die verstehende Soziologie, Wien 1932, die ebenfalls der Zeitlichkeit des Handelns Rechnung zu tragen sucht, lediglich der Differenz von Zukunft und Vergangenheit aus, benutzt also nur eine einfache Modalisierung der Zeit.

[39] Jean Jacques Rousseau, Rèveries du promeneur solitaire, (cinquieme promenade), Oeuvres complètes (éd. de la Pléiade), Paris 1959, insb. S. 1046.

3. Unterhalb derjenigen Ebene, auf der die Erkennbarkeit, Verständlichkeit und die Zulassung des Handelns zum System durch kognitive und normative Mechanismen geregelt wird, müssen Überschüsse an Handlungsmöglichkeiten *produziert* und zeitweise einzeln aktualisiert, im übrigen aber *reprimiert* werden. Nur auf diesem Umweg läßt sich Komplexität temporalisieren. Die schlichte binäre Schematisierung gut/schlecht kann diesen komplexen Aufbau der Modalitäten nicht fassen. Das meiste von dem, was möglich ist, erweist sich jeweils als doch unmöglich; es wäre möglich, aber es kommt nie dazu, weil vergangene und künftige Handlungsanschlüsse, also sinnotwendige Relationierungen im System fehlen. Ähnlich wie in den Zeitaussagen muß die Handlungstheorie deshalb auch in den Möglichkeitsaussagen mit iterativen Modalisierungen (Unmöglichkeit des Möglichen) arbeiten. Außerdem verlieren unter solchen Bedingungen Globalstrukturen ihre Fähigkeit des Zugriffs auf Situationen: oder sie müssen, wie weite Bereiche des Rechts, umgestellt werden auf die Bereitstellung von Formen (z. B. Vertragstypen), die man benutzen oder auch nicht benutzen kann.

4. Diese Offenheit macht es unerläßlich, Handeln durch *Zurechnung* zu identifizieren. Denn was jeweils als Element im Relationierungsgefüge bzw. als Ereignis in den Prozessen des Systems fungiert, kann seine Relationierbarkeit nicht ausschließlich durch die Relationen selbst gewinnen, Begriff und Theorie der Zurechnung (imputatio) sind im Kontext sozialer Systeme (nicht: als psychologische Theoriel) zur Anschließung von Folgehandlungen, also aus Relationierungsnotwendigkeiten heraus entstanden. Dabei konnten moralische, rechtliche, schließlich auch wirtschaftliche Erwägungen maßgeblich sein, je nach dem, ob es sich im Anschlußhandeln um Zuteilung von Verantwortung, um Zuteilung von Rechtsfolgen, insb. Strafe, oder um Zuteilung von Einkommen handelte[40]. Das Bezugssubjekt der Zurechnung wurde nicht problematisiert[41], es sei denn unter dem Gesichtspunkt der Zurechnungsgründe (z. B. Freiheit).

In der Tat ist es Funktion der Zurechnung, relationierbare Handlungseinheiten zu konstituieren. Diese Funktion würde überschritten, wollte man die Zurechnung abhängig machen von einer weiteren Auflösung der Handlung in mitwirkende Variable, Motive, Nervenimpulse oder was immer. Solche Aufklärung bleibt selbstverständlich möglich, sie würde aber das Ordnungsniveau des Systems verlassen, in dem die Handlung als Element fungiert, und würde das, was zugerechnet wird, mitauflösen. Die Zurechnung bezieht die Handlung auf ein seinerseits hochkomplexes System, das die Handlung beisteuert. Aber sie thematisiert dieses System nicht als System, sondern entleiht ihm nur gleichsam seine Einheit, um sie als Einheit eines (wie immer in sich komplexen) Aktes im eigenen System mit anderen zu verknüpfen.

[40] Vgl. z. B. *Samuel Pufendorf* De jure naturae et gentium libri octo Buch I Kap. V (zit. nach der Ausgabe Frankfurt-Leipzig 1744, S. 66 ff.); *Hans Mayer*, Zurechnung, Handwörterbuch der Staatswissenschaften, 4. Aufl., Bd. III, Jena 1928, S. 1208-1228; *Felix Kaufmann*, Methodenlehre der Sozialwissenschaften, Wien 1936, S. 181 ff.

[41] Das gilt im übrigen auch für die sozialpsychologische Attributionstheorie, die den Zurechner, nicht jedoch den, dem etwas zugerechnet wird, psychologisch erforscht. Vgl. z. B. *Edward E. Jones et al.*, Attribution: Perceiving the Causes of Behavior, New York 1971.

5. Diese Überlegungen haben divergierende Konsequenzen je nachdem, ob man sie auf Personen oder auf soziale Systeme als Handelnde bezieht[42]. In beiden Fällen honoriert die Zurechnung, daß das handelnde System Varianz konstituiert (nämlich viele Zustände annehmen kann und die eigenen Zustände laufend ändert) und sie selbsttätig reduziert. Genau das ist diejenige (komplex-selbstselektive) Einheit, auf die die Zurechnung die Handlung bezieht. Wenn eine Person in sozialen Systemen handelt, so stellt sie ihre Varianz in einer Weise zur Verfügung, die als Handeln gelesen und verwendet werden kann[43]. Soziale Systeme, die die Fähigkeit zu eigenem Handeln aufbringen wollen, müssen beides in sich selbst leisten: Varianzreduktion und Relationierung ihres Resultats als Handlung. Das erfordert Organisation nicht nur von selektiven Simplifikationen, sondern auch von Bindungswirkungen im System trotz selektiver Simplifikation. Die alteuropäische Handlungslehre hatte eine solche Ordnung zuerst im Kontext der griechischen Stadt erfahren und ihren operativen Modus daher „Politik" genannt.

[42] Gegen eine weit verbreitete Auffassung gehen wir mit *Parsons* davon aus, daß sowohl personale als auch soziale Systeme handeln können – soziale Systeme zwar nur unter besonderen Voraussetzungen (*Parsons* nennt sie dann "collectivities"), dann aber auch in Formen, die nicht unbedingt auf Handlungen von Einzelpersonen zurückgeführt werden können, zum Beispiel auf dem Aggregationsniveau von Mehrheitsbeschlüssen.

[43] Zu entsprechenden Vorstellungen über die Beziehungen von personalen und sozialen Systemen vgl. *Niklas Luhmann,* Interpenetration: Zum Verhältnis personaler und sozialer Systeme, in: Zeitschrift für Soziologie 6 (1977), S. 62-76.

Köln Z Soziol (2017) (Suppl 1) 69:433–454
DOI 10.1007/s11577-017-0415-8

Kölner Zeitschrift für Soziologie und Sozialpsychologie

ABHANDLUNGEN

Das innere System sozialer Gruppen*

Von Friedhelm Neidhardt

Die seit langem prosperierende „Kleingruppenforschung" hat von den Möglichkeiten der Soziologie bislang auch dort, wo sie unter ihrem Namen stattfand, wenig profitiert. Für den Versuch, Gruppenereignisse aus kollektiven anstatt individuellen Umständen zu begreifen, gab es zwar eine Fülle interessanter Ansätze, aber keinen systematischen Entwurf. Es fehlt der Bezugsrahmen, von dem her Gesetzmäßigkeiten des Gruppenlebens mit analytischer Konsequenz aus Systemeigenschaften, Strukturmerkmalen und Umweltbedingungen bestimmt werden könnten. Allerdings wird seit einigen Jahren daran gearbeitet, und es sind jetzt die Spuren gelegt, von denen her eine theoretisch profilierte Gruppensoziologie ihren Ausgang nehmen kann[1].

Fragt man nach den Gründen für die wissenschaftshistorische Verspätung der Gruppensoziologie, so sind erstens Schwierigkeiten zu bedenken, die sich aus interdisziplinären Kompetenz- und Kooperationsproblemen ergeben. Gruppe, verstanden als Kleingruppe, ist ein soziales Gebilde, das den Individualitäten seiner Mitglieder

* *Alphons Silbermann* zum siebzigsten Geburtstag gewidmet.

[1] Zu denken ist hier insbesondere an die Texte von *Dexter D. Dunphy* (The Primary Group: A Handbook for Analysis and Field Research, New York 1972) und *Theodore M. Mills* (Soziologie der Gruppe, München 1969), aber auch an den systemtheoretischen Ansatz von *Frederik L. Bates* und *Clyde C. Harvey* (The Structure of Social Systems, New York 1975, bes. Kap. 8, S. 111–128). Im deutschen Bereich verdient der Essay von *Dieter Claessens* (Gruppen und Gruppenverbände. Systematische Einführung in die Folgen von Vergesellschaftung, Darmstadt 1977) besondere Aufmerksamkeit; vgl. dazu meine Rezension der *Claessens*'schen Publikation in: Kölner Zeitschrift für Soziologie und Sozialpsychologie, Bd. 30 (1978), Heft 4, S. 780–782. Siehe im übrigen auch den Versuch von *Helmut Willke*, Elemente einer Systemtheorie der Gruppe, in: Soziale Welt, Jg. 29, 1968, S. 243–257.

Erstveröffentlichung: *Kölner Zeitschrift für Soziologie und Sozialpsychologie*, Jg. 31, 1979, Heft 4, S. 639–660.

c/o V. Dreier,
Institut für Soziologie und Sozialpsychologie, Universität zu Köln,
Lindenburger Allee 15, 50931 Köln, Deutschland
E-Mail: volker.dreier@uni-koeln.de

so nah und deren je besonderen Wahrnehmungen, Gefühlen und Motivationen so unmittelbar ausgeliefert ist, daß sich eine Psychologisierung des Gegenstands geradezu aufdrängt. Gruppe ist deshalb ein Thema, an dem sich die Eigenleistung der Soziologie weit schwieriger ausbringen ließ als an den abstrakteren Gebilden wie etwa Gesellschaft, Klasse oder Organisation, bei denen die Gewalt des Kollektiven die Vernachlässigung des „subjektiven Faktors" eher möglich macht. Gruppensoziologie kann sich dies nicht leisten. Sie steht vor der Schwierigkeit, ihre Autonomie unter der Bedingung sehr geringer Autarkie durchzusetzen; sie hat ständig mit Sachverhalten zu tun, die im Zentrum eines anderen Faches stehen, nämlich der Psychologie. Das Problem der Gruppensoziologie ist, sich auf deren Material einlassen zu müssen, um die eigene Perspektive zu gewinnen.

Die Frage ist, ob sich dergleichen Mühe für das Fach selber lohnt. Entsprechende Zweifel mögen den zweiten Grund dafür abgeben, daß die Gruppensoziologie noch nicht recht in Fahrt gekommen ist. Es könnte sein, daß die Kategorie Gruppe für die Systematik der Soziologie randständig ist, weil das Phänomen selber für das soziologische Verständnis von Gesellschaft nur einen geringen Rang besitzt. Auffallend ist doch, daß bei keinem der großen Klassiker der Soziologie der Begriff Gruppe, verstanden als Kleingruppe, einen systematischen Status besitzt, weder bei *Weber* noch bei *Durkheim* noch bei *Marx*[2]. Auch bei *Simmel*, von dessen Sensibilität und Scharfsinn der Gruppensoziologe auch heute noch mehr als von jedem anderen lernen kann, wird der Gruppenbegriff vollkommen unsystematisch – mal für Familie und Verwandtschaft, mal für Stände und Klassen, dann auch für nationale Gesellschaften insgesamt – benutzt[3].

Warum haben die Klassiker der Soziologie einen aparten Gruppenbegriff nicht für wichtig erachtet? Eine vielleicht befriedigende Antwort könnte daran ansetzen, daß sie selber in einer Phase gesellschaftlicher Evolution lebten, in der das Differenzierungsprodukt Gruppe, das wir heute ernst zu nehmen haben, noch nicht hinreichend deutlich auskristallisiert und gewichtet erschien. Sicher gab es Gruppe in einem lockeren Sinn zu allen Zeiten, wahrscheinlich aber jeweils stark eingebunden und sozial beherrscht von relativ diffusen institutionellen Komplexen, also ohne richtige Chance, gleichsam zu sich selber zu kommen. Erst die Spezialisierung und der damit verbundene Rückzug dieser institutionellen Komplexe, z. B. von Verwandtschaft, Nachbarschaft, Gemeinde, Kirche, gab den Boden frei für die Ausdifferenzierung eines allgemeinen Typus von Gruppe, und zwar innerhalb wie außerhalb der alten

[2] *Edward A. Shils* (The Study of Primary Groups, in: *Daniel Lerner* und *Harold D. Lasswell* (Hrsg.), The Policy Sciences, Stanford, Cal., 1951, S. 45) hält *Emile Durkheim* mit Hinweis auf dessen Vorwort zur 2. Aufl. von „La division du travail social" von 1902 für „the only great sociologist of the nineteenth and early twentieth centuries whose ideas have influenced the development of primary-group-analysis". Das erscheint mir stark übertrieben. *Durkheims* mit Recht viel beachtete Behandlung von „Berufsgruppen" bezieht sich weniger auf Kleingruppen als auf korporativ vorgestellte Verbände von nationalem Zuschnitt. Was ihn für die Gruppenforschung heute interessant macht, ist nicht das Einspielen eines bestimmten gruppenartigen Systemtyps, sondern das Insistieren auf bestimmten Funktionen, die erfüllt sein müssen, um Anomie zu verhindern – Funktionen, die auch zur Begründung der Notwendigkeit von Gruppen angesetzt werden können.

[3] Bliebe *Charles H. Cooley* (Social Organization. A Study of the Larger Mind, New York 1962 (zuerst 1909), bes. Kap. ll), der dem Begriff „primary group" als „face-to-face group" eine systematische Bedeutung gegeben hat, ohne aber deren Analyse wesentlich voranzutreiben.

Institutionen. Die Entwicklung der Familie zur Kleingruppe[4] könnte für den einen, die Ausbildung von peer-groups mit den Funktionen einer „interlinking sphere“[5] für den anderen Fall stehen. Allgemein geht es darum, daß hinter sich spezialisierenden und formalisierenden Organisationsformen institutioneller Komplexe ein Vergesellschaftungstypus nachwächst, der individuelle Wahrnehmungen, Gefühle und Motivationen möglichst authentisch und sympathetisch aufnimmt, der den „subjektiven Faktor“ auf der untersten Ebene sozialisiert und nach außen repräsentiert. Dies mag die allgemeinste Funktionsbestimmung von Gruppen sein.

Wichtig ist nun, daß erst in den letzten Jahrzehnten auf einer breiten Front der Freisetzung von Gruppen die Generalisierung und Institutionalisierung eines „Prinzips Gruppe“ nachgewachsen ist. Gruppenarbeit, Gruppentraining, Gruppentherapie – das sind inzwischen stehende Begriffe für eine bestimmte Organisationsform gesellschaftlicher Kommunikation, und man erlebt deren Ausprägung in Schulen, Universitäten, Betrieben und Gemeinden en masse. Auf sie beziehen sich bestimmte Anspruchshaltungen, sie werden gegen die Eifersucht von Eltern, Lehrern und Vorgesetzten gleichsam eingeklagt. Rechtfertigungen erscheinen ins Grundsätzliche politisiert. Schon sind auch mit den „Gruppendynamikern“ Profis aufgekommen, die das Prinzip marktgerecht vertreiben und, wie man hört, kein schlechtes Geschäft dabei machen. Gruppe „an und für sich“ ist in diesem Sinne eine allgemeine gesellschaftliche Kategorie geworden. Man könnte meinen, daß nun die Umstände darauf drängen, die Klassiker der Soziologie zu vervollständigen und aus dem Begriff auch eine relevante soziologische Kategorie zu machen. Ob das möglich und sinnvoll ist, soll im folgenden geprüft werden.

I. Gruppe als System

Die Möglichkeit, den Gruppenbegriff zu einer relevanten soziologischen Kategorie zu entwickeln, wird in der Gruppenforschung normalerweise schon mit dem Eröffnungszug der Gruppendefinition vergeben. Die allgemeine Vorstellung, Gruppe bestehe aus einer „Reihe von Personen“[6], bringt prinzipielle Unschärfen ins Spiel, da sie eine präzise und analytisch sinnvolle Abgrenzung des Gegenstandsbereichs eher behindert als fördert. *Frederik L. Bates* und *Clyde C: HaRvey*[7] haben die Irrtümer, die auf diese Weise entstehen, als „three common fallacies in identifying groups“ wie folgt beschrieben: 1. „The membership error is the one made when we assume that all behavior performed by two or more persons who are related to each other in a given group is necessarily a part of the structure of the same group.“ 2. „The territorial error assumes that all behavior that takes place within the territory commonly occupied by a given group belongs to the structure of that group; for example, that all behavior that takes place within a given household is family behavior“. 3. „The temporal error

[4] In diesem Sinne argumentiert *Hartmann Tyrell*, Familie und gesellschaftliche Differenzierung, in; *Helge Pross* (Hrsg.), Familie – wohin? Hamburg 1979, S. 13–77.

[5] *Shmuel N. Eisenstadt*, From Generation to Generation. Age Groups and Social Structure, Glencoe, Ill., 1956. bes. S. 269 ff.

[6] Siehe z. B. *George C. Homans*, Theorie der sozialen Gruppe, Köln und Opladen 1960, S. 29.

[7] *F. L. Bates* und *C. C. Harvey*, The Structure of Social Systems, a.a.O., S. 124 ff.

amounts to assuming that two actions performed close to each other in time must belong to the same set of actions or to the same group behavior."

Um diese Fehler zu vermeiden, muß der Begriff der Gruppe qua definitionem als eine *analytische* Kategorie bestimmt werden, die sich gegenüber empirischen Entitäten auf eine theoretisch steuerbare Weise selektiv verhält. Dazu erscheint es nützlich, systemtheoretische Ansätze aufzunehmen und Gruppe in einem ersten Schritt, nämlich zur Bestimmung des „genus proximi", als soziales System zu begreifen. Gruppe wäre dann nicht eine Reihe von Personen mitsamt all dem, was sich an bestimmten Orten und zu bestimmten Zeiten zwischen ihnen abspielt, sondern eingeschränkter und abstrakter: ein spezifischer Sinnzusammenhang von Handlungen – spezifisch in der Weise, daß er im Vergleich mit sozialen Systemen anderen Typs im Falle der Gruppe unter besonderen (noch zu bestimmenden) Bedingungen steht.

Nützlich erscheint der systemtheoretische Ansatz für die Gruppenforschung aus strategischen und taktischen Gründen. Strategisch ist der Vorteil, daß der Systembegriff die Gruppenforschung nachdrücklich auf die stark vernachlässigte Analyse von Umweltbedingungen verweist. Systeme konstituieren sich nämlich notwendigerweise mit Grenzziehungen, mit denen entschieden wird, was ihrem Sinnzusammenhang *nicht* zugehören soll. Systembildung impliziert insofern den Aufbau und die Stabilisierung von Differenzen zur Umwelt, verweist in diesem Sinne also von Anfang an auf System-Umwelt-Analysen. Wichtig ist dabei gerade für die Gruppensoziologie, daß Umwelt für das System an zwei sehr unterschiedlichen Fronten aufkommt und der Umweltbegriff deshalb auch zu differenzieren ist. Soziale Systeme haben es einerseits mit einer „*Außenwelt*" zu tun, verstanden als Gesamtheit aller Personen, Institutionen und Ereignisse, die außerhalb ihrer eigenen Mitgliedschaft stehen und stattfinden. Umwelt ist aber auch jene „*Innenwelt*" von Systemen, die sich mit ihren Mitgliedern als Personen je besonderer Art darstellt. Da soziale Systeme zwar von Personen veranstaltet werden, diese aber je nach dem Ausmaß vorherrschender Unpersönlichkeitszwänge nur mit Teilen ihrer Identität für den Sinnzusammenhang systemspezifischer Handlungen zugelassen werden, bilden ihre vom Kontext ausgesperrten, gleichwohl aber weiterbestehenden Gefühle, Bedürfnisse und Wertvorstellungen ein mehr oder weniger diffuses Einflußpotential, eine „innere", durch Systemmitgliedschaft ständig anwesende Umwelt, mit dem sich jedes System auseinandersetzen muß. Später wird aufzuweisen sein, daß die Gruppe als ein soziales System besonderer Art gerade an diesem Frontabschnitt, also gegenüber ihrer Innenwelt spezifische Merkmale ausbildet und dann auch besondere Chancen und Probleme erlebt.

Betrachtet man Gruppe als ein soziales System, dann ergibt sich neben allem anderen auch ein taktischer Vorteil dadurch, daß die Gruppensoziologie Anschluß an den theoretischen Reflexions- und empirischen Forschungszusammenhang gewinnt, den die soziologische Systemtheorie in den letzten Jahrzehnten vorangetrieben hat. Vor allem von der systemtheoretisch betriebenen Organisationssoziologie kann die Gruppentheorie profitieren; natürlich nicht in der Weise, daß sie deren Befunde einfach übernimmt. Methodologisch läuft der Lernvorgang über einen „Äquivalenzfunktionalismus", dessen Leistung gerade darin besteht, Ungleichartiges mit dem Bezug auf ähnliche Systemprobleme vergleichsfähig zu machen[8]. Wenn in Organisationen, so

[8] *Niklas Luhmann*, Funktion und Kausalität, in: *ders.*, Soziologische Aufklärung. Aufsätze zur Theorie

würde die Frage lauten, bestimmte Prozesse und Einrichtungen für die Lösung der organisationsspezifischen Fassung allgemeiner Systemprobleme als funktional nachweisbar sind, welche funktionalen Alternativen dieser Prozesse und Einrichtungen sind dann für die gruppenspezifische Fassung der Problemlösung zu erwarten? Was tritt in Gruppen zum Beispiel an die Stelle organisationstypischer Formen von Formalisierung, sozialer Kontrolle etc.[9]? Es sind diese Fragen und die Systematik ihres Hintergrundes, welche der Gruppensoziologie hilfreich sein können.

Gerade für den Systemvergleich ist aber die Klärung der Besonderheit des Systemtyps Gruppe vorauszusetzen. Schon bei der Begriffsbildung ist dies mit der Bezeichnung der „differentia specifica" so zu besorgen, daß die Eigenart von Gruppen möglichst präzise von anderen Systemtypen abgegrenzt werden kann. Folgende Gruppendefinition soll hier vorgeschlagen und benutzt werden: *Gruppe ist ein soziales System, dessen Sinnzusammenhang durch unmittelbare und diffuse Mitgliederbeziehungen sowie durch relative Dauerhaftigkeit bestimmt ist.*

Die für Gruppenanalysen wahrscheinlich entscheidende Spezifizierung des Begriffs erfolgt (a) mit dem durchaus gängigen Kriterium der *Unmittelbarkeit* von Beziehungen. Gemeint ist, daß die Kontakte in Gruppen „face-to-face" laufen, daß jedes Mitglied jedes andere wahrnehmen und mit ihm direkt umgehen kann. Auf diese Weise ist Gruppe als „Kleingruppe" von Makrosystemen wie Großorganisationen, Verbänden, Gesellschaften etc. abgesetzt, ohne daß das äußerliche Kriterium einer bestimmten Mitgliederzahl benutzt werden muß. Wie klein nämlich eine Gruppe sein muß, um die Unmittelbarkeit der Mitgliederbeziehungen noch zu gewährleisten, läßt sich in bestimmten Zahlen nicht allgemein ausdrücken; das hängt von variablen Umständen ab[10].

Schwierig bleibt auch nach der Festlegung des Unmittelbarkeitskriteriums die Abgrenzung gegenüber dem allgemeinen Organisationsbegriff – ein Problem, das lange Zeit mit der unglücklichen Unterscheidung von formellen und informellen Gruppen angegangen wurde. Schwierigkeiten erwachsen daraus, daß Organisationen natürlich klein sein und unmittelbare Kommunikationen aller ihrer Mitglieder ermöglichen können – etwa im Falle von Schulklassen, Fußballmannschaften, Aufsichtsratsgremien etc. Ob sie und in welchem Maße sie auch Gruppen darstellen, ist mit einem weiteren Kriterium zu bestimmen. Denkt man daran, daß Organisationen „bewußt auf spezifische Zwecke und Ziele orientiert sind" und darüber hinaus „im Hinblick auf die Verwirklichung dieser Zwecke oder Ziele zumindest der Intention nach rational gestaltet sind"[11], so bietet es sich an, (b) das Merkmal der *Diffusheit* der Mitgliederbeziehungen zur Spezifizierung des Gruppenbegriffs vorzusehen. Gruppe existiert dann und in dem Maße, in dem Mitgliederbeziehungen nicht auf spezifische Zwecke oder Ziele eingegrenzt erscheinen, sondern mit einer Vielzahl von Bezügen auf einer

sozialer Systeme, Köln und Opladen 1970, S. 9–30, hier S. 13 ff.

[9] Für den Gruppensoziologen außerordentlich animierend erweist sich in dieser Hinsicht *Niklas Luhmann*, Funktionen und Folgen formaler Organisation, Berlin 1964.

[10] „Clearly, the maximum size that a group can attain and still retain the characteristics of a small group varies with the nature of the group, its task, the length of time it has existed, the membership, and so forth." *Sidney Verba*, Small Groups and Political Behavior. A Study of Leadership, Princeton, N. J., 1961, S. 12.

[11] *Renate Mayntz*, Soziologie der Organisation, Reinbek b. Hamburg 1963, S. 36.

formell nicht eingegrenzten Zahl von Bezugsebenen stattfinden. Charakteristisch soll für Gruppen sein, daß sie jenseits spezifischer Themen für ihre Kommunikation relativ offene Horizonte und vielschichtige Ausdrucksmöglichkeiten besitzen – auch mit der Folge, daß sich die Unmittelbarkeit der Mitgliederbeziehungen in dem Aufkommen einer Fülle „persönlicher" Nuancen geltend machen kann. Ob unter diesen Bedingungen eine Organisation, z.B. eine Flugzeugcrew oder ein Schulkollegium, auch eine Gruppe ist, ist eine nur empirisch entscheidbare Frage. Möglich ist dies, und daraus ergibt sich, daß Gruppe und Organisation analytisch zwar zu sondern sind, empirisch aber durchaus einander überlagern können. Gruppe ist in diesem Sinn kein empirisch exklusiver Gegenbegriff zur Organisation.

Wie sehr dies zutrifft, wird deutlich, wenn der Begriff auf einer dritten Dimension (c) mit dem Merkmal relativer *Dauerhaftigkeit* von dem unterschieden wird, was *Niklas Luhmann* „einfaches Sozialsystem" oder *Erving Goffman* mit ähnlicher Vorstellung „encounter" nennt[12]. Beide beziehen sich auf vergleichbare Fälle „der elementaren sozialen Interaktion, der flüchtigen Begegnung, des kurzen Gesprächs zwischen Tür und Angel, der stummen gemeinsamen Fahrt im Eisenhahnabteil, des gemeinsam-ungeduldigen Wartens auf das Umschalten der Ampel"[13]. Wichtige Strukturmomente solcher „einfachen Systeme" spielen auch in Gruppen eine Rolle, vor allem die wechselseitige Wahrnehmung aller Beteiligten. Dennoch unterscheiden sich Gruppen von ihnen dadurch, daß sie mehr sind als „Situationssysteme, die mit dem Auseinandergehen der Teilnehmer zu existieren aufhören"[14]. Gruppen bedürfen sicher immer wieder der raum-zeitlich konzentrierten Begegnung ihrer Mitglieder, also der Herstellung von Anwesenheit, aber sie existieren auch weiter, wenn man sich nicht sieht. In diesem Sinne besitzen Gruppen im Unterschied zu einfachen Situationssystemen die Fähigkeit zur Latenz[15]: Man gehört zur Familie, zum Stammtisch und zur Kollegenclique auch in den Pausen ihrer kollektiven Kommunikation. Damit das möglich wird, ist über die Strukturleistung „einfacher Systeme" hinaus die Kristallisation von Wir-Gefühlen, die Ausbildung von Systemidentität und auch ein Mindestmaß an Organisation erforderlich; letzteres schon deshalb, damit klar ist, wann man sich wo zu welchem Anlaß wiedersieht. Faßt man diesen Gedanken zusammen, so läßt sich feststellen, daß Gruppe einen Systemtyp zwischen „einfachem System" und „Organisation" darstellt[16]. Sie hat in durchaus spannungsvollen Mischungsverhältnissen Elemente von beiden. Daraus ergeben sich besondere Möglichkeiten und Probleme, in jedem Fall auch eine Struktur, die einen eigenen Zuschnitt besitzt. Wenn das richtig ist, dann gebührt der Kategorie Gruppe auch ein eigener Rang im Bezugsrahmen der Allgemeinen Soziologie.

[12] *N. Luhmann*, Einfache Sozialsysteme, in: Zeitschrift für Soziologie, Jg. 1, 1972, S. 51–65; *Erving Goffman*, Encounter. Two Studies in the Sociology of Interaction, Harmondsworth 1961, bes. 1–13.

[13] *N. Luhmann*, a.a.O., S. 51 f.

[14] *N. Luhmann*, a.a,O., 5. 62.

[15] Dieser Gesichtspunkt findet sich bei *F. L. Bates* und *C. C. Harvey*, a.a.O., bes. S. 120 ff., gut herausgearbeitet.

[16] Bei *Luhmann* hat es den Anschein, als gebe es zwischen beiden nichts Nennenswertes. Typisch ist für seinen Aufsatz über „Einfache Sozialsysteme", daß der Begriff der „primary group" nicht nur in das Souterrain einer Fußnote gestellt ist, sondern in dieser Fußnote auch der „älteren Soziologie" zugewiesen, also als eine Art Fossil betrachtet wird (a.a.O., S. 63, Fußn. 43); von Gruppe ist sonst nicht die Rede.

II. Umweltbedingungen der Gruppe

Als Gruppe begreifen wir also ein soziales System, das gegenüber anderen Kollektiven (z. B. gegenüber einfachen Sozialsystemen, Organisationen und Großverbänden) durch unmittelbare und diffuse Mitgliederbeziehungen sowie durch relative Dauerhaftigkeit gekennzeichnet ist. Wir gehen nun davon aus, daß Gruppen aufgrund dieses Merkmals Tendenzen aufweisen, besondere Eigenschaften auszubilden, die in den folgenden Abschnitten beschrieben werden sollen. In welchem Maße sich diese Eigenschaften ausbilden und welche Probleme dabei aufkommen, variiert aber in Gruppen in Abhängigkeit von variablen Außenweltbedingungen. Ohne auf diese im folgenden ausführlicher einzugehen – das soll in einer späteren Arbeit geschehen –, sollen doch drei der uns besonders wichtig erscheinenden Außenweltkomplexe wenigstens kurz vorgestellt und ihre Gruppenwirkung wenigstens angedeutet werden.

Höchst einflußreich für die Ausprägung der „inneren" Gruppentendenzen ist die Variable, ob und in welchem Maße die Gruppe von außen unter *Handlungsdruck* gestellt ist. Nehmen die Gruppenmitglieder wahr, daß die Gruppe als Gruppe gegenüber der Außenwelt Aufgaben zu erfüllen hat, dann entsteht ein zusätzlicher Bedarf an „Wir-Gefühl" und an Konsensus. Sofern für deren Ausbildung angesichts drängender Aktionserfordernisse die Zeit zu knapp wird, müssen Entscheidungsmechanismen hierarchischer Art entwickelt und akzeptiert werden; Führerschaft wird unumgänglich[17]. All dies noch verstärkt dann, wenn die Aktionen als kritisch und die Außenwelt selber als feindlich eingeschätzt wird[18]. In jedem Fall wächst mit externem Handlungsdruck auch der Zwang zur Ausbringung und Differenzierung instrumenteller Rollen. In Gruppen verschärft sich dann das Problem der „persönlichen Beziehungen"[19], insofern emotionale und instrumentelle Strukturierungstendenzen in Spannung zueinander geraten und sich im Wege stehen. Dieses Problem ist als „Gleichgewichtsproblem" von Gruppen behandelt worden; wir kommen darauf zurück.

Erscheint der Handlungsdruck für Gruppen als groß, dann wird die Ausprägung einer Reihe von Gruppenmerkmalen zusätzlich bestimmt durch das Ausmaß, in dem die Verfügbarkeit *handlungsrelevanter Ressourcen* gegeben ist. In dieser Hinsicht ist auch eine gewisse schichtenspezifische Verteilung von Gruppentypen zu erwarten (ein Thema, das am häufigsten für Schichtbedingungen des Familienlebens untersucht wurde). *Dexter D. Dunphy* hat unter Rückgriff auf empirische Berichte von *Leonard R. Sayles* sowie *Richard A. Cloward* und *Lloyd E. Ohlin20* eine Systematisierung des Arguments für die allgemeine Gruppenforschung versucht, ist freilich

[17] Wie sich der Hierarchisierungsdruck insbesondere mit dem Zwang zur Gruppenvertretung nach außen stabilisiert, wird eindrucksvoll von *D. Claessens* (a.a.O., S. 62 f.) dargestellt.

[18] Dies wird in der Gruppensoziologie seit längerem als „ingroup/outgroup"-Konstellation bearbeitet. Siehe dazu eine weiterführende Zusammenfassung bei *Arthur A. Stein*, Conflict and Cohesion. A Review of the Literature, in: Journal of Conflict Resolution, Bd. 20, 1976, S. 143–172.

[19] *Th. M. Mills* (a.a.O., S. 155 und 164 ff,) ortet dieses Problem im Rahmen seiner Hierarchie von Gruppenzwecken ganz in unserem Sinne an der Stelle, an der die „Verfolgung eines kollektiven Ziels" handlungsbestimmend wird.

[20] *D. D, Dunphy*, a.a.O., S. 59 ff.; L. R. Sayles, Behavior of Industrial Work Groups, New York 1958; R. A. *Cloward* und L. E. Ohlin, Delinquency and Opportunity; A Theory of Delinquent Gangs, Glencoe, Ill., 1960.

hinsichtlich der Effekte des Ressourcenfaktors immer noch sehr stark auf Spekulationen angewiesen. Sagen läßt sich aber wohl dies: Ist die Ressourcenlage bei hohem Handlungsdruck schlecht, d.h. sind Mittel zur Ausübung sozialen Einflusses kaum vorhanden, dann entstehen wahrscheinlich zwanghafte Rückzugstendenzen, verbunden mit besonderen Gruppenspannungen und Kohäsionsgefährdungen („apathetic groups" im Unterschied z.B. zu „strategic groups" oder „organizer groups"). Auch die Legitimierung von Führerschaft wird nun prekär, es sei denn, daß es der Gruppenführung gelingt, den Glauben an eine kollektive Bedrohung der gesamten Gruppe zu dramatisieren und ein „defensive structuring" durchzusetzen[21].

In welchem Maße sich in solchen Fällen, aber auch allgemein, Zwangselemente in Gruppen stabilisieren und Unterdrückungsverhältnisse normalisieren können, wird wesentlich durch das Vorhandensein von und den freien Zugang zu *Mitgliedschaftsalternativen* bestimmt[22]. Sind sie verfügbar, dann ergibt sich in Gruppen ein hoher Konsensus- und im Hinblick auf Führerschaft ein hoher Legitimationsbedarf, sonst laufen die Mitglieder einfach weg. In Jungenbanden z. B. (wohl auch in Wohngemeinschaften im Unterschied zu Familien) scheint dieser Zusammenhang die Ausbildung prekärer Hierarchien normalerweise zu behindern[23]. Sind Mitgliedschaftsalternativen nicht frei verfügbar, dann steigen die Chancen für ausbeuterische Beziehungen innerhalb der Gruppen; ihr Zusammenhalt entspräche dann dem Typus „zwanghafter Kohäsion"[24]. Die Prozesse exzessiver Machtbildung, die *Heinrich Popitz* an Beispielen von Gruppen auf einem Schiff, im Gefangenenlager und in einer Erziehungsanstalt so eindrucksvoll beschreibt, fanden typischerweise im Rahmen „kasernierter Vergesellschaftung" statt, nämlich „unter Bedingungen, die es den Beteiligten nicht erlauben, einfach auseinanderzulaufen"[25].

Kollektiver Handlungsdruck, handlungsrelevante Ressourcen und Mitgliedschaftsalternativen bezeichnen außenweltbestimmte Umstände, von denen wir annehmen, daß sie das Gruppenleben und seine Strukturen erheblich beeinflussen. Art und Ausmaß ihrer Wirkung auf Gruppen lassen sich aber nur sehr allgemein und ungenau einschätzen, solange unklar bleibt, auf welche gruppenspezifischen Innen-

[21] Vgl. hierzu *Bernard J. Siegel*, Defensive Structuring and Environmental Stress, in: American Journal of Sociology, Bd. 76, 1970, S. 11–32.

[22] Auch für Makrosysteme, z.B. Gesellschaften, ist dieser Zusammenhang empirisch bestätigt: „There is an inverse relationship between emigration opportunities for subordinate actors in a social system and the hierarchical development of society". *T. Baumgartner*, *W. Buckley*, *T. R. Burns* und *P. Schuster*, Meta-Power and the Structuring of Social Hierarchies, in; *T. R. Burns* und *W. Buckley* (Hrsg.), Power and Control, London und Beverly Hills 1976, S. 215–288 (hier S. 232). Siehe in dieser Hinsicht die allgemeinen Konzepte von „comparison level for alternatives" und „alternative sources of gratification" bei *John W. Thibaut* und *Harold H. Kelley*, The Psychology of Groups, New York 1966, S. 21 f., bzw. *Richard M. Emerson*, Power-Dependance Relations, in: American Sociological Review, Bd. 27, 1962, S. 35.

[23] *James F. Short, Jr.* und *Frederik L. Strodtbeck* fanden bei ihrer Untersuchung von Jungenbanden eine „surprisingly conciliatory" Führerschaft und erklären diesen Befund mit dem Hinweis: „Group membership is very fluid, particularly among fringe members. The leader cannot crossly dominate a person … because of the threat of splintering away" (Group process and gang delinquency, Chicago und London 1969, S. 196).

[24] *Friedhelm Neidhardt*, Systemtheoretische Analysen zur Sozialisationsfähigkeit der Familie, in: *ders.* (Hrsg.), Frühkindliche Sozialisation. Theorien und Analysen, Stuttgart 1975, bes. S. 167 f und 182 ff.

[25] *H. Popitz*, Prozesse der Machtbildung, Tübingen 1968, S. 6.

weltbedingungen solche Außenweltfaktoren treffen. Soziale Systeme sind von zwei Seiten, nämlich von innen und von außen bestimmt, und sie gewinnen ihre Eigenart erst durch integrative Leistungen, die innere und äußere Bedingungen aufeinander beziehen und vermitteln. Dabei kommt gerade im Falle von sozialen Gruppen den Innenweltbedingungen ein besonderes Gewicht zu, weil Gruppen als soziale Systeme mit unmittelbaren und diffusen Mitgliederbeziehungen die individuellen Gefühle, Wahrnehmungen und Motivationen ihrer Mitglieder weniger leicht distanzieren können als abstraktere Sozialgebilde. Ihre unmittelbare Anwesenheit und das dauerhafte Erfordernis ihrer Vergesellschaftung stellt eine Eigenart von Gruppen dar – mit der Folge, daß gruppenspezifische „innere" Systemtendenzen zu erwarten sind, die sich gegenüber allen Außenweltimpulsen auf eine besondere Weise geltend machen. Da auch die neueren systemtheoretisch orientierten Ansätze zur Gruppensoziologie diesen Sachverhalt, wenn überhaupt, nur sehr pauschal berücksichtigen[26], wollen wir im folgenden innere Systemtendenzen etwas ausführlicher zu beschreiben versuchen. Eine „Individualisierung sozialer Wahrnehmung", die „Personalisierung von Handlungszurechnungen" und „Gefühle als Steuerungsmedien" erscheinen uns dabei als die herausragenden Besonderheiten gruppenspezifischer Prozesse.

III. Individualisierung sozialer Wahrnehmung

Für die Gruppe ist die Anwesenheit der Mitglieder (im Unterschied zu einfachen Sozialsystemen und „encounters") zwar kein Definitionsmerkmal, aber das Zusammentreffen der Mitglieder, ihre Versammlung und die sich dabei ergebende face-to-face-Konstellation sind eine conditio sine qua non für den Gruppenerhalt. Bleibt die Herstellung von Anwesenheit über lange Strecken aus, so zerbricht der Systemzusammenhang in sich mehr und mehr voneinander isolierende Beziehungsketten. Nur über Anwesenheitserfahrungen lassen sich kollektive Wir-Gefühle auf persönlicher Grundlage aufbauen und verinnerlichen. Nur auf diese Weise ist auch die Unmittelbarkeit kollektiver Selbsterfahrung zu erreichen.

Die Bedeutung dieses Umstands drückt sich zuerst einmal in der erhöhten Chance auf Authentizität sozialer Wahrnehmungen aus. Ich erfahre in konkreten Gruppensituationen auch die Spontaneität des anderen; höre, sehe, rieche ihn; bemerke sein Erröten, die Fahrigkeit seiner Gebärden, das Forcierte seines Tons. Auf diese Weise werden die mehr oder weniger unbewußten, auf jeden Fall nur unvollständig kontrollierbaren Selbstkommentierungen erfahrbar, die der Andere seinem Rollenspiel beigibt. Sie sind Indizien des allgemeinen Zustandes, in dem er sich befindet.

Im Aufschließen dieser Erfahrungsebene liegen Bedingungen für die besondere gesellschaftliche Funktion von Gruppen. Um Personen mit ihrer besonderen Individualität in Außenwelten vermitteln zu können, bedarf es einer möglichst authentischen Erfahrung ihrer Gefühle und Bedürfnisse. Die Versammlung schafft mindestens Gelegenheiten dazu; „man lernt sich kennen". Die Frage ist allerdings, in welchem Maße Gruppen diese Chance wirklich nutzen können. Schon in den Wahr-

[26] Das trifft z. B. auf *F. L. Bates* und *C. C. Harvey*, a.a.O., in besonderem Maße zu; auch auf *Helmut Willke*, a.a.O., S. 243–257.

nehmungsprozessen selber sind Grenzen und Hemmungen eingebaut. Wichtig ist in diesem Zusammenhang die Beobachtung, daß in Gruppen mit der Dauer ihrer Existenz die Neigung zunimmt, verbale Elemente der Kommunikation zurückzudrängen. Gerade in „gut eingespielten" Gruppen passiert sehr vieles im Schweigen. Für Außenstehende ist es oft unheimlich, in ihnen lautlose Verständigungen zu erleben, die sie nicht begreifen können, und deren Geschwindigkeit zusätzlich irritiert.

Probleme ergeben sich aus der einhergehenden Aufwertung gestischer und mimischer Kommunikationsformen schon dadurch, daß verbale und nichtverbale Zeichen einander nicht nur ergänzen und erläutern, sondern auch relativieren und widersprechen können. Gibt dies einerseits die Chance für überraschende und komplexe Ausdrucksmöglichkeiten und für ein kunstvolles Spiel mit bedeutungsvollen Undeutlichkeiten[27]. So ermöglicht es andererseits doch auch die Konstruktion von Widersprüchen, die jede sinnvolle Fortsetzung von Kommunikation zunichte macht. Am Beispiel der „double-bind"-Phänomene ist dies hinlänglich bekannt gemacht[28]. Auf jeden Fall steigt bei doppelbödiger Kommunikation die Komplexität des Wahrnehmungsprozesses. Tritt sprachliche Kommunikation immer weiter zurück, so ist zusätzlich für das Aufkommen von Ungewißheit von Bedeutung, daß die Leistungsfähigkeit nicht-verbaler Zeichen in mehrerlei Hinsicht sehr begrenzt ist. *Paul Watzlawick* et al. haben diese Schwäche mit der Unterscheidung digitaler und analoger Modalitäten erörtert und vor allem auf die Inhaltsaspekte der Kommunikation bezogen: mit Mimik und Gestik lassen sich Beziehungsdefinitionen zwar imponierend ausdrücken, aber deren inhaltliche Bedeutung bleibt unpräzise, da ihre logische Syntax außerordentlich schwach, ihre Fähigkeit für Abstraktionen gering und die Möglichkeit zu Negationen kaum vorhanden sind[29]. Insofern eignet ihrem Überhandnehmen in Gruppen auch ein regressives Moment; viele Bewußtseinsinhalte bleiben in ihnen (wie im Primärgruppenkontext primitiver Kulturen) „unterhalb der Objektivierungsgrenze, bei der sie überhaupt erst zum Gegenstand von Reflexion und Überlegung werden" könnten[30]. Sie sind atmosphärisch vorhanden, werden irgendwie gefühlt, drücken sich in Stimmungen aus, entziehen sich aber oft genug klarer Thematisierung und zuverlässiger Argumentation. Da steht in Gruppen vieles herum und bleibt latent.

Die für die Gruppensoziologie entscheidenden Fragestellungen beginnen an diesem Punkt: Wie werden Gruppen mit dem Wahrnehmungsüberschuß im Hinblick auf die Selbstdarstellung ihrer Mitglieder fertig? Mit welchen Mechanismen gelingt ihnen die Verarbeitung unbestimmter Latenz? Das allgemeine Problem, das Gruppen in dieser Hinsicht erleben, ist als Komplexitätsproblem sozialer Systeme sattsam bekannt. Das Gruppenspezifische dieses Problems ist aber kaum bearbeitet: daß

[27] *Donald W. Ball* hat die Gruppenbedingung dieser Möglichkeit an einem Beispiel gut herausgearbeitet; siehe *ders.*, Sarcasm as Sociation: The Rhetoric of Interaction, in: *G. P. Stone* und *H. A. Farberman* (Hrsg.), Social Psychology through Symbolic Interaction, Waltham, Mass., 1970, S. 312–319.

[28] Siehe etwa *John H. Weakland*, „Double-Bind"-Hypothese und Dreier-Beziehung, in: *Gregory Bateson* et al., Schizophrenie und Familie, Frankfurt a.M. 1969, S. 221–24.

[29] *Paul Watzlawick*, *Janet H. Beavin* und *Don D. Jackson*, Menschliche Kommunikation. Formen, Störungen, Paradoxien, Stuttgart und Wien, 2. Aufl. 1971, S. 66 f.

[30] *Friedrich H. Tenbruck*, Gesellschaft und Gesellschaften: Gesellschaftstypen, in: *Alfred Bellebaum* (Hrsg.), Wissen im Überblick: Die moderne Gesellschaft, Freiburg i. Br. 1972, S. 58.

nämlich diese Komplexität von innen aufkommt, von den Mitgliedern selber, von dem Umstand, daß sie allemal mehr sind, als in einem sozialen System Platz hat. Die Gefahr, die für Gruppen aus dieser Konstellation erwächst, liegt auf zwei Seiten. Einerseits können sie das individuelle Problem ihrer Mitglieder nicht wie spezifisch zweckbestimmte Organisationen durch „Institutionalisierung von Unpersönlichkeit“[31] einfach abkoppeln; die Gruppe würde ihre besonderen Möglichkeiten verfehlen, und die Mitglieder hätten zumindest das Bedürfnis, ihnen wegzulaufen – darauf kommen wir im nächsten Abschnitt zurück.

Andererseits können sie sich aber nicht bedingungslos darauf einlassen, weil es sie überfordern müßte. Das Systemproblem der Grenzziehung ist bei Gruppen zu allererst und entscheidend ein inneres Abgrenzungsproblem. Die Gruppe kann nicht alle Erfahrungen, Argumente und Leidenschaften ihrer Mitglieder gleichermaßen zulassen. Sie muß gewisse Indifferenzen aufbauen und verteidigen. Die Frage ist, auf welche Weise das geschehen kann.

Georg Simmel hat, mit allerdings vornehmlich sozialpsychologischen Begründungen, die Funktionen von Geheimnis und Diskretion selbst für die intimsten Gruppierungen von Freundschaft und Ehe genau herausgearbeitet[32]. Wichtig wäre für die Gruppensoziologie, darauf bezogene Systemprozesse, insbesondere die normative Absicherung entsprechender Abgrenzungsstrategien und die Bedingungen für deren Art und Schärfe in Gruppenanalysen zu ermitteln. Es läßt sich annehmen, daß Gruppen – z. B. in Abhängigkeit von Außenweltbedingungen wie Handlungsdruck, Ressourcenlage und Mitgliedschaftsalternativen – in unterschiedlichem Maße zu einer Moralisierung von Scham- und Taktgefühl, den wohl zentralen Abgrenzungsmechanismen gegenüber inneren Umwelten, tendieren. Schamgefühl wäre die Verinnerlichung von Schranken der Selbstdarstellung, Taktgefühl die Stilisierung der Technik, fehlerhafte „indiskrete“ Selbstdarstellung als ungeschehen zu behandeln, sie also sozial folgenlos zu absorbieren[33]. Besonders an den Sozialisationsprozessen, denen Gruppenneulinge (handgreiflich z. B. kleine Kinder in ihren Familien) ausgesetzt sind, läßt sich studieren, wie beide inneren Grenzsicherungsstrategien gruppenspezifisch durchgesetzt werden. Tadel, bedeutungsvolles Schweigen, die Objektivierung idiosynkratischer Botschaften ins Unverbindlich-Allgemeine, der abrupte Themenwechsel – dergleichen dürfte zum Repertoire der Reaktionsweisen zählen, mit denen auf unpassende Selbstoffenbarung empfindlich reagiert wird. Wobei sich sicher feststellen läßt, daß Schamgrenzen gegenüber Gruppenmitgliedern ungleich gesteckt sind: Ranghöhere besitzen in der Regel einen größeren „Idiosynkrasiekredit“[34], sie können sich selber ungenierter einbringen. Eine interessante Rolle dürfte in Gruppen für die Verarbeitung von Scham- und Taktverstößen auch ihre Fähigkeit spielen,

---

[31] *N. Luhmann*, Funktionen und Folgen formaler Organisation, a.a.O., S. 19.

[32] *G. Simmel*, Das Geheimnis und die geheime Gesellschaft, Kap. 5 in: *ders.*, Soziologie, Untersuchungen über die Formen der Vergesellschaftung, 5. Aufl. Berlin 1968, S. 256–304.

[33] „Taktvoll handelt, wer Ausdrucksfehler übersieht, nicht in Räume eindringt, in denen die Darstellung vorbereitet wird, unaufmerksam ist (und erkennen läßt, daß er unaufmerksam ist), wenn Geschehnisse sichtbar werden, die nicht für Zuschauer bestimmt sind.“ *N. Luhmann*, Funktionen und Folgen formaler Organisationen, a.a.O., S. 359.

[34] *Edwin P. Hollander*, Konformität, Status und Idiosynkrasie-Kredit, in: *Michael Kuriczik* (Hrsg.), Führung. Theorien und Ergebnisse, Düsseldorf/Wien 1972, S. 163–177.

mit Scherz zu reagieren. Scherz bietet die Möglichkeit zu äußerst behutsamer Kritik, setzt aber emotional gesicherte Bestände hoher Solidarität voraus[35]. Wo er – z.B. im „Hochnehmen" – gelingt, wird der Betroffene in seine Schranken verwiesen, aber auf eine leichte, konziliante Weise. Gelegentlich bildet sich gerade zu diesem Zweck die Gruppenfigur des Scherzbolds und Spaßmachers aus.

Gruppen tun sich mit sich selber ungeheuer schwer, wo ihnen die Grenzsicherung nach innen nicht gelingt. Das war in den letzteren Jahren vor allem dort der Fall, wo in den zahlreichen Spielarten sogenannter Selbsterfahrungsgruppen die Diskreditierung von Scham- und Taktgefühl mit dem Vorsatz grenzenloser Offenheit nicht selten geradezu programmatisch betrieben wurde[36]. Waren solche Gruppen nicht sowieso künstlich für kurzfristige gruppendynamische Spiele zusammengestellt, so erlebten sie häufig nach enormen Überlastungen und einem totalen Rückzug auf sich selber einen baldigen Zusammenbruch. Auch in manchen Wohngemeinschaften, besonders in den sogenannten Kommunen, wurde dies deutlich in dem Maße, in dem sie auch die privatesten Zonen ihrer Mitglieder zu sozialisieren versuchten: Sie sind sehr oft an den Komplexitäten und Widersprüchen erstickt, die sie selber in die Gruppe hineinzogen[37]. Man muß freilich sehen, daß die Programmatik der Indiskretion eine Reaktion auf verbreitete, offenbar noch in vielen Familien vorhandene Erfahrungen exzessiver Verdrängungen darstellt. Gegenüber dem einen wie dem anderen bleibt zu betonen, daß die inneren Grenzziehungsaufgaben von Gruppen Balancierungs- und Dosierungsprobleme darstellen, deren Lösung in mittleren Bereichen liegt und von einer Vielzahl sich wandelnder Bedingungen abhängt. Es ist insofern für Gruppen nicht nur zu untersuchen, ob und in welchem Maße sie Diskretion zu sichern verstehen, sondern auch: auf welche Weise sie entsprechende Institutionalisierungen flexibel und korrigierbar, das setzt u.a. voraus: diskutierbar halten. Es geht mit der Institutionalisierung des Persönlichen in Gruppen um die Vermittlung diskrepanter Erfordernisse. Daß dies nicht nur Setzung von Grenzen, sondern auch deren Offenhaltung voraussetzt, wird deutlich, wenn das Phänomen der Gruppenrollen betrachtet wird.

IV. Personalisierung der Handlungszurechnung

Der in Gruppen zwar variable, gleichwohl prinzipiell unvermeidbare Mindestbedarf an inneren Abgrenzungen macht deutlich, daß die Chance zur Individualisierung von Wahrnehmungen keineswegs eine mehr oder weniger abstrahierende Typisierung der einzelnen Mitgliederdefinitionen ausschließt. Seit *Georg Simmels* „Exkurs über

[35] *N. Luhmann*, Funktionen und Folgen formaler Organisationen, a.a.O., S. 341 ff. Siehe auch die in der Kulturanthropologie berichteten Fälle von „joking-relationships", z. B. bei *Alfred R. Radcliffe-Brown*, Structure and Function in Primitive Society, Glencoe, Ill., 1952, S. 90–116.

[36] Ein „sozialer Radikalismus", den *Hellmuth Plessner* (Grenzen der Gemeinschaft, Berlin 1924) schon vor vielen Jahrzehnten sehr kritisch behandelt hat.

[37] Vgl. hierzu den Bericht der Kommune II im „Kursbuch" 17/1969; auch die interessante Analyse von *Lothar Binger*, Kritisches Plädoyer für die Gruppe, in: Kursbuch 37/1974, S. 1–26. sowie *Johann August Schülein*, Wohngemeinschaften – Probleme und Chancen, in: Frankfurter Hefte, Jg. 30, Heft 4 (April 1975), S. 55–62.

das Problem: Wie ist Gesellschaft möglich?“ wissen wir, daß solche Typisierungen „apriorische Bedingungen der Vergesellschaftungen“ überhaupt darstellen[38]. Auch Gruppen entziehen sich nicht diesem Gesetz; halo-Effekte sind in ihnen häufig nachgewiesen worden, fulminant verzerrende und geradezu krankmachende Stereotype erscheinen belegt[39].

Auch solche Stereotype, drücken sie zwar ein Individualisierungsdefizit in der sozialen Wahrnehmung der Mitglieder aus, entbehren gleichwohl nicht einer gruppenspezifisch hohen Personalisierung der Zuschreibung. Die Begründung ihrer Geltung wird, wie falsch sie auch sein mag, von Eigenschaften des Betroffenen abgeleitet und ständig auf sie bezogen. Die Stereotype selber erscheinen stark personalisiert. In einer solchen Personalisierung von Systemprozessen drücken sich Besonderheiten von Gruppen aus. In ihnen beziehen sich, mehr als in Organisationen und Großverbänden, die primären Orientierungen und die dominierenden Kausalitätsannahmen zur gruppeninternen Deutung von Prozeßverläufen auf Personen und erst in zweiter Linie auf abstrakte Regeln und spezifische Rollen.

Schon in den Entscheidungen über die Mitgliedschaftsfrage wird personell und nicht positionell entschieden. Eine Fußballmannschaft braucht einen Torwart, eine Gruppe, die in dieser Mannschaft entsteht, braucht ihn nicht. Rekrutiert sie ihn doch, so geschieht dies, weil die anderen seine persönlichen Eigenschaften schätzen und mögen. Sind Mitglieder rekrutiert, dann macht sich der hohe Personalisierungsgrad in Gruppen in bestimmten Problemen der Rollenausbringung bemerkbar, und das bringt die Rollentheorie bei Gruppenanalysen in ständige Schwierigkeiten. Sicher gibt es spezifische Gruppenrollen: Führer, Spaßmacher, Sündenböcke[40]. Aber meistens läßt sich mit der Rollenqualität ihres Handelns nicht viel erklären[41]. Der Hauptgrund für diese Schwäche der Rollentheorie dürfte darin liegen, daß die Spezialisierbarkeit der Mitglieder auf spezifische Rollen hin mit der gruppenspezifischen Diffusität ihrer Selbstdarstellungen nicht in Einklang zu bringen ist. Personenbezogene Erwartungen, die sich in Gruppen natürlich entwickeln und auch eine klare Struktur ausbilden können, bleiben selber relativ diffus, werden immer wieder neu ausgehandelt und – dies wohl das Wichtigste – sind nicht imstande, die Breite des in Gruppen wahrnehmbaren und dann auch folgenreichen Verhaltens der Beteiligten zu erfassen und zu standardisieren. Was Gruppenprozesse bestimmt, liegt sehr oft gar nicht in den manifesten Inhalten kodifizierbarer Handlungsführung. Systembestimmend werden immer wieder Nebengeräusche, Gefühlstönungen, Stimmungshintergründe – Momente der Handlungskulisse also, die sich kaum rollenhaft kodifizieren

[38] *G. Simmel*, Soziologie, a.a.O., S. 21–30, hier S. 24 ff.

[39] Siehe P. *Watzlawick et al.*, a.a.O.

[40] Siehe Beispiele in *Frederic M. Thrasher*, The Gang, in: *A. Paul Hare*, *Edgar F. Borgatta*, *Robert F. Bales* (Hrsg.), Small Groups. Studies in Social Interaction, New York 1955, S. 38–44, bes. S. 43 f. Über Rollendifferenzierungen in sogen. T-Gruppen die ausführliche Studie von *R. D. Mann* et al., Interpersonal Styles and Group Development, New York 1967.

[41] Darin liegt die Hauptschwäche des ansonsten interessanten systemtheoretischen Entwurfes von *F. L. Bates* und *C. C. Harvey*. Ihre Gruppendefinition: „A group is composed of all individuals who occupy positions containing complementary rules to all other positions in the group structure“ (a.a.0., S. 114) überschätzt von Beginn an den Objektivierungsgrad von Gruppenereignissen.

lassen, weil sich ihre Zweideutigkeiten und das Unbewußte an ihnen schon der bloßen Thematisierung meistens entziehen.

Es ist also nicht nur so, daß Gruppenrollen, wie der symbolische Interaktionismus zu Recht betont, als fließend und fragil sich darstellen. Für Rollenanalysen problematischer erscheint, daß ihr Handlungs- und Erklärungswert in Gruppenzusammenhängen von vornherein begrenzt bleibt. Sie sind, auch wo Rollen sich nicht im *Popitz*schen Sinne als „Konfektion" ergeben, sondern individuell zugeschnitten sind, normalerweise zu eng, um das sich äußernde Handlungsrepertoire der Beteiligten erfassen und strukturieren zu können. In Organisationen erscheint dies typisch anders deshalb, weil die Bestandteile der Person, die nicht rollenmäßig faßbar und kontrollierbar erscheinen, viel leichter aus dem Systemzusammenhang ausgeschlossen und als irrelevant definiert werden können. Natürlich präsentieren sich auch in Organisationen Menschen mit den Überhängen ihrer vollen Individualität. Aber sie werden hier, wo die Institutionalisierung von Unpersönlichkeit um sachlich spezifischer Zwecksetzungen willen als Systemprinzip fungiert, formell auf Rollen eingegrenzt. Was sie darüber hinaus darstellen, wird zurückgewiesen oder in den Untergrund von Cliquen und „informellen Gruppen" verdrängt. Nur gelegentlich, allerdings in wachsendem Maße, erhalten diese auf dem Wege „sekundärer Institutionalisierungen"[42] eine Art offizieller Legalität.

Der Sinn dieser Gruppen, die im Organisationskontext die Funktion besitzen, einem Gegenprinzip eine oft subversiv bleibende Geltung zu verschaffen, liegt aber gerade in der Institutionalisierung von Persönlichkeit. Hier ist die für Organisationen geltende „Trennung von Motiv und Organisationszweck[43], mit welcher die persönlichen Gefühle und Bedürfnisse der Mitglieder vom Organisationsfeld abgekoppelt werden, nicht durchzuhalten, selbst wo sich in Gruppen Organisationsansätze entfalten. Gruppen als soziale Systeme besonderer Art müssen ihre Zwecke an den Mitgliedermotivationen orientiert halten, sonst werden sie auseinanderbrechen, wenn immer das möglich ist. Hohe Personalisierung ist in diesem Sinne ein Systemprinzip von Gruppen. Noch einmal sei in diesem Zusammenhang darauf verwiesen, daß diese Umstände gruppenspezifische Umweltbedingungen ausdrücken. Anders als in Organisationen und Großverbänden entsteht der primäre systemkonstitutive Umweltdruck in Gruppen nicht in der Außenwelt, wie stark deren Einflüsse im übrigen sein mögen. Er entsteht daraus, daß in Gruppen jene Umwelt, die die Mitglieder als Personen mitbringen und darstellen, erstens authentisch wahrnehmbar und angesichts des Persönlichkeitsprinzips von Gruppen zweitens nur sehr begrenzt ignorierbar ist. Gruppen stehen zu allererst und für sie entscheidend unter einem starken Innenweltdruck. Für den Soziologen entsteht daraus die Frage, welche Mechanismen in Gruppen wirksam sind, um diesen Druck zu kontrollieren und zu verarbeiten. Bislang haben wir bestimmte Strategien innerer Grenzziehungen und Ansätze zur Rollenstrukturierung als Versuche gruppenspezifischer Komplexitätsreduktion herausgearbeitet. In beiden Fällen war aber deutlich, daß diese Mechanismen unvollständig arbeiten und im übrigen nach Maßgabe gebotener Flexibilitäten selber sehr variabel gehalten werden müssen. Sie sichern die Gruppe nicht vor spontanen Affekteinbrüchen, unerfreuli-

[42] *Talcott Parsons*, The Social System, Glencoe, Ill., 1951, S. 305.

[43] *N. Luhmann*, Funktionen und Folgen formaler Organisationen, a.a.O., S. 100.

chen Stimmungen und überlastenden Motivinvasionen. Unsere These ist nun, daß Gruppen in entscheidender Hinsicht auf bestimmte Gefühle angewiesen sind, um das Problem dieser Irritationen lösen zu können. Auf emotionaler Stabilisierung beruht letztlich die gruppenspezifische Leistung der Balancierung unausbleiblicher Widersprüche.

V. Gefühle als Steuerungsmedien

Gefühle, ein für Soziologen eigenartig unheimliches Thema, besitzen in Gruppen mehr noch als in anderen sozialen Systemen eine eminente Bedeutung. Schon die Gruppenbesonderheit unmittelbarer Mitgliederverhältnisse macht es wahrscheinlich, daß Gefühle als Bedingungen und Ingredienzen sozialer Beziehungen von hohem Range sind. Dies umso mehr, als das Persönlichkeitsprinzip von Gruppen den affektiven Verhältnissen eine institutionelle Bedeutung verleiht. Diese entstehen, weil diejenigen, die ich als Personen ernst nehmen muß, mir in sinnlich-konkreter Gestalt erscheinen. Und fast unversehens bilden sich Sympathien und Antipathien. In starkem Maße entscheiden diese Affekte schon darüber, ob jemand als Gruppenmitglied überhaupt zugelassen wird. Normalerweise wird niemand aufgenommen, den keiner mag – es sei denn, daß die Zurechnung kollektiver Antipathie jemanden prädestiniert, durch Übernahme von Sündenbockrollen zum Gleichgewicht innerlich gestörter Gruppen beizutragen. Auch in diesem Fall gibt ein spezifisches Gefühl den Rekrutierungsgrund. Was sich danach in gruppendynamischen Prozessen entwickelt und sich in Achtung, Autorität, Vertrauen, aber auch im geraden Gegenteil davon ausdrückt, ist selber Gefühl oder doch emotional fundiert.

Die Funktionen solcher Gefühle können in Gruppen gar nicht unterschätzt werden, und zwar nicht nur im Hinblick auf den einzelnen, sondern auch für das System der Gruppe selber. Die Systembedeutung von Gefühlen beruht letztlich darauf, daß jedes System das Verhalten seiner Mitglieder in einem Mindestmaße erwartbar machen muß. In Organisationen geschieht dies nun vor allem durch Formalisierung von Normen. Das, was für den funktionalen Ablauf zweckbestimmter Systemprozesse dringend erwartet werden muß, wird in Regeln förmlich festgelegt und über spezialisierte Kontrollinstanzen mit wiederum explizit geregelten Sanktionsmechanismen abgesichert. In Gruppen bleibt dergleichen immer prekär, widerspricht dem „Gruppengeist" und ist deshalb auch nur in Ansätzen beobachtbar. Formalisierung von Gruppenprozessen kollidiert mit der Diffusität gruppenspezifischer Zwecksetzungen, da diese Diffusität Kodifizierungen und Spezialisierungen kaum zuläßt.

Mit der Funktion, Erwartungssicherheiten zu erzeugen, entwickeln sich in sozialen Gruppen auf der Grundlage von Gefühlen funktionale Äquivalente der Formalisierung, vor allem durch die Entstehung persönlichen *Vertrauens*[44]. Vertrauen ermöglicht „Zutrauen zu eigenen Erwartungen", denn es begründet „die generalisierte Erwartung, daß der andere seine Freiheit, das unheimliche Potential seiner Handlungsmöglichkeiten im Sinne seiner Persönlichkeit handhaben wird – oder genauer: im Sinne

[44] Siehe hierzu und zum folgenden die sehr instruktive Analyse von *N. Luhmann*, Vertrauen. Ein Mechanismus der Reduktion sozialer Komplexität, 2. Aufl., Stuttgart 1973.

der Persönlichkeit, die er als die seine dargestellt und sozial sichtbar gemacht hat"[45]. Wem ich vertraue, von dem erwarte ich, daß er mich nicht enttäuschen wird; ich empfinde ihn als hinreichend kalkulierbar, und das ermöglicht erst mein eigenes Handeln in dem gemeinsamen Handlungsfeld. Vertrauen bleibt allerdings allemal eine riskante Leistung. Es überzieht als Zukunftsorientierung das vorhandene Wissen und arbeitet, sonst wäre es gar nicht vonnöten, unter Bedingungen unzureichender Kontrollen. Gruppen bieten allerdings im Unterschied sowohl zu Organisationen und Großverbänden als auch zu „einfachen Sozialsystemen" besondere Voraussetzungen für das Entstehen von Vertrauen, indem sie gewisse Bedingungen der Risikoabsicherung mitbringen. Dabei ist (in Abgrenzung zu Organisationsleistungen) hervorzuheben, daß die Individualisierung der Wahrnehmung und die Personalisierung der Handlungszurechnung in Gruppen einerseits die Entstehungsvoraussetzungen, andererseits auch das Erfordernis *persönlichen* Vertrauens begründen. Wo sich Personen nicht persönlich kennenlernen können, fehlt die Chance der emotionalen und kognitiven Fundierung der Vertrauensbildung. Wo Personen als Handlungsträger keine entscheidende Rolle spielen, weil die Handlungsführung primär über positionsspezifische Normierungen und deren organisierte Kontrolle abgesichert wird, da erübrigt sich zum guten Teil diese Vertrauensbildung. Wo sie gebraucht wird, weil Formalisierungen zu kurz greifen, da bedarf es allerdings zusätzlicher zeitlicher und sozialer Systemleistungen, um Vertrauensbildung wahrscheinlich zu machen. In dieser Hinsicht besitzen Gruppen (im Unterschied zum „einfachen Sozialsystem") einerseits mit dem Merkmal gewisser Dauerhaftigkeit die Chance, dem Vertrauensaufbau Zeit zu geben. Das setzt eine Serie „riskanter Vorleistungen"[46] der einen und die Geschichte befriedigender Beweise von Vertrauenswürdigkeit der anderen voraus. Das „Prinzip der kleinen Schritte"[47], das den Aufbau eines bestandsfesten Vertrauens bestimmt, setzt ein Minimum gemeinsamer Vergangenheit voraus. Hinzu kommt andererseits, daß in Gruppen die einzige Sanktionsform sich bilden kann, die aufkommenden Vertrauensbrüchen angemessen und wirksam begegnen kann, nämlich die Möglichkeit und das Recht auf Moralisierung von Normverstößen. Vertrauen ist eine persönliche Leistung, der zu entsprechen nicht formell erwartet werden kann. Sie ist nicht eine Angelegenheit von Satzung und Gesetz, kann weder kommandiert noch eingeklagt werden. Die effektive Reaktion auf Vertrauensbruch setzt die Thematisierung der Identität des Vertrauensbrechers voraus. Sie bestraft, indem sie seine moralische Integrität in Zweifel zieht oder sogar verneint. Das setzt voraus, was für Gruppen (im Unterschied zu Organisationen und einfachen Sozialsystemen) typisch ist, nämlich eine hohe Personalisierung von Beziehungen sowie eine Struktur emotionaler Verspannungen[48].

[45] *N. Luhmann*, a.a.O., S. 7 und S. 40.

[46] *N. Luhmann*, Vertrauen, a.a.O., S. 23.

[47] *N. Luhmann*, Vertrauen, a.a.O., S. 43, unter Rückgriff auf *Dietrich Claessens*, Instinkt, Psyche, Geltung, 2. Aufl. Köln und Opladen 1970, S. 122 ff.

[48] *N. Luhmann* behauptet die Strategie der Moralisierung als typisches Kontrollmittel einfacher Sozialsysteme (s. Einfache Sozialsysteme, a.a.O., S. 62). Das ist fragwürdig, da in ihnen jene Intimität kaum erreichbar ist, die es erlaubt, eine Thematisierung der moralischen Qualität der beteiligten Personen zu riskieren. Hier wird mehr nach den Maßstäben des konventionell Angemessenen als denen des moralisch Guten reguliert. Konvention, nicht Moral bildet den Kern des Normensystems einfacher Systeme – im Unterschied zur Gruppe.

Gruppen besitzen in dieser Weise spezifische Voraussetzungen für Gefühlsbildungen, die Regelungsmechanismen anderer Systemtypen ersetzen können. Vertrauen läßt sich als funktionales Äquivalent für Formalisierung begreifen. Möglich erscheint darüber hinaus, daß auch jene Bestandsvoraussetzung sozialer Systeme, die in der allgemeinen Theorie als Konsensusbedingung stark betont worden ist, im speziellen Fall von Gruppen wieder durch Ausbildung bestimmter Gefühle substituierbar ist. Erstens ist anzumerken, daß Gruppen in vielen Fällen anstatt mit Konsensus schon mit Konsensusfiktionen gut auskommen. Empirische Untersuchungen zeigen nämlich, daß in Gruppen, in denen Sympathiebeziehungen entstanden sind, die von den Mitgliedern angenommenen Übereinstimmungen die tatsachlich feststellbaren Übereinstimmungen deutlich übersteigen[49]. Sympathie absorbiert bestimmte Dissensusmengen. Gleichermaßen wichtig aber erscheint zweitens die Möglichkeit, daß Sympathie in Verbindung mit Vertrauen wahrgenommenen Dissensus zu relativieren und offene Konsensusdefizite zu kompensieren vermag, die Konsensusformel der allgemeinen Theorie also im grundsätzlichen an Geltung verliert. lm Hinblick auf Erwartungssicherheiten und Bestandsbedingungen muß der andere nicht *meine* Meinung teilen, wenn ich darauf vertrauen kann, daß er bei *seiner* Meinung bleibt, und wenn ich darüber hinaus im Besitz seiner Sympathie unterstellen darf, daß er bei seinem Handeln meine Meinung berücksichtigen und mich selber nicht ohne Not verletzen wird.

Gefühle besitzen innerhalb von Gruppen also die Funktion, bestimmte Bestandsvoraussetzungen zu gewährleisten und bestimmte Strukturierungen von Prozeßabläufen abzusichern, auch wo die Formalisierung von Normen und die Institutionalisierung von Konsensus typischerweise schwach bleiben. Gefühle sind in diesem Sinne soziale Steuerungsmedien besonderer Art. Daß sie in dieser Funktion auch problematisch sind, liegt allerdings auf der Hand. Einerseits sind sie selber vom System her nicht zuverlässig kontrollierbar, und sie schlagen dann auch oft in ihr Gegenteil um. Andererseits ist ihre Steuerungsleistung prekär, da ihnen Irrationalitäten eignen, denen in der Einschätzung tatsächlicher Handlungspotentiale von Personen und Gruppen nicht selten hohe Illusionsgrade einhergehen. Insofern sind Enttäuschungen wahrscheinlich, und die Folge mag sein, daß mit ihrem Eintreten eine Eskalation sozialer Konflikte einsetzt und die Gruppe ruiniert. Ist dies in vielen Fällen tatsächlich beobachtbar, so fällt andererseits auch auf, daß in vielen Fällen Gruppen imstande sind, auch diese Enttäuschungen und Konfliktlagen noch gefühlsmäßig aufzufangen und zu verkraften. Wir stoßen hier auf eine Klasse von Gefühlen, ohne deren Existenz die Fortdauer von Gruppen und Gruppenbeziehungen angesichts der immer wieder aufkommenden Takt- und Schamverstöße, Vertrauensbrüche und Enttäuschungen al-

---

[49] Siehe *Dann Bryne* und *Barbara Blaylock*, Similarity and Assumed Similarity of Attitudes between Husbands and Wives, in: Journal of Abnormal and Social Psychology, Bd. 67, 1963, S. 636–640; *George Levinger* und *James Bendlove*, Interpersonal Attraction and Agreement. A Study of Marriage Partners, in: Journal of Personality and Social Psychology, Bd. 3, 1966, S. 367–372; neuerdings auch *Roland Eckert* und *Alois Hahn*, Strategien zur Reduktion von lnterrollenkonflikten bei berufstätigen Frauen, 4. Arbeitsbericht, Manuskript Universität Trier 1978, bes. S. 40 ff.

[49a] In diesem Sinne vermerkt *Peter M. Blau* in umgekehrter Wendung, daß value consensus ein „functional equivalent for the feelings of personal attraction" darstelle. Siehe *ders.*, Exchange and Power in Social Life, New York 1964, S. 24.

ler Art überhaupt nicht gedacht werden kann. Gemeint sind zum Beispiel Dankbarkeit, Treue, Liebe. So unterschiedlich deren Gefühlswert im einzelnen sein mag[50], ihre Gemeinsamkeit liegt darin, daß sie eine relativ starke Indifferenz gegenüber dem Verhalten des anderen besitzen. Natürlich lassen sie sich durch dessen Verfehlungen aufbrauchen; sie sind nicht voraussetzungslos. Aber sie sind relativ träge und begründen dadurch Reaktionstoleranzen in den Austauschbeziehungen. Sie räumen dem anderen Kredite ein.

Mit diesem Phänomen gerät die Austauschtheorie an die Grenze ihrer Erklärungskraft, insbesondere dann, wenn auch die Entstehung dieser Gefühle selber, vor allem z. B. „Liebe", austauschtheoretisch nicht gedeutet werden kann. Das ist hervorzuheben, weil die Austauschtheorie gerade in sozialen Gruppen für mancherlei sehr tauglich ist, z. B. für die Erklärung von Schichtungstendenzen und Machtverhältnissen. Nicht umsonst hat *George C. Homans* ihren Anwendungsbereich auf „small groups" und „actual social behavior of individuals in direct contact with one another"[51] festgelegt. Allerdings sind gerade in Gruppen systemrelevante Vorgänge zu beobachten, die der Logik von Austauschgesetzen nicht folgen: Einer kommt mit schlechter Laune auf, und die anderen zahlen es ihm nicht heim, sondern muntern ihn auf; ein Kind belügt die Mutter, und diese straft dennoch nicht, sie verzeiht, usw. Solcher Verzicht auf Reziprozität und positiven Feedback läßt sich ohne die Annahme relativ enttäuschungsfester Grundgefühle in der Gruppe nicht verstehen, von Gefühlen, die gegen-über Fehlern und vielleicht sogar Illoyalitäten über eine gewisse Strecke unempfindlich bleiben. Sie stellen, wo sie existieren, Abweichungstoleranzen dar, und sie verleihen den Gruppen, die sie entwickeln, eine Art Ultrastabilität.

VI. Widersprüche, Konflikte, Balancierungsprobleme

Abweichungstoleranzen einzurichten ist für die Bestandserhaltung sozialer Gruppen in dem genannten Sinne funktional. Aber dieser Zusammenhang gilt nicht ohne Einschränkung, wenn man ihn quantifiziert. Hier wie in vielen anderen Sozialbeziehungen ist *etwas* in der Regel mehr als *viel*. Maximierungsstrategien sind das falsche Rezept. Es kommt alles auf die angemessene Dosierung an. Werden nämlich Abweichungstoleranzen grenzenlos, so werden die Gruppenzustände anomisch. Der Sanktionenapparat bricht dann zusammen. Jeder kann tun, was er will, ohne daß Gruppen-

[50] Vgl. etwa *G. Simmels* „Exkurs über Treue und Dankbarkeit", in: Soziologie, a.a.O., S. 438–447, und dessen systematische Einordnung in das Kapitel über „Die Selbsterhaltung der sozialen Gruppe".

[51] *George C. Homans*, Social Behavior. Its Elementary Forms, New York und Burlingame 1961, S. 7 u. 3, Seine Zurechnung auf kleine Gruppen hin wird allerdings problematisch, wenn er selber den Anwendungsbereich weiter auf Verhaltensabläufe „within rather short spans of time" (S. 48) einschränkt und an anderer Stelle richtig notiert, daß austauschorientierte „calculation for the long run is the exception and not the rule" (S. 81). Nach unserer systematischen Unterscheidung würde dies bedeuten, daß der Hauptanwendungsbereich der Austauschtheorie in der Klasse der „einfachen Sozialsysteme" und „encounters" liegt. Und in der Tat stammt das Hauptmaterial, das *Homans* zahlreich benutzt, aus der Laborforschung, deren künstlich und kurzfristig zusammengestellte „Gruppen" in unserem Sinne noch gar keine Gruppen sind. Die Gruppensoziologie, die ihre Befunde von daher bezieht, ist deshalb viel mehr eine Soziologie einfacher Sozialsysteme. Sie sagt darum auch nichts Erhellendes über alle Gruppenphänomene wie Vertrauen, Treue und auch Rituale, deren Entstehung eine Gruppengeschichte voraussetzt.

kontrollen für gegensteuernde Reaktionen sorgen. Die Liberalität gerät zur Anarchie, und die Gruppe wird handlungsunfähig.

Ein solches Umschlagen der funktionalen Wirkung bestimmter Variablen von einem bestimmten Punkte an ist ein allgemeines Phänomen, das sich in Gruppenzusammenhängen in vielerlei Hinsicht äußert. Gruppen bedürfen der Individualisierung der Mitgliederwahrnehmung, müssen sich aber auch vor einer exzessiven Thematisierung individueller Komplexitäten z. B. durch Normierung von Scham- und Taktgefühl schützen. Sind solche inneren Abgrenzungsstrategien prinzipiell unabdingbar, so dürfen sie andererseits nicht zu weit getrieben werden. Die Gruppe muß gegenüber den Gefühlen und Wünschen ihrer Mitglieder empfindlich bleiben, und sie darf deren Spontaneität nicht ausschließen, will sie nicht deren Abwanderung provozieren[52]. Persönliches Vertrauen ist gut, aber zuviel davon macht Enttäuschungen und eine Folge anschließender Konflikte unausweichlich. Übertreibungen sind insofern dysfunktional. An Beispielen wie diesen erhellt, daß im gesellschaftlichen Bereich – technisch gesprochen – die Linearität von Variablenzusammenhängen, die auch in den Thesen der Gruppensoziologen fast durchweg unterstellt wird[53], keineswegs die Regel, sondern eher die Ausnahme ist. Prinzipiell läßt sich nämlich annehmen, daß die Bedingungen für kurvilineare Beziehungen sozialer Variablen, also für das Umschlagen der Richtung ihres Zusammenhangs, universell gegeben sind. Drückt sich darin doch der Sachverhalt aus, daß soziale Systeme eine Mehrzahl von konkurrierenden und teilweise widersprüchlichen Erfordernissen zu genügen haben und daß im Sinne des Prinzips wachsender Grenzkosten die einseitige Erfüllung eines Bedürfnisses zunehmend zu Lasten der Erfüllung anderer Bedürfnisse geht – mit der Folge, daß diese von einem bestimmten Schwellenwert an drastisch intervenieren[54].

Diese Zusammenhänge sind in der Soziologie mit den sogen. Gleichgewichtstheorien behandelt worden, ohne daß dort die Reichweite des Ausgangsproblems vollständig herausgearbeitet erscheint. Wichtig ist in unserem Zusammenhang, daß auch die Gleichgewichtstheorien bei dem Sachverhalt ansetzen, daß soziale Systeme kollidierende Bedürfnisse zu befriedigen haben[55]. Dabei ist in der Gruppensoziologie das Dilemma meistens als Konfrontation von „task oriented“ vs. „social-emotional“ oder „instrumental“ vs. „integrative“ oder auch „internal“ vs. „external needs“ charakterisiert worden. Nehmen wir diese Unterscheidungen auf, so läßt sich das generelle Problem als Kollision von Innen- und Außenweltansprüchen sozialer Systeme

[52] Ein aufschlußreiches und beeindruckendes Fallbeispiel findet sich in: *N. N.*, Wir warn die stärkste der Parteien … Erfahrungsberichte aus der Welt der K-Gruppen, Berlin 1977.

[53] Die falsche Linearitätsannahme erklärt in der Gruppensoziologie wahrscheinlich eine Fülle der Widersprüche, die sich im Hinblick auf umlaufende Ergebnisse und Thesen in einem unbehaglichen Ausmaß ergeben haben. Mißt der eine die Wirkung einer Variablen im niedrigen, ein anderer im hohen Bereich ihrer Ausprägung, dann ergibt sich bei Vorliegen kurvilinearer Beziehungen, daß sich konträre Befunde ergeben.

[54] „‚Why don't two directly varying factors, such as, for instance, increasing friendship and increasing interaction, go on for ever?'… Variables A and B do not mutually encourage one another to infinity, because a relationship exists between A and X, and B and X, which inhibits the mutual influence of A and B beyond a particular point“. Die Steigerung von A oder B stellt in diesem Sinne einen „self-clefearing process“ dar, so *Josephine Klein*, The Study of Groups, London 1956, S. 143.

[55] *Talcott Parsons*, *Robert F. Bales* und *Edward A. Shils* (Hrsg.), Working Papers in the Theory of Action, New York 1953, S. 111–161, und *J. Klein*, The Study of Groups, a.a.O.

thematisieren, wobei Widersprüche innerhalb beider Umweltbereiche mit Sicherheit noch hinzukommen. Soziale Systeme lassen sich allerdings danach unterscheiden, auf welcher der beiden Umweltseiten der primäre Erwartungsdruck entsteht und umgekehrt: auf welcher Seite Erfüllungsdefizite am ehesten zu erwarten sind. Organisationen sind aufgrund ihrer instrumentellen Zweckbestimmung primär außenweltorientiert, mit der Folge, daß ihr Gleichgewicht vor allem im Hinblick auf die Erfüllung innerer Umweltbedürfnisse prekär bleibt. Soziale Gruppen dagegen stehen zuallererst unter einem besonderen Innenweltdruck, und ihr spezifisches Problem ist, sich für die Wahrnehmung und Verarbeitung von Außenwelteinflüssen freizuhalten. Gleichgewichtsprobleme werden in Gruppen deshalb in dem Maße dramatisiert, in dem der externe Handlungsdruck steigt. Dann müssen die inneren Tendenzen mit instrumentellen Erfordernissen balanciert werden, innere Abgrenzungsmechanismen müssen schärfer zupacken, Rollendefinitionen standardisiert und Gefühle diszipliniert werden. Welche Lösungen dabei optimal sind, kann den Gruppen von außen kaum vorgegeben werden, auch nicht von einer Gruppensoziologie. Diese kann allerdings gewisse Bedingungen bezeichnen, welche die Gruppen erfüllen müssen, um imstande zu sein, Balancierungen unter den ihr speziell gegebenen Umweltumständen selber zustande zu bringen. Solche Bedingungen seien abschließend wenigstens skizziert.

Dabei ist von Anfang an einzuräumen, daß die soziologische Bestimmung von Problemlösungsbedingungen gerade im Falle sozialer Gruppen Wesentliches gar nicht zu erfassen vermag. Gerade weil die Gruppe ein soziales Gebilde ist, in dem die Personalisierung der Handlungszurechnung ein inneres Systemprinzip darstellt, hängt so viel von den einzelnen Personen und davon ab, welche individuellen Problemlösungsfähigkeiten sie in die Gruppe mitbringen. Das Gewicht aktuell sozialer Determinationen des Gruppengeschehens ist durch die Bedeutung psychischer Momente relativ stark eingeschränkt. Auf dieser Ebene käme es im Hinblick auf einen erfolgreichen Umgang mit Widersprüchen und Konflikten darauf an, daß die Gruppenmitglieder für das ihnen begegnende Ausmaß an Gruppenkomplexität selber komplex genug sind und daß sie mit ihrer eigenen Komplexität auch souverän umzugehen verstehen. Dabei ließe sich an die Kompetenzen denken, die *Lothar Krappmann* als personale Bedingungen „balancierender Identität" bezeichnet hat, also etwa an Fähigkeiten zu Rollendistanz, Empathie und Ambiguitätstoleranz[56]. Wichtig im Sinne einer notwendigen, natürlich noch nicht hinreichenden Bedingung erfolgreicher Balancierungsversuche wäre nämlich, daß in der Gruppe Kräfte vorhanden sind, die gegenüber vorherrschenden Gruppentendenzen vor den Schwellen ihrer Übertreibung Gegensteuerungen auslösen, indem sie vernachlässigte Gesichtspunkte geltend und damit die sozialen Kosten einer einseitigen Gruppenorientierung sichtbar machen. In dem Maße, in dem diese Dialektik nicht von den einzelnen Subjekten in Gang gesetzt und durchgehalten werden kann, in dem Maße werden auch in Gruppen ausgleichende Systemvorkehrungen relevant, sei es auch nur als Hilfsgrößen individueller Anstrengungen. Zu solchen Systemvorkehrungen rechnen wir bestimmte Mechanismen sowohl der Differenzierung als auch der Integration.

[56] *Lothar Krappmann*, soziologische Dimensionen der Identität, Stuttgart 1971, bes. S. 70 ff. und 132 ff.

Soziale Differenzierung ist als Strategie der Komplexitätssteigerung sozialer Systeme in der Systemtheorie häufig bezeichnet worden. Die Spezialisierung einzelner Mitglieder auf bestimmte Aufgaben und Rollen sichert, daß eine Vielzahl von Gesichtspunkten und Erfordernissen im System einigermaßen zuverlässig repräsentiert wird und immer dann Advokaten findet, wenn Bestandteile davon vernachlässigt werden. In Gruppen bereitet es nun allerdings, wie weiter oben dargestellt, besondere Schwierigkeiten, solche Rollenspezialisierungen wirksam durchzusetzen.

Gleichwohl fanden sich in Gruppenuntersuchungen regelmäßig Ansätze dazu; vor allem die Differenzierung von „emotional" vs. „instrumental leader" ist in den Fällen, in denen Gruppen aufgabenorientiert waren, also unter Handlungsdruck standen, reich dokumentiert[57]. Damit sich komplementäre „Gruppenfiguren"[58] in dieser Art entwickeln können, dürfte es wichtig sein, daß mit der Rekrutierung von Gruppenmitgliedern eine gewisse Heterogenität der Mitgliedschaft im Hinblick auf Orientierungen und Fähigkeiten gewährleistet wird, sonst kann das für Balancierung notwendige Ausmaß gruppeninterner Pluralität nicht entstehen[59]. Glaubt man den psychologischen Rekrutierungstheorien, die die Partnerselektion nach Gesichtspunkten von „complementary needs" und Projektionsbedürfnissen behaupten[60], so läßt sich annehmen, daß ein Mindestmaß an Heterogenität der Mitglieder von diesen selbst normalerweise auch gewünscht wird. Stellt die Ausdifferenzierung spezieller „Gruppenfiguren" eine balancefördernde Differenzierungsstrategie auf sozialer Ebene dar, so laufen diesem Vorgang ähnliche Tendenzen auf sachlichen und zeitlichen Dimensionen oft einher[61]. Gilt es, in einem System divergierende Prinzipien zu berücksichtigen, so mag es hilfreich sein, ihnen unterschiedliche Räume und Zeiten zu reservieren. Die Gruppe wechselt das Lokal und vollzieht „phase movements"; dem läuft ein Wechsel von Themen und Motiven, oft auch eine Rotation von Führerschaft einher. Auf diese Weise entschärft man die Widersprüche durch interne Abschottungen. Gleichwohl sind solche Widersprüche objektiv und in Gestalt kontroverser Definitionen des jeweils Gebotenen dauerhaft existent, und man muß davon ausgehen, daß soziale Konflikte in Gruppen immer wieder aufkommen und die Mitglieder entzweien. Gerade die Funktionen von Rollendifferenzierung sind in dieser Hinsicht ambivalent. Schützen sie einerseits vor Vereinseitigungen und Übertreibungen, indem sie eine gewisse Pluralität von Zwecksetzungen und Präferenzen sichern, so werfen sie andererseits das Folgeproblem auf, wie unter diesen Bedin-

[57] Siehe bibliographische Hinweise z. B. bei *Peter I. Burke*, The Development of Task and Social-Emotional Role-Differentiation, in: *Richard J. Ofshe* (Hrsg.), Interpersonal Behavior in Small Groups, Englewood Cliffs, N. J., 1973, S. 299–310.

[58] *Heinrich Popitz*, Der Begriff der sozialen Rolle als Element der soziologischen Theorie, 2. Aufl. Tübingen 1968, S. 13 verwendet den Begriff, um jene „Surrogate sozialer Rollen" zu bezeichnen, die sich in Gruppen anstelle von Rollen im engeren Sinne entwickeln.

[59] Diesen Zusammenhang belegen *Michael Klein* und *Gerd Christiansen*, Gruppenkomposition, Gruppenstruktur und Effektivität von Basketballmannschaften, in: *Günther Lüschen* (Hrsg.), Kleingruppenforschung und Gruppe im Sport, Köln und Opladen 1966, S. 185.

[60] Z. B. *R. F. Winch* und *R. McGinnis*, Marriage and the Family, New York 1953; D. C. Dunphy, The Primary Group, a.a.O., S. 46 ff.

[61] Siehe über solche „equilibrating mechanisms" vor allem *R. F. Bales*, The Equilibrium Problem in Small Groups, a.a.O.

gungen *Integration* gelingen kann. Diese Frage ist speziell für Gruppen von außerordentlicher Brisanz. Zwar besitzen sie, wir haben das früher betont, mit der Möglichkeit, Gefühle wie Liebe, Dankbarkeit und Treue einzufangen und auszubilden, eine besondere Chance emotionaler Befriedigung. Aber solche Gefühle sind nicht zuverlässig planbar, und sie sind darüber hinaus, wo sie bestehen, gegenüber Enttäuschungen nicht vollständig immun. Wenn sie jedoch nicht hinreichen, um soziale Störungen im Gruppensystem zu absorbieren, dann stehen Gruppen mehr als andere Systemtypen in der Gefahr, daß Konflikte eskalieren. Das ergibt sich in Gruppen vor allem aus ihrem Unvermögen, eine Ausdifferenzierung von Sanktionsmechanismen und Kontrollinstanzen zu formalisieren. Für Organisationen und Großverbände z. B. ist es typisch, daß bei konflikthaltigen Auseinandersetzungen „die Sanktionsgewalt dem Verletzten oder Sich-Verletzt-Fühlenden entzogen und im System zentralisiert wird", etwa in bestimmten Vorgesetztenrollen, Schiedsinstanzen oder Gerichten. Dies „macht das Handeln des Strafenden unpersönlich und entzieht ihn selbst dadurch der feindseligen Gegenreaktion". Auf diese Weise wird der „Gefahr eines immer stärker werdenden Oszillierens von Sanktion und Gegensanktion" begegnet[62]. Ähnliches fällt in Gruppen schwer. Die Unmittelbarkeit der Mitgliederbeziehungen und die starke Emotionalisierung der Gruppenprozesse stehen einer Zentralisierung sozialer Kontrollen entgegen. Die Konflikte haben deshalb in ihnen die Tendenz zu Zwei-Personen-Spielen. Sie geraten dann aber, wenn nicht der Glücksfall befriedigender Gefühlsreserven die Austauschlogik außer Kraft setzt, leicht außer Rand und Band. Jede Reaktion der anderen Seite steigert das Konfliktniveau.

Die Frage ist, worauf Gruppen zurückgreifen können, um dem positiven feedback-Zirkel Einhalt zu gebieten und auch akute Konflikte noch zu balancieren. Diese Frage wirft das Problem auf, wem in Gruppen die „Funktion des *Dritten*" zugerechnet werden kann, eines Dritten, der den Konflikt zu objektivieren und am Ende zu entscheiden vermag[63]. Es scheint, daß Gruppen vor allem zwei Mechanismen besitzen, um diesen Dritten zur Integration von Konfliktparteien ins Spiel zu bringen: die Institutionalisierung erstens von Führerschaft und zweitens von „Gruppenöffentlichkeit". Beide sind in bestimmten Grenzen funktional äquivalent, schließen sich allerdings auch nicht aus. Führerschaft hat dabei den Vorteil, eindeutige und rasche Entscheidungen zustande bringen zu können. Sie ist als Balancierungsinstanz allerdings heikel, wenn sie selber Anlaß und Thema des Konfliktes darstellt, und das ist nicht selten der Fall. Dann kommt alles darauf an, daß Gruppenöffentlichkeit funktioniert, daß in der Gruppe unmittelbar nicht Betroffene sich für die Konfliktlösung engagieren lassen[64] und daß sie gegenüber den Konfliktparteien souverän, d. h. unter anderem: nicht an fixe Koalitionen gebunden sind. Es wäre gut zu wissen, von welchen Voraussetzungen diese Leistungen abhängen.

[62] *N. Luhmann*, Funktionen und Folgen formaler Organisation, a.a.O., S. 259 f.

[63] Über die Funktion des Dritten bieten die geistreichen Bemerkungen von *G. Simmel* (Soziologie, a.a.O., bes. S. 75 ff.) immer noch die erhellendste Lektüre. Vgl. aber auch *Vilhelm Aubert*, Interessenkonflikt und Wertkonflikt, in: *Walter L. Bühl* (Hrsg.), Konflikt und Konfliktstrategie. Ansätze zu einer soziologischen Konflikttheorie, München 1972, S. 178–205, bes. S. 192 ff.

[64] Und nicht etwa durch „Staffelungsprozesse" zu unbeteiligten Zuschauern des Geschehens paralysiert sind. Vgl. *H. Popitz*, Prozesse der Machtbildung, a.a.O., S. 25 ff.

Köln Z Soziol (2017) (Suppl 1) 69:455–494
DOI 10.1007/s11577-017-0416-7

Kölner Zeitschrift für Soziologie und Sozialpsychologie

ABHANDLUNGEN

Figurationssoziologie und Methodologischer Individualismus

Zur Methodologie des Ansatzes von Norbert Elias

Von Hartmut Esser

„Dem gesunden Menschenverstand erscheint die Gesellschaft als ein gigantisches Netzwerk oder Gefüge von Personen. Auch Sozialwissenschaftler arbeiten mit dieser Vorstellung …"
(*James S. Coleman*, 1979, S. 1)

Im Vorwort zu seiner Arbeit „Die Logik des gesellschaftlichen Handelns" bemerkt *Raymond Boudon*, daß sein Ansatz „von anderen Soziologen geteilt würde und geteilt werden kann", sowie „daß er mit anderen durchaus übereinstimmt: dem von Peter Berger (Einladung zur Soziologie) oder dem von Norbert Elias (Was ist Soziologie?) …" (*Boudon* 1980, S. 11). Das erste Kapitel in dem Buch von *Boudon* heißt auch: „Was ist Soziologie?" (*Boudon* 1980, S. 13). In einem Beitrag zu den „nicht-intendierten sozialen Folgen individueller Handlungen" hatte sich *Reinhard Wippler* 1978 in weiten Teilen auf *Norbert Elias* und dessen Analyse der unbeabsichtigten Folgen absichtsvollen Handelns bezogen als einen der wenigen soziologischen Autoren, die sich überhaupt mit dieser Frage befaßt hätten (*Wippler* 1978). *Viktor Vanberg* schließlich zitiert an drei Stellen seiner Arbeit „Die zwei Soziologien" *Norbert Elias* ausdrücklich und ausführlich zur Unterstützung seiner eigenen Argumentation: daß Kollektive nicht „an sich" existierten, sondern aus Netzwerken von Individuen bestünden (*Vanberg* 1975, S. 101); daß auch Normen erst einmal zu erklären wären und auch gefragt werden müsse, unter welchen Bedingungen unnormierte Beziehungen sich regeln (*Vanberg* 1975, S. 178); daß Institutionen eher das ungeplante Resultat

Erstveröffentlichung: *Kölner Zeitschrift für Soziologie und Sozialpsychologie*, Jg. 36, 1984, Heft 4, S. 667–702.

c/o V. Dreier,
Institut für Soziologie und Sozialpsychologie, Universität zu Köln,
Lindenburger Allee 15, 50931 Köln, Deutschland
E-Mail: volker.dreier@uni-koeln.de

des Verflechtungszusammenhangs individueller Handlungen seien als das Ergebnis voluntaristischer Akte und unmittelbarer Planung (ebd. S. 238).
Boudon, *Wippler* und *Vanberg* können ohne Zweifel zu den Vertretern einer methodologischen Richtung gezählt werden, die als „Methodologischer Individualismus" (MI; auch: „Strukturtheoretischer Individualismus") bekannt ist. Andererseits versteht *Elias* seinen Ansatz durchaus als einen eigenständigen Weg – jenseits jener Dichotomie zwischen Kollektivismus und Individualismus in den „zwei Soziologien".

> Weite Teile der methodologischen Ausführungen von *Elias* beschäftigen sich mit der Kritik an den gängigen kollektivistischen Theorien: Struktur-Funktionalismus, Systemtheorie, Medien- und „Sphären"-Theorien, teleologischem Kollektivismus. Er wendet sich gegen Vorstellungen, wonach Gesellschaften als eigenständige Systeme, aufgeteilt in „nebeneinander stehenden Sphären" (WiS, S. 155)[1] zu denken seien, die von den handelnden Individuen unabhängig irgendwelche inneren Zielbestimmungen hätten und sich nur durch externe Anstöße aus einem „Zustand der Ruhe" (WiS, S. 167) in einen Zustand des – u.U. teleologisch determinierten – Wandels begäben. Ebenso deutlich grenzt sich Elias von allen „individualistischen" Ansätzen der Gegenwartssoziologie bzw. der Geschichtswissenschaften ab: Voluntarismus, „Aktions"- und „Inter-Aktions"-Theorien, Psychologismus, „behavioral science", methodologischem Atomismus. *Elias* kritisiert dabei nachdrücklich alle Vorstellungen, wonach gesellschaftliche Prozesse als die Folge „planmäßiger Schöpfungen einzelner Menschen" (PZ2, S. 38) erklärt werden könnten; wonach Gesellschaften als „Ansammlung einzelner Menschen" (WiS, S. 100) begriffen und über „individualpsychologische Analysen" (WiS, S. 100) verstanden werden könnten; wonach die Vorgänge in Geschichte und Gegenwartsgesellschaft durch „statische" und „ahistorische" Theorien zu erklären versucht würden, in denen Menschen als „geschlossene Systeme" (HG, S. 44), als „völlig voneinander unabhängige Individuen" (PZ1, S. LIII), als „homines clausi", Monaden (PZ1, S. LV), isolierte Atome (Ea0, S. 168) verstanden würden; wonach schließlich von der historischen Unwandelbarkeit der psychologischen Eigenschaften von Menschen und der „Reduktion" sozialer Vorgänge auf „statische" universale individuelle Eigenschaften ausgegangen werde.

Nach seinem Ansatz gelte dagegen: Gesellschaften bestehen aus „Figurationen" von Individuen, die sich in Interdependenzen und Verflechtungen zueinander befänden; Figurationen und die sie bildenden Individuen wandeln sich fortwährend und in wechselseitiger Abhängigkeit, wobei dieser Wandel ungeplant, aber gerichtet verlaufe; Figurationen bestehen allerdings aus nichts als aus handelnden individuellen Menschen, die in ihren Interdependenzen, Interessenverflechtungen, Machtbalancen und Verkettungen unbeabsichtigt in Handlungszwänge kommen können, so daß Figurationen in Prozesse eigengesetzlicher Autonomie geraten, die niemand beabsichtigt hatte und denen man sich nicht entziehen kann.
Der mit dem Programm des MI, auf das sich *Boudon*, *Vanberg* und *Wippler* stützen, vertraute Leser wird bemerkt haben, daß die Skizzierung des Individualismus bei

[1] Zu den Abkürzungen der zitierten Schriften von *Elias* vgl. das Literaturverzeichnis.

Elias mit dem Selbstverständnis des heute diskutierten MI wenig zu tun hat, dagegen die Orientierungshypothesen der Figurationssoziologie (FS) hohe Übereinstimmungen mit diesem Selbstverständnis aufweisen. Insofern würden die Inanspruchnahmen von *Elias* durch die o.a. Autoren schon erklärbar. Gegenstand des hier vorgelegten Beitrags soll es sein, diese Feststellung zu untermauern. Die Zielsetzung des Beitrags reicht indessen weiter: Es soll letztlich die These (weiter) belegt werden, daß sich für die Teile der Soziologie, die sich einer *explanativen* Aufgabe verpflichtet fühlen, offenbar auch über weite Differenzen in Terminologie, Hintergrund, wissenschaftssoziologischer Einbindung ein *gemeinsames* Grundverständnis herauszubilden scheint – auch wenn dies bedingt u.a. durch die kognitiven Folgen und nicht-kognitiven Funktionen paradigmatischer Abgrenzungen nur langsam auch subjektive Verbreitung finden kann[2].

I. Das allgemeine methodologische Programm der Figurationssoziologie

Elias hat in seinen Arbeiten eine Fülle allgemeinerer methodologischer Anmerkungen gemacht, die im folgenden (so knapp wie möglich) in zwei Punkten zusammengefaßt werden sollen: allgemeine methodologische Postulate und die Kritik anderer Methodologien bzw. anderer soziologischer Ansätze.

> Es wird sich dabei zeigen, daß das methodologische Programm der FS durchaus vielschichtiger ist, als es die im Vorwort zu den „Materialien" angeführten vier „Eliasschen Regeln" erscheinen lassen. Danach lauten diese vier Regeln: 1. Soziologische Konzepte seien auf Menschen zu beziehen; 2. Ausgangspunkt der Analyse hätten nicht das einzelne Individuum, sondern die Figurationen zu sein, die diese Individuen miteinander bilden; 3. Soziologische Konzepte sollten sich auf Prozesse beziehen; 4. Soziologen hätten sich bewußt zu sein, daß sie selbst Angehörige jener Figurationen wären, die sie untersuchen. Man wird auf Elias selbst zurückgreifen müssen, um spezifischere Äußerungen zu gewinnen, an denen Differenzen oder Gemeinsamkeiten zu anderen Programmen auszumachen wären[3].

[2] Es ist z.B. zu erwarten, daß jeder Versuch eines „outsiders", die FS in bereits bestehende Konzeptionen einzuordnen oder gar Identitäten mit dem MI zu behaupten, von der inzwischen ja gut etablierten *Elias*-Gemeinde zurückgewiesen werden wird. So liest man z.B. im Vorwort zu den Materialien: „Wir haben aber die Erfahrung gemacht … , daß diese so bescheiden klingenden Grundeinsichten das soziologische Arbeiten in eine andere, neue Richtung lenken. Sie bezeichnen einen eigenständigen Weg, den man aber nicht nur abschnittsweise oder gelegentlich betreten kann … Die Eliassche Zivilisationstheorie ist ein eigenständiges soziologisches Forschungsprogramm, an dem man weiter arbeiten kann, das man verbessern kann, das man weiterentwickeln kann, das man aber nicht für andere Positionen vereinnahmen kann" (*Gleichmann*, *Goudsblom* und *Korte* 1979, S. 11; vgl. auch *Goudsblom* 1979, S. 49, 54, 59, 73). Im übrigen wird im folgenden bis auf wenige Ausnahmen nicht auf die Rezeption und Interpretation von *Elias* Bezug genommen. Vgl. dazu die von *Gleichmann*, *Goudsblom* und *Korte* herausgegebene Festschrift für *Elias* zum 80. Geburtstag (1977) und die von den gleichen Her-ausgebern besorgten Materialienbände (1979, 1984), sowie die Beiträge der ad-hoc-Gruppe „Zivilisationsprozeß und Figurationssoziologie" des Bremer Soziologentages 1980 (*Schulte* 1981).

[3] Beispielsweise ließen sich *diese* – weit genug interpretierbaren – vier Regeln bereits problemlos mit dem Programm des MI vereinbaren.

Die *allgemeinen methodologischen Postulate* der FS lassen sich in drei Aspekten systematisieren: die allgemeine Zielsetzung (sozial-)wissenschaftlicher Analysen; das Problem von Wertungen bei sozialwissenschaftlichen Untersuchungen; die Regeln des methodologischen Verfahrens der Theoriebildung. Zur *allgemeinen Zielsetzung* (sozial-)wissenschaftlicher Analysen lassen sich bei *Elias* (mindestens) drei Ziele finden: Sozialwissenschaften sollen erklären; es wird eine Integration von Theorien und Verfahren angestrebt; „Einmaligkeiten" (z.B. von historischen Ereignissen) gibt es nur relativ zur jeweils benutzten Theorie.

An zahlreichen Stellen nennt *Elias* die *Erklärung* bestimmter Vorgänge (des Prozesses der Zivilisation, der Monopolbildung, der Eigendynamik von Figurationen u.a.) als *das* Ziel seiner Arbeiten. Die Zielsetzung der dann folgenden Analyse in der Einleitung „Prozeß der Zivilisation" wird z.B. so umrissen: „Die nächste Aufgabe, die die belegbare Entdeckung einer solchen gerichteten Wandlung über viele Generationen hin dem Untersuchenden stellte, war die Frage nach der *Erklärung*. Einen Entwurf der *Erklärung* findet man … am Ende des zweiten Bandes" (PZ1, S. XI). Oder: „Jede geschichtliche ‚Unordnung' und ihr Verlauf – Kriege, Revolten, Aufruhr, Massaker, Morde, was immer es sein mag – kann *erklärt* werden. In der Tat ist das eine *Aufgabe der Soziologie*" (WiS, S. 78 f.; vgl. ähnlich: PZ1, S. LXIX, S. 74, 283, 332; PZ2, S. 143; HG, S. 323 f.; TSP, S. 141, 145; FiM, S. 168)[4].

Daß *Elias* sich dabei durchaus an dem wissenschaftstheoretisch geläufigen Typ der analytischen Erklärung (im Sinne des Hempel-Oppenheim-Schemas) orientiert, wird nicht zuletzt darin deutlich, daß er – ebenfalls[5] – die strukturelle Gleichheit von Erklärung, Prognose und technologischer Praxis annimmt. In „Was ist Soziologie?" findet man ausdrücklich: „Das Entwicklungsmodell dient mit der Erklärung zugleich auch der Diagnose. Es dient endlich auch der *Prognose*. Jede Erklärung macht Prognosen der einen oder anderen Art möglich" (WiS, S. 176). Und an anderer Stelle: „Die Aufgabe der soziologischen Forschungsarbeit ist gerade … zu *erklären* und eben *damit* Menschen die Orientierung … wie eine *bessere Steuerung* dieser Vorgänge zu ermöglichen" (WiS, S. 170). Die Parallelität zum analytischen Wissenschaftsverständnis geht noch weiter: Nicht Wertungen, sondern Erklärungen sind das Ziel seiner Arbeit. In seinen Worten; „… the aim was not to evaluate but, as far as possible, to explain – to explain humans in configurations" (EO, S. 167). In dieser Aufgabe treffen sich nach dem Verständnis von *Elias* die Sozial- und Naturwissenschaften: „Das allgemeine Ziel wissenschaftlicher Arbeit ist das gleiche in beiden Gebieten (Natur- und Sozialwissenschaften, H.E.); herausgeschält aus seinen philosophischen Verkrustungen, besteht es darin zu entdecken, wie und *warum* wahrgenommene Ereignisse miteinander zusammenhängen … " (ED, S. 24).

Erscheint demnach die methodologische Zielsetzung klar, spezifiziert *Elias* diese Aufgabe indessen in eine bestimmte Richtung: Er hält „einlinige ‚Ursache-Wirkungs'-Zusammenhänge" für „unzureichend" (HG, S. 222). An ihre Stelle hätten Erklärungen zu treten, die auch den Wandel von Figurationen verständlich machen und

[4] Wenn nicht anders vermerkt, stehen die Hervorhebungen in den Zitaten *nicht* in den Original-Texten.

[5] Vgl. zur – in der Analytischen Philosophie nicht ganz geklärten – These von der strukturellen Gleichheit von Erklärungen und Prognosen (bzw. technologischer Anwendung von Erklärungen): *Hempel* 1965. S. 364 ff.; *Popper* 1971, S. 31 ff.

Inter-dependenzen aufzeigen können. Dies würden seine Analysen zeigen, die damit zugleich demonstrierten, „daß es Erklärungen gibt, die *nicht den Charakter einer Kausalerklärung* haben" (PZ1, S. LXIX). Mit dieser Einlassung ist – auf den ersten Blick – zuvor erkennbare Gemeinsamkeit zum analytisch-nomologischen Grundverständnis, dem sich auch der hier behandelte MI verpflichtet weiß, verlassen. Auf diese – wie noch zu zeigen sein wird: scheinbare – Differenz wird an anderer Stelle noch einzugehen sein (vgl. Abschnitt V).

Die Affinitäten von *Elias* zu einem analytischen Wissenschaftsverständnis werden beim zweiten Aspekt der postulierten Zielsetzungen noch deutlicher: Er fordert die Aufgabe der zunehmenden Zersplitterung in Spezial-Soziologien zugunsten der Suche nach einer integrativen sozialwissenschaftlichen Theorie; und er geht – für einen überzeugten *Elias*ianer: horribile dictu – ganz offenkundig vom Ideal einer Einheit der Methoden in Natur und Gesellschaftswissenschaften bzw. der materiellen Gleichheit natürlicher und gesellschaftlicher Prozesse aus. Derartiges muß belegt werden. *Elias* klagt in „Was ist Soziologie?": „Heute droht der Soziologie selbst die Gefahr, sich immer mehr in Spezialsoziologien aufzulösen" (WiS, S. 51) und fordert zur Aufgabe jener Autonomie der Spezialfächer auf. Er stellt an anderer Stelle bedauernd fest: „Selbst als Forschungsziel rückt die Vorstellung eines *integrierenden theoretischen Rahmenwerks*… in immer weitere Ferne; vielen erscheint es unerreichbar, anderen nicht einmal wünschenswert" (ED, S. 27). Und man ist kaum überrascht, wenn man für die angestrebte Integration z.B. von Soziologie und Geschichte findet, daß *Elias* genau hierzu einen Beitrag leisten will: „Das, was hier … über die Beziehung der beiden (genannten; H.E.) Fachwissenschaften gesagt wurde, stellt einen Ansatz in der Richtung auf ein solches *einheitliches theoretisches Rahmenwerk* dar ..." (HG, S. 48).

Könnte man diese Äußerungen noch als ein Reduktionspostulat[6] innerhalb des sozialwissenschaftlichen Bereichs deuten, scheint *Elias* hingegen – jedenfalls im Programm – noch weiter gehen zu wollen. Er betont, „... daß ich die Vorstellung von einer gleichsam existenziellen Verschiedenheit von ‚Natur' und ‚Gesellschaft', oder je nachdem auch von ‚Natur' und ‚Kultur' oder ‚Geschichte' *nicht* teile" (ED, S. 66). Entsprechend müsse man auch in den Sozialwissenschaften zu streng und explizit formulierten Theorien und Modellen und empirischen Überprüfungen kommen: „… es gibt keinen Anhaltspunkt für die Annahme, daß die menschliche Intelligenz ihrer Natur nach ungeeignet ist, Theorien und Modelle der Untersuchung sozialer Daten zu dem gleichen Niveau der Angemessenheit fortzuentwickeln, wie es bei der Erforschung physikalischer Daten längst erreicht ist" (ED, S. 24), wobei die einzelnen Untersuchungsschritte der Art zu sein hätten, „deren bekanntestes Gegenstück in den physikalischen Naturwissenschaften die Experimente und deren Resultate sind" (PZ1, S. IX).

[6] „Reduktion" heißt hier nicht (wie man manchmal dem etwas nachlässigen gewöhnlichen Sprachgebrauch auch bei Elias folgend annehmen könnte): „schrumpfen", sondern bezeichnet das logische Verfahren des Nachweises, daß eine spezielle Theorie in einer anderen allgemeineren Theorie *impliziert* ist. „Reduzieren" heißt also: *Erweiterung* des Aussagebereichs einer Theorie, indem man die nur konditionale Geltung eines Sachverhaltes oder einer Theorie in einem allgemeineren Zusammenhang nachweist.

Diese – durchaus methodenmonistisch zu nennende – Orientierung findet man weiterhin in einer Kritik an der – vorschnellen – Behauptung von Einmaligkeiten, die nicht universal erklärt werden könnten.

> *Elias* hält eine solche Vorstellung für eine ungerechtfertigte, apriorische „Wertung", die man immer erst auf ihre Rechtfertigung zu überprüfen hätte (HG, S. 21); Einmaligkeiten kommen überall vor nicht nur jeder Mensch ist einmalig, „sondern auch jede Fledermaus und jeder Floh", sowie die Saurier, die Gattung des homo sapiens, die Sonne und die Milchstraße (HG, S. 21). Was ein Ereignis als einmalig oder wiederholend erscheinen läßt, ist die jeweils verwendete *theoretische* Einbettung. Dann erscheinen auch Individualitäten als erklärbare Resultate allgemeinerer Vorgänge. *Elias* beansprucht nicht zuletzt, mit seiner Zivilisationstheorie „durch die Schicht der einmaligen und individuellen Ereignisse in die umfassendere Schicht" vorzudringen, die diese Einmaligkeiten in einem weiteren Zusammenhang erklärt (HG, S. 38; vgl. auch HG, S. 35 f.). Integrierende, an allgemeinere Zusammenhänge anknüpfende Erklärungen lösen somit die historisierende Beschreibung individueller Begebenheiten ab. Genau dies ist aber auch das analytische Verständnis einer Methodologie zur Untersuchung historischer Prozesse (vgl. dazu auch Abschnitt V).

Mit diesen Überlegungen schließt *Elias* – gerade in seiner Kritik an der üblichen historischen Forschung in der Einleitung zur „Höfischen Gesellschaft" – an Konzeptionen einer kontinuierlichen und kumulativen, „reifen" Wissenschaft an (HG, S. 17), in der über die zunehmende Erweiterung des Aussagegehalts und über strenge empirische Prüfungen nach und nach ein Wissenschaftsfortschritt stattfinde: Das „Kriterium für die Bewertung" wissenschaftlicher Arbeit „sei der *Fortschritt des wissenschaftlichen Wissens*" (WiS, S. 52; ähnlich WiS, S. 54) bis hin zu einer „Reife … , in der sich gegenwärtig viele naturwissenschaftliche Disziplinen befinden ..." (PZ1, S. XIII).
Die vierte der eingangs erwähnten Grundregeln figurationssoziologischen Vorgehens verweist auf das *Problem der Werthaltigkeit* wissenschaftlicher Aussagen. Die analytische Position dazu ist klar: Wissenschaftliche Aussagen sollen – nach Möglichkeit – nicht mit präskriptiven Aussagen vermischt werden (so schwierig das im Einzelfall auch sein mag), wobei die Entscheidung zu dieser „Wertbasis" selbst eine wertende Dezision ist. *Elias* sieht das Problem ganz offensichtlich ähnlich. Nachdrücklich wird die strikte Trennung von deskriptiv-analytischen und präskriptiv-wertenden Aussagen gefordert: „Man verstärkt die Brauchbarkeit der soziologischen Forschungsarbeit … dadurch, daß man sich bei der Forschung nicht selbst betrügt, indem man das, was man *wünscht* oder von dem man denkt, daß es sein *soll*, von vorherein in die Erforschung dessen, was *ist* und *war*, hineinprojiziert" (PZ1, S. XLII; ähnlich PZ2, S. 478; HG, S. 18). Die Gründe für die Wahl jener Wertbasis der Werturteilsfreiheit wissenschaftlicher Aussagen sind eindeutig: Je weniger Menschen in der Lage sind, im Denken über einen Gegenstandsbereich ihre Phantasie und ihre Affekte zu kontrollieren, um so weniger sind sie in der Lage „sachgerechte Modelle dieser Zusammenhänge zu bilden und dementsprechend die Zusammenhänge in höherem Maße zu kontrollieren" (WiS, S. 173 f.). Ein circulus vitiosus von Affektualität, geringer Realitätsorientierung, geringer Kontrolle über Umgebungsereignisse und daraus erneut sich verstärkender Affektualität tue sich auf (FiM, S. 156; WiS, S. 173 f.). Wertfreie,

explanative Forschung sei eine Bedingung zur Beendigung dieser Spirale (vgl. auch HG, S. 50, 151; ED, S. 61).
Wie auch in der analytischen Behandlung des Problems leugnet *Elias* keineswegs, daß nicht – trotz eines Postulates der Werturteilsfreiheit – faktisch Wertungen (und dies: unvermeidlicherweise) bei jeder wissenschaftlichen Analyse einfließen. Hieraus kann jedoch keineswegs geschlossen werden, daß die Beachtung des Postulates – wie schwierig im Einzelfall auch immer – ausgeschlossen sei. Eine solche Ansicht sei ebenfalls eines jener wissenschaftshemmenden Vorurteile: „Und wie ehemals (bei der Erforschung des biologischen Organismus des Menschen; H.E.), so argumentieren auch heute einige von ihnen, daß die wissenschaftliche Erforschung von Menschen durch Menschen, die sie *nicht wünschen, nicht möglich* ist" (WiS, S. 31).

> Selbstverständlich fällt die nun erforderliche „Distanzierung" in den Naturwissenschaften aus einer Vielzahl von Gründen leichter, und selbstverständlich sind auch Naturwissenschaftler wertende Subjekte. Dort spielten aber – so *Elias* – die Wertungen lediglich „bei der allgemeinen Ausrichtung der Forschungsarbeit, etwa bei der Wahl des Forschungsthemas, eine Rolle" (ED, S. 13). Institutionelle Kontrollen sorgen aber dafür, „solche involvierenden Tendenzen dem Bemühen um … ‚die Sache selbst', also um ein distanzierteres Herangehen an seine Aufgabe, unterzuordnen" (ED, S. 13). Durch die Erfahrung des Nutzens und des Erfolgs distanzierter Analyse habe sich in der naturwissenschaftlichen Methode die Abwehr gegen „heteronome Wertungen" institutionell und bereits *selbst als Werthaltung* durchgesetzt (ED, S. 14 ff.); sie ist ein Teil des Prozesses zunehmender Kontrolle über die Natur (ED, S. 17; ähnlich ED, S. 59, 66 f.). „Wissenschaftler sind" – wie schwer das auch fallen mag – „Mythenjäger" (WiS, S. 53 f.).

Warum geht dieser Prozeß der Distanzierung aber in den Sozialwissenschaften so überaus schleppend voran? Der Grund liegt – nach *Elias* – darin, daß bei Sozialwissenschaftlern „ihre soziale Aufgabe als Wissenschaftler mit den Anforderungen, die sich aus ihrer Position als Mitglieder anderer Gruppen ergeben, oft unvereinbar" ist (ED, S. 30). Es ergibt sich ein doppeltes Dilemma: Dadurch daß Sozialwissenschaftler dem Zusammenhang, den sie untersuchen, selbst hinzugehören, fällt eine Trennung der „Funktion als Gruppenmitglieder zugunsten ihrer Forscherfunktion" (ED, S. 30)schon angesichts mancher Interessenlage nicht leicht (ED, S. 24 f., 28 f.). Hinzu kommt, daß jene Trennung wahrscheinlich für eine fruchtbare sozialwissenschaftliche Forschung schädlich wäre: Teilnahme und Engagement sind „Voraussetzungen für ihr Verständnis der Probleme, die sie als Wissenschaftler zu lösen haben" (ED, S. 30). Da die Lösung dieses doppelten Dilemmas durch die *gleichzeitige* Haltung von sozialem Engagement *und* wissenschaftlicher Distanz vielen schwer falle, könne es kaum verwundern, „daß viele Vertreter der Sozialwissenschaften gegenwärtig die Orientierung ihrer Untersuchung an vorgefaßten und gleichsam religiös verankerten sozialen und politischen Idealen schlechthin für unvermeidlich halten" (ED, S. 31). Die Schwierigkeiten bei der Lösung des Dilemmas werden (nach *Elias*: fälschlicherweise) „nicht als Kennzeichen … eines bestimmten Dilemmas, sondern als *Kennzeichnung ihres Gegenstandsbereiches* selbst" (ED, S. 31) ausgegeben (vgl. auch WiS, S. 169 ff.).

Die schon deutlich gewordenen Übereinstimmungen der allgemeinen methodologischen Postulate der FS mit denjenigen der analytischen Wissenschaftsauffassung (als dem allgemeinen methodologischen Rahmen des MI) finden sich auch im dritten Aspekt: den methodologischen *Regeln der Theoriebildung*. Diese Regeln lassen sich wie folgt zusammenfassen: Theorien sind *Modelle* von empirischen Zusammenhängen; Theorien haben sich *empirisch* zu *bewähren*; Modellbildung und empirische Überprüfung bilden einen *nicht beendbaren Prozeß wechselseitiger Beeinflussung*.

Alle drei Regeln findet man bei *Elias*. Man liest z.B.: „Theorien, so könnte man es in der heutigen Sprache ausdrücken, sind *Modelle* beobachtbarer Zusammenhänge" (WiS, S. 39) und: „Denn soziologische Theorien, die sich nicht in der empirischen soziologischen Arbeit *bewähren*, sind nutzlos. Sie verdienen kaum den Status der Theorie" (HG, S. 41; Vgl. auch WiS, S. 56; EO, S. 171). Sowie: „Ohne ständige *Interdependenz der Entwicklung von Einzelwissen und zusammenfassenden Modellen*, von Empirie und Theorie, Analyse und Synthese, bleibt die Beschaffung des Einzelwissens … wissenschaftlich irrelevant" (TSP, S. 137). Die Aufhebung der alten Gegensätze zwischen „Deduktionisten und Induktionisten, Rationalisten und Empirizisten, Aprioristen und Positivisten" (WiS, S. 34), die *Elias* zunächst für *Comte* (WiS, S. 33 f.), dann aber als Besonderheit der FS in Anspruch nimmt (ED, S. 43 f.), entspricht genau den Auffassungen der analytischen Wissenschaftstheorie und dort – wie bekannt – insbesondere dem Kritischen Rationalismus bei *Karl R. Popper*. Die Hin- und Herbewegung zwischen Modellebene und der Ebene der Beobachtung und Wahrnehmung, die „ununterbrochene kritische Konfrontation" beider Ebenen, um sie durch Revision der Modelle und neue Beobachtungen „immer wieder in Übereinstimmung miteinander zu bringen" (ED, S. 37; vgl. auch WiS, S. 56), sind zentrale Vorstellungen des Kritischen Rationalismus. Ganz in der Fortsetzung dieser Wissenschaftsauffassung ist auch für *Elias* ein irgendwie geartetes „Ende" dieses „dialektischen Prozesses", die Gewinnung eines endgültig gesicherten Wissens, undenkbar (ED, S. 63). Es kann lediglich zu *vorläufigen* Bewährungen (wie Widerlegungen), zu einem „relativen Weniger und Mehr an ‚Wahrheit' ..." (ED, S. 64) kommen. In den „positiven" Wissenschaften ist – anders als in den analytisch-formalen Disziplinen – „der Begriff der absoluten, der endgültigen Wahrheit als Kennzeichnung ihres Forschungsziels zweideutig und inadäquat" (ED, S. 62; vgl. auch ED, S. 36). Die Übereinstimmung geht bis in die bei *Popper* angelegte konventionelle „Lösung" des Basissatzproblems: „Die oft erwähnte Forderung nach der Überprüfbarkeit von individuellen Forschungsergebnissen weist auf den gesellschaftlichen Charakter der wissenschaftlichen Arbeit hin. Überprüfbarkeit heißt immer auch Überprüfbarkeit für andere" (WiS, S. 64)[7].

[7] Um so erstaunlicher sind die erkennbaren Fehldeutungen von *Popper* bei *Elias*; *Popper* ist weder bloß *Deduktivist* (wie *Elias* in WiS, S. 52 meint) noch begründet *Popper* die bekannte Trennung von Entdeckung und Begründung „nicht weiter" (so in TSP, S, 137). Gerade aus dem Nachweis der prinzipiellen logischen Schwächen von Deduktion *und* Induktion folgt für *Popper* die Unzulänglichkeit von Begründungen allein durch Hinweis auf die Herkunft bzw. die Entdeckung einer Theorie (die Vernunft bei der Deduktion, die Einzeltatsachen bei der Induktion). Alles was *Elias* zur Kritik an Versuchen einer letztgültigen

Faßt man die allgemeinen methodologischen Postulate der Figurationssoziologie so weit zusammen, so entfaltet sich durchaus die Konzeption einer explanativ, integrativ und analytisch angelegten Zielsetzung, verbunden mit einem Postulat einer möglichst deutlichen Trennung von deskriptiven und präskriptiven Aussagen, sowie eines eng an die Kriterien des kritischen Rationalismus angelegten Verständnisses von „Theorie und Realität". Man könnte hier schon von einer „Einheits"-Methodologie sprechen, die im Prinzip auf beliebige Sachverhalte anwendbar wäre: Die „*Methode* der Forschung (ist) das entscheidende *Kriterium für deren Wissenschaftlichkeit*" (ED, S. 62). Und diese „Methoden variieren erheblich von Disziplin zu Disziplin, entsprechend der Verschiedenheit der Gegenstandsgebiete und demgemäß der Probleme, mit denen sie es zu tun haben. Was diesen Methoden *gemeinsam* ist, was sie *wissenschaftlich* kennzeichnet, ist vor allem dies, daß sie Wissenschaftlern die Möglichkeit geben, *zu prüfen* und einen Konsens darüber zu gewinnen, ob jeweils neue Forschungsergebnisse im Zusammenhang des empirisch-theoretischen Prozesses einen *Fortschritt des menschlichen Wissens* ... darstellen oder nicht" (ED, S. 37 f.)[8].

II. Kritik anderer methodologischer Positionen

Elias ein Methodenmonist? *Elias* gar ein kritischer Rationalist? Figurationssoziologie in einer Linie mit dem analytisch-nomologischen Wissenschaftsverständnis? Diese Einordnung widerspräche wohl sehr der geläufigen (Selbst-)Interpretation der FS. Und in der Tat: Neben den o.a. allgemeinen methodologischen Postulaten formuliert *Elias* quer durch sein Werk eine vielfältige Kritik am herkömmlichen Methodenverständnis, die wohl in erster Linie gegen methodenmonistische bzw. analytisch-nomologische Konzepte gerichtet sein soll: Die Gegenwartssoziologie sei statisch, mechanistisch, a-historisch, atomistisch, voluntaristisch, harmonistisch und anderes mehr. Ein Teil des Vergleichs zwischen FS und MI muß sich auf dieses Kritik beziehen, da – laut *Elias* – der „Individualismus" eine besonders prägnante Spielart der genannten methodologischen Sünden sei.

Zwei Merkmale der herkömmlichen sozialwissenschaftlichen Methodik stehen im Mittelpunkt der Kritik bei *Elias*: „Einlinige Kausal-Erklärungen" und die „Tendenz zur Zustandsreduktion". Beide Merkmale sind eng aufeinander bezogen. Der erste Kritikpunkt wurde bereits angesprochen: Die von der FS angestrebten Erklärungen seien keine Kausal-Erklärungen (so PZ1, S. LXIX). Die hier verwendeten oder nur brauchbaren Erklärungen hätten abzurücken von Vorstellungen der „unilinearen" Kausalität" (HG, S. 313).

Theoriebegründung schreibt, konnte man bei *Popper* bereits erfahren.

[8]Insofern kann man die gelegentliche Polemik gegen eine „Einheitsmethode" bei *Elias* (vgl. z.B. WiS, S. 55) nur so verstehen, als damit nicht (wie üblicherweise) das abstrakt-formale Verfahren der Regeln von Theoriebildung und Theorieprüfung, sondern das konkrete Vorgehen gemeint ist. Kein „Methodenmonist" fordert aber, daß z.B. Physiker ihre Atome zu befragen hätten oder Sozialwissenschaftler ihre Versuchspersonen sezieren müßten. Wohl aber: daß Theorien in allen Disziplinen logisch gehaltvoll und empirisch bewährt zu sein hätten und daß für die Geltung einer Theorie die privaten Ansichten des Forschers keine systematische Bedeutung hätten.

Die Kategorie der Gesetzlichkeit hätte im gesellschaftlichen Bereich keinen Platz: „Die Eigengesetzlichkeit der gesellschaftlichen Verflechtungserscheinungen ist weder identisch mit der Gesetzlichkeit des ‚Geistes', des individuellen Denkens und Planens, noch mit der Gesetzlichkeit dessen, was wir die Natur nennen" (PZ2, S. 315, ähnlich TSP, S. 131; ED, S. 42 f.). Die Versuche, soziale Prozesse „kausal" zu erklären, seien nichts anderes als der Ausfluß von überholten Konzeptionen, in denen Zwangsläufigkeiten (aller Art) entweder aus den „persönlichen Zielen und Absichten anderer Individuen", also: voluntaristisch, oder aus dem Wirken überpersönlicher „Gesetze", also: naturalistisch, begreiflich gemacht werden sollen (FiM, S. 166). Da im Zuge der Wissenschaftsentwicklung die naturalistischen Deutungen mitsamt der naturwissenschaftlichen Denkoperationen und Begrifflichkeiten die naiv-voluntaristischen Erklärungen weitgehend abgelöst hätten (WiS, S. 58 f.), sei es zu einer – ebenso naiven wie irreführenden – Übertragung naturwissenschaftlicher Denkweisen und Methoden auf die Gesellschaftswissenschaften gekommen (vgl. WiS 13-19). Immer noch werde von der Fiktion von „einem als absolut gedachten Anfang, eben… einer ‚Ur-Sache' „ (WiS, S. 180; auch HG, S. 351) ausgegangen. Wegen des Erfolgs der naturwissenschaftlichen Methoden in anderen Bereichen, der tiefen Verankerung des naturwissenschaftlichen Denkens im Alltag und nicht zuletzt wegen des Prestiges der Naturwissenschaften würden häufig die Verfahren auf den gesellschaftlichen Bereich ohne jede Reflexion ihrer Anwendbarkeit übertragen (vgl. ED, S. 34-36; FiM, S. 106 f.; WiS, S. 64).

Der Grund für die Unangemessenheit einliniger Kausalerklärungen liege darin, daß gesellschaftliche Vorgänge *Prozesse* sind und das – mitunter: *ungeplante* – Resultat der Verflechtungen von Menschen in *Figurationen* darstellen. Die „Erklärungsaufgabe (liegt) im Aufzeigen von Interdependenzen" (HG, S. 244); „zum Verständnis der gesellschaftlichen Strukturen und Prozesse genügt ebenfalls niemals die Untersuchung einer einzelnen Funktionsschicht innerhalb eines sozialen Feldes" (PZ2, S. 392). Ganz und gar abwegig sei auch eine Erklärung über „multiple" Ursachen (z.B. „durch einen Haufen von 5, 10 oder vielleicht gar 100 ‚Faktoren', ‚Variablen', oder wie immer man es nennen mag"; WiS, S. 102). Man versuche z.B. einmal, durch diesen Erklärungstyp etwas den Ablauf eines Schachspiels verständlich zu machen! Jeder „Spielzug läßt sich nur erklären auf Grund der vorangehenden Verflechtung der Züge beider Spieler und der spezifischen Figuration, die sich aus dieser Verflechtung ergeben hat" (WiS, S. 102). In ähnlicher Weise sei es aussichtslos, „Zirkularprozesse und Doppelbinder[9]" – also: sich selbst reproduzierende und verstärkende Prozesse der wechselseitigen Verkettung von Personen oder Gruppen – durch ein „mechanisches Ursache-Wirkungs-Modell … zureichend" zu erfassen (FiM, S. 84). In den naturwissenschaftlichen Denkmodellen (und den entsprechend auf die Sozialwissenschaften übertragenen Konzepten) „wird die ganze Welt als ein Haufen ontologisch unabhängiger Einzeldaten ausgegeben – was an Interdependenz vorhanden ist, erscheint als etwas Zusätzliches, das

[9] An anderer Stelle übersetzt Elias den von ihm gewählten Begriff des „double bind" (für „Verstrickungen" im Sinne eines „gefrorenen Clinch'") mit „Doppelverflechtung" (SPM, S. 767).

nachträglich unabhängig existierenden Einheiten oder Ereignissen noch hinzukommt" (FiM, S.84). Da die Grundbefindlichkeit im gesellschaftlichen Bereich jedoch die figurative Interdependenz und Prozeßhaftigkeit sei, könne man das Festhalten an derartigen atomistisch-mechanischen Kausalerklärungen nur aus der Fortdauer einer schon mythischen Verhaftetheit mit jenen Denkmustern (wenn nicht: der Karriereträchtigkeit einer naturwissenschaftliche Ideale vergeblich nachahmenden Soziologie) erklären (vgl. WiS, S. 13, 15, 18; ED, S. 34). Die naturwissenschaftlichen Methoden seien im Zusammenhang bestimmter substantieller Problemstellungen „geworden" und keineswegs automatisch auf andere Problemstellungen übertragbar (vgl. FiM, S. 106 f.)[10]. Den – überaus schwierigen – Umdenkungsvorgang in Gang zu setzen, sei Ziel und Aufgabe der Figurationssoziologie.
Als Hintergrund jener mechanistischen Denkweise gilt „die oft als selbstverständlich erscheinende Vorstellung, daß es die Aufgabe jeder wissenschaftlichen Theorie sei, alles Wandelbare begrifflich auf etwas Unwandelbares zu reduzieren und alle komplexen Erscheinungen durch Zerlegung in ihre einzelnen Komponenten zu vereinfachen" (PZ1, S. XVII); kurz; die „Tendenz zur Zustandsreduktion" (PZ1, S. XX), der man in der Gegenwartssoziologie allenthalben begegne (vgl. ähnlich PZ1, S. XXIII; FiM, S. 174–177).

Die Kritik richtet sich gegen zwei zentrale Prinzipien der analytischen Wissenschaftsauffassung: gegen die Auffassung, daß komplexe Sachverhalte und Vorgänge *analytisch zerlegt* werden müssen, um überhaupt sinnvoll untersucht werden zu können (z.B. in Explanandum, erklärendes Gesetz und Randbedingung; idealisierende Modelle; Prozeß-Stufen u.ä.), und gegen die Zielsetzung, spezielle Sachverhalte als konditionalisierte Anwendungsfälle allgemeinerer Zusammenhänge erklären zu wollen, also auf – mehr oder weniger – *allgemeine Gesetzmäßigkeiten* zu beziehen. Beide Prinzipien entsprängen – laut *Elias* – der (auch in den klassischen Naturwissenschaften) längst überlebten Zielsetzung der „Suche nach den ewigen Naturgesetzen, (der) Reduktion allen Wandels auf etwas Ewiges und Unwandelbares" (WiS, S. 122), die in der Soziologie aus gewissen Minderwertigkeitsgefühlen den Naturwissenschaften gegenüber in unangemessener Weise kopiert worden sei. Aber: „Man kann unzweideutig sagen, daß diese Tendenz zur wissenschaftlichen Zustandsreduktion, und die Wissenschaftstheorien, die sie zu einem Ideal erheben, *ihre Fruchtbarkeit überlebt haben*" (WiS, S. 122; Hervorhebung im Original; vgl. auch WiS, S. 121; PZ2, S. 471).

Insbesondere in der Soziologie hätte diese Vorstellungsweise, wonach letztlich alle speziellen Erscheinungen auf ein allgemein-statisches Prinzip zu „reduzieren"[11] wären, fatale Folgen gehabt: „Wandel" werde in der Gegenwartsso-

[10] Methodologisch ist selbstverständlich der bei *Elias* in vielfacher Weise vorgebrachte Hinweis, daß bestimmte Sichtweisen, Orientierungshypothesen, Modelle, Verfahren, Konzepte u.a. in einer bestimmten historischen Situation entstanden sind, für die Frage nach ihrer Übertragbarkeit und Verwendbarkeit bedeutungslos.

[11] Zur genauen Bedeutung des Begriffs „Reduktion" vgl. Anm. 6. Es sei hier schon darauf hingewiesen, daß zwar dynamisierte Modelle stationäre Zustände als Spezialfall enthalten können, daß aber der umgekehrte Fall: eine statische Theorie impliziert den dynamisierten Fall, nicht denkbar ist (vgl. *Harsanyi*

ziologie gewissermaßen als ein Spezialfall des Normalzustandes der Ruhe und Harmonie, als „Störungserscheinungen eines Gesellschaftsgefüges, das sich ohne Störungen nicht verändern würde“ (TSP, S. 140) konzeptualisiert (vgl. PZ1, S. XX). Gesellschaften würden als Ansammlungen „gut ausbalancierter“ Menschengefüge verstanden, in denen Einzelindividuen als „isolierte Objekte im Zustand der Ruhe“ gedacht würden (WiS, S. 124). Besonders ausgeprägt sei dieses statische Denken im Struktur-Funktionalismus eines *Talcott Parsons* (PZ1, S.XVII, XXI f.) und im „Individualismus“ eines *Max Weber* (WiS, S. 130): Die Gegenüberstellung von „Individuum und Gesellschaft“, das Konzept der „Inter-Aktion“ (WiS, S. 99) u.a. seien die Folge dieser Zustandsreduktion, während doch in Wahrheit Figurationen wie die die Figurationen konstituierenden Menschen sich ständig im „Prozeß“ befänden: „Figurationen ... sind Prozesse“ (FiM, S. 75), ebenso wie „der Mensch ein Prozeß“ (FiM, S. 77) und der „Zustandsmensch ... eine Mythe“ (WiS, S. 130) sei.

Selbstverständlich sei dieses Zustandsdenken ebenso unverzeihlich wie verstehbar: In Reaktion gegen das Scheitern evolutionistischer Theorien der Gesellschaftsentwicklung (des 19. Jahrhunderts) habe man sich vorwiegend „um Modelle von Gesellschaften im Zustand der Ruhe und Unveränderlichkeit“ (PZ1, S. XXVI) bemüht. Dem Bezug auf ein bestimmtes Modell des langfristigen Wandels (sei es einlinig, mechanistisch, dialektisch, teleologisch wie auch immer) sei nun die eleatische Methode gefolgt: Bewegung und Wandel als eine Serie von aufeinander folgenden Ruhezuständen; sozialer Wandel und Gesellschaftsentwicklung als „eine Kette statischer Gesellschaftstypen“ (PZ1, S. XXVI), die man sich nur als „viele einzelne Punkte, einzelne sprunghafte Veränderungen vorstellen (kann) ...“ (PZ2, S. 379). Außerdem habe die fortschreitende Urbanisierung und Kontrolle über Naturvorgänge das gedankliche Zerlegen „in einem saubertrennenden ‚Kaufhaus‘-Typ der Abstraktion“ so selbstverständlich gemacht, daß dieses Denken als quasi-natürlich erscheinen müsse (FiM, S. 176 f.). Und da sowohl die Alltagssprache wie die Sprache der soziologischen Lehrbücher ständig derartige Ver-bindungen von Sprechen und Denken nahelegten, sei es kaum verwunderlich, daß die von der FS geforderte Abkehr von diesen Denkweisen so überaus schwer falle (WiS, S. 119 f.).
Es wurde bereits darauf hingewiesen, daß *Elias* die herkömmlichen Ansätze einer kollektivistischen und individualistischen Soziologie lediglich für Varianten der gleichen Unzulänglichkeiten ansieht: Beide Ansätze beziehen sich auf eine Vorstellung einer letzten „Ur-Sache“ – hier die teleologischen Entwicklungsgesetze, Systemrequisiten und funktionalen Unentbehrlichkeiten (vgl. etwa WiS, S. 80 f., 99, 137, 167, 169 f.; DSG, S. 133), dort die individuellen Pläne und Absichten, Handlungsgesetze und Annahmen einer a-historischen, konstanten Natur des Menschen (vgl. etwa PZ2, S. 38 f., 242, 312, 476; HG, S. 29 f., 35, 183, 248; WiS, S. 14, 59ff.; FiM, S. 135 f., 155 f., 166 f.). Beide Ansätze seien auf jeweils unterschiedliche Art für jene unfruchtbare Gegenüberstellung und Verdinglichung des Gegensatzes von „Individuum und

1960, S. 138). Eine Reduktion von Prozessen auf Zustände ist mindestens im üblichen logischen Sinn nicht möglich.

Gesellschaft“ verantwortlich, die nur ein gänzlich neuer Zugang, die Figurationssoziologie, überwinden könne.

Dieser Zugang besteht – in aller Kürze – aus drei Elementen[12]: 1. „Gesellschaften“ sind nichts als Interdependenzgeflechte von voneinander abhängigen Menschen: *Figurationen* (so PZ1, S. LXVII). 2. Figurationen und die sie bildenden Menschen sind *Prozesse*, wobei sich die Figurationen und die sie bildenden Menschen langfristig, gerichtet verändern, dies in enger Korrespondenz zueinander tun, ohne daß dahinter eine irgendwie geartete Teleologie zu vermuten wäre (so PZ1, S. XXI, XLV, 263, 330; HG, S. 362 f.; FiM, S. 75). 3. Menschen bilden Figurationen in wechselseitiger Abhängigkeit und Verflochtenheit, deren Konsequenzen von den Einzelnen nicht mehr übersehen oder kontrolliert werden könnten; Figurationen wandeln sich daher fort- während als *ungeplante Folge* der Verflechtung der Pläne und Handlungen vieler Menschen. Daraus ergebe sich eine *Eigenständigkeit* und Eigengesetzlichkeit sozialer Prozesse, die weder systemtheoretisch analysierbar, noch individualistisch-voluntaristisch zu „reduzieren“ wären (so PZ2, S. 476; WiS, S. 61, 75, 100, 161, 182; HG, S. 275; ED, S. 53 f.; FiM, S. 167; TSF, S. 131, DSG, S. 129).

Es soll nun gezeigt werden, daß just diese Vorstellungen – Figurationen, Prozesse, ungeplante Folgen – im Methodologischen Individualismus eine zentrale Stelle einnehmen, d.h.: daß FS und MI sich in ihren *substantiellen* Grundannahmen problemlos entsprechen.

III. Betrifft die Kritik der Figurationssoziologie am „Individualismus“ den Methodologischen Individualismus?

Auf den ersten Blick muß die These, daß FS und MI sich in ihren zentralen substantiellen Annahmen entsprechen, befremden. Polemisiert *Elias* nicht an zahlreichen Stellen seines Werkes gegen den „Individualismus“? Stellt er dem individualistischen Atomismus nicht das Konzept der Figuration, der statischen Reduktion auf universale psychologische Gesetze nicht die Prozeßhaftigkeit, dem Voluntarismus nicht die Eigengesetzlichkeit unintendierter Verflechtungen und Folgen gegenüber (vgl. zur Kritik am „Individualismus“ u.a. noch PZ1, S. LIII; PZ2, S. 476; HG, S.13, 29 f., 44, 46, 142, 214–218, 220, 248, 313; WiS, S. 59f., 131, 140, 143; FiM, S. 137, 157; EO, S. 168; DSG, S. 128)? Die Antwort ist einfach genug: Der von *Elias* beschriebene Individualismus hat mit dem hier gemeinten (und dem in der entsprechenden Literatur auch so verstandenen) Methodologischen Individualismus *nichts* gemein. Mehr noch: Der MI wendet sich exakt *gegen* die auch von der FS beklagten Mängel be-

[12] *Elias* verweist zu Recht auf die Schwierigkeiten, Prozesse mit den Kategorien der Alltagssprache auszudrücken (z.B. WiS, S. 119 f.) und daß diese Schwierigkeiten auch für die soziologische Sprache gelten. Vielleicht sollte man schon hier daran erinnern, daß es durchaus analytisch-formale Mittel gibt, Prozesse auf die Weise auszudrücken, wie sie *Elias* wohl vorschwebt: als funktionale Interdependenzen im (infinitesimal kleinen) Zeitablauf. Die o.a. komparativ-statische Methode ist nur ein vereinfachender Spezialfall der Infinitesimal-Modelle. Da die verbale Darstellung eine dynamisierte Konzeptualisierung von Prozessen nicht leisten kann, werden formale Mittel benötigt. Aus *diesem* Grund gibt es z.B. auch in der Soziologie Versuche zu einer mehr formaleren Modellierung von Prozessen. Um so unverständlicher ist die Ansicht, daß „complex relationships … could neither be adequately presented nor adequately explained by other than verbal symbols“ (EO, S. 11).

stimmter Traditionen und Tendenzen in der Gegenwartssoziologie: Atomismus, Statik, Voluntarismus und Psychologismus (neben der unkontroversen Kritik an allen soziologistischen Ansätzen). Und der MI enthält sogar *programmatisch* (und mehr und mehr auch faktisch; vgl. dazu noch Abschnitt IV) exakt die von der FS genannten Elemente: figurative Interdependenzen, dynamische Prozessualität einschließlich der Möglichkeit ihrer historischen Gerichtetheit, emergente Effekte und unintendierte Folgen absichtsvollen Handelns[13].
Man kann drei Elemente des MI zu seinen Grundannahmen zählen[14]: 1. Der MI ist eindeutig *explanativ* und *analytisch* orientiert; 2. er wendet sich *gegen* alle *soziologistischen*, d.h. alle holistischen, teleologischen, funktionalistischen, systemtheoretischen Ansätze, die ohne *jeden* Bezug auf Theorien über individuelles Handeln glauben auskommen zu können; 3. er versucht, die gesellschaftlichen Prozesse aus dem situaitions- und zielorientierten Handeln von *individuellen Menschen* zu erklären, die sich in *Interdependenzen* zueinander befinden, in ihrem Handeln von ihnen selbst *nicht beabsichtigte Konsequenzen* schaffen und so ihrerseits unbeabsichtigt „eigengesetzliche" – langfristige und kurzfristige, gerichtete oder zyklische – Prozesse auslösen, in Gang halten, ändern oder auch beenden und umkehren, die den Akteuren u.U. als „fremd" oder als „Zwang" erscheinen können.

> Von grundlegender Bedeutung ist dabei die erste Grundannahme: das Ziel der Erklärung. Der Grund für die besondere methodologische Perspektive des MI war das offenkundige Versagen anderer Ansätze – insbesondere der kollektivistischen – vor dem Erklärungsproblem: Für durchaus plausible Verallgemeinerungen soziologisch-historischer Zusammenhänge – z.B. das Kontraktionsgesetz, das Eherne Gesetz der Oligarchie oder die diversen race-relations-cycles – fehlte der erklärende Mechanismus. Die Vermutung, daß sich dieser Mechanismus in Theorien der Erklärung des Handelns von Personen finden lasse, eine Vermutung, die sich z.B. durch eine Rekonstruktion der Schatten-Methodologie soziologischer Klassiker stützen läßt, ist die Grundlage des Programms.

Das explanative Anliegen ist daher der zentrale methodologische Hintergrund des MI: „Der Individualismus ist in erster Linie eine *Theorie* der Gesellschaft, das Bemühen, die Kräfte zu verstehen, die das soziale Leben der Menschen bestimmen ..." (*Friedrich A. von Hayek* 1952, S. 15). Vor diesem – forschungspragmatischen – Hintergrund verlieren auch die früheren ontologisierenden Begründungen des MI ihre zuweilen irreführende Schärfe. *Karl R. Popper* stellt den „Methodologischen Individualismus" explizit zwei von ihm scharf abgelehnten Doktrinen gegenüber: dem holistischen Historizismus und gewissen voluntaristischen Verschwörungstheorien. Der MI sei danach „die wichtige Lehre, daß alle sozialen Phänomene … immer als das Resultat der Entscheidungen, Handlungen, Einstellungen usf. menschlicher Individuen verstanden werden sollten und daß wir nie mit einer Erklärung auf Grund sogenannter ‚Kollektive' (Staaten, Nationen, Rassen usf.) zufrieden sein dürfen" (*Popper* 1977, S. 124). Dieses bedeutet schon im Programm des MI keineswegs Atomisierung

[13] Ausführlicher wird auf diese drei Aspekte noch in Abschnitt IV einzugehen sein.

[14] Als Äußerungen des MI wurden nur solche Autoren herangezogen, die sich selbst ausdrücklich zum Programm des MI bekannt haben oder dort als Belege für das Programm herangezogen wurden.

und Voluntarismus: *Popper* fordert „daß man Institutionen (und Traditionen) auf Individuen zurückführen muß – d.h. auf die *gegenseitige Beziehung* von Individuen, die in gewissen Situationen handeln, und auf die *unbeabsichtigten Konsequenzen* ihrer Handlungen" (ebd., S. 412). Ganz ausdrücklich wird die Auffassung verworfen, „daß alle Vorgänge innerhalb einer Gesellschaft ... das Ergebnis eines direkten Plans von seiten gewisser mächtiger Individuen oder Gruppen sind" (ebd., S. 119 f.). Institutionen und Traditionen seien *nicht* geplant, sondern „in der Regel das indirekte, unbeabsichtigte und oft unerwünschte Beiprodukt solcher Handlungen" (ebd., S. 118). Entsprechend sei es die Aufgabe der (individualistischen) Sozialwissenschaft, „die unbeabsichtigten sozialen Rückwirkungen absichtlicher Handlungen zu analysieren" (ebd., S. 121).

Wird schon aus diesen Äußerungen deutlich, daß die Figurationssoziologie und der MI sich so fern nicht stehen können – in einer Zusammenfassung des individualistischen Programms der schottischen Moralphilosophie findet man bei *Vanberg* alle drei substantiellen Elemente der Figurationssoziologie: „Sahen doch auch die Schotten Gesellschaft als einen Handlungszusammenhang, dessen ‚objektive' Macht wesentlich Ausfluß der Tatsache ist, daß die Aktivitäten der Einzelnen – in ihrer vielfältigen sozialen Verflechtung – zu Resultaten führen, die zwar nichts anderes als das Ergebnis dieser *individuellen Aktivitäten* sind, die jedoch über die Intentionen hinausgehen, die die Handelnden mit ihren Aktivitäten verbanden. Der ‚geschichtliche Prozeß' konnte entsprechend im Rahmen dieser sozialtheoretischen Konzeption in seiner ‚Objektivität' anerkannt und gleichzeitig ‚individualistisch' interpretiert werden: als *offener Prozeß*, der als Resultante unzähliger individueller Aktivitäten und Bestrebungen ‚von hinten' getrieben wird" (*Vanberg* 1975, S. 136; Hervorhebungen im Original).

Andererseits liest man bei *Elias* selbst eine Reihe von Äußerungen, die sich wohl nur aus der verborgenen Identität der beiden Ansätze verstehen lassen. So wird z.B. die „Gesellschaft, die man so oft gedanklich dem ‚Individuum' gegenüberstellt ... *ganz und gar von Individuen* gebildet" (WiS, S. 9; ähnlich WiS, S. 121); es wird gefordert, daß man die „entmenschlichenden Begriffe" der Textbuch-Soziologie „wieder *auf Menschen zurückbezieht*" (WiS, S. 68); es sei notwendig, daß „man hinter den verdinglichenden Gebrauch des Begriffs Institution *auf die Menschen zurückgeht*, die diese Institution jeweils bilden" (WiS, S. 137); sein Konzept habe „den Vorteil, daß es hinter all den scheinbar unpersönlichen oder vielleicht sogar außermenschlichen Gebilden, die heute so oft die Textbücher der Soziologie bevölkern, wieder die *Menschen in Erscheinung* treten läßt" (WiS, S, 138); es gehöre „zu den größten Mängeln der konventionellen soziologischen Theorien, daß sie zwar das Bild von Menschen als Gesellschaft zu klären suchen, nicht aber zugleich das Bild von *Menschen als Individuen*" (WiS, S. 139); „ohne *Rückgang* auf das persönliche Beziehungsgeflecht eines *einzelnen Menschen*, wie es sich von ihm selbst aus gestaltet ... kann man eine Fülle von weitergespannten Interdependenzen nicht verstehen" (WiS, S. 149 f.); seine Untersuchungen seien darauf ausgerichtet, „aufzuzeigen, wie ein *einzelner Mensch* den Entscheidungsspielraum, den ihm seine Position innerhalb einer spezifischen Figuration gibt, bei der *Strategie* seiner persönlichen Verhaltenssteuerung nutzt" (HG, S. 56); schließlich: Figurationen hätten zwar eine gewisse Eigengesetzlichkeit, seien aber nicht unabhängig „von *Individuen* überhaupt" (PZ1, S. LXVIII; ähnlich HG, S. 47); soziale Systeme und Gesellschaften seien „Systeme von *Menschen*" und würden „aus *Einzelmenschen*" gebildet (HG, S. 34 f.).

Freilich würde man diese Äußerungen keineswegs als „individualistisch" im Sinne des Fremdstereotyps der FS interpretieren müssen. Aber: sie enthalten unverkennbar zentrale Elemente der o.a. Programmatik des MI: Soziale Prozesse müßten auf Individuen zurückbezogen („reduziert"?)[15] werden; Gesellschaften bestehen letztlich aus nichts als Einzelmenschen; Menschen handeln in Situationen gemäß einer Strategie und Verhaltenssteuerung vor dem Hintergrund eines in der Situation (subjektiv) gegebenen Entscheidungsspielraumes.

Im methodologischen Programm der FS war dagegen behauptet worden, der „Individualismus" reduziere Gesellschaften auf eine atomisierte Anhäufung zusammenhangloser, geschlossener Monaden, schließe die Analyse von – insbesondere: langfristigen und gerichtete – Prozessen aus und gehe davon aus, daß soziale Vorgänge das unmittelbare Resultat der Absichten und Entscheidungen isolierter Individuen sei. Für den MI treffen alle diese drei Einwände nicht nur nicht zu, sondern: Der MI grenzt sich gegen den von der FS beschriebenen „Individualismus" beinahe noch schärfer ab als die Figurationssoziologie selbst.

Beginnen wir mit der Behauptung, der „Individualismus" setze die *Atomisierung* der Gesellschaft, die isolierte Monade, den homo clausus, das völlig unabhängige Einzelwesen voraus, das seine Handlungen unangefochten von sozialen Verflechtungen aus privaten Motiven und Neigungen heraus souverän wähle und durchführe. Schon die beiden wichtigsten Vertreter des MI in den 40er und 50er Jahren – *Popper* und *Hayek* – wenden sich ausdrücklich und mit Nachdruck gegen eine derartige Verwechslung von MI und einem – wie *Popper* es mit *Husserl* ausdrückt – methodischen *Psychologismus*. Gemäß der psychologistischen Doktrin, nach der es „letzten Endes möglich sein müsse, das Studium der Gesellschaft auf die Psychologie zu reduzieren" (*Popper* 1977, S. 111), entsprängen alle sozialen Ereignisse dem Bewußtsein individueller Menschen. Vertragstheorien, Vorstellungen einer präsozialen menschlichen Natur, Ideen von einem irgendwie gearteten „Anfang" von Gesellschaften beruhten sämtlich auf dieser Vorstellung. Der „psychologistische Individualismus" nehme – unzulässigerweise – an, "that only individuals exist and have interests"; er sei das Programm "of explaining all social phenomena solely with the aid of psychological theory" (*Joseph Agassi* 1973, S. 187). Demgegenüber vertrete der „Methodologische Individualismus" die Auffassung, daß die Handlungen von Individuen immer auf andere Personen orientiert, daß die Eigenschaften von Personen immer sozial erworben seien. Der Psychologismus – als Doktrin der Aggregation unabhängig gedachter

[15] Für die Ausdrücke „zurückbeziehen", „zurückgehen", „Rückgang" usw. könnte man durchaus die Begriffe „reduzieren" bzw. „Reduktion" einsetzen; etwas anderes als es *Elias* hier andeutet, meint auch der MI nicht. Mit „statischer Reduktion" hat diese Absicht weder bei *Elias*, noch aber auch im MI etwas zu tun; vgl. auch Anm. 6 und Abschnitt III.

Einzelhandlungen – „ist nicht nur ein historischer Mythos, sondern gewissermaßen auch ein methodologischer Mythos“ (*Popper* 1977, S. 117). Sogar: Es sei eher sinnvoller, die Psychologie auf die Soziologie zu „reduzieren“ – also: die Verankerung psychologischer Merkmale in ihrer *sozialen Genese* zu untersuchen – als umgekehrt (*Popper* 1977, S. 117).

> Schärfer noch weist *Hayek* die unzulässige Vermischung von Psychologismus bzw. Atomismus mit dem von ihm so genannten „echten Individualismus“ zurück: „Das allein sollte schon genügen, um den albernsten der verbreiteten Irrtümer zu widerlegen: den Glauben, daß der Individualismus die Voraussetzung macht (oder seine Argumente auf die Annahme stützt), daß isolierte oder für sich abgeschlossene Individuen existieren, anstatt von Menschen auszugehen, deren ganze Natur und ganzes Wesen durch ihr Leben in der Gesellschaft bestimmt ist. Wenn das zuträfe, dann hätte er allerdings zu unserem Verständnis der Gesellschaft nichts beizutragen. Seine grundlegende Behauptung ist aber eine ganz andere; sie lautet, daß es keinen anderen Weg zum Verständnis der sozialen Erscheinungen gibt als über das Verständnis des Handelns des Einzelnen, das sich nach den Nebenmenschen richtet und von deren zu erwartenden Verhalten bestimmt wird“ (*Hayek* 1952, S. 15).

Dies sind keineswegs die einzigen Stimmen. *Boudon* beklagt die ungerechtfertigte Kritik am vorgeblichen Atomismus des MI (*Boudon* 1979, S. 28), *Mark Granovetter* gründet seine „threshold“-Modelle ganz ausdrücklich auf die Verbundenheit der Handlungen von Personen und beklagt ebenfalls das vielerorts betriebene “simple counting of preferences” (*Granovetter* 1978, S. 1421). Und *Coleman* – einer der prominentesten Vertreter des heutigen MI – hat bereits 1958/59 in einem Artikel die “aggregate psychology” der üblichen Umfrageforschung, die „atomistic concerns of ordinary survey analysis“ angeprangert und eine auch verfahrenstechnische Hinwendung zu „a shift to groups as the units of analysis or to networks of relations among individuals“ (*Coleman* 1958/59, S. 72) gefordert[16]. Im – auch so genannten – „situationalen Individualismus“ ist es nicht nur möglich, den Atomismus zu *vermeiden* (vgl. dazu noch Abschnitt IV) – dieser Atomismus steht beim MI nicht minder im Kreuzfeuer der Kritik wie bei der FS. Der offenbar von der FS gemeinte atomistische Psychologismus betrifft den MI in keiner Weise.

Auch die zweite Behauptung, der MI gestatte lediglich eine „Zustandssoziologie“ (PZ1, S. XXIII), in der „das Verständnis für die Bedeutsamkeit von Problemen des gesellschaftlichen Werdens, der sozialen Genese“ (ebd.) sowie für soziale Beziehungen nicht als „Zustand“, sondern als „Prozeß“ (WiS, S. 99) verloren gegangen sei, ist für den MI unzutreffend. Für diesen Aspekt läßt sich ebenfalls leicht feststellen, daß statische Analysen – z.B. in Form von „Faktoren“-Erklärungen des sozialen Wandels – bei prominenten Vertretern des MI auf heftige Kritik stoßen (vgl. z.B. *Boudon* 1983, S. 3 f.).

[16] Insofern ist auch die Kritik an der atomisierenden Individualbefragung keinesweg ein Privileg der FS, wie *Elias* (z.B. in HG, S. 94; EO, S. 4 f.) und z.B. *Mennell* (1977, S. 106) oder *Goudsblom* (1977, S. 57 ff.) zu meinen scheinen: Der Methodologische Individualismus kritisiert diesen „Pavlovian reflex of social research“ (*Mennell* 1977, S. 106) nicht minder scharf (vgl. etwa auch Anm. 27 sowie *Esser* 1983, S. 11 f.).

Erneut wird gelegentlich auch über dieses häufige „Mißverständnis in der Kritik des methodologischen Individualismus“ (*Hans J. Hummell* 1973, S. 138) geklagt: Natürlich sei der MI nicht auf statische Analysen festgelegt (*Boudon* 1979, S. 29); selbstverständlich wäre im Rahmen des MI die Analyse von “social dynamics” möglich (*Agassi* 1973, S. 189); ohne Frage sei die historische Vertiefung von Untersuchungen z.B. der Existenz von Institutionen gestattet und möglich (*Agassi* 1973, S. 193). *John C. Harsanyi* betont sogar: “The fact that the social system is a dynamic system means that all problems in social science have an *essential historical dimension* and that in effect the *main task* of social science is to *explain historical development”* (*Harsanyi* 1960, S. 139) und klagt, “that it has become customary for social scientists … to neglect history” (ebd., S, 139). Es sei – im Gegenteil – zwingend erforderlich, Modelle der sozialen Dynamik zu entwickeln, da statische Modelle zwar Grenzfälle der dynamischen sein könnten, niemals aber eine statisch konzipierte Theorie auch Veränderungen erklären könne (*Harsanyi* 1979, S. 51 ff., 64 f.). Insbesondere seien wirkliche Erklärungen des Funktionierens sozialer Institutionen nicht ohne dynamische Modelle möglich (ebd., S. 70), wobei die Erklärung des Wandels „auch automatisch eine Theorie der gesellschaftlichen Konstanz als Unterfall“ einschließen könne (ebd., S. 74). Und auch z.B. *Gudmund Hernes* fordert von der Gegenwartssoziologie „... to regard events rather than things, processes rather than states“ (*Hernes* 1977, S. 516). Der MI insistiert dann lediglich darauf, daß derartige Wandlungsprozesse letztlich über Theorien erklärt werden müssen, die das Handeln von Personen zum Gegenstand haben – das Handeln von figurativ verbundenen Personen freilich: Wandlungsprozesse „have to be explained in terms of interaction among the social groups – and more fundamentally, among the *individuals* who make up the social system“ (*Harsanyi* 1960, S. 140).

In diesem Zusammenhang muß ein weiterer Aspekt des Statik-Vorwurfs gegen den MI bei *Elias* angesprochen werden: Der MI „reduziere“ die Erklärung des Handelns von Menschen auf universale Gesetzmäßigkeiten – z.B. solche des rationalen Handelns – wobei doch klar sei, daß man von einer derartigen konstanten Natur des Menschen nicht ausgehen könne. Die FS dagegen stelle systematisch in Rechnung, daß auch diese „allgemeinen“ Handlungsgesetze historisch gebunden seien und damit nur sehr begrenzten Analysewert haben könnten. Und im übrigen sei auch dieser Versuch der Erklärung sozialer Ereignisse über eine „statische“ Theorie des Handelns nichts anderes als der ebenso verständliche wie unzulässige Versuch der „Reduktion allen Wandels auf etwas Ewiges und Unwandelbares“ (WiS, S. 122; vgl. auch PZ1, S. LIII, LXV, 248; PZ2, S. 384 f., FiM, S. 159, 172; HG, S. 141 f., 160).
Hier liegt in der Tat ein Dissens des MI zur FS vor. Nicht in der Leugnung der von *Elias* faszinierend untersuchten Zusammenhänge von Sozialstruktur und „Rationalität“ (wie man z.B. an der erwähnten Idee *Poppers* schon sehen kann, eher die Psychologie auf die Soziologie zu beziehen als umgekehrt), auch nicht in der Feststellung, daß die Persönlichkeitsstruktur heutiger Akteure z.B. andere Grade der Affektkontrolle aufweisen mag als die etwa von Personen der Feudalgesellschaften. Es wird aber behauptet, daß es sich bei diesen Wandlungen lediglich um Wandlungen des

Modus der Rationalität bzw. der *Handlungsumstände*, nicht aber um eine prinzipielle Änderung der „menschlichen Natur" handelt. Es wird also in der Tat in diesem Zusammenhang von einem universalen Gesetz (der Erklärung des Handelns von Individuen) ausgegangen. Ohne eine solche Annahme wäre nämlich der eingangs genannte explanative Anspruch nicht einlösbar[17]. Daß es sich dabei selbstverständlich auch um eine (Arbeits-)Hypothese, nicht aber um eine apriorische Wahrheit handelt, versteht sich im analytischen Rahmen von selbst. Auch *Elias* kann faktisch nicht umhin, eine solche Universalität anzunehmen. Hierauf wird (in Abschnitt V) noch zurückzukommen sein. Daß *Elias* den „Individualismus" nur in einer längst überholten Form aufgegriffen und dann *diese* Version – völlig zu Recht – kritisiert hat, wird vor allem beim Vorwurf des Voluntarismus deutlich. War es nicht *das* Anliegen z.B. *Poppers*, gesellschaftliche (Fehl-)Entwicklungen eben *nicht* auf das Walten verschwörerischer Kräfte zu beziehen oder z.B. die Objektivität wissenschaftlicher Erkenntnisse *nicht* in der psychologischen Objektivität der einzelnen Wissenschaftler zu suchen (vgl. z.B. *Popper* 1974, S. 119 ff.)? Das Konzept des MI wurde gerade als Gegenkonzept zu Verschwörungstheorien einerseits und Historizismus andererseits, zu rationalistischen Varianten der Erklärung gesellschaftlicher Prozesse ebenso wie zu teleologisch-kollektivistischen Varianten andererseits entwickelt (*Popper* 1974, S. 116; vgl. auch *J. W. N. Watkins 1973*, S. 173; *Agassi* 1973, S. 201).
Man kann nachgerade die Feststellung, daß soziale Institutionen aller Art in der Regel eben *nicht* die Folge bewußter Planung sind, daß Motive, Handlungen und Handlungsfolgen *unabhängig* voneinander sind, daß soziale Prozesse das „result of human action, but not the execution of any human design" (*Adam Ferguson*, zitiert nach *Louis Schneider* 1967, S. 109) seien, als einen der grundlegenden Ausgangspunkte des MI ansehen. Es ist – z.B. nach *Hayek* (1973, S. 40) – eben *nicht* das Ziel des MI, soziales Geschehen als das unmittelbare Resultat von bewußter Handlung zu erklären, zumal derartiges ja lediglich die Feststellung der Existenz z.B. einer Institution verdoppele (*Watkins* 1973, S. 174). Der MI setzt gerade als Versuch an, weder in den „Pseudo-Individualismus", den „falschen Individualismus" etwa der psychologischen Soziologien des 19. Jahrhunderts, der Völkerpsychologie, der Instinktpsychologie oder der rationalistischen Vertragstheorien zu verfallen noch soziale Prozesse ohne Bezug auf das Handeln von Personen teleologisch, historizistisch oder kollektivistisch zu erklären. „Weit davon entfernt, den bewußt organisierten Staat auf der einen Seite und den Einzelnen auf der anderen Seite als die einzigen Realitäten zu betrachten" (*Hayek* 1952, S. 36) werde eben eine Aufhebung jener unfruchtbaren Gegeneinanderstellung von „Individuum und Gesellschaft" angestrebt, wie sie sich aus dem Gegensatz voluntaristisch-rationalistischer und historizistisch-kollektivistischer Ansätze ergeben habe. Das Fazit dieses Abschnitts: Die von *Elias* so nachdrücklich behaupteten Fehlannahmen des „Individualismus" betreffen den MI nicht nur nicht, diese Fehlannahmen eines „Pseudo-Individualismus" sind selbst zum Teil Anlässe zur Entwicklung des Programms des MI gewesen. So verständlich die Position von *Elias* z.B. in Auseinandersetzung mit einer an Einzelhandlungen und Ein-

[17] Vgl. dazu etwa *Wartkins* (1973, S. 173): „that the human mind develops under various influences the methodological individualist does not, of course, deny. He only insists that such development must be explained … as a series of responses by the individual to situations ...".

zelereignissen orientierten historischen Methode (vgl. die Einleitung zur „Höfischen Gesellschaft“: „Soziologie und Geschichtswissenschaft“; HG, S. 9–59) oder auch mit (manchmal durchaus: mißverständlichen) Passagen bei *Max Weber* (z.B. WiS, S. 126) und anderen auch sein mag (vgl. dazu auch die autobiographischen Notizen von *Elias* im neuesten „Materialienband“, NZL, S. 15): Nicht zu verstehen ist, daß in seinem gesamten Werk nicht an einer einzigen Stelle auf die oben angeführten (und durchaus schon vor einiger Zeit formulierten und auch keineswegs unzugänglichen) Konzeptionen des Methodologischen Individualismus z.B. bei *Popper*, *Hayek*, *Watkins* oder *Agassi* eingegangen wird. Auf diese Weise wird es natürlich leicht, die Figurationssoziologie als einen völlig neuartigen Ausweg aus dem Dilemma des Gegensatzes von „Individuum und Gesellschaft“ auszugeben.

IV. Gibt es die Konzepte der Figurationssoziologie im Methodologischen Individualismus?

Unter „Figuration“ versteht *Elias* ein „Interdependenzgeflecht“ von „aufeinander ausgerichteten, voneinander abhängigen Menschen“ (PZ1, S. LXVII). Konzeptuell soll der Begriff die zu sehr belasteten Terme von „Gesellschaft“, „System“ oder „Struktur“ ablösen, mit denen zu stark die ontologische Verschiedenheit von Individuen und Gesellschaften assoziiert worden sei. Allenfalls könne man sagen, daß Gesellschaften „nichts anderes sind als Geflechte funktional interdependenter Menschen“ (FiM, S. 128).

In theoretischer Hinsicht konstituieren sich bei *Elias* Figurationen aus der unausweichlichen wechselseitigen Angewiesenheit der Menschen aufeinander, ihre Bedürfnisse zu befriedigen: aus ihrer Inter-Dependenz (vgl. u.a. PZ1, S. LXVIII; WiS, S. 12, 146 f., 149; ED, S. 21; EO, S. 172; HG, S. 46, 239, 312 f.) voneinander. Figurationen, in die Menschen kraft ihrer wechselweisen Angewiesenheiten notwendigerweise eingebunden sind, bilden dann den Handlungsspielraum, innerhalb dessen die Individuen zu agieren haben (HG, S. 55 f.): Handlungsspielraum im Sinne der zielgerichteten Nutzung von Opportunitäten, in denen das Individuum „seine relative Autonomie als ein für sich entscheidendes Individuum“ (HG, S. 218) ausspielen kann; oder Handlungsspielraum im Sinne sozialer Zwänge, Barrieren und Begrenzungen, die sich aus der wechselseitigen Dependenz ergeben (FiM, S. 128; EO, S. 172). Figurationen befinden sich in einem beständigen Prozeß, innerhalb dessen „kein Akt von der einen Seite allein als Akt dieser einen Seite zu erklären ist, sondern allein als Fortsetzung der vorangehenden Verflechtung und der erwarteten zukünftigen Verflechtung von Akten beider Seiten“ (WiS, S. 87). Ein etwaiges Gleichgewicht ist keine „Statik“, sondern das Resultat von einander wechselseitig neutralisierenden bzw. blockierenden Macht- bzw. Dependenzeinflüssen: (WiS, S. 12, 143; FiM, S. 53): „Im Zentrum … des Figurationsprozesses steht ein fluktuierendes Spannungsgleichgewicht, das Hin und Her einer Machtbalance, die sich bald mehr der einen, bald mehr der anderen Seite zuneigt. Fluktuierende Machtbalancen dieser Art gehören zu den Struktureigentümlichkeiten jedes Figurationsstromes“ (WiS, S. 143).

Elias bearbeitet mit diesem Konzept eine Fülle von historischen Einzelheiten: die Erklärung der Zunahme der Affektkontrolle durch die Verlängerung der Interdepen-

denzketten aus Handel, Arbeitsteilung, Geldwirtschaft, die Machtentfaltung des Absolutismus durch die Entstehung von sich wechselseitig neutralisierenden „multipolaren Spannungsbalancen", die höfische Rationalität und „Vorsicht" als Folge der Vervielfältigung und Widersprüchlichkeit der höfischen Interdependenzen, die „Versteinerung" des höfischen Lebens aus der Unmöglichkeit einer individuellen Änderung der Gesamtsituation, da schon jeder Versuch dazu sofort die eigenen Privilegien gefährdet hätte usw. Zu prüfen ist, ob das von *Elias* verwandte Konzept der Figuration – seine Definition und seine theoretische Begründung – im Programm des MI einen Platz hat oder tatsächlich ein völlig neues Konzept darstellt.
Zunächst kann es gar keinen Zweifel geben, daß von den programmatischen Äußerungen her sowohl der Terminus wie das inhaltliche Konzept der Figuration zu den *grundlegenden* Orientierungshypothesen des MI gehört.

> So liest man etwa bei *Watkins* (1967, S. 167 f.): "Every complex social situation, institution, or event is the result of a particular *configuration* of individuals ...". Oder: „Die ontologische Basis des methodologischen Individualismus besteht in der Annahme, daß die Gesellschaft nicht irgendeine Art von Organismus ist, sondern wirklich nur aus Menschen besteht, die sich ziemlich verständlich verhalten und sich gegenseitig, direkt oder mittelbar, auf einigermaßen verstehbare Weise beeinflussen" (*Watkins* 1973, S. 153). Und: „daß es keinen Weg zum Verständnis der sozialen Erscheinungen gibt als über das Verständnis des Handelns des Einzelnen, das sich nach den Nebenmenschen richtet und von deren zu erwartenden Verhalten bestimmt wird" (*Hayek* 1952, 5.15). In der Übersicht von *Vanberg* findet man nahezu auf jeder Seite den Hinweis, daß der MI als zentrale Orientierungshypothese die Erklärung sozialer Prozesse aller Art auf der „wechselseitigen Verflechtung" (S. 7), einem „Netz allseitiger Abhängigkeit" (S. 9), „gegenseitiger Verflechtung" (S. 9), dem „interindividuellen Handlungszusammenhang" (S. 15), „Verbindungen aus Bedürftigkeit" (S. 16), „Gegenseitigkeit von Leistungen" (S. 16), „Reziprozität" (S. 17), „der Verflechtung individueller Handlungen" (5.19) usw. begründet: „Gesellschaft ist eine Kurzformel für das in komplexer Weise ineinander verflochtene Verhalten vieler Individuen, keine hinzukommende Entität" (*William C. Lehmann* 1930, S. 157).

Kann es danach keinen Zweifel daran geben, daß im MI „Gesellschaft" weder als bloße Aggregation von isolierten Individuen, noch gar als individuenloses System verstanden wird, sondern als „configuration of parts" (*Hernes* 1977, S. 518), bleibt die theoretische Frage: Wie werden die figurativen Bindungen und Prozesse erklärt? Bei *Elias* ergaben sich die *Bindungen* aus der wechselseitigen Angewiesenheit von Personen. Hieraus leitete sich unmittelbar der Machtbegriff ab: Da und insoweit Menschen in der Befriedigung ihrer Bedürfnisse auf andere Menschen angewiesen sind, üben sie aufeinander gleichzeitig Macht aus und sind voneinander abhängig. Die Quellen der Abhängigkeiten sind so vielfältig wie es Bedürfnisse überhaupt gibt: Solange z.B. Eltern ein *Interesse* am Wohlergehen ihres Babys haben, hat das Baby auch Macht über seine Eltern; erst wenn dieses Interesse erlahmen sollte, zerbricht die Figuration Eltern-Kind (z.B. durch Aussetzen; vgl. WiS, S. 77; zu den verschiedenen Bindungsquellen vgl. WiS, S. 146–159).

Macht bzw. Abhängigkeit ergibt sich demnach aus den Bedürfnissen der Akteure (in einer Figuration) und den (wahrgenommenen) Opportunitäten – innerhalb und außerhalb der Figuration – zur Befriedigung der Bedürfnisse. Dies ist exakt auch die Konzeption von „power-dependence-relations" im MI: „The dependence of actor A upon actor B is (1) directly proportional to A's *motivational involvement* in goals mediated by B, and (2) inversely proportional to the *availability* of those goals to A outside the A-B-relation" (*Richard M. Emerson* 1962, S. 32). Das Verlassen von Figurationen, das Aufbegehren gegen bestimmte Zwänge, Versuche zur Änderung von Beziehungen usw. sind demnach immer davon abhängig, ob es eventuell Alternativen gibt bzw. ob nach entsprechendem Handeln eine Bedürfnisbefriedigung überhaupt noch möglich ist bzw. sich verbessert oder verschlechtert. Die von *Elias* beschriebenen Prozesse der Affektkontrolle aus „Vorsicht" und der Verlängerung der Abhängigkeitsketten oder der Unbeweglichkeit des höfischen Lebens lassen sich leicht über diese Modelle – zunächst wenigstens auf eine ähnlich intuitive Weise wie bei *Elias* – erklären.
Findet aber auch der Begriff der prozessualen Machtbalance eine Entsprechung? Unter Machtbalance war verstanden worden, daß eine Figuration nur deshalb äußerlich stabil bleibt, weil im Wechsel der Reaktionen keine Seite die figurative Verflechtung aufgeben kann oder will. Derartige Verkettungen sind geradezu Paradebeispiele im Programm des MI, um die explanative Überlegenheit des Ansatzes zu demonstrieren.

Das folgende Beispiel ist eine Untersuchung über die Hintergründe des fortwährenden Rückstandes der Landwirtschaft in einer Region von West-Bengalen. *Amit Bhaduri* (1973; vgl. auch *Boudon* 1980, S. 127 ff.; *Hernes* 1977, S. 525 f.) erklärt, diesen „Prozeß" des stabil bleibenden Semi-Feudalismus über ein Modell, aus dem hervorgeht, daß niemand der Beteiligten ein Interesse daran haben kann bzw. die hinreichenden Möglichkeiten besitzt, die wechselseitigen Verflechtungsstrukturen zu ändern. Die Akteure in der „Figuration" sind einerseits die *Kishans* als Besitzer von kleinen Landstücken und der *Jotedar* als Landbesitzer und gleichzeitiger Kontrolleur von Kapitalmitteln. Die *Kishans* haben in der Regel nur geringes oder kein Produktionskapital und üblicherweise nur die Kontrolle über einen Produktionszyklus. Da sie einen legalen Anteil an der Ernte in Anspruch nehmen können, haben die *Kishans* auch einen Anreiz, ohne größeren Zwang effektiv zu arbeiten. Wegen der geringen Kapitalausstattung befinden sie sich in einem andauernden Zustand der Verschuldung gegenüber dem Landbesitzer. Ein bedeutender Teil des Ernteanteils wird jeweils unverzüglich für die Tilgung der Schulden aufgewendet. Die Rückzahlung des Kapitals und die Zinsen sind so hoch, daß der verbleibende Ernteanteil am Ende eines Erntezyklus nicht ausreicht zu überleben. Als Folge davon muß er erneut leihen, um seine Bedürfnisse zu befriedigen. Möglichkeiten zum Verlassen der Figuration hat der *Kishan* nicht: Er würde seine Schulden mitnehmen müssen und außerhalb des Dorfes keinerlei Kreditwürdigkeit besitzen. Außerdem besitzt der Landbesitzer das Monopol über das Verleihen von Kapital. Auch hat der *Kishan* keine Möglichkeit des Marktzutritts, um beispielsweise Perioden höherer Preise für seine Ernte abzuwarten. Er ist vollständig den Preisfluktuationen ausgeliefert, deren saisonaler Rhythmus – nach der Ernte fallen die Preise und erreichen ihren Höchststand in der Zeit vor der Ernte – den *Kishan* in eine noch ungünstigere Situation bringt. Es wird deutlich, daß in der Figuration der beiden Akteure keinerlei Freiheitsspielraum für den *Kishan* vorhanden ist. Die Frage ist nun, warum sich dieses System der Produktionsverhältnisse nicht ändert. Für den *Kishan* ist die Antwort leicht: Er hat keinerlei Möglichkeiten, das Benachteiligungsverhältnis von innen her zu ändern. Er verfügt einfach nicht über die Mittel dazu. Aber auch der *Jotedar* hat keinerlei Interesse, an diesen Verhältnissen irgend etwas – beispielsweise durch die Einführung effektiverer Produktionstechniken – zu ändern. Einerseits würde dies für ihn einen erheblichen Kapitalaufwand bedeuten. Andererseits aber – und dies ist der entscheidende Punkt – hat der *Jotedar* auch keinerlei Interesse daran, das für ihn hochprofitable semi-feudale System dadurch zu gefährden, daß die durch die Produktionsweise und die Kapitalabhängigkeit des *Kishans* immer wieder neu reproduzierte Abhängigkeit durch eine technisch erzeugte Erhöhung der Ernteleistungen verringert wird. Der eine Akteur hat keinerlei Möglichkeiten, die von ihm als äußerst belastend empfundene figurative Verkettung aufzugeben, der andere Akteur hat keinerlei Interesse daran. Die Machtbeziehung zwischen den beiden Akteuren befindet sich in einem „Prozeß" der Balance.

Das Beispiel enthält alle Elemente des Figurationsbegriffes und des Konzeptes der prozessualen Machtbalance: wechselseitige Abhängigkeiten, die die Handlungsspielräume für die beteiligten Akteure festlegen; bestimmte Handlungen sind ausgeschlossen, weil für sie entweder die Opportunitäten fehlen oder weil die Konsequenzen für die Interessenlage der Akteure unerwünscht wären; dies hat die – immer wiederkehrende – Konsequenz, daß die wechselseitige Abhängigkeit der Akteure (denn: auch der *Jotedar* ist von dem *Kishan* abhängig) erhalten bleibt, wobei just diese Abhängigkeiten die Veränderung des „Systems" ständig verhindern. Es handelt sich um einen – wie *Boudon* (1980, S. 133, 186) es nennt – „reproduktiven, blockierten Prozeß". An dem Beispiel wird allerdings auch deutlich, daß Machtbalancen keineswegs gleichgewichtig sein müssen oder ein stabiles Resultat haben müssen: Die Änderung bestimmter Strukturelemente (beispielsweise durch Schaffung alternativer Finanzierungsmöglichkeiten für den *Kishan*) erbrachte ein völlig anderes Resultat[18].

Als Beleg für die Bedeutung des – im MI meist anders benannten – Figurationskonzeptes sei weiterhin an die bereits klassischen Analysen von *Olson* (1968) erinnert, warum in nicht-organisierten Kollektiven es nicht zur Produktion kollektiver Güter kommt, obwohl alle einzelnen Akteure ein Interesse daran haben: Die Art der Verflechtung der Akteure und die Erwartung von bestimmten, negativen Konsequenzen bei jedem einzelnen für seine individuelle Aktivität bewirkt die Untätigkeit aller Akteure, obwohl niemand das will. Erinnert sei

[18] Es zeigt sich an dieser Stelle, daß die bloß intuitive Sprechweise von Figurationen, Prozessen und Machtbalancen kaum zu einer genauen Analyse ausreicht. Dementsprechend fordern z.B. für die Netzwerkanalyse *Holland* und *Leinhardt* (1977, S. 391): "A model of social structure, according to our definition, must take into account the network of relational ties between individuals, the dynamic and stochastic nature of change in arrangement of the ties, the continuous nature of change over time and the impact of current structure on future structure". Diese Konzeption enthält in präziser Weise alle Elemente des *Elias*schen Figurationsbegriffs: Interdependenzen, funktionale Abhängigkeiten, dynamische Prozesse, Verankerung zukünftiger Figurationsstrukturen in den vergangenen.

auch an den Beitrag von *Albert O. Hirschman* (1974) über die Beziehungen und wechselseitigen Reaktionen der Figuration „Firma" und „Konsument": Die beiden zentralen Reaktionsmöglichkeiten – Abwanderung oder Widerspruch – sind unmittelbar abhängig von der Stärke der Bindung des Konsumenten an die Firma, den erwarteten bzw. tatsächlich dann einsetzenden Reaktionen auf eine Reaktion des Konsumenten und dem Vorliegen von Ausweichmöglichkeiten. Das o.a. Beispiel kann auch als ein Spezialfall der Analysen von *Hirschman* interpretiert werden. Schließlich sei nicht zuletzt daran erinnert, daß es für figurative Verkettungen, d.h. insbesondere für *indirekte* Interdependenzen, in der Spieltheorie seit langem formale Modelle gibt, aus denen auch analytisch nachvollziehbar hervorgeht, auf welche Weise gerade das interesse-orientierte Handeln aller im Spiel verbundenen Akteure sie zu Reaktionen *zwingt*, die niemand von ihnen selbst angestrebt hatte (vgl. z.B. *Hummell* 1973, S. 163)[19]. Das in den kurzen Erläuterungen nicht immer ganz deutliche Zusammenspiel von Interdependenzstrukturen, Prozeßverläufen und „eigengesetzlichen" unbeabsichtigten Konsequenzen wird an dem bereits angesprochenen „threshold"-Modell von *Granovetter* (1978) besonders gut demonstrierbar. Der Ausgangspunkt des Modells ist ein Kollektiv von Personen (beispielsweise eine Gruppe von Demonstranten, ein Opernpublikum oder mehr oder weniger modebewußte Damen). Es wird nun angenommen, daß bei jeder der beteiligten Personen das individuelle Handeln ausschließlich davon abhängig ist, wie viele andere Personen in dem Kollektiv ein bestimmtes Verhalten bereits zeigen. Daß eine solche Handlungstheorie empirisch wohl kaum zutrifft, spielt für die Zielsetzung des Modells keine Rolle. Die Idee ist nun, daß man zeigen kann, daß bestimmte kollektive Resultate (z.B. die Gewalttätigkeit einer Demonstration, der rauschende Beifall eines Opernpublikums oder die Verbreitung einer modischen Verrücktheit) davon abhängen, wie die Verteilung der individuellen Handlungsdispositionen (die ja nichts anderes enthalten, als Reaktionsbereitschaften in bezug auf das Verhalten aller anderen Mitglieder des Kollektivs) im Kollektiv gegeben ist. Wenn beispielsweise die Verteilung der unterschiedlichen Verhaltens-„Schwellenwerte" so ist, daß z.B. bei 100 Personen in einem Kollektiv je eine einen Schwellenwert von 0, von 1, von 2 usw. bis zu 99 hat, dann ist zu erwarten, daß in einem sukzessiven Prozeß schließlich alle Mitglieder des gesamten Kollektivs das bestimmte Verhalten zeigen. Natürlich muß es mindestens eine Person geben, die auch ohne jedes „Vorbild" bereits demonstriert, Beifall spendet oder eine modische Neuerung übernimmt. Wenn es diese Person aber gibt, dann läuft der Prozeß mit – nahezu naturgesetzlicher – Zwangsläufigkeit ab. Die Bedeutung etwa von agents provocateurs, von Claqueuren und von Vorreitern im Modebereich wird aus diesem Modell unmittelbar einsichtig.

[19] Es ist wohl kein Zufall, daß *Elias* selbst seine Vorstellungen zur Figurations-Soziologie in bereits etwas formaleren „Spiel-Modellen" verdeutlichen will. Ausdrücklich faßt er diese Modelle als „Gedankenexperiment" auf, in denen die Verflechtungen „gewissermaßen isoliert betrachtet" und „dadurch etwas vereinfacht" werden sollen (WiS, S. 76), übrigens sehr zum Erschrecken seiner Jünger, die ihm gar vorwerfen, er vermeide „die Gefahren formalistischer Abstraktion nicht ganz, z.B. bei der Darstellung seiner ‚Spiel-Modelle'" (*Rehberg* 1979, S. 167).

Betrachten wir nun eine andere Verteilung. Beispielsweise hätten alle hundert Mitglieder des Kollektivs einen Schwellenwert von 1. Im „Durchschnitt" wäre der kollektive Schwellenwert erheblich geringer als im Fall vorher. Eine naive, nur aggregativ vorgehende empirische Sozialforschung hätte für diesen Fall eine erheblich stärkere Anfälligkeit zu einer kollektiven Reaktion vorhergesagt. Was aber geschieht tatsächlich? Die Antwort ist: nichts. Da niemand mit dem entsprechenden Verhalten beginnt, ist für keinen Akteur im Kollektiv die entsprechende Handlungsbedingung gegeben. Die Kollektive beben gewissermaßen vor Handlungsbereitschaften, verharren allerdings in einer „dynamischen Stabilität".

Die Grundelemente des Modells sind: Die Individuen befinden sich in einer bestimmten figurativen Verflechtung der Orientierung der Handlungen jedes Einzelnen auf jeden anderen; die individuellen Eigenschaften sind innerhalb der Kollektive in einer bestimmten Weise verteilt; die Handlungen jedes einzelnen Akteurs sind ausschließlich von seinen individuellen Bereitschaften und den Handlungen der anderen Akteure abhängig; die Handlung jedes einzelnen Akteurs ist über ein *allgemeines* Handlungsgesetz erklärbar; das kollektive Resultat ist das Ergebnis eines – mehr oder weniger – langen Prozesses von Handlungen und darauf erneut folgenden Reaktionen anderer Akteure; jedes spezielle Resultat ist vom einzelnen Akteur weder kontrollierbar noch vorhersehbar bzw. intendiert. Dennoch kann – bei Kenntnis der strukturellen Verteilung, der individuellen Eigenschaften und bei Geltung des allgemeinen Handlungsgesetzes auf der Mikroebene der einzelnen Akteure – jedes Resultat eindeutig erklärt bzw. vorhergesagt werden[20].

Das spezielle Interesse von *Elias* gilt den langfristig-gerichteten Prozessen (vor allem im „Prozeß der Zivilisation") und sich selbst verstärkenden „Zirkular"- bzw. „Doppelbinder"-Prozessen (vor allem in „Fischer im Mahlstrom"). Dabei wird insbesondere die wechselweise Abhängigkeit und gerichtete Entwicklung von Sozialstrukturen und Persönlichkeitsstrukturen (hier: die Verlängerung von Interdependenzketten einerseits und die Erhöhung der Affektkontrolle andererseits mit entsprechenden Rückwirkungen), aber auch die dynamische Stabilität von in äußerlicher Unbeweglichkeit erstarrten höfischen Verkettungen (das „höfische Getriebe" als „seltsames" bzw. „gespenstisches perpetuum mobile"; HG, S. 132, 135, 310 f.) in der wechselseitigen Blockierung von Handlungsmöglichkeiten, Diffusions-Prozessen (z.B. von Modellen des Sprechens oder der Etikette, PZ1, S. 134 f., 145, 152, 154–157, PZ2, S. 345; oder von wissenschaftlichen Methoden, FiM, S. 116) und zirkulär sich verstärkenden „Doppelbewegungen" (z.B. die Verbürgerlichung des Adels und die Verhöflichung des Bürgertums, PZ1, S. 17), der circulus vitiosus von Benachteiligung und sozialem Ausschluß (EO, S. 119 ff., 144 f.), die Falle von geringer Affektkontrolle und erfolg-

[20] Man erkennt leicht, daß ein einfaches Aggregieren der individuellen Schwellenwerte für die Analyse des Prozesses völlig unzureichend ist. Obwohl im zweiten Kollektiv der Mittelwert der Reaktionsschwellenwerte deutlich geringer ist als im ersten Kollektiv, verhält sich die Demonstration völlig friedlich, rührt sich beim Opernpublikum keine Hand und die entsprechende Neuerung wird von niemandem übernommen. An dem Beispiel erkennt man leicht den Ansatzpunkt der Kritik des MI an der atomisierenden Sozialforschung (vgl. *Granovetter* 1978, S. 1421; ähnlich *Boudon* 1980, S. 181 ff.).

reicher Naturbeherrschung, FiM, S. 109 ff.), die Eskalation der Ost-West-Auseinandersetzung, FiM, S. 141 ff., SPM, S. 166) usw. untersucht.
Ganz ohne Zweifel zeigt *Elias* an diesen Beispielen die Zwangsläufigkeiten interdependenter Prozesse auf, die mit den herkömmlichen Kategorien systemtheoretisch-teleologischer oder individualistisch-voluntaristischer Art nicht zu bearbeiten sind. Die o.a. Beispiele hatten indessen schon gezeigt, daß der MI im Prinzip (wenn auch an anderen Sachverhalten) in völlig analoger Weise vorgeht. Dabei war bereits oben (Abschnitt III) darauf hingewiesen worden, daß die historische Verlängerung individualistischer Erklärungen ohnehin als keine prinzipielle Schwierigkeit des Ansatzes gelten kann: Schon in ihrem Selbstverständnis ist selbst für „eine verhaltenstheoretische Soziologie eine ‚historische Behandlung' soziologischer Probleme jedenfalls *selbstverständlicher* und *notwendiger* Ausfluß der grundlegenden Struktur des eigenen Erklärungsansatzes" (*Vanberg* 1975, S. 231; auch S. 52 f.; sowie *Karl-Dieter Opp* 1979, S. 61; *Werner Raub* und *Thomas Voss* 1981, S. 31)[21]. Die Analyse prozessualer Interdependenzmodelle kann gerade als eines der Zentralkonzepte des MI angesehen werden (vgl. auch Abschnitt III; sowie *Hernes* 1977, S. 514; *Boudon* 1980, S. 133 ff.; 1983).
Bei aller Ähnlichkeit der Ansätze in der Programmatik ergibt sich jedoch ein deutlicher Unterschied. Die analytische Zugriffsweise des MI erfordert, sämtliche derartigen Prozesse in *Modellen* zu fassen, die im Prinzip eine Struktur von der Art aufweisen, daß die Figuration zu einem bestimmten Zeitpunkt die Akteure zu Reaktionen veranlaßt, die dann eine neue Figuration darstellen und so wieder Ausgangspunkt weiterer Reaktionen werden (die z.B. zu Beginn des Prozesses von niemandem vorherzusehen waren). Anders gesagt: Figurationen bilden jeweils die strukturellen Bedingungen, über die die individuellen Effekte (im Verein mit gewissen Handlungsgesetzen) erklärt werden können, diese individuellen Effekte erklären dann (im Verein mit entsprechenden Transformationsregeln, vgl. dazu *Siegwart Lindenberg* und *Reinhard Wippler* 1978, S. 222 ff.) die „Wandlung" (bzw. selbstverständlich auch die Stabilität) der Figuration zum nächsten Zeitpunkt. Dabei wird an keiner Stelle von der Vorstellung abgegangen, daß Figurationen aus nichts anderem als aus handelnden Menschen bestehen. Diese neu entstandenen figurativen Bedingungen bilden – als output des vorangegangenen Prozesses – den input des – im Prinzip beliebig nach hinten und nach vorn verlängerbaren – Prozeßablaufs. In diesem Zusammenhang können je nach „Rückwirkung" der outputs auf bestimmte Teile der Figuration und auch je nach Vorliegen von z.B. auch externen Einflüssen verschiedene Typen von Prozessen unterschieden werden: einfache und erweiterte Reproduktionen, Transitionen und Transformationen (*Hernes* 1977, S. 524 ff.), reproduktive, blockierte, kumulative, oszillatorische und transformatorische Prozesse (*Boudon* 1980, S. 124 ff.; 136–160). Wichtig ist, daß alle diese Typen nur unter ganz speziellen Bedingungen der Interdependenz der Akteure und bestimmter Rückwirkungen der individuellen Effekte auftreten: Es gibt kein „allgemeines Gesetz" von Strukturveränderungen bzw. Prozeßverläufen oder des „sozialen Wandels" (*Boudon* 1983, S. 15).

[21] Vgl. als ein exzellentes Beispiel für eine historische Analyse langfristig-gerichteter Prozesse im Rahmen sogar eines deutlich ökonomisch ausgerichteten Methodologischen Individualismus die Studie von *North* und *Thomas* (1973) über das Funktionieren und den Zerfall des Feudalismus und den „Aufstieg der westlichen Welt" zwischen dem 10. und dem 16. Jahrhundert, sowie von *Olsen* (1982) über den „Aufstieg und Verfall von Nationen".

Die *Elias*schen Prozeßmodelle lassen sich relativ leicht in diese Typologie einordnen. Zum Beispiel langfristig-gerichtete Prozesse zählen zu den kumulativen Prozessen, bei denen die outputs der individuellen Effekte (z.B. die durch Bevölkerungswachstum möglich gewordene Aufnahme von Handelsbeziehungen über weitere Strecken hinweg) als inputs zu Modifikationen der Figuration bzw. des Interdependenzsystems führen (z.B. die Verlängerung der Interdependenzketten), die dann wiederum zu verändertem Verhalten bei den Akteuren zwingen (z.B. eine gewisse Affektkontrolle beim Umgang mit Fremden in Geschäftsverhandlungen), wodurch dann wieder neue Handelsbeziehungen erfolgreich aufgenommen werden können und sich so die Interdependenzketten erneut verlängern. „Doppelbinder" wären dann nichts anderes als ebenfalls kumulative Prozesse, die auf ein beide Seiten frustrierendes, von niemandem in dieser Form gewünschtes Gleichgewicht hin konvergieren. Bedeutsam ist bei alledem, daß kumulative Prozesse den *Anschein* einer inneren, teleologischen Entwicklungsgesetzmäßigkeit erwecken können, tatsächlich jedoch auf sehr speziellen Bedingungen und gewissen „von hinten treibenden" Handlungsgesetzmäßigkeiten auf der Ebene der *individuellen* Akteure beruhen. Auf diese Weise wird erst einsichtig, daß es durchaus langfristig-gerichtete Prozesse ohne jede Teleologieannahme geben kann, daß diese Entwicklungen jedoch auch *jederzeit* (nämlich bei Änderung nur *einer* der wesentlichen Randbedingungen) stoppen und sich umkehren können. Die Analyse langfristiger Trends hat eben nichts mit dem Historizismus gemein. Hierin kann man der FS nur zustimmen; man hätte dies aber auch schon z.B. bei *Sir Karl Raimund* erfahren können.

Daß *Elias* freilich derartige Modellierungen und Systematisierungen als unzulässige „Reduktion" auf eine „Statik" verstehen dürfte, ändert nichts an der sachlichen Gleichheit der Grundansätze; es wird noch darauf zurückzukommen sein, ob die FS sich derartigen Modellierungen tatsächlich so entziehen kann, wie sie es offenbar für geboten bzw. dann auch wohl für möglich hält (vgl. Abschnitt V)[22].
Die angesprochenen Prozeßmodelle aus der Diskussion um den MI zeigen allesamt: Soziale Ereignisse und Entwicklungen sind „das Ergebnis individuellen Strebens, dem kein derartiges Ziel vorschwebt" (*Hayek* 1969, S. 130). Der Grund dafür liegt in der Interdependenzverflechtung der Akteure und in deren Folgeeffekten. *Elias* hatte dem „individualistischen" Voluntarismus die Eigenständigkeit figurativer Prozesse entgegengesetzt und behauptet, allein die FS leiste eine nicht-teleologische, nicht-soziologistische Berücksichtigung derartiger Vorgänge. Dabei kann selbstverständlich keineswegs die Triftigkeit der entsprechenden Feststellungen bei *Elias* bestrit-

[22] So meint *Elias* z.B., daß funktionale Interdependenzen und „Doppelbinder" durch ein mechanisches Ursache-Wirkungs-Modell „nicht mehr zureichend erfaßt werden" können; und auch: „die Klassifizierung als Rückkoppelungs-Mechanismus kann die Kreisläufigkeit solcher Prozesse nicht mit dem Ursache-Wirkungs-Modell versöhnen"; denn: „Das letztere ist kein Prozeßmodell; es ist eine kurzfristige und statische Zusammenhangsform – eine Art von harmonischer Ungleichheit. Die Ursache hat alle Macht, die Wirkung anscheinend keine" (FiM, S. 84). Abgesehen davon, daß der von *Elias* beschriebene Prozeß-Typ (wie alle anderen auch) im Prinzip als spezielle Form der Kausal-Erklärung problemlos zu konzeptualisieren ist: als genetische Erklärung (vgl. Abschnitt V), kommt auch *Elias* nicht daran vorbei, z.B. „drei Phasen eines Doppelbinders zu unterscheiden" (FiM, S.85), um überhaupt mitteilen zu können, wie sein Prozeß funktioniert.

ten werden: daß „Figurationen, die Menschen miteinander bilden, ein langsameres Wandlungstempo haben können als die einzelnen Menschen, die sie bilden" (HG, S. 28), daß „gesellschaftliche Abläufe eine *relative Autonomie* gegenüber menschlichen Absichten und Zwecken besitzen" (WiS, S. 61; ähnlich WiS, S.58 f., 75, 101; ED, S. 53), daß es – wie man so sagt – unterschiedliche Ebenen der Organisation und Integration von Einheiten gibt, die „eine relative Autonomie gegenüber den Ereignissen der nächst niedrigeren Integrationsstufe besitzen" (WiS, S. 111), daß sich diese verschiedenen Ebenen *„nicht durch Reduktion* auf das Verhalten der einzelnen Beteiligten verstehen oder erklären lassen" (WiS, S.145/35; ähnlich WiS, S. 47, 113; ED, S. 41, 45–48, 54), und dies insbesondere deshalb, weil soziale Prozesse „eine Struktur *sui generis*" aufweisen (FiM, S. 168). Kurz: daß soziale Prozesse nicht-reduzierbare Emergenzen aufweisen können. Es ist nun sicher nicht ganz falsch anzunehmen, daß der MI sich mit der bloßen Feststellung von Emergenzen (im Sinne von: Erscheinungen, die mit den vorliegenden Theorien nicht weiter zu erklären sind) nicht begnügen würde[23]: Es wird vielmehr versucht, derartige Emergenzeffekte auch zu *erklären*, wobei diese Erklärungen keineswegs in einer „Reduktion" des Effektes auf die „nächst niedrigere Integrationsstufe" (vgl. dazu *Raub* und *Voss* 1982, S. 82 explizit), schon gar nicht auf die bloßen Absichten isolierter Individuen, bestehen müssen. Allerdings wird angestrebt, derartige Effekte als ungeplante, aber dennoch rekonstruierbare Folgen des Handelns von – natürlich: interdependenten – *Individuen* verständlich zu machen. Ein solches Vorhaben ist durchaus vereinbar damit, daß es verschiedene „Integrations-Ebenen" der Organisation von Einheiten gibt: Individualistische Erklärungen von „emergenten" Phänomenen im sozialen Bereich sind ohne jeden „Reduktionismus" möglich. Andererseits muß aber immer noch daran erinnert werden, daß die Frage, ob bestimmte Ebenen letztlich aufeinander (im üblichen logischen Sinne) „reduzierbar" sind oder nicht, selbst immer nur eine theoretisch-*empirische* Frage sein kann und in keinem Fall schon apriorisch ausgeschlossen ist. Es hängt immer vom vorhandenen theoretischen und empirischen Wissen ab, ob Ebenen tatsächlich die behauptete Autonomie haben oder nicht. Insofern müßte man schon die Einlassungen der FS als gewisse ontologische „Vorurteile" annehmen.

Zusammengefaßt: Ausgehend von der im MI unbezweifelten Feststellung, daß es so etwas wie „unwiderstehliche geschichtliche Tendenzen", „Zeitgeist", eine „Dialektik der Geschichte", eine „Logik der Ereignisse", „faits sociaux", „Widersprüche sozialen Handelns", eine „invisible hand", „eherne Gesetze" und „Eigendynamiken" *gibt*, geht es dem MI also keineswegs um die Leugnung oder die „Reduktion" derartiger Sachverhalte, sondern um ihre *Erklärung*. Dabei kommen – völlig in Übereinstimmung mit dem Programm der FS – ein „individualistischer" Voluntarismus und ein historizistischer Kollektivismus (vgl. Abschnitt II) als Erklärungsalternativen nicht in Frage (vgl. *Popper* 1974, S. 110, 115 f., 120 f.; *Popper* 1977, S. 114, 122). *Popper* sucht z.B. eine Erklärung der Widerständigkeit sozialer Prozesse gegen die Absichten der beteiligten Individuen im – hier nicht weiter zu diskutierenden – Konzept der „Logik der Situation", *Boudon* bettet die Analyse emergenter Phänomene noch ausdrücklicher in die Interdependenzverflechtungen der Akteure und die prozessualen

[23] Auf die bloße Feststellung von Emergenzen beschränkt sich offenbar die Systemtheorie; vgl. *Willke* (1982, S. 91 f.), wo kaum mehr zu dem Problem zu lesen ist, als daß es eines sei.

Rückwirkungen der individuellen Reaktionen (in der jeweiligen „Situationslogik") ein. Sein Ansatz zielt ganz explizit auf eine Kritik von Scheinerklärungen sozialer Prozesse z.B. über das Modell des homo sociologicus oder die – bekanntermaßen: tautologische – Erklärung sozialer Ordnung durch das Walten eines normativen Wertesystems: „Es geht um individuelle und kollektive Effekte, die sich aus dem Zusammentreffen individueller Verhaltenssequenzen ergeben, ohne Teil der von den Akteuren mit ihren Handlungen verfolgten Absichten zu sein" (*Boudon* 1979, S. 62; vgl. zur Analyse unintendierter sozialer Folgen individuellen Handelns aus der Perspektive des MI auch *Edna Ullmann-Margalit* 1978). *Boudon* nennt diese „paradoxen Effekte" gar auch „Emergenzeffekte". Diese sind als „eine Wirkung zu verstehen, die von den Agenten eines Systems nicht explizit angestrebt (werden) und die aus ihrer Interdependenzsituation" resultieren (*Boudon* 1980, S. 80).

> Die höfischen Verkettungen, die ungeplant zunehmende Affektkontrolle, der „Monopolmechanismus" usw. könnten problemlos als Anwendungsfälle der von *Boudon* unterschiedenen Modelle der „Logik des Wandels im Interaktionssystem" bzw. der „sozialen Dynamik" (*Boudon* 1980, S. 113) individualistisch rekonstruiert werden. *Elias* lieferte eine Fülle von teilweise sogar unmittelbar übertragbaren Hinweisen dazu (z.B. zum Prozeß der Feudalisierung: PZ2, S. 79–81, 86–88; zum Monopolmechanismus: PZ2, S. 88–93, 132–134, 142–148; zur Zentralisierung: PZ2, S, 19–31; zur Verhofung: PZ2, S. 364–369; zur Entstehung der Geldwirtschaft: PZ2, S. 60–64, 224 ff.; zur Arbeitsteilung: PZ2, S. 58–60, 71 ff., 422 ff.; zur Berufsarbeit und Systematisierung der Lebensführung: PZ2, S. 336 ff., PZ1, S. 255; zur Entstehung sozialer Ordnung ohne Normen: WiS, S. 75–83).

Personen handeln in ihrem Interdependenzgefüge nach der jeweils gebotenen Logik der Situation (d.h. nach irgendeinem Gesetz des ziel- und situationsorientierten Handelns und den entsprechenden in der Situation gegebenen Bedingungen), schaffen dadurch für sich und andere Akteure unabhängig von den individuellen Absichten bestimmte Konsequenzen, die sich erneut in der Struktur des Interdependenzgefüges niederschlagen und dann zu einem erneuten Handeln gemäß einer – nunmehr u.U. ungeplant veränderten – Situationslogik zwingen: „Die Systeme sind ausschließlich dem Willen der sie bildenden Agenten unterworfen. Dennoch läuft alles so ab, *als ob* ihnen die Folgen aus ihren Handlungen entgingen … Diese Phänomene *zwingen* sich den Individuen so sehr auf, daß sie ihnen als Produkt anonymer Kräfte erscheinen. Dennoch sind diese immateriellen Kräfte einfache Projektionen der Interdependenzstrukturen" (*Boudon* 1980, S. 109). Inflationen, Warteschlangen, die ungeplante, gerichtete Entwicklung von Sprachen, von Geldsystemen, wirtschaftlichem Wachstum, der Ausbruch des Ersten Weltkrieges, die Unterentwicklung der französischen Landwirtschaft im 18. Jahrhundert, der Rassismus der amerikanischen Arbeiter nach dem Ersten Weltkrieg, die Studentenrevolte, der tendenzielle Fall der Profitrate, die Entstehung ethnischer Ghettos, die Eingliederung von Migranten und Minderheiten, die Diffusion von Neuerungen aller Art, die Struktur von Bevölkerungspyramiden u.a. sind auf diese Weise mit dem Ansatz des MI analysiert worden[24]. Weder vom

[24] Es sei nur nebenbei erwähnt, daß eine Vielzahl von Theoremen der Nationalökonomie Prozeßver-

Anspruch noch von der Verfahrensweise her wurde dabei die Autonomie der Ablaufmuster ignoriert oder gar abgestritten; dennoch aber mußten die Effekte in jedem Fall *auch* unter *Rückgriff auf das Handeln von Individuen* erklärt werden. Das gesetzmäßige Handeln individueller (nicht: isolierter!) Personen ist der *allgemeine* Grundmechanismus, der innerhalb *spezieller* (historischer) Verflechtungsbedingungen eine Dynamik *erzwingt*, die *nur unter den Bedingungen* der Art der jeweiligen Verflechtung und der individuellen Merkmale zu diesem Ergebnis führt. Es handelt sich um *bedingte* soziologische Regelmäßigkeiten. Die Paradoxie von allgemeinen Handlungsgesetzen, bedingten Abläufen sozialer Dynamik und historischer Singularität wird auf diese Weise lösbar (vgl. *Boudon* 1980, S. 46). Im Programm des MI findet die Soziologie als Lehre dieser Paradoxien und als Lehre von der Autonomie des Sozialen einen auch methodologisch befriedigenden (und nicht bloß; intuitiv einsichtigen) Platz.

V. Figurationssoziologie als Methodologischer Individualismus?

Die Untersuchung hat neben aller erkennbaren Übereinstimmung der beiden Ansätze zwei kontroverse Punkte belassen: Die Möglichkeit bzw. Notwendigkeit allgemeiner Erklärungen und der kausale Charakter der angebotenen Erklärungsmodelle. Das Problem der *Allgemeinheit* der Erklärungen muß dabei differenziert werden: Gibt es allgemeine strukturelle Muster, mit denen bestimmte Phänomene erklärt werden können? Oder bezieht sich der universale Kern von MI-Erklärungen lediglich auf Annahmen über die „konstante Natur" des Menschen und damit auf gewisse Lern- und Handlungsgesetze? Hier hatte vor allem *Boudon* (1980, S. 109 ff., 120) gezeigt, daß es universale Schemata z.B. zur Erklärung von sozialem Wandel nicht gibt, daß aber alle Prozeßmodelle als universalen Kern bestimmte Annahmen über das Handeln von Menschen enthalten *müssen*. Genau dies scheint aber *Elias* gelegentlich (mit der Vermutung, daß wieder Wandelbares auf Unwandelbares reduziert werde) zu bestreiten (vgl. z.B. PZ2, S. 385; WiS, S. 42). Zweitens bestreitet *Elias*, daß seine Prozeßanalysen etwas mit *kausalen Zusammenhängen* zu tun hätten und daß man Interdependenzprozesse in bestimmte *Phasen* und Elemente *zerlegen* dürfe, da dies ja gerade das Kennzeichen einer zu überwindenden mechanisch-kausalen Zustands-Soziologie sei (vgl. z.B. PZ1, S. XVII, LXIX; PZ2, S. 315). Idealtypische Abstraktionen, die Zerlegung in einzelne Komponenten und gedankliche Zergliederungen entspringen nach *Elias* der Tendenz zur Zustandsreduktion oder dem Rückfall in die

läufe von ungeplanten und zwingenden Effekten (z.B. Konjunktur-Zyklen, die Monopolpreisbildung, Preis-Mengen-Schwankungen im cobweb-Theorem u.a.) mit den Mitteln des MI (innerhalb von Modellen der Interdependenz z.B. von Anbietern und Nachfragern) analysieren. Niemand kommt aber auf den Gedanken, z.B. die Analysen des Schweine-Zyklus als „Figurations-Ökonomie" zu bezeichnen oder die Prozeßanalyse ungewollter Resultate des Handelns von interdependenten Anbietern und Nachfragern als revolutionär neuen Ansatz auszugeben. Daß hierzu ohne Probleme auch langfristig-gerichtete Prozesse gehören, mag man (unabhängig von der Frage der empirischen Richtigkeit der Modelle) den einschlägigen Wachstumstheorien entnehmen. Zur Frage der empirischen Richtigkeit der Analysen von *Elias* vgl. z.B. *Flap* und *Kuiper* (1981) oder für die historischen Einzelheiten *Cremer* (1983, S. 230 f.); da es hier ausschließlich um einen Vergleich der verwendeten Methodologien geht, ist die Frage der empirischen Geltung der Modelle zweitrangig.

eleatische Grundvorstellung (PZ1, S. XXVI). Beides wird seinerseits vom MI bestritten; jede Analyse (und erst recht: jede Prozeßanalyse) ist auf irgendeine Art von Modellierung der wesentlichen Sachverhalte, Phasenverläufe und Zusammenhänge angewiesen; und dazu gehört auch die Zerlegung von Prozeßabläufen in Sukzessions-Stadien. Und weiter wird darauf verwiesen, daß Prozeß-Zusammenhänge zwar keine „einlinigen" Kausal-Erklärungen, dennoch aber sehr wohl Kausalerklärungen etwa im Sinne des Modelles einer genetischen Erklärung sein können (vgl. dazu z.B. *Stegmüller* 1969, S. 352 ff.; Esser u.a. 1977, S. 144 f.).

Beginnen wir mit der Annahme der *Universalität der Lern- und Handlungsgesetze*. Der MI nimmt in der Tat an, daß – ganz vereinfacht gesagt – Menschen nach entsprechenden Konditionierungen lernen und nach ihren Interessen (subjektiv rational) situationsorientiert handeln. Welche Dispositionen verstärkt werden, welche Interessen verfolgt werden, wie die Situationen aussehen: alles dies gehört zu den (historisch variablen) Randbedingungen der Lern- und Handlungsgesetze. Ebenso gehört dazu der Modus der Handlungswahl (also: die Art der „Rationalität", in der eine Entscheidung getroffen wird, die Art und Komplexität der jeweils angewandten „Alltagstheorien", der Grad der Reflexion der vorgefundenen situationalen Bedingungen und gewissen Meta-Entscheidungen über den angemessensten Modus der Handlungswahl u.a.) Und alles dies wird – wenigstens hypothetisch – im Prinzip als kausal (nicht aber unbedingt: deterministisch) interpretiert.

In seinen faktischen Untersuchungen geht *Elias* nicht anders vor. Zunächst findet man sogar programmatische Stellen, in denen auf die – über die Kulturen und historischen Situationen hinweg bestehende – konstante Natur des Menschen und „die gleiche menschenwissenschaftliche Gesetzmäßigkeit" (PZ2, S, 380) verwiesen wird, da man ansonsten kulturelle Unterschiede nicht verstehen könne. Daß sich die „Persönlichkeitsstruktur des einzelnen Menschen wandelt, ohne daß sich die Natur der Menschen wandelt" (PZ1, S. LXV) ist eine Aussage, die vollständig mit der Konzeption der Lerngesetzmäßigkeiten im MI vereinbar ist (vgl. z.B. *Vanberg* 1975, S. 13, 40). Diese Übereinstimmungen (vgl. auch HG, S. 25 f.) erklären auch, daß *Elias* an zahllosen Stellen (vor allem im Zusammenhang mit der Internalisierung der zuvor extern erzwungenen Affektkontrollen) auf die „Konditionierung" von Personen Bezug nimmt, um die Stabilität bestimmter Verhaltensdispositionen zu erklären (vgl. PZ1, S. 88, 109, 182, 191, 193, 203 f., 215, 240 f., 248, 259, 262, 330; PZ2, S. 313, 329, 335 f.; WiS, S. 116 f.). Er spricht gar von der „Erzeugung von Angst" bei dem „jungen Menschentiere", bis „diese Angst – nach Art eines ‚bedingten Reflexes' – bei analogen Gelegenheiten in ihm automatisch wieder erzeugt" wird (PZ2, S. 404, 447). Und in einer Fußnote des ersten Bandes vom „Prozeß der Zivilisation" äußert er sogar, daß im amerikanischen „Behaviorismus … eine Reihe von Ausdrücken genauer umgrenzt worden (sind), die mit gewissen Modifikationen auch für den Aufschluß der Vergangenheit *dienlich* und selbst *unentbehrlich* sind"; als da wären: „habit formation", „conditioning" u.a. (PZ1, S. 319). Muß man noch erwähnen, daß dort selbst *John B. Watson* derart anerkennend auch namentlich genannt wird?

Ganz ähnlich findet man bei *Elias* an vielfachen Stellen einen Bezug zur o.a. universalen Handlungserklärung: Menschen wählen in einer Situation die Handlung, die angesichts ihrer Interessen, ihrer Erfahrungen, ihrer subjektiven Wahrnehmung und ihrer Ressourcen die „vernünftigste", somit also: die rational gebotene (jedoch keineswegs: die *objektiv* richtige!) ist.

> Nach *Elias* verlangt z.B. das Erwerbsstreben in einer den Geldbesitz statt den Bodenbesitz betonenden Gesellschaft „*notwendigerweise* eine andere Form und eine andere Richtung; es verlangt andere Verhaltensweisen" (PZ2, S. 54 f.). Oder eine geringere Affektkontrolle der Menschen im Mittelalter z.B. beim Essen war „etwas, das dem *Bedürfnis* dieser Menschen entsprach, und das ihnen genau in dieser Form als *sinnvoll* und *notwendig* erschien" (PZ1, S. 87). Man liest davon, daß die „stärkere Affektivität des Verhaltens … gesellschaftlich *notwendig* (war). Man verhielt sich gesellschaftlich *zweckmäßig* und fand seine *Lust* dabei" (PZ1, S. 269). In der Rittergesellschaft war eine „Dämpfung der Triebe oder Affekte weder *nötig*, sie ist weder *möglich*, noch *nützlich*" (PZ1, S. 322); und sogar: Der unkontrollierte „Kampffuror war eine *notwendige* Voraussetzung des *Erfolges* und des Prestiges…" (PZ2, S. 382). Ein „höheres Maß an Rationalität" konnte sich zum „Nachteil" auswirken (PZ2, S. 387): „Ein Krieger … mag *keine andere Wahl* haben, als sich wild und kühn in den Kampf zu stürzen. In einer solchen Situation kann Wagemut *realistischer* sein als ein hohes Maß an Vorsicht und Affektkontrolle" (FiM, S. 82). Affektkontrolle und „Rationalität" sind nicht immer „vernünftig". Erst „später ändert sich das alles. Der veränderte Aufbau der Gesellschaft *bestraft* jetzt Affektentladungen" (PZ2, S. 382 f.). Nun werden „Rationalität" und „Vorsicht" notwendig zur Realisierung der eigenen Interessen, während vorher ein gewisses Maß an lrrationalität rational war. In der höfischen Gesellschaft, in der es die – machtkonstituierende – Strategie des Monarchen war, die multipolaren Konfliktfronten der am Hof versammelten Gruppen möglichst vielschichtig und undurchschaubar zu halten, treten Intrigen, der Kampf mit Worten, die geschickte Menschenbeobachtung, Berechnung und Vorwegnahme möglicher Reaktionen an die Stelle des furiosen Kampfes mit dem Degen. Statt einfacher Schwarz-Weiß-Feindbilder gibt es nun wechselnde, nie ganz sichere Koalitionen und Distanzierungen. Vorwegschauende Rationalität und Empathie, „Überlegung, Berechnung auf längere Sicht, Selbstbeherrschung, genaueste Regelung der Affekte, Kenntnis der Menschen und des gesamten Terrains werden zu unerläßlichen Voraussetzungen jedes sozialen Erfolges" (PZ2. S. 370). Die „Rationalität" des intentionalen Handelns muß sich am Hof ohne Zweifel an anderen Umständen orientieren als in der Rittergesellschaft; die universale Grundlage ist jedoch jedesmal die gleiche: Menschen handeln so, wie es ihnen für ihre Zielerreichung am günstigsten erscheint und möglich ist.

Schon diese Beispiele zeigen, daß *Elias* keineswegs ohne Bezug auf eine universale Handlungstheorie auskommt[25]. Und genau darauf besteht der MI: Ohne die Annahme

[25] Auf eine Vertiefung z.B. hinsichtlich der Vergleichbarkeit mit den S-O-R-Modellen, den Attribuierungstheorien, der subjektiven Handlungsrationalität und Handlungserklärungen aus Motiven, Erwartungen, Kosten, Opportunitäten, Barrieren und Alternativen sei hier verzichtet (vgl. PZ1, S. LXI, 322, 353 f., 369 ff.; HG, S. 372 zu den S-O-R-Modellen und Attribuierungstheorien; PZ1, S. 330/1; PZ2, S. 53 f., 68, 445, 447–451; HG, S. 116–118, 294, 380/81; EO, S. 171; FiM, S. 172 Zu Motiven, Erwartungen und Kosten; PZ2, S. 86 f., 367 f.; HG, S. 132–135, 151 f., 167 zu Opportunitäten, Barrieren und Alternativen; FiM, S.

einer universal gültigen Theorie des Lernens und des Handelns lassen sich kulturell, sozial und historisch unterschiedliche Prozesse nicht erklären. Erst von einer solchen Theorie her wird ein Verstehen überhaupt möglich und die historistische Falle der nicht weiter erklärbaren Singularität von Ereignissen umgehbar (vgl. dazu näher *Esser* u.a., 1977, S. 121–151).

Elias kann seine Ansprüche auf Umgehen dieser Falle auch nur dadurch einlösen, daß er – wenigstens implizit – eine universale Handlungstheorie annimmt und – wie ersichtlich – auch ausgiebig verwendet. Denn auch *Elias* hat – vor dem Hintergrund seiner allgemeinen methodologischen Ansprüche – das Problem: Ohne einen solchen universalen Kern könnte man weder die Zwänge sozialer Prozesse, noch die Abhängigkeit von Menschen untereinander begreiflich machen. Die Konzepte der Figuration und der eigengesetzlichen Prozesse hätten ohne einen – noch so vermittelten – Bezug auf eine Theorie des individuellen Handelns keinerlei Erklärungs- oder Vorhersagewert. Erklärungen und Prognosen setzen universale Gesetzmäßigkeiten voraus; hier: des Handelns und des Lernens von Personen – keineswegs aber der Prozeßabläufe selber. Erst mit derartigen universalen Handlungsgesetzen kann letztlich das – nur scheinbar – irrationale Handeln, das „wilde Denken", die Affektualität von Menschen anderer Herkunft und anderer Epochen verstanden werden: „Verstehen" ist die Erklärung des Handelns über eine Theorie der subjektiven Rationalität (vgl. genau zu diesem Sachverhalt besonders eindrucksvoll: FiM, S. 96–107): Die „Alltagstheorien" der Personen mögen falsch sein, ihre Weltsicht mag in anderen Kategorien aufgebaut sein als die unsere, ihre Welterklärungen mögen höchst unvollständig sein: Vor dem Hintergrund *dieser* Ansichten und gegebener Bedürfnisse handeln *alle* Personen so, wie sie es in der Situation für richtig und erfolgversprechend halten. Daß sich die entsprechenden subjektiven Weltsichten und Motivstrukturen mit den Sozialstrukturen ändern können, hat für die Art der Erklärung über eine universale Theorie des individuellen Handelns überhaupt keine Bedeutung.

Auch beim zweiten Dissenspunkt – der analytischen Zerlegung und Modellierung von Prozeßverläufen – findet man bei *Elias*, daß er ohne derartige – komplexitätsreduzierende – Mittel *nicht* auskommt. Er verweist selbst auf die Notwendigkeit von Phasenabgrenzungen und Modellierungen. Beispielsweise wird es immer notwendig, einen Beginn von Prozessen in der Analyse anzusetzen, obwohl selbstverständlich Prozesse weder einen (absoluten) Anfang noch ein Ende haben (so PZ1, S. 75). So wird es dann zur Analyse erforderlich, „Abschnitte des Prozesses", „Phasen", „Stufen der Bewegung" zu unterscheiden (PZ1, S. 108, 213; PZ2, S. 35, 117, 157, 222; FiM, S. 85): „Die *strukturierte Abfolge* eines kontinuierlichen Wandels, diente hier als Bezugsrahmen für die Erforschung von *Zuständen* (sic!), die sich auf einen bestimmten Zeitpunkt *fixieren* (sic!) lassen" (PZ1, S. XXI). Ist das nicht eigentlich die so nachdrücklich von *Elias* verurteilte eleatische Grundeinstellung und statische Zu-

91–117 zur subjektiven Rationalität als Grundlage aller Handlungsentscheidungen). Manche vor diesem Hintergrund unverständliche Polemik von *Elias* gegen „Handlungstheorien" in der Soziologie erklärt sich daraus, daß er hiermit mindestens veraltete Versionen der Handlungserklärung meint (vgl. FiM, S. 179, Anm. 1). Die Entwicklung im MI geht schon seit geraumer Zeit von einer „verhaltenstheoretischen Soziologie" zur Verwendung kognitiver Theorien des Handelns (etwa im Sinne der Wert-Erwartungs-Theorie, die auf *Lewin* und *Tolman* zurückgeht) – gerade weil die Schwächen behavioristischer Erklärungen unübersehbar geworden sind (vgl. dazu ausführlich *Esser* 1980, S. 181 ff.).

standsreduktion? An einer Modellierung und „isolierenden" Abstraktion kommt *Elias* – trotz all seiner Kritik z.B. an *Max Webers* idealtypischer Methode (vgl. z.B. PZ2, S. 457 f.) – nicht vorbei. Er begründet dies selbst: „Man kann sich die Beantwortung ein wenig erleichtern, wenn man – als eine Art Gedankenexperiment – mit Hilfe einiger *Modelle* die Verflechtungserscheinungen gewissermaßen *isoliert* betrachtet und sie dadurch etwas *vereinfacht*" (WiS, S. 76); er spricht von „theoretischen Modellen" als „Zentralaufgabe wissenschaftlicher Untersuchungen" (WiS, S. 177), von „Modellen von Vielheiten" und „Modellen hochintegrierter Organisationsformen" (ED, S. 43 f.; auch: HG, S. 235, 313), sowie davon, daß man gar „für die Gesetzlichkeit des Monopolmechanismus ... einen mathematischen Ausdruck" suchen könne. Und: „Ihn zu finden sollte gewiß nicht unmöglich sein" (PZ2, S. 471). Freilich spricht *Elias* – getreu seiner zuvor formulierten Regel zur Vermeidung derartiger Zustandsreduktionen – dann gleich solchen Modellierungen wieder ihre Bedeutung ab, da sie „Veränderungen aus etwas Unveränderlichem" zu erklären suchten (PZ2, S. 471). Daß aber Modelle nicht das „Endziel oder die Krönung", sondern unentbehrliche Hilfsmittel der wissenschaftlichen Analyse sind (PZ2, S. 471), daran zweifelt niemand. Man wird aber ohne Modellierungen, ohne Systematisierungen und ohne Abstraktionen – und *Elias* zeigt dies selbst quer durch seine Arbeiten – keine Prozeßanalyse durchführen können.

Damit kommen wir zum letzten Punkt: Sind Prozeßerklärungen auch „kausal" bzw. analytisch interpretierbar? *Elias* hatte ja auch dieses deutlich zurückgewiesen. Die Antwort wurde bereits gegeben: Selbst singuläre Prozeßverläufe können als Ketten strukturierter Zusammenhänge mit Hilfe allgemeiner Gesetze kausal erklärt werden, wobei jede einzelne Phase Explanandum der vorhergehenden und Randbedingung der nächsten Phase ist (vgl. auch *Esser* 1980, S. 218 ff.). Es handelt sich um Kausalerklärungen (sogenannte genetische Erklärungen), die alles andere als „einlinig" sind. *Elias* beeilt sich zwar immer, derartige Sukzessions-Modelle als methodologisch anderen Typus der Prozeßerklärung auszugeben, da z.B. die Abfolge nicht kausal, sondern aufgrund von „Zwangslagen von Menschen" (FiM, S. 85) zu erklären sei. Anderes wird aber in der Sache auch nicht in den Prozeß-Modellen des MI angenommen: daß die Logik der Situation" Menschen zu Handlungen *zwingt*, die über ihre strukturellen Folgen die Situationslogik wieder ändern usw. Da man den Begriff der Situationslogik jedoch durchaus auch *kausal* interpretieren kann (vgl. *Vanberg* 1975, S. 120 ff.), wird die Übertragbarkeit aller dieser Prozeß-Modelle in das Schema der genetischen Erklärung auch in einer – nicht zwingend deterministischen[26] kausalen Form möglich. Daß es sich analytisch um genetisch-kausale Erklärungen handelt, bei denen Stadien und verbindende Gesetze oder sonstige „Logiken" angenommen werden müssen, kann nur dann bestritten werden, wenn man das *Ziel der Erklärung* aufgibt. Aber Erklärungen sind die erklärte Absicht auch der Figurationssoziologie.

Es kommt noch ein weiteres hinzu: Es dürfte schwer fallen, die Eigengesetzlichkeit sozialer Prozesse und ihre Gerichtetheit vor dem Hintergrund einer nicht-universa-

[26] Die – auch im MI geläufige – Interpretation, daß Prozesse eine „serial order" oder „sequential order" von *notwendigen*, keineswegs aber hinreichenden Bedingungen seien, wird von *Elias* sogar explizit geteilt (TSH, S. 121). Mit einem mechanistischen Determinismus hat dies – auch im Methodologischen Individualismus – *nichts* zu tun (vgl. *Boudon* 1976).

len, vollständig kontingenten Theorie über das Handeln von Personen begreiflich zu machen: Prozesse werden sicher ungeplant durch absichtsvolles Handeln nach vorn getrieben; der eigengesetzliche Zwang ergibt sich jedoch nur daraus, daß Menschen in Situationen nicht beliebig handeln bzw. zur Erfüllung ihrer Bedürfnisse auch nicht beliebig handeln können. Es wird an dieser Stelle deutlich, warum der Methodologische Individualismus die Universalität und die kausale Interpretation gewisser Handlungsgesetze annimmt (wenngleich nicht: für bewiesen hält!): weil ansonsten das Ziel soziologischer Arbeit – die explanative Analyse der Eigengesetzlichkeit sozialer Prozesse – methodologisch nicht befriedigend einzulösen wäre.

VI. Über den Rückzug der Figurationssoziologen in eine unbegründete paradigmatische Sonderstellung

Der Vergleich hat mindestens einige Hinweise darauf erbringen können, warum sich Vertreter des Methodologischen Individualismus auf *Elias* berufen konnten: Methodologisch ist die FS in weiten Teilen mit einem analytisch orientierten MI vereinbar (wenn nicht sogar wenigstens in den Orientierungshypothesen identisch). Die verbliebenen Dissenspunkte lassen sich nur aufrechterhalten, insoweit Figurationssoziologen das Ziel der Erklärung aufgeben bzw. nicht einmal erst verfolgen – was ganz im Gegensatz zur von *Elias* gesetzten Aufgabe der Soziologie stehen würde (vgl. Abschnitt I). Erklärungsbedürftig wird angesichts dieses Ergebnisses etwas anderes: warum sich trotz aller Gemeinsamkeiten (wenigstens: in den Orientierungshypothesen) die FS als völlig neuer, eigenständiger Weg versteht und warum die FS gerade in solchen Kreisen Anklang findet, die mit einem analytisch-nomologisch orientierten Methodologischen Individualismus nur wenig verbindet.

Die Antwort kann nur in Vermutungen bestehen. Zu den Gründen der Attraktivität der FS zählt wohl zunächst der in der Tat beklagenswerte Zustand weiter Teile der Gegenwartssoziologie mit ihrem systemtheoretischen und hermeneutisch-philosophischen Obskurantismus einerseits und einer weithin theoretisch einfallslosen Variablen-Soziologie andererseits. Zweitens verspricht die FS einen Ausweg aus den zum Überdruß geführten Methodenstreitigkeiten: historische Orientierung ohne Voluntarismus und Historismus, Entwicklung und Evolution ohne Teleologie und Historizismus, Soziologie ohne Soziologismus und psychologistischen Atomismus, die Verbindung der Autonomie sozialer Prozesse mit einer die lebenden Individuen ins Zentrum rückenden „Menschenwissenschaft". Drittens bestärkt das Programm der FS manches gängige (wenngleich nicht immer auch zutreffende) Stereotyp über manchen ungeliebten Ansatz und manche unverstandene Methode, mit denen man sich wegen ihrer ganzoffenkundigen Unzulänglichkeiten dann nicht mehr zu befassen braucht (insbesondere über den „atomistischen" Individualismus und die quantifizierende empirische Sozialforschung)[27]. Schließlich muß man sicher auch aner-

[27] Kennzeichnender Ausdruck des atomisierend-isolierenden Verständnisses der Gegenwartssoziologie ist nach *Elias* das – auch andernorts beklagte – Überhandnehmen der quantifizierenden Analyseverfahren besonders in Kombination mit der Technik der Individualbefragung. Dort würden Menschen schon in der

kennen, daß allein die von *Elias* untersuchten historischen Prozesse und seine Erklärungsskizzen eine Fülle von ansonsten so wohl kaum zu vermittelnden Einsichten gewähren und – nicht zuletzt – die Lektüre schon literarisch genußvoll ist. Auch kann ja nicht bestritten werden, daß Teile der Soziologie tatsächlich in einem schlechten Sinn zur „Gegenwarts-Soziologie" verkommen sind und die entsprechende Klage von *Elias* ihre Berechtigung durchaus hat (vgl. RSG, S. 30 ff.)[28].

Andererseits ist es schon auffällig und bemerkenswert, daß der größte Teil des Eigenständigkeitsanspruchs der FS schlicht darauf beruht, daß konsequent bestimmte andere Ansätze und Entwicklungen in einem entweder unzutreffenden Licht gezeichnet oder einfach übergangen werden[29]. Auch gut zugängliche Diskussionen, Darstellungen und Klarstellungen der gängigen Fehldeutungen des „Individualismus" (vgl. z.B. *Hummell* 1973; *John O'Neill* 1973; *Vanberg* 1975; *Opp* 1979; *Raub* und *Voss* 1981) haben es offenbar nicht verhindern können, daß diese Fehldeutungen weiter die Einschätzungen bestimmen. Geradezu unverständlich ist es dagegen schon, daß bei der Kritik am „Individualismus" die weithin bekannte Kritik am „falschen Individualismus" und am „Psychologismus" und deren Abgrenzung vom MI z.B. bei *Hayek* und *Popper* völlig übergangen wurde – obwohl die entsprechenden Schriften lange vor Abfassung der Einleitung zum „Prozeß der Zivilisation" und der Herausgabe von „Was ist Soziologie?" vorlagen. Die bekanntlich nicht nur von Figurationssoziologen sorgfältig gepflegten pauschalen Etikettierungen jeder Art von „Individualismus" als reduktionistisch, utilitaristisch, behavioristisch, ökonomistisch, inhaltsleer, ahis-

Methode als isolierte Monaden festgeschrieben, Theorie bezöge sich auf die „gedankliche Zertrümmerung in Atome, Einzelhandlungen, Einzelmeinungen, Variablen oder was immer", Analyse sei bloßes „Zählen der Häupter, der Gebrauch statistischer Instrumente" (HG, S. 94; ähnlich: WiS, S. 102, 124; E0, S. 4 ff.). Mit der Einsicht in die figurative Verbundenheit, Prozeßhaftigkeit und gegenüber Einzelabsichten eigengesetzliche Strukturiertheit sozialer Abläufe müsse man den Sinn derartiger Methoden schon stark bezweifeln (vgl. ED, S. 38–42). *Elias* gesteht allerdings durchaus zu, daß für gewisse Zwecke diese Methoden durchaus ihre Funktion haben können: „Probleme, die sich … auf Populationen im statischen Sinne des Wortes (beziehen), fehlen auch in den Sozialwissenschaften nicht ganz" (ED, S. 57); „statistische Untersuchungen … sind in vielen Fällen unentbehrlich" (WiS, S. 144). Was beklagt wird ist, daß generell, ohne nähere Prüfung der Verhältnisse, jener Grenzfall der statischen Vereinzelung als gegeben angenommen wird. Entsprechend wird auch für die FS nicht das einfache Überwechseln auf z.B. qualitative Verfahren vorgeschlagen, sondern gefordert, „statistische Hilfsmittel zu entwickeln (zu) suchen, die dieser Aufgabe (der Berücksichtigung figurativer Verflechtungen; HE.) *angemessen* sind" (WiS, S. 144). Dem ist von seiten des Methodologischen Individualismus nichts hinzuzufügen. Es ist sicher kein Zufall, daß *Boudon* (1980, S. 181 ff.) zu einer ganz ähnlichen Kritik an den quantifizierenden Methoden kommt und fordert, Variablenzusammenhänge nur als Prüfinstanzen einer Theorie zu verwenden, die den Zusammenhang aus dem Handeln von Personen erklärt, nicht aber selbst schon für eine Theorie zu halten. (Vgl. zum Verhältnis von quantitativen und qualitativen Methoden aus der Sichtweise des Methodologischen Individualismus auch *Esser* 1983.)

[28] Diese Klage ist faktisch auch für weite Arbeitsbereiche des MI berechtigt, insoweit dort meist nicht in langfristigen Modellen gearbeitet wird (vgl. aber z.B. die Analyse von *North* und *Thomas* 1973). Dieses faktische Versäumnis ist jedoch – anders als *Elias* wohl meint – keinerlei zwingende Konsequenz des methodologischen Ansatzes des MI – es ist eher ein Verstoß gegen die eigenen erklärten Absichten (vgl. auch Abschnitt III dazu).

[29] Dies trifft z.T. auch für die – größtenteils zweifellos berechtigte – Kritik an den neueren Entwicklungen in Systemtheorie und Strukturfunktionalismus zu.

torisch, statisch, atomistisch, voluntaristisch und nicht zuletzt: bürgerlich (bei: *Elias* RSG, S. 29) ließen es wohl kaum zu, Entwicklungen zu beachten, die methodologisch (wenngleich verständlicherweise nicht auch in jeder Einzelheit inhaltlich) mindestens ähnliche Orientierungshypothesen enthalten.
Die Verbreitung der FS dürfte sich demnach vielleicht auch dadurch erklären lassen, daß die Orientierungshypothesen, die MI und FS teilen, als ein brauchbares Fundament einer künftigen theoretisch und methodologisch befriedigenden Soziologie wahrgenommen werden. Die Übernahme faktisch der gleichen methodologischen Einzelheiten unter dem Etikett des „Methodologischen Individualismus" war aber für manchen, der die Schwächen von Systemtheorie und Psychologismus verspürte, aus den genannten Gründen verschlossen; als „Figurationssoziologie" konnte man den deutlich erkennbaren Vorzügen des Ansatzes jedoch enthusiastisch zustimmen – zumal dieser Weg für manchen jenseits aller Einengung durch logische oder methodische Stringenz, Modellbildung und an den Kriterien der Experimentallogik orientierte empirische Prüfung möglich scheint, und man „Methodendualismus" betreiben kann, auch ohne gleich „hermeneutisch" oder gar „dialektisch" vorgehen zu müssen.
Eigentlich sollte man sich damit bescheiden. Es ist ja nun auch keineswegs das erste Mal, daß ein „neuer Weg" aus nichts anderem bestand als aus der Entdeckung von aus dem Blickfeld geratenen Sachverhalten, die anderenorts unter anderem Namen ihr gewissenhaft verdrängtes Leben fristen. Sofern man Etikettierungen für nicht weiter bedeutsam hält, ist allein schon der Sachverhalt begrüßenswert, daß sich – von sehr unterschiedlichen Motiven getragen und noch an sehr unterschiedlichen Problemen arbeitend – ganz offenkundig ein gemeinsames Paradigma der Sozialwissenschaften herauszubilden beginnt. Dieser Gemeinsamkeit steht allerdings entgegen, daß das explanativ-analytische Element für den MI ein unverzichtbarer Bestandteil ist und daß daher auch Modellbildung, Bezug auf möglichst allgemeine Theorien (hier: des Handelns von Personen) und *systematische* empirische Überprüfung (was keineswegs immer „Quantifizierung" heißt!) unverzichtbar sind. Insoweit Figurationssoziologen dies anders sehen, werden die im Prinzip angelegten Gemeinsamkeiten – ohne Not – wieder verschüttet.
Paradigmatische Unterscheidungen beruhen – wie bekannt – vor allem auf nicht-kognitiven Grundlagen, für die methodologische Vergleiche verhältnismäßig bedeutungslos sind. Die *Elias*sche Klage, er könne „die Blinden nicht sehen lehren", da die Aufgabe affektuell verankerter paradigmatischer Vorstellungen jeweils einen „weiteren Schritt der Selbstdistanzierung" (NZL, S. 63) voraussetze, können Vertreter des MI nur zu gut nachvollziehen – nicht zuletzt aus der üblich gewordenen Darstellung des Methodologischen Individualismus (wie auch der *Elias*schen Figurationssoziologie) durch Figurationssoziologen[30].

[30] Vgl. z.B. noch neuerdings *Korte* (1984, S. 272 ff.), der im Rahmen des MI formulierte Theorien – ohne Umschweife und näheren Beleg – als ökonomistisch und „inhaltsleer" einstuft und behauptet, ein – wie auch bei *Elias* – auf relationale Abhängigkeiten gegründeter Machtbegriff verfehle das Problem der Macht und löse „begriffsnominalistisch" gesellschaftliche Zwänge in bloße subjektive Motive auf.

Literatur

Agassi, Joseph, Methodological Individualism, in: *John O 'Neill* (Hrsg.), Modes of Individualism and Collectivism, London 1973, S. 158–212; zuerst in: British Journal of Sociology, 2, 1960.

Bhaduri, Amit, A Study of Agricultural Backwardness under Semi-Feudalism, in: Economic Journal, 83, 1973, S. 120–137.

Boudon, Raymond, Soziale Bedingtheit und die Freiheit des Individuums – das Problem des homo sociologicus, in: Klaus Eichner und Werner Habermehl (Hrsg.), Probleme der Erklärung sozialen Verhaltens, Meisenheim 1977, S. 214–276.

Ders., Widersprüche sozialen Handelns, Darmstadt und Neuwied 1979.

Ders., Die Logik des gesellschaftlichen Handelns, Darmstadt und Neuwied 1980.

Ders., Individual Action and Social Change: A No-Theory of Social Change, in: British Journal of Sociolgy, 34, 1983, S.1–18.

Coleman, James S., Relational Analysis: The Study of Social Organizations with Survey Methods, in: Human Organization, 17, 1953/1959, S. 28–36.

Ders., Macht und Gesellschaftsstruktur, Tübingen 1979.

Cremer, Albert, Höfische Gesellschaft und „Königsmechanismus" – Zur Kritik an einem Modell absolutistischer „Einherrschaft", in: SOWI. 1983, S. 227–231.

Elias, Nobert, Über den Prozeß der Zivilisation. Soziogenetische und psychogenetische Untersuchungen. Erster Band: Wandlungen des Verhaltens in den weltlichen Oberschichten des Abendlandes, Frankfurt/M. 1976 (PZ1). Zweiter Band: Wandlungen der Gesellschaft. Entwurf zu einer Theorie der Zivilisation, Frankfurt/M. 1976 (PZ2).

Ders., Die höfische Gesellschaft, Frankfurt/M. 1983 (HG).

Ders., Was ist Soziologie? München 1970 (WiS).

Ders., Theory of Science and History of Science: Comments on a Recent Discussion, in: Economy and Society, 1, 1972, S. 117–133 (TSH).

Ders., Zur Grundlegung einer Theorie sozialer Prozesse, in: Zeitschrift für Soziologie, 6, 1977, S. 127–149 (TSP).

Ders., Soziale Prozeßmodelle auf mehreren Ebenen, in: *Werner Schulte* (Hrsg.), Soziologie in der Gesellschaft, Bremen 1981, S. 764–767 (SPM).

Ders., Über den Rückzug der Soziologen auf die Gegenwart, in: Kölner Zeitschrift für Soziologie und Sozialpsychologie, 35, 1983, S. 29–40 (RSG).

Ders., Engagement und Distanzierung, in: *Norbert Elias*, Engagement und Distanzierung, Frankfurt/M. 1984, S. 9–71 (ED).

Ders., Die Fischer im Mahlstrom, in: *Norbert Elias*, Engagement und Distanzierung, Frankfurt/M. 1984, S. 75–183 (FiM).

Ders., Notizen zum Lebenslauf, in: *Peter Gleichmann*, *Johan Goudsblom* und *Hermann Korte* (Hrsg.), Macht und Zivilisation. Materialien zu Norbert Elias' Zivilisationstheorie 2, Frankfurt/M. 1984, S. 9–82 (NZL).

Ders., und *Eric Dunning*, Zur Dynamik von Sportgruppen. Unter besonderer Berücksichtigung von Fußballgruppen, in: Kölner Zeitschrift für Soziologie und Sozialpsychologie, 18, 1966, S. 118–134 (DSG).

Ders., und *John L. Scotson*, The Established and the Outsiders. A Sociological Enquiry into Community Problems, London 1965 (EO).

Emerson, Richard M., Power-Dependence-Relations, in: American Sociological Review, 27, 1962, S. 31–41.

Esser, Hartmut, Aspekte der Wanderungssoziologie, Assimilation und Integration von Wanderern, ethnischen Gruppen und Minderheiten – eine handlungstheoretische Analyse, Darmstadt und Neuwied 1980.

Ders., Qualitative und quantitative Methoden – eine Scheinkontroverse? In: DVS-Protokolle, 8, 1983, S. 3–13.

Ders., *Klaus Klenovits* und *Helmut Zehnpfennig*, Wissenschaftstheorie 2: Funktional-Analyse und hermeneutisch-dialektische Ansätze, Stuttgart 1977.

Flap, Henk, und *Yme Kuiper*, Figurationssoziologie als Forschungsprogramm, in: Kölner Zeitschrift für Soziologie und Sozialpsychologie, 33, 1981, S. 273–301.

Gleichmann, Peter, *Johan Goudsblom* und *Hermann Korte* (Hrsg.), Materialien zu Norbert Elias' Zivilisationstheorie, Frankfurt/M. 1979,

Dies., (Hrsg.), Human Figurations. Essays for Norbert Elias, Amsterdam 1977.

Dies., (Hrsg.), Macht und Zivilisation. Materialien zu Norbert Elias' Zivilisationstheorie 2, Frankfurt/M. 1984.

Goudsblom, Johan, Sociology in the Balance. A Critical Essay, Oxford 1977.

Granovetter, Mark, Threshold Models of Collective Behavior, in: American Journal of Sociology, 83, 1978, S. 1420–1443.

Harsanyi, John C., Explanation and Comparative Dynamics in Social Science, in: Behavior Science, 5, 1960, S. 136–145.

Ders., Modelle der rationalen politischen Entscheidung versus funktionalistische und konformistische Theorien, in: *W. W. Pommerehne* und *B. S. Frey* (Hrsg.), Ökonomische Theorie der Politik, Berlin-Heidelberg-New York 1979, S. 50–80, zuerst in: World Politics, 21, 1969.

Hayek, Friedrich A. von, Wahrer und falscher Individualismus, in: *Ders.*, Individualismus und wirtschaftliche Ordnung, Erlenbach und Zürich 1952, S. 9–48.

Ders., Scientism and the Study of Society, in: *John O'Neill* (Hrsg.), Modes of Individualism and Collectivism, London 1973, S. 27–67.

Hempel, Carl G., Aspects of Scientific Explanation, New York und London 1965.

Hemer, Gudmund, Structural Change in Social Processes, in: American Journal of Sociology, 82, 1977, S. 513–547.

Hirschmann, Albert O., Abwanderung und Widerspruch, Tübingen 1974; zuerst: Cambridge, Mass., 1970.

Holland, Paul, und *Samuel Leinhardt*, Social Structure as Network Process, in: Zeitschrift für Soziologie, 6, 1977, S. 386–402.

Hummell, Hans J. Für eine Struktursoziologie auf individualistischer Grundlage, in: *Karl-Dieter Opp* und *Hans J. Hummell*, Soziales Verhalten und soziale Systeme. Probleme der Erklärung sozialer Prozesse, Band 2, Frankfurt/M. 1973, S. 135–177.

Korte, Hermann, Die etablierten Deutschen und ihre ausländischen Außenseiter, in: *Peter Gleichmann* u.a. (Hrsg.), Macht und Zivilisation. Materialien zu Norbert Elias' Zivilisationstheorie 2, Frankfurt/M. 1984, S. 261–279.

Lehmann, William C., Adam Ferguson and the Beginnings of Modern Sociology, New York 1930.

Lindenberg, Siegwart, und *Reinhard Wippler*, Theorienvergleich: Elemente der Rekonstruktion, in: *Karl-Otto Hondrich* und *Joachim Matthes* (Hrsg.), Theorienvergleich in den Sozialwissenschaften, Darmstadt und Neuwied 1978.

Mennell, Stephen, "Individual Action' and its "Social" Consequences in the Work of Elias, in: *Peter Gleichmann, Johan Goudsblom* und *Hermann Korte* (Hrsg.), Human Figurations. Essays for Norbert Elias, Amsterdam 1977, S. 99–109.

North, Douglass C., und *Robert P. Thomas*, The Rise of the Western World. A New Economic History, Cambridge 1973.

Olson, Mancur, Jr., Die Logik des kollektiven Handelns, Kollektivgüter und die Theorie der Gruppen, Tübingen 1968, zuerst: Cambridge, Mass. 1965.

Ders., The Rise and Decline of Nations. Economic Growth, Stagflation and Social Rigidities, New Haven 1982.

O'Neill, John (Hrsg.), Modes of Individualism and Collectivism, London 1973.

Opp, Karl-Dieter, Individualistische Sozialwissenschaft, Stuttgart 1979.

Popper, Karl R., Logik der Forschung, Tübingen 1971; zuerst: 1934.

Ders., Das Elend des Historizismus, Tübingen 1974; zuerst: 1957.

Ders., Die offene Gesellschaft und ihre Feinde, Band 2: Falsche Propheten. Hegel, Marx und die Folgen, München 1977; zuerst: 1944.

Raub, Werner, und *Thomas Voss*, Individuelles Handeln und gesellschaftliche Folge. Das individualistische Programm in den Sozialwissenschaften, Darmstadt und Neuwied 1981.

Rehberg, Karl-Siegbert, Form und Prozeß. Zu den katalysatorischen Wirkungschancen einer Soziologie aus dem Exil: Norbert Elias, in: *Peter Gleichmann, Johan Goudsblom* und *Hermann Korte* (Hrsg.), Materialien zu Norbert Elias' Zivilisationstheorie, Frankfurt/M. 1979, S. 101– 169.

Schneider, Louis (Hrsg.), The Scottish Moralists on Human Nature and Society, Chicago 1967.

Schulte, Werner (Hrsg.), Soziologie in der Gesellschaft. Referate aus den Veranstaltungen der Sektionen der Deutschen Gesellschaft für Soziologie, der Ad-hoc-Gruppen und des Berufsverbandes Deutscher Soziologen beim 20. Deutschen Soziologentag Bremen 1980, Bremen 1981.

Stegmüller, Wolfgang, Probleme und Resultate der Wissenschaftstheorie und Analytischen Philosophie. Band 1: Wissenschaftliche Erklärung und Begründung, Berlin-Heidelberg-New York 1969.

Ullmann-Margalit, Edna, Invisible-Hand Explanations, in: Synthese, 39, 1978, S. 263–291.

Vanberg, Viktor, Die zwei Soziologien. Individualismus und Kollektivismus in der Sozialtheorie, Tübingen 1975.

Watkins, J. W. N., Ideal Types and Historical Explanation, in: *John O'Neill* (Hrsg.), Modes of Individualism and Collectivism, London 1973 (a), S. 143–165; zuerst in: The British Journal for the Philosophy of Science, 3, 1952.

Ders., Historical Explanation in the Social Sciences, in: *John O'Neill* (Hrsg.), Modes of Individualism and Collectivism, London 1973 (b), S. 166–178; zuerst in: The British Journal for the Philosophy of Science, 8, 1957.

Willke, Helmut, Systemtheorie, Stuttgart und New York 1982.

Wippler, Reinhard, Nicht-intendierte soziale Folgen individueller Handlungen, in: Soziale Welt, 29, 1978, S. 155–179.

Köln Z Soziol (2017) (Suppl 1) 69:495–524
DOI 10.1007/s11577-017-0417-6

Kölner Zeitschrift für Soziologie und Sozialpsychologie

ABHANDLUNGEN

Die Institutionalisierung des Lebenslaufs

Historische Befunde und theoretische Argumente*

Von Martin Kohli

I. Fragestellung

Die Anregung oder die Last, die eine Soziologie des Lebenslaufs für die Sozialforschung bedeutet, läßt sich leicht benennen: sie weist nach, daß das Leben eine zusätzliche Dimension aufweist, nämlich die zeitliche. Wer sich mit anderen Fragen beschäftigt, steht einmal mehr vor der Aufgabe, das Erhebungs- und Analyseprogramm entsprechend auszuweiten. Das Lebensalter (bzw. die Stellung im Lebenslauf) drängt sich als eine *zusätzliche Varianzdimension* auf; sie muß kontrolliert werden, um die eigentlich interessierenden Effekte reiner zu erhalten. Eine direktere Form der Thematisierung von Alter und Lebenslauf besteht darin, *Altersverläufe selbst als Gegenstand* zu behandeln (ähnlich wie in der Entwicklungspsychologie).

Die Grundlagen für eine Soziologie des Lebenslaufs müssen aber tiefer gesucht werden. Dies soll im folgenden geschehen. Ich will zeigen, daß *Lebenslauf und Lebensalter als eine eigenständige gesellschaftliche Strukturdimension* aufzufassen sind. Es handelt sich nicht nur um die Variation sozialer Gegebenheiten in der Zeit oder um zeitliche Abläufe, sondern um eine „soziale Tatsache" eigener Art, die durch ein besonderes Regelsystem generiert wird. Lebenslauf kann (ähnlich wie Ge-

* Stark veränderte und ergänzte Fassung eines Thesenaufsatzes für eine Konferenz über „Gerontologie und Sozialgeschichte" (*Kohli* 1983). Für die Ausarbeitung waren die Diskussionen am Kolloquium „Institutionalisierung des Lebenslaufs" (Max-Planck-Institut für Bildungsforschung Berlin, November 1983) und am Symposion „Lebensgeschichten – Arbeit, Kultur, Erfahrung" (Centrum Industriekultur/Sozialwissenschaftliches Forschungszentrum Nürnberg, Juli 1984) besonders hilfreich. Für Kommentare danke ich *Fritz Schütze* und *Susan Watkins*.

Erstveröffentlichung: *Kölner Zeitschrift für Soziologie und Sozialpsychologie*, Jg. 37, 1985, Heft 1, S. 1–29.

c/o V. Dreier,
Institut für Soziologie und Sozialpsychologie, Universität zu Köln,
Lindenburger Allee 15, 50931 Köln, Deutschland
E-Mail: volker.dreier@uni-koeln.de

schlecht) als eine *soziale Institution* konzeptualisiert werden – nicht im Sinn einer sozialen Gruppierung, d. h. eines Aggregats von Individuen, sondern im Sinn eines Regelsystems, das einen zentralen Bereich oder eine zentrale Dimension des Lebens ordnet.

Dies nachzuweisen gelingt am ehesten über eine Analyse der *historischen Veränderungen*. Die Forschung – hauptsächlich der beiden letzten Jahrzehnte – im Bereich der historischen Demographie, der Geschichte der Familie und Lebensalter und der Mentalitätsgeschichte hat viele Anhaltspunkte für Veränderungen erbracht, die den Blick für den Charakter des Lebenslaufs als soziale Institution schärfen und sich zu einem Gesamtbild seines Strukturwandels im Verlauf des europäischen Modernisierungsprozesses zusammenfügen lassen. Eine historische Analyse bietet sich damit als Korrektiv für die Beschränkungen der bisherigen theoretischen Ansätze zur Soziologie des Lebenslaufs und der Lebensalter an, in denen – ähnlich wie etwa in der Familiensoziologie – vorschnell eine universalistische Theorieebene gesucht wurde, für welche die Gegebenheiten der eigenen Gesellschaft unbefragt als Ressource dienten.

> Das gilt auch noch für die „Soziologie der Altersschichtung“ (*Matilda W. Riley* u. a. 1972). So verdienstvoll dieser Ansatz für die Durchsetzung einer soziologischen Perspektive auf Alter und Lebenslauf ist, so begrenzt ist er hinsichtlich seines Potentials für die Analyse materialer Probleme spezifischer Gesellschaften. Das liegt daran, daß die Verfasserinnen weitgehend auf einer formalen Ebene verbleiben, was zum Teil wohl durch das von ihnen gewählte funktionalistisch-rollentheoretische Begriffssystem bedingt ist. Es gelingt ihnen, die Bedeutung von Alter und Lebenslauf als allgemeine Strukturprinzipien menschlicher Gesellschaften darzustellen und die formale Dynamik von Alternsprozessen und Kohortenfolge herauszuarbeiten. Der Preis dafür ist aber, daß historische Ausprägungen und historische Veränderungen der Altersorganisation von Gesellschaften immer nur als – mehr oder weniger beliebige – „Beispiele“ für die allgemeinen formalen Prozesse eingeführt werden können (Z. B. *Ann Foner* 1982; *Riley* 1982).

Zweifellos ist der Alternsprozeß und die Begrenzung der Lebenszeit des Menschen eine universale soziale Tatsache, oder genauer: ein universales Problem, für das in allen Gesellschaften strukturelle Lösungen gefunden werden müssen. Welches diese Lösungen sind und wie sie mit anderen Grundstrukturen zusammenhängen, läßt sich aber auf dieser Ebene nicht klären. Auch der lange Zeit beliebte *anthropologische Kulturvergleich* hilft nicht weiter. Er hat ja in der Soziologie der 50er Jahre (unter der Dominanz struktur-funktionalistischer Theoreme) dazu geführt, daß noch unbefangen eine – mehr oder weniger explizite – Parallele zwischen Lebensalter in primitiven Gesellschaften und in der europäischen Vormoderne gezogen wurde. Hier hat sich durch die neuere historische Forschung eine heilsame Bescheidung durchgesetzt. Entsprechend sind die nachstehenden Überlegungen auf die „westlichen“ (mittel- und westeuropäischen und nordamerikanischen) Gesellschaften in den letzten vier Jahrhunderten gerichtet[1]. Die bekannten (vorwiegend afrikanischen) Stammes-

[1] Die räumliche Begrenzung bezieht sich u. a. auf das „europäische Heiratsmuster“, die zeitliche auf die Reichweite des größten Teils der empirischen Forschung.

gesellschaften mit ausgeprägter Organisation nach Altersklassen sind dafür gerade nicht charakteristisch (vgl. *Exkurs* weiter unten).

Die Aufgabe einer soziologisch informierten historischen Analyse besteht darin, den *strukturellen Übergang von einem Lebenslaufregime zu einem anderen* aufzuzeigen und beide als Teil der jeweiligen gesellschaftlichen Gesamtstruktur zu begreifen. Das Bild dieses Transformationsprozesses, das hier entworfen wird, läßt sich in folgenden Thesen zusammenfassen:

1. Die Bedeutung des Lebenslaufs als soziale Institution hat stark zugenommen. Der historische Wandel hat von einer Lebensform, in der Alter nur als kategorieller Status relevant war, zu einer Lebensform geführt, zu deren zentralen Strukturprinzipien der Ablauf der Lebenszeit gehört (*Verzeitlichung*).
2. Die Verzeitlichung des Lebens ist weitgehend am (chronologischen) Lebensalter als Grundkriterium orientiert; dadurch ist es zu einem chronologisch standardisierten „Normallebenslauf“ gekommen (*Chronologisierung*).
3. Die Verzeitlichung bzw. Chronologisierung ist ein Teil des umfassenderen Prozesses der Freisetzung der Individuen aus den (ständischen und lokalen) Bindungen, d.h. ein Teil des neuen Vergesellschaftungsprogramms, das an den Individuen als eigenständig konstituierten sozialen Einheiten ansetzt (*Individualisierung*).
4. Der Lebenslauf ist in den modernen Gesellschaften um das *Erwerbssystem* herum organisiert. Dies gilt sowohl für die äußere Gestalt des Lebenslaufs[2] – die evidenteste zeitliche Gliederung ist heute die Dreiteilung in Vorbereitungs-, Aktivitäts- und Ruhephase (Kindheit/Jugend, „aktives“ Erwachsenenleben, Alter) – als auch für das ihr zugrundeliegende Organisationsprinzip.
5. Das lebenszeitliche Regelsystem läßt sich auf zwei unterschiedlichen Realitätsebenen aufsuchen: zum einen auf derjenigen der Bewegung der Individuen durch das Leben im Sinn von *Positionssequenzen* bzw. „Karrieren“, zum anderen auf derjenigen ihrer *biographischen Perspektiven und Handlungen.* Lebenslauf als Institution bedeutet also zum einen die Regelung des sequentiellen Ablaufs des Lebens, zum anderen die Strukturierung der lebensweltlichen Horizonte bzw. Wissensbestände, innerhalb derer die Individuen sich orientieren und ihre Handlungen planen[3].

Es dürfte klar sein, daß der Entwurf eines solchen Gesamtbildes und seine Begründung eine sehr anspruchsvolle und riskante Aufgabe ist, die hier nur in Form einer vorläufigen Skizze angepackt werden kann. Die Ausgangslage dafür ist zugleich un-

[2] Es ist klar, daß dies in einem wörtlichen Sinn nur für einen Teil der Gesellschaftsmitglieder gilt, nämlich für diejenigen mit kontinuierlicher Erwerbstätigkeit. Für die Frauen, die nicht oder nur kurzphasig erwerbstätig sind, ist aber gerade charakteristisch, daß sie in wesentlichen Dimensionen noch nicht als volle „Individuen“, sondern über ihren Mann vergesellschaftet sind (vgl. *Elisabeth Beck-Gernsheim* 1983). Zumindest bis vor kurzem konnte noch konstatiert werden: „Gesellschaftliche Praxis (...) ist fast überall ein ‚Berufsmonopol‘ (*Ulrich Beck* et al. 1980, S. 222).

[3] In der Soziologie entsprechen diesen beiden Ebenen zwei – methodisch und institutionell relativ klar voneinander abgehobene – Forschungsansätze: zum einen die Forschung über Positionssequenzen (die als Verallgemeinerung von Ansätzen der Mobilitätsforschung und der Demographie verstanden werden kann), zum anderen die Forschung über biographische Deutungen und Handlungsverläufe (Biographieforschung im engeren Sinn).

ter- und überdeterminiert. Auf der einen Seite fehlt es an Untersuchungen, die direkt auf die hier gestellten Fragen eingehen. Man könnte vermuten, daß einiges dazu in der neueren Sozialgeschichte der Zeitorganisation und des Zeitbewußtseins zu finden sei (vgl. den großen Überblick von *Rudolf Wendorff* 1980) Dies ist jedoch nicht der Fall, wie in der Soziologie der Zeit generell liegt auch in ihrer historischen Behandlung das Schwergewicht bisher auf der Alltagszeit (z. B. die Arbeiten von *Edward P. Thompson* 1980 und *Christoph Deutschmann* 1983 über die Veränderung des alltäglichen Zeitregimes in der Entwicklung zur Fabrikarbeit) während die lebenszeitliche Dimension ausgespart bleibt Die Diskussion über die Veränderung des Lebenszeitregimes läuft gerade erst an[4]. Auf der anderen Seite hat sich die Literatur in den einzelnen Forschungsfeldern, die hier einschlägig sind und einbezogen werden müssen, in einem Maße ausgeweitet, das ein Gesamtbild kaum mehr zuläßt. Selbst ein Gebiet wie etwa die Geschichte des höheren Alters, zu dem vor zehn Jahren noch praktisch keine brauchbaren Arbeiten vorlagen, ist heute nur noch schwer überblickbar[5].

Es kann im folgenden denn auch nicht das Ziel sein, eine vollständige Darstellung der empirischen Literatur zu geben. Vielmehr soll durch einige ausgewählte Befunde der *Kontrast zwischen Vorher und Nachher* und damit die Richtung des Strukturwandels aufgezeigt werden (Abschnitt II). Danach werden einige Überlegungen über die *zugrundeliegenden Organisationsprinzipien* (Abschnitt III) und über das Verhältnis von *Lebenslauf* als *institutionellem Programm* und *Biographie als subjektiver Konstruktion* (Abschnitt IV) angestellt. Zum Schluß frage ich nach den – in den letzten Jahren zu beobachtenden – Anzeichen für eine *Wende des historischen Trends* und ihrer strukturellen Bedeutung (Abschnitt V). Zunächst sind noch einige Bemerkungen zum Verfahren selbst erforderlich, sind doch damit auch theoretische Vorgaben verbunden.

1. Die vorgestellten Befunde stammen aus unterschiedlichen Regionen, Schichten und Etappen des Modernisierungsprozesses. Auf eine systematische regionale und soziale Differenzierung muß ich ebenso verzichten wie auf eine Nachzeichnung der zeitlichen Sequenzen und der daraus ableitbaren Kausalbeziehungen. Letztere sind für bestimmte Versionen der Modernisierungstheorien kritisch, wie sich etwa – im Rahmen der Geschichte des Alters – in der Diskussion zwischen *Fischer*, *Achenbaum*, *Stearns* und *Stone* zeigt (vgl. *Christoph Conrad* 1982, S. 84), es geht darin u. a. um die Frage, ob der Statusverlust des höheren Alters der Industrialisierung vorausging oder umgekehrt, ob also die kulturelle oder die ökonomische Veränderung am Anfang stand. Ähnlich kann mit Bezug auf das Verhältnis von Ökonomie und (Sozial-)Politik gefragt werden. Ich beschränke mich dagegen im wesentlichen auf eine strukturelle Kontrastierung, die von der „Wahlverwandtschaft" zwischen den (kulturellen, politi-

[4] Erste Überlegungen dazu finden sich in den Sammelbänden von *Martin Kohli* (1978) und *Leopold Rosenmayr* (1978a, insbesondere *Rosenmayr* 1978b); differenzierter in *Tamara K. Hareven* (1982 a), *Karl Ulrich Mayer* und *Walter Müller* (im Erscheinen), *John W. Meyer* (im Erscheinen) sowie in den Beiträgen zu *Kohli* und *Meyer* (1985).

[5] Für deutschsprachige Überblicke kann vor allem auf die beiden Essays von *Christoph Conrad* (1982, 1984) sowie auf die Sammelbände von *Helmut Konrad* (1982) und *Christoph Conrad* und *Hans-Joachim v. Kondratowitz* (1983) verwiesen werden.

schen und ökonomischen) Elementen einer Struktur ausgeht und die Frage nach dem primären Anstoß und dem zeitlichen Ablauf des Veränderungsprozesses noch offen läßt. Manche der dargestellten Veränderungen können sinnvollerweise sowohl als Voraussetzung Wie auch als Folge der Industrialisierung interpretiert werden. Allerdings sind auch auf dieser Basis Ansätze zu Erklärungen möglich (vgl. Abschnitt III).

2. Ein Punkt läßt sich bereits zeitlich präzisieren: Die meisten Populationsveränderungen in der Chronologie des Lebenslaufs haben sich erst relativ spät ausgebreitet, so daß zumindest für sie die zeitliche Folge klar ist. In manchen Fällen scheint übrigens das Modell einer zeitlichen und sozialen Diffusion angemessen zu sein, wonach kulturelle Innovationen in avancierten Schichten entstanden, bevor die entsprechenden ökonomischen Veränderungen sich vollzogen, letztere aber die Vorbedingung für ihre massenhafte Verbreitung waren.

3. Mit dem Verfahren der strukturellen Kontrastierung läßt sich ein weiteres Problem des zeitlichen Ablaufs aussparen, das oft zu Kontroversen führt, nämlich die Frage, ob der Veränderungsprozeß sich linear oder zumindest kontinuierlich vollzogen habe oder nicht. Was ich behaupte, ist einzig, daß langfristig ein Veränderungsprozeß in der beschriebenen Richtung stattgefunden hat. Über die Angemessenheit von Phasenmodellen – ökonomisch im Zusammenhang mit den einzelnen Entwicklungsetappen der kapitalistischen Produktionsweise, insbesondere der Protoindustrialisierung (z.B. *Josef Ehmer* 1982), demographisch im Zusammenhang mit dem „demographischen Übergang" (z. B. *Peter Laslett* 1977) – wird damit nichts gesagt. Viele Befunde deuten darauf hin, daß in manchen Dimensionen ein U-förmiger Verlauf erkennbar ist, der sich dem längerfristigen Trend überlagert. Auch auf die kurzfristigen Abweichungen vom Trend gehe ich nicht ein. In der soziologischen Diskussion werden kurzfristige Veränderungen gewöhnlich über den Begriff der „Kohorte" gefaßt. Das hier verfolgte Programm einer Analyse des langfristigen Strukturwandels des Lebenslaufs als soziale Institution bedeutet also, daß Kohortenunterschiede nicht berücksichtigt werden. Damit soll nicht etwa bestritten werden, daß Kohortenunterschiede zu den wesentlichen Dimensionen der Lebenslage gehören (*Mayer* 1985); im Vergleich zwischen den zeitgenössischen westlichen Gesellschaften sind sie gerade in Deutschland besonders ausgeprägt, was vermutlich zur starken Beachtung, welche die Biographieforschung hier findet, beigetragen hat. Aber es ist sinnvoll, den langfristigen historischen Trend und die kurzfristigen Kohortenunterschiede als zwei unabhängige Varianzquellen zu behandeln; nur die erste davon wird hier berücksichtigt.

4. Die strukturelle Kontrastierung bringt es mit sich, daß mancher Kontrast überzeichnet erscheint. Darauf sei hier ausdrücklich hingewiesen. Wenn von „Individualisierung" die Rede ist, sollte das nicht so verstanden werden, als ob es am Beginn dieses Prozesses keine Individualität gegeben habe, „Chronologisierung" bedeutet nicht, daß vorher das chronologische Alter überhaupt keine Relevanz gehabt habe; es lassen sich durchaus Gegenbeispiele nachweisen (*Thomas Held* 1985), die eine zu grobe Fassung der Chronologisierungsthese widerlegen, an ihrer allgemeinen Geltung aber wohl nicht zu rütteln vermögen.

II. Verzeitlichung und Chronologisierung: Historische Befunde

1. Lebensdauer

Eine Chronologisierung des Lebenslaufs läßt sich schon mit Bezug auf das demographische Regime feststellen. Der Modernisierungsprozeß ist ein Übergang von einem Muster der *Zufälligkeit der Lebensereignisse* zu einem des *vorhersehbaren Lebenslaufs*. Der Tod war in der vormodernen Bevölkerungsweise ein Ereignis, das jederzeit eintreten konnte. Auch für diejenigen, welche die ersten Lebensjahre mit ihrer besonders hohen Sterblichkeit überlebten, gab es keine verläßliche Aussicht auf eine gesicherte Lebensspanne irgendeiner Länge. Dies galt schon für die „normalen" Zeiten, viel mehr jedoch noch für die häufigen katastrophalen Einbrüche in Form von Kriegseinwirkungen, Epidemien und Hungerkrisen.

Im historischen Verlauf hat sich die Sterblichkeit in den höheren Altersjahren konzentriert. Unter dem Gesichtspunkt der Chronologisierung ist bei dieser Verlängerung der Lebensdauer nicht die Erhöhung des Mittelwerts entscheidend, sondern die *Abnahme der Varianz*. Sie läßt sich graphisch anhand der Verschiebung der kumulativen Überlebenskurve demonstrieren. Für die USA ergibt sich folgendes Bild (*James F. Fries* und *Lawrence M. Crapo* 1981, S. 69, vgl. *Abbildung*):

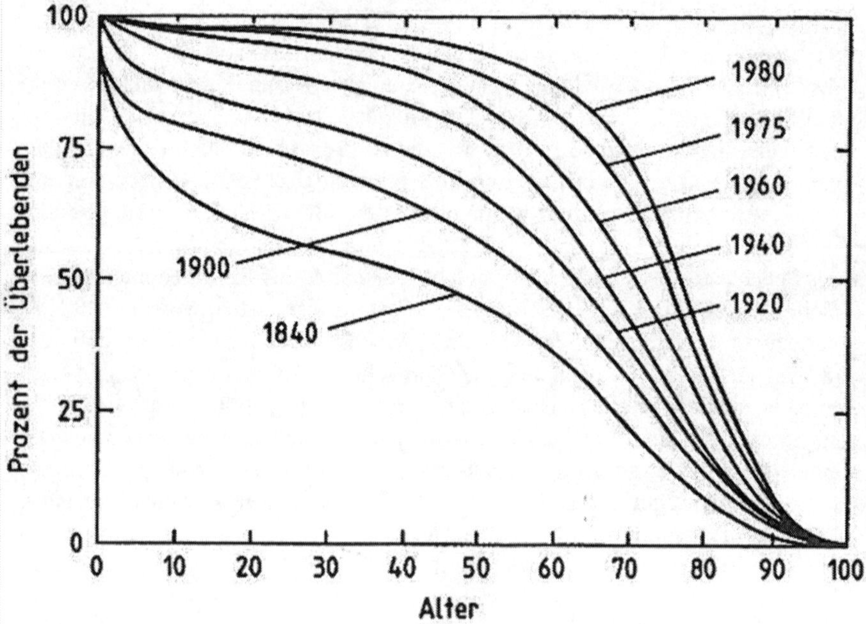

Abbildung: Kumulative Überlebenskurven für 1840–1980, USA

1840 ereigneten sich die Todesfälle – nach einer hohen Sterblichkeit im ersten Lebensjahr – mit nahezu konstanter Rate über den ganzen Lebenslauf. Im folgenden beginnt die Kurve sich allmählich nach oben zu biegen, nähert sich also immer mehr einem Rechteck an. Sie drückt damit aus, daß sich die mittlere Lebensdauer stark, die maximale aber kaum verlängert hat. *Fries* und *Crapo* deuten dies als eines der Indizien für eine biologische Grenze der Lebensdauer des menschlichen Organismus.

Ähnliches ließe sich für Deutschland zeigen. Bei einem Vergleich der heutigen Sterblichkeitsverhältnisse mit denjenigen in der Dekade nach der Reichsgründung (1871–1881) springt zunächst die Verdoppelung der Lebenserwartung bei der Geburt ins Auge. Aus einer genaueren Inspektion der Absterbeordnung – die eine Berechnung der Überlebensquoten zwischen beliebigen Zeitpunkten im Lebenslauf erlaubt – ist aber leicht ersichtlich, daß hinter dieser Verlagerung des Mittelwerts nicht nur ein starker Rückgang der Säuglingssterblichkeit liegt, sondern auch eine *Konzentration der Todesfälle auf das höhere Alter.* Unter den Sterblichkeitsverhältnissen von 1871–81 starben z. B. von den Frauen, die das 20. Altersjahr erreichten, 17,2 % bis zum 40. Altersjahr und von den Überlebenden wiederum 29,6 % bis zum 60. Altersjahr; unter den Sterblichkeitsverhältnissen von 1979–81 betragen die Werte 1,5 % und 7,3 %.

Für weiter zurückliegende Daten sind wir auf die punktuellen Quellen der Historischen Demographie angewiesen. So zeigen z. B. die von *Arthur E. lmhof* (1984, S. 176 f.) angeführten Befunde (Verteilung der Gestorbenen nach Altersgruppen) aus der Berliner Pfarrei Dorotheenstadt, wie zu Beginn und zu Ende des 18. Jhdts. – nach einer hohen Säuglings- bzw. Kindersterblichkeit – sich die Sterbefälle über das gesamte Erwachsenenleben verteilten. Gleiches galt auch noch für Gesamt-Berlin im Jahre 1875. (Eine genaue Analyse müßte natürlich den Altersaufbau der Bevölkerung berücksichtigen, d. h. auf altersspezifischen Sterbe*wahrscheinlichkeiten* beruhen.) Erst in diesem Jahrhundert erfolgte die dramatische Verschiebung des Sterblichkeitsgeschehens in die höheren Altersjahre. *Imhof* hebt in seinem Kommentar dazu die historisch durchgängige Konzentration des Todes auf eine einzige Alters-Randgruppe hervor – früher die Säuglinge und Kleinkinder, heute die älteren und alten Menschen. Man verdeckt damit die radikale Veränderung, auf die es ankommt, nämlich das fast vollständige Verschwinden des Todes aus dem frühen und sogar dem mittleren Erwachsenenalter.

2. Familienzyklus

Eine analoge Entwicklung gilt auch für die heute typischen Ereignisse, die den Familienzyklus konstituieren: sie waren weniger an bestimmte Altersmarken gebunden, ihr chronologischer Streubereich war wesentlich breiter. Mehr noch: für die vormoderne Lebensform kann von einem „Familienzyklus" sinnvollerweise gar nicht gesprochen werden (*Michael Mitterauer* und *Reinhard Sieder* 1977), denn die Betrachtung von Familien unter dem Gesichtspunkt der typischen Abfolge einer begrenzten Zahl von klar unterscheidbaren Konfigurationen von Familienmitgliedern setzt eine starke chronologische Standardisierung der familienrelevanten Ereignisse im Lebenslauf voraus. Da diese Voraussetzung in der vormodernen Familie nicht gegeben war, wies sie eine große Spannweite von Verwandtschafts- und Alterskonfigurationen und einen raschen Wechsel zwischen ihnen, d. h. eine hohe Fluktuation der Familienmitglieder auf. Auch die Konzepte der *„normativen Lebensereignisse"* in der Entwicklungspsychologie (*Paul B. Baltes* et al. 1980) und der *„Normalbiographie"* in der Lebenslaufsoziologie (*René Levy* 1977) sind an die heutige Situation gebunden; der vormodernen Struktur des Lebenslaufs sind sie nicht angemessen.

In der Forschung ist dies lange nicht erkannt worden. Die historische Veränderung des Familienzyklus wurde ausschließlich über die Verlagerung der Mittelwerte zu fassen versucht (so noch *Paul C. Click* 1978). Dabei ergaben sich durchaus interessante Befunde, etwa was die Entstehung einer Phase der „nachelterlichen Gefährtenschaft" (empty nest) betrifft, die durch die Konzentration der Geburten auf die frühen Erwachsenenjahre der Frauen (frühes Heiratsalter, Verkürzung der Geburtenabstände und Verringerung der Geburtenzahl) und die höhere Lebenserwartung zustande gekommen ist. Daß aber im Lauf der Entwicklung die empirischen Bedingungen für das Konzept Familienzyklus überhaupt erst entstanden sind[6], konnte mit diesem Ansatz nicht thematisch werden.

Eine bessere Beschreibung dieses Geschehens, als es über Mittelwerte und Varianz allein möglich ist, gibt *Peter R. Uhlenberg* (1969). Er unterscheidet sieben Typen von Lebensläufen für Frauen und berechnet ihre historisch sich verändernde Verteilung. Nur der letzte dieser Typen (heiraten, Kinder haben, bis zum Alter von mindestens 55 Jahren zusammen mit dem Ehemann überleben) entspricht dem Modell, das bei *Glick* und anderen Autoren als selbstverständliche Normalität unterstellt wird. In einem Vergleich der Kohorten von Frauen aus Massachusetts, die zwischen 1830 und 1920 geboren sind, zeigt sich, daß der Anteil der Frauen einer Geburtskohorte, die diesem „Normaltyp" zuzuordnen sind, in dieser Zeit von 20,9 % auf 57,1 % zugenommen hat. Der größte Teil der Zunahme geht auf das Konto der Abnahme der Sterblichkeit vor dem Erreichen des Erwachsenenalters; darüber hinaus hat aber auch die Sterblichkeit während der elterlichen Phase ab- und die Prävalenz des Heiratens zugenommen. In einer weiteren Untersuchung über die Geburtskohorten von 1890–1931 (*Uhlenberg* 1974) wird zusätzlich die Scheidungshäufigkeit berücksichtigt. Obwohl sie historisch erheblich zugenommen hat, ist aufgrund der erwähnten demographischen Veränderungen der Anteil des „Normaltyps" dennoch stark angestiegen. Die Entwicklung hat also bis zu diesem Zeitpunkt nicht zu einer Auflösung der Familie geführt, sondern im Gegenteil zu einer *stärkeren Realisierung des normativen Musters.*

John Modell et al. (1978) gehen über den Familienzyklus hinaus, indem sie die zeitliche Kongruenz aller Ereignisse untersuchen, die den Übergang ins Erwachsenenleben ausmachen. Neben dem Verlassen der Herkunftsfamilie und der Heirat gehören dazu auch die Beendigung der formellen Schulbildung, die Aufnahme einer regelmäßigen Erwerbsarbeit und die Gründung eines eigenen Haushalts. Die Autoren zeigen, daß sich innerhalb der letzten hundert Jahre eine stärkere zeitliche Ballung dieser Ereignisse ergeben hat, d. h. die Übergangsphase kürzer geworden ist. Dieser Befund weist – obwohl seine Interpretation noch einige Probleme aufwirft (*Kohli* 1978, S. 22 f.) darauf hin, daß die Grenze zwischen Jugend und Erwachsenenalter heute schärfer akzentuiert ist. Dieser Ansatz hat sich inzwischen zu einer ganzen Reihe von Studien ausgeweitet, in denen die Verläufe in den verschiedenen Lebensbe-

[6] Wesentlich ist auch hier der Rückgang der Altersvarianz der Ereignisse; daneben ist – im Gegensatz zur Sterblichkeit, wo sie bekanntlich konstant bleibt – eine weitere Gegebenheit beteiligt, nämlich die Erhöhung der Prävalenz (stärkere Verbreitung des Heiratens durch Abbau der Heiratsbeschränkungen).

reichen nicht nur als je einzelne „Karrieren", sondern auch in ihrem Zusammenhang untersucht werden (vgl. die Übersicht bei *Gunhild O. Hagestad* und *Bernice L. Neugarten* 1985). Es zeigt sich, daß die Übergänge kürzer geworden sind und es damit zu einer „verstärkten Segmentierung des Lebens entlang dem Alterskontinuum" gekommen ist (*Halliman H. Winsborough* 1979, S. 139).

Auch für den Familienzyklus liefern historische Demographie und Familienforschung inzwischen eine Reihe von punktuellen Daten, die zeitlich weiter zurückreichen. Ein eindrückliches Beispiel für die Veränderung der Varianz gibt *Imhof* (1982, S. 16 f.) anhand des Heiratsalters in einer der von ihm untersuchten hessischen Gemeinden. Er macht deutlich, „in welchem fast unvorstellbaren Ausmaß sich Lebensläufe zwischen dem Ende des 17. Jahrhunderts und dem Beginn unseres eigenen standardisiert haben. (Das durchschnittliche Heiratsalter war) zu Beginn und am Ende praktisch identisch. Doch welche beinahe perspektivische Fokussierung auf einen einzigen Fluchtpunkt hin hatte der Streubereich in diesem Zeitraum erfahren! Durchschnittswerte entwickelten sich zu tatsächlichen Normen." *Imhof* zeigt, daß die abnehmende Streuung im Alter erstmals heiratender Frauen und Männer gleichzeitig zu einer Normierung und Verminderung in den Altersabständen zwischen den Ehepartnern führte (was seinerseits zur Verlängerung der durchschnittlichen Ehedauer beitrug). Dabei bezieht er nur beiderseitiges *Erst*ehen ein. Bei Berücksichtigung der Wiederverheiratungen, die durch hohe Sterblichkeit ausgelöst und durch ökonomische Notwendigkeit erzwungen wurden und besonders große Altersabstände erbrachten, würde die Veränderung noch drastischer ausfallen. *Imhof* zieht daraus auch Folgerungen für den Beziehungsstil: „Zur Zeit der ‚ungleichen Paare' wäre es unklug gewesen, wenn die gegenseitige körperliche Attraktion zum Fundament einer Ehe gemacht worden wäre. (…) Die Intimisierung von Ehe und Familie, deren zunehmende Affektivität im Verlauf der Neuzeit, scheinen mir eng mit dieser Standardisierung der Heiratsalter und letztlich unserer Lebensläufe überhaupt zusammenzuhängen" (1984, S. 184).

Natürlich ist beides, der Schluß von der Abnahme der statistischen Varianz auf die tatsächliche Geltung von sozialen Normen und der Schluß von der Abnahme des Altersabstands auf eine Veränderung des Beziehungsstils, von den Befunden nicht direkt gedeckt. Es handelt sich um Extrapolationen, die einem Verfahren – ähnlich wie auch beim Schluß von hoher Säuglingssterblichkeit auf geringe Mutterliebe – folgen, das man als „*demographische Psychologie*" bezeichnen könnte. Für verläßlichere Aussagen müssen andere Quellen beigezogen werden, die einen direkteren Zugang zu lebensweltlichen Bedeutungsgehalten und Perspektiven eröffnen. Ein Anfang dazu findet sich bei *Rudolf Schenda* (1983, S. 64) mit seinem Hinweis auf die Verbreitung des Themas der „ungleichen Paare" – insbesondere „altes Weib/junger Mann" – in der Ikonographie und Literatur der Vormoderne. Obwohl diese Altersungleichheit meist kritisch bewertet wird, läßt sich daraus schließen, daß sie den Zeitgenossen zumindest als unabweisbare Realität vor Augen stand.

3. Die Konstitution von Altersgrenzen

Die Chronologisierung des Lebenslaufs wird durch die neu entstehenden *altersgeschichteten Systeme öffentlicher Rechte und Pflichten* vorangetrieben (vgl. *Conrad*

1982, 1983; *Hans Joachim von Kondratowitz* 1983). Indem sie Kriterien einführen, die an das chronologische Alter geknüpft sind, konstituieren sie verbindliche Altersgrenzen. Im Lauf der historischen Entwicklung haben sich die zentralen Leistungssysteme (Schul- und Alterssicherungssystem) stark verbreitet und damit zu einer Homogenisierung der Lebensläufe geführt.

Im *Zivilrecht* setzte der Code Napoleon zu Beginn des 19. Jahrhunderts erstmals ein ausdifferenziertes System von chronologischen Altersstufen in Kraft (vgl. *Leonard D. Cain* 1976, S. 350 f.), das sich auch auf andere Rechtsgebiete ausdehnte. Es ist inzwischen selbstverständlich geworden, daß zivil- und strafrechtliche Verantwortlichkeit, aktives und passives Wahlrecht, erbrechtliche Regelungen, Wehrpflicht und vieles andere mehr an chronologischen Grenzen gebunden sind. Auch viele *Berechtigungssysteme* knüpfen daran an, etwa im Hinblick auf Eintrittskarten oder Fahrpreise für den Personentransport. Von besonderer Bedeutung ist die *Altersschichtung des Arbeitsmarkts* durch formelle und mehr noch informelle altersbezogene Beförderungs- und Schutzregelungen und Einstellungsgrenzen. Auch in diesem Bereich ist die Kasuistik der Altersgrenzen heute so vielfältig, daß sie eigener Untersuchungen bedarf (vgl. *Knut Dohse* et al. 1982; *Kohli* et al. 1983).

Durch die Einführung und faktische Durchsetzung der allgemeinen *Schulpflicht* ist es zu einer organisatorisch spezialisierten, einheitlichen Lebensphase innerhalb bestimmter Altersgrenzen gekommen. Die Entstehung der Jahrgangsklassen (vgl. *Philippe Ariès* 1975, S. 285 ff.) hat auch innerhalb dieser Grenzen einen chronologisch geordneten Ablauf zur Folge. Das Bildungs- und das Rentensystem sind die organisatorischen Träger der Ausdifferenzierung der wichtigsten Lebensphasen; auf ihrer Grundlage konstituiert sich die Dreiteilung des Lebenslaufs. Der Prozeß der Entstehung und Verallgemeinerung der Altersgrenzen wird besonders im Blick auf das *höhere Alter* deutlich. Zwar kann man nicht ohne weiteres – in Analogie zum Sprachgebrauch, der sich für die Kindheit eingebürgert hat – von einer „Entdeckung" des Alters sprechen. Alter als kulturelle Kategorie scheint universal zu sein. Als zeitlich klar abgegrenzte Lebensphase, die einen Teil der „Normalbiographie" bildet, ist es aber neu. Ein Beleg dafür ist die fehlende Beachtung in der traditionellen Volkskunde; „In dem lange Zeit gültigen Lebenszyklen-System (Geburt-Hochzeit-Tod) fand die Altersphase, da mit keinen auffälligen Übergangsriten und keinem Brauchtum verbunden, keine besondere Beachtung" (*Schenda* 1983, S. 59). Die vormodernen Formen des Übertritts in den Ruhestand – insbesondere die bäuerliche Hofübergabe – waren weniger an ein bestimmtes chronologisches Alter geknüpft, und ihre Prävalenz war gering (zu letzterem vgl. die umfassende Studie von *Held* 1933). Im übrigen bedeuteten sie im Rahmen der Haushaltsökonomie gewöhnlich kein abruptes Ende der Arbeitstätigkeit.

Eine Altersphase im heutigen Sinn ist an die Verbreitung von Lohnarbeit gebunden. Sie bildete die Voraussetzung für die Prozesse, die schließlich in der Schaffung staatlicher Rentensysteme kulminierten. Auch danach war aber die Verallgemeinerung des Renten- und damit des Altersstatus ein langsamer Prozeß. Am deutschen Beispiel – dem ersten öffentlichen Altersrentensystem – läßt sich zeigen, wie die Ausbreitung der Altersversicherung in zweifacher Richtung vor sich ging: sie bezog immer breitere Teile der Erwerbstätigen ein, von der Gründung als Arbeiterrentenversicherung (1889) über den Einbezug der Angestellten (1911) bis zum möglichen Einbezug der – inzwischen allerdings fast ausgestorbenen – Selbständigen (1972), womit sie heute zu einer Art Volksversicherung geworden ist; und ein zunehmend größerer Anteil der einbezogenen Bevölkerungsgruppen erreichte die Rentengrenze, d.h. den Zeitpunkt, der heute ganz selbstverständlich als Beginn des höheren Alters gilt. Ich will hier nur die Zahlen an den beiden Endpunkten nennen: unter den Sterblichkeitsverhältnissen von 1881–1890 erreichten 19,7 % der Männer das Alter von 70 Jahren, die damals festgesetzte Altersgrenze; unter den Sterblichkeitsverhältnissen von 1979–1981 erreichten 72,2 % der Männer die heutige obere Rentengrenze von 65 Jahren, 80,5 % diejenige von 60 Jahren. Der andere Aspekt wird durch die altersspezifischen Erwerbsquoten beleuchtet. Während 1895 von den 60 bis 70jährigen Männern 79,0 % erwerbstätig waren, sind es 1980 noch 25,1 %, für die über 70jährigen betragen die entsprechenden Werte 47,4 % und 5,2 %[7]. In den USA ging die Erwerbsquote der über 65jährigen Männer im gleichen Zeitraum (1890–1980) von 68,3 % auf 19,1 % zurück, wobei der größte Teil des Rückgangs nach 1930 erfolgte (*Judith Treas* 1981). Mit anderen Worten: ein zunehmender Teil der Geburtskohorten erreicht das Rentenalter, und ein zunehmender Teil derjenigen, die das Rentenalter erreichen, geht in den Ruhestand – die Rentengrenze ist auch zur faktischen Grenze der Beteiligung am Erwerbssystem geworden. Dadurch erst ist es zu einer *relativ einheitlich beginnenden strukturell abgrenzbaren Altersphase von beträchtlicher Länge für den überwiegenden Teil der Bevölkerung* gekommen.

4. Biographische Perspektiven

Die bisher angeführten Befunde betreffen vor allem die äußere Sequenzierung des Lebens. Es ist bereits gesagt worden, daß für die Beschreibung des Strukturwandels auf der Ebene der *lebensweltlichen Orientierungen und Perspektiven* nicht auf eine bloße Ableitung daraus im Sinn einer „demographischen Psychologie" vertraut werden sollte. Vielmehr gilt es, sich hier auf eigenständige Analysen zu stützen. Diese sind allerdings für unser Thema spärlich, zum einen wohl aufgrund der Quellenlage, zum anderen aber auch aufgrund der Ausrichtung der Forschung, die diese Ebene bisher eher vernachlässigt hat.

An den Anfang seien einige Bemerkungen zur sozialen *Pragmatik der Alterskategorien* gestellt, d.h. zum Gebrauch, der von ihnen im Alltag gemacht wird[8]. Im Zusammenhang mit den chronologisch geschichteten staatlichen Berechtigungssystemen ist die Notwendigkeit des Bezugs auf chronologisches Alter klar. Schon früher wurde durch die erwähnte Installierung eines zivilrechtlichen Systems von Altersgrenzen im Code Napoleon die öffentliche Beurkundung des Geburtsdatums erforderlich (*Cain* 1976, S. 351)[9]. Darüber hinaus scheint es kaum genaue Informationen

[7] Die Werte von 1895 sind im Rahmen des VASMA-Projekts, Mannheim, errechnet worden. Ich danke *Walter Müller* für die Überlassung der Daten. Die Werte von 1980 nach *Ursula Hinschützer* und *Heide Momber* (1982, S. 129).

[8] Zu den Dimensionen einer solchen Pragmatik vgl. *Kohli* (1981) und *Werner Fuchs* (1984).

[9] Wo – wie etwa in Israel – die im Rahmen der modernen Rechtskultur erforderliche Beurkundung des chronologischen Alters bei großen Teilen der Bevölkerung fehlt, müssen spezifische rechtliche Verfahren zur nachträglichen Feststellung des Alters eingerichtet werden (vgl. *Cain* 1976, S. 353). Ähnliche Probleme ergeben sich in der Bundesrepublik bei den Altersgrenzen für die Familienzusammenführung der Arbeitsimmigranten.

zu geben. Es wäre zu untersuchen, in welchem Zeitraum und wie sich die Kenntnis des eigenen chronologischen Alters als allgemeine soziale Anforderung herausbildete und dieses damit auch im Alltag zu einem unentbehrlichen Kriterium für die Selbst- und Fremdtypisierung der Person wurde[10].

Die Grundzüge des Wandels der *biographischen Perspektiven* werden in den weit ausgreifenden Studien des *Zivilisationsprozesses* von *Norbert Elias* (1969) und *Michel Foucault* – vor allem in seinem Werk „Überwachen und Strafen" (1977) – umrissen. Ihr Interesse ist ähnlich wie das hier vertretene auf längerfristige Transformationen von Vergesellschaftungsbedingungen und -formen in der europäischen Modernisierung gerichtet. Die entscheidende Veränderung auf der Ebene des psychischen Habitus sehen sie übereinstimmend in einer zunehmenden Affektkontrolle, d. h. einer Verlagerung von Spontaneität gepaart mit Kontrolle durch äußeren Zwang zu internalisierter Selbstkontrolle, d.h. psychischem Selbstzwang. Eine analoge Konzeption – nicht was den Ausgangspunkt der Veränderung, wohl aber was das Resultat betrifft – findet sich in *David Riesmans* (1958) Typus der „Innenleitung". Es handelt sich um den Prozeß der Individualisierung, wie er auch von neueren Familienhistorikern wie etwa *Lawrence Stone* (1977) beschrieben wird. Für *Elias* (1969: II, S. 336 ff.) ist der zunehmende „Selbstzwang" auch ein „Zwang zur Langsicht", d. h. die Notwendigkeit zu längerfristiger Perspektivität und darauf gestützter Regelung des Verhaltens. Den gleichen Punkt betont *Max Weber* (1920, S. 113 ff.) in seiner idealtypisch-kontrastiven Charakterisierung der protestantischen Ethik: „Der normale mittelalterliche katholische Laie lebte in ethischer Hinsicht gewissermaßen ‚von der Hand in den Mund'. Er erfüllte zunächst gewissenhaft die traditionellen Pflichten. Seine darüber hinausgehenden ‚guten Werke' aber blieben normalerweise eine nicht notwendig zusammenhängende, zum wenigsten eine nicht notwendigerweise zu einem Lebens*system* rationalisierte Reihe *einzelner* Handlungen (…). Der Gott des Calvinismus verlangte von den Seinigen nicht einzelne ‚gute Werke', sondern eine zum *System* gesteigerte Werkheiligkeit (…). Die ethische Praxis des Alltagsmenschen wurde so ihrer Plan- und Systemlosigkeit entkleidet und zu einer konsequenten *Methode* der ganzen Lebensführung ausgestaltet." Auf der psychologischen Ebene entspricht dem die „Vernichtung der Unbefangenheit des triebhaften Lebensgenusses" durch „systematische Selbstkontrolle".

Peter L. Berger et al. (1975, S. 66 f.) heben die zentrale Bedeutung der langfristigen Lebensplanung in der modernen Lebensform hervor. Die Lebensplanung ist – obwohl häufig unabgeschlossen und unbestimmt – eine „primäre Quelle der Identität" und ein „grundlegendes Organisationsprinzip". Damit wird ein spezifischer Modus der Zeitlichkeit erforderlich: das Leben wird vom Individuum als „entworfenes Projekt" begriffen, d.h. seine Bedeutungen sind – wie im Anschluß an ein Begriffspaar von *Alfred Schütz* (1932) gesagt wird – „von künftigen Plänen hergeleitet, nicht von der Erklärung vergangener Ereignisse". Obwohl *Berger* et al. dem Leser genauere empirische Belege für ihre Aussage schuldig bleiben, dürfte nicht zu bestreiten sein, daß sie zumindest *einen* Grundzug des modernen Bewußtseins trifft.

Was in der vormodernen Lebensform an „Langsicht" gegeben war, bezog sich nicht auf das Einzelleben, sondern auf die Familie und ihre materielle Grundlage.

[10] Zur Entstehung des Geburtstagsfestes vgl. *Marie-Luise Hopf-Droste* (1979).

Der Unsicherheit und Kurzfristigkeit des individuellen Lebens entsprach das Bemühen um die Sicherung der Kontinuität des familialen und zugleich wirtschaftlichen Verbandes, in dessen Rahmen das Individuum stand. Dies findet sich nicht nur im genealogischen Denken der Feudalschichten, sondern vielleicht noch deutlicher im „Hofdenken“ der Bauern:

> „Das Land ist zugleich das, was die Generationen miteinander verbindet; es ist das eigentlich Beständige im Ablauf der Zeiten, wohingegen die Personen ständig wechseln. (…) Die wahrhaft existentielle Bedeutung des Besitzes erklärt den Stellenwert, den seine Erhaltung und Mehrung im Leben des Bauern einnahm. Er war das Zentrum bäuerlichen Daseins und beherrschte alle Lebensbereiche und Beziehungen: erst kam der Hof, dann die Personen“ (*Heidi Rosenbaum* 1982, S. 56; vgl. auch *v. Kondratowitz* 1982, S. 128 ff.). Für den hofbesitzenden Bauern gab es „nicht das individuelle Lebenswerk, das mit der Übergabe oder dem Tod zu Ende gegangen wäre Es gab nur eine mehr oder weniger gute Verwalterschaft des den einzelnen überdauernden Gesamtwerkes, in dessen Dienst man sich stellte“ (*Imhof* 1984, S. 188).

Einen interessanten Versuch zur Rekonstruktion des *Wandels der gesellschaftlichen Altersbilder* hat *von Kondratowitz* (1982) unternommen. Seine Quellen sind die einschlägigen Stichworte in den (deutschen) Lexika, Enzyklopädien und Wörterbüchern der Zeit von 1721–1914. Für die Deutung seiner Befunde stützt er sich auf die Konzeption von *Wolf Lepenies* (1976). Dieser findet in den (Natur-)Wissenschaften an der Schwelle zum 19. Jahrhundert als Antwort auf den wachsenden Erfahrungsdruck einen Strukturwandel, den er als Verzeitlichung charakterisiert, nämlich als Übergang von einem räumlichen bzw. kategoriellen Nebeneinander der Naturgegenstände zu einem zeitlichen Nacheinander, d. h. einem entwicklungsgeschichtlichen Denken.

Eine besonders ergiebige Quelle für die Veränderung des Individualitätskonzepts und damit der Lebensperspektiven ist die *Geschichte der Autobiographie*. Diese Gattung fand in der Literaturwissenschaft lange wenig Beachtung; im Zuge der wissenschaftlichen Aufwertung der „Gebrauchsliteratur“ sind jedoch in den letzten Jahren einige größere Untersuchungen darüber erschienen (z. B. *Klaus-Detlef Müller* 1976; *Günther Niggl* 1977). Sie weisen auf eine Vielzahl von ineinander verschlungenen Traditionslinien hin. Unter strukturgeschichtlichen Gesichtspunkten läßt sich aber darin ein zentraler Wandel feststellen, nämlich von einer „*annalistischen*“ Konzeption (*Niggl* 1977), in der das Leben seine Struktur aus der Abfolge von äußeren historischen oder jahreszeitlichen Ereignissen gewinnt, zu einer *entwicklungsgeschichtlichen*, die um das eigene und vom eigenen Ich organisiert ist. In Zeitbegriffen bedeutet dies eine Verlagerung von *historischer bzw. jahreszeitlich-naturaler Zeit* als Verlaufsachse für das Leben, über das berichtet wird, zur *Zeit des individuellen Lebens* selber. Im ersten Fall ist das Individuum in eine Sequenz von überindividuell bestimmten und nur nach einer überindividuellen Logik verbundenen Situationen gestellt, im zweiten konstituiert es ein eigenständiges Ablauf- bzw. Entwicklungsprogramm.

In gewisser Weise steht im autobiographischen Schreiben immer der Lebenslauf des Einzelnen im Zentrum; der Unterschied zwischen den beiden Fällen liegt jedoch im Prinzip, das ihn organisiert und vorantreibt. Im „Hofdenken“ ist die Individualdimension strukturell noch stärker zurückgenommen: das Einzelleben ist nur als Teil einer umfassenderen Einheit erzählbar. Wir haben es aber auch hier mit einer annalistischen Konzeption zu tun, nämlich insofern, als die Geschichte des Hofes, in welche die individuelle Lebensgeschichte eingeschrieben ist, im Wechsel der Jahreszeiten und der historischen Ereignisse – soweit sie auf die Alltagsebene durchschlagen – dahinfließt.

Ähnlich wie in den anderen Verzeitlichungsbereichen kann die strukturelle Transformation der Autobiographie in Deutschland auf die letzten Dekaden des 18. Jahrhunderts – die „Achsenzeit" (*Reinhart Koselleck*) des Modernisierungsprozesses – datiert werden. Es ist bezeichnend, daß die erste strikt entwicklungsgeschichtliche Autobiographie, nämlich *Karl Philipp Moritz*' „Anton Reiser", im Zusammenhang mit dem „Magazin zur Erfahrungsseelenkunde" entstanden ist, das in der Psychologiegeschichtsschreibung als erste psychologische Zeitschrift im engeren Sinn und als Beginn der „formativen Periode" der Psychologie gilt (*Günther Reinert* 1979, S. 213). Daraus ist erkennbar, daß die Herausbildung der Psychologie als eigenständige Disziplin und der Strukturwandel der Autobiographie eine gemeinsame Wurzel haben, nämlich den Individualisierungsprozeß, der zugleich ein Prozeß der Verzeitlichung des Lebens ist.

Im übrigen wird hier deutlich, daß der Wandel sich nach seiner ersten Manifestation im hochkulturellen Bereich nur mit großer Verzögerung ausbreitet. Am Ende des 19. Jahrhunderts – in einer Zeit, da das bürgerliche Tagebuch längst um das individuelle Erleben und Handeln zentriert ist – folgt das bäuerliche Tagebuch noch einer annalistischen Konzeption, deren Kern die Geschichte des Hofes (bzw. der Familie unter Gesichtspunkten der Haushaltsökonomie) ist (*Hopf-Droste* 1981). Noch für 1929 findet *William H. Hubbard* (1984, S. 185 ff.) ein eindrückliches Beispiel, das er unter der Überschrift „Der Hofgedanke als gestaltende Kraft" zitiert. Es handelt sich um einen *Diffusionsprozeß*, ausgehend von den kulturell und ökonomisch avancierten Schichten, wie er ähnlich auch für andere Dimensionen der Modernisierung beschrieben worden ist.

Mit dem Verzeitlichungsbegriff lassen sich möglicherweise auch die bekannten *graphischen Lebensalter-Darstellungen* deuten. Sie umfassen zwischen drei und zwölf Altersstufen und eine vielfältige Ikonographie, u. a. Lebensbrücke, Lebenstreppe und Lebensrad (vgl. *Suse Barth* 1970; Die Lebenstreppe 1983). Ihre Verbreitung seit dem 16. Jahrhundert scheint der hier vertretenen These auf den ersten Blick zu widersprechen. Es läßt sich aber zeigen, daß ihre Phasenkonzeptionen im wesentlichen allegorisch sind – ihre Zahlenkombinatorik und die den Phasen zugeordneten Symbole hängen u.a. mit den Weltaltern, Planeten oder Jahreszeiten zusammen – und nicht Orientierung an der und für die lebensweltliche Realität (vgl. auch *Schenda* 1983, S. 65 ff.). Im gleichen Sinn argumentiert *von Kondratowitz* (1982, S. 95); er sieht in den Stufenkonzeptionen sogar einen Beleg für das Vorherrschen des klassifikatorischen Denkens „mit der deutlichen Tendenz, einem Verzeitlichungsdruck durch Differenzierung der Altersstufen stufen (...) auszuweichen" (1982, S. 98).

III. Verzeitlichung und Chronologisierung: Strukturelle Überlegungen

Die vorgestellten Befunde mögen zur *Beschreibung* des Strukturwandels genügen. Es lassen sich daran nun einige Überlegungen zur *gesellschaftlichen Bedeutung* des heutigen Lebenslaufregimes knüpfen. Die Frage nach der Bedeutung bzw. den Leistungen dieser sozialen Institution impliziert einen strukturellen Ansatz. Über historische Verläufe und die unmittelbar auf sie wirkenden Einflüsse ist damit im strengen Sinn noch nichts gesagt. Es geht mir nicht darum, wie die Verzeitlichung und Chronologisierung des Lebens vor sich gegangen ist, sondern wodurch sie notwendig geworden ist; oder genauer (und weniger deterministisch): für welche strukturellen Problemlagen sie eine Lösung darstellt. Es wird also weder erörtert, wie mögliche Lösungen im historischen Prozeß gefunden wurden, noch wie es jeweils zur Entscheidung für eine bzw. Ausformung einer Lösung unter verschiedenen Alternativen kam[11].

In einer vorläufigen Skizze lassen sich *vier gesellschaftliche Problemlagen* unterscheiden, auf welche die Institutionalisierung des Lebenslaufs antwortet. Eine genauere theoretische Durchführung müßte vor allem das Verhältnis dieser vier Problemlagen zueinander und ihre Bedeutung im Rahmen der gesellschaftlichen Gesamtstruktur besser klären. Es dürfte aber schon aus den folgenden Überlegungen deutlich werden, wie die Institution Lebenslauf mit gesamt- und teilgesellschaftlichen Funktionsprinzipien – und besonders mit der gesellschaftlichen Wirtschafts- und Arbeitsverfassung – verknüpft ist[12].

1. Rationalisierung. Der Druck nach Rationalisierung ist die Dimension, die sich am unmittelbarsten aufdrängt, wenn nach dem Sinn der Chronologisierung des Lebenslaufs gefragt wird. Wie inzwischen bekannt ist, umfaßt sie allerdings eine Vielzahl von Ebenen und Aspekten. Zunächst ist an die Ebene der *Rationalisierung der staatlichen Leistungssysteme* zu denken. Chronologisches Alter eignet sich offenbar besonders gut für diese Art von Rationalisierung. Es macht den Lebenslauf – und damit den Durchlauf der Individuen durch soziale Systeme – regelhaft und berechenbar. (Ein analoges Problem besteht für die Produktionsbetriebe; es wird unter dem Begriff „Sukzession" noch gesondert diskutiert.) Die Beispiele zur Konstitution von Altersgrenzen haben gezeigt, daß inzwischen eine breite Palette von rechtlichen und administrativen Verfahren auf der Grundlage dieses Kriteriums organisiert ist. Dabei besteht zwischen der *formalen* Rationalität solcher Verfahren und den *materialen* Kriterien, die darin gewahrt bleiben sollen (insbesondere demjenigen der Rechts-

[11] Zu einer vollständigen Erklärung würde nicht nur der Problem*druck* gehören, sondern auch die soziale *Konstitution* des Problems (*Conrad* 1983), d. h. eine Analyse der Thematisierungsprozesse, der Ausformung von Lösungen und der Wahl zwischen ihnen sowie der dabei relevanten Akteure und Instanzen. Eine solche Analyse könnte – wie *Conrad* (1983) für das höhere Alter als Problemgegenstand der Sozialpolitik zeigt – dem Muster folgen, das in der neueren Soziologie sozialer Probleme entwickelt worden ist. Im übrigen müßte auf dieser Ebene auch berücksichtigt werden, daß in den einzelnen nationalstaatlichen Systemen z. T. unterschiedliche sozial-politische Lösungen implementiert worden sind. Sie haben zu je spezifischen sozialstaatlichen Konstitutionsbedingungen der Altersphase geführt. Allerdings scheinen diese Unterschiede sich allmählich einzuebnen, was ein Beleg für die durchschlagende Wirkung des zugrundeliegenden strukturellen Problemdrucks ist.

[12] Das ist nicht etwa als eine rein materialistische Konzeption zu verstehen. Mit „Wirtschafts- und Arbeitsverfassung" meine ich ein komplexes Muster von ökonomischen und kulturellen Gegebenheiten, über deren zeitliche und kausale Priorität hier – wie eingangs betont – wenig gesagt wird.

gleichheit) eine prekäre Spannung[13], die sich daraus ergibt, daß Alter – wie noch zu erläutern sein wird – ein im wesentlichen askriptives Merkmal ist. Es sind denn auch immer wieder Vorstöße zugunsten einer Ersetzung des chronologischen durch ein „*funktionales*" (auf die individuelle Leistungsfähigkeit bezogenes) Alter zu verzeichnen. Wie immer man den dadurch möglichen Gewinn an Universalismus beurteilen mag, so ist jedenfalls klar, daß das funktionale Alter ein ungleich aufwendigeres Kriterium wäre, da es durch entsprechende Prozeduren individuell festgestellt werden müßte. Wer an die Heerscharen von Testpsychologen und Juristen denkt, die dafür – besonders in einem so hoch verrechtlichten System wie der Bundesrepublik – erforderlich wären, wird zumindest den Gewinn an formaler Rationalität durch Bezug auf das chronologische Alter nicht gering schätzen.

Um zu erklären, weshalb es überhaupt zu einer altersbezogenen Gliederung des Lebenslaufs, besonders zur strikten Dreiteilung gekommen ist, muß allerdings auf Rationalisierung in einem grundlegenderen Sinn Bezug genommen werden. Die *Rationalisierung des Wirtschaftens* besteht wesentlich auch darin, daß „sachfremde" Organisationsprinzipien und Wertorientierungen aus der Sphäre des Wirtschaftens ausgeschlossen werden, so daß die Organisation der Produktion rein nach dafür rationalen Gesichtspunkten erfolgen kann. Diese *Externalisierung sachfremder Orientierungen* führt zur Ausdifferenzierung der entsprechenden Lebensbereiche (z. B. Trennung von Arbeit und Familie). Sie vollzieht sich aber auch in der lebenszeitlichen Dimension, nämlich als Auslagerung der Lebensphase, die für die Vorbereitung auf die Erwerbstätigkeit notwendig ist, und derjenigen, in der die Produktivität wieder abnimmt. Mit anderen Worten: die Durchsetzung der Imperative der Rationalität im Wirtschaftsbereich führt dazu, daß die – im übrigen aufgrund der Rationalisierung selber zunehmenden – Vorleistungen und Folgeprobleme auf vor- und nachgelagerte Lebensphasen abgewälzt werden und durch entsprechende altersgeschichtete Leistungssysteme (Bildungs- und Rentensystem) aufgefangen werden müssen.

Rationalisierung vollzieht sich schließlich auch auf der Ebene des *Individuums* (vgl. ausführlicher: *Kohli* 1981; *Meyer*, im Erscheinen). Im Rahmen der protestantischen Ethik ist Lebenszeit von Gott zur Verfügung gestellte Zeit, die sinnvoll genutzt werden muß (Lebenszeit als Aufgabe). Die Chronologie des Lebenslaufs ergibt die Bezugsachse für die eigene „methodische Lebensführung". Rationalität bedeutet hier Unterordnung des Lebens unter ein einheitliches „Leistungs"-kriterium und Unterdrückung der davon abführenden Spontaneität der Bedürfnisbefriedigung. Diese Methodik muß vom Individuum ständig überprüft werden, was zu entsprechenden systematischen Rechenschaftsveranstaltungen Anlaß gibt, etwa in Form des Tagebuchs (zum pietistischen Tagebuch als einer zentralen Etappe in der Gattungsgeschichte der Autobiographie vgl. *Niggl* 1977). In säkularisierter Form wird das chronologische Alter zum Kriterium für *Bilanzierungsprozesse*, in denen das Verhältnis von verflossener und noch verbleibender Lebenszeit thematisch wird, und für Vergleiche mit an-

[13] Der rechtliche Streit um die Zwangsverrentung in den USA (als Überblick: *Cain* 1976, S. 369 ff.) bietet reiches Anschauungsmaterial für diese Problematik. In einem der Leitfälle (der Kläger war ein Philosophieprofessor) wurde in der Urteilsbegründung argumentiert, es sei unter Gesichtspunkten der Rechtsgleichheit ausreichend, daß das Kriterium des chronologischen Alters einen erheblichen statistischen Zusammenhang mit der beruflichen Leistungsfähigkeit aufweise; eine Beurteilung des Einzelfalles sei damit unnötig.

deren. Eine extrem instrumentalisierte Form solcher Planungen und Bilanzierungen sind diejenigen, die der Humankapitalansatz als Regelfall – zumindest für das berufliche Handeln – unterstellt; es ist aber deutlich, daß es nicht nur Investitionskalküle gibt, die sich auf berufliche Erfolge beziehen, sondern daß auch moralische Kriterien (Werte, „Lebenssinn" u.ä.) in solche Überlegungen eingehen. Neben der Selbsttypisierung ist die Chronologie des Lebenslaufs unter vielen Aspekten auch die Grundlage für die *Fremdtypisierung*, z. B. unter dem Aspekt des „lückenlosen Lebenslaufs", der von Arbeitgebern als Beleg dafür verlangt wird, daß der Einstellungskandidat sich den Forderungen der wirtschaftlichen Rationalität bisher bruchlos unterzogen hat. Die Typisierung erstreckt sich nicht nur auf die Vergangenheit, sondern auch auf die Zukunft; ein Individuum wird auch danach eingeschätzt, welche typischerweise erwartbare Zukunft es (noch) vor sich hat.

2. Soziale Kontrolle. Auf diese Problemlage machen die erwähnten Studien über den Zivilisationsprozeß aufmerksam. Auch in der Geschichte des Bildungs- und des Rentensystems und anderer sozialstaatlicher Interventionen ist sie nachweisbar; gerade die Institutionialisierung von Altersgrenzen stellt eine charakteristische Kombination von Rationalisierung und sozialer Kontrolle dar (*v. Kondratowitz* 1983, S. 379). In der vormodernen Lebensform erfolgte Vergesellschaftung im wesentlichen über stabile Zugehörigkeit zur Familie, zur kleinräumigen Lokalgesellschaft und zum Stand, d. h. über äußere Kontrolle. Der Übergang zur Moderne bedeutete eine starke Mobilisierung und Pluralisierung des Lebens. Dieser Individualisierungsprozeß hatte zur Folge, daß *Vergesellschaftung stärker auf der Ebene des Individuums als auf derjenigen der stabilen Lokalgesellschaft* ansetzen muß. Ein wesentlicher Teil dieser neuen Vergesellschaftungsform ist die Institutionalisierung des Lehenslaufs als Ablaufprogramm und mehr noch als langfristige perspektivische Orientierung für die Lebensführung. In diesem Sinn ist die Institutionalisierung des Lebenslaufs das notwendige Korrelat zur Freisetzung des Individuums, das funktionale Äquivalent zur früheren äußeren Kontrolle. Was hier funktional argumentiert wird, ist auch auf der Ebene der *Motive der Handlungsträger* in der Geschichte der staatlichen Leistungssysteme und ihrer privaten Vorläufer nachweisbar. So war z. B. Bismarck der Auffassung, daß nichts die Arbeiter besser mit dem Staat versöhnen und damit das Risiko einer proletarischen Revolution herabsetzen würde als die Aussicht auf eine Rente im Alter, d. h. die Perspektive eines stabilen Lebenslaufs mit staatlicher Gewährleistung materieller Sicherheit (*Rüdeger Baron* 1975, S. 34 ff.). Und schon vorher findet sich dieses Motiv in den Überlegungen der bürgerlichen Sozialreformer, z. B. des 1844 gegründeten „Centralvereins für das Wohl der arbeitenden Klassen". Als dieser 1848 ein Projekt für eine Altersversorgungsanstalt entwickelte, bestand der Kerngedanke darin, „daß die Aussicht auf eine ‚mäßige (aber) sichere Einnahme für die Dauer des schwachen Alters' bereits den jüngeren Arbeiter zu einem ‚conservativen Bürger' machen werde" (*Jürgen Reulecke* 1983, S. 418).

Die soziale Kontrolle, die damit anvisiert ist, soll also nicht einfach durch die monetäre Versorgung erreicht werden, sondern durch ihre langfristige Erwartbarkeit und die damit beim einzelnen Arbeiter erzeugte *biographische Perspektive*: sie besteht in der entlastenden Gewißheit, auch unter den Bedingungen der Individualisierung des Lebenslaufs nicht aus den gesellschaftlichen Stützsystemen herauszufallen.

3. Sukzession (Nachfolgeregelung). Diese Problemlage wurde bereits im Zusammenhang mit dem Rationalisierungsdruck angesprochen. In der eingangs erwähnten formalen Theorie der Altersschichtung (*Riley* et al. 1972) ist Sukzession ein zentrales Thema; es wird gezeigt, daß sie zu den grundlegenden allgemeinen Problemen gehört, die gesellschaftlich – bzw. im Rahmen von Teilbereichen oder einzelnen Organisationen – zu normieren sind. Hier geht es dagegen um die historische Veränderung dieser Regelungen. In der familial gebundenen Wirtschaftsverfassung kam dem Haushalt bzw. der Familie der Primat zu. Die beteiligten Personen hatten wenig individuelles Gewicht; sie konstituierten sich im wesentlichen über ihre Position im Haushalt. Außerdem erfolgte die Sukzession im Rahmen des familial verfügbaren Personals. Familiale und ökonomische Sukzession fielen zusammen. Im modernen Betrieb ist beides nicht mehr der Fall. Die Nachfolge ist ein Prozeß der *Rekrutierung von einem Markt freier Arbeit*, d. h. von Arbeitskräften, die als eigenständige Individuen konstituiert sind. Betrieb und Individuum treten auseinander. Durch die freie externe Verfügbarkeit von Arbeitskräften entstehen Kohorten mit beliebigen Zeitabständen und einer Fülle unterschiedlicher zeitlicher Bezugspunkte. Im Interesse der Regelhaftigkeit der Sukzession ist eine andere Zeitdimension erforderlich, nämlich die des chronologischen Alters. Die Sukzession wird zu einem „freien" Prozeß, der auf der Ebene eigenständig vergesellschafteter Individuen geregelt werden muß.

Daß eine solche Regelhaftigkeit erforderlich ist und wie wichtig sie für den betrieblichen Personaleinsatz ist, läßt sich durch neuere arbeitsmarktsoziologische Überlegungen und Befunde zeigen, die sich auf den Unterschied zwischen externen und internen Arbeitsmärkten beziehen (*Aage B. Sørensen* 1983). *Interne* (betriebliche) Arbeitsmärkte sind zu einem erheblichen Teil *„geschlossene" Positionssysteme*, d. h. sie sind nicht marktmäßig im eigentlichen Sinn verfaßt. Geschlossene Positionen sind dadurch charakterisiert, daß sie nur dann zugänglich werden, wenn der vorherige Inhaber sie verlassen hat; die Neuallokation der Position kann somit nicht an Veränderungen der Leistung des Inhabers oder an die Verfügbarkeit eines besseren Kandidaten gebunden werden. Dieser Allokationsmechanismus kann als *„Vakanzwettbewerb"* bezeichnet werden, er unterscheidet sich grundlegend vom Marktwettbewerb in offenen Positionssystemen. Man könnte auf den ersten Blick annehmen, daß der Vakanzwettbewerb hauptsächlich im öffentlichen Sektor zu finden ist. Dessen chronologisch ausgefeiltes Laufbahnsystem[14] ist in der Tat eine extreme Ausprägung dieses Prinzips. Wie die empirischen Befunde zeigen, gilt es jedoch in überraschendem Ausmaß auch im privaten Sektor; es kann zu tarifverträglichen Senioritätssystemen formalisiert werden (*Dohse* et al. 1982) oder realisiert sich als informelles System von Sukzessionsregeln und langfristigen Reziprozitätserwartungen (*Kohli* et al. 1983). Die chronologische Sequenzierung ist somit für die Betriebe nicht eine Randbedingung unter anderen, sondern ein *konstitutives Strukturmerkmal* des internen Arbeitsmarktes.

Die Untersuchung von *William H. Graebner* (1980) über die Entstehung des US-amerikanischen *Rentensystems* weist in eine ähnliche Richtung. Verrentung ist

[14] Auch hier bietet sich in der Bundesrepublik eine besonders hohe Entwicklungsstufe dar. In ihrem öffentlichen Dienst wird nicht nur das Besoldungsdienstalter über einen spezifischen Satz von Verfahrensregeln auf den Tag genau festgelegt, sondern unabhängig davon auch noch das Jubiläumsdienstalter.

ein Ausweg aus dem Problem, die älteren Arbeitskräfte loszuwerden, um die Effizienz des Arbeitskräfteeinsatzes zu erhöhen und Platz für nachrückende Arbeitskräfte zu schaffen – und zwar ein Ausweg, der gesellschaftlich legitim ist. Das Rentensystem erlaubte es den Betrieben, die Folgeprobleme der Rationalisierung der Produktion zu externalisieren; es befreite sie von der paternalistischen Verpflichtung, auf Dauer für ihre Arbeiter zu sorgen, und „transformierte (damit) eine menschliche Situation in eine bürokratische" (*Graebner* 1980, S. 121; zur deutschen Situation vgl. *Hermann Schäfer* 1983). Gleiches läßt sich für die aktuellen Modelle einer weiteren faktischen Senkung der Rentengrenze zeigen (*Kohli* et al. 1983). Die Entstehung und Ausgestaltung des Rentensystems ist also das Resultat des Versuchs, die strukturellen Probleme einer rationalen Arbeitsorganisation, insbesondere das Problem der Sukzession, so zu lösen, daß die Lösung mit den normativen Gegebenheiten verträglich ist.

4. Integration. Diese Problemlage bezieht sich hier auf das Verhältnis der verschiedenen Lebensbereiche, insbesondere von *Betrieb und Familie* (vgl. dazu die detaillierten Überlegungen von *Tamara K. Hareven* 1982 b). In der Haushaltsökonomie stellte sich Integration weniger als ein allgemein zu regelndes Problem. Der Primat des Haushalts bedeutete, daß es primär um *seine* Kontinuität ging. Die beteiligten Personen waren kaum als Individuen mit eigenständigen Lebensperspektiven bzw. Kontinuitätsansprüchen ausgebildet; es bestand somit nur ein geringer Abstimmungsbedarf zwischen verschiedenen Zeit- bzw. Kontinuitätsdimensionen. Die beruflichen und familialen Übergänge im Lebenslauf ergaben sich direkt aus den Notwendigkeiten der Produktion und Reproduktion im Haushalt (z. B. Bindung von Heirat an die konkrete Verfügbarkeit einer „Stelle", Notwendigkeit von rascher Wiederverheiratung). Die Kopplung von Ehefähigkeit und wirtschaftlicher Lage wurde auch rechtlich verankert; erst 1868 wurden in Deutschland – mit Ausnahme von Bayern, wo die entsprechenden Vorschriften noch länger in Kraft blieben – die „polizeilichen Beschränkungen der Eheschließung", u.a. über einen Nachweis der wirtschaftlichen Lage, aufgehoben (*Hubbard* 1983, S. 40 f.)[15].

In der industriellen Ökonomie ist der individuelle Lebenslauf als neue soziale Regelungsebene ins Zentrum gerückt. Für die Betriebe stellt sich die Aufgabe, die individuelle Lebenszeit ihrer Arbeitskräfte in die eigene Zeitstruktur des Betriebs als Organisation zu integrieren (vgl. *Kohli*, im Erscheinen). Für die Individuen stellt sich die Aufgabe der Abstimmung betrieblicher und familialer „Laufbahnen". Diese Aufgabe wirft insbesondere im Übergang ins Erwachsenenalter Handlungsalternativen mit erheblichen Konsequenzen auf, und es ist folgerichtig, daß die Gestaltung dieses Übergangs (vor allem unter dem Gesichtspunkt der sequentiellen Organisation der Schritte in den verschiedenen Lebensbereichen) zu einem Schwerpunkt der empirischen Forschung geworden ist (vgl. die bereits erwähnte Übersicht von *Hagestad* und *Neugarten* 1985).

[15] Es sei hier nochmals ausdrücklich darauf hingewiesen, daß diese Koppelung strukturell nur für die vorindustrielle (bäuerliche und zünftisch-handwerkliche) Haushaltsökonomie von Bedeutung war. Für die ländlichen Gewerbetreibenden der protoindustriellen Phase (vgl. *Peter Kriedte* et al. 1977) entfiel sie; die Logik der protoindustriellen Produktionsweise prämiierte eine möglichst frühe Haushaltsgründung und eine hohe Kinderzahl, da das „Kapital" im wesentlichen aus der Arbeitskraft der Familienmitglieder bestand.

Exkurs: Zur Struktur von Altersklassen-Gesellschaften

Es wurde einleitend gesagt, daß der anthropologische Kulturvergleich für die hier behandelten Fragen wenig hilfreich sei[16], weil er die Gefahr einer naiven Gleichsetzung von europäischer Vormoderne und „Primitivgesellschaften" mit sich bringt. Nach dem Durchgang durch die historische Analyse ist diese Gefahr jetzt wohl gebannt; deshalb kann ein kurzer Exkurs über die strukturellen Bedingungen der Gesellschaften, die auf Altersklassen basieren, eingeschaltet werden. Die Beschäftigung mit Altersklassen findet sich schon in der frühen deutschen Ethnologie; sie kulminierte im Versuch, Altersklassen – zusammen mit Geschlechterteilung – als die universalen Grundformen der Vergesellschaftung zu begreifen (*Heinrich Schurtz* 1902). Es mag dahingestellt bleiben, wie weit ein solcher Versuch tragen kann; unbestritten ist, daß es Fälle von Gesellschaften gibt, die wesentlich nach Altersklassen (age-sets) organisiert sind. Kürzlich haben *Ann Foner* und *David Kertzer* (1978) die ethnologische Literatur über solche Gesellschaften gesichtet und im Rahmen der Soziologie der Altersschichtung diskutiert. Es handelt sich um 21 vorwiegend ostafrikanische Gesellschaften, u. a. die Massai (vgl. hierzu auch *Henry Fosbrooke* 1978), Kikuyu, Turkana, Nuer und Karimojong.

Altersklassen in diesem Sinn – in der deutschen Fassung des Artikels von *Fosbrooke* werden sie „Kohorten" genannt – werden hauptsächlich durch folgende Merkmale definiert (*Foner* und *Kertzer* 1978, S. 1082 f.): es sind benannte Gruppierungen, die auf Alter oder Generation beruhen; die Mitgliedschaft in ihnen ist öffentlich anerkannt; die Gruppierungen dauern, sobald sie gebildet sind, über den ganzen restlichen Lebenslauf an; die Mitglieder bewegen sich gemeinsam von einer Altersstufe zur nächsten; die Allokation wesentlicher sozialer Rollen erfolgt auf der Basis dieser Mitgliedschaft bzw. der gemeinsam erreichten Altersstufe. Man könnte nun denken, daß ein solches System die extreme Form einer Institutionalisierung des Lebenslaufs im hier beschriebenen Sinn bildet, d. h. den Endpunkt eines Prozesses der Verzeitlichung und Chronologisierung. Dies ist aber nicht der Fall, wie schon aus einer Betrachtung der zwei folgenden Punkte hervorgeht.

Erstens ist der Übergang von einer Altersstufe zur nächsten ein *kollektives* Ereignis, das weder die Lage des Einzelindividuums in Betracht zieht noch gar an dessen chronologischem Alter orientiert ist. Bei den meisten der in Betracht kommenden Gesellschaften beginnt die Mitgliedschaft in einer Altersklasse – oder sozial gesehen: die Bildung einer neuen Altersklasse – ungefähr in der Adoleszenz, und zwar durch einen Initiationsritus. Die zeitliche Festlegung der Initiation – wie auch der übrigen Übergänge – ist typischerweise nicht chronologisch determiniert, sondern das Ergebnis von Beratungen (*Foner* und *Kertzer* 1978, S. 1088 ff.). Die Entscheidung über die Initiation wird nie von den Initianden selber getroffen, sondern von einer anderen Gruppe, gewöhnlich den Alten. Damit dem Übergang von einer Altersstufe zur nächsten starke Verände-

[16] Ergiebiger wäre der Vergleich mit gegenwärtigen Modernisierungsprozessen in nicht-westlichen Kulturen. Ein Beispiel dafür ist der Ansatz von *Joachim Matthes* (1984) zu einer kultur-soziologisch-vergleichenden Untersuchung der Veränderung biographischer Deutungsstrukturen.

rungen in Macht und Prestige verbunden sind, kommt es in der Regel zu Konflikten. Altersklassen, die durch einen Übergang Macht und Prestige einbüßen werden, versuchen ihn möglichst hinauszuschieben, während die zukünftigen Gewinner Druck ausüben, um ihn zu beschleunigen. Man kann die Entscheidung über das Ansetzen einer Initiation bzw. der anderen Übergänge als gesellschaftlichen Bewältigungsprozeß bezeichnen, mittels dessen der durch das Nachwachsen neuer Kohorten entstehende Druck aufgefangen wird. Wenn die Zahl der potentiellen Initiationskandidaten wächst und sich durch ihre Aktivität allmählich Unruhe verbreitet, beginnen die Alten zu überlegen, daß wieder eine Initiationszeremonie fällig wird. Wenn diese dann stattfindet, werden alle Kandidaten kollektiv prozessiert. Dabei spielt das chronologische Alter eine relativ geringe Rolle. Am ausgeprägtesten ist dies, wo die Altersklassen auf Generationszugehörigkeit beruhen. Durch den großen Altersabstand zwischen Geschwistern kann es dazu kommen, daß manche Männer die Berechtigung zum Heiraten und Kinderhaben erst in ihren 40ern erhalten, während andere Mitglieder ihrer Altersklasse diesen Übergang in ihren 20ern durchleben. Aber auch in Altersklassengesellschaften ohne Generationsgrundlage hängt die Initiation oft weniger vom chronologischen Alter ab (das gewöhnlich gar nicht genau bekannt ist) als von Faktoren wie sozialer Reife oder Reichtum der Herkunftsfamilie – ganz abgesehen davon, daß in Systemen mit nur wenigen Altersklassen bzw. -stufen jede ohnehin einen sehr breiten chronologischen Bereich umfassen muß. Altersklassen sind demnach eine kollektive Vergesellschaftungsform, in der nicht der individuelle Lebenslauf als Regelungsebene in den Vordergrund tritt und das durch das System konstituierte soziale Alter nur relativ schwach mit dem chronologischen Alter der Individuen korrespondiert. Vergesellschaftung erfolgt nicht über ein individuelles Lebensprogramm, das an Individualmerkmalen orientiert ist, sondern im Gegenteil über die unbedingte Zugehörigkeit der Person zu einem sozialen Aggregat.

Zweitens ist der strukturelle Bedeutungsgehalt der Initiation – und wohl auch der späteren Übergänge zwischen den Altersstufen – weniger einer des Übergangs einer Person in einen neuen Zustand als der von Tod und Wiedergeburt. Die alte Person muß „sterben“, und erst dann kann die „neue“ Person im neuen sozialen Rahmen an ihre Stelle treten. Das ist der Sinn eines großen Teils der Riten, mit denen die Initiation vollzogen wird. Dieser Code von Tod und Wiedergeburt ließe sich als eine gesellschaftliche Erleichterung der mit dem scharfen Übergang sich stellenden Probleme der Rollendiskontinuität deuten, etwa im Sinn von *Ruth Benedict* (1978). Man kann ihn aber auch wörtlich nehmen: als Ersetzung einer Person (die der früheren Altersstufe angehörte) durch eine neue. Es handelt sich nicht um eine entwicklungsgeschichtliche Konzeption des Lebens, sondern um eine statisch-kategorielle. Das Leben wird nicht als zeitlicher Ablauf kodiert, sondern in Begriffen der Zugehörigkeit zu einem Status. Wir können darin einen spezifischen Fall des mythischen Zeitverständnisses (*Günter Dux* 1982, S. 134 ff.) sehen. Wie aus den von *Dux* zitierten Berichten hervorgeht, sind Mythen und die ihnen entsprechende rituelle Praxis vielfach darauf angelegt, den Ursprung der gesellschaftlichen Ordnung festzuhalten und den Ablauf der Zeit zu negieren. Zeit (als Veränderungsprozeß) wird ungeschehen gemacht.

Diese beiden Punkte verdeutlichen, daß Altersklassen-Gesellschaften eine nicht-zeitliche Konzeption des Lebens realisieren. Ihr Strukturprinzip besteht darin, die Dimension der Lebenszeit ihrer Mitglieder in einer kollektiven und zugleich statisch-kategoriellen Vergesellschaftungsform zu binden. Es ist also ein Versuch zur „Entzeitlichung" der Zeit[17].

IV. Institutionelles Programm und subjektive Konstruktion

Der Befund der zunehmenden Institutionalisierung des Lebenslaufs ist zunächst überraschend. Die Bindung der Lebensereignisse an das chronologische Alter widerspricht einem der normativen Kernprinzipien der Moderne, nämlich der Orientierung an *erworbenen* statt an *zugeschriebenen* Merkmalen. Alter ist – ähnlich wie Geschlecht – eines der noch verbleibenden askriptiven Merkmale[18]. Die strukturellen Überlegungen haben deutlich gemacht, welcher Problemdruck diesem überraschenden Befund zugrundeliegt und wie der Institutionalisierungsprozeß mit der gesellschaftlichen Organisation der Arbeit zusammenhängt. Zugleich ist aber auch deutlich geworden, daß dieser Prozeß nicht ohne Spannungen verläuft; an den rechtlichen Auseinandersetzungen um die Altersgrenzen wird der Widerspruch zwischen Universalismus und Askription derzeit offenkundig.

Es handelt sich jedoch nicht nur um einen Konflikt unterschiedlicher Wertsphären; eine Spannung ist auch im Institutionalisierungsprozeß selber angelegt. Die Institutionalisierung des Lebenslaufs bedeutet (notwendige) *Entlastung*; sie gibt der Lebensführung ein festes Gerüst vor und setzt Kriterien dafür, was erreichbar ist und was nicht[19]. Sie bedeutet aber auch – wie jede Herausbildung von Institutionen – eine *Einschränkung* individueller Handlungsspielräume (wie sich etwa am Problem der sozialen Kontrolle erweist).

Beides – die Spannung zwischen Universalismus und Askription und die widersprüchlichen Folgen der Institutionalisierung – kann sich in den wissenschaftlichen Analyseansätzen niederschlagen. Ich habe zu zeigen versucht, daß es sinnvoll ist, biographische Abläufe und biographische Orientierungen unter der Perspektive „sozialer Tatsachen" zu betrachten. Dieser Ansatz stößt aber hier an seine Grenzen; es erweist sich, daß auch eine Konzeption des Handlungsprozesses selber erforderlich

[17] Der Ausdruck stammt von *Clifford Geertz* (1973, S. 391); er bezeichnet damit die „reine Simultaneität", die in der balinesischen Konzeption von (Alltags-, Lebens- und historischer) Zeit angelegt ist. In analogem Sinn interpretiert *Geertz* (1980) den traditionellen balinesischen Staat als eine Struktur, die primär (symbolisch) darum herum organisiert ist, die Identität der Gegenwart mit der Vergangenheit wiederherzustellen, indem der Ablauf der Zeit annulliert wird.

[18] Genauer: es ist insofern askriptiv, als es nicht durch eigene Leistung beeinflußt werden kann (es sei denn, man faßt das Überleben als Leistung auf); es unterscheidet sich aber insofern von anderen askriptiven Merkmalen, als eine Person nicht auf Dauer mit einer Merkmalsausprägung behaftet wird, sondern einer geregelten Abfolge der Ausprägungen unterworfen ist.

[19] Das geht bis zu dem Punkt, daß etwa im Wettkampfsport durch Alterskategorien Segmente geschaffen werden, in denen auch Ältere (und Jugendliche) unter gleichen Bedingungen miteinander konkurrieren können (vgl. *Meyer*, im Erscheinen).

ist. Damit werden Grundfragen des *Verhältnisses von System- und Handlungstheorie* aufgeworfen[20]. Diese weit ausgreifenden Fragen bedürfen einer genaueren Untersuchung, als sie hier möglich ist. Im Sinn einer ersten Annäherung können grob *drei Modelle* des Verhältnisses von System- und Handlungsebene – konkret: des Lebenslaufs als institutionelles Programm und als subjektive Konstruktion – unterschieden werden.

Das *erste* Modell löst die Spannung auf, indem es nur das institutionelle Programm analysiert, d. h. die Individuen *ausschließlich als biographisch prozessierte Einheiten* faßt. Es werden Mechanismen identifiziert, die „direkt" – d. h. ohne Dazutun individueller Akteure – wirken. Die Aufmerksamkeit richtet sich auf die prozessierenden Mechanismen und Institutionen, die die Realisierung des Ablaufprogramms gewährleisten. In Konsequenz daraus wird argumentiert, daß die Handlungsebene ohne Schaden weggelassen werden könne (*Mayer* 1985). Die biographischen Perspektiven der Individuen gelten – soweit sie überhaupt in den Blick geraten – als Produkte des institutionellen Programms und damit als wissenschaftlich vernachlässigenswert. Es wird mit anderen Worten ein Aktor impliziert, der sich dem Programm entweder aus eigenem Interesse fügt (liberal-marktwirtschaftliche Variante) oder seinem Zwang unterworfen ist (macht bzw. kontrolltheoretische Variante).

Unter dem Gesichtspunkt des Normallebenslaufs steht die Prozessierung durch Arbeitsmarkt und staatliche Leistungssysteme im Vordergrund. In der interpretativen Forschung ergibt sich ein Anknüpfungspunkt in den Studien zur Prozessierung abweichenden Verhaltens durch Behandlungs- und Kontrollinstanzen, die in der Tradition des Labeling-Ansatzes stehen und sich zum Teil auch auf biographische Prozesse im eigentlichen Sinn erstrecken (z. B. *Aaron V. Cicourel* 1978).

Ein solches Modell bezieht sich also auf Vorgänge, die zweifellos empirisch eine erhebliche Bedeutung haben. Es versagt aber dort, wo sich die spannungsvolle Dynamik der Institutionalisierung bemerkbar macht. Selbst wo sich – wie in der erwähnten Labeling-Literatur – eine entsprechende Perspektive durchgesetzt hat, kann gezeigt werden, daß das Subjekt der Prozessierung nicht einfach passiv unterliegt und seine Eigenbeiträge und Widerstandsmöglichkeiten so nicht angemessen erfaßt werden (*Gerd Riemann* 1984).

Das *zweite* Modell geht davon aus, daß Lebenslauf als institutionelles Ablaufprogramm und Biographie als subjektive Konstruktion einander *parallel* sind und sich ergänzen. Die Entwicklung führt nach ihm von einer „nicht-individuellen" Lebensform, in der das Subjekt weitgehend als Mitglied des Haushalts konstituiert ist und keine eigenen Kontinuitätsansprüche hat, zu einer individuierten Lebensform, in welcher der individuelle Lebenslauf zu einer neuen Ablauf-, aber auch Anspruchs- und Aufmerksamkeitsdimension wird. Das Regelsystem des Lebenslaufs findet sich nicht nur auf der Ebene von für das Subjekt heteronomen Abläufen, sondern auch auf derjenigen kultureller Deutungsstrukturen und entsprechender subjektiver biographischer Perspektiven. Dieses Modell wird dem Tatbestand gerecht, daß eine individualisierte Gesellschaft darauf angewiesen ist, daß die Individuen ihren Part erfüllen

[20] Sie stellen Sich ähnlich auch – allerdings ohne daß sie bisher explizit behandelt worden sind – in der Diskussion über *Individualisierung*, die in der Soziologie im Zusammenhang mit der sich verändernden Struktur sozialer Ungleichheiten neu entbrannt ist (vgl. *Beck* 1983; *Beck-Gernsheim* 1983; *Fuchs* 1983).

(womit auch die Möglichkeit gegeben ist, daß sie dies nicht tun). Subjektivität wird hier als eine notwendige Komponente der Gesellschaft aufgefaßt[21].

Das sollte im übrigen nicht so verstanden werden, als ob biographische Perspektivität immer die Form expliziter biographischer Planung hat. Das Kennzeichnende an der biographischen Lebensform liegt eher auf der Ebene der *Idealisierungen*, d.h. der grundlegenden Selbstverständlichkeiten, auf denen die Individuen ihre biographischen Entwürfe aufbauen. Es ist eine Idealisierung der Dauer: der Lebenslauf bzw. die Lebenszeit ist eine grundlegende und selbstverständliche *Voraussetzung* für das Handeln (und erst in zweiter Linie möglicherweise auch eine thematische *Ressource*). Gerade daß das selbstverständliche Rechnen mit einem normalen Lebenslauf – zu dem für Arbeiter und Angestellte u. a. der Übergang in den Ruhestand als chronologisch fixierbares Ereignis gehört – sich auch dort nachweisen läßt, wo die Zukunft nicht Gegenstand von Entwürfen ist und handlungsschematisch ausgearbeitet wird (*Kohli*, im Erscheinen), ist ein Beleg für die fraglose alltagsweltliche Geltung einer solchen biographischen Perspektive.

Auch dieses Modell faßt aber noch nicht alles; es muß ergänzt werden durch ein *drittes*, in dem die Spannung zwischen Lebenslauf als vorgeordneter (heteronomer) Realität und Biographie als subjektiver Konstruktion erhalten bleibt und auf ihre Konsequenzen befragt werden kann. Biographisches Handeln weist – wie jedes Handeln – ein Moment von *Emergenz und Autonomie* auf. Handeln ist nie nur Vollzug sozial tradierter Wissensbestände, sondern hat immer auch den Charakter des offenen Entwurfs. Individualisierung bedeutet eine Verstärkung dieser Emergenz. In der aktuellen Individualisierungsdebatte liegt auf dieser Offenheit ein besonderes Gewicht; „Biographisierung der Lebensführung" (*Fuchs* 1983, S. 366) meint „Aufweichung sozial institutionalisierter Biographieverläufe" und Vergrößerung des persönlichen Handlungsspielraums. Es gibt im übrigen zahlreiche empirische Hinweise darauf, daß eine entwickelte Subjektivität sich nicht bruchlos in die Grenzen einfügt, die ihr von den institutionellen Programmen zugedacht sind, sondern auf Weiterentwicklung drängt. Es sei an die zentrale Bedeutung dieser Konzeption in der Aufklärung, also im Frühstadium des Individualisierungsprozesses erinnert. Gerade die deutsche Literatur kannte mit dem Bildungsroman (Vgl. *Rolf-Peter Janz* 1980) eine typische Form der Literarisierung der konfliktreichen, mehr oder weniger gelingenden Entwicklung des Ichs in der Auseinandersetzung mit der Welt. Heute ist Entwicklung nicht mehr abgeschlossen, sobald sich ein gefestigtes Ich gebildet hat, sondern gilt als lebenslanger Prozeß. In den Zeitbegriffen, die hier zugrunde gelegt werden, kann man sagen, daß es sich um eine *verzeitlichte* Individualität mit entwicklungsgeschichtlicher Dynamik handelt, die gerade durch diese Dynamik gegen das *chronologische* Korsett drückt, in das sie durch das institutionelle Programm des modernen Lebenslaufs eingebunden ist.

Eines muß zum Schluß nochmals festgehalten werden: Mit dem Begriff der Individualisierung darf nicht gemeint sein, daß den vormodernen Menschen jede Indivi-

[21] Eine solche funktionalistische Perspektive läßt sich bis in die aktuellen industriesoziologischen Debatten verfolgen, in denen z. B. auf die Zunahme einer ganzheitlichen Nutzung der Arbeitskraft – d.h. einer Nutzung nicht nur als spezifischer Funktionsträger, sondern als entwickeltes Subjekt – hingewiesen wird (*Horst Kern* und *Michael Schumann* 1983).

dualität gefehlt habe. Individualität im Sinn eines *handlungsfähigen Subjekts* ist in menschlichen Gesellschaften *universal*. Diese Universalität läßt sich auf verschiedene Weise fassen: psychologisch (z. B. in Form der Grundüberlegungen der kognitiven Entwicklungspsychologie), kommunikationstheoretisch (z. B. unter den Gesichtspunkten einer Universalpragmatik) oder konstitutionstheoretisch (z. B. auf der Grundlage einer Phänomenologie der Sozialwelt). Erst oberhalb dieser Basis liegt der historische Variationsspielraum, um den es geht, wenn von Individualisierung die Rede ist.

V. Zur gegenwärtigen Situation: Anzeichen eines neuen Strukturwandels?

Wäre dieser Artikel vor fünfzehn Jahren geschrieben worden, hätte er an dieser Stelle abgeschlossen werden können. Inzwischen mehren sich aber die empirischen Anzeichen dafür, daß der Prozeß der Chronologisierung zu einem Stillstand gekommen ist oder sich sogar umgekehrt hat. Bevor dies zum Anlaß für strukturelle Überlegungen genommen wird, sollen zunächst einige Schlaglichter auf die Veränderungen geworfen werden, an die hier zu denken ist.

Als erstes sind die *Veränderungen des familialen Verhaltens* zu nennen (vgl. *Held* 1985). Mehrere der Prozesse, die zu einer Standardisierung des Familienzyklus geführt haben, haben sich seit dem Beginn der 70er Jahre in manchen westlichen Ländern umgekehrt. Das mittlere Heiratsalter ist wieder angestiegen, ebenso das Alter der Frauen bei der Geburt ihrer Kinder. Vermutlich ist dabei auch die Altersvarianz dieser Ereignisse größer geworden. Belege gibt es für den Rückgang ihrer Prävalenz: Heiratsneigung und Geburtenraten haben abgenommen. Die Scheidungsraten sind gestiegen, die Stabilität der Ehen ist damit gesunken. Es ist also eine Destandardisierung des Familienzyklus in mehrfacher Hinsicht zu verzeichnen: der Prozeß der Familienbildung wird verlängert bzw. verschoben, ein zunehmender Anteil der jüngeren Geburtskohorten vollzieht diesen Prozeß in alternativen Formen, nur teilweise oder gar nicht; damit wächst der Anteil von Haushaltskonstellationen und Verlaufsformen, die nicht mehr dem normativen Muster entsprechen, auf das hin sich die historische Entwicklung bis vor kurzem bewegte.

Der zweite Bereich ist derjenige der *Arbeit*. Seit einiger Zeit ist eine lebhafte Diskussion über Modelle der Aufweichung der Dreiteilung des Lebenslaufs und seiner Chronologie im Gange, etwa durch lebenslange bzw. rekurrente Bildung, Langzeiturlaube oder Teilzeitarbeit. Besonderes Gewicht wird auf die Flexibilisierung der Lebensplanung durch Erhöhung der individuellen Wahlmöglichkeiten gelegt. Solche Modelle haben viele Argumente für sich – in der aktuellen Situation auch noch das arbeitsmarktpolitische (Verteilung der verfügbaren Erwerbsarbeit auf möglichst viele Personen und möglichst alle Lebensphasen statt Konzentration auf einen abnehmenden Anteil von Ganztagsarbeitern mit abnehmendem Anteil der Arbeitsphase am gesamten Leben). Die Arbeitszeitwünsche der Erwerbstätigen entwickeln sich in die gleiche Richtung. Angesichts dieser Sachlage ist es erstaunlich, wie groß die Widerstände gegen die Realisierung dieser Modelle sind. Dennoch ist deutlich, daß sich die

Dreiteilung des Lebenslaufs allmählich aufweicht, nicht zuletzt durch die Aufweichung der Grenzen der Erwerbsarbeit bzw. des formellen Sektors selbst.

Schließlich scheinen auch ehemals strikte *Altersnormen* ihre Geltung zu verlieren. Abweichungen davon etwa hinsichtlich Kleidung, Sexualität, Teilnahme an formaler Bildung verfallen weniger einer negativen Sanktionierung. Ähnliche Veränderungen finden sich übrigens in den – von *Elias* oder *Foucault* thematisierten – Dimensionen des Zivilisationsprozesses. Rückgang der „Höflichkeit", lnformalisierung, freiere Körperlichkeit, Rückgang der Affektkontrolle sind einige Stichworte dazu. In allen Dimensionen werden Differenzierungs- bzw. Externalisierungsprozesse in Frage gestellt, nicht nur hinsichtlich der Lebensphasen, sondern auch der Lebensbereiche mit ihren spezifischen Wertorientierungen und sozialen Räumen oder im Hinblick auf die Ausgliederung von „Problemgruppen".

Angesichts dieser empirischen Sachverhalte stellt sich die Frage, ob sie als ganzes eine bloße *konjunkturelle Ausbuchtung* des säkularen Trends zur Verzeitlichung und Chronologisierung anzeigen oder einen *grundsätzlichen Umschwung*, d. h. den Beginn eines neuen Strukturwandels. Es ist natürlich interessanter, das zweite anzunehmen; es ist aber auch risikoreicher und setzt ein hohes Vertrauen in unsere diagnostische Fähigkeit voraus. Eine gewisse Skepsis müßte schon durch das zeitliche Ungleichgewicht – vierhundert Jahre Entwicklung in der einen Richtung, fünfzehn Jahre in der anderen – nahegelegt werden. Es fehlt allerdings nicht an soziologischen Begriffsangeboten für eine grundlegende gesellschaftliche Transformation, die sich in den letzten Jahren oder Jahrzehnten vollzogen haben soll, vom „organisierten" (oder „korporativen") Kapitalismus über die „postindustrielle Gesellschaft" bis zur schlichten „Postmoderne". Wie eine solche Transformation den Rahmen für einen Strukturwandel des Lebenslaufs bilden könnte und wie die erwähnten empirischen Befunde darauf hin zu interpretieren wären, mag zukünftigen Klärungen überlassen bleiben.

Mit Bezug auf unseren engeren Gegenstand, nämlich das Lebenslaufregime und den lndividualisierungsprozeß, haben wir – falls wir uns für einen Strukturwandel entschließen wollen – immer noch zwei entgegengesetzte Deutungsalternativen. Die erste schließt an die – vor allem von der Kritischen Theorie seit längerer Zeit in Umlauf gesetzte – These vom „*Ende des Individuums*" an. Diese These behauptet eine Verlagerung von der (frühkapitalistisch-bürgerlichen) Form der Vergesellschaftung, die über Individuen mit internalisierter Leistungsbereitschaft und biographischer Langzeitorientierung erfolgt, zu direkter Vergesellschaftung, in der die Personen unmittelbar an den Fäden zentralisierter Steuerungsmedien hängen. Es werden gesellschaftliche Transformationen der Arbeitsbedingungen hervorgehoben, die einer individualisierten Lebensplanung zunehmend den Boden entzögen, und Transformationen der Sozialisationsbedingungen, die immer weniger dazu geeignet seien, die entsprechenden Persönlichkeitseigenschaften zu erzeugen. Zur Stützung dieser These können verschiedene Überlegungen und Beobachtungen herangezogen werden, etwa aus der Narzißmus- und der Wertwandelsdiskussion. Deren bisheriges Ergebnis scheint allerdings gesamthaft der These eher zu widersprechen, und auch die angeführten empirischen Befunde zur Veränderung des Lebenslaufs sind nicht ohne weiteres mit ihr verträglich.

Die Alternative dazu ist die – bereits erwähnte – These, daß wir es heute mit einem *neuen Individualisierungsschub* zu tun haben. Die Befunde, die auf eine Destandardisierung des Lebenslaufs hinweisen, würden sich in diesem Rahmen als Sprengung des chronologischen Korsetts deuten lassen, die aber den Individualisierungsprozeß nicht rückgängig macht, sondern ihn im Gegenteil weiter vorantreibt. Er reißt jetzt auch gesellschaftliche Gruppen mit, die bisher von ihm noch nicht erfaßt wurden (z. B. Frauen, vgl. *Beck-Gernsheim* 1983). Für unseren Zusammenhang wichtiger ist jedoch, daß – wie bereits erwähnt – Entwicklung im Sinn von „Wachstum" zu einem lebenslangen Prozeß geworden ist. (Eine entsprechende Ausweitung läßt sich in der Entwicklungspsychologie und Sozialisationsforschung feststellen.) Damit spitzt sich die Spannung zwischen Lebenslauf als institutionellem Programm und als subjektiver Konstruktion zu. Man kann sagen, daß es gerade die Dynamik des Institutionalisierungsprozesses selber ist, die zu einer Unterminierung der strikten Chronologie des Lebenslaufs führt (so auch *Held* 1985).

Es ist einleuchtend, daß die heutige Individualisierung sich von der (früh)bürgerlichen dadurch abhebt, daß sie auf dem Hintergrund eines staatlich regulierten Arbeitsmarktes und funktionierender wohlfahrtsstaatlicher Stützsysteme erfolgt und nur auf diesem Hintergrund erfolgen kann (*Ulrich Beck* 1983, S. 45). Auf diesem Hintergrund hat sich ja auch das moderne Lebenslaufregime generalisiert und zu verläßlichen, sozial einklagbaren individuellen Kontinuitätsansprüchen geführt. Die Institutionalisierung des Lebenslaufs ist die Grundlage, auf der sich jetzt die individualisierende Abkehr von der Chronologie vollzieht. Obwohl die neue Form des Lebenslaufs in dieser Hinsicht somit wieder stärker der vormodernen zu ähneln beginnt, bedeutet sie strukturell etwas anderes[22].

Eine vorschnelle Funktionalisierung dieses Analyseansatzes ist allerdings nicht angebracht. Alles deutet darauf hin, daß die Destandardisierung des Lebenslaufs nicht einfach harmonisch in eine neue gesellschaftliche Grundstruktur hineinpaßt, sondern sehr konfliktreich verläuft und vermutlich noch lange verlaufen wird. Die Arbeitsgesellschaft ist noch nicht außer Kraft gesetzt, auch wenn manche sie schon verabschiedet haben. Wir haben feststellen können, daß die Modelle einer Aufweichung der Dreiteilung des Lebenslaufs sich erstaunlich schwer realisieren lassen. Die in diesem Artikel angestellten Überlegungen über die strukturellen Grundlagen der Chronologie des Lebenslaufs machen diese Schwierigkeiten verständlich. Gerade daß letztere so ausgeprägt sind, ist ein indirekter Beleg dafür, daß das bestehende Lebenslaufregime zu den Kernstrukturen der Arbeitsgesellschaft gehört.

Literatur

Philippe Ariès, Geschichte der Kindheit, München 1975 (Zuerst 1960).

Paul B. Baltes, *Hayne W. Reese* und *Lewis P. Lipeitt*, Life-Span Developmental Psychology, in: Annual Review of Psychology, 31, 1980, S. 65–100.

[22] Die Krise des Arbeitsmarkts und die sozialpolitische Wende haben dazu geführt, daß die Hintergrundbedingungen, auf denen es zu verläßlichen Kontinuitätsansprüchen kommen kann, für Teile der Bevölkerung nicht mehr gegeben sind; für sie trifft die Individualisierungsthese nur in eingeschränktem Sinn zu.

Rüdeger Baron, Weder Zuckerbrot noch Peitsche. Historische Konstitutionsbedingungen des Sozialstaats in Deutschland, in: Gesellschaft (Beiträge zur Marxschen Theorie), Bd. 12, Frankfurt 1975, S.13–55.

Suse Barth, Lebensalter-Darstellungen im 19. und 20. Jahrhundert, Phil. Diss., München 1970.

Ulrich Beck, Jenseits von Stand und Klasse? Soziale Ungleichheiten, gesellschaftliche Individualisierungsprozesse und die Entstehung neuer sozialer Formationen und Identitäten, in: Soziale Welt, Sonderband 2 (Soziale Ungleichheiten), 1983, S. 35–74.

Ders., Michael Brater und *Hansjürgen Daheim*, Soziologie der Arbeit und der Berufe, Reinbek 1980.

Elisabeth Beck-Gernsheim, Vom „Dasein für andere" zum Anspruch auf „ein Stück eigenes Leben": Individualisierungsprozesse im weiblichen Lebenszusammenhang, in: Soziale Welt, 34, 1983, S. 307–340.

Ruth Benedict, Kontinuität und Diskontinuität im Sozialisationsprozeß, in: *Martin Kohli* (Hrsg.), Soziologie des Lebenslaufs, Darmstadt und Neuwied 1978 (zuerst 1968), S. 195–205.

Peter Berger, Brigitte Berger und *Hansfried Kellner*, Das Unbehagen in der Modernität, Frankfurt 1975 (zuerst 1973).

Leonard D. Cain, Aging and the Law, in: *Robert H. Binstock* und *Ethel Shanas* (Hrsg.), Handbook of Aging and the Social Sciences, New York 1976, S. 342–368.

Aaron V. Cicourel, Mark, in: *Kohli* (Hrsg.), Soziologie des Lebenslaufs, a.a.O. 1978, S. 291–310.

Christoph Conrad, Altwerden und Altsein in historischer Perspektive, in: Zeitschrift für Sozialisationsforschung und Erziehungssoziologie, 2, 1982, S. 73–90.

Ders., Geschichte des Alterns: Lebensverhältnisse und sozialpolitische Regulierung, in: Zeitschrift für Sozialisationsforschung und Erziehungssoziologie, 4, 1984, S. 43–156.

Ders., und *Hans-Joachim von Kondratowitz* (Hrsg.), Gerontologie und Sozialgeschichte. Wege zu einer historischen Betrachtung des Alterns, Berlin 1983.

Christoph Deutschmann, Systemzeit und soziale Zeit, in: Leviathan, 11, 1983, S. 494–514.

Die Lebenstreppe, Bilder der menschlichen Lebensalter (Katalog), Köln 1983.

Knut Dohse, Ulrich Jürgens und *Harald Russig*, Hire and fire? Senioritätsregelungen in amerikanischen Betrieben, Frankfurt 1982.

Günter Dux, Die Logik der Weltbilder, Frankfurt 1982.

Josef Ehmer, Zur Stellung alter Menschen in Haushalt und Familie. Thesen auf der Grundlage von quantitativen Quellen aus europäischen Städten seit dem 17. Jahrhundert, in: *Helmut Konrad* (Hrsg.), Der alte Mensch in der Geschichte, Wien 1982, S. 62–103.

Norbert Elias, Über den Prozeß der Zivilisation, Bern und München 1969 (zuerst 1939).

Ann Foner, Perspectives on Changing Age Systems, in: *Matilda W. Riley, Ronald P. Abeles* und *Michael S. Teitelbaum* (Hrsg.), Aging from Birth to Death: Sociotemporal Perspectives, Boulder (Colorado) 1932, S. 217–228.

Dies., und *David Kertzer*, Transitions Over the Life-Course: Lessons from Age-Set Societies, in: American Journal of Sociology, 83, 1978, S. 1081–1104.

Henry Fosbrooke, Die Altersgliederung als gesellschaftliches Grundprinzip. Eine Untersuchung am Beispiel des Hirtenvolkes der Massai in Ostafrika, in: *Leopold Rosenmayr* (Hrsg.), Die menschlichen Lebensalter. Kontinuität und Krisen, München 1978, S. 80–104.

Michel Foucault, Überwachen und Strafen, Frankfurt 1977 (zuerst 1975).

James F. Fries und *Lawrence M. Crapo*, Vitality and Aging, San Francisco 1980.

Werner Fuchs, Jugendliche Statuspassage oder individualisierte Jugendbiographie?, in: Soziale Welt, 34, 1983, S. 341–371.

Ders., Biographische Forschung, Opladen 1984.

Clifford Geertz, Person, Time and Conduct in Bali, in: *Ders.*, The Interpretation of Cultures, New York 1973, S. 360–411.

Ders., Negara. The Theatre-state in Nineteenth Century Bali, Princeton 1980.

Paul C. Glick, Neue Entwicklungen im Lebenszyklus der Familie, in: *Kohli* (Hrsg.), Soziologie des Lebenslaufs, a. a. O. 1978, S. 140–153.

William A. Graebner, A History of Retirement, New Haven 1980.

Gunhild O. Hagestad und Bernice L. Neugarten, Age and the Life-Course, erscheint in: *Robert H. Binstock* und *Ethel Shanas*: (Hrsg.), Handbook of Aging and the Social Sciences, New York, 2. Aufl. 1985.

Tamara K. Hareven, The Life-Course and Aging in Historical Perspective, in: *Tamara K. Hareven* und *Kathleen J. Adams* (Hrsg.), Aging and Life Course Transitions: An Interdisciplinary Perspective, New York 1982, S. 1–26.

Dies., Family Time and Industrial Time. The Relationship Between the Family and Work in a New England Industrial Community, Cambridge 1982.

Thomas Held, Ausgedinge und ländliche Gesellschaft. Generationsverhältnisse im Österreich des 17. bis 19. Jahrhunderts, in: *Conrad* und *v. Kondratowitz* (Hrsg.), Gerontologie und Sozialgeschichte, Berlin 1983, S. 151–184.

Ders., Institutionalization and De-Institutionalization of the Life-Course, in: *Martin Kohli* und *John W. Meyer* (Hrsg.), Social Structure and Social Construction of Life Stages, in: Human Development, 18, 1985.

Ursula Hinschützer und *Heide Momber* (Hrsg.), Basisdaten über ältere Menschen in der Statistik der Bundesrepublik Deutschland, Berlin 1982.

Marie-Luise Hopf-Droste, Der Geburtstag. Ein Beitrag zur Entstehung eines modernen Festes, in: Zeitschrift für Volkskunde, 75, 1979, S. 229–237.

Dies., Das bäuerliche Tagebuch. Materialien zur Volkskunde nordwestliches Niedersachsen, Bd. 3, Museumsdorf Cloppenburg 1981.

William H. Hubbard, Familiengeschichte. Materialien zur deutschen Familie seit dem Ende des 18. Jahrhunderts, München 1983.

Arthur E. Imhof, Life-Course Patterns of Women and their Men. 16 th to 20 th Century, Berlin 1982 (Ms.).

Ders., Von der unsicheren zur sicheren Lebenszeit, in: Vierteljahresschrift für Sozial- und Wirtschaftsgeschichte, 71, 1984, S. 175–198.

Rolf-Peter Janz, Bildungsroman, in: *Horst A. Glaser* (Hrsg.), Deutsche Literatur. Eine Sozialgeschichte, Bd. 5, Zwischen Revolution und Restauration: Klassik, Romantik 1786–1815, Reinbek 1980, S. 144–163.

Horst Kern und *Michael Schumann*, Arbeit und Sozialcharakter: Alte und neue Konturen, in: *Joachim Matthes* (Hrsg.), Krise der Arbeitsgesellschaft? Verhandlungen des 21. Deutschen Soziologentages in Bamberg 1982, Frankfurt 1983, S. 353–365.

Martin Kohli (Hrsg.), Soziologie des Lebenslaufs, Darmstadt 1978 (1968).

Ders., Zur Theorie der biographischen Selbst- und Fremdthematisierung, in: *Joachim Matthes* (Hrsg.), Lebenswelt und soziale Probleme. Verhandlungen des 20. Deutschen Soziologentages, Frankfurt 1981, S. 502–520.

Ders., *Joachim Rosenow* und *Jürgen Wolf*, The Social Construction of Aging Through Work. Economic Structure and Life-World, in: Aging and Society, 3, 1983, S. 23–42.

Ders., Thesen zur Geschichte des Lebenslaufs als sozialer Institution, in: *Conrad* und *von Kondratowitz* (Hrsg.), Gerontologie und Sozialgeschichte, Berlin 1983, S. 133–147.

Ders. und *John W. Meyer* (Hrsg.), Social Structure and Social Construction of Life Stages (Symposion mit Beiträgen von *Mathilda W. Riley*, *Karl Ulrich Mayer*, *Thomas Held*, *Tamara K. Hareven*), in: Human Development, 18, 1985.

Ders., Social Organization and Subjective Construction of Life Stages, in: *Aage B. Sørensen*, *Franz Weiners*, und *Lonnie R. Sherrod* (Hrsg.), Human Development: Interdisciplinary Perspectives, Hillsdale, N.J. (im Erscheinen).

Hans-Joachim v. Kondratowitz, Zum historischen Wandel der Altersposition in der deutschen Gesellschaft, in: *Arbeitsgruppe Fachbericht über Probleme des Alterns* (Hrsg.), Altwerden in der Bundesrepublik Deutschland, Bd. I, Berlin 1982, S. 73–201.

Ders., Zum historischen Konstitutionsprozeß von „Altersgrenzen", in: *Conrad* und *von Kondratowitz* (Hrsg.), Gerontologie und Sozialgeschichte, Berlin 1983, S. 379–411.

Helmut Konrad (Hrsg.), Der alte Mensch in der Geschichte, Wien 1982.

Peter Kriedte, *Hans Medick* und *Jürgen Schlumbohm*, Industrialisierung vor der Industrialisierung, Göttingen 1977.

Peter Laslett, The History of Aging and the Aged, in: *Ders.* (Hrsg.), Family Life and Illicit Love in Earlier Generations, Cambridge 1977, S. 174–213.

Wolf Lepenies, Das Ende der Naturgeschichte, München 1976.

René Levy, Der Lebenslauf als Statusbiographie, Stuttgart 1977.

Joachim Matthes, Über die Arbeit mit lebensgeschichtlichen Erzählungen in einer nicht-westlichen Kultur, in: *Martin Kohli* und *Günther Robert* (Hrsg.), Biographie und soziale Wirklichkeit, Stuttgart 1984, S. 284–295.

Karl Ulrich Mayer, Structural Constraints on the Life-Course, in: Martin Kohli und John W. Meyer (Hrsg.), Social Structure and Social Construction of Life Stages, in: Human Development, 18, 1985.

Ders. und *Walter Müller*, The State and the Structure of the Life Course, in: *Aage B. Sørensen* et al. (Hrsg.), Human Development: Interdisciplinary Perspectives, Hillsdale, N. J. (im Erscheinen).

John W. Meyer, The Self and Life Course: Institutionalization and its Effects, in: *Aage B. Sørensen* et al. (Hrsg.), Human Development: Interdisciplinary Perspectives, Hillsdale, N. J. (im Erscheinen).

Michael Mitterauer und *Reinhart Sieder*, Vom Patriarchat zur Partnerschaft, München 1977.
John Modell, Frank F. Furstenberg Jr. und *Theodore Hershberg*, Sozialer Wandel und Übergänge ins Erwachsenenalter, in: *Martin Kohli* (Hrsg.), Soziologie des Lebenslaufs, Darmstadt 1978 (zuerst 1976), S. 225–250.
Klaus-Detlef Müller, Autobiographie und Roman, Tübingen 1976.
Günter Niggl, Geschichte der deutschen Autobiographie im 18. Jahrhundert, Stuttgart 1977.
Bernice L. Neugarten, Age Groups on American Society and the Rise of the Young-Old, in: Annals of the American Academy, 1974, S. 413–423.
Günther Reinert, Prolegomena to a History of Life-Span Developmental Psychology, in: *Paul B. Baltes* und *Orville G. Brim Jr.* (Hrsg.), Life-span Development and Behavior, Bd. 2, New York 1979, S. 205–254.
Jürgen Reulecke, Zur Entdeckung des Alters als eines sozialen Problems in der ersten Hälfte des 19. Jahrhunderts, in: *Conrad* und *v. Kondratowitz* (Hrsg.), Gerontologie und Sozialgeschichte, Berlin 1983, S. 413–423.
Matilda W. Riley, Marilyn Johnson und *Ann Foner*, Aging and Society, Bd. 3, A Sociology of Age Stratification, New York 1972.
Gerd Riemann, „Na wenigstens bereitete sich da wieder etwas in meiner Krankheit vor". Zum Umgang psychiatrischer Patienten mit übermächtigen Theorien, die ihr eigenes Selbst betreffen, in: *Kohli* und *Robert* (Hrsg.), Biographie und soziale Wirklichkeit, Stuttgart 1984, S. 118–141.
David Riesman, Die einsame Masse, Reinbek 1958 (zuerst 1950).
Heidi Rosenbaum, Formen der Familie. Untersuchungen zum Zusammenhang von Familienverhältnissen, Sozialstruktur und sozialem Wandel in der deutschen Gesellschaft des 19. Jahrhunderts, Frankfurt 1982.
Leopold Rosenmayr (Hrsg.), Die menschlichen Lebensalter. Kontinuität und Krisen, München 1978a.
Ders., Fragmente zu einer sozialwissenschaftlichen Theorie der Lebensalter, in: *Leopold Rosenmayr* (Hrsg.), Die menschlichen Lebensalter, München 1978b, S. 428–457.
Hermann Schäfer, Die berufliche und soziale Lage von Arbeitern im Alter. Eine Skizze zur Situation in Deutschland im 19./20. Jahrhundert, in: *Conrad* und *v. Kondratowitz* (Hrsg.), Gerontologie und Sozialgeschichte, Berlin 1983, S. 255–272.
Rudolf Schenda, Bewertungen und Bewältigungen des Alters aufgrund volkskundlicher Materialien, in: *Conrad* und *v. Kondratowitz* (Hrsg.), Gerontologie und Sozialgeschichte, Berlin 1983, S. 59–71.
Alfred Schütz, Der sinnhafte Aufbau der sozialen Welt, Wien 1932.
Heinrich Schurtz, Altersklassen und Männerbünde, Berlin 1902.
Aaage B. Sørensen, Processes of Allocation to Open and Closed Positions in Social Structure, in: Zeitschrift für Soziologie, 12, 1933, S. 203–224.
Lawrence Stone, The Family, Sex and Marriage in England 1500–1800, London 1977.
Florian Tennstedt, Sozialgeschichte der Sozialversicherung, in: *Maria Blohmke, Christian v. Ferber, Karl Peter Kisker* und *Hans Schäfer* (Hrsg.), Handbuch der Sozialmedizin, Bd. 3, Stuttgart 1976, S. 385–492.
Edward P. Thompson, Plebeische Kultur und moralische Ökonomie, in: Zeit, Arbeitsdisziplin und Industriekapitalismus, Wien 1980 (zuerst 1967).
Judith Treas, The Historical Decline in Late-Life Labor Force Participation in the United States: Policy Determinants? Paper presented to the Xllth International Congress of Gerontology, Hamburg 1981.
Peter R. Uhlenberg, A Study of Cohort Life Cycles: Cohorts of Native Born Massachusetts Women, 1850–1920, in: Population Studies, 23, 1969, S. 407–420.
Ders., Cohort Variations in Family Life Cycle, in: Journal of Marriage and the Family, 36, 1974, S. 284–289.
Max Weber, Gesammelte Aufsätze zur Religionssoziologie, Bd. I, Tübingen 1920.
Rudolf Wendorff, Zeit und Kultur, Wiesbaden 1980.
Halliman H. Winsborough, Changes in the Transition to Adulthood, in: *Matilda W. Riley* (Hrsg.), Aging from Birth to Death: Interdisciplinary perspectives Boulder, Col. 1979.

Köln Z Soziol (2017) (Suppl 1) 69:525–548
DOI 10.1007/s11577-017-0418-5

Kölner Zeitschrift für Soziologie und Sozialpsychologie

Vielfalt und Interdependenz

Überlegungen zur Rolle von intermediären Organisationen in sich ändernden Umwelten

Von Wolfgang Streeck

„… an increasing inclination to ignore, evade, or openly challenge hierarchical rule and leadership; a development which is affecting not only management and trade unions but also politics and other institutions such as universities and the Roman Catholic Church" (Alan Fox 1974, 182).

„… that managing the increasing economic interdependence of nations is both the biggest challenge and worry that policy-makers face. Interdependence represents a challenge because it is an irreversible reality. It is a worry because governments are losing control over some of their most important policy instruments and becoming more exposed to policies adopted in other countries over which they have no say. For all speakers, interdependence represented a constraint on domestic policy-making" ("Pride and Uncertainty Mark OECD's Birthday Glance Behind and Ahead", International Herald Tribune, 24. Oktober 1986).

Erstveröffentlichung: *Kölner Zeitschrift für Soziologie und Sozialpsychologie*, Jg. 39, 1987, Heft 3, S. 471–495.

c/o V. Dreier,
Institut für Soziologie und Sozialpsychologie, Universität zu Köln,
Lindenburger Allee 15, 50931 Köln, Deutschland
E-Mail: volker.dreier@uni-koeln.de

Der Weg vom Individuum zur Gesellschaft ist weit; damit er begehbar wird, muß er in Etappen aufgeteilt werden.[1] Zumal moderne Gesellschaften sind so groß, daß sie zu ihrer Integration der Differenzierung bedürfen: gegenüber dem „loi le Chapelier" hat sich Hegels (1970, 393–8) Idee der Korporation als Vermittlungsinstanz, als Zwischenebene im gesellschaftlichen Aggregationsprozeß, allemal als zukunftsträchtiger erwiesen. Bevor Individuen Mitglieder einer modernen Gesellschaft werden, und damit sie es überhaupt werden können, gruppieren sie sich aufgrund vorgängiger und zusätzlicher Gemeinsamkeiten – des Status, des Interesses, der räumlichen Nachbarschaft – in, mit Simmel (1980), kleinere „soziale Kreise". Gesellschaft, als Makro-System, entsteht als Aggregat von Aggregaten, nicht von Individuen.

In der Praxis der soziologischen Theorie verbindet sich mit dem Begriff der Gesellschaft noch immer, und in Ermangelung einer Alternative womöglich notgedrungen, die Vorstellung einer staatlich verfaßten Nation. In der Tat lassen sich, solange man gesellschaftliche Einheit als Resultat staatlicher Organisierung auffaßt, die konstitutiven Zwischenträger des gesamtgesellschaftlichen Integrationsprozesses einigermaßen komfortabel eingrenzen, benennen und klassifizieren. Familien und Stämme haben, so die herrschende Lehre, mit fortschreitender Modernisierung an Bedeutung für den gesellschaftlichen Zusammenhang eingebüßt; an ihre Seite, wenn nicht an ihre Stelle, treten organisierte „sekundäre" Systeme wie politische Parteien, wirtschaftliche Interessenverbände, Vereine, Kirchen, Gemeindeverwaltungen und Bundesstaaten. Gemeinsam ist diesen Gebilden, daß sie *sowohl Mitglieder haben als auch Mitglieder sind* – nämlich des nationalstaatlichen Institutionensystems. Daß beides zusammengehört, zeigen die schweren Verfassungskonflikte mit dem die Gesellschaft organisierenden und begrenzenden Nationalstaat, die regelmäßig dann auftraten, wenn sezessionistische Territorien oder internationalistische Organisationen – wie die katholische Kirche oder die frühe Sozialdemokratie – wohl Mitglieder *haben*, nicht aber auch Mitglieder *sein* wollten.

Der Begriff der „intermediären Organisation", um den es im folgenden gehen soll, entstammt dem nationalstaatlichen Gesellschaftsbild. Darüber hinaus aber ist er durch den Umstand geprägt, daß das Thema der gesellschaftlichen Integration in den fünfziger und sechziger Jahren zur Domäne einer politischen Soziologie der pluralistischen Demokratie wurde (Lipset 1960a; Marshall 1964). Deren Interesse galt zu einem erheblichen Teil dem Beitrag nicht-staatlicher, „freiwilliger" gesellschaftlicher Organisationen zum Funktionieren (national-)staatlicher Demokratien. Im Einklang

[1] Der vorliegende Essay ist die überarbeitete Fassung eines Beitrags zu einem internen Planungsseminar des Wissenschaftszentrums Berlin für Sozialforschung (WZB) am 22. Mai 1986. Ziel des Seminars war die Erarbeitung von Diskussionsgrundlagen für die Entscheidung über einen neuen Forschungsschwerpunkt des WZB, dessen Thematik damals vorläufig mit „Politische Institutionen und soziale Bewegungen" umschrieben wurde. Das Papier wurde zusammen mit anderen in der im Anschluß eingerichteten formellen „Themenfindungskommission" diskutiert. Bei der Überarbeitung wurde der essayhafte, vor- um- und übergreifende Charakter des Originals im ganzen belassen; Bezüge auf den unmittelbaren Diskussionszusammenhang im WZB wurden jedoch getilgt. Der Autor dankt zahlreichen Kommentatoren und Diskutanten für ermutigende, kritische und sehr kritische Kommentare und Hinweise, darunter Jens Alber, Karl Deutsch, Egon Matzner, Renate Mayntz, Friedhelm Neidhardt, Claus Offe, Alessandro Pizzorno, Fritz W. Scharpf, Arndt Sorge und Georg Vobruba. Bei einem spekulativen Unternehmen wie diesem gilt noch mehr als sonst, daß Diskussionsteilnahme nicht Übernahme von Verantwortung für das Ergebnis bedeuten kann.

sowohl mit dem Modernisierungsparadigma als auch mit einem materialistischen Politikbegriff („Who gets what and from whom?") standen dabei vor allem solche Organisationen im Mittelpunkt, die materielle Interessenlagen repräsentierten und die in der „civil society" entstehenden partikularistischen Interessendefinitionen in das politische System einleiteten. Dies waren zum einen die Parteien. Zum anderen waren es die Träger funktionaler Repräsentation von Wirtschaftsinteressen, wie vor allem Gewerkschaften und Unternehmerverbände, deren Etablierung als „second tier of government" (Rokkan) teils mißtrauisch, teils wohlwollend unter der Perspektive ihres potentiellen Beitrags zu gesellschaftlicher Einheit und demokratischer Stabilität verfolgt wurde (Lipset 1960b; Olsen 1981). Es sind Organisationen dieses Typs, an die man heute in erster Linie denkt, wenn von „intermediären Organisationen" die Rede ist.

Freilich: wenn man genau hinsieht, erscheint diese Einengung des Begriffs zunehmend problematisch, und zwar vor allem aus drei Gründen. Zum einen hat der Staat die klaren Konturen, die ihm im Weltbild der pluralistischen Demokratietheorie zugeschrieben wurden, längst eingebüßt. Die Grenzen zwischen staatlichen und nichtstaatlichen Aufgaben und Organisationen erscheinen fließender und unübersichtlicher denn je. Wo „der Staat endet", ist heute nicht nur theoretisch umstritten. Die nicht erst mit den „new politics" eingetretene Neueröffnung der Debatte, wo „das Politische" oder die „öffentliche Sphäre" beginnen, und die entsprechende Erweiterung des politischen Themenspektrums machen es der politischen Soziologie schwer, sich auf Wahlen, Parteien und die Bearbeitung ökonomischer Verteilungskonflikte zu beschränken. Zweitens, und damit in Zusammenhang stehend, lassen sich freiwillige Organisationen immer weniger kategorisch von nicht-freiwilligen Organisationen unterscheiden, und insbesondere die Korporatismusforschung hat in den demokratischen Gesellschaften des Westens alle möglichen Formen staatlich tolerierter oder gar verordneter, formell oder informell obligatorischer Mitgliedschaft in und Vertretung durch institutionalisierte Interessenverbände „zwischen Markt und Staat" herausgearbeitet. Und schließlich ist der Begriff der Gesellschaft mit dem Bedeutungsverlust des Nationalstaats sozusagen „nach oben offen" geworden – ein Problem, mit dem sich auch die „National"-Ökonomie auseinanderzusetzen hat. Ist Westeuropa die „Gesamtgesellschaft" oder noch, jeweils für sich, die alten Nationalstaaten? Sind nicht diese längst auch Mittler geworden zwischen ihren „Mitgliedern" und neuen, supranationalen „Makrosystemen" – Militärbündnissen, Wirtschaftsgemeinschaften, Währungsschlangen usw.?

All das muß nicht bedeuten, daß das Phänomen des „Intermediären" und die spezifischen Funktionsprobleme sozialer Gebilde, die zugleich Mitglieder haben und Mitglieder sind, obsolet geworden wären. Im Gegenteil, wenn man die traditionellen begrifflichen Vorentscheidungen fallen läßt, steigt die Zahl der sozialen Systeme, die die für Zwischenträger in „gesamtgesellschaftlichen" Integrationsprozessen typischen Eigenschaften und Probleme aufweisen. Diese Probleme lassen sich ganz allgemein als Ausdruck einer Notwendigkeit beschreiben, mit mindestens zwei gleich wichtigen Umwelten zur gleichen Zeit interagieren zu müssen: nach „unten" mit einer mehr oder weniger „freiwilligen" Mitgliedschaft oder Klientel – oder allgemeiner: einer der Organisation gegenüber „primären" Sozial- und Wertestruktur – und „nach oben" mit einer institutionellen Umgebung, in der sie (mehr oder weniger organisierte) Organisationen unter anderen sind. Jede dieser Interaktionen, so haben wir an anderer Stelle argumentiert (Streeck und Schmitter 1981), unterliegt einer spezifischen „Logik", deren jeweilige Anpassungsforderungen nicht notwendig kompatibel sein müssen und aus deren Widersprüchen Friktionen sowohl im Verhältnis zwischen Institutionen und ihrer sozialen Basis als auch zwischen Institutionen untereinander entstehen können: einer „Mitgliedschaftslogik", die Imperativen der Sozialintegration, und einer „Einflußlogik", die Imperativen der Systemintegration unterliegt (Lockwood 1964; für eine empirische Anwendung s. Streeck 1986). Die Klärung des Wechselverhältnisses beider Interaktionslogiken und seiner vielfältigen Zusammenhänge mit individuellen Orientierungen und Erwartungen auf der jeweiligen „Mikroebene"; mit den organisatorischen Strukturen im „intermediären" Zwischenbereich; und mit den institutionellen Konfigurationen auf der „Makroebene" der jeweiligen „politischen Öffentlichkeit" scheint umso interessantere Forschungsperspektiven zu eröffnen, je mehr man eine vorschnelle Eingrenzung der zu untersuchenden Realphänomene auf bestimmte gesellschaftliche Sektoren (industrielle Beziehungen, Politik, Kultur u. dgl.) vermeidet. Die Vermutung hier wäre, daß sich sowohl die Bedingungen der *Sozialintegration nach innen* als auch die der *Systemintegration nach außen* für viele derartige Gebilde in vergleichbarer Weise geändert haben – mit Konsequenzen für die Leistungs- und Funktionsfähigkeit von integrativen Zwischenebenen im allgemeinen. Im folgenden soll versucht werden, dieses Thema, zunächst in der Dimension der Mitglieder- und dann der Einflußlogik, anhand vorläufiger und zweifellos impressionistischer Evidenz so weit zu substantiieren, daß die Perspektive eines weiterführenden Forschungsansatzes zum Studium sozialer Integrations- und Desintegrationsprobleme deutlich gemacht werden kann.

I. Vielfalt: Unsichere Mitgliedschaftsverhältnisse und organisatorische Rationalisierung

Jeder Versuch einer allgemeinen Charakterisierung der heutigen Probleme an der Nahtstelle zwischen intermediären Institutionen und ihren Mitgliedern dürfte früher oder später auf ein Thema stoßen, das man plakativ als *„das Aussterben des Stammkunden"* bezeichnen kann. Wer die Manager gesellschaftlicher Großorganisationen befragt, hört überall dasselbe Lied: die „geborenen" und „verschworenen" Mitglieder verschwinden; Mitglieder und Klienten sind „anspruchsvoller" geworden und zugleich unzuverlässiger; Mitgliedschaft und Beteiligung sind nicht mehr wie früher „Ehrensache"; der Prozentsatz der Wähler, Beitragszahler, Kunden, Gläubigen, derer man sicher sein kann, die immer wiederkommen, die unter allen Umständen bei der Stange bleiben, geht zurück. Die Figur des Wechselwählers, die der Wahlforschung so teuer ist (Crewe und Denver 1985), hat viele Brüder und Schwestern in anderen Bereichen: in den Gewerkschaften, die bei ihren tatsächlichen und potentiellen Mitgliedern eine wachsende „Dienstleistungsmentalität", ein Aufrechnen von Beitrag gegen Leistung, beobachten; den Sportvereinen und karitativen Organisationen, denen es schwerer fällt, freiwillige Helfer und Funktionäre zu finden; vielleicht sogar den Kirchen, die zunehmend ohne jenen Fundus gewachsener „Volksfrömmigkeit" auskommen müssen, der ihnen früher als Puffer sowohl gegen Apathie als auch gegen fanatisches Überengagement gedient hat. Nicht nur die ökonomischen, auch die politischen und moralischen Märkte sind turbulenter geworden, und allein daß sie von denen, die sie bedienen, so wahrgenommen werden, ist eine soziale Tatsache, die kaum ohne Folgen für die Struktur des Institutionensystems bleiben kann.

Eine Reihe von Begriffen steht zur Verfügung, mit denen das Phänomen der *nachlassenden Bindungsfähigkeit formal organisierter gesellschaftlicher Aggregate* gegenüber ihrer sozialen Basis in Worte gefaßt und in Problemkontexte eingebracht werden kann. Viele Organisationen erfahren heute ihre (potentielle) Mitgliedschaft als eine turbulente und, in jeder Bedeutung des Wortes, kritische *Umwelt*; was zunächst als eine eher extravagante und formalistische Konzeptbildung der Luhmann'schen Systemtheorie (Luhmann 1964) erschienen sein mochte, ist heute durchaus Teil der Alltagserfahrung derjenigen, die gesellschaftliche Institutionen zu verwalten haben. Die Bindungen an organisierte Institutionen scheinen, in Parsons' Terminologie, mehr und mehr *instrumentellen Charakter* anzunehmen (Parsons 1968), „narrower in scope" (Etzioni 1961) zu werden und ihre affektiv-expressive Dimension einzubüßen; sozialpsychologisch ließe sich über eine *„affektive Verarmung"* von Mitgliedschaftsverhältnissen und ein Verschwinden ihrer moralisch-verpflichtenden, informell-obligatorischen Komponente spekulieren. Sozialstrukturelle Analysen verweisen uns, zweifellos zu recht, auf den Verfall traditionaler Sozialmilieus – infolge räumlicher, beruflicher, kultureller Mobilität –, in denen Loyalität zu, Mitgliedschaft in und Beteiligung an einer bestimmten, kollektive Identität repräsentierenden und erzeugenden Organisation eine verpflichtende „Selbstverständlichkeit" war. Allgemeiner gefaßt, allerdings wiederum metaphorisch, könnte man von einer *Austrocknung der vororganisatorischen Quellen formaler Organisierung und organisatorischer Loyalität* sprechen, von einem „Abschneiden der Wurzeln" formal organisierter Institutionen in der ihnen „unterliegenden" Sozialstruktur, einer Disjunktion zwischen vororganisatorischer Lebenswelt und organisierter Institutionenwelt. Nicht umsonst schließlich war „Legitimationskrise" eines der Hauptstichworte der staatstheoretischen Diskussion der siebziger Jahre (Habermas 1973).

Ich möchte nicht lange darüber spekulieren, was der auf der institutionellen Ebene erfahrbaren, nachlassenden organisatorischen Bindungsfähigkeit im individualpsychologischen Bereich entspricht.[2] Ein optimistischer Liberaler würde zweifellos von einer Zunahme von Handlungsautonomie im Gefolge eines längst fälligen Verschwindens primordialer, autoritärer Beschränkungen individueller Selbstverwirklichung sprechen – oder, im Jargon, von erweiterten „Wahlmöglichkeiten" und gestiegener kognitiver und emotionaler „Kritikfähigkeit". Ein konservativer Pessimist würde mit Durkheim (1952) oder Gehlen (1977) die freier flottierenden und weniger institutionell festgelegten psychischen Energien, die „shifting involvements" (Hirschman) als Ausdruck krisenhafter Anomie auffassen und die mit dieser verbundenen hohen psychischen und sozialen Kosten betonen. Interessanter erscheint der

[2] Allessandro Pizzorno hat in einem Diskussionsbeitrag in diesem Zusammenhang von einer wachsenden Ähnlichkeit zwischen Individuen und formalen Organisationen, mit entsprechender Kontingenz und Wählbarkeit der eigenen Ziele und Strukturen, gesprochen. Pizzornos Metapher ist auch deshalb von Interesse, weil sich aus ihr die Vermutung ableiten ließe, daß die Probleme und Formen der Organisierung von Individuen den Problemen der Organisierung von Organisationen – etwa Unternehmen in Unternehmensverbänden – zunehmend ähnlicher werden müßten, wofür in der Tat einiges zu sprechen scheint.

Umstand, daß der Rückgang der moralischen Besetzung von Institutionen mit einer ungekannten *Moralisierung* des individuellen und individualisierten Politikverständnisses und des öffentlichen politischen Diskurses einhergeht – wobei sich die mit ihrer abstrakten Sachzwangtechnokratie alleingelassenen Institutionen vor der Wucht der gestiegenen moralischen Ansprüche notgedrungen immer schäbiger ausnehmen. „De-Moralisierung" von Institutionen und Moralisierung von Politik hängen zumindest insofern zusammen, als letztere unvermeidlich zunehmen muß, wenn „Right or wrong, my country (party, union, employer etc.)" keinen ethischen Fixpunkt mehr abgibt, ein loyalistischer Basiskonsens nicht mehr vorausgesetzt werden kann, und der politisch-organisatorische Prozeß der Reflektion und Relativierung von Werten an (definitionsbedürftigen) kollektiven Interessen aufgrund schwindender moralischer Bindungsfähigkeit der beteiligten Organisationen ins Stocken geraten ist.

Die „neuen sozialen Bewegungen" sind häufig, mehr oder weniger euphorisch, als Versuch gedeutet worden, gegen eine rationalisierte, „erkaltete" institutionelle Umwelt und in Reaktion auf das Verschwinden der zitierten traditionalen Milieus so etwas wie „Heimat" oder „Gemeinschaft" zu rekonstruieren. Das mag der Fall sein oder auch nicht; zu bedenken wäre freilich, daß hier, anders als bei sozialen Bewegungen im traditionellen Sinne, ein sozialstrukturelles Substrat, aus dem sich (partikulare und zugleich integrierende) Interessendefinitionen herausfiltern ließen, zu fehlen scheint. Vielleicht wäre es deshalb überhaupt angemessener, von „neuen moralischen Bewegungen" zu sprechen, die sich in Reaktion auf die schwindende Moral- und Ideologiefähigkeit des vorhandenen Institutionensystems bilden und deren Besonderheit darin liegt, daß sie institutionell ungebundene Moralsubstitute anbieten.[3] In jedem Fall aber scheint die genauere Betrachtung der Organisationsstrukturen dieser „Bewegungen" die Diagnose einer verminderten institutionellen Bindungsfähigkeit insofern zu bestätigen, als bei ihnen wohl von Moral, kaum aber von moralisch stabilisierten formalen Mitgliedschaften – mit dem ihnen innewohnenden Moment einer *generalisierten und unspezifischen Loyalitätsverpflichtung* – die Rede sein kann. Die Tatsache, daß man die „Mitglieder" der „neuen sozialen Bewegungen" schlecht zu identifizieren vermag, ist deshalb nicht nur ein ärgerliches Abgrenzungsproblem der empirischen Forschung, sondern konstitutiver Bestandteil des Phänomens selber: *formale Bindungen und Loyalitäten sind als solche umstritten*, und ein Gutteil des „neuen Moralismus" scheint gerade in einer moralischen Ablehnung moralfundierter Loyalitäten zu bestehen. Dies unterscheidet die neuen politischen Organisationsformen übrigens grundsätzlich von der frühen Sozialdemokratie und macht eine Wiederholung der bei dieser beobachteten organisatorischen Entwicklungssequenz eher unwahrscheinlich. Organisationsanalysen der „Anti-Parteien-Partei" und ihrer Probleme mit ihrer Anhängerschaft wären unter diesem Gesichtspunkt zweifellos aufschlußreich; an ihnen ließe sich womöglich auch zeigen, daß Loyalität gegenüber politischen Organisationen auf integrativen Vorleistungen einer „gemeinschafts"-ähnlichen sozialstrukturellen Basis beruht, bei deren Abwesenheit ganz neuartige organisatorische Probleme auftreten.

[3] Als deren wichtigstes Luhmann (1986, S. 237 ff.) die Angst – oder genauer: die quasi-moralische Verpflichtung zur gemeinsamen, vergemeinschaftenden Angst – charakterisiert hat.

Es kann hier nicht darum gehen, die „neue Moralität" im einzelnen zu untersuchen oder ihre Unterschiede zur „alten Moralität" traditionellerer Sozialbindungen herauszuarbeiten. Vielmehr richtet sich unser Interesse auf eine – notgedrungen versuchsweise – allgemeine Bestimmung derjenigen organisatorischen Probleme, die für intermediäre Institutionen aus den Veränderungen der Sozial- und Wertestrukturen erwachsen, die unter anderem „neue soziale Bewegungen" entstehen lassen. Diese Probleme möchte ich als solche des *Managements von* (gestiegener) *Vielfalt* charakterisieren – Vielfalt in sozialer Hinsicht, in bezug auf die zu bearbeitenden Themen sowie in der Zeitdimension. Mitgliederorganisationen, dies läßt sich über ein weites Spektrum verallgemeinern, müssen heute mit heterogener gewordenen Mitgliedschaften auskommen, deren Ansprüche und Interessen spezifischer – und damit unterschiedlicher und weniger leicht auf einen Nenner zu bringen – sind und deren Agenden häufiger zu wechseln scheinen. Dauerhafte Einheitslösungen dauerhafter Einheitsprobleme sind immer weniger gefragt. Hier scheint eine eigenartige Parallele zu jenem Zwang zu „flexibler Spezialisierung" bestehen, dem sich traditionelle Massenproduzenten auf den heutigen, turbulenteren, hochdiversifizierten und stark fluktuierenden Märkten für Güter und Dienstleistungen gegenübersehen (Piore und Sabel 1984). Die Anpassung an derart veränderte Märkte fällt vielen Unternehmen schwer genug, obwohl davon ihr Charakter als markt- und gewinnorientierte ökonomische Organisationen grundsätzlich unberührt bleibt. Steigende Vielfalt an der Basis intermediärer Organisationen dagegen droht diesen eine Ressource zu entziehen, die für deren spezifisches Funktionieren bislang unentbehrlich schien: jene elementare, aus sozialer Homogenität erwachsende „mechanische Solidarität", auf deren Grundlage allein vermittelnde Organisationen im Austausch mit ihresgleichen auf gesamtgesellschaftlicher Ebene „organische Solidarität" erzeugen können – oder jedenfalls konnten.

In jedem Falle gilt, daß die *gesunkene Bindungsfähigkeit* und das *abnehmende moralische Verpflichtungspotential* intermediärer Großorganisationen in diesen selber einen deutlichen Niederschlag finden – einen deutlicheren vielleicht als in den meßbaren subjektiven Befindlichkeiten der Mitglieder und Klienten. Hier lassen sich, wiederum auf der Basis durchaus vorläufiger Beobachtungen, in erster Annäherung drei Tendenzen unterscheiden.

1. *Die „Pflege" der Mitgliedschaft, insbesondere unter dem Gesichtspunkt der Herstellung und Stabilisierung von Organisationsloyalität, wird zunehmend als organisatorische Sonderfunktion ausdifferenziert und professionalisiert.* Gemeinden beschäftigen „Bürgerbeauftragte" zur Herstellung von „Bürgernähe"; Gewerkschaftsführungen stützen sich auf empirische Sozialforschung als Ersatz für die ausgetrockneten Kanäle primärer interner Kommunikation; Parteien wie die deutsche Sozialdemokratie suchen nach neuen Wegen der „Vertrauensarbeit", vorzugsweise in und mit dem Kleingärtner- und Sportverein, freilich ohne die Gewähr, die ihnen selbst verlorengegangenen „kleinen Netze" dort zu finden; zugleich wird die „Mitgliederbetreuung" mit Hilfe elektronischer Datenverarbeitung rationalisiert, beispielsweise um Beitragsausfälle infolge eines Rückgangs persönlicher Kontakte zwischen Organisationsrepräsentanten und Mitgliedern zu vermeiden; Sportvereine konsultieren Marketing-Firmen, um zu erfahren, wie sie die an ihnen vorbeilaufenden Jogger in die organisierte Sportbewegung zurückholen können; und die

etablierten Großkirchen ernennen „Sektenbeauftragte“, um nach Wegen zu suchen, die in kleinen Gruppen frei flottierende, institutionell ungebundene Religiosität in ihre Reihen zurückzulenken. Der Aufwand gesellschaftlicher Großorganisationen für „internes Marketing“ – der Anteil der Kommunikations- und Überredungskosten am jeweiligen Haushalt – dürfte in den letzten Jahren rapide gestiegen sein, nicht notwendig weil mehr kommuniziert und überredet würde, sondern weil dies nunmehr über „sekundäre“ Kanäle passiert und anfängt, Geld zu kosten (so scheint ein erheblicher Teil der 500 Millionen DM, die die IG Metall für den Streik von 1984 ausgegeben hat, in die interne „Motivationspflege“ geflossen zu sein, Rösner 1984). Hier entstehen *neue Formen (interner und externer) politischer Öffentlichkeitsarbeit*, deren Gemeinsamkeit darin liegt, daß sie auf formalorganisatorischer Ebene Ersatz für verschwundene oder nicht mehr für Organisationszwecke in Dienst zu stellende Primärbeziehungen zwischen den Mitgliedern selber bzw. zwischen Mitgliedern und Organisation zu schaffen versuchen.

Eine weitere auffällige Veränderung in zahlreichen Organisationen, die ebenfalls in diesen Zusammenhang gehören könnte, ist die wachsende Bedeutung, die ausgerechnet deren Geschäftsführer der Eröffnung von Partizipationschancen beimessen. Aus organisatorischer Sicht muß diese Entwicklung nicht notwendig auf gestiegene Partizipations-„bedürfnisse“ der Mitglieder und Klienten, die ohnehin schwer zu belegen wären, zurückgeführt werden. Partizipationschancen können vielmehr auch ein Mittel zur „Einbindung“ der jeweiligen Klientel sein, das geschwächte oder nicht mehr aktivierbare vororganisatorische Integrationsmechanismen auf formaler, organisierter Ebene ersetzt. Als Beispiel wäre etwa an Volvos „Quality of Working Life“-Programm der siebziger Jahre zu denken, das in erster Linie eine Antwort auf extrem hohe Fluktuation war und primär zum Ziel hatte, die Bindung der Belegschaft an das Unternehmen zu festigen (Sandberg 1982). Soweit darüber hinaus Mitglieder tatsächlich stärkere formalorganisatorische Vorkehrungen für Partizipation verlangen, könnte auch dies letztlich auf ein Verschwinden jener informellen, subtilen, alltäglichen „Partizipations“-Chancen deuten, die in dichten, normativ integrierten Kollektiven sozusagen von selbst und organisatorisch kostenlos gegeben sind.

2. Eine Reihe von Großorganisationen hat begonnen, ihre Zukunft in der *Umwandlung mindestens eines Teils ihrer Tätigkeit in das Erbringen von „Dienstleistungen“* zu erblicken. Dieser Begriff hat eine erstaunliche Karriere gemacht. Zuerst scheinen die Unternehmerverbände damit begonnen zu haben, sich ihren Mitgliedern gegenüber als „Service-Zentralen“ darzustellen, die für individuelle Beratung, Unterstützung, Vertretung jederzeit und geschäftsmäßig-effizient zur Verfügung stehen (Buchholz 1969). Mittlerweile wird auch in den Gewerkschaften angesichts der absehbaren Notwendigkeit, irgendwann einmal in der Mehrzahl aufstiegsorientierte, professionalisierte, „milieufremde“ Angestellte und Ingenieure organisieren und vertreten zu müssen. Von der – freilich durchaus perhorreszierten – Aussicht gesprochen, zu einer Art „ADAC der Arbeitswelt“ zu werden: d.h. zu einer wettbewerbsfähigen Rundumversicherung gegen die Risiken des Arbeitslebens, die zusätzlich Einzelberatung in allen Arbeitsproblemen einschließlich „career counselling“ für Mitglieder anbietet, die ihre Interessen grundsätzlich individualistisch („privatistisch“) und jedenfalls im traditionellen Sinne „unpolitisch“ definieren (Hemmer 1985).

Zwei Entwicklungen lassen sich beschreiben, die mit dem Einzug des Dienstleistungsbegriffs in das Selbstverständnis intermediärer Organisationen eng zusammenhängen. Die eine ist ein *wachsender Wettbewerbsdruck* kommerzieller (oder staatlicher) Anbieter von (teilweise) substitutiven Leistungen. Ein Unternehmer kann einem Arbeitgeberverband beitreten, um sich vor dem Arbeitsgericht vertreten zu lassen; er kann aber auch einen Anwalt nehmen. Wer eine Leistung auch als Kunde und nicht nur als Mitglied erhalten kann, mag es unter Umständen vorziehen, sich auf eine punktuelle, funktional spezifische, einmalige ökonomische Transaktion zu beschränken, die ihn über deren Zweck hinaus nicht bindet – ein Ausstieg aus „sozialem" in „ökonomischen" Austausch (Blau 1964). Soweit sich derartige Präferenzen in der Tat herausbilden, müssen Mitgliederorganisationen umlernen – konkreter: von der Konkurrenz lernen und zu ebenso effizienten „Dienstleistern" werden wie diese. Die strukturellen Konsequenzen sind beträchtlich; erfolgreiches Bestehen der Konkurrenz am Markt erfordert ein rationales Rechnungswesen, professionalisiertes Personal, womöglich Auslagerung von Funktionen in „Dienstleistungszentren" oder gar „profit centers". Hier sollte man die Erfahrung der immer noch größten organisierten Massenbewegung, der Sportvereine und -verbände, nicht übersehen, die sich in der Konkurrenz mit privaten Sportanbietern zunehmend dazu gezwungen sehen könnten, Leistungen an Nichtmitglieder sozusagen im Einzelhandel abzugeben und um der Erhaltung ihrer Wettbewerbsfähigkeit willen auf das Zustandekommen formalisierter unspezifischer Dauerbindungen („Mitgliedschaft") als Voraussetzung der Nutzung von Vereinsleistungen zu verzichten. Ein weiteres, womöglich der „politischen Sphäre" näheres Beispiel, auf das hier nicht näher eingegangen werden soll, dessen Bedeutung aber trotz seiner fast völligen Vernachlässigung durch die soziologische Forschung auf der Hand liegen sollte, ist die in den letzten zwei Jahrzehnten vollzogene Transformation der Konsumvereine und -genossenschaften in normale Einzelhandelsketten (von der „Neuen Heimat" gar nicht zu reden).

Die zweite Entwicklung, die hier von Bedeutung erscheint, spiegelt sich in der Beobachtung, daß die Olson'sche Theorie kollektiven Handelns mit ihrer Betonung der Notwendigkeit von „selective incentives" (Olson 1965) heute Organisationsmanagern aller Art sozusagen in Fleisch und Blut übergegangen zu sein scheint. Eine Vielzahl von Institutionen beschäftigt sich gegenwärtig mit dem Problem, wie mit Hilfe individualisierbarer „Dienstleistungen" vorenthaltbare Gratifikationen für Mitgliedschaft und Beteiligung geschaffen werden können, mit deren Hilfe *einer wahrgenommenen wachsenden Tendenz zum „Trittbrettfahrertum"* begegnet werden kann. Schon die Tatsache der sozusagen lebensweltlichen Präsenz der in ihren Grundannahmen antikollektivistischen und anti-„idealistischen" Theorie Olsons in den Vorstandszentralen so vieler moderner Institutionen ist ein erstaunliches Datum. Mitglieder, oder doch ein in seiner Bedeutung wachsender Teil der (potentiellen) Mitgliedschaft, werden als ökonomisch kalkulierende Individuen gesehen, die sich, was sie benötigen, entweder bei der effizienteren Konkurrenz über den Markt beschaffen oder aus einem Vorrat öffentlicher Güter entnehmen, zu dessen Produktion beizutragen es für sie weder rationale noch moralische Gründe gibt. Diese Perzeption der „Mitgliederumwelt" als anomisches und atomistisches Interessenkonglomerat ohne verläßliches Potential für langfristige, stabile Bindungen auf der Basis gegenseitigen Vertrauens und wechselseitiger Identifikation muß der Wirklichkeit nicht notwendig entsprechen. Aber daß die moralischen und kollektivistischen Dimensionen individuellen Handelns aus der organisatorischen Binnenperspektive nicht mehr so recht erkennbar zu sein scheinen, könnte darauf hindeuten, daß sie für die Zwecke von gesellschaftlichen Großorganisationen weniger aktivierbar geworden und deshalb jedenfalls pragmatisch für sie nicht mehr voraussetzbar sind.

3. *In Reaktion auf die von ihren Mitgliedern ausgehenden Unsicherheiten machen gesellschaftliche Großorganisationen zunehmend von der Möglichkeit Gebrauch, zur Stabilisierung ihrer Mitgliedschaftsbeziehungen Koalitionen mit anderen Organisationen einzugehen.* Dies ist die allgemeinste und einfachste Beschreibung eines äußerst vielgestaltigen Phänomens. Das klassische Beispiel ist der closed shop, der freilich alt ist und in anderen Zusammenhängen erfunden wurde: die eine Organisation, ein Unternehmen oder ein Unternehmensverband, garantiert der anderen, einer Gewerkschaft, die vollständige Organisierung ihrer Domäne und damit einen gesicherten Ressourcenzufluß. Heutige „closed shops", im weitesten Sinne, sind zumeist staatlich vermittelt – im Bereich der industriellen Beziehungen etwa durch die Erklärung von Tarifverträgen als allgemeinverbindlich –, und auf welch verschlungenen Wegen Organisationssicherung mit Hilfe öffentlicher Autorität bis weit in den vorstaatlichen Bereich hinein gewährleistet werden kann, hat vor allem die „Korporatismus-Debatte" der letzten Jahre gezeigt, die die mannigfaltigen Formen der „Beleihung" gesellschaftlicher und politischer Organisationen mit öffentlichen Aufgaben und deren organisationsstabilisierende Funktionen aufgedeckt hat (für die deutschen Gewerkschaften vgl. Streeck 1981).

Beispiele hierfür gibt es im übrigen auch außerhalb der Sphäre der funktionalen Repräsentation. Zu den wichtigsten gehört die staatliche Parteienfinanzierung, mit deren Hilfe der wachsende Überredungsaufwand der Parteien, für den die Mitglieder immer weniger als ehrenamtliche Funktionäre oder Beitragszahler aufkommen wollen oder können, durch Anlehnung an den Staat, praktisch mit Hilfe einer Art allgemeiner Zwangsmitgliedschaft der Bürger nach dem Vorbild des „agency shop" des amerikanischen Arbeitsrechts, gedeckt wird. (Die „etablierten" Kirchen mit dem deutschen Kirchensteuerrecht sind hier übrigens den Parteien noch immer Meilen voraus.) Finanzierung steht ohnehin bei der Vernetzung gesellschaftlicher Organisationen mit dem Staat, und der mit ihr einhergehenden Verwischung der Grenzen zwischen „Staat und Gesellschaft", im Zentrum, und Schumpeters berühmtes Diktum über den Nutzen der Finanzwissenschaft als soziologisches Erkenntnisinstrument (Schumpeter 1976) bestätigt sich hier von neuem: siehe etwa den wachsenden Anteil öffentlicher Mittel an den Haushalten zahlreicher „freiwilliger" Organisationen, wiederum von Wohlfahrts- bis hin zu Sportverbänden (Winkler und Karhausen 1985).[4] Dem oft geäußerten Unbehagen der professionellen Organisationsverwalter angesichts des mit der „Staatsknete" eingehandelten staatlichen Einflusses – der nostalgischen Erinnerung, etwa in den Kirchen, an das Ideal unabhängiger, staatsfreier Finanzierung allein aufgrund des spontanen Engagements der Mitglieder und Anhän-

[4] Vgl. auch den Umstand, daß die Partei der Grünen den bei weitem höchsten Staatsanteil an ihrem Finanzaufkommen hat. Dies spricht für die Vermutung, daß die „neuen sozialen Bewegungen" sich in der Art der Bindung ihrer Mitglieder und Anhänger grundlegend von ihren älteren Vorgängern unterscheiden. Zur Finanzierung traditioneller Bewegungen „durch Ehrengeschenke, Beiträge und andere freiwillige Leistungen derer, an die sie sich wenden", siehe Weber (1964, S. 834 ff.).

ger – steht die „realistische" Einsicht gegenüber, daß ohne öffentliche Unterstützung Wahlkämpfe, wie sie von einer nicht-traditionalen Sozialstruktur „verlangt werden", nicht zu führen wären; daß bei dem Versuch, die offiziellen Beitragstabellen durchzusetzen, die Mitglieder Verschwinden würden;[5] daß ohne „Drittmittel" die Funktionäre des Mittelbaus nicht mehr ausgebildet werden könnten (Parteienstiftungen; Finanzierung gewerkschaftlicher Bildungsarbeit durch Rechtsansprüche nach dem Betriebsverfassungsgesetz auf Lohnfortzahlung und Kostenübernahme durch den Arbeitgeber); daß Beratungsprogramme, die Wirtschaftsverbände ihren Mitgliedern als „Dienstleistungen" anbieten, ohne staatliche Subventionierung eingestellt werden müßten; daß „freiwillige" Übungsleiter in Sportvereinen ohne die „Aufwandsentschädigungen" aus dem Bundeshaushalt vielleicht nicht mehr zu finden wären, usw.[6] Vormals autonome Mitgliederverbände werden so, im Jargon der Administratoren, zu „freien Trägern" hoheitlich garantierter Aufgaben oder staatlicher Programme, wobei ihre organisatorische Subsistenz zunehmend auf übertragenen faktischen Besteuerungsrechten, direkten finanziellen Transfers oder beiden beruht.

Neue Formen politischer Öffentlichkeitsarbeit als Ersatz für primäre, affektive Bindungen zwischen Organisations- und Sozialstruktur; Umwandlung von unspezifischen Organisations- in spezifische Dienstleistungen; und staatlich-autoritative Sicherung des Ressourcenzuflusses sind teils komplementäre und teils alternative *Strategien des Managements von unsicheren Mitgliedschaftsverhältnissen*, die sich systematisch nach den institutionellen Sphären – „Gemeinschaft", „Markt" und „Staat" – unterscheiden lassen, an denen sie sich vornehmlich orientieren. Offen erscheint dabei die Richtung der Kausalbeziehungen – ein Problem, das allerdings nicht neu ist und an dem sich auch in der realen Welt die Geister scheiden. Ob der Amateurismus ausstirbt, weil „Aufwandsentschädigungen" ausgeschüttet werden, oder ob Aufwandsentschädigungen ausgeschüttet werden, weil der Amateurismus ausstirbt, ist eine Frage, um deren unterschiedliche Beantwortung herum sich heute in vielen Großorganisationen Fraktionen bilden. Während man einerseits den Übergang zu neuen Formen der „Überzeugungsarbeit", das Anbieten von Dienstleistungen und die Beschaffung von Ressourcen aus öffentlichen Quellen und „mit öffentlichen Mitteln" als Reaktionen auf einen vorangegangenen und von den Institutionen selber unabhängigen sozialstrukturellen Wandel auffassen kann, ist es prinzipiell ebenso möglich, etwa in Analogie zu der von Titmuss (1970) beschriebenen Kommerzialisierungsspirale, den Rückgang der affektiven Bindungen an Großorganisationen mit diesen immanenten und unvermeidliche „Bürokratisierungs"-Tendenzen bzw. Sicherheits- und

[5] Der satzungsmäßige monatliche Mindestbeitrag eines SPD-Mitglieds mit einem Netto-Einkommen von DM 3 000 beträgt seit Anfang der achtziger Jahre DM 50, Bei 4 000 DM steigt er auf DM 120, und bei 7000 DM beträgt er DM 400. Durchsetzbar ist diese steile Progression allein gegenüber Mandatsträgem im weitesten Sinne, und nur bei diesen wird eine Durchsetzung auch versucht. Insofern handelt es sich bei der Beitragstabelle in Wahrheit um eine Fortsetzung der staatlichen Parteienfinanzierung auf dem Umweg über eine private Besteuerung der Einkommen derjenigen, die ihre Position der Partei verdanken.

[6] Aus dem Kommentar eines Lesers der ersten Fassung dieses Aufsatzes: „Ich beobachte immer mit Interesse und Irritation, welche enormen Schwierigkeiten studentische Interessenvertretungen haben, auch nur für simple Positionen in Ausschüssen und Kommissionen usw. ‚Freiwillige' zu rekrutieren; das Problem wird zunehmend dadurch gelöst, daß man im Zusammenspiel mit der Verwaltung das, was nach außen hin als ‚politische Kampfaufgabe' definiert wird, unter vier Augen als Nebenerwerbsgelegenheit behandelt und – zu steigenden Preisen – entsprechend honoriert."

Verstetigungsbedürfnissen zu erklären. Wer identifiziert sich schon mit einem professionell geleiteten, staatlich subventionierten Dienstleistungsanbieter, der es evolutionär „geschafft" hat, auch ohne derartige Identifikationen auszukommen und sie deshalb allenfalls als kulturellen Traditionsbestand pflegt, ansonsten aber nichts für sie „übrighat"? Es könnte ja sein, daß die „men of affairs" in dem, was sie in ihrer Mitgliederumwelt zu sehen glauben, nur das sehen, was sie sehen wollen oder aus ihrer Interessenlage heraus sehen können. Theo Pirker ist kürzlich (1985) noch weiter gegangen und hat behauptet, daß die Destruktion der sozialdemokratischen Subkultur, jenes durch einen koextensiven Organisationsset im Sinne Stinchcombes (1965) repräsentierten und konstituierten Sozialmilieus, ein zielbewußter plot des „rechten" Führungsapparats nach dem Zweiten Weltkrieg gewesen sei, in Kollaboration mit den Besatzungsmächten. Dies mag man bezweifeln; immerhin aber könnte man sich eine Art positiven Feedback zwischen sozialstrukturellem und organisatorischem Wandel vorstellen – ein interdependentes, nicht monokausales, wechselseitiges Verursachungsverhältnis –, in dem dem spezifischen Eigenleben und den besonderen Entwicklungstendenzen formaler Organisationen eine unabhängige kausale Bedeutung zukommt. Allerdings müßte dieses, um ganz verstanden zu werden, in einen komplexeren und umfassenderen Wirkungszusammenhang eingeordnet werden, der die Logik der inter-institutionellen und inter-organisatorischen Beziehungen auf der Makro-Ebene einbegreift. Erst beide Wechselverhältnisse zusammen – das zwischen intermediären Organisationen und ihrer „Basis" und das zwischen intermediären Organisationen und dem sie umgebenden „System" – machen den kausalen Kontext aus, in dem sich Interessenvermittlung und gesellschaftliche Integration vollziehen.

II. Interdependenz: Externe Effekte und interorganisatorische Verflechtung

Moderne Politik wird verfolgt von *„externen Effekten"*. Nichts ist so bestimmend für die Weltbilder der Politiker, Beamten, Geschäftsführer unserer Tage, wie die leidvoll gemachte Erfahrung, daß „alles mit allem zusammenhängt" und man „nichts isoliert betrachten" darf. Jede Entscheidung, jeder Versuch, Ziele zu verfolgen, findet sich wieder als Ausgangspunkt einer Kausalkette, die sowohl lang ist als auch unübersichtlich. Länge heißt, daß die Zahl der anderen Ziele und Interessen – sei es des Handelnden selber oder „signifikanter Anderer" –, die unvermeidlich ebenfalls berührt werden, groß und meist zu groß ist; Unübersichtlichkeit, daß man nicht von vornherein genau wissen kann, welche Ziele und Interessen auch noch berührt sein werden und daß Gewißheit allein darüber besteht, daß stets mit latenten Funktionen und nicht-antizipierten Konsequenzen zu rechnen ist.

Nun hat es externe Effekte natürlich immer gegeben, und auch lange, vermittelte, überraschende Kausalketten sind nicht grundsätzlich neu. Das Neue ist nicht so sehr die Interdependenz als solche, als vielmehr ihre überwältigende Präsenz im Bewußtsein der Planenden und Handelnden, als deren Folge Experten zu Bedenkenträgern werden und Entscheidungsträger das Gefühl haben, sich ständig in vermintem Gelände zu bewegen. Die daraus resultierende „Malaise" (zur Innenansicht von Komplexität vgl. Carters Memoiren, 1983) ist, so meine These, deshalb schwer zu beheben, weil die lähmende Präsenz der langen, unübersichtlichen Kausalketten im strategischen Horizont moderner politischer Akteure eine paradoxe Konsequenz gestiegener gesellschaftlicher Handlungsfähigkeit ist, also durch deren weitere Steigerung zustatt abnimmt. Die *„aktive Gesellschaft"* (Etzioni 1968) *und die „blockierte Gesellschaft"* (Crozier 1970) *sind*, so könnte man das schlagwortartig zusammenfassen, *ein und dasselbe*. Und zwar unter anderem aus folgenden Gründen:

1. Interdependenzen und externe Effekte mag es immer gegeben haben, aber heute wissen Handelnde mehr über sie und sind schon deshalb gezwungen, sie in der einen oder anderen Weise zu berücksichtigen. Daß *Wissen* lähmt, ist eine alte Einsicht, die diejenigen vergessen hatten, die sich von einer Ausweitung der gesellschaftlichen Fähigkeiten zur Informationsverarbeitung eine Steigerung der politischen Steuerungsfähigkeit versprochen hatten (Wissen, Macht und Konsens als die drei Grundelemente gesamtgesellschaftlicher Selbststeuerung, hieß das einmal in einem Buch der sechziger Jahre – Etzioni 1968), Heute sorgen Heerscharen von Experten dafür, daß den Geschäfts- und Entscheidungsträgern jeder Art die für „kühne Initiativen" notwendige Unschuld und „Rücksichtslosigkeit" schon früh und routinemäßig genommen wird. Eine Politik aber, die sich des Andrangs des Wissens um wertparadoxe Kausalzusammenhänge nicht heroisch entziehen kann, verliert ihre Ideologiefähigkeit. In dem Maße, wie ideologisch-wertrationale Politik sich als altmodisches Abenteurertum von selbst verbietet, wird das, was praktisch noch möglich ist, nicht nur legitimationsschwach, sondern, im ursprünglichen wie im übertragenen Sinn des Wortes, langweilig.

2. Die Verfolgung von Zielen und Interessen hat schon immer Kosten für andere Ziele und Interessen verursacht, aber in einer modernen Massendemokratie *sind die betroffenen „Dritten" aktions- und artikulationsfähiger geworden*. Zu der prinzipiell ohnehin unentwirrbaren Komplexität der „Zusammenhänge", die den neutralen und weniger neutralen Experten ihren Lebensunterhalt sichert, tritt die Gewißheit, daß immer irgendwo irgendjemand sich mit Aussicht auf Erfolg „querlegen" wird. In der „neuen politischen Öffentlichkeit" kann jedes von externen Effekten politischer Maßnahmen potentiell berührte Interesse seinen Advokaten finden und zum „öffentlichen Interesse" werden.[7] Gestiegene gesellschaftliche Handlungsfähigkeit – die unzähligen „little old ladies in tennis shoes" – erhöht die Zahl der bei Entscheidungen zu berücksichtigenden Gesichtspunkte und resultiert in einer Umweltturbulenz, in der „muddling through" schon als riskant und „non-decision-making" oft als das einzig Sichere erscheinen.

3. Zielgerichtetes politisches Handeln hat immer unter Randbedingungen stattgefunden und war in seinem Erfolg davon abhängig, daß diese korrekt eingeschätzt wurden. Das heute Neue ist, daß die für politisches Handeln jeweils relevanten *äußeren Bedingungen immer weniger als gegeben und konstant vorausgesetzt werden können.* Technisch gesprochen geht es hier nicht um die Externalitäten von Politik für andere Bereiche, sondern um die Externalitäten anderer Bereiche für Politik.

[7] Als Beispiel für universale „Wertfähigkeit" läßt sich, neben Luhmanns längst sprichwörtlich gewordenen „Pandas, Tamilen, Frauen" (Luhmann 1986, S. 213), der snail darter anführen, eine Fischart von drei Zentimeter Länge, an deren Schutzanspruch zu Zeiten Carters ein großes Staudammprojekt bereits gescheitert war – bis ein intelligenter Beamter den Nachweis zu führen vermochte, daß dieselbe Gattung auch noch anderwärts, außerhalb des geplanten Staudammgebiets, zu finden ist.

„Früher", für Keynes in den zwanziger Jahren zum Beispiel, war Vollbeschäftigung ein Zustand, in dem alle verheirateten Männer, und möglichst auch alle, die dies bald sein würden, in einem Arbeitsverhältnis standen, das sie in die Lage versetzte, ihre Familien zu ernähren. Die dieser Definition unterliegende Struktur des Familiensystems konnte von einer auf Vollbeschäftigung orientierten Wirtschaftspolitik als kulturelle Selbstverständlichkeit vorausgesetzt werden; nur deshalb konnte Politik ihr Ziel und ihr Erfolgskriterium überhaupt kennen. Wie sehr sich das geändert hat, läßt sich an dem durchaus plausiblen Vorschlag illustrieren, der vor einiger Zeit von einer Frauengruppe gemacht wurde: alle Frauen, ausnahmslos alle, die keine formale Beschäftigung haben, sollen sich arbeitslos melden, um ihren „legitimen Anspruch auf einen Arbeitsplatz" zu dokumentieren. Der hierin reflektierte Wandel von Werten und Sozialstrukturen macht jede Vollbeschäftigungspolitik zur Jagd auf ein „moving target" bzw. zwingt sie, auf die eine oder andere Weise auch Familienstrukturpolitik, Arbeitszeitpolitik, soziale Sicherungspolitik usw. zu werden, mit allen möglichen unvorhersehbaren Konsequenzen – ganz abgesehen von der Notwendigkeit, die Umwelteffekte von Beschäftigung, die sich ändernden Technologien, die jeweiligen „Pillenknicke", kurz, alles mögliche andere, das gleichfalls heftig im Fluß ist, auch noch zu „berücksichtigen".

Die zunehmende Verflüssigung einstmals als gegeben voraussetzbarer Handlungsbedingungen ist nicht auf die Sozialstruktur beschränkt, sondern erstreckt sich ebenso auf das institutionelle Umfeld politischer Organisationen auf der Makro-Ebene, So war die Entwicklung der Weltwirtschaft in den siebziger Jahren durch den Zerfall eines „regulatorischen Regimes" charakterisiert, das auf die Vereinbarung von Bretton Woods zurückging und dessen Ecksteine ein System fester Wechselkurse, die Vormachtstellung des US-Dollar als Reservewährung und, hiervon ermöglicht, ein weitreichendes Freihandelssystem waren. Diese Konfiguration, so ist argumentiert worden, ermöglichte die für die Prosperitätsphase der Nachkriegszeit charakteristische Expansion der Massenproduktionsindustrien und die dazugehörige nationale (Keynesianische) Wirtschafts- und Beschäftigungspolitik, ebenso wie sie innerhalb der Nationalstaaten die Entstehung stabiler, „reifer" Regimes der industriellen Beziehungen absicherte (Keohane 1984; Piore und Sabel 1984). Die heutige Konstellation von fluktuierenden Wechselkursen und unsicheren Weltmärkten hat im Vergleich dazu die Handlungsfähigkeit nationaler Wirtschaftspolitik verringert und scheint unter anderem schnellere zyklische Ausschläge und gespaltene nationale Konjunkturen zu verursachen – also die Unübersichtlichkeit, Vielfalt und Überraschungsfähigkeit der Problemlagen zu erhöhen. Dies setzt sich auf der Ebene der industriellen Beziehungen fort, wo durch den vom Weltmarkt und von technischen Anpassungszwängen gebotenen Strukturwandel der Flexibilitätsbedarf der Unternehmen zunimmt und nationale und sektorale Formen zentraler Regulierung unter Druck geraten. Es ist hier kein Platz, darüber zu spekulieren, ob womöglich marktorientierte Organisationen, die sich um die Externalitäten ihres Handelns nicht zu kümmern brauchen, mit den neuen Ungewißheiten unter Umständen besser fertig werden als politische, die gegebenenfalls den Schaden zu regulieren haben; siehe die Wechselkurs- und Anlagepolitik großer Unternehmen und die Entstehung interner Arbeitsmärkte, also festerer Bindungen der Belegschaften an den Arbeitgeber, in einer Zeit des Rückgangs der Bindungsfähigkeit politischer Organisationen. Hier könnte sich eine strukturelle

Disjunktion zwischen Ökonomie und Politik abzeichnen, die dem entspräche, was Offe zutreffend „*desorganisierten Kapitalismus*“ (1985) genannt hat und die durch Relevanzverlust staatlicher Wirtschaftspolitik, heterogene Branchenentwicklungen, die Überlagerung von Klassen- durch sektorale und Unternehmensinteressen, eine Spaltung des Arbeitsmarktes, die Marginalisierung von Regionen und Sektoren und ein Auseinanderwachsen dezentraler, „betriebsegoistischer“ Regulierungsarenen gekennzeichnet wäre (Streeck 1984).

4. Schließlich haben externe Effekte und unvorhergesehene Nebenwirkungen dadurch zugenommen, daß *die Reich- und Tragweite der vorhandenen Handlungsmöglichkeiten gewachsen* ist. Auch hier gilt, daß ein Zuwachs an Handlungsmöglichkeiten die Handlungsfähigkeit beeinträchtigen kann. Je mehr „man machen kann“, desto „dichter“ und weitreichender werden die praktisch relevanten Kausalzusammenhänge in der turbulenten Umwelt, und desto mehr Aus- und Nebenwirkungen können auftreten, die nach Berücksichtigung verlangen. Der erstaunliche Aufstieg einer so trivialen Maxime wie der, daß man „nicht alles machen darf, was technisch machbar ist“, zu einer als tiefe Einsicht empfundenen moralischen Beschwörungsformel ist nur vor dem Hintergrund der überschaubar gewordenen Unüberschaubarkeit der Folgen gesellschaftlichen Handelns zu erklären. Gegolten hat das Prinzip natürlich schon zur Zeit des Faustkeils; aber die Kausalketten, die mit den Instrumenten und Organisationen der Vergangenheit aktivierbar waren, waren so viel kürzer, daß es einer Unterfütterung von Moral durch technology assessment nicht bedurfte. Unzählige Beispiele der *Transformation von Handlungsmacht in weit und tendenziell unbegrenzt ausufernde effektive Verantwortung* ließen sich anführen, unter denen das großtechnischer Energiepolitik und ihrer weit über nationale Grenzen hinausreichenden möglichen Externalitäten zur Zeit das geläufigste ist.

Insgesamt gilt, daß die sich aufdrängende und immer weniger zu verdrängende Präsenz externer Effekte und funktionaler Abhängigkeiten im strategischen Horizont politischer Akteure einen *Verlust an Souveränität* jeder einzelnen der auf begrenzte Wirklichkeitssegmente spezialisierten politischen Institutionen und Organisationen bewirkt. Diese Tendenz schließt Staaten, auch imperiale Staaten wie die USA und die UdSSR, durchaus ein. Souveränitätsverluste wiederum erzeugen Loyalitätsprobleme bei der jeweiligen Klientel. Kollektive Akteure, die nicht Herr ihres Willens und ihres Schicksals sind, haben es schwer, Patriotismus zu mobilisieren (vgl. die Gewerkschaft, die die Kontrolle über die Arbeitsorganisation an die Betriebsräte und über die Lohnhöhe an die nationale Wirtschaftspolitik oder den „Weltmarkt“ abtreten muß – oder, e contrario, die französische Verteidigungs- und Außenpolitik). Funktionierende soziale Systeme müssen Grenzen haben und sie aufrechterhalten können. Wenn die Grenzen eines Systems durch wachsende funktionale Abhängigkeiten immer mehr durchkreuzt werden, hört es auf, Adressat von Ansprüchen und Forderungen seiner „Bürger“ zu sein, für deren Erfüllung es im Gegenzug generalisiertes Vertrauen und unspezifische Loyalität erwarten könnte. Nur wer entscheiden kann, vermag Legitimität zu mobilisieren. Dies verweist auf Zusammenhänge zwischen dem Wuchern der Externalitäten auf der Makro- und dem Verlust der Bindungsfähigkeit auf der Mikro-Ebene, deren systematische Untersuchung aussteht.

Eine regressive, dennoch weitverbreitete Reaktion auf Souveränitätsverlust ist *symbolische Politik* zur Vortäuschung nicht mehr vorhandener Programm- und Handlungsfähigkeit. Daß Politik zu Public Relations geworden sei, ist oft behauptet worden; die Ursache muß aber nicht notwendig in der weiten Verbreitung des Fernsehens liegen. Wenn, mit Luhmann, die Politik „nicht mehr an der Spitze der Gesellschaft" steht und die Gesellschaft sowieso nicht mehr von einer „Spitze" her regiert werden kann, könnte der *Übergang von Politik zu Politikdarstellung* naheliegende mögliche Reaktion eines mit Hyper-Komplexität konfrontierten politischen Systems auf die Tatsache sein, daß ständiges Hin- und Herbedenken komplexer Zusammenhänge am Ende nur die eingetretenen Souveränitätsverluste veröffentlicht und damit der Konsensbeschaffung nicht eben förderlich ist – siehe die Cartersche „Malaise" und ihre Beendigung durch die „Teflon-Präsidentschaft" Ronald Reagans. Freilich scheint auch diese Strategie insofern widersprüchliche Konsequenzen zu haben, als die symbolische Zurschaustellung unbegrenzter Handlungsfähigkeit die Ansprüche und Erwartungen an Politik weiter erhöht und den Bürgern die melancholische Einsicht, daß Politik zum „selbstreferentiellen System" geworden ist, versperrt. Unterhalb der Faszination, die von „surgical strikes" aller Art ausgeht, dürfte schon heute eine latente, aber nichts desto weniger chronische Glaubwürdigkeitslücke liegen, die von zeitweilig erfolgreichen Rufen nach „geistiger Führung" reflektiert, von dem dann als solche angebotenen „Aussitzen" allerdings noch erweitert wird.

Wachsende Präsenz externer Effekte, Verluste von Souveränität und die Versuchung, diese durch symbolische Politik zu kompensieren, betreffen alle Organisationen, die als Mitglieder von dichten und unübersichtlichen Systemen deren „Einflußlogik" unterliegen, und sie betreffen solche Organisationen in besonderer Weise, die zugleich selbst Mitglieder haben. Insofern unterliegen die klassischen intermediären Institutionen der nationalstaatlich verfaßten Einzelgesellschaften ähnlichen Tendenzen wie die Nationalstaaten selber. Beide verfügen im Prinzip auch über die Möglichkeit, als Alternative zu einer nur symbolischen Reaktion auf Interdependenz strukturell, nämlich durch umfassende Organisierung im Sinne Olsons (1965), zu reagieren. Auch diese Lösung, die auf eine Internalisierung möglicher externer Effekte in die Domäne eines einheitlichen Entscheidungszentrums hinausläuft, stößt jedoch auf Grenzen, und zwar durchaus im wörtlichen Sinne. Kein kollektiver Akteur kann alle möglichen sozialen Kausalketten, die durch sein Handeln berührt werden könnten, in sich aufnehmen. Dies gilt auch und gerade für den demokratischen Staat, dessen formaler Expansion in einen umfassenden Etatismus die konstitutionell garantierten, pluralistischen Teilsouveränitäten anderer politischer Institutionen – intermediärer Organisationen nach innen und anderer Staaten nach außen – im Wege stehen. Im übrigen sind „encompassing organizations" erheblichen Zentrifugaltendenzen in ihrer unvermeidlich heterogenen Mitgliedschaft ausgesetzt, zu deren Eindämmung sie typischerweise der Hilfe anderer Organisationen („interorganisatorische Koalitionen") bedürfen. Industriegewerkschaften beispielsweise sind für ihre organisatorische Kohäsion in hohem Maße von wie immer indirekten öffentlichen, staatlichen Stützmaßnahmen abhängig, auf die der Staat für seine eigenen Zwecke so nicht zurückgreifen kann (Streeck 1981). *Management von Interdependenz durch organisatorische Inkorporierung erhöht*, anders formuliert, *die Probleme des Managements von Vielfalt in der inkorporierenden Organisation*. Umfassende Organisationen repräsentieren kollektive Identitäten, die nur unter günstigen Umständen nicht zu breit sind, um mit den Identitätsdefinitionen und Solidaritätsgrenzen ihrer Mitglieder zusammenzufallen; gerade sie haben deshalb in besonderem Maße mit Defiziten ihrer organisatorischen Bindungsfähigkeit zu kämpfen. Im übrigen vermag auch umfassende Organisierung die *Paradoxie des Verlusts von Handlungsfähigkeit durch ihre Steigerung* nicht zu überwinden. Das aus der Sphäre intermediärer Organisation hierfür geläufigste Beispiel ist die Einheitsgewerkschaft, die auf nationaler Ebene für eine ganze Industrie oder eine ganze Volkswirtschaft verhandelt. Die in ihr verkörperte Handlungsmacht erlaubt es ihr einerseits, Löhne und Arbeitsbedingungen im Sinne einer solidarischen Politik zu standardisieren. Zugleich aber zwingt sie sie, die Rückwirkungen ihrer Politik auf die Inflations- und Wachstumsrate, die für sie in ganz anderem Maße präsent sind als für einen betrieblichen Verhandlungsführer, schon bei ihrer Zielformulierung in Rechnung zu stellen. Dies kann und wird in der Regel die Verfolgung einer radikalen Umverteilungspolitik ausschließen. Der in umfassende Organisationen auf diese Weise *eingebaute Mäßigungszwang* wiederum beeinträchtigt das organisatorische Legitimationspotential und verringert die Identifikationsträchtigkeit der verfolgten Politik. *Viel zu können heißt auch hier, wenig wollen zu dürfen.*

Die verbreitetste Form des Managements von Interdependenz ist deshalb *interorganisatorische Verflechtung*, und wenn man auf der Makro-Ebene nach einer der Zunahme von Vielfalt im Mikrobereich parallelen, allgemeinen Tendenz sucht, dann wäre dies wohl der aussichtsreichste Kandidat. Die Einflußlogik heutiger Systemebenen – die Logik der Interaktion zwischen Mitgliederorganisationen als Mitgliedern in von Interdependenz geprägten Problemlagen – läßt sich am ehesten als eine des *Aufbaus von interorganisatorischen Netzwerken zwischen einander mit ungewissen Folgen bedrohenden kollektiven Akteuren* beschreiben. Dabei ist *Verflechtung das funktionale Äquivalent für umfassende Organisierung* unter Bedingungen, unter denen diese nicht erreichbar ist. Meines Wissens sind übrigens die unterschiedlichen Konsequenzen von intra- und interorganisatorischem Management von Interdependenz noch nicht systematisch untersucht worden; hier dürften sich ähnliche (Transaktionskosten-)Probleme finden lassen, wie sie Williamson (1975) im Verhältnis zwischen Märkten und Hierarchien herausgearbeitet hat.

Wichtige Beiträge zum Verständnis der *Einflußlogik interorganisatorischer Verflechtung* stammen von der *Organisationsforschung*, die in den letzten Jahren den Beziehungen *zwischen* Organisationen erhöhte Aufmerksamkeit geschenkt hat (Evan 1976). Organisationen neigen dazu, sich durch institutionalisierte Austauschbeziehungen mit anderen Organisationen gegen Überraschungen abzusichern und ihr Ressourcenaufkommen zu stabilisieren. Dies gilt, wie bereits erwähnt, gerade auch für intermediäre Organisationen in der Konfrontation mit Mobilisierungsproblemen gegenüber ihrer sozialen Basis; „union security" ist Management von Vielfalt zum Preis zusätzlicher, organisatorischer Interdependenz. Grundsätzlich stellt interorganisatorische Verflechtung den Versuch dar, die in der „Problemumwelt" einer Organisation vorhandenen Wirkungszusammenhänge in der Struktur eines institutionalisierten Netzwerkes mit anderen, diese (partiell) repräsentierenden und kontrollierenden Organisationen abzubilden. In dem Maße, wie die beteiligten Organisationen sich dabei zu gegenseitiger Information, Konsultation, Neutralität, Unterstützung, Konsens oder Gefolgschaft verpflichten, opfern sie einen Teil ihrer Autonomie mit dem Ziel, die durch Überkomplexität begrenzten Handlungsmöglichkeiten jeder einzelnen Organisation durch „Konzertierung" als kollektives Gut aller wiederherzustellen.

Tendenzen zur Bildung von (Politik-)Netzwerken sind für alle Arten von Organisationen, staatliche und nicht-staatliche, öffentliche und private, gleichermaßen beobachtet und beschrieben worden. Während jedoch für die Mainstream-Organisationssoziologie alle Katzen grau sind, solange es sich nur um Organisationen handelt, geht es der *Korporatismusforschung* (Lehmbruch und Schmitter 1982; Schmitter und Lehmbruch 1979) gerade um Verflechtungen zwischen Organisationen beider Kategorien, die zugleich trotz und wegen deren jeweiligen Besonderheiten zustande kommen. Korporatistische Systemintegration wird dadurch erreicht, daß private Organisationen einen Teil ihrer Privatautonomie und staatliche Organisationen einen Teil ihrer Hoheitlichkeit, also jede ihre jeweilige differentia specifica, an die Gegenseite abtreten. Dieser Tausch fällt ihnen deshalb leicht, weil er in einer Situation stattfindet, in der infolge der gewachsenen gegenseitigen Externalitäten Hoheitlichkeit und Privatautonomie jede für sich genommen nicht mehr viel wert sind. Staatliche Intervention in interorganisatorische Verflechtung erscheint als naheliegende Reaktion auf Komplexität und Interdependenz, weil jeder Versuch, über die Privatsphäre einzelner Akteure hinauszureichende externe Effekte unter gemeinsame Kontrolle zu bringen, seinem Wesen nach eine „öffentliche Angelegenheit" und politisch ist. Als bevorzugter sozialer Ort von Systemintegration bietet sich insofern die durchstaatlichte öffentliche Sphäre im traditionellen Sinne geradezu an, die als Medium zur Herstellung stabiler, zuverlässiger und erwartungssicherer interorganisatorischer Beziehungen das öffentliche Recht und andere Formen der staatlichen Förderung, Ermöglichung, Beleihung und Besiegelung zur Verfügung stellt. Hier, in den zahllosen „gemischten Kommissionen", zwei-, drei- und mehrseitigen Vereinbarungen, Selbstbeschränkungsabkommen, Quangoes, parastatali und parafiscali einer modernen „Öffentlichkeit" findet statt, was in der deutschen Politikwissenschaft schon früh als *Zusammenbruch der Unterscheidung zwischen „Staat" und „Gesellschaft"* beschrieben worden ist. In der deutschen Sprache gibt es die Möglichkeit, diesen Prozeß gegenseitiger Entgrenzung dialektisch-doppelsinnig als gleichzeitige „Vergesellschaftung des Staates" und „Verstaatlichung der Gesellschaft" zu beschreiben und hieran manche subtile Reflektion zu knüpfen. Andere einschlägige Begriffsbildungen sind die der „privaten Regierung" (Macauley 1983; Selznick 1969), der „privaten Interessenregierung" (Streeck und Schmitter 1935), der „privaten Politik" (Ronge 1980) oder auch des Übergangs von substantieller zu „prozeduraler" Regulierung (Mayntz 1983).

Es wäre jedoch ein Mißverständnis, wollte man von interorganisatorischer Verflechtung die völlige Wiederherstellung verloren gegangener Handlungsspielräume erwarten. Koalitionen erfordern Kompromisse, und in diesem Sinn wird der Versuch einer Rückgewinnung von Handlungsfähigkeit mit der Zurücknahme eben der Ziele, die man mit ihrer Hilfe verfolgen wollte, teuer bezahlt. Gerade wegen der Einbeziehung so vieler Interessen und Beteiligter bleibt, wie Scharpf (1985; Scharpf et al. 1976) gezeigt hat, der Entscheidungsstil in Systemen der „Politikverflechtung" *defensiv und status-quo-orientiert*. Dies kann auch nicht weiter verwundern, da der Sinn von Verflechtung ja gerade darin besteht, alle Beteiligten gegen Überraschungen zu sichern. Integrierte Politiknetze dienen nicht dazu, wagemutig neue Programme zu implementieren; ihr Zweck ist vielmehr, jene Grundmaxime des Verhaltens in unübersichtlichen Verhältnissen, die Offe (1984) auf den Satz zugespitzt hat: „Es liegt im höchsten eigenen Interesse, dieses nicht zu verfolgen“, auf Gegenseitigkeit zu stellen – also Sicherheit darüber zu schaffen, daß die eigene „maßvolle Zurückhaltung“ nicht von anderen, von „free riders“ oder „free booters“, ausgenutzt wird.

Der Preis für Verflechtung, und für die mit ihr gewonnene partielle, temporäre und stets prekäre Organisations- und Erwartungssicherheit, ist ein *Verlust klarer Konturen und Identitäten.* Die Entgrenzung des Staates und die freigebige Austeilung von öffentlichem Status führen unter anderem dazu, daß die gesellschaftlichen Vermittlungsinstanzen von dem, wohin sie vermitteln, immer schwieriger zu unterscheiden sind. Je stärker Vermittlung der Praxeologie des Managements von Interdependenz zwischen formalen Organisationen unterworfen wird, desto mehr geht sie in einem *Konglomerat von Institutionen mit öffentlichen Aufgaben* auf, das als vernetztes, integriertes Ganzes nun nicht mehr einer „verfaßten Gesellschaft“, sondern einer Vielzahl von Individuen gegenübersteht. Da ein souveränes Drittes, zu dem hin vermittelt werden könnte, ebenso schwer erkennbar ist wie unabhängige (Teil-)Identitäten, wird die Unterscheidung zwischen Vermittlungsinstanzen einerseits und „System“ andererseits immer realitätsferner. Die Alltagserfahrung, die sich in den sechziger und siebziger Jahren des Systembegriffs der Soziologie bemächtigt hat und unter ihm die Gesamtheit der staatlichen und vorstaatlichen politischen Institutionen subsumiert (siehe auch den auf Mosca (1939) zurückgehenden italienischen Alltagsbegriff der „classe politica“), mag der Theorie hier wieder einmal einen Schritt voraus sein.

III. Probleme intermediärer Organisationen: Wechselwirkungen von Wechselwirkungen und Möglichkeiten ihrer Erforschung

Gibt es eine Krise intermediär organisierter Sozial- und Systemintegration? Pizzornos einflußreich gewordenes Modell des „politischen Tausches“ (Pizzorno 1978) hat für das politische System im engeren Sinne die Bedingungen angegeben, unter denen die Distanz zwischen Individuum und Gesellschaft durch organisierte Vermittlungsinstanzen überbrückt werden kann. Von zentraler Bedeutung ist dabei die Konstituierung partikularer kollektiver Identitäten, die stark genug sein müssen, um kollektives Handeln und Entscheiden zu zulassen, aber nicht so stark sein dürfen, daß die sie repräsentierenden Organisationen nicht um des Erreichens ihrer Ziele willen auf deren volle Verwirklichung verzichten und ihrer Integration in eine umfassendere (System-)Identität nicht zustimmen könnten. Entwicklungen hin zu größerer Vielfalt auf der Mikro- und höherer Interdependenz auf der Makroebene, wie sie oben beschrieben worden sind, erscheinen mit diesen Voraussetzungen nur schwer vereinbar. Ein Zuwachs an Heterogenität an der sozialen Basis kollektiver Gruppenakteure mag auf einem noch hohen Niveau primärer Sozialintegration die Kompromißfähigkeit der jeweiligen Organisation erhöhen; jenseits eines gewissen Punktes jedoch untergräbt er ihr Identifikationspotential. Die Umwandlung der Systemebene in ein Konglomerat von Institutionen mit öffentlichen Aufgaben hat dieselbe Wirkung, da sie den Unterschied zwischen Mitgliedschaft und Nichtmitgliedschaft tendenziell aufhebt (faktische oder tatsächliche Zwangsvertretung) und das Mitglied einer Organisation de facto und letzten Endes zum Mitglied aller anderen Organisationen macht. Gleichzeitig leidet bei wachsender interner und externer Interdependenz und abnehmender Kontrolle der System-Innenpolitik über das Systemschicksal die individuelle und kollektive „Lieferfähigkeit" der untereinander immer stärker und nach innen immer schwächer integrierten repräsentativen Institutionen, und mit der Vermaschung zwischen der öffentlichen und privaten Sphäre wird der „souveräne Dritte", der den politischen Tausch autoritativ gegenzeichnet und garantiert, zunehmend unsichtbarer. Politischer Tausch, in Ermangelung handlungsfähiger kollektiver Akteure und berechenbarer kollektiver Gegenleistungen, gerät ins Stocken, und die Organisationen auf der Zwischenebene stehen vor einer wachsenden Zahl neuartiger, zunächst schwer deutbarer Organisations- und Entscheidungsprobleme.

Krisentheorien sind heute nicht mehr populär, und in der Tat gibt es Argumente, die gegen eine Krise der intermediären Organisation sprechen. Vielfalt von Interessen und Interdependenz von Problemlagen sind nichts grundsätzlich Neues; die Erosion traditionaler Sozialmilieus und der Individualisierungsprozeß sind seit langem im Gange; und Entscheidungsblockaden, historische Stagnation und das Gefühl, daß „nichts mehr geht", scheinen auch in anderen „reifen", wenn auch weniger „modernen" Gesellschaften vorgekommen zu sein. Zwar wäre es denkbar, gegenüber dem Einwand, daß es die Krise „immer schon gegeben" habe, auf der Bedeutung auch gradueller Unterschiede zu bestehen und mit der Möglichkeit von Schwellenwerten zu argumentieren, deren Überschreitung einen qualitativen Unterschied ausmachen könnte. Damit aber würde man dem weitergehenden Argument nicht gerecht, daß von einer „Krise" grundsätzlich überhaupt nicht die Rede sein könne: die Wahlbeteiligung ist immer noch hoch; die Legitimität der parlamentarischen Demokratie gefestigt; es gibt mehr Vereins-, Gewerkschafts-, Verbandsmitglieder denn je, usw.

Allerdings schließt dies andererseits einen auch fundamentalen Form- und Strukturwandel intermediärer Organisation keineswegs aus. Auch wenn die Anzahl der Mitgliedschaften zugenommen hat, konnte sich die soziale Signifikanz von Mitgliedschaftsverhältnissen in einer Weise geändert haben, die die traditionellen Funktionen und Formen vermittelter Sozial- und Systemintegration in Frage stellt. Und selbst wenn die Entscheidungs- und „Liefer"-Fähigkeit des politischen Systems nicht geringer geworden wäre, könnten die Mechanismen der Koordination zwischen den beteiligten Organisationen andere geworden sein, mit langfristigen Konsequenzen für soziale Stabilität. Forschung über intermediäre Organisationen in historischer Perspektive, die derartigen Veränderungen nachspüren würde, fehlt fast völlig. Wichtiger als diachronische Vergleiche von Mitgliederzahlen und Organisationsgraden könnte sein, ob und wie sich die *institutionelle Auslegung von Mitgliedschaftsverhältnissen* – das System der Kapillarröhren zwischen Organisationen und Mitgliedern, die als Kanäle für den Transfer von materiellen und ideellen Werten zwischen Organisationen und Mitgliedern dienen – gewandelt hat. Und wichtiger, gerade für die Einschätzung demokratischer Stabilität, als Spekulationen über Sachzwänge gestern und heute könnte es sein, Genaueres über Veränderungen in der Art und Weise der Verflechtung intermediärer Organisationen in interorganisatorische Netzwerke und die durch diese gegebene Konditionierung interorganisatorischer Austauschprozesse zu erfahren.

Vor allem aber muß Forschung über intermediäre Organisationen, ob Krise oder nicht, die Zwischenstellung ihres Gegenstandes zwischen einem Mikro- und einem Makro-Bereich ernst nehmen und mögliche Interaktionseffekte zwischen beiden systematisch berücksichtigen. Sozialstruktureller Wandel und Probleme des Umgangs mit Vielfalt einerseits, und Wandel der politischen Institutionen und Probleme des Umgangs mit Interdependenz andererseits, mögen jeweils für sich genommen keine ausreichenden Bedingungen für Krise und Wandel intermediärer Organisationen sein; entscheidend ankommen könnte es jedoch auf ihre Wechselwirkungen. Auch wenn es sich bei den Vorgängen „unten“ und „oben“ jeweils „nur“ um die Fortsetzung langer Trends handelt, ist nicht auszuschließen, daß sie zusammen auf der Zwischenebene zu Spannungen, Brüchen und Funktionsveränderungen führen. Ein traditionelles Makro-Regime mit einem „sichtbaren Souverän“ und identifizierbaren Unterschieden zwischen dem „Ganzen“ und seinen „Teilen“ kann möglicherweise für lange Zeit sozialstrukturelle Erosionsprozesse an der Basis seiner organisierten Teilidentitäten organisationspolitisch neutralisieren. Organisatorische Anpassung an gestiegene Vielfalt durch Umstellung auf neue Organisationstechniken mag erst stattfinden, wenn sie durch wachsende Interdependenz und die mit ihr verbundenen Souveränitäts- und Identitätsverluste erzwungen wird. Umgekehrt könnte eine traditionelle Sozialstruktur die symbolisch-ideologische Darstellung unabhängiger Politik ungeachtet tatsächlich bestehender Interdependenz und beginnender interorganisatorischer Verflechtung noch eine ganze Weile „tragen“; zum Verlust sichtbarer Konturen in hochverflochtenen Organisationssystemen käme es erst bei einer hinzutretenden Milieuerosion, wobei die dann rasch weiter wachsende Verflechtung nicht zuletzt auch zur Bereitstellung organisationstechnischer Äquivalente für aus sozialstrukturellen Gründen gesunkene moralische Bindungsfähigkeit dient.

Grundsätzlich sollten theoretische Modelle, die zur Klärung des Wechselverhältnisses zwischen Mikro- und Makroebene Verwendung finden, Platz für *gegenseitige Verursachung* lassen und nicht von vornherein einen Primat entweder der Sozialstruktur („Gemeinschaft“, „Markt“) über das Institutionensystem („Staat“, „Assoziation“) oder des letzteren über die erstere unterstellen. So besteht beispielsweise ein Vorzug des Olsonschen Modells der Rationalitätsfallen kollektiven Handelns darin, daß es die Frage offen läßt, was zuerst kommt; die kalkulative Orientierung der Mitglieder und Klienten von Großorganisationen, die öffentliche Güter produzieren, oder das Einrücken der Organisationen in einen „öffentlichen Status“ mit entsprechender Transformation ihrer Organisationsleistungen. Möglich ist beides: interorganisatorische Verflechtung mit und in der öffentlichen Sphäre als organisationssichernde Reaktion auf sozialstrukturell bedingte Loyalitätsverluste, und „affektive Verarmung“ von Mitgliedschaftsverhältnissen und Rückgang der organisatorischen Bindungsfähigkeit als Folge eines Managements von Interdependenz durch Einbindung in das öffentliche Institutionensystem. Worauf es zunächst nur ankommt, ist die Tatsache, daß beide „zusammenpassen“.

Besonders attraktiv erscheint natürlich die Denkfigur eines *selbstverstärkenden Zirkels*. Soziale Anomie – der Wandel der Sozialstruktur – kann die Bindung von Individuen und Gruppen an politische Institutionen schwächen und interorganisatorische Verflechtung als organisatorische Anpassungsstrategie in Gang setzen. Zusätzlich und unabhängig davon kann Verflechtung eine Reaktion auf zunehmende externe Effekte, Interdependenzen und Souveränitätsverluste sein. (Neben-)Folge dieser Reaktion kann sein, daß das Identifikationspotential politischer Institutionen (weiter) geschwächt wird. Als Ergebnis geht wiederum die organisatorische Bindungsfähigkeit zurück, und mit ihr und durch sie bedingt womöglich auch die politische Identifizierbarkeit und Identifikationsfähigkeit sozialer Kollektive. Desorganisation „unten" und Überorganisation „oben" können sich so gegenseitig verstärken, und es kommt zu jener *Disjunktion von informellen und formellen Strukturen*, die den verschiedenen Vorstellungen einer Legitimations-, Vermittlungs- oder Regierbarkeitskrise als gemeinsames Grundkonzept zu unterliegen scheint.

Forschung über intermediäre Organisation, die derartige Fragen zu klären versucht, kann von drei unterschiedlichen Wissensbeständen ausgehen, die den Ebenen entsprechen, deren Interaktion ihren Gegenstand bildet:

1. *Theorien des Zusammenhangs von Wertorientierungen und Interessendefinitionen mit Sozialstrukturen* („Re-Soziologisierung der Wertproblematik") unter besonderer Berücksichtigung der Entstehung von Einstellungen und Erwartungen gegenüber der „öffentlichen Sphäre" und der „Politik" sowie kalkulativer, dienstleistungsorientierter, instrumenteller, im weiteren Sinne „Olsonscher" Motivlagen im Vergleich zu generalisierter und unspezifischer, affektiv gestützter Loyalität;
2. *Theorien der Organisation*, insbesondere der Eigendynamik organisatorischer Rationalisierungsprozesse und der Auswirkungen neuer Organisations- und Kommunikationstechniken auf die Strukturen politischer Organisationen;
3. *Theorien der Politik*, insbesondere soweit sie dazu geeignet sind, die Turbulenzen und Interdependenzen von Umwelten und Problemlagen und ihre Folgen für die Handlungsspielräume politischer Akteure allgemein zu bestimmen.

So unentbehrlich freilich jeder dieser Theoriebestände ist, so entscheidend käme es zum Verständnis organisierter Vermittlungsprozesse und ihrer möglichen Krisenhaftigkeit darauf an, sie nicht isoliert zu verwenden, sondern sie auf eine bestimmte, womöglich neue Weise miteinander zu verbinden. Forschung über intermediäre Organisation ist ihrem Wesen nach *Mehrebenen- oder Kontextanalyse*, und zwar sowohl in einem technischen als auch, vor allem, in einem substantiellen Sinn. Letzteres insofern, als in ihr der jeweilige Kontext nicht nur als eine zusätzliche unabhängige (Dummy-)Variable zur Erklärung von Individualdaten auf der jeweils „niedrigeren" Aggregatebene in Erscheinung tritt – wie etwa die Klassifikation „Land" in einer Analyse multinationaler Umfragedaten –, sondern als ein soziales Gebilde eigenen Rechts, das mit seinen Sub- oder Teileinheiten interagiert. Diese Interaktion zwischen grundsätzlich drei Aggregatebenen sozialer Realität: der *Sozialstruktur* der jeweiligen sozialen Gruppe, der *Formalstruktur* der sie organisierenden Organisation, und der *Systemstruktur* des diese einbegreifenden Institutionenkomplexes ist das eigentliche Thema und der eigentliche Gegenstand der empirischen Analyse. Den Ausgangspunkt bildet die Untersuchung zweier Wechselverhältnisse, desjenigen zwischen intermediären Organisationen und ihrer sozialen Basis und desjenigen zwischen intermediären Organisationen und ihrer institutionellen Umwelt. Gestaltbestimmend für die Erforschung intermediärer Strukturen und Prozesse freilich sind Analysen, die alle drei Ebenen miteinander verbinden und die organisatorisch vermittelte Wechselwirkung zwischen der jeweiligen Mikro- und Makroebene, zwischen Mitgliedschafts- und Einflußlogik, Management von Vielfalt und Management von Interdependenz direkt thematisieren – mit dem Ziel, Sozial- und Systemintegration durch intermediäre Organisation als *Interaktion verschiedener Interaktionslogiken*, als *Wechselwirkung von Wechselwirkungen*, zu verstehen. Vieles spricht dafür, daß ein derartiger Ansatz, angewendet auf eine breite Vielfalt von Organisationen, die sowohl Mitglieder haben als auch Mitglieder sind, unter den veränderten Bedingungen moderner Gesellschaften wichtige neue Einsichten bringen könnte.

Literatur

Blau, Peter M.: Exchange and Power in Social Life, New York 1964.

Buchholz Edwin: Die Wirtschaftsverbände in der Wirtschaftsgesellschaft Tübingen 1969.

Carter, Jimmy: Keeping Faith. Memoirs of a President, New York 1983.

Crewe, I., und *D. Denver* (Hrsg.): Electoral Change in Western Democracies Patterns and Sources of Electoral Volatility, London 1985.

Crozier, Michel: La société bloquée, Paris 1970.

Durkheim, Emile: Suicide. A Study in Sociology, New York 1951.

Etzioni, Amitai: Complex Organizations. On Power, Involvement and their Correlates, New York 1961.

–: The Active Society. A Theory of Societal and Political Processes, New York 1968.

Evan, W. M. (Hrsg.): Interorganizational Relations, Harmodsworth, Middlesex 1976.

Fox, Alan: Beyond Contract. Work, Power and Trust Relations, London 1974.

Gehlen, Arnold: Urmensch und Spätkultur. Philosophische Ergebnisse und Aussagen, Frankfurt am Main 1977.

Habermas, Jürgen: Legitimationsprobleme im Spätkapitalismus, Frankfurt am Main 1973.

Hegel, Georg Wilhelm Friedrich: Grundlinien der Philosophie des Rechts, Theorie Werkausgabe Bd. 7, hrsg. von *Eva Moldenhauer* und *Karl Markus Michel*, Frankfurt am Main 1970.

Hemmer, Hans O.: Vor einer Strukturkrise der Gewerkschaften, in: Gewerkschaftliche Monatshefte, 36, 1985, S., 101–111.

Keohane, Robert O.: The World Political Economy and the Crisis of Embedded Liberalism, in: *John H. Goldthorpe* (Hrsg.), Order and Conflict in Contemporary Capitalism, Oxford 1984, S. 15–38.

Lehmbruch, Gerhard und *Philippe C. Schmitter* (Hrsg.): Patterns of Corporacist Policy-Making, London and Beverly Hills 1982.

Lipset, Seymour U.: Political Man. The Social Bases of Politics, Garden City 1960a.

–: The Political Process in Trade Unions. A Theoretical Statement, in: *Walter Galenson* und *Seymour Lipset* (Hrsg.), Labour and Trade Unionism, New York 1960b), S. 216–242.

Lockwood, David: Social Integration and System Integration, in: *G. K. Zollschan* und *W. Hirsch* (Hrsg.), Explorations in Social Change, London 1964, S. 244–257.

Luhmann, Niklas: Funktionen und Folgen formaler Organisation, Berlin 1964.

–: Ökologische Kommunikation. Kann die moderne Gesellschaft sich auf ökologische Gefährdungen einstellen?, Opladen 1986.

Macauley, Steward: Private Government, DPRP Working Paper 1983–6, University of Wisconsin-Madison 1983.

Marshall, T. H.: Class, Citizenship and Social Development, Garden City, New York 1964.

Mayntz, Renate: The Conditions of Effective Public Policy. A New Challenge for Policy Analysis, in: Policy and Politics, 11, 1983, S.123–143.

Mosca, Gaetano: The Ruling Class, New York 1939.

Offe, Claus: Korporatismus als System nichtstaatlicher Makrosteuerung? Notizen über seine Voraussetzungen und demokratischen Gehalte, in: Geschichte und Gesellschaft, 10, 1984, S. 234–254.

–: Disorganized Capitalism, Oxford 1985.

Olsen, Johan P.: Integrated Organisational Participation in Government, in: *P. C. Nystrom* und *W.H. Starbuck* (Hrsg.), Handbook of Organizational Design, Oxford 1981, S. 492–516.

Olson, Mancur: The Logic of Collective Action, Cambridge, Mass., 1985.

–: The Rise and Decline of Nations. Economic Growth, Stagflation and Social Rigidities, New Haven und London 1982.
Parsons, Talcott: The Structure of Social Action, New York 1968.
Piore, Michael, und *Charles F. Sabel*: The Second Industrial Divide, New York 1984.
Pirker, Theo: Arbeiterbewegung und Arbeiterkultur, in: Gewerkschaftliche Monatshefte, 36, 1985, S. 676–691.
Pizzorno, Alessandro: Political Exchange and Collective Identity, in: *Colin Crouch* und *Allessandro Pizzorno* (Hrsg.), The Resurgence of Class Conflict in Western Europe since 1968, Bd. 2, London 1978, S. 277–298.
Ronge, Volker (Hrsg.): Am Staat vorbei. Politik der Selbstregulierung von Kapital und Arbeit, Frankfurt am Main 1980.
Rösner, H. J.: Lehren aus einem langen Arbeitskampf, in: Wirtschaftsdienst, 1984, S. 601–608.
Sandberg, Thomas: Work Organization and Autonomous Groups, Lund 1982.
Scharpf, Fritz. W.: The Joint Decision Trap. Lessons from German Federalism and European Integration. Discussion Paper IIM/LMP 85–1, Wissenschaftszentrum Berlin, 1985.
–, *Bernd Reissert* und *Fritz Schnabel*: Politikverflechtung. Theorie und Empirie des kooperativen Föderalismus in der Bundesrepublik, Kronberg 1976.
Selznick, Philipp: Law, Society and Industrial Justice, New York 1969.
Simmel, Georg: Soziologie, Leipzig 1908.
Schmitter, Philippe C.: Still the Century of Corporatism?, in: Review of Politics, 36, 1974, S. 85–131.
– und *Wolfgang Streeck*: The Organization of Business Interests. A Research Design to Study the Associative Action of Business in the Advanced Industrial Societies of Western Europe, Discussion Paper IIM/LMP 83–13, Wissenschaftszentrum Berlin, 1985.
– und *Gerhard Lehmbruch* (Hrsg.): Trends Towards Corporatist Intermediation, London und Beverly Hills 1979.
Schumpeter, Joseph: Die Krise des Steuerstaates, in: *Rudolf Hickel* (Hrsg.), Rudolf Goldscheid/Joseph Schumpeter. Die Finanzkrise des Steuerstaates – Beiträge zur politischen Theorie der Staatsfinanzen, Frankfurt am Main 1976, S. 329–379.
Stinchcombe, Arthur: Social Structure and Organizations, in: *James March* (Hrsg.), Handbook of Organizations, Chicago 1965, S. 142–193.
Streeck, Wolfgang: Gewerkschaftliche Organisationsprobleme in der sozialstaatlichen Demokratie, Königstein 1981.
–: Neo-Corporatist Industrial Relations and the Economic Crisis in West Germany, in: *John H. Goldthorpe* (Hrsg.), Order and Conflict in Contemporary Capitalism, Oxford 1984, S. 291–314.
–: The Territorial Organization of Interests and the Logic of Associative Action. The Case of Artisanal Interest Organizations in West Germany, Discussion Paper IMM/LMP 86–24, Wissenschaftszentrum Berlin, 1986.
– und *Philippe C. Schmitter*: Community, Market, State and Associations? The Prospective Contribution of Private Interest Government to Social Order, in: European Sociological Review, 1, 1985, S. 119–138.
–: Private Interest Government, Beverly Hills und London 1985.
Titmuss, Richard: The Gift Relationship. From Human Blood to Social Policy, London 1970.
Weber, Max: Wirtschaft und Gesellschaft, Köln 1964.
Williamson, Oliver E.: Markets and Hierarchies. Analysis and Antitrust Implications, New York 1975.
Winkler, Joachim, und *Ralf-Rainer Karhausen*: Verbände im Sport. Eine empirische Analyse des Deutschen Sportbundes und ausgewählte Mitgliederorganisationen, Schorndorf 1986.

Köln Z Soziol (2017) (Suppl 1) 69:549–569
DOI 10.1007/s11577-017-0419-4

Kölner Zeitschrift für Soziologie und Sozialpsychologie

ABHANDLUNGEN

Gesellschaftliche Teilsysteme als Akteurfiktionen[1]

Von Uwe Schimank

Das Schisma von Akteur- und Systemtheorien prägt nach wie vor die soziologische Gesellschaftstheorie.[2] Beide Perspektiven stehen anscheinend unversöhnlich nebeneinander, ohne daß eine der beiden die andere gänzlich verdrängen könnte. Jede Vorherrschaft der einen über die andere blieb temporär. Man mag das als unfruchtbare Selbstzerfleischung ansehen, die die Soziologie daran hindert, zu einer paradigmatisch vereinheitlichten Wissenschaft zu werden. Man mag aber auch der Meinung sein, daß gerade aus dem Gegeneinander voneinander wechselseitig fordernden Akteur- und Systemtheorien auf beiden Seiten die weiterführendsten theoretischen Innovationen hervorgegangen sind.[3]

Seit einiger Zeit ist, nach einer zeitweiligen Dominanz der systemtheoretischen Perspektive, eine neuerliche stärkere Hinwendung zu akteurtheoretischen Konzepten zu beobachten. Allenthalben wird eine „Rückkehr des Akteurs“[4] in gesellschafts-theoretische Analysen vermeldet. Die Etiketten, unter denen dies stattfindet, sind zahlreich: „individualistische Sozialtheorien“, „rational choice“, Spieltheorie, „Neue Po-

[1] Für zahlreiche sehr hilfreiche Hinweise möchte ich mich bei Hartmut Esser, Wilfried Gotsch, Andreas Ryll, Fritz Scharpf, Volker Schneider und Rudolf Stichweh bedanken.

[2] Zur sozialphilosophischen Tradition der „two sociologies“ siehe insbesondere die anregenden Thesen bei Dawe (vgl. Dawe 1970, 1978).

[3] So das Resümee von Reinhard Bendix, der die „two sociological traditions“ an den Protagonisten Weber und Durkheim diskutiert hat (vgl. Bendix 1971).

[4] Um nur die Formulierung Alain Touraines zu zitieren (vgl. Touraine 1984).

Erstveröffentlichung: *Kölner Zeitschrift für Soziologie und Sozialpsychologie*, Jg. 40, 1988, Heft 4, S. 619–639.

c/o V. Dreier,
Institut für Soziologie und Sozialpsychologie, Universität zu Köln,
Lindenburger Allee 15, 50931 Köln, Deutschland
E-Mail: volker.dreier@uni-koeln.de

litische Ökonomie", „strukturalistischer Individualismus" u.a.[5] Die Rückbesinnung auf Akteurtheorien ist nicht zuletzt durch Erklärungsdefizite der Systemtheoretischen Perspektive – insbesondere der systemtheoretischen Analysen gesellschaftlicher Differenzierung – motiviert (vgl. Rueschemeyer 1977, 1986; Schimank 1985; Mayntz 1988). Unterstellt man allerdings, daß weder die systemtheoretische noch die akteurtheoretische Perspektive für sich genommen ausreichen, um gesellschaftliche Wirklichkeit zu erfassen, sollte man sich davor hüten, nunmehr die Konzepte, die im Rahmen systemtheoretischer Analysen gesellschaftlicher Differenzierung ausgearbeitet worden sind, ohne nähere Prüfung als Gesamtheit über Bord zu werfen. Ganz im Gegenteil: Wer aus der bisherigen Geschichte soziologischer Gesellschaftstheorie die Lehre zieht, daß System- und Akteurtheorien zueinander in einem wechselseitigen Schrittmacherverhältnis stehen, sollte anstelle von – oftmals nur durch Uninformiertheit aufrecht erhaltbaren – Pauschalnegationen nach differenzierten Rekonstruktionen der für die eigene Perspektive brauchbaren Einsichten der jeweils anderen Seite streben.

In diesem Sinne versucht der vorliegende Beitrag, akteurtheoretische Erklärungen gesellschaftlichen Handelns durch Einbau des systemtheoretischen Konzepts des gesellschaftlichen Teilsystems zu verbessern. Dazu wird in einem ersten Schritt diskutiert, wie akteurtheoretische Erklärungen gesellschaftlichen Handelns, wenn sie die Interessen von Akteuren als wesentliche Handlungsdeterminanten in spezifischen sozialen Situationen substantiell zu fassen bemüht sind, auf das Problem der Kontingenzbewältigung stoßen, das das paradigmatische Leitproblem systemtheoretischer Analysen darstellt und auf das das Konzept des gesellschaftlichen Teilsystems zugeschnitten ist. Einmal unterstellt, dieses systemtheoretische Konzept stelle eine brauchbare Konzeptualisierung des auch für Akteurtheorien relevanten Problems der Kontingenzbewältigung dar: Ist das Konzept des gesellschaftlichen Teilsystems auch in die akteurtheoretische Perspektive einbaubar? Hinsichtlich dieser Frage wird in einem zweiten Schritt erwogen, daß gesellschaftliche Teilsysteme, verstanden als Komplexe generalisierter sinnhafter Handlungsorientierungen, handlungsprägende Fiktionen der gesellschaftlichen Akteure sind.

I. Das Problem der Kontingenzbewältigung und das Konzept des gesellschaftlichen Teilsystems

Akteurtheorien konstituieren sich über die *theoretische Leitdifferenz Akteur/Akteurkonstellation*. Geht man, üblichen Darstellungsweisen folgend, zunächst vom Konzept des gesellschaftlichen *Akteurs* aus, so umfaßt dieses drei basale Merkmale (vgl. Coleman1I977, S. 85). Ein Akteur weist erstens bestimmte Ziele positiver und negativer Art auf, Projektionen des zu erreichenden wie des zu vermeidenden, insbesondere Interessen. Zweitens verfügt ein solcher „purposive actor" über bestimmte Potentiale zur Beeinflussung von Situationen. Das befähigt ihn, „to ‚make a difference'" (Giddens 1984, S. 14) für die Ergebnisse einer Situation. Diese Einflußpotentiale wie

[5] Einen vorzüglichen Überblick über wichtige Diskussionsschwerpunkte der aktuellen Akteurtheorien gibt Helmut Wiesenthal (vgl. Wiesenthal 1987).

Macht, Geld, Gewalt, Prestige oder Wissen setzt der Akteur zur Realisierung seiner Ziele ein. Drittens schließlich folgt der Akteur einer bestimmten Handlungsstrategie. Beispiele für solche Strategien, mittels derer der Akteur seiner Interessenverfolgung ein bestimmtes Rationalitätskalkül unterlegt, sind etwa: Maximierung des absoluten eigenen Nutzens, Maximierung des relativen eigenen Nutzens, Minimierung der absoluten eigenen Verluste, Minimierung der relativen eigenen Verluste, Maximierung der Verluste an-derer Akteure oder Maximierung des gemeinsamen Nutzens aller beteiligten Akteure (vgl. Scharpf 1988, S. 32–35).

Eine *Akteurkonstellation* ist gegeben, sobald die Interessen und Einflußpotentiale von mindestens zwei Akteuren einander tangieren (vgl. Coleman 1977, S. 85/86). Beide Akteure mögen dasselbe anstreben und dabei um knappe Chancen der Interessenrealisierung konkurrieren. Es mag auch sein, daß die Interessen der Akteure zwar unterschiedlich, jedoch untereinander inkompatibel sind, so daß die Akteure einander wechselseitig in ihrer Interessenrealisierung restringieren. Oder die Akteure können bestimmte Interessen nur gemeinsam erreichen. Solche Akteurkonstellationen führen zu verschiedenen Formen des Akkordierens von Interessen – wie Konsensbildung, Zwang oder sozialer Tausch. Akteurkonstellationen können äußerst komplex sein. Fast immer ist eine Mehrzahl von Akteuren involviert, von denen jeder ein Spektrum von Interessen mittels eines Spektrums von Einflußstrategien verfolgt, so daß die Möglichkeiten und Ergebnisse der Interessenakkordierung sehr vielfältig werden können. Man denke nur an politische Entscheidungsprozesse.[6]

Die detaillierte Ausarbeitung dieses akteurtheoretischen Paradigmas braucht hier nicht zu interessieren. Das letztlich zugrundeliegende Bezugsproblem so angelegter Analysen tritt jedenfalls klar zutage: das Problem der *Interdependenzbewältigung*. Es geht darum zu erklären, wie Akteure, die mit bestimmten Interessen, Handlungsstrategien und Einflußpotentialen ausgestattet sind und in sozialen Situationen aufeinandertreffen, durch ihre Interessenverfolgung Handlungsverkettungen und, daraus hervorgehend, gesellschaftliche Strukturen erzeugen, die weiteres Handeln dann prägen. Die derart immer sowohl durch soziales Handeln strukturierte als auch dieses strukturierende Akteurkonstellation (vgl. Giddens 1984, S. 1–40) kann stabil sein, sich mehr oder weniger identisch durch das Handeln der interdependenten Akteure reproduzieren. Die Akteurkonstellation kann auch dynamisch sein, durch exogene Einwirkungen oder endogene Tendenzen ihre Gestalt mehr oder weniger gerichtet und erwartbar verändern. Diese Stabilität oder Dynamik gesellschaftlicher Strukturen aus dem Handeln interdependenter Akteure im Rahmen bestimmter Umweltbedingungen zu rekonstruieren: Das ist der Erklärungsanspruch soziologischer Akteurtheorien (vgl. Boudon 1978).

Ein entscheidender Mangel so angelegter akteurtheoretischer Erklärungen gesellschaftlicher Sachverhalte besteht darin, daß bislang die *substantiellen Ausprägungen von Akteurinteressen* nicht zum Erklärungsgegenstand gemacht worden sind. Gesellschaftliche Strukturen und deren Dynamik werden auf das Handeln interdependenter Akteure zurückgeführt, dieses wiederum u.a. auf die Interessen der Akteure. Als allgemeine heuristische Orientierung ist auch unstrittig, daß die Akteurinteressen in ih-

[6] Volker Schneider hat beispielsweise die Formulierung eines Chemikalienkontrollgesetzes in der Bundesrepublik in diesem Sinne akteurtheoretisch untersucht (vgl. Schneider 1988).

rer jeweiligen substantiellen Ausprägung auf den gesellschaftsstrukturellen Kontext, in dem die Akteure lokalisiert sind, zurückzuführen sind (vgl. Hindess 1985). Genau hierfür fehlt Akteurtheoretikern jedoch bis jetzt ein konzeptionelles Instrumentarium.

Es besteht eine unüberbrückbare Kluft zwischen der abstrakten Modellvorstellung des rational interessenverfolgenden Akteurs auf der einen und empirisch konkretisierten Interessenausprägungen auf der anderen Seite. Solange Akteurtheoretiker über Akteure „im allgemeinen" sprechen, können sie diesen nur – mehr oder weniger beliebig – eine der generellen Handlungsstrategien wie Maximierung des absoluten eigenen Nutzens, Minimierung der relativen eigenen Verluste o. ä. zuschreiben. Diese abstrakten Formeln können zur Erklärung konkreten gesellschaftlichen Handelns natürlich noch gar nichts beitragen, weil immer erst substantiell spezifiziert werden muß, worin denn in einer bestimmten gesellschaftlichen Situation der Nutzen bzw. die Verluste eines Akteurs bestehen. Diese Spezifizierung erfolgt im Rahmen akteurtheoretischer Analysen auf zwei Weisen. Zum einen werden die abstrakten Interessenkalküle oftmals durch alltagsweltliche Plausibilitäten substantialisiert. Dann wird letztlich als selbstevident unterstellt, daß beispielsweise Unternehmen nach Gewinn, politische Parteien nach Wählerstimmen oder Wissenschaftler nach Reputation in ihrer jeweiligen scientific community streben. Zum anderen hält man sich ebenso häufig an die expliziten Interessenartikulationen der untersuchten Akteure – findet also beispielweise durch Dokumentenanalyse oder Befragungen heraus, was ein bestimmter Akteur in einer bestimmten Situation gewollt hat.

Ob nun die Substantialisierung von Akteurinteressen als Zuschreibung durch den Akteurtheoretiker auf der Basis scheinbar selbstverständlicher, unhinterfragt übernommener Deutungsmuster des Alltagswissens oder aus der Beobachtung der konkreten Empirie des jeweiligen Untersuchungsgegenstandes erwächst: Beide Vorgehensweisen erklären nicht, *warum* spezifische gesellschaftliche Akteure gerade die Interessen haben, die sie haben. Talcott Parsons' klassische Kritik utilitaristischer Sozialtheorien trifft auch noch moderne akteurtheoretische Erklärungsansätze, die zumindest in dieser Hinsicht nichts dazu gelernt haben. Auch sie lassen „the character of ends on the whole uninvestigated" und sind demzufolge letztlich „forced to the assumption that ends are random" (vgl. Parsons 1937, S. 699).

Akteurtheoretiker befinden sich offensichtlich in einem Dilemma, wollen sie substantielle Interessen gesellschaftlicher Akteure nicht einfach bloß unter implizitem Rekurs auf Alltagswissen zuschreiben bzw. „positivistisch" konstatieren, sondern erklären. Entweder wird die Interessenlage eines Akteurs eng spezifiziert, so daß dessen Kosten und Nutzen in einer gegebenen Situation theoretisch eindeutig formulierbar sind – wie im Paradefall der monetären Gewinne und Verluste eines Unternehmens. Dann ist der empirische Erklärungswert dieser theoretischen Annahmen allerdings fast immer nur sehr gering. Selbst die Unternehmensforschung ist bekanntlich nicht sehr weit damit gekommen, das Handeln von Unternehmen aus einem engen betriebswirtschaftlichen Interessenkalkül zu erklären. Viele und häufig die wichtigsten Aspekte des Unternehmenshandelns lassen sich so nicht fassen. Derartige Erfahrungen, die in anderen gesellschaftlichen Teilbereichen mit weit weniger eindeutigen Handlungslogiken noch viel gravierender anfallen, verleiten dann manchmal dazu, in akteurtheoretischen Erklärungen nach situativer Opportunität Interessenlagen so zu konstruieren und zuzuschreiben, wie das Explanandum es gerade erfordert (vgl. Münch 1983, S. 51).

Wie kommt man aus diesem Dilemma heraus? Richard Münch weist in seiner Kritik des akteurtheoretischen Paradigmas auf den entscheidenden Punkt hin, daß die Konstitution situativer Interessenlagen von Akteuren *situationsübergreifende, generalisierte Handlungsorientierungen* voraussetzt: Normen, kognitive Deutungsmuster, evaluative Kriterien. Diese im Vergleich zu den variablen, kontigenten – genau das drückt ja die Formel „rational *choice*" aus – Interessen von Akteuren stabilen, nämlich stillschweigend als stabil vorausgesetzten Handlungsorientierungen geraten gerade als solche in akteurtheoretischen Erklärungen aus dem Blick. Akteurtheoretische Erklärungen verfallen hier Münch zufolge dem gleichen Perzeptionsfehler, den die kognitive Psychologie der alltäglichen Wahrnehmung von Situationen nachgewiesen hat: „If we look at an individual's action, we see first all those aspects that vary from situation to situation, but we do not as easily notice those aspects that do not change and which constitute the underlying framework of the changing aspects of his action." Dies sind die „common, stable rules and frames of reference of actors and are not included in their rational calculation of action" (vgl. Münch 1983, S. 51/52). Erst derartige normative, kognitive und evaluative *constraints* ermöglichen überhaupt *choices* im Sinne von kalkulierten Wahlhandlungen eines Akteurs. Handlungserklärungen müssen demnach stets zweistufig angelegt sein (vgl. Franz 1986): Akteure treffen im Sinne rationaler Interessenverfolgung Handlungs*selektionen* im Rahmen von diesen *konditionierenden* generalisierten Handlungsorientierungen. Bezeichnenderweise wird neuerdings von Akteurtheoretikern selbst immer häufiger die Notwendigkeit einer „Modellierung von Typen von Akteuren mit jeweils spezifischen Interessen- und Wissensausstattungen" herausgestellt (vgl. Esser 1987, S. 339), weil erst diese Spezifizierungen die Erklärungslast tragen (vgl. Simon 1985).[7]

Einzelne Akteurtheoretiker versuchen, hier das Konzept *der gesellschaftlichen Institution* einzusetzen. So fügt etwa Siegwart Lindenberg den elementaren akteurtheoretischen Konzepten des gesellschaftlichen Akteurs und der sozialen Interdependenz das Konzept der Institution hinzu und bestimmt dieses so: „Hierbei geht es um die Schaffung weitläufiger Koorientierungen über die Grundlagen von Interdependenzen … und die Regelung von Interdependenzen". Dabei versteht Lindenberg unter „Koorientierungen" „Verhaltenserwartungen, die wechselseitig verschränkt sind" (vgl. Lindenberg 1977, S. 61–64). Ohne dies explizit herauszustellen, geht er ganz offensichtlich davon aus, daß die Interdependenzen zwischen Akteuren noch nicht bereits als solche gleichsam „für sich sprechen". Die Unterscheidung zwischen sozialen Interdependenzen und gesellschaftlichen Institutionen wird von Lindenberg wohl als eine zwischen Form und Inhalt gedacht. Dann ist es völlig klar, daß z. B. ein Machtverhältnis zwischen Akteuren nur die eine Seite ihrer Sozialbeziehung ist. Die andere Seite ist der substantielle Charakter der Beziehung: ob es sich etwa um eine Ehe, ein Vorgesetzten-Untergebenen-Verhältnis oder eine Regierung-Opposition-Beziehung handelt. Festzuhalten bleibt jedenfalls: Gesellschaftliche Interdependenzen gewin-

[7] In die gleiche Richtung zielt die programmatische Formulierung von Renate Mayntz und Fritz Scharpf: „we eventually hope to move beyond the ad hoc introduction of institutional and cultural factors in actor-centered explanations" (Mayntz und Scharpf 1988, S. 5).

nen erst über sinnhafte Erwartungen und Erwartungserwartungen für die Akteure Bedeutung; und diese *Konstitution eines gemeinsamen Sinns* als Grundlage aufeinander bezogenen Handelns geschieht nicht durch irgendeine spontane situative Sinnschöpfung aus der Akteurkonstellation selbst heraus, sondern unter Rekurs auf institutionell vorgegebene und verfügbare generalisierte Handlungsorientierungen.

Ausdrücklicher als Lindenberg führt John Ford Runge Institutionen im Rahmen einer „rational-choice"-Argumentation auf das grundlegende Handlungsproblem der „assurance in the face of uncertainty regarding the expected actions of others" zurück (vgl. Runge 1984, S. 155).[8] Ungewißheit ist jedoch nur die subjektive Erfahrung von *Kontingenz*: dem Sachverhalt, daß in einer Situation mehr oder weniger vieles immer auch mehr oder weniger anders möglich wäre.[9] Wichtig ist, sich klarzumachen, daß hiermit ein ganz anders geartetes Handlungsproblem von Akteuren als das der Interdependenzbewältigung entdeckt wird. Der Akteurtheoretiker schaut unversehens über die Grenzen seines Paradigmas hinaus – und zwar angetrieben durch ein konsequentes Weiterdenken der Implikationen des Paradigmas! Denn Interdependenzbewältigung ist gewissermaßen immer erst das *zweite* Problem gesellschaftlicher Akteure. Das *erste*, vorgängige Problem von Akteuren, die in Interdependenzbeziehungen ihre jeweiligen Interessen realisieren wollen, ist: zu ergründen, welche Interessen ihre Gegenüber und sie selbst überhaupt verfolgen. Genau das ist das Problem der *Kontingenzbewältigung*: die Reduktion der prinzipiell unendlich vielen Möglichkeiten der substantiellen Ausprägung von Interessen in einer sozialen Situation. Ein konkretes Beispiel: Woher weiß ich eigentlich, was ich will, wenn ich ein Kaufhaus betrete – und warum will ich dort etwas anderes als in einem Hörsaal oder im Zoo? Woher weiß ich, was der Verkäufer von mir will? Und woher weiß ich, daß er weiß, was ich will – und daß er weiß, daß ich weiß, daß er weiß, was ich will?

Sowohl Lindenberg als auch Runge thematisieren allerdings nur die Sozialdimension gesellschaftlicher Kontingenz: die Ungewißheit jedes Akteurs darüber, wie die jeweils *anderen* handeln werden. Dies ist bekanntlich von Parsons als „doppelte Kontingenz" zum Grundproblem gesellschaftlicher Ordnungsbildung ernannt worden (vgl. Parsons et al. 1951, S. 16; 1968). Unterstellt wird dabei, daß den Akteuren die je *eigenen* Erwartungen – Normen, Werte, Motive, Interessen, Deutungsmuster – klar und deutlich vor Augen stehen: daß also bereits generalisierte Sinnschemata, in deren Rahmen die betreffende Situation interpretiert werden kann, zuhanden sind.[10] Die sich den Akteuren als Ungewißheit präsentierende gesellschaftliche Kontingenz wird

[8] Allerdings vermengt er das fundamentale „desire for coordinated action" mit dem sehr viel spezielleren Wert der „fairmindedness". Handlungskoordination auf der einen und die Leistung gleicher Beiträge zu einem kollektiven Gut auf der anderen Seite sind jedoch zwei ganz verschiedene Probleme.

[9] Kontingenz soll hier bedeuten, daß etwas weder notwendig noch unmöglich ist (vgl. Luhmann 1971, S. 32/33).

[10] Genau diese Unterstellung machen im übrigen auch alle Versuche, im Rahmen des akteurtheoretischen Paradigmas die Entstehung sozialer Normen aus den Interdependenzen zwischen strikt egoistisch orientierten rationalen Akteuren zu deduzieren (vgl. Ullmann-Margalit 1977, Opp 1983, Axelrod 1984, Raub und Voss 1986). Die Interessenlagen der einzelnen Akteure sind in diesen Modellen stets von vornherein klar spezifiziert. Diese Problemsimplifikation ist in Hobbes' paradigmatischer Problemformulierung angelegt und spiegelt wohl frühmoderne Vorurteile über die gleichsam natürliche Interessenausstattung jedes Menschen wider.

somit zwar in Form von sozialer *Perspektivität*, jedoch nicht in Form von sachlicher *Intransparenz* theoretisch aufgegriffen.

Dieser Schritt wird im Rahmen des akteurtheoretischen Paradigmas hingegen von Ronald A. Heiner versucht (vgl. Heiner 1983, 1985). Er führt Kontingenz nicht nur auf die Frage eines Akteurs zurück: Wie sehen die anderen die Situation? – sondern ebensosehr auf die Frage: Worum geht es in dieser Situation überhaupt? Für Heiner entstehen kontingenzreduzierende „behavioral rules" entsprechend ganz allgemein „because of uncertainty in distinguishing prefered from less-prefered behavior" (vgl. Heiner 1983, S. 561). Er schließt hier an entscheidungstheoretische Untersuchungen über „bounded rationality" an, die zeigen, daß Akteure in komplexen, für sie unüberschaubaren Entscheidungssituationen gerade keine – gemessen an ihren Eigeninteressen – besseren Wahlen treffen, wenn ihnen möglichst viele Informationen und Optionen zur Verfügung stehen. Eine Vermehrung wahrgenommener Alternativen korreliert nicht mit einer Steigerung des Rationalitätsniveaus der getroffenen Wahlen. Ganz im Gegenteil ist es erforderlich, daß die Kontingenz einer Situation soweit reduziert ist, daß die Akteure überhaupt Alternativen rational miteinander vergleichen können. Es darf nur wenige Alternativen geben, die anhand weniger Kriterien als besser oder schlechter eingestuft werden können. Damit gelangt Heiner zu derselben Feststellung, die Münch gängigen Versionen der Akteurtheorie entgegenhält: daß eine rational choice constraints voraussetzt.

Folgerichtig führt auch Heiner das Konzept der gesellschaftlichen Institution ein, um das akteurtheoretische Paradigma entsprechend zu erweitern: „institutions are ciphering the complex interdependences created by these situations" (Heiner 1983, S. 573). Institutionen sind notwendige Mechanismen zur *Simplifizierung* situativer Akteurkonstellationen – notwendig deshalb, weil Akteure gerade als rational Handelnde darauf angewiesen sind, daß ein sowohl sachlich als auch sozial überschaubarer, eingegrenzter Möglichkeitsraum vorgegeben ist.

Es zeigt sich somit, daß zumindest einzelne Akteurtheoretiker beim Nachdenken darüber, wie substantielle Ausprägungen von Akteurinteressen erklärt werden können, über die Einführung des Institutionenbegriffs zu jenem Problem vorstoßen, das das paradigmatische Problem systemtheoretischer Erklärungen gesellschaftlichen Handelns ist: dem Problem der Kontingenzbewältigung. Von daher bietet es sich an, nun die *systemtheoretische Fassung* dieses Problems näher zu betrachten.

Die neuere soziologische Systemtheorie beruht auf der *Leitdifferenz System/Umwelt*.[11] Systeme sind demgemäß „Bereiche relativer Nichtzufälligkeit" (vgl. Ackerman und Parsons 1966, S. 73, Hervorhebung weggelassen). Der von ihnen eingegrenzte Ausschnitt von Welt ist geordneter als die Totalität der Welt. Nicht alles, was

[11] Traditionell war lange Zeit mit der Leitdifferenz Teil/Ganzes gearbeitet worden. Ein System wurde als ein Ganzes begriffen, das aus mehreren miteinander zusammenhängenden Teilen besteht. Ensprechend wäre ein soziales System eine Gesamtheit von Akteuren, die miteinander in bestimmten sozialen Beziehungen stehen – also nichts anderes als das, was hier als Akteurkonstellation bezeichnet wird. So liegt auch den gelegentlichen Verwendungen des Systembegriffs in akteurtheoretischen Konzeptualisierungen dieses traditionelle Verständnis zugrunde (siehe etwa Coleman 1977; Crozier und Friedberg 1977; Baumgartner et al. 1978). Zweifellos läßt sich der Systembegriff als konzeptionelle Konvention so verwenden. Man sollte sich dann allerdings darüber im klaren sein, daß man die entscheidenden Erkenntnisgewinne der Systemtheorien von Parsons und Luhmann so nicht einzufangen vermag.

in der Welt, dem Inbegriff aller Möglichkeiten (vgl. Luhmann 1967, S. 115; 1975, S. 211/212), möglich wäre, ist auch innerhalb eines bestimmten Systems noch möglich. Auf Sozialsysteme bezogen: Sie *bestimmen* nicht handhabbare, unbestimmte Weltkomplexität als jeweilige Binnenkomplexität, die eine Konstitution von Handlungen und Anschlußhandlungen überhaupt erst ermöglicht. Wenn ich mich beispielsweise im Wirtschaftssystem – etwa in einem Kaufhaus – bewege, weiß ich, daß von mir als Kunden eine Kaufofferte erwartet wird und keine sportliche Höchstleistung, keine Predigt und keine Verführung einer Verkäuferin. Umgekehrt erwarte ich von der Verkäuferin, daß sie auf meine Kaufofferte eingeht und mir keine politischen Ratschläge erteilt oder mich medizinisch untersucht.

Wie fundamental wichtig diese systemischen Kanalisierungen von wechselseitigen Erwartungen sind, zeigen Durchbrechungen nach Art der Garfinkelschen „Krisenexperimente", die schlagartig eine tiefgreifende Orientierungslosigkeit des Handelns hervorzurufen vermögen (vgl. Garfinkel 1964). Basales Vertrauen in die Geordnetheit – und das heißt im System/Umwelt-Paradigma: die Systemhaftigkeit – von Welt geht verloren, wenn jemand sich nicht an die systemisch vorgegebenen Handlungsorientierungen hält: wenn beispielsweise der Gebrauchtwagenverkäufer auf mein Preisangebot mit einem Gegenangebot reagiert, das darunter liegt. So etwas ist in der Logik des kapitalistischen Wirtschaftssystems nicht vorgesehen; und entsprechend der Maxime, daß nicht sein kann, was nicht sein darf, versuche ich, mir diese Absurdität dann lieber durch die aberwitzigsten ad-hoc-Interpretationen zu erklären, als den systemisch eingegrenzten Möglichkeitshorizont wirtschaftlichen Handelns in Frage zu stellen.[12]

Niklas Luhmanns Version soziologischer Systemtheorie verbindet Kybernetik mit Husserlscher Phänomenologie. Soziale Systeme vollbringen Luhmann zufolge die allen Arten von Systemen gemeinsame Leistung, Weltkomplexität zu bestimmen, vermittels *Sinn* (vgl. Luhmann 1971; 1984a, S, 92–148). Sinn ist eine Form des Erlebens und Handelns, die jegliche Intentionalität in einen Verweisungshorizont des Und-So-Weiter stellt. Darüber werden zum einen bestimmte Sinngehalte konstituiert: Wahrnehmungen, Absichten, Handlungsvollzüge. Zum anderen können diese Sinngehalte an andere Ereignisse und Möglichkeiten in der Welt anschließen und darüber Welt erschließen: „Bleistift" verweist auf „Aufsatz schreiben", „Telefonklingeln" auf „zu ergründende Störung", aber auch auf „erhofftes Lebenszeichen der fernen Geliebten" usw. Daß Sozialsysteme Sinnsysteme sind, bedeutet somit, daß sie sinnhafte Verweisungshorizonte von Handeln *eingrenzen*. Das Und-So-Weiter, das von jedem Sinngehalt seinen Ausgang nimmt und Sequenzen aufeinander bezogener Handlungen mobilisieren kann, schweift nicht völlig beliebig in der Totalität aller in der Welt möglichen Sinnbezüge umher, sondern wird soweit limitiert, daß in einer sozialen Situation aufeinander abgestimmtes Handeln verschiedener Akteure realisierbar wird. Mein Wunsch, ein Brot zu kaufen, löst zwar in mir vielleicht noch eine Reihe äußerst idiosynkratischer Assoziationen, Erinnerungen und Wünsche aus – ausschlaggebend in der sozialen Situation des Kaufens sind allerdings lediglich sinnhafte Verweisungen wie die, sich zu vergewissern, ob ich auch genügend Geld in der Tasche habe.

[12] Melvin Pollner gibt aufschlußreiche Analysen solcher Reparaturen von Bruchstellen systemischer Ordnung (vgl. Pollner 1976).

Ebenso werden die unter Umständen vielfältigen Sinnbezüge, die der Brotverkäufer mit meinem Kaufwunsch verbindet, rigoros abgeschnitten und auf jene fokussiert, die mich als Kunden betreffen.

Diese generellen Aussagen über soziale Systeme können nun *für gesellschaftliche Teilsysteme* als den Typ sozialer Systeme, mit dem sich die soziologische Gesellschaftstheorie vorrangig befaßt, spezifiziert werden. Betrachtet man beispielsweise das System wissenschaftlicher Forschung als ausdifferenziertes gesellschaftliches Teilsystem, so ist allen Gesellschaftsmitgliedern klar, daß in diesem System sehr vieles nicht möglich ist, was ansonsten in der Gesellschaft als Möglichkeitshorizont präsent ist. Forschungshandeln ist eben etwas völlig anderes als politische Entscheidungsproduktion, Kindererziehung, ärztliche Behandlung, wirtschaftliche Produktion oder Eheleben. Das Wissenschaftssystem ist eine „Sinnprovinz“[13], in der die unermeßliche Kontingenz der Welt durch eine radikale Selektion sinnhafter Verweisungszusammenhänge reduziert wird. Die Eingrenzung sinnhafter Verweisungshorizonte erfolgt auf der Ebene gesellschaftlicher Teilsysteme durch *generalisierte Handlungsorientierungen*, die Zusammenhänge wechselseitigen Erwartens zwischen gesellschaftlichen Akteuren konstituieren. Drei Typen solcher Handlungsorientierungen lassen sich unterscheiden:[14]

- *Kognitive* Orientierungen stecken Sinnhorizonte bezüglich des „Seins“ der jeweiligen gesellschaftlichen Wirklichkeit ab – in Form von Wahrnehmungsmustern, „cognitive maps“, Deutungsschemata und ähnlichem. Im System wissenschaftlicher Forschung sind diese kognitiven Erwartungen vor allem als Theorien über die Welt, so wie sie von den verschiedenen wissenschaftlichen Disziplinen rekonstruiert wird, anzutreffen.
- *Normative* Orientierungen stecken Sinnhorizonte bezüglich des „Sollens“ der Akteure in der jeweiligen gesellschaftlichen Wirklichkeit ab – in Form von Normen oder Rollenerwartungen. Im Wissenschaftssystem sind hier vor allem die methodischen Regeln des Forschungshandelns zu nennen – von sehr generellen Orientierungen wie der der intersubjektiven Überprüfbarkeit von Forschungsergebnissen bis hin zu disziplinspezifischen Vorschriften über die Gewinnung wahrer Erkenntnisse.
- *Evaluative* Orientierungen stecken, als Bewertungen von Handlungseffekten, Sinnhorizonte bezüglich des „Wollens“ von Akteuren in der jeweiligen gesellschaftlichen Wirklichkeit ab – in Form von generalisierten Motiven, Zwecken und Rationalitätsprinzipien. Im Wissenschaftssystem ist hier etwa das Curiositas-Motiv neuzeitlicher Grundlagenforschung zu nennen, aber auch das Streben nach Reputation innerhalb der eigenen Disziplin.

[13] Um eine treffende Formulierung von Alfred Schütz aufzugreifen, mit der dieser allerdings etwas anderes meint (vgl. Schutz 1945).

[14] Eine ähnliche Unterscheidung findet sich bereits bei Parsons, bleibt jedoch für dessen weitere Theoriekonstruktion bedeutungslos (vgl. Parsons 1951: S. 45–51). Tom Burns und Helena Flam nutzen die Klassifikation hingegen, ähnlich wie hier, zur Charakterisierung von „social rule systems“ (vgl. Burns und Flam 1986). Am Beispiel des Sportsystems habe ich die Anwendung dieser Klassifikation bei der Analyse gesellschaftlicher Teilsysteme illustriert (vgl. Schimank 1983, S. 183–190).

Alle drei Typen generalisierter Handlungsorientierungen erstrecken sich von sehr diffusen, kaum instruktiven zu sehr spezifischen, kaum Handlungsspielraum belassenden teilsystemischen Sinnvorgaben. Die teilsystemische Präformierung gesellschaftlichen Handelns besteht entsprechend in einem stets äußerst komplizierten und keinesfalls harmonischen Ineinandergreifen dieser drei Typen generalisierter Orientierungen. Gesellschaftliche Teilsysteme sind somit als Sinnsysteme Zusammenhänge bestimmter kognitiver, normativer und evaluativer Handlungsorientierungen.

Systemtheoretische Analysen gesellschaftlicher Differenzierung haben mittlerweile eine ganze Reihe von Konzepten entworfen, die das Konzept des gesellschaftlichen Teilsystems weiter spezifizieren. Ohne daß dies hier im einzelnen ausgeführt werden kann, sei nur stichwortartig auf einige dieser Konzepte hingewiesen:[15]

- In den meisten gesellschaftlichen Teilsystemen ist Handeln gemäß einem für sie spezifischen *binären Code* strukturiert. Im Wissenschaftssystem ist dies der Code „wahr“ / „unwahr“ – im Unterschied etwa zum Code „schön“/„häßich“ der Kunst oder zum Code „Recht“/„Unrecht“ des Rechtssystems oder zum Code „Haben“/„Nichthaben“ des Wirtschaftssystems. Diese Codes sind universelle und dichotomisierende, auf alles in der Welt anwendbare und Drittes ausschließende Differenzschemata, die in ihrer Entweder-Oder-Form die Einheit der in dem betreffenden Teilsystem geltenden Handlungslogik formulieren. So ist wissenschaftliches Handeln letztlich immer nur auf das eine fokussiert; darauf. ob etwas wahr oder unwahr – und nicht etwa: schön oder häßlich, rechtmäßig oder unrechtmäßig usw. – ist.
- Der binäre Code eines gesellschaftlichen Teilsystems repräsentiert dessen *selbstreferentielle Geschlossenheit.* So werden Wahrheiten nur im Wissenschaftssystem produziert – und zwar stets im Anschluß an andere Wahrheiten. Die Bedingungen dafür, daß etwas wahr und nicht unwahr ist, werden ausschließlich im Wissenschaftssystem selbst in Form von Methodologien und Methoden spezifiziert; Wahrheitsfragen werden so ohne Rücksicht auf religiöse Dogmen, wirtschaftliche Profitabilität und andere außerwissenschaftliche Gesichtspunkte entschieden.
- Die sachliche Operationalisierung der binären Codes erfolgt über teilsystemspezifische *Programme* – etwa Investitionsprogramme im Wirtschaftssystem, politische Programme im politischen System oder Stile in der Kunst. Im Wissenschaftssystem nehmen Theorien diesen Status ein. Über solche Handlungsprogramme wird die Einheitlichkeit der codespezifischen Perspektive auf die Mannigfaltigkeit von Welt bezogen – also etwa spezifiziert, was im Bereich der biochemischen Vorgänge als wahr bzw. unwahr gelten soll.
- Programme realisieren den je besonderen Umweltbezug der verschiedenen gesellschaftlichen Teilsysteme. Auf der Programmebene werden damit auch *fremdreferentielle Umwelteinwirkungen* möglich – wenn z. B. forschungspolitisch festgelegt wird, in welchen Theoriebereichen vorrangig weitergeforscht werden soll. Die Differenz von Code und Programmen erlaubt gesellschaftli-

[15] Näheres zu den im folgenden aufgeführten Konzepten findet sich vor allem in zahlreichen Arbeiten Luhmanns (vgl. Luhmann 1977, 1980, 1981, 1984b, 1986).

chen Teilsystemen somit eine Synthese von Selbst- und Fremdreferentialität. Das politische System mag dem Wissenschaftssystem etwa eine – dort von selbst nicht gewählte – Konzentration auf die Untersuchung der Krebsursachen auferlegen; doch ob eine Theorie der Krebsentstehung dann wahr oder falsch ist, wird nicht danach entschieden, ob sie politisch opportun ist oder nicht.

- Reflexiv überhöht werden Code- und Programmstrukturen der gesellschaftlichen Teilsysteme durch deren jeweilige *historische Semantiken*. Diese enthalten insbesondere auch generalisierte Zuschreibungen von gesellschaftlicher Funktion und Leistungsbezügen des betreffenden Teilsystems zu anderen Teilsystemen. Während die Funktionszuschreibung eine Legitimation des Codes in seiner Indifferenz gegenüber allen sonstigen Gesichtspunkten liefert, beziehen die Leistungszuschreibungen das Teilsystem auf Erwartungen aus der gesellschaftlichen Umwelt. Für das Wissenschaftssystem wären hier „Nützlichkeit" und technische Anwendbarkeit wahrer Erkenntnisse die einschlägigen semantischen Topoi.

Diese und weitere Konzepte stellen systemtheoretische Analysen gesellschaftlicher Differenzierung bereit, um gesellschaftliche Teilsysteme als Zusammenhänge generalisierter sinnhafter Orientierungen erfassen zu können. Insbesondere im umfangreichen Werk Luhmanns liegen hierzu auch bereits zu einer Reihe von Teilsystemen Befunde vor, die bisherige empirische Forschungen aufgegriffen haben und weitere Forschungen anleiten können. Damit ist das Konzept des gesellschaftlichen Teilsystems sehr viel weiter ausgearbeitet als das Institutionenkonzept, mit dem – wie dargestellt – einige Akteurtheoretiker auf das Problem der Kontingenzbewältigung reagiert haben. Von daher böte sich ein Einbau des Konzepts des gesellschaftlichen Teilsystems mitsamt den es spezifizierenden weiteren Konzepten in akteurtheoretische Erklärungen gesellschaftlichen Handelns an. Die Frage ist nur: Ist das überhaupt möglich? Gängige Gegenüberstellungen von soziologischer Akteur- und Systemtheorie laufen häufig darauf hinaus, diese beiden Paradigmen als miteinander unvereinbare theoretische Sprachspiele darzustellen. Diese Behauptung, in der sich im übrigen beide Seiten oftmals einig sind, braucht hier allerdings nicht als globale thematisiert zu werden. An dieser Stelle geht es nur darum, die *Kompatibilität* eines – allerdings zentralen – Konzepts der soziologischen Systemtheorie mit dem akteurtheoretischen Paradigma zu prüfen.

II. Gesellschaftliche Teilsysteme als kontingenzbestimmende Fiktionen der Akteure

Ein erster Hinweis darauf, daß das Konzept des gesellschaftlichen Teilsystems nicht nur prinzipiell in das akteurtheoretische Paradigma einbaubar, sondern nur unter Rekurs auf gesellschaftliche Akteure überhaupt denkbar ist, findet sich sogar bei Luhmann. Das systemtheoretische Paradigma nimmt, wie dargestellt, seinen Ausgang davon, daß gesellschaftliches Handeln stets das Problem der Kontingenzbewältigung aufwirft. Dahinter zurückgehend kann man nun fragen, warum in sozialen

Situationen eine Bestimmung unbestimmter Kontingenz überhaupt erforderlich ist. Diese Frage wird von Luhmann mittlerweile nicht mehr gestellt. Für ihn gehört es inzwischen, wenn man so will, zum „Wesen“ von Kontingenz, bestimmt werden zu müssen, weil sie sonst eine Komplexitätsüberlastung des Erlebens und Handelns darstellt. Doch Erleben und Handeln sind Vorgänge der Sinnverarbeitung, die in irgendeinem und für irgendeine Art von „Subjekt“ stattfinden. Dieses „Subjekt“ der „alteuropäischen“ Tradition begreift Luhmann als System:[16] u. a. als gesellschaftliches Teilsystem, Organisationssystem oder personales System. Fragt man jedoch weiter, warum etwa ein gesellschaftliches Teilsystem oder auch ein Organisationssystem einen unabweisbaren Bedarf nach Kontingenzbestimmung haben, bleibt Luhmann mittlerweile die Antwort schuldig. Diese Systeme *sind* Kontingenzbestimmungen – aber *wofür* bzw. für wen?

Nur ein einziges Mal, und dies vor langer Zeit, hat Luhmann diese Frage beantwortet – und zwar unter Bezug auf Funktionserfordernisse personaler Systeme. Eher beiläufig heißt es, daß die Bestimmung der Kontingenz sozialer Situationen durch soziale Systeme „der Vermittlung zwischen der äußersten Komplexität der Welt und der sehr geringen, aus anthropologischen Gründen kaum veränderbaren Fähigkeit des Menschen zu bewußter Erlebnisverarbeitung“ dient (Luhmann 1967, S. 116). In einer Fußnote zollt Luhmann dort auch der von Max Scheler, Helmut Plessner und Arnold Gehlen entwickelten philosophischen Anthropologie den ihr zustehenden Tribut: „Überhaupt trifft die hier skizzierte Theorie sozialer Systeme sich in wesentlichen Punkten mit einer anthropologischen Soziologie, welche die ‚Weltoffenheit‘ und entsprechende Verunsicherung des Menschen zum Bezugspunkt von … Analysen macht“ (Luhmann 1967, S. 131, Fn. 9).[17]

Für die deutsche philosophische Anthropologie ist es die „Weltoffenheit“, die mangelnde Instinktsteuerung des Menschen im Unterschied zum Tier, die eine „Entlastung“ der menschlichen Wahrnehmung und Handlungsplanung durch gesellschaftliche Institutionen notwendig macht. Nichts anderes behauptet Luhmann, liest man „Weltoffenheit“ als gesellschaftliche Kontingenz und „Entlastung“ als Kontingenzbestimmung durch soziale Systeme. Aber: Der in der deutschen philosophischen Anthropologie unmißverständlich herausgestellte Bezug auf den Menschen als gesellschaftlichen Akteur wird bei Luhmann fortan geteilt. Wenn Luhmann, wie in der zitierten Formulierung, die Existenz sozialer Systeme dadurch begründet, daß diese Bedingungen der Möglichkeit von Handlungsfähigkeit des Menschen seien, rekurriert er noch auf eine Unterscheidung, die als theorietragendes Element dann nicht mehr auftaucht: die Unterscheidung zwischen handlungs*fähigen* personalen oder sozialen Systemen – d.h.: Akteuren – auf der einen und handlungs*prägenden* sozialen Systemen – u, a.: gesellschaftlichen Teilsystemen – auf der anderen Seite.[18]

[16] Jürgen Habermas deutet entsprechend Luhmanns Systemtheorie als Radikalisierung der klassischen Subjektphilosophie (vgl. Habermas 1985, S. 426–445).

[17] Ansonsten hegt Luhmann eine inzwischen auch eingestandene Abneigung gegen diese Theorietradition – siehe die Interviewbemerkung: „Die deutsche philosophische Anthropologie hingegen habe ich nie gemocht“ (Baecker und Stanitzek (Hrsg.) 1987, S. 132).

[18] Hierzu Näheres in meiner Diskussion des genetischen Erklärungsdefizits systemtheoretischer Analysen gesellschaftlicher Differenzierung (vgl. Schimank 1985, S. 426–432).

Gesellschaftliche Teilsysteme sind als handlungsprägende Sozialsysteme somit Konstitutionsbedingungen der Handlungsfähigkeit gesellschaftlicher Akteure. Legt man auf diese Weise die heimlichen akteurtheoretischen Wurzeln des systemtheoretischen Paradigmas frei, stellt sich der Einbau des Konzepts des gesellschaftlichen Teilsystems in das akteurtheoretische Paradigma anders dar als in den üblichen polarisierenden Gegenüberstellungen beider Perspektiven. Man kann nun versuchen, gesellschaftliche Teilsysteme aus der Relation zwischen gesellschaftlichen Akteuren auf der einen und sozialen Situationen auf der anderen Seite zu verstehen.

Hierbei kann man von der jedermann alltagsweltlich geläufigen Tatsache ausgehen, daß gesellschaftliche Wirklichkeit durch gesellschaftliche Akteure stets in *zweifacher* Weise beobachtbar ist: als konkrete soziale Situationen und als abstrakte gesellschaftliche Teilsysteme. Diese beiden Beobachtungsweisen stehen nicht isoliert nebeneinander; ihr Verhältnis zueinander ist jedoch weder durch Konkurrenz geprägt, noch handelt es sich um alternative Beobachtungsweisen, zwischen denen gesellschaftliche Akteure wählen könnten. Die gesellschaftlichen Teilsysteme als sinnhafte Zusammenhänge evaluativer, normativer und kognitiver Orientierungen sind vielmehr – so die nun auszuführende These – Fiktionen konkreter sozialer Situationen und fungieren damit als kontingenzbestimmende self-fullfilling-prophecies.[19]

Um das komplizierte Wechselverhältnis zwischen konkreten sozialen Situationen und abstrakten gesellschaftlichen Teilsystemen nachvollziehen zu können, muß man sich zunächst den Charakter *konkreter sozialer Situationen* vergegenwärtigen. Jede soziale Situation ist gleichsam eine Brutstätte für Kontingenzen. Dies ist beispielsweise an Situationen wissenschaftlicher Forschung in naturwissenschaftlichen Laboratorien eindringlich vorgeführt worden (vgl. Latour und Woolgar 1979, Knorr-Cetina 1983, Knorr 1984, Lynch 1985). Der Verlauf des Forschungshandelns folgt, wie jeder Eingeweihte immer schon gewußt hat, eben nicht jener universellen „Logik der Forschung", die vor allem in wissenschaftstheoretischen Darstellungen zu finden ist. Statt dessen kann die sorgfältige Beobachtung konkreter Forschungssituationen nichts als einen situativen Opportunismus entdecken: eine hochgradige Abhängigkeit der Handlungserwartungen, -pläne, -vollzüge und -verkettungen von kontingenten situativen Gegebenheiten. Diese „circumstances" (Latour und Woolgat 1979, S. 239), die die lokale Situiertheit von Forschungshandeln ausmachen, sind jeweils einzigartige Konfigurationen:

- In *sachlicher* Hinsicht wird das Ensemble situativer Gegebenheiten u.a. durch die jeweils gerade zuhandenen Forschungsgeräte und -materialien wie beispielsweise chemische Substanzen oder Versuchstiere sowie die verfügbare Forschungsliteratur gebildet. Diese lokale Infrastruktur und Ressourcenausstattung ist für das Forschungshandeln in einem Labor mindestens ebenso wichtig wie die generellen Theorien, die die übergreifenden Problemhorizonte der jeweiligen disziplinären Gemeinschaft abstecken.
- In *sozialer* Hinsicht bilden die konkreten Individuen, die als Akteure in einer bestimmten Forschungssituation auftreten, das Ensemble situativer Gegeben-

[19] Diese These kann im übrigen auch unabhängig vom Konzept des gesellschaftlichen Teilsystems gelesen werden. Auch wer am Konzept der gesellschaftlichen Institution festhält, kann diese als Fiktion begreifen.

heiten. Auch dieser „human factor" ist hochgradig kontingent. Je nachdem, welche Individuen die jeweilige Akteurkonstellation ausmachen, verändert sich der Pool aufeinander treffender Wissensbestände, Motive und normativer Prinzipien mehr oder weniger drastisch, aber niemals unerheblich für das stattfindende Forschungshandeln.

- In *zeitlicher* Hinsicht stellt sich das Ensemble situativer Gegebenheiten als lokale Geschichte erinnernd vergegenwärtigter und antizipierend projektierter Handlungsverläufe dar, in die die je aktuelle Forschungssituation eingebettet ist. Auch diese Vergangenheiten und Zukünfte sind jeweils lokal situiert, was sich vor allem in der Indexikalität der Kommunikationen zwischen den Akteuren dokumentiert. Die sachliche und die soziale Kontingenz der Forschungssituation gewinnen hier durch gleichsam Tiefe.

Diese hier stichwortartig angedeuteten, auch an jeder anderen Art von sozialer Situation illustrierbaren Sachverhalte sind, wie gesagt, jedem Gesellschaftsmitglied bestens bekannt. Jedes Gesellschaftsmitglied verfügt aber daneben immer auch über jene generalisierten Orientierungen, die es gesellschaftliches Handeln in Form *abstrakter gesellschaftlicher Teilsysteme* beobachten lassen – beispielsweise jene Orientierungen, die das Wissenschaftssystem konstituieren. Die Diskrepanz zwischen diesen generalisierten sinnhaften Orientierungen auf der einen und der konkreten Kontingenz sozialer Situationen auf der anderen Seite ist jedem gesellschaftlichen Akteur ebenfalls geläufig. Forscher unterscheiden beispielsweise sehr genau zwischen „talk about science" und „talking science" (vgl. Lynch 1985, S. 143–178). Ersteres ist eine Darstellung wissenschaftlichen Handelns gemäß einer universellen Forschungslogik, so wie sie sich aus dem Zusammenwirken der für das Wissenschaftssystem charakteristischen evaluativen, normativen und kognitiven Orientierungen ergibt. Letzteres ist demgegenüber die Faktizität des Forschungshandelns in konkreten Situationen. „Talk about science" ist Außendarstellung von Forschungssituationen – etwa gegenüber Besuchern oder Förderinstanzen, aber auch in Form von Publikationen für die jeweilige größere Forschergemeinschaft. An der Herstellung einer Publikation läßt sich im einzelnen zeigen, wie „talking science" in „talk about science" transformiert wird: wie die konkrete Kontingenz von Forschungssituationen so stilisiert wird, daß daraus eine von Außenstehenden nachvollziehbare universelle Forschungslogik entsteht (vgl. Knorr 1984, S. 175–244; Lynch 1985, S. 150–155). Der situative Opportunismus des Forschungshandelns wird überspielt, indem Ungenauigkeiten, Ambivalenzen, Fehlversuche darstellerisch vereindeutigt, kontingente Entscheidungen als sachliche Notwendigkeit hingestellt und eine so nie eingehaltene logische und zeitliche Sequenz des Forschungsprozesses fingiert wird. Die Forscher – die hier nur stellvertretend für alle Arten von gesellschaftlichen Akteuren stehen – betreiben also „impression management" (vgl. Goffman 1956). Die konkrete Kontingenz von Forschungssituationen bleibt als „back stage" den Außenstehenden verborgen. Statt dessen wird eine Inszenierung fürs Publikum, dem wohlgemerkt auch die Fachkollegen außerhalb des Labors angehören, geboten, das Forschungshandeln gemäß einer universellen Logik der Forschung präsentiert.

Gegenüber jedem naiven Lamento über die „Inauthentizität" gesellschaftlichen Handelns muß man die ordnungskonstituierende Funktion solcher Inszenierungen herausstellen. Wenn die konkrete Kontingenz sozialer Situationen regelmäßig in andere Situationen transferiert würde und nicht fast immer mit ihrer jeweiligen Situation verginge, würde gesellschaftliches Handeln sehr schnell durch die immense Anhäufung von Kontingenzen paralysiert. Man stelle sich beispielsweise vor, daß jeder Forscher, der mit den von Crick und Watson produzierten Forschungsergebnissen über die Struktur der DNS weiterarbeiten will, immer auch all das wüßte, was Watson – auch schon sehr selektiv! – in seinem Erlebnisbericht als situative Gegebenheiten bei der Entdeckung der DNS-Struktur geschildert hat (vgl. Watson 1968)! Kein Zweifel: Wenn weiteres Forschungshandeln in diesem Gebiet zunächst den Nachvollzug der konkreten Kontingenz der Watson-Crick-Forschungssituation bedeutete, wäre die Forschung seitdem kaum weitergekommen. Statt dessen genügt es im Normalfall, wenn ein anderer Forscher sich die entsprechenden Publikationen von Crick und Watson vornimmt und dort eine geordnete Präsentation der Ergebnisse ihres Forschungshandelns erhält, in der die Anschlußstellen für weitere Forschungen offengelegt sind.

Im Rahmen seiner akteurtheoretischen Überlegungen zur Notwendigkeit gesellschaftlicher Institutionen – bzw., wie hier präferiert wird: gesellschaftlicher Teilsysteme – gelangt auch Heiner zu dem Schluß, daß Institutionen als simplifizierende Inszenierungen sozialer Situationen für Dritte unumgänglich sind:

> „... agent interactions evolve into more complex relationships in which the consequences from each agent's individual behavior depend on the actions of more and more other agents. In addition, the behavior of these other agens will become increasingly remote to the local experience of each agent as the network of social interdependencies broadens. ... In general, further evolution toward social interdependence will require institutions ... which enable each agent in the society to know less and less about the behavior of other agents and about the complex interdependencies generated by their interaction" (Heiner 1983, S. 581, Hervorhebungen weggelassen).

Das Bild, das Dritte, die von den outcomes einer konkreten sozialen Situation irgendwie tangiert sind, sich von dieser machen müssen, muß also, um keine hoffnungslose Komplexitätsüberlastung zu erzeugen, im Normalfall eine extrem simplifizierende Abstraktion darstellen. Dritte müssen befähigt werden, den Großteil dessen, was in einer bestimmten sozialen Situation an Erwartungen, Motiven, Plänen, Handlungen und Handlungseffekten vorhanden ist bzw. war, zu übersehen. Genau dies wird ihnen ermöglicht, wenn sie soziale Situationen als Ausprägungen der spezifischen Handlungslogik eines bestimmten gesellschaftlichen Teilsystems interpretieren.

Doch nicht nur Dritte sind auf derartige simplifizierende Abstraktionen angewiesen. Auch Watson selbst, um das Beispiel wieder aufzugreifen, dürfte bei weiteren Forschungsarbeiten zur DNS-Struktur, in denen er an die früheren eigenen Entdeckungen anknüpfte, sich nicht die konkrete Kontingenz der damaligen Situation, so wie sie in seinem Erlebnisbericht andeutungsweise zum Ausdruck kommt, vergegenwärtigt, sondern auf die für Dritte inszenierte Präsentation in Form der betreffenden eigenen Publikationen rekurriert haben. Nicht nur soziale, sondern auch zeitliche Distanzen zu einer konkreten Situation lassen simplifizierende Abstraktionen entstehen. Genauer: Zeitliche Distanzen werden wie soziale Distanzen gehandhabt. Watson betrachtet sich rückblickend zumeist so, wie außenstehende Forscher ihn in der damaligen Situation betrachtet haben. So wie Außenstehende die konkrete Kontingenz der betreffenden Forschungssituation übersehen, vergißt Watson diese zugunsten der simplifizierenden Abstraktionen einer universellen Logik der Forschung. Denn ebenso wie andere, die an seine Forschungen anknüpfen wollen, sich andernfalls in der ihnen zusätzlich zur Kontingenz ihrer eigenen Forschungssituation aufgebürdeten Kontingenz seiner damaligen Forschungssituation festfräßen, geschähe es auch ihm.

Wenn also ein gesellschaftlicher Akteur eine soziale Situation, an der er nicht selbst beteiligt ist und/oder die bereits vergangen ist, als simplifizierte Abstraktion rekonstruiert, nämlich als Ausprägung der durch generalisierte kognitive, evaluative und normative Orientierungen konstituierten spezifischen Handlungslogik eines bestimmten gesellschaftlichen Teilsystems, dann handelt es sich bei dieser Rekonstruktion um keine wahrheitsgemäße Darstellung. Die Kontingenz der konkreten Situation wird vielmehr mehr oder weniger radikal von außen bzw. im Nachhinein reduziert. Dies als Täuschung bzw. Selbsttäuschung zu rubrizieren, wäre allerdings offensichtlich falsch. Denn daß eine solche simplifizierende Abstraktion kein wahrheitsgemäßes Abbild der konkreten Situation abgibt, ist den beteiligten gesellschaftlichen Akteuren bekannt. jeder Forscher weiß, daß der Ablauf eines Forschungsprozesses immer ganz anders gewesen ist, als es die entsprechende Publikation darstellt; und erst recht nimmt ein Forscher seine eigenen Publikationen nicht nachträglich für bare Münze. Die simplifizierenden Abstraktionen sozialer Situationen, die sich aus der Handlungslogik eines gesellschaftlichen Teilsystems ergeben, sind somit Unwahrheiten, die den Akteuren als solche bewußt sind und ihnen dennoch – oder sogar: gerade deshalb – überhaupt erst Handeln ermöglichen. Damit ist der Tatbestand von *Fiktionen* gegeben. [20]

Fiktionen sind, folgt man den weit ausholenden Analysen Hans Vaihingers, besondere „Kunstgriffe des Denkens" (vgl. Vaihinger 1918). Insbesondere der Typus der „abstraktiven" bzw. „neglektiven Fiktionen" verdient im vorliegenden Zusammenhang genauere Aufmerksamkeit (vgl. Vaihinger 1918, S. 28–36). Diese Fiktionen sind so beschaffen, „dass sie absichtlich nur einen Bruchteil der Wirklichkeit an die Stelle der ganzen Fülle der Ursachen und Tatsachen setzen". Der Grund dafür ist „die allzu große Verflochtenheit der Tatsachen, welche der theoretischen Bearbeitung in dieser ungemeinen Kompliziertheit zu große Schwierigkeiten entgegenstellt", so daß „es noch nicht gelingt, alle Fäden auseinanderzuhalten, aus denen das Gewebe der Wirklichkeit besteht." Vaihinger führt – wie naheliegend für Akteurtheoretiker! – als Beispiel hierfür Smiths Prämisse an, daß der Mensch ein rationaler egoistischer Akteur ist:

> „Die empirischen Erscheinungsweisen des menschlichen Handelns sind so ungemein verwickelt, dass sie der theoretischen Erfassung und Reduktion auf

[20] Der Begriff schließt, wie schon aufgefallen sein dürfte, an das zentrale Konzept der „Typisierung" bei Schütz an (vgl. Schütz 1971), will jedoch einen dort nicht deutlich genug herauskommenden Sachverhalt betonen: daß gesellschaftliche Akteure Typisierungen als Als-ob-Konstrukte handhaben. jede Typisierung wird, gewissermaßen augenzwinkernd, so benutzt, als ob sie die soziale Wirklichkeit abbildet. obwohl jedem aus Erfahrung klar ist, daß jede soziale Situation einen weit darüber hinausreichenden Überschuß an Kontingenzen bereithält.

ihre kausalen Faktoren geradezu unübersteigliche Hindernisse entgegenstellen. Smith hatte es nun zum Aufbau seines nationalökonomischen Systemes nötig, die Handlungen der Menschen kausal zu begreifen. Mit sicherem Takte griff er die Hauptursache heraus, nämlich den Egoismus, und formulierte seine Annahme so, dass alle menschlichen Handlungen, vornehmlich diejenigen geschäftlicher und nationalökonomischer Natur, so betrachtet werden können, *als ob* ihr treibendes Motiv einzig und allein der Egoismus wäre. Hier werden also alle anderen Nebenursachen und mitbedingenden Faktoren, wie z. B. Wohlwollen, Gewohnheit usw. vernachlässigt. Mit Hilfe dieser abstrakten Ursache nun gelang es Smith, die ganze Nationalökonomie in ein geordnetes System zu bringen. Aus diesem axiomartig aufgestellten Satze entwickelte er deduktiv alle Verhältnisse des Handelns und Verkehrs, welche sich mit systematischer Notwendigkeit daraus ergeben."

Für Vaihinger sind diese abstraktiven Fiktionen vor allem im Rahmen wissenschaftlichen Wissens von Interesse – nämlich als, wie er zu hoffen scheint, stets nur vorläufige Behelfe bei der Konstruktion von Theoriesystemen. Es scheint nun, daß die simplifizierenden Abstraktionen, die gesellschaftliche Akteure benutzen, wenn sie konkrete soziale Situationen als Ausprägungen der Handlungslogik eines gesellschaftlichen Teilsystems interpretieren, ebenfalls „abstraktive Fiktionen" sind. Denn wie sich gezeigt hat, handelt es sich bei diesen simplifizierenden Abstraktionen gewissermaßen um Kunstgriffe der Erfahrung gesellschaftlicher Wirklichkeit durch gesellschaftliche Akteure. So wie der Nationalökonom sich die konkrete Kontingenz wirtschaftlichen Handelns in der Fiktion eines theoretischen Systems zurechtlegt, so legen die gesellschaftlichen Akteure sich beispielsweise wirtschaftliches Handeln gemäß der Fiktion eines Wirtschaftssystems aus, die u. a. die evaluative Orientierung wirtschaftlichen Handelns an Profiten enthält.

So weit reicht die Parallele zwischen Vaihingers distanziertem wissenschaftlichem Beobachter gesellschaftlicher Wirklichkeit und denjenigen gesellschaftlichen Akteuren, die in die gesellschaftliche Wirklichkeit, die sie beobachten, unmittelbar selbst involviert sind. Der Wirtschaftswissenschaftler handelt als Wirtschaftswissenschaftler nicht in den Wirtschaftssituationen, die er mit Hilfe seiner theoretischen Fiktionen beobachtet. Bei einem Unternehmen hingegen, das als wirtschaftlicher Akteur einen Markt beobachtet, in dem es mit anderen Unternehmen konkurriert, gehen seine simplifizierenden Abstraktionen, die es aus der Fiktion des Wirtschaftssystems gewinnt, in sein diesbezügliches Handeln ein. Damit lastet ein ganz anderer Erfolgsdruck auf der Fiktion, die das Unternehmen hegt. Der Wirtschaftswissenschaftler mag mit seiner theoretischen Fiktion als Beobachter scheitern – nämlich dann, wenn ihm seine schematisierende Zuspitzung wirtschaftlicher Handlungssituationen keinen Erkenntnisgewinn einbringt. Damit scheitert er an der konkreten Kontingenz wirtschaftlicher Situationen – jedoch eben nur als handlungsentlasteter wissenschaftlicher Beobachter. Wenn das Unternehmen seinem Handeln Situationsinterpretationen zugrunde legt, die auf inadäquaten Fiktionen beruhen, scheitert es als wirtschaftlicher Akteur – also als Bestandteil der von ihm selbst beobachteten gesellschaftlichen Wirklichkeit.

Damit gewinnt die Frage, wie gesellschaftliche Akteure überhaupt zu situationsadäquaten Fiktionen gelangen, eine zusätzliche Dimension. *Theoretische* Fiktionen wie die des Wirtschaftswissenschaftlers erlangen Adäquanz dadurch, daß aus ihnen Hypothesen generiert werden, die dann an dem betreffenden Ausschnitt gesellschaftlicher Wirklichkeit geprüft werden können. Auf diese Weise können sich nur solche theoretischen Fiktionen behaupten, die gegenstandsadäquate simplifizierende Abstraktionen vornehmen. Die *praktischen* Fiktionen, mittels derer gesellschaftliche Akteure simplifizierende Abstraktionen an die Stelle der Kontingenz konkreter sozialer Situationen setzen, generieren jedoch Erwartungen, die dann nicht bloß mit der gesellschaftlichen Wirklichkeit verglichen und abgeglichen werden. Die aus den praktischen Fiktionen gesellschaftlicher Akteure resultierenden Erwartungen sind vielmehr zuallererst *Projektionen*, self-fulfilling prophecies.[21]

Wenn beispielsweise ein Käufer und ein Verkäufer die konkrete wirtschaftliche Situation, in der sie sich befinden, gemäß der Handlungslogik des Wirtschaftssystems interpretieren und damit *fiktionalisieren*, prägt dies die aufeinander bezogenen Erwartungen und Handlungsvollzüge. Beide Seiten wissen nun ziemlich eindeutig, was sie jeweils selbst wollen, was ihr Gegenüber will, und daß das jeweilige Gegenüber ebenfalls beides über sich selbst und über sein Gegenüber weiß. Diese Erwartungen mögen im konkreten Einzelfall richtig oder falsch sein – darauf kommt es überhaupt nicht an. Entscheidend ist vielmehr, daß sie der konkreten Situation als abstrakte Fiktionen übergestülpt werden und dadurch ganz im Sinne des Thomas-Theorems Geltung erlangen. Wenn ich beispielsweise eine Ware anzubieten habe, gehe ich davon aus, daß man mir Profitinteressen unterstellt und daß mein Gegenüber – deshalb! – wohl versuchen wird, mich herunterzuhandeln. Spätestens mit dieser Erwartungserwartung an sein Handeln habe ich mich dieser generalisierten Erwartung an mein Handeln unterworfen, obwohl ich möglicherweise ursprünglich ganz andere Motive mit meinem Warenangebot verbunden hatte. Das Verlassen dieses wechselseitigen Beobachtungsschemas erforderte jedenfalls einen erheblichen Kommunikationsaufwand. Nicht zuletzt das zeigt die realitätskonstruierende Kraft dieser Fiktionalisierung der situativen Akteurkonstellation durch die Handlungslogik eines gesellschaftlichen Teilsystems.

In genau derselben Weise wirkt das „talking about science“ dann auch auf das „talking science“ zurück. So ergibt sich eine „Konstitution von Forschung in Antizipation ihrer formalen Darstellung“ (vgl. Lynch et al. 1983, S. 188). Weil jedem, der an einer konkreten Forschungssituation beteiligt ist, gewärtig ist, daß all die situative Kontingenz dereinst für eine Publikation der Forschungsergebnisse reduziert werden muß, wirken die Kriterien, denen eine solche Publikation zu genügen hat, bereits vorweggenommen in der Forschungssituation selbst. Man strebt beispielsweise an, den Forschungsprozeß der Sequentialität, wie sie von der universellen Forschungslogik formuliert wird, zu unterwerfen; und auch wenn einem dies letzten Endes doch immer nur höchst unvollkommen gelingt, reduziert dies dennoch die situative Kontingenz so weit, daß die Akteure handlungsfähig bleiben. Die Fiktion des Wissenschaftssystems, die sich in den Publikationskriterien niederschlägt, bestimmt somit die Kontingenz der konkreten Forschungssituation nicht nur in der Beobachtung von außen bzw. im Nachhinein, sondern bereits in der Situationsgestaltung durch die involvierten Akteu-

[21] Tom Burns arbeitet den Wirkungsmechanismus sozialer Erwartungen als self-fulfilling prophecies detailgenau heraus (vgl. Burns 1987).

re selbst. Auf wissenschaftliche Disziplinen bezogen: „Die Publikation wird … zum Formprinzip, das in jeden wissenschaftlichen Arbeitsprozeß eingreift. … quasi in einer Rückkopplungsschleife wird der wissenschaftliche Arbeitsprozeß von der Ebene der Publikation als der finalen Form wissenschaftlicher Kommunikation hier unter die Zwänge gesetzt, die eine Disziplin als Sozialsystem zusammenhalten" (Stichweh 1988, S. 15).

Zusammengefaßt: Als sinnhafte Zusammenhänge generalisierter evaluativer, normativer und kognitiver Orientierungen sind gesellschaftliche Teilsysteme simplifizierende Abstraktionen der Kontingenz konkreter sozialer Situationen. Diese simplifizierenden Abstraktionen werden von den gesellschaftlichen Akteuren als kontingenzbestimmende Fiktionen genutzt, wobei die Kontingenzbestimmung nicht erst in der distanzierten Beobachtung, sondern projektiv bereits in der Situationsgestaltung selbst stattfindet. Die Antizipation der Fiktion des jeweiligen gesellschaftlichen Teilsystems durch die in eine konkrete soziale Situation involvierten Akteure führt zu einer Fiktionalisierung der Situation im Sinne einer Annäherung an die abstrakte Handlungslogik des gesellschaftlichen Teilsystems. Dies wiederum bestätigt die Adäquanz der Fiktion, wodurch die Fiktionalisierung entsprechender sozialer Situationen beibehalten werden kann.

Das, was Systemtheoretiker unter einem gesellschaftlichen Teilsystem verstehen, läßt sich also offenbar akteurtheoretisch rekonstruieren und in die akteurtheoretische Perspektive einfügen. Damit gibt es für Akteurtheoretiker kein Hindernis mehr, sich die Erkenntnisse, die Systemtheoretiker mit dem Konzept des gesellschaftlichen Teilsystems und den weiteren dazugehörigen Konzepten gewonnen haben, zu eigen zu machen.

Literatur

Ackerman, Charles, und *Talcott Parsons*: Der Begriff „Sozialsystem" als theoretisches Instrument, in: Talcott Parsons, Zur Theorie sozialer Systeme, Opladen 1976 (1966), S. 69–84.

Axelrod, Robert: The Evolution of Cooperation, New York 1984.

Baecker, Dirk, und *Georg Stanitzek* (Hrsg.): Niklas Luhmann: Archimedes und wir. Interviews, Berlin 1987.

Baumgartner, Tom, Tom Burns und *Phillipe De Ville*: Actors, Games, and Systems: The Dialectics of Social Action and System Structuring, in: *Felix Geyer* und *Johannes v. d. Zouwen* (Hrsg.), Sociocybernetics, Bd. 1, Leiden 1978, S. 27–54.

Bendix, Reinhard: Two Sociological Traditions, in: *Reinhard Bendix* und *Guenther Roth*: Scholarship and Partisanship. Essays on Max Weber, Berkeley 1971, S. 282–298.

Boudon, Raymond: Die Logik des gesellschaftlichen Handelns, Neuwied/Darmstadt 1980 (1978).

Burns, Tom: Human Knowledge, Social Action, and Social Structure. Preliminary Ms., o. O., 1987.

–, und *Helena Flam*: The Shaping of Social Organization. Social Rule System Theory with Applications, London 1986.

Coleman, James S.: Social Action Systems, in: *Ders.*, Individual Interests and Collective Action, Cambridge 1986 (1977), S. 85–136.

Crozier, Michel, und *Erhard Friedberg*: Macht und Organisation, Kronberg, Ts., 1978 (1977).

Dawe, Alan: The Two Sociologies, in: British Journal of Sociology, 21, 1970, S. 207–218.

–: Theories of Social Action, in: *Tom Bottomore* und *Robert Nisbet* (Hrsg.), A History of Sociological Analysis, New York 1978, S. 363–417.

Esser, Hartmut: Über einige – gute – Gründe für eine (bestimmte) mikrosoziologische Revolution in der Soziologie, in: *Jürgen Friedrichs* (Hrsg.), 23. Deutscher Soziologentag 1986 – Sektions- und Ad-hoc-Gruppen, Opladen 1987, S. 338–342.

Franz, Peter: Der „constrained choice"-Ansatz als gemeinsamer Nenner individualistischer Ansätze in der Soziologie, in: Kölner Zeitschrift für Soziologie und Sozialpsychologie, 38, 1986, S. 32–54.

Garfinkel,Harold: Studies on the Routine Grounds of Everyday Activities, in: *Ders.*, Studies in Ethnomethodology, Englewood Cliffs 1967 (1964), S. 35–75.

Giddens, Anthony: The Constitution of Society, Cambridge 1984.

Goffman, Erving: Wir alle spielen Theater. München 1973 (1956).

Habermas, Jürgen: Der philosophische Diskurs der Moderne, Frankfurt 1985.

Heiner, Ronald A.: The Origin of Predictable Behavior, in: American Economic Review, 73, 1983, S. 560–595.

–: Uncertainty, Behavior, and Economic Theory – Origin of Predictable Behavior: Further Modeling and Applications, in: American Economic Review, 75, 1985, S. 391–396.

Hindess, Barry: Rational Choice Theory and the Analysis of Political Action, in: Economy and Society, 13,1985, S. 255–277.

Knorr-Cetina, Karin D.: The Ethnographic Study of Scientific Work: Towards a Constructivist Interpretation of Science, in: *Dies.* und *Michael Mulkay* (Hrsg.), Science Observed, London 1983, S. 115–140.

Knorr, Karin D.: Die Fabrikation von Erkenntnis, Frankfurt 1984.

Latour, Bruno, und *Steve Woolgar*: Laboratory Life. The Social Construction of Scientific Facts, Beverly Hills 1979.

Lindenberg, Siegwart: Individuelle Effekte, kollektive Phänomene und das Problem der Transformation, in: *Kurt Eichner* und *Werner Habermehl* (Hrsg.), Probleme der Erklärung sozialen Verhaltens, Meisenheim 1977, S. 46–84.

Luhmann, Niklas: Soziologie als Theorie sozialer Systeme, in: *Ders.*, Soziologische Aufklärung, Bd. 1, Opladen 1974 (1967), S. 113–136.

–: Sinn als Grundbegriff der Soziologie, in: *Ders.* und *Jürgen Habermas*, Theorie der Gesellschaft oder Sozialtechnologie – Was leistet die Systemforschung? Frankfurt 1971, S. 25–100.

–: Komplexität, in: *Ders.*, Soziologische Aufklärung, Bd. 2, Opladen 1975, S. 204–220.

–: Differentiation of Society, in: Canadian Journal of Sociology, 2, 1977, S. 29–53.

–: Selbstreferenz und Teleologie in gesellschaftstheoretischer Perspektive, in: *Ders.*, Gesellschaftsstruktur und Semantik, Bd. 2, Frankfurt 1980, S. 9–44.

–: Politische Theorie im Wohlfahrtsstaat, München 1981.

–: Soziale Systeme, Frankfurt 1984a.

–: Die Wirtschaft der Gesellschaft als autopoietisches System, in: Zeitschrift für Soziologie, 13, 1984b, S. 308–327.

–: Ökologische Kommunikation. Kann die moderne Gesellschaft sich auf ökologische Gefährdungen einstellen?, Opladen 1986.

Lynch, Michael: Art and Artifact in Laboratory Science, London 1985.

–, *Erik Livingston* und *Harold Garfinkel*: Zeitliche Ordnung in der Arbeit des Labors, in:

Wolfgang Bonß und *Heinz Hartmann* (Hrsg,), Entzauberte Wissenschaft, Göttingen 1985 (1983), S. 179–206,

Mayntz, Renate: Funktionelle Teilsysteme in der Theorie sozialer Differenzierung, in: *Renate*

Mayntz, Bernd Rosewitz, Uwe Schimank und *Rudolf Stichweh*, Differenzierung und Verselbständigung – Zur Entwicklung gesellschaftlicher Teilsysteme, Frankfurt/New York 1988, S. 11–44.

–, und *Fritz W. Scharpf*: Research Program. Entwurf vom 2.1.1988 für den Report 1987 des Max-Planck-Instituts für Gesellschaftsforschung, Ms., Köln 1988.

Münch, Richard: From Pure Methodological Individualism to Poor Sociological Utilitarianism: A Critique of an Avoidable Alliance, in: Canadian Journal of Sociology, 8, 1983, S. 45–77.

Opp, Karl-Dieter: Die Entstehung sozialer Normen, Tübingen 1983.

Parsons, Talcott: The Structure of Social Action, New York 1949 (1937).

–: The Social System, London 1970 (1951).

–: Interaction: Social Interaction, in: International Encyclopedia of the Social Sciences, Bd. 7, 1968, S. 429–441.

– u. a.: A General Statement, in: *Ders.* et al., Towards a General Theory of Action, New York/Evanston 1962 (1951), S. 3–27.

Pollner, Melvin: Mundanes Denken, in: *Elmar Weingarten, Fritz Sack* und *Jim Schenkein* (Hrsg.), Ethnomethodologie, Frankfurt 1976, S. 295–326.

Raub, Werner, und *Thomas Voss*: Die Sozialstruktur der Kooperation rationaler Egoisten. Zur „utilitaristischen" Erklärung sozialer Ordnung, in: Zeitschrift für Soziologie, 15, 1986, S. 309–323.

Runge, John Ford: Institutions and the Free Rider: The Assurance Problem in Collective Action, in: Journal of Politics, 46, 1984, S. 154–181.

Rueschemeyer, Dietrich: Stnıctural Differentiation, Efficiency, and Power, in: American Journal of Sociology, 83,1977, S. 1–25.

–: Power and the Division of Labour, Cambridge 1986.

Scharpf, Fritz W.: Verhandlungssysteme, Verteilungskonflikte und Pathologien der politischen Steuerung. Discussion Paper 88/1 des Max-Planck-Instituts für Gesellschaftsforschung, Köln 1988.

Schimank, Uwe: Der mangelnde Akteurbezug systemtheoretischer Erklärungen gesellschaftlicher Differenzierung – Ein Diskussionsvorschlag, in: Zeitschrift für Soziologie, 14, 1985, S. 421–434.

–: Die Entwicklung des Sports zum gesellschaftlichen Teilsystem, in: *Renate Mayntz, Bernd Rosewitz, Uwe Schimank* und *Rudolf Stichweh*, Differenzierung und Verselbständigung: Zur Entwicklung gesellschaftlicher Teilsysteme, Frankfurt/New York 1988, S. 181–232.

Schneider, Volker: Politiknetzwerke der Chemikalienkontrolle. Eine Analyse einer transnationalen Politikentwicklung, Berlin/New York 1988.

Schutz, Alfred: On Multiple Realities, in: Alfred Schutz, Collectcd Papers I, The Hague 1967 (1945), S. 207–259.

Schütz, Alfred: Das Problem der Relevanz, Frankfurt 1971.

Simon, Herbert A.: Human Nature in Politics. The Dialogue of Psychology with Political Science, in: American Political Science Review, 78, 1985, S. 293–304.

Stichweh, Rudolf: Soziologie wissenschaftlicher Disziplinen: Zur Entstehung der disziplinären Struktur moderner Wissenschaft im 18. und 19. Jahrhundert, Ms., Köln 1988.

Touraine, Alain: Le retour de l'acteur, Paris 1984.

Ullmann-Margalit, Edna: The Emergence of Norms, Oxford 1977.

Vaihinger, Hans: Die Philosophie des Als Ob, Leipzig, 3. Aufl. 1918.

Watson, James D.: Die Doppel-Helix, Reinbek 1986 (1968).

Wiesenthal, Helmut: Rational Choice – Ein Überblick über Grundlinien, Theoriefelder und neuere Themenakquisition eines sozialwissenschaftlichen Paradigmas, in: Zeitschrift für Soziologie 16, 1987, S. 434–450.

Köln Z Soziol (2017) (Suppl 1) 69:571–590
DOI 10.1007/s11577-017-0411-z

Kölner Zeitschrift für Soziologie und Sozialpsychologie

ABHANDLUNGEN

DDR 89. Zu den Ursachen einer spontanen Revolution*

Von Karl-Dieter Opp

Trotz der umfangreichen Literatur über die Revolution[1] in der DDR im Jahre 1989 ist die Frage, warum es dazu kommen konnte, noch nicht befriedigend beantwortet. Wenn z. B. behauptet wird, die Unzufriedenheit in der DDR sei eine Ursache für die Revolution gewesen, dann ist zu fragen, warum die Proteste nicht bereits früher auftraten, da hohe Unzufriedenheit nicht erst im Oktober 1989 bestand. Die Unzufriedenheitsthese kann auch nicht erklären, warum die Proteste anstiegen, als die staatliche Repression, eine wichtige Ursache der Unzufriedenheit, im Oktober 1989 zurückging. Wenn weiter die Ausreisewelle oder die Politik Michail Gorbatschows als Ursache der Revolution angegeben werden, bleibt die Frage offen: Warum sollte sich ein einzelner Bürger an Protesten beteiligen, wenn andere Bürger das Land verlassen oder wenn ein sowjetischer Politiker 1985 eine neue Politik einführte? Die

[1] Der Begriff der Revolution wird in der Literatur unterschiedlich verwendet. Ob man die Veränderungen in der ehemaligen DDR im Jahre 1989 als Revolution bezeichnet, hängt von der Definition dieses Begriffs ab, Da sich die Bezeichnung „Revolution" für die Ereignisse in der DDR eingebürgert hat, erscheint es zweckmäßig, diesen Begriff auch im Folgenden zu verwenden. Dabei soll als „Revolution" die Änderung einer gesellschaftlichen Ordnung, die nicht durch politische Wahlen zustande kam, bezeichnet werden. Bei dieser Definition ist es also unerheblich, ob die gesellschaftlichen Veränderungen durch Gewalt oder friedlich zustande kamen. Wenn auch diese Definition von „Revolution" präzisierungsbedürftig ist, so steht außer Frage, daß es sich bei den Ereignissen in der DDR um die „Änderung einer gesellschaftlichen Ordnung" und somit um eine Revolution handelte.

* Dieser Aufsatz entstand im Rahmen eines Forschungsprojekts, das von der Deutschen Forschungsgemeinschaft gefördert wird und das der Verfasser zusammen mit Prof. Dr. Peter Voß (Leipzig) durchführt. Ich möchte der Deutschen Forschungsgemeinschaft für die finanzielle Unterstützung und Herrn Voß für wertvolle Hinweise danken.

Erstveröffentlichung: *Kölner Zeitschrift für Soziologie und Sozialpsychologie*, Jg. 43, 1991, Heft 2, S. 302–231.

c/o V. Dreier
Institut für Soziologie und Sozialpsychologie, Universität zu Köln,
Lindenburger Allee 15, 50931 Köln, Deutschland
E-Mail: volker.dreier@uni-koeln.de

Antwort, daß dadurch die Unzufriedenheit der Bürger weiter anstieg, führt nicht weiter, denn die Unzufriedenheits-These ist ebenfalls mit Problemen behaftet. Wie kann die Revolution in der DDR erklärt werden? Diese Frage steht im Mittelpunkt der folgenden Überlegungen. Dabei wird zunächst die Entwicklung der Proteste skizziert; sodann wird eine Erklärung vorgeschlagen, die von einem individualistischen sozialtheoretischen Ansatz ausgeht.

I. Die Entwicklung der Proteste in der DDR

In der DDR hat es seit ihrem Bestehen immer wieder in kleinerem Ausmaß Proteste der verschiedensten Art gegeben. Diese bestanden erstens aus einzelnen kleineren Demonstrationen. Die Anzahl solcher Demonstrationen und die Anzahl der Teilnehmer nahmen ab Mai 1989 zu. Am 7.5.1989 fand in der DDR eine Kommunalwahl statt, deren Ergebnisse offensichtlich gefälscht waren. Nach dem 7.5. erfolgten mehrere Demonstrationen gegen diese Wahlfälschungen. Seit Ende September 1989 wuchs die Anzahl der Demonstrationen und der Teilnehmer sprunghaft. Beispielhaft sei die Anzahl der Teilnehmer an den Montagsdemonstrationen auf dem Karl-Marx-Platz in Leipzig genannt. Diese Demonstrationen fanden nach den Friedensgebeten, die seit 1982 in der Nikolai-Kirche gehalten wurden, statt. Die Demonstrationen in Leipzig waren der Ausgangspunkt für die Revolution in der DDR und sind deshalb von besonderem Interesse. An der Montagsdemonstration am 4.9. nahmen ca. 800 bis 1200 Personen teil. Die Entwicklung ab 25.9. ist in *Tabelle* 1 dargestellt[2].

Tabelle 1 Die Anzahl der Teilnehmer an den Montagsdemonstrationen in Leipzig.

Datum	Niedrigste Schätzung	Höchste Schätzung	Mittlere Schätzung
25. 9.89	5.000	8.000	6.500
2.10.89	15.000	25.000	20.000
9.10.89	70.000	70.000	70.000
16.10.89	> 100.000	120.000	> 110.000
23.10.89	150.000	300.000	225.000
30.10.89	200.000	500.000	350.000
6.11.89	400.000	500.000	450.000
13.11.89	150.000	200.000	175.000
20.11.89	> 100.000	200.000	> 150.000
27.11.89	200.000	200.000	200.000
4.12.89	150.000	150.000	150.000
11.12.89	100.000	150.000	125.000
18.12.89	150.000	150.000	150.000

Quellen: Fischer Weltalmanach 1990; Schneider 1990; Tetzner 1990; Wimmer et al. 1990; Zimmerling und Zimmerling 1990, Folgen 1 bis 3; Spiegel Spezial 1990; Zeit Magazin vom 29.12.89

Alle Demonstrationen vor dem 9. Oktober wurden unverzüglich von Sicherheitskräften beendet oder behindert, z. B. durch Festnahmen von Demonstranten. Die Demonstration am 9. Oktober 1989 war die größte Demonstration in der DDR seit dem 17. Juni 1953 und die erste Demonstration, die nicht von der Staatsmacht aufgelöst

[2] Über die Anzahl der Teilnehmer an den Montagsdemonstrationen zwischen dem 4.9. und dem 25.9. liegen keine Schätzungen vor.

wurde. Auch in anderen Städten der DDR fanden an diesem Tag Demonstrationen statt, allerdings mit erheblich weniger Teilnehmern. Die Demonstrationen in Leipzig und fast alle anderen Demonstrationen waren gewaltlos. Alle Demonstrationen waren illegal. Sie wären nur dann legal gewesen, wenn sie angemeldet und genehmigt worden wären. Beides war jedoch nicht der Fall.

Neben Demonstrationen bestand eine zweite Form des politischen Engagements gegen das SED-Regime in der Gründung oder in dem Aufruf zur Gründung von Oppositionsgruppen. So trafen sich am 13.8. im Gemeindesaal der Bekenntniskirche in Berlin-Treptow etwa 400 Angehörige verschiedener Oppositionsgruppen; am 26.8. wird zur Gründung einer sozialdemokratischen Partei und am 9./10.9. zur Gründung des Neuen Forum aufgerufen.

Opposition gegen das SED-Regime erfolgte drittens dadurch, daß einzelne Gruppen – z. B. Künstler, kirchliche Gruppen oder Betriebsgruppen – Erklärungen, offene Briefe, oder Petitionen verfaßten und zu verbreiten versuchten, die Forderungen nach Reformen an das SED-Regime enthielten.

Eine vierte Form der Opposition bestand in „Abwanderung" (Hirschman 1970). Diese Alternative wurde seit Mai 1989 (Beginn des Abbaus des ungarischen Grenzzaunes zu Österreich am 2. Mai) von einer wachsenden Zahl von DDR-Bürgern als Reaktion auf die politische und wirtschaftliche Situation in der DDR genutzt.

Alle Formen des Protests – Demonstrationen, Gründung von Oppositionsgruppen, Abfassen von Erklärungen und Abwanderung – stiegen im Laufe des Jahres 1989 an.

II. Ein Erklärungsmodell politischen Protests

1. Theoretische Grundlagen

Will man Erklärungen vermeiden, in denen lediglich einzelne Faktoren wie die Unzufriedenheit der Bevölkerung oder die Ausreisewelle ohne nähere Begründung als Ursachen behauptet werden, empfiehlt sich folgendes Vorgehen. Es müßte ein Erklärungsansatz verwendet werden, der Informationen darüber enthält, welche Variablen generell für Protest von Bedeutung sein könnten.

Ein solcher allgemeiner Erklärungsansatz politischen Protests, der gegenwärtig weitgehend akzeptiert wird, ist die *Perspektive der Ressourcen-Mobilisierung.*[3] Die grundlegende Idee dieser Perspektive ist, daß diejenigen Akteure im politischen Prozeß ihre Ziele realisieren, denen es gelingt, in relativ hohem Maße Ressourcen zu mobilisieren, die insbesondere aus der Unterstützung durch gesellschaftliche Gruppen bestehen. Gemeinsames Handeln einer relativ großen Anzahl von Personen „is rarely a viable option because of lack of resources and the threat of repression. … When deprived groups do mobilize, it is due to the interjection of external resources" (Jenkins und Perrow 1977, S. 250).

[3] Vgl. hierzu die klassischen Darstellungen dieses Ansatzes bei McCarthy und Zald 1973, 1977; Oberschall 1973; Tilly 1978. Eine gute Zusammenfassung gibt Jenkins 1983. Zur Kritik siehe insbesondere McAdam 1982.

Ohne Zweifel waren für die Entstehung der Proteste in der DDR die evangelische Kirche und Oppositionsgruppen von Bedeutung. Das Ansteigen der Proteste kann jedoch nicht dadurch erklärt werden, daß es den Bürgern gelang, in steigendem Maße Ressourcen zu mobilisieren. Die Aktivitäten der Kirche und kirchlicher Gruppen haben sich im Laufe des Jahres 1989 nicht verändert, Oppositionsgruppen wie das Neue Forum wurden erst ab August 1989 gegründet und waren nicht in der Lage, die Bürger zur Teilnahme an Demonstrationen zu mobilisieren. Typisch für die Revolution in der DDR ist vielmehr, daß sich eine zunehmende Anzahl von Bürgern engagierte, ohne Kontakte zu einem Netzwerk Protest unterstützender Organisationen zu haben, und obwohl sie einem übermächtigen staatlichen Akteur gegenüberstanden, der in der Vergangenheit alle Bürgerproteste erfolgreich unterdrückt hatte, und bei dem alle nur denkbaren externen Ressourcen konzentriert waren.

Die umfassenden Bürgerproteste entstanden vielmehr *evolutionär*: sie waren das ungeplante und unvorhergesehene Ergebnis einer *spontanen Kooperation* einer wachsenden Anzahl einzelner Bürger, die sich in einer ähnlichen Situation befanden, wie noch im Einzelnen gezeigt wird. Um Proteste dieser Art erklären zu können, müssen die Ideen der Ressourcenmobilisierungs-Perspektive erweitert werden: Es gezeigt werden, wie sich bei einem gegebenen minimalen Ausmaß von Ressourcen, über die Akteure verfügen, Proteste spontan entwickeln können, ohne daß sich die Ressourcen-Ausstattung der Akteure ändert.

Für die Erklärung derartiger evolutionärer Prozesse hat sich insbesondere der individualistische sozialtheoretische Ansatz als brauchbar erwiesen.[4] Grundlage ist eine Theorie, die die individuellen Entscheidungen der Akteure unter Berücksichtigung ihrer gesellschaftlichen Situation erklärt. Eine solche Theorie ist die Wert-Erwartungstheorie, eine Version des Modells rationalen Handelns, die im folgenden angewendet wird. Gemäß dieser Theorie führen Personen eine Handlung aus, wenn sie deren Konsequenzen insgesamt relativ positiv bewerten (d.h. wenn die Handlung mit hohem Nutzen und geringen Kosten verbunden ist) und wenn sie mit dem Auftreten dieser Konsequenzen relativ sicher rechnen (d.h. wenn die Auftrittswahrscheinlichkeit der Handlungskonsequenzen relativ hoch ist).[5]

Wendet man diese Theorie zur Erklärung der Proteste in der DDR an, dann sind zwei Fragen zu beantworten: 1. Welches waren die Handlungskonsequenzen, die für die Proteste von Bedeutung waren? 2. Wie und aufgrund welcher Ursachen änderten sich welche Handlungskonsequenzen (d.h. ihre Bewertungen und/ oder Auftrittswahrscheinlichkeiten)? Diese Fragen sind so zu beantworten, daß nicht nur die Änderungen im Ausmaß der Proteste erklärt werden können, sondern darüber hinaus zwei weitere Tatbestände: Warum hatten die Proteste ihren Ursprung in Leipzig und nicht an anderen Orten? Warum verliefen die Proteste gewaltlos?

[4] Die Erklärung evolutionär entstandener oder „spontaner" Kooperation wird als „invisible hand explanation" bezeichnet (Ullmann-Margalit 1978; Vanberg 1984).

[5] Siehe etwa Ajzen und Fishbein 1980; Ajzen 1988; Feather 1982. Zur Erklärung von Protestverhalten wurde dieses Modell ebenfalls bereits angewendet, vgl. Klandermans 1984; Muller 1979; Opp 1986, 1989; Opp und Roehl 1990a; Finkel, Muller und Opp 1989.

2. Bedingungen für die Bürgerproteste

Die empirische Forschung über Proteste und soziale Bewegungen hat gezeigt, daß generell Proteste durch eine bestimmte Gruppe von Handlungskonsequenzen, die im folgenden dargestellt werden, relativ gut erklärt werden können.

Für die politische Beteiligung eines Bürgers an Protesthandlungen ist erstens das Ausmaß seiner *Unzufriedenheit mit den wirtschaftlichen und politischen Verhältnissen* – wir sprechen im folgenden der Einfachheit halber generell von „politischer Unzufriedenheit" – von Bedeutung. Allerdings ist die Wirkung der politischen Unzufriedenheit auf Protest davon abhängig, 1. inwieweit ein individueller Akteur glaubt, mittels Protest zur Herstellung von Kollektivgütern beitragen zu können, 2. inwieweit er glaubt, daß die Gruppe von Personen, die an den Protesten teilnimmt, Erfolg haben wird, und 3. inwieweit er glaubt, daß Erfolg nur zustande kommt, wenn sich jedes Mitglied einer Gruppe beteiligt. Politische Unzufriedenheit wirkt multiplikativ mit diesen Faktoren, die zusammenfassend als *wahrgenommener politischer Einfluß*, durch Proteste bestimmte politische Ziele erreichen zu können, bezeichnet werden. Unzufriedenheit wirkt um so stärker, je größer der wahrgenommene politische Einfluß ist.[6]

Ein weiterer Faktor, der politische Beteiligung beeinflußt, sind erwartete *staatliche Sanktionen*. Empirische Untersuchungen haben gezeigt, daß staatliche Sanktionen politischen Protests erstens einen Abschreckungseffekt haben. Je sicherer sie erwartet und je negativer sie von einem Individuum bewertet werden, desto kostspieliger sind sie, und je größer die Kosten einer Handlung sind, desto seltener wird sie ausgeführt. Darüber hinaus führen staatliche Sanktionen jedoch auch zu Solidarisierungseffekten: Sie erhöhen die positiven Anreize für Protest. Dies ist z. B. dann der Fall, wenn Personen, die sich engagieren und staatlichen Sanktionen ausgesetzt waren, in hohem Maße positive soziale Sanktionen erfahren. Je stärker die staatlichen Sanktionen sind, desto stärker überwiegt ein Abschreckungseffekt (vgl. im einzelnen Opp und Roehl 1990a, 1990b, mit weiteren Literaturhinweisen).

Internalisierte Normen sind nicht nur für soziales Handeln generell, sondern auch für politisches Engagement und insbesondere für die Teilnahme an Protesten von Bedeutung.[7] Die Art solcher *Protestnormen* beeinflußt die Art politischen Engagements. Wenn z. B. die Bürger eines Landes im allgemeinen nur gewaltfreie Formen des politischen Engagements für moralisch gerechtfertigt oder sogar geboten halten, dann ist in höherem Maße mit gewaltfreien Aktionen zu rechnen als wenn Gewalt prinzipiell als eine berechtigte Form politischen Engagements gilt. Normen sind situationsspezifisch. Ein Bürger wird z. B. dann gewaltfreie Aktionen nicht für geboten halten, wenn diese mit einem hohen Risiko verbunden sind oder aussichtslos erscheinen.

Empirische Untersuchungen haben gezeigt, daß die Beteiligung an Protesten in hohem Maße von *Anreizen der sozialen Umwelt* abhängt, z. B. von Erwartungen, die Bezugspersonen äußern, oder von erwarteten positiven Sanktionen von Freunden und

[6] Zu einer ausführlicheren Darstellung und einer empirischen Überprüfung dieser Hypothesen vgl. im einzelnen Finkel, Muller und Opp 1989.

[7] Vgl. etwa Marwell und Ames 1979; Muller 1979; Opp 1986, 1989; Riker und Ordeshook 1968,1973.

Bekannten.[8] Quellen solcher Anreize sind insbes. politische Gruppen. Von der sozialen Umwelt gehen nicht nur positive, sondern auch negative Anreize für Protest aus.

Die Äußerung positiver oder negativer Anreize der sozialen Umwelt bei politischem Engagement ist situationsspezifisch. So dürften häufig gewaltsame Formen von Protest negativ sanktioniert werden. Es ist weiter anzunehmen, daß dann, wenn die Kosten für Protest in Form staatlicher Repression sehr hoch sind, politisches Engagement negativ sanktioniert wird: Der „Preis" wird als zu hoch angesehen. Erst wenn die staatliche Repression nicht allzu stark ist, werden negative informelle Sanktionen für Protest zurückgehen und positive Sanktionen ansteigen.

Will man die Entwicklung von Protest in einer Gruppe erklären, dann ist die *Verteilung* der genannten Anreize in der betreffenden Gruppe von Bedeutung. In der Literatur wurde z. B. die Rolle sog. *politischer Unternehmer* betont (vgl. Frohlich, Oppenheimer und Young 1971; Frohlich und Oppenheimer 1978, Kap. 4; Popkin 1988; White 1988). In diesem Zusammenhang bezeichnen wir als politische Unternehmer Personen, für die die Anreize für Engagement besonders groß sind. Politische Unternehmer sind für die Entstehung und Entwicklung von Protest oft deshalb von Bedeutung, weil sie einen Teil der Kosten von Protest (z. B. für die Organisation von Demonstrationen) übernehmen und für andere Bürger positive Anreize bereitstellen (z. B. durch Appellieren an Protestnormen). Konkret gehören vor allem Mitglieder von Oppositionsgruppen zu den politischen Unternehmern. Wir deuteten bereits an, daß bei der Entstehung der Proteste in der DDR politische Unternehmer kaum eine Rolle gespielt haben.

In der Forschung über politischen Protest wird normalerweise nicht davon ausgegangen, daß die Bürger das Verlassen eines Landes als eine Reaktion auf die Unzufriedenheit mit der wirtschaftlichen und politischen Situation in Betracht ziehen. Für Bürger der DDR ist dagegen aufgrund der Rechtslage, nach der sie auch Bürger der Bundesrepublik sind, und aufgrund der gemeinsamen Sprache ein Überwechseln in die Bundesrepublik im Prinzip unproblematisch. Darüber hinaus ist die Übersiedlung aufgrund der politischen und wirtschaftlichen Situation in der Bundesrepublik im Prinzip attraktiv. Die Alternative „Abwanderung" war zwar im Jahre 1989 durch Ausreiseanträge oder auch ab Mai 1989 (Beginn des Abbaus des ungarischen Grenzzaunes zu Österreich am 2. Mai) direkt über andere Ostblockländer, in die man legal reisen konnte, möglich, jedoch mit hohen Kosten verbunden: Bei Ausreiseanträgen war mit langen Wartezeiten zu rechnen, wenn überhaupt die Erteilung einer Ausreisegenehmigung erwartet wurde; der Zeitpunkt der Genehmigung war ungewiß und es mußte mit verschiedenen repressiven Maßnahmen staatlicher Instanzen während der Bearbeitungszeit gerechnet werden. Aufgrund der Grenzsicherungen war nur in sehr eingeschränktem Maße und mit Lebensgefahr ein direktes Verlassen des Landes ohne Billigung der Behörden möglich. In jedem Falle mußten beim Verlassen des Landes soziale Beziehungen abgebrochen und alle Vermögenswerte zurückgelassen werden. Die Kosten der Abwanderung waren also relativ hoch. Für die meisten Bürger kam deshalb das Verlassen des Landes nicht in Betracht. Entsprechend halten wir es für gerechtfertigt, wenn im Folgenden nicht versucht wird zu erklären, warum Bürger „Abwanderung" anstelle von „Widerspruch" gewählt haben.

[8] Vgl. z. B. Klandermans 1984; Knoke 1988; Opp 1986, 1989; Mitchell 1979; Muller und Opp 1986; Tillock und Morrison 1979; Useem 1980; Walsh und Warland 1983.

Damit sind die Faktoren beschrieben, die aufgrund der Ergebnisse bisheriger Forschung die wichtigsten Determinanten für die Entstehung politischen Protests sind. Ich gehe davon aus, daß diese Faktoren auch für die Entstehung der Proteste in der DDR von Bedeutung waren. Entsprechend ist als nächstes zu fragen, wie sich diese Faktoren im Laufe des Jahres 1989 verändert haben.

III. Die Veränderung protestfördernder Faktoren im Jahre 1989

Im folgenden wird zuerst die Situation zu Beginn des Jahres 1989 beschrieben. Sodann wird gezeigt, wie sich die in dieser Situation wirksamen Anreize für Protest nach dem 7. Mai 1989 verändert haben. Die Art der Veränderungen wird in *Tabelle* 2 zusammengefaßt. Die kausalen Prozeße, die im Folgenden beschrieben werden, faßt *Abbildung* 1 zusammen.

1. Die Situation zu Beginn des Jahres 1989

Die Zufriedenheit der Bürger eines Landes hängt von dem Ausmaß ab, in dem ihre Nachfrage nach Gütern des täglichen Bedarfs, nach dem Zustand ihrer physischen Umwelt und nach freien Entscheidungsmöglichkeiten befriedigt wird. In der DDR wurden diese Güter in geringem Maße angeboten. Eine repräsentative Umfrage im Januar 1990, in der die Zufriedenheit der DDR-Bürger mit den verschiedensten Tatbeständen ermittelt wurde, zeigte generell ein hohes Ausmaß an Unzufriedenheit in allen genannten Bereichen (Winkler, Hrsg. 1990). Die umfassende Unzufriedenheit

Tabelle 2 Veränderungen der Ursachen für die Proteste in der DDR

	Zeitraum		
Faktoren	Bis Mai 1989	Ab Mai 1989 bis 9. Okt.	Ab 10. Okt. bis Ende 1989
Unzufriedenheit	hoch	hoch	steigt (zu geringe Dynamik des Wandels)
Wahrgenommener Einfluß	gering	steigt	steigt zunehmend
Staatliche Sanktionen	hoch	sinken oder bleiben (chinesische Lösung)	liegen nicht mehr vor
Protestnormen	gering	steigen	steigen zunehmend
Positive soziale Anreize	gering	steigen	steigen
Negative soziale Anreize	hoch	sinken	sinken
Politische Unternehmer	wenige	steigen (Bildung neuer Gruppen)	steigen (Bildung neuer Gruppen)
Handlungsalternativen	Eingeschränkte Mobilität	geringere Einschränkungen	Ab 9. Nov. offene Grenzen
Makroereignisse:	Beginn der Liberalisierung Osteuropas (Polen, Ungarn, UdSSR)	Zunehmende Liberalisierung (Tschechoslowakei, Bulgarien, Rumänien, erweiterter Reiseverkehr), Beendigung der Demokratiebewegung in China	

Abbildung 1 Der Prozeß der Revolution in der DDR 1989.

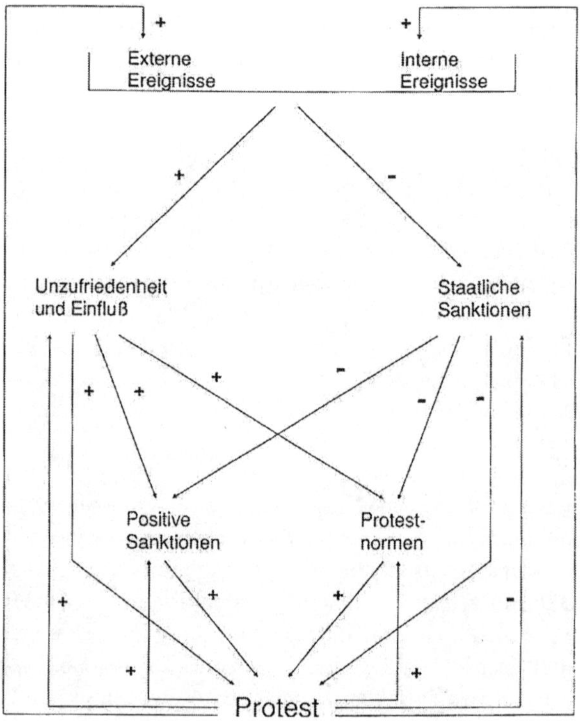

Anmerkung: Pfeile symbolisieren kausale Beziehungen; ‚+' bedeutet einen positiven, ‚-' einen negativen kausalen Effekt

der DDR-Bürger zeigt sich auch bei den Losungen, die auf Transparenten bei den Demonstrationen zu lesen waren (Schneider, Hrsg. 1990). Hier wurden insbesondere das Ausmaß der Überwachung durch die Stasi, die nicht vorhandenen politischen Wahlmöglichkeiten und die Beschränkungen der Reisefreiheit thematisiert.

Das Ausmaß der Unzufriedenheit hängt u.a. davon ab, mit welchen Gruppen man sich vergleicht. Die Bürger der DDR verglichen ihre Situation vor allem mit der der Bürger der Bundesrepublik. Dies ist aus folgenden Gründen zu erwarten: 1. es besteht eine gemeinsame Sprache und 2. eine gemeinsame Geschichte und Kultur bis 1945; 3. in der Bundesrepublik existieren die von den DDR-Bürgern nachgefragten Güter in hohem Maße; 4. die DDR-Bürger sind über die Situation in der Bundesrepublik durch die Möglichkeit der meisten DDR-Bürger, Westfernsehen zu empfangen, relativ gut informiert. Die relative Unzufriedenheit im Vergleich zu der wirtschaftlichen und politischen Situation der Bundesrepublik dürfte relativ groß gewesen sein.

Hinsichtlich der wirtschaftlichen Situation wird ein Bürger der DDR auch die gegenwärtige mit der vergangenen und mit der in Zukunft erwarteten Situation im eigenen Land vergleichen. Selbst ein niedriges Versorgungsniveau wird als wenig deprivierend angesehen, wenn z. B. eine zukünftige Verbesserung erwartet wird. In der DDR hat sich jedoch – wie in allen Ostblockländern – die wirtschaftliche Versorgung im Zeitablauf verschlechtert und es war auch nicht abzusehen, daß sich die Situation verbessern wird.

Vermutlich haben viele DDR Bürger ihre Situation auch mit der Situation anderer Länder des „realen Sozialismus" verglichen, insbesondere mit der Sowjetunion. Hinsichtlich der politischen Verhältnisse dürfte in der DDR im Vergleich zu anderen Ostblockländern ebenfalls in hohem Maße relative Unzufriedenheit bestanden haben, da dort Demokratisierungsprozeße stattfanden. Insgesamt dürfte also die Unzufriedenheit der DDR-Bürger sowohl mit den politischen als auch mit den wirtschaftlichen Verhältnissen zu Beginn des Jahres 1989 relativ groß gewesen sein.

Zu diesem Zeitpunkt war der wahrgenommene *Einfluß,* durch politisches Engagement eine Änderung der Situation erreichen zu können, gering: Aufgrund der Macht einer einzigen Partei, die politische Reformen strikt ablehnte und die politische Opposition unterdrückte, dürfte eine Änderung der Situation durch Engagement generell relativ unwahrscheinlich erschienen sein. Dies gilt auch im Hinblick auf den Einfluß, den, aus der Sicht der Bürger, Oppositionsgruppen oder die Kirche auf Reformen haben konnten (Heinze und Pollack 1990; Pollack 1990).

Die *erwarteten staatlichen Sanktionen* waren zu Beginn des Jahres 1989 relativ hoch. Politisches Engagement, das sich gegen die herrschende Politik richtete, war mit scharfen Sanktionen belegt. Opposition gegen das Regime war mit Verhaftungen, Gefängnis, beruflicher Degradierung bzw. Nicht-Beförderung und Nicht-Vergabe von Ausbildungsplätzen verbunden. Von den Sanktionen waren auch unmittelbare Familienangehörige (Kinder, Ehepartner) und zum Teil Freunde betroffen.

Nicht nur die Schwere der Sanktionen war hoch, sondern auch die Sicherheit, mit der Sanktionen erwartet wurden. Es gab ein ausgebautes Spitzelsystem. So wurden in Hochhäusern Besucher notiert. Darüber hinaus sorgte ein umfassender Sanktionsapparat (Staatssicherheitsdienst, Volkspolizei) dafür, daß Demonstrationen und andere öffentliche Protesthandlungen unterblieben bzw., wenn sie stattfanden, unverzüglich aufgelöst wurden.

Vor der Liberalisierung in der UdSSR konnte bei größeren politischen Aktionen mit Interventionen von Truppen des Warschauer Pakts gerechnet werden (Beispiel: 17. Juni 1953). Obwohl vermutlich die DDR-Bevölkerung im Jahre 1989 nicht mehr Interventionen auswärtiger Truppen bei Protesten erwartet hatte, wurde von vielen Bürgern eine „chinesische Lösung" befürchtet: Das SED-Regime bewertete die Niederschlagung der Proteste in China positiv. Entsprechend konnte damit gerechnet werden, daß auch in der DDR allgemeine Unruhen niedergeschlagen wurden, wie dies auch in der Vergangenheit der Fall war. In einer Situation, in der in hohem Maße staatliche Repression bei politischem Protest zu erwarten war, dürften keine *Protestnormen* wirksam gewesen sein: Protestnormen gelten nicht für Situationen, in denen mit hohen Sanktionen zu rechnen ist und in denen Engagement aussichtslos erscheint.

Bei den hohen erwarteten Kosten und der geringen Erfolgsaussicht politischen Engagements waren *positive soziale Anreize* für Protest vermutlich gering: In einer solchen Situation dürften Angehörige von Oppositionsgruppen, Freunde und Bekannte kaum politisches Engagement gefordert oder bestärkt haben. Eher dürften die *negativen sozialen Anreize* für Protest überwogen haben: Man wird z. B. den Freund oder Ehemann von Protesten abzubringen versuchen, wenn dadurch die berufliche Karriere oder der Studienplatz aufs Spiel gesetzt wird und wenn der Protest aussichtslos erscheint. *Politische Unternehmer* in Form von Mitgliedern einer Reihe von Oppositionsgruppen existierten zwar, sie waren jedoch, wie bereits gesagt, aufgrund der hohen Kosten der Teilnahme an Protesten nicht in der Lage, auch nur einen Teil der Bevölkerung zu mobilisieren (Heinze und Pollack 1990).

2. Die Veränderung der Situation nach dem 7. Mai 1989

Die beschriebene Situation änderte sich ab Mai 1989 durch zwei Arten von Ereignissen: 1. Externe Ereignisse, d.h. bestimmte Entscheidungen von Drittländern, und 2. Interne Ereignisse, d.h. bestimmte Entscheidungen der politischen Instanzen der DDR. Gemäß dem hier angewendeten Erklärungsmodell sind solche Makroereignisse *nur dann von Bedeutung, wenn sie die individuellen Determinanten politischen Handelns beeinflussen*, da Proteste Aktionen individueller Akteure sind. Somit ist zu fragen: 1. Welche Makroereignisse traten ab Mai 1989 auf? 2. In welcher Weise veränderten diese Ereignisse die Nutzen und Kosten politischen Protests auf der individuellen Ebene?

> Folgende *externe Ereignisse* führten zu einer Veränderung protestfördernder Anreize ab Mai 1989: 1. Die Liberalisierung in anderen Ostblockländern schreitet fort. So beginnen am 2. Mai ungarische Grenzsoldaten mit der Niederreißung der Grenzbefestigungen an der Grenze zu Österreich, 2. Am 4. Mai erfolgt eine erste große Demonstration auf dem Platz des Himmlischen Friedens in Peking; am 3. und 4. Juni wird die Demokratiebewegung in China durch staatliche Repression beendet. 3. Ab 15. Juli haben Bürger der DDR in verschiedenen Botschaften der Bundesrepublik (Budapest, Prag, Ost-Berlin) Zuflucht gesucht, um das Land zu verlassen. Es beginnt die Fluchtwelle aus der DDR, als Ungarn und die Tschechoslowakei Ausreisewillige aus der DDR in die Bundesrepublik weiterreisen lassen.
> Welche Wirkungen hatten die beschriebenen Ereignisse auf die früher behandelten Determinanten politischen Protests? Beginnen wir mit der Ausreisewelle. Die objektiv vorliegenden Möglichkeiten zum Verlassen der DDR wurden von den Bürgern wahrgenommen und von einer steigenden Anzahl von DDR-Bürgern genutzt. Dies dürfte dazu geführt haben, daß die Bürger, die in der DDR blieben, das DDR-Regime in Schwierigkeiten sahen: Die große Zahl der Aussiedler führte faktisch zu verstärkten Problemen in einer Vielzahl gesellschaftlicher Bereiche, z. B. in der Wirtschaft und hier insbesondere im Dienstleistungsbereich und in der medizinischen Versorgung. Die Bürger haben vermutlich erwartet, daß aus der Sicht des Regimes eine Liberalisierung nötig wurde, um den Exodus zu beenden oder zu vermindern. Dies führte bei den Bürgern im Laufe des Jahres 1989 zu weiterer Unzufriedenheit und zu einer Erhöhung des wahrgenommenen Einflusses, durch persönliches Engagement politische Veränderungen herbeiführen zu können. Durch die Schwierigkeiten des DDR-Regimes aufgrund der Aussiedler wurden von den Bürgern vermutlich auch geringere staatliche Sanktionen erwartet: Ein Regime, das sich in Schwierigkeiten befindet, wird die Repression vermindern.

Die zunehmende Liberalisierung in Polen und Ungarn dürfte die gleichen Effekte gehabt haben: Sie hat die relative Unzufriedenheit der DDR-Bürger mit dem SED-Regime erhöht und die DDR-Bürger in dem Glauben bestärkt, daß sich das Regime langfristig einem Reformkurs nicht mehr verschließen könne und daß damit auch die Chance, durch eigenes Engagement etwas ändern zu können, steigt und daß die Repression abnimmt.

Andererseits hatten viele DDR-Bürger ohne Zweifel Angst vor einer „chinesischen Lösung", da diese von dem SED-Regime ausdrücklich gebilligt wurde. Vermutlich wurde eine solche Lösung jedoch mit der Zunahme der Protestbewegung im Jahre 1989 als immer unwahrscheinlicher angesehen. Dafür spricht auch, daß eine immer größere Anzahl von Personen durch Resolutionen Reformen forderten, ohne dafür sanktioniert zu werden.

Zu den *internen Ereignissen*, die protestfördernde Anreize im Laufe des Jahres 1989 erhöhten, gehörten vor allem die offensichtlichen Fälschungen der Ergebnisse der Kommunalwahlen, die am 7. Mai stattgefunden hatten. Dieses Ereignis erhöhte die Unzufriedenheit der Bevölkerung mit dem Regime. Dies galt auch für die Feierlichkeiten zum 40jährigen Bestehen der DDR am 7. Oktober, bei denen die „Errungenschaften" des Sozialismus in der DDR gepriesen wurden, obwohl die Diskrepanzen zwischen den Behauptungen des Regimes über die Leistungen des Sozialismus in der DDR und der Realität immer offenkundiger wurden.

Diese Situation – steigende Unzufriedenheit, steigender politischer Einfluss und sinkende erwartete Repression – hatte folgende Konsequenzen: 1. Protestnormen waren in stärkerem Maße anwendbar. Man wird sich in immer stärkerem Maße zu politischem Engagement verpflichtet fühlen, wenn die Unzufriedenheit und der zu erwartende Erfolg steigen und wenn das erwartete Risiko politischen Engagements sinkt. 2. Dieselben Bedingungen dürften dazu geführt haben, daß positive soziale Anreize für die Teilnahme an Protesten stiegen und negative soziale Anreize sanken.

Entsprechend konnte man im Laufe des Jahres die beschriebene Zunahme der Demonstrationen und anderer Protesthandlungen erwarten. Diese Proteste dürften wiederum die genannten Anreize verändert haben: Die Bürger haben in immer höherem Maße damit gerechnet, daß das zunehmende Engagement dem Regime Reformen abnötigen mußte: Wenn das Ausmaß von Protest immer weiter ansteigt, dann kann sich ein Regime, das seiner Ideologie entsprechend die Interessen der Bevölkerung vertritt, langfristig den Wünschen „seiner" Bürger nicht widersetzen. Dies wird ein Bürger selbst dann annehmen, wenn sich die SED-Führung in einer Vielzahl von Verlautbarungen jeglichen Reformen verschließt. Die Proteste erhöhten also den wahrgenommenen persönlichen politischen Einfluß und verminderten die Furcht vor Sanktionen. Gleichzeitig haben die Bürger der DDR vermutlich auch durch die steigende Anzahl politischer Gruppen, die sich während des Jahres 1989 etablierten, zunehmend geglaubt, daß gemeinsamer Protest Erfolg haben könnte.

Die Zunahme der Proteste dürfte auch bei einer steigenden Anzahl von Bürgern dazu geführt haben, daß zunehmend eine Verpflichtung zum Engagement wahrgenommen wurde: Je mehr Bürger sich für politische Änderungen einsetzen,

bei deren Realisierung man auch selbst profitiert, desto weniger kann man es akzeptieren, nichts zu tun.
Die Proteste in der DDR stiegen nach dem 9. Oktober noch einmal an. Dies ist insbesondere damit zu erklären, daß am 9. Oktober zum ersten Mal staatliche Repression ausblieb. Die Kosten der Teilnahme sanken also beträchtlich. Darüber hinaus dürften die Erwartungen von politischen Veränderungen nach dem 9. Oktober relativ hoch gewesen sein, Diese Veränderungen gingen jedoch relativ langsam vor sich, so daß die politische Unzufriedenheit wegen der geringen Dynamik des Wandels weiter stieg.

Diese Überlegungen zeigen, daß der Veränderungsprozeß der Anreize sukzessiv vonstatten gegangen ist: Bestimmte externe und interne Veränderungen zu einem bestimmten Zeitpunkt erhöhten protestfördernde Anreize; diese führten vermehrt zu Protest. Dies hatte wiederum die Konsequenz, daß die protestfördernden Anreize bei den Bürgern weiter stiegen. Die dadurch zunehmenden Proteste provozierten interne Ereignisse wie z. B. die Änderung des Sanktionsverhaltens der Regierung. Neue externe Ereignisse traten auf, die sicherlich auch durch die Proteste in der DDR beeinflußt wurden. Es erfolgte eine erneute Veränderung der protestfördernden Anreize usw. Wie dieser Prozeß *genau* ablief, wird nicht zu klären sein, da hierfür ausreichende Informationen über die Veränderungen der von den Akteuren wahrgenommenen Handlungskonsequenzen für eine Vielzahl von Zeitpunkten im Laufe des Jahres 1989 erforderlich sind. Diese Informationen sind nicht mehr zu beschaffen. Man kann also nur feststellen, *daß* ein Prozeß der beschriebenen Art stattgefunden hat, wie er in *Abbildung* 1 dargestellt wurde.

IV. Der Prozeß der Revolution

Wenn sich auch die protestfördernden Anreize im Laufe des Jahres 1989 in der beschriebenen Weise verändert haben, so wird damit noch nicht erklärt, wie das Verhalten einer Vielzahl von Personen in der Weise koordiniert wurde, daß Demonstrationen an bestimmten Orten und Zeiten, z. B. montagabends auf dem Karl-Marx-Platz in Leipzig, stattfanden. Bisher folgt aus unseren Überlegungen nur, daß generell im Jahre 1989 in der DDR das Ausmaß von Protest stieg. Im Folgenden sollen vier mögliche Prozeße diskutiert werden, die dazu geführt haben könnten, daß die Individuen, deren Bereitschaft zu Protesten relativ hoch war, gemeinsam demonstrierten.

Es wäre erstens möglich, daß die Demonstrationen von einer Person oder Gruppe organisiert wurden. Viele Demonstrationen in westlichen Ländern kommen in dieser Weise zustande. Ein solches *Organisations-Modell* trifft für die Demonstrationen in der DDR nicht zu. Allein schon die Bekanntmachung der Zeit und des Ortes für eine Demonstration wäre von staatlichen Institutionen verhindert worden.

Die Demonstrationen könnten zweitens so zustande gekommen sein, daß zunächst eine Gruppe bzw. ein Komitee einen Ort und Zeitpunkt festlegte, an dem eine Demonstration stattfinden sollte. Diese Gruppe gab die Information an andere Personen oder Gruppen weiter mit der Aufforderung, andere Personen über Zeit und Ort der geplanten Demonstration zu informieren, an der Demonstration teilzunehmen, und andere zu bitten, ebenfalls die genannte Information und Aufforderung weiterzugeben. Ein solches *Mikromobilisierungs-Modell* hat mit dem Organisations-Modell gemeinsam, daß die Demonstration geplant ist. Die Weitergabe der Information an potentielle Teilnehmer erfolgt jedoch bei dem Mikromobilisierungs-Modell dezentral, sodaß die Kosten der Informations-Übermittlung gering sind. Da keine Organisation von Demonstrationen erfolgt, entfallen die damit zusammenhängenden Kosten. Auch ein solches Mikromobilisierungs-Modell entspricht nicht den Tatsachen. Es gab, wie gesagt, keine Gruppe oder Instanz, die die Demonstrationen in der DDR geplant hat.

Beide Modelle setzen voraus, daß einzelne Personen oder Gruppen die Demonstrationen geplant haben. Dies wird in den beiden folgenden Modellen nicht vorausgesetzt. Das *Schwellen-Modell* geht davon aus, daß dann, wenn einzelne Personen bestimmte Handlungen wie z. B. die Teilnahme an einer Demonstration ausführen, die Ausführung der betreffenden Handlungen für andere weniger kostspielig wird.[9] Der Prozeß der Teilnahme an den Demonstrationen hätte dann so verlaufen können: Zunächst nehmen Personen teil, für die der (Netto-)Nutzen der Teilnahme an Demonstrationen sehr hoch ist. Dadurch sinken die Kosten der Teilnahme für eine bestimmte Anzahl anderer Personen so stark, daß für diese die Schwelle für die Teilnahme erreicht wird. Diese Personen werden bei der nächsten Demonstration ebenfalls teilnehmen. Die größere Anzahl von Teilnehmern führt dazu, daß wiederum für eine andere Gruppe von Personen die Teilnahme-Schwelle erreicht wird usw.

Ein solcher Prozeß kann die Zunahme der Proteste bis zum 6. November erklären, wenn man die mittleren Schätzungen zugrunde legt (vgl. Tab. 1). Der Rückgang der Teilnehmer nach dem 6. November kann jedoch nicht erklärt werden. Lassen wir einmal dahingestellt, ob die Annahmen, auf denen das Schwellen-Modell beruht, zutreffen. Der entscheidende Mangel des Schwellen-Modells besteht darin, daß nicht erklärt werden kann, wie die Proteste koordiniert wurden. Es wird vielmehr *vorausgesetzt*, daß die Proteste zumindest beim ersten Mal irgendwie koordiniert werden. Es kann dann angenommen werden, daß die Teilnehmer jeweils der folgenden Protestaktionen sich genau wie die Teilnehmer der vorangegangenen Protestaktion verhalten.

Das Schwellen-Modell ist also ungeeignet, die Koordination individuellen Handelns zu erklären. Die zentrale These dieses Modells trifft jedoch für die Proteste in der DDR zu, wie wir bereits sahen und wie noch im Einzelnen gezeigt wird: die (erwarteten) Kosten der Teilnahme für den Einzelnen sind um so geringer, je größer die (erwartete) Anzahl der Teilnehmer ist. Die Veränderung der Proteste in der DDR im Jahre 1989 kann jedoch keineswegs allein durch diese Kosten erklärt werden, wie unsere vorangegangenen Ausführungen bereits deutlich gemacht haben.

Für die Erklärung der Koordination der individuellen Entscheidungen erscheint ein Modell am plausibelsten, das als *spontanes Kooperations-Modell* (oder, gleichbedeutend, als spontanes „Koordinations-Modell") bezeichnet werden soll. Gleichförmiges Verhalten einer großen Anzahl von Personen kommt oft dadurch zustande, daß diese Personen weitgehend isoliert voneinander gleiche Entscheidungen treffen, weil sie sich in einer gleichartigen Situation befinden. Als sich z. B. am Abend des 9. Novem-

[9] Vgl. hierzu insbesondere die von Mark Granovetter entwickelten Überlegungen, z.B. Granovetter (1978, 1986). Frosch und Abraham (1991) beschreiben die Annahmen des Schwellen-Modells ausführlich und wenden es zur Erklärung der Proteste in der DDR an.

ber aufgrund der in den Medien verbreiteten Erklärung von Günter Schabowski über die sofortige Ausreisemöglichkeit von DDR-Bürgern in den Westen Tausende von DDR-Bürgern an der Bornholmer Straße in Ost-Berlin versammelten, geschah dies deshalb, weil viele Bürger gleichartige Präferenzen hatten (Reisefreiheit bzw. Besuch von West-Berlin) und weil sie gleichartige Informationen hatten, nämlich über die Erklärung Schabowskis und über die Existenz eines Übergangs zu West-Berlin an der Bornholmer-Straße. Sicherlich haben sich viele Personen auf ihrem Weg zur Bornholmer Straße an dem Verhalten anderer orientiert – sie werden vermutlich bemerkt haben, daß andere Personen ebenfalls zur Bornholmer Straße gingen. Die Tatsache jedoch, daß eine große Anzahl von Personen zur gleichen Zeit zur Bornholmer Straße gingen oder fuhren, zeigt, daß es sich um Entscheidungen handelte, bei denen sich die Bürger meist nicht an dem Verhalten anderer orientierten. Dies schließt nicht aus, daß mehrere Personen – z. B. ein Ehepaar – eine gemeinsame Entscheidung darüber herbeiführten, ob sie zur Bornholmer Straße gehen sollten oder nicht.

Die Demonstrationen in der DDR im Herbst 1989 waren eine spontane Kooperation einer Vielzahl von Bürgern. In allen Berichten über diese Demonstrationen wird immer wieder betont, daß sie von niemandem organisiert waren. Wie kam diese spontane Kooperation zustande?

Gehen wir davon aus, daß Bürger der DDR, z. B. aus Leipzig, in hohem Maße bereit sind, ihrer Unzufriedenheit durch bestimmte Formen des Protests (z. B. durch gewaltlose Demonstrationen) Ausdruck zu geben. Dabei wollen sie die Kosten des Protests in Form staatlicher Sanktionen möglichst gering halten.

Weiter nehmen die Bürger an, daß zwar eine bloße Ansammlung von Menschen von den Sicherheitskräften bereits als Protest gewertet und sanktioniert werden könnte. Die Bürger gehen jedoch davon aus, daß man bei einer Ansammlung von Menschen Protest in einer Weise äußern kann, bei der das Risiko staatlicher Sanktionen gering ist, z. B. durch Sprechchöre.

In dieser Situation kann ein gemeinsamer Protest nur dann Zustandekommen, wenn mehrere Bürger gleichzeitig entscheiden, zur gleichen Zeit an denselben Ort zu gehen. Dies wird dann der Fall sein, wenn jeder vermutet, daß viele andere Bürger zu einer bestimmten Zeit an einen bestimmten Ort kommen. Wenn solche Erwartungen bestehen, findet eine stillschweigende Koordination des Verhaltens (Schelling 1960, S. 54–58) statt. Dabei ist weder eine Verabredung noch eine Organisation oder Mobilisierung erforderlich. Es findet also eine spontane Kooperation der Bürger in Form eines gemeinsamen Protestes statt.

Bei einer solchen Entscheidung, zu einem bestimmten Zeitpunkt einen bestimmten Ort aufzusuchen, wird die Anzahl der Personen, die man an dem betreffenden Ort erwartet, folgende Rolle spielen. Wenn man nur sehr wenige Personen erwartet, ist das Risiko, staatliche Sanktionen zu erfahren, sehr gering; denn dann wird der Aufenthalt auf dem betreffenden Platz nicht als Protest gewertet werden. Man kann sich ja aus sehr unterschiedlichen Gründen an dem betreffenden Platz aufhalten. Je größer die Anzahl der Personen ist, desto eher wird zwar die Ansammlung als Protest gewertet, desto geringer werden jedoch die Bürger auch das persönliche Risiko einschätzen. In jedem Falle wird ein Bürger bei einer Verhaftung immer sagen können, er habe nur einen Spaziergang in die Stadt machen wollen. Wenn sich ein Bürger also entscheidet, zu dem betreffenden Ort zu einem bestimmten Zeitpunkt zu gehen, dann wird er vermuten, daß das Risiko, schwerwiegenden staatlichen Sanktionen ausgesetzt zu sein, gering sein wird.

Wie kamen nun die Erwartungen der Bürger zustande, an einem bestimmten Ort und zu einem bestimmten Zeitpunkt viele andere Bürger zu treffen? Wenn man in Städten mit einem klar definierten Stadtzentrum viele Personen treffen will, dann wird man auf die vorhandenen großen Plätze in diesen Städten gehen. Für Bürger der Stadt Leipzig ist ein solcher Treffpunkt der Karl-Marx-Platz und die umliegenden Straßen (einschließlich des Rings, der den Karl-Marx-Platzes berührt). Die Nikolai-Kirche liegt in der Nähe dieses Platzes. Leipziger Bürger wußten, daß in der Nikolai-Kirche seit 1982 an jedem Montag von 17 bis 18 Uhr Friedensgebete stattfanden. Diese Information hatte sich durch persönliche Kommunikation, aber auch aufgrund von Berichten in den westlichen und östlichen Medien verbreitet. Auch wenn die Berichte in den östlichen Medien wie der Leipziger Volkszeitung die Montagsgebete negativ bewerteten, so konnte man daraus doch die Information entnehmen, daß diese Gebete stattfanden. Es war bekannt, daß die Besucher der Friedensgebete wenigstens zum Teil beim Verlassen der Nikolaikirche über den Karl-Marx-Platz gehen würden. Wenn also ein Bürger in Leipzig seiner Unzufriedenheit Ausdruck verleihen wollte, dann liegt es nahe, an Montagen am späten Nachmittag zum Karl-Marx-Platz zu gehen.

> Der folgende Auszug aus einer Rundfunk-Reportage (Schneider 1990, S. 17) illustriert die beschriebenen Prozesse spontaner Kooperation am Beispiel der Montags-Demonstrationen des 25.9. und 2.10.: „Um 5 Uhr zum Gebet ist sie (die Nikolaikirche in Leipzig – KDO) überfüllt, wie schon seit Wochen. Wir warten draußen, mit Hunderten im Kirchhof und vielen in der Grimmaischen Straße. Es liegt was in der Luft, ein seltsames Gefühl unausgesprochener Gemeinsamkeit … Glocken schlagen 6 Uhr abends. Die Kirche leert sich … Gegen dreiviertel 7 beginnt sich der Kern der Menge zu bewegen, läuft los, raus in die Fußgängerzone Grimmaische Straße. Keiner zu erkennen, der anführt, rüber zum Karl-Marx-Platz, zwischen Gewandhaus und Oper. Und plötzlich: Dort sind es ein paar Tausend. Zuschauer reihen sich ein, die Straße wird überflutet. Autos müssen anhalten … Am 2. Oktober war alles wie eine Woche zuvor. Nur waren es dreimal so viel Leute, diesmal auch ältere. Man wußte schon, wo's langgeht, man wußte schon, was zu rufen war: ‚Wir bleiben hier!' und zum ersten Mal ‚Wir sind das Volk!'".

Der „spontane" Charakter der Demonstrationen in Leipzig wird von einem Teilnehmer (persönliches Gespräch) so ausgedrückt: Es gab keinen Kopf der Revolution. Der Kopf war die Nikolai-Kirche und der Körper das Stadtzentrum. Es gab nur eine Leitungsebene: montags um 17 Uhr die Nikolaikirche.[10]

> Dies bedeutet nicht, daß die Friedensgebete geplant waren mit dem Ziel, eine Revolution oder umfangreiche Proteste herbeizuführen. Die Friedensgebete wurden 1982 vielmehr als ein Diskussionsforum ins Leben gerufen (vgl. im einzelnen Feydt et al. 1990). Die Bedeutung, die sie für die Revolution erhiel-

[10] Diese Darstellung wird auch durch eine Reihe weiterer Quellen bestätigt: Vgl. neben den umfangreichen Berichten in dem genannten Buch von Schneider (1990) insbesondere Döhnert und Rummel (1990); Neues Forum (1990); Tetzner (1990).

ten, war weder geplant noch erwartet. In anderen Städten der DDR gab es ebenfalls klar definierte Stadtzentren mit großen Plätzen, auf denen man erwarten konnte, andere zu treffen, z. B. in Ost-Berlin der Alexanderplatz.

Das spontane Kooperations-Modell impliziert nicht, daß jeder Bürger völlig allein entschied, zum Stadtzentrum zu gehen. Wie Berichte von Leipziger Bürgern zeigen (Neues Forum Leipzig 1990), fand zwar in gewissem Ausmaß eine Mikromobilisierung statt, indem man Freunde bat, mit in die Stadt zu gehen. Diese Mikro-Mobilisierung erreichte jedoch nicht den Umfang, der von dem beschriebenen Mikromobilisierungs-Modell postuliert wird.

Das spontane Kooperations-Modell kann nicht nur erklären, wie die Demonstrationen zustande kamen, es kann auch erklären, warum die Proteste im Zeitablauf zunächst zunahmen. Da, wie wir zeigten, im Zeitablauf die individuellen Anreize für Protest zunahmen, stieg auch die Bereitschaft zur Teilnahme an Protesten in der Bevölkerung. Entsprechend war zu erwarten, daß sich eine immer größere Anzahl von Bürgern entschloß, die genannten Plätze aufzusuchen.

Ein weiterer Faktor dürfte zu einer gewissen Eigendynamik der Proteste geführt haben: Die Demonstrationen wurden soziale Ereignisse und erhöhten damit die Anreize, an weiteren Demonstrationen teilzunehmen.

Wie ist es zu erklären, daß die Proteste ab November 1989 zurückgingen (vgl. *Tabelle* 1)? Es ist zu vermuten, daß nach der Öffnung der Grenzen am 9. November und aufgrund vorangegangener Ereignisse (z. B. der Rücktritt Honeckers) insbesondere die politische Deprivation in hohem Maße zurückging. Dadurch verminderten sich auch andere Anreize für Protest (vgl. *Abbildung* 1): Protestnormen waren in geringerem Maße anwendbar und positive soziale Anreize für Proteste verminderten sich.

V. Der Ort der Revolution

Wir haben bisher die Veränderung der Anreize für Protest in der DDR generell beschrieben. Es ist jedoch kaum realistisch anzunehmen, daß zu Beginn des Jahres 1989 diese Anreize an allen Orten und bei allen gesellschaftlichen Gruppen gleich waren und daß sie sich in gleicher Weise verändert haben. So dürfte die Unzufriedenheit mit dem Zustand der Umwelt in Bitterfeld größer als in Ost-Berlin gewesen sein. Um zu erklären, warum die Proteste zuerst in Leipzig entstanden, ist zu prüfen, ob hier die genannten Bedingungen für Proteste in besonders hohem Maße vorlagen.

Zunächst waren die genannten strukturellen Möglichkeiten für spontane Kooperation in Form der regelmäßig stattfindenden Montagsgebete und der bekannten Treffpunkte in Leipzig besonders günstige Voraussetzungen für spontane Demonstrationen, die in anderen Städten nicht vorlagen. Vermutlich waren diese strukturellen Möglichkeiten die entscheidenden Determinanten für die Vorreiter-Rolle von Leipzig bei den Demonstrationen.

Hinzu kommt, daß die Unzufriedenheit der Leipziger Bürger besonderes hoch war (vgl. z. B. Hofmann und Rink 1990). Hierfür waren zunächst mehrere Ereignisse in der Vergangenheit von Bedeutung. So kam es im Jahr 1968 zu Protesten, weil die Universitätskirche auf dem Karl-Marx-Platz im Stadtzentrum abgerissen wurde. Im

Juni 1989 erfolgten Polizei-Einsätze und Verhaftungen, weil ein Straßen-Musikfestival stattfand, das von den Behörden verboten worden war (Lieberwirth 1990). Diese Ereignisse dürften sowohl die Unzufriedenheit älterer als auch jüngerer Leipziger Bürger mit dem SED-Regime generell erhöht haben.

Weiter hatte Leipzig unter allen Großstädten die höchste Umweltbelastung, eine besonders schlechte Altbausubstanz und Versorgungslage. Da Leipzig Messestadt war, hatten viele Leipziger Bürger Kontakt mit Bürgern der Bundesrepublik. Dies galt nicht nur für Leipziger Geschäftsleute, sondern auch für andere Leipziger Bürger, die wegen der geringen Hotelkapazität Zimmer vermieteten. Diese Kontakte dürften die relative politische und wirtschaftliche Unzufriedenheit erhöht haben.

VI. Die Gewaltlosigkeit der Demonstrationen

An den Protesten in der DDR waren in hohem Maße Angehörige der Kirchen beteiligt. Von diesen wurde immer wieder Gewaltlosigkeit für jegliche Art von Opposition gefordert. Die Gewaltlosigkeit der Demonstrationen könnte also in der christlichen Ethik, die bei den kirchlichen Teilnehmern internalisiert war, ihre Wurzel haben. Wenn auch unter der großen Zahl der Teilnehmer an den Demonstrationen insgesamt nur wenige Angehörige der Kirchen waren, so könnten diese ebenfalls in hohem Maße Gewaltlosigkeit als Norm internalisiert haben.

Selbst wenn dies der Fall war, fragt es sich, ob dies für eine Erklärung der Gewaltlosigkeit ausreicht: Normen werden oft übertreten. Dies erschien bei den Demonstrationen aus folgendem Grunde in besonders hohem Maße wahrscheinlich: Bei hoher Unzufriedenheit besteht eine verbreitete Reaktion in Aggressivität und damit in Gewalt, insbesondere dann, wenn man Vertretern der Quelle jahrzehntelanger Frustration gegenübersteht. Die Erklärung der Gewaltlosigkeit durch internalisierte Normen reicht also nicht aus.

Es ist vielmehr anzunehmen, daß diejenigen, die sich engagierten, nur durch gewaltlose Formen des Engagements ihre politischen Ziele glaubten erreichen zu können. Erstens konnte nur bei gewaltlosen Demonstrationen mit der Unterstützung anderer Bürger und des unmittelbaren sozialen Umfeldes gerechnet werden. Zweitens konnte aus der Sicht der Bürger das Regime nur bei Gewaltlosigkeit zur Erfüllung der Forderungen der Bürger gebracht werden, da ja nach offizieller Ideologie das Regime die Interessen des Volkes vertritt. Drittens hätte man bei gewaltsamen Aktionen der Regierung und den Sicherheitskräften eine Rechtfertigung zum Einschreiten und zur gewaltsamen Beendigung der Proteste und der Reformbewegung gegeben: Das SED-Regime hätte die Oppositionellen zutreffend als Randalierer und Kriminelle bezeichnen können. Eine derartige Stigmatisierung gewaltloser Demonstranten würde auf die Dauer unglaubwürdig, Während der Demonstrationen schließlich bestand bei den Bürgern die Befürchtung, bei gewaltsamen Handlungen das Eingreifen der Sicherheitskräfte zu provozieren. Die Gewaltlosigkeit ist also dadurch zu erklären, daß sie als die wirksamste Strategie zur Erreichung politischer Ziele angesehen wurde.

Die Gewaltlosigkeit der Proteste ist schließlich auch dadurch zu erklären, daß vor und während der Demonstrationen starke soziale Anreize wirksam waren, die Gewalt verhinderten: Es wurde bei den Friedensgebeten und während der Demonstrationen von einer Vielzahl von Personen immer wieder zu Gewaltlosigkeit aufgerufen. Darüber hinaus wurde Gewalt physisch verhindert: Bürger schirmten z. B. in Leipzig bei der Demonstration am 9. Oktober das Gebäude der Staatssicherheit vor möglichen Eindringlingen oder Beschädigungen ab.

VII. Diskussion

Die hier vorgeschlagene Erklärung wirft eine Reihe von Problemen auf, die abschließend diskutiert werden sollen. Zunächst fragt es sich, inwieweit die vorangegangene Erklärungsskizze empirisch zutrifft. Soweit keine Quellen genannt wurden, sind die vorangegangenen Ausführungen mit den Berichten einer Vielzahl von DDR-Bürgern, mit denen ich gesprochen habe, und mit publizierten Berichten über die Ereignisse in der DDR im Jahre 1989 (vgl. insbesondere Bohley et al. 1989; Lieberwirth 1990; Neues Forum Leipzig 1990) vereinbar. Diese Daten sind zwar kein harter Test der vorgeschlagenen Erklärung, verleihen ihr jedoch Plausibilität.

Eine weitere Frage, die bisher nicht behandelt wurde, ist, was die vorangegangenen theoretischen Überlegungen *nicht* erklären. Hierzu gehörten der genaue Zeitpunkt der Demonstrationen und die genaue Anzahl der Teilnehmer bei den einzelnen Demonstrationen. Bei der Formulierung von Modellen, die diese Sachverhalte erklären können, müßten sehr spezifische Annahmen getroffen werden, insbesondere über die genaue Verteilung der genannten Variablen in der Bevölkerung und über die genauen Effekte interner und externer Veränderungen. Solche Modelle können zwar mangels Daten vermutlich niemals geprüft werden, sie sind jedoch theoretisch interessant, da sie eine Antwort auf die Frage erlauben könnten, unter welchen Bedingungen *generell* spontane Kooperation in Form gemeinsamen politischen Handelns in Diktaturen zustande kommt.

Die vorangegangene Analyse vernachlässigt eine wichtige Frage: Warum hat das SED-Regime nicht in anderer Weise reagiert und z. B. die chinesische Lösung gewählt? Um den Rahmen dieses Aufsatzes nicht zu überschreiten, konnte diese Frage nicht behandelt werden. Dies ist jedoch legitim, da bei der Erklärung der Proteste, die Gegenstand dieses Aufsatzes waren, die Reaktionen des SED-Regimes als gegeben betrachtet werden konnten.

Die vorangegangenen Überlegungen dürften schließlich für potentielle Revolutionäre von Bedeutung sein. Sie zeigen, daß tiefgreifende Änderungen einer Wirtschafts- und Sozialordnung nicht nur durch Terror und Gewalt erreichbar sind. Unter welchen *Bedingungen generell* spontane Revolutionen ohne Gewalt auftreten, bedarf jedoch einer weiteren Analyse, die in diesem Rahmen nicht geleistet werden konnte.

Literatur

Ajzen, Icek. 1988. Attitudes, personality, and behavior. Milton Keynes.

Ajzen, Icek, und Martin Fishbein. 1980. Understanding attitudes and predicting Social behavior. Englewood Cliffs, N.J.

Bohley, Bärbel, Jürgen Fuchs, Katja Havemann, Rolf Henrich, Ralf Hirsch und Reinhard Weißhuhn. 1989. 40 Jahre DDR. Und die Bürger melden sich zu Wort. Berlin.

Döhnert, Albrecht, und Paulus Rummel. 1990. Die Leipziger Montagsdemonstrationen. In Leipzig im Oktober. Kirchen und alternative Gruppen im Umbruch der DDR. Analysen zur Wende, Hrsg. Jürgen Grabner, Christiane Heinze und Detlef Pollack, 147–158. Berlin:

Feather, Norman T. Hrsg. 1982. Expectations and actions: Expectancy-value models in psychology. Hillsdale, N.J.

Feydt, Sebastian, Christiane Heinze und Martin Schanz. 1990. Die Leipziger Friedensgebete. In Leipzig im Oktober. Kirchen und alternative Gruppen im Umbruch der DDR, Analysen zur Wende, Hrsg. Jürgen Grabner, Christiane Heinze und Detlef Pollack, 123–135. Berlin.

Finkel, Steven E., Edward N. Muller und Karl-Dieter Opp. 1989. Personal influence, collective rationality, and mass political action. American Political Science Review 83:885–903.

Frohlich, Norman, und Joe A. Oppenheimer. 1978. Modern political economy. Englewood Cliffs, N.J.

Frohlich, Norman, Joe A. Oppenheimer und Oran R. Young. 1971. Political leadership and collective goods. Princeton, N.J..

Granovetter, Mark. 1973. Threshold models of collective behavior. American Journal of Sociology 5:1420–1443.

Granovetter, Mark. 1986. Economic action and social structure: The problem of embeddedness. American Journal of Sociology 91:481–510.

Heinze, Christiane, und Detlef Pollack. 1990. Zur Funktion der politisch alternativen Gruppen im Prozeß des gesellschaftlichen Umbruchs in der DDR. In Leipzig im Oktober. Kirchen und alternative Gruppen im Umbruch der DDR. Analysen zur Wende, Hrsg. Jürgen Grabner, Christiane Heinze und Detlef Pollack, 82–90. Berlin:

Hirschman, Albert O. 1970. Exit, voice, and loyalty. Responses to decline in firms, organizations, and states. Cambridge, Mass.

Hofmann, Michael, und Dieter Rink. 1990. Der Leipziger Aufbruch 1989. Zur Genesis einer Heldenstadt. In Leipzig im Oktober. Kirchen und alternative Gruppen im Umbruch der DDR. Analysen zur Wende, Hrsg. Jürgen Grabner, Christiane Heinze und Detlef Pollack, 114–122, Berlin.

Jenkins, J. Craig. 1983. Resource mobilization theory and the study of social movements, Annual Review of Sociology 9:527–553.

Jenkins, J. Craig, und Charles Perrow. 1977. Insurgency of the powerless: Farm worker movements (1946–1972). American Sociological Review 42:249–268.

Klanderrnans, Bert. 1984. Social psychological expansions of resource mobilization theory, American Sociological Review 49:583–600.

Knoke, David. 1988. Incentives in collective action organizations. American Sociological Review 53:311–329.

Lieberwirth, Steffen. Hrsg. 1990. Wer eynen spielmann zu tode schlaegt. Ein mittelalterliches Zeitdokument anno 1989. Leipzig.

Marwell, Gerald, und Ruth E. Ames. 1979. Experiments on the provision of public goods. I. Resources, interest, groups size, and the free-rider problem. American Journal of Sociology 84:1335–1360.

McAdam, Doug. 1982. Political process and the development of black insurgency 1930 – 1970. Chicago/London.

McCarthy, John D., und Mayer N. Zald. 1973. The trend of social movements in America: Professionalization and resource mobilization. Morristown, N.J.

McCarthy, John D., und Mayer N. Zald. 1977. Resource mobilization and social movemements. American Journal of Sociology 82:1212–1241.

Mitchell, Robert C. 1979. National environmental lobbies and the apparent illogic of collective action. In Collective decision making. Applications from public choice theory, Hrsg. Clifford S. Russell, 87–136. Baltimore.

Muller, Edward N. 1979. Aggressive political participation. Princeton, N.J.

Muller, Edward N., und Karl-Dieter Opp. 1986. Rational choice and rebellious collective action. American Political Science Review 80:471–489.

Neues Forum Leipzig. Hrsg. 1990. Jetzt oder nie - Demokratie. Leipziger Herbst ,89. Leipzig..

Oberschall, Anthony. 1973. Social conflict and social movements. Englewood Cliffs, N.J..

Opp, Karl-Dieter. 1986. Soft incentives and collective action. Participation in the anti-nuclear movement. British Journal of Political Science 16:87–112.

Opp, Karl-Dieter, in Zusammenarbeit mit Peter und Petra Hartmann. 1989. The rationality of political protest. A comparative analysis of rational choice theory. Boulder, Colorado.

Opp, Karl-Dieter, und Wolfgang Roehl. 1990a. Der Tschernobyl Effekt. Eine Untersuchung über die Ursachen politischen Protests. Opladen.

Opp, Karl-Dieter, und Wolfgang Roehl. 1990b. Repression, micromobilization and political protest. Social Forces 69:521–548.

Pollack, Detlef. 1990. Ursachen des gesellschaftlichen Umbruchs in der DDR aus systemtheoretischer Perspektive. In Leipzig im Oktober. Kirchen und alternative Gruppen im Umbruch der DDR. Analysen zur Wende, Hrsg. Jürgen Grabner, Christiane Heinze und Detlef Pollack, 12-25. Berlin.

Popkin, Samuel. 1988. Political entrepreneurs and peasant movements in Vietnam. In Rationality and Revolution, Hrsg. Michael Taylor, 9–62. Cambridge.

Prosch, Bernhard, und Martin Abraham. 1991. Die Revolution in der DDR. Eine strukturell-individualistische Erklärungsskizze. Kölner Zeitschrift für Soziologie und Sozialpsychologie 43:291–301.

Riker, William H., und Peter C. Ordeshook. 1968. A theory of the calculus of voting. American Political Science Review 65:25–42.

Riker, William H., und Peter C. Ordeshook. 1973. An introduction to positive political theory. Englewood Cliffs, N.J.

Schelling, Thomas C. 1960. The strategy of conflict. Cambridge, Mass.

Schneider, Wolfgang. Hrsg. 1990. Leipziger Demontagebuch. Leipzig.

Tetzner, Reiner. 1990. Leipziger Ring. Aufzeichnungen eines Montagsdemonstranten, Oktober 1989 bis 1. Mai 1990. Frankfurt a. M.

Tillock, Harriet, und Denton E. Morrison. 1979. Group size and contributions to collective action: An examination of Olson's theory using data from zero population growth inc. Research in Social Movements, Conflicts and Change 2:131–158.

Tilly, Charles. 1978. From mobilization to revolution. New York..

Ullmann-Margalit, Edna. 1978. Invisible-hand explanations. Synthese 39:263–291.

Useem, Bert. 1980. Solidarity model, breakdown model, and the Boston anti-busing movement. American Sociological Review 45:357–369.

Vanberg, Viktor. 1984. Unsichtbare-Hand Erklärung und soziale Normen. In Normengeleitetes Verhalten in den Sozialwissenschaften, Hrsg. Horst Todt, 115–147. Berlin.

Walsh, Edward J., und Rex H. Warland. 1983. Social movement involvement in the wake of a nuclear accident: Activists and free riders in the TMI area. American Sociological Review 48:764–780.

White, James W. 1988. Rational rioters: Leaders, followers, and popular protest in early Japan. Politics and Society 16:1–34.

Wimmer, Micha, Christiane Proske, Sabine Braun und Bernhard Michalowski. 1990. Wir sind das Volk. Die DDR im Aufbruch. Eine Chronik in Dokumenten und Bildern. München.

Winkler, Gunnar. Hrsg. 1990. Sozialreport 90. Daten und Fakten zur sozialen Lage in der DDR. Berlin.

Zimmerling, Zeno, und Sabine Zimmerling. Hrsg. 1990. Neue Chronik der DDR. Folge 1 bis 5. Berlin.

Köln Z Soziol (2017) (Suppl 1) 69:591–617
DOI 10.1007/s11577-017-0420-y

Kölner Zeitschrift für Soziologie und Sozialpsychologie

ABHANDLUNGEN

Persönliches Umweltverhalten

Diskrepanzen zwischen Anspruch und Wirklichkeit*

Von Andreas Diekmann und Peter Preisendörfer

I. Problemstellung

Folgt man der öffentlichen Diskussion und der praktischen Politik im Bereich der Ökologie und des Umweltschutzes, gewinnt man sehr rasch den Eindruck, daß – auf fast allen Ebenen – erhebliche Lücken zwischen Anspruch und Wirklichkeit bestehen. Auf der internationalen Bühne werden Probleme des Umweltschutzes (Treibhauseffekt, Verschmutzung der Weltmeere, Schutz der tropischen Regenwälder) auf zahllosen Konferenzen erörtert, deren Ergebnisse normalerweise ziemlich bescheiden ausfallen und in der Regel die Erwartungen nicht erfüllen. Nationale Regierungen haben Umweltministerien und Umweltbürokratien errichtet, diese bleiben jedoch in ihrer finanziellen Ausstattung zweitrangig, und einer schönen Rhetorik stehen kaum mehr als Alibi-Handlungen zur Seite (Richtgeschwindigkeit 130 km auf Autobahnen). Ebenso gehören Passagen zur Umweltpolitik inzwischen zum Stan-

* Der Beitrag ist aus einem Projekt der Deutschen Forschungsgemeinschaft (DFG) zur Thematik sozialer Dilemmata hervorgegangen. Die Befragung wurde aus Eigenmitteln der Institute für Soziologie der Universitäten Bern und München gefördert. Die Untersuchung entstand unter Mitarbeit der Berner und Münchner Studentinnen und Studenten, die 1990 und 1991 an empirischen Forschungsseminaren der Verfasser zum Thema „Umweltschutz" teilgenommen haben. Für Unterstützung bei der Organisation der Studie gilt unser Dank Herrn Christoph Bühler (München) und Frau Susanne Kunkler (Bern). An der Erstellung des Datensatzes waren die Herren Etienne Bischoff, Beat Jacottet und Patrick Rösli beteiligt. Außerdem stand uns Herr Herbert Iff mit Rat und Tat zur Seite. Das in Abschnitt I erwähnte Feldexperiment wurde von der Arbeitsgruppe Adrian Blum, Thomas Gautschi, Konrad Kormann, Stephan Kormann und Patrick Rösli geplant und durchgeführt. Die Ergebnisse des Experiments werden analysiert und beschrieben in Diekmann und Preisendörfer (1991).

Erstveröffentlichung: *Kölner Zeitschrift für Soziologie und Sozialpsychologie*, Jg. 44, 1992, Heft 2, S. 226–251.

c/o V. Dreier,
Institut für Soziologie und Sozialpsychologie, Universität zu Köln,
Lindenburger Allee 15, 50931 Köln, Deutschland
E-Mail: volker.dreier@uni-koeln.de

dardrepertoire moderner Parteiprogramme, wobei sich hinter wohlklingenden Formulierungen (qualitatives Wirtschaftswachstum, ökologischer Umbau) allzu oft eher Ratlosigkeit verbirgt. Aber auch in der Bevölkerung, also auf der Ebene der einzelnen Bürger, scheinen Anspruch und Wirklichkeit nicht gerade Hand in Hand zu gehen. Zum einen besteht der Verdacht, daß trotz eines hohen Umweltbewußtseins das faktische Verhalten noch hinterherhinkt. Zum anderen dürften, auch wenn wir ausschließlich das Verhalten ins Blickfeld nehmen, bei den individuellen Akteuren zum Teil erhebliche Inkonsistenzen bezüglich einzelner Dimensionen umweltgerechten Verhaltens bestehen.

Der vorliegende Artikel wendet sich dieser letztgenannten Ebene zu, also dem Umweltbewußtsein und dem persönlichen Umweltverhalten des einzelnen. Im Unterschied zu zahlreichen anderen empirischen Arbeiten (z.B. Amelang et al. 1977; Fietkau et al. 1982; Kessel und Tischler 1984; Urban 1986; Heine und Mautz 1988) steht hier jedoch nicht das Umweltbewußtsein im Mittelpunkt, sondern das persönliche Umweltverhalten im alltäglichen Lebenszusammenhang. Beabsichtigt ist dabei keine bloße Deskription dieses Verhaltens, sondern eine Untersuchung der Bestimmungsgründe sowie vor allem eine Erklärung der Widersprüchlichkeiten dieses Verhaltens.

Besonders für die praktische Umweltpolitik kann die Zielgröße nicht das Umweltbewußtsein per se sein. Es sei denn, es könnte davon ausgegangen werden, daß Umweltbewußtsein quasi deterministisch in umweltgerechtes Verhalten transformiert wird. Aber auch und gerade beim persönlichen Umweltverhalten gilt die biblische Devise, daß vielfach „Wasser gepredigt und Wein getrunken“ wird. Aus der Einstellungsforschung ist seit langem bekannt, daß positive oder negative Einstellungen gegenüber einem Objekt oder sogar nachdrücklich bekundete Handlungsabsichten keineswegs zwangsläufig das entsprechende Verhalten zur Konsequenz haben (z.B. Fishbein und Ajzen 1975). Damit soll nicht zum Ausdruck gebracht werden, daß das Umweltbewußtsein für das aktuelle Umwelthandeln bedeutungslos ist. Einer Vielzahl von empirischen Untersuchungen zufolge besteht eine signifikant positive Korrelation.

In einer sehr informativen Meta-Analyse von Jody Hines, Harold Hungerford und Audrey Tomera (1984) wird auf der Basis von 128 amerikanischen Studien zur Thematik „Umweltbewußtsein und Umweltverhalten“ im Mittel ein (korrigierter) Korrelationskoeffizient von 0.35 zwischen den beiden Größen berichtet. Die positive Korrelation zeigt sich sowohl in Surveys, in denen das gemessene Umweltverhalten auf Selbstauskünften der Befragten beruht (mittlere Korrelation 0.33), als auch in sogar noch höherem Maße in Arbeiten, in denen das aktuell beobachtete Verhalten erhoben wurde (0.43). Auch in den wenigen Studien im deutschsprachigen Raum (z.B. Langeheine und Lehmann 1986; Urban 1986; Grob 1990) werden mehr oder minder starke, positive Zusammenhänge zwischen einzelnen Dimensionen des Umweltbewußtseins und dem Ausmaß (selbstberichteten) umweltverantwortlichen Handelns berichtet. Nicht nur auf Selbstauskünften basiert ein in der Schweiz durchgeführtes Feldexperiment zum Umweltverhalten (Diekmann und Preisendörfer 1991). In diesem Feldexperiment wurde Personen, die zuvor an einer Umweltbefragung teilgenommen hatten, etliche Wochen nach der Befragung eine günstige Ausverkaufsofferte einer fiktiven Drogerie unterbreitet. Das Prospektmaterial offerierte FCKW-haltige, im Preis stark reduzierte Markenartikel. Ein spezieller Aspekt des aktuellen Umweltverhaltens (die Bestellung bzw. Ablehnung einer Katalogzusendung) wurde auf diese Weise mit einer nichtreaktiven Erhebungsmethode erfaßt. Das Experiment lieferte eine Korrelation in Höhe von 0.38 zwischen dem in der Befragung ermittelten Umweltbewußtsein und der Reaktion auf die „Drogerieofferte".

Wenn auch ein Zusammenhang zwischen dem Umweltbewußtsein und Umweltverhalten nachweisbar ist, so ist doch die Größenordnung zu beachten. Durch das Umweltbewußtsein allein werden nur selten mehr als 10-15 Prozent der erhobenen Verhaltensvarianz erklärt; m.a.W bleiben 85-90 Prozent der Varianz unerklärt, wenn allein diesem Faktor Aufmerksamkeit gewidmet wird.

So ist es nur konsequent, daß in einem Großteil der erwähnten Studien mit multivariaten Verfahren ein Schritt weiter gegangen wurde. Im Rahmen von Pfadmodellen des Umweltverhaltens wurden Komponenten des Umweltbewußtseins, das Umweltwissen, grundlegende Wertorientierungen, politische Einstellungen sowie soziodemographische Merkmale berücksichtigt und im Hinblick auf ihre jeweils spezifizierte Einflußstruktur näher untersucht (Langeheine und Lehmann 1986; Dierkes und Fietkau 1988; Grob 1990). Diese Forschungsstrategie liefert immerhin ein erstes Orientierungsraster bezüglich der komplexen Struktur verschiedener Determinanten des Umweltverhaltens. Auf der anderen Seite sind aber Einwände geltend zu machen, die insbesondere auf die folgenden Punkte abzielen: Erstens werden die Hypothesen meist ad hoc formuliert und nicht in einen allgemeineren theoretischen Bezugsrahmen eingebettet. Die Pfadmodelle haben in diesem Sinne eher deskriptiven Charakter. Zweitens ist auffallend, daß die von Soziologen und Psychologen (im doppelten Sinne) geschätzten Pfadmodelle vorwiegend Effekte des Umweltbewußtseins und soziodemographischer Merkmale auf das Umweltverhalten thematisieren, während in der ökonomischen Literatur der Schwerpunkt auf die Bedeutung materieller Anreize gelegt wird (z.B. Frey 1985). Weniger Erziehung zu umweltbewußtem Verhalten als vielmehr Preise, Gebühren, Abgaben, Emissionszertifikate, Gebote und Verbote werden als Instrumente zur Steuerung des Umweltverhaltens bezüglich ihrer relativen Wirksamkeit unter jeweils spezifischen Bedingungen (Transaktionskosten, Überwachungsprobleme, Technologien usw.) untersucht. In dieser Situation ist es sicher von Interesse, die Erklärungskraft materiell-anreizbezogener Faktoren (Opportunitätsstrukturen, Kosten und Nutzen des Verhaltens) mit der Erklärungskraft von Wert- und Einstellungskomponenten zu vergleichen. „Moral contra Ökonomie" oder auch „Moral plus Ökonomie" könnte hierbei die Devise einer Forschungsstrategie lauten, die die verhaltensformende Wirksamkeit beider Variablengruppen in verschiedenen Problembereichen anhand von Survey-Daten oder Fallbeispielen auszuloten versucht. Auf diese Weise wären auch Widersprüchlichkeiten zwischen dem Umweltbewußtsein einerseits und dem Umweltverhalten andererseits erklärbar. Sind die Verhaltenskosten relativ hoch, dann wird auch bei stark ausgeprägtem Umweltbewußtsein das faktische Verhalten unterhalb der Schwelle umweltgerechten Verhaltens bleiben. Wenn aber die Effekte je nach Verhaltensbereich (z.B. Verkehr, Energiesparen, Abfallbeseitigung etc.) variieren, dann wäre ein dritter Einwand gegen die in der Literatur berichteten pfadanalytischen Schätzungen stichhaltig. Die bezüglich des Umweltverhaltens zumeist hochaggregierten Modelle erklären nicht die intraindividuelle Varianz des Umweltverhaltens in verschiedenen Problembereichen, also quasi die „Widersprüche" zwischen den einzelnen Verhaltensdimensionen. Sie berücksichtigen insbesondere auch nicht mutmaßliche Interaktionseffekte, d.h. die Variation von Effekten je nach Problembereich umweltrelevanten Handelns. Aus diesem Grund empfiehlt sich neben den globalen Schätzungen eine stärkere Disaggregation der Modelle.

> Diesen Einwänden Rechnung tragend, gehen wir in der vorliegenden Arbeit wie folgt vor: Im Anschluß an die Beschreibung der Datenbasis (Abschnitt II) werden zunächst in einem ersten Teil (Abschnitt III), auf der Basis von Hypothesen aus der Literatur, soziodemographische und andere Bestimmungsfaktoren des persönlichen Umweltverhaltens in Form eines „globalen" Pfadmodells untersucht. Thema des zweiten und umfangreicheren Teils der Arbeit (Abschnitte IV–VII) sind dann die vermuteten Widersprüchlichkeiten zwischen Umweltbewußtsein und Umweltverhalten einerseits und im persönlichen Umweltverhalten andererseits sowie deren Erklärung. Bevor hierbei mit Erklärungen begonnen werden kann, muß selbstverständlich zunächst geprüft werden, ob und inwieweit es die angesprochenen Widersprüchlichkeiten überhaupt gibt (Abschnitt IV). Da es sie gibt, werden anschließend – gestützt auf eine detaillIiertere empirische Analyse disaggregierter Modelle des persönlichen Umweltverhaltens und der Beziehungen zwischen Umweltbewußtsein und Umweltverhalten – drei Argumente (Abschnitte V–VII) dafür angeboten, auf welche Weise und mit welchen Strategien es individuelle Akteure bewerkstelligen, mit diesen Widersprüchen „zu leben": 1. Umweltgerechtes individuelles Verhalten erstreckt sich auf zahlreiche Lebensbereiche und ist in sich sehr vielschichtig. Dadurch wird es möglich, daß praktisch jeder einzelne bzw. jede soziale Gruppe auf irgendwelche Aktivitäten verweisen kann, die den eigenen Beitrag zum Umweltschutz belegen. 2. Einem hohen Umweltbewußtsein und gegebenenfalls einem hohen persönlichen Wissensstand über die Umweltproblematik wird vor allem dadurch Genüge getan, daß diese in sog. „Low-Cost"-Situationen das Verhalten beeinflussen. 3. Für Dissonanzen im persönlichen Umweltverhalten bzw. zwischen Umweltbewußtsein und -verhalten gibt es eine Fülle von Rechtfertigungsargumenten, auf die individuelle Akteure tatsächlich sehr häufig zurückgreifen. Vor dem Hintergrund eines weitverbreiteten Gefühls der eigenen Machtlosigkeit identifizieren wir als wesentliche Argumente zum einen die Einsicht in falsch gesetzte Anreizstrukturen und zum anderen die Einsicht in die spezifische soziale Dilemma-Situation des Umweltproblems und damit verbundener Verhaltensweisen.

Insgesamt greifen wir – im Sinne eines theoretischen Bezugsrahmens – in erster Linie auf ein elementares Nutzen-Kosten-Kalkül individuellen Verhaltens zurück. Das heißt, kurzfristige, situationsbezogene Rationalität oder auch (einfacher formuliert) Bequemlichkeit wird als wichtiger Steuerungsmechanismus individuellen Verhaltens gesehen. Weiterhin finden Überlegungen aus dem Bereich der kognitiven Dissonanztheorien sowie Forschungsergebnisse zur Umsetzung von Einstellungen in Verhalten Berücksichtigung. Als empirische Datenbasis, die im folgenden zunächst kurz beschrieben wird, dient eine telefonische Befragung von 1357 Bürgerinnen und Bürgern der Städte Bern und München.

II. Datenbasis und zentrale Variablen

Bei der Studie, auf die sich die nachstehenden Analysen des persönlichen Umweltverhaltens stützen, handelt es sich um eine im Frühjahr 1991 durchgeführte telefonische Befragung von 392 zufällig ausgewählten Bürgerinnen und Bürgern der Stadt Bern und parallel dazu 965 Personen in München. Während in der Berner Teilstichprobe, die von ursprünglich 737 Telefonbuchadressen ausging, eine um stichprobenneutrale Ausfälle bereinigte Rücklaufquote von 66 Prozent erzielt werden konnte, belief sich die entsprechende Quote in München, wo mit 1830 Adressen begonnen wurde, auf 73 Prozent. Insgesamt war die Bereitschaft zur Mitwirkung an der telefonischen Befragung, die zuvor durch ein Schreiben an die Zielpersonen angekündigt wurde, sowohl in Bern als auch in München beachtlich. Obwohl sich die durchschnittliche Befragungszeit in München auf knapp 30 und in Bern auf rund 40 Minuten belief (hier wurden noch zusätzlich Bern-spezifische Fragen gestellt), kam es in weniger als 2 Prozent aller Fälle zu einem Abbruch des Telefoninterviews.

Das inhaltlich wichtigste Anliegen der Studie war – im Unterschied zu verschiedenen Vorläuferstudien – eine möglichst detaillierte Erfassung des persönlichen und alltäglichen Umweltverhaltens der Befragten. Insgesamt wurden im Verlauf des Interviews Informationen zu mehr als 30 konkreten, umweltrelevanten Verhaltensweisen erhoben. Zur Messung des persönlichen Umweltverhaltens greifen wir in der vorliegenden Arbeit, gestützt auf inhaltliche Überlegungen einerseits und auf eine genauere Analyse der Interkorrelationen aller erhobenen Verhaltensitems andererseits, auf genau 16 Verhaltensweisen in vier verschiedenen Bereichen zurück: 1. Umweltfreundliches Einkaufsverhalten, 2. umweltbewußte Abfallbeseitigung, 3. umweltschonender Umgang mit Energie, und 4. umweltfreundliches Verkehrsverhalten, womit vor allem ein Verzicht auf das Auto in verschiedenen Alltagssituationen gemeint ist. Jeder dieser vier Bereiche wird durch vier Verhaltensweisen abgedeckt. Die Verhaltensitems wurden, sofern notwendig, auf Dichotomien reduziert, und für die vier Bereiche wurden einfache Indizes konstruiert, die – bei einer Spannweite von 0-4 – die Zahl der umweltfreundlichen Aktivitäten in jedem Bereich aufaddieren. Ein zusätzlicher Gesamtindex des persönlichen Umweltverhaltens (kurz UV) faßt alle 16 Verhaltensweisen in den vier Bereichen zusammen, so daß dieser Index Werte zwischen 0-16 annehmen kann. Die konkreten Einzelitems, die in die fünf Indizes (KAUF, ABFALL, ENERGIE, VERKEHR und UV) eingingen, sind in *Anhang 1* aufgeführt.

Neben dem persönlichen, selbstberichteten Umweltverhalten wurden in der Studie zusätzlich das Umweltbewußtsein der Befragten, ihr Umweltwissen sowie die persönliche Betroffenheit von Umweltbelastungen erfaßt. Unter Rückgriff auf Operationalisierungsvorschläge früherer Studien (vor allem Maloney et al. 1975; Amelang et al. 1977; Urban 1986) wurde das zweifellos relativ vieldeutige Konstrukt des Umweltbewußtseins mit Hilfe einer Itembatterie bestehend aus elf Einzelfragen (mit fünfstufiger Skala) umzusetzen versucht. Mittels Faktorenanalyse wurden diejenigen sechs Items für die Konstruktion eines additiven Index des Umweltbewußtseins selegiert, die hohe Ladungen auf dem ersten Faktor zeigten. Die ausgewählten Items sind ebenfalls in *Anhang 1* aufgeführt.[1]

Wenngleich Wissensfragen in Interviews in der Regel ziemlich problematisch sind, konnte das sich auf die Umweltproblematik beziehende Wissen der Befragten relativ zufriedenstellend erfaßt werden. Dies geschah zum Teil mit Hilfe eines kleinen „Umwelt-Quiz", bei dem den Befragten (in der Münchner Stichprobe) nach ihrer Antwort auf jede Wissensfrage stets auch die richtige Lösung mitgeteilt wurde. Die Antworten der Befragten wurden bei allen Wissensfragen dichotomisiert, und aus insgesamt neun Einzelfragen wurde ein additiver Index des Umweltwissens aufgebaut, der eine Spannweite von 0-9 hat, wobei die Punktzahl die Zahl der richtigen Antworten auf die neun Wissensfragen angibt. Der Index des Umweltwissens bezieht sich in erster Linie auf eher „theoretisches" Fakten- bzw. Zeitungswissen, gleichwohl sind auch Elemente des alltagspraktischen Umweltwissens (Kosten einer Kilowattstunde Strom) sowie Aspekte des Wissens über Ursache-Wirkungs-Zusammenhänge (Effekte von FCKW) enthalten. Auch die Einzelitems unseres Umweltwissensindex finden sich in *Anhang 1*.

Bei dem Versuch einer Erfassung der persönlichen Betroffenheit von Umweltbelastungen im individuellen Lebenszusammenhang stellt sich in der Regel das Problem, daß die Einschätzungen der Respondenten – bedingt durch einen unterschiedlichen Grad an Sensibilisierung und durch die politische Grundorientierung – in hohem Maße subjektiv „eingefärbt" sind (dazu z.B. Hagstotz und Kösters 1986; Wasmer 1990). Um diese subjektive Einfärbung soweit wie möglich zu vermeiden, wurden in unserer Erhebung Fragen verwendet, die weitgehend auf „hard facts" im unmittelbaren Wohnumfeld der Befragten abstellten (Wohnen an einer vielbefahrenen Straße, ruhiges Schlafzimmer, eigener Garten, Entfernung zur nächsten Grünanlage usw.). Insgesamt gingen zehn dichotomisierte Items in unseren von 0-10 reichenden Index der persönlichen Betroffenheit durch Umweltbelastungen ein. Die Einzelitems sind in *Anhang 1* angegeben.

Neben einer Reihe von nicht weiter erläuterungsbedürftigen soziodemographischen Merkmalen, die summarisch in *Anhang 2* zusammengestellt sind, bilden die fünf Indizes des persönlichen Umweltverhaltens (UV, KAUF, ABFALL, ENERGIE, VERKEHR), der Index des Umweltbewußtseins (UB), der Index des Umweltwissens (UW) und der Index der persönlichen Betroffenheit von Umweltbelastungen (UBET) die zentralen Variablen der nachstehenden Analysen. Da es für den Gang der Argumentation wichtig ist, wird im Fall des persönlichen Umweltverhaltens zum Teil auch auf die Einzelitems rekurriert, aus denen die Indizes des Umweltverhaltens zusammengesetzt sind.[2]

[1] Die ausgewählten Items des Umweltbewußtseins (Anhang 1) beziehen sich – in der Terminologie von Dieter Urban (1986) – vor allem auf umweltbezogene Einstellungen. Die Dimension „umweltrelevante Wertorientierungen" und die Dimension „umweltorientierte Handlungsbereitschaft", die Urban neben der Einstellungsdimension als zusätzliche Dimensionen des theoretischen Konstrukts „Umweltbewußtsein" vorschlägt, sind nur partiell berücksichtigt.

[2] Ergänzend seien an dieser Stelle noch die zwei weiteren Themenblöcke erwähnt, die in unserer Umweltstudie (neben dem persönlichen Umweltverhalten, dem Umweltbewußtsein, dem Umweltwissen und

III. Ein Pfadmodell des persönlichen Umweltverhaltens

Obwohl die vermuteten Widersprüche zwischen Umweltbewußtsein und Umweltverhalten und die Unstimmigkeiten im persönlichen Umweltverhalten im Mittelpunkt unserer Arbeit stehen sollen, möchten wir – einmal zur Gewinnung eines ersten Überblicks und zum anderen, um an die bisherige Forschung anzuknüpfen – mit einer allgemeinen Analyse der Bestimmungsfaktoren des persönlichen Umweltverhaltens beginnen. Vorliegende empirische Studien des persönlichen Umweltverhaltens (vgl. dazu Hines et al. 1984; Fietkau 1984; Langeheine und Lehmann 1986; Urban 1986; Dierkes und Fietkau 1988; Grob 1990) untersuchen im wesentlichen drei große Gruppen von Determinanten des persönlichen Umweltverhaltens: 1. soziodemographische Variablen, 2. Merkmale, die die politische Orientierung von Personen charakterisieren sowie 3. umweltbezogene Faktoren wie Umweltbewußtsein, Umweltwissen oder umweltrelevante Wertorientierungen.

Diese Variablengruppen lassen sich unseres Erachtens am ehesten in Form eines vierstufigen Pfadmodells anordnen: Auf der ersten Stufe dieses Modells stehen dabei die verschiedenen soziodemographischen Variablen und Merkmale der politischen Orientierung, auf der zweiten Stufe die persönliche Betroffenheit durch Umweltbelastungen und das Umweltwissen, auf der dritten Stufe das Umweltbewußtsein, und das Ende der Kausalkette bildet schließlich das Umweltverhalten.

In der von uns gewählten Modellspezifikation messen wir das persönliche umweltbezogene Verhalten mit dem Gesamtindex des Umweltverhaltens UV, das Umweltbewußtsein mit dem Index UB, das Umweltwissen mit dem Index UW und die persönliche Betroffenheit von Umweltbelastungen mit dem Index UBET. Folgende soziodemographische Faktoren und Attribute der politischen Orientierung werden, basierend auf den Ergebnissen früherer Studien, berücksichtigt (vgl. dazu genauer *Anhang 2*): Geschlecht (FRAU), Alter (ALTER), höchster allgemeinbildender Schulabschluß (BILDUNG), Erwerbsstatus (ERWERB), subjektive Schichteinstufung (SCHICHT), Elternstatus (KIND), Wohnort (BERN), soziale Integration in die Nachbarschaft (KONTAKT), politische Links-Rechts-Orientierung (LINKS) und politisches Interesse (POLINT).

der persönlichen Betroffenheit von Umweltbelastungen) enthalten waren. Dies war zum einen ein Fragenkomplex zur subjektiven Einschätzung der eigenen und der allgemeinen Betroffenheit von Umweltbelastungen und zum anderen ein Fragenkomplex zum Umweltengagement. Da wir in der vorliegenden Arbeit auf diese Themenbereiche nicht eingehen, kann auf eine Erläuterung verzichtet werden. Die Berner Teilstudie bezieht sich zusätzlich noch auf eine Evaluation der im Berner Gemeindeverbund Anfang 1991 eingeführten „Sackgebühr", über die eine weitgehende Individualisierung der Kosten für die Müllabfuhr durchgesetzt wurde.

Abbildung 1: Pfadmodell des Umweltverhaltens (OLS-Regressionen; standardisierte Regressionskoeffizienten)

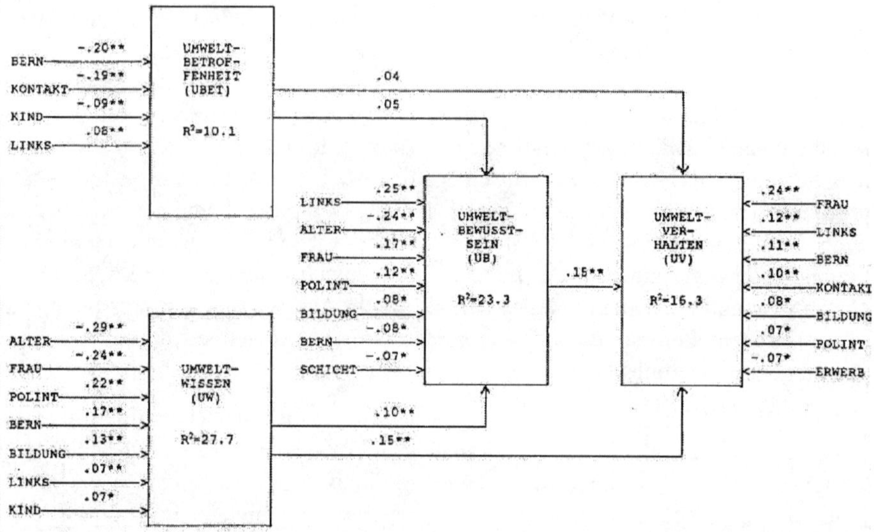

* signifikant auf dem 5 %-Niveau; ** signifikant auf dem 1 %-Niveau. Zur Bedeutung der verschiedenen Abkürzungen vgl. *Anhang 1* und *2*.

Abbildung 1 präsentiert die Ergebnisse des Pfadmodells des persönlichen Umweltverhaltens auf der Basis der gepoolten Daten der Berner und Münchner Stichprobe. Als die zwei hauptsächlichen Faktoren, die auf die persönliche Betroffenheit durch Umweltbelastungen einwirken, erweisen sich die beiden Merkmale BERN und KONTAKT. Im Vergleich zu den Einwohnern der bayerischen Metropole leben die Berner Bürger offensichtlich in einer Umgebung, die deutlich weniger durch unmittelbare Umweltbelastungen gekennzeichnet ist. Die KONTAKT-Variable läßt sich wohl kaum im Sinne eines Kausalfaktors interpretieren; vielmehr deutet ihr Effekt an, daß Nachbarschaftskontakte in den „besseren" Wohngegenden (mit geringer Verkehrsbelastung, mehr Grün usw.) offenbar häufiger auftreten.

Den relativ stärksten Effekt auf das Umweltwissen liefert die Altersvariable. Dies dergestalt, daß ältere Befragte über weniger umweltrelevantes Wissen verfügen. Ferner zeigt sich, daß Frauen weniger über Probleme im Umweltbereich informiert sind als Männer. Der Grund ist möglicherweise, daß die Fragen unserer „Wissensskala" sich stark auf die in den Zeitungen und sonstigen Medien verbreiteten Informationen beziehen. An dritter Stelle folgt das politische Interesse, wobei Personen mit ausgeprägtem politischem Interesse sich als besser informiert erweisen. Schließlich ist der Wissensstand der Berner Bürger deutlich höher als der der Münchner. Erwartungsgemäß zeigt auch noch die schulische Bildung einen hochsignifikanten Effekt auf das Umweltwissen.

Betrachten wir die Ergebnisse für die Bestimmungsfaktoren des Umweltbewußtseins, gelangen wir zu weiteren aufschlußreichen Befunden: Eine hohe Betroffenheit durch Umweltbelastungen setzt sich nicht signifikant in ein höheres Umweltbewußtsein um. Ein Effekt des Umweltwissens ist zwar vorhanden, dennoch erweisen sich andere Faktoren als wichtigen An erster Stelle steht hierbei die politische Orientierung, wobei eine „linke Weltanschauung" mit einem deutlich höheren Umweltbewußtsein einhergeht, An zweiter Stelle folgt die Altersvariable dergestalt, daß jüngere Befragte ein sehr viel höheres Umweltbewußtsein bekunden. Sowohl der „Linkseffekt" als auch der „Alterseffekt" sind aus zahlreichen früheren Studien zu Determinanten des Umweltbewußtseins bekannt (dazu z.B. Van Liere und Dunlap 1980; Fietkau et al. 1982; Kessel und Tischler 1984; Langeheine und Lehmann 1986). Weniger in Übereinstimmung mit früheren Studien, die bezüglich des Geschlechts eher widersprüchliche Ergebnisse brachten, steht der Befund, daß Frauen im Vergleich zu Männern ein hochsignifikant höheres Umweltbewußtsein aufweisen. Wie schon beim Umweltwissen beobachten wir auch beim Umweltbewußtsein signifikante Effekte des politischen Interesses und der Bildung. Weiterhin erhalten wir für Bern ein etwas schwächer ausgeprägtes Umweltbewußtsein als für München. Bei Kontrolle unseres (im Vergleich zu anderen Studien) recht umfangreichen Kovariatensatzes erweist sich auch, daß in den höheren sozialen Schichten das Umweltbewußtsein eher abnimmt.

Direkte Effekte auf das eigentlich interessierende persönliche Umweltverhalten zeigen in unserem Modell, in der Rangfolge ihrer Bedeutung, folgende Faktoren: Der stärkste Effekt geht von der Geschlechtsvariable aus, mit einem sehr viel umweltfreundlicheren Verhalten der Frauen. Es folgen die Effekte des Umweltbewußtseins und des Umweltwissens. Einen signifikanten Einfluß der persönlichen Betroffenheit von Umweltbelastungen auf das Umweltverhalten können wir nicht feststellen. Ein insgesamt stärker umweltgerechtes Verhalten ergibt sich ferner für Personen mit einer eher linken politischen Orientierung, für die Bürgerinnen und Bürger der Stadt Bern, für Personen, die stärker in ihre Nachbarschaft integriert sind, für Personen mit einer höheren schulischen Bildung und für Personen mit einem stärkeren politischen Interesse. Im Vergleich zu den Nichterwerbstätigen verhalten sich schließlich erwerbstätige Personen weniger umweltfreundlich, wobei das Verkehrsverhalten eine ausschlaggebende Rolle spielen dürfte.

Von Interesse ist insbesondere auch der positive Effekt von Nachbarschaftskontakten, der in früheren Studien unberücksichtigt blieb. Dieser Effekt wurde aufgrund von Hypothesen über soziale Netzwerke und der Theorie „iterativer Spiele" (Axelrod 1984; Raub und Voss 1986) erwartet. Je stärker Personen in soziale Netzwerke integriert sind, desto größer sind die Chancen für die Reziprozität des Verhaltens und damit für den Aufbau von Kooperationsbeziehungen. Hinzu kommt, daß in integrierten Nachbarschaften das Ausmaß sozialer Kontrolle erhöht ist, und mit der positiven oder negativen Sanktionierung des Verhaltens zusätzliche Anreize umweltgerechten Handelns existieren. Die Chancen sind damit in integrierten Nachbarschaften größer als in anonymen Wohnvierteln, daß „Kollektivgutprobleme" durch wechselseitig kooperatives Verhalten gelöst werden.

IV. Divergenzen im persönlichen Umweltverhalten und zwischen Umweltbewußtsein und -verhalten

Pfadmodelle in der Art, wie wir sie im vorangehenden Abschnitt vorgestellt haben und wie sie in der empirischen Forschung zum Umweltbewußtsein und Umweltverhalten durchaus üblich sind, vermitteln zwar einen gewissen Ein- und Überblick, dennoch wird durch die starke Zusammenfassung – vor allem auf Seiten des Umweltverhaltens – mit solchen Modellen gleichzeitig auch sehr viel unterschlagen. Verdeckt werden insbesondere mögliche Divergenzen zwischen Umweltbewußtsein und Umweltverhalten einerseits sowie zwischen den einzelnen Dimensionen des Umweltverhaltens andererseits. Wie bereits einleitend erwähnt, war die Vermutung solcher Divergenzen der Ausgangspunkt und der eigentliche Anlaß unserer gesamten Studie. Bei dieser Vermutung stützten wir uns zum einen auf schlichte Primärerfahrungen (Parkplatzprobleme vor Ökoläden, Müllansammlungen vor Altpapier- und Altglascontainern, Autokorsos im Vorfeld von Umweltdemonstrationen) sowie zum anderen auf Ergebnisse der bisherigen Forschung. Generell und in sehr vielen Bereichen kommt die sozialpsychologische Forschung zu dem Ergebnis, daß sich Einstellungen und Attitüden nur begrenzt und unter einer Reihe von Zusatzbedingungen in faktisches Verhalten umsetzen (dazu als Überblick Fishbein und Ajzen 1975; Meinefeld 1977). Daß dies auch bei der Vermittlung von Umweltbewußtsein und Umweltverhalten zutrifft, belegen inzwischen mehrere empirische Studien (statt vieler Kley und Fietkau 1979; Van Liere und Dunlap 1980, 1981; Mielke 1985; Grob 1990; vgl. ferner den kurzen Überblick bei Urban 1986, S. 372).

Abstellend auf die vermuteten Divergenzen zwischen Umweltbewußtsein und persönlichem Umweltverhalten können wir in unserer Studie zunächst feststellen, daß die Pearsonsche Korrelation zwischen dem Index des Umweltbewußtseins (UB) und dem Gesamtindex des persönlichen Umweltverhaltens (UV) zwar signifikant positiv ausfällt, das Ausmaß der Korrelation mit einem Koeffizienten von $r = 0.22$ aber einen relativ geringen Wert aufweist. Die Gamma-Korrelationen des Zusammenhangs zwischen Umweltbewußtsein (dichotomisiert am Median) und den 16 ausgewählten umweltrelevanten Verhaltensweisen (alle dichotom) bewegen sich zwischen + 0.42 (Umweltbewußtsein und Einkaufen im Bio- bzw. Ökoladen) und - 0.06 (Umweltbewußtsein und Verzicht auf das Auto am Wochenende). Um auch inhaltlich einigermaßen anschaulich zu demonstrieren, was dies bedeutet, sei kurz ein Blick auf einige ausgewählte Verhaltensweisen der 422 Befragten geworfen, die das obere Drittel der Umweltmoral bzw. des Umweltbewußtseins in unserer Studie bilden.

74 Prozent dieser Gruppe gingen mit dem Flugzeug bzw. mit dem Auto in ihre letzten Ferien, 54 Prozent besitzen ein Auto und von den Autofahrern 54 Prozent ein Auto ohne Katalysator, 37 Prozent waren am letzten Wochenende mit dem Auto unterwegs, 30 Prozent haben im Verlauf der letzten Woche kein öffentliches Verkehrsmittel benutzt, 39 Prozent bemühen sich nicht um eine Einsparung von warmem Wasser, 38 Prozent drehen im Winter ihre Heizung nicht ab, wenn sie für längere Zeit die Wohnung verlassen, und 25 Prozent verwenden in ihrem Haushalt einen Wäschetrockner, der – auch bezüglich der angeblich stromsparenden neueren Modelle – in jedem Ratgeber zum privaten Ökoverhalten (LB. Grießhammer 1987; Greiner-Schuster 1991) als ein äußerst stromintensives Gerät geächtet wird.

Diese wenigen Prozentwerte mögen als Beleg für gewisse Unstimmigkeiten zwischen der Umweltmoral bzw. dem Umweltbewußtsein auf der einen Seite und dem faktischen Umweltverhalten auf der anderen Seite hinreichen. Ähnliche Unstimmigkeiten können wir im Verhalten selbst beobachten. Die Gamma-Korrelationen der ausgewählten 16 Verhaltensweisen untereinander bewegen sich zwischen + 0.91 (Mülltrennung bei Papier/Zeitungen und Mülltrennung bei Glas) und - 0.38 (Mülltrennung bei Batterien und Verzicht auf das Auto am Wochenende). Da es uns an dieser Stelle in erster Linie um eine anschauliche Illustration geht, möchten wir wiederum beispielhaft die Verhaltensweisen einiger ausgewählter Gruppen betrachten:

> Von den 290 auf den ersten Blick ökologiebewußten Befragten, die angaben, im Verlauf der letzten zwei Wochen in einem Bio- bzw. Ökoladen eingekauft zu haben, haben 12 Prozent im gleichen Zeitraum Getränke in Dosen gekauft, 44 Prozent kaufen die Milch in einer abfallproduzierenden Verpackung (Tetra Pack, Plastiktüte, Einwegflasche), 36 Prozent entsorgen Aluminium und Weißblech über die Mülltonne, 37 Prozent bemühen sich nicht um eine Einsparung von warmem Wasser, und 47 Prozent drehen bei längerer Abwesenheit die Heizung in ihrer Wohnung nicht ab. Von den 798 prima facie umweltbewußten Mitbürgerinnen und -bürgern, die vorgeben, sich um eine Einsparung bei warmem Wasser zu bemühen, reduzieren 34 Prozent nicht gleichzeitig ihre Vollbadhäufigkeit,[3] 42 Prozent drehen bei längerer Abwesenheit in ihrer Wohnung die Heizung nicht ab und 25 Prozent verwenden in ihrem Haushalt einen Wäschetrockner. Betrachten wir umgekehrt die 423 „umweltsündigenden" Besitzer eines Autos ohne Katalysator, können wir feststellen, daß (angeblich) 91 Prozent ihre Batterien ordnungsgemäß entsorgen, 93 Prozent ihr Altpapier und 91 Prozent ihr Altglas zum Container bringen, 90 Prozent zum Einkaufen in der Regel eine Einkaufstasche mitnehmen, 84 Prozent auf den Kauf von Getränken in Dosen verzichten, 18 Prozent in den letzten zwei Wochen in einem Bio- bzw. Ökoladen eingekauft haben und immerhin 10 Prozent in ihrem Urlaub ohne Auto bzw. Flugzeug ausgekommen sind.

V. Disaggregation des Umweltverhaltens nach Problembereichen

Wie sich zeigt, existieren offenbar Diskrepanzen im persönlichen Umweltverhalten sowie zwischen dem Umweltbewußtsein und Umweltverhalten. Somit stellt sich die Anschlußfrage, wie diese Unstimmigkeiten erklärbar sind bzw. auf welche Weise es die individuellen Akteure bewerkstelligen, diese Unstimmigkeiten subjektiv in Einklang zu bringen. Erste Anhaltspunkte hierfür lassen sich finden, indem wir das persönliche Umweltverhalten im folgenden noch etwas genauer ins Blickfeld nehmen. Dabei wird sich herausstellen, daß umweltorientiertes Verhalten in sich und in seinen

[3] Trotz vehementer Proteste seitens einiger „Hygieniker" werten wir eine hohe Vollbadfrequenz (mehr als 4x pro Monat) als ein tendenziell umweltunfreundliches Verhalten. Würde sich jeder Bürger zu einem täglichen Vollbad entschließen, käme es zu einer drastischen Erhöhung des Energieverbrauchs und vermutlich zu einem Kollaps der Wasserversorgung.

Bestimmungsgründen keineswegs ein einheitliches, bereichsunspezifisches Verhaltensmuster darstellt, sondern im Gegenteil sehr vielschichtig ist. Welche Schlußfolgerungen dies nahelegt, wird am Ende des Abschnitts erörtert.

Gehen wir zunächst noch einmal von unserem globalen Index des Umweltverhaltens (UV) aus und betrachten dessen einfache Linearverteilung, zeigt sich im Aggregat der Befragten ein insgesamt durchaus umweltfreundliches Verhalten: 82 Prozent aller Befragten verhalten sich bei mehr als 8 der 16 erfragten Verhaltensweisen umweltgerecht. Median und Mittelwert liegen bei 10. lm Durchschnitt können die Befragten also zumeist angeben, daß sie einem

Tabelle 1: Bestimmungsfaktoren des Umweltverhaltens in verschiedenen Bereichen (OLS-Regressionen, nichtstandardisierte Regressionskoeffizienten)

Kovariate	KAUF	ABFALL	ENERGIE	VERKEHR
FRAU	0.31**	0.07	0.07	0.53**
	(6.38)	(1.36)	(1.28)	(8.29)
ALTER/10	- 0.06**	- 0.12**	- 0.02	0.16**
	(3.36)	(6.54)	(0.77)	(7.35)
BILDUNG	0.05**	0.02	0.01	0.05*
	(3.54)	(1.44)	(0.70)	(2.35)
ERWERB	- 0.03	- 0.02	0.09	- 0.37**
	(0.59)	(0.44)	(1.46)	(5.32)
SCHICHT	0.02	- 0.01	- 0.04	- 0.19**
	(0.51)	(0.09)	(0.97)	(3.81)
KIND	0.22**	0.17**	- 0.02	- 0.29**
	(4.25)	(3.04)	(0.36)	(4.22)
BERN	- 0.13*	0.82**	- 0.43**	0.38**
	(2.46)	(14.29)	(6.58)	(5.26)
KONTAKT	0.07**	0.07**	0.07*	- 0.01
	(2.98)	(2.85)	(2.50)	(0.43)
LINKS	0.12**	0.05	0.08*	0.13**
	(4.39)	(1.60)	(2.47)	(3.68)
POLINT	0.05*	0.09**	0.09**	0.03
	(2.08)	(3.33)	(3.02)	(1.03)
Konstante	1.04**	2.49**	1.81**	0.89**
	(4.50)	(10.20)	(6.54)	(2.91)
R^2	9.7 %	20.0 %	6.1 %	17.7 %
N	1 174	1 158	1 154	1 125

* signifikant auf dem 5 %-Niveau; ** 1 %-Niveau; t-Werte in Klammern. Zur Bedeutung der verschiedenen Abkürzungen vgl. *Anhang 1* und *2*.

umweltbewußten Verhaltensstil folgen. In der subjektiven Deutung kann dies gleichzeitig bedeuten, daß die große Mehrheit ihr eigenes Umweltverhalten überdurchschnittlich hoch einschätzt.

Der globale Index des Umweltverhaltens (UV) verdeckt jedoch wichtige Unterschiede, die sich erst bei einer Aufschlüsselung der verschiedenen Verhaltensweisen erschließen. Schon wenn wir im ersten Schritt lediglich eine Ebene tiefer gehen, also auf die Ebene der Bereichsindizes KAUF, ABFALL, ENERGIE und VERKEHR, stellt sich heraus, daß die Bestimmungsfaktoren umweltorientierten Verhaltens recht unter-schiedlich sind. Dies geht aus den Regressionsmodellen in *Tabelle 1* hervor, in denen die Effekte der soziodemographischen Variablen und der Merkmale der politischen Orientierung auf die Bereichsindizes ermittelt werden.

Aus *Tabelle 1* läßt sich entnehmen, daß sich die Frauen in zwei der vier Bereiche (nämlich bei KAUF und VERKEHR) umweltfreundlicher verhalten als die Männer, wobei der Geschlechtseffekt beim Verkehrsverhalten eindeutig am stärksten ist. Sehr unterschiedlich gestalten sich die Effekte der Altersvariable. Die Jüngeren zeigen ein umweltbewußteres Verhalten beim Einkaufen und der Abfallsortierung, die Älteren hingegen ein umweltbewußteres Verkehrsverhalten. Die schulische Bildung ergibt zwar signifikante Effekte in den Bereichen Einkaufen und Verkehr, nicht jedoch in den Bereichen Abfall und Energie. Der negative Gesamteffekt der Erwerbstätigkeitsvariable (*Abbildung 1*) kommt vor allem dadurch zustande, daß die Erwerbstätigen sehr viel mehr auf das Auto als Fortbewegungsmittel setzen. Ähnliches gilt für die Angehörigen der höheren sozialen Schichten. Personen mit Kindern verhalten sich zwar beim Einkaufen und bei der Abfalltrennung umweltbewußter, nicht jedoch wenn es darum geht, auf das Auto zu verzichten. Während die Berner Bürger im Bereich der Abfalltrennung und im Verkehrsbereich ein deutlich umweltfreundlicheres Verhalten an den Tag legen, bemühen sich die Münchner mehr in den Bereichen KAUF und ENERGIE. Die Einbindung in nachbarschaftliche Kontakte geht in den Bereichen des Einkaufsverhaltens, bei der Mülltrennung und im Energiesparverhalten mit einem umweltorientierteren Verhalten einher. Variablen, die in allen vier Bereichen konsistente Effekte in Richtung eines umweltfreundlicheren Verhaltens ergeben, sind die politische Orientierung und das politische Interesse.

Ein noch genaueres Bild ergibt sich, wenn wir tatsächlich alle 16 Verhaltensweisen einzeln betrachten. Als statistisches Analyseverfahren hierfür bietet sich die logistische Regression an, da alle Verhaltensitems als 0/1-Variablen verkodet sind, wobei die Ausprägung 1 jeweils die umweltfreundliche Alternative anzeigt. Um eine Überfülle von Zahlen zu vermeiden, geben wir in *Tabelle 2* für die 16 untersuchten Verhaltensweisen lediglich die Richtung und Stärke der Kovariateneffekte an. Ein Doppel- bzw. ein einfaches Plus steht dabei für einen hochsignifikant ($p = .01$) bzw. signifikant ($p = .05$) positiven Effekt, Null für das Fehlen eines signifikanten Effekts und ein Doppel- bzw. einfaches Minus für einen hochsignifikant bzw. signifikant negativen Effekt.

Insgesamt läßt sich aus *Tabelle 2* – weitgehend in Übereinstimmung mit *Tabelle 1* – unter anderem folgendes ablesen: Frauen verhalten sich in erster Linie im Verkehrsbereich umweltfreundlicher als Männer und legen zudem ein umweltfreundlicheres Einkaufsverhalten an den Tag. Die Jüngeren achten stärker auf Mülltrennung als die Älteren, umgekehrt verhält es sich im Verkehrsbereich, in den Bereichen KAUF und ENERGIE sind die Alterseffekte heterogen. Bei der schulischen Bildung sind die Effekte, sofern vorhanden, nicht durchgehend positiv. Die Erwerbstätigen, die Angehörigen höherer sozialer Schichten und Personen mit Kindern treten vor allem durch ihr Vertrauen aufs Auto hervor Personen mit Kindern bemühen sich tendenziell stärker um ein umweltbewußtes Einkaufsverhalten und praktizieren häufiger Mülltrennung. Im Bereich der Mülltrennung liegen die Berner Bürger eindeutig und im Bereich des Verkehrsverhaltens tendenziell vor den Münchnern, ansonsten sind die Unterschiede zwischen Bern und München uneinheitlich. Schließlich beobachten wir für die drei Variablen KONTAKT, LINKS und POLINT in der Regel positive

Effekte, wobei sich die Personen mit linker Weltanschauung vor allem durch ihr umweltbewußteres Verkehrsverhalten auszeichnen.

Welche Schlußfolgerungen können wir nun aus diesen Ergebnissen der Detailanalyse des persönlichen Umweltverhaltens ziehen? Die offensichtliche Heterogenität und Vielschichtigkeit des Umweltverhaltens und seiner Determinanten eröffnet dem Einzelnen bzw. verschiedenen sozialen Gruppen die Möglichkeit, im sozialen Vergleichsprozeß

Tabelle 2: Bestimmungsfaktoren der 16 Umweltverhaltensweisen (logistische Regressionen)

	Einkaufsverhalten				Abfalltrennung				Energiesparverhalten				Verkehrsverhalten			
Kovariate	K1	K2	K3	K4	A1	A2	A3	A4	E1	E2	E3	E4	V1	V2	V3	V4
FRAU	++	0	+	++	0	0	0	0	0	0	0	0	++	++	++	+
ALTER	0	++	--	0	0	--	--	--	-	0	-	++	++	+	++	++
BILDUNG	0	0	0	++	0	0	0	0	0	--	0	0	0	++	0	0
ERWERB	0	0	0	+	0	0	0	0	0	0	0	0	--	-	0	--
SCHICHT	0	0	0	+	0	0	0	0	0	0	-	0	-	0	-	-
KIND	+	0	0	+	0	0	++	+	0	+	0	-	--	0	0	--
BERN	++	++	--	++	++	++	++	++	++	0	--	0	+	0	0	++
KONTAKT	0	0	0	++	0	++	++	0	0	0	0	0	0	0	0	0
LINKS	0	0	++	++	0	0	0	0	0	0	0	++	++	++	+	+
POLINT	+	0	0	0	++	0	+	+	0	++	+	0	0	0	0	0

++ hochsignifikant (1%-Niveau) positiver Effekt; + signifikant (5 %-Niveau) positiver Effekt; -- hochsignifikant (1 %-Niveau) negativer Effekt; – signifikant (5 %-Niveau) negativer Effekt; 0 kein signifikanter Effekt.
Zur Bedeutung der verschiedenen Abkürzungen vgl. *Anhang* 1 und 2.

jeweils diejenigen umweltrelevanten Verhaltensbereiche zu akzentuieren, in denen man selbst „positiv hervortritt“. Weiterhin können bestimmte Verhaltensweisen, die nicht umweltfreundlich sind, leicht entschuldigt bzw. durch den Verweis auf andere Bereiche in ihrer Bedeutung subjektiv herabgestuft werden. Dazu einige Beispiele (vgl. zu diesen Beispielen nochmals *Tabelle 2*): Die Älteren werden auf die Beschwerlichkeit des Transports von Flaschen zum Container verweisen und dafür betonen, daß sie immerhin auf den Kauf von Getränken in Dosen verzichten. Ihren einzigen Lapsus des reichlichen Warmwasserverbrauchs können die Personen mit höherer Bildung leicht damit entschuldigen, daß Hygiene und Sauberkeit in ihrer Angestelltenposition doch wohl unumgänglich sei. Die Erwerbstätigen werden mehr oder weniger begründet argumentieren, daß sie ihr Auto für den Weg zur Arbeit brauchen, und wenn man schon ein Auto hat, fährt man damit eben auch in Urlaub. Angesichts ihrer Präferenz für das Auto dürfen die Angehörigen höherer sozialer Schichten immerhin für sich verbuchen, daß sie die hauptsächliche Kundschaft in Bio- und Ökoläden sind. Daß man dann, wenn man Kinder hat, ein Auto braucht und nicht unbedingt mit der Bahn in Urlaub fährt, versteht sich ohnehin mehr oder weniger von selbst. Zwar können wir all diese individuellen Argumentationsmuster aus den Ergebnissen unserer Analysen nur indirekt erschließen, dennoch wurden wir auch im Verlauf unserer Interviews immer dann, wenn jemand ein wenig umweltorientiertes Verhalten eingestehen mußte, mit Argumenten der Entschuldigung und Versuchen der „Erklärung“ konfrontiert. Als wichtiges Ergebnis ist festzuhalten, daß es für die Umweltforschung offenbar wenig Sinn macht, mit dem Konzept „umweltorientiertes persönliches Verhalten“ im Sinne eines einheitlichen Verhaltensmusters zu arbeiten.

VI. Die Wirksamkeit von Umweltbewußtsein und Umweltwissen in „Low-Cost"-Situationen

Nicht nur in ihrem selbstberichteten Umweltverhalten weisen die in unserer Studie Befragten hohe Werte auf, sondern auch und mehr noch in ihrem Umweltbewußtsein. Die Zustimmungsquoten bei den sechs Items, die unseren Index des Umweltbewußtseins (UB) konstituieren, bewegen sich zwischen 46 Prozent (Medien informieren nicht ausreichend über Umweltprobleme) und 82 Prozent (Zusteuern auf eine Umweltkatastrophe). Dieses zweifellos hohe Niveau des Umweltbewußtseins wurde auch schon in früheren Studien beobachtet (vgl. z.B. Fietkau et al. 1982; Kessel und Tischler 1984; Dierkes und Fietkau 1988; Grob 1990). Wie nun aber steht es mit der Verhaltenswirksamkeit von umweltbezogenen Attitüden und Kognitionen wie Umweltbewußtsein und Umweltwissen? Bereits in unserem Pfadmodell (Abschnitt III) und bei der Illustration der Divergenzen zwischen Umweltbewußtsein und -verhalten (Abschnitt IV) konnten wir feststellen, daß es offensichtlich gewisse Barrieren für die Verhaltenswirksamkeit gibt. Dem auch praktisch wichtigen Problem der Umsetzung von Umweltbewußtsein und Umweltwissen in Umweltverhalten soll in diesem Abschnitt noch etwas genauer nachgegangen werden.[4]

Folgt man Überlegungen aus dem Bereich der kognitiven Dissonanztheorien, sollte sich – sofern nicht „Ersatzmanöver" greifen (Verschiebung der Verantwortung, Bagatellisierung der Probleme, subjektive Ausblendung bedrohlicher Informationen) – sehr wohl eine nennenswerte Umsetzung ergeben. Sozialpsychologen versuchen den in empirischen Studien vielfach sehr niedrigen Zusammenhang zwischen Attitüden und Verhalten dadurch zu verstärken, daß sie eine möglichst objektspezifische Erfassung der Attitüden verlangen, eine Komponente der Handlungsbereitschaft einführen oder aber Zusatzbedingungen bzw. zusätzliche Spezifikationen für die Umsetzung formulieren (für Vorschläge speziell im Bereich der Vermittlung von Umweltbewußtsein und Umweltverhalten vgl. z.B. Mielke 1985; Urban 1986; Spada 1990).

Die Zusatzspezifikation, von der wir im Rahmen unserer Analysen als Leithypothese ausgingen, lautete, daß sich Umweltbewußtsein und Umweltwissen vor allem in „Low-Cost"-Situationen in faktisches Verhalten transformieren. Bezogen auf die Fragestellung unserer Arbeit, die Erklärung der Widersprüche zwischen Umweltbewußtsein und Umweltverhalten, bedeutet dies, daß wir mit folgender Generalthese arbeiteten: Die individuellen Akteure tun ihrem hohen Niveau des Umweltbewußtseins dadurch Genüge, daß sie ihre „Umweltmoral" und ihre „Umwelteinsichten" in Situationen einlösen, die keine einschneidenden Verhaltensänderungen erfordern, keine größeren Unbequemlichkeiten verursachen und keinen besonderen Zusatzaufwand verlangen.

Mit Erklärungen sozialer Regelmäßigkeiten bei niedrigen Kosten des individuellen Verhaltens befassen sich seit einiger Zeit insbesondere Vertreter der Theorie des Rationalverhaltens. Ausgangspunkt ist hierbei das „Voting Paradox", d.h. die geläufi-

[4] Praktisch wichtig ist das Problem der Umsetzung von Umweltbewußtsein und Umweltwissen in faktisches Verhalten z.B. im Rahmen pädagogischer Bemühungen, die durch die Vermittlung umweltrelevanten Wissens und/oder durch die Vermittlung einer umweltorientierten Problemsicht darauf abzielen, ein stärker umweltbezogenes individuelles Verhalten zu induzieren.

ge Beobachtung, daß der überwiegende Teil der Bevölkerung an politischen Wahlen teilnimmt, obwohl der Einfluß einer einzelnen Stimme auf das Wahlergebnis praktisch null ist. Kirchgässner (1990) bezeichnet derartige Situationen, in denen die Entscheidungen einer Person geringe, das Aggregat der Entscheidungen aller aber schwerwiegende Konsequenzen hat, als „Low-Cost"-Entscheidungen vom Typ I. („Low-Cost"-Entscheidungen vom Typ ll sind z.B. Entscheidungen von Richtern. Hier sind die Kosten für den Entscheidungsträger ebenfalls gering im Verhältnis zu den Kosten der Entscheidungsfolgen für die Betroffenen; eine einzelne Entscheidung hat aber bereits schwerwiegende Konsequenzen.) Typischerweise entsprechen zahlreiche Dilemmata umweltbezogenen Handelns, sofern die Verhaltenskosten des Einzelnen gering sind, „Low-Cost"-Situationen vom Typ I. So ist die Mühe der Abfallsortierung für den Einzelnen nicht gerade übertrieben hoch, wohl aber der Abfallberg wenn sich Millionen von Menschen nicht dieser geringen Mühe unterziehen. Die Typologie kann allerdings noch nicht als „Low-Cost"-Theorie eingestuft werden. Hier sind bestenfalls erste Ansatzpunkte erkennbar (North 1986; Zintl 1989; Kirchgässner 1990). So postuliert North (1986), daß die Bedeutung ideologischer Einflüsse (dazu zählen auch moralische Einstellungen bzw. in unserem Fall das Umweltbewußtsein) auf das individuelle Verhalten mit steigenden Verhaltenskosten schwindet: „The significance of ideological conviction in a specific setting is an inverse function of its costs to the individual. The elasticity of the function is surely specific to the issue and individual, but that it is negatively sloped can hardly be an issue" (North 1986, S. 234).

Abbildung 2: Die „Low-Cost"-Hypothese

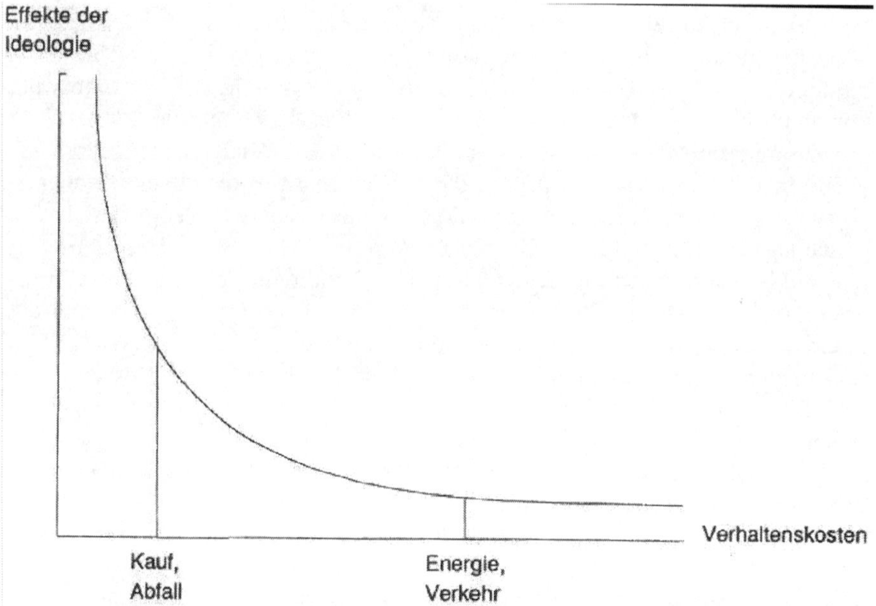

Gehen wir davon aus, daß die Kosten umweltgerechten Verhaltens in den Bereichen „Einkaufen"" und „Abfallsortierung"" geringer sind als beim Energiesparen und Verkehrsverhalten, dann ist zu erwarten, daß die Effekte des Umweltbewußtseins auf das Umweltverhalten in den beiden ersten Bereichen stärker ausgeprägt sind als in den zwei letztgenannten. *Abbildung 2* hält dies in graphischer Form fest.

Die empirische Überprüfung der „Low-Cost"-These werden wir im ersten Schritt zunächst wieder auf der Ebene unserer Indizes angehen. Im zweiten Schritt gehen wir dann erneut eine Stufe tiefer, indem wir die 16 erfaßten Verhaltensweisen einzeln in ihren Beziehungen zum Umweltbewußtsein und Umweltwissen betrachten.

Wie schon berichtet, beläuft sich die Pearsonsche Korrelation des globalen Index des Umweltverhaltens (UV) mit dem Index des Umweltbewußtseins (UB) auf r = 0.22. Die bivariate Korrelation des Umweltwissensindex (UW) mit UV liegt sogar nur bei r = 0.13. Die Korrelationen der Bereichsindizes KAUF, ABFALL, ENERGIE und VERKEHR mit dem Umweltbewußtsein und dem Umweltwissen sind in den ersten beiden Spalten von *Tabelle 3* festgehalten. Während die Zusammenhänge im Einkaufs- und Abfallbereich mit Werten zwischen 0.11 und 0.28 immerhin noch präsent sind, finden wir für den Energie- und Verkehrsbereich Werte nahe null, wobei das Umweltwissen mit dem Verkehrsverhalten sogar negativ korreliert ist. Akzeptiert man – wie oben erwähnt – die Annahme, daß die Bereiche des Einkaufsverhaltens (Mitnehmen einer Einkaufstasche, Verzicht auf den Kauf von Getränken in Dosen, Milchkauf in Pfandflaschen, Einkaufen in Bio-/Ökoläden) und der Abfalltrennung (Wegtragen von Papier, Glas, Aluminium/Weißblech, Batterien) – im Vergleich zu den Bereichen Energie und Verkehr, die ja einschneidendere Verhaltensänderungen zugunsten der Umwelt erfordern würden – eher „Low-Cost"-Bereiche sind, können die Korrelationen in *Tabelle 3* als eine erste Bestätigung der „Low-Cost"-These gewertet werden.

Tabelle 3: Zusammenhänge des Umweltverhaltens in verschiedenen Bereichen dem Umweltbewußtsein (UB) und dem Umweltwissen (UW)

Umweltverhaltens-bereiche	Pearsonsche Korrelationen		Regressionskoeffizienten	
	UB	UW	UB	UW
KAUF	0.23**	0.12**	0.29** (4.78)	0.51** (3.45)
ABFALL	0.11**	0.28**	0.09 (1.45)	1.14** (7.33)
ENERGIE	0.11**	0.05*	0.10 (1.36)	0.32 (1.76)
VERKEHR	0.04	- 0.12**	0.14 (1.77)	- 0.14 (0.70)

* signifikant auf dem 5 %-Niveau; ** 1 %-Niveau; t-Werte in Klammern. Zur Bedeutung der verschiedenen Abkürzungen vgl. *Anhang 1* und 2.

Nun kann gegen die einfachen bivariaten Korrelationen in *Tabelle 3* natürlich eingewandt werden, daß sich dahinter zahlreiche Drittvariablen verbergen. Der negative Zusammenhang zwischen Umweltwissen und Verkehrsverhalten z.B. kommt sicherlich zum Teil dadurch zustande, daß formal höhergebildete Personen in den mittleren und oberen sozialen Schichten ein höheres Umweltwissen haben, gleichzeitig aber auch häufiger Auto fahren. Aus diesem Grund wurden die Regressionsmodelle von *Tabelle 1*, die zehn soziodemographische und politische Kontrollvariablen enthalten, nochmals berechnet, diesmal jedoch mit den beiden zusätzlichen Variablen „Umweltbewußtsein (UB)" und „Umweltwissen (UW)". Die Spalten 3 und 4 von *Tabelle 3* geben die nicht-standardisierten Regressionskoeffizienten von UB und UW in diesen erweiterten Modellen an.[5] In Übereinstimmung mit unserer These zeigt sich für das Umweltwissen, daß es das Umweltverhalten lediglich in den beiden „Low-Cost"-Bereichen des Einkaufens und der Abfalltrennung signifikant beeinflußt. In den „High-Cost" -Bereichen Energie und Verkehr sind für das Umweltwissen keine signifikanten Effekte erkennbar. Nicht ganz in Übereinstimmung mit unserer These sind die bereichsspezifischen Effekte des Umweltbewußtseins. Wenngleich dessen Effekt wie erwartet im Bereich des Einkaufens am stärksten ist, ist der Koeffizient für den Abfallbereich nicht signifikant. Die Nichtsignifikanz in den Bereichen Energie und Verkehr entspricht hingegen wieder der Ausgangserwartung. Durch die ergänzende Berücksichtigung von UB und UW in den Regressionsmodellen im Einkaufs- bzw. Abfallbereich werden immerhin bescheidene 2,9 bzw. 3,9 Prozent zusätzlich an Varianz erklärt. Im Energie- und Verkehrsbereich hingegen steigt mit UB und UW die erklärte Varianz nur um 0,2 bzw. 0,1 Prozent.

Gehen wir auf die Ebene der 16 Einzelitems des Umweltverhaltens, ergibt sich das Bild in *Tabelle 4*. Die drei höchsten Gamma-Korrelationen zwischen Umweltbewußtsein (dichotomisiert am Median) und den einzelnen Verhaltensweisen (alle 0/1-kodiert) beobachten wir für das Einkaufen im Bio- bzw. Ökoladen (0.42), für den Verzicht auf den Milchkauf in abfallproduzierender Verpackung (0.32) und für die Mülltrennung bei Batterien (0.23). Dies sind zweifellos Aktivitäten, für die nicht gerade einschneidende und mit nennenswerten Unbequemlichkeiten verbundene Verhaltensmodifikationen erforderlich sind. Deutlich schwächer sind demgegenüber die Korrelationen von UB mit den stärkeren „Verhaltenszumutungen" wie z.B. gänzlicher Autoverzicht (0.04), Verzicht auf das Auto am Wochenende (-0.06), eingeschränkte Vollbadhäufigkeit (0.13), Bemühen um einen geringeren Warmwasserverbrauch (0.05) oder Abdrehen der Heizung im Winter (0.12). Noch klarer im Sinne unserer „Low-Cost"-These sind die Korrelationen der Umweltverhaltensitems mit dem Umweltwissen UW. Tatsächlich zeigt UW vor allem mit den Items zur Abfallsortierung vergleichsweise starke Zusammenhänge (0.32 bis 0.56),[6] an zweiter Stelle folgen die Einkaufsitems, an dritter Stelle der Bereich „Energie" und am Ende – mit zwei hochsignifikant negativen Korrelationen – steht der Bereich „Verkehr".

Um wiederum dem Argument von Drittvariablen zu begegnen, sind auch in *Tabelle 4* (analog zum Vorgehen in *Tabelle 3*) die Regressionskoeffizienten von UB und UW in logistischen Regressionsmodellen, die die soziodemographischen und politischen Kontrollvariablen enthalten, wiedergegeben. Ein Überblick über die Koeffizienten belegt, daß sich ein hohes Umweltbewußtsein am ehesten beim Einkaufsverhalten bemerkbar macht und ein hohes Umweltwissen am ehesten im Bereich der Abfall-

[5] Zum Ausgleich der Unterschiede in der Skalierung wurden UB und UW bei den Modellschätzungen durch 10 dividiert. Dasselbe gilt für die Modellschätzungen in der späteren *Tabelle 4*.

[6] Die relativ deutlichen Zusammenhänge zwischen dem Umweltwissen und den auf das Abfallverhalten bezogenen Items weisen darauf hin, daß – neben den von uns akzentuierten Kostenüberlegungen (Kosten im weitesten Sinne) – offenbar noch andere Gesichtspunkte für die Stärke des Zusammenhangs von Attitüden/Kognitionen und Verhalten bedeutsam sind. In diesem Fall dürfte die hohe Aktualität des Themas der „Abfallentsorgung" in Bern und München zum Zeitpunkt der Befragung (Einführung der „Sackgebühr" in Bern, Volks-entscheid über „Das bessere Müllkonzept" in München) eine Verstärkung der Korrelationen bewirkt haben.

trennung. In den von uns als „High-Cost"-Bereiche eingestuften Handlungsfeldern Energie und Verkehr sind die Koeffizienten nicht so eindeutig und stärker heterogen.

Zusammenfassend können wir festhalten: Die Umsetzungskraft von Umweltbewußtsein und Umweltwissen in faktisches Umweltverhalten ist insgesamt gesehen alles andere als eindrucksvoll. Mithin bestehen im Bereich des alltäglichen Umweltverhaltens offensichtliche Diskrepanzen zwischen Anspruch und Wirklichkeit. Auch für die spezifische Zusatzthese, daß die Akteure ihr (feststellbar) ausgeprägtes Umweltgewissen damit beruhigen, daß sie am ehesten in „Low-Cost"- bzw. „Alibi"-Bereichen ein umweltfreundliches Verhalten an den Tag legen, konnte eine tendenzielle Bestätigung gefunden werden. Eine hohe Umweltmoral und/oder vorhandene Einsicht in die Probleme helfen offenbar nur über schwache Hürden in Richtung eines umweltorientierteren Verhaltensstils. Sie reichen vermutlich nicht aus, um tiefgreifende Verhaltensänderungen in Gang zu setzen.

VII. Persönliches Umweltverhalten und individuelle Rationalität

Wo aber kann tatsächlich angesetzt werden, wenn ein umweltgerechteres Verhalten der Bevölkerung die Zielsetzung ist? Geht man von dem Bild subjektiv rationaler, egoistischer Akteure aus, wird sich die Aufmerksamkeit nicht in erster Linie auf das Umweltbewußtsein oder das Umweltwissen richten, sondern auf zwei ganz andere Probleme:

1. In zahlreichen Handlungsfeldern sind die ökonomischen Anreize noch immer so gesetzt, daß rationale Akteure kaum eine Neigung verspüren werden, sich umweltgerecht zu verhalten. Beispiele hierfür sind die zumeist noch immer höheren Preise für Ökoprodukte, die nur lose Kopplung von Abfallmenge und entsprechender Gebühr, die oftmals höheren (direkten) Kosten für Bahnfahrten usw. 2. Weiterhin ist umweltgerechtes Verhalten in vielen Fällen mit einer spezifischen Dilemmasituation verknüpft. Die Dilemmasituation entsteht dadurch, daß die Erhaltung der Umwelt – aus der Sicht des einzelnen, der in der Regel selbst nur einen kleinen Beitrag leisten kann – vor allem ein umweltorientiertes Verhalten der anderen erfordert. Die Müllberge werden sich halbieren, wenn, ohne daß ich selbst meine Müllproduktion einschränke, die anderen ihre Müllmenge halbieren. Für den einzelnen Autofahrer ist der Verzicht auf das Auto mit erheblichen Unbequemlichkeiten verknüpft, ohne daß sich dadurch die Umweltqualität nennenswert verbessert. Er/Sie fährt am besten (ohne Stau und mit verminderter Unfallgefahr), wenn möglichst viele andere Automobilisten auf ihr Gefährt verzichten. Das Gut „Umweltqualität" weist damit die Merkmale eines Kollektivgutes auf. Von individuell-rationalen Akteuren ist in einer derartigen Situation zu erwarten, daß sie als „Trittbrettfahrer" operieren und das eventuell kooperative Verhalten anderer Personen „ausbeuten".

Beide Probleme werden in der sog. Umweltökonomie seit längerem diskutiert (vgl. statt vieler Frey 1985, 1990). Bisher kaum erforscht ist jedoch, inwieweit die Bevölkerung die spezifischen Rationalitätsprobleme im Bereich des Umweltverhaltens mehr oder weniger bewußt erkennt und sich dementsprechend verhält. Da der Verweis auf diese Probleme auch ein bequemes Rechtfertigungsargument dafür ist, sich selbst bei hohem Umweltbewußtsein und/oder Umweltwissen nicht umweltgerecht zu verhalten, soll im folgenden zunächst geprüft werden, inwieweit die Sicht des ökonomisch rationalen Akteurs von unseren Befragten geteilt wird und inwieweit die besonderen Anreiz- und Dilemmaprobleme des Umweltverhaltens gesehen werden. Im zweiten Analyseschritt werden dann einige empirische Befunde rekapituliert, die die Bedeutung der Anreiz- und Gelegenheitsstrukturen zu umweltgerechtem Verhalten unterstreichen.

Tabelle 4: Zusammenhänge der 16 Umweltverhaltensitems mit dem Umweltbewußtsein (UB) und dem Umweltwissen (UW)

Umweltverhaltensitems		Gamma-Korrelationen		Regressionskoeffizienten	
		UB	UW	UB	UW
(K1)	Mitnehmen einer Einkaufstasche	0.08	0.21*	0.75** (2.59)	1.93** (2.70)
(K2)	Verzicht auf Getränke in Dosen	0.11	0.25**	0.42 (1.75)	1.64** (2.76)
(K3)	Milchkauf in Pfandflaschen/offen	0.32**	0.05	0.44* (2.56)	0.57 (1.35)
(K4)	Einkaufen in Bio-/Ökoladen	0.42**	0.16*	0.88** (3.95)	0.16 (0.32)
(A1)	Abfalltrennung bei Papier/Zeitungen	0.16	0.37**	0.34 (1.14)	3.67** (4.78)
(A2)	Abfalltrennung bei Glas	0.18	0.46**	0.15 (0.56)	3.51** (5.17)
(A3)	Abfalltrennung bei Alu/Weißbleich	0.01	0.32**	0.07 (0.38)	1.39** (3.08)
(A4)	Abfalltrennung bei Batterien	0.23**	0.56**	0.37 (1.48)	3.97** (6.04)
(E1)	Eingeschränkte Vollbadhäufigkeit	0.13*	0.23**	0.20 (1.21)	1.08** (2.65)
(E2)	Bemühen um geringen Warmwasserverbrauch	0.05	0.07	0.45** (2.80)	1.05** (2.63)
(E3)	Abdrehen der Heizung	0.12*	- 0.09	- 0.10 (0.63)	- 0.59 (1.35)
(E4)	Verzicht auf Wäschetrockner	0.01	- 0.09	- 0.13 (0.64)	- 0.38 (0.74)
(V1)	Verzicht auf Autobesitz	0.04	- 0.30**	0.33 (1.86)	- 1.05* (2.39)
(V2)	Nutzung öffentlicher Verkehrsmittel	0.13*	0.04	0.34* (2.02)	0.25 (0.60)
(V3)	Verzicht auf Auto am Wochenende	- 0.06	- 0.24**	0.10 (0.58)	- 0.12 (0.28)
(V4)	Verzicht auf Auto/Flugzeug im Urlaub	0.12	- 0.02	0.18 (0.87)	0.60 (1.13)

* signifikant auf dem 5 %-Niveau; ** 1 %-Niveau; t-Werte in Klammern. Zur Bedeutung der verschiedenen Abkürzungen vgl. *Anhang 1* und *2*.

Tabelle 5 hält die Zustimmungsquoten zu einigen Statements in unserer Studie fest, die auf eine Erfassung der subjektiven Rationalitätsperspektive im Bereich des Umweltverhaltens abzielten. Aus der Tabelle geht hervor, daß die Sichtweise des Handelns der Menschen zu ihrem eigenen Vorteil weit verbreitet ist (Statement 1). Fast die Hälfte der Befragten erkennt, daß sie selbst nur einen kleinen Beitrag zur Lösung der Umweltprobleme leisten können (Statement 2), was sich – bei der Wahl einer etwas anderen Terminologie – auch als ein weitverbreitetes Gefühl der eigenen Machtlosigkeit interpretieren läßt. Die spezifische Dilemmasituation umweltorientierten Verhaltens wird von mindestens einem Fünftel der Befragten klar gesehen (Statement 3). Zweifellos erstaunlich, aber auf der Linie unserer Argumentation ist, daß die Befragten ihr eigenes Umweltverhalten mehrheitlich positiv sehen (Statements 4 und 5). Dem steht entgegen, daß den anderen, d.h. dem größten Teil der Bevölkerung, genau das Gegenteil bescheinigt wird (Statement 6). Mithin stehen wir vor einer Situation, in der – verknüpft mit einem Gefühl der eigenen Machtlosigkeit – die Rationalitätskonflikte umweltgerechten Verhaltens sehr wohl gesehen werden, wobei man sich selbst für „kooperativ", die anderen jedoch für „defektiv" hält. Angesichts dieser Situationsdefinition, die eine in sich schlüssige Rechtfertigung für eigenes umweltschädigendes Verhalten bietet, dürfte es schwer fallen, in der Bevölkerung spürbare Verhaltensänderungen durchzusetzen.

Umweltprobleme weisen damit nicht nur die Charakteristika von „gewöhnlichen" Kollektivgutproblemen auf. Verschärft wird das Dilemma noch auf der Wahrnehmungsebene. Es handelt sich um ein Kollektivgutproblem, bei dem die eigene Beitragsbereitschaft überschätzt und die Beitragsbereitschaft der Mitakteure unterschätzt wird.

Tabelle 5: Subjektive Rationalitätsperspektive im Bereich des Umweltverhaltens

Statements	Zustimmungsquoten* (in Prozent)
Der Mensch handelt immer zu seinem eigenen Vorteil, auch wenn es auf Kosten der Umwelt geht	61
Ich selbst kann durch mein eigenes Verhalten nur einen verschwindend kleinen Beitrag zur Lösung der Umweltprobleme leisten	48
Wenn ich die Umwelt schütze, bin ich der/die Dumme, weil ich ja trotzdem unter dem umweltschädigenden Verhalten der anderen leide	22
Egal was die anderen tun, ich selbst versuche, mich soweit wie möglich umweltbewußt zu verhalten	84
Ich verhalte mich auch dann umweltbewußt, wenn es zusätzlich erheblich höhere Kosten und Mühen verursacht	53
Derzeit ist es noch immer so, daß sich der größte Teil der Bevölkerung wenig umweltbewußt verhält	59

* Werte 4 und 5 („stimme zu" und „stimme voll zu") auf einer fünfstufigen Skala.

Im Extremfall eines derartigen – doppelten – Dilemmas ist der Verfall bzw. der Nichtaufbau von Kooperation praktisch vorprogrammiert.

Insbesondere in Dilemmasituationen mit zahlreichen anonymen Beteiligten, d.h. in latenten Grolšgruppen (Olson 1968), und bei einer hohen Kosten-Nutzen-Differenz zwischen umweltgerechten und umweltschädlichen Verhaltensalternativen wird allein moralischen Appellen an die Selbstdisziplin umweltbewußter Akteure kaum dauerhafter Erfolg beschieden sein. In derartigen Situationen – der private Autoverkehr ist hierfür ein Beispiel – ist die Veränderung der individuellen Anreizstruktur offenbar eine notwendige Voraussetzung zur Lösung der Umweltprobleme.

Daß ökonomische Anreize und verbesserte Gelegenheitsstrukturen unter den er-wähnten Bedingungen umweltgerechtes Verhalten in stärkerem Maße stimulieren können als der Faktor „Umweltbewußtsein“, belegen auch Ergebnisse unserer Studie. Von besonderer Prägnanz sind die Befunde beim Sparen von Heizenergie.

Betrachten wir dazu noch einmal die Frage zum Sparverhalten bei den Heizkosten etwas genauer („Wenn Sie im Winter Ihre Wohnung für mehr als vier Stunden verlassen, drehen Sie da normalerweise die Heizung ab oder herunter?“). Diese Frage wird von 69 Prozent der Münchner, erstaunlicherweise aber nur von 23 Prozent der Berner Befragten bejaht, Wenn das Umweltbewußtsein eine wichtige Rolle spielt, sind demnach die Münchner energiebewußter als die Berner Verbraucher? Sicherlich nicht. Denn bei den Einstellungsfragen zum Umweltbewußtsein bestehen nur relativ geringfügige Unterschiede zwischen der Berner und Münchner Stichprobe. Ein Grund für die extreme, sicher nicht zufällige Differenz der Antwortreaktionen ist einfach, daß nach unseren Ergebnissen etwa doppelt so viele Münchner wie Berner Haushalte die Heizkosten nach dem persönlichen Verbrauch abrechnen (81 versus 39 Prozent). Während die Münchner meist für ihren tatsächlichen Verbrauch bezahlen, heizen die Berner Haushalte auf Kosten ihrer Nachbarn.[7]

Dieses Ergebnis wird bestätigt durch eine weitere Aufschlüsselung der Berner Haushalte (ausführlicher dazu Diekmann und Preisendörfer 1991). Mittels einer logistischen Regression wurde ermittelt, welche mutmaßlichen Bestimmungsfaktoren – u.a. das Umweltbewußtsein, die Bereitschaft zu umweltgerechtem Verhalten, die Haushaltsgröße sowie der Abrechnungsmodus der Heizkosten – das Energiesparverhalten, also das „Abdrehen der Heizung“, beeinflussen. Interessanterweise ergab sich nur ein einziger signifikanter Effekt, nämlich der ökonomische Anreiz einer verbrauchsabhängigen Heizkostenabrechnung. Die Umweltmoral, d.h. das Umweltbewußtsein und die Bereitschaft zu umweltgerechtem Verhalten, spielte dagegen keine Rolle. Eine weitere Schätzung bezüglich der Heizkosten lieferte einen Spareffekt bei verbrauchsabhängiger Abrechnung in der Größenordnung von etwa 20 Prozent.

Nach der gleichen Logik ist davon auszugehen, daß das umweltorientiertere Verkehrsverhalten der Berner Bevölkerung mit der sehr gezielten Förderung des Öffentlichen Nahverkehrs in der Stadt Bern zusammenhängt. Die Bedeutung der Gelegenheitsstrukturen sei hierbei durch das folgende Beispiel aus unserer Studie demonstriert: Während von denjenigen Erwerbstätigen, für die die nächste Haltestelle eines öffentlichen Verkehrsmittels weniger als 200 Meter von ihrer Wohnung entfernt ist, sich 36 Prozent motorisiert zur Arbeit bewegen, sind es bei Erwerbstätigen mit einer Entfernung von mehr als 200 Metern 45 Prozent – ein Unterschied von immerhin 9 Prozent, was bei einer Hochrechnung durchaus einen nennenswerten Verkehrsentlastungseffekt ergäbe.

Im Hinblick auf die Abfallsortierung schneidet die eidgenössische Bundeshauptstadt ebenfalls besser ab als die Stadt München. Hier spielen jedoch nicht allein Anreizeffekte eine Rolle. Zwar verringerte sich der bei den Haushalten eingesammelte Abfall nach Einführung einer mengenabhängigen „Sackgebühr“ beträchtlich; auf der anderen Seite wurde aber auch bereits vor Einführung der Neuregelung in Bern zu Beginn des Jahres

[7] Der Abrechnungsmodus der Heizkosten allein erklärt allerdings nur einen Teil des Unterschiedes in den Antwortreaktionen. Eine logistische Regression mit dem Abrechnungsmodus, Umweltbewußtsein, Umweltwissen, soziodemographischen Kontrollvariablen und der Dummy-Variablen „Bern“ ergibt signifikante Effekte für den Abrechnungsmodus, für das Alter und für „Bern“. Auch bei Kontrolle des Abrechnungsmodus verbleibt also eine erhebliche Differenz zwischen Bern und München.

1991 in hohem Maße Abfalltrennung praktiziert. Ein Jahr nach Einführung der Anreizregelung ist der Erfolg der Maßnahme in der Stadt Bern äußerst umstritten, während in den weniger anonymen Umlandgemeinden günstigere Ergebnisse erzielt wurden.[8] Jedenfalls zeigt das Beispiel, daß Umweltbewußtsein und individuelle Anreize in Kombination verstärkt Verhaltensänderungen hervorrufen können. „Moral" und „Ökonomie" müssen keinesfalls als einander ausschließende Alternativen verstanden werden. Die Devise lautet in vielen Fällen nicht „Moral contra Ökonomie", sondern „Moral plus Ökonomie".[9] Dies könnte insbesondere auch in Situationen gelten, in denen umweltfreundliche Aktivitäten für den Einzelnen eine erhebliche Belastung darstellen. Nach der „Low-Cost"-Hypothese sind unter diesen Umständen moralische Appelle eine wenig erfolgreiche Rezeptur zur Stimulierung umweltgerechter Handlungen. Werden jedoch durch Anreizregelungen die relativen Kosten umweltgerechten Verhaltens vermindert, d.h. gelingt es, „High-Cost"- in „Low-Cost"-Situationen zu transformieren, so ist zu erwarten, daß sich auch die Diskrepanz zwischen Umweltbewußtsein und -verhalten verringern wird.

VIII. Schlußbemerkungen

Auf der Basis des selbstberichteten Umweltverhaltens konnten wir in der vorliegenden Studie belegen, daß umweltorientiertes persönliches Verhalten nicht als ein einheitliches Verhaltensmuster gesehen werden kann, daß bei der Umsetzung von Umweltbewußtsein und Umweltwissen in faktisches Verhalten gewisse Lücken bestehen und daß umweltgerechtes und eigeninteressiertes Verhalten vielfach noch immer auseinanderfallen. Die bereichsspezifischen Differenzen des Umweltverhaltens, die Möglichkeit der Einlösung eines hohen Umweltbewußtseins in „Low-Cost"-Situationen und die Rationalitätskonflikte bieten den individuellen Akteuren Argumente, über die sie die Unstimmigkeiten zwischen Anspruch und Wirklichkeit des eigenen Umweltverhaltens kognitiv relativ problemlos bewältigen können.

Trotz der mäßig ausgeprägten Verhaltensrelevanz des Umweltbewußtseins, die in der vorliegenden Studie wie auch schon in früheren Studien (mit zum Teil anderen Operationalisierungen) festgestellt wurde, sei abschließend darauf verwiesen, daß ein ausgeprägtes Umweltgewissen in der Bevölkerung für das Ziel der Erhaltung unserer natürlichen Lebensgrundlagen gleichwohl nicht bedeutungslos ist. Wie wir zeigen konnten, ist in vielen Alltagssituationen eine Kombination von Umweltbewußtsein und individuellen Anreizen erfolgversprechend. Im Gegensatz zu einer ra-

---

[8] Durch die Neuregelung der „Sackgebühr" (0,90 Fr. für einen 35-Liter-Sack) verringerte sich die bei den Haushalten gesammelte Abfallmenge in der Stadt Bern um ca. 25 Prozent und in den Umlandgemeinden um ca. 30 Prozent. Diese Reduktion wurde aber weitgehend dadurch ausgeglichen, daß Gewerbetreibende und Privatpersonen mehr Abfall direkt zur Deponie verbrachten („Berner Zeitung" vom 16.1.1992: „Ein Jahr Sackgebühr: Außer Spesen nichts gewesen?"). Zu den Nebenwirkungen zählen „wilde Deponien", die umweltschädliche, private Verbrennung von Abfall und die „Qualitätseinbußen" des getrennt gesammelten Abfalls. Dagegen schlug positiv zu Buche, daß aufgrund der geänderten Zusammensetzung des Abfalls weniger Müll in der Berner Verbrennungsanlage „thermisch behandelt" werden mußte.

[9] Es sei aber vermerkt, daß nicht in allen Situationen Einflüsse moralischer Einstellungen auf das Verhalten durch individuelle Anreize verstärkt werden. Es kann sogar das Gegenteil auftreten, nämlich die „Zerstörung von Moral durch Ökonomie". Bekannt ist das Beispiel aus der Pädagogik, daß die Moral von Kindern zur Mithilfe (z.B. im Haushalt) schwindet, wenn jede kleine Leistung entlohnt wird.

dikal ökonomischen Perspektive erscheint die Annahme plausibel, daß „Moral" zumindest dann wirksam wird, wenn die Verhaltenskosten einen – individuell sicher variierenden – Schwellenwert nicht überschreiten. So werfen z.B. die meisten Menschen normalerweise ihre Abfälle nicht einfach auf die Straße, und zwar nicht einmal dann, wenn sie sich unbeobachtet fühlen und mit keinerlei negativen Konsequenzen zu rechnen haben. Auf der anderen Seite aber wird kein vernünftiger Politiker erwarten, daß moralische Appelle das Problem der Industrieemissionen lösen werden.

Die Bedeutung moralischer Standards in alltäglichen „Low-Cost"-Situationen ist sicher nicht zu unterschätzen. Es dürfte kaum durchführbar und auch nicht wünschenswert sein, sämtliche soziale Situationen „anreizkompatibel" zu ökonomisieren. Die Einführung individueller Anreizstrukturen ist häufig mit erheblichen Überwachungs- und Sanktionierungskosten verbunden, ganz abgesehen von möglichen Umgehungsstrategien und eventuell weiteren unerwünschten Nebenwirkungen. Einer alle Lebensbereiche umfassenden Strategie von „Incentive"-Lösungen als Patentrezept der Umweltpolitik soll hier keineswegs das Wort geredet werden.

Schließlich spricht noch ein weiteres Argument dafür, die Umweltmoral nicht aus dem Auge zu verlieren: Selbst wenn sich Umweltbewußtsein und Umweltwissen nur partiell in ein entsprechendes Verhalten umsetzen, so tragen sie doch immerhin dazu bei, die Akzeptanz für umweltbezogene politische Maßnahmen zu erhöhen. So sprechen sich z.B. von den Personen mit hohem Umweltbewußtsein in unserer Studie 74 Prozent dafür aus, den weiteren Ausbau des Straßennetzes aus Umweltschutzgründen stark zu beschränken, 62 Prozent sind für Tempo 100 auf den Autobahnen und 61 Prozent möchten den Autoverkehr völlig aus den Innenstädten heraushalten. Die entsprechenden Prozentwerte bei den Personen mit niedrigem Umweltbewußtsein belaufen sich demgegenüber auf 50, 39 bzw. 49 Prozent. Mithin bietet eine hohe Umweltmoral in der Bevölkerung die Chance, daß in Zukunft möglicherweise auch unbequeme Maßnahmen zur Vermeidung von Umweltschäden politisch durchgesetzt werden können.

Anhang 1: Einzelitems zur Konstruktion der Indizes

Umweltfreundliches Einkaufsverhalten (KAUF): Einfacher additiver Index von 0-4 mit den vier Verhaltensweisen: (K1) regelmäßiges Mitnehmen einer Einkaufstasche, (K2) Verzicht auf Getränke in Dosen, (K3) Milchkauf in Pfandflaschen bzw. offen, (K4) Einkaufen in Bio- bzw. Ökoladen in den letzten zwei Wochen; hohe Werte indizieren ein umweltfreundliches Einkaufsverhalten.

Umweltbewußte Abfallbeseitigung (ABFALL): Einfacher additiver Index von 0-4 mit den vier Verhaltensweisen: (A1) Abfalltrennung bei Papier/Zeitungen, (A2) Abfalltrennung bei Glas, (A3) Abfalltrennung bei Aluminium/Weißblech, (A4) Abfalltrennung bei Batterien; hohe Werte indizieren eine umweltbewußte Abfallbeseitigung.

Umweltschonender Umgang mit Energie (ENERGIE): Einfacher additiver Index von 0-4 mit den vier Verhaltensweisen: (E1) eingeschränkte Vollbadhäufigkeit, (E2) Bemühen um geringen Warmwasserverbrauch, (E3) Abdrehen der Heizung bei längerer Abwesenheit, (E4) Verzicht auf einen Wäschetrockner im Haushalt; hohe Werte indizieren einen umweltschonenden Umgang mit Energie.

Umweltfreundliches Verkehrsverhalten (VERKEHR): Einfacher additiver Index von 0-4 mit den vier Verhaltensweisen: (V1) Verzicht auf den Besitz eines Autos, (V2) Nutzung öffentlicher Nahverkehrsmittel in der letzten Woche, (V3) Verzicht auf das Auto am Wochenende, (V4) Verzicht auf Auto bzw. Flugzeug bei der letzten Urlaubsreise; hohe Werte indizieren ein umweltfreundliches Verkehrsverhalten.

Persönliches Umweltverhalten insgesamt (UV): Einfacher additiver Index von 0-16 mit allen Items von KAUF, ABFALL, ENERGIE und VERKEHR; hohe Werte indizieren einen hohen Grad umweltorientierten persönlichen Verhaltens.

Umweltbewußtsein (UB): Einfacher additiver Index von 6-30 mit den sechs über eine fünfstufige Skala gemessenen Items (1) „Wenn wir so weiter machen wie bisher, steuern wir auf eine Umweltkatastrophe zu", (2) „Es ist noch immer so, daß die Politiker viel zu wenig für den Umweltschutz tun", (3) „Nach meiner Einschätzung wird das Umweltproblem in seiner Bedeutung von vielen Umweltschützern stark übertrieben", (4) „Die Zeitungen und das Fernsehen informieren ausreichend über die aktuellen Umweltprobleme", (5) „Umweltschutzmaßnahmen sollten auch dann durchgesetzt werden, wenn dadurch Arbeitsplätze verloren gehen",

(6) „Weiteres Wirtschaftswachstum ist die wichtigste Voraussetzung dafür, daß auch die Umweltprobleme gelöst werden"; die Items (3), (4) und (6) gingen mit umgekehrter Polung in den Index ein; hohe Werte indizieren ein hohes Umweltbewußtsein.

Umweltwissen (UW): Einfacher additiver Index von 0-9 mit den neun Wissensfragen (1) Kosten einer Kilowattstunde Strom für den Haushalt, (2) Wissen, wie weit der nächste Altpapier- bzw. Altglascontainer vom Wohnhaus entfernt ist, (3) Anteil der Waldfläche, die geschädigt ist, (4) Baumart, die am stärksten gefährdet ist, (5) Zahl der in der BRD/Schweiz in Betrieb befindlichen Atomkraftwerke, (6) Ort des nächstgelegenen Atomkraftwerkes, (7) Bedeutung der Abkürzung FCKW, (8) Wissen um die Auswirkungen von FCKW, (9) Kenntnis von zwei oder mehr Umweltschutzorganisationen; hohe Werte indizieren ein hohes Umweltwissen.

Persönliche Betroffenheit von Umweltbelastungen (UBET): Einfacher additiver Index von 0-10 mit den zehn Items (1) eigener Garten direkt am Wohnhaus, (2) Wohnen an einer vielbefahrenen Straße, (3) geringe Entfernung zur nächsten Grünanlage, (4) ruhiges Schlafzimmer bei geöffnetem Fenster, (5) Fabrik im Umkreis von 100m zur Wohnung, (6) Park im Umkreis von 100m, (7) breite Straße im Umkreis von 100m, (8) Baumgruppe im Umkreis von 100m, (9) Garten im Umkreis von 100m, (10) Rasenfläche im Umkreis von 100m; die Items (2), (5) und (7) gingen mit umgekehrter Polung in den Index ein; hohe Werte indizieren eine hohe persönliche Betroffenheit von Umweltbelastungen.

Anhang 2: Soziodemographische Variablen und Merkmale der politischen Orientierung

Geschlecht (FRAU): 1 = Frau, 0 = Mann.
Alter (ALTER): in Jahren.
Höchster allgemeinbildender Schulabschluß (BILDUNG): in Jahren, wobei die Messung in Jahren zwecks Vereinheitlichung der unterschiedlichen Bildungsabschlüsse in der Schweiz und in Deutschland gewählt wurde.

Erwerbsstatus (ERWERB): 1 = erwerbstätig, 0 = nicht erwerbstätig.
Subjektive Schichteinstufung (SCHICHT): Indikator für die soziale Schichtzugehörigkeit, gemessen über eine fünfstufige Skala mit 1 = Unterschicht bis 5 = Oberschicht.
Elternstatus (KIND): 1 = befragte Person hat ein oder mehrere Kinder, 0 = keine Kinder.
Wohnort (BERN): 1 = Bürger der Stadt Bern, 0 = Bürger der Stadt München.
Soziale Integration in die Nachbarschaft (KONTAKT): Indikator für die soziale Integration der befragten Person in ihr unmittelbares Wohnumfeld, gemessen über eine fünfstufige Skala mit
1 = keinerlei Nachbarschaftskontakte bis 5 = sehr häufige Nachbarschaftskontakte.
Politische Links-Rechts-Orientierung (LINKS): Maß für die politische Links-Rechts-Orientierung, gemessen über eine fünfstufige Skala mit 1 = Rechts bis 5 = Links.
Politisches Interesse (POLINT): Indikator für das Ausmaß des politischen Interesses, gemessen über eine fünfstufige Skala mit 1 = überhaupt kein politisches Interesse bis 5 = sehr starkes politisches Interesse.

Literatur

Amelang, Manfred, Karin Tepe, Gerhard Vagt und *Wolfgang Wendt*: Mitteilung über einige Schritte der Entwicklung einer Skala zum Umweltbewußtsein, in: Diagnostica, 23, 1977, S. 86-88.
Axelrod, Robert: Die Evolution von Kooperation, München 1984.
Diekmann, Andreas, und *Peter Preisendörfer*: Umweltbewußtsein, ökonomische Anreize und Umweltverhalten, in: Schweizerische Zeitschrift für Soziologie, 2/1991, S. 207-231.
Dierkes, Meinolf, und *Hans-Joachim Fietkau*: Umweltbewußtsein – Umweltverhalten, Mainz 1988.
Fietkau, Hans-Joachim: Bedingungen ökologischen Handelns, Weinheim 1984.
Fietkau, Hans-Joachim, Hans Kessel und *Wolfgang Tischler*: Umwelt im Spiegel der öffentlichen Meinung, Frankfurt a.M. 1982.
Fishbein, Martin, und *Icek Ajzen*: Belief, Attitudes, Intention, and Behavior, Reading 1975.
Frey, Bruno S.: Umweltökonomie, 2. Aufl., Göttingen 1985.
Frey, Bruno S.: Ökonomie ist Sozialwissenschaft, München 1990.
Greiner-Schuster, Edda: Einlaufen ist nicht ausbügeln, in: Öko-Test-Magazin, Februar 1991, S. 34-38.
Grießhammer, Rainer: Der Öko-Knigge, Reinbek 1987.
Grob, Alexander: Meinungen im Umweltbereich und umweltgerechtes Verhalten, Dissertation an der Universität Bern, Bern 1990 (mimeo).
Hagstotz, Werner, und *Walther Kösters*: Bestimmungsfaktoren subjektiver Umweltbelastung: Wahrnehmung der Wirklichkeit oder Wirklichkeit per Wahrnehmung?, in: Politische Vierteljahresschrift, 27, 1986, S. 347-356.
Heine, Hartwig, und *Rüdiger Mautz*: Haben Industriefacharbeiter besondere Probleme mit dem Umweltthema?, in: Soziale Welt, 39, 1988, S. 123-143.
Hines, Jody M., Harold R. Hungerford und *Audrey N. Tomera*: An Analysis and Synthesis of Research on Responsible Environmental Behavior: A Meta-Analysis, University of Northern Iowa, Cedar Falls 1984 (mimeo).
Kessel, Hans, und *Wolfgang Tischler*: Umweltbewußtsein. Ökologische Wertvorstellungen in westlichen Industrienationen, Berlin 1984.
Kirchgässner, Gebhard: Towards a Theory of Low-Cost Decisions, Vortrag auf der „European Public Choice Society" in Meersburg, 1990 (mimeo).
Kley, J., und *H. J. Fietkau*: Verhaltenswirksame Variablen des Umweltbewußtseins, in: Psychologie und Praxis, 23, 1979, S. 13-22.
Langeheine, Rolf, und *Jürgen Lehmann*: Ein neuer Blick auf die soziale Basis des Umweltbewußtseins, in: Zeitschrift für Soziologie, 15, 1986, S. 378-384.

Maloney, Michael P., Michael P. Ward und *Nicholas G. Braucht*: A Revised Scale for the Measurement of Ecological Attitudes and Knowledge, in: American Psychologist, 30, 1975, S. 737-790.

Meinefeld, Werner: Einstellung und soziales Handeln, Reinbek 1977.

Mielke, Rosemarie: Eine Untersuchung zum Umweltschutzverhalten (Wegwerf-Verhalten): Einstellung, Einstellungs-Verfügbarkeit und soziale Normen als Verhaltensprädiktoren, in: Zeitschrift für Sozialpsychologie, 16, 1985, S. 196-205.

North, Douglas C.: The New Institutional Economics, in: Journal of Institutional and Theoretical Economics, 142, 1986, S. 230-237.

Olson, Mancur: Die Logik kollektiven Handelns, Tübingen 1968.

Raub, Werner, und *Thomas Voss*: Die Sozialstruktur der Kooperation rationaler Egoisten, in: Zeitschrift für Soziologie, 15, 1986, S. 309-323.

Spada, Hans: Umweltbewußtsein: Einstellung und Verhalten, in: *Lenelies Kruse, Karl F. Graumann* und *Ernst D. Lantermann* (Hrsg.), Ökologische Psychologie, München 1990, S. 623-631.

Urban, Dieter: Was ist Umweltbewußtsein? Exploration eines mehrdimensionalen Einstellungskonstruktes, in: Zeitschrift für Soziologie, 15, 1986, S. 363-377.

Van Liere, Kent D., und *Riley E. Dunlap*: The Social Bases of Environmental Concern: A Review of Hypotheses, Explanations and Empirical Evidence, in: Public Opinion Quarterly, 44, 1980, S. 181-197.

Van Liere, Kent D., und *Riley E. Dunlap*: Environmental Concern: Does it Make a Difference How It's Measured?, in: Environment and Behavior, 13, 1981, S. 651-676.

Wasmer, Martina: Umweltprobleme aus der Sicht der Bevölkerung. Die subjektive Wahrnehmung allgemeiner und persönlicher Umweltbelastungen 1984 und 1988, in: Walter Müller, *Peter Ph. Mohler, Barbara Erbs*löh und *Martina Wasmer* (Hrsg.), Blickpunkt Gesellschaft, Opladen 1990, S. 118-143.

Zintl, Reinhard: Der Homo Oeconomicus: Ausnahmeentscheidung in jeder Situation oder Jedermann in Ausnahmesituationen?, in: Analyse und Kritik, 11, 1989, S. 52-69.

Köln Z Soziol (2017) (Suppl 1) 69:619–644
DOI 10.1007/s11577-017-0421-x

Kölner Zeitschrift für Soziologie und Sozialpsychologie

ABHANDLUNGEN

Ethnische Ungleichheit im deutschen Bildungssystem*

Richard D. Alba, Johann Handl und Walter Müller

Zusammenfassung: Es ist weiterhin ungewiß, wie groß und welcher Art die Benachteiligungen sind, denen sich Einwandererminderheiten im Schulsystem der Bundesrepublik Deutschland gegenübergestellt sehen. Wir untersuchen diese Frage mit Hilfe zweier großer Datensätze: des Mikrozensus von 1989 und des sozio-ökonomischen Panels. Mit der Analyse des Mikrozensus wird das Ausmaß der ethnischen Benachteiligungen von Schulkindern deutlich, das nach Kontrolle ihrer sozio-ökonomischen Herkunft und Generationenfolge bestehen bleibt. Die Kinder von drei ethnischen Gruppen, den Italienern, Türken und Jugoslawen, besuchen häufiger eine Hauptschule und verlassen häufiger das Bildungssystem ohne Lehrabschluß als ihre deutschen Mitschüler. Hingegen besuchen griechische Schüler sogar häufiger Gymnasien als dies bei deutschen der Fall ist. Die Analysen des sozio-ökonomischen Panels zeigen die Bedeutung des kulturellen Klimas im Elternhaus und eines kontinuierlichen Schulbesuchs in Deutschland für die ethnischen Benachteiligungen im Bildungssystem. Abschließend diskutieren wir diese Ergebnisse im Hinblick auf Theorien ethnischer Benachteiligungen.

* Wir bedanken uns bei Bernhard Schimpl-Neimanns und Achim Wackerow vom ZUMA, die uns bei der Nutzung der anonymisierten 70 Prozent-Unterstichprobe des Mikrozensus 1989 beraten haben. Bernhard Schimpl-Neimanns gab uns zusätzlich hilfreichen Rat für die Analyse und Interpretation der Bildungsungleichheit. Wir danken Thilo Ritz für Mitarbeit bei der Übersetzung einer ursprünglich englischen Version ins Deutsche und Silvia Luber und Dominik Marschollek für Hilfe bei der Textverarbeitung. Die Untersuchung, über deren Ergebnisse in diesem Beitrag berichtet wird, wurde durch ein Fulbright-Forschungsstipendium an den ersten Autor unterstützt und entstand während eines Gastaufenthaltes am Mannheimer Zentrum für Europäische Sozialforschung.

Erstveröffentlichung: *Kölner Zeitschrift für Soziologie und Sozialpsychologie*, Jg. 46, 1994, Heft 1, S. 209–237.

c/o V. Dreier, Institut für Soziologie und Sozialpsychologie, Universität zu Köln,
Lindenburger Allee 15, 50931 Köln, Deutschland
E-Mail: volker.dreier@uni-koeln.de

I. Einleitung

Noch immer bestehen Unklarheiten über Ausmaß und Art der Benachteiligungen, von denen Einwanderungsminderheiten in der Bundesrepublik Deutschland betroffen sind. Was ihre Chancen auf dem Arbeitsmarkt betrifft, werden in der neueren Literatur zwei eher gegensätzliche Positionen vertreten. Baker und Lenhardt (1991) argumentieren unter Verwendung aggregierter Beschäftigtenzahlen gegen die These der ethnischen Diskriminierung und Unterschichtung und behaupten, Benachteiligungen aufgrund ethnischer Zugehörigkeit seien eher gering, wenn die niedrigeren Qualifikationen ausländischer Arbeitnehmer berücksichtigt würden. Dagegen zeichnet Seifert (1992; s.a. Heckmann 1992) in einer Arbeit über die ersten Berufsjahre ausländischer Arbeitnehmer der zweiten Generation mit Daten des sozio-ökonomischen Panels ein deutlich negativeres Bild. Er stellt bei den Angehörigen der zweiten Ausländergeneration im Vergleich zu gleichaltrigen Deutschen eine Reihe deutlicher Defizite fest, die in einer viel niedrigeren Beteiligung an beruflichen Ausbildungsgängen, in höherer Arbeitslosigkeit sowie in häufigerer Beschäftigung als un- und angelernte Arbeiter zum Ausdruck kommen. Allerdings argumentiert auch Seifert gegen die These, ethnische Minderheiten seien zunehmend einem Unterschichtungsprozeß unterworfen, und beide Arbeiten stimmen auch darin überein, daß die Arbeitsmarktsituation von Ausländern und Deutschen differiert. Sie unterscheiden sich jedoch in den Schwerpunktsetzungen und zu einem gewissen Grad auch in den Interpretationen.

Ähnliche Positionen lassen sich auch in der Diskussion um die Bildungsbeteiligung festmachen. Es ist wohl unbestritten, daß die Kinder von Ausländern im deutschen Schulsystem nicht die gleichen Ergebnisse erzielen, wie ihre gleichaltrigen deutschen Mitschüler (Boos-Nünning 1994; Geiersbach 1989; Boos-Nünning 1983; Köhler 1992; Seifert 1992; Esser 1990). Gleichwohl argumentieren Baker und Lenhardt (1988), das Schulsystem trage zur Integration ausländischer Kinder bei. Institutionell seien deutsche und ausländische Schulkinder den gleichen Standards und Gelegenheitsstrukturen unterworfen. Diese Tatsache schließe aber nicht die Möglichkeit recht unterschiedlicher Bildungsergebnisse bei beiden Gruppen aus.

Die sich widersprechenden Befunde und Interpretationen resultieren teilweise aus Begrenzungen des bisherigen Forschungsstandes. Viele Untersuchungen benutzen regionale anstelle nationaler Datengrundlagen, konzentrieren sich auf einzelne ethnische Gruppen (besonders die türkischen Zuwanderer) oder unterscheiden nicht zwischen verschiedenen Gruppen. Regionale oder gruppenspezifische Besonderheiten sind dann nicht als solche erkennbar. Die auf hoch aggregierten Daten basierenden Untersuchungen sind methodisch zweifelhaft. Für die theoretische Erklärung beobachteter Benachteiligung von Einwanderungsminoritäten besteht ein weiteres Problem darin, ob potentielle Erklärungsfaktoren wie beispielsweise der sozio-ökonomische Status oder die Dauer des Aufenthaltes in der Bundesrepublik angemessen kontrolliert sind.

Die vorliegende Arbeit versucht, einen Teil dieser Lücken durch die Analyse zweier umfassender Datensätze zu schließen. Zum einen benutzen wir den Mikrozensus von 1989, um das genaue Ausmaß der mit ethnischer Zugehörigkeit verbundenen Nachteile im deutschen Schulsystem zu ermitteln (genauer in den alten Bundesländern, in denen der Hauptanteil der Ausländer lebt). Der Mikrozensus ist umfangreich genug, um die Bildungsbeteiligung der vier größten Einwanderergruppen – Griechen, Italiener, Türken, Jugoslawen – getrennt zu analysieren und dabei gleichzeitig eine Reihe von sozio-ökonomischen Bedingungsfaktoren zu kontrollieren. Zum anderen benutzen wir mehrere Wellen des sozio-ökonomischen Panels, um mögliche Erklärungen für die ethnischen Differenzen explizit zu prüfen. Das Panel bietet dazu eine große Zahl von Variablen, angefangen vom kulturellen Klima im Elternhaus, über die Absicht der Eltern, in das Herkunftsland zurückzukehren, bis zur ethnischen Zusammensetzung der Nachbarschaft.

II. Theoretischer Hintergrund: Über die Art ethnischer Benachteiligungen

Ethnische Ungleichheiten im Bereich von Bildung und Arbeitsmarkt haben zweifellos mehr Aufmerksamkeit erfahren als jede andere Fragestellung in der weltweiten Literatur über Ethnizität. Typischerweise findet man, daß ethnische Minderheiten (im Vergleich zur ethnischen Mehrheit) auf verschiedensten Gebieten – in unterschiedlichem Ausmaß – schlechter gestellt sind. Eine Ausnahme bilden allenfalls Einwanderungsminderheiten, die ein ungewöhnlich hohes Humankapital mit sich bringen oder in unternehmerischen Nischen engagiert sind. Am weitesten vorangeschritten sind die Untersuchungen hierzu wohl in den Vereinigten Staaten (Massey/Denton 1993; Portes/Rumbaut 1990; Wilson 1987).

Große Unterschiede finden sich allerdings in der Interpretation ethnischer Ungleichheiten. Diese beginnen bereits mit dem Verständnis des Begriffs der Benachteiligung. Wir verwenden diesen Begriff hier im Zusammenhang der eingeschlagenen Bildungswege und erreichten Bildungsabschlüsse der Kinder von Einwanderungsminoritäten. Wir sprechen dann von Benachteiligung, wenn sie aufgrund der auf sie wirkenden Einflüsse systematisch geringere Chancen haben, in vorteilhafte Bildungsgänge zu gelangen und dort günstige Abschlüsse zu erreichen als Kinder deutscher Eltern. Einige Arbeiten betonen dabei besonders die Unterschiede in den sozio-ökonomischen oder klassenspezifischen Voraussetzungen von Mehrheits- und Minderheitsbevölkerung. Besonders in der Diskussion um Einwanderungsminderheiten wird oft argumentiert, daß diese aus ländlichen Gebieten in wenig industrialisierten Ländern stammten und deshalb im Einwanderungsland in die unteren Stufen des Arbeitsmarktes gelangen (Portes/Rumbaut 1990; Piore 1979; Gans 1962). Aufgrund der ungünstigen sozio-ökonomischen Ausgangslage sind die Kinder dieser Einwanderer im Bildungswesen weniger erfolgreich, auch wenn sie im Einwanderungsland aufgewachsen und seinen Gelegenheitsstrukturen ausgesetzt sind.

Ein teilweise damit verbundener Argumentationsstrang betrachtet die spezifischen kulturellen Wert- und Überzeugungssysteme – unter Umständen wiederum als Folge der sozialen Klassenlage verstanden – als Ursache der Benachteiligung von Minderheiten. Rosen (1959) liefert hierzu die klassische Formulierung der These, kulturelle Differenzen, wie etwa das Ausmaß an Fatalismus, erklärten nachfolgende sozio-ökonomische Ungleichheiten zwischen Minderheiten, und Steinberg (1981) die Formulierung dafür, daß die Wurzeln solcher Unterschiede in klassenbezogenen

Erfahrungen liegen. Dieser kulturelle Erklärungsansatz hat mittlerweile an Popularität eingebüßt, er ist jedoch in der zeitgenössischen Literatur immer noch anzutreffen.

Eine andere Argumentationsform, die, wie die vorangegangenen, bei Merkmalen der Minderheitengruppe selbst ansetzt, konzentriert sich auf die Ziele, die Minderheiten im Hinblick auf die Aufnahmegesellschaft verfolgen. Hier wird angenommen, Minderheiten seien benachteiligt, weil sie sich selbst als nur vorübergehende Zuwanderer („sojourners") betrachten, d.h. ihren Aufenthalt in der Gastgesellschaft nur als temporär ansehen. Ihre Lebensperspektive ist – so das Argument – nach wie vor auf ihre Herkunftsgesellschaft ausgerichtet und sie unterlassen es, Langzeitpläne auf der Grundlage eines dauerhaften Aufenthaltes zu entwickeln. Dieser Status als vorübergehender Zuwanderer führt sie beispielsweise dazu, ihre Kinder so früh wie möglich aus dem Schulsystem zu nehmen und auf den Arbeitsmarkt zu schicken, um das Familieneinkommen zu erhöhen und damit der – oft illusorischen – Hoffnung Nahrung zu geben, die Rückkehr in die Heimat könne dadurch beschleunigt werden. Im Fall der europäischen Migration in die Vereinigten Staaten wurde dieses Argument vor allem für die Migrantengruppe der Italiener vorgebracht (Perlmann 1988; Alba 1985); in Deutschland wird es oft im Zusammenhang mit der türkischen Bevölkerungsgruppe angeführt (Schiffauer 1991; Korte 1990; Geiersbach 1982).

Selbstverständlich konzentrieren sich nicht alle Erklärungsansätze ethnischer Ungleichheit einzig auf Eigenschaften der Minderheiten. Eine ganze Reihe betrachtet die Schlechterstellung von Minderheiten als das Ergebnis des Ausschlusses oder der Diskriminierung durch die Mehrheit. Die Mehrheit schließt Minderheiten aus, entweder durch individuelle Akte der Diskriminierung oder durch institutionalisierte, diskriminierende Mechanismen, um die eigene vorteilhafte Position zu verteidigen (Blauner 1972). Dieser Erklärungsansatz steht beispielsweise in Untersuchungen der hohen Segregation der Wohngebiete zwischen Schwarzen und Weißen in den USA (Massey/Denton 1993) im Vordergrund. Die empirische Prüfung von Erklärungen, die auf der Diskriminierung ausländischer Mitbürger basieren, ist aber, da Diskriminierung in der Regel nicht direkt gemessen wird, mit größeren Problemen verbunden als die Prüfung alternativer Erklärungen. Ihr Auftreten muß normalerweise indirekt von noch bestehenden ethnischen Differenzen abgeleitet werden, wenn alle anderen wichtigen Faktoren kontrolliert worden sind. Da man selten sicher sein kann, daß all diese Faktoren berücksichtigt wurden, bleibt die Erklärung über Diskriminierung weitgehend hypothetisch.

Neben der Erklärung des Ausmaßes bestehender Ungleichheiten beziehen sich andere wichtige Fragestellungen auf die Entwicklung ethnischer Ungleichheiten im Laufe der Zeit. Das bedeutendste Theorieprogramm hat dazu wohl die Assimilationstheorie vorgelegt (Hirschman 1983; Esser 1980; Gordon 1964). Diese formuliert die Erwartung, daß – vor allem, wenn es sich um Einwanderungsminderheiten handelt – Ungleichheiten im Zeitverlauf verschwinden sollten, und zwar besonders im Verlauf des fortgesetzten Aufenthaltes einer ethnischen Gruppe über mehrere Generationen hinweg (für die USA s. Neidert/Farley 1985; für die Bundesrepublik s. Esser/Friedrichs 1990). Die Gründe für diese Erwartungen sind unschwer aus den obigen Überlegungen abzuleiten. Falls Ungleichheit kulturell begründet ist, sollte sie kleiner werden, sobald sich eine Minderheit der Kultur der Aufnahmegesellschaft anpaßt (vgl. beispielsweise Nauck/Özel 1986). Falls die Ungleichheit aus den sozio-ökonomischen Unterschieden zwischen Minderheit und Mehrheit folgt, sollte sie sich über Prozesse der intergenerationalen Mobilität nach und nach verringern, selbst wenn dieses nur langsam vonstatten geht. Falls der zugrundeliegende Faktor für die Ungleichheit hingegen Diskriminierung ist, könnte er möglicherweise auch durch Assimilation beeinflußt werden, da Diskriminierung die Sichtbarkeit der Mitgliedschaft in der Minoritäten-Gruppe voraussetzt und viele (wenn auch nicht alle) Formen der Sichtbarkeit, wie etwa Sprache und Kleidung, durch Assimilationsprozesse verringert werden.

Im Falle der Untersuchung von Einwanderungsminoritäten implizieren diese Überlegungen, daß bei der Analyse und Messung ethnischer Ungleichheiten unbedingt der Generationenstatus berücksichtigt werden muß. Die erste Generation der Immigranten ist noch zu stark von der Sozialisation in der Gesellschaft des Herkunftslandes sowie von den direkt mit der Migration verbundenen Nachteilen betroffen, um die Gelegenheitsstrukturen in der neuen Gesellschaft richtig ausschöpfen zu können. Ethnische Ungleichheiten manifestieren sich somit per se erst in der zweiten Generation, die in der Aufnahmegesellschaft aufgewachsen ist. Unsere Analysen basieren direkt auf dieser Unterscheidung.

III. Daten und Operationalisierungen

In unserer Arbeit verwenden wir zwei unterschiedliche Datensätze. Die anonymisierte 70 Prozent-Unterstichprobe des Mikrozensus 1989 (ZUMA-File) ermöglicht eine multivariate Analyse der Bildungsbeteiligung einer großen, repräsentativen Stichprobe jugendlicher Angehöriger der verschiedenen Einwanderungsminderheiten (s. Lüttinger/Schimpl-Neimanns 1993). Um dann weitere Erklärungsvariablen, wie z.B. das kulturelle Klima im Elternhaus oder die Rückkehrabsicht zu berücksichtigen, greifen wir auf das sozio-ökonomische Panel zurück. Im folgenden erläutern wir die spezifische Verwendung dieser beiden Datenquellen.

Unsere multivariaten Analysen der Mikrozensus-Daten beschränken sich auf Jugendliche, deren Schullaufbahn soweit fortgeschritten ist, daß der eingeschlagene Bildungsgang erkennbar ist. In Anlehnung an Köhler (1992) teilen wir diese Schüler in zwei Gruppen auf: die 13-15jährigen Schüler, die danach untergliedert werden, ob sie eine Haupt- oder Realschule oder ein Gymnasium besuchen; und die 16-18jährigen, bei denen zusätzlich untersucht werden kann, wer voraussichtlich mit und wer ohne Lehre das Ausbildungssystem verläßt.[1] Die überwiegende Mehrheit der Kinder dieser Altersklassen lebt in den Haushalten der Eltern (Köhler 1992). Dies ermöglicht uns, ihren sozio-ökonomischen Hintergrund zu kontrollieren, da im Mikrozensus alle Personen eines Haushalts (also auch die Eltern der untersuchten Kinder) erfaßt sind.

Auf der Grundlage der Fallzahlen, die wir in den zwei Altersgruppen der einzelnen Einwanderungsminoritäten vorfinden, ist es möglich, die Schullaufbahnen für folgende Nationalitäten getrennt zu untersuchen: Türken, Jugoslawen, Italiener und

[1] Tatsächlich benutzte Köhler je zwei Jahre umfassende Kohorten: 13-14- und 17-18jährige. Wir haben diese Altersgruppen jeweils um ein Jahr erweitert, um in den spezifischen ethnischen Gruppen so viele Fälle wie möglich zur Verfügung zu haben.

Griechen.[2] Alle übrigen Ausländer werden in einer Residualkategorie „sonstige" zusammengefaßt; die gleichaltrigen deutschen Kinder bilden die Vergleichsgruppe.

Die Plazierungen der einzelnen Gruppen im Bildungssystem analysieren wir mit logistischen Regressionen, Die abhängige Variable ist hierbei als eine Reihe von Dichotomien operationalisiert (z.B. Hauptschule vs. andere Bildungsgänge). Ethnische Herkunft geht als ein Satz von Dummy-Variablen in die Analysen ein, wobei die Deutschen die Referenzkategorie bilden. Folgende weitere Kontrollvariablen, die potentiell ethnische Differenzen erklären können, werden einbezogen:

1. Aufenthaltsdauer und Generationenstatus. Diese für die Analyse zentrale Variable wird durch Geburtsland und Einwanderungsjahr bestimmt. Als Mitglieder der zweiten Generation betrachten wir ausländische Kinder, die in der Bundesrepublik geboren sind oder vor ihrem fünften Lebensjahr dorthin zugezogen sind. Diese Kinder hatten vor der Einschulung zumindest mehr als ein Jahr Zeit, sich an die deutsche Sprache und Gesellschaft zu gewöhnen. Weitere Kategorien sind: Ankunft zwischen dem 5. und 9. Lebensjahr, zwischen dem 10. und 14. Lebensjahr oder Ankunft zu einem späteren Zeitpunkt.

2. Sozio-ökonomischer Status der Eltern. Diese Dimension wird über vier Variablen repräsentiert: Bildung des Haushaltsvorstandes (8 Ausprägungen), Beruf des Haushaltsvorstandes (14 Ausprägungen), evtl. Selbständigkeit des Haushaltsvorstandes und Abhängigkeit des Haushaltsvorstandes von Arbeitslosengeld oder Sozialhilfe.[3]

3. Wohnortbedingungen. Das schulische Angebot und die Verfügbarkeit bestimmter Curricula sind abhängig von der geographischen Lage der Schule. Auch die Wahrscheinlichkeit, daß ausländische Schulkinder von deutschen Schulkindern segregiert werden, hängt von der geographischen Lage der Schulen ab, da in einigen Regionen die Schulen von zu wenigen ausländischen Schülern besucht werden, um für sie eigenständige Klassen zu bilden (Baker/Lenhardt 1988). Unsere Analysen beinhalten dazu zwei relevante Variablen: Bundesland, abgebildet in einem Vergleich der Bundesländer mit überdurchschnittlichem Ausländeranteil und den übrigen Ländern; Gemeindegrößenklasse, als Variable mit drei Ausprägungen (mehr als 100.000 Einwohner, 20.000–100.000 Einwohner; unter 20.000 Einwohner).

Geschlecht, das wir als eigenständige Variable und über Interaktionseffekte mit anderen Variablen explizit berücksichtigen, sowie *Anzahl der Kinder im Haushalt* stellen weitere Kontrollvariablen dar. Mit Ausnahme der letzten gehen alle unabhängigen Variablen als Dummy-Variablen in die Analysen ein, um ihrem Meßniveau als kategoriale Variablen gerecht zu werden. Da die Schlüsselvariablen, wie der sozio-ökonomische Status, sich auf den Status der Eltern beziehen, sind die multivariaten Analysen (nicht jedoch die einfachen Tabellen) auf die leiblichen Kinder des Haushaltsvorstandes beschränkt.[4]

[2] Im Minimum sollte eine ethnische Gruppe mit wenigstens 100 Fällen repräsentiert sein, außer den Griechen liegen alle Gruppen weit über diesem Minimum.

[3] Die Kategorien für die Bildung und den Beruf des Haushaltsvorstandes entsprechen, mit einigen kleinen Ausnahmen, denen von Blossfeld (1985).

[4] Unsere Analysen des Mikrozensus sind wegen der Probleme der Bevölkerungsfortschreibung bei Ausländern ungewichtet.

In den Analysen des sozio-ökonomischen Panels (SOEP) ist es unser Anliegen, herauszufinden, ob andere als sozio-ökonomische Aspekte des sozialen Umfeldes der ausländischen Schüler deren Benachteiligungen erklären können. In diesem Zusammenhang betrachten wir die folgenden, in verschiedenen Wellen des Panels erfaßten Variablen als besonders relevant und somit zu den oben diskutierten Erklärungsansätzen unbedingt zugehörig (die sozio-ökonomische Dimension wird hier nicht nochmals aufgeführt, da sie ähnlich wie in den multivariaten Analysen mit dem Mikrozensus verwendet wird).

1. Kulturelle Unterschiede: Die hierzu vorliegenden Informationen entsprechen nur teilweise den kulturellen Merkmalen, von denen plausiblerweise direkte Effekte auf schulische Ergebnisse erwartet werden können. Am ehesten trifft dies auf die im Elternhaus gesprochene Sprache zu. Andere Maße dagegen zeigen nur die Einbettung in einen nicht-deutschen kulturellen Kontext an. Sie erfassen aber den Einfluß spezifischer kultureller Werte nicht direkt.

a) Im Elternhaus gesprochene Sprache (erste Welle). Diese Variable gibt in einer Selbsteinschätzung die deutschen Sprachkenntnisse des Elternteils mit geringerer Sprachfähigkeit (5 Ausprägungen) an. Vermutlich handelt es sich dabei oft um die Mutter, welche dann auch die tatsächlich zu Hause gesprochene Sprache bestimmt (zumindest in den Eltern-Kind Beziehungen).

b) Kulturelles Klima im Elternhaus (fünfte Welle). Definiert als Summe (0-3) dreier Merkmale, welche die im Haushalt vorherrschende Küche, Zeitungslektüre und Musik erfassen. Die Variable wird für jedes dieser Items um den Wert 1 erhöht, wenn sie nach den Angaben des Haushaltsvorstands als überwiegend oder ausschließlich „nicht-deutsch" zu gelten hat.

c) Soziale Einbindung der Familie (fünfte Welle). Diese Variable erfaßt die Anzahl (0-3) von Freunden des Haushaltsvorstands gleicher ethnischer Herkunft. Kinder aus Haushalten, deren Vorstand weniger als drei Freunde nennt, werden bei der Analyse dieser Variablen ausgeschlossen.

2. Orientierung an der Herkunftsgesellschaft: Außer der letzten beziehen sich die folgenden Variablen auf den Haushaltsvorstand und nicht auf das Schulkind, um eine Verwechslung möglicher Ursachen des Schulerfolges mit möglichen Konsequenzen zu vermeiden.

a) Rückkehrabsicht (erste Welle). Erklärte Absicht des Haushaltsvorstandes, die in drei Kategorien erfaßt ist (Rückkehr innerhalb eines Jahres; Rückkehr nach einem Jahr; Verbleib in Deutschland beabsichtigt).

b) Geldüberweisungen in das Heimatland (erste Welle). Diese Variable ist ein Maß für Investitionen des Haushalts im Heimatland, die offensichtlich langfristige Rückkehrabsichten ausdrücken. Die zwei Ausprägungen der Variable kontrastieren (vom Haushaltsvorstand berichtete) Geldüberweisungen gegen keine Überweisungen.

c) Identität als Deutscher oder Nicht-Deutscher (erste Welle). Die Identität (5 Ausprägungen) korrespondiert insofern mit Rückkehrabsichten, als Personen, die diesen Wunsch äußern, vermutlich wenig oder keine Anstrengungen unternehmen werden, sich mit der deutschen Gesellschaft zu identifizieren. Eher werden sie sich über ihre Heimat-Identität definieren.

d) Kontinuität der Schulkarriere (erste Welle). Mit dieser Variablen wird erfaßt, wie hoch der Anteil der in Deutschland bzw. im Heimatland absolvierten Schulausbildung ist. Dieser Anteil läßt sich analytisch vom Generationenstatus trennen, da es denkbar ist, daß Kinder der zweiten Generation zumindest für einen Teil ihrer Schulbildung von ihren Eltern in das Heimatland geschickt wurden. Darin würde sich auch der Wunsch der Eltern ausdrücken, wieder in das Heimatland zurückzukehren. Diese Variable hat drei Kategorien: Schulbesuch ausschließlich in Deutschland; in Deutschland und im Heimatland; nur im Heimatland. Aufgrund eines hohen Anteils fehlender Werte ist den multivariaten Analysen eine vierte Kategorie, unbekannte Kontinuität der Schulkarriere, hinzugefügt.[5]

3. Diskriminierung: Da direkte Messungen von Diskriminierung nicht vorhanden und jedenfalls sehr problematisch sind, muß man nach Merkmalen suchen, die damit assoziiert sein können. Einige der vorausgehend genannten Variablen können mit Diskriminierung korrelieren – beispielsweise werden Kinder, die aus einem ausgesprochen ethnisch geprägten Elternhaus kommen, in der Schulklasse eher auffallen. Unter dem Gesichtspunkt der institutionellen Diskriminierung stellt der Charakter der Nachbarschaft/Wohngegend des Elternhauses wohl die schlüssigste unter den verfügbaren Informationen dar. Denn es ist zu erwarten, daß in hauptsächlich von Ausländern bewohnten Wohngegenden auch die Schulen zu einem großen Anteil von Ausländern besucht werden und hauptsächlich unter dieser Voraussetzung Ausländerschulklassen eingerichtet werden.

Ethnische Zusammensetzung der Wohngegend (dritte Welle). Diese Variable unterteilt die Wohngegend des Schulkindes in drei Kategorien: Gegenden mit vielen Ausländern gleicher Nationalität wie das betreffende Schulkind; Gegenden mit vielen Ausländern anderer Nationalität; Gegenden mit wenigen Ausländern.

In den Analysen der SOEP-Daten vergleichen wir die vier oben erwähnten Einwanderergruppen bezüglich der gerade vorgestellten Variablen; weiterhin untersuchen wir die Korrelationen dieser Variablen mit der schulischen Plazierung. Die Analysen werden für die 13-18jährigen mit jeder der Wellen, in der die relevanten Variablen verfügbar sind, durchgeführt (Wellen eins, drei und fünf). Einige der Variablen sind in mehreren Wellen des SOEP erfaßt. Um die Analysen überschaubar zu halten, verwenden wir in diesen Fällen jeweils nur die Daten einer Welle. Aufgrund der niedrigen Fallzahlen der verschiedenen ethnischen Gruppen wird dabei keine weitere Differenzierung nach dem Alter vorgenommen; aus dem gleichem Grund definieren wir den Schulerfolg als einfache Dichotomie, Hauptschule vs. Realschule und Gymnasium.

IV. Ethnische Differenzierung und schulische Plazierung

Tabelle 1 Zeigt die Verteilungen nach der schulische Plazierung und/oder nach erreichtem Bildungsabschluß für 13-21jährige Deutsche, Türken, Jugoslawen, Italie-

[5] Da die im Heimatland erworbene Bildung nur festgestellt werden kann, wenn der Schüler selbst an einem regulären Interview teilnimmt – was nicht vor dem 16. Lebensjahr geschieht – muß man mehrere aufeinanderfolgende Wellen des Panels analysieren, um diese Variable für die 13-15jährigen der ersten bzw. der folgenden Wellen zu bestimmen. Im vorliegenden Fall sind wir die erste bis zur fünften Welle durchgegangen. Die Notwendigkeit, Informationen aus mehr als einer Welle des SOEP zu berücksichtigen, ergab sich auch für die Abgrenzung weiterer Variablen, wie der Generationszugehörigkeit und dem Schulerfolg.

ner, Griechen und andere ausländische Jugendliche, die sich auf der Basis des Mikrozensus 1989 ergibt. In dieser Altersphase sind die möglichen Beziehungen zum Bildungssystem sehr vielfältig. Einige Jugendliche können bereits aus dem Bildungssystem ausgeschieden sein, andere sind bereits in einer beruflichen Ausbildung oder befinden sich noch in einem Ausbildungsgang des allgemeinbildenden Schulwesens. Die Zuordnung in *Tabelle 1* und in den weiteren Analysen ist deshalb so festgelegt, daß dabei sowohl bereits erworbene Bildungsabschlüsse wie die momentane Stellung im Bildungssystem berücksichtigt sind.[6] So sind Schüler, welche zum Untersuchungszeitpunkt eine berufliche Ausbildung absolvieren bzw. bereits absolviert haben, zusätzlich nach ihrem allgemeinen Schulabschluß differenziert. Die jugendlichen, welche das Schulsystem bereits verlassen haben, sind entsprechend ihrer zuvor erworbenen beruflichen und/oder schulischen Abschlüsse eingeordnet.

In gewisser Hinsicht sind die in der Tabelle erkennbaren Unterschiede gut bekannt; in anderer Hinsicht jedoch auch nicht. Betrachten wir unter diesem Gesichtspunkt zunächst die Ergebnisse für die 13-15jährigen:

Die Verteilungen dieser Altersgruppe zeigen die schulische Plazierung fast ausschließlich nach den drei Hauptzweigen des allgemeinbildenden Schulsystems, da nur wenige Jugendliche dieser Altersgruppe schon eine Lehre oder berufliche Ausbildung begonnen haben oder aus dem Ausbildungssystem ausgeschieden sind. Ausländerkinder aller Nationalitäten besuchen deutlich häufiger die Hauptschule als gleichaltrige Deutsche. Das Ausmaß dieser Unterschiede ist mit fast 2:1 in einigen Fällen beträchtlich, d.h. während

Tabelle 1: Schulische Plazierung oder Bildungsabschluß nach ethnischer Zugehörigkeit und Alter (in Prozent)

	Hauptschule ohne Lehre	Hauptschule mit Lehre	Realschule ohne Lehre	Realschule mit Lehre	Gymnasium	Fach-/allg. Hochschulreife	Berufliche Ausbildung	keinen Abschluß/keine Angabe	N
					13-15 Jahre alt				
Deutschland	34,1	1,3	32,7		31,4		0,5		(9521)
Türkei	66,7	2,9	22,3		7,1		0,9		(645)
Jugoslawien	54,9	1,9	27,7		14,6		1,0		(206)
Italien	66,7	3,2	23,0		6,3		0,8		(126)
Griechenland	56,3	0,0	19,8		24,0		0,0		(96)
andere Herkunft	46,1	0,7	29,2		23,6		0,4		(267)
					16-18 Jahre alt				
Deutschland	8,7	23,5	15,7	18,3	28,8	0,8	4,0	0,3	(12298)
Türkei	31,8	29,5	17,4	5,9	7,0	0,3	7,1	1,1	(661)
Jugoslawien	24,0	26,9	12,6	12,0	16,8	0,0	7,8	0,0	(167)
Italien	33,6	32,9	11,9	7,0	7,7	0,0	5,6	1,4	(143)
Griechenland	15,8	14,9	15,8	4,0	35,6	7,9	5,9	0,0	(101)
andere Herkunft	24,4	18,2	14,1	9,3	24,7	1,3	6,2	1,7	(291)
					19-21 Jahre alt				
Deutschland	9,3	24,9	6,7	30,2	17,5	9,7	1,0	0,7	(16139)
Türkei	47,2	25,9	7,3	7,0	3,7	4,3	1,0	3,6	(618)
Jugoslawien	24,2	34,7	6,3	18,9	7,4	3,2	2,1	3,2	(95)
Italien	38,1	24,9	12,2	12,2	6,1	3,4	2,2	1,1	(181)
Griechenland	28,8	23,1	11,5	11,5	13,5	10,6	1,0	0,0	(104)
andere Herkunft	19,5	18,0	9,6	14,2	17,0	15,5	2,8	3,4	(323)

Quelle: Anonymisierte 70 Prozent-Unterstichprobe des Mikrozensus 1989 (ZUMA-File).

[6] Einige Vereinfachungen wurden eingeführt, um die Verteilungen verständlicher zu machen. Die wichtigste besteht hierbei darin, daß die Schüler von integrierten Gesamtschulen den Realschülern zugerechnet werden. Dies betrifft 5 Prozent der 13-15jährigen, 2 Prozent der 16-18jährigen, und keinen der 19-21jährigen. Da diese Prozentanteile über alle ethnischen Gruppen relativ gleich sind (mit Ausnahme einer ungewöhnlich hohen Konzentration von Angehörigen der Ausländerresidualkategorie in den Gesamtschulen), ist der praktische Einfluß auf die ethnischen Vergleiche minimal.

ungefähr ein Drittel aller deutschen Kinder die Hauptschule besuchen, finden wir zwei Drittel aller türkischen und italienischen Schulkinder in dieser Schulform. Das Gymnasium besuchen hingegen deutsche Schüler häufiger als ausländische Schüler. Wiederum sind die Unterschiede zwischen Deutschen und den meisten anderen Gruppen beträchtlich, am größten sind diese im Vergleich mit Türken und Italienern (4 bzw. 5 zu 1). Die verschiedenen ethnischen Gruppen sind jedoch keineswegs homogen. Abgesehen von der Residualkategorie, deren Angehörige auch aus Ländern wie Frankreich oder den USA stammen können, besuchen vor allem griechische und in etwas geringerem Maße auch jugoslawische Kinder häufiger ein Gymnasium als Türken und Italiener.

Bei den Verteilungen für die 16-18jährigen besteht – besonders für die Absolventen der Haupt- und Realschule – eine erhöhte Wahrscheinlichkeit, daß sie sich bereits in einer Lehre befinden. Der kleine Prozentsatz derjenigen, die das Schulsystem bereits verlassen haben, sind entsprechend des von ihnen erreichten schulischen oder beruflichen Abschlusses eingeordnet. Hinsichtlich der Dreiteilung Hauptschule, Realschule, Gymnasium ergeben sich im Vergleich zu der zuvor untersuchten Altersgruppe keine großen Unterschiede. Die Prozentanteile der verschiedenen Gruppen, die die Hauptschule besucht haben, sind etwas geringer geworden. Die Verringerung dieses Anteils entspricht im wesentlichen dem nicht weiter nach vorherigem Schulbesuch aufgegliederten Anteil der Jugendlichen, die sich in einer „sonstigen beruflichen Ausbildung" befinden. Ein weiterer bemerkenswerter Unterschied besteht in der Tatsache, daß in der Altersgruppe der 16-18jährigen der Anteil der griechischen Schüler auf einem Gymnasium den der Deutschen nicht nur erreicht, sondern sogar übersteigt.

Besonders aufschlußreich erscheinen uns die Ergebnisse für die 16-18jährigen für den Übergang in eine Lehre nach vorangegangenem Hauptschulbesuch. Unter deutschen Hauptschülern ist das Verhältnis von Lehrlingen zu „nicht"-Lehrlingen nahezu 3:1 (dieses Verhältnis wird durch einige 16jährige nach unten gedrückt, die noch allgemeinbildende Schulen besuchen). Nur ein kleiner Teil der deutschen Schüler dieser Altersgruppe, maximal etwa 9 Prozent, verläßt das Ausbildungssystem nach dem Hauptschulabschluß ohne Lehre. Unter den ausländischen Hauptschülern beginnt nur ca. die Hälfte eine Lehre. Bei den ethnischen Gruppen, die schon zu einem hohen Anteil nur die Hauptschule besuchen, Türken und Italienern, erweist sich nun, daß sie mit besonders hohen Anteilen (etwa ein Drittel) nur Hauptschulerfahrung aufweisen können. Die meisten von ihnen scheinen dazu bestimmt zu sein, das Schulsystem nur mit einem Mindestmaß an Ausbildung zu verlassen. In abgeschwächter Form finden sich ähnliche Unterschiede auch für Realschüler.

Ein Blick auf die nächst ältere Altersgruppe der 19-21jährigen deutet jedoch auf eine deutliche Verbesserung der gegenwärtigen Situation von ausländischen Jugendlichen im Vergleich zur Lage in den davorliegenden Jahren hin. In dieser Altersgruppe, in der die Ausbildung für die meisten Schüler abgeschlossen ist (außer für die Studierenden an Universitäten und Fachhochschulen) war der Anteil der Schüler, welche das Bildungssystem nach dem Hauptschulabschluß verließen, sogar noch größer als er in der jüngsten Altersgruppe abzusehen ist. Bei den Türken traf dies in ungefähr der Hälfte, bei den Italienern in ca. 40 Prozent der Fälle zu. Wenn auch niedriger als bei den Türken und Italienern, so weisen auch die Griechen eine hohe Konzentration in dieser Kategorie auf.

Tabelle 2: Generationsstatus / Alter bei der Einwanderung nach ethnischer Zugehörigkeit und Alter (in Prozent)

	zweite Generation		erste Generation				
	hier geboren	mit 0-4 Jahren zugezogen	mit 5-9 Jahren zugezogen	mit 10-14 Jahren zugezogen	mit 15+ Jahren zugezogen	unbekannt	N
			13-15 Jahre alt				
Türkei	49,9	25,6	9,0	9,5	1,6	4,5	(645)
Jugoslawien	55,3	28,6	2,4	7,8	1,5	4,4	(206)
Italien	50,0	23,0	6,3	8,7	2,4	9,5	(126)
Griechenland	60,4	19,8	3,1	8,3	3,1	5,2	(96)
andere Herkunft	26,6	24,0	18,7	17,6	1,5	11,6	(267)
			16-18 Jahre alt				
Türkei	25,1	27,8	22,2	8,8	8,9	7,1	(661)
Jugoslawien	44,3	24,0	10,2	6,0	12,0	3,6	(167)
Italien	39,2	25,2	7,7	9,8	12,6	5,6	(143)
Griechenland	57,4	19,8	4,0	4,0	9,9	5,0	(101)
andere Herkunft	27,5	18,9	14,4	13,1	18,9	7,2	(291)
			19-21 Jahre alt				
Türkei	8,7	22,8	19,3	25,9	19,4	3,9	(618)
Jugoslawien	22,1	34,7	11,6	9,5	15,8	6,3	(95)
Italien	34,3	23,8	6,1	4,4	26,0	5,5	(181)
Griechenland	28,8	26,0	19,2	2,9	17,3	5,8	(104)
andere Herkunft	17,3	15,8	5,0	14,2	39,0	8,7	(323)

Quelle: Anonymisierte 70 Prozent-Unterstichprobe des Mikrozensus 1989 (ZUMA-File).

Tabelle 3: Schulische Plazierung oder Bildungsabschluß der zweiten Generation verschiedener ethnischer Gruppen (in Prozent)

	Hauptschule ohne Lehre	Hauptschule mit Lehre	Realschule ohne Lehre	Realschule mit Lehre	Gymnasium	Fach/ allg. Hochschulreife	Berufliche Ausbildung	Keinen Abschluß/ keine Angaben	N
				13-15 Jahre alt					
Türkei	64,1	1,8	24,6		8,6		0,8		(487)
Jugoslawien	52,6	2,3	27,7		16,8		0,6		(173)
Italien	69,6	2,2	19,6		7,6		1,1		(92)
Griechenland	58,4	0,0	20,8		20,8		0,0		(77)
andere Herkunft	44,4	0,7	29,6		25,2		0,0		(135)
				16-18 Jahre alt					
Türkei	28,9	26,3	17,4	7,4	10,6	0,0	8,9	0,6	(350)
Jugoslawien	21,1	20,2	14,9	14,9	22,8	0,0	6,1	0,0	(114)
Italien	27,2	30,4	15,2	7,6	10,9	0,0	7,6	1,1	(92)
Griechenland	12,8	14,1	19,2	3,8	37,2	7,7	5,1	0,0	(78)
andere Herkunft	17,0	15,6	15,6	11,1	30,4	0,7	8,9	0,7	(135)
				19-21 Jahre alt					
Türkei	32,8	29,7	7,7	8,7	6,7	7,2	3,1	4,1	(195)
Jugoslawien	14,8	42,6	5,6	25,9	5,6	1,9	3,7	0,0	(54)
Italien	33,3	28,6	10,5	18,1	2,9	2,9	2,9	1,0	(105)
Griechenland	19,3	31,6	8,8	10,5	14,0	14,0	1,8	0,0	(57)
andere Herkunft	12,1	18,7	11,2	25,2	17,8	11,2	3,7	0,0	(107)

Quelle: Anonymisierte 70 Prozent-Unterstichprobe des Mikrozensus 1989 (ZUMA-File).

Wieviel von diesen Unterschieden kann nun möglicherweise durch die Tatsache erklärt werden, daß ein nicht unbeträchtlicher Anteil der ausländischen Kinder erst nach dem Einschulungsalter, bzw. nach einigen Jahren Schulbesuch in den Heimatländern, nach Deutschland kommt? Wie hoch ist also konkret der Erklärungsanteil von Generationenstatus und Aufenthaltsdauer? *Tabelle 2* zeigt die Verteilungen dieser Variablen für die verschiedenen ethnischen Gruppen.

Als erstes ist festzustellen, daß in den drei hier analysierten Altersgruppen in den meisten Fällen ein großer Anteil der zweiten Generation der Immigranten angehört. Diese umfaßt nach unserer Definition jene ausländischen Kinder, die entweder in Deutschland geboren wurden oder vor ihrem fünften Lebensjahr nach Deutschland gekommen sind. In der Altersklasse der 13-15jährigen gehören mindestens drei Viertel der Kinder der Haupteinwanderergruppen (ausgenommen die Residualkategorie) der zweiten Generation an. Es fällt nun zweitens auf, daß sich die Generationenverteilung ändert: Im allgemeinen sind die Anteile der zweiten Generation unter den

16-18jährigen niedriger. Um den Extremfall zu nehmen: Von den 16-18jährigen türkischen Jugendlichen gehört etwas mehr als die Hälfte zur zweiten Generation. Bei den verbleibenden Gruppen ist es (auch hier außer der Residualkategorie) die klare Mehrheit. Der Anteil der zweiten Generation ist bei den 19-21jährigen nochmals kleiner, nur knapp ein Drittel bei den türkischen Schülern und nur wenig mehr als die Hälfte bei den verbleibenden Gruppen. Dieses Muster weist demnach darauf hin, daß unter den ausländischen Schulkindern der Anteil der zweiten Generation mit der Zeit zunimmt.

Tabelle 3 betrachtet nur die zweite Generation und ermöglicht zu prüfen, ob allein der Generationenstatus die auffallend unterschiedlichen Bildungserfolge ausländischer und deutscher Schulkinder erklären kann. Es ist mehr als deutlich, daß dies nicht der Fall ist. Die Prozentanteile 13-15jähriger in den Hauptschulen gleichen denen in *Tabelle 1*. Unter den 16-18jährigen lassen sich aber bescheidene Rückgänge dieser Anteile ausmachen; unter den 19-21jährigen fallen sie noch etwas deutlicher aus.

Untersucht man also nur die zweite Generation, sind die Unterschiede zwischen den Altersgruppen geringer. Die oben genannten Unterschiede in der Bildungsbeteiligung zwischen der ältesten und den jüngeren Altersgruppen lassen sich insofern als Folge unterschiedlicher Anteile von Angehörigen der zweiten Generation erklären. Und man kann schließen, daß eine zunehmend größer werdende zweite Generation verbesserte Bildungsergebnisse für die Einwanderergruppen mit sich bringt, jedoch auch innerhalb dieser Generation zwischen ausländischen und deutschen Schülern deutliche Unterschiede bestehen bleiben.

V. Multivariate Modelle mit den Daten des Mikrozensus

Wir untersuchen nun, ob unterschiedliche sozio-ökonomische Herkunft oder Bedingungen des Wohnortes die offensichtlichen Unterschiede zwischen ausländischen und deutschen Schülern erklären können. *Tabelle 4* zeigt logistische Regressionsmodelle für die verschiedenen Ausbildungsgänge und -abschlüsse unter den 13-15- und den 16-18jährigen.[7] In beiden Altersgruppen kontrastieren wir zum einen in den Gleichungen

[7] Die 19-21jährigen können in diesem Zusammenhang nicht sinnvoll analysiert werden, da nur wenige ihrer Mitglieder noch bei den Eltern leben und sie somit nicht über den Status der Eltern charakterisiert werden können (falls sie doch noch bei den Eltern leben, sind sie sicher nicht repräsentativ für die gesamte Altersgruppe). Hierbei ist auch zu beachten, daß die Personen, die nicht Kinder der Haushaltsvorstände sind, von den multivariaten Analysen ausgeschlossen werden (in den vorhergehenden Tabellen sind Sie noch enthalten). Unter den 16-18jährigen betrifft dies wahrscheinlich überproportional jene Personen, die bereits arbeiten und/oder alleine leben. Dies ist somit ein eher konservativer Schritt, da die Mitglieder von Einwanderergruppen mit höherer Wahrscheinlichkeit als Deutsche die Schule bereits verlassen haben.

Tabelle 4: Logistische Regressionsanalysen der schulischen Plazierung bzw. der Bildungsabschlüsse

Variable	13-15 Jahre alt		16-18 Jahre alt		
	Gym., RS vs. HS	Gym. vs. RS, HS	Gym., RS vs. HS	Gym. vs. RS, HS	HS m. L. vs. HS o. L.
	(1)	(2)	(3)	(4)	(5)
Herkunft:					
Deutsche	0	0	0	0	0
Türkei	-.515*	-.691*	-.320*	-.400*	-.423*
Jugoslawien	-.310*	-.176	-.379*	.002	-.207
Italien	-.739*	-.889*	-.712*	-.503	-.671*
Griechenland	-.001	.734*	.796*	1.609*	-.523
Andere Länder	.008	.127	-.041	.318	-.699*
Generation / Alter bei Ankunft					
Deutsche – zweite Generation	0	0	0	0	0
5-9 Jahre alt	-.525*	-.720*	-.243	-.429	.157
10-14 Jahre	-.757*	-.699*	-1.002*	-.970*	-.389
15 + Jahre	—	—	-1.264*	-.843*	-.570*
Unbekannt	.228	-.310	-.134	-1.708*	-.019
Bildung des Haushaltsvorstandes					
keinen Abschluß / unbekannt	-2.327*	-2.139*	-2.657*	-2.487*	.641
Hauptschule ohne Lehre	-2.385*	-2.516*	-2.684*	-2.809*	.951*
Hauptschule mit Lehre	-1.945*	-2.216*	-2.121*	-2.390*	1.034*
Realschule ohne Lehre	-1.434*	-1.362*	-1.183*	-1.516*	.439
Realschule mit Lehre	-1.205*	-1.573*	-1.245*	-1.577*	1.006*
Abitur	-.732*	-1.275*	-.956*	-1.185*	.493
Fachhochschule	-.608*	-.847*	-.663*	-.760*	.418
Hochschule	0	0	0	0	0
Beruf des Haushaltsvorstandes					
Agrarberufe	-.858*	-.930*	-.823*	-.817*	-.739
Einfache manuelle Berufe	-1.272*	-1.236*	-.785*	-1.024*	-.677
Qualifizierte manuelle Berufe	-.993*	-.962*	-.605	-.734*	-.627
Techniker	-.127	-.148	.176	-.032	-.441
Ingenieure	-.095	.026	.135	-.004	-.475
Einfache Dienste	-1.184*	-1.157*	-.762*	-.961*	-.584
Qualifizierter Dienst	-.541	-.198	-.264	-.215	-.934
Semiprofessionen	-.486	-.280	-.145	-.051	-.797
Professionen	0	0	0	0	0
Einfache Verw.-Berufe	-.505	-.294	-.421	-.224	-.341
Qualif. Verw.-Berufe	-.179	-.161	.120	-.002	-.628
Manager	-.155	.030	.042	.241	-.914
Arbeitslos oder Sozialhilfe	-1.894*	-1.789*	-1.228*	-1.170*	-1.205
Andere Beschäftigung	-.953*	-.597*	-.562	-.365	-.674
Unbekannt	-1.071*	-.523	-.460	-.645*	-.870
Selbständig	.116	.058	.286*	.246*	.339*
Familiengröße, Geschlecht					
Anzahl der Kinder im Haushalt	-.168*	-.108*	-.149*	-.106*	-.185*
Männlich	-.352*	-.156*	-.556*	-.151*	.213*
Wohnortbedingungen					
Bundesland mit hoher Ausländerdichte	.041	.029	-.106*	-.040	-.099
Kleine Stadt	0	0	0	0	0
Mittelgroße Stadt	.106	.194*	.237*	.293*	-.689*
Großstadt	.531*	.427*	.322*	.396*	-.869*
Alter:					
16 Jahre alt	0	0	0	0	0
17 Jahre alt	—	—	.011	.088	1.720*
18 Jahre alt	—	—	-.159*	-.052	.869*
Konstante	3.361*	1.598*	3.444*	1.531*	.641
χ^2	2.426,0 mit 35 d.f.	2.652,9 mit 35 d.f.	2.589,5 mit 38 d.f.	2.966,7 mit 38 d.f.	788,8 mit 38 d.f.

* = Statistische Signifikanz (p < .05) Kursiv geschriebene Kategorien zeigen die Referenzkategorien an. *Abkürzungen:* Gym. = Gymnasium; RS = Realschule; HS = Hauptschule; HS m. L. = Hauptschule mit Lehre; HS o. L. = Hauptschule ohne Lehre. *Quelle:* Anonymisierte 70 Prozent-Unterstichprobe des Mikrozensus 1989 (ZUMA-File).

(1) und (3) den Besuch einer weiterführenden Schule (Realschule, Gymnasium) zum Hauptschulbesuch, zum anderen in den Gleichungen (2) und (4) die Wahrscheinlichkeit des Gymnasiumbesuchs zum Besuch der Realschule oder der Hauptschule. In Gleichung (5) untersuchen wir dann für die Hauptschulabsolventen, ob sie daran anschließend eine Lehre absolvieren oder nur mit der Hauptschule ohne Lehre das Bildungssystem verlassen. In all diesen Modellen bilden die Deutschen die Referenzkategorie der Variablen ethnische Zugehörigkeit. Jeder Koeffizient (und sein Signifikanzniveau) drückt somit den Unterschied zwischen Mitgliedern der betreffenden ethnischen Gruppe und den Deutschen bei jeweils gleichen Ausprägungen in den übrigen unabhängigen Variablen aus.

Im allgemeinen zeigen die berücksichtigten Variablen die erwarteten Effekte. Betrachten wir beispielsweise das Modell (1) (weiterführende Schule vs. Hauptschule) für die Altersgruppe der 13-15jährigen.[8] In dieser Gleichung hat das Bildungsniveau des Haushaltsvorstandes das größte Gewicht. Die Wahrscheinlichkeit, einen anderen Ausbildungsgang als die Hauptschule zu besuchen, sinkt je weiter das Bildungsniveau des Haushaltsvorstandes von einem Universitätsabschluß (der Referenzkategorie) entfernt ist. Zwischen den extremen Kategorien bestehen beträchtliche Unterschiede – als Logit-Effekt annähernd 2.4 – was hinsichtlich des Besuchs von Realschule oder Gymnasium einer Differenz von fast 50 Prozentpunkten entspricht.[9] Im Vergleich dazu nehmen sich die Effekte anderer sozio-ökonomischer Einflußgrößen eher bescheiden aus. Dies gilt als erstes für den Beruf des Haushaltsvorstandes. Im Vergleich zu den Kindern, deren Eltern professionalisierte Berufe ausüben, haben Kinder mit Eltern in einfachen manuellen Berufen oder einfachen Diensten eine deutlich höhere Wahrscheinlichkeit, Hauptschulen zu besuchen. In Logit-Notation ist der Unterschied zwischen diesen Extremen 1.2, was ungefähr der Hälfte des Effektes der Bildung des Haushaltsvorstandes entspricht. Auch die Kinder der Eltern in qualifizierten manuellen Berufen oder Agrarberufen besuchen m.it deutlich niedrigerer Wahrscheinlichkeit eine Realschule oder ein Gymnasium. Noch benachteiligter sind Kinder, deren Eltern hauptsächlich Arbeitslosengeld oder Sozialhilfe beziehen. Zwischen Kindern von Selbständigen und Lohnabhängigen bestehen hingegen (bei sonst gleichen Bedingungen) keine Unterschiede.

[8] Bei der Konstruktion dieser Kategorien aus den Daten der *Tabelle 1* haben wir für Personen in beruflicher Ausbildung, die keinen allgemeinbildenden Schulabschluß angegeben haben, einen Hauptschulabschluß angenommen; angesichts unserer früheren Diskussion ist dies eine begründete Annahme. Die gleiche Annahme haben wir für jede Person unter den 16-18jährigen gemacht, die keinen Abschluß angegeben haben. Da bei Bildungsabschlüssen Auskunftspflicht besteht, glauben wir, daß die meisten dieser Personen tatsächlich keinen Abschluß haben und daher in der niedrigsten Bildungskategorie eingeordnet werden sollten.

[9] Diese Unterscheidung kann folgendermaßen abgeleitet werden: Der Prozentsatz von Schülern dieser Altersgruppe, die Realschulen (integrierte Gesamtschulen eingeschlossen) und Gymnasien besuchen, liegt insgesamt bei 60,8 Prozent. Dieser Prozentanteil entspricht einem Odds von [.608/(1–.608) = 1.55]. Nehmen wir an, daß dieser Wert die Bildungsverteilung der Schüler in der Residualkategorie der Bildung des Haushaltsvorstandes charakterisiert. Hat nun ein Elternteil nur Hauptschulbildung, wird das Verhältnis (Odds) mit .0921 (exp(-2385)) multipliziert, was einen Wert von .143 ergibt [.0921*1.55]. Dieses Odds wiederum entspricht 12,5 Prozent [.143/(1+.143)], ein Wert, der fast genau 50 Prozent unter dem Ausgangsprozentanteil liegt. Zur Interpretation der Koeffizienten in log-linearen Modellen vgl. Alba (1987).

Auch mit dem Wohnort gegebene Bedingungen sind nicht ohne Einfluß. Besonders Kinder, die in großen Städten (mit mehr als 100.000 Einwohnern) aufwachsen, haben gegenüber anderen Kindern einen Vorteil, was den Besuch der Realschule oder des Gymnasiums betrifft. Vermutlich ist dieser Vorteil auf die höhere Verfügbarkeit von Gymnasiums- und Realschulplätzen in diesen Städten zurückzuführen. In einem Bundesland mit hohem ausländischen Bevölkerungsanteil zu leben, beeinflußt hingegen nicht, welchen Schultyp ein Kind besucht (insofern können auf lndividualebene die Ergebnisse, welche Baker und Lenhardt (1988) diesbezüglich auf der Aggregatebene erzielten, bestätigt werden).

Neben der Familiengröße ist auch das Geschlecht der Schulkinder relevant. Nach unseren Gleichungen besuchen Jungen durchgehend häufiger weniger günstige Schultypen (in unserem Fall die Hauptschulen). Allerdings ist der Effekt der Geschlechtszugehörigkeit in einigen Gleichungen, wie etwa im Vergleich von Gymnasium vs. anderen Schultypen, für die 13-15jährigen relativ gering, auch wenn er aufgrund hoher Fallzahlen signifikant ist. Eine andere Frage ist, ob die Effekte der anderen Variablen mit dem Geschlecht variieren. Um dies zu überprüfen, haben wir Interaktionseffekte zwischen Geschlecht und den zentralen sozio-ökonomischen Variablen (sowie mit Ethnizität) berechnet. Obwohl einige dieser Interaktionen statistisch signifikant sind, ist ihr Einfluß insgesamt eher gering (erkennbar an den Chi-Quadrat-Veränderungen des Modell-Fit). Daher interpretieren wir die Modelle ohne lnteraktionseffekte.

Die vorliegenden Befunde bestätigen damit die Leithypothese dieser Arbeit, wonach die schulische Plazierung ausländischer Kinder durch den Generationenstatus und die Aufenthaltsdauer beeinflußt wird. Generell haben die Kinder der zweiten Generation eine bessere Chance, höhere Schultypen zu besuchen, als Kinder, die erst nach ihrem fünften Lebensjahr nach Deutschland kommen.[10] Weiterhin besteht eine – wenn auch nicht konsistente – Tendenz, daß mit zunehmendem Ankunftsalter die bildungsspezifische Benachteiligung ansteigt. Jedoch besteht von Gleichung zu Gleichung auch eine gewisse Varianz in den diesbezüglichen Mustern, besonders zwischen den beiden Altersgruppen. So zeigt sich für die 13-15jährigen bei der Vorhersage des Schultyps Hauptschule vs. andere folgendes Bild: Kinder, die frühestens im Alter von zehn Jahren in Deutschland eintreffen, haben die größte Wahrscheinlichkeit, die Hauptschule zu besuchen, während die Kinder der zweiten Generation hier die niedrigste Wahrscheinlichkeit aufweisen; dazwischen liegen diejenigen, die zwischen dem 5. und 9. Lebensjahr eintrafen.[11] In den entsprechenden Gleichungen für die 16-18jährigen unterscheiden sich die Kinder in eben dieser Altersgruppe nicht

[10] Die zweite Generation bildet, zusammen mit den Deutschen, die Residualkategorie in *Tabelle 4*. Der relative Vorteil dieser Kategorie drückt sich in den generell negativen, statistisch signifikanten Koeffizienten der Variable Ankunftszeitpunkt aus, die explizit in den Modellen enthalten ist, Es ist nicht möglich, eine zusätzliche Dummy-Variable hinzuzufügen, welche die zweite Generation der Ausländergruppen repräsentiert, da in diesem Fall mit den Variablen Generation/Alter bei der Ankunft und ethnische Herkunft exakt die gleiche Population erfaßt wird, was zu einer perfekter Multikollinearität zwischen den beiden Variablen führen würde. Eine davon muß weggelassen werden – wir haben die Variable der zweiten Generation gewählt.

[11] In der Gleichung für die 13-15jährigen wurden solche Kinder, die im Alter von 15 Jahren in Deutschland eintrafen, mit solchen, die zwischen dem 10. und 14. Lebensjahr eintrafen, zusammengefaßt. Damit haben wir die Bildung einer besonders kleinen Kategorie für die Ankunftsaltersvariable vermieden.

signifikant von denen der zweiten Generation. Kinder, die erst im Alter von zehn Jahren in Deutschland eintrafen, scheinen jedoch noch benachteiligter zu sein.

Was bleibt nach all diesen Kontrollen noch von den ethnischen Differenzen erhalten? Offensichtlich bleiben Unterschiede in beachtlicher Größenordnung bestehen. Der bedeutendste Aspekt ethnischer Benachteiligung liegt, nach *Tabelle 1*, in der Konzentration der Kinder bestimmter ethnischer Gruppen in den Hauptschulen. Gleichung (1), welche die Hauptschule den anderen beiden Schultypen gegenüberstellt, zeigt, daß unabhängig von sozio-ökonomischer Herkunft, Generationsstatus und anderen Kontrollvariablen italienische, türkische und jugoslawische Kinder stärker in den Hauptschulen konzentriert sind als deutsche Kinder. Sie besuchen seltener Realschule oder Gymnasium. Der Grad der Benachteiligung differiert aber nach ethnischer Zugehörigkeit. Bei den griechischen Kindern besteht kein Unterschied zu deutschen Kindern, und bei jugoslawischen Kindern ist der Rückstand zu deutschen Kindern nicht sehr groß (–.31 in Logit-Notation). Gleiches kann man von türkischen und italienischen Kindern nicht behaupten (–.52 und –.74). Diese haben eine 12 Prozentpunkte (Türken) bzw. 18 Prozentpunkte größere Wahrscheinlichkeit, eine Hauptschule zu besuchen, als vergleichbare deutsche Schüler.[12] Wenn man sich nun fragt, ob die geringere Präsenz in den weiterführenden Schulen hauptsächlich auf die Unterrepräsentation am Gymnasium zurückzuführen ist, so zeigt Gleichung (2), in der der Gymnasiumsbesuch zum Real- und Hauptschulbesuch kontrastiert wird, daß dieses für die Kinder italienischer und türkischer Herkunft zutrifft. Für diese beiden Gruppen ist der Effekt der ethnischen Zugehörigkeit bei der ‚Abwahl' speziell des Gymnasiums noch stärker als bei den beiden weiterführenden Schulen zusammengenommen. Für die Jugoslawen und Griechen verhält es sich wiederum anders. Im Besuch des Gymnasiums stehen Kinder jugoslawischer Herkunft deutschen nicht nach, und Kinder griechischer Eltern gehen, ceteris paribus, sogar signifikant häufiger auf das Gymnasium als deutsche Kinder. In Prozentanteile umgerechnet zeigen die Logit-Koeffizienten in Gleichung (2) (ca. –.7 für die Türken und –.9 für die Italiener), daß ihre Chancen (odds), ein Gymnasium zu besuchen, 13-16 Prozentpunkte niedriger sind als die Chancen deutscher Schüler mit vergleichbarem sozio-ökonomischen Status. Die Effekte sind geringer als die in *Tabelle 1* (24-25 Prozentpunkte in dieser Altersgruppe); somit konnten einige der ursprünglichen Unterschiede erklärt werden. Aber mehr als die Hälfte verbleibt auch nach den vorgenommenen statistischen Kontrollen.

Die Gleichungen für die 16-18jährigen zeigen ein sehr ähnliches ethnisches Muster, wenngleich das Ausmaß der Benachteiligung in manchen Fällen geringer erscheint. In Gleichung (3), in der die Hauptschulen anderen Schultypen gegenübergestellt werden, sind die türkischen, italienischen und jugoslawischen Schulkinder wiederum gegenüber den deutschen Kindern benachteiligt; das Ausmaß der Benachteiligungen der türkischen Kinder ist geringer als zuvor, die Nachteile der italienischen Kinder bleiben jedoch beträchtlich. Nach Gleichung (4), die das Gymnasium den anderen Schulformen gegenüberstellt, ist das Ausmaß der türkischen Benachteiligung geringer als bei den 13-15jährigen zuvor (–.40); weiterhin ist der Koeffizient

[12] Dies ergibt sich gemäß den Berechnungen, wie sie in Fußnote 9 ausgeführt sind. Dabei wird angenommen, daß 64,1 Prozent der deutschen Kinder ein Gymnasium oder eine Realschule besuchen (vgl. dazu *Tabelle 1*).

für die italienischen Schüler statistisch nicht signifikant (dem allgemeinen Muster folgend hat er jedoch den größten negativen Wert). Für die Jugendlichen griechischer Herkunft fällt auf, daß sie sich nach beiden Gleichungen häufiger als ihre deutschen Altersgenossen in weiterführenden Schulen, vor allem dem Gymnasium, befinden.

Die Analyse der 16-18jährigen erlaubt nun zusätzlich die Untersuchung von ethnischen Unterschieden bezüglich des Besuchs einer Lehre. Hierauf bezieht sich die letzte Gleichung.[13] Sie stellt dem Hauptschulabschluß mit Lehre den Hauptschulabschluß ohne Lehre gegenüber (ohne Realschüler und Gymnasiasten). Im Ergebnis zeigt sich, daß alle Ausländergruppen (auch die aus anderen Ländern) seltener Zugang zu dem typisch deutschen Ausbildungsgang der Berufslehre finden. Für die Jugoslawen und Griechen sind die entsprechenden Effekte zwar statistisch nicht signifikant, jedoch ebenfalls zum Teil deutlich negativ. Signifikant und ausgeprägt negativ sind die Effekte für das Nicht-Eingehen einer Lehre insbesondere für die Türken und Italiener, also für die beiden Gruppen, die schon überproportional häufig auf der Hauptschule verbleiben. Nimmt man beide Effekte zusammen und stellt (in einer hier nicht wiedergegebenen Gleichung) die Kinder, die ausschließlich das durch die Schulpflicht definierte Bildungsminimum erreichen (Hauptschule ohne Lehre), allen übrigen, von der Hauptschule mit Lehre bis zum Gymnasium, gegenüber, so zeigt sich deutlich die kumulative Wirkung der verschiedenen Selektionsprozesse. Kinder aus jugoslawischer, türkischer und italienischer Herkunft scheiden in dieser Reihenfolge mit zunehmend größeren Anteilen nur mit dem gesetzlichen Bildungsminimum aus dem Bildungssystem aus, während sich griechische Kinder in dieser Beziehung nicht von deutschen unterscheiden. Das Ausmaß der Unterschiede ist beträchtlich. Die Wahrscheinlichkeit, in diese schlechteste Kategorie zu fallen, ist für die Jugoslawen und Türken 1,5 bzw. 1,6 mal größer als für die Deutschen, für Italiener sogar 2,2 mal.

Fassen wir zusammen, so ergeben die Analysen in den folgenden Punkten ein konsistentes Bild. Weder eine kurze Anwesenheit noch die niedrigere sozio-ökonomische Herkunft vieler ausländischer Familien können die deutlichen Benachteiligungen, welche Kinder einzelner ethnischen Gruppen im deutschen Schulsystem erfahren, gänzlich oder größtenteils erklären. Die am durchgängigsten benachteiligten Gruppen sind die Italiener und die Türken, die eine deutlich geringere Wahrscheinlichkeit als gleichaltrige Deutsche haben, ein Gymnasium zu besuchen, jedoch konsistent häufiger die Hauptschule besuchen und im Anschluß an diese auch seltener eine berufliche Ausbildung absolvieren. Auch jugoslawische Schüler scheinen besonders häufig die Hauptschule zu besuchen und an diese ebenfalls keine Lehre anzuschließen. Jedoch sind nicht alle Ausländergruppen benachteiligt: Griechische Schüler besuchen häufiger als Kinder mit deutscher und anderer ethnischer Herkunft ein Gymnasium. Die Heterogenität der benachteiligten Gruppen deutet darauf hin, daß es nicht einfach ist, die vorliegenden Ergebnisse zu erklären. Unter den benachteiligten Gruppen findet sich zum einen eine Gruppe aus einem Nicht-EU-Land mit eher junger Zuwanderungsgeschichte nach Deutschland und distinkten religiösen und kulturellen Eigenheiten, zum anderen aber auch die EU-Gruppe der Italiener mit der längsten Anwesenheitsdauer in Deutschland. Gibt es somit andere Erklärungen für diese Benachteiligungen?

[13] Um zu berücksichtigen, daß die Zahl von Personen, die in eine Lehrausbildung eintreten, in den drei betrachteten Jahrgängen variiert, wurde in dieser Gleichung ein Set von Dummy-Variablen eingeführt.

VI. Weitere Erklärungsversuche: Das sozio-ökonomische Panel

Im weiteren Verlauf der Analysen benutzen wir nun die Daten des sozio-ökonomischen Panels, um die ethnischen Benachteiligungen, die wir bisher aufgedeckt haben, durch andere als sozio-ökonomische Faktoren zu erklären. Entsprechend der weiter oben geführten konzeptuellen Diskussion haben wir mit den verschiedenen im Panel vorliegenden Indikatoren drei breit gefaßte Einflußgrößen abgegrenzt: 1. Kulturelle Aspekte: Dieser Faktor wird über die Deutschkenntnisse der Eltern, einen Index über das kulturelle Klima im Elternhaus und eine Zählung der Freunde des Haushaltsvorstands gleicher ethnischer Herkunft gefaßt. 2. Die Orientierung an der Herkunftsgesellschaft: Diese beinhaltet den expliziten Heimkehrwunsch des Haushaltsvorstands, finanzielle Überweisungen in das Heimatland, die Selbst-Identifikation des Haushaltsvorstands (als deutsch oder nicht-deutsch) und den Tatbestand, ob das Kind zumindest teilweise im Heimatland erzogen wurde (was hier als das Bestreben verstanden wird, das Kind auf die Heimkehr vorzubereiten). 3. Diskriminierung: Gemessen über die ethnische Zusammensetzung der Wohngegend, welche vermutlich mit bestimmten Formen der institutionellen Diskriminierung, wie beispielsweise Ausländerklassen in den Schulen, korreliert.

Die *Tabellen 5a* und *5b* zeigen die Verteilungsmuster dieser Variablen für die vier wichtigsten ethnischen Gruppen sowie deren Beziehung zur schulischen Plazierung. Aufgrund der geringeren Fallzahlen im Panel betrachten wir dabei die 13-18jährigen gemeinsam und unterscheiden lediglich zwischen dem Besuch der Hauptschule und anderen Schulformen.

Als erstes kann man in diesen Tabellen erkennen, daß die Unterschiede zwischen den Gruppen nur teilweise der Rangordnung ihrer bildungsmäßigen Benachteiligung entsprechen. Allgemein scheinen die Türken die ausgeprägteste, die Jugoslawen jedoch die geringste ethnische Bindung in allen Dimensionen aufzuweisen, obgleich dieses Muster nicht konsistent über alle Indikatoren verläuft. Italiener und Griechen belegen die mittleren Plätze. Auf diesen finden sich somit die nach den Angaben des Mikrozensus am wenigsten benachteiligte Gruppe (die Griechen) und eine der am meisten benachteiligten Gruppen (die Italiener).

Die ausgeprägte Ethnizität der Türken tritt in mehreren Indikatoren sehr deutlich in Erscheinung. In zwei Dritteln der Familien türkischer Schüler spricht zumindest ein Elternteil nur schlecht deutsch; für die Schüler aus anderen Gruppen trifft dies nur auf maximal ein Drittel der Familien zu. Die Türken unterscheiden sich auch in ihren Eßgewohnheiten, im Hören von Musik und in ihrer Zeitungslektüre. Außerdem haben türkische Eltern ihre Kinder am häufigsten zumindest teilweise im Heimatland großgezogen, und türkische Kinder wachsen besonders häufig in Wohngegenden mit hohem Anteil an Türken auf (dies ist natürlich teilweise auf den großen Anteil türkischer Mitbürger in Deutschland zurückzuführen). In mancher Hinsicht gleichen sich aber auch Türken und eine der anderen Gruppen in ihrer ethnischen Distinktheit. So äußern türkische und griechische Haushaltsvorstände am seltensten den Wunsch, für immer in Deutschland bleiben zu wollen, und in beiden Gruppen finden sich die geringsten Anteile, die sich – nicht einmal teilweise – als Deutsche identifizieren.

Am geringsten ist die ethnische Abgrenzung bei der jugoslawischen Bevölkerung ausgeprägt. Das kulturelle Klima im Elternhaus (zumindest was die Bereiche Küche,

Musik und Lesen betrifft) entspricht hier dem deutschen am meisten, und jugoslawische Eltern identifizieren sich am ehesten als Deutsche. Gleichzeitig zeigen jugoslawische Eltern die geringste Wahrscheinlichkeit, ausschließlich Freunde gleicher Ethnizität zu haben. Allerdings liegen, wenn es um die Sprachkenntnis geht, Jugoslawen und Italiener grosso modo im Anteil der Haushalte, in denen beide Elternteile gut deutsch sprechen, gleichauf. Auch den Wunsch des Haushaltsvorstandes, in Deutschland zu bleiben, äußern die Jugoslawen nicht sehr viel häufiger als die Italiener. Jugoslawische Familien nehmen aber häufiger Geldüberweisungen ins Heimatland vor als italienische Familien und leben mit geringerer Wahrscheinlichkeit als diese in einer von Deutschen dominierten Wohngegend. Somit erscheint das Profil dieser Indikatoren zwar konsistent mit Benachteiligungen von Türken im Schulsystem, nicht aber mit den Benachteiligungen von Italienern oder den Vorteilen von Griechen.

Selbstverständlich sollte auch die Erklärungskraft dieser kulturellen Indikatoren nicht auf Aggregat-, sondern auf Individualebene geprüft werden. Einen ersten Schritt in diese Richtung unternehmen wir, indem wir prüfen, ob die subjektiven Indikatoren mit der Plazierung der Schüler in der Hauptschule korrelieren. Dieser Frage wird im rechten Teil der *Tabellen 5a* und *5b* nachgegangen.

Hier zeigt sich, daß nur einige der Indikatoren brauchbare Erklärungen für ethnische Benachteiligungen liefern. Die höchste Konsistenz in den Ergebnissen findet sich bei den kulturellen Indikatoren. Schüler, die aus einem Elternhaus kommen, in dem das ethnische Milieu ausgeprägter ist, besuchen häufiger die Hauptschule. So sind etwa drei Viertel der Schüler mit mindestens einem schlecht deutsch sprechendem Elternteil auf der Hauptschule, während dieser Anteil bei Kindern mit gut deutsch sprechenden Eltern nur die Hälfte ausmacht. Gleichermaßen besuchen zwei Drittel der Kinder, deren Eltern hauptsächlich Freunde in der eigenen Ethnie haben, die Hauptschule; dagegen besuchen diese nur ein Drittel der Kinder, deren Eltern überwiegend Freunde anderer Ethnizität (hauptsächlich deutsche) haben. Diese Ergebnisse treffen, mit Ausnahme der Griechen, auf alle ethnischen Gruppen zu. Da bei den Griechen keiner der kulturellen Indikatoren eine Beziehung zum Hauptschulbesuch erkennen läßt, liegt die Vermutung nahe, daß in ihrem Fall andere Einflußgrößen eine Rolle spielen. Die ethnische Zusammensetzung der Wohngegend, die als Indikator für potentielle institutionelle Diskriminierung in die Analysen eingeht, weist ebenfalls keinen Zusammenhang zum Schulbesuch auf.

Auch die übrigen nicht-kulturellen Indikatoren weisen im großen und ganzen keine ausgeprägte Beziehung zum Hauptschulbesuch aut. Im Fall der Rückkehrabsicht ist dies besonders auffällig. Weder Geldüberweisungen in das Heimatland, noch der geäußerte Rückkehrwunsch hat einen signifikanten Einfluß auf den Hauptschulbesuch. Nur bei der Selbst-Identifikation des Haushaltsvorstandes besteht ein bescheidener Zusammenhang; dieser erscheint für die italienischen und jugoslawischen Schüler ausgeprägt, fehlt jedoch für die türkischen Schüler völlig (und für die griechischen Schüler verläuft er möglicherweise sogar in umgekehrter Richtung).

Der einzige nicht-kulturelle Faktor, bei dem ein Erklärungsbeitrag nicht auszuschließen ist, bezieht sich darauf, ob das Kind nur deutsche Schulen oder – ganz bzw. teilweise – Schulen im Heimatland besucht hat. Obwohl den SOEP-Daten zu entnehmen ist, daß die große Mehrheit der Kinder aller Nationalitäten – außer den Türken – nur deutsche Schulen besucht hat, ist dieser Faktor doch relevant, da er auf eine

Bedingung hinweist, die nicht unwichtig für die Plazierung im Bildungssystem sein dürfte. Wie dem rechten Teil der *Tabelle 5b* zu entnehmen ist, besuchen die Kinder, die zumindest einen Teil ihrer Schulbildung im Heimatland absolviert haben, deutlich häufiger die Hauptschulen. Nur die Griechen weichen von diesem Muster ab.

Wie wir gesehen haben, stehen zwar nicht alle, aber doch einige der in den SOEP-Daten enthaltenen Indikatoren mit der schulischen Plazierung (und somit dem Bildungsergebnis) in Beziehung. Als nächstes muß daher geprüft werden, ob diese Faktoren einen unabhängigen Einfluß ausüben oder einfach nur die Effekte von Variablen wie Generationenstatus und Bildungsgrad der Eltern, mit denen sie sehr wahrscheinlich korreliert sind, widerspiegeln. Um dies zu prüfen, haben wir mehrere multivariate Modelle formuliert – ähnlich denen, die wir bei

Tabelle 5a: Kulturelle Umgebung des Elternhauses und ethnische Zusammensetzung der Wohngegend für verschiedene Einwanderungsgruppen

Deutschkenntnisse der Eltern

	gut / sehr gut	es geht	schlecht / gar nicht	N
Türkei	8,2	23,2	68,5	(280)
Jugoslawien	36,0	38,4	25,6	(86)
Italien	28,4	40,4	31,2	(109)
Griechenl.	21,4	51,2	27,4	(84)

Prozent in Hauptschulen	gut / sehr gut	es geht	schlecht / gar nicht
Türkei	61,9 (21)	68,4 (57)	80,7 (181)
Jugoslawien	38,7 (31)	58,1 (31)	71,4 (21)
Italien	43,3 (30)	59,1 (44)	79,4 (34)
Griechenl.	50,0 (18)	57,1 (42)	50,0 (22)
insges.	47,0 (100)	61,5 (174)	77,1 (258)

Kulturelles Klima im Elternhaus (Anzahl positiver ethnischer Items)

	0	1	2	3	N
Türkei	12,0	23,9	27,7	36,4	(184)
Jugoslawien	58,1	23,7	12,9	5,4	(93)
Italien	39,6	31,9	14,3	14,3	(91)
Griechenl.	32,0	38,0	18,0	12,0	(50)

Prozent in Hauptschulen	0-1	2-3
Türkei	61,5 (65)	73,0 (115)
Jugoslawien	36,8 (76)	64,7 (17)
Italien	54,7 (64)	65,4 (26)
Griechenl.	48,6 (35)	46,7 (17)
insges.	50,0 (240)	68,8 (173)

Anzahl der co-ethnischen Freunde des Haushaltvorstandes

	0	1	2	3	N
Türkei	7,1	10,9	26,9	55,1	(156)
Jugoslawien	17,1	29,3	26,8	26,8	(82)
Italien	15,7	20,5	21,7	42,2	(83)
Griechenl.	0,0	16,3	30,2	53,5	(43)

Prozent in Hauptschulen	0-1	2-3
Türkei	46,4 (28)	72,6 (124)
Jugoslawien	26,3 (38)	56,8 (44)
Italien	30,0 (30)	71,2 (52)
Griechenl.	57,1 (7)	47,2 (36)
insges.	35,0 (103)	66,0 (256)

Ethnische Zusammensetzung der Nachbarschaft

	viele gleiche Ausländer	viele andere Ausländer	vorwiegend Deutsche	N
Türkei	24,9	26,7	48,3	(217)
Jugoslawien	2,4	41,5	56,1	(82)
Italien	11,2	18,4	70,4	(98)
Griechenl.	7,7	43,1	49,3	(65)

Prozent in Hauptschulen	viele Ausländer	vorwiegend Deutsche
Türkei	74,8 (107)	74,7 (99)
Jugoslawien	62,9 (35)	52,2 (46)
Italien	65,5 (29)	63,8 (69)
Griechenl.	42,4 (33)	61,3 (31)
insges.	66,2 (204)	65,7 (245)

Tabelle 5b: Orientierung an der Herkunftsgesellschaft für verschiedene Einwanderungsgruppen

Rückkehrwunsch des Haushaltsvorstandes						Prozent in Hauptschulen	
	nächstes Jahr	in einigen Jahren	bleiben	N		Rückkehr	bleiben
Türkei	5,8	78,6	15,6	(276)	Türkei	77,6 (215)	71,4 (42)
Jugoslawien	0,0	51,8	48,2	(85)	Jugoslawien	53,5 (43)	53,8 (39)
Italien	3,7	56,5	39,8	(108)	Italien	62,5 (64)	60,5 (43)
Griechenl.	0,0	77,4	22,6	(84)	Griechenl.	48,4 (64)	72,2 (18)
					insges.	67,6 (386)	63,4 (142)
Überweisungen in das Herkunftsland						Prozent in Hauptschulen	
	ja	nein		N		ja	nein
Türkei	57,3	42,7		(279)	Türkei	71,7 (145)	82,3 (113)
Jugoslawien	47,7	52,3		(88)	Jugoslawien	45,0 (40)	64,4 (45)
Italien	25,5	74,5		(110)	Italien	66,7 (27)	59,8 (82)
Griechenl.	69,0	31,0		(84)	Griechenl.	56,1 (57)	48,0 (25)
					insges.	63,9 (269)	69,1 (265)
Selbst-Identifikation (des Haushaltvorstandes)						Prozent in Hauptschulen	
	ganz oder mehr als Deutscher	teils Deutscher, teils Ausländer	ganz oder mehr als Ausländer	N		ganz, mehr oder teils als Deutscher	ganz oder mehr als Ausländer
Türkei	2,1	18,6	79,3	(280)	Türkei	80,4 (56)	75,4 (203)
Jugoslawien	19,7	43,0	37,2	(86)	Jugoslawien	45,3 (53)	70,0 (30)
Italien	16,5	22,0	61,5	(109)	Italien	48,8 (41)	68,7 (67)
Griechenl.	6,0	20,2	73,8	(84)	Griechenl.	68,2 (22)	48,3 (60)
					insges.	60,5 (172)	69,2 (360)
Ausbildung im Heimatland						Prozent in Hauptschulen	
	nur im Heimatland	teilweise im Heimatland	nur in Deutschland	N		ganz oder teilweise im Heimatland	nur in Deutschland
Türkei	4,2	49,3	46,5	(215)	Türkei	81,1 (111)	67,0 (97)
Jugoslawien	2,7	24,7	72,6	(73)	Jugoslawien	77,8 (18)	45,3 (53)
Italien	3,2	14,9	81,9	(94)	Italien	82,4 (17)	57,1 (77)
Griechenl.	1,4	17,6	81,1	(74)	Griechenl.	42,9 (14)	55,0 (60)
					insges.	77,5 (160)	57,8 (287)

der Analyse des Mikrozensus verwendet haben. Allerdings müssen wir auf einige Einschränkungen hinweisen. Es ist zum einen mit den Daten des SOEP nicht möglich, Variablen zu konstruieren, die detailgetreu denen entsprechen, die wir bei der Analyse des Mikrozensus verwendet haben. Weiterhin haben wir auch innerhalb der zusammengefaßten Altersgruppen im SOEP nur bedeutend weniger Fälle als im Mikrozensus für die Analysen zur Verfügung. Dies schränkt die Möglichkeiten einer detaillierten Aufgliederung, wie beispielsweise im Fall des Berufs der Eltern, ein. Wir haben daher nur die wichtigsten Variablen, welche die in den vorangegangenen Analysen deutlich gewordenen Effekte abbilden, berücksichtigt und zudem alle ausländischen Schüler in eine einzige Kategorie zusammengefaßt, d.h. die nationalen Unterschiede vernachlässigt.[14]

Die Ergebnisse dieser Analyse (*Tabelle 6*), die wir aus Platzgründen leider nicht detaillierter darstellen können, machen deutlich, daß die Kultur im Elternhaus, die über die deutsche Sprachkompetenz der Eltern operationalisiert wurde, und die frühere Schullaufbahn des Kindes unabhängig vom sozio-ökonomischen Status und anderen Kontrollvariablen wirken. Werden die erwähnten unabhängigen Variablen schrittweise in das Regressionsmodell eingeführt, so zeigt sich, wenn die Auslän-

[14] Folgende Kontrollvariablen wurden eingeführt: Gemeindegröße (definiert wie in *Tabelle 4*); Haushaltsgröße (als Ersatz für die Kinderanzahl in *Tabelle 4*); Geschlecht; Generationenfolge/Ankunftsalter; Bildung des Haushaltsvorstandes (mit den Kategorien: kein Abschluß oder keine Angabe; Hauptschule ohne Lehre; Hauptschule mit Lehre; weiterführende Schule, Hochschule), Beruf des Haushaltsvorstands (mit den Kategorien: kein Beruf; und oder angelernter Arbeiter; alle anderen). Die Vereinfachung der Bildungsvariablen des Haushaltsvorstandes wurde durch die Art der Operationalisierung der Ausbildung, der im Ausland aufgewachsener Eltern, im SOEP notwendig; die Vereinfachung der Berufsvariablen wurde vorgenommen, um jene Berufskategorie beizubehalten, in der die meisten ausländischen Haushaltsvorstände konzentriert sind. Bundesland und selbständige Beschäftigung des Haushaltsvorstandes wurden weggelassen, da beide Variablen nur geringen oder gar keinen Einfluß auf den Schulbesuch haben.

der-Dummy-Variable allein Berücksichtigung findet, für sie ein statistisch signifikanter Effekt. Ausländische Kinder besuchen häufiger die Hauptschule als deutsche; ein Ergebnis, das mit den früheren Befunden voll übereinstimmt. Werden jedoch zusätzlich die deutschen Sprachkenntnisse der Eltern kontrolliert, reduziert sich diese Benachteiligung deutlich. Die Ausländer-Dummy-Variable verliert ihren signifikanten Einfluß und die Koeffizienten für die Sprach-Dummy-Variablen zeigen, daß Kinder mit mindestens einem schlecht deutsch sprechenden Elternteil häufiger als andere die Hauptschule besuchen. Auch die Berücksichtigung der Schullaufbahn verringert den für ethnische Benachteiligung gemessenen Effekt, wenngleich er statistisch signifikant bleibt. Kinder, die sowohl in Deutschland als auch in ihrem Heimatland die Schule besucht haben, fallen gegenüber solchen, die nur eine deutsche Schule besucht haben, zurück. Da der Generationenstatus dabei bereits kontrolliert ist, ist es unwahrscheinlich, daß die Differenz einzig auf den Effekt der Zuwanderung nach der Einschulung zurückgeht. Wir glauben vielmehr, daß darin auch der Effekt für die schulische Plazierung bei denjenigen Kindern zum Ausdruck kommt, die zwischen Deutschland und ihren Heimatländern pendeln, ein Muster, das zumindest für einige dieser Gruppen bereits beobachtet wurde (für die Türken, s. Schiffauer 1991). Betrachten wir die gemeinsame Wirkung des kulturellen Hintergrunds im Elternhaus und die Schulkarriere der Kinder, so legen die Ergebnisse die Annahme nahe, daß beide Faktoren voneinander unabhängig zur

Tabelle 6: Effekte des kulturellen Klimas im Elternhaus und des Bildungsverlaufs (Logistische Regression für die Plazierung in den Hauptschulen) (Hauptschule = 0, andere = 1)[15]

	Deutsch-Kenntnisse der Eltern (erste Welle)	Bildungsverlauf (erste Welle)	
	(1)	(2)	(1) und (2)
Ausländer (ohne untersuchte Drittvariable)	–.542*	–.546*	–.542*
Ausländer (mit untersuchter Drittvariable)	–.284	–.367*	–.130
Deutschkenntnisse			
sehr gut/gut	—		—
es geht	–.214		–.200
schlecht/gar nicht	–.611*		–.569*
Bildungsverlauf			
nur deutsche Schulen		—	—
deutsche und ausländische Schulen		–.664*	–.609
nur ausländische Schulen		–.388	–.414
unbekannt		–.961*	–.941*
N	1739	1740	1739

* = Statistische Signifikanz (p < .05) – = Referenzkategorie

[15] Die Koeffizienten in der Tabelle entstammen einem logistischen Regressionsmodell, das ebenfalls die Variablen: Generation/ Alter bei Einwanderung, Geschlecht, Bildung und berufliche Stellung des Haushaltvorstandes, Größe des Haushalts und die Wohnortgröße kontrolliert

Erklärung ethnischer Benachteiligung beitragen. Fassen wir die in diesem Abschnitt gewonnenen Ergebnisse zusammen, so sind vor allem die folgenden Befunde bemerkenswert: Die kulturelle Atmosphäre innerhalb der Familie erklärt, zusammen mit dem Grad der Kontinuität der Schullaufbahn in Deutschland, einen erheblichen Anteil ethnischer Benachteiligungen in deutschen Schulen. Wir wollen aber die Begrenzungen dieses Teils der Analyse nicht vergessen und entsprechend sollten die SOEP-Ergebnisse nicht als definitiver Beweis der dargestellten Beziehungen gelten. Unter den beiden Typen von Variablen, die einflußreich erscheinen, stellt der kulturelle Aspekt wahrscheinlich den wichtigeren Teil dar. In den meisten der betrachteten Ausländergruppen besucht die Mehrheit der Kinder nur deutsche Schulen (zumindest soweit wir dies aufgrund der SOEP-Daten verfolgen können). Die kulturelle Atmosphäre ist dagegen variabler ausgeprägt, und, soweit sie mit Nachteilen verbunden ist, sind diese durchaus nachhaltig.

VII. Schlußfolgerungen

Unsere Analysen haben klare Belege dafür ergeben, daß einige der größten Ausländergruppen in der Bundesrepublik im Schulsystem benachteiligt sind: Ihre Kinder besuchen mit größerer Wahrscheinlichkeit die Hauptschule und absolvieren im Anschluß an diese keine Lehre. Die Analysen haben weiterhin gezeigt, daß diese Benachteiligungen nicht nur ein Produkt der niedrigeren sozio-ökonomischen Herkunft der Ausländerkinder im Vergleich zu den deutschen Kindern oder eine Folge der späten Ankunft in Deutschland sind. Selbst wenn diese Faktoren, zusammen mit anderen, kontrolliert werden, bleiben beträchtliche Benachteiligungen für mindestens zwei Gruppen bestehen, die Italiener und die Türken, und tendenziell auch für eine dritte Gruppe, die Kinder von Eltern aus dem ehemaligen Jugoslawien. Bereits einfache Tabellen verdeutlichen, daß die Tatsache, in Deutschland geboren oder vor dem Einschulungsalter hier eingetroffen zu sein, diese Benachteiligungen nicht aufheben können: Sie wirken mindestens bis in die zweite Generation.

Die völlig unterschiedliche gesellschaftliche Akzeptanz und rechtliche Situation der beiden am meisten benachteiligten Gruppen weist darauf hin, daß keine einfache Erklärung der Benachteiligung aufgrund dieser zwei Faktoren allein gegeben werden kann. So gilt für die Türken, daß es sich bei ihnen um eine deutlich erkennbare, sozial stigmatisierte und rechtlich benachteiligte Gruppe handelt. Studien, die nur die Türken alleine untersuchen (z.B. Schiffauer 1991 ; Geiersbach 1989), führen oft zu dem Eindruck, daß diese Faktoren einen bedeutenden Einfluß auf die Benachteiligungen in der Schule ausüben, da beispielsweise Eltern, die in solch einer unsicheren Situation im Hinblick auf einen permanenten Aufenthalt zurückhaltend sind, bei der Planung der Schulausbildung ihrer Kinder immer die Möglichkeit der Rückkehr ins Heimatland im Hinterkopf haben müssen. Diese Faktoren sind jedoch nicht in gleichem Ausmaß bei der zweiten besonders benachteiligten Ausländergruppe, den Italienern, präsent. Sie stellen nicht nur die am längsten in Deutschland ansässige Gastarbeitergruppe dar (Spaich 1991), sondern sind über die EU-Mitgliedschaft Italiens auch rechtlich besser gestellt und werden von den Deutschen sozial in viel stärkerem Maße akzeptiert als die Türken. Dies kommt auch in einer vergleichsweise hohen Rate von

Eheschließungen zwischen Italienern und Deutschen, wie man sie im Mikrozensus beobachten kann, zum Ausdruck.

Das bessere Abschneiden der griechischen Kinder beim Gymnasialbesuch – sogar im Vergleich zu deutschen Kindern – scheint gruppenspezifische Erklärungen der schulischen Benachteiligungen nahezulegen. Jedoch ist das griechische Beispiel in seinen Implikationen für weitreichende ethnische Muster nicht eindeutig. Einerseits könnte ein besonders selektiver Charakter der griechischen Immigration für den Schulerfolg verantwortlich sein. Dies vermutet beispielsweise Hopf (1987). Andererseits ist der relative Vorteil griechischer Kinder zumindest teilweise durch besondere griechische Institutionen in der Bundesrepublik erklärbar. Dies sind die griechischen Gymnasien, in denen in der Heimatsprache unterrichtet wird (für eine kurze Darstellung vgl. Hopf 1987). Obwohl wir aufgrund der Mikrozensus- oder SOEP-Daten nicht feststellen können, ob griechische Schüler solche Gymnasien besucht haben, haben wir gezeigt, daß ihr Bildungsmuster – etwa in bezug auf kulturelle Variablen – dem anderer Ausländergruppen sehr unähnlich ist. Die Tatsache, daß ein gesondertes Schulsystem existiert und daß griechische Schüler häufiger als andere Gymnasien besuchen, legt den Schluß nahe, daß die griechischen Gymnasien dabei eine bedeutende Rolle spielen. Falls dies zutrifft, bleibt das Ausmaß griechischer Vorteile in *deutschen* Gymnasien fraglich und stellt insoweit unsere zentrale Schlußfolgerung, daß die Kinder der größten Ausländergruppen, in unterschiedlichem Ausmaß, in deutschen Schulen benachteiligt sind, nicht in Frage.

Was nun die Erklärung der Benachteiligung betrifft, so finden wir, daß kulturelle Faktoren wie die im Elternhaus gesprochene Sprache und die Schullaufbahn des Kindes, besonders wenn sie auf Deutschland und das Heimatland aufgeteilt ist, einen starken Einfluß auf die ethnischen Benachteiligungen ausüben. Wie können diese Ergebnisse übergreifend interpretiert werden? Auf den ersten Blick scheinen sie hervorragend den konventionellen Erklärungen von Benachteiligungen zu entsprechen, die Eigenschaften der ethnischen Minderheiten wie kulturelles Erbe und Rückkehr-absicht in den Mittelpunkt stellen. Danach stellt Sprache die kognitive Matrix für die Kommunikation ethnisch unterschiedlicher Ziele, Werte usw. – kurz kultureller Konfigurationen – dar, die möglicherweise den unterschiedlichen Besuch der deutschen Schulen durch die verschiedenen Gruppen erklärt (natürlich führt auch der Gebrauch einer anderen Sprache im Elternhaus schon dadurch zu bildungsspezifischen Benachteiligungen, da er zu einer ungenügenden Kenntnis der deutschen Sprache führt). Eine Schulausbildung in zwei verschiedenen Gesellschaften drückt möglicherweise die Absicht der Eltern aus, ins Heimatland zurückzukehren.

Trotzdem ist vor einer vorschnellen Akzeptanz solcher Schlüsse Zurückhaltung angebracht. Kulturelle Eigenheiten können als sichtbare Zeichen der Andersartigkeit auffallen und somit für die oft unterschwelligen Diskriminierungen, welche in schulischen Benachteiligungen von Minderheiten enden, zentrale Bedeutung erlangen. Die Absicht, nach Hause zurückzukehren, sowie die Beständigkeit, mit der einige Familien an ihrer ethnischen Identität und Elementen ihrer ethnischen Kultur festhalten, sind möglicherweise letztendlich Ausdruck fehlender Sicherheit dieser Familien hinsichtlich der Zukunftsaussichten in einer Gesellschaft, in der sie, gerade aufgrund ihrer Fremdheit, sozialer Stigmatisierung und Benachteiligung ausgesetzt sind. Daher glauben wir, daß die Frage der Diskriminierung und allgemeiner sozialer Benachteiligungen (in manchen Fällen auch rechtlicher Art) noch weiterer Klärung bedarf.

Eine weitere Frage, die im Moment nicht abschließend beantwortet werden kann, betrifft die mögliche Verringerung ethnischer Benachteiligungen der hier untersuchten Gruppen in der Zukunft. Aus der Sicht der Abfolge der Generationen sind unsere Ergebnisse durchaus mit Assimilationstheorien vereinbar. Die Bildungsbenachteiligung der Kinder der zweiten Einwanderergeneration ist im allgemeinen deutlich niedrigerer, als die der Kinder, die erst nach ihrer Einschulung in Deutschland eintrafen (s.a. Esser 1990). Generationenfolge spielt also durchaus eine Rolle. Die zweite Einwanderergeneration ist aber möglicherweise nicht die glücklichste Wahl, um die endgültige sozio-ökonomische Integration einer Einwanderergruppe zu überprüfen, da sie immer noch zu stark durch kulturelle und soziale Unterschiedlichkeiten geprägt ist, um sich voll in die Gastgesellschaft einzupassen. Weitere Veränderungen können in der dritten Generation erwartet werden. In den Vereinigten Staaten war beispielsweise die Gruppe der Italiener im Schulsystem solange benachteiligt (Perlmann 1988), bis in der Zeit nach dem zweiten Weltkrieg die dritte Generation das Schulalter erreichte (Alba 1985). Die Gleichstellung im Schulsystem setzte somit erst ein halbes Jahrhundert nach dem Höhepunkt der italienischen Immigration in die Vereinigten Staaten ein. Mit der anhaltenden Einwanderung in die Bundesrepublik ist jedoch auch eine gegenläufige Entwicklung abzusehen. Praktisch alle seriösen Prognosen weisen darauf hin, daß Deutschland auch in absehbarer Zukunft auf die Einwanderung angewiesen sein wird, um seine wirtschaftliche und demographische Vitalität zu erhalten (zu den neuesten Prognosen vgl. Bade 1994). Die generationale Verteilung der Ausländerbevölkerung verlagert sich dann nicht ausschließlich in Richtung der dritten und späterer Generationen, da neu eintreffende Einwanderer bei der ersten und zweiten Generation für Ersatz sorgen.

Literatur

Alba, Richard, 1985: Italian Americans: Into the Twilight of Ethnicity. Englewood Cliffs: Prentice-Hall.

Alba, Richard, 1987: Interpreting the Parameters of Log-Linear Models, Sociological Methods & Research 16: 45-77.

Bade, Klaus (Hg.), 1994: Das Manifest der 60: Deutschland und die Einwanderung. München: C.H. Beck.

Baker, David, und *Gero Lenhardt*, 1988: Ausländerintegration, Schule, und Staat, Kölner Zeitschrift für Soziologie und Sozialpsychologie 40: 40-61.

Baker, David, und *Gero Lenhardt*, 1991: Nationalismus und Arbeitsmarktintegration in der BRD (alt), Zeitschrift für Soziologie 20: 463-78.

Blauner, Robert, 1972: Racial Oppression in America. New York: Harper & Row.

Blossfeld, Hans-Peter, 1985: Bildungsexpansion und Berufschancen: Empirische Analysen zur Lage der Berufsanfänger in der Bundesrepublik Frankfurt a.M.: Campus Verlag.

Boos-Nünning, Ursula, 1983: Berufliche Orientierung und Berufswahlprozesse türkischer Jugendlicher. Darstellung und Analyse von zwei Fallbeispielen. S. 147-72 in: *Rudolf Hoberg* (Hg.): Sprachprobleme ausländischer Jugendlicher: Aufgaben der beruflichen Bildung. Frankfurt a.M.: Scriptor.

Boos-Nünning, Ursula, 1994: Familie, Jugend, Bildungsarbeit. S. 43-48 in: *Klaus Bade* (Hg.): Das Manifest der 60. München: C.H. Beck.

Esser, Hartmut, 1980: Aspekte der Wanderungssoziologie. Assimilation und Integration von Wanderern, ethnischen Gruppen und Minderheiten. Darmstadt-Neuwied: Luchterhand.

Esser, Hartmut, 1990: Familienmigration und Schulkarriere ausländischer Kinder und Jugendlicher. S. 127-46 in: Hartmut Esser und *Jürgen Friedrichs* (Hg.): Generation und Identität:Theoretische und Empirische Beiträge zur Migrationssoziologie. Opladen: Westdeutscher Verlag.

Esser, Hartmut, und *Jürgen Friedrichs*, 1990: Generation und Identität: Theoretische und Empirische Beiträge zur Migrationssoziologie. Opladen: Westdeutscher Verlag.

Gans, Herbert, 1962: The Urban Villagers. New York: The Free Press.

Geiersbach, Paul, 1982: Bruder, Muß zusammen Zwiebel und Wasser Essen: Eine Türkische Familie in Deutschland. Berlin/Bonn: Dietz.

Geiersbach, Paul, 1989: Warten bis die Züge wieder Fahren: Ein Türkenghetto in Deutschland. Berlin: Mink Verlag.

Gordon, Milton, 1964: Assimilation in American Life. New York: Oxford University Press.

Heckmann, Friedrich, 1992: Ethnische Minderheiten, Volk und Nation. Stuttgart: Enke Verlag.

Hirschman, Charles, 1983: America's Melting Pot Reconsidered, Annual Review of Sociology 9: 397-423.

Hopf, Diether, 1987: Herkunft und Schulbesuch ausländischer Kinder: Eine Untersuchung am Beispiel griechischer Schüler. Berlin: Max-Planck-Institut für Bildungsforschung.

Köhler, Helmut, 1992: Bildungsbeteiligung und Sozialstruktur in der Bundesrepublik: Zu Stabilität und Wandel der Ungleichheit von Bildungschancen. Berlin: Max-Planck-Institut für Bildungsforschung.

Korte, Elke, 1990: Die Rückkehrorientierung im Eingliederungsprozeß der Migrantenfamilien. S, 207-60 in: *Hartmut Esser* und Jürgen Friedrichs (Hg.): Generation und Identität: Theoretische und Empirische Beiträge zur Migrationssoziologie. Opladen: Westdeutscher Verlag.

Lüttinger, Paul, und *Bernhard Schimpl-Neimanns*, 1993: Amtliche Bildungsstatistik und empirische Sozialforschung, Zeitschrift für Internationale Erziehungs- und Sozialwissenschaftliche Forschung 10: 103-152.

Massey, Douglas, und *Nancy Denton*, 1993: American Apartheid. Cambridge: Harvard University Press.

Nauck, Bernhard, und *Sule Özel*, 1986: Erziehungsvorstellungen und Sozialisationspraktiken in türkischen Migrantenfamilien: Eine individualistische Erklärung interkulturell vergleichender empirischer Befunde, Zeitschrift für Sozialisationsforschung und Erziehungssoziologie 6: 285-312.

Neidert, Lisa, und *Reynolds Farley*, 1985: Assimilation in the United States: An Analysis of Ethnic and Generation Differences in Status and Achievement, American Sociological Review 50: 840-50.

Perlmann, Joel, 1988: Ethnic Differences: Schooling and Social Structure among the Irish, Italians, Jews & Blacks in an American City, 1880-1935. New York: Cambridge University Press.

Piore, Michael, 1979: Birds of Passage: Migrant Labor and Industrial Societies. New York: Cambridge University Press.

Portes, Alejandro, und *Ruben Rumbaut*, 1990: Immigrant America. Berkeley: University of California Press.

Rosen, Bernard, 1959: Race, Ethnicity, and the Achievement Syndrome, American Sociological Review 24: 47-60.

Schiffauer, Werner, 1991: Die Migranten aus Subay: Türken in Deutschland: Eine Ethnographie. Stuttgart: Klett-Cotta.

Seifert, Wolfgang, 1992: Die zweite Ausländergeneration in der Bundesrepublik: Längsschnittbeobachtungen in der Berufseinstiegsphase, Kölner Zeitschrift für Soziologie und Sozialpsychologie 44: 677-96.

Spaich, Herbert, 1991: Fremd in Deutschland: Auf der Suche nach Heimat. Weinheim/Basel: Beltz Quadriga.

Steinberg, Stephen, 1981: The Ethnic Myth: Race, Ethnicity, and Class in America. Boston: Beacon.

Wilson, William J., 1987: The Truly Disadvantaged: The Inner City, the Underclass, and Public Policy. Chicago: University of Chicago Press.

Korrespondenzanschrift: Prof. Dr. Johann Handl, Mannheimer Zentrum für Europäische Sozialforschung, Universität Mannheim, 68131 Mannheim

Köln Z Soziol (2017) (Suppl 1) 69:645–681
DOI 10.1007/s11577-017-0422-9

Kölner Zeitschrift für Soziologie und Sozialpsychologie

ABHANDLUNGEN

Der Einfluß des Bildungssystems auf den Heiratsmarkt

Eine Längsschnittanalyse der Wahl des ersten Ehepartners im Lebenslauf

Hans-Peter Blossfeld und Andreas Timm

Zusammenfassung: In diesem Aufsatz wird die Wahl von Heiratspartnern im Lebenslauf lediger Männer und Frauen Schritt für Schritt rekonstruiert, und die Heiratsverläufe aufeinander folgender Generationen in den letzten 50 Jahren werden miteinander verglichen. Im Mittelpunkt steht dabei die Frage, in welcher Weise junge Männer und Frauen ihre Bildungsressourcen bei der ersten Ehe kumulieren. Dabei zeigt sich, daß das Bildungssystem im Zuge der Expansion höherer Bildung einen zunehmend wichtigeren Einfluß auf den Heiratsmarkt nimmt. Die Bildungshomogamie hat über die Geburtskohorten hinweg stark zugenommen, so daß sich die Sozialstruktur und die sozialen Kreise im Modernisierungsprozeß eher geschlossen als geöffnet haben.

I. Einleitung

Die Antwort auf die Frage „Wer heiratet wen" ist zentral für das Verständnis der Reproduktion sozialer Ungleichheit jeder Gesellschaft (Mare 1991). Homogamie- und Heterogamieraten zeigen dabei, in welchem Ausmaß Personen unterschiedlicher

* Diese Studie ist im Rahmen des Teilprojektes „Haushaltsdynamik und soziale Ungleichheit im internationalen Vergleich" am DFG-Sonderforschungsbereich 186 der Universität Bremen entstanden. Wir möchten uns bei Walter Müller, Karl Ulrich Mayer, Karin Kurz, Faith Dasko, Sonja Drobnic, Rolf Müller, Beate Ernicke, Götz Rohwer, dem anonymen Gutachter der KZfSS, den Herausgebern der KZfSS und den Mitgliedern des Soziologischen Seminars (John Goldthorpe, Anthony Heath, Duncan Gallie, David Coleman, David Cox, Anthony Atkinson, Geoffrey Evans, u.a.) am Nuffield College der Oxford Universität für hilfreiche Hinweise und Kommentare zu früheren Fassungen dieses Aufsatzes bedanken.

Erstveröffentlichung: *Kölner Zeitschrift für Soziologie und Sozialpsychologie*, Jg. 49, 1997, Heft 3, S. 440–476.

c/o V. Dreier,
Institut für Soziologie und Sozialpsychologie, Universität zu Köln,
Lindenburger Allee 15, 50931 Köln, Deutschland
E-Mail: volker.dreier@uni-koeln.de

sozialer Herkunft und mit verschiedenen Merkmalen wie etwa Bildung, Religion oder Beruf untereinander heiraten. Sie sind Indikatoren für die Offenheit der Sozialstruktur (Blau 1994) und die Durchlässigkeit gesellschaftlicher Verkehrskreise (Simmel 1970; Wiese 1967).

Leider liegen heute nur ex-post facto Untersuchungen bereits geschlossener Ehen[1] vor (vgl. z.B. Jürgens 1975; Mayer 1977; Tegtmeyer 1979; Galler 1979; Haller 1983; Ziegler 1985; Handl 1988; Teckenberg 1991; Ultee und Luijkx 1990; Jones 1991; Mare 1991; Kalmijn 1991; Erikson und Goldthorpe 1992; Uunk, Ganzeboom und Robert 1992; Uunk 1996; Wirth 1996). Das heißt, diese Studien gehen von bestehenden Ehen aus und versuchen dann im nachhinein, vorliegende Heiratsmuster durch die individuellen Merkmale beider Ehepartner (wie etwa deren soziale Herkunft, Bildung oder Beruf) zu erklären. Die methodischen Probleme solcher Analysen sind offensichtlich: Sie schließen nicht nur die jeweils zum Interviewzeitpunkt noch Ledigen aus ihren Betrachtungen systematisch aus,[2] sondern sie schlußfolgern darüber hinaus von den Resultaten der Partnerwahl auf deren vorgängige soziale Ursachen, anstatt – wie es logisch richtig wäre – bei den vorausgehenden sozialen Bedingungen der Partnerwahl zu beginnen und die sich im Zeitablauf daraus ergebenden Heiratsmuster zu rekonstruieren (Blossfeld 1996; Blossfeld und Müller 1997).

Das Ziel der vorliegenden Studie ist es deswegen, den Prozeß der Wahl von Heiratspartnern im Lebenslauf von ledigen Männern und Frauen Schritt für Schritt zu rekonstruieren und die Heiratsverläufe aufeinander folgender Generationen in den letzten 50 Jahren zu vergleichen. Im Mittelpunkt steht dabei die spezifische Frage, in welcher Weise junge Männer und Frauen ihre Bildungsressourcen bei der ersten Heirat zusammenlegen. Die Bildungsabschlüsse der Ehepartner können dabei als zentrale Merkmale sozialer Ungleichheit verstanden werden, weil sie nicht nur die jeweils individuellen Arbeitsmarkt-, Einkommens- und Karrierechancen, sondern auch die kulturellen Ressourcen der Familien bestimmen. Bildungshomogamie bedeutet deswegen, daß sich die im individuellen Lebenslauf bereits entstandenen Ungleichheiten durch den Heiratsprozeß weiter vergrößern, weil dann die jeweils höher bzw. die jeweils niedriger gebildeten Männer und Frauen ihre guten bzw. schlechten soziokulturellen und ökonomischen Ressourcen bei der Heirat kumulieren (Mayer 1977). Nimmt die Bildungshomogamie im historischen Verlauf zu, dann führt dies nicht nur zu einer Verstärkung sozialer Ungleichheiten zwischen den Ehepaaren im Kohortenverlauf, sondern auch zu einer wachsenden Differenzierung sozialer Chancen der jeweils nächsten Generation von Kindern.

Das wichtigste Ergebnis vorliegender Homogamiestudien ist die starke positive Korrelation zwischen den Merkmalen der sozialen Herkunft und den Bildungsniveaus der beiden Heiratspartner. Dies läßt vermuten, daß es auch noch in modernen Gesellschaften Kräfte gibt, die die soziale Ungleichheit *inter*generational reproduzieren und *intra*generational die Wahl der Ehepartner beeinflussen. Die entscheidende Frage ist, *wie eigentlich die Reproduktion sozialer Ungleichheit über die viefältigen individuellen Heiratswahlen im Lebenslauf erfolgt*. Da Männer und Frauen heute offensichtlich nicht zur Heirat eines bestimmten Partners gezwungen werden, muß

[1] Dies trifft auch für Studien nichtehelicher Partnerschaften zu (siehe z.B. Frenzel 1995).

[2] Vergleiche dazu die Ausführungen in Ziegler (1985).

die Heiratswahl durch das dynamische Zusammenspiel von Gelegenheitsstrukturen und Heiratsmärkten auf der einen Seite und individuellen Präferenzen, Neigungen und Kalkülen auf der anderen erklärt werden (Blossfeld 1996; Blossfeld und Müller 1997). Es ist insbesondere zu untersuchen, durch welche Mechanismen die jeweils isoliert getroffenen Heiratsentscheidungen auf der Mikroebene die Form einer weitgehenden Reproduktion sozialer Ungleichheit auf der Makroebene annehmen; und umgekehrt, warum es einer nicht unbedeutenden Zahl von Männern und Frauen trotzdem gelingt, den Kräften der sozialen Reproduktion zu entkommen und Partner zu heiraten, die eigentlich nicht ihrem Herkunftsstatus und Bildungsniveau entsprechen.

In der vorliegenden Untersuchung werden deswegen die Bildungs- und Heiratsprozesse von ledigen Männern und Frauen – ausgehend von ihrer Herkunftsfamilie, über die verschiedenen hierarchischen Stufen ihres Bildungsweges bis hin zur ersten Ehe – auf der Basis retrospektiv erhobener Biographien des Sozio-ökonomischen Panels (SOEP) zeitbezogen rekonstruiert und im Längsschnitt analysiert. Die vorliegende Untersuchung ist somit unseres Wissens auch die erste Homogamiestudie, die sich nicht auf eine ex post-Analyse bereits realisierter Ehen stützt, sondern die Heiratswahl im Lebenslauf tatsächlich Schritt für Schritt ex ante analysiert (vgl. dazu Blossfeld und Müller 1997).[3]

II. Bildungshomogamie in der Generationenabfolge

In der öffentlichen und soziologischen Diskussion wird heute nur allzu schnell behauptet, daß sich die Strukturen sozialer Ungleichheit auflösten und die sozialen Lagen rapide individualisierten. Die theoretische Grundlage dieser Einschätzung bilden meist reine Makroansätze, wie die Modernisierungs- (vgl. z.B. Treiman 1970; Blau und Duncan 1967; Bell 1975; Parsons 1971), die Industrialisierungs- (Kerr 1983) oder die Individualisierungstheorie (Beck 1986; Hradil 1987), die allesamt einen durchaus teleologischen und historisch deskriptiven Charakter haben (vgl. dazu auch Goldthorpe 1996): Aus einer vermuteten inhärenten Entwicklungslogik im Industrialisierungs- und sozialen Modernisierungsprozeß, die normalerweise weitgehend opak bleibt (vgl. Mayer und Blossfeld 1990), wird ein Trend zur Öffnung, Meritokratisierung oder Individualisierung in der Gesellschaft abgeleitet. Daraus folgt, daß auch die Bildungshomogamieraten im historischen Verlauf deutlich abnehmen sollten.

Wir möchten deswegen zunächst das soziale Phänomen „Bildungshomogamie" und seine historische Veränderung beschreiben, bevor wir den Heiratsprozeß im Lebenslauf Schritt für Schritt rekonstruieren. Dies ist auch mit Blick auf die heute vorliegenden empirischen Befunde ratsam, die doch sehr widersprüchlich sind. So haben Ziegler (1985) und Ultee und Luijkx (1990) Anzeichen für eine rückläufige Tendenz der Bildungshomogamie in modernen Gesellschaften gefunden; Teckenberg (1991) und Wirth (1996) haben dagegen eine weitgehende Konstanz in der Struktur der Heiratsmuster nach Bildung festgestellt; und Mare (1991) sowie Kalmijn (1991) haben

[3] Dies ist auch deswegen von methodischer Bedeutung, weil die altersspezifische Heiratsneigung und das im Lebenslauf jeweils erreichte höchste Bildungsniveau interdependent sind (vgl. dazu auch Galler 1979; Ziegler 1985).

schließlich eine Zunahme der Homogamie nach Bildung nachgewiesen. Wie lassen sich diese unterschiedlichen empirischen Befunde erklären und von welchem Entwicklungsmuster ist in Westdeutschland in den letzten 50 Jahren auszugehen?

Neben den Unterschieden in den historischen Beobachtungsperioden und weiteren Besonderheiten der in die vorliegenden Untersuchungen einbezogenen Länder liegt einer der entscheidenden Gründe für diese widersprüchlichen Diagnosen in der Verwendung unterschiedlicher Bildungsklassifikationen. In den Homogamiestudien werden normalerweise – meist relativ untheoretisch – die in den Datensätzen jeweils gerade verfügbaren Bildungsabschlüsse zur Analyse der Veränderungsprozesse verwendet. Die Maxime lautet dabei vielfach: Je differenzierter die Bildungsabschlüsse in die Berechnungen eingehen, um so besser ist dies für eine Analyse des Homogamieprozesses. Leider geraten bei diesem Vorgehen aber häufig die sozialen Konsequenzen unterschiedlicher Bildungstitel aus dem Blickfeld. Das heißt, es werden in den Heiratsmustern vielfältige Unterschiede ausgewiesen, die sozial nicht besonders folgenreich sind. So ist die Frage durchaus berechtigt, ob die Heirat einer Frau mit Mittlerer Reife ohne Berufsausbildung mit einem Mann mit einem Hauptschulabschluß ohne Berufsausbildung nur deswegen schon soziologisch als heterogam zu bezeichnen ist, weil beide verschiedene Bildungstitel haben, oder ob es sich hierbei soziologisch nicht vielmehr um eine homogame Heirat handelt, weil beide Ehepartner mit diesen Bildungszertifikaten jeweils individuell sehr ähnliche soziale Chancen im Ungleichheitssystem besitzen (vgl. Blossfeld 1985, 1989)?

Im vorliegenden Beitrag wollen wir deswegen bewußt – und im Gegensatz zu traditionellen Bildungshomogamiestudien – einen anderen konzeptionellen Weg gehen. Wir wollen uns bei der Untersuchung der Homogamie nicht so sehr auf die Gleichheit bzw. Verschiedenheit bestimmter Bildungstitel konzentrieren, sondern die mit diesen Bildungstiteln verbundenen größeren individuellen Arbeitsmarkt-, Einkommens- und Karrierechancen – also die Konsequenzen von Bildungsabschlüssen im weiteren Lebensverlauf – in den Mittelpunkt unserer Homogamiebetrachtung stellen. Von einer homogamen Ehe wollen wir demnach dann sprechen, wenn der Ehemann und die Ehefrau ähnliche mit dem Bildungsniveau verbundene soziale Chancen haben und somit durch die Ehe jeweils ihre im bisherigen individuellen Lebenslauf erfahrenen Benachteiligungen oder Bevorzugungen in gewisser Weise noch einmal „vergrößern". Heterogame Ehen sind umgekehrt dadurch gekennzeichnet, daß durch die Heirat ein bedeutsamer Ausgleich bisher erfahrener Benachteiligungen und Bevorzugungen im Lebenslauf erfolgt. Das Bildungssystem – so unsere These – fungiert dabei im Lebenslauf als Institution, die weitgehend hinter dem Rücken der Individuen (und deswegen zum Teil auch unbewußt) die schulischen und privaten Kontaktnetze und -möglichkeiten zeitbezogen so strukturiert, daß die Absolventen mit ähnlichen sozialen Chancen eine größere Wahrscheinlichkeit haben, sich zu treffen und später einmal zu heiraten. Das Bildungssystem beeinflußt damit direkt und indirekt die Heiratsmärkte der mit unterschiedlichen sozialen Chancen ausgestatteten Absolventen im Lebenslauf.

Die Bildungsklassifikation wird in der vorliegenden Analyse deswegen von uns so gewählt, daß die signifikanten bildungsabhängigen sozialen Chancen im Ungleichheitssystem adäquat repräsentiert werden. Auf der Grundlage einer Vielzahl eigener empirischer Analysen der Berufs- (vgl. z.B. Blossfeld 1985), Einkommens- (vgl. z B. Hannan, Schömann und Blossfeld 1990, 1995) und Karrierechancen (vgl. z.B. Blossfeld und Mayer 1988; Blossfeld 1989) – und bei gegebener Restriktion durch die Datenlage des Sozio-Ökonomischen Panels – scheint uns die Verwendung von vier hierarchisch geordneten Bildungsniveaus sinnvoll: 1. Volksschul-/Hauptschulabschluß oder Mittlere Reife ohne Berufsausbildung; 2. Volksschul-/Hauptschulabschluß oder Mittlere Reife mit Berufsausbildung oder Abitur mit und ohne Berufsausbildung; 3. Fachhochschulabschluß; und 4. Hochschulabschluß. Diese Klassifikation der Bildungsniveaus stimmt nicht nur weitgehend mit den vier Laufbahngruppen im öffentlichen Dienst (einfacher Dienst, mittlerer Dienst, gehobener Dienst und höherer Dienst) überein (Blossfeld 1985, 1989; Becker 1993), sondern gibt auch die globaleren Einstiegs-, Karriere- und Einkommenschancen in der Privatwirt-schaft relativ gut wieder (Blossfeld 1985, 1989; Becker 1993; Hannan, Schömann und Blossfeld 1990). Die Bezeichnungen „höher", „niedriger" und „gleich" erhalten damit in unserer Studie bildungsbezogener Heiratsmuster eine sozial klare Bedeutung (vgl. dazu auch Blossfeld 1985, 1989; Becker 1993).

Die Konsequenzen weiterer Veränderungen dieser Bildungsklassifikation auf die Homogamietrends sind in einer *Tabelle A im Anhang* zusammengestellt. Die Spalten mit der Nummer 1 geben dabei die Ergebnisse der in der vorliegenden Analyse verwendeten Klassifikation für die Aufwärts-, Abwärts- und homogamen Heiraten an (siehe dazu auch *Tabelle 1*). In den Spalten mit der Nummer 2 wird zusätzlich zwischen Hauptschule ohne Berufsausbildung und Mittlerer Reife ohne Berufsausbildung differenziert. Die Ergebnisse sind fast identisch und unterscheiden sich nur hinter der ersten Stelle nach dem Komma. In den Spalten mit der Nummer 3 werden zusätzlich die Abiturienten mit und ohne Berufsausbildung aus der Gruppe der Absolventen mit Hauptschule mit Berufsausbildung und Mittlerer Reife mit Berufsausbildung unterschieden. Auch hier bleibt der Homogamietrend der Spalten 1 und 2 erhalten. Die Homogamieraten variieren dabei über die Kohorten und sind zwischen 5 und 10 Prozent niedriger. Schließlich differenzieren wir in den Spalten 4 auch noch zwischen Hauptschule mit Berufsausbildung und Mittlerer Reife mit Berufsausbildung und Abitur mit und ohne Berufsausbildung. Hier zeigt sich die Gefahr einer bloß mit Bildungstiteln arbeitenden Analyse von Homogamieprozessen besonders deutlich. Denn der in den Spalten 1,2 und 3 sich zeigende Homogamietrend wird dann überlagert und verdeckt und es entsteht der Eindruck einer nicht-monotonen Entwicklung. Die Homogamieneigung steigt bei dieser Klassifikation zunächst an, um ab der Geburtskohorte 1944–48 wieder zu fallen.

Wie läßt sich dieser nicht-monotone Verlauf über die Kohorten erklären? Die Erklärung ist einfach: Auf der Grundlage dieser Bildungsklassifikation wird die typische Ehe einer Frau mit Mittlerer Reife und kaufmännischer Berufsausbildung mit einem Mann mit Hauptschulabschluß und gewerblicher Lehre (das sind immerhin mehr als 35 Prozent[4]) als heterogam gelten. Mehr noch, in diesem Falle würde die Ehefrau (wegen der Mittleren

Reife) sogar als abwärtsheiratend und der Ehemann (wegen des Hauptschulabschlusses) als aufwärtsheiratend klassifiziert werden. Das entspricht aber nicht den mit diesen beiden Abschlüssen jeweils verbundenen geschlechtsspezifischen Arbeitsmarkt-, Ein-

[4] Von den Frauen mit Mittlerer Reife und Berufsausbildung heiraten dagegen nur 26 Prozent einen Mann mit Mittlerer Reife und Berufsausbildung. Das heißt, die Mehrheit der Frauen mit Mittlerer Reife und Berufsausbildung heiratet tatsächlich einen Mann mit Hauptschulabschluß und Berufsausbildung.

kommens- und Karrierechancen (vgl. Blossfeld 1985, 1989). Vielmehr handelt es sich bei diesem Paar um zwei Individuen mit zwar geschlechtsspezifisch verschiedenen, aber soziokulturell und sozioökonomisch doch recht ähnlichen Ressourcen (Blossfeld 1985, 1989). Da im Zuge der Bildungsexpansion über viele Jahre hinweg die Frauen zunehmend die Mittlere Reife mit Berufsausbildung erreichen konnten und die Männer häufiger einen Hauptschulabschluß mit einer Berufsausbildung abgeschlossen haben, ergibt sich daraus eine scheinbare Zunahme der Abwärtsheiraten von Frauen und eine scheinbare Abnahme homogamer Heiraten (vgl. dazu auch Blossfeld und Timm 1997). Auf der Grundlage dieser Vergleiche und bei der gegebenen Datenbasis des Sozio-ökonomischen Panels entschließen wir uns deswegen für die vierstufige Bildungsklassifikation.

Unter Verwendung dieser vierstufigen Bildungsklassifikation ist in *Tabelle 1* für Ehefrauen und Ehemänner die empirische Entwicklung der Aufwärts-, Abwärts- und homogamen Heiraten über die Kohorten hinweg dargestellt. Zusätzlich ist in dieser Tabelle die

Tabelle 1: Verteilung der Aufwärts-, Abwärts- und homogamen Heiraten bezüglich des Bildungsniveaus nach Geburtskohorten (höchstes Bildungsniveau der Partner zum Heiratszeitpunkt)

	Aufwärtsheirat		Homogame Heirat		Abwärtsheirat		
	Empirisch	Theoretisch nach dem Unabhängigkeitsmodell	Empirisch	Theoretisch nach dem Unabhängigkeitsmodell	Empirisch	Theoretisch nach dem Unabhängigkeitsmodell	
Kohorte	%	%	%	%	%	%	%
Ehefrauen							
(1900 – 1918)	48,4	50,6	50,3	40,2	1,3	9,1	100
1919 – 1923	52,1	53,9	43,9	38,7	4,0	7,4	100
1924 – 1928	46,7	50,0	49,3	41,6	4,0	8,8	100
1929 – 1933	54,4	51,3	40,8	37,8	4,8	11,0	100
1934 – 1938	37,8	42,1	56,0	47,1	6,2	10,8	100
1939 – 1943	36,9	39,5	58,1	50,6	5,0	9,9	100
1944 – 1948	26,7	33,4	65,5	52,6	7,8	13,9	100
1949 – 1953	27,0	33,4	68,8	52,5	4,2	14,1	100
1954 – 1958	23,9	27,1	70,6	55,0	5,5	17,7	100
1959 – 1963	21,6	24,5	70,0	58,4	8,4	16,7	100
(1964 – 1978)	22,3	28,3	69,9	49,2	7,8	22,7	100
Gesamt							100
Ehemänner							
(1900 – 1918)	1,9	9,1	51,7	40,2	46,5	50,6	100
1919 – 1923	5,8	7,4	44,8	38,7	49,4	53,9	100
1924 – 1928	4,6	8,8	42,5	41,6	52,9	50,0	100
1929 – 1933	5,9	11,0	45,6	37,8	48,5	51,3	100
1934 – 1938	5,8	10,8	57,5	47,1	36,7	42,1	100
1939 – 1943	5,1	9,9	61,6	50,6	33,3	39,5	100
1944 – 1948	5,4	13,9	66,8	52,6	27,8	33,4	100
1949 – 1953	6,3	14,1	70,7	52,5	23,0	33,4	100
1954 – 1958	3,8	17,7	73,7	55,0	22,5	27,1	100
1959 – 1963	7,7	16,7	71,5	58,4	20,8	24,5	100
(1964 – 1978)	13,4	22,7	65,2	49,2	21,3	28,3	100
Gesamt							100

Quelle: Sozio-ökonomisches Panel, Wellen 1984–94.

theoretische Entwicklung dieser Heiratsmuster unter der Bedingung statistischer Unabhängigkeit berechnet worden. Diese theoretische Entwicklung gibt dabei die Wahrscheinlichkeit dafür an, daß man aus einer gegebenen Bildungsverteilung der Männer bzw. Frauen in einer Geburtskohorte zufällig einen Heiratspartner wählt.

Vier Ergebnisse der empirischen Entwicklung in *Tabelle 1* sind zunächst besonders bemerkenswert: Zum ersten zeigt sich – wenn man die Randkohorten der zwischen 1900–18 und 1964–78 Geborenen außer acht läßt, weil diese aufgrund jeweils spezifischer Selektivitäten nur schwer zu interpretieren sind – daß sich der Anteil bildungshomogamer Ehen von den älteren Kohorten zu den jüngeren fast kontinuierlich von etwa 44 Prozent auf etwas über 70 Prozent stark erhöht hat. Die Unterschiede in den Prozentzahlen für die Ehemänner und Ehefrauen in den verschiedenen Geburtskohorten sind darauf zurückzuführen, daß sich die Lebensalter der Ehepartner zum Heiratszeitpunkt häufig unterscheiden und die Männer und Frauen deswegen auch zum Teil unterschiedlichen Geburtskohorten angehören (siehe dazu auch Klein 1996).

Zweitens wird in der *Tabelle 1* deutlich, daß der Anteil der aufwärtsheiratenden Frauen und – spiegelbildlich dazu – der der abwärtsheiratenden Männer insbesondere bei den älteren Kohorten außerordentlich hoch ist. Dies weist darauf hin, daß in Deutschland, wie auch in den meisten anderen industrialisierten Ländern (McRae 1986), besonders bei den älteren Kohorten eine soziale Norm wirksam war, nach der die Frauen weniger Wert auf ihre eigene Bildung legen und Männer heiraten sollten, die höher qualifiziert sind, oder zumindest das gleiche Bildungsniveau haben. Dahinter steckt die traditionelle Vorstellung, daß die Ehemänner, nicht aber die Ehefrauen, für die lebenslange Erwerbsarbeit zuständig sind. Wir werden auf diesen Punkt später noch empirisch und theoretisch detaillierter eingehen.

Drittens zeigt sich über die Kohorten hinweg, daß diese traditionellen Ehen deutlich an Boden verloren haben. Stellten sie bei den vor 1933 geborenen Frauen noch mit einem Anteil von etwa 54 Prozent den Normalfall dar, so ist der Anteil bei den Frauen der Kohorte 1959–63 auf etwa 21 Prozent gesunken. Mit einem Fünftel der geschlossenen Ehen ist das traditionelle Muster bei den jüngeren Kohorten aber noch immer relativ weit verbreitet.

Und schließlich ergibt sich viertens, daß es immer schon einen kleineren Prozentsatz von Frauen und Männern gegeben hat, der diese traditionelle Heiratsnorm nicht befolgt hat. Diese Frauen heirateten wenigerqualifizierte Männer, oder umgekehrt, diese Männer heirateten höherqualifizierte Frauen. Interessant ist hier, daß der Anteil dieser Ehen über die Kohorten relativ stabil auf einem Niveau von 4 bis 8 Prozent pendelt und sich kein deutlicher Trend über die Kohorten hinweg zeigt. Dies ist vor allem deswegen erstaunlich, weil die Frauen im Vergleich zu den Männern stärker von der Bildungsexpansion profitiert haben. Rein statistisch müßte sich deswegen auch die Wahrscheinlichkeit für die jeweils jüngeren Männer ständig vergrößert haben, eine höherqualifizierte Partnerin zu heiraten.

Bei einem Vergleich der Entwicklungen der empirischen Verteilung mit der theoretischen Verteilung, die sich ergeben würde, wenn alle Männer/Frauen einer Geburtskohorte bei jeweils gegebener Bildungsverteilung einen Heiratspartner „zufällig" (hinsichtlich des Bildungsniveaus) wählen würden, ist dies auch deutlich sichtbar. So sollten etwa in der Geburtskohorte 1954–58 17,7 Prozent der Ehefrauen bildungsmäßig nach unten heiraten, tatsächlich waren es aber nur 5,5 Prozent. Bei der Kohorte 1924–28 war die Differenz dagegen nur 4,4 Prozentpunkte (8,8 – 4,0 = 4,4 Prozentpunkte).

Der Vergleich der empirischen mit den theoretischen Verteilungen über die Geburtskohorten hinweg zeigt zwei weitere interessante Befunde (*Tabelle 1*): Zum ersten wurde empirisch immer schon „überzufällig" bildungshomogam geheiratet – und diese Tendenz wird durch die Bildungsexpansion über die Kohorten hinweg noch verstärkt. Zweitens war die empirische Neigung der älteren Frauen, nach oben zu heiraten, der des Unabhängigkeitsmodells sehr ähnlich. Das heißt, bei der nach dem „traditionellen Geschlechtsrollenmodell" sich ergebenden Bildungsverteilungen der älteren Männer und Frauen war die Tendenz der Frauen, nach oben heiraten „zu müssen", strukturell angelegt und unterscheidet sich nicht wesentlich von einem „Zufallsergebnis". Die Wahrscheinlichkeit der jeweils jüngeren Frauen, nach oben zu heiraten, sinkt allerdings über die Kohorten hinweg „überzufällig" ab.

Die theoretische und empirische Herausforderung ist es nun, zu rekonstruieren, wie die bildungshomogamen Muster aus den Entscheidungen vieler Individuen im Lebenslauf entstehen und zu erklären, warum sie sich über die Generationen hinweg sogar noch verstärken.

III. Theorien und Hypothesen

Die vorliegende Untersuchung stützt sich auf eine theoretische Position, nach der soziologische Erklärungen eine dynamische Integration von Mikro- und Makroperspektive erfordern (vgl. dazu Blossfeld 1996; Blossfeld und Müller 1997). Sie geht insbesondere von fünf Prämissen aus.

Fünf allgemeine Erklärungsprämissen oder: Warum „nicht-rationale" Einflüsse auf die Heiratswahl soziologisch von sekundärer Bedeutung sind?

Erstens von der Annahme, daß soziale Regelmäßigkeiten, wie sie die „Bildungshomogamie" darstellen, über die Ebene der individuellen Akteure empirisch und theoretisch rekonstruiert werden müssen („Prinzip des methodologischen Individualismus"; vgl. z.B. Lindenberg 1996). Die Individuen dürfen dabei aber nicht statisch, das heißt nicht nur zum Heirats- oder Interviewzeitpunkt betrachtet werden (Blossfeld 1996), sondern es müssen bei ihnen die für das Heiratsereignis relevanten Handlungsverläufe Schritt für Schritt im Lebenslauf entfaltet werden (vgl. z.B. Mayer und Tuma 1985; Mayer 1990). Es kommt hierbei besonders darauf an, zeitbezogen die sich aus der Logik des Lebenslaufs ergebenden strukturellen Handlungskontexte aufzuzeigen (Blau 1994), durch die die prinzipiell unendliche Menge der Handlungsmöglichkeiten jeweils auf eine geringere Zahl konkreter Handlungsalternativen reduziert wird (vgl. Elster 1979).

Zweitens ist es für eine soziologische Erklärung der Heiratswahl erforderlich, Mechanismen zu spezifizieren, durch die aus den jeweils aktuell verfügbaren Alternativen eine Handlung ausgewählt wird. Da die Partnerwahl durch handelnde Individuen getroffen wird, muß sich dieser Mechanismus auch auf die Orientierungen, Überzeugungen und Erwartungen der Individuen stützen.[5]

Drittens müssen soziologische Handlungserklärungen den „freien Willen" der Individuen bei der Heiratswahl in Rechnung stellen.[6] Dadurch wird notwendigerweise ein Element der Unbestimmtheit in jede theoretische Erklärung und empirische Prognose eingeführt. Das heißt, man kann vernünftigerweise nicht die Determiniertheit der Heiratswahl, sondern nur deren Regelhaftigkeit bei einer größeren Anzahl von Handelnden modellieren. Soziologische Erklärungen der Bildungshomogamie, wie sie hier verstanden werden, können sich somit auch nicht auf die idiosynkratischen Handlungsmotive einzelner Akteure, sondern nur auf gemeinsame Motivationslagen vieler Handelnder beziehen. Max Weber (1972) spricht hier von durchschnittlichen und näherungsweisen (d.h. „idealtypischen") Rekonstruktionen des Sinnzusammenhangs und der Motive der Handelnden.

Bei einer größeren Anzahl von Handelnden kommt viertens dem „weichen" Modell der rationalen Handlungswahl eine privilegierte Rolle für die Erklärung der Heiratsentscheidung zu. Nicht nur, weil die meisten Männer und Frauen normalerweise versuchen, vernünftig zu handeln, sondern weil die Vorhersage des Verhaltens von Aggregaten dann am erfolgreichsten ist, wenn man unterstellt, daß die einzelnen Handelnden mehr oder minder rational handeln (Elster 1989a; Stinchcombe 1968). Die Grundlage dieses weichen Rationalitätsmodells bildet dabei die Vorstellung, daß Handelnde Ziele haben, daß ihnen zur Erreichung dieser Ziele verschiedene Mittel zur Verfügung stehen und daß sie dazu tendieren, die wahrscheinlichen Kosten und Nutzen der Ziel-Mittel-Kombinationen gegeneinander abzuwägen, und sich dann für die beste Alternative zu entscheiden (Weber 1972).

Im Zuge dieser „rationalen" Abwägung stellen sich für die Individuen aber fünftens bei der Heiratswahl häufig zumindest die folgenden drei konkreten Probleme (vgl. Blossfeld 1996): 1. daß mögliche zukünftige Heiratspartner noch unbekannt sind, 2. daß sich die langfristigen Kosten und Nutzen verschiedener bekannter Alternativen häufig nicht einschätzen lassen und 3. daß die marginalen Vor- und Nachteile weiterer Anstrengungen zur Informationsgewinnung und Partnersuche unklar sind. Kurz: daß die Wahlsituation eigentlich so unbestimmt ist, daß es schwierig oder gar unmöglich ist, eine rationale Entscheidung zu treffen. Die Individuen benötigen deswegen noch einen weiteren Mechanismus, um überhaupt handeln zu können. Dieser besteht nach Heiner (1983) in der Orientierung an soziokulturellen Normen, die als Entschei-

[5] Auch bei traditionellem oder gewohnheitsmäßigem Handeln können sich die Handelnden den subjektiv gemeinten Sinn jederzeit bewußt machen.

[6] Der „freie Wille" läßt sich genausowenig definieren wie der Begriff des „Zufalls". Gemeint ist mit diesen beiden Begriffen, daß es entweder unmöglich oder zumindest wissenschaftlich unsinnig ist, allen möglichen determinierenden Gründen nachzuspüren. In der modernen Atomphysik ist heute die Vorstellung allgemein akzeptiert, daß gewisse Vorgänge als in sich indeterminiert angesehen werden müssen. In der Quantenphysik wird deswegen im Gegensatz zur klassischen Makrophysik ein Zustand nicht durch seine tatsächlichen, beobachtbaren Werte beschrieben, sondern durch die Wahrscheinlichkeit der möglichen Werte dieser Größen (Scheid 1996). Blossfeld und Rohwer (1995) haben in der Soziologie dafür plädiert, den „freien Willen" der Akteure ernst zu nehmen und auf deterministische Handlungserklärungen zugunsten von probabilistischen Erklärungen zu verzichten; d.h. theoretisch und empirisch nicht die Ausprägungen (Werte) der Handlungen zu modellieren, sondern die Wahrscheinlichkeit der Veränderung dieser Handlungen.

dungshilfen in unbestimmten, häufig wiederkehrenden Handlungssituationen interpretiert werden müssen. Sie erlauben es den Individuen, nicht nur für andere „verständlich" zu handeln, sondern auch die jeweils anderen Handelnden zu verstehen und vorherzusagen, wie sich diese wahrscheinlich verhalten werden. Nach Heiner (1983) wird deswegen paradoxerweise das Handeln der Individuen dann um so verständlicher und vorhersagbarer, je unbestimmter und unkalkulierbarer die Entscheidungssituation ist, weil die sozialen Verhaltensregeln dann um so restriktiver sein werden. Für eine Erklärung der Heiratswahl kommt deswegen den sozialen Normen auch eine wichtige Funktion zu. Theoretisch bedeutsam ist hier, von einer re-flektierten oder prinzipiell jederzeit reflektierbaren Nutzbarmachung sozialer Regeln auszugehen. Die Hauptfunktion der Normen im Heiratsentscheidungsprozeß besteht, wie Elster (1989b) das ausgedrückt hat, in der Bündelung und Koordinierung der Erwartungen der involvierten Akteure. Die Koordinationsfunktion der Normen ergibt sich dabei aus der starken emotionalen Wirkung (den Gefühlen wie Scham, Peinlichkeit, Angst, Schuld oder Verlegenheit), die Normverletzungen im Handelnden selbst und in den anderen beteiligten Personen auslösen.

Gegen diesen Typus von rationalen Handlungsmodellen wird manchmal der Einwand vorgebracht, daß es viele „nichtrationale" Einflüsse auf die Heiratswahl gäbe, die bei einer solchen „engen" Betrachtung unter den Tisch fielen. Das ist richtig. Solche Modelle abstrahieren von Faktoren, die im Einzelfall für die individuelle Heiratswahl von großer Bedeutung sind. Allerdings haben diese Faktoren aber auch meist nur einen sehr begrenzten Erklärungswert für die sozialen Unterschiede im Bildungshomogamieprozeß und seine Veränderung, da sie in der Regel nicht systematisch zwischen den Bildungsgruppen und über die Zeit variieren. Zum Beispiel wird „Schönheit" oder „sexuelle Ausstrahlung" sehr wichtig für die Wahl eines bestimmten Heiratspartners sein. Solange man aber nicht behaupten kann, daß dies für eine bestimmte Bildungsgruppe wichtiger ist als für andere, oder solange diese Faktoren über die Zeit nicht an Bedeutung für die Bildungshomogamie gewinnen oder verlieren, werden diese zusätzlichen Informationen nicht besonders hilfreich für die Vorhersage des Heiratsverhaltens von Gruppen sein, selbst dann nicht, wenn man solche Einflüsse auch tatsächlich valide messen könnte (vgl. Oppenheimer 1988). Zum anderen bedeutet die Tatsache, daß die Individuen hochsubjektive Gefühle hinsichtlich bestimmter potentieller Partner haben, auch nicht, daß sie nicht auf objektive Strukturen antworten würden. Handfeste Realitäten finden vielmehr durch Emotionen häufig erst ihren Ausdruck und halten die Individuen nicht selten davon ab, bestimmte Partner überhaupt erst in Betracht zu ziehen (Oppenheimer 1988).

IV. Struktur des Bildungssystems und Bildungshomogamie

Im hier entwickelten theoretischen Modell ist die Heiratsentscheidung nicht als isolierte punktuelle Wahlhandlung, sondern als das Ergebnis eines lange andauernden, kumulativen und sich ständig ändernden Lebensverlaufsprozesses zu verstehen und zu analysieren (Haller 1982). Sozialstrukturell betrachtet beginnt dieser Prozeß mit den unterschiedlichen kindlichen und jugendlichen Sozialisationsbedingungen in der Herkunftsfamilie, die vor allem durch differentielle ökonomische und kulturelle Kontexte spezifizierbar sind. Er verzweigt sich dann an den hierarchischen Stationen des allgemeinen und beruflichen Bildungssystems und setzt sich in den verschiedensten Berufswegen fort. Dieser Prozeß ist mit einer ständigen Umstrukturierung sozialer (beruflicher und privater) Netzwerke und Interaktionsbeziehungen (Laumann 1973) verbunden und einer sich dauernd wandelnden Chance, in den alltäglichen Aktivitäten bestimmten potentiellen Heiratspartnern überhaupt zu begegnen.

Partner- und Heiratsentscheidungen werden vor allem in der Phase des Übergangs vom Jugendlichen zum Erwachsenen getroffen. Dieser Übergangsprozeß läßt sich nicht durch starre Lebensaltersklassen, sondern nur durch die schrittweise Übernahme spezifischer sozialer Rollen und die differentielle Teilhabe an bestimmten Aktivitäten beschreiben (Hogan 1978; Marini 1984; Blossfeld und Nuthmann 1989). Die Heiratsentscheidung ist dabei selbst ein wichtiger definitorischer Bestandteil der normativen Konzeption des Übergangs in den Erwachsenenstatus (Featherman, Hogan und Sørensen 1984). Die anderen bedeutsamen Rollenübergänge (Beendigung der Ausbildung und Berufseintritt sowie Berufskarriere) werden in modernen Gesellschaften durch das Bildungs- und Beschäftigungssystem bestimmt. Wir konzentrieren uns in der folgenden theoretischen Ausarbeitung vor allem auf die Rolle des Bildungssystems für die Heiratsentscheidungen im Lebensverlauf.

Die hierarchische Organisationsstruktur des Bildungssystems produziert zunächst bei den Jugendlichen und jungen Erwachsenen eine relativ starre Lebensverlaufslogik, weil der Ausbildungsprozeß sich als eine stufenweise Abfolge von Hürden darstellt, die von jeder Generation zu meistern sind. Bildungsbiographische Weichenstellungen können dabei nicht beliebig getroffen, nur schwer revidiert oder auf einen späteren Zeitpunkt verschoben werden (vgl. Blossfeld 1989, 1990). Bei jeder Bildungshürde im Ausbildungssystem gibt es einen Anteil von Schülern und Studenten, der die jeweilige Hürde erfolgreich meistert, und einen anderen, der aus dem Prozeß der Höherqualifizierung ausscheidet. Die Wahrscheinlichkeit, einen bestimmten Bildungsgang erfolgreich abzuschließen, hängt dabei zum einen von den für jede Generation jeweils verfügbaren Plätzen in den verschiedenen Schultypen ab und zum anderen von den sozialen Allokationsmechanismen, wie etwa dem Einfluß des Geschlechts oder der sozialen Herkunft (vgl. dazu Mare 1981; Shavit und Blossfeld 1993).

Aus der Perspektive des Lebenslaufs hat der stufenweise Selektionsprozeß im Bildungssystem vor allem drei wichtige Konsequenzen für die Chance, bildungshomogam zu heiraten. Zum ersten werden durch die Selektion im Bildungssystem zunehmend homogenere Gruppen erzeugt, weil innerhalb jeder Generation jeweils die Wenigerqualifizierten früher aus dem Qualifizierungsprozeß ausscheiden. Von einer Selektionsstufe zur nächsten bleiben deswegen immer nur diejenigen Jugendlichen und jungen Erwachsenen länger zusammen, die entweder das gleiche oder ein höheres Bildungsniveau in ihrem späteren Leben erreichen werden. Wenn man mit Blau (1994) davon ausgeht, daß die Wahrscheinlichkeit von Freundschaften durch Kontaktmöglichkeiten und -häufigkeiten bestimmt werden, dann wächst mit dem bloßen Aufstieg in den Institutionen des Bildungssystems auch die strukturelle Chance, eine soziale Beziehung zu gleichqualifizierten Partnern zu etablieren und diese Partner dann eventuell später auch zu heiraten. Es ist hier wichtig darauf hinzuweisen, daß es dabei nicht nur um die Kontakte in den Bildungsinstitutionen selbst geht, sondern um Kontaktkreise, also um Freunde und Freunde von Freunden, um Freizeitaktivitäten und dergleichen, die durch das Bildungssystem strukturiert werden. Umgekehrt sinkt mit zunehmendem Lebensalter aber auch die strukturelle Chance, anders gebildete Partner zu treffen, da 1. die jeweils weniger qualifizierten Gleichaltrigen das Bildungssystem im Lebenslauf bereits verlassen haben und damit „andere Wege" (mit anderen sozialen Netzwerken) gehen und 2. die Chance, einen vielleicht später einmal höherqualifizierten (Ehe-)Partner zu finden, mit zunehmendem Aufstieg im Bildungssystem wegen des „Ceiling-Effekts" deutlich abnimmt. Das Bildungssystem produziert damit als „Nebenprodukt" im Lebenslauf der Individuen zunehmend häufigere Kontaktchancen zu Gleichqualifizierten und erhöht indirekt die Chance bildungshomogamer Heiraten.

Zum zweiten bewirkt der Selektionsprozeß im Bildungssystem, daß die jeweils Höherqualifizierten in einem jeweils späteren Lebensalter aus dem Bildungssystem ausscheiden. Da der Erwerb von Ausbildung zeitlich weitgehend unvereinbar mit den Aktivitäten ist, die zu den Familienrollen gehören (Marini 1985), und der Besuch der Schule, Universität[7] oder die Absolvierung einer beruflichen Ausbildung einhergehen mit einem hohen Grad ökonomischer Abhängigkeit von den Eltern oder vom Staat (Blossfeld und Nuthmann 1989), betrachten sich viele Schüler und Studenten in der Regel als noch „nicht bereit" für die Familienbildung. Der Abschluß der Ausbildung stellt damit auch einen wichtigen Schritt in der normativen Konzeption des Übergangs in den Erwachsenenstatus dar und wird deswegen auch von vielen jungen Männern und Frauen als eine wesentliche Voraussetzung für den Eintritt in eine Ehe interpretiert (Blossfeld und Huinink 1989; Blossfeld und Jaenichen 1990). Da die jeweils Höherqualifizierten damit ihre Familienbildung im Lebenslauf jeweils länger aufschieben, wird es immer wahrscheinlicher, daß sie diese nach dem Verlassen des Bildungssystems um so rascher nachholen (Blossfeld und Huinink 1989) und die während der Zeit im Bildungssystem begonnenen Freundschaften mit gleichqualifizierten Partnern auch in eine Ehe überführen. Die Folge wird deswegen sein, daß die Tendenz, bildungshomogam zu heiraten, unmittelbar nach Verlassen des Bildungssystems nicht nur besonders stark sein müßte, sondern, wegen der zuvor erwähnten Selektivität bildungsähnlicher Kontaktchancen, auch noch mit dem Bildungsniveau der jungen Männer und Frauen beträchtlich ansteigen sollte.

Drittens bewirkt der Selektionsprozeß im Bildungssystem umgekehrt, daß die jeweils Wenigerqualifizierten in einem jeweils früheren Lebensalter in den Arbeitsmarkt und das Beschäftigungssystem eintreten. Dieser Übertritt ist häufig mit einer Erhöhung der Heterogenität des sozialen (des beruflichen und, nicht selten damit zusammenhängend, auch des privaten) Netzwerks verbunden und impliziert einen Anstieg der Kontakthäufigkeiten zu Personen mit anderen sozialen Merkmalen wie Alter, Beruf, Bildung usw. Damit erhöht sich strukturell die Chance, einem Heiratspartner mit einem anderen Bildungsniveau zu begegnen. Viele dieser Begegnungen werden zufällig und unbedeutend sein. Aber ohne die Chance eines anfänglichen Zusammentreffens können sich auch keine neuen sozialen Beziehungen entwickeln, und nicht selten beginnen lebenslange Freundschaften und Ehen mit solchen „zufälligen" Begegnungen (Blau 1994). Die jeweils Wenigerqualifizierten sind also gegebenenfalls nicht nur in einem jeweils jüngeren Lebensalter „heiratsbereit", sondern diese (bewußte oder laten-

[7] Die Flexibilität der Zeitgestaltung an der Universität ist vielleicht eine Ausnahme.

te) frühere Bereitschaft wird auch auf einen weit heterogeneren Heiratsmarkt treffen. Niedrigeres Bildungsniveau ist in diesem Sinne also im Lebenslauf mit einer früheren und größeren Chance zur Heterogamie verbunden. Andererseits werden die jeweils niedriger qualifizierten Jugendlichen und jungen Erwachsenen, die das Bildungssystem im Lebenslauf früher verlassen haben, außerhalb des Bildungssystems zunächst wiederum nur auf Gleichaltrige mit gleicher Qualifikation treffen. Dies dürfte, wenn man davon ausgeht, daß Heiratspartner aus etwa der gleichen Altersgruppe präferiert werden, bei den jeweils Wenigerqualifizierten auch die homogame Tendenz fördern. Der Heiratsprozeß dürfte sich somit für die jeweils Wenigerqualifizierten, wegen des früheren Ausscheidens aus dem Bildungssystem auch jeweils länger hinziehen und mit einer jeweils niedrigeren altersspezifischen Homogamieneigung verbunden sein.

Zusammengefaßt ergeben sich aus der Logik des hierarchisch strukturierten Bildungssystems im Lebenslauf junger Männer und Frauen sehr unterschiedliche zeitbezogene Kontaktchancen zu potentiellen Heiratspartnern, die die Wahrscheinlichkeit bildungshomogamer Heirat mit zunehmendem Bildungsniveau des Individuums deutlich erhöhen. Dieser Prozeß impliziert logisch, daß sich durch Bildungsexpansion und Bildungsreform (vgl. Shavit und Blossfeld 1993; Müller und Karle 1993; Erikson und Jonsson 1996) die Tendenz zur Bildungshomogamie über die Generationen hinweg weiter verstärken sollte, weil sich das Bildungsniveau und die Verweildauer im Bildungssystem für eine wachsende Zahl von Kohortenmitgliedern deutlich erhöhen (vgl. Blossfeld 1985, 1989).

V. Aspekte der individuellen Heiratswahl

Die sich im Lebenslauf verändernden strukturellen Kontakt- und Heiratschancen umreißen aber nur die zeitbezogenen Bedingungen der Möglichkeit, Kontakte zu bestimmten potentiellen Heiratspartnern zu haben (Blau 1994). Die jungen Männer und Frauen müssen ihre konkrete Partner- und Heiratswahl im Rahmen ihrer sozialen Beziehungsnetze erst noch treffen. Die Erklärung dieser Prozesse setzt damit auch ein „durchschnittliches" oder „idealtypisches" Handlungsmodell (Weber 1972) voraus (vgl. Blossfeld 1996; Blossfeld und Müller 1997).

Aus der Sicht der Individuen sind die strukturellen Veränderungen im Lebensverlauf zunächst auch mit einer kontinuierlichen Formung der Identitäten, ihrer Werthaltungen, Präferenzen und Erwartungen verbunden (Haller 1982). Als deren Folge wird sich die Neigung, Partner mit bestimmten Merkmalen zu wählen und gegebenenfalls auch zu heiraten, im Lebenslauf ständig verändern. Da man nicht unterstellen kann, daß die Männer und Frauen über alle potentiellen Partner vollkommen informiert sind, gehen wir in unserem theoretischen Suchmodell[8] von der Annahme aus, daß sie bei der Partnerwahl eine (mehr oder weniger vage und bewußte) Vorstellung über die Merkmale eines akzeptablen Heiratspartners[9] entwickeln (Oppenheimer 1988). Die-

[8] Die Partnerwahl muß dabei nicht mit einer aktiven Suche verbunden sein. Man kann durchaus einen Partner finden, ohne zu suchen.

[9] Diese Kriterien müssen dabei nicht bewußt formuliert worden sein. Es kann sich durchaus um relativ vage Vorstellungen über einen Partner handeln.

jenigen potentiellen Partner, die diese Minimaldefinition nicht erfüllen, werden dann normalerweise auch gar nicht ernsthaft in Erwägung gezogen und diejenigen, die als „akzeptabel" eingestuft werden, müssen deswegen nicht unbedingt der Idealvorstellung entsprechen. Die Individuen werden deswegen auch meistens nicht solange suchen, bis sie einen perfekten Partner gefunden haben. Der Grad der Übereinstimmung des realen Partners mit dem „Idealpartner" und die Länge des „Suchprozesses" hängen somit von der Definition der Minimalvorstellung ab, die sich im Lebenslauf auch ändern wird. Dabei ist es wichtig, darauf hinzuweisen, daß es sich bei Partnerentscheidungen um gegenseitige, konsensuelle Wahlen handelt. Das heißt, wenn eine Person eine erste Begegnung oder wiederholte Treffen in eine langfristige intime Partnerschaft oder Ehe münden lassen will, dann kann dieses Ziel nur dann erreicht werden, wenn sich die jeweils andere Person auch darauf einläßt (Blau 1994). Beide Partner müssen deswegen ein Interesse an der Fortführung und Stabilität der Beziehung haben und sie gegebenenfalls in eine Ehe überführen wollen. Es müssen deswegen die Rationalitäten beider Partner berücksichtigt werden.

Mit Blau (1994) gehen wir davon aus, daß zwei Individuen eine Partnerschaft beginnen und aufrechterhalten, weil beide erwarten, daß sich diese Beziehung für sie lohnen wird. Falls die ersten Schritte in einer Beziehung als erfolgreich erfahren werden, entwickelt sich daraus häufig ein Prozeß sich selbst erfüllender Prophezeiungen. Der Austausch hat dabei sozialen, nicht ökonomischen Charakter (vgl. auch Blau 1964; Curtis 1986). Das heißt, wenn eine Person aus einer sozialen Beziehung einen Nutzen zieht, dann wird die Gegenleistung nicht explizit oder implizit vertraglich fixiert, sondern es wird nur eine zeitlich unspezifizierte, diffuse Verpflichtung zur Gegenleistung erzeugt. Wobei die Neigung zur Gegenleistung durch das Eigeninteresse an der Fortführung der sozialen Beziehung bestimmt und durch soziale Normen, wie etwa „Dankbarkeitserwartungen", durchaus gestützt und verstärkt wird. Die Diffusität und prinzipielle Unbestimmtheit der wechselseitigen Verpflichtungen impliziert aber, daß sich ein intensiverer Austausch zwischen zwei Personen nur dann entfalten wird, wenn sich bereits festere soziale Bindungen herausgebildet haben, die sich auf Vertrauen gründen. Das Hauptproblem jeder Paarbeziehung besteht deswegen im Aufbau und der Verfestigung von Vertrauen. Die Entstehung einer Paarbeziehung impliziert somit zwar ein individuelles Streben nach Belohnungen, aber der entscheidende Nutzen ist, wenn erst einmal eine enge Freundschaftsbeziehung mit wechselseitiger Unterstützung und Vertrauen entstanden ist, die lohnende Erfahrung der Paarbeziehung selbst (Blau 1994). Eine Paarbeziehung kann deswegen nicht von Dauer sein, wenn das Vertrauen, das zwischen den Partnern etabliert wurde, wieder verletzt wird; wobei auch hier wiederum soziale Normen wirksam werden, die ein solches Verhalten sozial mißbilligen und vertrauensbildendes Handeln fördern.

Vor allem Elster (1979) hat darauf hingewiesen, daß die Heiratsentscheidung in diesem Sinne als eine wichtige vertrauensstärkende Maßnahme in der Karriere einer Paarbeziehung interpretiert werden kann. Denn durch die Heiratsentscheidung verpflichten sich die Handelnden in der Gegenwart selbst, sich auch zukünftig gegenüber dem jeweiligen Partner „verantwortungsvoll" zu verhalten. Durch diese Selbstverpflichtung stellen sich die Individuen ein langfristiges Lebensziel auf, aus dem die gewünschten zukünftigen Verhaltensweisen gegenüber dem Partner mit einer größeren Wahrscheinlichkeit folgen sollen. Dabei ist, wie Elster (1979) bemerkt hat, die erwartete Veränderung der Wahrscheinlichkeit des eigenen späteren Verhaltens das eigentliche Motiv – und nicht nur eine unbeabsichtigte Nebenwirkung. Eine solche langfristige Selbstverpflichtung schafft eine größere Vertrauensbasis, die den eigenen Versprechungen gegenüber dem Partner bezüglich des zukünftigen eigenen Verhaltens eine noch größere Glaubwürdigkeit verleihen. Dies wird die soziale Kooperation in der Paarbeziehung, jedenfalls zunächst, erleichtern und verbessern.[10]

VI. Geschlechtsspezifische Mechanismen

Im folgenden konzentrieren wir uns vor allem auf die geschlechts- und herkunftsspezifischen Dimensionen des Partnerwahlprozesses. Unter der Voraussetzung, daß es keine Unterschiede in den Einkommensverteilungen zwischen den Geschlechtern am Arbeitsmarkt gäbe, würden Männer und Frauen nach Becker (1981: 73) aus einer Partnerschaft dann jeweils den größten Nutzen ziehen, wenn sie sich hinsichtlich aller Merkmale (Intelligenz, Gesundheit, Bildung, Persönlichkeitsstruktur, Religion, soziale Herkunft usw.) möglichst ähnlich sind. Das heißt, in der Präferenz- und Nutzenstruktur der Männer und Frauen scheint eine inhärente Tendenz zur (Bildungs-)Homogamie („gleich und gleich gesellt sich gern") angelegt zu sein, und es gibt auch eine Reihe empirischer Hinweise dafür, daß es diese Tendenz tatsächlich gibt (Blau 1994: 4).

Moderne Gesellschaften sind aber durch eine ausgeprägte geschlechtsspezifische Arbeitsteilung und eine damit verbundene wechselseitige Abhängigkeit der Geschlechter gekennzeichnet. Nach Becker (1981) unterscheiden sich deswegen die Nutzenfunktionen von Männern und Frauen bei der Partnerwahl beträchtlich. Männer und Frauen heiraten nach Becker nicht nur wegen Intimitätsbedürfnissen oder, weil sie gemeinsame Kinder wollen, sondern auch, weil die Rollen in der Gesellschaft komplementär angelegt sind und beide Partner aus dem Zusammenleben somit jeweils einen größeren Nutzen ziehen können, als wenn sie sich nicht binden würden. Nach diesem traditionellen Modell erwarten die Männer, daß sie von den Ehefrauen profitieren, weil sich die Frauen im Sozialisationsprozeß mehr auf die Führung des Haushalts und die Erziehung der Kinder hin orientiert haben, während umgekehrt die Frauen sich von den Ehemännern einen größeren Nutzen versprechen, weil sich die Männer stärker auf das Ziel lebenslanger Erwerbsarbeit spezialisiert haben. Eine gute Ausbildung ist deswegen im traditionellen Familienmodell vor allem für die Männer von großer Bedeutung, weil durch diese die Einkommensposition des Mannes und damit der soziale Status der ganzen Familie bestimmt wird. Die traditionellen Frauen werden deswegen Männer mit möglichst hoher Ausbildung und, damit verbunden, guten Arbeitsmarktchancen präferieren und um diese konkurrieren. Aus der Sicht der Männer ist dagegen die Bedeutung des Ausbildungsniveaus der Frau im traditionellen Familienmodell doppeldeutig. Zum einen ziehen die Männer aus den Frauen dann den größten Nutzen, wenn ihnen diese hinsichtlich aller Merkmale, also auch hinsichtlich des Bildungsniveaus, möglichst ähnlich sind. Andererseits sind die traditio-

[10] Rein ökonomische Gründe, wie etwa das „Ehegattensplitting" sind zusätzliche Motivationen, die eine Eheentscheidung mit beeinflussen werden (siehe dazu die ausführliche Diskussion in Blossfeld 1996 sowie Blossfeld und Müller 1997).

nellen Männer wegen der komplementären geschlechtsspezifischen Rollenstruktur an Frauen interessiert, die nicht zu viel in ihre eigene Karriere und damit in ihre marktmäßige Ausbildung investiert haben. Mit anderen Worten, sie präferieren möglichst gleichqualifizierte Frauen mit geringer Erwerbsorientierung. Für traditionelle Männer ist deswegen die Höhe der Ausbildung der Frau für die Heiratsentscheidung auch von geringerer Bedeutung. Sie werden aber in diesem theoretischen Modell zumindest versuchen, gleichqualifizierte Partnerinnen zu finden. Da aber in einer traditionell orientierten Gesellschaft die Frauen ihrer formalen Bildung eine geringere Rolle beimessen, bleibt das durchschnittliche Bildungsniveau der Frauen weit hinter dem der Männer zurück. Es wird den Männern deswegen nur zum Teil gelingen, gleichqualifizierte Partnerinnen zu finden (siehe *Tabelle 1*). Die empirische Beobachtung, daß die Ehefrauen häufig ein niedrigeres Ausbildungsniveau als ihre Ehemänner haben und häufig jünger sind, läßt sich nach diesem Handlungsmodell also dadurch erklären, daß es für die traditionellen Frauen weniger wichtig als für die traditionellen Männer ist, formal gut ausgebildet zu sein und es in einem jüngeren Lebensalter bei den Frauen auch einfacher als bei den Männern ist, die jeweils zukünftig bedeutsamen Rollenattribute der Partner (Hausfrauenrolle versus Berufs- und Ernährerrolle) abzuschätzen (Oppenheimer 1988). Es ist sicherlich nicht zu bestreiten, daß die Orientierung an diesem traditionellen Handlungsmodell vor allem bei den älteren Geburtskohorten, die in unsere Analyse einbezogen wurden, eine nicht unbedeutende Rolle bei der Heiratswahl gespielt hat (siehe *Tabelle 1*). Dieses Modell ist in der Lage, die Tendenz zur Bildungshypogamie von Männern bzw. zur Bildungshypergamie von Frauen zu erklären. Aber auch solche Handlungsmodelle unterliegen einem sozialen Wandel.

Die Wahrscheinlichkeit, daß junge Männer und Frauen intentional traditionellen Normen in aufeinander folgenden Geburtskohorten folgen, wird stark vom Grad der Konformität in den jeweils vorhergehenden Generationen mit diesen Normen und der Opportunität dieser Handlungsnormen in bezug auf die sich ändernden sozialen Randbedingungen abhängen. Das traditionelle Handlungsmuster, nach dem Männer Frauen präferieren, die gleich- oder wenigerqualifiziert und jünger sind, wird sich deswegen im Kohortenverlauf durchaus abschwächen, falls die lebenslange marktvermittelte Erwerbsarbeit in einer Gesellschaft nicht nur den Ehemännern vorbehalten bleibt, sondern zunehmend auch zu einem zentralen Bestandteil der Lebenskonzeption der Ehefrauen wird (vgl. Blossfeld, Drobnic und Rohwer 1996; Blossfeld und Hakim 1997). Dieser Wandel wird nicht nur bewirken, daß der Ausbildungsprozeß im Leben jeder jüngeren Generation von Frauen zunehmend wichtiger wird – mit all seinen oben beschriebenen Konsequenzen für die strukturelle Chance, gleichqualifizierte Partner zu treffen. Er wird auch das Entscheidungs-kalkül jeder jüngeren Generation von Männern und Frauen verändern. Insbesondere Oppenheimer (1988) hat darauf aufmerksam gemacht, daß in einer Gesellschaft, in der sich die kontinuierliche Erwerbstätigkeit von Ehefrauen durchsetzt, der Lebensstandard oder „Lifestyle“ der Familie zunehmend auch durch das Einkommen der Ehefrauen mitbestimmt wird (vgl. dazu auch Eggebeen und Hawkins 1990). Die Frauen übernehmen damit in ihren Familien einen Teil der „Ernährerrolle“, die im traditionellen Familienmodell nur den Ehemännern vorbehalten war. Da die Höhe der Ausbildung die Arbeitsmarkt-, Karriere- und Einkommenschancen der Frauen deutlich mitbestimmt, werden die Männer jeder jüngeren Generation zunehmend besser qualifizierte Frauen präferieren. Männer mit den besten Qualifikationen werden versuchen, Frauen mit den besten Qualifikationen zu wählen (Mare 1991). Männer mit schlechteren Qualifikationen werden zwar auch Frauen mit besten Qualifikationen präferieren, da aber ihre Wettbewerbssituation vergleichsweise ungünstiger ist, werden sie tendenziell nur unter den Frauen mit den schlechteren Arbeitsmarkt-, Karriere- und Einkommenschancen auswählen können. Die relative Verbesserung der Bildungschancen von Frauen im Vergleich zu den Männern (Blossfeld 1985, 1989; Shavit und Blossfeld 1993) löst also im Kohortenverlauf einen steigenden Konkurrenzprozeß um qualifizierte Frauen aus, der zusammen mit den strukturell erhöhten Kontaktchancen der Frauen zu Gleichqualifizierten im Bildungssystem, die Bildungshomogamie über die Kohorten hinweg steigern und die Bildungshypergamie bei Frauen reduzieren sollte. Diese Konkurrenzprozesse dürften darüber hinaus auch den paradoxen Befund in *Tabelle 1* erklären, daß der Anteil der Frauen, die geringerqualifizierte Männer heiraten (Bildungshypogamie von Frauen) über die Kohorten hinweg nicht besonders angestiegen ist, obwohl der Qualifikationsanstieg bei den Frauen relativ stärker war als bei den Männern (Blossfeld 1985, 1989; Shavit und Blossfeld 1993).

VI. Herkunftsspezifische Mechanismen

Von Bedeutung für die Bewertung der Bildungshomogamie im Prozeß der Reproduktion sozialer Ungleichheit ist schließlich noch die Frage nach den direkten und indirekten, d.h. über die Bildungskarriere vermittelten Effekten der sozialen Herkunft auf die Heiratswahl. Insbesondere stellt sich die Frage, welche Veränderungen sich hier durch die Bildungsexpansion ergeben.

Aus der in diesem Aufsatz entwickelten theoretischen Position folgt, daß man die Partner- und Heiratsentscheidung nicht einfach als durch soziale Klassen und damit verbundene soziokulturelle Milieus (d.h. deren subkulturelle Normen- und Wertsysteme) diktiert und durch die Handelnden „dumpf" exekutiert begreifen darf, wie dies häufig in älteren soziologischen Homogamiestudien noch anklingt. Vielmehr ist von einer reflektierten oder prinzipiell jederzeit reflektierbaren Übernahme und damit auch Veränderbarkeit dieser herkunftsspezifischen Normen im Prozeß des sozialen Wandels auszugehen (Elster 1989b).

Mit Blick auf die direkten Einflüsse der sozialen Herkunft ist zunächst zu erwarten, daß die Bildungshomogamie mit dem Bildungsniveau der Herkunftsschicht steigt. Denn bei der sozialen Herkunft handelt es sich um ein Konglomerat hochkorrelierter Merkmale, wie Vermögen, Einkommen, Prestige, Bildung usw., das wiederum positiv mit dem Bildungsniveau der Kinder zusammenhängt und damit nicht nur Statusdifferenzen zwischen verschiedenen Bildungsgruppen sozial bedeutsamer macht, sondern auch die Barrieren zwischen den bildungsspezifischen Verkehrskreisen zunehmend verstärkt. Es ist deshalb zu erwarten, daß der direkte Effekt der sozialen Herkunft auf die Bildungshomogamie um so stärker wird, je höher das Bildungsniveau der Eltern ist, weil sich die sozialen Verkehrskreise damit auch zunehmend schließen.

Durch die Bildungsexpansion hat sich für Kinder benachteiligter Schichten aber der absolute Zugang zu höherer Bildung geöffnet, ohne jedoch die relativen herkunftsspezifischen Chancen einschneidend zu verändern (vgl. dazu auch Blossfeld und Shavit 1993; Müller und Karle 1993; Müller und Haun 1994; Henz und Maas 1995; Erikson und Jonsson 1996). Daraus folgt für die vorliegende Fragestellung, daß empirisch von einer Bildungsstufe zur nächsthöheren die Wahrscheinlichkeit sinkt (steigt), daß man Kinder aus benachteiligten (bevorzugten) sozialen Schichten im Bildungssystem kennenlernt. Damit kann man von den folgenden vier indirekten Effekten der sozialen Herkunft auf die Freundschaftswahlen und den Heiratsprozeß ausgehen: 1. Die Wahrscheinlichkeit, sich mit einem gleichqualifizierten Partner im Bildungssystem zu assoziieren, ist dann am größten, wenn das Bildungsniveau der Männer und Frauen mit dem Bildungsniveau der „Herkunftsfamilie" übereinstimmt, weil sich dann die sozialen Netzwerke der Herkunftsfamilie und die sozialen Netzwerke, die über das Bildungssystem vermittelt werden, überlappen und wechselseitig verstärken. 2. Die im Bildungssystem gegenüber ihrer Herkunftsschicht aufwärtsmobilen Männer und Frauen werden dort neue soziale Beziehungen etablieren. Und da diese Individuen nicht nur Partner mit gleicher Bildung präferieren, sondern auch danach streben werden, diesen neuen Status abzusichern, wird sich damit auch die Wahrscheinlichkeit erhöhen, bildungshomogam zu heiraten. Aber diese Männer und Frauen behalten ihren sozialen Ursprung bei. Das heißt, sie werden ihre herkunftsspezifischen sozialen Kontakte (Freunde, Bekannte, Verwandte usw.) über eine beträchtliche Zeitspanne in ihrem Leben weiterhin pflegen (Blau 1994). Dies wird zu einer hohen Wahrscheinlichkeit führen, wiederum einen Partner aus der Herkunftsschicht zu treffen und dann nach unten zu heiraten. Dieser herkunftsspezifische Effekt dürfte, wie oben ausgeführt, wegen der unterschiedlichen geschlechtsspezifischen Logik, insbesondere bei traditionell orientierten Männern, eine wichtige Rolle spielen. Er kann aber auch die Hypogamie der Frauen in *Tabelle 1* zum Teil erklären. 3. Umgekehrt werden die gegenüber ihrer Herkunftsschicht bildungsabwärtsmobilen Männer und Frauen einerseits versuchen, den Status ihrer Herkunftsfamilie wieder zu erreichen und deswegen auch eine geringere Bildungshomogamieneigung haben. Andererseits werden sie über ihre herkunftsspezifischen sozialen Netzwerke (Freunde, Bekannte, Verwandte usw.) auch die Chance bekommen, besser gebildete Partner zu treffen und dann wieder nach oben zu heiraten. Dieses Muster sollte insbesondere bei traditionell orientierten Frauen eine größere Rolle spielen. 4. Schließlich sollte rein strukturell die Chance sehr gering sein, daß durch Bildung aufwärtsmobile (bzw. abwärts-mobile) Männer und Frauen, sozusagen im nächsten Schritt noch einmal nach oben (bzw. unten) heiraten werden, weil sie sich dann weder auf ihre sozialen Herkunftsnetze, noch auf ihre durch das Bildungssystem vermittelten sozialen Beziehungsnetze stützen können.

Zusammengefaßt, sollte es Kindern aus unterprivilegierten (bzw. bevorzugten) sozialen Schichten gelingen (bzw. nicht gelingen), im Zuge der eigenen Bildungskarriere das Niveau der Herkunftsfamilie zu übersteigen (bzw. nicht zu erreichen), dann werden sich für diese Männer und Frauen über ihre sozialen Beziehungsnetze Tendenzen zur Gegenmobilität durch Heirat ergeben, die die Bildungserfolge (bzw. Bildungsmißerfolge) zum Teil wieder korrigieren, Andererseits wird es aber auch eine gewisse Anzahl von Kindern aus unter-privilegierten Schichten geben, denen es gelingt, nicht nur durch Bildung selbst aufzusteigen, sondern diesen Aufstieg auch durch eine homogame Heirat weiter abzusichern. Diese Männer und Frauen sind die eigentlichen sozialen Aufsteiger und Gewinner der Bildungsexpansion. Der Anteil dieser Heiraten und seine Veränderung über die Generationen hinweg dürfte deswegen ein wichtiger Indikator für die Öffnung bzw. Schließung intergenerationaler Ungleichheitsstrukturen sein. Die Bestimmung dieses Anteils ist eine empirische Aufgabe, die in der folgenden Analyse zu leisten ist.

Welche Tendenzen sind dabei insbesondere durch die Bildungsexpansion zu erwarten? Da sich durch die Bildungsexpansion die relativen herkunftsspezifischen Bildungschancen nicht wirklich verringert haben, sollten auch die relativen Kontaktchancen zwischen verschiedenen sozialen Gruppen weitgehend gleich geblieben sein. Dies stimmt zum einen nicht sehr optimistisch. Allerdings haben sich im Zuge der Bildungsexpansion auch die absoluten Zahlen der Kinder aus den unterprivilegierten Schichten gesteigert, die es schaffen, die jeweils höheren Bildungsstufen zu erklimmen. Sie werden damit über das Bildungssystem zunehmend Kontaktchancen zu Kindern aus höheren sozialen Schichten er-halten. Dies dürfte die sozialen Barrieren zwischen Kindern aus den unterschiedlichen herkunftsspezifischen Verkehrskreisen vermindern, die Wahrscheinlichkeit der Paarbildung zwischen diesen Kindern erhöhen und zumindest den direkten Effekt der sozialen Herkunft auf die Bildungshomogamie von Kohorte zu Kohorte reduzieren. Die folgende empirische Analyse wird zeigen, welche dieser zum Teil gegenläufigen Entwicklungen den Ausschlag gibt.

VIII. Datenbasis, Methoden und Variablen

lm folgenden wird der Versuch unternommen, die gerade formulierten Hypothesen über den Zusammenhang von sozialer Herkunft, Bildungsverlauf und Heiratsprozeß auf der Grundlage der Daten des Sozio-ökonomischen Panels (SOEP) empirisch zu beurteilen. Über das SOEP liegt bereits eine Vielzahl von Beschreibungen vor (vgl. z.B. Krupp 1985; Hanefeld 1987; Rendtel 1988, 1989), so daß sich an dieser Stelle allgemeinere Informationen über diese Datengrundlage erübrigen. Die Daten des SOEP erlauben es uns, die Bildungskarriere und den Prozeß des Eintritts in die erste Ehe bei ledigen Männern und Frauen Schritt für Schritt im Lebenslauf zu rekonstruieren. Dazu verwenden wir zunächst die im SOEP retrospektiv erhobenen Biographien und ergänzen diese durch die im Laufe von 11 Panelwellen (1984 – 1994) prospektiv erhobenen Aktualisierungen. Da wir die Veränderungen des Heiratsprozesses möglichst langfristig beschreiben wollen, beschränken wir uns bei der folgenden Analyse nur auf deutsche Männer und Frauen in Westdeutschland.

Die interdependente Beziehung zwischen dem Bildungsverlauf und dem Heiratsprozeß läßt sich mit dynamischen Übergangsratenmodellen kausal modellieren (siehe Blossfeld und Rohwer 1995, 1996). Dabei kann jeweils einer der beiden Prozesse als der abhängige spezifiziert werden, während der jeweils andere als der unabhängige Prozeß mit Hilfe von zeitabhängigen Kovariablen in das Modell aufgenommen wird. Die unserer Analyse zugrundeliegende allgemeine Modellvorstellung ist dabei die folgende (Blossfeld und Rohwer 1995):

(1) $\Delta X(t) \rightarrow \Delta r(t') \; t < t'$

Für jeden Zeitpunkt *t* nach dem 15. Lebensjahr (t_0) = 0) wird im Lebenslauf der ledigen Männer und Frauen untersucht, wie sich die Veränderung des Bildungsverlaufs ($X(t)$) in der jeweiligen Vergangenheit auf die Veränderung der Heiratsneigung ($r(t')$) in der jeweiligen Gegenwart und Zukunft t' auswirkt. Eine solche Modellierung setzt voraus, daß die zeitliche Ordnung, in der sich beide Prozesse interdependent entfalten, ernst genommen wird.

In unserer Analyse ist die Heiratsrate oder die Heiratsneigung die zeitbezogene abhängige Variable:

$$(2) \qquad r(t) = \lim_{t' \to t} \frac{P(t \leq T < t' | T \geq t)}{t' - t}$$

wobei P(.) die Wahrscheinlichkeit ist, daß ein Mann oder eine Frau im Altersintervall *[t, t']* heiratet, unter der Bedingung, daß er/sie bis zum Alter t noch ledig ist (vgl. Blossfeld, Hamerle und Mayer 1989; Blossfeld und Rohwer 1995). Die Beobachtung des Heiratsprozesses beginnt bei jedem Individuum mit dem 15. Lebensjahr und endet mit dem ersten Heiratsereignis, dem Erreichen des 60. Lebensjahres (Rechtszensierung) oder dem letzten Panelinterview im Jahre 1994 (Rechtszensierung).

Zur Modellierung der Heiratsmuster wird ein *Exponentialmodell mit zeitkonstanten* (X_1) *und zeitabhängigen* ($X_2(t)$) *Kovariablen* und *drei Zielzuständen* (Competing Risks; vgl. Blossfeld und Rohwer 1995) verwendet:

$$(3) \; r(t|X_1, X_2(t))_{jk} = \exp(\beta_{jk} X_1 + \beta_{jk} X_2(t)) \; mit: j = 0(\text{ledig}); k = 1,2,3$$

Das heißt, die Analyse geht davon aus, daß die Individuen zunächst ledig sind (Ausgangszustand) und dann bei der Heirat in drei verschiedene Zielzustände wechseln können: 1. das Bildungsniveau des Ehemannes/der Ehefrau ist zum Zeitpunkt der Heirat höher als das seiner Ehefrau/ihres Ehemannes (*Aufwärtsheirat:* $k = 1$); 2. das Bildungsniveau des Ehemannes/der Ehefrau ist zum Zeitpunkt der Heirat *gleich* mit dem seiner Ehefrau/ihres Ehemannes (*homogame Heirat:* k = 2); und 3. das Bildungsniveau des Ehemannes/der Ehefrau ist zum Zeitpunkt der Heirat *niedriger* als das seiner Ehefrau/ihres Ehemannes (*Abwärtsheirat:* $k = 3$). Die Relationen höher, gleich und niedriger basieren dabei auf der oben bereits dargestellten Bildungsklassifikation mit vier hierarchischen Niveaus (siehe die Diskussion im Zusammenhang mit *Tabelle 1*).

Die in unserer Längsschnittanalyse verwendeten Kovariablen sind wie folgt definiert:

a) Nichtmonotone Altersabhängigkeit des Heiratsprozesses: Zur Modellierung der nichtmonotonen Altersabhängigkeit der Eintrittsrate in die erste Ehe wird eine Kombination von zwei Variablen verwendet (siehe dazu ausführlich Blossfeld und Huinink (1989) oder Blossfeld und Jaenichen (1990)): wobei i der Index für das i-te Jahr nach dem 15. Lebensjahr ist:

$Log(D_i) = \log(Alter - 15)$
$Log(R_i) = \log(60 - Alter)$

Damit erhält man im Exponentialmodell:

$$(4) \qquad \exp(\log(D_i) * \beta' + \log(R_i) * \beta'' = D_i^{\beta'} * R_i^{\beta''}$$

b) Bildungsniveau: Zur dynamischen Modellierung des Bildungsniveaus im Lebenslauf der Frauen und Männer wird die Anzahl der Ausbildungsjahre verwendet, die zur Erlangung des jeweiligen Abschlusses durchschnittlich erforderlich ist (vgl. dazu Blossfeld 1985): Hauptschulabschluß ohne Berufsausbildung (HOB) = 9 Jahre; Mittlere Reife ohne Berufsausbildung (MOB) = 10 Jahre; Hauptschulabschluß mit Berufsausbildung (HMB) = 11 Jahre; Mittlere Reife mit Berufsausbildung (MMB) = 12 Jahre; Abitur oder Fachhochschulreife ohne Berufsausbildung (ABI) = 13 Jahre; Abitur oder Fachhochschulreife mit Berufsausbildung (ABIMB) = 15 Jahre; Fachhochschulabschluß (FHS) = 17 Jahre und Universitätsabschluß (UNI) = 19 Jahre. Es soll betont werden, daß das Bildungsniveau hier eine zeitabhängige Kovariable ist, die in Abhängigkeit vom Bildungsverlauf jeweils nach Erlangung eines Abschlusses zeitbezogen aktualisiert wird und damit in jedem Alter das jeweils höchste erreichte Bildungsniveau des Individuums im Lebenslauf anzeigt.

c) Ausbildungsniveauspezifische Altersabhängigkeit: Um die ausbildungsniveauspezifische Heiratsneigung im Lebenslauf zu beschreiben, wurden die folgenden zwei Interaktionsvariablen gebildet: *Log (Alter–15) * Bildung*(dynamisch) und *Log (60–Alter) * Bildung*(dynamisch).

d) Linearer Kohortentrend: Da sich im Zuge der Bildungsexpansion die Bildungsverteilungen der Männer und Frauen von Kohorte zu Kohorte angeglichen haben, ergibt sich bereits aus rein strukturellen Gründen für jede jüngere Generation auch eine wachsende Chance, bildungshomogam zu heiraten. Um diese sich über die Kohorten ergebenden Effekte der Angleichung der Randverteilungen in der Analyse zu kontrollieren, wurde die Kovariable linearer Kohortentrend konstruiert, die jeder Fünfjahres-Geburtskohorte eine Zahl von 1 (älteste Kohorte) bis 11 (jüngste Kohorte) zuordnet.

e) Zeit im Bildungssystem: Der stufenweise Selektionsprozeß *im* Bildungssystem führt dazu, daß die Schüler und Studenten, die jeweils noch im Bildungssystem verbleiben, länger einem zunehmend bildungshomogeneren Umfeld ausgesetzt sind. Dieser Prozeß wird durch die zeitabhängige Kovariable Verweildauer im Bildungssystem modelliert, die im Alter von 15 Jahren beim Wert Null beginnt und dann kontinuierlich bis zum Zeitpunkt des Verlassens des Bildungssystems jährlich um den Wert „1“ erhöht wird. Nach dem Verlassen des Bildungssystems wird diese Kovariable wieder auf den Wert Null zurückgesetzt, weil die Individuen dann nicht mehr den bildungshomogenen Umweltbedingungen und Kontaktnetzen im Ausbildungssystem ausgesetzt sind.

f) Nicht in Ausbildung: Nach unseren theoretischen Ausführungen werden sich die jugendlichen und jungen Erwachsenen Während ihrer Ausbildung als „noch nicht bereit“ für die Heirat betrachten. Sie werden deswegen die Heirat zunächst während ihrer Ausbildung aufschieben und sie dann nach dem Verlassen des Bildungssystems nachholen. Dieser Aufschiebe-Nachhol-Prozeß wird mit Hilfe von zwei verschiedenen Kovariablen modelliert: 1. durch die zeitabhängige Dummyvariable Nicht in Ausbildung (1/0-Kodierung: Referenzkategorie: in Ausbildung), die den Wert „1" erhält, wenn ein Mann oder eine Frau das Bildungssystem verlassen hat und sonst den Wert „0" hat; und 2. durch eine Serie von sieben zeitbezogenen Dummyvariablen, die jeweils für kleinere Zeitintervalle *nach* dem Verlassen des Bildungssystems auf den Wert „1" gesetzt werden und sonst den Wert „0" haben (Referenzkategorie: in Ausbildung): 1–2 Jahre nach Ausbildung, 3–4 Jahre nach Ausbildung, ..., 11–12 Jahre nach Ausbildung, > 12 Jahre nach Ausbildung. Mit dieser Serie zeitabhängiger Dummyvariabler ist es möglich, flexibel alle Formen der Zeitabhängigkeit der Heiratsneigung (z.B. auch kurzzeitige Nachholeffekte) nach dem Verlassen des Bildungssystems zu berücksichtigen.

g) Zeit seit Verlassen des Bildungssystems: Die wachsende Heterogenität der sozialen Netzwerke, die mit dem zunehmenden Abstand vom Bildungssystem einhergeht, wird mit der Kovariable *Zeit seit Verl. Bildungssystem* linear modelliert. Das heißt, diese Variable wird mit jedem Jahr seit Verlassen des Bildungssystems um den Wert 1 erhöht.

h) Haupteffekt der sozialen Herkunft: die Bildung des Vaters: Der direkte Effekt der sozialen Herkunft wird durch das Bildungsniveau des Vaters modelliert. Diese Variable wurde in Anlehnung an die differenzierte Bildungsklassifikation der Frauen und Männer entwickelt, die oben unter Punkt b) bereits beschrieben wurde. Das heißt, der Variable Bildungsniveau des Vaters wurde die zur Erreichung des höchsten Abschlusses jeweils durchschnittlich erforderliche Zahl von Bildungsjahren zugeordnet.

i) Veränderung des Haupteffekts der sozialen Herkunt: Um die Veränderung des Bildungseffekts des Vaters auf die Partnerwahl der Kinder im historischen Verlauf zu modellieren, wurde folgende Interaktionsvariable gebildet: *Bildung des Vaters * Linearer Kohortentrend.*

k) Indirekte Herkunftseffekte: Ein wesentlicher Aspekt unserer theoretischen Diskussion der Partnerwahl sind die *indirekten*, das heißt, über die jeweiligen Bildungsniveaus der Töchter und Söhne ver)mittelten Herkunftseffekte auf die Homogamie- bzw. Heterogamieneigung. Diese Einflüsse werden durch einen Satz von drei Dummyvariablen modelliert, bei denen zeitbezogen das im Lebenslauf jeweils aktuell höchste Bildungsniveau der Tochter/des Sohnes mit dem des Vaters verglichen wird: 1. das Bildungsniveau des Vaters ist kleiner als das der Tochter/des Sohnes; 2. das Bildungsniveau des Vaters ist gleich dem der Tochter/des Sohnes; und 3. das Bildungsniveau des Vaters ist größer als das der Tochter/des Sohnes. Bei diesen Variablen sind zentrierte Effekte verwendet worden. Das heißt, diese Effekte zeigen jeweils die Differenzen zu einem allgemeinen Mittelwert an (wobei die Summe der Effekte für die drei Variablen Null ist).

IX. Ergebnisse

Den Ausgangspunkt unserer empirischen Längsschnittanalyse sollen zunächst die *Abbildungen 1* und *2* bilden. Dort wurden die Homogamieraten im Lebenslauf von ledigen Männern und Frauen für drei ausgewählte Bildungsgruppen (Ungelernte, Absolventen mit Berufsausbildung und Universitätsabsolventen) geschätzt. Die Kurvenverläufe sind dabei auf der Basis der Koeffizienten des Models 1 in den *Tabellen 2* und *3* erzeugt worden. Diese Kurven zeigen deutlich, daß es keinen allgemeinen altersspezifischen Ratenverlauf gibt, wie dies noch von Blossfeld und Huinink (1989), Blossfeld und Jaenichen (1990) oder Blossfeld (1995) fälschlich unterstellt wurde. Der Ratenverlauf ergibt sich vielmehr aus einer Interaktion von Bildungsniveau und Lebensalter. Diese bildungsaltersspezifischen Homogamieraten über den Lebenslauf berücksichtigen insbesondere, *ob* ein Individuum noch in Ausbildung ist und *wann* es mit welchem Bildungsabschluß das Ausbildungssystem verlassen hat. Das heißt, es werden die bildungs-altersspezifischen Homogamieraten durch die zeitabhängigen Kovariablen *Log(Alter–15), Log(60–Alter), Log(Alter–15)*Bildung, Log(60–Alter)*Bildung* und *Nicht in Ausbildung* zunächst sehr allgemein geschätzt.[11]

Aus *Abbildung 1* kann man zunächst deutlich erkennen, daß der Homogamieprozeß für die Frauen, die das Bildungssystem als Ungelernte verlassen, im Lebenslauf sehr früh beginnt und sich dann vergleichsweise lange hinzieht. Das heißt, diese Frauen treten in einem vergleichsweise frühen Lebensalter in das Beschäftigungssystem ein und sind somit auch in einem jüngeren Lebensalter (bewußt oder latent) „heiratsbereit". lm Gegensatz dazu ist die Neigung (bildungshomogam) zu heiraten für die gleichaltrigen Frauen, die noch in der Schul-, Berufs- oder Universitätsausbildung sind, sehr niedrig. Erst wenn diese das Ausbildungssystem ebenfalls verlassen haben, steigt die Heiratsrate sprunghaft an und zwar um so stärker, je qualifizierter diese Frauen sind, weil diese dann jeweils länger im Bildungssystem verweilten und die Heiratsentscheidung jeweils länger aufgeschoben haben. Frauen mit einer Berufsausbildung verlassen das Bildungssystem in unserer Simulation mit dem 18. Lebensjahr und Frauen mit Universitätsabschluß mit dem 25. Lebensjahr.[12] Es zeigt sich also deutlich, daß die Neigung zu bildungshomogamen Ehen der Frauen vom Bildungsniveau und der Bildungsbeteiligung abhängt und unmittelbar nach Beendigung der Ausbildung besonders bei Universitätsabsolventinnen groß ist.

Ein ähnliches Bild ergibt sich für die Männer (*Abbildung 2*). Eine Besonderheit im Vergleich zu den Frauen ist hier allerdings, daß unqualifizierte Männer, die das Bildungssystem früh verlassen haben, sich zunächst nicht wesentlich von denjenigen Männern in ihrer (homogamen) Heiratsneigung unterscheiden, die noch im Bildungssystem sind. Die Heiratsneigung ist für beide Gruppen zunächst relativ niedrig. Für unqualifizierte Männer ist es also in jungen Lebensjahren schwer oder unmöglich, eine Familie zu gründen. Sie sind zum einen aufgrund ihrer niedrigen Bildung

[11] Für die Männer gestaltete sich die Modellierung der alters- und ausbildungsspezifischen Einflüsse schwieriger als für die Frauen. Um eine angemessene Modellierung zu erreichen, mußte – im Unterschied zu den Frauen – im Modell 1 der Tabelle 3 zusätzlich noch die zeitabhängige Kovariable *Zeit nach Verl. Bildungssystem* berücksichtigt werden.

[12] Bei Schätzung der Homogamierate mit zeitabhängigen Kovariablen muß natürlich auch der Zeitpunkt, zu dem bestimmte Abschlüsse erreicht werden, vorgegeben werden.

Abbildung 1: Homogamieraten nach Bildungsniveau der Frau

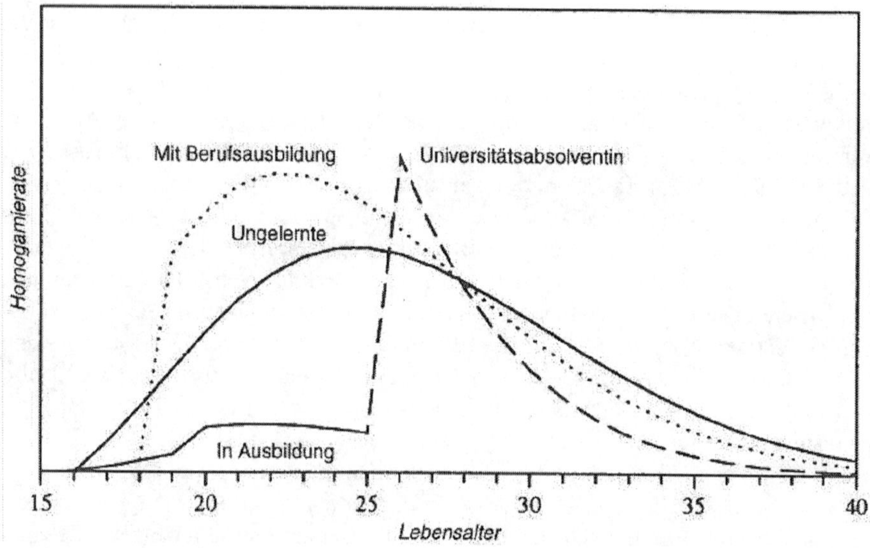

Abbildung 2: Homogamieraten nach Bildungsniveau des Mannes

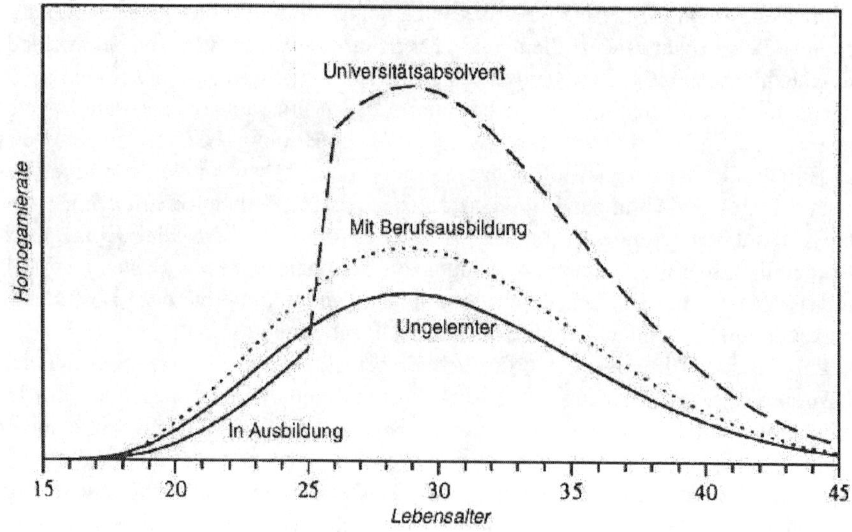

(und den damit verbundenen schlechteren Einkommenschancen) relativ unattraktive Heiratspartner und zum anderen aufgrund ihrer geringeren Einkommen zunächst noch selten in der Lage, die finanziellen Hürden einer Familiengründung zu nehmen. Aber auch bei den Männern steigt die Tendenz, bildungshomogam zu heiraten, mit dem Bildungsniveau an. Vor allem für die Universitätsabsolventen ist wieder eine sehr starke Bildungshomogamietendenz, vor allem in den Jahren unmittelbar nach dem Ausbildungsabschluß, zu beobachten. Der spitzere Verlauf der Bildungshomogamierate für die Universitätsabsolventinnen (*Abbildung 1*) im Vergleich zu den Universitätsabsolventen (*Abbildung 2*) dürfte dabei wiederum durch die zumindest partiell noch immer vorhandene geschlechtsspezifische Rollenverteilung in der Gesellschaft begründet sein. Für die Universitätsabsolventen schließt sich nach dem Ausbildungsabschluß noch eine Phase der beruflichen Etablierung vor der Heirat an, während die Universitätsabsolventinnen relativ unmittelbar nach dem Verlassen der Universität heiraten.

Diese Ratenverläufe unterschiedlicher Bildungsgruppen im Lebenslauf sind als erste Hinweise darauf zu werten, daß die institutionelle Struktur des Bildungssystems einen starken Einfluß auf den Bildungshomogamieprozeß der Individuen hat. Die hohe Zeitabhängigkeit der Heiratsmuster ergibt sich dabei aus der spezifischen Organisationsstruktur der Bildungsinstitutionen und dem damit verbundenen Zusammenspiel verschiedener, zum Teil auch entgegengesetzter, zeitveränderlicher Kräfte.

X. Zeitabhängige Effekte des Bildungssystems auf die Heiratsmuster

Wir möchten nun versuchen, durch die Wahl direkterer Indikatoren für diese zeitveränderlichen Kräfte die Einflüsse des Bildungssystems und der sozialen Herkunft auf die bildungsspezifischen Heiratsmuster genauer zu identifizieren und zeitbezogen zu analysieren. Dazu haben wir die Modelle 2 und 3 in den *Tabellen 2* und *3* geschätzt.

1. Effekte des stufenweisen Selektionsprozesses im Bildungssystem. Im theoretischen Teil dieser Arbeit haben wir zunächst argumentiert, daß durch den Selektionsprozeß im Bildungssystem von Stufe zu Stufe zunehmend homogenere Populationen im Bildungssystem erzeugt werden. Innerhalb jeder Generation scheiden die jeweils Wenigerqualifizierten früher aus dem Qualifikationsprozeß aus. Damit bleiben diejenigen jungen Frauen und Männer jeweils länger zusammen, die jeweils ein gleiches oder später ein eventuell höheres Bildungsniveau erreichen werden. Mit zunehmender Verweildauer im Bildungssystem sollte sich deswegen die strukturelle Chance erhöhen, eine Beziehung zu einem gleich- oder (später) höherqualifizierten Partner aufzubauen und diesen eventuell später auch zu hei-raten. In den Modellen 2 und 3 der *Tabellen 2* und *3* wird dieser Prozeß durch die Aufnahme der Kovariable Verweildauer im Bildungssystem modelliert. Es zeigt sich, daß diese Kovariable tatsächlich sowohl bei den Frauen als auch bei den Männern den erwarteten signifikant positiven Effekt auf homogame und Aufwärtsheiraten hat, während sie für die Abwärtsheiraten bedeutungslos ist. Je länger die Frauen und Männer also im Bildungssystem verweilen, desto größer ist für sie damit die Chance, einen gleich- oder (später einmal) höherqualifizierten Partner zu heiraten.

2. Bildungsbeteiligung und Aufschub der Heiratsentscheidung. Unser zweites Argument im theoretischen Teil war, daß der Besuch einer Schule oder Universität oder die Absolvierung einer beruflichen Ausbildung einhergehen mit einem hohen Grad ökonomischer Abhängigkeit von den Eltern oder vom Staat. Viele Schüler und Studenten betrachten sich deswegen als noch „nicht bereit“ für die Familienbildung.

Tabelle 2: Übergangsratenmodelle für die Aufwärts-, Abwärts- und homogamen Heiraten bezüglich des Bildungsniveaus für Frauen

Variable	Aufwärtsheirat			Homogame Heirat			Abwärtsheirat		
	Modell 1	Modell 2	Modell 3	Modell 1	Modell 2	Modell 3	Modell 1	Modell 2	Modell 3
Konstante	– 55,28**	– 50,89**	– 42,73**	– 41,92**	– 48,99**	– 32,86**	– 50,81**	– 39,81*	– 52,03**
Log(Alter-15)	– 0,33	0,06	0,24	4,12**	3,43**	3,89**	1,91*	2,11*	1,69
Log(60-Alter)	15,95**	13,67**	11,38**	7,54**	8,95**	4,11**	9,52**	7,46	11,16
Log(Alter-15) * Bildung	0,38**	0,32**	0,28**	– 0,19**	– 0,13**	– 0,23**	0,02	0,02	0,11
Log(60-Alter) * Bildung	– 0,36**	– 0,29**	– 0,27**	0,14**	0,07**	0,14**	0,09	0,07	0,01
Nicht in Ausbildung[1]	0,39	2,66**		1,95**	3,85**		2,59**	0,55	
Verweildauer im Bildungssystem[2]		0,28**	0,28**		0,30**	0,32**		– 0,28	– 0,29
Zeit seit Verl. des Bildungssystem[3]		– 0,02			0,03			– 0,09	
1 – 2 Jahre nach Ausbildung[4]			2,48**			3,74**			0,53
3 – 4 Jahre nach Ausbildung[4]			2,58**			4,24**			– 0,22
5 – 6 Jahre nach Ausbildung[4]			2,56**			4,45**			– 0,45
7 – 8 Jahre nach Ausbildung[4]			2,48**			4,38**			– 0,02
9 – 10 Jahre nach Ausbildung[4]			2,36**			4,11**			– 0,03
11 – 12 Jahre nach Ausbildung[4]			2,33**			3,93**			– 1,07
Mehr als 12 Jahre nach Ausbildung[4]			1,74*			3,73**			– 0,72
Bildung Vater		– 0,09	– 0,10		0,17**	0,15**		– 0,12	– 0,10
Bildung Vater * Kohorte		– 0,02	– 0,02		– 0,15	– 0,14		0,08	0,05
Bild Vater < Bild Tochter[5]		– 0,32**	– 0,33**		0,37**	0,32**		0,76*	0,81*
Bild Vater = Bild Tochter[5]		– 0,37**	– 0,37**		0,39**	0,39**		1,03*	1,03*
Bild Vater > Bild Tochter[5]		0,69**	0,70**		– 0,76**	– 0,71**		– 1,79*	– 1,84*
Linearer Kohortentrend		1,59	1,58		3,28**	3,13**		– 0,83	– 0,49
Ereignisse	727	727	727	1250	1250	1250	105	105	105
Subepisoden	48681	48681	48681	48681	48681	48681	48681	48681	48681
Likelihood ratio test (LR)[6]	2699,28	3127,86	3199,32	2699,28	3127,86	3199,32	2699,28	3127,86	3199,32
Freiheitsgrade	5	13	18	5	13	18	5	13	18

1 Referenzkategorie: In Ausbildung. 2 Gemessen in Anzahl der Schuljahre nach dem 14. Lebensjahr. 3 Gemessen in Anzahl von Jahren nach der Ausbildung. 4 Dummyvariable (Referenzkategorie: In Ausbildung). 5 Zentrierte Effekte. 6 LR = 2*(LogLikelihood(Modell mit Kovariablen) – (LogLikelihood(Modell ohne Kovariablen)).

** Signifikant p < 0,01; * signifikant p < 0,05.

Quelle: Sozio-ökonomisches Panel, Wellen 1984–94.

Tabelle 3: Übergangsratenmodelle für die Aufwärts-, Abwärts- und homogamen Heiraten bezüglich des Bildungsniveaus für Männer

Variable	Aufwärtsheirat			Homogame Heirat			Abwärtsheirat		
	Modell 1	Modell 2	Modell 3	Modell 1	Modell 2	Modell 3	Modell 1	Modell 2	Modell 3
Konstante	– 29,09**	– 22,48**	– 34,03**	– 34,85**	– 39,88**	– 36,04**	– 40,06**	– 35,91**	– 29,17**
Log(Alter-15)	1,24	1,02	0,71	4,11**	3,64**	3,94**	2,46**	2,56**	2,75**
Log(60-Alter)	9,09**	5,98**	9,17**	6,73**	7,65**	6,21**	7,65**	6,95**	4,72**
Log(Alter-15) * Bildung	0,39**	0,29**	0,35**	– 0,05	– 0,02	– 0,08*	0,05	0,04	– 0,02
Log(60-Alter) * Bildung	– 0,49**	– 0,31**	– 0,33**	– 0,01	– 0,04	0,01	0,01	0,01	0,07*
Nicht in Ausbildung[1]	– 0,12	2,58**		0,97**	1,88**		1,99**	1,61	
Verweildauer im Bildungssystem[2]		0,27**	0,28**		0,11*	0,13**		– 0,01	0,02
Zeit seit Verl. des Bildungssystem[3]	– 0,26**	– 0,19**		– 0,08**	– 0,03		0,01	– 0,02	
1 – 2 Jahre nach Ausbildung[4]			– 6,80			1,43**			1,68
3 – 4 Jahre nach Ausbildung[4]			2,00			1,88**			1,62
5 – 6 Jahre nach Ausbildung[4]			1,93			2,04**			1,96*
7 – 8 Jahre nach Ausbildung[4]			1,45			2,02**			2,06*
9 – 10 Jahre nach Ausbildung[4]			1,19			1,81**			1,84
11 – 12 Jahre nach Ausbildung[4]			1,03			1,62**			1,93
Mehr als 12 Jahre nach Ausbildung[4]			– 0,05			1,31**			1,34
Bildung Vater		– 0,29	– 0,29		0,16**	0,15**		– 0,09	– 0,10
Bildung Vater * Kohorte		0,02	0,02		– 0,18*	– 0,18*		0,06	0,08
Bild Vater < Bild Sohn[5]		– 0,76**	– 0,76**		0,28**	0,25**		0,17*	0,13*
Bild Vater = Bild Sohn[5]		– 0,51**	– 0,52**		0,11**	0,10**		0,42*	0,41*
Bild Vater > Bild Sohn[5]		1,27**	1,28**		– 0,39**	– 0,35**		– 0,59*	– 0,54*
Linearer Kohortentrend		– 0,48	0,47		2,77**	2,70**		– 2,52*	– 2,71*
Ereignisse	105	105	105	1250	1250	1250	727	727	727
Subepisoden	48637	48637	48637	48637	48637	48637	48637	48637	48637
Likelihood ratio test (LR)[6]	2446,32	2675,94	2749,76	2446,32	2675,94	2749,76	2446,32	2675,94	2749,76
Freiheitsgrade	6	13	18	6	13	18	6	13	18

1 Referenzkategorie: In Ausbildung. 2 Gemessen in Anzahl der Schuljahre nach dem 14. Lebensjahr. 3 Gemessen in Anzahl von Jahren nach der Ausbildung. 4 Dummyvariable (Referenzkategorie: In Ausbildung). 5 Zentrierte Effekte. 6 LR = 2*(LogLikelihood(Modell mit Kovariablen) – (LogLikelihood(Modell ohne Kovariablen)).

** Signifikant $p < 0,01$; * signifikant $p < 0,05$.

Quelle: Sozio-ökonomisches Panel, Wellen 1984–94.

Der Abschluß der Ausbildung stellt damit einen wichtigen Schritt in der normativen Konzeption des Übergangs in den Erwachsenenstatus dar und wird deswegen auch von vielen jungen Männern und Frauen als eine wesentliche Voraussetzung für den Eintritt in eine Ehe interpretiert. Das Modell 2 in den *Tabellen 2* und *3* zeigt, daß die Kovariable Nicht in Ausbildung tatsächlich die erwarteten Vorzeichen hat. Bei homogamen und Aufwärtsheiraten steigt die Heiratsneigung für Männer und Frauen nach dem Ausbildungsabschluß deutlich an.

3. Verlassen des Bildungssystems und heterogenere Umwelten. Unser drittes Argument bezüglich des Bildungssystems war, daß die Männer und Frauen nach dem Verlassen des Bildungssystems in bildungsheterogenere Umwelten kommen. Man sollte deswegen vermuten, daß mit wachsender Zeit seit Verlassen des Bildungssystems die Tendenz zur Bildungshomogamie fällt und die Neigung zur Bildungsheterogamie ansteigt. Das Modell 2 in *Tabelle 2* zeigt, daß für die Frauen dieser lineare Zusammenhang nicht besteht, und bei den Männern dieser lineare Zusammenhang nur im Modell 2 der *Tabelle 3* für Aufwärtsheiraten nachzuweisen ist. Der Grund für das Fehlen dieses Effekts könnte sein, daß der Zusammenhang zwischen der Homogamieneigung und der Zeitdauer seit dem Verlassen des Bildungssystems nicht linear ist, sondern die Form einer Parabel hat, weil es nicht nur Aufschiebe-, sondern auch Nachholeffekte gibt (siehe *Abbildungen 1* und *2*).

4. Bildungsbeteiligung und Nachholeffekte der Heiratsentscheidung. Da die Schüler und Studenten im Bildungssystem ihre Familienbildung im Lebenslauf mit steigender Bildungshöhe zunehmend aufschieben, ist es wahrscheinlich, daß sie diese nach dem Verlassen des Bildungssystems zuerst einmal nachholen und die zum Teil während der Zeit im Bildungssystem begonnenen Freundschaften mit gleichqualifizierten Partnern in eine Ehe überführen. Mit anderen Worten, nach dem Verlassen des Bildungssystems sollte die Homogamieneigung zunächst ansteigen, weil die im Bildungssystem geschlossenen Freundschaften nach Beendigung der Ausbildung nach und nach in eine Ehe überführt werden und danach erst wegen des zunehmenden Einflusses bildungsheterogenerer Umwelten wieder abnehmen. In Modell 3 wurde deswegen eine Folge zeitbezogener Dummyvariabler aufgenommen, die dieses nichtmonotone Muster flexibel beschreiben kann. Die Koeffizienten in Modell 3 für die sieben zeitbezogenen Dummyvariablen *Zeit nach Ausbildung 1–2 Jahre, ..., Zeit nach Ausbildung 11–12 Jahre, Zeit nach Ausbildung > 12 Jahre* zeigen, daß die Homogamieneigung für Männer und Frauen unmittelbar nach Verlassen des Bildungssystems tatsächlich stark ansteigt, um danach tendenziell abzunehmen (*Tabellen 2* und *3*).

Dieser nichtmonotone Zusammenhang scheint bei den Frauen auch für die Neigung zur traditionellen Aufwärtsheirat zu gelten. Auch dort steigt die Neigung zuerst stark an, um dann mit zunehmender Distanz zum Bildungssystem wieder zu fallen. Für Abwärtsheiraten läßt sich dieser zeitliche Aufschub-/Nachholeffekt hingegen nicht feststellen.

5. Bildungshomogamie und Bildungsheterogamie im Generationenverlauf. Wir betrachten nun die Entwicklung der Heiratsmuster über die Kohorten hinweg. Aus *Tabelle 1* wissen wir, daß die Homogamieneigung über die Kohorten hinweg kontinuierlich angestiegen ist. Die Frage, die sich nun stellt, ist die, ob sich diese Entwicklung bloß aus der gerade dargestellten Veränderung der Bildungsbeteiligung im Lebenslauf von Kohorte zu Kohorte und damit aus den sich verändernden Kontaktchancen zu Gleich- und Höherqualifizierten ergibt, oder ob sich darüber hinaus auch noch ein rein struktureller Effekt einstellt, weil sich die Bildungsverteilungen der Männer und Frauen zunehmend angeglichen haben und deswegen strukturell mehr homogam geheiratet werden muß. Um dies zu klären, wurde die Kovariable Linearer Kohortentrend zusätzlich in die Modelle aufgenommen. Es zeigt sich, daß sowohl für die Frauen als auch für die Männer der Koeffizient dieser Kovariablen im Modell 3 für homogame Heiraten positiv und hoch signifikant ist (*Tabellen 2* und *3*). Ein Teil der Bildungshomogamie ergibt sich also rein verteilungsstrukturell. Ähnliches gilt auch für die traditionelle Tendenz der Männer abwärts zu heiraten. Die Kovariable Linearer Kohortentrend hat bei den abwärtsheiratenden Männern ein signifikant negatives Vorzeichen (*Tabelle 3*).

XI. Effekte der sozialen Herkunft und ihre Veränderung

Direkte Effekte der sozialen Herkunft und ihre Veränderung.[13] Im theoretischen Teil dieses Aufsatzes haben wir argumentiert, daß der direkte Effekt der sozialen Herkunft auf die Bildungshomogamie mit dem Bildungsniveau des Vaters steigen sollte. Dies vor allem deshalb, weil es sich bei der sozialen Herkunft um ein Konglomerat hochkorrelierter Merkmale wie Vermögen, Einkommen, Prestige, Bildung usw. handelt, das wiederum positiv mit dem Bildungsniveau der Kinder zusammenhängt und damit nicht nur Statusdifferenzen zwischen verschiedenen Bildungsgruppen sozial bedeutsamer macht, sondern auch die Barrieren zwischen den bildungsspezifischen Verkehrskreisen verstärkt. Die *Tabellen 2* und *3* zeigen, daß dies tatsächlich so ist. Sowohl für die Frauen als auch für die Männer ergibt sich ein signifikant positiver Effekt der Bildung des Vaters auf die Neigung, einen gleichqualifizierten Partner zu heiraten. Mit anderen Worten, je höher die Bildung des Vaters, desto mehr wird homogam geheiratet und desto mehr schließen sich die sozialen Kreise für die Tochter und Söhne.

Hat sich nun der direkte Herkunftseffekt im Zuge des Modernisierungsprozesses über die Generationen hinweg verändert? im theoretischen Teil hatten wir die Antwort auf diese Frage offen lassen müssen, weil sie von zwei entgegengesetzten Tendenzen abhängt, deren Ergebnis nur empirisch bestimmbar ist. So hat sich durch die Bildungsexpansion einerseits wenig an den relativen herkunftsspezifischen Bildungschancen geändert (Shavit und Blossfeld 1993), so daß die relativen Verhältnisse zwischen den sozialen Verkehrskreisen im Bildungssystem davon weitgehend unberührt geblieben sein dürften. Andererseits ist aber durch die Bildungsexpansion die absolute Zahl der Kinder aus unteren sozialen Schichten gestiegen, die ein höheres Bildungsni-

[13] Mit Blick auf die Effekte der sozialen Herkunft haben wir in unseren Analysen mit dem sozioökonomischen Status des Vaters und dem Bildungsniveau des Vaters experimentiert. Dabei hat sich gezeigt, daß der Effekt des sozioökonomischen Status des Vaters verschwindet, wenn das Bildungsniveau des Vaters in die Analyse einbezogen wird. Da beide Herkunftsindikatoren hoch miteinander korreliert sind und sich damit zum Teil die Erklärungskraft der sozialen Herkunft partialisiert hat, haben wir uns bei der vorliegenden Analyse nur auf das *Bildungsniveau der Vaters als Herkunftsindikator* beschränkt.

veau erreichen konnten. Damit dürfte sich die Chance von Kontakten und Paarbildungen zwischen Kindern aus unterschiedlichen sozialen Schichten durch die Bildungsexpansion erhöht haben und den direkten Herkunftseffekt vermindern. Um die Frage nach der Veränderung des direkten Herkunftseinflusses zu beantworten, wurde die Interaktionsvariable *Bildung Vater * Kohorte* in die Modelle aufgenommen. Die Koeffizienten dieser Interaktionsvariablen in den Modellen 2 und 3 sind aber für die Frauen alle nicht signifikant (Tabelle 2). Das heißt, daß der direkte Effekt der sozialen Herkunft für die Frauen über die Generationen hinweg weitgehend unverändert geblieben ist. Für die Männer ergibt sich dagegen, daß der direkte Effekt der sozialen Herkunft bei homogamen Heiraten über die Generationen hinweg signifikant abnimmt (Modelle 2 und 3 in *Tabelle 3*). Hier scheint die Bildungsexpansion eine egalisierende, das heißt, die sozialen Verkehrskreise öffnende Wirkung auf die Paarbildung zu haben.

Indirekte Effekte der sozialen Herkunft. Im letzten Schritt gehen wir nun auf die indirekten, über die Bildungskarriere der Tochter und Söhne vermittelten Herkunftseffekte ein. Diese Einflüsse werden durch einen Satz von drei Dummyvariablen (*Bildung Vater < Bildung Sohn/Tochter; Bildung Vater = Bildung Sohn/Töchter; Bildung Vater > Bildung Sohn/Tochter*) modelliert, bei denen zeitbezogen das im Lebenslauf jeweils aktuell höchste Bildungsniveau der Tochter/des Sohnes mit dem des Vaters verglichen wurde. Um die Interpretation zu erleichtern, sind bei diesen Variablen zentrierte Effekte verwendet worden. Das heißt, diese Effekte zeigen jeweils die Differenzen zu einem allgemeinen Mittelwert an (wobei die Summe der Effekte für die drei Variablen Null ist).

Im theoretischen Teil wurde zunächst die Vermutung formuliert, daß die Wahrscheinlichkeit, sich mit einem gleichqualifizierten Partner zu verbinden, dann besonders hoch sein müßte, wenn das Bildungsniveau der Tochter/des Sohnes mit dem des Vaters übereinstimmt, weil sich dann die sozialen Netzwerke der Herkunftsfamilie und die durch das Bildungssystem vermittelten sozialen Netzwerke ergänzen und wechselseitig verstärken. Die Modelle 2 und 3 der *Tabellen 2* und *3* zeigen, daß dies bei homogamen Heiraten tatsächlich der Fall ist. Die Koeffizienten der Dummyvariablen *Bild Vater = Bild Tochter/Sohn* sind dort jeweils positiv und hochsignifikant.

Des weiteren haben wir im theoretischen Teil die Hypothese formuliert, daß die im Bildungssystem gegenüber ihrer Herkunftsschicht aufwärtsmobilen Söhne und Tochter in diesen Verkehrskreisen auch neue soziale Beziehungen etablieren werden. Da diese Individuen nicht nur Partner mit gleicher Bildung präferieren, sondern auch danach streben werden, diesen neuen Status abzusichern, wird sich damit auch die Wahrscheinlichkeit erhöhen, bildungshomogam zu heiraten. Die Modelle 2 und 3 der *Tabellen 2* und *3* spiegeln diese Zusammenhänge bei homogamen Heiraten wider. Die Koeffizienten der Dummyvariablen *Bild Vater < Bild Tochter/Sohn* sind bei den homogamen Heiraten jeweils positiv und hochsignifikant.

Bei den aufwärtsmobilen Männern und Frauen sind wir darüber hinaus davon ausgegangen, daß sie ihren sozialen Ursprung beibehalten. Das heißt, sie werden ihre herkunftsspezifischen sozialen Kontakte (Freunde, Bekannte, Verwandte usw.) über eine beträchtliche Zeitspanne in ihrem Leben weiterhin pflegen. Wir haben deswegen erwartet, daß diese Männer und Frauen eine hohe Neigung haben, wiederum einen Partner aus der Herkunftsschicht zu treffen und dann nach unten zu heiraten. Die Modelle 2 und 3 der *Tabellen 2* und *3* unterstützen auch diese Hypothese bei den

Abwärtsheiraten. Die Koeffizienten der Dummyvariablen *Bild Vater < Bild Tochter/ Sohn* haben jeweils eine signifikant positive Wirkung auf die Abwärtsheirat.

Wir haben weiterhin vermutet, daß die gegenüber ihrer Herkunftsschicht abwärtsmobilen Männer und Frauen einerseits versuchen, den Status ihrer Herkunftsfamilie wieder zu erreichen und deswegen auch eine geringere Bildungshomogamieneigung haben. Die Modelle 2 und 3 der *Tabellen 2* und *3* unterstützen auch diese Vermutung bei den homogamen Heiraten. Die Koeffizienten der Dummyvariablen Bild Vater > Bild Tochter/Sohn haben jeweils eine signifikant negative Wirkung auf die homogame Heirat.

Andererseits werden die abwärtsmobilen Männer und Frauen über ihre herkunftsspezifischen sozialen Netzwerke (Freunde, Bekannte, Verwandte usw.) auch die Chance bekommen, besser gebildete Partner zu treffen und dann wieder nach oben zu heiraten. Die Modelle 2 und 3 der *Tabellen 2* und *3* zeigen, daß auch dies so zu sein scheint. Die Koeffizienten der Dummyvariablen *Bild Vater > Bild Tochter/Sohn* haben jeweils einen signifikant positiven Einfluß auf die Aufwärtsheirat. Dieses Muster ist, wie vermutet, bei Frauen auch stärker als bei Männern.

Zum Abschluß haben wir noch die Hypothese formuliert, daß rein strukturell die Chance sehr gering sein sollte, daß durch Bildung aufwärtsmobile (bzw. abwärtsmobile) Männer und Frauen, sozusagen im nächsten Schritt noch einmal nach oben (bzw. nach unten) heiraten werden, weil sie sich dann weder auf ihre sozialen Herkunftsnetze noch auf ihre durch das Bildungssystem vermittelten sozialen Beziehungsnetze stützen können. Die Modelle 2 und 3 der *Tabellen 2* und *3* zeigen, daß auch diese Vermutung stimmt. Die Koeffizienten der Dummyvariablen *Bild Vater < Bild Tochter/Sohn* (*Bild Vater > Bild Tochter/Sohn)* haben jeweils einen signifikant negativen Einfluß auf die Aufwärtsheirat (Abwärtsheirat).

Zusammenfassend sollen an dieser Stelle vor allem zwei Punkte festgehalten werden: 1. Söhne und Tochter, die es geschafft (bzw. nicht geschafft) haben, das Bildungsniveau der Herkunftsfamilie zu übersteigen (bzw. nicht zu erreichen), zeigen eine Tendenz zur Gegenmobilität durch Heirat, wodurch die individuellen Bildungserfolge (bzw. Bildungsmißerfolge) zum Teil wieder korrigiert werden. Das heißt, die soziale Ungleichheit der Herkunftsschicht setzt sich letztlich dann bei diesen Individuen doch wieder durch. Allerdings gibt es aber 2. auch eine dazu entgegengesetzte Tendenz, daß die Söhne und Töchter, denen es gelungen ist, durch individuelle Bildungsanstrengungen aufzusteigen, diesen Aufstieg durch eine bildungshomogame Heirat absichern. Dies sind die eigentlichen Gewinner der Bildungsexpansion. Die Größe der Veränderung dieses Anteils über die Generationen hinweg kann deshalb als ein Wichtiger Indikator für das Ausmaß der Öffnung bzw. Schließung intergenerationaler Ungleichheitsstrukturen angesehen werden. Bei den Töchtern erhöht sich dieser Anteil von 6 Prozent (Kohorte 1919–53) auf 14 Prozent (Kohorte 1949–63) und bei den Söhnen von 9,2 Prozent (1919–33) auf 13,5 Prozent (Kohorte 1949–63). Mit anderen Worten, die Bildungsexpansion scheint nur eine sehr schwache Öffnung der Verkehrskreise und Heiratsmuster bewirkt zu haben.[14]

[14] Eine ausführliche Darstellung der Bildungsniveaus der Ehepartner in Abhängigkeit von der sozialen Herkunft ist in Blossfeld und Timm (1997) zu finden. Sie muß hier aus Platzgründen unterbleiben.

XII. Zusammenfassung

Das Ziel der vorliegenden Untersuchung ist es gewesen, empirisch zu untersuchen, welchen Einfluß das Bildungssystem und die Bildungsexpansion auf die Heiratsmuster in Westdeutschland haben. Dazu sind der Prozeß der Wahl von Heiratspartnern im Lebenslauf lediger deutscher Männer und Frauen Schritt für Schritt rekonstruiert und die Heiratsmuster aufeinander folgender Generationen in den letzten 50 Jahren verglichen worden.

Die Beschreibung der Entwicklung der Bildungshomogamie über die Generationen hinweg hat zunächst gezeigt, daß es einen starken langfristigen Trend zu mehr Bildungshomogamie gibt. Dieser Trend ergibt sich zum einen „strukturell" aus der zunehmenden Angleichung der Bildungsverteilungen von Männern und Frauen über die Kohorten hinweg und zum Teil durch die sozialen Netzwerke, die durch die Bildungsinstitutionen strukturiert werden. Der Anteil der traditionell aufwärtsheiratenden Frauen hat darüber hinaus über die Generationen hinweg deutlich abgenommen. Allerdings ist dieses traditionelle Heiratsmuster auch bei den jüngsten Kohorten mit einem Fünftel der geschlossenen Ehen immer noch recht weit verbreitet. Schließlich zeigte sich, daß es schon immer einen kleineren Prozentsatz von Frauen und Männern gab, die nicht nach diesem traditionellen Muster geheiratet haben. Diese Frauen haben wenigerqualifizierte Männer geheiratet. Erstaunlich war insbesondere, daß sich die Wahrscheinlichkeit für die jeweils jüngeren Frauen, einen wenigerqualifizierten Mann zu heiraten, nicht erhöht hat, obwohl die jüngeren Frauen im Vergleich zu den jüngeren Männern jeweils stärker von der Bildungsexpansion profitiert haben.

Die ansteigende Bildungshomogamie über die Kohorten hinweg unterstützt kaum die Idee eines mit dem Modernisierungsprozeß verbundenen allgemeinen, langfristigen Trends hin zu mehr Entstrukturierung (vgl. z.B. Beck 1986; Hradil 1987). Die Entwicklung der Bildungshomogamiequoten über die Kohorten hinweg spricht im Gegenteil für eine zunehmende Schließung der Sozialstruktur und der sozialen Kreise (vgl. dazu auch Teckenberg 1991). Die jeweils höher bzw. niedriger gebildeten Männer und Frauen kumulieren jeweils ihre guten bzw. schlechten soziokulturellen und ökonomischen Ressourcen. Für die Modernisierungs- und Individualisierungstheoretiker stellen diese Ergebnisse natürlich ein schwerwiegendes Erklärungsproblem dar. Die Fehlprognose der empirischen Entwicklung durch diese Sozialwissenschaftler ergibt sich unserer Ansicht nach vor allem aus der Annahme, daß sich soziale Makroentwicklungen nur mit Hilfe abstrakter Entwicklungslogiken und ohne ernsthafte Betrachtung der sich im Lebenslauf verändernden strukturellen Handlungsbedingungen sowie der individuellen Ziele, Orientierungen und Erwartungen, also ohne Mikrofundierung, erklären lassen (vgl. dazu auch Goldthorpe 1996).

Unsere Mikro-/Makro-Längsschnittanalyse der Partnerwahl im Lebenslauf zeigte, daß das Bildungssystem insbesondere für die jeweils Höherqualifizierten ein zunehmend wichtiger Heiratsmarkt geworden ist. Die Bildungshomogamie steigt mit der Verweildauer im Bildungssystem deutlich an. Da von Kohorte zu Kohorte die Bildungsdauer wächst, schlägt sich die Bildungsexpansion in einer steigenden Bildungshomogamierate nieder. Insbesondere unmittelbar nach Verlassen des Bildungssystems ist die Neigung zu einer bildungshomogamen Ehe besonders ausgeprägt, und sie steigt mit dem Bildungsniveau stark an. Dies ist vor allem deshalb der Fall, weil durch den Selektionsprozeß im Bildungssystem die jeweils Höherqualifizierten 1. in einem zunehmend bildungshomogeneren Umfeld verbleiben und 2. die Heirat im Lebenslauf bis zum Verlassen des Bildungssystems aufschieben. Mit zunehmender Distanz zum Bildungssystem verringert sich dann die Neigung wieder, bildungshomogam zu heiraten, weil die Individuen zunehmend in bildungsheterogeneren Kreisen verkehren.

Die Analyse hat auch gezeigt, daß der direkte Einfluß der sozialen Herkunft auf die Bildungshomogamie um so stärker ist, je besser das Elternhaus gestellt ist, weil sich damit die sozialen Verkehrskreise zunehmend schließen. Über die Generationen hinweg ist dieser Effekt bei den Frauen konstant geblieben. Bei den Männern zeigte sich hingegen eine leichte Abnahme des direkten Effektes der sozialen Herkunft über die Generationen hinweg.

Bei den indirekten, über die Bildungskarriere vermittelten Effekten der sozialen Herkunft ist besonders bemerkenswert, daß diejenigen Söhne und Tochter, die es geschafft (bzw. nicht geschafft) haben, das Bildungsniveau der Herkunftsfamilie zu übersteigen (bzw. nicht zu erreichen), eine Tendenz zur Gegenmobilität durch die Heirat haben, wodurch die individuellen Bildungserfolge (bzw. Bildungsmißerfolge) zum Teil wieder korrigiert werden. Es gibt allerdings auch einen kleinen, langsam wachsenden Anteil von Söhnen und Töchtern, denen es gelungen ist, durch individuelle Bildungsanstrengungen intergenerational aufzusteigen und diesen Aufstieg durch eine bildungshomogame Heirat intragenerational abzusichern.

Zusammengenommen sprechen unsere empirischen Ergebnisse für Westdeutschland dafür, daß es durch Modernisierungs- und Individualisierungsprozesse zu keiner bedeutsamen Zunahme der Vermischung bildungsspezifischer Kreise durch Heirat gekommen ist. Vielmehr hat die Bildungshomogamie über die Geburtskohorten stark zugenommen, so daß sich die Sozialstruktur und die sozialen Kreise eher geschlossen als geöffnet zu haben scheinen.

Interessant dürfte zum Abschluß der Hinweis sein, daß den meisten jungen Männern und Frauen der Einfluß der Gelegenheitsstrukturen im Bildungssystem und die Wirkung der sozialen Herkunft und der Bildung auf ihr Heiratsverhalten nicht bewußt sein dürfte. Denn die Frage nach dem Wunschpartner wird gemeinhin mit dem Hinweis auf blonde Haare und blaue Augen (meist Männer), schwarze Haare und Körpergröße nicht unter 1,80m (meist Frauen), nach dem Raucherverhalten usw. beantwortet. Das heißt, die intragenerationale und intergenerationale Reproduktion sozialer Ungleichheit setzt sich in der Regel hinter dem Rücken der Individuen durch, und es stellt sich die Frage nach dem soziologischen Wert von empirischen Studien, die sich zu sehr auf individuelle Präferenzen stützen.

Anhang

Tabelle A: Verteilung der Aufwärts-, Abwärts- und homogamen Heiraten bezüglich des Bildungsniveaus nach Geburtskohorten für unterschiedliche Bildungsklassifikationen

	Aufwärtsheirat				Homogame Heirat				Abwärtsheirat			
	1	2	3	4	1	2	3	4	1	2	3	4
Kohorte	%	%	%	%	%	%	%	%	%	%	%	%
Ehefrauen												
(1900 – 1918)	48,4	48,4	54,6	56,7	50,3	49,7	42,7	38,9	1,3	1,9	2,6	4,5
1919 – 1923	52,1	52,2	55,4	55,4	43,9	43,9	40,8	38,2	4,0	3,8	3,8	6,4
1924 – 1928	46,7	46,8	50,7	54,7	49,3	48,7	44,3	38,9	4,0	4,4	4,9	6,4
1929 – 1933	54,4	54,8	57,5	61,8	40,8	40,4	37,3	31,6	4,8	4,8	5,3	6,6
1934 – 1938	37,8	38,2	42,1	45,2	56,0	55,2	50,6	42,5	6,2	6,6	7,3	12,4
1939 – 1943	36,9	36,9	41,3	42,5	58,1	57,8	53,4	48,1	5,0	5,3	5,3	9,4
1944 – 1948	26,7	27,1	31,4	36,5	65,5	64,7	60,4	48,2	7,8	8,2	8,2	15,3
1949 – 1953	27,0	27,0	35,8	38,6	68,8	68,8	55,8	47,0	4,2	4,2	8,4	14,4
1954 – 1958	23,9	23,9	30,1	32,5	70,6	69,9	60,6	47,1	5,5	6,2	9,3	20,4
1959 – 1963	21,6	22,2	30,6	29,9	70,0	68,3	54,6	50,4	8,4	9,5	14,8	19,7
(1964 – 1978)	22,3	22,8	29,8	28,7	69,9	68,5	56,4	42,9	7,8	8,7	13,8	28,4
Ehemänner												
(1900 – 1918)	1,9	2,2	2,6	4,8	51,7	51,3	45,7	41,3	46,5	46,5	51,7	53,9
1919 – 1923	5,8	6,5	6,5	7,8	44,8	44,2	38,9	34,4	49,4	49,4	54,6	57,8
1924 – 1928	4,6	4,6	5,0	6,9	42,5	42,0	39,7	34,7	52,9	53,4	55,3	58,5
1929 – 1933	5,9	6,3	6,3	8,9	45,6	44,7	41,8	35,4	48,5	48,9	51,9	55,7
1934 – 1938	5,8	6,2	6,8	12,7	57,5	57,1	52,9	45,5	36,7	36,7	40,3	41,9
1939 – 1943	5,1	5,1	5,4	12,1	61,6	61,3	57,1	46,7	33,3	33,7	37,5	41,3
1944 – 1948	5,4	5,8	8,3	14,9	66,8	66,4	57,3	45,2	27,8	27,8	34,4	39,8
1949 – 1953	6,3	7,1	9,4	16,2	70,7	69,9	60,5	50,8	23,0	22,9	30,1	33,1
1954 – 1958	3,8	4,4	9,5	17,4	73,7	73,0	59,0	52,2	22,5	22,5	31,4	30,4
1959 – 1963	7,7	8,5	15,4	24,6	71,5	70,4	56,5	46,9	20,8	21,2	28,1	28,5
(1964 – 1978)	13,4	13,4	17,1	31,7	65,2	64,0	50,6	40,2	21,3	22,6	32,3	28,1

1 = In der vorliegenden Analyse verwendete Bildungsklassifikation.
2 = Die verwendete Bildungsklassifikation differenziert zusätzlich zwischen *Hauptschule ohne Berufsausbildung* und *Mittlerer Reife ohne Berufsausbildung.*
3 = Die verwendete Bildungsklassifikation differenziert zusätzlich zwischen *Abitur mit und ohne Berufsausbildung* und *Hauptschule oder Mittlere Reife mit Berufsausbildung.*
4 = Die verwendete Bildungsklassifikation differenziert zusätzlich zwischen *Mittlerer Reife mit Berufsausbildung und Abitur mit und ohne Berufsausbildung und Hauptschule mit Berufsausbildung.* (*Quelle:* Sozio-ökonomisches Panel, Wellen 1984–94)

Literatur

Beck, Ulrich, 1986: Risikogesellschaft. Frankfurt a.M.: Suhrkamp.

Becker, Gary S., 1981: A Treatise on the Family. Cambridge: Harvard University Press.

Becker, Rolf, 1993: Staatsexpansion und Karrierechancen. Berufsverläufe im öffentlichen Dienst und in der Privatwirtschaft. Frankfurt a.M./New York: Campus.

Bell, Daniel, 1975: Die nachindustrielle Gesellschaft: Frankfurt a.M.: Campus.

Blau, Peter M., 1964: Exchange and Power in Social Life. New York: Wiley.

Blau, Peter M., 1977: A Macrosociological Theory of Social Structure, American Journal of Sociology 83: 26–54.

Blau, Peter M., 1994: Structural Contexts of Opportunities. Chicago und London: University of Chicago Press.

Blau, Peter M., und *Otis Dudley Duncan*, 1967: The American Occupational Structure. New York: Wiley.

Blossfeld, Hans-Peter, 1985: Bildungsexpansion und Berufsschancen: Frankfurt a.M./ New York: Campus.

Blossfeld, Hans-Peter, 1989: Kohortendifferenzierung und Karriereprozeß. Eine Längsschnittanalyse über die Veränderung der Bildungs- und Berufschancen im Lebenslauf. Frankfurt a.M./New York: Campus.

Blossfeld, Hans-Peter, 1990: Changes in Educational Careers in the Federal Republic of Germany, Sociology of Education 2: 105–177.

Blossfeld, Hans-Peter, 1995: The New Role of Women. Family Formation in Modern Societies. Boulder CO: Westview Press.

Blossfeld Hans-Peter, 1996: Macro-Sociology, Rational Choice Theory, and Time. A Theoretical Perspective on the Empirical Analysis of Social Processes, European Sociological Review 2: 181–206.

Blossfeld, Hans-Peter, und *Karl Ulrich Mayer*, 1988: Arbeitsmarktsegmentation in der Bundesrepublik Deutschland – Eine empirische Überprüfung von Segmentationstheorien aus der Perspektive des Lebenslaufs, Kölner Zeitschrift für Soziologie und Sozialpsychologie 40: 245–261.

Blossfeld, Hans-Peter, Alfred Hamerle und *Karl Ulrich Mayer*, 1989: Event History Analysis. Statistical Theory and Application in the Social Sciences. Hilsdale NJ: Lawrence Erlbaum Associates.

Blossfeld, Hans-Peter, und *Johannes Huinink*, 1989: Die Verbesserung der Bildungs- und Berufschancen von Frauen und ihr Einfluß auf den Prozeß der Familienbildung, Zeitschrift für Bevölkerungswissenschaft 15: 383–404.

Blossfeld, Hans-Peter, und *Reinhard Nuthmann*, 1989: Strukturelle Veränderungen der Jugendphase zwischen 1925 und 1984 als Kohortenprozeß, Zeitschrift für Pädagogik 35: 845–867.

Blossfeld, Hans-Peter, und *Ursula Jaenichen*, 1990: Bildungsexpansion und Familienbildung. Wie wirkt sich die Höherqualifikation der Frauen auf ihre Neigung zu heiraten und Kinder zu bekommen aus, Soziale Welt 4: 454–476.

Blossfeld, Hans-Peter, und *Götz Rohwer*, 1995: Techniques of Event History Modeling. New Approaches to Causal Analysis. Mahwah NJ: Erlbaum. *Blossfeld, Hans-Peter*, und *Götz Rohwer*, 1996: Causal Analysis in the Social Sciences and Event History Modelling. Paper prepared for the Workshop „Statistical Issues in Sociology“. Oxford, November 14–16: University of Bremen (mimeo).

Blossfeld, Hans-Peter, und *Catherine Hakim*, 1997: Between Equalization and Marginalization. Part-Time Working Women in Europe and the United States of America. Oxford: Oxford University Press.

Blossfeld, Hans-Peter; und *Rolf Müller*, 1997: Sozialstrukturanalyse, Rational Choice Theorie und die Rolle der Zeit. Ein Versuch zur dynamischen Integration zweier Theorieperspektiven, Soziale Welt (im Erscheinen).

Blossfeld, Hans-Peter, und *Andreas Timm*. 1997: Das Bildungssystem als Heiratsmarkt. Eine Längsschnittanalyse der Wahl von Heiratspartnern im Lebenslauf, Sfb186 Arbeitspapier Nr. 43: Universität Bremen.

Bourdieu, Pierre, 1973: Cultural Reproduction and Social Reproduction. S. 71–112 in: *Richard Brown* (Hg.): Knowledge, Education and Cultural Change. London: Tavistock.

Bourdieu, Pierre, und *Jean-Claude Passeron*, 1964: Die Illusion der Chancengleichheit. (Deutsch 1971). Stuttgart: Klett.

Bourdieu, Pierre, und *Jean-Claude Passeron*, 1977: Reproduction in Education, Society and Culture. Beverly Hills: Sage.

Bowles, Samuel, und *Herbert Gintis*, 1976: Schooling in Capitalist America. New York: Basic Books.

Curtis, Randall, 1971: Functional and Conflict Theories of Educational Stratification, American Sociological Review 36: 1002–1019.

Curtis, Richard F., 1986: Household and Family in Theory on Inequality, American Sociological Review 51: 168–183.

Eggebeen, David J., und *Alan J. Hawkins*, 1990: Economic Need and Wives' Employment, Journal of Family Issues 11: 48–66.

Elster, Jon, 1979: Ulysses and the Sirens. Cambridge: Cambridge University Press.

Elster, Jon, 1989a: Solomonic Judgements. Studies in the Limitations of Rationality. Cambridge: Cambridge University Press.

Elster, Jon, 1989b: The Cement of Society. Studies in Rationality and Social Change. Cambridge: Cambridge University Press.

Erikson, Robert, und *Jan O. Jonsson*, 1992: The Constant Flux. A Study of Class Mobility in Industrial Societies. Oxford: Clarendon Press.

Erikson, Robert, und *Jan O. Jonsson*, 1996: Can Education Be Equalized? The Swedish Case in Comparative Perspective. Boulder CO: Westview Press.

Featherman, David L., *Dennis P. Hogan* und *Aage B. Sørensen*, 1984: Entry into Adulthood. Profiles of Young Men in the 1950's. S. 159–202 in: *Paul B. Baltes* und *Orville G. Brim* (Hg.): Life-Span Development and Behaviour, Bd. 6. Orlando: Academic Press.

Frenzel, Hansjörg, 1995: Bildung und Partnerwahl, ZUMA-Nachrichten 36: 61–88.

Galler, Heinz P., 1979: Schulische Bildung und Heiratsverhalten, Zeitschrift für Bevölkerungswissenschaft 5: 199–213.

Gambetta, Diego, 1996: Were They Pushed or Did They Jump? Boulder CO: Westview Press.

Goldthorpe, John H., 1980: Social Mobility and Class Structure in Modern Britain. Oxford: Clarendon Press.

Goldthorpe, John H., 1983: Women and Class Analysis: In Defence of the Conventional View, Sociology 17: 465–488.

Goldthorpe, John H., 1996: Class Analysis and the Reorientation of Class Theory: The Case of Persisting Differentials in Educational Attainment, British Journal of Sociology 47.

Goode, William J., 1974: Comment: The Economics of Nonmonetary Variables, Journal of Political Economy 82: 1–14.

Haller, Max, 1982: Klassenbildung und soziale Schichtung in Österreich. Frankfurt a.M./New York: Campus.

Handl, Johann, 1988: Berufschancen und Heiratsmuster von Frauen. Frankfurt a.M./New York: Campus.

Hannan, Michael T., *Klara Schömann* und *Hans-Peter Blossfeld*, 1990: Sex and Sector Differences in the Dynamics of Age Growth in the Federal Republik of Germany, American Sociological Review 55: 694–713.

Hannan, Michael T., *Klaus Schömann* und *Hans-Peter Blossfeld*, 1995: The Segmentation of Transition: from School to Work in Postwar Germany: A Dynamic Perspective, Comparative Social Research 15: 103–127.

Hanefeld, Ute, 1987: Das Sozio-ökonomische Panel. Grundlagen und Konzeption. Frankfurt a.M./New York: Campus.

Heiner, Ronald A., 1983: The Origin of Predictable Behaviour, The American Economic Review 73: 560–595.

Henz, Ursula, und *Ineke Maas*, 1995: Chancengleichheit durch die Bildungsexpansion?, Kölner Zeitschrift für Soziologie und Sozialpsychologie 47: 605–633.

Hirsch, Fred, 1976: Social Limits to Growth. Cambridge: Harvard University Press.

Hogan, Dennis P., 1978: The Variable Order of Events in the Life Course, American Sociological Review 43: 573–586.

Hradil, Stefan, 1987: Sozialstrukturanalyse in einer fortgeschrittenen Gesellschaft. Opladen: Leske + Budrich.

Hradil, Stefan, 1988: Die Chancen der neuen Unübersichtlichkeit. Neue Wege der Soziologie sozialer Ungleichheit, Soziologische Revue 11: 21–28.

Jones, Gill, 1991: Marriage Partners and their Class Trajectories. In: *G. Payne* und *P. Abbott* (Hg.): The Social Mobility of Women. Bristol PA: Falmer Press.

Jürgens, Hans W., 1973: Zur Demographie der Partnerwahl. S. 31–40 in: *Hans W. Jürgens* (Hg.): Partnerwahl und Ehe – Theorie und Praxis. Hamburg: Wissenschaftlicher Verlag Altmann.

Kalmijn, Matthijs, 1991: Shifting Boundaries. Trends in Religious and Educational Homogamy, American Sociological Review S6: 786–800.

Kerr, Clark, 1983: The Future of Industrial Societies. Massachusetts: Harvard University Press.

Klein, Thomas, 1996: Der Altersunterschied zwischen Ehepartnern. Ein neues Analysemodell, Zeitschrift für Soziologie 5: 346–370.

Krupp, Hans-Jürgen, 1985: Das Sozio-ökonomische Panel. Bericht über die Forschungstätigkeit 1983–1985. Antrag auf die Forschungsphase 1986–1988. Frankfurt a.M./Berlin.

Laumann, Edward O., 1973: Bonds of Pluralism. The Form and Substance of Urban Social Networks. New York: Wiley.

Lindenberg, Siegwart, 1996: Choice-Centred versus Subject-Centred Theories in the Social Sciences: The Influence of Simplification on Explananda, European Sociological Review 12: 147–157.

Mare, Robert D., 1981: Change and Stability in Educational Stratification, American Sociological Review 46: 72–87.

Mare, Robert D., 1991: Five Decades of Educational Assortative Mating, American Sociological Review 56: 15–32.

Marini, Margaret Mooney, 1984: The Order of Events in the Transition to Adulthood, Sociology of Education 57: 63–84.

Marini, Margaret Mooney, 1985: Determinants of the Timing of Adult Role Entry, Social Science Research 14: 309–350.

Mayer, Karl Ulrich, 1977: Statushierarchie und Heiratsmarkt. Mannheim: Habilitationsschrift.

Mayer, Karl Ulrich, 1990: Lebensverläufe und Sozialer Wandel. Anmerkungen zu einem Forschungsprogramm. S. 7–21 in: *Karl Ulrich Mayer* (Hg): Lebensvetläufe und sozialer Wandel, Sonderheft 31 der Kölner Zeitschrift für Soziologie und Sozialpsychologie. Opladen: Westdeutscher Verlag.

Mayer, Karl Ulrich, und *Nancy Brandon Tuma*, 1985: Event History Analysis in Life Course Research. Madison WI: University of Wisconsin Press.

Mayer, Karl Ulrich, und *Hans-Peter Blossfeld*, 1990: Die gesellschaftliche Konstruktion sozialer Ungleichheit im Lebensverlauf. S. 297–318 in: *Peter A. Berger* und *Stefan Hradil* (Hg.): Lebenslagen, Lebensläufe, Lebensstile, Sonderband 7 der Zeitschrift Soziale Welt. Göttingen: Verlag Otto Schwartz.

McRae, Susan, 1986: Cross-Class Families. A Study of Wives' Occupational Superiority. Oxford: Clarendon Press.

Müller, Walter, und *Wolfgang Karle*, 1993: Social Selection in Educational Systems in Europe, European Sociological Review 9: 1–23.

Müller, Walter, und *Dietmar Haun*, 1994: Bildungsungleichheit im sozialen Wandel, Kölner Zeitschrift für Soziologie und Sozialpsychologie 46: 1–42.

Oppenheimer, Valerie K., 1988: A Theory of Marriage Timing, American Journal of Sociology 94: 563–591.

Parsons, Talcott, 1971: The System of Modern Societies. Englewood Cliffs: Prentice Hall.

Rendtel, Ulrich, 1988: Repräsentativität und Hochrechnung der Datenbasis. S. 289–308 in: *Hans-*Jürgen Krupp und Jürgen Schupp (Hg): Lebenslagen im Wandel – Daten 1987. Frankfurt a.M./New York: Campus.

Rendtel, Ulrich, 1989: Über den Einfluß der Panelselektivität auf Längsschnittanalysen, Vierteljahreshefte für Wirtschaftsforschung 1: 45–61.*Scheid, Harald*, 1996: Zufall. Kausalität und Chaos in Alltag und Wissenschaft. Mannheim/Leipzig/Wien/ Zürich: BJ.I.-Taschenbuchverlag.

Simmel, Georg, 1970 (1917): Grundfragen der Soziologie. Berlin: de Gruyter.

Shavit, Yossi, und *Hans-Peter Blossfeld*, 1993: Persistent Inequality. Changing Educational Stratification in Thirteen Countries. Boulder CO: Westview Press.

Stinchcombe, Arthur L., 1968: Constructing Social Theories. New York/Harcourt: Brace and World.

Teckenberg, Wolfgang, 1991: Sozialstruktur als differentielle Assoziation. Der Wandel der durch Bildungs- und Berufsstatus geprägten Heiratsbeziehungen in der Bundesrepublik Deutschland zwischen 1978 und 1987. Heidelberg: Habilitationsschrift.

Tegtmeyer, Heinrich, 1979: Soziale Strukturen und individuelle Mobilität. Wiesbaden: Harald-Boldt-Verlag.

Thurow, Lester C., 1972: Education and Economic Inequality, The Public Interest 28: 66–81.

Treiman, Donald J., 1970: Industrialization and Social Stratification. In: *Edward O. Lauman* (Hg): Social Stratification: Research and Theory of the 1970s. Indianapolis: Bobs Merill.

Ultee, Wout C., und *Ruud Luijkx*, 1990: Educational Heterogamy and Father-to-Son Occupational Mobility in 23 Industrial Nations. General Societal Openness or Compensatory Strategies of Reproduction?, European Sociological Review 6: 1–25.

Uunk, Wilfred J. G., 1996: Who Marries Whom? The Role of Social Origin, Education and High Culture in Mate Selection of Industrial Societies During the Twentieth Century, Universität Nijmegen: Dissertation.

Uunk, Wilfred J. G., Harry Ganzeboom und *Peter Robert*, 1993: Marriage Patterns in Hungary. A Loglinear Analysis by Education and Social Origin for Marriage Cohorts 1930–1980: Unveröffentlichtes Manuskript.

Weber, Max, 1972: Wirtschaft und Gesellschaft. Studienausgabe Tübingen: J.C.B. Mohr (Paul Siebeck).

Wiese, Leopold von, 1967: Der Mitmensch und der Gegenrnensch im sozialen Leben der nächsten Zukunft. Köln und Opladen: Westdeutscher Verlag.

Wirth, Heike, 1996: Wer heiratet wen? Die Entwicklung der bildungsspezifischen Heiratsmuster in Westdeutschland, Zeitschrift für Soziologie 5: 371–394.

Ziegler, Rolf 1985: Bildungsexpansion und Partnerwahl. S. 85–106 in: *Stephan Hradil* (Hg.): Sozialstruktur im Umbruch. Opladen: Leske + Budrich.